Erich Kästner · Werke
Band VI

Erich Kästner · Werke
HERAUSGEGEBEN VON
FRANZ JOSEF GÖRTZ

Erich Kästner

Splitter und Balken

Publizistik

HERAUSGEGEBEN VON
HANS SARKOWICZ UND
FRANZ JOSEF GÖRTZ
IN ZUSAMMENARBEIT
MIT ANJA JOHANN

Carl Hanser Verlag

ISBN 3-446-19564-5 (Leinen)
ISBN 3-446-19563-7 (Broschur)

Alle Rechte an dieser Gesamtausgabe vorbehalten
© Carl Hanser Verlag München Wien 1998
Ausstattung: Bernd Pfarr
Gestaltung und Herstellung:
Hanne Koblischka und Meike Harms
Texterfassung: Randall L. Jones,
Brigham Young University, Provo/Utah
Satz: Filmsatz Schröter GmbH, München
Druck und Bindung: Pustet, Regensburg
Printed in Germany

Inhaltsübersicht

    7 Rund um die Plakatsäulen

301 Notabene 45

481 Neues von Gestern

595 Reden und Vorreden

669 Anhang

671 Nachwort

723 Kommentar

906 Personenregister

923 Inhaltsverzeichnis

RUND UM DIE PLAKATSÄULEN

Von der Ernüchterung der Wissenschaft

Ziel jeder Wissenschaft ist Erkenntnis des Lebens und seiner Gesetze. Ergebnis jeder Wissenschaft ist Erkenntnis der Wirklichkeit und unserer Gesetze. Und das besagt: Jeder Bewußtseinsinhalt ist Produkt von Draußen und Innen, von Stoff und Form. Sobald wir die chaotische Fülle des Lebens berühren, wird daraus beschränkte Auswahl und menschliche Ordnung. Denn nicht nur unser Gedächtnis, sondern unsere geistige Gesamtstruktur überhaupt ist einem Sieb vergleichbar: Manches dringt ein; aber vieles nicht. Und es geht nicht an, das wenige, das eindringt, Leben zu nennen, sondern der Widerschein des Lebens in unserem Bewußtsein ist Wirklichkeit.

Die Tatsache, daß jeder Erkenntnisakt Vermenschlichung der Welt bedeutet, macht uns verständlich, daß es eine allgemeingültige Wissenschaft nicht geben kann, sondern daß Wissenschaft eben als subjektive Leistung, die sie unbedingt ist, subjektiv verschiedene Methoden zulassen muß.

Besonders klar wird dies auf dem Gebiete der Geschichte. Entweder: der Historiker steht der Vergangenheit möglichst unpersönlich gegenüber und läßt sie auf sich wirken. Oder: er tritt ihr mit Forderungen und Wünschen entgegen. So kann man Geschichte als passiven Eindruck und Geschichte als aktive Leistung unterscheiden; Geschichte als Wirklichkeitsverlangen und als Idealgestaltung. Und zu wünschen wäre: Vereinigung beider Fähigkeiten so, daß nüchterne, wunschlose Forschung einer ideengeschichtlich ordnenden und bedeutenden Forderung vorausginge.

Es wird allgemein geglaubt und behauptet, die Geschichtswissenschaft von heute neige mehr denn je dazu, ausgesprochen subjektive Ideengeschichte zu treiben. Wenn das richtig wäre, stünde uns eine geschwätzige, unproduktive Epigonenzeit bevor; denn solange das wissenschaftliche Subjekt nicht auch eine menschliche Persönlichkeit ist, wird Ideengeschichte zu Manier und Manie. – Wie weit aber jene Vermutung überhaupt zutrifft, wird zu besprechen sein.

Selten genug benutzt der Mensch sein Bewußtsein dazu, dessen Grenzen abzuschreiten. Vielmehr: Das zur Wirklichkeit vereinfachte und auf ärmliche Begriffe abgezogene Leben ist ihm noch nicht einfach und arm genug. Einer noch größeren Entfernung bedarf es vom Leben, ehe er es überblicken und sich darin zurechtfinden kann. Und zwei Gipfel sind es, die er ersteigen kann und deren einen er ersteigen wird, um diese Distanz zu Leben und Wirklichkeit zu gewinnen: die Idee und das Ideal.

Wie sehr die Rationalisierung und Umdichtung eine fiktive Angelegenheit des menschlichen Bewußtseins ist, dies kann nichts deutlicher erweisen als die Tatsache, daß mehrere entgegengesetzte Ideen gleicherweise an der Wirklichkeit gerechtfertigt werden können! Dem einen ist das zeitliche Fortschreiten in der Geschichte zugleich ein kultureller Fortschritt der Völker, dem anderen ein Untergang und dem Dritten ein unabänderliches Sich-gleich-Bleiben. Wer hat recht? Alle drei, wenn sie in sich hineinfragen, – und niemand, wenn sie das Leben befragen könnten.

Nie habe ich stärker und unmittelbarer die wissenschaftliche Sehnsucht und die menschliche Größe solch eines Geschichtsphilosophen erfahren als an Ernst Troeltsch, dem jüngst Verstorbenen. Nicht aus dem Kopf, sondern von Herzen kam es, wenn er von »der immer quälender werdenden Last des Schulsacks« und von der immer trostloser stimmenden »Relativierung der Welt und des Geschehens« sprach. Und es konnte geschehen, daß er sich ergriffen und erschüttert unterbrach, wenn er sich und uns in kühnen Improvisationen die Unendlichkeit der gestirnten Welt wachrief und drinnen die winzige Erde, die seit Jahrmillionen ihren Weg um die Sonne fliegt und auf deren immer mehr erkaltender Kruste sich seit wenigen Jahrtausenden erst ein Bewegen und ein Mischen, ein Blühen und ein Sterben von Völkern und Reichen und Kulturen zeigt, das wir Geschichte nennen. Bis er plötzlich, wie erwachend, nach der Uhr sah und unter Entschuldigungen hastig den Hörsaal verließ. Er und wir hatten das Klingeln überhört.

Solche Männer müssen sich notwendig von der Wirklichkeit

entfernen, damit sie dem Leben näherkommen. Und wenn sie auch die Wirklichkeit vergewaltigen, so lernen wir aus einem ihrer Fehler mehr als aus hundert Richtigkeiten behutsamer Forscher. Aber darin liegt die Gefahr, daß die Zeitgesamtheit dem Bedürfnis nach Kräfte- und Ideengeschichte nachzugeben beginnt! Denn was die Gewaltigen leisten, verderben die Mitläufer. Und die Ära dieser gefährlichen und unnützen Modeproduzenten und Zeitprodukte hat bereits begonnen! Ich erwähne jetzt nur das Buch Fritz Strichs »Klassik und Romantik«. Hier ist die Idee einer bekannten Gegensätzlichkeit, die erträglich auf zehn Seiten zu erörtern gewesen wäre, zu einem dicken und deshalb armseligen und unfruchtbaren Buche aufgeschwellt worden. Angeregt durch Wölfflin und Gundolf, leistet Strich die Arbeit etwa eines Jongleurs, der zwei Begriffe wie Kugeln immer und immer in die Luft wirft und auffängt, sie tändelnd mit bengalischem Feuerwerk beleuchtet und uns doch das Gefühl nicht wegdisputieren kann, daß er eine zwar anstrengende und umfangreiche, deshalb aber nicht weniger unfruchtbare Tätigkeit erschöpfend und erschöpft ausführt. Und dies Buch ist vorwiegend Beleg für eine Gefahr ...

Weniger beachtet, doch darum nicht weniger wichtig als die soeben gestreifte ideengeschichtliche Bewegung sind Bücher, deren Richtungssinn ich als unverkennbare Gegenströmung empfinde. Und noch ist es nicht ausgemacht, welche der zwei polaren Geistesbewegungen in kurzer Zeit der Geschichtswissenschaft das Gepräge geben wird. Diese Wissenschaftler sind Männer, die gleich weit von der Rationalisierung und der Verdichtung der Vergangenheit entfernt sind. Es sind Männer, die unermüdlich vor der Idealisierung der Geschichte warnen und die von einem starken, beherrschenden Gefühl geleitet werden: Von der Ehrfurcht vor der Tatsache. Wie weit hier persönliche Veranlagung, Entwicklung am Gegensatz und das Erlebnis von Krieg und Revolution als Ursachen Anteil haben, wage ich nicht zu entscheiden. Fest steht jedenfalls: es handelt sich ganz offenbar um eine Ernüchterung der Wissenschaft.

Soweit es irgend möglich ist, enthält sich diese Art von Forschern eigner Urteile, die sie zu oft schon als Vorurteile erkennen mußten. Sie wollen nur sprechen, soweit sie die Wirklichkeit zum Reden brachten. Nichts gilt ihnen mehr als unbefangene Betrachtung des Vorhandenen. Und solange sich Einheit und Sinn nicht draußen zeigen, werden sie beides nicht kundtun.

Wie anregend solch abwartende Blickeinstellung werden kann und wie rigoros dadurch seit Generationen sich hinschleppende Vorurteile vernichtet werden, die von vornherein die Landschaft der Wirklichkeit trüben und, nach einem wissenschaftlichen Kettenhandel, zur völligen Fälschung führen, möchte ich durch knappe Hinweise auf einige Bücher andeutend belegen. Levin Schücking schrieb ein Buch über »die Charakterprobleme bei Shakespeare« (Leipzig, Tauchnitz), und seine Grundhaltung wird deutlich durch folgenden Satz: »Was schadet's, wenn ihr euer Stück nur in Stücken gebt? Die deutschen Professoren machen euch doch ein Ganzes daraus zurecht und bringen eine Grundidee heraus.« Schroff wendet er sich so gegen eine Wissenschaft, die behauptet, Probleme des Dichters Shakespeare zu finden und zu lösen, und die doch nichts tut, als Fragen ihrer Geistigkeit hineinzulegen und sie dann jubelnd wieder zu entdecken und richtig zu deuten. Man darf nicht aus dem Clown Shakespearescher Stücke nichts als tiefsinnige, weltanschauliche Parallelisierung des Komischen und Tragischen herauslesen wollen; denn diese Späße sind meist bloße Konzession an ein derbes Publikum. Man darf nicht die Monologe seiner Helden als bedeutungsschwangere Reflexionen auslegen; denn sie sind nur spruchbandartige Erläuterungen für die Zuschauer; Erläuterungen, die dem Wesen des Helden oft genug widersprechen. Man darf nicht Zwiespältigkeiten zwischen Handlung und Charakter dunkel und tief interpretieren; denn sie sind tatsächlich Widersprüche und Abgründe zwischen seinen Schöpfungen, den Charakteren, und den Residuen kaum besehen übernommener Fabeln aus fremden Stücken. Man darf mit Shakespeares Worten nicht wie ein Magier mit der Kabbala umspringen; denn seine Kunst ist die des Ausgesprochenen, und wenn etwas dunkel bleibt, dann geschieht es wider Willen des Dichters. Es geht auch nicht an, mit dem Autoritätsglauben und der Klugheit des Enkels Charakterbrüche, die offen zutage liegen, zu heilen und zu beklatschen. – So sind Entstehungszeit, Entstehungsgeschichte, Zweck, Bühne und Publikum zu betrachten – sachlich und ohne moderne Hintergedanken. Erst dann wird Shakespeare wieder werden, was er ist: Unerreichter Künstler, trotz Inkonsequenz und Leichtfertigkeit, trotz Vermengung von Realistischem und primitiv Stilisiertem. Nicht aber wird er bleiben, was er nicht ist: Eine verbalinspirierte Kunstbibel, aus der man ästhetische Systeme zur modernen Erbauung herauslesen kann.

Zuletzt sei die bedeutendste Büchererscheinung dieser Art genannt: Theodor Lessings »Geschichte als Sinngebung des Sinnlosen« (C. H. Beck, München). Eindringlich zeigt Lessing den Abgrund zwischen Leben und Wirklichkeit auf (es ist im Grunde die Unterscheidung Kants zwischen »Ding an sich« und »Erscheinung«, nur rein historisch angewandt). Geschichte ist nicht Tatsache und Auswirkung des Lebens, sondern notwendige Vernunftstiftung des Menschen und damit notwendig Vermenschlichung. Die Kausalierung des geschichtlichen Geschehens ist Gelehrtenaufgabe; Ideen und Kräfte werden dem Leben erst unterstellt; Sinngebung des Geschehens erfolgt »von nachhinein«; Wertbetonung ist nur Wirkung zufällig äußeren Erfolgs; Fortschrittsglaube ist naive Konstruktion; historischer Bericht ist bereits Verfälschung; und geschichtliche Darstellung ist parteiliche, politische und damit einseitige Nutzanwendung.

Auch hier also: Ernüchterung der Wissenschaft! Und wenn Lessing in einem Anfangskapitel »Geschichte als Ideal« behandelt, so tut er es ausdrücklich unter dem Gesichtswinkel der nur persönlichen Geltung. In diesem Sinne ist Geschichte nicht mehr Wissenschaft, sondern Glaubensbekenntnis; nicht mehr Objektivität, sondern der Gegenwart und dem Einzelnen unerläßliche Illusion und Betäubung. Und das Werk schließt mit der Aufdeckung einer kaum lösbaren Antinomie zwischen dem Geschichtsideal als Lebensglaube und dem als Wertglaube; zwischen den symbolhaften Meistern Epikur und Buddha.

Dresden im Schlaf

Grau wie grämliche Witwen gehen die Wolken am Horizont spazieren. In grauen, flatternden Mantillen. Mit grauen, phantastisch geschwungenen Kapotthüten.

Dresden hat Langeweile. Die steinernen Löwen vom Großen Garten gähnen. Mit beschneiten Mähnen sehen sie wie sanfte Pudel aus. Und wären sie nicht eben schläfrig, so möchten sie sich wohl erheben und, ein wenig bellend, hinter den grauen, grämlichen Wolken einhertrotten. Die leeren Alleen gleichen endlosen schwarzen Gittern, durch die man in die untröstliche Melancholie des winterlichen Nachmittags blickt. Es ist, als läge die Welt hinter langen, traurig gesenkten Wimpern.

Fast bekümmert schreitest du zwischen den kahlen Bäumen. Eine Droschke rollt umständlich vorüber. Das braune Pferdchen hebt und senkt die hölzernen Beine wie ein müde gewordenes Spielzeug. Und ein Herkules folgt dem lächerlichen Gefährt mit blinden Augen.

Dann stehst du vor der erfrorenen Fläche eines Teiches. In einer Ecke produziert sich ein ungebührlich schlanker Kunstläufer: So oft ihm eine Pirouette mißlingt, beschämt er sich selbst durch unwilliges Kopfschütteln. Aus dem Pavillon weht eine absurde Musik herüber. Sie klingt nach gestopfter Trompete und steifen Fingern. Ein kühner Lateinschüler fährt im großen Bogen hinter einem niedlichen, koketten Ding her. Und du glaubst zu bemerken, daß er lustig zu pfeifen vorgibt. Drollige Kinderchen stehen auf, um doch wieder hinzufallen.

Im Café liest ein alter Oberst die Abendzeitung. Und der Kellner legt behutsam etliche Briketts in den Kanonenofen.

Tief und unfaßlich hängt die Dämmerung über dir. Wie ein schwermütiger Baldachin.

Nacht. – Du stehst im Nebel und beugst dich über die Brüstung einer Brücke. Wie losgerissene Inseln treiben die Eisschollen den Pfeilern entgegen, stauen sich klirrend und knirschend und rauschen durch die schwarzen, geheimnisvollen Bogen.

Du stehst im Nebel. Einzelne Flocken sinken aufglühend an Laternen vorüber, die wie gelbe Monde mit milchweißem Hof nebeneinander hängen.

Ein kleiner Knabe stolpert ängstlich neben der Mutter her. Er weint ganz leise, so daß sie es nicht hört. Du wanderst hinter Straßenbahnen, die im Nebel ertrinken. Die Türme der Stadt sind unsichtbar wie verzauberte Riesen.

Die Nebel warten wie die Leichenfrauen,
Und halten weiße Tücher in den Händen.
Die Nebel warten. Und es greift das Grauen
Aus toten Türen und aus bleichen Wänden.

Die Nacht ist atemlos und ohne Grenzen.
Aus einem Garten starrt das tote Haus.
Von weitem siehst du noch ein Fenster glänzen.
Du blickst hinunter. Doch das Licht löscht aus.

Dresden im Schlaf. Es ist einem zumute, als erführe man die unheilbare Erkrankung eines schönen Mädchens! Dresden im Schlaf. »Nicht nur im Wi-i-inter, wenn es schneit.«

Tairoff, der groteske, kühne Russe, fuhr von Leipzig nach Dresden: Und man begriff ihn nicht.

Johsts »Wechsler und Händler«, diese hoffnungslos traurige Komödie, gelangte von Leipzig nach Dresden: Und es gilt zu befürchten, daß sie ihre fünfzigste Aufführung erleben wird.

Tollers »Hinkemann« kam von Leipzig nach Dresden: Und man drohte den Schauspielern mit Erschießen.

Sternheim führte den Dresdnern seine schon sehr angejahrte »Hose« vor: Und als, nach dem 1. Akte, der Beifall starb, ohne recht gelebt zu haben, klatschte Sternheim, der im hintersten Hintergrund des Zuschauerraumes stand, so lange, bis auch die anderen wieder anfingen, ihre Hände gegenseitig zu ohrfeigen ... Gefiel ihm das Stück so gut? Dann hätte er besser nicht klatschen sollen: denn er war der Autor. Gefiel ihm die Aufführung so gut? Dann hätte er nicht klatschen sollen: Denn er war der Regisseur! Gefiel ihm das Publikum so gut? Dann hätte er nicht klatschen sollen: Denn dem Publikum gefiel er nicht. Vielleicht gefielen ihm die schauspielerischen Leistungen so gut? – Das wird es gewesen sein.

Immerhin. Dresden schlief. Und Dresden schläft. Der Schlaf unterscheidet sich vom Tod nur durch die Dauer. Sollte Dresden schon gestorben sein? Sollte ich versehentlich eine Leichenrede gehalten haben? Das wäre sehr, sehr traurig.

Die Groteske als Zeitgefühl
Joachim Ringelnatz

»Nein, aber warum verschüttest du die Schönheiten?«
»Trüffeln stecken immer tief im Dreck.« –

Dies ist nicht nur ein kleines Stück Gespräch aus Ringelnatz' »… Liner Roma … « Hinter dem bildhaft formulierten Bekenntnis des Dichters steht andres und mehr als isolierter Einzelwille: Hinter ihm steht der Sinn augenblicklicher Literatur überhaupt. Die unter »expressionistischer« Kunstübung verstandene Einstellung, die im besten Falle unbezweifelbares seelisches Erleben unter Umgehung oder Zersetzung der gegenständlichen Welt zu fassen suchte, wird abgelöst von dem gestaltenden Begehren: Sich dem Draußen unverlierbar und eigenartig aufzuzwingen.

Joachim Ringelnatz ist einer, der diesen Weg in die Zukunft hinüber aus Charakter beschreiten mußte. Genau so, wie es neben ihm Brecht und Bronnen, Leip und Döblin getan haben. Und wie es vor ihnen allen Gustav Sack begann. So verschieden eben die mit Namen genannten Menschen und Dichter untereinander sein mögen – und außer ihnen sind noch genug, für die gleiches gilt –, individuelle Unterschiede besagen nichts gegenüber dem allen gemeinsamen Wissen und Verlangen zur grotesken Realität!

Die Zusammenhänge beginnen klar zu werden, die Ringelnatz mit der augenblicklichen Literaturbewegung verknüpfen. Nur gilt es – und damit kommen wir seinem dichterischen Profil näher – die Züge an ihm aufzuweisen, die sein Wesen komplizieren und seine Zugehörigkeit zur Moderne verschleiern:

Inhaltlich verbinden Ringelnatz zunächst noch Tradition und verwandte Veranlagung mit einem Toten, dem Vertreter der vorletzten Generation, mit Christian Morgenstern. Dessen Feingefühl schmiegte sich tief in die Unergründlichkeiten und in den Widersinn der Sprache und Dinge, um dann in zugespitzter Rationalität anzurühren, was irrational und unfaßlich ist. Die Gabe, halb schmerzlich und halb leichtsinnig das Wesen der Welt in grotesker Erscheinungsform spürbar zu machen – sie wurde Kutteldaddeldu anders zuteil als dem seligen Palmström. Und so oft jener durch die bunte Welt auf Wegen geht, die dieser vor ihm beschritt, so oft läuft er eben nur hinterher! Und dazu schwankend! – Das glatte Parkett der Logik und der Dialektik ist kein Boden für den Seemann mit der unheimlichen Nase.

So sehr die eben geübte Kritik Zeichen dafür ist, daß Ringelnatz notwendigerweise, wenn auch nicht zu seinem Vorteil, mit Vergangenem verknüpft ist, so sehr beweist das Folgende, daß er auch Züge besitzt, deren überschwengliche, persönliche Eigenart ihn zwingt, jedes künstlerische Maß zu überschreiten. Es handelt sich um eine Hemmungslosigkeit, soweit es Grenzen anlangt, deren Überschreitung wir »geschmacklos« finden. Denn ohne Frage: Kutteldaddeldu und der Ratgeber für »geheime Kinderspiele« gestattet sich dichterische Freiheiten, die ebensogut undichterische Frechheiten genannt zu werden verdienen. Freilich:

»Was könnte mich zu Geist und reinem Reim,
was zu Geschmack und zu Humor verpflichten?«

Nun ist es allerdings nichts Seltenes, daß Urteilende der Produktion völlige Grenzenlosigkeit zubilligen und jede Einschränkung Borniertheit nennen. Ringelnatz läßt uns spüren, daß ihm seine Geschmacklosigkeiten selber Kummer bereiten, daß er sie aber innerlich nötig hat. Als Masken einer Zartheit, die sich nicht gern prostituiert:

»Doch ich räusperte und spie,
und ich rotzte,
bis ich einer weichen Phantasie
würdig trotzte.«

Seien es nun die seltsamen Erlebnisse des Seemanns Kutteldaddeldu, seien es die kostbaren Turnparodien, die geheimen Spielrezepte der Kinder oder die merkwürdigen Gedanken und Schicksale Gustav Gasteins – was unmittelbar hinreißt, ist die ausladende Handbewegung des kuriosen Erzählers, der Erfahrung und Phantasie wie wenige meistert. Überlegen wie ein Grandseigneur – nur nicht so delikat wie dieser, aber dafür um so grenzenloser – schüttet er Bilder und Handlungen, Tiefsinn, Leichtsinn und Unsinn, Humor und ergreifende Banalität durcheinander. Oft scheinbar beziehungslos und doch getragen vom gleichen Strome einer reichen und wilden Erlebnisfähigkeit. Ehrliches, herzliches Gefühl wird sorgsam hinter Grobheit und Zynismus verborgen: »Studiere nur immer weiter, und glaube mir: Es ist kein so großer Unterschied zwischen der Bibel und dem Berliner Adreßbuch.« Und:

»Ich bin eine alte Kommode.
Oft mit Tinte oder Rotwein begossen;
manchmal mit Fußtritten geschlossen.
Der wird kichern, der nach meinem Tode
mein Geheimfach entdeckt. –«

Wir erkennen in Ringelnatz einen Menschen, der seinen Kräften und Trieben endgültig ausgeliefert ist und dessen Intellekt nur als glossierender Begleiter hinter dem schrankenlosen Erleben einherstolpert. Und so stark ist der Dichter in dem Manne, der erlebt, daß das Banalste und das Niedrigste durch ihn zum Wunder wird. Nichts ist so unbedeutsam an der bunten Welt, daß es nicht ergreifen könnte!

Derbheit aus gehütetem Zartgefühl, Unsinn und Ironie und Buntheit aus wiedergewonnener Naivität des Erlebens heraus! Das Gesagte, das Werk sind wild und lustig und töricht –

der es aber sagt und wirkt, bleibt dabei ernst und nachdenklich:

»Das ist nun kein richtiger Scherz.
Ich bin auch nicht richtig froh.
Ich habe auch kein richtiges Herz.
Ich bin nur ein kleiner, unanständiger Schalk.
Mein richtiges Herz. Das ist anderwärts irgendwo
im Muschelkalk.«

Salzburger Festspiele

Knapp vor dem ersten Anfangszeichen ist die Adaptierung der Reitschule zum Festspielsaal, die Landeskonservator Hütter mit einer amerikanischen Geschwindigkeit und bedeutender Architekturphantasie durchführte, vollendet gewesen. Freilich hat man, als die ersten Besucher kamen, noch montiert, gestrichen und geputzt. Aber das Festspielhaus im Innern macht einen fertigen Eindruck. Amphitheatralisch steigt das Parkett an und wird rechts und links von Galerien flankiert. Dem Bühnenraum gegenüber liegt der Balkon. Es ist also mit bester Ökonomie der Raum ausgebeutet worden, der mehr als 1300 Gästen bequeme Sitzgelegenheit bietet. Der Saal mit seinen gotischen Bogen ähnelt einigermaßen der Sängerhallendekoration des »Tannhäuser«, soweit sie nicht streng die historische Lokalität der Wartburg kopieren will. Dem Bühnenpodium ist der versenkte Orchesterraum vorgelagert, den Reinhardt auch vielfach zum Auftritt der Schauspieler benützen läßt; er ist vom Auditorium nicht durch einen Vorhang abgegrenzt. In »Mirakel« benützt man in dem auf Licht- und Beleuchtungseffekt wohl unübertrefflich eingerichteten Bühnenhaus zur Markierung der Aktschlüsse erstmalig die amerikanische Erfindung des sogenannten Lichtvorhanges, eines von der Unterbühne aus regulierten intensiven Scheinwerferlichtes, das dem Zuschauer die Möglichkeit nimmt, Umbauten auf der

Szene zu verfolgen. Auch das Berliner Patent Schwabes »Lumeniszenz«, die unsichtbar projizierbaren violetten Strahlen, welche alle anderen Farben absorbieren und die märchenhaftesten Effekte hervorbringen, ist schon in Salzburg in Verwendung.

Calderon-Hofmannsthals »Großes Welttheater«, das schon vor drei Jahren in der Kollegienkirche als langwieriges frommes Exerzitium von Reinhardt unter der Patronanz des hohen Klerus zelebriert wurde, weihte in einer neuen und glücklicheren szenischen Anordnung das Festspielhaus ein. Hier hatte Reinhardt, der ganz selbstlos und begeistert sich den Salzburger Festen widmet, endlich die Möglichkeit, alle Stimmungseffekte für das Spiel, das durch die Mitwirkung berühmter Künstler und die prunkvolle Schönheit der Hofmannsthalschen Verse geadelt wird, vollends auszuschöpfen. Nach seinen Wünschen wurden ja alle technischen Anlagen installiert. Er hat also die Chance, von jeder Ecke des Raumes alle Künste der Beleuchtung spielen zu lassen und auch Chöre und Orchester zur Erhöhung akustischer Wirkungen auf die verschiedenartigsten Plätze zu dirigieren. Irmgard Richter, die Reinhardt aus Leipzig holte, spielt jetzt einen der Engel neben Klöpfer, der Helene Thiemig, Frau Bahr-Mildenburg und manchen anderen Prominenten.

Die Fremden, die sich bisher angemeldet, warten offenbar erst die »Mirakel«-Premiere und den musikalischen Teil des Festes ab. Für die Opernvorstellungen und die Konzerte unter Schalk, Walter und Muck ist keine Karte mehr zu haben. Salzburg, das ja an historischen Denkmälern, landschaftlichen Reizen und Mozarterinnerungen so unendlich viel Schönes zu bieten hat, ist heute schon voll. Die Amerikaner und Engländer waren zuerst da. Aber die Reichsdeutschen, besonders die aus Norddeutschland, bilden nach den Bestellungen das Hauptkontingent der Festspielpilger. Salzburg hat sich heuer selbständig gemacht, vollständig von der Wiener Festspielgemeinde emanzipiert und trägt alle Kosten aus eigenem Säckel. Auch den Festspielbau bezahlten die Salzburger selbst. Er kostet sie etwa 14 Millionen. Und nun denken sie daran, das Geld wieder mit Zinseszinsen hereinzubringen. Der Geist, der das neue Haus baute, weiß sich wohl frei von profanen Nützlichkeitszwecken, aber die Salzburger, die die wirtschaftliche Not Österreichs auch gehörig zu spüren bekamen, wollen jetzt doch auch eine vernünftige Wirtschaftspolitik machen. Und deshalb haben sie sich umgruppiert und wünschen in Zukunft durch ein internationales Festspielprogramm die Kunstfreudigen aus der ganzen Welt herbeizulocken. Schon zu Weihnachten wird man die Fremden wieder nach Salzburg bitten. Reinhardt inszeniert dort die alten »Halleiner Weihnachtsfestspiele« aus dem 15. Jahrhundert, die wieder Hofmannsthal »erneuern« dürfte. Zugleich soll – man verhandelt noch – Fritz Busch mit dem Dresdner Orchester musikalische Kunstgenüsse bieten. Für den nächsten Sommer hat man geradezu phantastische Pläne. Die New Yorker Metropolitanoper soll komplett zum ersten Male auf dem Kontinent erscheinen und unter Bodanzky und einem bedeutenden Italiener sowie unter Mitwirkung von Marie Jeritza eine Reihe von Vorstellungen geben. Die Verhandlungen stehen bereits vor dem Abschlusse. Der Wiener Gesandte Beaumarchais fördert den Plan, der ein Gastspiel der Pariser Comédie Française mit vollständigem Ensemble und Fundus in Salzburg zum Ziele hat. Reinhardt wird 1926 mit seinen ersten Wiener und Berliner Künstlern im Festspielhaus Goethes »Faust« spielen. Richard Strauß hat der Festspielgemeinde bereits für die nächste Festspielsaison zugesagt. Ihm zu Ehren wird ein Straußisches Werk aufgeführt. Daneben wird aber auch die Wiener Oper und wahrscheinlich das Burgtheater, ersteres unter Heranziehung berühmter auswärtiger Dirigenten, Gastvorstellungen geben. Nur dieses Programm kann dann nach Ansicht des Kuratoriums den ganz großen Zuzug aus der Welt bewirken, und gleichzeitige Festaufführungen in München und Bayreuth würden keinerlei materiellen Schaden anrichten können. Freilich wird man zuletzt an maßgebender Salzburger Stelle doch auch daran denken müssen, daß Salzburg eigentlich und hauptsächlich die moralische Pflicht hat, dem Mozartkult zu dienen.

Köster und Korff

*Eine zeitgemäße Betrachtung zur
historischen Methodik*

I.

Wollte man die Geschichte der oder doch einer Wissenschaft schreiben, so dürfte es sich weniger darum handeln, den Zuwachs des Stoffes und der Urteile als vielmehr den Wandel der Methoden aufzuzeichnen. Denn diese sind wahrhaft die wissenschaftliche Substanz, aus deren jeweiliger Beschaffenheit sich stoffliche Neigung und besonderes Ergebnis erst herleiten. Daß die Geisteswissenschaften im letzten Jahrzehnt – der Auftakt zu diesem Ereignis liegt noch um vieles früher – eine methodische Umschaltung erfuhren, ist auch im großen Kreise bekannt; wie sehr diese Wendung aber eine zwangsläufige Allgemeinbewegung des Geistes war und wie wenig sie zufälliges Produkt gelehrter Mode sein konnte, haben doch wohl nur die gespürt, die »dabei« waren.

Um konkreter zu werden: Es begann nicht allein zu den Seltenheiten zu gehören, daß sich unter den begabteren Studenten einige fanden, die das besaßen, was man ausreichende Kenntnisse nennt; sondern sogar die psychologische Fähigkeit, die geistige Voraussetzung zu dieser Art Wissenschaftlichkeit erlahmte. Wem ein über den Durchschnitt erhabenes Gedächtnis eignete – bei der Tiefe des Normalniveaus eine kaum ungebührliche, eine keineswegs unerhörte Anlage – der genoß den billigen Triumph, als Phänomen beneidet zu werden. Und gar der Ruf vom Wissensschatze solcher Professoren, deren geistiges Wachstum vor dreißig, vierzig Jahren begonnen hatte, erreichte die Grenze des Sagenhaften.

Es wäre gewiß bedenklich und ungerecht, zu argwöhnen: die wissenschaftliche Tüchtigkeit der jüngeren Generation habe Not gelitten und leide Not. Das Talent hatte nur seinen seelischen Standort gewechselt. Bis dahin dominierten das Gedächtnis und die daraus hervorgegangenen Methoden der Entdeckung und Erforschung; jetzt erhob sich eine innere Macht, die mehrere Jahrzehnte unfreiwillig gefeiert hatte: das konstruktive, das interpretatorische Denken. Und dieses erschloß andere Wege und andere Ziele. –

Es hieße Mißverständnisse begünstigen, wenn es unterlassen würde zu betonen, daß in den beiden erwähnten Zeit- und Kulturabschnitten Gedächtnis und Deutungsvermögen nebeneinander existierten und einander förderten. So wenig es natürlich zu sagen richtig wäre, daß der heutige Geisteswissenschaftler ohne irgendwelches Gedächtnis und dessen Effekte arbeite, so falsch wäre die Behauptung, daß die Historiker aus dem Ende des vorigen und aus dem Anfang dieses Jahrhunderts ohne jegliche konstruktive Neigung und ohne sinnsuchendes Verständnis wirkten.

Besaß man seinerzeit die ungeheure Summe unverlierbaren Wissens, die zu überbieten und zu bereichern jeder strebte, so besitzt, oder wünscht man doch, heute den vom wuchernden Detail ungetrübten, den freien Blick für historische Abläufe und essentielle, im Werk treuer als in der Biographie erscheinende Charaktere. Der Umkreis dessen, das man sieht oder zu sehen sucht, wurde grandioser; der tatsächliche Inhalt dieses erweiterten Gesichtskreises lichtete sich und verlor an Konsistenz. Die ältere Generation hatte das Gegenteil in diesem Verhältnis von Umfang und Inhalt seelischen Besitzes erfahren.

Und das ist eine billige Notwendigkeit menschlicher Einschränkung; eine Normalgrenze geistiger Leistungsfähigkeit wird selten überschritten. Beide Generationen standen (und stehen) im Dienst ihrer spezifischen Begabung und Berufung, und beide mußten auf Höchstleistungen verzichten, soweit sie sich auf den Bereich anderer geistiger Kräfte gründen sollten. Ernst Troeltsch – der trotz seines Jünglingsherzens Verstorbene – erkannte, wie feindlich sich diese beiden Generationshaltungen wären und daß der jüngeren die nächste Zukunft gehörte. Deshalb beschwor er, leidenschaftlich, vom Katheder herab seine jugendliche Hörerschaft: das unermeßliche Wissen (»den Schulsack«, wie er es nannte) abzustreifen, wenn sie in der ihr gemäßen Form Wissenschaft treiben wolle; deshalb warnte er vor dem Historismus; deshalb riet er, »sich künstlich zu bornieren«.

Und wenn die Wirklichkeit eines geschichtlichen Wandels dadurch erhärtet werden kann, daß dieser Wandel sinnvoll deutbar ist, so ist der besprochene Wechsel wissenschaftlicher Methodik und ihrer Grundlagen von nicht länger zu leugnender Realität. Denn so wahrscheinlich es sein mag, daß spezifische Begabung auf der einen zumeist spezifische Minderwertigkeit auf der anderen Seite bedingt, so sicher ist es: daß das Talent historischer Auslegung das Vorhandensein exakt deutbaren Materials voraussetzt. Mit anderen Worten: Die unermüdliche und unerreichte Kleinarbeit der vorletzten Epoche war nur scheinbar Zweckgebilde; geschichtlich besehen war sie Mittelwert, war Bedingung, ohne die jede Mühewaltung gegenwärtiger Wissenschaftlichkeit fruchtlos bleiben müßte; und sinnlos wie der Bau eines Stockwerks in die bare Luft.

Welche Art der Mittlerschaft nun seinerseits das heutige Wissenschaftsgebaren übernehmen wird; welcher Wirkungsweise es einst zu dienen hat, mag vielleicht noch zweifelhaft sein. Außer Frage steht jedoch, daß sie Mittel und Material für die Zukunft bedeutet.

Und das Gefühl, zu dem beide Generationen mit gleichen Anteilen berechtigt sind: in einseitiger Kraftentfaltung – denn die reinliche Synthese setzt geniale Gabe voraus – am Wissenschaftsgebäude mitgebaut zu haben, – dies Gefühl sollte wohl eine wechselseitige Achtung und ein Verständnis beider Parteien gewährleisten. Doch der zwischen zwei Generationen vermutlich notwendige Zwiespalt herrscht auch in der wissenschaftlichen Disziplin, die gerade das historische Verstehen zum Beruf hat. Und die ältere Partei trifft hier das größere Unrecht; denn es gibt vor dem Forum der Geschichte keine größere Schuld, als zu den Älteren zu gehören. –

Es läge jenseits des engen Rahmens: sollte dieser allgemein gefaßten Vorbemerkung eine gleich extensive Ausführung folgen. Die erwähnte Umschaltung der Methoden kann hier nicht am Gesamtkomplex der Geisteswissenschaften, noch an der Literaturgeschichte, noch auch an der Germanistik dargestellt werden. Von den zahlreichen Modifikationen dieser Wandlung in den verschiedenen Gelehrtenindividualitäten wird gleichfalls zu schweigen sein.

Es gilt: sich auf eine Skizze der Eigenart und des Werkes zweier Männer zu beschränken, von denen der eine bis zu seinem Tode an der Leipziger Universität wirkte; von denen der andere den leergewordenen Platz in diesen Tagen einnahm. Es gilt: Albert Köster und H. A. Korff in ihrem wissenschaftlichen Wesen zu konfrontieren und sie als Vertreter der zwei Generationen zu erweisen, von denen die Rede ist. Denn hier verbirgt sich das Bedeutsame, das Überlokale der Sachlage: daß es sich um einen Systemwechsel handelt; um einen Schritt in die Gegenwart.

Und damit um einen Schritt in die Zukunft.

Albert Köster als Prototyp der älteren wissenschaftlichen Generation in Anspruch zu nehmen, mag gewagt erscheinen; gewiß nicht deshalb, weil er mit jener jungen Generation, von der die Rede ist, wesentliche Berührungspunkte gehabt hätte, sondern da er Literarhistoriker erst in zweiter Linie, vor allem Literaturliebhaber im vornehmsten Wortsinne war. Doch auch diese persönliche Besonderheit findet ihren letzten Grund in seiner wissenschaftlichen Parteinahme oder besser: beide sind des gleichen Ursprungs und Alters und wären in ähnlicher Paarung und Prägung im jüngsten Gelehrtentum nicht möglich.

Kösters Wesen objektiv zu würdigen, setzt voraus, daß man ihn kannte. Die wenigen Bücher, die er schrieb, lassen ihn nicht deutlich erkennen; eher noch die vielen Bücher – das Paradoxon sei erlaubt – die er nicht schrieb. – Er hatte mit untrüglichem Feingefühl und erstaunlicher Beharrlichkeit eine theatergeschichtliche Sammlung vereinigt, wie sie niemals sonst besessen wurde. Und nicht das ist entscheidend, daß er mit diesem unvergleichlichen Mittel keine großzügige geistige Spekulation trieb: in einem kaum erforschten, der Kultur wartenden Areal und zugunsten der anderen, von diesem Grenzgebiet aus noch nie bereisten geschichtlichen Bezirke (denn er machte mit Recht geltend, daß zuvor tausenderlei Kleinarbeit zu leisten sei, der er sich willig und mit Meisterschaft unterwarf), sondern bezeichnend ist, daß er, diese Konstruktionen und Deutungsversuche vorzunehmen, kein brennendes Bedürfnis empfand. – Mit dem Taktgefühl eines Beichtvaters der Historie und mit Hilfe eines kombinatorisch vollendeten Scharfsinns nötigte er die fragmentarische Überlieferung zum Sprechen; und diese, seine Einzelergebnisse waren unangreifbar; hierin wirkte sich die gelehrte Seite seiner Persönlichkeit aus. Und mit einer an Fanatismus grenzenden Zärtlichkeit behütete und adorierte er seine Sammlung: und das war die Einstellung des Liebhabers der schönen Künste.

Vor dem sehnsüchtigen Verlangen, von diesem und von anderen Gebieten gewaltige historische Aspekte zu erzwingen, warnte er wie ein Prophet. Vermeidung jeglicher spekulativen Tätigkeit gehörte ihm zur Wissenschaftshygiene, ohne deren Berücksichtigung die Forschung krank werden und untergehen müsse. – Nicht daß hier der wilden Dialektik in einem Vakuum der Kenntnisse das Wort geredet werden soll; nicht daß hier die Fehlerquellen auch einer verantwortungsbewußten Spekulation unbeachtet blieben, – festgestellt wird nur, daß Köster den produktiven Wert, den arbeitsmethodischen und persönlichen Ertrag solcher Kultursystematik geringschätzte angesichts der mit jeder Großzügigkeit verbundenen Brutalität am Einzeldatum. Und diese Entscheidung beweist untrüglich, für welche der Parteien sein Geist optierte, der – um zwei weitere Besonderheiten zu erwähnen – Kulturgeschichte als Disziplin wenig schätzte und philosophischer Organisation nicht bedurfte.

Diese negativen Befunde würden mißdeutet, wollte man mit ihrer Hilfe Kösters wissenschaftlichen Charakter herabsetzen; sie sind vielmehr dazu angetan, die Folgerichtigkeit seiner Struktur zu bestätigen. Sie besagen nur: dies und das besaß er nicht; sie besagen keineswegs, daß ihm dies und das mangelte. Ihr Besitz widerspräche seiner Geistesform, die harmonisch war. Die Grenzen, die er der Wissenschaft steckte, fielen mit dem Profil seines Gelehrtencharakters zusammen.

Köster und Korff

*Eine zeitgemäße Betrachtung zur
historischen Methodik*

II.

Kösters reifste Schöpfung – neben frühen Forschungsergebnissen – war wohl das germanistische Hauptseminar, dessen Abendsitzungen ihm oft Anlaß zu pädagogischen und gelehrten Höchstleistungen boten. Es war meisterlich, wie er in den letzten Minuten dieser Doppelstunde die studentische Verwirrung schlichtete, die thematische Frage ins Licht stellte und das erörterte Werk oder den diskutierten Dichter bis zu greifbarer Plastik herausarbeitete. Hier erwies er sich als das, was er unvergleichlich sein könnte: der feinfühlige Virtuos des literarhistorischen Minaturporträts.

Und diese Eigenschaft macht sein posthumes Werk »Die deutsche Literatur der Aufklärungszeit« (C. Winter, Heidelberg 1925) wertvoll. Die Absicht, jene Epoche entwicklungshistorisch zu zeichnen, wurde vor Kösters fragmentarischem, proportional wenig geglücktem Buch bereits restloser verwirklicht und steht kaum im Verhältnis zu der langen Zeitdauer, in der das Werk entstand. Seine Bemühung, den belanglosen Streit zwischen Gottsched und den Schweizern traditionsgemäß zu überhöhen, läßt die mangelnde Berechtigung des Versuches klar erkennen (Seite 49), und dadurch, daß er nur selten die Abneigung des Hanseaten, der er war und blieb, gegen sächsisches Wesen verleugnen kann und will, erfährt das Gesamturteil über diese sächsischste aller deutschen Perioden notwendig Entstellungen. Aber das Talent des Porträtisten vermag zu entschädigen: die Charakteristik Gellerts ist vortrefflich; und Lessing wurde nie vordem so sicher als Übergangsnatur erfaßt wie hier.

Es muß auffallen, ohne darum zu überraschen: daß die Germanisten der letzten Generation, zu denen H. A. Korff gehört, irgendeine Epoche des deutschen Geistes favorisieren und deren Grenzen nur verlassen, um jene den anliegenden Zeitgebieten sinnvoll einzufügen. Cysarz erwählte sich das Barock; Unger den Sturm und Drang; Strich die Romantik in ihrer Antithese zur Klassik; Korff das Goethe-Zeitalter. Die Wahl erklärt sich aus geistiger und ästhetischer Wahlverwandschaft (oder deren Extrem, und dies bedeutet hier dasselbe). Das ist belangvoll: denn der Drang, ein Stück Vergangenheit als sinnvollen Organismus darzustellen, setzt einen Grad des Verstehens voraus, der durch einen bloßen Akt des Intellekts niemals erreicht werden kann. Es geht dabei auch um außergelehrte, um weltanschauliche Konfession. Und ohne die Übereinstimmung der persönlichen seelischen Schwingungen mit denen des jeweiligen geschichtlichen Zeitgeistes wird gemäße Interpretation unmöglich bleiben müssen.

Freilich, diese Interpretation, diese »Sinngebung des Sinnlosen«, dieser bis zur Dämonie aufsteigende Trieb: in erstarrte, lückenhafte Überlieferung Leben und Geist zu treiben und in einer flüchtigen Erscheinungskette Wesen und Bedeutung zu erkennen, mag vielleicht niemals reine Wissenschaft sein. Und eine Parallele wird der Klärung dienen können: Erkenntniskritik lehrte die Philosophen, Metaphysik als Abirrung vom exakten Wissenschaftsweg zu scheuen. Trotzdem starben Versuche metaphysischer Systematik nicht aus; trotzdem mußte auch der Klassiker aller Erkenntnistheorien, mußte Kant selber in den Postulaten der praktischen Vernunft Metaphysik billigen. Und: Metaphysik mag verachten, wer ihrer nicht bedarf. Sie wird deshalb nicht verächtlich werden.

Des Vergleichs Nutzanwendung: Wer die neue Literaturgeschichtsmethodik gering schätzt, mag nicht glauben, daß sie dadurch geringer würde. Die »Metaphysiker unter den Germanisten« haben eine Aufgabe zu leisten, die ihrem Wesen und dem Gefüge und Ziel der Zeit zukommt. Und sie erfüllen diese Schicksalspflicht, sobald sie ihre Synthese im Anschluß an ihre Wegbereiter und auf Grund eigen erarbeiteten Materials entwickeln.

Korffs »Voltaire im literarischen Deutschland des 18. Jahrhunderts« (bei C. Winter, Heidelberg) darf im weitesten Sinne als Zeugnis für das Streben gelten, jenes Jahrhundert deutscher Kultur als Komplex künstlerischer, philosophischer, kritischer, historischer und anderer Einzeldaten zu erkennen und erkennen zu lassen, und zwar unter der Bewältigung eines grandiosen Materials. Voltaire, dessen Persönlichkeit und dessen Œuvre die deutsche Aufklärung und später den deutschen Idealismus gewaltig beeinflußten – Voltaire erfuhr im eigenen Wesen und in fremder Geltung viele Metamorphosen, ehe er seine Macht einbüßte und dem großen Briten den Platz räumen mußte. Man kann sagen, daß Shakespeare und Voltaire in ihrem Bezug zum deutschen Geiste zu verfolgen, der Gewinnung des totalen Aspekts von deutschem Wesen und Werden in jenem Jahrhundert gleichkommt. Und so schuf Korff in seinem »Voltaire« die polare Ergänzung zu Gundolfs »Shakespeare und der deutsche Geist«; so schenkte er der Gegenwart ein diesem Buch ebenbürtiges, wenn auch anders konzipiertes und ausgeführtes Werk. Des Franzosen hundertfältige Tätigkeit wird in ihrer tausendfältigen Wirkung und Wandlung sorglich begleitet. An der Verschiedenartigkeit der Stellungnahme zu diesem einen Voltaire, der eine europäische Großmacht war und gleich einer solchen verfiel, werden die Mannigfaltigkeit und die Entwicklung der deutschen Geister, in diesem Spiegel der Zeit wird der Charakter des deutschen Geistes bis ins Subtile erkannt.

Und schon hier, in diesem ungeheuren Reservoir empirischer Forschung, wird es unternommen, den Ablauf und das Nebeneinander jener Strömungen als organisches Ganzes begreifbar zu machen, die in ihrer Gesamtwirkung und in ihrem Gegeneinander das humanistische Kultursystem konstituieren. – Doch während dieses Korffsche Grundaperçu in dem Doppelband des »Voltaire« Ergebnis bedeutet, ist es in seinen folgenden Büchern der Ausgangspunkt. Von dieser Sinn- und Lichtquelle aus, empfängt nun alles, was ihr nahe gebracht wird, höchste Klarheit und tiefste Bedeutung. Nichts, keiner der äußeren Tatbestände kann länger isoliert bestehen; jedes Faktum gerät in das wundertätige Magnetfeld der großen, wahren Idee und erhält so seine notwendigen, subjektiv und objektiv gültigen geometrischen Orte der Bedeutung im System zugewiesen.

Zwei Vortragssammlungen – »Humanismus und Romantik« und »Die Lebensidee Goethes« (beides bei J. J. Weber Leipzig publiziert) – gehören zu diesen späteren Büchern Korffs. In immer prägnanter werdender, in stets erstaunlich bleibender Formulierung rekapituliert er jene Jahrhunderte, deren letzter Sinn die geschichtliche Entwicklung des Humanitätsideales ist; mit psychologischem Spürsinn und dank einer untrüglichen ideengeschichtlichen Sehweise erblickt und betrachtet er Goethes – dieses Ideals klassischer Inkarnation – Wandlung, Werk und Wesen. Humanismus, Renaissance, Reformation, Aufklärung, Sturm und Drang, Klassik – das sind die Epochen, deren Sonderwert, deren Folge und deren Verquickung unter dem Gesetz jener weltbejahenden Idee stehen, die »Leben« heißt und »Humanität« will; jener Idee, die den deutschen Geist einen »Kursus der Menschlichkeit« absolvieren ließ, dessen zeitlicher Beginn und dessen Ende von metaphysikträchtigen, christlichen, weltabgewandten Ideensystemen begrenzt oder überschnitten wurden.

Aus der Gruppe dieser einander wurzelhaft verbundenen und zugleich antithetisch sich widerstrebenden Humanitätsetappen, deren Gesamtheit zwischen Mittelalter und Romantik eingebettet liegt, greift Korffs Deutungsbedürfnis und -vermögen vor allem die Spätstationen heraus: die aus der Revolution gegen die erstarrte Aufklärung geborene Zeit des neuen Irrationalismus und Subjektivismus, die im Sturm und Drang ihre problematische Jugend, in der Klassik ihre ideale Reife und damit die des Kultursystems überhaupt erfuhr.

»Geist der Goethezeit« (J. J. Weber, 1. Band) heißt das erst zum Teil veröffentlichte, große Werk, welches der Durchdringung dieser Bezirke vorbehalten ist. »Sturm und Drang« lautet der Untertitel des ersten Bandes, der weit mehr ist, als eine Analyse und Eingebung der »Geniezeit« und der eine Einleitung enthält (»Ideengeschichtliche Grundlagen«), der schlechterdings nichts an die Seite gestellt werden könnte. Wie hier und in den Betrachtungen über den Irrationalismus der Weltanschauung, der Dichtung, der Kultur- und der Kunstauffassung des Sturm und Drang das weithin Gewußte aus seiner Zerfallenheit aufgerüttelt und zu einem klar gefügten Bau geeinigt wird; wie aus einem sorglich erwählten Material die großartige Struktur der Epoche heraustritt, das ist meisterhaft gekonnt. Und wie solche Gestaltung allein mit dem Rüstzeug der Wissenschaft nicht möglich wäre, so ist das Buch auch nicht nur für die Wissenschaft bestimmt. Es ist ein Werk, das die Epoche beschwört, die den Begriff des Lebens inthronisierte; es ist ein Werk, das vom Leben her konzipiert wurde; und es ist ein Werk, das allen wahrhaftig Lebendigen gilt. Und das heißt, all denen, die aus dem Labyrinth der bloßen Tatsachen hinausverlangen, um vom Berg der Deutung aus den Sinn der Vergangenheit zu begreifen, ohne den auch die Gegenwart ein tödliches Labyrinth bleiben muß.

Klaus Mann und Erich Ebermayer lesen Eigenes

Die Beurteilung wäre simpel genug, wenn diese beiden Autoren nicht so ernstlich darauf bestünden, als Vertreter oder gar als Exponenten der jüngsten Generation gewertet sein zu wollen. Sie scheinen geneigt, auf jede künstlerische Selbsteinschätzung zu verzichten, solange man ihnen nur zubilligt, daß ihre Opera Essenz neuesten revolutionären Wollens und Fühlens bedeuten. Entweder: sie haben recht, und dann darf man sich ungesäumt auf die andere Seite drehen und die übernächste zukünftige Jugend erwarten. Oder: sie sind im Irrtum, und dann ist es an der Zeit, diesen Irrtum aufzudecken.

Nun, es ist wohl an der Zeit! Das Alter des Taufscheins vermag nichts über das wahre Alter des Inhabers auszusagen. Und die innere berufende Stimme kann auf Selbstsuggestion beruhen. Untrüglich ist allein das Werk. Und betrachtet man dies, muß man urteilen: Jung daran ist die Oberfläche allein; der Kern ist Epigonentum. Jugendlich wirkt einzig das typisch Jugendliche: das Sexuale, das Empfindsame, das Intellektfeindliche, das Elternfremde, – alles Züge, die nur für's Jungsein überhaupt zeugen, nicht für das von heute.

Klaus Mann mag ein feinfühliger, einsamer, abenteuernder, sehnsüchtiger Knabe sein. Ja, er ist es; und er hat die Gabe, es ehrlich mitzuteilen. Das ist nicht wenig. Aber er teilt es durch die Worte, durch die Bilder, durch die Satzgefüge der Väter mit – zuweilen, wenn es ihm besonders gelingt, durch die des Vaters. Also: nichts spricht gegen sein späteres Kunstvermögen, doch auch nichts dafür. Man muß abwarten, und es muß ihm viel sagen, wenn man warten will. Seine Kaspar-Hauser-Legenden sind schwermütige geheimnissuchende Märchen, ohne rechte Substanz, lyrische Wellen eines typischen Gefühls. Und das Romankapitel, das er las: das Gespräch, der Monolog eines Jünglings am Bett des kranken Freundes, – es ist nichts anderes. – Die Zukunft soll, sie allein kann hier entscheiden.

Erich Ebermayers Talentrichtung scheint schon entschieden. Vorläufig wenigstens läuft sie, seinem Wunsch entgegen, in die Vergangenheit hinein. Die Themen stellt er sich aktuell und von außen her: die Konflikte sind Sexualwirrnisse junger und alternder Menschen. – Der Stil, die Technik, der Ton aber sind der Jugend und der Eigenart bar. Vor keiner Trivialität des Ausdrucks wird halt gemacht. Banalitäten drängen sich dicht; denn sie finden nebeneinander kaum Atemraum. – Vielleicht – und dies scheint die äußerste Hoffnung – wächst hier ein Unterhaltungsschriftsteller wider Willen.

Der Gesamteindruck war zwiespältig. Manchmal empfand man: Sie sind wirklich jung, aber sie können wenig. Und manchmal: Sie können schon etwas, aber sie sind nicht jung.

Der Staat als Gouvernante

In Berlin läuft ein russischer Film, der die Matrosenmeuterei auf einem Kriegsschiff der Schwarzen-Meer-Flotte (im Jahre 1905) zum Gegenstand hat. Seine künstlerische Geschlossenheit soll – nach dem Urteil der Kenner – vollendet, und seine

Wirkung muß – da alle es hingerissen versichern – gewaltig sein. Das Reichswehrministerium verbot daraufhin den Offizieren und Mannschaften den Besuch der betreffenden Lichtspieltheater. Die deutschnationale Fraktion stellte einen Antrag, um die Darbietung des Sowjetfilms auf dem Verordnungswege zu sabotieren; und das Kabinett Luther wäre (hätte es die Himmelfahrt nicht vorgezogen) dem »patriotischen« Wunsche gewiß geneigt gewesen. Einzig die politische Krise amnestierte das Kunstwerk. Doch was diesem Zufall glückte, entschuldigt in keiner Weise das eben nur verhinderte Streben bestimmter Parteien, den Staat zum Vormundschaftsgericht seiner unmündigen Bürger zu machen.

Paris erfuhr im April einen verwandten Fall. In der Comédie Française wurde ein Drama aufgeführt, das »Das Wrack« heißt und einen General a. D. zeigt, der wissentlich von den Einkünften aus den Ehebrüchen seiner Frau lebt. Frankreichs »nationale« Kreise delirierten. In der Kammer kam es zu wilden Szenen. Die Absetzung des Schandstücks wurde schreiend gefordert. Aber der Bildungsminister, der die Aufführung, und sein Vorgänger, der die Annahme des Schauspiels zu verantworten wußte, gaben nicht nach. So schien die Niederlage des »faschisme« vollkommen, als die Autoren selber ihr Drama der Öffentlichkeit entzogen, da sie es abscheulich fanden, daß ein Kunstwerk zu politischer Hetze mißbraucht wurde.

Ist denn der Künstler der Dekorationsmaler im Staatsgebäude? Will man sein Herz in die Uniform stecken? Wird der Fahnenmast zum Rohrstöckchen? In Spanien schleuderte kürzlich eine behördlich an der Hand geführte Prozession die Werke und die Porträts von Unamuno und Ibanez – es sind Spaniens bedeutendste und darum verbannte Autoren – ins Feuer, als gelte es, die zwei Schriftsteller in eigener Person zu verbrennen. Mit diesem Schritt ist das 20. Jahrhundert auf dem Scheiterhaufen angekommen; seine Konkurrenz mit dem Mittelalter verspricht Erfolg.

Ganz Europa hielt sich die Seiten, als im letzten Jahre Dayton in den Vereinigten Staaten gegen die Wissenschaft prozessierte und ihr den Darwinismus zu verbieten trachtete.

Wozu das Gelächter! Auch Europa hat seine Affenprozesse! Und Deutschland liegt nicht nur geographisch im Herzen dieses bedenklichen Kontinents. Der Dramatiker Zuckmayer, der Maler Zille, der Schauspieler Gärtner und mancher andere werden das bestätigen können. Staat und Kleinkinderbewahranstalt sind nicht ohne weiteres dasselbe. Forschungsergebnisse, Kunstwerke, weltanschauliche Versuche vermag der Staat nicht zu fördern; und nichts berechtigt ihn dazu, sie zu verhindern. Wissenschaft, Kunst, Philosophie und Religion sind Wertgebiete, die nirgends an den Staat grenzen. Wenn sie ihn kritisieren, – auch ihm soll das Recht unbenommen bleiben, sein Urteil über sie abzugeben, falls er es kann und selbst, wenn er es nicht könnte. Wissenschaft, Kunst, Philosophie haben keine Angst hiervor. Eine Staatszeitung mit kritischen Beiträgen dieser Art würde fraglos ein amüsantes Kulturdokument werden. Freilich kein Staat brächte den Mut auf, der dazu nötig ist. Doch strikte Verbote erläßt ein jeder, denn dazu bedarf es nicht des Muts, sondern der Angst.

Warum aber hat der Staat Angst vorm politischen Kunstwerk? Er sieht in ihm ein staatsgefährliches Agitationsmittel. Und ist im Irrtum. Die übliche Unterscheidung zwischen »reiner« Kunst und Tendenzwerken ist falsch; denn jedes Kunstwerk hat eine »Tendenz«. Ob diese auf dem Gebiete der Erotik, der Menschlichkeit, des Glaubens, der Phantasie oder der Politik liegt, ist einzig Sache des Künstlers, der ein Ideal bekennen oder eine Enttäuschung beichten will und muß. Sein Produkt ist entweder eine Konfession; oder es ist kein Kunstwerk. Konfessionen aber sind sakrosankt; und nur kunst- und konfessionslose Erzeugnisse darf die Zensur kassieren; doch nur die Kulturbehörde ist dazu ermächtigt, die »Schmutz und Schund« verfolgt; die politische Instanz hat auch hier keinen Zutritt und kein Recht. Fragt sie danach nicht und braucht sie Gewalt, so benimmt sie sich anmaßend.

Noch einmal: staatsgefährliche Kunst gibt es nicht; weder für den Dichter noch fürs Publikum, sondern einzig für den »Staat« selber. Das Publikum, das die Meuterei auf einem russischen Kriegsschiff im Bilde verfolgt, wird vielleicht erschüttert, gerührt, mitleidsvoll. Wer aber käme auf die absurde Idee (unter Tausenden von Zuschauern) seinen Mantel in der Garderobe zu holen und, gleich den geschundenen Matrosen, Revolution zu machen? Wer dies täte, hätte es schon vorher gewollt. Und wer es vorher schon wollte, bedurfte des Films nicht, um es zu tun. Daß Kunst und Demagogie nichts miteinander gemein haben, hat seinen tiefen Grund im Wesen des Kunstgenusses. Der Zuschauer, der Hörer, der Leser erlebt durch das Kunstwerk Gefühle, die ihn zu den Personen – etwa eines Dramas – in Beziehung setzen. Er liebt sie, er haßt, er verachtet, er bemitleidet sie; aber er teilt erst in zweiter Linie ihre eigenen Leidenschaften. Er besucht eine Aufführung des »Othello« und wird von der gepeinigten Liebe des Mohren zu Tränen des Mitleids gezwungen; niemals aber – er sei denn irrsinnig – dazu, seine Gattin im Bett zu erwürgen, wie es Othello tut! Der Mohr wird von Eifersucht und Liebe zum Mord gedrängt; der Herr in der Loge von Mitgefühl und Kummer zum Schneuzen, – der Unterschied sollte auffällig genug sein.

Er ist's; und er gilt, in taktvoll gezogener Parallele, für jedes Kunstwerk und für jeden, der es genießt. Vorhin wurde gefragt: Warum hat der Staat Angst vorm politischen Kunstwerk? Jetzt darf die Antwort gegeben werden; sie lautet: Diese Angst ist grundlos, die Staaten sehen Gespenster. Und es werden nicht genug wahrhafter Kunstwerke geschaffen, als daß sie dieser unklugen Gespensterfurcht geopfert werden dürften. Zensur echter Kunst ist strafenswerter Eingriff ins keimende Leben der Kultur.

Darum müßten die Paragraphen gerechter und menschenwürdiger Zensur lauten:

§ 1: Jedes Kunstwerk ist unantastbar.
§ 2: Nichtkunstwerke mit ehrlicher Tendenz sind statthaft.
§ 3: Nichtkunstwerke mit gehässigem Inhalte müssen verboten werden, da sie unter die Kategorie »Schmutz und Schund« fallen.

Nur so verlöre der Staat das Odium: Gouvernante seiner Bürger zu sein; nur so erwürbe er sich Anspruch darauf: ihr Erzieher zu werden. Dann könnte das Volk mit ihm zufrieden sein; und niemals brauchte er intolerante Maßnahmen für nötig zu halten. Denn Intoleranz und Angst sind identische Begriffe.

Rund um die Plakatsäulen

Litfaßsäulen in Gala! Stehen wichtig an den Straßenkreuzungen, als wären's Leuchttürme der öffentlichen Meinung. Und sind doch nur konzessionierte Störungsstellen in Wort und Bild. – Keiner kann ohne weiteres vorüber. Jeder macht halt: Briefträger und Bankbote, Fleischergeselle und Student, Prokurist und Rollkutscher. Alle nehmen davon Kenntnis, daß den armen Fürsten »Bett und Trauring« geraubt werden sollen. Wie rührend! Was werden bloß die Kaiser, Könige und Kronprinzen ohne Trauring anfangen? … Und ohne Bett! –
Jeder, der's liest, beblinzelt vorsichtig den Nebenmann. Richtig, der lacht auch. Sie lachen alle? Nein: ein vornehm gekleideter Herr, der nicht gerade täglich fremde Menschen auf der Straße anzusprechen scheint, ist blaß vor Ärger und wendet sich den anderen zu: »Ich wollte nicht gehen«, sagt er hastig und leise, »ich wollte nicht stimmen. Aber jetzt – jetzt geh' ich doch! Haben Sie gelesen: die Fürsten fielen nach der Enteignung der Armenfürsorge anheim? Pfui Teufel, für wie dumm hält man uns!« (Uns – sagt der feine Herr zu dem Rollkutscher und dem Briefträger …)

»Wa… was wird das Au…«, stottert einer daher, »das Ausland sagen? Denen schmei… schmeißen sie das Geld nach, aber sonst ha… haben sie keins …«

Die andern hören ihm höflich zu. Keiner denkt daran, das Gestotter zu belächeln. –

Ein »Arbeitsloser« zeigt resigniert auf sein kleines Mädel, das sich schüchtern an ihn preßt: »Wenn dafür paar Schuhe gebraucht werden – und man liegt auf der Straße – müssen's fünfzehn Herren genehmigen. Hat man die Stiefel für so'n Kind endlich und findet Arbeit, kommen sie gerannt und ziehen das

Geld wieder ab. Da fehlt's natürlich; aber hier hat man's milliardenweise.«

Ein zittrig alter Mann, ein Rentner, sagt gequält: »Die Gerechtigkeit schützt man vor. Jawohl, die Gerechtigkeit! Und wo sind wir geblieben mit unserm Ersparten?« Er wird laut, klopft mit dem Stock aufs Pflaster und ruft bitter: »Wo ist denn die Gerechtigkeit?« – Ganz still ist's um ihn geworden, bis eine resolute Frau den Kopf schüttelt und sagt: »Hoffentlich ist das Volk vernünftig ...«

Ein Fleischer mit prächtig tätowierten Armen knurrt: »Bauernfang verfluchter«, besinnt sich auf etwas und fährt fort: »Was machten sie mit gemeinen Soldaten, die fahnenflüchtig wurden? He? Man knallte sie hübsch über den Haufen. Und hier? Hier schickt man Waggons voll Geld hinterher!«

Jungen, die aus der Schule kommen, belagern einen Bilderbogen, auf dem unter anderem zu sehen ist, wie ein Mephisto in knallrotem Jackettanzug einer Gemüsefrau mitteilt: ihr Laden gehöre bald den Kommunisten. – Die Kinder amüsieren sich »königlich« ...

»Wenn das Dienstmädel stimmen geht«, behauptet ein Straßenbahner, »kriegt sie gekündigt. Ist das denn ein Volksentscheid? Der Terror, wissen Sie, das ist das Gemeinste. Die Herrschaften denken, mit uns können sie's machen.«

Empörung geht um. Das Volk fühlt sich nicht bekämpft, sondern betrogen. Es ekelt sich vor diesem Kampf hintenherum ... Der zittrig alte Mann fragte: »Wo ist denn die Gerechtigkeit?« Möchten ihm 20 Millionen Deutsche antworten!

Kirche und Radio

Niemand sage, die Kirche sei konservativ. Sie beginnt – recht im Gegenteil – sich die Güter des Fortschritts derart nutzbar zu machen, daß zu befürchten ist, die Gegenwartstüchtigkeit der Kirche werde den Sinn und die Würde ihrer Religion ernstlich in Frage stellen.

Irgendwo an der Waterkant (in der Nähe von Emden) liegt eine Gemeinde – unter andern ihresgleichen –, die aus alter Gewohnheit eine Kirche, aber keinen Pfarrer besitzt. Kürzlich nun kamen diese modernen Christen auf den beachtenswerten Einfall (und führten ihn aus): ihren Kirchturm mit einer Antenne zu schmücken und auf der Kanzel einen Lautsprecher festzuschrauben. Seitdem braucht die Gemeinde den Seelenhirten des Nachbardorfes weder zu sich zu bitten noch zu bezahlen – es sei denn, daß er Urheberrechte geltend macht – noch zu befahren, daß der Herr Pastor wütend mit der Faust auf die Kanzel des Hauses schlägt, wodurch der Schlaf des Gerechten nur allzu leicht gefährdet wird. Hoffentlich ist der Lehrer oder Küster des Ortes kein Schalk; sonst wäre möglich, daß dem Kanzeltrichter zuweilen irgendeine fesche Tanzmusik oder zwerchfellerschütternde Komikerei entströmte und den andächtigen Schlummer unsrer braven Sonntagsfrühchristen gräßlich behinderte.

Der gläubigen Phantasie sind – dank der flotten Nordsee-Gemeinde – nicht länger Schranken gezogen: zu Weihnachten und ähnlichen Festivitäten macht gewiß schönsten Effekt vor dem Altar eine Filmleinwand, auf der im Bild sichtbar würde, was der Lautsprecher aus den Evangelien weihvoll dahertrichtert. Und: kommt der Herr Pastor nicht mehr zur Kirche, so dürfen die Bauern gleicherweise ihren vergänglichen Leib zuhaus lassen. Sie legen sich ebenfalls Radio und pflegen der Andacht im warmen Familienbett oder am Stammtisch im Blonden Löwen. Die Kirche würde dann am besten pfundweis auf Abbruch verkauft oder an den durchreisenden Wanderzirkus mit Nutzen verpachtet.

Noch andre beherzigenswerte Vorschläge wären zu machen. Sie sollen verschwiegen werden. Die Rücksicht eines Freidenkers geht weiter als die der Kirchengläubigen selber.

Einundzwanzigfacher Mord?

Ein Zug rast durch die Nacht. Der Regen treibt wässrige Linien über Wagenfenster, hinter denen dunkles Land und dunkler Himmel, Masten und Zäune vorbeifliegen. Es ist zwei Uhr ... Die Fahrgäste hocken müde auf den Bänken, versuchen zu schlafen, öffnen zuweilen mühsam die Augen, schließen sie wieder. Irgendwer preßt das Gesicht an die Glasscheibe, hört die Monotonie des Regens, legt den Kopf langsam zurück in den zerwühlten Mantel, sieht die Uhr: zwei Uhr fünf Minuten: Denkt wohl: Bald Hannover. –

Und dann ein Ruck. Ein Krach! Der Wagen sinkt schräg. Schreie gellen Gänge entlang! Schwankend torkelt der Zug vorwärts. Aus den Schienen. Eine Böschung hinunter! Die Lokomotive rennt in einen Wald hinein. Bohrt sich tief in den Sand ... Der vorletzte Wagen kippt hoch und reißt den letzten Waggon in Stücke. Nacht. Regen. Schreie. Alle Lichter verlöschten. –

Einundzwanzig verstümmelte Leichen liegen im Bahnhof Lehrte: Ein Brautpaar, ein Kutscher, ein Regierungskommissar, ausländische Studenten, der Lokomotivführer, zwei Ehepaare, Witwen – einundzwanzig Leichen; furchtbare Ankläger!

Aber wer ist schuldig? Schrauben wurden gelockert; heißt es; Laschen wurden bloßgelegt. Aber von wem? Sechs Züge sausten in dieser Schreckensstunde über die gleichen Schienen. Nachts 2 Uhr D-Zug 6; es war der fünfte jener sechs Züge. Und zehn Minuten später, nur zehn Minuten später entgleiste der sechste. – Wer schlich sich in jenen zehn Minuten auf die Gleise und bereitete dort einundzwanzigfachen Mord vor? War es ein Wahnsinniger? Doch ein Mensch allein konnte in zehn Minuten die Mordarbeit nicht vollenden. Waren es also zwei oder drei Irre? Das klingt zu unwahrscheinlich, um wahr sein zu können! Taten es Räuber? Aber es wurde ja nichts geraubt!

Es gibt keinen, der von dem Attentat hört, ohne nach einer Erklärung zu suchen; und keinen, der eine fände. Und diese Sinnlosigkeit des Unglücks ist das Erschütterndste. Sobald Verbrechen ohne Motiv geschehen, ergreift uns mehr als Angst; wir verfallen panischer Furcht. Denn auch vom Mörder fordern wir Gründe, deren Logik ihn zwar nicht freispricht, aber unsern Schrecken besänftigt.

Die Attentäter werden gesucht. Und es liegt wahrhaftig im Interesse der Reichsbahn, daß man sie bald findet. Denn dafür, daß es ein Verbrechen war, spricht nichts. Dagegen aber spricht alles. Nicht nur, daß es eine sinnlose Tat gewesen sein müßte. Sondern auch Dinge, welche die Reichsbahn näher angehen. Es ist bekannt – und nach dem Unglück wurde es noch um vieles bekannter – daß die Schienenverhältnisse des Bahnbezirks Hannover erstaunlich mangelhaft sind. Und wie solch ein mürber Unterbau repariert wird, bewies das Langenbacher Zugunglück in Bayern. Die Reparatur brachte elf Tote ein!

Wie nun, wenn sich die Schrauben von selber gelockert hätten? Sechs Züge rasten in einer Stunde über die Schienen, und beim sechsten hielten sie nicht länger stand? Hoffentlich werden die Attentäter bald festgenommen ...

Die Rettungsaktion der Reichsbahn war auch nicht dazu angetan, das Vertrauen zu steigern. Der erste Hilfszug traf – man scheut sich fast, es hinzuschreiben – nach zweiundeinerhalben Stunde ein. Solange lagen die Schwerverletzten gequetscht und stöhnend unter den Trümmern. Man ließ ihnen Zeit zu sterben! – Solange rüttelten Leichtverletzte und Erschreckte an den Türen der schiefstehenden Waggons und konnten nicht ins Freie. Solange lag diese Schädelstätte im Dunkeln. Und der Regen strömte. –

Und damit immer noch nicht genug! Die Anklage gegen die Reichsbahn muß fortgesetzt werden. Auch wenn dieses Unglück durch Attentat entstanden wäre. Ja, dann erst recht! Seit 1922 sind nächtliche Streckenrevisionen abgeschafft worden. Und die Verwaltung argumentiert wie folgt: Wenn der Bahnmeister auch jede Stunde kontrollierte – was faktisch gar nicht möglich ist – auch dann hatten die Mörder Zeit, Schrauben zu lockern. Weiß denn diese Behörde nichts von einer Furcht vor Überraschung, die bei Verbrechern rege ist? Und konnte der Zufall nicht sogar wollen, daß der Streckenbeamte verdächtige

Gestalten oder Geräusche wahrnahm? Es ist eine vollkommene Fahrlässigkeit, in einer Zeit, da Eisenbahnunglücke zur fürchterlichen Selbstverständlichkeit werden, das Schienengelände Nacht für Nacht ungeprüft zu lassen. Das heißt: Unglück und Verbrechen Vorschub leisten.

Es sollte einundzwanzig Toter nicht bedürfen, derartige Forderungen zu stellen. Und es ist schmerzlich und trübt die Erhabenheit solcher Trauer, Vorwürfe zu machen. Aber muß es nicht sein? Und wann könnten Mahnungen etwas bewirken, wenn nicht angesichts dieser langen Reihe von Bahren?

Bitterkeit mischt sich in unser Mitgefühl. Mußten diese Menschen sterben, wenn alles so war, wie es sein sollte?

Diktatur von gestern

Es gibt Probleme von chronischer Aktualität. Jede Epoche hat die ihren. Sie sitzen wie Krankheiten fest, und alle Zeitgenossen zeigen sich bestrebt, sie durch »Besprechen« zu heilen.

Eines Tages – nachdem sie oft jahrzehntelang wirksam waren – sind sie verschwunden. Aber sie werden von neuen Problemen, von neuen Zeitkrankheiten, abgelöst.

Eines der europäischen Nachkriegsprobleme heißt: Diktatur oder Parlamentarismus? – Daß unsere Zeit von dieser Alternative in Spannung gehalten wird, ist verständlich genug. Der Monarchismus fiel im Kriege, wenn auch nicht vor dem Feind ... Die goldenen Stühle im Staatentheater standen plötzlich leer; und manchen packte das Verlangen, sich auf ihnen niederzulassen. Er dachte: auf einem Stuhl hat auch nur Einer Platz. Und setzte sich. – So fanden Mussolini, Primo de Rivera, Piłsudski, Pangalos ihre Sitzgelegenheit. So folgte der erblichen Diktatur (Monarchie) die persönliche.

Daß dieses moderne Soldatenkaisertum beliebt ist, steht außer Frage. Bezweifelbar bleibt, ob mit tieferem Recht. Daß es Diktatoren gibt und eine Unzahl abwartender Diktaturkandidaten, ist vor allem eine Angelegenheit der Konjunktur und subjektiver Machtträume, nicht aber der historischen Konsequenz. Diktatur wurde zur ausschweifenden Mode, zur individualistischen Verschwendungssucht, deren Kosten die Völker tragen.

Griechenlands Diktator, Pangalos, ist gestürzt und gefangengenommen worden. Nicht zuletzt von denen, die ihm einst zur Macht verhalfen. Das Volk fordert fiebernd Parlament und Republik. Es hat genug vom Selfmade-Monarchen. Übergenug! Eigensüchtig war er, sprunghaft, tyrannisch, charakterlos, geistig ungenügend. Er vermaß sich, für alle die Verantwortung zu tragen. Jetzt legt es ihm ein ganzes Volk als Vermessenheit aus.

Dieser Diktatorensturz ist ein Beweis neben vielen, daß Diktatur zwar noch immer gewollt, aber nicht mehr gekonnt wird. Ihre Zeit ist vorbei. Attentate, Verhaftungen, Putsche, Militärrevolten sprechen es deutlich aus. Doch schon die reine Überlegung tut das gleiche dar: Ein wahrer Diktator – einer, den das Volk ehrt und dem es wie Ein Mann gehorcht – muß, noch lebendig, zum Mythos werden. Er muß befehlen dürfen, daß man ihn anbetet; und niemanden wird es beikommen, zu lächeln. Früher war solche Ernennung zum Gott möglich. Heute?

Doch nicht nur die massenpsychologische Grundlage fehlt der modernen Diktatur und muß ihr fehlen. Auch ihre primitive Gesamtstruktur ist allzu veraltet, als daß sie dem heutigen Staat genügen kann. – Kein Auto, kein Hochhaus, kein Eisenwerk können von einem allein gebaut werden. Und kein einzelner wird es verstehen, die verschiedenen Facharbeiten, die nötig sind, mit berechtigtem Verantwortungsanspruch zu dirigieren.

Dem modernen und bekannten Begriff der Arbeitsteilung entspricht der unbekanntere der geteilten Verantwortung. Anders als geteilt ist wirkliche und wirksame Verantwortung nicht länger möglich. – Es wäre zur Not vorstellbar, daß ein einzelner Mensch ein Haus baut, wie es früher geschah. Er soll es nur bauen! Der Diktator als Erbauer und Erhalter des Staatsgebäudes ist nicht mehr konkurrenzfähig. Europa braucht eine Modernisierung der regierenden Staatsbetriebe, sonst wird es überholt und verliert seine politische Leistungsfähigkeit.

Daß dem antiquierten Prinzip der Diktatur als Ideal das Prinzip des Parlamentarismus gegenübersteht, muß kaum noch gesagt werden. Niemand bediene sich, um zu widersprechen, der üblichen abfälligen Worte, mit denen Parlamente kritisiert zu werden pflegen! Hier ist nicht von irgendeinem zufällig mangelhaften Parlamentarismus die Rede, sondern von diesem als System. Genau so, wie von der Diktatur als Typus geurteilt wurde, so daß deren Ablehnung durch den Fall Mussolini keineswegs korrigiert werden kann.

Diktatur ist heute nur noch etwas für Gemüter aus der Ritterzeit, die vom Staat interessante Unterhaltung, romantisches Blutvergießen und herrliche Siege über Nacht erwarten. Interessant und blutig pflegen ja auch diese modernen Diktaturländer zu sein. Doch man soll die Völker fragen – und nicht die neuen Ritter –, ob ihnen an der Unterhaltsamkeit des Staates mehr gelegen ist als an seiner Ordnung; ob an Revolutionen mehr als am stetigen Fortschritt; ob an Heroismus mehr als an kluger Entscheidung!

Auch in Deutschland gibt es solche Staatsromantiker. Von Zeit zu Zeit machen sie von sich reden. Sie putschen gelegentlich oder planen Putsche. Es geht ihnen alles zu langsam. Sie können bedachtsame Rede und Gegenrede, aus denen sich tatkräftiges Handeln und nützliches Gesetz ergeben, nicht vertragen. Und dieser stetige Weg vom Austausch der Worte und der Gedanken zu Entschluß und Tat ist gerade die typische Arbeitsweise des wahren Parlamentarismus. Sie wollen handeln, ohne nachzudenken. Es liegt ihnen besser. –

Nun, das Volk braucht vor ihnen nicht allzu große Angst zu haben. Diese Diktatur-Schutztruppe treibt Kostümfeste. Diese Reaktivisten trauern vergangenen Zeiten nach, da einer herrschte. Nur ruhig Blut: Leidtragende beweisen, daß der Betrauerte endgültig tot ist.

Die theatralische Sendung der Kirche

Eine Tatsache, gegen deren Peinlichkeit kein Witz hilft: einige Kirchen einer sächsischen Großstadt verlangen Eintritt ... Mein Gewährsmann wollte der Trauung eines Bekannten beiwohnen und betrat zu diesem verständlichen Zweck die Kirche. Genauer ausgedrückt: er war im Begriff, das Portal zu durchschreiten. Da näherte sich ein Kirchendiener und fragte, ob er zu den Festteilnehmern gehöre. Er mußte das verneinen, wunderte sich (doch nicht allzu sehr) über die Neugier kirchlicher Behörden und wollte weitergehen. Da aber teilte ihm der Kichendiener mit: unter diesen Umständen sehe er sich freilich genötigt, ein Eintrittsgeld von 20 Pfennigen zu erheben. Andre Kirchen derselben Stadt fordern gar eine halbe Mark.

Mein Gewährsmann rieb sich die Augen, fand: er träume nicht, kehrte um und versuchte durch ein Seitenportal und ungestört in die Kirche zu gelangen. Aber auch dort wurde ihm von einem Kassierer aufgewartet. Beinah erbost fragte er den Küster, ob das Entree im Abonnement billiger und wie groß der Preisunterschied zwischen Erstem und Mittel-Parkett, zwischen Loge und Tribüne sei. Aber leider erhielt er keine Auskunft.

So wird aus der Kirche ein Komödienhaus. Da die Darbietungen Gesang und Musik enthalten, läßt sich sogar noch präziser urteilen und sagen: Die Kirche wird zur Operette. Ob der Eintritt 20 Pfennige oder 2 Mark kostet, ist wirklich nur eine Preisfrage. Freilich: 2 Mark würde Niemand für dieses Theater ausgeben wollen. Daß der Gottesdienst selber noch kostenlos verabreicht wird, darf wohl als Übergang angesprochen werden. Auch könnten die kleinern Parochien besonders beliebte Prediger zu sich einladen und Schilder anbringen, auf denen stünde: »Heute Gastspielpreise!« Aber Spaß beiseite:

Wenn eine religiöse Gemeinschaft von freiwilligen Gaben ihrer Mitglieder nicht mehr bestehen kann, hat sie bereits zu lange bestanden. Wenn sie ihr Gotteshaus nur gegen Eintrittsgeld zeigt, liegt zutage, daß sich die Sache nicht mehr lohnt.

Mörder in Uniform

Souslieutenant Roucier hat, mit etwa sechs Revolverschüssen, einen Germersheimer Arbeiter getötet, einen Fuhrmann beinahe tödlich und einen Schuhmacher bedenklich verwundet. Er hat keineswegs – obwohl Havas es so interpretieren möchte – aus Notwehr gehandelt, sondern aus Offiziersvergnügen und Deutschenhaß. Es mag schwer sein, sich solche Menschen vorzustellen; aber sie sind nichtsdestoweniger vorhanden. Für gewöhnlich kommt man mit ihresgleichen nicht in Berührung, da sie in Zuchthäusern unter Verschluß gehalten werden und nicht als französische Leutnants in deutschen Städten residieren. – Schon als im Juli der Krieger-Wiedersehens-Tag in Germersheim von den Besatzungstruppen grob zerstört wurde, hat sich Roucier hervorgetan. Er riß damals, von seinem Hotelfenster aus, alle ihm erreichbaren deutschen Fahnen herunter und warf sie unter die Menge.

Wie gesagt: es gibt solche Menschen. Aber, genau genommen, handelt es sich bei Roucier weniger um einen Privatmörder als um einen Standesverbrecher. Daß der Täter Offizier war, ist ausschlaggebend. Diese Überlegung wird uns Deutschen keine allzu große Schwierigkeit machen, denn seit der Revolution, seit der Abschaffung des privilegierten »Wehrstandes« ist noch kein Jahrzehnt verflossen. Zum Komment der Offizierskaste gehörte der Glaube: die Zivilisten zählen nicht für voll. Sie sind die Farbigen Europas. – Der nichtakademische Zivilist war nicht satisfaktionsfähig; er durfte beleidigt werden; galt eher noch als Sache denn als Mensch. Die Teilung in Duellanten und Menschen zweiter Klasse wirkte bei jenen demoralisierend, bei diesen revolutionär. Deutschland erlebte beides: die Demoralisation und die Revolution. Und das Ergebnis war: Demokratie und Wiederaufbau. Die so beiseite gedrängten deutschen Offiziere lernten um und wurden Bürger. Oder sie lernten nicht um und veranstalteten konsequenterweise Putsche und Fememorde. Die Säuberungsaktion ist noch im Gange …

Frankreichs Armee wurde seit hundert Jahren nicht reorganisiert. Sie hatte Zeit, sich zur Kaste auszubilden. Und sie hatte Gelegenheit dazu: in den Kolonien, im Weltkrieg, im Rheinland. Da das französische Offizierkorps bekanntlich den Krieg gewann, steigerte sich seine Überheblichkeit bis zur Gefährdung der öffentlichen Sicherheit. Die Generale begannen Politik zu machen. Die Leutnants schwangen die Reitpeitsche, rissen Fahnen herunter und schossen nach Deutschen wie nach Tonpfeifen.

Wer ist anzuklagen? Einmal der Unterleutnant Roucier, denn er ist der Mörder; zweitens das französische Offizierkorps, denn es hat nichts getan, sich zu reformieren; drittens aber die französische Regierung, denn sie hat solcher Bluttat Vorschub geleistet. Noch heute warten die Berliner Regierung und das deutsche Volk auf eine französische Antwort, die zu der Juli-Demarche Stellung nimmt. Noch nichts ist geschehen, den Germersheimer Zwischenfall am Kriegertag entschuldigend oder sühnend beizulegen.

Unterleutnant Roucier las in den Zeitungen von einer deutsch-französischen Entente. Und er stellte fest, daß niemand in der Garnison bestraft wurde, der mit ihm die Fahnen heruntergefetzt und die deutsche Feier ausgepfiffen hatte. Sollte er der Presse glauben oder den Tatsachen? Er tat das letztere. Warum schwieg die französische Regierung, deren Kriegsminister Painlevé heißt?

Germersheim ist in Aufregung. Einen Tag lang spazierte der Mörder unverhaftet durch die Straßen. Wenn Roucier nicht mit Strenge bestraft wird, muß befürchtet werden, daß aus dem Germersheimer ein deutsch-französischer Zwischenfall wird. Das heutige Deutschland kennt jenen veralteten Militarismus nicht mehr. Denn die ihn noch wollen, sind in der Minderheit. Deutschland hat sich reformiert und ist zu schrankenloser Verständigung bereit. Aber Frankreich wird klug daran tun, den gleichen Willen nicht nur am grünen Tisch, sondern in der Tat zu bekunden.

Der nächste Schritt muß heißen: objektive Bestrafung des Mörders. Und der übernächste: Befreiung des besetzten Gebiets. Frankreich kann unmöglich zu gleicher Zeit Verständigung wollen und sie erschweren. Denn das steht fest: Besatzungstruppen, die von Rouciers kommandiert werden, zerstören das keimende Vertrauen, das von den Besten und zum Besten beider Völker herzlich gewünscht wird.

Herr Külz sucht wieder eine Mehrheit

Im Reichsinnenministerium, diesem Beschaffungsamt für höchst bedenkliche Gesetze, lagert ein Paraphierungsplan zu § 146, Abs. 2, das sogenannte Reichsschulgesetz. Alle Parteien wünschen sehnlich, das ungedruckte Manuskript endlich zu sehen, und hoffen, es möge ihren Forderungen entsprechen. Jede Partei hofft, und jede darf hoffen. Denn die Gesinnung des Herrn Dr. Külz kennt längst keine Parteien mehr. – Immerhin ist verständlich, daß er vor der Publikation des Entwurfs vorläufig noch zurückschreckt. Er braucht zur Annahme des Schulgesetzes zuverlässige Freunde und hat durch sein Schmutz- und Schundgesetz auch die letzten verloren.

Die christliche Front im Reiche wird ungeduldig und gerät schon in gegenreformatorische Stimmung. Im Rheinland haben katholische und protestantische Elternverbände einiger Orte den Kindern untersagt, in jene Schulen zu gehen, in denen kirchenferner Unterricht üblich ist. Schulstreike noch größeren Formats liegen durchaus im Bereich der Möglichkeiten. Das Zentrum droht, seit es mit der Deutschnationalen Partei gespannt lebt, einen Antrag auf Volksentscheid einzubringen, wenn nicht bald der Gesetzentwurf vorgelegt wird, in dem das staatliche Recht der einzelnen Schul-Arten eindeutig formuliert wurde.

Die Situation ist kritisch. Viel kritischer noch als bei der Zensurfrage, wo es im Grunde nur zwei Meinungen und damit die Möglichkeit einer ausreichenden Mehrheitsbildung gab. – Drei Schultypen existieren nebeneinander, und alle drei sind verfassungsgemäß erlaubt. Aber das ausführende Gesetz wird sich für einen der drei Typen vorzüglich entscheiden müssen. Wenn nun Dr. Külz das Primat der konfessionellen Schule proklamierte, hätte er den linken Flügel und die Mitte des Parlaments, außer dem Zentrum, gegen sich; würde er die weltliche, konfessionslose Schule zur bevorzugten ernennen – er wird's nicht tun –, so machte er sich Mitte und Rechte zu Feinden; und prämierte er schließlich die Simultanschule (in der die verschiedenen Bekenntnisse fakultativ und vom sonstigen Unterricht getrennt Berücksichtigung finden), so müßte er auf Schläge von beiden Flügeln her gefaßt sein.

Jede der drei möglichen Entscheidungen wird ganze Parteien, ganze Konfessionen und darüber hinaus ganze Länder in Aufregung bringen. Und ein Ministersessel kann, wie jeder Schaukelstuhl, einmal umkippen. Das aber ist das einzige, was Dr. Külz nicht wünscht. Im übrigen läßt er, was auch immer, Gesetz werden, wenn es nur Mehrheiten garantiert. Opportunismus ist für solche Taktik ein noch viel zu milder Ausdruck. –

Im Sinn der Weimarer Verfassung lag es, die simultane Gemeinschaftsschule als Regel aufzustellen und die übrigen Schulgattungen, soweit sie vorhanden sind, als gleichberechtigt bestehen zu lassen. Nun aber regen sich, durch schwache und reaktionäre Regierungshaltung gefördert, zahllose Forderungen. Die Deutschnationalen verlangen protestantische, das Zentrum fordert katholische, die Sozialisten wollen konfessionslose Schulen. Kleinere Gruppen haben wieder andere Wünsche. So wäre als »idealer Fall« wohl denkbar, daß auch im kleinsten Dorf drei, vier und mehr Volksschulen nötig werden. Der konfessionelle Gedanke wird so zum erbittertsten Feind der Einheitsbildung und des Fortschritts. Das Zentrum verlangt in kleineren Orten Einklassenschulen; die anderen Parteien, soweit sie religiöse Gruppen vertreten, werden nicht zurückstehen wollen. Und der Effekt wird sein, daß jeder Ort statt einer achtklassigen differenzierten Schule eine Serie von Unterrichtshäusern hat, in denen jenes Zwei- und Einklassensystem herrscht, das im Vergleich zu modernem Bildungswesen als mittelalterlich bezeichnet zu werden verdient.

Ein solches Gesetz, vom Reiche formuliert, würde in Wahrheit die Schulhoheit des Reiches vernichten und statt der Kultureinheit Deutschlands eine wilde und gefährliche Cliquenwirtschaft in Bildungsgütern und Erziehungsidealen hervorrufen, deren Konsequenz eine unerhörte Zersplitterung des deutschen Bürgertums, von Kind auf, sein müßte. Staatsgedanke und Volksgemeinschaft fänden, ehe sie überhaupt realisiert wären, ein Ende mit Schrecken. Die Zeiten schlimmster Konfessions- und Bürgerkämpfe kämen wieder.

So sähen dann die Folgen eines republikanischen Sieges aus, der nicht ausgenützt wurde. Auch in der Nationalversammlung nicht. Die kulturell bitter nötige Trennung von Kirche und Staat wurde nicht konsequent genug vollzogen. Des Schulwesens Beziehung zur Konfession wurde nicht eindeutig genug ausgesprochen. – Religion ist ehrwürdige Privatangelegenheit. Wer seine Kinder katholisch, protestantisch, jüdisch, reformiert oder wie immer beeinflussen lassen will, soll sie zum Kaplan, zum Pastor oder zum Rabbiner schicken, aber nicht in die Schule. Denn hier hat das Kind Rechnen, Schreiben, Lesen und Turnen zu lernen, niemals jedoch einen Glauben!

Das kulturgefährliche Kompromiß ist nun aber verfassungsmäßig fundiert. Und eine Zweidrittelmehrheit zur verfassungsändernden Bereinigung des Staat-Kirche-Problems ist im Parlament nicht auftreibbar; im jetzigen Reichstag jedenfalls nicht! Und so ist die Zukunft deutscher Kultur Herrn Dr. Külz ausgeliefert, der sich nach Mehrheiten umschauen wird, ganz gleich wohin sie ihn und sein Reichsschulgesetz treiben. Deshalb ist zu fordern – im Gegensatz zu jenen Parteien, die ein Sondergeschäft planen –: das Reichsschulgesetz darf nicht durchgehen, wie es auch lauten mag! Es müssen vernünftigere Parlamentskonstellationen und zuverlässigere Minister abgewartet werden, ehe über Deutschlands kulturelle Zukunft entschieden wird.

Vorläufig muß alles bleiben, wie es ist.

Kultur und Einheitsstaat

Wer dem Föderalisten alle Redensarten aus der Hand geschlagen hat, muß sich auf ein letztes Argument gefaßt machen, von dem jener Wunder erwartet. Er wird behaupten: Der Einheitsstaat mag, politisch, juristisch und ökonomisch betrachtet, dem Staatenbund vorzuziehen sein; kulturell aber bedeutet er untragbare Schablonisierung, zerstörende und späte Primitive. Deutsche Kultur, wird der Föderalist sagen, gibt es nicht und gab es nie; wohl aber eine bayrische, eine fränkische, eine sächsische, eine nordostdeutsche Kultur. Darum erhaltet die einzelnen Länder, deren jedes ein organisches Kulturwesen, eine überpersönliche Totalität darstellt! Vereinfachen hieße hier ruinieren …

Dieses Kulturargument des Föderalisten ist erstens gefährlich: denn »Kultur« ist eine Idee, eine Konstruktion, die bequem diskutabel doch praktisch nicht vorstellbar ist. Und zweitens ist es falsch. – Der Staat ist ein Ordnungssystem: die Kultur ein geistiges Gebilde, dessen Dimensionen mit denen des Staats keinen Schnittpunkt haben. Solange die Organisation, Staat genannt, Toleranz übt, bleibt Kultur möglich. Erst durch Intoleranz oder, was gefährlicher ist, durch behördliche Kulturbemühung verlieren Dichtung, Wissenschaft, bildende Kunst, Philosophie ihre Freiheit. Nur ohne diese vermögen sie nicht zu leben.

Kultur ist Schöpfung eines Volks, Produkt einer Zeit, Profil der Freiheit. Der Staat hat nichts mit ihr zu schaffen, außer sie von ferne zu behüten. Und die Föderalisten, die ihn als Kulturgestalter ausrufen, irren sich oder lügen gar. Ihr Irrtum oder ihre Lüge besteht in einer grundsätzlichen Verwechslung. Sie sagen »Staat« und meinen »Volk«. – Freilich sind Kulturmöglichkeit und Kulturtendenz abhängig vom Ostelbier, vom Alemannen, vom Schwaben, vom Märker und vom Friesen. Aber liegen denn die Dinge so, daß heute die Alemannen, Märker, Ostelbier und Franken in eigenen abgeschiedenen Ländern wohnen? Hat denn auch nur einer dieser oder anderer Stämme seinen Spezialstaat mit Selbstverwaltung und Landesgrenzen? Nein, sondern die heute bestehenden deutschen Länder sind Gebiete, deren Kontur mit der der Stämmeverbreitung keineswegs identisch ist. Hellpach schreibt einmal: »Die Stämme sind durch staatliche Verschiebungen zerfetzt und Fetzen von ihnen künstlich zusammengeschweißt worden ... Wer heute ein deutsches Reich als eine Föderation der Stämme aufrichten wollte, müßte alle bisherige deutsche Einzelstaaterei und Provinzeinteilung zertrümmern.«

Nun, dieser neue Aufteilungsprozeß ist nicht nötig. Denn die Kulturentwicklung, trotz aller stämmezerschneidenden Landesgrenzen, hat anschaulich erwiesen, was hier behauptet wurde: daß Kultur und Staatsorganisation ohne Beziehungen existieren: daß der Föderalist mit seinem »geistigen« Argument unrecht hat. Vom kulturellen Standpunkt aus können, vom politischen und wirtschaftlichen Standpunkt aus müssen die hemmenden inneren Grenzen beseitigt werden.

Die staatlichen Kleinbetriebe sind Reste einer höfischen Luxushaltung, die für Deutschland nicht länger tragbar ist, kein einziges gültiges Argument für sich hat und durch Rationalisierung abgelöst zu werden verlangt. Deutschland ist in Klassen, in Parteien, in Stämme und in Konfessionen gespalten; so soll denn endlich eine Institution erstehen, die all diese Cliquen der Herkunft und der Gesinnung organisch und organisatorisch umfaßt: der Einheitsstaat. So wird zu der kulturell wichtigsten Macht, der einheitlichen und die Dialekte verdrängenden Sprache, das unitarische staatliche System treten und auf seine Weise zur Konsolidierung und zur Energiekonzentration beitragen. – Deutsche Kultur wird ohne Länder weiter existieren, als habe sich nichts gewandelt. Und deutsche Kultur wird auch dann noch am Leben sein, wenn Deutschland selber einmal nicht mehr existieren sollte.

Rainer Maria Rilke †

Aus Montreux erhalten wir telegraphisch Kunde vom Ableben Rainer Maria Rilkes. Er weilte, wie es in der Meldung heißt, zur Kur am Südufer des Genfer Sees, war seit Wochen ernstlich krank und starb am Mittwoch morgen.

Es hätte nur bedingt Sinn, und man würde der Bedeutung des Verstorbenen kaum gerecht, wollte man sich darauf einlassen: Rilkes Wert »objektiv« zu erwägen. Dann müßte man allzu nachdrücklich sein Artistentum und sein mystisches Frommsein betonen, die beide und jedes auf seine Weise, der Seele des Menschen galten und dienten. Gewiß werden seine schönsten und tiefsten Strophen um dieser Eigenschaft willen lebendig bleiben. Ihrer wundervollen Musikalität halber und da durch sie das Herz seltsam gewaltig erschüttert wird. Vor allem schließlich, weil niemand zu sagen wüßte: wie er in diesen »unerhörten« Versen Wohllaut und Sinn trennen solle. Form und Gehalt sind in Rilkes reifsten Gedichten derart zur Gestalt verschmolzen, daß die Scheidung beider undenkbar bleibt; ihre unlösliche und scheinbar selbstverständliche Gemeinsamkeit machte seine einsame Meisterschaft aus.

Aber mit diesem angedeuteten Versuch, Rilkes Wesen und Wert objektiv zu fassen, wäre viel zu wenig gesagt. Seine wahre Bedeutung lag innerhalb einer Ebene, an welche die Sachlichkeit nie heranreichen wird. Sein Tod wird nicht so sehr deshalb ergreifen, weil ein Dichter, sondern weil einer der letzten Dichter starb! Rainer Maria Rilke galt unserer Generation, in gewissen Jahren, als Repräsentant eines erlöschenden Typus. Nach seinem Tode bleibt nur einer noch zurück; härter, kühler und größer: Stefan George …

Es gibt keine Dichter mehr; keine Menschen, die, verwandt, neben Heiligen und Propheten zu stehen vermöchten; keine Beschwörer des Wortes, die, ungewollt und echt, wie verehrungswürdige Fremde unter uns anderen stehen und wandeln. Unsere Zeit hat an Ehrfurcht eingebüßt, was sie an Tüchtigkeit gewann. Die Schranken, die zugunsten der meisten fielen, beseitigten zugleich die Schranken zwischen diesem Gros und den letzten geistigen Aristokraten. Es gibt nur noch Schriftsteller. – Das Problem der Wissenschaft, Qualitäten als Quantitätsunterschiede zu erkennen und zu beherrschen, erfuhr seine parallele Lösung im Distrikt der Kunst: der Autor von heute ist nicht länger genialer Fremdling unter den Menschen; er ist einer von ihnen geworden, der sich nur durch Steigerungen unterscheidet. –

Das also ist – gewiß unlösbar von seinem Werk, aber doch nicht allseitig damit verkettet – Rilkes hohe Bedeutung: er wird in unserer Erinnerung lebendig bleiben als Repräsentant einer Zeit, die verging; die vergehen mußte, und der wir doch, nicht zuletzt um solcher Dichter willen, ein ehrfürchtiges Gedenken bewahren.

Es hätte keinen Sinn, Rilkes Oeuvre hier aufzuzählen oder von Neuromantik zu reden. Wer das »Stundenbuch«, wer »Malte Laurids Brigge« und das »Buch der Bilder« nicht kennt, dem werden Titel und Daten nichts helfen. Und wer diese Meisterwerke besitzt, was soll dem solche Aufzählung? Nur eine Tatsache muß erwähnt werden. Rilke, der aus dem München der Konterrevolution nach der Schweiz und schließlich wieder nach Paris ging, schrieb 1925, als Fünfzigjähriger, Gedichte in französischer Sprache. Deutschlands nationalistische Kreise fanden es damals für gut, den Dichter zu beschimpfen und zu verachten. Sie bewiesen damit nichts anderes, als daß ihnen, den Anhängern vergangener Zeit, der Künstler gerade dieser Epoche herzlich fremd blieb. Sie spürten nicht, was diesem Dichter die Sprache war: eine Welt, eine Macht, ein Material wie Marmor oder Ton.

Sie spürten's nicht und werden es nie spüren. Aber wir wollen Rilkes jetzt und stets in unveräußerlicher Liebe gedenken. Er kann uns kein Ideal sein: unsere Wege eilen von ihm fort. Aber ein Monument, ein Denkmal wird er uns bleiben, zu dem wir zuweilen zurückkehren sollten. In Minuten der inneren Einkehr; in Stunden einsamen Friedens; in Zeiten, deren geschäftige Lebendigkeit einen seelischen Ausgleich fordert, den uns dieser Tote und sein Werk still gewähren werden.

Die deutsche und die Deutsche Studentenschaft

So gewiß es Krisen gibt, die unvermeidlich sind und reinigend wirken, ebenso sicher gibt es andere, die vermeidbar wären und die, statt zu nützen, zerstören. An solch einer zweckwidrigen und sinnlosen Krise leidet augenblicklich Deutschlands Studentenschaft. – Da aber die Jung-Akademiker zu den wichtigen Reserven der deutschen Zukunft gehören, verdient ihr interner Konflikt die Aufmerksamkeit des ganzen Volkes. Denn dessen eigenes Schicksal hängt nicht zuletzt vom Wesen und von der Orientierung der heutigen akademischen Generation ab, die, im kommenden Jahrzehnt und später, das Hauptkontingent regierender, lehrender, richtender und wirtschaftlich führender Persönlichkeiten stellen muß und stellen wird. –

Ehe irgendwelche Folgerungen aus der kritischen Lage gezogen werden können, muß die Situation selber für den, der Universitätskreisen fernsteht, skizziert werden: Es handelt sich um Meinungsverschiedenheiten innerhalb der, »Deutsche Studentenschaft« genannten, Zwangsorganisation, die sämtliche deutschen Studierenden umfaßt. Diese studentische Eigenbehörde entstand nach dem Weltkrieg, als die Rätebildung in Gang kam. Damals erhielten die jungen Akademiker von Staats wegen die Erlaubnis, eine Art Studentenrat zu gründen, der mit den Rechten auf Selbstverwaltung, Zuschüsse, Selbstfürsorge usw. ausgestattet wurde. So gründete jede Universität ihren besonderen Studentenausschuß, und über all diesen Lokalorganisationen stand und steht als Zentralbehörde die »Deutsche Studentenschaft«, deren Mitglieder sich nach parlamentarischen Regeln, proportional der Wahl- und Stimmtüchtigkeit der verschiedenen Vereine und Gruppen, zusammensetzen.

Da nun die Korporationen, soweit sie Tradition besitzen und reaktionär sind, ihre Leute stramm in der Hand haben, und da die anderen, meist nichtinkorporierten Studenten bei allen Universitätswahlen träge, nachlässig oder skeptisch beiseite stehen und dies als »individualistisch« bezeichnen, ergibt sich:

daß, politisch und weltanschaulich betrachtet, die Zusammensetzung der deutschen Studentenschaft der Zusammensetzung der Deutschen Studentenschaft in keiner Weise entspricht, sondern direkt zuwiderläuft. Alle jene Studenten, die dem Schulzwang erleichtert entrannen und die auf eine beruflich geordnete Zukunft, um der augenblicklichen Freiheit willen, mit Schrecken blicken; all jene heimlichen Künstler und Weltverbesserer, all jene Eigenbrödler und Grübler – also die wirklich Werdenden und Arbeitsamen, die Nichtorganisierten und die Privatstundengeber; sie alle (oder doch die meisten unter ihnen) wollen von Studentenschaft und Zugehörigkeit nichts wissen. Sie pfeifen, mehr oder weniger hörbar, auf ihre akademischen Bürgerrechte. Sie wählen nicht. Und werden darum in ihrem Verwaltungsparlament kaum oder gar nicht vertreten.

So kam in der Deutschen Studentenschaft (D. St.) eine gleichförmige Majorität zustande, deren Ideale in der Vergangenheit liegen, in der Reaktion, im Nationalismus, im Deutschtümeln. Und so kam es schließlich, daß aus einer Verwaltungsform eine politische Clique wurde. Das augenfällige Mißverhältnis zwischen der faktischen und der effektiven Zusammensetzung der deutschen Studentenschaft verlockte die völkisch delegierte Mehrheit zur Aktion. Genauer, zur Reaktion. Parteipolitische Kreise, welche die Lage erkannten und nutzten, steckten sich hinter die Jugend ihrer eigenen Klassen – und jetzt kam die Krise! Einige Male (so beim Falle Lessing) wurde die Hetze ohne den erwünscht durchschlagenden Erfolg inszeniert. Zuletzt aber – bei der Regelung der Zugehörigkeitsfrage von Auslandsdeutschen zur D. St. – entstand der Bruch. Die völkischen Vertreter machten die Angelegenheit zur Rassenfrage, wandelten sie zum antisemitischen Feldzuge. Die deutschösterreichische und die tschechoslowakische Studentenschaft deutscher Herkunft sollen nur insoweit zum Anschluß an die D. St. zugelassen werden, als es sich um reinarische Verbände handelt. – Zwei demokratisch majorisierte Universitäten, die Heidelberger nämlich und die Freiburger, sträubten sich und beschlossen, ihre Lokalverfassung im Gegensatz zu jener der Zentralbehörde zu formulieren.

Der Bonner Studententag brachte den offenen Zwist. Der preußische Kultusminister griff ein und forderte die Zurückziehung der großvölkischen Richtlinien, widrigenfalls er die staatlichen Zuschüsse nicht länger zahle. Die D. St. schrieb ihm einen ungezogenen Brief. Sie schloß die Universität Heidelberg von ihrer Organisation aus und beabsichtigte, dasselbe mit Freiburg zu tun.

Dieser auf einer künstlichen Mehrheit basierende und törichte Kampf hat, methodisch genommen, sein Gutes. Er illustriert den rechten Flügel der Studentenschaft, und er bringt dem linken eine Lehre.

Er enthüllt wieder einmal und auf seine besondere Weise das Wesen der heutigen normalen Verbindungsstudenten; er erhellt vor allem ihre staatsbürgerliche Fragwürdigkeit. Wenn sich aus diesen Kreisen einmal der größte Teil republikanischer Lehrer, Richter, Diplomaten und Minister rekrutieren soll, so ist das deutsche Volk berechtigt, schon heute ernste Sorgen auszustehen! Diese jungen Leute sind Söhne von Vätern, die sich vielleicht nur unwillig zum Dienst im neuen Staat entschlossen und ihm, nicht selten, aus unbewußter Antipathie schadeten. Aber diese Söhne gleichen nicht etwa den Vätern, deren Verantwortungsgefühl immerhin zu korrigieren sucht, was die Sehnsucht nach rückwärts zuweilen verdarb, sondern den Großvätern, die solche Gewissenskonflikte nie erfuhren, sondern unkompliziert und hartnäckig Deutschland zu militarisieren und zu imperialisieren halfen, bis nichts mehr half. Diese jungen Leute treiben eine Renaissance des gefürchteten und albernen Jugendstils. Doch was bei den Großeltern historischer Zwang war, wird jetzt peinliche Farce, militaristisches Rokoko, hinterlistige Opposition. Die einst harmlosen Jungmänner-Torheiten gibt es nicht mehr. Dandytum und Flegeljahre haben sich politisiert.

Die Gefahren, die eintreten müssen, sobald diese Jugend regierungsfähig wird, sind unübersehbar. Wie aber kann ihnen vorgebeugt werden? – In den bisherigen Zeilen war ja nicht nur von den Fehlern der reaktionären, sondern auch von denen der republikanisch empfindenden Studentenschaft die Rede. Einzig die studentischen Republikaner können hier helfen. Es ist ihre Pflicht, gemeinschaftlich zu denken und zu handeln. Was von ihnen zu fordern ist, lautet: Es ist vorbei mit dem Zeitalter des abseitigen, selbstgefälligen Studententums! Es muß vorbei sein mit dem Zeitalter des süßen Individualismus und der verträumten Studierstübchen! Es dürfen nicht länger geistiger Narzißmus und friedvolle Objektivität getrieben werden!

Der freie, sozial fühlende Student von heute gehört in politische Versammlungen so gut wie in den Hörsaal, an die Wahlurnen so gut wie vor echte Rembrandts, in staatsbürgerliche Kollegs so gut wie ins Theater. Der republikanische Student halte es nicht für unter seiner Würde, über Demokratie und Diktatur zu debattieren, wie er mit seinen Freunden bisher über das Ding an sich und über die Atomzertrümmerung schwatzte. Er bereite sich vor wie jene vom anderen Flügel! Es hat keinen Sinn, über die Langsamkeit zu klagen, mit welcher der republikanische Gedanke sich durchsetzt. Aktivität ist zu fordern, und jeder fordere sie zunächst von sich selber!

Dann wird es nicht länger möglich sein, daß Nationalisten und Großvölkische die Töne in der deutschen wie in der Deutschen Studentenschaft angeben. Dann wird sich eine Truppe von Akademikern bilden, die nicht nur bereit, sondern die darüber hinaus fähig ist, der Deutschen Republik beizustehen, wenn sie Führer braucht. Und, nichts braucht sie dringender: als Führung!

Die Stabilisierung der Jugend

Über den wirtschaftlichen Zusammenbruch, der dem verlorenen Krieg folgte, hat sich kein Mensch gewundert. Und hätte er's dennoch getan, so wäre ihm eine Zurechtweisung in schärfster Form sicher gewesen. Hunderttausende hätten spöttisch, wenn nicht gar ärgerlich bei ihm angefragt, ob er von der unvermeidlichen Beziehung, die zwischen Ursachen und Wirkungen bestehe, noch nie etwas hörte, und ob er nicht wisse, daß auf jede Krankheit, im besten Falle, Zeiten der Rekonvaleszenz folgen. Daß aber ein nicht geschäftlicher, ideeller Besitz – nämlich Deutschlands Jugend – folgerichtig am Krieg leidet und Schaden durch ihn nehmen mußte, scheint manchem Bürger keineswegs einzuleuchten. Es soll hier nicht gefragt werden, ob diese Verständnislosigkeit auf Böswilligkeit oder hochgradige Naivität zu schließen erlaubt. Vielleicht spielen beide Eigenschaften eine gewisse Rolle hierbei …

Doch – diese Frage soll nicht gestellt und Anklagen sollten, soweit sie vermeidbar sind, nicht erhoben werden. Die Angelegenheit ist zu ernst, um sie zu Vorwürfen auszubeuten. Immerhin muß es auffallen, daß die Angriffe gegen die deutsche Lehrerschaft und gegen die Bildungsresultate der deutschen Schulen von ganz gestimmten Kreisen ausgehen, von den sogenannten »bürgerlichen« Kreisen. Es braucht kaum bemerkt zu werden, daß »Bürgerlichkeit« mit Bürgerlichkeit nichts zu tun hat. –

Jenen Kreisen also ist es geläufig und verständlich, daß der Krieg in seinem apokalyptischen Gefolge ungeheure Sachschäden mit sich führte. Sie begriffen die Markentwertung und die Inflation, die Aktienzusammenlegung und die Konkurshausse, die Landwirtschaftskrise und die Millionenerwerbslosigkeit. Aber daß dem Krieg eine körperliche und geistige Krise der Jugend folgen mußte, das begreifen sie nicht. Es ist schwer, an diesen Mangel der Begriffsfähigkeit zu glauben. Doch daß er vorhanden ist, kann keiner leugnen. – Dieses Versagen wird naturgemäß von dem geheimen Wunsch nach Vorwürfen unterstützt. Man sucht Verantwortliche und Schuldige und möchte den Krieg zu allerletzt anklagen. Denn in dem Wörterbuch jener Kreise gilt der Krieg ja wohl als »Stahlbad«, als »Schule der Charaktere«, als »Mittel zur Wiedergeburt«.

Es hält schwer, diesem Irrtum ruhigen Blutes entgegenzutreten. Für jene Kinder, die im Krieg geboren wurden, bedeuteten wäßrige Milch und Kohlrüben, Kartoffelflocken und Margarine »Mittel zur Wiedergeburt« und »Stahlbad«? Wer hat die Stirn dazu, sich der Zeit des Kriegs und der Inflation zu erinnern und solche Dummheiten zu wiederholen? Wer wagt es noch, die Lehrerschaft, die unter Aufbietung äußerster Kraft und Geduld um die Heilung dieser Kriegsfolgen ringt, der Lässigkeit und der Verantwortungslosigkeit zu bezichtigen? Wer könnte noch glauben, wenn er es nicht erlebt hätte, daß, in diesen Zeiten der Not, Elternschaften mehrerer Städte Westdeutschlands ihre Kinder verhetzten und ihnen den Schulbesuch untersagten? War das der Dank dafür, daß die Lehrerschaft daran arbeitet, Deutschlands Jugend wieder zu stabilisieren?

Diese »bürgerlichen« Kreise versündigen sich an ihren Kindern, während sie vorgeben, ihretwegen besorgt zu sein. Die Lehrerschaft löst augenblicklich Deutschlands schwierigstes Problem: eine kranke, unterernährte, schlecht erzogene, geistig geschädigte Generation so zu erziehen, daß sie die Zukunft des Vaterlandes sichere und aufbaue, was der Krieg rücksichtslos zerstörte. Und in dieser Epoche heiligster Arbeit wird die selbe Lehrerschaft von den Eltern jener Kinder bekämpft und verurteilt.

Hierzu kommt ein weiteres erschwerendes Moment, welches verdeutlicht, daß in dem Feldzug gegen die Volksschullehrerschaft geradezu Methode steckt: Sind etwa ähnliche Bedenken, wie sie jene Kreise den Leistungen der Volksschule gegenüber aussprachen, auch gegen Gymnasien und Universitäten geltend gemacht worden? Nein! Wären aber ähnliche Bedenken – wenn man schon glaubte, sie bei der Volksschule geltend machen zu müssen – am Platze? Ja, und dreimal ja!

Es ergeht hiermit folgende Aufforderung, die um Konsequenz ersucht, an jene Kreise: die Bildungsresultate und die Lehrerschaft der Mittel- und Hochschulen ebenso zu kritisieren, wie man es mit denen der Volksschule tat und tut! Hält man das eine Urteil für notwendig und richtig, darf man vorm zweiten nicht zurückschrecken, ohne den Eindruck zu erwecken: das erste Urteil sei nicht sachlich, sondern politisch zu bewerten.

Die Lage der Universitäten, der Gymnasien und Realschulen entspricht der Situation der Volksschule vollkommen. Und falls die »bürgerlichen« Kreise es nicht bestätigen wollen, frage man aufrichtige Studienräte und Professoren. Ihr Urteil wird man wohl nicht bezweifeln wollen. – Und diese aufrichtigen Professoren werden erklären müssen: »Die akademische Jugend von heute steht, in mancher Hinsicht, hinter der Jugend der Vorkriegszeit weit zurück. In den ersten Semestern müssen Stoffe behandelt werden, die früher zum Gymnasialpensum gehörten. Wir haben Angst, Kandidaten in Prüfungen nach Dingen zu fragen, die früher selbstverständlich gewußt wurden.« – Will man auch hierfür die Volksschullehrerschaft verantwortlich machen?

Es ist zu erwarten, daß man dies ebenso bleiben läßt wie eine Verurteilung der Gymnasial- und Hochschullehrer. Und diese Unterlassung wäre schließlich ein indirekter Beweis dafür, daß in den »bürgerlichen« Kreisen allmählich vernünftige Einsicht einzöge. Die Einsicht nämlich, daß einzig der Krieg und seine Begleiterscheinungen verantwortlich zu machen sind, wenn man sich schon dabei aufhalten will, Schuldige für das unabwendbare Geschick der Kriegsgeneration zu suchen.

Diese Jugend wurde unter abnormen Verhältnissen groß, und darum verlange niemand normale Leistungen von ihr. Er gliche jenen Aufwertungsfanatikern, die hundertprozentige Vergütung ihrer Kapitalverluste fordern, ohne zu fragen, ob es auch möglich ist. – Die heutige Jugend ist außerstande, den gleichen Fond an Wissen zu erwerben, den ihre Väter erwarben. Denn ihr Gedächtnis ist krank und kraftlos, wie viele dieser Kinderkörper krank und kraftlos sind.

Und sollte diese Einsicht möglich sein, dann tue die Fassungsgabe »bürgerlicher« Kreise ein übriges und erkenne, daß den Kindern des Krieges nicht nur dies und jenes mangelt, sondern daß sie auch manches besitzen, was die Väter, als sie Kinder waren, in dem Maße nicht besaßen; und daß es Pflicht und Aufgabe der Lehrerschaft ist, gerade diese Fähigkeiten fördernd zu bilden.

Die geschichtliche Entwicklung nimmt nichts, ohne dafür etwas anderes zu geben. Unserer Jugend fehlt das ausgebreitete Wissen, das die Vorgeneration besaß; aber sie besitzt dafür andere hohe Tugenden des Geistes und des Gefühls, die der

Vorgeneration fehlten. Sie besitzt eine vom Wissen unzerstörte Urteilskraft, eine von ewigem Lernen ungekränkte Phantasie, eine vom Bürokratismus unverdorbene ideale Entschlossenheit. Volksschule, Gymnasium und Universität von heute beweisen auch diese Aktiva. – Und, zum Letzten: Was wird unsere Jugend, wenn sie einst Deutschlands Zukunft sichern muß, nötiger haben? Großes Wissen oder freies Urteil? Enormes Gedächtnis oder äußerste Entschlossenheit?

Die Geschichte weiß, zuweilen, besser, was sie tut, als »bürgerliche« Kreise wissen, was sie sagen ...

Die Jugend als Vorwand

Die Reaktion marschiert. Millionen Hände sind heimlich und offenbar am Werk, die Uhr des kulturellen Fortschritts um Jahrzehnte zurückzustellen. Geht es in diesem rückläufigen Tempo weiter, so wird die Zeit wieder näher kommen, da es lebensgefährlich war, die Existenz eines persönlichen Gottes in Frage zu stellen, die Kugelgestalt der Erde zu verteidigen und Krankheiten, die für tödlich galten, zu heilen. – Die Politik – und zwar deren konservative Richtung – hat begonnen, sich in unerträglichem Maß zum Vormund des Geistes zu machen. Nichts aber wirkt zerstörender für jede Kultur als diese Polizeiwirtschaft in den Bezirken des Denkens, der Kunst und der Erziehung.

Und was den Grad der Befürchtungen bis zur Unerträglichkeit steigert: der Marsch der Reaktion verrät Methode! Ein Aufmarschplan liegt zugrunde, der beweist, daß Diplomaten, Militärs und geistliche Routiniers ihn entwarfen. Vertreter jener Parteien also, denen es inzwischen gelungen ist, die Reichsregierung an sich zu reißen, um nicht länger Gesetze nur zu fördern, sondern jetzt auch Gesetze zu entwerfen, die den Feldzug gegen die Kultur günstig beeinflussen sollen.

Das Gesetz zur Bewahrung der Jugend vor Schmutz und Schund ist die Grundlage für eine künftige Buchzensur. Das

Gesetz über den Schutz der Jugend bei Lustbarkeiten gestattet eine künftige Theater- und Versammlungszensur. Das Reichsschulgesetz, so wie es Deutschnationale Volkspartei und Zentrum ankündigen, bedeutet eine indirekte Aufhebung der Trennung von Kirche und Staat. Die im Januar beratenen Änderungsanträge zum Reichsgesetz über die Aufhebung der Vorschulen werden die ungetrübte Fortexistenz der Privatschulen gewährleisten, deren größte Zahl Kinderhorte der Reaktion sind und bleiben. Der Versuch, die »mittlere Reife«, die in den Gymnasien, und jene, die in den höheren Volksschulabteilungen erteilt wird, verschieden zu bewerten, zieht erneut Grenzen zwischen den Gesellschaftsklassen von Kind auf. Von katholischen Kreisen angezettelte Schulstreiks dienten der Aufgabe, das Ansehen der Lehrerschaft zu untergraben. Und, um ein örtlich naheliegendes Beispiel zu erwähnen, die Äußerungen und Briefe des Leipziger Oberbürgermeisters, welche die Wiedereinführung des Schuldirektorpostens befürworten, konnten nichts anderes wollen.

Wem nicht auffällt, daß dieser Feldzug mit bewunderungswürdiger Eindeutigkeit in ganz bestimmter Richtung Bresche schlagen will, dem ist nicht zu helfen. – Der Kampf, dessen Ziel die Wiederaufrichtung der Hohenzollernkultur ist, wird im Ringen um die Jugend entschieden werden. Monarchistisches Schulregime, Neubetonung ehemaliger Gesellschaftsklassen durch Schulgattungen, Bevormundung der Erziehung durch kirchliche Instanzen, Bildungsziele mit »staatserhaltenden« Scheuklappen – das Register gibt reichlich zu denken und wird, wenn es den Feinden der Republik, der geistigen Freiheit und sozialen Gleichheit gelingt, noch manche Vervollständigung erfahren.

Dieser Feldzug gegen die Jugend ist, von unserem Standpunkt aus, gewissenlos zu nennen; vom Standpunkte der Gestrigen aus ist er klug und wirksam begonnen. Denn nichts kann die Festigung der Republik mehr verzögern, und nichts kann die Möglichkeiten einer Gegenrevolution der Wirklichkeit näherbringen als eine Jugenderziehung im Stil der Kaiserzeit. Nur so ist es möglich, eine Generation, deren Geburt schon in der republikanischen Ära geschah, noch in den Vorurteilen von 1900 und in der Sehnsucht nach dieser Zeit gefangenzuhalten. Man will die Kultur von gestern, die längst starb, künstlich beleben, sterilisieren und in den Köpfen der Kinder einwecken, damit es einst leicht werde, auch die gestrige Politik von neuem zu beginnen. Man infiziert die Jugend mit dem Bazillus der Reaktion, damit er mit ihnen und in ihnen wachse, bis einst eine Epidemie die Republik dahinrafft.

Man vergreift sich an den Kindern und nimmt ihr Wohl, um das besorgt zu sein man angibt, lediglich zum Vorwand. Man mißbraucht die heutige Generation zu politisch reaktionären Zwecken! Oder doch: man möchte es. Denn noch gibt es ja einige Parteien und einige Körperschaften, die sich diesem unsichtbaren Krieg widersetzen. Aber der Kampf wird so lange ungleich sein, als sich die Eltern nicht regen. Ihre Kinder sind es ja, mit denen lügnerische Experimente gemacht werden. An ihnen ist es zuerst: Einhalt zu gebieten und sich mit denen zu verbünden, die das Wohl und die Bildung der Kinder ehrlich besorgen. Mit den Lehrern!

Der einzige aussichtsreiche Angriffspunkt, den das republikanische Volk bietet, wurde von den Gegnern des Volks und der Republik aufgespürt und berannt. Das Kind ist, bis zu einem gewissen Grad, jedem Einfluß zugänglich; auch dem, der schadet. Und die Eltern sind, im großen ganzen, jeder Neuerung, jedem Fortschritt abhold. Wie man sie erzog, war es gut. Ihre Kinder brauchen es nicht besser! – So ist die junge Generation dazu auserlesen, das wehrlose, gehätschelte Opfer von reaktionären Abenteurern zu werden, die ihr das Gift der überwundenen Vergangenheit in die Bildung schütten ... Und so ist die deutsche Elternschaft dazu auserlesen, ihre vormundschaftliche Genehmigung zu dieser Tat der Reaktion zu erteilen ...

Es bedarf keiner Frage: Wenn die Generation der Nachkriegszeit von ihren Eltern im Stich gelassen, den Feinden sozialer und republikanischer Gesinnung ausgeliefert und der fortschrittlichen Lehrerschaft entfremdet wird, so ist die Festigung der Republik um das Alter einer Generation, um 25 Jahre, ins Ungewisse hinausgerückt; vielleicht auf länger.

Darum heißt es für alle, die sich vom Gestern wegwandten und einer freien, friedlichen, ehrlichen Zukunft entgegen: Schützt die Jugend vor ihren politischen Verführern! Schützt sie vor den reaktionären Gesetzen, die man vorbereitet! Noch nie glichen sich die Pflichten des Staatsbürgers, die des Familienvaters und der Mutter so sehr wie in diesem Kampf um Eure Kinder und deren Zukunft!

Einigung in der Frage des Studentenrechts

Der Amtliche Preußische Preßdienst teilt mit: Mit den Vertretern der preußischen Studentenschaften ist gestern über die zur Zeit schwebenden Fragen des Studentenrechts verhandelt worden. Im Verlauf dieser Verhandlungen gaben die preußischen Studentenschaften als Antwort auf das Schreiben des Ministers vom 24. Dezember 1926 eine Erklärung ab, in der es u.a. heißt: »Die preußischen Studentenschaften verpflichten sich, in Verhandlungen mit den österreichischen Studentenschaften einzutreten. Sie werden dabei versuchen, Wege zu finden, die zur Schaffung behördlich anerkannter Studentenschaften als Gesamtvertretung aller deutschen Studierenden führen können, so daß die Koalition der preußischen Studentenschaften mit ihnen erhalten bleibt. Sollten diese Versuche zu keinem Ergebnis führen, so müssen die preußischen Studentenschaften aus ihrer großdeutschen Einstellung heraus es ablehnen, von sich aus der Zugehörigkeit der auslandsdeutschen Studentenschaften zur deutschen Studentenschaft Hindernisse in den Weg zu legen. In der Frage der Zugehörigkeit der Auslandsdeutschen zur Einzelstudentenschaft sind die preußischen Studentenschaften bereit, einer Mitwirkung des Rektors als Berufungsinstanz zuzustimmen.«

Falls die Verhandlungen scheitern, bemerkt der Amtliche Preußische Preßdienst, wird die bisherige Form der Koalition der preußischen Studentenschaften gemäß ihrer Erklärung ein Ende finden.

Mit diesen Vorschlägen, welche die preußischen Einzelstudentenschaften machten, ist der erste grundsätzliche Schritt zur Bereinigung des Streites zwischen Studenten und Staat vollzogen. Die preußischen Studentenschaften erklären, daß sie – sollten ihre Vermittlungsvorschläge fehlschlagen – aus der Deutschen Studentenschaft austreten wollen.

Diese Entschließung verrät eine Wandlung der akademischen Gesinnung. Die arische Rassenfrage, der großvölkische Gedanke, die von den Frontstudenten seinerzeit zu akademischen Sakramenten gemacht wurden, haben an Wert verloren. Die Jungstudenten haben den Mut, der Deutschen Studentenschaft zu erklären, daß sie eher aus dieser Organisation austreten als ihre Selbstverwaltungsrechte einbüßen wollen.

Wenn in der auf acht Monate bemessenen Frist keine Einigung erreicht werden sollte, ist das Ende der Deutschen Studentenschaft gekommen. Schon sind einzelne Universitäten ausgetreten (Heidelberg, Freiburg). Sollten ihnen in acht Monaten sämtliche preußischen Universitäten folgen, so hieße das: Die D. St. ist erledigt.

Das wäre gut so. Denn ein Nachgeben der D. St. käme dem Regierungseintritt und dem republikanischen Bekenntnis der Deutschnationalen gleich: Eine ehrliche Trennung ist besser als ein verlogenes Kompromiß. – Die D. St. ist ein Rudiment der Nachkriegszeit. Ihr Ende oder ihre Zerbröckelung würde bedeuten, daß die deutsche Studentenschaft mit der Deutschen Studentenschaft fertig ist. Dann erst ließe sich erhoffen, daß die reaktionären Gifte aus dem akademischen Körper zum großen Teil ausgeschwitzt wurden und daß es an der Zeit wäre, eine neue großdeutsche, nicht länger großvölkische Gesamtorganisation zu gründen.

Rechtschreibung und Politik

Der sogenannte »Kampf um die Volksschule« ist ein Kampf gegen die Volksschullehrerschaft. Die Bataillone der Reaktion rücken vor und versuchen es, Lehrer und Kinder in die pädagogischen Provinzen der Vorkriegszeit zurückzudrängen, als wüßten sie nicht, daß diese geistigen Gebiete durch Krieg und Inflation zerstört wurden.

Sie wissen's aber und verlangen trotzdem von der Schule den Wiederaufbau politischer Vergangenheitsideale, bürokratischer Gesinnung und verblichener Standesinteressen. Sie sträuben sich gegen die freiheitlichen Methoden und Ziele der Volksschullehrer; sie wehren sich gegen die Erziehung der Kinder zu geweckten, urteilsfähigen jungen Menschen. Es wäre wesentlich, den wahren, zureichenden Grund solcher Reaktion zu kennen. Und da er mit diplomatischer Sorgfalt verschwiegen wird, machen sich Vermutungen nötig.

Es fällt auf, daß die Angriffe auf gegenwärtige Erziehungs- und Bildungsresultate vornehmlich von wirtschaftlichen, gewerblichen und bürokratischen Kreisen – soweit sie reaktionär umgrenzt sind – ausgehen. Vielleicht verbirgt sich hinter diesen Offensiven der Geist jenes falschverstandenen, mißgünstigen Unternehmertums, das den Arbeiter als einen Gebrauchsartikel betrachtet; der nicht teurer werden darf? Vielleicht hat man Angst vor dem Gedanken, der Mensch im Angestellten könne erwachen und die Verdienstkalkulation durch Forderungen ungünstig beeinflussen? Vielleicht wünscht man vom Arbeitnehmer noch immer weiter nichts, als daß er eine Ware bleibe, für die sich Selbstbewußtsein und Ideale wenig schikken?

Wenn dem so wäre – und es gibt eigentlich nichts, was dagegen spricht – so stünde Deutschland ein heimlicher Bürgerkrieg bevor, der schlimmer werden müßte als die schlimmsten Barrikadenkämpfe der Vergangenheit. Denn die Volksschullehrerschaft hält daran fest, aus Kindern Menschen zu bilden. Und solange ihre Gegner nicht fassen, daß es auch für sie vorteilhafter ist, Arbeiter zu haben, die sich frei und geachtet, kulturberechtigt und glücklich fühlen, statt aus bedrückten, geistig und körperlich blutarmen Kreaturen Leistungen herauszupressen – solange besteht Kriegsgefahr. Welche der Parteien dann gewönne, hängt von der Parteinahme der Elternschaft ab.

Vorläufig sieht es so aus, als stünde eine große Zahl von Eltern noch auf Seiten der Reaktion und mißtraute der Lehrerschaft. Sie können nicht ohne weiteres einsehen, wozu ihre Kinder zu Hause hocken, mit Phantasie und Buntstiften Bilder malen oder wozu sie Ausflüge in irgendwelche Schulheime machen, anstatt zu lernen, daß Leib und Laib verschiedene Dinge sind. Sie glauben noch immer, die »Bildungsgüter der Nation« und Einmaleins und Duden seien dasselbe. Daß Kultur etwas mehr und etwas anderes ist, hat ihnen niemand recht deutlich gesagt. Und die Briefe der Frau Rath Goethe haben sie nicht gelesen. Sonst wüßten sie, daß jemand sogar ohne jede Spur von Orthographie »gebildet« sein kann.

Nun muß man außerdem noch wissen, daß die Volksschullehrerschaft, trotz ihrer neuen und größeren Ziele, unermüdlich auch an der orthographischen und gedächtnismäßigen Ausbildung der Kinder arbeitet, und daß diese Aufgabe nur darum so schwierig lösbar ist, weil die ganze Kriegsgeneration für derlei Unterricht wenig fähig ist. Die Gegner der Volksschule dürfen die zweifelhafte Ehre für sich beanspruchen, die Ahnungslosigkeit mancher Eltern radikal ausgenützt zu haben.

Der Feldzug gegen die Volksschullehrer findet unter der Parole »Rechtschreibung und Fachwissen« statt. Die Mängel der Kriegsgeneration werden zu Fehlern der Lehrer umgetauft; die Vorzüge der neuen Methoden werden verschwiegen; die orthographische und memoriale Untauglichkeit der Gymnasiasten und Studenten wird vertuscht. Kurz, die böswillige, eigennützige Kampagne hat Chancen, für nobel und vaterländisch gehalten zu werden. Man sagt: Für die Kinder. Man meint: Gegen die Lehrer. –

Dieser Tage ist eine Broschüre erschienen, die den Feldzug begünstigt. Die rechtsorientierten Zeitungen Sachsens haben den Inhalt dieses Buches ausgenützt, um ihre Verdunkelungsmanöver zu vollenden. Eltern, die einen dieser Artikel ohne zureichende Kritik gelesen haben, laufen Gefahr, das letzte Vertrauen zur Volksschullehrerschaft einzubüßen. Damit wäre der Zweck der reaktionären Bewegung erfüllt. Unter dem Titel »Rechtschreibung« würde den Feinden der Freiheit ein Etat bewilligt, der besser »Reaktion« hieße.

Hiergegen muß in aller Form Stellung genommen werden! Es gilt, den wahren Sachverhalt zu zeigen. Es gilt, die Parteilichkeit der Behörden zu erweisen und die allgemeine Unzulänglichkeit der Kriegsgeneration darzulegen. Wenn hierbei über Mängel an Gymnasien und Universitäten öffentlich gesprochen werden muß, so werden diese Kreise ersucht, sich bei jenen zu bedanken, welche ihre Anwürfe gegen die Volksschule richteten.

Der Rahmen ohne Gesetz

Der Preußische Kultusminister Becker hat, da in dieser Woche der Preußische Landtag den Kultusetat beraten wird, einen Vortrag über die Schulfrage durch Radio verbreiten lassen. Dieser Vortrag muß bedenklich stimmen. Sein Kerngedanke scheint geradezu einen Wunsch zum Vater zu haben. Becker behauptet, seit den Weimarer Verfassungstagen sei in konfessionellen Dingen eine beachtliche Wandlung eingetreten: Die Parteien und Weltanschauungen, soweit sie klerikal organisiert sind, hätten sich der Elternschaften bemächtigt, die also nicht länger als Vereinigungen von Eltern oder Staatsbürgern, sondern als Laienregimenter, als konfessionelle Parteitrupps ihre Forderungen stellten.

Woher dem Minister diese Kenntnisse kommen, ist unbekannt. Wahrscheinlich verwechselt er eine geringe Zahl parteipolitisch inspirierter Briefschreiber mit den preußischen Elternschaften. Aber, ob er sich irrte oder nicht, wiegt weniger schwer als die Tatsache, daß er es für gut hielt, von einer Rückkehr zu den Konfessionen öffentlich zu sprechen. Er sprach vermutlich von dieser Wandlung, um sich von vornherein zu entschuldigen, und um sich der persönlichen Verantwortung zu entziehen, wenn sein Ministerium in den kommenden Verhandlungen über Reichsschulgesetz und Konkordat einen Standpunkt vertreten wird, der von dem der konfessionellen Parteien nicht allzu entfernt ist.

Er erklärte: Zwar sei die Front derer, welche die Konfessionsschule als Regelschule verlangen, noch nicht so groß, daß sie mit einer erforderlichen Zweidrittelmehrheit die Simultanschule zum Ausnahmefall degradieren könnten. Aber? Vom Aber sagte er nichts. –

Der Preußische Kultusminister weist auf die wachsende Macht der konfessionellen Kreise hin. Der Reichsinnenminister kündigt an, er lasse ein völlig neues Reichsschulgesetz ausarbeiten. Und in der »Germania« schreibt Professor Dr. Lauscher am 8. März, der Staat müsse »die Staatsschulen den religiösen und weltanschaulichen Gegensätzen, die nun einmal in unserem Volke vorhanden sind, anpassen, d.h. er muß sie weitgehend differenzieren ... Es ist die höchste Zeit, daß der Staatsomnipotenz im Schulwesen Halt geboten wird.«

Kurz gesagt: Es ist etwas im Gange! Das Keudellsche Reichsschulgesetz wird deutlich, schon ehe wir eine Zeile von ihm kennen. Es wird, wahrscheinlich, überhaupt kein Reichsschulgesetz sein, sondern ein Rahmen ohne Gesetz. Die konfessionellen Kreise und ihre Regierungsvertreter fürchten den offenen Kampf um die Regelschule. Die Simultanschule wollen sie nicht haben, obwohl die Verfassung sie zur Regel erhebt. Und die Konfessionsschule durchzusetzen, fehlt ihnen die Zweidrittelmehrheit. Da sie also auf dem Wege der Vereinheitlichung nichts erreichen können, propagieren sie die Dezentralisierung! Da ihnen die Schulhoheit des Staates eine herrschende Konfessionsschule nicht zu garantieren vermag, bekämpfen sie kurzerhand die Notwendigkeit der Organisation überhaupt. Das Reichsschulgesetz wird, paradoxerweise, keine der umstrittenen Schulgattungen bevorzugen und die Entscheidung in das Ermessen der Länder, der Gemeinden, der Sprengel und der Elternvereine stellen. Im Schatten der hieraus folgenden heillosen Verwirrung hoffen dann die ultramontanen Parteien zu erzielen, was ihnen in offener Auseinandersetzung mißraten müßte.

Sie werden sich auf den Artikel 45 im Syllabus Pius' IX. besinnen, der lautet: »Es ist eine unchristliche Usurpation, wenn die Regierungen das Schulwesen ihrer Leitung und Aufsicht unterstellt haben«, und werden in der Volksschule jenen Kampf beginnen, der mit der Herrschaft über die deutsche Kultur enden soll.

Es heißt, Stresemann habe den Kulturabsichten des Zentrums und der Deutschnationalen zugestimmt, um außenpolitisch unbehindert zu bleiben. Wenn die Volkspartei, insgesamt, diese Entschließung billigt und ihre liberale Aufgabe verleugnet, dürfte mit gutem Recht von kulturellem Hochverrat gesprochen werden.

»Die Mutter«
Der neue russische Großfilm

Das ist ein Film, der die Zuschauer packt und förmlich von den Sitzen hochzerrt. Wenn der Heldin des Dramas (einer Mutter, die ihren Sohn an Soldaten verrät, weil sie glaubt, die Wahrheit könne ihm helfen), – wenn ihr eine einsame Träne über das starre Gesicht rinnt, kämpfen tausend traurige Gesichter im Publikum mit dem gleichen Schmerz. Und kämpfen vergeblich. Nie vorher wurde so mitleidslos an das Mitleid appelliert; nie wurde die Rührung so unsentimental aufgerüttelt wie hier.

Der Inhalt? In einer Fabrik wird gestreikt. Militär schlägt die Empörung nieder und durchsucht die Baracken nach Waffen. Die Mutter eines jungen Mannes verrät das Versteck, weil ein Offizier sagt: gäbe er die Waffen heraus, so wäre er frei. – Der Sohn kommt ins Zuchthaus, und die Mutter zieht den Demonstranten voraus, die ihn befreien wollen. Revolution im

Zuchthaus – Straßenkämpfe – Kavallerieangriffe. Die Empörung wird zusammengeschossen. Sohn und Mutter fallen.

Das ist kein bloßes Streikdrama. Die Tragik ist ins Herz einer Mutter gesenkt. Sie glaubt an den Sieg der Wahrhaftigkeit und muß erkennen: Wahrheit kann töten. Ihr Zutrauen wird von Soldaten mißbraucht; und so verrät sie den, dem sie raten wollte. – Von diesem Augenblick an verfolgt sie, unbeweglichen Gesichts und ruhelos, den Weg zu seiner Befreiung, der beiden den Tod bringt.

Wie dieser Inhalt filmgemäß übertragen wurde, ist unvergleichlich. Selbst der »Potemkin« ist übertroffen worden. Diese Physiognomien! Und die Einbeziehung des Landschaftlichen, des Fabrikmilieus, des Vorfrühlings in den seelischen Verlauf! Ein Drama der Schornsteine und Zuchthausgänge, der Mauern und Brücken rollt ab. Und durch dieses gigantische Wirrsal hetzen Menschen und werden gehetzt. Pferde jagen über Sterbende hinweg; Soldaten schießen in einen Haufen Gefangener hinein, bis ein Leichenhügel daraus wird; Eisschollen bersten, Pfeiler zittern, und Menschen löschen aus.

Ihr Schicksal ist zu einem Naturereignis gestaltet worden, wie es Lawinensturz und Vulkanausbruch sind. Wer davon verschont bleibt (wie der Zuschauer dieses Werks), der bleibt zurück und ist ein anderer geworden. Er gleicht denen, die aus dem Schützengraben kamen und die Heimat nicht mehr verstanden.

Die Frühvorführung in der »Alberthalle« war eine Morgenfeier im bedeutsamsten Sinne.

Kleinstädtisches Berlin

Es gibt Dichter, die – weniger aus innerer Nötigung heraus als, weil es ihnen zeitgemäß erscheint – die »Großstadt« besingen. Sie bauen lange, kurze und einander parallele Verszeilen, als wären's Straßen; dann fassen sie solche rhythmischen Reihen zu verschiedenen strophischen Stadtvierteln zusammen und beleben ihre papiernen Städte mit dem Geschrei und Geklingel rücksichtsloser Reime. Und zum Schluß werfen sie, diese lyrischen Stadtbauräte, sich selber in den Trubel ihrer poetischen Stadtschaften, wandern auf ungleichen Versfüßen und mit wirrem Haar darin herum und behaupten etwa:

»Zehntausend Frauen streifen mein Gesicht, –
Der Schlund der Stadt verschluckt sie ungestüm!
Die Nacht ist blau und grenzenlos und voller Licht.
Ich aber steh im Dunkel, fremd und anonym ...«

Diese Herrschaften übertreiben maßlos! Sie suchen es sich zu erklären, daß sie so bedauernswert klein und niedlich sind, und schieben es auf die Größe der Großstädte. Sie wollen den Eindruck wecken, eine Großstadt sei ein »ganzheitlicher« Komplex und irren sich, mindestens. Eine Stadt wie Berlin besteht aus einer Zahl von Städten, deren jede nicht mehr als drei-, vierhunderttausend Einwohner hat: Bayrisches Viertel, Zentrum, Schlesisches Viertel, Wilmersdorf usw. Innerhalb dieser Bezirke kennt man einander genau so wie in Chemnitz oder Brünn: in diesen Bezirken ist man genau so einheimisch wie anderswo: sie sind lediglich in den Namen »Berlin« eingemeindet, diese Bezirke. »Berlin« existiert – überspitzt formuliert – zwar auf Steuererklärungen und anderem Papier, nicht aber in der Gefühlssphäre der Einwohnerschaft. Der Wilmersdorfer, der ins Zentrum fährt, überschreitet eine imaginäre Grenze: er unternimmt eine Reise, welcher nichts als die Ausdehnung fehlt.

Nur so ist es erklärlich, daß die Berliner – auch wenn sie niemals fort waren – einen weitgereisten Eindruck machen und sich trotzdem und im übrigen von anderen Menschen, Bürgern und Beamten nicht unterscheiden. Nur so erklärt es sich auch, daß in Berlin Dinge geschehen, die jeder Kleinstadt zur Ehre gereichten. Auch hier gibt, beispielsweise, spaßhafte Gründlichkeit oft genug saftigen Anlaß zu gründlichem Spaß. – So wurden dieser Tage einer ahnungslosen, biedern Frau auf dem Einwohner-Meldeamt Bombenvorwürfe gemacht, weil sie sich nicht umgemeldet habe. »Ich bin ja aber gar nicht umgezogen«, wandte sie ein. Der Beamtete schaltete den dritten Gang ein und schnauzte, nichtsdestoweniger habe sich ihre Adresse verändert! »Das stimmt«, gab sie zu, »trotzdem wohne ich noch im selben Hause. Es ist ein Eckhaus, Herr Sekretär, und da hat man den bisherigen Haupteingang vermauert, und nun müssen wir eben von der anderen Straße her ins Haus.« – Der Beamte sagte, das wisse er alles. – »Ja, aber«, rief die Frau aus, »es ist doch noch dasselbe Haus, und es ist noch dieselbe Wohnung wie immer!« – Dennoch habe sie die Ummeldung versäumt und sich spürbaren Strafen ausgesetzt. Von Glück könne sie reden, solch einen nachsichtigen Beamten getroffen zu haben.

Sollte diese kleine Begebenheit eine Moral haben, so nur die: daß es in Schilda und in Berlin gefährlich ist, Eckhäuser zu bewohnen. Denn hier kann einem nachgewiesen werden, man sei aus- und wieder eingezogen, obwohl man sich nicht aus dem Hause rührte.

Im Westen Berlins und in Wilmersdorf kann man seit kurzem an den Litfaßsäulen einen Anschlag lesen, der allenthalben Verwunderung erregt. Diese westlichen Stadtviertel sind wegen ihres vornehmen cottageartigen Gesamteindrucks beliebt. Die Häuserzeilen stehen blitzsauber da, und die Bewohner wissen über Literatur und Börsentips ungleich besser Bescheid als über den Unterschied von Tanne und Fichte. Und wenn überhaupt, so kommen hier jene Kinder zur Welt, die der Ansicht sind, der Wagen sei ein Körperteil des Pferdes. – Und in dieser Gegend ist also an den Plakatsäulen zu lesen:

»BEKANNTMACHUNG

Betrifft: Körung von Ziegenböcken

Abweichend von der in den vorhergehenden Jahren angeordneten Vorprüfung der Böcke werden die Körungen in diesem Jahr in den Ställen der Bockhalter vorgenommen. Körpflichtig sind alle Ziegenböcke, welche zum Decken oder Deckversuch fremder Ziegen, sei es unentgeltlich oder gegen Bezahlung, verwendet werden. Bei den vorzuführenden Altböcken sind die Sprungbücher, bei den Jungböcken die Deckscheine vorzulegen. Das Körgeld beträgt 3 Reichsmark. Usw.«

Vor den Anschlagsäulen spielen sich Szenen ab. Kein Mensch weiß, was Körung ist; aber jeder will es wissen. Gute und böse Witze werden gemacht. Ein Wilmersdorfer will sogar das Lexikon (Band »Itzenblitz bis Lemure«) mitgebracht und, unter großem Hallo, der Menge verkündet haben, was Körung sei.

An diesen ländlichen Tatbeständen ändert es nichts, daß gerade die Blumenfrauen, die aus der Umgebung kommen und den Tauentzien beleben helfen, großstädtische Allüren annehmen. Eine dieser ländlichen Frauen hatte ein Schild an ihre Blumenkörbe geklebt, das Propaganda-Erfahrung bewies. Es stand darauf: »Heute letzter Tag großer Wicken-Ausverkauf. 10 Prozent Rabat.«

Brief an den toten Lehmbruck

Toter Meister!
Mitten in der Nacht sind Männer gekommen und haben Ihr edles Vermächtnis an uns, die »Kniende«, vom Sockel gestürzt und zerschlagen. Wir andern haben diese herbe Figur sehr geliebt; ihre überschlanken Glieder, ihr unwirklich zarter Leib waren uns ein ergreifender Ausdruck adliger Demut und Melancholie. Und wir begriffen, bei ihrem Anblicke, daß der Mensch, der dieses Wesen lebendig machte, sich selber töten mußte.

Wir wissen nicht, wo jener unfaßliche Rest Ihrer Existenz, der mit Revolverkugeln nicht vernichtet werden konnte, fortlebt. Wir wissen ja nicht einmal, ob er lebendig blieb! Aber mit der Inbrunst derer, die das andere nicht ertragen würden, glauben wir daran ...

Und es will uns scheinen, als hefte an uns, die den gemeinen Mord erlebten, ein Makel, der ausgelöscht werden muß. Haben wir wirklich alles getan, den widerlichen Lustmord an einem Kunstwerk zu vereiteln? Schufen wir, denen ein wenig Einfluß auf die öffentliche Meinung, auch in Fragen der Kunst, nicht abgesprochen werden kann, Verständnis für das dem Volk Unverständliche?

Wir wollen bescheiden sein und dürfen trotzdem sagen: Wir versuchten's. – Die Lehrer aller Völker säen Sittlichkeit, und wenn dennoch Räuber, Mörder und Diebe auf unserer Erde leben, so sind jene nicht schuldig. Und so sprechen auch wir uns frei, mit gutem Gewissen und trauriger Genugtuung.

Aber wir klagen an! Nicht nur die Schufte, die feig und böse zerstörten, was sie nicht begriffen, sondern vor allem jene, von denen bisher niemand sprach: die Anstifter der Schandtat. Selber werden sie sich noch nicht kennen oder kennen wollen. Wir wollen sie mit sich bekannt machen!

Wen wir meinen? – Wir meinen jene Anwälte gestriger Autorität, die alles Neue infamieren und verleumden. Wir meinen jene, die der Ansicht sind, Kunst ließe sich verbieten und verordnen. Wir meinen die Gesinnung jener Menschen, die sich durch das beleidigt fühlt, was sie nicht verstehen kann, die das haßt, was über ihr Begriffsvermögen hinausgeht, und die das ihr Fremde in der unwürdigsten Weise herabzusetzen bemüht ist.

Die Träger dieser Gesinnung haben die unsichtbare Verantwortung dafür, daß die Achtung vor der Kunst leidet. Sie hoben die Immunität der Kunstwerke auf, als hätten sie dazu ein Recht.

Sie werden sagen: das hätten sie nicht gewollt! und meinen, solche Phrasen brächten Absolution. Sie täuschen sich. Ihnen ist die Kunst nur ein pompöses Wort. Worte aber können ungestraft verletzt werden. Auch die Duisburger Figur wehrte sich nicht, als man sie zerschlug. Es gibt bequeme Gemeinheiten.

Man hat die Schandkerle gefangen genommen. Und es steht fast zu erwarten, daß man sie unnachsichtig bestrafen wird. Doch die Anstifter werden dabeistehen und, in Erinnerung an einen ihrer Vorgänger, erklären: sie wüschen ihre Hände in Unschuld …

Wir klagen sie an!

Krieg und Film

Im Tauentzienpalast in Berlin läuft gegenwärtig ein amerikanischer Kriegsfilm, »Rivalen« betitelt. Von Haus aus heißt er »What price glory«, und das bedeutet soviel wie: »Zu teuer erkaufter Ruhm.« – Das Manuskript und die Regie (Raoul Walsh) sind nicht viel wert; und die Bilder könnten oft genug besser sein. Man kriegt beispielsweise in den Landschaftsaufnahmen Baum- und Hauskulissen vorgesetzt, die beim Husten der amerikanischen Kompanien wackeln möchten. Und die Handlung beschäftigt sich eingehender, als es gut ist, mit allerlei Soldatenliebchen und Etappensekt.

Und doch steckt in einem Zehntel dieses Films mehr Propagandakraft gegen den Krieg als in zehn zündenden Reden, und hielte man sie auch in sämtlichen Ländern und Sprachen der Erde. Jene jungen Leute, die den Krieg nicht kennenlernten, werden ihren Augen eher glauben als fremden Rednern. Wer diesen Film sah, wer das Aufpflanzen der Bajonette und den schauderhaften Sturmangriff, das Mähen der Maschinengewehre und die Granatfontänen des Trommelfeuers sah, der wird seinem wildschlagenden Herzen zuschwören: Ich für mein Teil werde jeden Krieg und jede Kriegsgefahr bekämpfen.

In dem Film – ein Sturmangriff gegen deutsche Maschinengewehre ist vorangegangen; die Gefallenen werden mit Zeltplanen bedeckt; die Verwundeten werden in Karren gestoßen – in dem Film stürzt ein Zugführer zum Kapitän; schreit verzweifelt, er führe seine Mannschaften zurück; wenn der Kapitän sich widersetze, werde man ihn über den Haufen schießen. Er beginnt zu toben und wird von dem Kapitän und einigen Landsknechten niedergeworfen und geknebelt. Aber die Begeisterung für diesen Mann, der sich offen gegen die Menschenschlächterei empört, läßt sich nicht knebeln. Und gerade die Zwanzigjährigen sind ergriffen und applaudieren hingerissen.

Heraus mit solchen Filmen! Mehr davon! Sie zeigen, was war. Sie steigern und verbreiten den Wunsch, daß es nie wieder so werden möge.

Sternheim wird populär

Sein Dramenzyklus »Aus dem bürgerlichen Heldenleben« (1908–1913) wollte seinerzeit wahrhaftig anderes und mehr sein als eine in verschrobenem Deutsch verfaßte Dialogserie böswilliger Spötteleien. Sternheim spiegelte hier deutsche Art in Karikaturen und winkte das Publikum in sein Zerrspiegel-Kabinett hinein, daß es über sich lache, sich plötzlich erkenne und durch überraschendes Nachdenken wandle. Die Stücke wurden besucht. Ihre Absicht wurde ignoriert. Sogar das Lachen vergaßen die Leute. – Und 1925 mußte Sternheim, in einem großstädtischen Theater, seine damals siebzehnjährige »Hose« selber beklatschen, da er Applaus wollte.

In seiner »Chronik von des 20. Jahrhunderts Beginn« und in dem zweibändigen Romane »Europa« mühte er sich um das Fazit der gesellschaftlichen Entwicklung und der gegenwärtigen Situation. Die Werke gingen so gut wie in Konkurs und wurden nicht einmal als Makulatur gekauft. – Seitdem (bis zur »Schule von Uznach«) schwieg Sternheim als Autor und schien willens, um so mehr von sich als einem »Original« reden zu machen. Durch Absonderlichkeit des Auftretens suchte er – man kennt seine Pariser Interviews – die Beachtung zu erlangen, die ihm anders nicht widerfuhr. Denn nichts als sein Name war allgemein bekannt. Und mit diesem lediglich nominellen Ruhme, an den sich keinerlei exakte Vorstellungen hefteten, verband sich allenfalls noch der zweifelhafte Ruf, er sei ein Knockabout der deutschen Sprache und besitze Kuriositätenwert. Er wurde und blieb in der Isoliersphäre des Stilistischen bekannt und mißverstanden.

Die Sachlage hat sich mit einem Schlage gewandelt. Sternheim wurde populär! Er wird gespielt, er wird gelesen und – was das Wichtigste ist – wird begriffen! Die Berliner Situation ist in diesem Falle maßgebend und exemplarisch: Seine »Schule von Uznach« wird nächstens zum 150. Male gespielt; der »Snob« wurde zum unerwarteten Massenerfolg. Am Kadewe (Kaufhaus des Westen), der belebtesten Ecke der Stadt, verkaufen rührige Straßenschreier Sternheims »Berlin oder Juste milieu« – nicht für eine Mark, nicht für fünfzig Pfennige, sondern für einen Groschen! Irgendein spürtüchtiger Gelegenheitsmacher hat die Konjunktur erfaßt, und das Buch, das 1920 in einer Auflage von 50000 Exemplaren erschien, wird jetzt abgesetzt. Es ist auch heute noch aktuell ...

Der tüchtigste Schritt zur Popularisierung Sternheims geschah aber, als die »Hose« verfilmt wurde. Denn damit entstand gleichzeitig einer der besten Filme, die Deutschland produziert hat. Vor einer Konzessionen nicht geneigten Kritik bleiben die wenigsten deutschen Filme gültig: einige Tragödien mit Jannings; ein einziges Lustspiel, Lubitschs »Ehe im Kreise«; und, seit einigen Tagen, nun auch eine Charakterkomödie, eben Sternheims »Hose«.

Dieser Film beseitigt die letzte Hemmung und das letzte Mißverständnis des Publikums. Denn Sternheims Diktion bedeutet heute die letzte Schwierigkeit, die der Zuschauer und Leser überwinden muß, um ihn ganz zu verstehen. Im Film ist sie von vornherein beseitigt. Der Sprechstil ist, nun der Dialog wegfiel, vollkommen in den Stil der bildhaften Darstellung transponiert worden; und auf dieser optischen Ebene sieht auch der Literaturfremde die tiefere Bedeutung Sternheimscher Karikaturen.

Noch 1920 schrieb der Dichter über sein Drama: »In meinem Stück verlor ein Bürgerweib die Hose, und von nichts als der banalen Tatsache sprach in kahlem Deutsch man auf der Szene. Ob solcher Einfalt fällte Welt das Urteil: wie war das Dichtung? Eine bürgerliche Hose und fünf Spießer, die von ihr räsonierten? ... In einer Sprache redeten dazu von der Albernheit der Leute, die in keinem Buch, keiner Zeitung stand, und die kein besserer Bekannter sprach.«

Der Film machte das Stück stumm, und da erst wurde es beredt. – Plötzlich verstehen alle die tragikomische Lächerlichkeit dieser Spießer, die bis ins Jammervolle reichende Autoritätssüchtigkeit des Normaldeutschen, seine Verfressenheit, seinen grotesken Ordnungstrieb und seine hinter Ehrbarkeit hervorschielende Lüsternheit. Jeder erkennt plötzlich, daß sein

Nachbar ebenso ist, sein Untergebener so und, am Ende, so sein Vorgesetzter. Und – auch er selber. Das in Deutschland epidemisch verbreitete Lakaientum wurde nie vorher deutlicher angeprangert, nie lächerlicher gemacht und selten erschütternder gezeigt.

Das Publikum sieht seine eigene Krankheit. Ob das der rechte Weg zum Arzt und zur Heilung ist? Jedenfalls aber gelang Sternheim erst durch diesen Film, zu werden, was er stets schon sein wollte: der Molière unserer Zeit und für uns.

Dies mag übertrieben klingen, ist aber volle Wahrheit. Und daß es Wahrheit ist, muß dem Darsteller des Maske – zugleich dem größten deutschen Schauspieler von heute – muß Werner Krauß gedankt werden. Solch eine Quintessenz deutschen Kanzlistencharakters wurde vorher nicht erlebt. Bis in die äußerste Schnurrbartspitze ist Krauß, was er sein soll. Ob nüchtern oder betrunken, ob auf der Kegelbahn oder im Doppelbett, ob im Büro oder schnüffelnd und mausend über der Küchenpfanne, bei der Ordensverleihung oder beim Rasieren – die früher Tugend genannten Laster des deutschen Spießers konnten radikaler niemals gebrandmarkt werden und nie vollendeter und doktrinfreier durch bloße Darstellung.

Die Filmbearbeitung des Manuskripts hat eine ausgewachsene Nebenhandlung ergeben, für die Sternheim nicht verantwortlich zu machen ist. Theobald Maskes Frau wird Maitresse des Landesfürsten. Gelegenheit zu galanten und eleganten Szenen wurde, wohl zur Balance, gesucht und etwas zu ausgiebig gefunden. Doch die Auflösung dieser Episoden in einer eminent komischen Situation – Maske wird befördert und erhält, zur Audienz beim Fürsten, einen Orden – macht alles wieder wett.

Die Regie (Hans Behrendt) hat vollkommen schöne Bildfolgen herbeigeführt und so rationell wie möglich gearbeitet. Mit einer Mindestzahl von Darstellern und einer beschränkten Ziffer von Situationen ist ein Film höchsten Werts geschaffen worden. – Die übrigen Darsteller, neben Krauß, sind, in abgewandelter Form, einprägsame Typen und, jede auf ihre besondere Weise, groteske Vertreter deutschen Wesens, wie es nicht sein sollte.

Fast zwanzig Jahre nach seiner produktivsten Zeit wird Sternheim populär. Es ist für ihn noch nicht zu spät. Und was mehr ist: Für seine Werke und sein Publikum auch nicht!

»Hoppla – wir leben!«
Ein Zeitdrama von
Piscator, Toller, Meisel, Oertel,
Mehring und Müller

Es ist schwer, von dieser ersten Aufführung der Berliner Piscatorbühne auch nur näherungsweise eine brauchbare Vorstellung zu vermitteln. Der Leser muß jeden bisher gebräuchlichen Begriff, was Theater sei, ausmerzen, wenn er begreifen will, was hier an theatralisch Neuem geschaffen wurde. Mit dieser Aufführung beginnt – wenn nicht alles trügt – eine neue Epoche der deutschen Theatergeschichte.

Aufgeführt wird, nominell, ein Schauspiel von Ernst Toller. Viel richtiger ist es, zu sagen: daß hier von einem Dramatiker, einem Regisseur, einem Filmoperateur, einem Chansondichter und einem Komponisten der grandiose Versuch zu einem zeitgemäßen Gesamtkunstwerke unternommen wurde. Und zwar zu einem Werk, nicht nach den Maßstäben wohlbekömmlicher Ästhetik, sondern im Sinne jener Kunst, die durch ihre Erschütterungen Einfluß auf das Leben selber zu gewinnen sucht. Es wäre aus diesem Grunde deplaciert, mögliche Bedenken artistischer Herkunft auch nur zu äußern. Ebenso unangebracht wäre es: einem Löwen vorzuhalten, er brülle unmelodisch.

Für die halbe Aufführungsdauer, zwischen den schauspielerischen Szenen, füllt eine Filmleinwand den Bühnenrahmen aus. Und auf ihr jagen einander peitschende Reminiszenzen an Krieg und Revolution, visionäre Ausschnitte aus dem Weltgeschehen und dem Vergnügungstaumel der letzten zehn Jahre und Episoden, in denen die Träger der Sprechrollen ihre dramatische Handlung als Filmschauspieler fortführen. Dann erlischt der vordere Projektionsapparat. Die Leinwand rollt hoch. Das Bühnenbild wird sichtbar. Ein Gazenetz wird noch hochgezogen, und die Sprechbühne liegt frei. Aber wie sieht sie aus! Links und rechts von einer schmalen, die Bühnenhöhe ausfüllenden Leinwand sind je drei kleine Teilbühnen etagenförmig übereinander gebaut. Diese sechs Handlungsorte liegen zuweilen abwechselnd, manchmal gleichzeitig im Licht der Schweinwerfer und tragen handelnde, sprechende Personen des Dramas, während auf der mittleren Leinwand, durch Projektion aus dem Bühnenhintergrund, filmische Symbole, Szenen und Menschen auftauchen, die, auf gespenstische Art, den Dialog erweitern, vertiefen, intensivieren. – Dann sinkt das Gazenetz; Projektionen verschleiern halb die Handlung; Licht- und Farbenreflexe schießen darüber hin; verzerrt schwankendes Filmgeschehen überzittert lebendige Menschen. Die Bühne beginnt sich zu drehen und legt eine neue, dutzendfach gegliederte Bühne frei. Dann wieder gleitet die vordere, die Hauptfilmwand, vor das Ganze. Oder der Raum wird dunkel, und nur ein einziges Frauenantlitz leuchtet grell auf und singt ein aufwühlendes Chanson. Oder die Hauptfilmwand sinkt nur bis zur Hälfte über die Bühne, und während auf ihr Tanks daherwalzen, tanzen unter ihr lebendige Girls einen Charleston. Oder das Orchester überschreit die optischen Eindrücke: Nationalhymne, Arbeiterlieder, geistliche Gesänge und Schlachtmusik überkreuzen sich in rhythmisch stampfenden, quälenden Dissonanzen.

Erwin Piscator schreibt im Programmheft: »Aus Mangel an Phantasie erleben die meisten Menschen nicht einmal ihr eigenes Leben, geschweige denn ihre Welt. Sonst müßte die Lektüre eines einzigen Zeitungsblattes genügen, um die Menschheit in Aufruhr zu bringen. Es sind also stärkere Mittel nötig. Eins davon ist das Theater.«

Film, Theater, Revue und Kabarett treffen sich in der Aufführung von »Hoppla – wir leben!« in hundertfacher Überschneidung, hetzen einander, steigern einander, als gelte es, ein tausendprozentiges Leben zu schaffen! Und die Gesamtwirkung greift hart an die Grenzen des Erträglichen. Jene Menschen, die sich hier produktiv zusammentaten, um ein Maximum an Effekten zu erzeugen, waren nicht neuerungs- und übertreibungssüchtig, aus literarischen Ursachen. Sie bombardieren die Nerven nur, weil sie glauben: anders trifft man das Herz nicht! Sie steigern die physiologischen Wirkungen nur, um der Seele des Zuschauers sicher zu begegnen. Es schien ihnen der letzte Weg hierzu. Sie machten, von der physischen Seite her, das Publikum sturmreif durch ihr Trommelfeuer, um ins Gefühl der Menschen einzudringen und dort ihre Not zu verkünden. Was aber verkünden sie?

Diese Frage führt für kurze Zeit zu Toller und seinem Drama, das eher die Idee des Stückes lieferte, als das Stück selber. Sie heißt:

Vergeßt den Krieg nicht!

Einer von denen, die aus dem Kriege zurückkamen und die Novemberrevolution führten, soll erschossen werden, erfährt, nachdem er zehn Tage und Nächte auf das Urteil gewartet hat, seine Begnadigung und verliert den Verstand ... Nach acht Jahren kommt er aus dem Irrenhause – wie Toller von der Festung – und findet Deutschland, als wäre niemals Krieg gewesen. Die Kinder wissen vom Kriege bloß ein paar alberne Jahreszahlen; der Parteifunktionär, der damals auch füsiliert werden sollte, ist Minister geworden und Bourgeois; die Börse herrscht wie einst; Streiks werden gedrosselt; Hunger und Elend wurden nicht abgeschafft –

»die Minister, die Denker, die Dichter,
es sind wieder dieselben Gesichter!«

heißt eine Stelle in dem Mehringschen Chanson, das Käte Kühl von der dunklen Bühne her in den dunklen Raum hineinsingt. – Alles blieb, wie es war. Nichts wurde gelernt, alles wurde vergessen.

Und das ist der gewaltige Sinn dieser Aufführung, in tausend Formen zu schreien und zu schreiben, zu mahnen und zu drohen: Vergeßt den Krieg nicht! Werdet nicht wieder solche

Menschen, wie ihr vordem wart! Sonst treibt ihr neuem Krieg entgegen!

Es gibt keine Erinnerung, die wichtiger wäre, und keine, die es nötiger hätte, wachgehalten zu werden! Diese Künstler hier haben recht! – Wenn der Irrenhäusler, im Zimmer seiner Geliebten, zwei Kindern von jenem Verwundeten erzählt, der vier Tage und ebensoviele Nächte zwischen den Linien lag und schrie – dann wird kein Zuschauer im Haus sitzen, der nicht plötzlich die Mauer jener zehn Jahre, die zwischen damals und heute liegt, durchschaut, als wäre sie aus feinem Glas.

Hundert Stücke und hundert Filme sollten die Welt aufrütteln und erinnern, wie es das Werk von Toller, Piscator, Oertel (Film), Meisel (Musik), Müller (Bühnenbau) tut. Und dieses Werk hat nur einen Feind: den eignen zweiten Teil!

Und da muß Toller wieder genannt werden. Denn er trägt die wesentliche Schuld an der Verwässerung seiner Absicht, die im ersten Teil erschütternd gelingt. Der aus dem Irrenhaus Entlassene, der ohne Ruhe und ohne Ziel in der vergeßlichen Welt steht, beschließt: den Minister, seinen einstigen Freund, zu erschießen. Gleichzeitig beschließt eine radikale Rechtsorganisation dasselbe; gleichzeitig liegt der Führer dieser Organisation mit der Tochter des Ministers, die eigentlich lesbische Liebe vorzieht, im Hotelbett; gleichzeitig sucht ein Großfinanzier den Minister zu bestechen, – kurz, Toller irrt in Vicki Baums Feme-Roman und in Zeitglossen ab. Und die gesamte Aufführung mit ihm. Piscator hat in diesen Partien einem bedauerlichen Bedürfnis nach Vollständigkeit nachgegeben. Nichts entgeht seinem Auge. Alles muß auf die Bühne, und alles muß in den Film. Die Reichspräsidentenwahl wird zu einer Komödie für sich. Und das ganze beginnt, sich in einer satirischen Zeitrevue zu verlaufen. – Irrenhaus wieder, Untersuchungshaft und der Selbstmord des Helden (Granach) setzen dem Allen, gegen Mitternacht, ein Ende.

So bedauerlich das Ausgleiten im Uferlosen sein mag, so wenig darf es dazu taugen, die Wichtigkeit der Aufführung herabzusetzen. Denn deren Wert ist, ideell und szenisch betrachtet, unkritisierbar. Man spürt: Nur noch ein Schritt ist dazu nötig, daß Autor, Regisseur und Schauspieler anonym werden; daß alle sich namenlos in eifernder Hingabe dem Zwecke des Werks unterordnen. Jeder besondere Ehrgeiz vergeht hier vor dem fanatischen Streben, theatralisch einer Idee zu dienen. Piscator hat erklärt, bis zur Premiere betrachte er keines der Dramen, die er aufführte, als endgültig. Der Stückeschreiber wird zu einem Partikel. Und es beweist Tollers menschliche Qualitäten (die seine künstlerischen bestimmt überragen), daß er sein Stück bewußt als »Stück« zum Ganzen beitrug.

Eine grundsätzliche Frage erhebt sich: Wohin soll diese Art Theater führen? Wie soll die zweite, wie die zehnte Premiere aussehen nach solch einer Aufführung, die den Erdkreis und die Gegenwart unbegrenzt in ihren Dienst stellt? – Piscator betrachtet diese Art seiner künstlerischen Bemühungen bewußt als vorläufig. Er weiß und hofft, daß die Epoche, die mit »Hoppla – wir leben!« begann, nur eine Zeit des Übergangs sein wird. Er weiß, daß er nur ein unerläßliches Zwischenstadium schafft, von dessen Herbeikunft das Gelingen der nächsten Epoche abhängt. »Die Befreiung der Kunst«, heißt es in dem Programmheft, »... wird nur möglich sein, wenn sie sich nicht scheut, von sich aus den Kampf gegen diese Gesellschaft aufzunehmen ... Diesen Kampf kann das Theater nicht aus eigenen Kräften vollenden. Nur eine soziale Erneuerung ... wird das Theater wieder in normale Beziehungen zur Umwelt setzen.«

Auf allen Gebieten der Literatur hat man den profilierten Ausdruck der jungen Generation gesucht und vermißt. Man suche ihn in diesem Theater, wenn man ihn ernstlich finden will! Piscators Name hat geschichtliche Bedeutung erlangt.

Berlin als Film

Schon vormittags stehen die Berliner vor den Kassen des Tauentzienpalastes Schlange, um sich Karten für den Film »Berlin, die Sinfonie der Großstadt« zu erobern. Ein Jahr haben die

Operateure gebraucht, um, unter Walter Ruttmanns Führung, die tausend Gesichter dieser einen Stadt in Bilder zu bannen; um nichts zu photographieren als das Tempo und die Buntheit Berlins. Die Stadt war ihnen Milieu und Held in einem; die Stadt von morgens bis mitternachts! Vom ersten Arbeiter, der früh in die leere Straße tritt, bis zum letzten Maskottchen, das beschwipst nach Hause stolpert; vom ersten Pfiff der Fabriken bis zur letzten Feuerwerksrakete im Lunapark; von der Arbeit bis zur Liebe enthüllten sie die großartige, heftige Fülle der Viermillionenstadt.

Hochbahnen, Autobusse, Straßenbahnen, Lastfuhrwerke, Menschenströme, Droschken, Züge, Flugzeuge bewegen sich, und das Wirrsal aller Bewegungen ist: Berlin. Arbeiter, Angestellte, Verkäuferinnen, Straßenmädchen, Schulkinder, Flaneure, Selbstmörder, Bettler, Magnaten rennen durcheinander und nach tausend Zielen, und diese Jagd aneinander vorbei ist: Berlin. Zeitungen, Theater, Zirkus, Tanz, Kabarett, Maschinen, Schornsteine, Leierkästen, Hochzeit, Leichenwagen, Reklame, Bahnhöfe, Konditoreien, Bars, Kaschemmen zeigen sich und verschwinden, und dieser wilde Taumel der Dinge, der Pflichten und der Lüste ist: Berlin!

Also ist dieser Film eine Revue? Er will mehr, er will Sinfonie sein. Ruttmann versuchte statt der bloßen Bildfolge einen epischen Verlauf, der mit musikalischen Werken verglichen werden kann. Gewisse Themen kehren in Abständen wieder; neben Bildreihen, in denen Arbeit, Armut und Laster sichtbar sind, laufen kontrapunktisch andere, welche das Vergnügen und den Reichtum, den Genuß und den Feierabend zeigen. Die wahllose Fülle des Materials wurde so geordnet, daß Melodien und Akkorde, Themen und Variationen fürs Auge »hörbar« wurden. – Und der Plan einer Sinfonie wurde auch musikalisch weitergeführt. Edmund Meisel, der Piscator-Komponist, schrieb eine chronometrisch und klanglich dem Film eingefügte Musik dazu. Die Maschinen stampfen tatsächlich. Die Lokomotiven rollen und bremsen auch im Orchester, wenn sies auf der Leinwand tun. Die Großstadt schreit in Augen und Ohren. Partitur für 75 Mann Besetzung! Bleche rasseln; der

Viertelton-Flügel ist in Betrieb! Vor den Augen flimmert's, und die Ohren dröhnen von Dissonanzen!

So imposant dieser Versuch und so richtig er im Prinzip ist –, er ist zu sehr an die Grenzen der menschlichen Empfindung vorgetrieben. Er ist zu sehr bedacht, durch äußere Effekte zu wirken. Er geht zu sehr von der These aus: Zehn Untergrundbahnen und tausend Menschen überzeugten uns eher als fünf Bahnen und hundert Menschen. Er unterschätzt den stellvertretenden Wert der Episode. Er ist zu sehr auf Quantität gestellt.

Mitunter gelang Ruttmann, was er zu wenig bedachte. So jenes eine Mal, als ein Leichenwagen durch die Straßen fährt; Autos und Bahnen sausen vorüber, und durch ihre Scheiben hindurch erkennt man immer wieder den langsam rollenden schwarzen Wagen: bald halb verdeckt, bald ganz verborgen, bald völlig sichtbar. – Dieser Gegensatz zwischen Tod und Tempo ist ungleich mächtiger als Ruttmanns sonstige Kontrapunktik. Er hätte intensiver und weniger extensiv wirken sollen.

Trotzdem – der Film »Berlin« ist ein aktiver Protest gegen den albernen Kurbelbetrieb jeder Sorte. Er will es sein und er wird es bleiben.

Blaue Bluse

Die Kunst ist, für Sowjetrußland, ein politisches Instrument. Sie wurde von den Kommissaren zu einem Propagandamittel ernannt; und es hat ihr nicht geschadet. – Gegenwärtig wird dies, in Nacht-Vorstellungen der Piscatorbühne, von einem Arbeitertrupp bestätigt, welcher der Organisation der »Blauen Bluse« angehört. In jedem, auch im entlegensten Sowjetdorf treten diese Arbeiter auf, singen, tanzen, turnen, musizieren und – werben hierdurch für den Kommunismus. Sie singen, tanzen und turnen die neue Idee in die Köpfe der Bauern und Bürger, die theoretisch kaum zu überzeugen sind. Vier Jahre existiert diese Art offiziellen Kabaretts; im staatlichen Institut für Journalistik wurde es erfunden und als »lebende Zeitung« setzte es sich durch.

Das Artistische der Blauen Bluse überrascht wenig. Der Blaue Vogel, Tairoff, Dragilewh und Meyrhold haben Pate gestanden. Zehn Menschen, gymnastisch geschult und fähig, auch dann zu singen, wenn sie einander auf der Schulter balancieren, stehen aus politischen Gründen Kopf. Der Zweck heiligt das Mittel.

Das Politische ist wichtiger. Welche Themen erörtern diese Kabarettisten? Was soll den Russen eingebläut und was soll ihnen ausgetrieben werden? – Man propagiert den Sport, das Militär, die Maschine, die Organisation, und man macht sich lustig über Sentimentalität, Volkslied, unmoderne Frau usw. usw. –

Dieses Kabarett demonstriert also das kulturelle Ziel des Sowjetismus: Ausrottung des Gestrigen, der Tradition, der »russischen Seele«; Einweisung des Fortschritts, des Nationalismus, der Sachlichkeit. In Rußland hat, scheint es, ein großes Zeitalter der Aufklärung begonnen. Diese Wendung hat auch ihre Nachteile.

Das Berliner Publikum, soweit es die Galerie füllte, sang am Schluß der Vorstellung die Internationale ab. Und warum soll, wer Kommunist ist, mit russischen Genossen nicht das gemeinsame Kampflied singen?

Was sich aber das begeisterte Parkett gedacht hat, ist unerfindlich. Das waren Pazifisten, die bei der Verherrlichung des Armeegedankens hingerissen klatschten. Das waren Individualisten, die bei den Lobgesängen und Lobturnereien auf die Mechanisierung des Lebens in Verzückung gerieten. Das waren Kulturliebhaber, die sich an der tödlichen Verhöhnung des Volkslieds begeisterten.

Der Beifall im Parkett führte irre. Er galt nicht der Roten Armee, nicht der Fortschrittshudelei und nicht der Parodierung des Gefühls. Er galt dem Können der Blaublusigen; nur ihrer Fähigkeit, Luftsprünge zu machen.

Aber kann der Anhänger des Friedensgedankens applaudieren, wenn für Krieg und Volksheer gut und leidenschaftlich geturnt wird? Darf er es tun, ohne von den Russen falsch verstanden zu werden?

Zuckmayers »Schinderhannes«
Drahtbericht unseres Berliner Theaterreferenten

Die Premiere-Besucher, die in der Pause vorm Lessingtheater standen und die lange entbehrte Zigarette rauchten, debattierten lediglich darüber, ob die Schauspieler den mittelrheinischen Dialekt getroffen hätten oder nicht. Man sah es ihnen an: das Drama vom Räuberhauptmann Hannes Bückler, der am 19. November 1803 in Mainz mit 19 Spießgesellen hingerichtet wurde, brachte sie nicht aus dem Gleichgewicht. – Wenn man nun ein Schauspiel nach seiner Wirkung beurteilen soll, und wenn feststeht, daß es Stücke gibt, die den Zuschauer aus seiner Realität, so sehr er sich sträuben mag, herauszerren und in die Atmosphäre der Dichtung hinüberholen, so daß sein Puls und Atem einem fremden Willen parieren muß – wenn dies stimmt (und das tut es!), dann ist der »Schinderhannes« kein sehr gutes Stück.

Woran liegt es? Am Stoff gewiß nicht, denn das Schicksal eines in Krieg und Revolution geborenen Menschen, der sich gegen »Recht« und Kapital empört; der den Bauern hilft und die französische Rheinlandbesatzung bekämpft; der zu Tode gehetzt und pompös geköpft wird, – dieses Schicksal mutet ja fast an, als sei es gestern geschehen und als sei der Schinderhannes nicht eine halblegendäre Figur, sondern ein Fall Hölz oder Vanzetti. Auch der Schinderhannes hat niemals einen Menschen getötet ...

Woran also liegt es? – Zuckmayers Talent – unbezweifelbar und groß – ist sehr einseitig gewachsen. Er hat die Gabe, seine Menschen reden zu lassen, wie ihnen tatsächlich der Schnabel gewachsen ist; er läßt sie schimpfen, daß jeder Fuhrknecht vor Neid erblassen muß: er versteht sich auf den Mutterwitz im

Volke wie wenige. Aber, wird man fragen, was hat das alles mit dramatischer Handlung zu tun?

Das ist es ja eben! Zuckmayers Talent ist beschreibender Natur. Er setzt Szene neben Szene – zehn sind's im ganzen – und jede einzelne ist gut; manche ist großartig! Es fehlt nur die bindende fortreißende Bewegung. Also? – es fehlt nur die Hauptsache.

Da gebiert in einem der Bilder die Geliebte des Räuberhauptmanns einen Knaben in wogendem Kornfeld. Der Schinderhannes ist vor Staunen und ungewohnt feierlichem Glück ganz wunderlich. Seine Kameraden gehen auf Zehenspitzen trotz der Räuberstiefel, die junge Mutter ist so tapfer und so rührend, – kein Gedicht von Rinaldini könnte herrlicher sein! Doch sobald der Vorhang fällt, ist die Stimmung im Zuschauerraum wie weggeblasen. Zuckmayer malt Zustände, er malt sie aus mit saftigen Farben und in warmen Tönen, und es ist schade, daß ein Theaterstück keine Bildergalerie ist, oder keine Novelle Zuckmayrs, denn dann wäre seine Leistung unübertrefflich.

Er schaltet Szenen ein, die nur illustrativen Sinn haben. Er macht häufig Witze auch dort, wo sie schlecht am Platze sind. Er gibt eine Chronik mit Lokalkolorit. Er liefert so viele schöne Details, da er zum Wichtigen keine Zeit hat. Er zeigt einen Räuber als guten Sohn, als wortkargen, zarten Liebhaber und Mann, als Witzbold, als Vater, als Delinquenten, der auf erschütternd einfache und heroische Art von der Frau Abschied nimmt, aber als Räuber und als Retter der Armen zeigt er ihn nicht! Davon wird nur dann und wann einmal geredet. Man muß es glauben.

Das Schicksal eines Rebellen steht zur dramatischen Debatte. Und nur eine gehetzte Kreatur und nur ein außergewöhnliches Privatleben bekommt man zu sehen. Es ist wenig. Der wichtigste Teil des Stückes blieb ungeschrieben, und im Rest, der als Ganzes gelten möchte, fehlt der die zehn Bruchteile bindende dramatische Strom.

Ein aufrüttelndes Schauspiel hätte aus diesem Stoff werden können. Carl Zuckmayer schrieb statt dessen ein volkstümliches Unterhaltungsstück. Auch so etwas wird gebraucht, wenn es gut ist. Und, in dieser Einschränkung gesehen, ist der Schinderhannes gut. – Tragische Revue, keine Tragödie, theatralisches Mosaik, kein Drama.

Der historische Schinderhannes starb 27jährig. Eugen Klöpfer spielte ihn als 40er. Das ist, trotz Klöpfers monumentaler Leistung, bedauerlich. Man spürt immer, daß der Dichter einen jungen Kerl vor Augen hatte, keinen beleibten Mann in den »besten« Jahren. Dadurch entstehen unausgesetzt kleine Differenzen zwischen Idee und Darstellung. Wie Klöpfer sie überbrückt, ist freilich bewundernswert, er gestaltet vor allem den Räuber im Privatleben: den täppisch Liebenden, den wortkargen Flüchtling, den Sohn der rheinischen Landschaft, den entschlossenen Delinquenten. Käthe Dorsch, die Meisterin des Mütterlich-Frauenhaften, hält sich sehr zurück; zu sehr. Die Rolle fordert freilich eine leise besorgte Frau, die bis zum Tode, selbstverständlich und ohne Pathos, neben dem Manne bleibt; aber zu solch reservierter Existenz hätte man eine Dorsch nicht bemühen dürfen. – Die übrigen Darsteller hielten sich, ganz wie die Regie (Reinhardt Bruck) in normalen Grenzen. Die Bühnenbilder entwarf Max Liebermann, aber man merkte es nicht.

Der Krieg im deutschen Roman

In fremden Sprachen fand der Weltkrieg längst sein episches Echo. Nun haben wir endlich auch einen deutschen Roman, der es verdient, neben »Le feu« und dem »Schwejk« placiert zu werden. Das Buch heißt »Soldat Suhren« (J. M. Spaeth, Berlin; Lw. 6.–) und sein Autor Georg von der Vring. – »Soldat Suhren« ist die Geschichte einer Korporalschaft, nichts weiter. Eine winzige, unbedeutende Gruppe Infanteristen erlebt im Krieg ihr kleines Schicksal. Diese »Gemeinen« werden ausgebildet, lernen schießen und Gewehre reinigen, müssen strafexerzieren, kommen nach Frankreich, dann nach Wolhynien, machen Späße, sehen Verwundete und treten auf Tote, geraten selber in die Schlacht hinein, – und damit ist das Buch schon zu Ende. Handwerker, Kommis, Strolche, Lehrer und Künstler befiehlt der Krieg in Reih und Glied; sie geben sich Zigaretten und hungern zusammen; sie begraben ein verwesendes Pferd; sie träumen und schimpfen und warten auf Briefe; sie werden Freunde; der Sergeant zeigt die Photographie von Frau und Kindern; dann rennen Russen übers Feld; Granaten schlagen ein; die Korporalschaft ist zersprengt; tot, verwundet, vermißt, verweht ... War so der Krieg? Er war so. – Wie ein Gewitter ging er über die Köpfe der Menschen weg, und viele traf der Blitz. – Georg von der Vrings Soldaten sind keine erfundenen mutwilligen Heroen, sondern wirkliche in den Krieg verschlagene Arbeiter und Kleinbürger. Anspruchsloser konnte ein Kriegsbuch kaum geschrieben werden, aber auch nicht echter. Träumer und Schreiber, Schulmeister und Knechte erdulden eine »große« Zeit; gehorsam und erstaunt, willenlos und schließlich gegen ihren Willen. Das Schicksal von kaum einem Dutzend Soldaten wird stellvertretend lebendig für das Geschick eines Volkes. – »Soldat Suhren« ist von der Vrings erstes Buch, und das heißt: er begann seine Laufbahn auf einem Gipfel!

Er beschrieb einen Millimeter aus dem Riesenfilm des Kriegs und traf den Kern. Ganz anders, mit den extensivsten Absichten, konzipierte Felix Braun sein Kriegsbuch, »Agnes Altkirchner« (Insel-Verlag, Leipzig; Lw. 12.–). Der Roman umfaßt tausend Seiten, teilt sich in sieben Bücher und schildert sieben Jahre, 1913–1919. Braun will den Untergang des alten kaiserlichen Österreich nachzeichnen und versucht es dadurch, daß er die Schicksale unzähliger Personen durcheinanderschüttelt und mit allen Ereignissen des Krieges, des Zusammenbruchs und der Revolution verkettet. Seine Aufgabe, solch ein Kolossalgemälde auszuführen, grenzt ans episch Unmögliche. Doch soweit es möglich war, gelang es. Freilich stört das erzählte Nach- und Durcheinander, das der realen Gleichzeitigkeit nie gerecht werden kann. Während Braun irgendeine Etappe eines seiner vielen Liebespaare notiert, versinken die anderen Menschen und Schauplätze des Buches, bis er dann den Faden abreißt und an einem der vielen andern weiterspinnt. Es mußte ein Mosaik werden, ein großartiges Zusammensetzspiel.

Brauns Grundthema ist, auch in diesem Zeitroman, die Liebe. Er rühmt sich in einer Selbstanzeige seiner erschöpfenden Vollständigkeit: »Es wird kein Bereich der Liebe, der irdischen sowohl wie der himmlischen, – dies hoffe ich, – ohne einen Blick oder Fingerzeig geblieben sein.« Er treibt die Paare zusammen und auseinander, bis die Gruppierung endgültig gelingt oder mißglückt, wie er und das Schicksal es wollen. – Brauns Grundkonflikt ist, wie auch in seinem Roman »Heraclius«, der polare Gegensatz zwischen aktivem und passivem Menschentypus. Er sympathisiert mit denen, die leiden und dulden, aber er führt doch auf sie den Zerfall Österreichs zurück. Es ging am Österreicher, wie ihn Wirklichkeit und Literatur kennen, zugrunde. Im Vordergrunde des problematischen Buches unterliegen die duldsamen und die nachdenklichen, sentimentalen Menschen; im Hintergrunde bricht das Reich zusammen, das aus solchen Menschen bestand. –

Mit von der Vrings schriftstellerischem Wesen ist das eines andern, zu wenig bekannten Autors verwandt, der Karl Lieblich heißt. In einer ungewöhnlich klar und straff geführten Erzählung von ihm, »Das proletarische Brautpaar« (Eugen Diederichs Verlag, Jena; Lw. 5.–), wird Glück und Ende zweier Liebenden geschildert, die auf den Barrikaden sterben. Fabrik, Volksfest und Straßenkampf sind das Milieu einer echten reinen Leidenschaft. Und wer Rollands »Pierre et Luce« lieb hat, wird auch diese zwei jungen Menschen liebgewinnen, denn es sind ihre echten Geschwister.

Im gleichen Verlag erschien vorher ein Novellenband von Lieblich: »Die Welt erbraust« (Hlw. 4.–). Glühende Erotik, als Tatsache gepackt und nicht mit den üblichen psychologischen Kostümen verhangen, und ein bewundernswert dichter Stil heben diese Novellen hoch aus dem üblichen Schrifttum heraus. Da etliche der sechs Erzählungen mit Geschehnissen des Kriegs verbunden sind, soll die thematische Gelegenheit, das Buch zu empfehlen, nicht vorübergelassen werden.

Dokumentarisches Theater
Piscators »Rasputin«

Aus Tollers »Hoppla, wir leben!« machte Piscator eine Geschichte der deutschen Revolution, aus dem Rasputindrama Alex Tolstois eine Darstellung des russischen Umsturzes. Eine erschöpfende Darstellung! Im Programmheft sind zweiunddreißig Quellenwerke angegeben, die der Bearbeitung des Stückes dienen mußten. Alles verläuft dokumentarisch. Alle Personen des Spiels – soweit es sich nicht um anonyme Menschen handelt – sind geschichtliche Figuren: der Zar, die Zarin, Kaiser Franz Joseph, Wilhelm II., Lenin, Trotzki, Kerenski, Liebknecht usw. Und sie werden nur als politische Existenzen zugelassen. Privates bleibt verboten, und mit ihm Kunst und Psychologie. Piscator vermeidet alles dies absichtlich. Er gibt ausschließlich, wie einer seiner Mitarbeiter sagt, »die Wirklichkeit, die wir auf die Bühne bringen, damit sie geändert werde«. Und Leo Lania, der Dramatiker, schreibt: »Das Drama ist uns nur insoweit wichtig, als es dokumentarisch belegbar ist.«

Die Toller-Aufführung hatte menschliche Züge. Nie wieder Krieg! lautete ihre Idee und konnte jeden menschlich Denkenden, der Zuschauer war, packen. Der »Rasputin« hat keine Idee, also auch keine menschliche. Er will sie nicht, und, sagt Piscator, er braucht sie nicht. Tatsachen, sagt er, seien Idee genug. Es wird sich erst nach seiner zehnten oder zwanzigsten Inszenierung herausstellen, daß er unrecht hat. Hoffentlich wartet er nicht darauf! Seine Begabung ist viel zu groß und viel zu einzigartig, als daß sie dieser Erfahrung zum Opfer fallen dürfte.

Piscator verzichtet auf Kunst und Idee, weil er Kommunist ist und sein Parteiprogramm hat. Aber seine künstlerische, szenische Sendung ist gewisser und notwendiger als Deutschlands Kommunisierung à la russe. Er hält das Zusammentreffen seines zweiseitigen Strebens, die Bühne zu reformieren und an den Kommunismus zu glauben, für persönliches Schicksal und meint, beides gehöre zusammen, weil es in ihm zusammentraf.

Er irrt sich! Das deutsche Theater braucht seine Regie, doch das deutsche Volk braucht den Kommunismus nicht. *Es gibt andere, menschlichere Arten des politischen Radikalismus als jene, die in Parteijacken gezwängt wurden. Piscators Parteipolitik ist des Regisseurs Piscator größter Feind.* Daß er ihn erkennte!

Die szenische Lösung der Aufgabe ist wieder überwältigend gelungen. Die Toller-Aufführung basierte auf einem starren System von zweimal drei Bühnen, die übereinander lagen. Die Tolstoi-Aufführung vollzieht sich auf der Drehbühne. Aber auf einer sozusagen dreidimensionalen Drehbühne! Statt der kreisrunden Scheibe dreht sich eine Halbkugel. Sie gleicht der Hälfte eines riesigen Globus, der rotieren kann und dessen Überzug bald hier, bald da – oft an mehreren Stellen zugleich – zurückklappt und Bühnenausschnitte freilegt, in denen gespielt wird. Besser konnte der Eindruck, daß geschichtliches, weltumspannendes Geschehen abläuft, nicht erzeugt werden. – Der Krieg und Umsturz suggerierende Film läuft über die Halbkugel hinweg, während auf einer schmalen hohen Projektionswand rechts vom Globus erläuternder Text erscheint. Wenn sich die obere Schnittfläche der Halbkugel gehoben hat, rollt auch hier eine Leinwand herunter, so daß gesprochene Szenen von links, von rechts und von oben her filmisch begleitet werden können. Im Bühnenrahmen auf einer Gazefläche tauchen auch Projektionen auf: zwischen Publikum und Schauspielern. Das Drama zwischen wenigen Spielern wird also unerhört und hinreißend erweitert. *Geschichte wird, so unmittelbar wie möglich, verlebendigt.* Landkarten wölbt der Film über diesen Globus; Verlustziffern der Armeen kann man auf ihm lesen. Vor den Augen des Zuschauers empört sich ganz Rußland gegen den Krieg: Straßenkämpfe, Massenumzüge und Kommissariatssitzungen vollenden sichtbar den Umsturz; Kerenskis Regierung geht zu Ende; Lenin und der Kommunismus haben gesiegt.

Doch, heißt das Stück nicht, von Hause aus, »Rasputin«? Richtig, das ist der Berater der Zarin; ein Viechskerl, ein Heiliger, der bestochen wird und den Segen, mit einer Gurke in der

Hand, erteilt! Die Weiber sind toll auf diesen Wunderbauern, und die Männer bringen ihm um. Wegener spielt ihn. Aber die Schauspieler sind bei Piscator, vorläufig, noch nicht sehr wichtig. Sie müssen gut Maske machen, und wenn sie, wie Erwin Kalser (als Zar) auch noch gut spielen können, so ist das, vorläufig, nicht Piscators Verdienst. Seine Aufgaben sind zunächst: Technisierung des Theaters und Aufrüttelung des Publikums. Und dies beides, wahrhaftig, das kann er wie keiner!

In der Toller-Aufführung bekämpfte Piscator mit seiner Mannschaft den Krieg. Im »Rasputin« feiert er den zehnten Jahrestag der Sowjetunion. Das erste Stück sicherte ihm die Zustimmung fast aller; das zweite wird, wenige Szenen zum Schluß ausgenommen, Parteigut bleiben. – Er hat das »Kollektiv der Piscatorbühne« gegründet, und das ist ein Ehrenkomitee von Männern, die ihm nahestehen und die er »das Gewissen des Theaters« genannt hat.

Mögen sie sein gutes Gewissen sein!

Das Theater der Zukunft

Wir sind in der Lage, auf Grund einer Unterredung mit Piscator und seinen Helfern im bautechnischen Büro die Pläne seines ungeheuer kühnen, kommenden Theaters zu veröffentlichen, die bisher weder in der in- noch in der ausländischen Presse publiziert worden sind. Die Red.

Das Hoftheater

Es ist die Behauptung aufgestellt worden, unsere Zeit brauche eine neue Bühnenform. Nicht jeder wird die Tragweite dieser Forderung begreifen; und viele werden meinen, es genüge ihnen, daß die Spieler und das Stück modernen Maßstäben gerecht würden. Sie werden nicht einmal wissen, daß es, im Verlauf der Geschichte, recht verschiedene Bühnenformen gab und daß jede Epoche sich das dramatische Forum schuf, das sie nötig hatte.

Also: Unser gegenwärtiges Theater, das »Hoftheater« mit Logen, Polsterrang und Holzgalerie, ist eine Bühnenform neben vielen anderen, nichts weiter. Das Amphitheater der Antike, die Terenzbühne der Spätklassik, die Simultanbühne des Mittelalters, die Meistersinger-Bühne, die Bühne des elisabethanischen Englands sind einige Theaterformen, die vorübergehend gültig waren. Die Bühnenform ist eine historisch bedingte Zeiterscheinung. Und es ist von vornherein nicht einzusehen, warum gerade der Typus des Hoftheaters unsterblich sein solle; vielmehr liegt es nahe, anzunehmen, daß auch er eines Tages von einer anderen Form, vom Theater unserer Zukunft, abgelöst werden wird. Und es liegt weiterhin nahe, daß diese Ablösung in absehbarer Zeit stattfinden wird; denn nicht nur der Titel »Hoftheater«, sondern auch die damit bezeichnete Bühnenart wirken vorgestrig und sind veraltet.

Das Hoftheater ist, in seiner heutigen Gestalt, eine Folge des absolutistischen Europas. Die Könige saßen in den Mittellogen, die Prinzen in den Seitenlogen, der Hofstaat in Parkett und Rang usw. Als die absolute Fürstenherrschaft zu Ende ging, rangierten sich die Theaterbesucher nach dem Steuerklassement. – Die Bühne selber war, architektonisch, vom Zuschauerraum radikal getrennt, und diese klare Scheidung vollendete das System des Typus: Er war durchgehends auf Trennung und Distanz eingerichtet.

Nicht nur diese heimliche Struktur des Hoftheaters mußte sich schließlich überleben, sondern auch die äußere Anlage der Spielbühne. Sie war, von Haus aus, auf wenige Akte berechnet, deren Bühnenbild sich wenig und im Wechsel zwischen tiefer Bühne und bloßer Vorderbühne verändern durfte. Die zu Umbauten nötigen Pausen hatten durch die Begrüßungen im Foyer gesellschaftliche Bedeutung. – Als die Dramatik von der Akteinteilung abzuweichen begann und statt drei oder fünf Akten zehn bis zwanzig Bilder brachte, begann man schnelle Bühnenverwandlungen zu ermöglichen: man erfand die Dreh- und die Versenkungsbühne; man war in der Lage, eine größere Folge von Szenenbildern vorzubereiten und ohne Pausenverluste, durch Horizontal- oder Vertikaldrehung, in den Bühnenrahmen zu bringen.

Diese technischen Kompromisse reichten notfalls hin, das Hoftheater der Dramatik anzupassen; aber sie konnten nicht darüber wegtäuschen, daß das Publikum den Konnex zum Theater trotz allem mehr und mehr verlor. Das Drama muß, wenn es wirken soll, zunächst einmal Theater sein, und gerade das Theater – zur Vermittlung berufen – stand trennend zwischen Autor und Publikum. Man ging ins Theater, um sein belegtes Brot nach Begleittexten von Hauptmann zu verzehren; man ging hinein, weil später gefragt werden konnte, ob man drin war; man langweilte sich im Dunkeln. Mit Staunen hörte man von der Begeisterung des antiken Theaterpublikums und davon, daß zu Shakespeares Zeit fast ohne Requisit und bei Nachmittagslicht gespielt und und dennoch Erschütterung verbreitet worden war.

Man begann zu glauben, der moderne Mensch brauche das Theater nicht mehr. Es hieß, er habe Sport und Kino und habe daran genug; Technik und Nüchternheit seien Herr, und Theater diene, bestenfalls, als eine Art unwichtigen Zeitvertreibs. – Eine bestimmte Bühnenform war unwirksam geworden, und man glaubte, die Bühne überhaupt.

Das Hoftheater mag eine bedeutsame Bühnenform gewesen sein. Doch heute paßt sie nicht mehr. So wie ein ausgetretener Pantoffel nicht mehr paßt, auch wenn er sonst noch haltbar ist.

Piscators Mission

In diese Zeit des niederbrechenden Hoftheaterbetriebs, der die Höfe zäh überlebt hat, fällt ein Ereignis, das zufällig war und dessen historische Notwendigkeit zu entdecken künftigen Wissenschaftlern überlassen bleiben soll. Ein tüchtiger Regisseur, Erwin Piscator, inszenierte an der Berliner Volksbühne – von russischen Vorbildern beeinflußt – ein Theaterstück in ungewöhnlicher und ungewöhnlich aufregender Weise. Das Direktorium der Bühne überwarf sich mit ihm, er fand Freunde und übernahm, als Direktor, ein anderes Theater – natürlich wieder eines im Hoftheaterstil –, um seine Pläne ungehindert verwirklichen zu können. In seinen Aufführungen verwandte er, in bis dahin unerhörtem Ausmaße, den Film: er kombinierte das Wortdrama mit dem lebenden Bild; er baute die halbe Erdkugel auf die Drehbühne; ließ Texte, statistische Zahlen, Landkarten und geschichtliche Abläufe projizieren, die das Stück mit dem gesamten Weltgeschehen verbanden; er beschäftigte einen modernen Komponisten, der das Seine betrug, die Erregung des Publikums zu steigern, und einen Bühnenarchitekten, der von sich behauptet hatte: er arbeite seit Jahren an der Vernichtung des Bühnenbildes. Piscator tat dies alles und tut es noch, und plötzlich zeigte sich, daß das moderne Publikum – sogar, wenn die gespielten Stücke wenig taugen – vom Theater sehr wohl in einen Zustand versetzt werden kann, der »nicht normal« ist und der dem Zustand der Griechen im Amphitheater und der Engländer um 1600, im Globe- oder Blackfryars-Theatre, verwandt ist! Piscator erreichte mit zwei Aufführungen, daß Europa und Amerika erstaunt aufhorchten und kalkulierten: das Theater sei vielleicht doch noch nicht tot und begraben.

Piscator blieb nur noch eines zu tun übrig: den ihn beeinträchtigenden Typus des Hoftheaters selber abzuschaffen, eine neue Bühnenform zu konstruieren, die seinen Plänen entspräche, und das zur Ausführung nötige Geld aufzutreiben. Wenn ihm dies gelang, gelang ihm gleichzeitig die prinzipielle Beseitigung der veralteten Bühne. Denn der erste Versuch, traditionelle Formen zu sprengen, ist der entscheidende Versuch. Weitere Versuche werden folgen, und der zeitgemäßeste wird sich als Vorbild des neuen Typus durchsetzen.

Nun, es gelang Piscator, unterstützt von Gropius, dem Direktor des Dessauer Bauhauses, »sein« Theater zu entwerfen; und es gelang ihm auch, drei Millionen Mark für den Bau zu sammeln. Das Geld liegt bereit, das Baugelände wird erwogen, und im Malersaal seines gegenwärtigen Theaters steht heute schon das Modell des zukünftigen. – Änderungen und Verzögerungen mögen kommen: trotzdem ist das neue Theater geboren! Und daß der große Plan von berufener Seite mit Schweigsamkeit beantwortet wird, spricht jedenfalls nicht gegen Piscator. Hemmungen politischer Art dürfen nicht hindern, die epochale Bedeutung des Vorhabens zu erkennen und zu bestätigen.

Die neue Bühnenform

Piscators tiefste Absicht ist: das Publikum aus seiner Theaterapathie aufzurütteln und das, was er und seine Autoren zu sagen haben, derart zu verkünden, daß keiner der Zuschauer es fertigbringt, sich zu entziehen. Er weiß, daß unsere Zeit Theatereffekte erschwert. In einer Epoche, »in der die Lektüre eines einzigen Zeitungsblattes genügen müßte, um die Menschheit in Aufruhr zu bringen« und in der das Publikum trotzdem stumpf und erlebnislos bleibt, »sind stärkere Mittel nötig«, erklärt er. Aus der Erkenntnis heraus, daß Wirkung schwer wurde und daß er dennoch wirken muß, ergibt sich Piscators Verfahren: unter Heranziehung aller technischen Möglichkeiten, den Zuschauer zu bestürmen, zu überrumpeln, aufzuschrekken und zum Miterleben des Bühnengeschehens, sei es auch auf brutale Weise, zu nötigen. – Wer Piscator eine Manie in technischen Theatercoups vorwirft, verrät unerlaubten Verständnismangel. Piscator ist Techniker nur, weil er erkannte, daß anders Bühnenwirkung, in ernsthaftem Sinn, augenblicklich überhaupt unmöglich ist.

Vermutlich ist Piscators Mission nur von zeitlich sehr begrenzter Bedeutung. Das ändert nicht das mindeste an ihrem Wert. Erst nach der Epoche, die mit ihm begann, erst nach einer Epoche der stärksten und lautesten Bühnenmittel, wird die Entwicklung zu einer irgendwie gemäßigten, klassischen Spielform zurückkehren können. Zuvor muß die Epoche der theatralischen Maßlosigkeit ablaufen, und Piscator ist ihr Meister.

Die Piscators Bühnenform zugrunde liegende Idee ist ganz einfach die: die im Hoftheater errichtete Scheidewand zwischen Publikum und Bühne radikal zu durchbrechen. Auf dieser Idee beruhen sämtliche Eigenarten des Plans.

Das Parkett ist amphitheatralisch aufgebaut und umfaßt, beiderseitig, eine kreisrunde, der Hauptbühne vorgelagerte Vorbühne, die sich in Höhe der tiefsten Sitzplätze befindet, versenkbar ist und unterirdisch mit der normalhoch gelegenen Hauptbühne in Verbindung steht. Die Hauptbühne kann szenische Wechsel durch zweimal zwei Bühnenwagen erfahren, die seitliche Anfahrt haben und deren jeder die Länge des Bühnenrahmens hat, oder durch drei Drehbühnen – eine mittlere große und zwei seitlich vorgelagerte kleinere Drehscheiben. Die Möglichkeiten, die sich aus der Kombination der Drehbühnen mit den zweifach hintereinander gestaffelten, auf Schienen laufenden Wagen ergeben, sind außerordentlich zahlreich, und das Ganze gleicht am ehesten einem Rangierbahnhof. – Die Vorderbühne, zu Füßen des Parketts und von ihm umgeben, muß nicht unbedingt benutzt werden und bleibt Stücken oder Szenen vorbehalten, die unmittelbar im Zuschauerraume spielen sollen (Boxkampf z. B.). Dann nämlich wird die kreisrunde Vorderbühne mitsamt dem ersten Parkett horizontal um eine halbe Kreisdrehung verlagert, so daß, nach erfolgter Schwenkung, das Publikum des ersten Parketts mit dem Rücken direkt an der Hauptbühne sitzt und sich die ursprünglich der Hauptbühne vorgelagerte Vorderbühne mitten im Gesamtparkett befindet. Diese gewalttätige Art, die Zuschauer, auch während der Vorstellung, vom Ort zu bewegen, gewährleistet nicht zuletzt eine Vernichtung üblicher Theaterbegriffe und die Aufhebung aller Maßstäbe, die außerhalb des Theaters gelten. Auf mechanischem Wege wird ein neuartiges Kunstbewußtsein im Publikum provoziert.

Rund um das Parkett werden, bis in die Höhe des ersten Ranges hinauf, Filmflächen laufen, die von allseitig angebrachten, fahrbaren Projektionsräumen aus bedient werden, so daß es möglich ist, gewissermaßen das ganze Theater »unter Film« zu setzen. Auf dem Rundhorizont der Hauptbühne und rings um den Zuschauerraum herum werden Filme das Wortdrama begleiten und in unerhörtem Maße unterstützen. Angenommen, ein Stück spielt auf einem Ozeandampfer: so wird der Film sämtliche Leinwände des Hauses mit Wellen anfüllen können – und dann soll noch jemand an Butterbrote denken! – Hinter der Peripherie des Gesamtparketts, rund um das Publikum herum, von einer Seite der Hauptbühne zur andern, liegen Schienen, auf denen Bühnenwagen laufen. Sie dienen dem Zweck, Kapellen und Chöre beliebig transportieren zu können.

Die Kuppel des Hauses gleicht einem halben, auf der Schnittfläche liegenden Eikörper, dessen stumpf abgeschnittene Spitze die Öffnung der Hauptbühne darstellt. Diese ovale Deckenlösung wurde aus akustischen Gründen getroffen; ihre Eisenkonstruktion wird mit Glasflächen überspannt, die eine von der Regie nutzbare Oberbelichtung des ganzen Hauses zuläßt.

Piscator hat also – auch wenn sein und Gropius' Plan Änderungen erfahren sollte – mit dem Typus des Hoftheaters endgültig gebrochen. Die Trennung zwischen Spiel und Publikum ist überwunden. Wort, Licht, Film und Musik haben keinen festen Ort mehr. Die Aufmerksamkeit des Zuschauers ist nicht mehr einseitig orientiert, sondern Piscator diktiert die Richtung des Interesses von Fall zu Fall. Er wechselt den Standort und die Kunstgattungen unvorhergesehen; er ändert sogar den geometrischen Ort der Sitzplätze. Seinem dynamischen Prinzip wird sich das Publikum übergeben müssen, auf Gnade und Ungnade.

Das will er. Das fehlte dem Publikum. Das mangelte dem Hoftheater. Piscators Plan ist, endlich wieder einmal, ein ganz großes Experiment. Er ist ein Verwandter der Bramante und Bibiena. Er hat die Entwicklung des Theaters entscheidend beeinflußt: er hat die Bühne aus ihrer jahrhundertealten Erstarrung erweckt. Er hat – noch ehe sein Theater entstanden ist – erreicht, daß die bisher gültige Gestalt des Theaters als überlebte, relative Erscheinung erkannt wurde.

Er hat – in einer Epoche der sich wandelnden Wirtschafts-, Staats- und Lebensformen – die einzige Form, die übrigbleiben wollte, erschüttert und neugeschaffen: die Bühnenform.

Lyriker ohne Gefühl

Wer mit dem Maßstab überlieferter Begriffe an die gegenwärtige Literatur herankommt, wird feststellen müssen: Es gibt keine Lyrik mehr. – Freilich gibt es junge und ältere Leute, die Rilke und George, ohne böse Absicht, imitieren; doch diese Art Poesie ist nur dem Termine nach von heute, nicht dem Wesen nach.

So gibt es also auch niemanden mehr, der begabt wäre: das, was ihn freut und das, was er leidet, rhythmisch zu sagen? So gibt es also keine Lyriker mehr? – Dieser Schluß scheint immerhin bündig: Lyrik gibt es nicht; und somit auch keine Lyriker! –

Aber der Schluß ist, trotz theoretischer Richtigkeit, falsch. Es gibt heute, wie stets, lyrische Naturen, sie schreiben auch; sie schreiben sogar Gedichte, – es ist nur eben nicht das, was man bisher unter Lyrik verstand. Es ist, ohne Übertreibung, etwas ganz Neues. Und da Neues getauft sein will, kann man es vielleicht »indirekte Lyrik« nennen. Was ist darunter zu verstehen?

Man schlage, beispielsweise, die »Reisebriefe eines Artisten« (Ernst Rowohlt Verlag) von Joachim Ringelnatz auf, oder seine früheren Gedichtbände, oder die Versbücher von Bert Brecht, Walter Mehring, Lion Feuchtwanger oder Siegfried von Vegesack. Man schlage sie beliebig auf, lese ein paar Strophen und frage sich dann, ob hier kein Gefühl und kein Gefühlsausdruck zu finden wären. Man wird sie finden! Aber ob es Lyrik ist? Es ist indirekte Lyrik!

»Kann man das Jodeln wohl
In meinem Alter lernen?
Nie war, wie in Tirol,
Ich derart nah den Sternen.«

Oder:

»Weine nicht Abschiedstrauer.
Es biegt sich alles sowieso,
Unterm moralischen Popo
Brennt nichts so heiß wie Dauer.«

Es handelt sich um beliebige Vierzeiler aus Ringelnatz' »Reisebriefen«. Sie klingen schnoddrig, leichtfertig und wie von Spaßmachern. Aber kann man die Gefühle, die ernsthaft und unzerstört durch die Wortclownerie hindurchschimmern, übersehen? – Ringelnatz und seine Stilgenossen – denn es handelt sich um nichts Geringeres als um einen neuen Stil! – dichten an den großen Grundgefühlen herum, wie die Lyriker es von jeher taten: an den Gefühlen der Einsamkeit, der Trauer, der Liebe, der Freiheit. Aber sie sagen es nicht direkt; sie benutzen das Wort, den Satz und das Bild als Umweg: als Maske, als Schutzwehr. Kurz und gut: Sie genieren sich, Gefühle zu zeigen! Sie sind Lyriker, aber sie verabscheuen die Lyrik. Es ist ihnen unsagbar peinlich, ihr Herz zu entblößen. Sie gehören einer sachlichen Generation an, die durchaus männlich ist – bis in die Reihen der Frau hinein –; so ergibt sich aus ihrer persönlich produktiven Begabung und aus ihrer generellen Zugehörigkeit eine eigenartige Kunstform, welche die bisherigen Ziele der Lyrik mit neuen Mitteln erreichen will. Und, fraglos, erreicht.

»Dichter« wurde ein Wort, das den damit Titulierten ärgert. Kein Schriftsteller, auch der lyrische nicht, liebt es mehr, wie ein Tenor angehimmelt zu werden. Die literarische Epoche der Samtjacken und der Lockenmähne, der Verzückung und sogar der Würde ist, augenblicklich, absolut tot. Chaplin und Buster Keaton, Strawinski und George Grosz, Ringelnatz und Dix – sie und andere sind alle vom selben Schlage. Sie emigrierten aus dem Reiche des Pathos und der »Natürlichkeit« in die Bezirke der Übertreibung und der Verstellung. Sie fabulieren Nebensächliches, weil ihnen die Hauptsachen zu heilig sind; sie treiben Spaß, weil sie den Ernst nicht persönlich bemühen möchten.

Diese Art Kunst, die das Große hinter einem Wall von Kleinigkeiten und das Ergreifende hinter Ironie verbirgt, wird heute, von wenigen zwar, aber doch in jeder Kunstgattung, geübt. Und wer die Dummheit beging, diesen Stil die »Neue Sachlichkeit« zu nennen, den möge der Schlag treffen!

Der alte Fritz und sein Domela

Die Gerh. Lamprecht-Produktion hat es auf sich genommen, die Nachkriegsjahre Friedrichs des Großen zu drehen: Soeben wird dem Publikum »Der Alte Fritz, 1. Teil« angeboten. Wie es scheint: mit gutem Erfolg.

Man lernt in diesem Film, beispielsweise, einen dienstuntauglich gewordenen Korporal kennen, der vom König zum Schulmeister gemacht wird, weil die Gicht seine Arme verschont hat. Er prügelt also, was das Zeug hält; er prügelt auch, als der König das Schulzimmer betritt, ruhig weiter und erklärt kundig: »Wenn die Jungens merkten, daß es über mir noch jemanden gibt, verlören sie jeden Respekt vor mir.« Otto Gebühr nickt hierzu beifällig. Und das Publikum gar, das klatscht sich die Hände aus den Kugellagern!

Ist das nicht sehr bedauerlich? Sind wir noch nicht genug verprügelt worden? Ist es wirklich so heiter, gichtige Korporale als Volkserzieher gehabt zu haben? Dem Deutschen liegt, sozusagen, der Rohrstock im Blute. Und sogar die Prügelbedürfnisse wird er sich vielleicht nur – ausprügeln lassen.

Preußens Wiederaufbau durch Friedrich in solcher Weise zu zeigen, ist ein durchaus zweifelhaftes Verdienst. Wenn ein Film schon Geschichte vermitteln soll, darf er das nicht auf atavistische Weise besorgen. Aber es ist charakteristisch für diesen Film, daß er weder das eine, noch das andere will. Er bringt einige Szenen vom Wiederaufbau; er bringt einige Szenen repräsentativer Gattung; er verbreitet sich, in schmerzlicher Ausdauer, über die außerehelichen Leistungen des Thronfolgers; Friedrichs alte Freunde (Marquis D'Argens usw.) werden als Sonderlinge demonstriert, obwohl sie doch wohl noch etwas mehr waren.

Ja, und natürlich Otto Gebühr als König: lustig, traurig, zynisch, mildtätig, zornig, müde, munter, in allen Registern. Und wer sagen wollte, er mache seine Sache schlecht, der täte ihm unrecht. Er ist wandlungsfähig; er schießt stahlblaue Blicke ab; er sieht mager aus; er stapft krumm und energisch in Sanssouci umher; er schnupft brillant aus der Dose. Und es ist nur fraglich, ob das ausreicht, einen einsamen genialen Zyniker darzustellen, wie es der Alte Fritz war. Es reicht, ganz und gar, nicht aus! Und keine Heldendarstellung ist je fragwürdiger gewesen als diese. Gebühr liefert einen Spieldosenfriedrich, einen Kitschkönig. Selten wird man den Kontrast zwischen Held und Heldenimitator peinlicher empfinden können.

Doch, warum eigentlich? Gebühr macht doch seine Sache wirklich ganz hübsch! – Es liegt wohl vor allem daran, daß die Ähnlichkeit der Maske (übrigens eine pure Einbildung der Öffentlichkeit) so wichtig genommen wird. Dadurch wächst die innere Entfernung zwischen den beiden Männern ins Bodenlose. Das forcierte Doppelgängertum des Gesichts kränkt unser Rechtsempfinden, weil es bestimmt ein Unrecht ist, wie Friedrich der Große auszusehen und doch nur Herr Gebühr zu sein.

An den Eingangstüren des Kinos stehen Boys und rufen: »Das Otto-Gebühr-Buch! Leben und Werk des großen Künstlers!« Man ärgert sich über diese Protzereien. Was wäre Gebühr ohne Friedrich den Großen? Er lebt, wie ein Domela, von der Ähnlichkeit ...

Im »Berliner Lokal-Anzeiger« schreibt Herr Gebühr über seine Fridericustätigkeit: »Ich habe die Überzeugung gewonnen, daß ich irgendwie vom Schicksal zu dieser Aufgabe bestimmt worden bin, und dieses Gefühl stimmt mich weihevoll und heiter. Geh ich daran, den ehrwürdigen Rock Friedrichs anzuziehen, so will ich allein sein. Ich will niemanden haben, der mir hineinhilft, jeder Handgriff ist mir selbst ein Erlebnis ... Ich gehe umher in den Zimmern in Sanssouci, und alles ist mir vertraut; ich sehe durch die mich umgebenden Menschen hindurch und fühle ein unfaßbares großes Denken ... Der Abend nach diesen Tagen sieht mich zerschlagen, totmüde, wie nach einem Trancezustand ... Eine schwere Arbeit steht mir bevor, die letzten 25 Lebensjahre des Königs. Ich muß mit ihm altern bis zu seiner Sterbestunde. Wie schwer das alles sein wird, kann kein Mensch ermessen. Mit der Lösung dieser Aufgabe ist die Bestimmung meines Lebens erfüllt.«

Man begreift jetzt besser als vorher, warum Gebühr als Friedrich peinlich wirkt. Was er hier schreibt, ist eine Mischung von Backfischtum und okkultistischer Vorspiegelung, die den gesündesten Magen umdreht. Bevor Herr Gebühr nicht die Konsequenzen zieht und des Königs Gichtknoten kriegt; bevor er nicht, wie Friedrich Deutsch radebrecht und die Frauen vernachlässigt, muß er es sich gefallen lassen, für einen kleinen Charlatan gehalten zu werden.

Doch er ist, nur um recht zu behalten, vielleicht sogar imstande, ernstlich zu sterben, während er den sterbenden König spielt!

Dann mögen die Gelehrten sein Gehirn messen.

Piscator verbannt Trotzki

Im »Rasputin«, dem kommunistischen Kassenstück am Nollendorfplatz, hatte bisher Trotzki (von Oscar Sima dargestellt) im letzten Bild eine Rede zu halten. Nun melden die Blätter, diese Rede sei bis auf zwei belanglose Sätze zusammengestrichen worden.

Der Kreis um die Gesinnung Piscators und seines Kollektivtrupps scheint sich demnach immer enger und enger zu ziehen. In Tollers »Hoppla – wir leben!« trug man sich sozialvernünftig; im »Rasputin« schränkte man seine Menschlichkeit kommunistisch ein, und jetzt revidiert man gar das Theaterstück nach Stalins Programm und rottet den abtrünnigen und nach Sibirien verbannten Trotzki bis auf zwei Sätze aus.

Es ist kaum glaublich, daß Piscator seine politische Konsequenz so borniert betreibt! Und vielleicht gibt er bald eine Erklärung für »Trotzkis Verbannung« ab, die begreiflicher bleibt als die vorliegende. Vielleicht ist Herr Sima, der außerdem im Renaissance-Theater allabendlich einen geldknappen Komödianten zu spielen hat, überanstrengt, um anschließend zündende Trotzki-Programme zu schmettern?

Eine zureichende Erklärung wäre jedenfalls allen erwünscht, die Piscators Unternehmen trotz seines russischen Parteikorsetts verteidigen und begrüßen. Sollte aber die Vermutung der Blätter richtig sein, so wäre es schwer, die bisherigen Sympathien in vollem Umfange aufrechtzuerhalten. – Daß Trotzki heute konsequenter als seine Partei ist, und es trotz Stalins Sibirienmethoden bleibt, ändert an seiner Haltung vor zehn Jahren nicht das mindeste, also auch nichts an jener Rede, die ihm das Piscatorstück zugedacht hat. Die Verschickung des Herrn Sima-Trotzki ins theatralische Exil entbehrt damit jeder vernünftigen Grundlage und bedeutet eine solche Verkennung der Bühne, daß man sie einem so tüchtigen Kenner wie Piscator nicht zutrauen möchte. Immerhin: Politik borniert den Charakter! Sie kann dazu führen, daß Rußland mit Deutschland verwechselt wird und Stalin mit Theater und Unvernunft mit Charakter.

Hauptgewiñ 5 Pfund Prima Weitzenmehl!

Das armseligste Viertel Berlins heißt: Der Wedding. Doch wenn man diesen Namen hört, denkt man trotzdem nicht so sehr an Wohnküchen, stickigen Treppengeruch und Einfamilienbetten, sondern eher an die Mädchen aus der Ackerstraße, an verrufene Kellerkneipen, an junge Burschen ohne Schlips und Kragen und an heimliche »Masseusen«, die ihren Kram verstehen. Der Wedding verdiente soziale Teilnahme; er erweckt aber nur romantisches Interesse. Man ignoriert die sichtbare Armut, wittert, nicht ganz frei von Gänsehaut, unsichtbare Verbrechen und hofft: man möge hier niemandem begegnen, der nicht wenigstens dreimal vorbestraft ist.

Die bürgerliche Anständigkeit scheint den meisten Menschen doch recht langweilig zu sein! Und sie sind heilfroh, daß es Leute gibt, die für ungesetzliche Abwechslung und folgenreiche Abenteuer sorgen. Vielleicht täten sie es sogar selber, wenn dergleichen nicht so verdammt gefährlich und der Bequemlichkeit durchaus unzuträglich wäre! Sie begnügen sich mit der Praxis der Stellvertretung: es genügt ihnen, zu wissen, daß andere unmoralisch sind. – Die Bühne der Welt ist eine unmoralische Anstalt; und das Zuschauen ist auch hier bequemer als das Mitspielen. Moral ist eine Folge der Bequemlichkeit.

So erklärt sich die verfehlte Wedding-Romantik der Berliner. Sie ist tatsächlich verfehlt. Die Armut ist hier tausendfach wichtiger als das Verbrechen! Wer das Elend beseitigen hülfe, beseitigte automatisch den Diebstahl, den Raub, die Abtreibung.

Darum muß man der Armut dieses grauen Viertels seine Aufmerksamkeit schenken. Und sie läßt sich nirgends deutlicher und unmißverständlicher erkennen als an den Stätten des Vergnügens. Nichts ist packender als die Heiterkeit derer, die in Not sind. Worüber können sie wohl lachen? Fröhlichkeit ist kein Privileg der Zufriedenen; aber – was macht die Unzufriedenen froh?

Längelang durch den Norden Berlins, wo er am nördlichsten ist, läuft die Müllerstraße. Sie endet erst dort, wo die Stadt, vorläufig, selber endet. Sie ist von Mietskasernen dicht flankiert. In jedem zehnten Haus ist ein winkliges Kino, das die Filme des Vorjahres zeigt. In jedem fünften Haus ist eine Destille, wo man seine »Molle« trinkt. Und an jeder zweiten Straßenecke, in kleine dürftige Parks gedrückt, steht eine Kirche.

Die Jugend spaziert abends, so gegen zehn Uhr, die Müllerstraße entlang. Die Mädels in Gruppen. Alle ohne Hut, alle mit dem ein bißchen frech gestutzten Bubenkopf. Die jungen Burschen steigen, laut und verwegen, hinterher. Man begrüßt sich. Man klopft der Ella eins hintendrauf, als Beweis zarter Zuneigung. Ella schlingt den Arm um seine Taille, zieht die billigen Florstrümpfe straffer und bugsiert den Teuren, scheinbar zufällig, vor eine Bretterplanke, die mit Plakaten toll bepflastert ist. Eine dünne Leierkastenmusik klingt auf die Straße heraus.

Ein Tor steht auf, als ginge es auf einen Trockenplatz. Azetylenlampen blinken hier und da. Und über dem Tor steht:

BERLINER NORDPARK
ZUM ONKEL PELLE

Vereinzelte Paare gehen durchs Tor. Männer in derben Joppen; alte Frauen, im Kopftuch; Scharen von Mädchen, die Arm in Arm Ketten bilden; kleine Knaben, die längst im Bett liegen müßten – alle wandern in den Nordpark. Alle wollen sie zum Onkel Pelle!

Es handelt sich um einen Vergnügungspark. Sozusagen. Denn ein richtiger Rummelplatz mit Luftballons, Achterbahnen, Tanzböden und ähnlichem Inventar ist das hier nicht! Wer hätte denn Geld für solchen Luxus? Der Platz ist halbfinster. Es hat geregnet. Der Boden ist klebrig. Man friert. Ein Karussell ist, wegen mangelnder Nachfrage, geschlossen. Aber vor einem der Zelte geht es hoch her. Die Menschen stehen dicht zusammengedrängt und sind gespannt …

Ein Glücksrad klappert. Ein Ausschreier ruft: »Es folgt die nächste Ziehung! Das Los einen Groschen! Wer hat noch nicht? Sie da, Großmutter! Einen Groschen! Hier!«

Fast jeder hält einen Groschen hin. Fast jeder hält sein Los in der Hand, lernt die Nummer auswendig und wartet.

»Es geht los!« Das Glücksrad schnurrt. Aller Augen hängen gespannt an der sich drehenden Scheibe …

»25!«

»Hier! Hier!«

Eine alte Frau, ohne Hut, im Umlegetuch, hebt ihr Los hoch. Der Gehilfe des Ausschreiers reicht ihr den Gewinn hinunter. Sie ist glücklich. Was hat sie denn gewonnen? Ein Pfund Würfelzucker!

Wieder schnurrt das Glücksrad. Wieder Spannung …

»17!«

»Hallo, hier!« Ein junger Bursche hält sein Los hin. Na, wird sich Mutter freuen! Was hat er denn gewonnen? Ein Viertelpfund Kaffee!

»Und jetzt gelangt der Hauptgewinn zur Verlosung! Der Hauptgewinn darf ausgesucht werden! Los!«

Das Glücksrad schnurrt, klappert, tickt, hält still – nein, noch eine Ziffer weiter rückt's ...

»9!«

»Mensch! Hier!«

Irgendein Fabrikmädel hat das Glück! Sie darf sich aussuchen! Was wird sie wählen? Sie kann haben:

3 Pfund prima Weizenmehl
oder 1 Pfund gute Butter
oder ¾ Pfund Bohnenkaffee
oder 1¾ Pfund mageren Speck.

Und was nimmt sie? Sie verlangt ein Pfund gute Butter. Vielleicht ist das auch Luxus? Warum kann man nicht lieber drei Würfel Margarine gewinnen! Das wäre eine Sache!

Immerhin, ein Pfund Butter für einen Groschen, das darf man sich schon gefallen lassen.

Es folgt die nächste Verlosung! Fast alle nehmen ein Los. Und wer zehn Lose nahm, neun Nieten hatte und ein Pfund Würfelzucker gewann, hat ja eigentlich Geld verloren. Doch konnte es nicht auch anders kommen? Der Budenbesitzer häuft kleine Groschentürme aufeinander ...

Das Glücksrad schnurrt ... Und die armen Menschen sind gespannt, als ginge es um Tausende von Mark. Hier ist ihr Monte Carlo. Hier hasardieren sie um die Groschen. Und wenn sie die Bank sprengen, kriegen sie fünf Pfund prima Weizenmehl.

Gegenüber ist noch so ein Unternehmen. Aber vornehmer! Das Los kostet zwanzig Pfennig. Und die Tombola besteht aus Fleisch und Wurst. Der Hauptgewinn – eine Gans. Eine ganze Gans! Zu Weihnachten gab es natürlich keine. Aber hier kann man für zwei Groschen –

Der Ausschreier verteilt an die Nietenbesitzer Wurstscheiben. Er will sie trösten. Sie kauen das kleine Geschenk, es schmeckt. Sie bleiben stehen und suchen die nächsten zwei Groschen im Portemonnaie zusammen.

Neben dieser Fleisch- und Spielbank steht das Theater. Es

gehört dem Herrn Direktor Blasemann und ist eine elende Bretterbaracke. Eintritt dreißig Pfennig. Dauerkarte eine halbe Mark. Kinder fünfzehn Pfennig. »Das Theater ist geheizt!« »Zu den Abendvorstellungen haben Kinder keinen Anspruch auf Sitzplätze.« »Auftreten der renomierten Rheingoldsänger«. »Rauchen erlaubt.«

Die Bude ist halbvoll. Bänke wie vorzeiten im Kaspertheater. Man behält den Hut auf, brennt sich eine Zigarette an und betrachtet das Publikum. Es sind Menschen, die, im Leben draußen, tun, als möchten sie auf Prunk und Glück spucken und pfeifen. Aber hier im Dunkel, vor einer zum Heulen lächerlichen Romantik aus Pappe und Verlogenheit, glänzen plötzlich die Augen. Hier sieht es ja niemand, daß man ein besseres Schicksal nicht verachten, sondern andächtig begrüßen würde! Hier darf man sich ehrlich geben und das kleinbürgerliche Glück bewundern. Hier darf man sich sogar schneuzen, wenn es auf den lumpigen paar Brettern da oben traurig wird.

Diese armen Menschen haben mehr Mitleid mit verlogenem, plumpem Theaterschmerz als mit ihrer eigenen echten Not. Es ist schon seltsam.

Das Stück unterbietet die geringsten Erwartungen. Ein flotter Student – Direktor Blasemann, grauhaarig und gut fünfzig Jahre alt, gibt die Rolle persönlich – kommt jeden Morgen betrunken nach Hause. Das macht der viele Sekt. Er singt Studentenlieder, bestellt einen sauren Hering, wird von der Portiersfrau mächtig abgekanzelt und schenkt einer alten, tapprigen Hofsängerin, damit sie das Singen sein läßt, seinen letzten Taler.

Aber, o Nemesis! Diese alte Hofsängerin ist seine eigene Mutter! Er hat sie zwölf Jahre lang nicht gesehen, erhält nur monatlich sein Geld und glaubt, sie sei noch immer Hofopernsängerin! Er erkennt sie natürlich nicht. Aber sie weiß sofort: Der oder keiner!

Die Einwohner des Wedding kämpfen mit den Tränen. Die Zilletypen unterliegen dem Zauber Alt-Heidelbergs. Zum Glück verzögert sich die Zuspitzung des Dramas durch eine Liebesaffäre. Denn der Student liebt und wird geliebt! Und zwar von

Ella Martin, jener bildhübschen Näherin, die gegenüber wohnt, die Nähmaschine tritt und dazu wie eine Lerche singt.

Ella Martin, die nähende Lerche, wiegt zwei Zentner und könnte weit besser Ellas Ahnfrau vorstellen. – Sie hüpft, daß die Bühne wackelt, aus der Kulisse, und singt mit Direktor Blasemann, dem Studenten, Couplets. Zum Beispiel:

»Schatzi du, ach Schatzi mein!
Sollst mein ein und alles sein!«

Hierbei schiebt sich das angejahrte Pärchen wuchtig auf dem Hofe – den die Szene darstellen soll – hin und wider; dann verspricht er ihr die Ehe; sie wird aber traurig, weil er alte Hofsängerinnen vom Hofe jagt. Dann singen sie das nächste Couplet.

Der Wedding klatscht Beifall, wird aber bei erneutem Auftreten der Hofsängerin, die ihren Sohn Medizin studieren und einem vornehmen Korps angehören läßt, wieder mäuschenstill. Wie wird das enden?

Man wartet es klugerweise nicht ab, verläßt die Bude auf den Zehen. Das Publikum macht bereitwillig Platz und versteht nur eines nicht: wie man dreißig Pfennig bezahlen kann und trotzdem mitten im Stück weglaufen.

Draußen hat's zu regnen begonnen. Die Welt ist trübe. Eine Stimme schreit: »Es folgt die nächste Verlosung!«

Deskription und Deutung

Zum Methodenwandel in der Literaturwissenschaft

Wissenschaft treiben bedeutet: Leben methodisch in brauchbare Vorstellungskomplexe umwandeln. Diese Definition enthält, trotz ihrer rationalen Fassung, ein Wort, dessen Sinn und Wert jenseits des Intellekts gegründet sind und das die Irrationalität und damit die Problematik des Wesens der Wissenschaft nicht verhehlt. Dieses Wort heißt: Methode.

Methode hat mit Kunst einmal gemeinsam, daß sie nicht erlernbar ist. Die meisten von denen, die sich für Wissenschaftler halten, schließen ihren Beruf voreilig aus ihrer Beschäftigung und stehen unabänderlich auf dem gleichen unfruchtbaren Boden wie diejenigen, die sich unberufen am Marmor, am Wort, an der Farbe, am Ton vergehen.

Und Methode hat mit Kunst weiterhin gemeinsam, daß sie in ihrem historischen Verlauf überindividuellen Wandlungen unterliegt, die bewirken, daß die Wissenschaft, ähnlich der Kunst, ihre Stile hat, deren einen zu bevorzugen zeitliche Bedingung und persönliche Notwendigkeit ist, ohne daß dadurch der objektive Wert der anderen litte.

»Methode ist Erlebnisart« (Gundolf). Und »selbst wenn wir bewußt neue Denkformen kennenlernen, bemerken wir zu unserer Überraschung unser Haften an unsern alten Denkgewohnheiten, die unbemerkt uns immer wieder so denken lassen, wie wir es unserem Bewußtsein nach schon überwunden haben« (Jaspers).

Hier verbirgt sich ein aktuelles Problem, das an den Stätten geregelter Wissenschaftlichkeit, an den Universitäten, deutlich zutage tritt: Man versteht sich nicht mehr. Zwei Generationen, keineswegs reinlich durch ihr Alter getrennte Generationen schütteln übereinander die Köpfe, reden und denken aneinander vorbei.

Das historische Areal zu erforschen, streben beide Generationen in diametraler Richtung: die einen lassen noch immer keinen Stein auf dem andern und bohren sich am einzelnen Fleck unerbittlich tiefer und tiefer: die anderen sehnen und schwingen sich hoch und höher, um ganze geistige Landschaften mit einheitlichem Blick zu erfassen. Dieses Bild ist vielleicht geeignet, die innere Spannung zwischen den zwei Tendenzen zu veranschaulichen, der spezifische Charakter dieses Spannungsverhältnisses will unmetaphorisch gekennzeichnet sein und verlangt nach möglichst konkreter Darstellung: Nun, es war und es ist zu beobachten, daß Menschen mit umfassenden Kenntnissen selten werden; und darüber hinaus: daß die psychologische Voraussetzung für diese Art Wissenschaftlichkeit, das Gedächtnis, erlahmt. Es wäre gewiß bedenklich und ungerecht, zu argwöhnen: die wissenschaftliche Tüchtigkeit der jüngeren Generation habe Not gelitten und leide Not. Die methodische Befähigung hat nur ihren seelischen Stand- und Tatort gewechselt.

Bis dahin dominierten das Gedächtnis und die daraus hervorgegangenen Weisen der Entdeckung und Erforschung; jetzt erhob sich eine andere innere Macht, die mehrere Jahrzehnte unfreiwillig gefeiert hatte: das konstruktive, das interpretatorische Denken. Und dieses erschloß andere Wege und andere Ziele.

Natürlich wäre es ebenso falsch, zu sagen, daß der heutige Geisteswissenschaftler ohne irgendwelches Gedächtnis und dessen Effekte arbeite, wie, daß der Historiker aus dem Ende des vorigen und aus dem Anfang des 20. Jahrhunderts ohne jegliche konstruktive Neigung und ohne sinnsuchendes Verständnis wirkte. Die methodische Umschaltung erfolgte nur in den Proportionen; freilich mit dem Resultat einer Qualitätsänderung. Besaß man seinerzeit die ungeheure Summe unverlierbaren Wissens, die zu überbieten und zu bereichern jeder strebte, so verlangt man heute »Geschichte lebendiger Wirkungen und Gegenwirkungen statt einer Chronik literarischer Fakten oder einer Psychologie von Autoren«; denn »Geschichte hat es zu tun mit dem Lebendigen« (Gundolf). Und man gehört nicht mehr zu denen, die nichts sehen, »bis auf den Stecknadelkopf, den sie gerade polieren und der für jeden den Kosmos bedeutet« (Nadler).

Der Umkreis dessen, das man sieht oder doch zu sehen sucht, wurde grandioser; der tatsächliche Inhalt dieses erweiterten Gesichtskreises lichtete sich und verlor an Konsistenz. Die ältere Generation hatte das Gegenteil im Verhältnis von Umfang und Inhalt seelischen Besitzes erfahren. Und das ist eine billige Notwendigkeit menschlicher Einschränkung: eine Normalgrenze geistiger Leistungsfähigkeit wird selten überschritten. Beide Generationen standen und stehen im Dienste ihrer spezifischen Begabung und Berufung, und beide mußten auf Höchstleistungen verzichten, soweit sie sich auf den Bereich anderer geistiger Kräfte gründen wollten.

Tröltsch erkannte, wie feindlich sich diese Generationshaltungen wären und daß der jüngeren die nächste Zukunft gehörte. Deswegen beschwor er seine Studenten leidenschaftlich: das unermeßliche Wissen (»den Schulsack«, wie er es nannte) der Tradition abzuschütteln; deshalb warnte er vor dem Historismus; deshalb riet er, »sich künstlich zu bornieren«.

Und wenn die Wirklichkeit eines historischen Wandels dadurch bestätigt werden kann, daß dieser Wandel sinnvoll deutbar ist, so eignet dem besprochenen Wechsel wissenschaftlicher Methodik und ihrer psychischen Grundlagen unleugbare Realität. Denn so wahrscheinlich es sein mag, daß spezifische Begabung auf der einen zumeist spezifische Minderwertigkeit auf der anderen Seite bedingt, so sicher ist es: daß das Talent geschichtlicher Auslegung das Vorhandensein exakt deutbaren Materials voraussetzt. Mit anderen Worten: die unermüdliche und unerreichte Kleinarbeit der vorletzten Epoche war nur scheinbar Zweckgebilde; tatsächlich war sie Mittelwert, war Bedingung, ohne die jede Mühewaltung gegenwärtiger Wissenschaft fruchtlos bleiben müßte, und sinnlos wie der Bau eines Stockwerks in die bare Luft.

Die ältere Generation legte den Grund: sie sammelte und sichtete den Stoff. Und wollte sie außer dieser Riesenaufgabe noch ein Übriges tun, so beschrieb sie diesen Stoff, mit wunderlicher und bewunderungswerter Akribie und ohne mehr auch nur zu wünschen. Allenfalls vereinigte der eine oder andere mit dem fanatischen Sammler- und Chronistenwillen künstlerisches Empfinden, und dann hielt er vor dem Einzelwerk still und gewann ihm seine individualästhetischen Reize ab.

Die jüngere Generation verlangt darnach, hinter den Vorhang der literarischen Erscheinungswelt zu schauen. Sie leidet an der bloßen Feststellung des Neben- und Nacheinander und sucht innere Zusammenhänge: seien diese nun sozial-psychologischer, stilgesetzlicher oder kultursystematischer Natur. Und bleibt sie schon vor dem Einzelwerk, vor der Einzelpersönlichkeit stehen, dann nur, weil sie diese als Symbolwerte, als Exponenten, als Kristallisationen eines nicht übersehbaren einheitlichen Geschehens empfindet und erkennt oder doch erkennen möchte.

Dieser parteiliche Zwiespalt ist unvereinbar. Deskription und Deutung, wie sie hier verstanden sein wollen, sind zwei Geisteshaltungen ohne jeden gemeinsamen Berührungspunkt; sie grenzen nicht einmal aneinander. Und es ist, als bewegte sich das moderne Verstehen in einer seelischen Dimension, die der älteren Generation nicht zugänglich ist. Daraus erklärt sich sowohl: daß die meisten ihrer Vertreter neue Versuche und neue Ergebnisse als »falsch« verurteilen, wie auch: daß die ernstliche Bemühung weniger, zu begreifen und sich anzuschließen, fehlschlagen oder in Mißverständnissen ausarten muß.

Die ältere Generation beobachtete die Peripherie des Weltgeschehens und beschrieb mit einer Exaktheit, die für Objektivität gehalten wurde, Werke und Personen, also die bloßen Erscheinungs- und Erstarrungsformen jenes Werdens; ohne nach dem Wesen des gewaltigen Prozesses auch nur zu fragen, da sie ihn nicht spürte oder ihn doch als problemlos und dem naiven Fortschritt wohlgeneigt ansah. Jeder Versuch, im Einzelnen bald das Ganze, bald ein Differenzial des Ganzen zu erkennen, wurde und wird als »Verallgemeinerung« beschimpft und gilt vom Standpunkte dieser Art Wissenschaft aus als unhygienisch. Statt Zusammenhänge zu fühlen, suchte man Abhängigkeiten. – »Die psychologische Problematik der Menschen drückt sich aus in einer logischen Problematik der Ideen« (Korff). An diesem Satze gemessen, war diese Generation eine der unproblematischsten, die es je gab. Das soll keine negierende Kritik sein; aber es ist ein kaum bezweifelbares Urteil.

Nicht zuletzt auf Grund dieser Eigenschaften müssen die Intoleranten jener Partei die jüngere Generation befehden; deshalb auch werden die Gemäßigten die neue Methodik niemals restlos begreifen können. (Hier verbirgt sich echte Gelehrtentragik.) Denn eben diese jüngere Generation ist den Problemen ungewöhnlich ausgesetzt. Sie treibt »Geschichte als Sinngebung des Sinnlosen«, die Fakta sind ihr nur darum wertvoll, weil sie Fassaden eines unsichtbaren Sinns darstellen, den es zu ergründen gilt; weil sie raumzeitliche Projektionen geistiger Mächte bedeuten.

Nichts ist einleuchtender als: daß es unmöglich ist, mit Hilfe einer rein konstatierenden Philologie den Sinn der Geschichte, der Epoche, des Werks zu interpretieren. »Jede Formel, in der wir den Sinn der Geschichte ausdrücken, ist nur ein Reflex unseres belebten Innern« (Dilthey). Wissen, Einfühlung, Urteilskraft sind unentbehrliche Voraussetzungen; sie orientieren die persönliche Intuition; sie bereiten den seelischen Entschluß vor, mit instinktiver Sicherheit in einen diffusen, bislang nur chronologisch gegliederten Zeitraum eine Idee hineinzuschleudern, welche die Epoche plötzlich zu einem geheimnisvoll geordneten Magnetfeld umschafft, so daß keine wichtige Erscheinung beziehungslos bleibt.

Diese prästabilierte Harmonie zwischen dem subjektiven Deutungsversuch und der objektiven Deutbarkeit ist durch Wissen, Urteil und Psychologie allein nicht erreichbar. Sie wird bedingt durch eine innere Verwandtschaft des Forschers und des Erforschten (oder durch die polare Gegensätzlichkeit beider). Daher mag es kommen, daß fast jeder der modernen Germanisten sein historisches Spezialgebiet hat, das er höchstens verläßt, um es mit den umliegenden Bereichen zu verknüpfen. So erklärt es sich wohl vor allem, daß Cysarz das Barock, daß Unger den Sturm und Drang, daß Korff die Goethe-Zeit, daß jeder das Land bestellt, dessen Charakter seinem eigenen entspricht. So wird deutlich, daß es sich hier um konfessionelle Wissenschaft handelt; um eine Beschwörung des Vergangenen durch Individualität; um eine irrationale Überwältigung der Dinge; um »germanistische Metaphysik«.

Und in diesem Sonderfalle muß gesagt werden, was für die Beurteilung der Metaphysik überhaupt gilt: der Erkenntniskritiker darf und muß sie ablehnen, ohne darum ihren Wert auch nur zu gefährden; einen Wert, der hundertmal widerlegt werden kann und der dennoch ein Wert bleibt, für den Menschen und für die Periode, die seiner bedürfen.

Deskription und Deutung, philologische und geisteswissenschaftliche Literaturgeschichte sind somit skizziert als einander zeitlich folgende wesensfremde Haltungen; als – geschichtlich betrachtet – ebenbürtige Geltungsbereiche. Aber angesichts der Gegenwart hat allein die junge Generation recht.

Denn vor dem Forum der Gegenwart gibt es kein größeres Unrecht als: alt zu sein.

Wenn sich dieser klare Tatbestand trotz allem im Tagesstreit verwirrt, so muß dies deshalb wundernehmen und paradox anmuten, weil es in den Grenzen der Geschichtswissenschaft geschieht; innerhalb einer Disziplin also, die als oberstes Gesetz gerade die Pflicht anerkennt, die hier verletzt wird: das Verstehen.

Vierdimensionaler Expressionismus
Erste Vorführung der »Gesellschaft Neuer Film«

So begreiflich und notwendig es ist, wenn junge Leute gegen die unbegrenzte Industrialisierung des Films Front machen und – mit mehr Begabung als Geld – an die Schaffung eigenwilliger Filmprodukte herangehen, so frappant ist es doch, daß sie Kubismus betreiben. Der absolute Film ist, populär ausgedrückt, eine Kateridee!

Und trotzdem waren von fünf Filmen, welche die junge »Gesellschaft Neuer Film« kürzlich in einer Morgenfeier zeigte, vier Filme kubistischer Herkunft. Gerade Linien, krumme Linien, schwarze Flächen, schraffierte Flächen, der Stereometrie entsprungene Körper krochen und sausten über die Leinwand, kreuzten sich, veränderten ihre Figur und ihre Richtung, verschwanden und machten weiterer Mathematik Platz. Moderne Musik – in diesem Falle auf monotone Dissonanzwirtschaft eingestellte Geräusche – lief nebenher. Am Schluß des einen abstrakten Films ließ der junge Klavierspieler, nicht ohne Ironie, einen richtigen Wecker klingeln! Natürlich war das Publikum gar nicht eingeschlafen. Dazu war es viel zu snobistisch zusammengesetzt. Damen, die das Monokel im Auge haben, können beim besten Willen nicht einnicken ...

Trotzdem klingelte der Wecker. Es war, als klingele er den Betrachter aus einem Traum, der sich, perverserweise, mit sphärischer Trigonometrie befaßt hatte. Oder anders ausgedrückt: es war, als habe man in einer kubistischen Gemäldeausstellung von Anno 1914 auf einer starkbewegten Schaukel gesessen und spüre die Folgen solchen sträflichen Leichtsinnes.

Zehn Jahre nach dem Tode des Expressionismus diesen Stil in bewegter Form, also in der vierten Dimension, wieder aufzuwärmen, dürfte wenig Sinn haben und ist an und für sich kein Verdienst. Schuld an der Unsitte ist der französische Maler Fernand Léger, ein berühmter Mann, den Flechtheim neulich kollektiv ausstellte. Viking Eggeling, von dem man die »Diagonal-Sinfonie« vorführte und der den Holzweg weiterschritt, ist inzwischen gestorben.

Soll man den berühmten Léger oder den toten Eggeling verantwortlich machen? Im Grunde sind wohl die Gesellschafter des Neuen Films selber schuld. Sie wollten neuartige Filme drehen, und es fiel ihnen nichts Neues ein. Auf diese Weise kamen sie dazu, Léger und Eggeling, leider einige Jahre zu spät, zu kopieren.

Der Ansager der Vorführung war von rühmenswerter Bescheidenheit. Er sagte, es handle sich um Versuche jenseits des Weges, den die Industrie gehe; es handle sich um unverbindlich tastende Experimente; es handle sich um kleine Wagnisse, die vielleicht einmal zur Neubelebung des Monstre- und Spielfilms führen könnten, wenn eventuell …

Der absolute Film hat nicht die mindeste Chance, in die Entwicklung des Films einzugreifen. Diese Feststellung wirkt, den guten Hoffnungen des Ansagers gegenüber, ungemein beruhigend. Die Filmverfasser Hans Richter, Man Ray und Comte Etienne de Beaumont sahen sich vielmehr genötigt, der Wirklichkeit Konzessionen zu machen, indem sie viele Meter Konkretes photographierten und in ihre expressionistischen Filme einschalteten. Auf bewegte Quadrate und gespiegelte Kuben folgten plötzlich Wiesen und Gänseblümchen, Fische im Aquarium, technische Bauten und andere Realitäten, bevor wieder Linien und Kreise durcheinanderflogen. Ein durchaus unerfreulicher, aber verständlicher Treubruch dem Absolutum gegenüber.

Trotzdem lehrten diese Filme etwas Wichtiges: *Uns fehlt der*

Kurzfilm! Genau wie man nicht nur Romane lesen mag, sondern zuweilen auch eine Novelle oder ein Feuilleton, ebenso sind wir mit dem sechs- bis zehnaktigen Großfilm, auch wenn er vorzüglich ist, nicht einverstanden, solange man uns nur Großfilme vorführt. Auch der Film brauchte Kurzgeschichten, Novellen, Humoresken, Plaudereien und Gedichte! Es wäre im Interesse und es wäre die Sache der Filmkonzerne, sich einmal den Kopf zu zerbrechen. Denn hier muß bald einmal Abhilfe geschaffen werden.

Glücklicherweise wurde ein Film gezeigt, der ein Beispiel sein kann: Alberto Cavalcantis Kurzfilm »P'tite lilie«. »P'tite lilie« ist eine französische Chanson, die in drei Strophen sehr gefühlvoll das Schicksal eines kleinen Mädchens erzählt, das brav war, schlecht wird und freiwillig stirbt.

Cavalcanti hat nun seinen kleinen Film auch in drei Strophen eingeteilt. Der Text des Liedes wird in Abständen auf die Leinwand geworfen; die Kapelle spielt die Melodie und der Film illustriert das Lied. Äußerst witzig und parodistisch, unter Einführung des filmischen Refrains, rollt zu Text und Musik die Geschichte des Mädchens ab. Dreimal, im Refrain der drei Strophen, erscheinen dieselben Spieler, nehmen die gleichen Positionen ein, zeigen auf die Heldin, wundern sich und haben Mitleid. Das Lied und der Film sind hier kongruent geworden.

Durch das Vorspannen eines leinwandartigen gegitterten Stoffes vor den Filmapparat gelangen Cavalcanti photographisch sehr eigenartige Effekte. Die Bilder sahen aus wie Gemälde al fresco, die schon leicht reißen. Die Photographie und das parodistisch durchgeführte Spiel bildeten zu Text und Musik glückliche Ergänzungen. Es wurde – so kurz der Film war und so sehr ein bloßer Anfang – von ganzem Herzen belacht und beklatscht.

Ob die Filmindustriellen einsehen werden, daß sie Verlegern gleichen, die sich verabredet haben, nur noch Romane zu drucken?

Es gibt ein Mittel, sie zu überzeugen. Nämlich: Cavalcantis Film hat nur 2000 Mark gekostet!

Die Revolution von oben

»Wir sind auf die Welt gekommen, um zu denken«, schreibt H. G. Wells in seinem neuen, zweibändigen Werk, »Die Welt des William Clissold« (Zsolnay Verlag, Wien). Und niemand ist so dazu berufen, die Rechtfertigung des Daseins durch das Denken zu behaupten, wie gerade er. Mit diesem Buche, das er einen »Roman mit einem neuen Standpunkt« nennt, hat er das gescheiteste Buch der letzten Jahre überhaupt geschrieben. Und wenn die Menschheit auch nur einigermaßen fähig wäre, Literatur als lebendigen Wert zu empfinden, würde die »Welt des W. Clissold« auf die wirkliche Welt umwälzend wirken müssen.

Wells zieht die Gegenwart zur Verantwortung und verurteilt sie. Seine Kenntnisse und Erfahrungen ermöglichen ihm den lückenlosen Indizienbeweis darüber, daß die Welt schlecht und strafwürdig eingerichtet ist. Er nötigt alle Vernünftigen und Ehrenhaften, ihm recht zu geben. Dabei ist das Werk keine rechthaberisch philosophische Abhandlung, sondern ein eminent spannender Roman.

Freilich hat Wells seine eigne Auffassung vom Wesen des Romans. »Will man einen Mann erschöpfend schildern,« erklärt er, »so muß man mit der Erschaffung der Welt, soweit sie ihn im besonderen betrifft, beginnen, und mit seinen auf die Ewigkeit gerichteten Erwartungen enden.« Wells ist zwar der letzte, der die Bedeutung der Frau für den Mann verleugnet, aber er bestreitet ganz entschieden, daß sie sein Wichtigstes sei. Arbeit, Macht, Konkurrenz, Reichtum, Herrschtrieb mögen alle, heimlich oder offen, von der Sexualität abhängig sein, – daß deshalb die Frau des Lebens Krone sein müsse, folgt daraus noch nicht. Der Mann ist Egoist und muß es, um der Arbeit willen, bleiben. Er braucht die Frau zur Erlangung seiner Ziele, aber die Ziele müssen ihm wichtiger sein als die Frau!

Wells findet aus diesem Grunde, daß die männliche Literatur zu sehr eine bloße Domäne für Liebesgeschichten geworden ist. Und er glaubt, daß man auch interessant sein kann, ohne sich auf Erotik zu beschränken. Der Roman muß für den Mann viel mehr und viel Wichtigeres enthalten als horizontale Abenteuer.

Wells schreibt Romane, um die Welt zu verbessern! Deshalb übt er Kritik an der Wirklichkeit und an den herrschenden Idealen. Seine Skepsis ist unerbittlich, und nur nach einer Seite hin begrenzt: Er glaubt an seinen Verstand. Und er glaubt an den Sieg des Verstandes überhaupt. Seine Skepsis ist gegenüber der Gegenwart unermüdlich, weil er auf die Zukunft vertraut. Er erwartet vom Heute nichts, vom Morgen alles. Seine Intelligenz hat einen prophetischen Zug. Seine Skepsis wird vom Optimismus beschienen. Seine Kritik ist produktiv. Wells ist mit Gotthold Ephraim Lessing verwandt, der unser kritischster Geist war und trotzdem die »Entwicklung des Menschengeschlechts« schrieb.

William Clissold, der Held des Romans, ist Generaldirektor des größten englischen Chemiekonzerns. Er gehört zu den Wirtschaftsführern der Erde, lebt als Sechzigjähriger meist zurückgezogen in einem kleinen Häuschen der Provence und schreibt hier seine Memoiren. Er schreibt sie, weil er einen großen Plan hat, den er der Mitwelt vermachen will.

Clissold, der mächtige Industriekapitän, sieht, daß es den meisten Menschen schlecht geht; daß der Krieg nichts verändert hat; daß die Revolutionen der beherrschten Klasse nicht nützen und nichts nützen werden. Er erkennt, daß die geschichtliche Entwicklung jeder Ökonomie entbehrt; daß die Heranbildung der Führer hoffnungslos unzulänglich geschieht; daß die Politik der Staaten nichts erreicht als eine Verzögerung des Fortschritts; daß die Pädagogen, abgesehen von der Volksschullehrerschaft, nur »von den Abenteuern des Lebens geflohene Menschen« sind, – und er stellt die Frage: wer die Welt verbessern könne.

Die Gelegenheit, die Welt zu verwandeln, war da. 1918, als der Krieg aufhörte, »stand die Tür offen«! Doch es fiel niemandem etwas Gescheites ein ... Der Mehrheit, meint Clissold, wird niemals etwas einfallen. Und fiele ihr wirklich einmal etwas ein, fehlte ihr die Macht zur Ausführung. Von der

Mehrheit zu erwarten, daß sie die Welt ändere, ist »Aberglaube«.

»Die neue Epoche der Zivilisation wird das Werk einer intelligenten Minderheit sein.« Niemand sei geeigneter, den Weltfrieden und den Weltstaat zu konstituieren, sagt Clissold, als die führenden Männer der Wirtschaft, des Handels, der Industrie und der Wissenschaft. Ihre Revolution wird Erfolg haben, weil sie die Macht haben. Und ihre Revolution wird gelingen, weil ihr die »Anwendung der wissenschaftlichen Methode auf das ganze Leben« zugrunde liegt.

Diese siegreiche Revolution wird als offene Verschwörung beginnen und der Welt die Besserung diktieren. »Die einzigen tauglichen Leute, die wir kennen, sind Leute, die den Transport beherrschen und die Ausbeutung der Natur- und Industrieprodukte berufsmäßig betreiben. Das ist eine unangenehme Wahrheit für viele Leute, aber sie muß geschluckt werden.«

Arbeitnehmer und Arbeitgeber sind keine Feinde, sondern Verbündete. Wenn es dem einen gut geht, geht es – Anständigkeit vorausgesetzt – dem andern nicht schlecht. Individualismus und Sozialismus, zwei radikal bisher entgegengesetzte Probleme, werden in eine Phase der Verschmelzung treten, die von der intelligenten und mächtigen Minderheit der Menschen eingeleitet werden muß. Arbeiter und Führer werden einsehen, daß sie durch die Vereinfachung der Verhältnisse die Erde zu einer Werkstatt in einem unendlichen Garten verwandeln können. Diesem Fortschritt steht nur die vorläufige Dummheit der Unternehmer im Wege, nicht ihr Interesse.

Arbeiter und Führer sind Verbündete und haben einen gemeinsamen Feind und ein großes Hindernis: die Staaten, die Regierungen. Man wird ganz einfach einmal diese antiquarischen Einrichtungen beiseite schieben müssen. Der kommende Weltstaat – mit Kontrolle der Wirtschaft, Einheitswährung, Weltpolizei, Weltuniversität usw. – muß von den Hauptaktionären des Weltkapitals eingerichtet und von den Arbeitern gebilligt werden. Dann ist keine Regierung länger fähig, den Fortschritt aufzuhalten. Dann wird es keinen äußeren Feind mehr geben und keinen Krieg und keine Ausgabe, die sinnlos wäre. Dann kann, von diplomatischen Katastrophen unbehindert, an die Lösung bedeutender sozialer und wirtschaftlicher Aufgaben herangegangen werden.

William Clissold, der Romanheld, der ironisch von sich behauptet, der Schriftsteller Wells sei »ein entfernter Verwandter« von ihm, hält sich nicht bei der Detailbeschreibung seiner Weltrepublik auf. Wie er sich, abgesehen von der wirtschaftlichen Kontrolle, die Leitung des Organismus denkt, bleibt ungewiß. Er sagt einmal: »Es ist eine anthropomorphische Einbildung, daß ein Staat einen Kopf haben muß«.

Doch diese Verfassungsfragen sind ja bei Clissolds Utopie nicht das Wichtige. Wichtig ist allein Clissolds Hoffnung: die Wirtschaftsführer der Welt, oder doch ihre pekuniäre Majorität, könnten sich einmal, aus Gründen der praktischen Vernunft, zu dieser sozial gefärbten Revolution entschließen und ihre Interessen mit denen der Arbeiterschaft identifizieren.

Er gibt vor, zu wissen, daß, unabhängig von ihm, auch andere noch lebende Führer ähnliche Gedanken hegten, und er hofft auf den Einfluß der statistisch erwiesenen Zunahme der Lebensdauer. Diese seine Revolution, meint er, wird einmal von Sechzigjährigen gemacht werden, von alten, aber junggebliebenen weisen und mächtigen Herren. »Es liegt schon heute in der Macht der Bankleute der Welt, das Wachstum und die Aufrechterhaltung der Rüstungen zu verbieten … Wenn sie das nicht tun, so, weil sie ungeeignet sind, unaufgeklärt oder ihrer Macht unsicher.«

Das stärkste, freilich indirekte Argument, das Clissold und Wells für ihre Revolution haben, ist dies: daß von anderen Körperschaften aus eine Umwälzung niemals erreichbar ist. Sie sind alle zur Erfolglosigkeit verurteilt. Nur die Revolution der kapitalistisch und geistig führenden Minderheit kann gelingen.

Sollte diese »offene Verschwörung« der Führer niemals zustande kommen, müßte die Welt ewig so fehlerhaft und ungerecht bleiben, wie sie ist. Clissold wird zuweilen von Zweifeln gepackt. Da aber fügt er den Satz an: »So schwach wir auch sein mögen – die andern sind noch schwächer.«

Wer die schmerzliche Spannung kennt, die der Gegensatz

zwischen Individualismus und Sozialismus hervorrufen kann, weil beides ein Stück der Wahrheit enthält, die man ganz fassen möchte; wer, politisch betrachtet, zur Hoffnungslosigkeit neigt und nach Rettung ausblickt, ohne sie zu finden, und wer die Kritik eines der klügsten Zeitgenossen an unserer Zeit kennenlernen möchte, für den ist das neue Buch von Wells eine Lektüre von unerhörter Bedeutung!

Wenn zwei Filmregisseure dasselbe tun ...

Im März sahen wir von Pudowkin, dem Regisseur des »Mutter«-Films, die »Letzten Tage von St. Petersburg«. Und jetzt, im April, zeigt man uns von Eisenstein, dem Potemkin-Regisseur, den Film »Zehn Tage, die die Welt erschütterten«. Zwei der größten Filmtalente haben denselben Stoff verfilmt: Provisorische Regierung; Kerenski; Kongreß der Arbeiter- und Soldatenräte; Übergehen der Truppen zu den Bolschewiken; Belagerung und Eroberung des Winterpalais; Lenin proklamiert Sowjetrepublik und Aufbau; ein Teil des anwesenden Publikums singt die Internationale; ein paar andere Leute zischen.

Wenn zwei Filmregisseure, noch dazu unter politischer Kontrolle, dasselbe tun, ist es so ziemlich dasselbe. Pudowkin praktiziert zwar seine noch recht bourgeoise Anschauung, daß nicht nur das Kollektiv, sondern daneben immer noch der Einzelmensch interessiere und das einzelne Schicksal, und Eisenstein verzichtet auf jede Spur privater Darstellung. Pudowkin fundiert die Revolution breiter, mit Vorgeschichte und Kriegsszenen, während Eisenstein sehr viel Zeit mit der Erstürmung des Winterpalais zubringt. Aber im Grunde handelt es sich für uns, die wir den Kommunismus nicht als seligmachendes Klischee für den ganzen Globus anerkennen können, um Dubletten. Und so begeisterungsfähig wir für alles sind, was russischer Film heißt, so sehr sind wir gegen Dublettenbetrieb. Es ist bedauerlich, daß man uns nach dem ersten halben Dutzend Russenfilmen schon mit Dubletten kommt. Beide Filme stellen gewaltige Leistungen dar, die nur von den Erstlingsfilmen derselben Regisseure überboten wurden; doch es ist zweimal dieselbe Leistung.

Trotzdem wird man sich entscheiden müssen, ob man Pudowkins oder Eisensteins Leistung vorzieht. Eisensteins Film, staatlich finanziert und auch sonst unterstützt, ist das geschichtlichere Werk, das objektivere; Pudowkins von privater Handlung begleiteter Film ist die menschlichere und dramatisch kunstvollere Arbeit. Hierfür ein Beispiel: bei Eisenstein werden General Kornilows Truppen, die vor Petersburg lagern, von Bolschewisten zum Übergehen beredet, die dem Zuschauer fremd sind; bei Pudowkin tut dies ein Arbeiter, dessen Schicksal dem Betrachter längst bekannt ist. Er hat gesehen, wie ihn Zaristen verhafteten; er weiß von der Frau und den hungernden Kindern des Mannes; von seinem Kerker – und nun sieht er, wie sich dieser Arbeiter, dessen Leiden ihn ergriffen, an die Spitze einer Armee setzt und sie, vom Feinde fort, den Proletariern zuführt. Das packt – und es soll doch packen! – hundertmal stärker. Es bringt den Umschwung, der sich vollzieht, auch viel greifbarer zum Ausdruck.

Dieser Vergleich, dem sich viele andere ähnliche anschließen ließen, da er für beide Regisseure typisch ist, soll Eisensteins Film nicht verkleinern. Denn er bleibt eine gewaltige massenbeherrschende Tat. Eisenstein erzählt von den Vorarbeiten: Er drehte 49 000 Meter und warf 47 000 davon weg, um die nur erforderlichen 2000 Meter Filmband zu behalten. Er war ein halbes Jahr der Diktator von Petersburg. Wer ihm und seinen Gehilfen zum Film geeignet erschien, wurde einfach von der Straße geholt. Seine Truppen, Tanks und Lastautos durchzogen die Stadt. Die Brücken wurden hochgezogen, und der Verkehr blieb stehen. Der Sturm aufs Winterpalais zog Zehntausende an. Arbeiter, die ihn im Oktober 1917 tatsächlich mitgemacht hatten, erinnerten sich vieler Einzelheiten und orientierten die Regie. Man ging also ganz historisch, von Augenzeugen geleitet, vor.

Daß eine Millionenstadt, daß ein ganzes Volk dicht hinter dem Werk steht, spürt man, und dies gibt ihm seine Gewalt, seine Stoßkraft und mitreißende Wirkung. Tendenziöse Ungerechtigkeiten, höhnische Darstellungen und brutale Effekte empfangen hierdurch eine dynamische Rechtfertigung, der die Objektivität des Mitteleuropäers nicht standhält. Sie wird überrannt. Und kann ein Werk mehr erreichen, als den Zuschauer zu bewegen, daß er die Intoleranz toleriert?

In beiden Filmen ist, obwohl sie den früheren Leistungen nicht gleichkommen, ein Fortschritt zu beobachten: sie zeigen eine Vertiefung der bloßen Tatsachenphotographie ins Bedeutsame hinein, und Ergänzungen durch symbolische und photomontierte Szenen, wie man sie noch nirgends sah. Ein Beispiel aus dem Eisenstein-Film: Zu Beginn zerstört die Bevölkerung ein riesiges Zarendenkmal. Krone, Szepter, Reichsapfel fallen. Dann wankt und stürzt der Kopf. Zuletzt brechen Rumpf und Thron vom Sockel. Als aber Kerenski seine Diktatur errichtet hat, sieht man, eingeschaltet, das zerstörte Denkmal, wie es sich stückweise wieder zusammenfügt: Thron und Fürstenrumpf fliegen auf den Sockel; der Kopf schwingt obenauf, wackelt, sitzt fest; Reichsapfel, Szepter und Krone folgen. Das Denkmal des Zaren steht wieder fest wie einst; Kerenski hat das Proletariat betrogen ...

Jeder Einwand gegen diese von Gesinnung erfüllten, künstlerisch grandiosen Propagandawerke verflüchtigt sich, wenn man sich der amerikanischen und deutschen Filme erinnert, die gleichzeitig zu sehen sind. »Qualen der Ehe«, »Sonne, Süden, Leidenschaft«, »Charlott, etwas verrückt« sind drei Filme, die nur gedreht wurden, um Pola Negri, Norma Talmadge und Lya de Putti in Großaufnahme zu zeigen. Die Gesichter-Großaufnahme ist so recht der Ausdruck für die Absicht dieser Sorte Produktion. Die Haut und der Augenaufschlag der Lieblinge zu beiden Seiten des Atlantik wird unter die Lupe genommen, nach allen Richtungen des Gefühls gedreht und gewendet und unentwegt serviert. Nichts gegen ein fesselndes Frauenlächeln, und sei der Kopf auch so groß wie ein Fesselballon! Und nichts gegen eine Träne, so echt wie falsche Perlen! Aber da sitzt man zwei Stunden so einem bezaubernden Großkopf gegenüber; in einer albernen Handlung; zwischen albernen Texten, und weiß nicht, was soll es bedeuten. Diese Art Produktion hat nur eines sicher: ein paar hübsche, interessante Frauengesichter. Das andere denken sich die Geschäftsleute und ihre Handlanger hinzu. Es ist meist danach.

»Konjunktur« und Konjunktur

Piscator hat im Lessingtheater, seiner Filiale, ein Stück seines Dramaturgen Leo Lania inszeniert, das »Konjunktur« heißt und, bewußt, keine Dichtung sein will, sondern ein Anschauungsunterricht in Weltbürgerkunde. So soll gezeigt werden, wie die Dinge zusammenhängen; das Publikum soll sehen, was eigentlich hinter den Schlagworten: Krieg, Pazifismus, Koalition, Abrüstung, Völkerbund usw. steckt. Lania erbietet sich, den Beweis zu erbringen, daß hinter allen Schlagworten, Idealen und Geschichtszahlen wirtschaftliche, kapitalistische Triebfedern verborgen sind. Und er schrieb ein Stück, in dem diese sonst heimlich wirkenden Kräfte, satirisch entblößt, sichtbar werden. Alles, was als Politik etikettiert wird, sagt er, ist in Wahrheit Börsenmanöver und Handel.

Seine Behauptung ist vielleicht ein bißchen übertrieben, wie sein Stück auch. Doch es gibt viele Leute, die keine Kommunisten sind, wie Lania und Piscator, und trotzdem dasselbe oder ähnliches behaupten. Es muß wohl etwas daran sein ... Und wenn etwas daran ist, dann soll der Schriftsteller immerhin übertreiben! Das wird doppelt nötig sein in einem Staate wie Deutschland, wo das große Publikum den Handelsteil der Zeitung nicht liest, um sich seine idyllische Kenntnislosigkeit und Unschuld zu bewahren!

Das Stück mag, im Einzelfall, sein, wie es will, – der Plan Piscators, von der Bühne aus wirtschaftspolitischen Aufklärungsunterricht zu erteilen und das Volk zum Interesse für Handel und Börsenwesen zu nötigen, ist seiner würdig und verdient Erfolg. Ein Theaterkritiker schrieb: er kenne zwei Menschen, die von Wirtschaft bestimmt nicht das mindeste verstünden: der eine sei er, der Kritiker, selber; und der zweite sei Leo Lania, der Autor des Stücks. Dieser Kritiker war witzig, aber deswegen noch nicht logisch. Da er von Wirtschaftspolitik nichts versteht, konnte er Lanias Eignung ja gar nicht beurteilen!

Lania erfindet: in Albanien würden plötzlich große Erdölquellen entdeckt. Und von dieser Hypothese aus entwickelt er die Handlung: Italien und Frankreich machen sich das Anrecht auf die Bohrungen streitig; die amerikanische Standard Oil Company und der holländisch-englische Royal-Dutch-Shell-Konzern kämpfen um die Oberhoheit über das Ölgebiet, der Abenteurer Trebitsch-Lincoln hasardiert zwischen beiden Weltwirtschaftsmächten, arrangiert dann, um beide zu überlisten, eine Empörung der Albanesen und macht sich zum Diktator. Englische Schiffe, italienische Truppen, französische Schiffe und Truppen, die der Völkerbund beorderte, machen Albanien zum Kriegsschauplatz. Trebitsch entkommt. Eine Agentin der Standard Oil gewinnt die ganze Partie. Und die andern Staaten und Konzerne nebst dem Völkerbundsvertreter, der »außerdienstlich« englische Interessen vertritt, haben das Nachsehen.

Revolution, Krieg, Diktatur, Bündnisse und Gegenbündnisse – also hohe Politik – entlarvt Lania als kapitalistischen Konkurrenzkampf und erklärt: So ist es nicht nur im Theater, sondern auch in Wirklichkeit. Er bescheidet sich mit der Behauptung, er glaube, für die große Wirtschaftskomödie dieser Zeit eine »nicht ganz unwichtige Vorarbeit« geleistet zu haben. Das hat er getan!

Piscators »regielichen Vorschläge und Anregungen haben ihm den Weg gewiesen«, seinen Plan zu realisieren. Die Komödie ist aus »kollektiver Zusammenarbeit« erwachsen. Die aktive Vor- und Mitarbeit des Regisseurs war ja bei einem Werke, das, auf fiktiver Grundlage, die Struktur der politischen Kräfte nachmodellieren wollte, unerläßlicher denn je. Es galt, die Inszenierung zum Abbild der Wirklichkeit zu machen. Und Piscator gelang dieser Vorsatz. Er verstärkte durch technische Regie die Tendenz des Stücks. Auf offener Bühne werden Bohrtürme errichtet. Der Film rückt die weltpolitischen Auswirkungen des albanischen Erdölkonflikts ins Gesichtsfeld des Publikums. Zeitungsmeldungen, Börsenkurven, diplomatische Manöver begleiten, im Bild, das Bühnengeschehen. Das Stück selber demonstriert den albanischen Lokalbefund, so realistisch wie möglich; der Film zeigt den Weltprozeß, der sich daranknüpft.

Der Zuschauer verläßt das Theater zwar nicht bereichert mit Gefühlen, aber, hoffentlich ein wenig klüger und nachdenklicher.

Diese Art theatralischer Sendung mag, immer wieder, vielen Zeitgenossen unwillkommen sein. Das Theater ist eine Waffe geworden, und es sollte ein Schmuckstück sein ... Aber wir werden uns anscheinend im vollsten Ernste daran gewöhnen müssen, daß für Schmuck und Amüsement gegenwärtig die Zeit schlecht gewählt ist.

Mit vollem Rechte wird freilich geltend gemacht, daß Erholung und Entspannung trotzdem sein müssen. Doch dafür ist ja immer noch und in den meisten Theatern ausgiebig Gelegenheit. In »Erholung« ist Konjunktur. Unter Erholung ist großenteils erotische Lustspielerei zu verstehen. Das Kleine Theater bringt Hans Sturms »Frau Käte läßt sich verführen!« Sie will sich verführen lassen; sie soll verführt werden – aber es kommt dauernd etwas dazwischen. Das Theater am Kurfürstendamm sorgt auf ähnliche Weise für Erholung mit »Wenn eine Frau will ...« Im Renaissance-Theater läuft Natansons »Cœur-Bube« zum 120. Male.

Im Deutschen Künstlertheater wächst sich Sascha Guitrys »Schwarz-Weiß« zum Serienerfolg aus: Eine verheiratete Frau will partout ihren Mann hintergehen und tut es auch. Leider war der Tatort so finster, daß sie nicht merkte, daß sie mit einem Neger das zweifelhafte Vergnügen hatte. Das Kind, das sie zur Welt bringt, ist nun also schwarz, und der betrogene Ehemann hat alle Hände voll zu tun, den dunklen Punkt vor der Öffentlichkeit und – das ist die pikante Note im Stück – auch vor der Frau selber zu verbergen. Er besorgt sich, durch ein aus derartigen Stücken bekanntes Kinder-Tauschverfahren, ein weißes Baby und ergibt sich in weiteres Eheglück. Ralph Arthur Roberts hat hinreichend Gelegenheit, den bedauernswerten Gatten zu einer komischen Figur zu machen. Er lanciert ihn sogar darüber hinaus ins Belächelnswerte, obwohl ihm selber nicht eine Minute lang zum Lachen ist.

Das Publikum nimmt die Gelegenheit wahr, schadenfroh sein zu dürfen und froh darüber, daß schwarze Kinder in weißen Ehen selten sind.

»Indirekte« Lyrik

Die letzte lyrische Bewegung, deren wir uns als einer stilistisch einheitlichen zu erinnern vermögen, wurde »expressionistisch« genannt. Typische Grundgefühle wurden, eruptiv und abstrakt, ausgedrückt; und das große Publikum stand diesen Aufschreien und Stammelsurien beziehungslos gegenüber. Ebenso beziehungslos wie den Abstraktionsmalereien Picassos, Feiningers, Kandinskys.

Jetzt hat eine neue lyrische Bewegung begonnen. Und da sie als kollektive Bewegung noch nicht erkannt wurde, ist es an der Zeit, darauf hinzuweisen. Auch diesmal besteht eine innige Verwandtschaft mit der gleichzeitigen Malerei und Graphik. Deren stilistischer Charakter wurde mit dem Schlagwort »Neue Sachlichkeit« einzukleiden versucht; aber es paßt nicht.

Die Bedürfnisse des Expressionismus, Allgemeines auf abstrakte Art zu sagen und zu malen, haben dem entgegengesetzten Drange Platz machen müssen: Spezielles auf anschaulichste Weise auszudrücken. Der künstlerisch neu erwachte Trieb zur Wirklichkeit war und ist so stark, daß ihm die Entwicklung vom Abstrakten zur Realität nicht genügte, sondern daß er darüber noch hinausschoß, in die Gebiete der Groteske und der Karikatur. George Grosz, Otto Dix und andere wurden zu bildenden Künstlern dieses Stils. Ringelnatz, Bert Brecht und andere wurden seine Lyriker.

Hiermit ist eine Erklärung versucht, die künstlerische Wandlung der Epoche aus einem veränderten Verhältnis zur Umwelt zu erklären. Aber die Wandlung hat auch noch ausgesprochen subjektive Gründe. Der in Krieg und Revolution notwendigen Gefühlsentblößung folgte eine Zeit ernster Verschlossenheit und männlicher Zurückhaltung, die sich besonders im Wesen der künstlerisch genötigten Menschen auswirken mußte. Man kann, ein wenig drastisch, sagen, daß sich der Lyriker genierte, seine Stimmungen und Gefühle auszustellen. Er maskierte sich durch Übertreibungen, durch Bevorzugung unwichtiger, bloß assoziativ wirkender Daten, hinter denen er sich selber verbirgt, ohne seine Sehnsucht, sein Glück, seinen Schmerz deshalb zu verheimlichen. Die heute moderne Lyrik ist eine Dichtung der Umwege. Sie ist – indirekte Lyrik.

Daraus ergibt sich freilich auch, daß die »indirekte« Lyrik dem breiten Publikum ähnlich fremd bleiben muß wie die »expressionistische«. – Der Lyriker spielt nur auf seine Gefühle an; er spricht sie nicht aus. Er verspottet sie eher, als sie unbedenklich zu beichten. Wenn seine Verse am sachlichsten klingen, gerade dann birgt sich dahinter Erschütterung. Und gerade wenn er von wildfremden Dingen schwadroniert, ist die dichterische Konfession am nächsten. – So erklärt es sich, beispielsweise, daß Ringelnatz, wenn er im Kabarett auftritt, von den meisten als Spaßmacher taxiert wird und nur von wenigen Verständnis erwarten kann. Ihm und seinen Stilgenossen geht es, wie es ihrem großen Vorläufer erging: Frank Wedekind! Er wurde für zynisch gehalten und war ein weicher Mensch. Er war als Sexualdramatiker verschrien und gehörte doch zu den nobelsten Idealisten der Zeit.

Sein Werk und, genau so, die indirekte Lyrik unserer Tage provozieren Mißverständnisse, weil beide »verschämte Kunst« sind. Wer sich maskiert, will nicht erkannt werden. Es ist ihm weniger peinlich, für frech und gelegentlich albern, als für zart und traurig gehalten zu werden. – Nach dieser Einführung kann man es wagen, einige Gedichtbände mit der Zuneigung und Ehrerbietung anzukündigen, die sie verdienen.

Bert Brechts genußsüchtiger Pessimismus und die damit engverschwisterte Trauer ohne Ende fanden in den Gedichten wirksameren Ausdruck als in seinen Dramen und den großartigsten überhaupt in seinen Balladen, die der unvergängliche Teil seiner »Hauspostille« (Propyläen-Verlag; 3.–) bleiben werden. Die Ballade ist gewiß die indirekteste Art Lyrik, und das bedeutet also: sie und die Romanze sind die gemäßeste Form der neuen Stilbewegung. Brecht versteckt hinter den bänkelsängerhaften Weisen und ihren Figuren Orge, Jakob Apfelböck, Marie Farrar und den Soldaten seine eigenen Erschütterungen; in ihnen drückt er seine Resignation, seinen Schmerz und seinen Zorn so seltsam deutlich aus und dabei so bemüht um teilnahmslosen, sachlichen Vortrag, daß diese Kuriosa der Lyrik ungeschliffenen Edelsteinen gleichen, deren geheimen Wert nicht jeder sofort erkennt.

Joachim Ringelnatz hat Turngedichte und Matrosenballaden geschrieben, die ähnlich »ungeschliffen« sind und ähnlich den persönlichen Ton zu vermeiden suchten. Jetzt erschienen seine »Reisebriefe eines Artisten« (Ernst Rowohlt Verlag; Lw. 6.–) und bestätigen uns ebenso seine Meisterschaft wie seinen Willen zur Maskenlyrik.

»Ich habe – fall nicht um vor Schreck –
ein richtiges Gedicht gemacht«,

beginnt sein Brief aus »Königsberg in Preußen«; und er äußert nun, in vorgespiegelter Lustigkeit, seine Abneigung vor üblicher gefühlsseliger Dichterei. Und dabei steckt in seinen Clownerien und Derbheiten, in seinen Matrosenballaden und Briefromanzen mehr echte Lyrik als in fast aller »echten« Lyrik, die heute noch verbrochen wird. Er ist ein unerhörtes Talent; und sein Bedrücktsein, er könne Gefühl verraten, macht seine Gefühle und seine Strophen uns erst recht kostbar. Die Zeit ist männlich und verlangt männliche Dichter statt Tenordichtern.

Siegfried von Vegesack lebt im Bayrischen Wald auf einer Burg. Er muß also nicht zusehen, wie die Welt sein gedrucktes Gefühlsleben mustert. Er ist außerdem, als Lyriker, ein idyllischer Mensch und zeigt vorwiegend nur seine stilleren und milden Stimmungen. So kommt es, daß er indirekte Lyrik nur zuweilen gibt. Sein Buch »Die kleine Welt vom Turm gesehen« (Alfred Rich. Meyer Verlag, Berlin; 4.–) enthält reine und indirekte Lyrik nebeneinander. Indirekt stellt er nur seine wertvolleren, tieferen Empfindungen dar und liefert damit auch seine wertvolleren Verse.

Jakob Haringer hat in seinem Bande »Kind im grauen Haar« (Iris-Verlag, Frankfurt a. M.; Pp. 2.50) Gedichte aus verschiedenster Entstehungszeit gesammelt. So stehen »expressionistische« Strophen dicht neben welchen, die so »indirekt« und so schön beginnen:

> »Ich hab dir Schokolade mitgebracht,
> Likör und Rosen – ach, da warst du tot –«

Noch ist kein Wort des Schmerzes gesagt, aber kann Schmerz deutlicher werden als in diesen scheinbar belanglosen Zeilen? Solche Gedichte sollte wohl jeder kennen und verstehen. Und es ist ein wenig schade, daß Haringer noch alle jene Dinge in den Band packte, die entfernt von J. R. Becher abstammen.

Er beging den größten Fehler fast aller Lyriker: zuviele Gedichte in einem Buche zu versammeln. Ein Lyrikband erfordert »ausgewählte« Gedichte. Und davon hat noch kein Dichter viele geschrieben. –

»Krankheit der Jugend«

Das größte theatralische Ereignis der Berliner Saison waren Piscators erste Aufführungen im Nollendorftheater. Das stärkste dramatische Erlebnis verursacht nun am Ende der Spielzeit das Schauspiel »Krankheit der Jugend« von Ferdinand Bruckner. Es wird im Renaissance-Theater gespielt, und Gustav Hartung hat die Regie. – Es handelt sich um keine Uraufführung; diese fand vor Monaten in Breslau statt. Doch die Berliner Darstellung soll der Anlaß zu einer Würdigung des ungewöhnlichen Stückes sein, die es verdient. Um so mehr verdient, als die prominenten Kritiker Berlins – zur gleichen Zeit – sich um die Wichtigkeit von Bronnens »Katalaunischer Schlacht« zanken und damit so beschäftigt sind, daß Bruckners Drama von der sogenannten »zweiten« Theaterkritik abgetan wird.

»Krankheit der Jugend« ist das Drama von den Sexualkrisen jenes Teils der heutigen Studenten und Studentinnen, den man eine »wissenschaftliche Boheme« nennen möchte. Hierher gehören aus vornehmen Elternhäusern entlaufene Töchter; kluge, junge Männer, die das Abenteuerliche auch in der Forschung wittern; verbummelte Studenten, die vor Freiheitsdrang und Intelligenz (nicht wie früher: vor Dummheit) zu keinem Examen kommen; heimliche Künstler; offenkundige Ideologen; Romantiker des Risikos. Es sind die begabtesten Gruppen der Studentenschaft, soweit ihnen der Wille fehlt, trotz der Fragwürdigkeit der Existenz einem erreichbaren Ziele durch Arbeit und Selbstzucht näherzukommen. Sie benutzen ihr Talent und ihr Studium zur Nihilisierung der Wissenschaft, des Berufs und des Lebens überhaupt. Sie erkennen die Bedeutungslosigkeit des Einzelnen und die geheime Hoffnungslosigkeit der Gesamtheit und bringen nicht die Kraft auf: »Und dennoch« zu sagen. Sie erleben den tiefsten Schmerz der Seele, die qualvolle Einsicht, daß alles sinnlos sei, und retten sich, um diesen Schmerz zu vergessen, in die Sexualität. Sie narkotisieren ihr Gehirn durch Ausschweifungen des Trieblebens. Sie sind zügellos, um nichts sehen zu müssen. Sie durchkosten alle Möglichkeiten der Erotik und wenden ihre Klugheit nur noch an, dieses Gebiet zu durchforschen. Ihre Talente leisten ihren Instinkten Gesellschaft, und in diesen Rauschzuständen vergessen sie, vorübergehend, die als hoffnungslos durchschaute Position.

Dabei richten sie sich und die Partner zugrunde. Sie gleichen den Morphinisten. Immer stärkere Dosen werden zur Betäubung erforderlich. Der Wille, die Sauberkeit, die Selbstachtung gehen vor die Hunde; die Genußfähigkeit stumpft ab. Zurück bleiben der Weltschmerz und die Unfähigkeit, ihn ferner zu paralysieren. Man ist reif geworden, sich aufzuhängen. Und mancher tut es denn auch. »Krankheit der Jugend!« Intelligenz ist Krankheit.

Ferdinand Bruckner, der diesen Teil der Jugend in seinen Spielarten kennt und seine Qual begreift, nimmt drei Studenten und drei Studentinnen der Medizin heraus, um sein exemplarisches Schauspiel an ihnen und durch sie zu entwickeln. Er zeigt ihre erotischen Beziehungen und deren Wechselfälle auf. Er läßt diese sechs jungen Menschen und einen siebenten, ein Dienstmädchen, ihre Schicksale erleben und zugleich diskutieren und konzentriert die vielfachen, vielfach verwobenen Vorgänge in dem Zimmer einer kleinen Pension, in dem Marie, eine junge Doktorin der Medizin, wohnt. Im Nebenzimmer, durch eine Tür verbunden, wohnt Désirée, die ihr medizinisches Staatsexamen macht. Jedes der Mädchen hat einen Freund; Désirée, die dekadente Zynikerin, einen verbummelten brutalen Studenten; Marie, die zunächst arbeitsame, liebevolle Frau, einen weichherzigen, jungen Dichter, der sich von ihr die Existenzmittel schaffen läßt. Da nimmt ihr Irene, eine aus dem Proletariat hochgekommene, ehrgeizige Kollegin, den willenlosen Freund weg. Marie gerät nach diesem Verlust aus ihrer Sicherheit heraus. Sie war der einzige in sich ruhende, frohe Mensch der Clique, und nun kommen sie mit ihr alle ins Wanken. Désirée gibt ihrem Freund, den sie satt hat, den Laufpaß. Er verführt das Dienstmädchen, experimentiert mit ihr wie ein Vivisektor, läßt sie stehlen, prostituiert sie endlich. Désirée bemächtigt sich Maries, die ihren Liebesschmerz vergessen muß und will; und sie haben ein lesbisches Verhältnis. Désirée wird der Freundin überdrüssig, die im Grunde für anormale Erotik untauglich ist, und vergiftet sich mit Veronal. Freder, der Verbummelte, interessiert sich für die Experimente mit dem Dienstmädchen nicht mehr und will Marie, die ihn verabscheut, haben. Erst als Désirée, der er das Gift verschaffte, nebenan tot liegt, zeigt sich Marie gefügig. Sie kann den neuen Schmerz, den Tod der Freundin, der sie endgültig aus der Bahn wirft, nicht ohne andere Qual vergessen und hetzt den gehaßten, brutalen Mann auf sich, peinigt ihn, bis seine tierische Wollust ihr die Gurgel durchbeißt.

Man kann nach dieser nüchternen Herzählung der äußeren Stationen des Dramas natürlich keine Vorstellung von der

Wucht des Stückes, von der aufwühlenden Sinnlichkeit der Szenen und von der erschütternden Hoffnungslosigkeit, die dem Erotischen des Werkes jedes Frivole nimmt, vermitteln. Noch weniger von der in den Dialogen zuweilen grandios, immer echt wiedergegebenen geistigen Situationen der jungen Menschen. Das ist gerade das Große an diesem Sexualdrama, daß die Leidenschaft und die Grenzenlosigkeit der Liebesabenteuer nur der sichtbare Ausdruck, das zweite Gesicht eines inneren, tragischen Verhängnisses sind. Hier liebt man sich nicht der Reihe nach, um Amüsements zu haben. Hier zerstört man sich und den Partner, weiß, daß man es tut, und weiß warum! Hier wird eine Sittenlosigkeit aufgezeigt, von der die Verfallsepochen jeder Kultur und Klasse berichten. Hier ist die Sittenlosigkeit keine Lust, sondern ein Erleiden; hier ist sie die martervolle, unentrinnbare Todesqual einer geistigen Kaste, historisch bedingt, vom schwächeren Individuum nicht zu umgehen.

Hier wird vor einem erschütterten Zuschauer ein Ende berichtet, das unvermeidlich ist. Junge Generationen, die am Ende eines historischen Zeitabschnittes leben, Erben hoher Kultur, großer Intelligenz und schwacher Nerven mußten immer und müssen heute durch solche Fegefeuer der moral- und hoffnungslosen Freiheit hindurch. Viele kommen darin um. Ferdinand Bruckner, selber ein junger Arzt, hat das Schicksal dieser, die umkommen, künstlerisch und leidenschaftlich gestaltet. Er hat eine Zerfallserscheinung im Einzelfall dargestellt. Hinter dieser Jugendtragödie und in ihr spürt man eine ganze Epoche. Und wer um die Gefährlichkeit der Epoche und um die Gefährdung ihrer Jugend weiß, verläßt das Theater atemlos und tief ergriffen. Es gibt auch noch eine andere Jugend, gewiß! Aber die, die Bruckner nachschuf, lebt zur gleichen Zeit und stirbt an ihr.

Regie und Darstellung sind einwandfrei. Elisabeth Lennartz als Marie hat die schwierigste und seelisch umfangreichste Rolle und spielt sie bewundernswürdig. Hans Adalbert Schlettow als Freder bringt einen Grad morbider Brutalität auf, der bis ins Parkett herunter Angst einjagt. Das Erstaunlichste an schauspielerischer Leistung bietet aber Hilde Körber als sexualhöriges, von Liebe, Furcht und blindem Gehorsam gezerrtes Dienstmädel. Das Publikum war, mit Recht, hingerissen und applaudierte ihr trotz der ernsten Szene bei offener Bühne.

Das Rendezvous der Künstler

Für die unzähligen künstlerischen Kräfte, die in Berlin zusammenströmen, gibt es zwei Bassins: das Romanische Café und »Schwanneke«. Es ist fraglos Sache des persönlichen Geschmacks, diese Lokale schön zu finden, – interessant sind sie auf alle Fälle!

Um das Wichtigste gleich zu sagen: zwischen den zwei Lokalen besteht ein fundamentaler Unterschied. Im Romanischen Café trinkt man Kaffee in Tassen; bei Schwanneke trinkt man Wein in Flaschen. Das bedeutet, kunstgeschichtlich formuliert: im »Romanischen« sitzt der Anfängerkursus; bei Schwanneke verkehren die Prominenten. Im Romanischen Café herrscht das Langhaar; bei Schwanneke dominiert die vom Haarschwund wirksam verlängerte Stirn.

Das Romanische Café ist der Wartesaal der Talente. Es gibt Leute, die hier seit zwanzig Jahren, Tag für Tag, aufs Talent warten. Sie beherrschen, wenn nichts sonst, so doch die Kunst des Wartens in verblüffendem Maße. Neben ihnen behaupten sich, häufig ebensolange, die unglücklichen Kunstjünger. Wer seit Jahren auf der Bühne erklärt, die Pferde seien gesattelt, der kann natürlich seinen Kaffee nirgendwo anders trinken als hier! Wer einmal ein Gedicht schrieb, das von einer literarischen Zeitschrift angenommen wurde (ohne daß es darum erschien); wer auf Marmortische Gesichter und Frauenakte zu zeichnen imstande ist; wer in Opernchören seine Stimme abgibt und von Tauber zu hören bekam, er solle nur so weitermachen – diese und viele andere Abarten der vom Genius Betroffenen kommen hier zusammen.

Es ist ein infernalisches Gewirr von Charakterköpfen und

solchen, die es sein wollen. Der erste Eindruck, den man hat: Haare, Mähnen, Locken, die bedeutend ins Gesicht fallen. Der zweite Eindruck: Wie oft wird hier die Leibwäsche gewechselt? Dieser zweite Eindruck ist vielleicht in vielen Fällen unberechtigt. Aber nichts ist ja bezeichnender für das Gesehene, daß man ihn trotzdem hat!

Die Genialität – eine durchaus unmoderne Art, sich zu geben – ist hier der Stil des Hauses. Man ersetzt den mangelnden Erfolg durch Gehabe und Getue. Wer gepflegte Sitten und Kleidung für erwünscht hält, kommt nicht oft wieder, oder nur: um sich wieder einmal sattzusehen. Diese Leute hier verabscheuen das normale Aussehen, weil es zu egalisierend wirke. Sie wollen wie Persönlichkeiten aussehen. Und nun sitzen sie da, einer neben dem anderen, und bilden doch wieder einen Verein! Und was für einen …

Jeder kennt jeden. Man begrüßt sich jovial oder – eine andere Methode – nur ganz nebenbei, um das Gehirn nicht beim Dichten und Denken zu unterbrechen. Man setzt sich von einem Tisch zum anderen; erstens, um sich Klatsch zu erzählen, und zuweilen zweitens, um dem Kellner, der Bestellungen entgegennimmt, zu erklären, man sitze nur en passant hier. Man borgt sich erfolglos an. Man liest Berge von Zeitungen. Man wartet, daß das Glück hinter den Stuhl tritt und sagt: »Mein Herr, Sie sind engagiert!«

Man wartet. Inzwischen vertreibt man sich die Zeit. Hierzu benötigt man das weibliche Geschlecht. Es ist vorhanden, und zwar in staunenswert hübschen Exemplaren. Soweit die neue Sachlichkeit noch nicht restlos mit der Romantik im Mädchenbusen aufgeräumt hat, bekommt das »Romanische« sein Teil. Gymnasiastinnen, Studentinnen, Kunstgewerblerinnen, Töchter aus »guter Familie«, schöne Seelen und kleine Ausreißer trifft man in Menge. Sie sitzen neben dem Ideal und vergehen in Andacht. Außer ihnen gibt es auch jene Damen hier, die, wie man weiß, von der Liebe leben. Sie verbinden das Nützliche mit dem Schönen; sie empfinden ihren Beruf wohl auch als eine Kunst, die nach Brot geht, und halten die Beziehung zu Nichtkünstlern für absolut unfein.

Außerdem verkehren hier auch Künstler, die bereits einen Namen haben. Warum sie das tun? Möglicherweise aus alter schlechter Gewohnheit. Es gibt aber auch pathologische Fälle; arrivierte Künstler, die es für einen (mit einer Tasse Kaffe nicht zu teuer erkauften) Genuß halten: die Schar der Verunglückten und Aussichtslosen zu betrachten und sich selber, den Erfolgreichen, betrachten zu lassen.

Wie eine Welle der Bewunderung geht es durch den verqualmten, verquatschten Raum, wenn ihn ein Glücklicher betritt. Und wen er begrüßt, der fühlt sich geweiht …

Kann man sich, nach der bisherigen Beschreibung, ein ungefähres Bild vom »Romanischen« machen, wenn noch hinzugefügt wird, daß es auch das »Rachmonische« (etwa so viel wie Nebbich) genannt wird und daß außer den skizzierten Typen Artisten, Tanzmusiker, Boxer und Neger herumsitzen?

Man kann die Entwicklung eines Berliner Künstlers, Journalisten oder Schriftstellers nicht deutlicher erkennen, als wenn man hört: »Er geht nicht mehr ins Romanische. Er ist jetzt viel bei Schwanneke.« Diese Feststellung verrät, unausgesprochen, Kontraktabschlüsse, Avancement, Mehreinnahmen, herannahenden Ruhm. Die beiden Lokale liegen keine drei Minuten auseinander. Aber für manchen dauert der Weg von einem zum anderen Jahrzehnte, und die meisten legen ihn nie zurück.

Schwanneke ist eine Weinstube, wie gesagt. Nicht groß. Zwanzig Tische haben Platz, zum Teil in Nischen. Es reicht für die Prominenten so ziemlich aus … Der Wirt ist Schauspieler, ein guter Schauspieler. Und während der Münchner Rätezeit war er sogar Intendant der Bayrischen Staatstheater. Jetzt besitzt er eine Weinstube, spielt an der Berliner Volksbühne komische Charaktere und führt auch Regie. Er hat Talent zum Wirt, und auf der Bühne spielt er die – bekanntlich im Lustspiel sehr beliebten – Weinfabrikanten unvergleichlich. Nun, er kennt die Branche.

Da er selber vom Bau ist, hat die Stimmung in seinem Lokal von vornherein jede denkbare Garantie. Mit diesem Schauspieler hat der Wirt früher mal Theater gespielt; von jenem

Dramatiker hat der Wirt ein Stück inszeniert – wenn Schwanneke nicht schon der geeignetste Inhaber der Weinstube wäre, wäre er ihr geeignetster Gast. Ein seltener Glücksfall.

Die Erfolgreichen, die Schauspieler, Dichter, Maler, Baumeister, Regisseure und Filmgrößen haben viel weniger Zeit als die Neulinge vis-à-vis im Wartezimmer des Ruhms, im »Romanischen«. Sie müssen arbeiten. Berühmtheit ist, aus der Nähe gesehen, Arbeit und nichts weiter.

Und so haben alle, die hier einkehren, im Grunde keine Zeit zur Einkehr. Sie kommen spät am Abend, nach dem Theater, nach der Amerikareise, nach der Gastspiel-Tournee, nach den Abschlüssen mit dem Verleger oder mit ihm. Alfred Polgar, Ernst Deutsch, Bronnen, Brecht, Heinrich George, Paul Morgan, Ernst Toller, Lion Feuchtwanger, Carl Zuckmayer, Elisabeth Bergner, Paul Grötz, Albert Steinrück, Rosa Valetti, Hermann Valentin, Conrad Veidt (wenn er nicht in Hollywood filmt), der Zeichner Dolbin, Regisseure, namhafte Journalisten, berühmte Frauen – alles trifft sich hier gelegentlich. Alle begrüßt Jonny, das Faktotum, mit Handschlag. Die meisten duzen sich. »Wie geht's?« »Wie weit bist Du mit dem neuen Roman?« »Ist das vor der Tür Dein Auto?«

Wenn nicht gerade eine wichtige Premiere war und der Autor und die Hauptdarsteller anwesend sind, um sich feiern und verulken zu lassen, spielt das Thema »Auto« eine wichtige Rolle. Man läuft vor die Tür, barhäuptig und neugierig, um sich das Kabriolett von X. anzusehen. Man steht davor: und die Fachausdrücke von »Steuer-P.S.« bis »Zündkerze« werden nicht anders gebraucht wie »Peripetie« und »Hohes C«.

Es herrscht in diesen Kreisen eine mit dem Parnaß wenig zu vereinbarende kindliche Freude darüber, daß Tantiemen für Roman-Auflagen mit Automobilen in ursächlichen Zusammenhang zu bringen sind. Das Auto ist der Zug der Zeit. Auch für die Künstler. Sie kennen, außer Anekdoten über abwesende Kollegen, wenig andere Gesprächsstoffe.

Trotz solcher Unterhaltung hat das Lokal eine Achtung erzwingende Atmosphäre. Man sitzt nicht ungestraft zwischen Tischen, an denen Leonhard Frank und Franz Blei, Emil Orlik und Rudolf Großmann mit Frauen und Freunden trinken und reden. Die Leistung erzwingt Respekt. Und sie kann ihn sogar bei Schwanneke verlangen.

Trotzdem gibt es auch in Berlin Künstler, die den Umgang mit ihresgleichen nicht zu dem größten der erdenklichen Vergnügen zählen und deswegen lieber am Nordpol säßen als im Romanischen Café oder bei Schwanneke.

Ich kann das verstehen.

Das Kabarett der »Unmöglichen«
Die »Junge Generation« im Keller

Im Westen Berlins gibt es ein Straßenviertel am Bülowbogen, das manche Spelunkengegend des Wedding in den Nachtschatten stellt. Wenige Schritte davon sind die hellsten und belebtesten Straßen der Stadt – aber hier ist es stockfinster, und soweit Laternen brennen, verstärken sie nur, in theatralischer Weise, den nicht ganz geheuren Eindruck, den die Gegend macht. Das düstere Milieu und die weiblichen Nachtpassanten gäben eine prachtvolle Kulissenwelt und Komparserie für ein Kabarett ab, wie es Schnitzler in seinem »Grünen Kakadu« formuliert hat: für ein Kellerlokal, in dem rohe Sitten und ein »Schuß« Unheimlichkeit den Sensationswünschen snobistischer Besucher Nahrung böten. Hier wäre der Ort, wo abgelebte Herrschaften der besseren Kreise ein bißchen Gänsehaut einhandeln könnten! Hier wäre Gelegenheit, dem guten Ton verkehrt ins Gesicht zu springen!

Es war klar, daß diese Gelegenheit von geschäftstüchtigen Bohemiens einmal ergriffen werden würde. Daß es aber eine Clique zwanzigjähriger Jungens und Mädels sein sollte, die das finstere Unternehmen gründete, – das stand nicht zu erwarten! Doch gerade das trat ein.

Junge Leute, die im Romanischen Café mit Kaffee und Klatsch großgezogen wurden, sagten sich: Dieser »Toppkeller« – so heißt die Bude – ist eine Goldgrube. Und sie zogen ohne großes Gepäck, nur mit literatenhafter Frechheit schwerbelastet, in dem Keller ein. Sie wollten mit dem Geldverdienen nicht warten, bis sie etwas konnten. Vielleicht konnten sie auch nicht warten! Sie hatten gewiß den Plan: Dichter, Komponist, Schauspieler, Sängerin zu werden. Sie hatten aber keine Geduld, kamen keß und unfertig daher – und nun gehört es in der Gesellschaft bereits zum guten Ton, im »Toppkeller« gewesen zu sein. Man muß ihn ganz einfach gesehen haben. Man muß mitreden können.

Jeden Abend ist der kleine unterirdische Saal gerammelt voll. Am Eingang betteln vornehme Herren und Damen, eingelassen zu werden, obwohl kein Platz mehr zu haben ist. Sie wollen ja gerne ein paar Stunden stehen! Bitte, bitte!

Hunderte von Menschen sitzen wie die Heringe nebeneinander. Zwei Besucher auf einem Waschhausschemel sind keine Seltenheit. Dreibeinige, wackelige Stühle sich zu erobern ist höchstes Glück. Man trinkt abgestandenes Bier; ein kleines Glas kostet neunzig Pfennige. Ein als Matrose gekleideter muskulöser Frechdachs quetscht sich durch das Bein-Chaos, hält einen Strohhut in der Hand und sammelt »freiwillige« Spenden. Er macht das so: er stellt sich vor die Besucher hin und knurrt: »Los! Rückt mal 'ne Mark raus oder 'en Fuffziger! Na, wird's bald?« Dann fährt er irgendeinem fetten Besucher auf der Glatze herum und macht lockere Bemerkungen. Oder er singt. Oder er pfeift auf den Fingern.

Die Wände sind mit quatschigen und unanständigen Inschriften beschmiert, die man hier nicht wiedergeben kann. Die Besucherinnen klemmen das Monokel aus vornehmstem Fensterglas fester ins Auge und freuen sich bei der Lektüre, daß man hier nicht rot zu werden die Verpflichtung hat. – Irgendwo hängen ein paar Reproduktionen von George-Grosz-Graphiken. Linksradikal politische Anspielungen werden gemacht. Doch diese Gesinnungsvorspiegelung führt den Beobachter nicht irre. Hier sollen nur Bluff und Geld gemacht werden. Das Publikum ist dazu bereit; ein paar fixe Jugendliche rechnen mit der Albernheit der »besseren Gesellschaft«. Die Rechnung ist glatt.

Was geboten wird, taugt nicht das mindeste. Aber es ist frech und vorlaut. Wenn zwanzigjährige Mädchen wenig-appetitliche Verse auf Van de Veldes Ehepraktiken singen, ein paar hübsche Mädchen in Pyjamas – dann widersteht der Kurfürstendamm nicht länger. Und wenn der Refrain lautet: »Deutschland, Deutschland, über alles, über alles van de Veld!« so ist der Beifall garantiert.

Die Jünglinge können wenig, aber sie sind schlau. Sie hüllen sich, russisch-zeitgemäß, in Anonymität; verschweigen, wer von ihnen die schlechten Texte und die schlechte Musik fabriziert hat, tun also »kollektiv« und platzen dabei vor Eitelkeit wegen soviel Bescheidenheit! Sie erklären stolz: über das, was sie eigentlich wollten, seien sie sich immer noch nicht einig geworden. Sie verlesen selbstverfertigte Kritiken, in denen sie den Stil Alfred Kerrs und anderer Kritiker nicht übel verulken. Und dann erklären sie nonchalant: die wirklichen Kritiken der Berliner Presse seien noch günstiger ausgefallen. Und das ist wahr! Denn auch Journalisten fallen zuweilen auf saftige Bluffs herein. In Berlin mit wahrer Vorliebe.

Ein junges Pärchen parodiert, so geschmacklos wie möglich, »Frühlings Erwachen«; mit einer Eindeutigkeit, daß die Besucher auf den Stühlen rutschen. Eine fette Schlampe singt, mit dem Bierglas in der Hand, ein spottschlecht karikiertes Dirnenlied. Aber die Geschäftstüchtigkeit der frühreifen Veranstalter zeigt sich auch hier: Diese singende Schlampe ist, mit 99 Prozent Sicherheit, tatsächlich ein gealtertes Straßenmädchen. Diese »Echtheit« packt die Nerven.

Eine kleine Chanson-Probe, aus einem Duett, mag das Niveau und die Gesinnung dieser Jugendlichen charakterisieren:

»Wir ziehen unsre Sinnlichkeit
auf Selterswasserflaschen
und hängen sie an den Weihnachtsbaum
Mama zu überraschen.«

Diese Kinder renommieren mit der »schweren moralischen Verpflichtung der Gegenwart, unsittlich zu leben«. Diese Mädels spielen Entkleidungsszenen und singen dreckige Lieder dazu, machen Wortwitzchen wie »Lesbotanien« und »ödipoussieren«. Und wenn Beifall geklatscht wurde, halten sie ein Schild aus der Vorhangspalte, auf dem ein Nachtgeschirr zu sehen ist – weil das Lokal ja »Toppkeller« heißt, nicht wahr? – und mit der Unterschrift »Vielen Dank«.

Es mag und muß genügen, was hier über »Die Unmöglichen«, wie sie sich nennen, geschrieben wurde.

Daß ich dieses Unternehmen ablehne, hat nichts, wirklich nichts mit Prüderie zu tun. Wenn diese jungen Leute etwas zu sagen, wenn sie Talent und, für einen Groschen wenigstens, Charakter hätten, ließe sich ihnen vieles nachsehen. Aber sie sind hemmungslos unbegabt und ohne jeden Funken Gesinnung. Sie diskreditieren die berechtigten Grade von Amoralität und Radikalismus, die wertvollere Vertreter ihrer Generation bewußt und verantwortlich eroberten und verteidigen, in einer Weise, die schädlich und schändlich ist.

Es ist der reine Zufall, daß sie ihre Geschäfte mit Pseudoliteratur machen. Wenn sie nicht seit der Tertia im Romanischen Café wohnten, versuchten sie ihr Glück heute vielleicht mit unnotierten Papieren und alten Kleidern! Sie multiplizieren Literatenspäße mit ihrer Frechheit, dezimieren sie durch ihre Talentlosigkeit und schlagen aus dem Resultat Geld.

Wir könnten sehr nötig ein Kabarett der Jungen Generation brauchen! Aber die »Toppkeller«-Bande hat einem solchen Projekt von vornherein den Kredit verdorben.

Die Dreigroschenoper

Berlin hat eine neue Theaterdirektion. Ernst Josef Aufricht, ehemals Schauspieler (u. a. am Dresdner Staatstheater), ein junger Mann noch, übernahm das Theater am Schiffbauerdamm, das bisher der Volksbühne gehörte, sich aber nicht rentierte.

Es ist wirklich wie mit den Restaurants! Sobald eine neue

Bewirtschaftung eintritt, wird das unbeliebteste, bankrotteste Lokal wieder gut besucht. Das geht eine Zeit lang, bis dann ...

Aufricht, der neue Wirt am Schiffbauerdamm, hat »neu renoviert«, und schon ist das Lokal jeden Abend ausverkauft. Nicht etwa, daß das Haus oder die Innenarchitektur verschönt worden wäre – und wie nötig täte das! – sondern der Spielplan wurde gehoben. Man plant Aufführungen von literarischer Qualität. Und das Debüt, die »Dreigroschenoper«, ist in jeder Beziehung das Bemerkenswerteste, was man zum Saisonbeginn in Berlin sehen kann. Aufricht holte sich den begabtesten Berliner Regisseur, Erich Engel, heran; den begabtesten Dresdner Schauspieler, Erich Ponto, der einer der genialsten Chargenspieler der Gegenwart überhaupt ist. Und auch sonst findet sich manches, was gut und teuer ist.

Das Stück selber ist rund zwei Jahrhunderte alt und stammt von John Gay, einem Freund und Gesinnungsgenossen Jonathan Swifts. Gay schrieb »The beggar's opera«, um den Londoner Opernbetrieb im ersten Viertel des 18. Jahrhunderts zu verspotten. Damals war Händel en vogue; seine Opern wurden prunkhaft herausgebracht; die Stars erhielten enorme Gagen, – es war vieles der heutigen Theatersituation nicht unähnlich. Gay griff, um recht zu kontrastieren, einen Whitechapel-Stoff heraus, der dem heroischen Milieu des übrigen Theaters von vornherein widersprach. Das Stück zeigt den Kampf zwischen dem Häuptling der Londoner Bettlergewerkschaft und dem Kapitän der Londoner Einbrecher. Dieser nimmt die Tochter des anderen als Frau zu sich und raubt ihm damit den geschäftlichen Anziehungspunkt. Nun setzt der Bettlerkönig alles daran, den Einbrecherkönig an den Galgen zu bringen, um dadurch der Tochter, seines Werbemittels, wieder habhaft zu werden. Da der Verbrecher – ein eleganter Feigling und Frauenfreund – aber ein Duzbruder des Londoner Polizeichefs ist und auch mit dessen Tochter ein Verhältnis hat, macht die Sache Schwierigkeiten.

Glücklicherweise hat der Verfolgte an den bisher aufgezählten Frauen nicht genug, sondern bringt die freibleibende Zeit im Bordell zu. Die Mädchen verraten ihn gegen Geld, und der Polizeichef muß den Freund hängen lassen, wenn er sich nicht die gefährliche Ungnade des Bettlerpräsidenten zuziehen will. – Macheath hat schon die Schlinge um den Hals, da tritt einer der Spieler vor und erklärt, im Interesse des Publikums und nach der Bühnengepflogenheit wolle der Autor vom Tode des Helden absehen und den reitenden Boten des Königs schikken ... So kommt, unterm Gelächter der Zuschauer, das übliche unmögliche happy end zustande.

Das Ganze ist eine auf die Bühne gebrachte, von Musik und Chansons begleitete Schauerballade, eine Moritat, wie man sie früher auf Jahrmärkten hören konnte. Voller Humor und Spott, voller Pessimismus und Parodie.

Bert Brecht, selber Verfasser grandioser Balladen solcher Art, nahm sich des Stoffs an, übersetzte Chansons von Villon und Kipling kongenial; Kurt Weill komponierte die Lieder und Zwischenstücke; eine Jazzkapelle – im Hintergrund der Bühne um eine Orgel gruppiert – spielt die parodistische Musik; und davor vollzieht sich, bilderbogengleich, die schaurige und zugleich lächerliche Handlung.

Diese englische, hier verjüngte Kunstform läßt sich nicht ohne weiteres klassifizieren. Es handelt sich um keine Offenbachiade, in der eine Gattung mit ihren eigenen Mitteln verulkt wird. Es handelt sich um keine der literarischen Revuen, wie sie im Westen Berlins seit kurzem üblich geworden sind. Diese »Dreigroschenoper« verzichtet auf Liebenswürdigkeit, und sie ist, trotz ihrer komischen Absicht, viel ernster gemeint als andere parodistische Dramen oder Operetten.

Das sozial abseitige Milieu hat seinen Sinn. Gay stellte den Opernhelden der Vorzeit das wirkliche Elend gegenüber. Aber nun doch wieder nicht mit realistischen Mitteln, sondern auf einer ausgesprochen grotesken Ebene. Der unwirkliche Vollzug der Handlung gestattet schärfste Polemik gegen Zeitsünden, gegen die Polizei usw.; er erlaubt außerdem eine Sonderpersiflage auf die typische Opernhandlung in ihrer unrealen Komposition und die Einlage von Chansons, die, statt arienhafter Sinnlosigkeiten satirische und revolutionäre, zynische und kritische Themen unheimlich einprägsam und sangbar vorbringen.

Wenn etwas an Brechts Bearbeitung zu bedauern ist, dann: daß sie aktuelle Möglichkeiten kaum wahrnahm, geschweige denn erschöpfte. So, wie Weills Musik sich von der vor zweihundert Jahren grundsätzlich unterscheidet, konnte sich auch der Text Brechts von der Vorlage entfernen und ins Heutige vordringen. Obwohl er es nicht tat, bleibt das Stück dennoch eines der interessantesten, die es gibt. Und die zeitlose Gültigkeit der Chansoninhalte, soweit sie von François Villon sind, bedeutet eine weitere Bereicherung, die Brecht gedankt werden muß.

Erich Ponto aus Dresden hat den Berlinern so gut gefallen, daß die gesamte Kritik darauf drängt, ihn für immer an Berlin zu fesseln. Dabei konnte sich Ponto in der Rolle des Bettlerhäuptlings nicht einmal von seiner besten Seite zeigen. Er ist der Mann dafür, kleinere charakteristische Rollen so zu sprechen, daß sie wichtiger werden als sämtliche Helden und Liebhaber zusammengenommen. Daß er tragende Rollen, Hauptrollen, beansprucht, ist verständlich, aber unklug. Er ist allenfalls ein Protagonist, bestimmt ein Chargeur von einzigartigem Format. Harald Paulsen als Gentlemanverbrecher und feiger, kluger Bandenführer gab Figur, Stimme, Artistik und alles her, was die Rolle wollte. Rosa Valetti war in dem Stück und seinem düster komischen Milieu geradezu zu Hause. Kati Kühl sang einige der Chansons und geriet leider hierbei zu sehr ins Gesangliche. Sie ist die Meisterin des rezitativ behandelten Chansons; sobald sie singt, verliert die Stimme das einmalig Unerhörte, das ihr sonst eignet. Roma Bahn, als Banditenbraut, frech und fraulich, spielte erstaunlich sicher über die Grenzen ihres Fachs hinaus. Und Kurt Gerron war ein Polizeichef von faszinierender Nettigkeit. Wenn er weinte, daß er seinen Freund, den Mackie, hängen lassen müsse, gelang das, was sonst fast nie gelingt: eine tragikomische Figur.

Es gibt Propheten, die überzeugt erklären, Aufricht sei der Erbe Piscators. In einem Jahr wollen wir uns wiedersprechen ...

Goethe als Tenor

Léhars neueste Operette, die eben im Metropoltheater uraufgeführt wurde, heißt »Friederike«. Nach Friederike Brion, der Sesenheimer Pfarrerstochter, welche die Geliebte des Straßburger Studenten und Lizentiaten J.W. Goethe war. Man weiß, welche innere Bedeutung die Bekanntschaft mit diesem Mädchen für Goethe hatte, der sich damals aus der Tradition des Rokoko löste, Shakespeare und Ossian las, das Straßburger Münster hymnisch pries und, zuerst in seiner Lyrik, eine neue echtere Sprache des Gefühls schuf, die der Ausdruck einer, seiner Epoche werden sollte. Die Beziehung Goethes zu Friederike, dem deutschen unverbildeten Landmädchen, war eine der unerläßlichen Voraussetzungen zu dem Wandel des Dichters, und ihr galten die ersten und herrlichsten seiner Sturm- und Dranggedichte (z. B. »Es schlug mein Herz! Geschwind zu Pferde!«). Daß er sich später von ihr losriß, war eines jener Opfer, die er seinem Dämon schuldig zu sein glaubte; doch er hat Friederike Brion gegenüber mehr als in ähnlichen Fällen das Bewußtsein persönlicher Verschuldung nie ganz loswerden können. – Der Name Friederike ist so auf schmerzliche Weise eng mit der Entwicklung Goethes und der klassischen Dichtung überhaupt verbunden. Und nun –

Und nun haben ein paar Wiener Librettisten Goethes Gedichte und »Dichtung und Wahrheit« durchgelesen und eine üble kitschige Operette daraus gemacht, damit Léhar wieder einmal komponieren konnte! Und nun haben sie Goethes Gedichte beklaut, hier paar Verse, da paar Zeilen, und ihre eigenen albernen Texte angehängt!

Und nun stolziert Richard Tauber, rundlich und auf Taille, als junger Goethe über die Bretter und erlebt, in den höchsten Tönen seines schmelzenden Tenors, eine Liebesgeschichte, die das Pendant zu Meyer-Försters »Alt-Heidelberg« bildet! Nun dichtet Tauber, mit der Gänsefeder in der Hand, Goethes »Sah ein Knab' ein Röslein stehn«; und weil das den Zuschauern so maßlos gefällt, klatschen sie Dakapo; und Goethe (an dessen herrlichem Privatauto, im Theaterhof unten, »Tauber-Spezial« steht) dichtet das »Heideröslein« drei-, vier-, fünfmal flott hintereinander weg. Ja, so ein Einblick in des Dichters scharmante Werkstatt macht Spaß!

Niemand kann etwas dafür, wenn er wie Tauber aussieht. Auch Tauber selber nicht. Aber unter solchen erschwerenden Umständen Goethe darstellen wollen, ist bodenlose Vermessenheit. Tauber als Goethe ist schlimm. Goethe als Tenor ist noch schlimmer. Und Goethes Lieder, von fremden Händen verschweinigelt, als Schlager, wie »Gern hab' ich die Frau'n geküßt«, im 20. Jahrhundert lancieren zu wollen, ist die allergrößte Gemeinheit.

Käthe Dorsch als Kathi – nein, als Friederike – gibt trotz dem unsinnigen Rahmen ein menschliches, leidendes und liebendes Geschöpf. Doch das rettet nur sie, und nicht das Übrige.

Die Deutschen haben schon einen ihrer Klassiker von der Operette her populär gemacht: den Franz Schubert im »Dreimäderlhaus«. Seitdem ist Schubert den weitesten Kreisen bekannt als Komponist dieser Operette. Nun kommt Goethe an die Reihe und wird sich überall einprägen als der Fabrikant sangbarer Schlager und als ein Mann, der genau wie Tauber aussieht.

Das Berliner Publikum findet, Goethe habe eine entzückende Stimme. Es findet, seine Verse seien sehr nett und fast so hübsch wie »Was macht der Meyer auf dem Himalaya?«, und freut sich schon jetzt darauf, nach Goethe Tango tanzen zu können. Hoffentlich kommen die Grammophonplatten bald heraus! Jawoll, Fräulein, Joethe is einfach klassisch!

U-Boot »S 4«

Günther Weisenborn, Dramaturg in Bonn, hat die Unliebenswürdigkeit besessen, in seinem Stück, U-Boot »S 4«, das die Berliner Volksbühne vorzüglich aufführt, an den Krieg zu erinnern und die Länder anzuklagen, die ihre Flottenbauprogramme aufstellen und damit die fahrlässige Tötung künftiger Millionen von Menschen schon heute verschulden. Die Berliner Theaterkritik hat Herrn Weisenborn diese Ungezogenheit sehr übelgenommen. Sie schrieben sehr böse und ungehalten über ihn und über sein Stück, das den Untergang des amerikanischen Unterseebootes im Dezember 1927 behandelt; jenes Unterseebootes, das von einem Alkoholschmuggeldampfer gerammt wurde und dessen letzte Mannschaften auf dem Meeresgrunde erstickten.

Auch in etlichen Zeitungen, deren politisches Ressort vernünftig verwaltet wird, haben sich die Theaterreferenten politischen Erwägungen verschlossen und so gezankt, als ob das Stück ihr Bedürfnis nach Ruhe und Blindheit böswillig verletze. Der noch immer einflußreichste Berliner Theaterkritiker schlägt am Schluß seines Referates tatsächlich vor, statt solcher Antikriegsstücke Schnitzler zu spielen. Weiter als er kann niemand in die Sphäre der absichtsvollen Mißverständnisse hineingeraten. Ein anderer Kritiker ärgert sich ebenso und meint, es geschähen ja im Frieden auch noch andre Unglücksfälle als nur solche militaristischer Herkunft, und es wäre bekanntlich zwecklos, sich gegen das Schicksal aufzulehnen.

Es gibt heute wirklich noch Theaterkritiker, die sich begeistern können, wenn in einem Stück eine Frau, die mit Negern die Ehe bricht, auf dramaturgisch einwandfreie Art und Weise ein schwarz-weißkariertes Baby kriegt – wenn aber jemand von der Bühne her gegen den Krieg aufruft, werden dieselben Herren durchaus unwillig. Es existieren heute nebeneinander zwei Arten Theater und Drama, die miteinander außer der Bühnenform nichts Gemeinsames haben. Neben den artistisch konzipierten Stücken, die unter wiederum artistischen Gesichtspunkten beurteilt sein wollen, gibt es Tendenzstücke, bei denen es vor allem darauf ankommt, ob sie im Gesamteindruck ihre Tendenz wirkungsvoll vorbringen. Weisenborns Marine-Drama hinterläßt im Publikum einen ganz tiefen Eindruck, und es ist völlig töricht, wenn die Kritiker diesen Eindruck nachträglich nach artistischen Gesichtspünktchen zergliedern und zerstören wollen.

Diese Kritiker sind mit jener Dame verwandt, die während der Aufführung von Weisenborns Drama, als die Matrosen in ihrem Boot erstickten, sich anfielen und wahnsinnig wurden, nahezu in Ohnmacht geriet. Im Theater fühlen sich diese Leute vom Krieg und seinen Abscheulichkeiten chockiert und fallen der Einfachheit halber ein bißchen in Ohnmacht; aber der wirkliche Krieg regt sie nicht weiter auf. Es gibt keinen besseren Beweis für den tendenziösen Wert des U-Boot-Dramas als das Verhalten solcher Kritiker und solcher Damen.

Die Inszenierung ist in Anlehnung an das Vorbild Piscators geschehen, Leo Lania hat das Filmmanuskript geschrieben, und Leo Reuß hat das Ganze sehr sauber und sehr eindrucksvoll einstudiert. Dagegen, daß die Volksbühne ihren ehemaligen Regisseur Piscator in geschickter Weise nachahmt, ist nichts einzuwenden, außer: daß es wohl das einfachste wäre, ihn selber wieder an die Bühne zurückzuholen.

Sensationen nach rückwärts

Von Hamburg bis nach New York braucht man normalerweise eine Woche Zeit. Wenn man, etwa im Flugzeug, nur 40 Stunden dazu benötigt, so ist das eine Sensation. Es ist aber genau so gut eine Sensation, wenn man sich in ein kleines Ruderboot setzt und zur Überquerung des Ozeans vier Wochen braucht ... Es gibt nämlich zwei Sorten von Sensationen. Beide unterscheiden sich von den üblichen Geschehnissen durch abnorme Resultate, aber in verschiedenem Richtungssinn. Eine Sensation ist entweder ein übernormaler oder ein unternormaler Rekord, und es ist gar nicht so ohne weiteres sicher, daß dem Publikum eine vierzigstündige Flugüberquerung des Ozeans größeren Eindruck macht als eine vierzigtägige Überfahrt auf einem Kistendeckel mittlerer Größe.

Aus diesem Grunde sind die Rekordjäger und Sensationsmacher keineswegs bloß darauf aus, unter Ausnutzung von Körperkräften oder technischen Neuerungen bereits bestehende Leistungen zu überbieten, sondern sie unterziehen sich mit genau dem gleichen Eifer der zuweilen beträchtlichen Mühe, Rekorde so sehr wie möglich zu unterbieten. Ausschlaggebend für die Beurteilung und Einschätzung der Sensation ist lediglich die Distanz, die die abnorme Leistung von der gewöhnlichen und alltäglichen trennt. So gibt es also Sensationen, die in Zukunft durchschnittliche Leistungen sein werden, und andere Sensationen, die den Durchschnittsleistungen der Vergangenheit gleichen. In 150 Jahren wird kein Mensch nervös werden, wenn er hört, daß ein Flugzeug über dem Ozean ist, und vor 150 Jahren hätte sich auch kein Berliner erregt, wenn er gehört hätte: der Eiserne Gustav fährt mit seiner Droschke von Berlin nach Paris und zurück.

Haben diese Arten der Sensation verschiedenen Wert? Gewiß: die eine bemüht sich um die Herbeiführung kommender Selbstverständlichkeiten, die andere erstrebt die Wiederbelebung vergangener Maßstäbe; die eine ist von praktischem Nutzen, die andere will nichts als originell sein.

Wenn die primitiven Sensationen, im Gegensatz zu den zivilisierten, auch nur originell sind oder sein wollen und im eigentlichen Sinn nicht den mindesten Zweck haben, so verdienen sie doch besondere Aufmerksamkeit, weil sie, dank dieser Zwecklosigkeit, viel eindeutiger als die andere Sensationsart das Wesen des modernen Publikums entziffern helfen.

Kürzlich sah man in illustrierten Blättern eine recht komische Photographie. Zwei als Pfadfinder eingekleidete, durchaus erwachsene Leute hielten je eines des unter dem Namen »Trittroller« bekannten und von den Kindern heißgeliebten Laufspielzeuges in den Händen. Eine große Menschenmenge umstand das lächerliche Paar, und unter dem Bild war bemerkt, daß die beiden Männer auf ihren Trittrollern Europa zu durchqueren die Absicht hätten. Sie planten, hieß es, in einem Vierteljahr fünftausend Kilometer zurückzulegen. Man müßte nun wohl denken, Europa werde über diese zwei Herren lachen und sie günstigstenfalls für Spaßvögel halten. Es ist aber im Gegenteil anzunehmen, daß die Serben, Bulgaren, Rumänen und Türken unsere Trittroller kräftig umlagern werden, wie es Tausende von Staatsbürgern deutscher Nation taten, die auf der Photographie zu sehen waren.

Man wird den beiden Trittrollern vielleicht kein Denkmal setzen, aber es wäre nahezu wünschenswert, daß man es täte; denn man hat Männern, die besonders rasch gelaufen sind, Denkmäler errichtet, und es wäre nur recht und billig, wenn denen, die Rekorde der Langsamkeit aufstellen, dasselbe Glück, noch zu Lebzeiten, widerführe.

Der Hunger nach primitiven Sensationen ist das gute Recht einer Menschheit, die mit Schnelligkeitsleistungen und Geschwindigkeitshexereien überschüttet wird, und trotzdem wirken die meisten Versuche harmloser und idyllischer Sensationen, der Entspannung und Erholung des modernen Menschen gewidmet, von Herzen komisch.Und das ist das Entscheidende im Verhalten des beobachtenden, etwas kritischen Zeitgenossen. Er versteht durchaus den allgemeinen Beifall, den die primitive Sensation erhält, aber er selber findet sie meistens ziemlich albern und kann beim besten Willen nicht applaudieren.

Das passiert nicht nur bei den Trittrollern, sondern ebenso, beispielsweise, beim Wettlauf der Schildkröten. Das ist eine neue amerikanische Mode. Man zieht einen ziemlich großen Kreidekreis, legt an seinen Rändern Salatgrün und andere appetitliche Sachen nieder und setzt in seiner Mitte zwanzig bis dreißig hungrige Schildkröten aus. Naturgemäß geraten die Tiere, welche die Nahrung ringsum wittern, sofort in Bewegung und watscheln der Peripherie des Kreises entgegen. Das Publikum umsteht aufs äußerste gespannt den Kreis und wartet ab, welche Schildkröte das Rennen macht.

Das heißt, das Publikum wartet nicht ab, sondern tut, was es immer tut, wenn Lebewesen der gleichen Gattung mit verschiedenem Erfolge dem gleichen Ziele zustreben ... Das Publikum wettet! Und damit verdirbt es sich den besonderen Wert des Schildkrötenrennens, der für die Nerven vielleicht ebenso nutzbringend sein könnte wie das Angeln für die Engländer. Und sogar wenn man Schnecken wettrennen läßt, – was hat es für Sinn, wenn man sich die wohltätig geringe Spannung durch Wetten verdirbt, die keine Grenzen kennen?

Der heutige Mensch ist dem mordernen Hetzrausch schon so verfallen, daß er auch die der Ruhe gewidmeten Unternehmen ins glatte Gegenteil verkehrt. Er geht an die See, eigentlich um sich in den Sand zu legen, statt dessen spielt er dann, trotz der besten Vorsätze, Bakkarat und tanzt bis früh um vier. Er steht hinter einem Kreise, in dem ein paar ausgehungerte Schildkröten herumkriechen, und wettet sich, anstatt wohltuender Langeweile verfallen, das Geld aus der Brieftasche.

Die Lust an der primitiven Sensation ist ein moderner Selbstbetrug. Und wenn die Sensation darin bestehen würde, daß z. B. eine gut erhaltene Großmutter auf einem Bein um den Äquator hüpft oder ein zehnjähriger Knabe einen Korb mit ungekochten Eiern nach dem Nordpol trägt, – der nervenberuhigende Wert solchen Blödsinns wird zu guter Letzt doch dadurch annulliert, daß man Depeschen und Funkberichte daraus macht und wettet, ob das erste Ei schon in Neu-Brandenburg oder erst in Kopenhagen zerbricht.

Aber nicht nur von der Seite des Publikums verdient das Sensationsfieber unserer Tage einige Aufmerksamkeit, sondern auch im Hinblick auf diejenigen, die eine solche Sensation aufbringen. Wer kommt denn auf so ausgefallene Einfälle wie den: auf einem Trittroller durch Europa zu galoppieren? Und warum kommt er wohl darauf? Handelt es sich um Menschen, denen es Spaß macht, die andern oder sich über die andern lustig zu machen?

Es handelt sich regelmäßig um Leute, die mehr Geld verdienen wollen als sie, ihrer Begabung nach, zu verdienen fähig sind. Eines Tages bemerken sie, daß auch mit Bluff Geld verdient werden kann, und so arrangieren sie kurzentschlossen irgendeinen Unfug, auf den dann auch prompt, wie die Erfahrung lehrt, die lieben Mitmenschen hereinfallen. So hat – wie schon kurz berichtet – ein junges Mädchen in einer Londoner Zeitung ein Inserat erscheinen lassen, sie beabsichtige, sich einem Mann zu dem Preise von 3000 Pfund Sterling zu verkaufen, weil ihre Mutter krank und überdies mittellos ist.

Obwohl nun 500 000 Kč für den käuflichen Erwerb einer jungen Dame ein ungewöhnlich hoher Preis sind und obwohl skrupellose Männer junge Mädchen in ähnlicher Lage bei weitem billiger haben können, hat das inserierende Mädchen Stöße von Briefen erhalten und außerdem das ausführliche Telegramm eines wohlhabenden Mannes, der die Inserentin zu dem geforderten Preise nicht nur kaufen, sondern sogar heiraten wolle.

Die Notlage der inzwischen wohl aus aller Not befreiten jungen Dame entschuldigt ihr ungewöhnliches und törichtes Vorgehen bis zu einem gewissen Grade, obwohl es außer ihr Hunderttausende von andern armen jungen Mädchen gibt, die kranke Mütter zu Hause haben und trotzdem keine Verkaufsinserate in die Blätter rücken, sondern statt dessen mühselig arbeiten. Aber wer hat den Mut jener Engländerin, die sich als Sklavin ausbot, Vorwürfe zu machen, wenn er sieht, daß sie mit ihrem gewagten Bluff Erfolg hatte?

Die Publikums-Sensation drängt sich eben auch in die erotischen Beziehungen ein. Es ist etwas Ungewöhnliches, sich unter der Rubrik »Zu verkaufen« eine Frau oder Freundin zu suchen, und weil es ungewöhnlich ist, wird sie ganz einfach gekauft.

Aus Rücksicht auf die männliche Sensationsgier gehen manche Frauen nicht nur so weit, daß sie sich offiziell als Sklavin einkaufen lassen, sondern sie gehen, wie Pariser Zeitungen melden, sogar noch weiter: ein Pariser Chemiker hat ein Verfahren erfunden, das es ermöglicht, die Haut der Europäerinnen schwarz zu färben. Mit Hilfe einiger Injektionsspritzen werden aus weißen Frauen Araberinnen oder Negerinnen. Das Verfahren ist haltbar, und es wird so vielleicht nächstens zur allgemeinen Mode werden, daß der Europäer oder Amerikaner eine Frau nimmt, die erstens schwarz ist und die er zweitens auf dem Gemüsemarkt einkaufen kann.

Täglich kann man neue Sensationen dieser rückläufigen Art lesen und hören, und es hat keinen Sinn, sich diesen Vorgängen entrüstet zu widersetzen. Seit die Medizin dahintergekommen ist, daß der Mensch an Komplexen leidet, gehört es beinahe zum guten Ton, sich ihrer auf schlechte Manier wieder zu entledigen. Die Gesundheit über alles!

Kunstgespräche

Die zuverlässigste Art, festzustellen, welches künstlerische Ereignis in Berlin gegenwärtig am höchsten eingeschätzt wird, schien mir die: in den offiziellen Kreisen der Literatur, der Malerei und der Schauspielkunst das Hauptgesprächsthema zu erkennen. Das Ergebnis dieser heimlichen Enquete war aufschlußreich genug. Die Schriftsteller, Zeichner, Journalisten, Sänger und Regisseure haben momentan ein gemeinsames Thema, und das heißt: Internationale Automobilausstellung! Sie sprechen nicht von den letzten Premieren, von Rehfischs »Frauenarzt« oder vom »Londoner verlorenen Sohn«, dem, zu Unrecht, Shakespeares Autorschaft oktroyiert wird; sie sprechen nicht darüber, obwohl Rudolf Forster in der Rolle des Frauenarztes eine ungewöhnlich zwingende und intellektuelle, kaum überbietbare Leistung bot und obwohl Erich Engel das pseudoshakespearesche Stück als schwerelose Spielerei voller genialer Einfälle herausbrachte. Sie sprechen nicht von den bedeutenden Kunstausstellungen, welche die Lebenswerke des 60jährigen Slevogt und des 50jährigen Carl Hofer übersichtlich vorweisen. Sie sprechen nicht von dem Film »Das Dokument von Schanghai«, der jetzt – erstaunlicherweise von der Zensur unbehelligt – öffentlich gezeigt wird, die jeder bloßen Phantasie unzugänglichen Nöte des chinesischen Proletariats nüchtern reportiert und die Kanton-Revolution bilddokumentarisch überliefert ...

Nein, sie sprechen von Kabriolet, Roadster, Sechszylinder, Vorderradantrieb und versenkbaren Notsitzen. Sie erweisen sich, in völlig kleinbürgerlicher Manier, als ehrgeizige Liebhaber des Autosports und stellen vergleichende und historische Betrachtungen nicht länger über Kunstthemen, sondern über Autotypen an. Sie sprechen davon, ihren alten Wagen zu verkaufen und die Summe beim Kauf des neuen möglichst vorteilhaft in Zahlung zu geben, oder sie rechnen öffentlich und im stillen, ob sie in der Lage sein werden, sich einen Viersitzer anzuschaffen.

Trotzdem kann und muß von dem wichtigsten Wochenereignis Berlins gesprochen werden. Gemeint ist die Walter-Mehring-Matinee, die von der »Universum-Bücherei für Alle« im Theater am Nollendorfplatz veranstaltet wurde. In diesem Theater, in dem vor einem Jahr Erwin Piscator seine Pyrhussiege feierte, spielt man seit Beginn und wahrscheinlich bis zu deren Ende die Operette »Das Schwarzwaldmädel«. Diese Wandlung ist vielsagend genug. Der Pächter, der den Mut hätte, die Bühne wieder zum Schauspielhaus zu machen, wurde noch nicht gefunden. Auch das im Umbau begriffene Theater am Kurfürstendamm hat, seit die Direktion Tagger fallierte, keinen ernsthaften Interessenten. Theaterdirektorium und Idealismus garantieren zu wenig die Möglichkeit: im Auto fahren zu können, und Autofahren ist, wie gesagt, der wichtigste Faktor in der Berliner Kunstbranche geworden.

Unter den Gästen der Mehring-Matinee bemerkte man, konsequenterweise, fast keinen Kritiker von Rang, keine Schauspieler, keine Schriftsteller, kaum ein paar Bohemiens. Die Kunst dem Volke! Das »Volk« war denn auch erschienen und begeisterte sich an Mehrings Werken, die sich anstatt mit Autos mit so unwichtigen Dingen beschäftigen, wie es der Krieg, die Rechtskrise und das soziale Elend sind. – Walter Mehring ist einer der ernsthaftesten, leidenschaftlichsten und unerbittlichsten Kämpfer gegen die Zeit und für die Zukunft. Er überschüttet die Zivilisation mit ätzendem Spott und tödlichen Schlägen. In dem Ringkampf, den er gegen die Dummheit und Schlechtigkeit führt, sind alle Griffe erlaubt. Und er ist nicht der Mann, diese Erlaubnis zu vernachlässigen. Seine Gedichte, Chansons und Novellen greifen die Zeit von allen Seiten an und in allen Manieren. Er kämpft unermüdlich und gibt sich mit keinem »Unentschieden« zufrieden. Dieser äußerlich kleine und unscheinbare Schriftsteller kennt keine Ermattung und keine Kapitulation. Er scheint zu wissen, wie wenige ihm zur Seite stehen; daß kaum einer unbestechlich und begabt wie er ist, und daß es auf ihn ankommt. Er kennt die Verantwortung, die ihm so entsteht, und er entzieht sich ihr nicht. Seine Theaterstücke »Der Kaufmann von Berlin« und »Gulliver« – das

eine wird nächstens uraufgeführt, das andere ist in Arbeit –
werden das erneut unter Beweis stellen.

Dieser Tage saß er mit ein paar Bekannten in einem Lokal
am Kurfürstendamm und erzählte, welche Lektüre ihn beschäftige. Mit verhaltener Begeisterung sprach er von Swift,
Sterne und Lichtenberg. Daß er die großen Satiriker der Vergangenheit liest, ist kein Zufall. Ihre Schatten überragen die
heute Lebendigen um mehrere Kopflängen; ihr Charakter und
ihre Achtung zwingen ihn zur Begeisterung und zum Bündnis.
Er paktiert, um gleichwertige Mitkämpfer zu haben, mit den
Toten. Er saß in dem Lokal wie ein offener Verschwörer, sprach
und sprach und mißachtete die kleinen Gegenwärtler.

Er hat ein Recht zu dieser Geringschätzung: seine großartigen Chansons- und Gedichtbände, die vor Jahren erschienen,
sind heute vergriffen, und niemand druckt sie neu. Er hat ein
Recht dazu: seiner Matinee waren die »berühmtesten Zeitgenossen« ferngeblieben. Er hat ein Recht dazu: denn er kennt
die Notwendigkeit seiner »Kampfkunst« und fühlt sich im
Stich gelassen. Ein paar der bedeutendsten Schauspieler waren
freilich auf der Bühne, um Mehrings Angriffe auszuführen.
Hermann Vallentin, Ernst Deutsch, Paul Graetz, Sibylle Binder, Trude Hesterberg und der Komponist W. R. Heymann
brachten seine packenden Aufrufe, seine unerbittlichen Zeitsatiren und seine erschütternden Darstellungen der Armut zu
Gehör; die hervorragende Kunst dieser Interpretengruppe riß
das Publikum zu Begeisterung und Nachdenklichkeit hin.
Man konnte greifbar erleben, wie wirksam aktive Kunst werden kann, und bedauerte darum mehr denn je die Isolation, in
die eine solche Begabung wie Mehring von der auf kleinbürgerliche Weise das Auto anbetenden Literatur hineinmanövriert worden ist.

Dramatische Reportage

Berlin hat seit ein paar Tagen, allabendlich im Theater in der Königsgrätzer Straße, eine Sensation. Trotzdem kann man es keine Theatersensation nennen. Die Bühne ist nur ihr geographischer Ort, nicht ihre wahre Ausdrucksform. Die Sensation ist nicht literarischer, sondern sozialer Abstammung.

Es begann mit einer Sonntagsmatinee auf einer Vorstadtbühne im Osten der Stadt. Dort führte die »Gruppe junger Schauspieler« ein Schauspiel auf, das die Zustände in den staatlichen Fürsorgeanstalten reportiert, »Revolte im Erziehungshaus« heißt und zum Autor den Verfasser des vieldiskutierten Buches »Jungen in Not« hat: Peter Martin Lampel.

Diese Matinee regte die Besucher und Kritiker ungeheuer auf. Und noch am gleichen Tage traten vier Theaterdirektoren an die Schauspieler und den Autor heran und stellten ihnen ihre Bühnen zur Verfügung. Am nächsten Tage setzte Barnowsky das Drama des Kleistpreisträgers Menzel, »Toboggan«, vorläufig vom Spielplan ab. Und seitdem tobt, klatscht und pfeift das Publikum allabendlich im Theater in der Königgrätzer Straße, debattiert Lampels Stück aufs erregteste und kann zu Hause nicht einschlafen.

Lampel war monatelang Erzieher in einer der preußischen Fürsorgeanstalten und hat seine Eindrücke, die furchtbar gewesen sein müssen, in einem Schauspiel, als sei es eine Reportage, niedergelegt. (Anm. d. Red.: Inzwischen hat das Landesjugendamt Berlin eine Erklärung gegen Lampels Stück veröffentlicht. Es wird darauf hingewiesen, daß Lampel, der mit entsprechenden Referenzen ausgestattet war, nur eine Zeitlang Hospitant in einer Anstalt war und daß seine Schilderungen angeblich einseitig auf den teilweise rein phantastischen Erzählungen der Jungens aufgebaut sind.) Die schlechte, unzureichende Kost; die Brutalität der ehemaligen Militäranwärter, die als Hausväter und Erzieher hantieren; die Borniertheit des als Direktor fungierenden Pfarrers; die unheimliche Sexualnot der zwanzigjährigen Zöglinge, die in den Schlafsälen zu entsetzlichen Szenen führt; die strafwürdige Oberflächlichkeit der behördlichen Kontrolleure, die keinen Gedanken haben, als mit dem nächsten Zug wieder in die Stadt zu fahren; die hoffnungslose, von allen Seiten her gefährdete Lage idealistischer, menschlicher Pädagogen, die bessernd einzugreifen versuchen – alles hat er in einer Handlung und Sprache, die echt sein müssen, weil sie echt wirken, dargestellt und den Ausbruch einer Revolte, mit Anklagen, Züchtigungen und Brandstiftung zum Höhepunkt der dramatischen Reportage gemacht. Zum Schluß werden die Hauptärädelsführer von einem Berliner Überfallkommando ins Gefängnis abgeholt, und der Anreger der Revolte ist froh, daß es so kommt; denn nun, meint er, wird sich die Öffentlichkeit mit der Untersuchung der Anstaltszustände befassen müssen. Aus demselben Grunde, aus dem diese Dramenfigur zur Brandstiftung rät, hat Lampel das Stück geschrieben! Und von der gleichen Absicht getragen, führt es die »Gruppe junger Schauspieler« auf. Sie geben kein Stück; sie spielen keine Rollen. Sondern sie sind geprügelte und sich quälende Anstaltszöglinge! Die Echtheit der dramatischen Reportage ermöglicht ihnen, die selber jung und in Not sind, eine Naturalistik der Darstellung, daß eindrucksfähige Besucher vor Erregung und Empörung am ganzen Leibe zittern.

Ganz nebenbei ist dieses in Dialogform verfaßte Referat über die unwürdigen Zustände der Anstalt auch eines der geschlossensten, bestkomponierten Dramen aus der letzten Zeit, und die Aufführung ist die beste schauspielerische Gesamtleistung, die Berlin sehen kann.

Aber dieser literarische und theatralische Befund ist relativ unwichtig. Die Bühne ist wieder einmal vor allem Tribüne, und das wichtigste ist: Wird das Parlament diesen unmenschlichen Zuständen abhelfen? Hat es einen Zweck gehabt, daß sich hier ein Schriftsteller und zwanzig Schauspieler anklagend an die Öffentlichkeit wenden?

Es ist üblich, »Tendenzliteratur« als zweitrangig zu empfinden. Wer diese Empfindung, nachdem er die »Revolte im Erziehungshaus« gesehen hat, noch aufrechterhalten kann, der soll sich begraben lassen! Neben diesem Stück verblassen die beträchtlichsten literarisch konzipierten Leistungen der ganzen letzten Zeit, mögen sie von Bruckner, Brecht oder wem immer stammen.

Zuckmayers »Katharina Knie«
Uraufführung im Berliner Lessingtheater

Es hat sich etwas Merkwürdiges begeben: Carl Zuckmayer ist mit seinem neuen Stück – einem Wanderzirkus-Rührspiel, hessischer Verschnitt – vor den Augen der Kritiker durchgefallen. Dieser Durchfall ist in der Tat merkwürdig; denn den »Fröhlichen Weinberg« und den »Schinderhannes« haben die gleichen Herren nahezu mit Schaum vor dem Munde gelobt.

Man ist mit gutem Recht erstaunt, daß die Kritiker über die Mängel des Stücks so erstaunt sind. Dieselben Mängel gehörten ja bereits zum eisernen Bestand der anderen Zuckmayer-Dramen, und damals wurden sie ignoriert, wenn nicht gepriesen! »Katharina Knie« ist um kein Haar schlechter als die zwei anderen Stücke Zuckmayers, und das soll besagen: seine ersten Dramen waren um kein Haar besser als das jetzige! Sein mit Verspätung eingetroffner Mißerfolg liegt nicht daran, daß die »Knie« besonders schlecht wäre, sondern nur daran, daß man seine vorhergehenden Werke für zu gut hielt!

Zuckmayer erleidet heute übertrieben Unrecht, weil man ihm früher in allem recht gab. Er hat heute zuviel Pech, weil er zuvor zuviel Erfolg hatte. Die Kritik ist ihm nie gerecht geworden: seinerzeit nicht, als sie ihn wie wild lobte, und heute wieder nicht, wo sie sein Talent zum Tode verurteilt, oder doch das Stück.

Zuckmayers Stücke sind, durch die Bank, gleich gut, und zwar: nicht sehr gut. Das Publikum dieser Stücke hat sich immer gleich angeregt unterhalten; denn Zuckmayer ist als Theaterautor ein Publikumsschriftsteller und will es sein. Nichts hat sich verändert außer den Kritikern. Seine Ansicht zu ändern, ist kein Fehler. Aber man muß diese Wandlung, schon gar als Kritiker, vor allem selber merken und das früher Gesagte einer öffentlichen Revision unterziehen, statt sich darauf herauszureden, der Autor sei nicht mehr derselbe.

Dieser Meinungstausch ist, von seiner Selbst-Verheimlichung abgesehen, verständlich und hat greifbare Ursachen. Als Zuckmayers »Fröhlicher Weinberg« bejubelt wurde, hielt man auch Arnolt Bronnen für einen bedeutenden Dramatiker. Beides geschah, weil es an wirklichen Theaterbegabungen fehlte.

Heute haben wir die Stücke eines dramatisch prädestinierten Talentes, Ferdinand Bruckners, gesehen. Lampel rief mit seiner dramatischen Reportage vom Erziehungshaus Erschütterungen hervor. Brecht brachte mit der Bearbeitung von Jonsons »Dreigroschenoper« ein Prachtwerk auf die Bühne. Nach einer unerhörten Hochblüte des deutschen Romans gibt es plötzlich auch Ansätze zu neuem Drama. Oder doch, falls dies nicht stimmen sollte, immerhin Dramatiker!

Und da hat Zuckmayer das Pech, mit einem dritten Stück herauszukommen, das nicht wichtiger ist als seine früheren Arbeiten, vielleicht gar noch ein paar Gramm leichter. Und da erst erkennen die Kritiker, was an ihm dran ist. Nämlich nicht allzuviel.

In der »Katharina Knie« sprechen die Leut', wie früher schon beim »Zuck«, rheinhessisch und, abgesehen davon, vollsaftiges Kerndeutsch. Alles wird ins Maul genommen, wenn's nur saftig ist ... Und verhalten sentimentale Duette gibt's wieder, zwischen Liebesleuten und »Vater« und Tochter. Es gibt Tränen, aber die Figuren schneuzen sie sich unwillig weg ... Und herrliche Originale gibt's. Diesmal Tätowierkünstler, Clowns, Akrobaten und Gerichtsvollzieher, famose Typen!

Aber der Saft der Rebe schmeckt, wie schon früher, nach Maggi. Und die sentimentale Süße, wie schon früher, nach Sacharin. Zuckmayers Urwüchsigkeit ist nicht echt, sondern nur sehr echt. Im Programm ist zu lesen, daß die ersten zwei Akte im Jahre 1923, die andern zwei ein Jahr später stattfinden: »Um die gleiche Jahreszeit: Kastanienblüte.« Von der Kastanienblüte merkt man im Stücke selber kein Sterbenswort; aber es klingt so verflucht echt und deutsch, was?

So ähnlich war es immer bei ihm. Und jetzt merken's auch die andern. Nun merken sie auch, daß Zuckmayers Stücke dramatisch recht beiläufig sind, keine Handlung herbeizwingen, sondern viel Rederei herbeiführen. Und daß die Kritiker es jetzt erst merken, muß der Autor doppelt büßen. Seine »Katharina Knie« ist kein gutes Drama, keine umwerfende Sache, kein Inflationsstück, sondern ein Volksgenrestückchen mit Zirkusbetrieb. Genau so wie der »Fröhliche Weinberg« mit Weinlese und der »Schinderhannes« mit Räubergeschichten – und beide wie das neue Werk mit Liebesszenerie – an- und ausgefüllt wurden.

Dem Publikum gefällt's auch diesmal. Und warum nicht? Es gibt was fürs Gemüt, was fürs Gelächter, was für die Heimatliebe. Also warum nicht?

Wenn nur gar Albert Bassermann Gelegenheit findet, eine wunderbare Figur hinzustellen; einen zugrunde gehenden Zirkusdirektor, der noch ein kleiner König ist, wenn er nichts mehr zu essen hat, einen Vater, der seine Tochter zu einem Bauern gibt, damit es ihr besser gehe, obwohl er täglich hofft, sie kommt zu ihm und dem Zirkus zurück – wenn Bassermann Gelegenheit findet, die riesigen Grenzen seiner Virtuosität noch zu überschreiten und erschütternd menschlich zu werden, dann ist schon dies allein Grund, das neue Stück Zuckmayers zu begrüßen.

Seine Tochter, das junge hungernde Zirkusmädel, wird von Elisabeth Lennartz gespielt. Und auch ihretwegen lohnt sich die Aufführung.

Die Kritiker haben, alles in allem, Gelegenheit gehabt, manches zu lernen, was sie nie hätten vergessen dürfen. Deswegen wird Zuckmayer sein Stück zwar nicht geschrieben haben, aber der Zweck, auch der unfreiwillige, heiligt die Mittel.

Berufsberatung im Theater

Das Theater am Bülowplatz widmet sich seit kurzem der Berufsberatung für Volksbühnenmitglieder. In Weisenborns »US 4« warnte es aufs lebhafteste davor, Matrose zu werden; mit Ödön Horváths »Bergbahn« sucht es, die Seinen vom Beruf des Gebirgsbahnarbeiters abzuhalten. Einen anderen Zweck kann dieses Volksstück nicht haben! Es schildert die Zustände beim Bau der Zugspitzenbahn. Man erfährt, daß es im Gebirge kalt ist und in den Arbeiterbaracken droben mehr Männer als Frauen gibt, und man vermutet, zwei Akte lang, es handle sich um einen Lehr- und Propagandafilm irgendeiner Oberlandbahn-A.G. Damit man doch endlich mal weiß, wie Kabel gerollt werden! Und das würde wohl auch im dritten Akt nicht anders werden, wenn nicht plötzlich schlechtes Wetter einträte. Da reißt dem Stück endlich die Geduld: Es schneit; der Weiterbau ist gefährdet; die Arbeiter wollen Feierabend machen; der Bergingenieur schießt einige von ihnen tot; die übrigen werfen ihn in eine Schlucht. Das hat er davon. Vier Tote bedecken die Volksbühne. Die anderen zucken die Achsel und erklären, abschließend, der Polizei einen Besuch machen zu wollen. –

Zur Ermunterung des Publikums dienen die Geräuschmaschinen. Es wird gesprengt; es blitzt und donnert; der Wind heult wie im Märchen; Steine prasseln, Ohrfeigen auch. Deshalb spricht sich der Autor mehrfach gegen den Bau von Bergbahnen aus. Arme Leute können die teuren Fahrkarten doch nicht bezahlen. Und so hat, da hilft kein Lachen, das Stück auch seine soziale Tendenz weg. – Gut gesehene Arbeitertypen werden dargestellt. Man weiß nur nicht, wozu. Das Bedürfnis vieler Autoren, dramatische Reportagen zu liefern, ist arg, solange sie keine Dramatiker sind. Als nächstes Stück könnte man der Volksbühne »Die Feuerwehr« vorschlagen. Der Beruf ist nicht gefahrlos. Brände lassen sich herrlich inszenieren. Und wenn es der Volksbühne gelänge, einen Oberbranddirektor als Autor zu gewinnen, könnte sie in ihrer Berufsberatung noch erfolgreicher fortfahren als bisher.

Das Publikum fällt durch

Im Theater am Schiffbauerdamm wurde von der Versuchsbühne, einmalig und nachts dazu, Jean Cocteaus »Orpheus« aufgeführt. Am interessantesten war das Publikum. Es sah sich einem dramatischen Unikum gegenüber, konnte nur im Falle literarhistorischer Vorbildung verwandte Werke zum Vergleich heranziehen – aber wer, außer einem Teil der akademischen Literarhistoriker ist schon literarhistorisch vorgebildet? – und verhielt sich dementsprechend. Das heißt: das Publikum verhielt sich wie jemand, der höchstens zehn Worte Englisch kann, und sich Mühe gibt, in einer englisch sprechenden Gesellschaft, in der man Witze erzählt, verständnisvoll zuzuhören und im richtigen Moment zu lachen. Auf diese Weise wurde der Abend, eigentlich die Nacht, sehr komisch. Zum Schluß, im Foyer und an den Garderoben, wagte keiner, mit Bekannten über das eben gesehene Stück zu sprechen, aus Angst, sich zu blamieren. Und die Kritiker schlüpften schweigender als je in ihre Mäntel. Nichtwissen will reiflich überlegt sein!

Cocteau hat die Sage von Orpheus und Eurydike zum Anlaß genommen, die Wirklichkeit an der Nase zu zupfen und die Logik durch das Gesetz traumartiger Assoziationen abzulösen. Ein Pferd klopft mit dem rechten Vorderhuf Gedichte. Ein Menschenhaupt liegt im Scheinwerferkegel und erkundigt sich betrübt, wo sein dazugehöriger Körper sei. Die Todesgöttin erscheint im Ärztekittel, und ihre Assistenten spielen an violett leuchtenden Hochfrequentoren herum. Die Seele der Eurydike verläßt die Bühne in Gestalt einer weißen Taube. Ein herumspazierender Glasergeselle entpuppt sich als Schutzengel der Familie Orpheus. Es geht zu wie im Kopfe eines Menschen, der zuviel gesehen hat und schlecht träumt. Daß die Vorgänge und Gespräche zuweilen Sinn entwickeln, ist purer Zufall. Und warum das ganze geschrieben wurde, danach soll man, wenn einem seine Zeit kostbar ist, weder sich noch den Autor fragen. Die Antwort wäre weniger interessant als die »Tragödie« selber.

Die Handlung? Orpheus und Eurydike zanken sich, weil der Gatte die Klopfzeichen des Pferdes für sinnvoll hält und über ihnen die Gattin vernachlässigt. Sie wird, mit Hilfe eines giftig gummierten Briefumschlages, vergiftet. Orpheus holt sie – ab durch den Spiegel – zweimal zurück. Der Schutzengel-Glasergeselle hilft ihnen. Endlich sitzen sie, zu dritt und der Alpträume ledig, am Eßtisch, und der Glaser sagt: »Endlich kommen wir zum Mittagessen!«

Wer dem Gemisch aus Dadaismus, Psychoanalyse, deutscher Romantik, spätem Strindberg und Snobismus ohne Angst vor Blamagen gegenübersaß und dann, wenn ihm etwas Spaß machte, auch wirklich zu lachen riskierte, der konnte sich nicht übel amüsieren. Denn Cocteau ist kein Dummkopf und ein charmanter Spielmatz. Und die Aufführung unter Gustaf Gründgens' Regie war, vor allem bühnentechnisch, recht gelungen.

Boxer unter sich

Plauderei von Erich Kästner

Boxer – das sind jene Leute, die mit einem gutgezielten Faustschlag mehr verdienen können als ein Schriftsteller mit zehntausend treffenden Bemerkungen. Hieraus folgt, daß Boxen ein interessanter Beruf ist. Leider gehört Talent dazu: Schlagfertigkeit.

Und wo Talente zu finden sind, gibt es Menschen, die Talente suchen. Sie fahren, beispielsweise, in einer Droschke und hören den Kutscher ein kleines Lied trillern. Da springen sie hoch, rütteln den Kerl an der Schulter und sagen: »Wo haben Sie bloß die Stimme her? Sie müssen an die Oper! Besuchen Sie mich morgen früh!« Und in einem Jahr singt der Kutscher in Wien oder Dresden den Don José und wird dann an die Metropolitan engagiert. 500 Dollar pro Abend ...

Oder die Talentsucher kommen durch ein Dorf und haben im Wirtshaus Gelegenheit, einer netten harmlosen Prügelei zwischen Holzfällern beizuwohnen. Und da sehen sie, wie ein junger Bursche dem Gegner die Zähne vierteldutzendweise aus dem Mund schlägt. – Eilends wird der gutmütige Junge in ein Auto gepackt; und ein Jahr später fährt er im Luxusdampfer nach Amerika, um gegen die kitzligsten Schwergewichtler zu boxen.

Wir leben in einer Zeit, in der Talente schlecht verborgen bleiben können. Das liegt nun keineswegs daran, daß wir ohne die Talente oder die Talente ohne uns nicht leben könnten. Es liegt vielmehr an den Talentsuchern; sie nennen sich Manager, Trainer, Impresario und tun alle dasselbe: sie leben von fremden Talenten. Sie suchen das Gold in den Kehlen, Fäusten, Füßen, Köpfen der andern, graben es aus und behalten sich die Hälfte davon. Mindestens die Hälfte.

Aber sie verdienen es sich auch! Der Boxtrainer, beispielsweise, ist der Direktor eines Kraftwerks, nicht mehr und nicht weniger. Er weiß am besten Bescheid über die Leistungsfähigkeit dieses Werks; er reguliert den Kräfteverbrauch und die Kraftzufuhr; er schließt die Geschäfte ab; er macht die Reklame; und ohne ihn kann das Werk in die Brüche gehen. – Der Trainer ist der Regisseur, der Boxer ist der Schauspieler im Boxdrama. Und es ist allgemein das Schicksal der Regisseure, vom Publikum nicht beachtet zu werden.

Vielleicht war diese kleine Einleitung nur nötig, um zu erklären, daß einen Menschen, der gern zugibt, im Boxen Laie zu sein, dieser Sport trotzdem interessieren kann. Er hat, auch jenseits von »groggy« und »knockout«, spannende Momente. Nur für den bloßen Enthusiasten beginnt der Kampf erst dort, wo er eigentlich aufhört: im Kampfring.

Und weil es das Vorrecht des Laien ist, ohne Prestigeverlust unrecht zu haben, behaupte ich ohne Skrupel: Das Training ist interessanter als der Kampf. Sollte diese Behauptung falsch sein – es tut nichts. Denn im Rahmen einer Plauderei behalte ich ja doch recht. Wer hat einen Boxkampf gesehen? Es sind viele. Aber, wer hat schon ein Boxtraining gesehen? Wenige. Sehr wenige.

Also ist es interessant, davon zu berichten.

Der Kampf um die deutsche Schwergewichtsmeisterschaft

sollte im Mai zwischen dem Europameister Max Schmeling und dem Bayern Ludwig Haymann ausgetragen werden. Ich rief Schmelings Trainer, den ausgezeichneten Bülow, an und bat ihn, mir eine Zeit anzugeben, wann ich seinen Schützling beim Training besuchen dürfe. Bülow sagte, Schmeling habe eine Handverletzung; ich solle nicht drüber sprechen und später noch einmal anklingeln.

Eine Woche später – und das war eine Woche vor dem Kampfdatum – meldeten die Blätter, Schmeling könne wegen einer Handverletzung seinen Titel nicht verteidigen. Statt seiner werde der ehemalige Meister Franz Diener am gleichen Datum mit Haymann um den freigewordenen Titel boxen.

Also rief ich Dieners Trainer, den gefürchteten Türken Sabri Mahir, an; und der sagte: ich solle am Nachmittag kommen. – Sabri Mahirs Boxschule befindet sich wenige Schritte von der Tauentzienstraße und vom Wittenbergplatz, im Zentrum des Berliner Westens. Man geht durch einen Hof; im ersten Gartenhaus ist ein großer literarischer Verlag; im zweiten Gartenhaus liegt die Boxschule. Es ist ein hübsch verputztes Häuschen, mit Gardinen und Blumen. Man sieht dem zierlichen Gebäude nicht an, daß drin einer der gefährlichsten europäischen Boxer und einer der klügsten Trainer ihr Wesen treiben.

Der Raum zur ebenen Erde ähnelt einer kleinen Turnhalle. Die eine Hälfte wird von dem Trainingsring ausgefüllt; in der andern hängen der lederne Sandsack, schwer und groß wie ein menschlicher Rumpf; der kleine harte Punchingball; mehrere Plafondbälle, an denen Schlagserien geübt werden. Eine Art Ruderboot steht herum zum Training der Arm- und Beinmuskulatur; eine Leiter zum Turnen gibt's und manches mehr.

Es ist endlos lange her, daß ich in einer Turnhalle herumstand. Damals trug ich eine kleine schwarze Turnhose, heute trag ich ein kleines schwarzes Notizbuch. Doch ich steck es wieder weg. Notizbücher passen schlecht in Turnhallen.

Eine Menge Schritte rasseln die Wendeltreppe herunter. Fünf Männer in kurzen Hosen kommen herab: erst ein ganz großer, Diener selber; dann einer, der etwas kleiner ist; ein noch kleinerer; noch ein kleinerer; der letzte ist geradezu winzig. Schwergewicht, Halbschwergewicht, Mittel-, Leicht- und Fliegengewicht. Zum Aussuchen. Der ganze »Stall« des Trainers. Schließlich kommt er selber. Wortkarg und aufmerksam. Lehnt sich in eine Seilecke des Rings und wartet ab.

Diener und der Halbschwere klettern in den Ring. Über die dickbandagierten Hände stülpt ihnen ein Zivilist riesige, schwer-unzige Handschuhe. Der Trainer sagt:»Zeit!« Der Zivilist guckt an die Uhr. Die Boxer werden handgemein ...

Inzwischen stehen die drei andern Boxer nicht etwa beschäftigungslos herum. Der kleinste hüpft Seil. Ich kann nur sagen: wie ein Wiesel. Obwohl ich, offen gestanden, noch niemals ein Wiesel Seil hüpfen sah. Er zappelt mit den Füßen in der Luft; er hüpft einbeinig; er kreuzt die Hände überquer. – Der zweitgrößte haut auf den Sandsack los, als wolle er ihn an die Decke schleudern. Doch der Sandsack rührt sich kaum von der Stelle. Und der Boxer wird zusehends warm. – Der Mittelgewichtler übt an einem der Plafondbälle. Als habe er den Kopf eines Gegners vor sich, schlägt er auf den Ball, der bei jedem Treffer gegen eine horizontale Holzwand dröhnend antrifft. Links, rechts, links, rechts, links, rechts – links, links, links, rechts! Das Haus scheint zu zittern.

Inzwischen absolviert Diener drei Runden mit dem Halbschweren. So sieht also ein Freundschaftskampf aus! Diener blutet aus der Nase, daß es eine Art hat. Und da ihm das nicht recht ist, geht er auf den Gegner los, als wolle er ihn zerhacken. Der lächelt verlegen, haut – ohne »Pardon« zu sagen – schon wieder auf Dieners Nase und steckt die Quittung ergeben ein. Sie springen wie die Eber herum.

Der Trainer steht am Seil, beblinzelt den Kampf, sagt zuweilen »Gut!«, manchmal sogar »Sehr gut!« und zeigt, am Seil entlang, Korrekturen der Beinarbeit. Dann holt er Wasser und Leinwand; der Zivilist kündigt die Pause an; und Diener wird die blutige Nase geputzt. Er ist erstaunt, sehr erstaunt sogar, daß seine Nase überhaupt noch blutet, wenn jemand draufboxt. Doch er sagt schließlich: »Laß mal ruhig bluten! Da ist's dann vorbei.«

Es muß komisch sein, solche Riesenhandschuhe an den

Händen zu haben. Man kann sich nicht im Gesicht jucken. Man kann sich die Nase nicht persönlich putzen! Es wäre mir schrecklich ...

Der Gegner dampft, hängt sich ein Handtuch über die Schultern und verschwindet auf der Wendeltreppe. Diener fängt nun an, mit dem Mittelgewichtler drei Runden zu kämpfen. Der Mittelgewichtler hat eine äußerst nervöse Technik. Er kämpft meist aus geduckter Lage heraus, und Diener hat Gelegenheit, diese drei Runden ganz anders zu »arbeiten« als die vorigen. Er befleißigt sich der größten Behendigkeit; fällt dabei krachend hin; der Partner hilft ihm hoch; weiter geht's!

Inzwischen springen die andern weiter Seil; prügeln, nur mit Bandagen, auf dem Sandsack herum; legen sich auf den Rücken, rollen mit den Beinen, beugen Rumpf und Kopf, atmen tief, mit dienlichen Armbewegungen.

Dann ist die sechste Runde aus. Der Mittelgewichtler geht, und der Leichtgewichtler klettert in die Seile. Er sieht neben dem Schwergewichtler recht bescheiden aus. Wollen die zwei wirklich miteinander boxen? Herzliches Beileid, Herr Leichtgewicht! Nein, sie machen nur Stemmübungen, werfen sich gegeneinander, stoßen bald die eine, bald die andere Hand gegen die Schulter des andern. Man schiebt sich so hin und her, und Sabri Mahir erklärt mir, das sei eine von ihm erfundene Übung, um die Ausdauer zu steigern. Dann treibt Diener, ohne Partner, sogenanntes »Schattenboxen«. Er springt gegen einen unsichtbaren Gegner an, landet unsichtbare Treffer, weicht aus, schlägt Finten, dreht und wendet sich, so geschwind er es vermag.

Ist er immer noch nicht fertig? Nein, jetzt klettert der kleinste Boxer zu ihm hinein. Sogar der Trainer muß lächeln. Aber diese Runden haben doch einen sehr vernünftigen Sinn: Das Schwergewicht soll zusehen, daß es sein Tempo dem Fliegengewicht annähert, das ja viel flinker und wendiger ist als der um vieles schwerere, größere Boxer. Ohne Handschuhe und Bandagen geht man aufeinander los. Der Kleine wirbelt wie der Wind vor den Beinen des Großen hin und her, springt, duckt ab, wendet, schlägt mit der flachen Hand. Langsam wird eine

Art »Watschentanz« aus dem Training. Es klatscht nur so. Und wir andern stehen herum und schmunzeln.

Dann ist auch das vorüber. Aber Diener hat noch keine Ruhe, trotz der zwölf Runden im Ring. Er übt am Plattformball Schlagserien und Atemtechnik. Denn es ist natürlich nicht gleichgültig, ob man einen Uppercut lanciert, während man aus- oder einatmet! Der Gummiball knattert wie Kanonendonner durchs Haus. Kein Stoß wird verschlagen, jeder sitzt. – Nachher wird noch, platt auf einer Holzpritsche, geturnt, geatmet, gerollt, gekippt.

Endlich ist das Training vorüber. Die Boxer waschen sich, und verschwinden nacheinander, über die Wendeltreppe. Man hat mich vergessen! Ich stehe hübsch einsam an den Seilen, gehe umher, hau mal gegen den Sandsack und gegen den Punchingball, schnuppre die Luft, die nicht zu knapp nach Arbeit riecht, und klettere schließlich selber die Wendeltreppe hoch.

Sie mündet in einem Ankleidezimmer. Franz Diener steigt vor seinem Kleiderschrank gerade in die bürgerliche Kleidung. Zu einem der Zivilisten sagt er: »Du holst neue Kartoffeln und Gurken. Hier hast du die Schlüssel, damit du nicht klingeln mußt. Ich will schlafen.« Der Zivilist verschwindet.

»Mich müssen Sie mal essen sehen,« sagt Diener dann zu mir, »da läuft Ihnen das Wasser im Munde zusammen.« Ich wage es nicht zu bezweifeln, nicke und meine: »Der Meisterschaftskampf kommt recht überraschend, was?«

»Und ob! Einen Monat hab' ich kaum trainiert, und nun, in den paar Tagen soll man alles nachholen. Ich kann vor Muskelfieber kaum gehen und sitzen.«

Was Muskelfieber ist, weiß ich aus Erfahrung. Man soll es niemandem wünschen, wenn es nicht unbedingt notwendig ist! »Aber«, sag ich, »Sie haben doch eine Augenverletzung. Können Sie denn damit antreten?«

»Ich denke schon«, bemerkt er und läßt sich in die zersprungene Augenbraue weiße Salbe schmieren. Dann fährt er fort: »Meine Wirtin macht mich noch verrückt! So oft ich was am Auge habe, jammert sie rum und sagt: ›Aber Herr Diener! Ihr Auge, Ihr Auge! Können Sie denn nicht mal dem anderen eins draufhauen?› Soll man da nicht verrückt werden? Wie?«

Es äußert sich niemand hierzu. Es freuen sich nur alle, daß Franz guter Laune ist, trotz Muskelfieber und Augenbraue.

Nun, man ist angezogen. Diener geht ins Bett. Ich verabschiede mich und gehe nach Hause ...

Wenige Tage später sagt Diener den Kampf gegen Haymann ab. Wegen einer Augenverletzung. Und nochmals einige Tage darauf berichten die Blätter: Schmeling befindet sich auf der Fahrt nach Amerika, um ein günstiges Kampfangebot anzunehmen.

Er hat also den deutschen Meisterschaftstitel aufgegeben, um seine verletzte Hand für die amerikanischen Dollar zu pflegen. Nun, in Geldfragen soll man nicht hineinreden ...

Wedekind und Tolstoi im Film

Es ist Monate her: da beunruhigte die Meldung, der Filmregisseur Pabst suche eine Lulu-Darstellerin und finde partout keine, die Herzen aller deutschen Filmschauspielerinnen aufs lebhafteste. Wenn ein Mann wie Pabst auf die Suche geht, dachten sie, wird er schließlich die richtige Frau auftun. Aber die Meldungen wurden immer betrübter, und dieses traurige Vorspiel zur Verfilmung von Wedekinds »Büchse der Pandora« endete damit, daß Pabst sich hilfeflehend nach Hollywood wandte und die Amerikanerin Louise Brooks ausborgte.

Miß Brooks ist entzückend gewachsen, und ihr Gesicht ist reizend. Doch Frauen, die so hübsch und zur Lulu so ungeeignet sind wie sie, hätte Pabst, in Berlin allein, zwei Dutzend finden können! Aus dem Wedekindschen Stück ist ein Verbrecherfilm (und ein Filmverbrechen) geworden, und aus Lulu, deren Anblick und Fluidum die Männer ins Verderben treibt, ein bloß hübsches Frauenzimmer. Warum die Männer an ihr zugrunde gehen, versteht kein Mensch. Solchen Mätressen pflegen die Liebhaber, sobald die Unbequemlichkeiten losgehen, einen Scheck auszuschreiben – fertig! An Mädchen, deren eine Louise Brooks verkörpert, ruiniert sich nicht einmal ein Mitglied der zehnten Steuerklasse! Und nun muß man die Wedekindschen Vorgänge – das Ende der beiden Schön, des Quast, der Geschwitz – mit ansehen, ohne daß eine Lulu da wäre. Die Motten verbrennen sich an einer dunklen Lampe; die Nichtschwimmer ertrinken in einem gänzlich ausgetrockneten Flußbett – so vollzieht sich der Untergang von Lulus Gegenspielern. Alles ist unglaubwürdig, verlogen, sinnlos und dumm geworden. Gute Photographie und wertvolle Nebendarsteller können an dem Fiasko nicht das mindeste ändern, eher unterstreichen sie es noch. Aus der schaudervollen Jack the Ripper-Szene Wedekinds ist nun gar eine Posse mit tödlichem Ausgang geworden, – und so ist das Maß voll.

Um so wunderbarer und unvergeßlicher ist der russischdeutsche Gemeinschaftsfilm »Der lebende Leichnam«, nach Tolstoi. Die Verdienste der deutschen Mitarbeit beschränken sich ausschließlich darauf, daß die russischen Leistungen unbeeinträchtigt blieben; man sollte diese passive Qualität nicht unterschätzen. Ozep, der Regisseur vom »Gelben Paß«, führte die Regie, und Pudowkin, der Regisseur von »Mutter« und »Sturm über Asien«, spielt die Hauptrolle, den Fedja. Er versöhnt mit der Tatsache, daß sich Männer zum Theaterspielen und Filmen überhaupt hergeben. Er gestaltet das Wesen und die Konflikte des Mannes, der seiner Frau und dem Dritten nicht im Wege stehen will und vor keinem Opfer, außer vor der Lüge, zurückschreckt. Er vernichtet seine eigenen Wünsche, ohne viel Wesens davon zu machen, und taucht in der Anonymität dessen unter, der längst für tot gehalten wird. Er nimmt alle Lasten auf sich, um sie den anderen, die er liebt, zu ersparen. Pudowkin, ein kleiner russischer Jude mit liebenswerten melancholischen Mienen, erschüttert uns auf die unpathetischste Weise von der Welt: er fürchtet den Tod; er gibt seine persönliche Existenz nicht wie ein Grossist des Heldentums auf; er kokettiert nicht mit der Demut. Er ist der schwache Mensch und zwingt sich stets von neuem, dieser Schwäche das Vorzeichen der Güte voranzustellen. Seine Filmfigur des Fedja ist der Bühnendarstellung Alexander Moissis mindestens ebenbürtig.

Die übrigen Hauptrollen-Spieler erreichen Pudowkins Leistung nicht annähernd. Gleichwertig sind ihm nur eine größere Zahl von Episodenfiguren (Dirnen, Zigeuner, Erpresser, Ehebruchszeugen, Asylbewohner) und die Regie Ozeps, die aus Tolstois Drama ein historisches Dokument macht, dessen Vollendung die Paragraphenzeit des Zarismus, auf Jahrzehnte hinaus, anschaulich und eindringend überliefern kann. Dabei ist es kein Tendenzfilm im aktuell gebundenen Sinne, sondern eine ergreifende, stets gültige Darstellung des Widerspruchs, der unbeschadet des historischen Wechsels zwischen Gesetzgebung und Person gleich groß bleiben muß, solange das Gesetz zum Nutzen möglichst vieler formuliert und gehütet werden wird.

Dieser ewige Konflikt wird, auch nach bildmäßiger und phototechnischer Richtung, in einer Reife sichtbar gemacht, daß mit voller Überzeugung erklärt werden kann: »Der lebende Leichnam« gehört zu dem Halbdutzend genialer Filme, die es bis jetzt gibt, und der Film hat Anspruch, das Theaterstück des gleichen Namens zu überleben!

Karl II und Anna II

Im zweiten Akt von Leonhard Franks »Karl und Anna« betritt Oskar Homolka die Bühne des Staatlichen Schauspielhauses und versucht der bereits anwesenden Käte Dorsch einzureden, er sei Heinrich George. 1914 in den Krieg, 1918 aus der Gefangenschaft zurück, und dann gleich solche Witze – das ist doch wohl nicht ganz das Richtige! Aber es kommt noch schlimmer: weil Homolka genau Bescheid weiß, wo früher die Chaiselongue stand und daß die Stühle gestrichen werden sollten, schwächt sich das Personengedächtnis der Dorsch, und am Ende glaubt sie den Schwindel.

So müßte sich dem unverbildeten Theaterbesucher, wenn es

ihn nur gäbe, das Stück darstellen; und niemand dürfte es ihm verübeln, wenn er dabei aus der Haut führe. Man hat die Novelle »Karl und Anna« als Entschuldigungsgrund für das Drama des gleichen Namens und Autors angeführt. Nichts ist törichter. Wenn jemand so verrückt wäre, sein Haus abzureißen und aus den Ziegeln ein Dampfschiff zu bauen, würde niemand sagen: »Aber das Haus war doch reizend« – in der Erwartung, das rehabilitierte den steinernen Dampfer.

Leonhard Frank mußte seine wundervolle Novelle zum Glück nicht einreißen, bevor er ein Theaterstück daraus machte. Aber abgesehen hiervon hat er mit dem Erbauer des Dampfschiffs beträchtliche Ähnlichkeit. Es gibt Novellen, aus denen Stücke fabriziert werden können; dann sind es aber selten gute Novellen, eher dramatische Exposés, erzählerisch maskiert. Franks »Karl und Anna« ist eine ungewöhnlich wertvolle Novelle, und die epische Form paßt dem Sujet wie angegossen. Das merkwürdige Geschehen, dieser Männertausch aus Liebe und die zeitweilige Aufrechterhaltung der halb gewollten und halb unbewußten Lüge stellt die höchsten Anforderungen an das Entgegenkommen unsrer Phantasie. Doch es ist ja der Wunsch der Phantasie, mitzuhelfen und auszufüllen. Franks Erzählerkunst, seine feinfühligen, andeutenden Berichte von den seelischen Vorgängen in Karl und Anna, seine unaufdringlichen äußern Motivierungen (»Karl und Richard … waren gleich groß und hatten beide die dunkelgefärbte Gesichtshaut des Metallarbeiters«; »Richard hatte während der acht Tage – nach der Übersiedlung in die Großstadt bis zum Kriegsausbruch – mit keinem Menschen im Viertel … auch nur gesprochen« usw.) unterstützen den Leser, bis er rückhaltlos mitgeht und mithilft. Im Drama fällt das Wichtigste, die ausführliche und unermüdliche Beschreibung der seelischen Vorgänge, selbstverständlich fort; die äußern Motivierungen schrumpfen zu einer Regieanmerkung zusammen: »Beide sind, wenn einander auch nicht ähnlich, von gleicher Körperlichkeit«, und bei der Aufführung ist auch dieser letzte ängstliche Rest von Bemühungen um die Wahrscheinlichkeit fortgeblasen; denn der Regisseur kann sich seine Schauspieler nicht mit dem Metermaß aussuchen. Die Seelenanalyse des Autors und die Phantasie des Lesers sind beseitigt, zwei verschieden große Schauspieler und die Augen des unverbildeten Zuschauers, den es nicht gibt, bleiben übrig.

Neben der psychologischen Unmöglichkeit, aus der Novelle ein Drama zu machen, besteht eine zweite, die sprachliche. In der Novelle »Karl und Anna« wird sehr wenig gesprochen; der Autor übernimmt das schwere Amt des Erklärers. Nicht nur, um das Wichtigste seiner Erzählung, das Unaussprechliche, zu vermitteln, sondern auch, um das Unausgesprochene darzustellen. Seine Figuren sind Proletarier, und es ist ihnen nicht möglich, ihr Liebeswunder zu diskutieren. »Sie sagten nicht viel«, berichtet der Romancier Frank von ihnen, »sie hatten nicht das Wort.« Er betont diesen Mangel an Mitteilungsgabe wiederholt und übernimmt auch hier das Amt des Berichterstatters.

So sagt er, durch das ganze Buch hindurch, fast alles, was sie fühlen und was sie sagen möchten, an ihrer Statt. Im Drama fällt das, was sie fühlen, ganz fort; und das, was sie sagen möchten – was er aber, da sie es nicht können, in der Novelle, selber sagt – müssen sie nun persönlich vorbringen. Die Dramatisierung zwingt die Beiden zum Reden, und so klingt es auch.

KARL: »Aber das ist es ja nicht. Das ist es nicht. Wenn du anders gewesen wärst, Anna, anders, also wenn er mir von einer andern Frau alles so erzählt hätte! Aber von dir, Anna, von dir! ... Du warst in mir, von allem Anfang an in mir ... Anfangs hat ers ja nicht gemerkt. Aber auch dann, aber auch später, wie ers vielleicht gemerkt hat, konnt er nicht anders. Hats nicht über sich gebracht! Er mußte reden von dir. Er mußte! Weil eben seine Sehnsucht so bittergroß war.«

ANNA *tränennaß*: »Und war doch sonst ein schweigsamer Mann.«

Da wir ebensowenig wie Frank wissen, wie Proletarier über so diffizile Erlebnisse sprächen, wenn sie darüber sprächen, obwohl sie, wie gesagt, nicht darüber sprechen, – es ist hoffnungslos, nachzuweisen, daß Franks unterlegter Text zu ihrem Schweigen unpassend ist. Ich halte ihn dafür. Franks Stiltechnik hat hier drei Mittel: Er läßt die Ärmsten alles dreimal sagen statt einmal; er entbindet sie vom Gebrauch des persönlichen Fürworts (»Brauche ja nur an ihn zu denken«); und er gestattet ihnen den Konjunktiv in weitgehendem Maße (»Warum sagen Sie, Sie seien mein Mann?«).

Es ist demzufolge, abgesehen von ganz sachlichen und ganz leidenschaftlichen Gesprächsstrecken, kein reines Vergnügen, den Dialog anzuhören.

Die Übersetzung seiner Meisternovelle ins Dramatische mißlang Frank, weil sie mißlingen mußte. Erstens riß er dem Werk die Seele aus dem Leibe, das heißt, er warf das Beste fort. Zweitens zwang er die wortkargen Figuren zum Reden, das heißt, er verfälschte das, was übrigblieb. Beides mußte notwendig geschehen, wenn die Dramatisierung erfolgen sollte. Frank ist nur vorzuwerfen, daß er es überhaupt getan hat. Und es ist ihm auch nur vom künstlerischen Standpunkt aus vorzuwerfen, den er dabei verließ, nicht vom pekuniären, den er dabei einnahm.

Weitere Banalisierungen waren nur folgerichtig: vor allem die Umgestaltung des Figuren-Dreiecks zu einem Viereck; die Nachbarin Marie wird zur stillen Anbeterin Richards, und wenn die Anzeichen nicht trügen, wird sie später seine Frau. In der Regieanmerkung wagt Frank noch, den Abschied Karls und Annas als »Hinrichtungsszene« für Richard zu bezeichnen. In Wirklichkeit duftet die Szene bereits nach Hochzeitskuchen.

Man hat dem Regisseur Erich Engel zu Unrecht den Vorwurf gemacht, er dehne das Tempo. Die stummen Szenen sind ja allein die echten, er mußte sie ausbauen. Man hat der Dorsch und Homolka andre Vorwürfe gemacht, doch alle treffen das Stück und nicht die Bemühung der beiden um Dialoge, die nicht gesprochen werden dürften, und um Figuren, die deshalb an allen Ecken und Enden aus bedrucktem Papier sind. George hat die einzige echte Rolle: er hat vorwiegend stummes Spiel.

Daß allein er überzeugend wirkt, ist nicht das Verschulden der beiden Mitspieler und nicht das der Regie.

Trotz des Films »Heimkehr«: Die Novelle zu verfilmen war, im Prinzip, ein viel aussichtsreicherer Plan, als sie zu dramatisieren.

»Bourgeois bleibt Bourgeois« von Ehm Welk

Viele Kritiker von Welks »Kreuzabnahme« (Volksbühne) haben behauptet, den Autor beschäftige in dem Stück die Frage, ob Tolstois christlich milde oder Lenins blutige Bauernbefreiung das Richtige gewesen sei, und er habe seine eigne Frage nicht zu beantworten vermocht. Genau so gut könnten die Schulinspektoren erklären, die Lehrer wüßten, da sie ja die Schüler danach fragten, nicht, wieviel zwei mal zwei sei. Welk ist von Geburt Lehrer und stellt daher gern Fragen, damit andre antworten. Und es ist gewiß kein Fehler, die Arbeiterklasse in ihrem Einmaleins immer wieder zu prüfen. Obwohl die Volkshochschule dafür ein passenderer Ort wäre als die Volksbühne ... Welk selber weiß, daß 1927 in Rußland die Maschinengewehre nötiger waren als die christliche Geduld. Die Frage: Tolstoi oder Lenin?, die er diskutieren läßt, ist für ihn keine Frage. Die Alternative Tolstoi-Lenin bewegt Welks Theaterfiguren, nicht ihn selber. Sie gehört der Zeit an, in der das Stück spielt. Eine Kostüm-Frage.

Das wirkliche Diskussionsthema lautet etwa: Können sich die bürgerlichen Intellektuellen, die das Proletariat lieben, bedingungslos an dieses hingeben oder nicht? Und die Antwort lautet, sowohl im ersten Teil (»Tolstoi«) wie im zweiten (»Lenin«): Bourgeois bleibt Bourgeois. Tolstoi, der Trockensozialist, und Nowikow, der Blutkommissar, bleiben Bürger, trotz ihres proletarischen Vorzeichens. Sie bleiben Zugewanderte, obwohl sie sich internationalisieren lassen.

Welk hat nicht eine Tragödie geschrieben, sondern zwei:

Tolstois von Selbstzweifeln beschwerter Tod ist Objekt der einen; Nowikows durch Erkenntnis und Müdigkeit herbeigeführter Selbstmord ist Gegenstand der andern. Die »Kreuzabnahme« besteht nicht, wie der Theaterzettel vorgibt, aus zwei Teilen, sondern sie zerfällt in zwei Stücke. Daß in beiden vorwiegend die gleichen Personen auftreten, ist innerlich unnötig, äußerlich störend und täuscht leicht darüber hinweg, daß es sich um zwei Dramen handelt; um Doubletten; um zwei Variationen über das gleiche Thema. Ehm Welk hätte nur eines der beiden Stücke schreiben sollen. Er hoffte, durch die Verdoppelung das Doppelte zu erreichen, und erreichte nur, daß selbst die Kritiker das Thema vor Variationen nicht sahen und daß sie – von der Behauptung des Autors, es handle sich um ein einziges Stück, und von dem falschen Titel des zweiten Teils befeuert – das historische Gesprächsthema der Darsteller für die Diskussionsthese des Autors hielten. Und daß ihnen diese entging. Wer eine grüne und eine rote Kiste, die sich im übrigen gleichen, nebeneinander stellt und fragt, was einem daran auffalle, wird zu hören bekommen, die Kisten seien von verschiedener Farbe, nicht, sie seien beide aus Holz. Welks Tragödienhälften ähneln sich fast in jeder Beziehung, und prompt bemerkt der Zuschauer nichts außer den geringfügigen Unterschieden.

So stößt Welk das Publikum auf die falsche Frage. Aber auch die Antwort auf die richtige Frage, die übersehen wird, ist unzureichend. Bourgeois bleibt Bourgeois! ist hier eine Behauptung, keine Folgerung. Sein Doppelstück ist eine Beispielsammlung, keine Beweiskette. Er treibt Statistik. Aber wenn ein dramatisches Exempel zu Beweiszwecken nicht ausreicht, dann genügen zwei noch viel weniger! Welk gehört zu den sozialistischen Intellektuellen, die das Volk vor den sozialistischen Intellektuellen warnen. Vermutlich ist das heute kaum noch nötig, und vielleicht ist es verkehrt. Wenn es aber nötig und richtig wäre – der »Kreuzabnahme« gelänge diese Warnung nicht. Wer nicht glauben will, wird durch zwei Diskussionstragödien mit gleicher Pointe auch nicht bezwungen.

Denn so etwas muß durch dramatische Anschauung suggeriert werden. Überzeugen kann man nicht, indem man überredet. Welk erreicht nichts weiter, als daß er, günstigenfalls, Tolstois und Nowikows vergebliche Bemühung, Teil der Masse zu werden, nachweist. Auch daß der Autor selber sich zu diesen Menschen zählt, wird klar. Und daß er über alle seinesgleichen so denkt. Doch daß die Zuhörer, die vorher anders als er dachten, plötzlich mit dem Kopf nicken –, das steht nicht zu erwarten.

Damit trifft die »Kreuzabnahme« das Geschick fast aller Diskussionsstücke, seien sie nun gut oder schlecht: Andersdenkende denken weiterhin anders, und Gleichgesinnte dachten schon vorher das Gleiche.

Veidt und Jannings auf dem Holzwege

Berlin hat zwei pompös aufgezogene amerikanische Filmpremieren hinter sich: den »Patrioten« nach dem Drama von Alfred Neumann, mit Emil Jannings als Zar Paul und Ernst Lubitsch als Regisseur, und den »Mann, der lacht«, nach dem Roman von Victor Hugo, mit Conrad Veidt in der Titelrolle.

»Der Patriot« soll der beste Hollywoodfilm des letzten Jahres sein. Nach amerikanischen Urteilen. Und Jannings wurde ein Pokal überreicht, mit der Erklärung, er sei der beste amerikanische Schauspieler. Man gab es ihm wohl sogar schriftlich. Und es sollte uns freuen! Aber es freut uns nicht. Jannings soll ein verrückter Kaiser sein. Doch es reichte bloß zur Verrücktheit. Und so gibt er einen blödsinnigen Schlächter, der sich zur Umgebung wie ein Vieh benimmt. Er müßte unheimlich wirken und wirkt statt dessen nur ekelhaft. Die Verschwörung gegen ihn müßte wie eine langsam zunehmende Notwendigkeit empfunden werden, statt dessen wundert man sich, von der ersten Minute ab, daß niemand das Scheusal über den Haufen knallt. So wird die geplante Endpointe des Films ein um sämtliche Akte verzögerter Anfang, und sämtliche Akte werden ein kaum erträglicher Blindgänger, an dem die Figuren herumwürgen, ohne daß die erwartete tragische Explosion eintritt. Die Ermordung des Zaren, zum Schluß, ist kein tragisches Ende mehr. – Auch sonst ist Neumanns wirksames Theaterstück im Film verdorben worden. Graf Pahlen, der Titelheld, ist Nebenperson geworden; sein Gewissenskonflikt, durch Jannings' abscheuliche Leistung sowieso nicht mehr erklärlich, ist Detail geworden, und Neumanns Zarenstudie, eine pathologische Nebenfigur, wurde zur Hauptsache breitgewalzt.

Lubitschs Regie bietet, außer diesen Fehlern in der Konzeption, nichts Neues. Hofmilieu, Luxusszenen, schöne Frauen, Tumultuarisches sind virtuos angebracht und gelenkt. Aber das behebt den peinlichen Gesamteindruck in keiner Weise.

Amerika scheint, optisch mindestens, Perversionen zu lieben. Denn es hat nicht nur den »Patrioten« begeistert aufgenommen, sondern auch Veidts »Mann, der lacht« zu den zehn besten Filmen der Jahresproduktion gezählt. In Hugos Roman wird das verstümmelte Gesicht des Findlings, der immer zu lachen scheint und die Jahrmärkte erheitert, der Phantasie des Lesers überlassen. In dem Film muß man es sich andauernd betrachten. Veidt hat anscheinend ein zweites künstliches Gebiß aufs echte aufgegipst bekommen und hat eine Art gräßlicher Maulsperre. Es ist gar nicht mehr der Mann, über dessen Anblick gelacht werden könnte, wie im Roman. Er wirkt widerlich. Und trotzdem lachen die Filmdarsteller und Statisten, sobald sie die peinliche Fratze sehen. Nicht nur diese Vorgänge sind dumm und unverständlich, sondern bereits der Entschluß des Regisseurs Leni, den Stoff zu verfilmen. Denn Veidt ist für die ganze Dauer des Films mimisch lahmgelegt! Er kann keinen Gesichtsmuskel bewegen und entbehrt so der wichtigsten Ausdrucksmöglichkeit, die der Film sonst bietet. Seine Zukünftige, von der süßhübschen Mary Philbin dargestellt, ist blind und findet ihren Liebsten schön. Sie hat gut reden! Weil Veidt zur Premiere persönlich anwesend war und sich mit Max Schmeling auf der Bühne verbeugte, gab es Beifall. Hoffentlich nur deswegen.

Denn im Grunde ist es traurig, zu beobachten, wie unsere Filmtalente in Hollywood – das Wort muß heraus – geradezu versaut werden! Sie werden äußerlicher und äußerlicher, und das amerikanische Publikum klatscht lauter und lauter Beifall. Man wagt es schon gar nicht mehr, sich vorzustellen, wie diese Entwicklung noch enden soll. Schrecklich auf alle Fälle.

»Giftgas über Berlin«

Das Lampenfieber – wie ein Kritiker die Aufregung um Lampels »Giftgas über Berlin« genannt hat – hat sich nach der Aufführung des Stücks (genauer: noch während ihr) sehr rasch gelegt. Das Verbot des Polizeipräsidiums, das Drama öffentlich zu zeigen, trifft Publikum und Presse bei Untertemperatur an. Und wer der einmaligen, geschlossenen Vorstellung beiwohnte, erklärt den anderen, auch ohne das Verbot würde das Stück eine unerlaubt niedrige Aufführungsziffer erreicht haben.

Denn das Stück ist schlecht. Und das ist um so bedauerlicher, als der Stoff wertvoll ist. Lampel hat zwei phantastische Themen zu verschmelzen gesucht: die Errichtung einer deutschen Militärdiktatur und den Untergang Berlins durch Giftgas. Er hat sie in Kausalzusammenhang gebracht, und zwar so, daß der Reichswehrputsch durch die Giftgaskatastrophe erst ermöglicht wird. Der explodierte Gastank befindet sich im Zentrum der Stadt, und unter den Hunderttausenden, die sterben, befinden sich der Reichspräsident, die Minister und alle Reichstagsabgeordneten, bis auf einen Sozialdemokraten, der sich von den Putschisten abfinden läßt.

Logisch konsequent wäre also folgende Meinung des Zuschauers: Lampel rät, im Interesse des Parlamentarismus Giftgasfabriken nicht im Stadtinnern, sondern im Freien anzulegen! Statt dessen hatte der Autor vermutlich vor, vor der Giftgasproduktion überhaupt und vor der Reichswehr zu warnen. Beide Tendenzen werden von der ungeschickten Struktur des Stücks verwischt, und was zurückbleibt, ist komisch.

Doch auch von dieser Verzerrung ins unfreiwillig Komische abgesehen, ist das Drama mehr als mangelhaft. Die Vergasung Berlins in ihrer ganzen Schauderhaftigkeit augenfällig zu machen, reicht es nicht hin, fünf Leute zu zeigen, die sich das Jackett aufreißen, gurgeln und umfallen. Jedenfalls versteht es Lampel nicht, durch diese Episode die Vision einer im Gift ersaufenden Millionenstadt zu erwecken. Er hätte einer Piscator-Regie bedurft, die im Film und durch Simultanbühnen die Vision ermöglicht hätte. Er mußte einen genialen Regisseur, oder der Stoff mußte einen genialen Dichter bekommen. Beides war nicht der Fall.

Die zweite dramatische Handlung, der Reichswehrputsch, wirkt, in seinen Anfängen wenigstens, überzeugender. Der zweite Akt spielt im Reichswehrministerium, als die Meldung von der Giftgaskatastrophe eintrifft. Gasmasken werden verteilt. Ein Oberst arrangiert telephonisch den Truppenaufmarsch, benachrichtigt den Heereschef, zwingt einen Feldwebel zur Hergabe seiner Gasmaske – eine eindrucksvolle Szene – und begibt sich nach dem Funkturm, von wo aus die Operationen geleitet werden sollen. Der dritte Akt ist der unzulänglichste: Was hier die Kommunisten, Pazifisten, Sozialisten und Heerführer reden und veranlassen, ist durch Maschinengewehrknattern und eindrucksvolle Bühnenbilder nicht zu retten. Das meiste ist eindruckslos, langweilig, albern. So spielt sich das Böseste, was es gibt, der Bürgerkrieg, nicht ab! Und daß der Diktator die Maske des Herrn von Seeckt trägt, macht die Szenen nicht erträglicher.

Lampel hat vor zwei fraglos bestehenden Gefahren durch sein Stück warnen wollen. Doch er hat nur einen dramatischen Stoff verpatzt. Er hat ferner der gefährlichen Zensurdebatte erneut Nahrung geboten, und die Zensurgegner mußten für ein Stück eintreten, das zu verteidigen Überwindung kostet. Daß es verboten wurde, muß des Prinzips wegen bekämpft werden. Aber nur aus diesem Grunde.

Gefilmtes Elend

Der radikale Schriftsteller Leo Lania hat, im Auftrage des Volksverbandes für Filmkunst in Gemeinschaft mit dem Theater am Schiffbauerdamm, im Januar 1929 einen Film hergestellt, der die Notlage im Waldenburger Kohlengebiet darstellen will und »Hunger in Waldenburg« heißt. Der neun Stunden am Tage unter Tage arbeitende Kohlenhäuer verdient in diesem Stein-Krisenrevier pro Monat netto 100 Mark. Nach Abzug der Miete bleibt ihm und seiner Familie nur noch übrig, zu hungern. Einmal in der Woche gibt es Fleisch. Brot ist fast ein Leckerbissen. »Entweder nimmt es der Mann in die Grube mit oder die Kinder zur Schule. Für beide reicht es nicht«, lautet die wahrheitsgemäße Äußerung einer Arbeiterfrau. 31 Prozent aller Kinder sind vollständig krank; 21 Prozent besitzen keinen Mantel, 24 Prozent ein einziges Paar Strümpfe; 6 Prozent sind ohne jedes warme Mittagessen.

Piel Jutzi, Lanias Kameramann, hat dieses kaum ausdenkbare Elend im Film festgehalten. Der Anblick dieser maßlos verhungerten Männer und Frauen und ihrer unterernährten, greisenhaft aussehenden Kinder zieht einem – und das ist keine Metapher – die Haare hoch. Fast jede Familie hat nur einen Raum, in dem alle (6–10 Personen) schlafen und wohnen. Die Nässe dringt durch die Wände, und über den Flecken hängen fromme Sprüche und Bilder; denn diese Menschen schämen sich noch ihrer Not ... Wer die Miete nicht pünktlich zahlt, wird auf die Straße geworfen. Die Witwe eines Bergarbeiters hat 65 Mark Rente und sieben Kinder; 12 Mark kostet die Miete.

So sieht es im Waldenburger Kohlenrevier aus. Und so wurde es verfilmt. Man sitzt davor, vergißt zu schlucken und wagt kaum zu atmen, und mit trockener Kehle, und betroffen wie ein Dieb, geht man fort. Es sind Sammlungen im Gange; Stiftungen werden gemacht. Hoffentlich hilft der Film sein Teil. Sehr weitreichend ist seine Wirkung nicht. Das Publikum scheut sich vor dem praktischen Ernste des Themas und läuft lieber in Spielfilme. Der soziale Einschlag wird nur goutiert, sobald es sich um russische Einfuhrfilme handelt. Das soziale Gewissen will nicht geweckt sein. Es will nur träumen. Und dazu eignen sich geographisch und historisch fernliegende Sujets. Hunger in Sibirien – mit Vergnügen! Hunger im Mittelalter – wundervoll! Aber: Hunger in Schlesien, im Januar 1929 – ach, bitte nicht!

So ist auch Leo Lanias Konzession völlig vertan und überflüssig: aus der Reportage ein Drama, aus dem Bericht eine Komposition zu machen. Er hat die Waldenburger Arbeiter ein bißchen Theater spielen lassen und eine familiäre Spielhandlung eingebaut, ohne damit zu nützen. Es ist zwar erstaunlich, wie ergreifend diese filmfremden Proletarier ihr Schicksal zu dramatisieren verstehen. Man sieht zwar völlig überrascht, wie leicht es wäre, auch bei uns »Russenfilme« zu kurbeln. Aber die pure, echte Reportage wäre stärker geraten. Trotzdem ist Lanias Film, auch abgesehen von seiner sozialen Erforderlichkeit, eine der interessantesten Leistungen der letzten Zeit.

Er ist beispielsweise viel besser, viel billiger – und demzufolge viel weniger besucht – als ein anderer Reportagefilm, Ruttmanns »Melodie der Welt«. Der Regisseur des bekannten Berlin-Films hat sich bemüht, seine an dem Stadtkomplex Berlin geschulte Fähigkeit, Sichtbares eindrucksvoll zu summieren, auf einer Weltreise in größerem Maßstabe zu versuchen. Überall hat er, mit einem kleinen Troß von Kameraleuten, Anthropologisches gekurbelt und zum Schluß das Material gruppenweise angeordnet und zusammengeklebt. So daß man nun den Militarismus vom Stahlhelm bis zu den Kannibalen, den Tanz von New York bis Kamtschatka, das Frühaufstehen vom Kurfürstendamm bis nach Java, das Kind von Pommern bis Feuerland kennenlernt. Die wichtigsten Erscheinungs- und Betätigungsformen des Typus Mensch sind aneinandergereiht, kontrastiert und verglichen worden; nicht immer geschickt, photographisch recht ungleich, in wenig überzeugendem Tempowechsel, oft in Überhast, und das Ganze mit einer höchst überflüssigen Handlung garniert, die in dem Film noch weniger als nichts zu suchen hat. Mitunter ist man stofflich interessiert. Die Hamburger Aufnahmen sind außerdem photographisch glänzend. Aber der Gesamteindruck ist doch: Geographischer Salat!

Vorgeblich soll es dazu ein Tonfilm sein. Mitunter heult eine Sirene. Im übrigen hat man nur die Vorführungskapelle gespart und sie durch synchronisierte lautsprecherische Grammophonmusik ersetzt.

Reportage und Addition sind nicht dasselbe. Der Ordnungsgedanke muß sich deutlicher zeigen. Er muß durch das Werk hindurchschimmern und seinen Ablauf stützen und tragen. Es fehlt das Skelett, das den Bericht erst zu einem Organismus machen würde.

»Hätten wir das Kino!«
Forderungen und Vorschläge der Jungen
für den deutschen Film

Jeder aussichtsreiche Versuch, den deutschen Film wesentlich zu qualifizieren, müßte mit der Durchführung des aussichtslosen Planes beginnen: die Industrialisierung der Filmproduktion zu beseitigen. Zwischenlösungen waren und wären sinnlos. Solange Filme wie Briketts oder Konfektionsanzüge hergestellt werden, solange erreichen gute Manuskripte, begabte Regisseure und verantwortungsbewußte Darsteller nichts weiter, als daß sie in die Maschinerie geraten oder aufs laufende Band. Die Filmgesellschaften sind Fertigwaren-Betriebe, bei denen vorübergehende Stillegung oder Drosselung größte Defizite einbringt. Und so wird an Rohstoffen herangeschleppt, was sich nur irgend findet, auch wenn sich nichts findet – damit kein Leerlauf entsteht. Wer es als künstlerisch gesonnener Qualitätsarbeiter unternehmen wollte, mit diesen Filmfabriken in Konkurrenz zu treten, der müßte das Geschick der kleinen Handwerksmeister und Ladenbesitzer teilen, die von den Großgesellschaften und Kaufhäusern ruiniert werden.

Ohne eine Säkularisierung der Filmindustrie ist jeder spezielle Besserungsversuch unsinnig. Mit ihr würde die Reformfrage gelingen: Die Günstlingswirtschaft ließe sich beseitigen. Statt der direktionslosen Art zu engagieren, könnte die so notwendige Ensemble-Bildung erreicht werden. Künstlerisch belangvolle Manuskripte wären ebenso möglich wie ihre angemessene Behandlung. In Studios würde der Nachwuchs der Autoren, Regisseure und Spieler gemeinsam zu lernen und, von Preisen befeuert, zu leisten anfangen. Der Geschmack des Publikums ließe sich in der Übergangszeit durch psychologisch und bewußt »überkitschte« Filme aushungern und, so oder nie, Werten zugänglich machen. In allen Bezirken – denen des Rohstoffs, der Verarbeitung und des Konsums – könnte die Qualität die Herrschaft antreten, wenn der künstlerischen Organisation die wirtschaftliche Umwälzung vorausginge. Aber ohne Revolution ist jede Neuordnung denkunmöglich.

Leider hat eine solche Revolution (staatliche Einflußnahme – künstlerisches Kontrollkomitee mit finanzieller Exekutive usw.) nicht die mindeste Aussicht auf reelle Verwirklichung. Die Macht, die dazu erforderlich wäre – abgesehen von der ebenso unentbehrlichen Lauterkeit – liegt in den Händen gerade der Industrie, die es zu beseitigen gilt. Und wer, im Gegensatze zu H. G. Wells, an eine »Revolution von oben her« nicht glaubt, der wird seine Hoffnungen, soweit sie Ameliorationen gesellschaftlicher Art betreffen, späteren Generationen vermachen und sich auf nur persönliche, nicht kollektive Fortschritte beschränken müssen.

Das Berühren der Gegenstände ist streng untersagt!

An allen Gewehren, Dolchen, Säbeln, Kanonen, Granaten und Torpedos, die man im Berliner Zeughaus sehen kann – ach, und man kann viele sehen! – hängt ein Pappschildchen mit der Unterschrift: »Das Berühren der Gegenstände ist streng untersagt.«

Wenn es doch immer schon streng untersagt gewesen wäre, das Berühren dieser Gegenstände! Aber es gab leider Zeiten, in denen es verboten war, sie *nicht* zu berühren. Es gab Zeiten, in denen diese Gewehre und Dolche und Säbel und Kanonen die Völker dezimieren und die Völker verkrüppeln halfen. Wenn sie doch damals unberührt geblieben wären!

Jetzt stehen und liegen sie haufenweise im Museum; und man geht an ihnen vorbei und bleibt vor ihnen stehen, als wären es Raubtiere in Käfigen. »Füttern verboten!«

Bekanntlich, wenn auch erstaunlicherweise, gibt es noch immer Leute, die den Krieg für das Gesündeste halten, was sich ausdenken läßt. Ihresgleichen reibt sich in diesem »Zeughaus«, das besser »Totenhaus« hieße, die Hände. Sie beugen sich liebevoll über die Vitrinen, in denen Pistolen und Dolche glänzen, als wären es Wiegen, in denen Neugeborene strampeln. Sie streicheln die Kanonenrohre zärtlich, wie man die Rücken zutraulicher Tiere liebkost. Sie kriegen blitzblanke Augen und forsche Schnurrbartspitzen, umschreiten irgend so ein metallisches Ungeheuer, als wäre es ein riesiger begehrenswerter Baumkuchen, und sagen, mit den Allüren von Heldentenören: »Mein Lieber, diese 21-cm-Mörser waren nicht von schlechten Eltern. Wenn da eine Granate richtig saß, gab es nichts zu lachen. Fabelhaft war die Splitterwirkung! Ach, da steht es ja: ›Splitterzahl 5500‹. Stell dir das mal illustriert vor! 5500 Splitter! Manchmal explodierten sie in unseren eigenen Linien. Da entsinne ich mich … November 1917 … die feindlichen Stellungen sollten sturmreif gemacht werden …«

Und schon gruppieren sich eine Menge Schüler um den Erzähler; Schüler, die mit dem Klassenlehrer hergekommen sind, aber lieber hier zuhören als drüben an der 15-cm-Haubitze, wo der Lehrer behauptet, der Krieg sei eine unmenschliche Einrichtung.

Wenn Männer, die den Krieg miterlebten, den Mord der Völker und die fünftausendfünfhundertfache Splitterwirkung reizend finden, was sollen dann wohl die Kinder tun, in denen die Abenteuerlust, ohne Kenntnis der Dinge, radschlägt?

Es gibt für uns und unsere Kinder keine ärgeren Feinde als

diese geschworenen Kriegsliebhaber, die mit Schiller steif und fest behaupten, im Felde, da sei der Mann noch was wert. Sie haben Glück gehabt, daß sie nicht mit zerfetztem Kiefer, blind und ohne Beine zurückkamen; aber sie sind dieses Glücks unwürdig.

Es ist seltsam. Noch leben Millionen Menschen, die sich des Gemetzels erinnern, als wäre es gestern gewesen, und schon stehen in diesem Museum, zwischen Hellebarden, Türkenzelten und Ritterrüstungen, jene grau, braun und grün bemalten Kanonen von 1916, als wären sie genau so alt wie jene. Und an ihren Lafetten und Rohrmündungen hängen Schilder mit der Aufschrift: »Deutschland. Weltkrieg.« Man liest sie nicht anders wie die andern, auf denen steht: »Anfang 17. Jahrhundert« oder: »Turnier-Rüstung Albrechts des Bären.«

Die Geschütze des Weltkrieges sind im Lichthofe des Zeughauses ausgestellt. Am Rande des Hofs sind niedrige leere Podeste. Wozu dienten sie früher? Kanonen standen auch hier drauf. Französische Beutegeschütze aus dem Kriege 1870/71. Jetzt sind sie nur noch auf gerahmten Photographien zu sehen, die an den Wänden hängen und auf denen zu lesen ist: »Laut Friedensvertrag von Versailles von Frankreich weggeführt.« Der grammatikalische Sinn der Bemerkung ist mehrdeutig. Aber ihr wirklicher Sinn ist ja so klar, daß das Beamten- und Musealdeutsch weiter keine Verwirrung anrichtet. Die Podeste sind leer.

Auch eroberte Fahnen hingen bis 1918 hier. Und auch diese Fahnen wollte Frankreich, laut Vertrag von Versailles, wegführen. Da stürmten aber nationalistische Trupps das Zeughaus und verbrannten die Fahnen ...

In der Vorhalle steht ein Flugzeug. Ein Dreidecker, blutrot bemalt! Es war das Lieblings-Kampfflugzeug des Fliegers Richthofen, die »rote Kiste« genannt. Daneben steht das graue Fokkerflugzeug des Hauptmanns Boelke. Wieviele kühne Kerls haben sie aus der Luft heruntergeschossen, ehe sie selber dran glauben mußten! Wieviel Kühnheit, Energie und Begabung ging in jenen Jahren auf sinnlose Weise zu Grunde!

Die Langrohrgeschütze starren durchs Fenster. Das blutigrote Flugzeug droht. Kleine Schüler und schicke junge Damen machen vor Bewunderung runde, dumme Augen. War es denn noch immer nicht der letzte Krieg? Sind denn die Menschen durch nichts belehrbar?

Welch unheimlicher Spaziergang! Überall Waffen, überall Instrumente, für den Massenmord bestimmt. Langsam schreitet man die Jahrhunderte rückwärts ab, mustert die verschiedenen Grade des Raffinements und erkennt das Wachstum der menschlichen Bösartigkeit. Von der Streitaxt bis zur Gasgranate ist ein langer, niederträchtiger Weg. Die Menschheit ist ihn gegangen und nennt ihn »Fortschritt«.

In riesigen glasbedeckten Kästen sind die Hauptschlachten des Kriegs von 1870/71 plastisch dargestellt. »Die Erstürmung von St. Privat am 18. August 1870. Gefechtslage um 8 Uhr abends. Maßstab 1:1000. Dem Zeughaus geschenkt von den Verfertigern K.u.K. Rittmeister Freiherr von Kometer und K.u.K. Oberleutnant Freyer.« Viele hundert kleine, im Staub der Jahre ergraute Zinnsoldaten bevölkern die geographische Szene. Richtig, der Krieg ist ja eine Wissenschaft!

An den Wänden hängen Siegesdepeschen von 1870. »Mit Gottes Hilfe ... Druck von Ernst Litfaß, Kgl. Hofbuchdrukker, Adlerstraße 6.« Das war also der Mann, der die Litfaßsäulen erfunden hat?

Übrigens war der Krieg nicht nur eine Wissenschaft, sondern eine Kunst. Je weiter man in die Jahrhunderte zurückwandert, um so mehr verliert sich die bloße Zweckmäßigkeit der Mordinstrumente und macht großartigen Kunstwerken von Kanonen und Gewehren, Schildern und Helmen Platz.

Aus dem 17. Jahrhundert fällt ein wundervolles Kanonenrohr, ein Vorderlader, auf. Mit dem stattlichen Kaliber von 18,5 cm. Für Holland gefertigt von Albert Benningk, dem berühmten Lübecker »Stückgießer«. Das Rohr ist mit prachtvollen heroischen Szenen, in bronzenem Halbrelief, bevölkert. Und die Mündung gleicht gar aufs Haar dem Kapitell einer akanthusgeschmückten korinthischen Säule! »Kein schönrer Tod ist auf der Welt, als wer vom Feind erschlagen.« Dieses Landknechtslied stammt sicher aus jener Zeit, in der man mit solch ziselierten, mythologisch bevölkerten Kanonen ins Jenseits befördert wurde, und noch nicht mit Linksdrall, Rohrkühler und Brisanzgeschossen.

Es steht außer Frage: der Massenmord muß früher eine geradezu ästhetische Angelegenheit gewesen sein! Gezogene Wallbüchsen aus wundervoll poliertem Holz; schwere Reiterpistolen mit Intarsien-Arbeit; elfenbeinerne Armbrüste, mit Perlmutter ausgelegt; entzückende Vorläufer der Mitrailleuse und Maschinengewehre, sogenannte Orgelgeschütze oder »Totenorgeln«, mit zwanzig neben- und übereinanderliegenden Kugelläufen, die zu gleicher Zeit Verderben spien, – und dann gar, noch weiter zurück in der Kriegsgeschichte, jene schönen Kettenhemden und Ritterrüstungen, die den Krieg zu einem Sport für adlige Gentlemen machten.

Seltsam leer und steif stehen die Rüstungen umher oder sitzen auf ausgestopften, ebenfalls geharnischten Gäulen. Klein müssen die Reiter gewesen sein. Menschen unserer heutigen Durchschnittsgröße paßten gar nicht mehr in diese Stahlanzüge hinein.

Falls der Krieg wirklich nicht auszurotten sein sollte, weil es immer einzelne geben wird, die nicht zu halten sind, so sollte wirklich mit dem alten lieben Projekt ernst gemacht werden: diese wenigen, die nicht zu halten sind, in den Krieg zu schicken. Sie können sich ja dann, jeder mit seiner Privatkanone bewaffnet, auf einem Duellgelände treffen, das der Völkerbund zu diesem Zwecke gern zur Verfügung stellen würde. Die Menschheit ist zu schade und sollte sich zu schade sein für die blutigen Späße und Geschäfte einer Minderheit!

Im oberen Stockwerk des Zeughauses liegt zunächst einmal die sogenannte Ruhmeshalle. Die Wände sind in große halbrunde Felder abgeteilt, und in jedem dieser Felder befindet sich ein riesiges alfreskes Gemälde, das die Deutsche Geschichte verherrlicht: Anton von Werners Kaiserkrönung zu Versailles; die Königsberger Krönung Friedrichs I.; der Große Kurfürst überquert das Haff auf Schlitten; Friedrich der Große bei Leuthen usw. Diese historische Bildserie wird überwölbt von mythologischen Bildfeldern und einem üppigen Deckengemälde.

Aber die großen Persönlichkeiten sind nicht nur im Bilde überliefert, sondern jeder hat seinen besonderen Schaukasten, in dem die verschiedenen Helme, Mützen, Hosen, Handschuhe und Säbelgurte des ruhmreich Verschiedenen der Unsterblichkeit vorbehalten bleiben. Man sieht das mit Mond und Sternen behaftete Pantherfell und die hohe Zobelmütze des friderizianischen Generals Ziethen, neben den Uniformen der damaligen Truppen. Diese Uniformen waren aus einer Art besseren Papierstoffs! Plötzlich steht man vor Friedrich dem Großen persönlich! Nein, es ist nur seine bekannte Uniform, vollständig zusammengesetzt, nur der Kopf des seltenen Mannes fehlt.

In einer anderen Ecke steht der andere große Deutsche, Bismarck! Hohe Stiefel, blauer Rock, Kürassierhelm – statt des Kopfes eine kleine Stange, auf welcher der Helm aufsitzt.

Täuschend, Leben und Echtheit vortäuschend, stehen diese Hüllen aus Leder, Stahl und Tuch vor den großen Fenstern. Ihre Uniformen waren das Bekannteste an ihnen und sind's geblieben ...

Sie stehen hier als das Wichtigste einer vergangenen Epoche, in der die Uniformen, die Waffe und der blinde Gehorsam herrschten. An den Fenstern hängen große Schaukästen mit vielen, vielen Orden, als wären's bunte aufgespießte Schmetterlinge. Rote und Schwarze Adlerorden aller Klassen, Eiserne Kreuze, der Pour le mérite in verschiedener Ausführung, Johanniskreuze und was noch. Komische, besonders komische Auszeichnungen mitten darunter. So der »Rote Adlerorden für Nichtchristen« oder der Schwarze Adlerorden »für minderjährige königliche Prinzen«, – seltsames Spielzeug aus einer Zeit, die längst vergangen erscheint und doch eben erst vergangen ist.

Kleine Skandale um gute Stücke

Die beiden gegenwärtig am meisten diskutierten Bühnenstücke sind Marieluise Fleißers »Pioniere in Ingolstadt« und Robert Musils »Die Schwärmer«. Beide Stücke wurden von Skandalen begleitet, und es scheint langsam ein Gradmesser für die Bedeutung des einzelnen Dramas werden zu sollen: ob seine Aufführung von Krach akkompagniert wurde oder nicht. Je besser oder doch origineller das Stück, um so stärker die Nebengeräusche.

Die »Pioniere in Ingolstadt« waren, nach dem ersten Abend, nahe daran, verboten zu werden, wie vorher Lampels »Giftgas über Berlin«. Die Herren Polizei-Oberhäupter besuchten die zweite Aufführung, mit dem Preußischen Landrecht von 1792 in der Tasche, das es ermöglicht hatte, dem »Gaslampel« ein Schloß vorzuhängen. Man begnügte sich dann aber damit, dem Theater am Schiffbauerdamm, dem Lieblingsaufenthalt der Polizei, einige Streichungen im Text abzuverlangen. Und so wurde gestrichen.

Das Stück ist vor längerer Zeit in Dresden aufgeführt worden, ohne behelligt zu werden und ohne zu behelligen. Und Dresden genießt in Berlin wahrhaftig den Ruf, verspießert zu sein! Aber Berlin übt sich im Bußetun und in Moralpflege so, daß es daran ist, die »anständigste« und verlogenste Stadt des Reiches zu werden. Wozu will man Theaterstücke verbieten? Weil Anstoß genommen wird? Aber wer zwingt denn die Anstoßnehmer, sich unsittliche Dramen zu betrachten? Am Tage nach der Premiere können diese Moralstammgäste doch in ihrem geliebten Blatt lesen, daß Fräulein Fleißer »ihre Jauche in alles hineingießt«, und daß sie heiraten sollte, um ihre unmoralischen Träume dortselbst loszuwerden! Wer wird gezwungen, ins Theater zu gehen? Die Zensur – ob sie nun ganze Stücke oder Einzelpartien verbietet – ist eine nicht nur alberne, sondern auch zwecklose Bevormundung.

Die »Pioniere in Ingolstadt« sind ein wunderbar echtes Kleinstadtgemälde. Nicht eigentlich ein Drama, eher eine lustig beschauliche Novelle, die dialogisiert wurde. Aber die Echtheit und Tiefe der Schilderung helfen über diesen Formfehler hinweg. In Ingolstadt rücken Pioniere ein, um eine Brücke zu bauen. Die Dienstmädchen verstehen's, den militärischen Besuch auszunutzen. Die Bänke des Stadtparkes werden nicht leer. Über Ingolstadt bricht die Zeit der großen Liebe herein, und auch die der kleineren. »Soldaten und Dienstmädchen«, wie das Stück im Untertitel heißt, nennen die Dinge beim richtigen Namen und machen auch sonst keine besonderen Umstände. Die Dichterin konnte beim besten Willen ihre Leute nicht in Jamben reden lassen und Sonaten spielen! Sie schrieb ein Volksstück, in dem kein unwahres Wort ist. Sie vermittelte uns eine kleine Welt, in der die gleichen Freuden und Leiden herrschen wie in der Beletage; man drückt sie hier und dort nur anders aus. Und die Sittlichkeitsschnüffler sollen statt ins Theater in den Kindergarten gehen.

Der Lärm um Musils »Schwärmer« hatte andere Ursachen. Das Stück kam im »Theater in der Stadt« heraus; das ist eine kleine Vorstadtbühne. Und die Regie hatte Joe Lherman, dessen Existenz von gerichtlichen Zwischenspielen nicht ganz frei ist und dem zwar niemand die Liebe zum Theater, dem aber manche die Eignung dafür lebhaft abstreiten. Das alles wäre nicht so arg gewesen, wie es zuvor den Anschein hatte; denn die Aufführung hat einiges Niveau, und wenn sich schon des bedeutsamen Stückes, das vor zehn Jahren den Kleistpreis erhielt, bis heute kein anderes Theater angenommen hat, so war bestimmt Lhermans Inszenierung besser als gar keine. Aber der Autor protestierte selber aufs energischste. Er tat, was er konnte, die Aufführung zu verhindern; vor allem sicher aus dem Empfinden heraus, daß es unwürdig sei, sein Stück in der Vorstadt und sonst jeden Schund, nur weil er neu ist, auf den feinsten Bühnen der Stadt zu geben. Damit hatte er recht, und wenn auch die Aufführung ein ehrlicher Versuch war, – das Publikum, das dieses kleine Theater besucht, hätte eher ein chinesisch gesprochenes Drama kapiert als dieses diffizile Stück, das sich mit den zartesten und fernsten Seelenschwankungen von Menschen abgibt, die, zu fünft, in Eheverwirrungen geraten und bemüht sind, sie auf dem Wege des Dialogs wieder einzurenken.

Musil hat Personen von seelischer Besonderheit dargestellt und ihre möglichen Auseinandersetzungen in seinem Geiste sozusagen verdampft, bis nur das Wichtigste, der Extrakt, zurückblieb (in Buchform immerhin 240 Seiten). Diese Esoteriker der Existenz sprechen unheimlich kluge und zugespitzte Dinge. Ihre geschärfte Sprechweise dringt bis in die dünnsten Verästelungen der Seele. Die »Schwärmer« sind das Stück von der seelischen Relativität. Die absolute Wahrheit schwankt zwischen den Sprechern hin und her; jeder will sie dem andern entreißen und tut es, solange er spricht. »Lügen sind nicht wahr, aber sonst sind sie alles«, sagt eine der Figuren.

Dieses Drama, in dem alle kompakten Handlungen in ätzendem Denken verflüssigt werden und weniger wichtig als das Wort, mag, wie behauptet wird, ein Werk sein, das einer ganzen Epoche angehört, die individualistisch gesonnen war, nicht kollektivistisch wie das Heute. Aber was besagen solche vergröberten Schlagwörter ungewöhnlichen Leistungen gegenüber? Und wer will mit Bestimmtheit behaupten, daß dieses individualistische Stück der Vergangenheit näher sei als der Zukunft? Wenn man nun unrecht hätte?

»Schmutzsonderklasse«

»Der Reichstag wolle beschließen: Die Reichsregierung hat unverzüglich darauf hinzuwirken,

1. daß die deutschen Frauen künftig Kinder nicht wie bisher mit Hilfe sexueller Ausschreitungen, sondern lediglich durch scharfes Nachdenken zu empfangen haben. (Federführende Stelle: Das Reichsverkehrsministerium),
2. daß Bildhauer den menschlichen Körper ausschließlich in angekleidetem Zustande darstellen dürfen (Federführende Stelle: Das Reichsministerium des Äußern),

3. daß der Gebrauch des Wortes Brust, sofern selbige weiblichen Geschlechts ist, mit dem Erschießen durch das Schwert zu bestrafen ist (Federführende Stelle: Das Reichswehrministerium).«

Es sind das nur ein paar Vorschläge. Aber die deutschen Kulturreaktionäre, die in breiter Front vorzurücken beginnen und ihre Parteivertreter vor sich hertreiben, werden gewiß für die Antragsformulierung dankbar sein und von ihr spätestens in der nächsten parlamentarischen Spielzeit Gebrauch machen.

Diese Reaktion ist Faulheit mit Feuererscheinung. Die Leute wollen nicht, und die Leute können nicht, aber es blitzt. Sie sträuben sich, aus dem Gefühl ihrer Unfähigkeit und Bequemlichkeit heraus, vor den Wandlungen, die kommen müssen, gehen nicht vom Flecke, und wenn man sie mitziehen will, fangen sie an zu strampeln, zu schreien und um sich zu hauen. Es geht ihnen wie denen, die an Platzangst leiden und nicht zu bewegen sind, über die Straße zu laufen, falls ein Auto in der Nähe ist. Jene Reaktion ist nichts andres als kulturelle Platzangst. Und ihre Vertreter sind die Urenkel jener Menschen, die am Ausgang der jüngern Steinzeit mit dem Fuß aufstampften und weinerlich erklärten: »Nein, wir wollen nicht in die Bronzezeit hinüber!« Und wenn es nach ihnen ginge, hingen sie noch heute wie die Klammeraffen in den Bäumen, und das von ihnen so geschätzte Skatspiel wäre niemals erfunden worden.

Die herrschende Reaktion hat bereits ihren zwingenden Ausdruck gefunden: man hat einen Verein gegründet. Er nennt sich »Deutscher Frauenkampfbund« und ist ein Holding-Unternehmen, das sich aus etwa fünfzig Vereinen zusammensetzt: Bartelsbund, Deutscher Philologinnenverband, Nationalverband deutscher Offiziere, Gesamtverband der evangelischen Arbeitervereine, Borromäusverein, Rentnerbund, Frauen- und Mädchenbund für sittliche Reinheit, Reichsverband der Kinderreichen, Stahlhelm Groß-Berlin, Reichsvereinigung deutscher Hausfrauen, Verband deutscher Akademiker, Dahlemer

Frauenbund, Deutscher Verein gegen Alkoholismus, Westdeutscher Sittlichkeitsverein und zahlreiche andre Verbände (zur Erhaltung des Deutschtums im Inlande) gehören dem Kampfbunde an. Der deutsche Spießer marschiert! Rückwärts, versteht sich. Denn hinten hat er keine Augen.

Die »deutschen Frauen« unterzogen die gegenwärtige Literatur einer Prüfung, schauderten, stellten so etwas wie Schwarze Listen auf und schickten sie zum Beispiel an den braunschweigischen Volksbildungsminister Sievers mit der Forderung, Verbote zu erlassen. Es war die falsche Adresse. Sievers antwortete, er halte es für »eine Anmaßung sondergleichen, wenn die verehrten Damen des Frauenkampfbundes ... vom Staate verlangen, daß er sich ihrer Geschmacksrichtung vollständig unterwerfen und Maßnahmen gegen wertvolle Zeitungen und Zeitschriften ergreifen soll. Ebenso muß ich mit aller Schärfe den Versuch zurückweisen, den Staat für einen Kampf gegen bedeutende Schriftsteller und Dichter wie Klabund, Zuckmayer, Iwan Goll, Jacob Haringer in Anspruch zu nehmen. Im Gegenteil werde ich bemüht sein, einem modernen und freiheitlichen Schrifttum, soweit nötig und möglich, meinen Schutz zu gewähren.«

Pfui Teufel, dachten die deutschen Frauen und erklärten dann: »Nun, der braunschweigische Herr Sievers ist unmaßgeblich für die wahren deutschen Kulturbelange. Die bayrische Staatsregierung und der bayrische Landtag sind andrer Meinung als er, und auch der preußische Landtag wird hoffentlich auf Grund der Anträge seiner Mittel- und Rechtsparteien doch noch zu entgegengesetzter Auffassung kommen.«

Die preußischen Zensuranträge, auf die angespielt wird, hatte bekanntlich das Zentrum eingebracht. Und der Frauenkampfbund steckte dahinter. Er verschickte im Januar 1928 einen »Weckruf an die berufenen Hüter des Glaubens, der deutschen Sitte und der deutschen Seele«; und er ließ darin klar durchblicken, daß er von der evangelischen und katholischen Geistlichkeit energische Unterstützung erwarte. »Wir hören oft predigen, daß jede einzelne Menschenseele unendlichen Wert hätte ... Wir brauchen nicht Männer, die mit uns klagen, sondern Männer, die für und mit uns handeln ... Rücksichtnahme der Kirche auf die finanziellen Knebelungsversuche politischer Hintermänner muß wegfallen ... Ewige Werte müssen allem andern vorangestellt werden ... Es ist hohe Zeit, daß die Kirche von Amts und Berufs wegen geschlossen aufsteht und sagt: Bis hierher und nicht weiter!«

Der Sinn des Weckrufs ist: Die von Offiziers- und Militärvereinen mobilisierten Frauen nötigen die Geistlichkeit zu einer christlich-nationalistischen Allianz, deren Einfluß es gelingen soll, die Regierungen ihrerseits zu einer Art von kulturellem Staatsstreich zu nötigen. Erst wird die Kirche eingeschüchtert, und mit ihrer Hilfe hofft man, den Staat einzuschüchtern. »Eingaben an den Reichstag, die Landtage, Justiz- und Polizeibehörden gegen die Zersetzung und Verderbung der deutschen Seele« sind geschehen und geplant, ebenso Massenkundgebungen, Vereinsvorträge, Schriften: »Kinos, Theater, Feste, Bälle, Presse, Literatur, Kioske, Buch- und Papierläden« werden von zu bestimmenden Personen aus den Gemeindevereinen oder Kirchenvorständen unter Bildung von Arbeitsausschüssen beobachtet; gegen jede bemerkte Unsittlichkeit wird schriftlich oder mündlich protestiert ... Auf die öffentlichen Verwaltungen (Eisenbahn, Stadt) wird einzuwirken sein ... Aufklärung auch der entkirchten Gemeindemitglieder ... Förderung der deutschen Sippen- und Familienkunde ... Pflege des Volksliedes ... Die eingehenden Vorschläge und Mitteilungen sollen zu einem Plane gemeinsamen Vorgehens in großem Stile verarbeitet und in geeigneter taktvoller Form in öffentlichen Kundgebungen erörtert werden. Es soll dadurch die Zustimmung der Öffentlichkeit zu den Anforderungen, die an Gesetzgebung und Verwaltung gestellt werden müssen, herbeigeführt werden.

Die Generalsgattinnen haben bei ihren Familienvorständen, wie man sieht, Strategie gelernt. Zu Hause haben sie sicher Karten vom innern Kriegsschauplatz, und wenn die Geistlichkeit von Frankfurt am Main gegen Hasenclevers »Ehen werden im Himmel geschlossen« protestiert oder die christlich-militärische Jugend von Hamburg Bruckners »Verbrecher« mit

Stinkbomben belästigt hat, schmeißen die Heerführerinnen ihre Möpse vom Schoß und stecken Fähnchen. Sie sitzen in der Etappe und schicken die Pfarrer an die Front. Die Pfarrer müssen vor, ob sie wollen oder nicht, sonst verlieren sie ihre weibliche Kundschaft.

Ihrem Weckruf ist eine Beispielsammlung angegliedert, die, zur gefl. Verwendung, Autornamen, Titel literarischer Arbeiten und Kostproben des »Volksgiftes« enthält. Der erste Abschnitt behandelt und benennt Gotteslästerungen: Hasenclevers »Ehen werden im Himmel geschlossen«, Egon Erwin Kischs »Himmelfahrt der Galgentoni«, Klabunds »Harfenjule«, Zuckmayers Gedichte etcetera. Dann folgen andre Sammelrubriken, zum Beispiel: »Planmäßigkeit der Entsittlichung« und »Was alles heute zur Literatur gerechnet wird«. Da findet man Bruckners »Verbrecher«, Äußerungen von Magnus Hirschfeld bis zu Landsberger und Rideamus, Heinrichs Manns »Bibi«, Rehfischs »Frauenarzt«, Proben von Meyrinck, Iwan Goll, Jacob Haringer, Weinert, Hiller.

Die Schlußrubrik führt den gelungenen Namen: »Schmutzsonderklasse« und nennt Polgar, Tucholsky, Klabund, Kästner. Daß Weltbühne, Simplizissimus, Literarische Welt, Rote Fahne, Welt am Abend, Montag Morgen als gefährliche Blätter gebrandmarkt werden, ist selbstverständlich.

Die Offiziersfrauen und die Pfarrertöchter sind klar zum Gefecht, und die Frau Vereinsmeier wetzt das Küchenmesser. Die Literatur soll um ein Glied kürzer gemacht werden. Die Schriftsteller des zwanzigsten Jahrhunderts sollen Sopran singen. Pfui, meine Herren Damen!

Wenn die Führerinnen des Bundes in Küche und Kammer mehr zu tun hätten, hetzten sie uns jetzt nicht die Parteien und den Staat auf den Hals. Sicher sind auch ehrliche Frauen dabei, die nur ein bißchen beschränkt sind. Sie sollten aber aus ihrer Dummheit keinen Beruf machen! Bevor sie nicht in aller Öffentlichkeit, und notariell beglaubigt, erklären: sie hielten Lessing, Goethe und Schiller ebenfalls für Kulturbolschewisten und Libertins und deren Werke in großen Teilen ebenfalls für volksvergiftend, solange ist ihre Bewegung von Grund aus verlogen. Sollten sie aber diese Erklärung abgeben wollen, dann stecke man sie, wegen Gemeingefährlichkeit, umgehend ins Sanatorium.

Fort Douaumont, 12 Jahre später

Es stand bei uns schon fest, bevor wir nach Paris fuhren, in Verbindung mit dieser Reise die Schlachtfelder aufzusuchen. Auf der Hinfahrt (durch Belgien, an Lüttich und Namur vorbei) war nichts allzu Auffälliges zu sehen. Erst in der Nähe von Paris, so bei St. Quentin, erblickten wir zerschossene Kirchen, zertrümmerte Häuser, Bäume ohne Wipfel und hier und da einen Bodenstreifen, der ein ausgefüllter Schützengraben sein konnte. Landschaft und Gebäude waren großenteils schon wieder »repariert«.

Auf der Rückfahrt von Paris schlugen wir eine andere Richtung ein. Wir reisten durch die Champagne, nach den Argonnen, und verließen den Zug in Verdun. Hatte schon die Fahrt bis zu dieser jahrelang umkämpften Festung einen viel tieferen Eindruck hinterlassen als die Tour durch Nordfrankreich, so stand uns jetzt ein Anblick bevor, den wir jedem wünschen, der gesonnen ist, den Krieg leichtfertig als eine unvermeidliche Laune der Geschichte hinzustellen, und dessen Erinnerungsvermögen nicht ausgereicht hat, vier Jahre unmenschlichen Mordens im Kopfe zu behalten. Stundenlang kann man hier im Umkreise fahren, und überall sieht es – soweit die Natur nicht mildernd eingreift – noch so aus wie in den Tagen, als Douaumont fiel. Die Bühne blieb erhalten, auf der das scheußliche Welttheater stattfand. Sie blieb so erhalten, wie man Wälder mit seltenen Tieren und Pflanzen erhält. Die Landschaft um Verdun kann, im Gegensatz zu diesen Naturschutzparken, ein »Kulturschutzpark« genannt werden. Die Schuljugend der ganzen Welt sollte man – wie früher uns in »Wilhelm Tell« – hierher führen, daß sie diese meilenweit von Granaten umgepflügte Erde sähe; die unabsehbaren Gräberreihen mit den dünnen, monotonen Holzkreuzchen; die Laufgräben und Sappen, in denen Kulturmenschen wie Wilde gekrochen sind; und nicht zuletzt die Sorte von Besuchern, die sich, in allen möglichen Stellungen, Arm in Arm wie Hochzeitspärchen, vor den Trümmern von Panzertürmen und an Stacheldraht und spanische Reiter gelehnt, photographieren lassen.

Am tiefsten erschraken wir – obwohl es wahrhaftig Schrecklicheres zu sehen gab –, als auf unserer Fahrt der Wagen das eine Mal anhielt, der Chauffeur sich umwandte, auf Gesträuch, Löwenzahn und Gestrüpp wies und erklärend hinzufügte: »C'est Fleury.«

Das war das Dorf Fleury. ... Auch nicht ein Stein war weit und breit zu sehen! Der Boden war ganz und gar überwachsen. Lustige gelbe Blütensträucher wucherten zwischen dem jungen Grün zahlloser niedriger Büsche. Das Dorf war von der Erde wie weggefegt. Es war, wie man so schön sagt, in die Luft geflogen. Bis zum Horizont, nach allen Seiten, nichts als dichtgrüne Hügel, mit Blumenflecken und manchmal einem Schmetterling. Ein Grab, nach Kilometern zu messen.

Ein zweites Mal hielt der Wagen, und der Chauffeur sagte: »Das ist das Dorf Douaumont.« Und wieder sah man nichts als grüne Hügel und Sträucherwellen.

Erst eine Viertelstunde weiter tauchten Häuser auf. Das heißt, Häuser konnte man es eigentlich nicht nennen. Es waren Hütten, aus Wellblech zusammengeflickt, das die zurückgekehrten Bauern reichlich vorfanden. Und an einem dieser Blechställe stand das Wort »Ecole«. Die Schule der zerstörten Ortschaft wurde also in einer Art Hundehütte untergebracht, während die Kriegsdenkmäler, die nicht weit davon errichtet wurden, aussehen, als hätte man sich vor Geld nicht retten können. Das »Ossuaire du Douaumont« – die Knochenkammer also, in der die Reste von unkenntlich zerfetzten Soldaten ganzer Bataillone kästenweise übereinander stehen, ist eine turmgekrönte Riesenhalle, deren Ausmaße und Geschmacklosigkeit unentschieden wetteifern.

Davor liegt einer jener endlosen Friedhöfe, mit seinen Tausenden von Kreuzen. Und wenn man einen der Namen auf einem der Kreuze liest, und nur an das eine Schicksal denkt, das hier unterbrochen wurde, und dann zum nächsten und dann zum übernächsten Kreuz tritt, so hat man einfach nicht mehr den Mut, den Blick zu heben und über die zahllosen Kreuze schweifen zu lassen, die hier nebeneinander stehen, und die doch nur einen kleinen Teil des Elends und der Toten bedecken, die jener Krieg gekostet hat.

In Köln sahen wir, in der Kirche der Heiligen Ursula, auch eine Knochenkammer. Die Decke und die Wände sind vergittert, und hinter ihnen erkennt man die Schulterblätter, Rippen und Schenkelknochen der dreihundert Begleiterinnen, die der Heiligen ins Unglück folgten. Und in einzelnen Glaskästen liegen, mit goldgestickten Purpurbändern umwunden, einige Frauenschädel. Die Kirche hat verstanden, ihre Märtyrer in Andacht fordernder Weise beizusetzen; sie hat es verstanden, Grauen und Glanz zu kommandieren, wenn es galt, die Massen suggestiv zu beeinflussen.

Aber diese Grabmäler, die in und um Verdun erbaut wurden, sind protzige Angelegenheiten. Und nicht das Mindeste haben sie mit den Hunderttausenden zu tun, die in diesen Wäldern begraben, verscharrt und zersplittert liegen!

Am abstoßendsten und zugleich am dümmsten wirkt der architektonische Versuch an der »Tranchée des bajonettes«. Hier wurde eine Kompanie französischer Infanteristen verschüttet, die in einer Sappe Gewehr über marschierte. Und noch heute ragen die Flintenläufe und die aufgepflanzten Bajonette, unheimlich und kaum erträglich, aus der Erde heraus. Diesen Anblick zu erhalten, ließ ein amerikanischer Gönner eine riesige Steinplatte darüber legen, die auf kniehohen Sockeln ruht. Und wer die »Tranchée des bajonettes« sehen will, muß sich kauern oder bücken, als suche er einen Kragenknopf unterm Sofa.

Am besuchtesten sind die Forts. Natürlich nur diejenigen, die seinerzeit von den deutschen Armeen zerschossen und eingenommen worden sind. Denn die andern sind weiterhin verborgen gelegen und werden »für künftige Fälle« in gutem Zustande erhalten. Verdun wimmelt von Militär. Zuavenregimenter, Artillerie und Fliegertruppen herrschen vor. Ein großer

Teil der Zivilbevölkerung lebt noch vom Krieg. Postkartenkioske, Autobusse und Autodroschken, die die »Battlefields« befahren, sind das Wichtigste.

An den Forts steigt man aus. Soldaten kommen mit Bergwerklampen und führen die Besucher wie durch Museen. Aber was für Museen sind das! Zerschossene Betondecken, vergaste Keller, Reste von unterirdischen Schlafräumen, zerfetzte Telephonzentralen, eine kleine kümmerliche Kellerkapelle – von den Deutschen respektiert, wie der Begleitposten lobend bemerkt –, Räume mit 42-Zentimetergeschossen, anderen Blindgängern und riesigen aufgerissenen Granatwänden.

Welche Vorstellungen haben wir uns damals von diesen Forts gemacht, als es hieß, Baux und Douaumont würden umkämpft und die Opferzahl sei groß? Es waren kleine Beton- und Panzergewölbe, nicht größer als die Kellerkomplexe von Mietshäusern. Kaum hundert Menschen hatten hier Platz. Das Wasser lief von den Wänden. Der Kommandant wohnte in einer Gefängniszelle. Der Arzt hauste in einem Verschlag über dem Krankenraum und mußte eine Leiter anlegen, wenn er hinauswollte.

Und wie es hier zugegangen sein muß, wenn von innen und draußen geschossen wurde; wenn Verwundete dalagen, wenn kein Wasser mehr da war und Gasgranaten einschlugen, das ist unvorstellbar. Es gibt mehrere Dichtungen, die sich mit dem Kampf um den Douaumont beschäftigen und den Irrsinn nachbilden wollen, der auf diesem Fleck Erde die Menschen schlug. In einer Novelle von Fred Hildenbrandt, erinnere ich mich, sucht ein Kriegsteilnehmer, der bei Verdun dabei war, dieses Gelände auf, verläßt nachts, während die anderen Reisenden schlafen, das Hotel, wandert zu den Forts hinaus und wird hier, noch einmal, von dem Wahnsinn gepackt, der ihn damals trieb. Er schleicht, springt auf, wirft sich hin, schreit, stöhnt, liegt still, stürmt und wiederholt alles, was er damals tat, in einem gespenstischen Anfall.

Wer heute durch dieses Gelände fährt, wird begreifen, daß dergleichen geschehen kann. Er wird sich sogar wundern, daß es nicht und nicht öfter geschieht. Und er wird sich noch mehr wundern, daß zwölf Jahre nach diesem Wahnsinnsanfall der Völker, während die Schlachtfelder noch so daliegen wie sie seinerzeit verlassen wurden, viele Menschen vergessen haben, was damals wirklich war.

Denn, wir wollen uns ja nicht täuschen: Von den Hunderttausenden, die den Krieg heute in Kriegsromanen nachlesen, dringt den meisten die Erinnerung nicht bis ins Herz. Sie erleben Literatur als Literatur. Sie sagen: »Grauenhaft!« und denken eine Minute später an Erdbeertorte mit Schlagsahne.

So geht es nicht! Wenn doch viele mithülfen, das unsichtbare Kriegsdenkmal aufzurichten, das trotzdem alle sehen!

Chaplin in Kopenhagen

Vor einer Woche ging ich noch auf der Vesterbrogade spazieren, in Kopenhagen. Diese Stadt zeichnet sich, neben ihren sonstigen landschaftlichen und architektonischen Vorzügen, auch dadurch aus, daß man in ihr, so oft man sie besucht, Filme sehen kann, die man bei uns in Deutschland noch nicht oder überhaupt nicht zu sehen bekommt. Dieses Mal sah ich den amerikanischen Tonfilm »Show-Boat«, dessen Berliner Aufführung durch den rühmlich bekannten Tonfilmkrieg verhindert wird, und den Chaplinfilm »The Pilgrim«, der uns seit Jahren aus unbekannten Gründen vorenthalten wird.

Das Kopenhagener Publikum läßt sich nichts vormachen, und so pfiff es denn auch nach der Premiere des Tonfilms »Show-Boat«, daß die Leinwand wackelte. Die Rührseligkeit trieft dem Film vom »Komödiantenschiff« (nach dem Roman von Edna Ferber) aus allen Öffnungen; es wird in einem weg geschluchzt; das Schicksal des Mannes, der das Spielen nicht lassen kann und das Geld der Schwiegermutter durchbringt, interessiert keine Katze, denn wer von uns ist schon ein Spieler mit reicher Schwiegermutter? Und wenn die verlassene junge Frau, um ihr Kind zu ernähren, Varietésängerin von Weltruf wird, so muß man sich doch sehr wundern. Denn man hört sie ja, dem Tonfilm sei es geklagt, wirklich singen! Also, mit der Stimme, Laura La Plante, wird man bei uns notfalls eine gute Tennisspielerin, aber eine Sängerin mit phantastischer Gage? Die Rahmenszenen, die auf dem Show-Boat selber spielen, das mit seiner Theatertruppe den Mississippi langfährt und die Negerdörfer mit Kunst heimsucht, sind, weil das Sujet uns fremd ist, interessant; und ein paar Negerlieder (»Old man's river« usw.) bezaubern durch echte Sentimentalität. Aber alles andere ist zum Übelwerden süß; und wir wollen den Mund rechtzeitig zum Pfeifen spitzen, falls das Schauboot auch nach Deutschland hereinfahren sollte.

Aber nun – Chaplin in »The pilgrim«, Chaplin als flüchtiger Sträfling und unfreiwilliger Pastor! Daß wir diesen Film nicht zu sehen kriegen, ist ein wahrer Jammer! Charlie ist flüchtig, hat einem badenden Prediger den Anzug und den frommen Hut geklaut; stiefelt los; kauft ein Eisenbahnbillet, irgendwohin; kriecht, versehentlich und aus alter Trampgewohnheit, unter den Wagen, statt in ihn hinein, und zeigt dem Schaffner von dorther die Fahrkarte. Er setzt sich dann doch ordnungsgemäß in ein Coupé, erblickt, in der Zeitung des Nachbarn, seinen Steckbrief, steigt aus und wird von einer Menschenmenge umringt. Jetzt ist's aus! denkt er. Aber er irrt sich; man hält ihn für den heißersehnten neuen Prediger und schleppt ihn, unterwürfig, in die Kirche. Diese Szenen sind erschütternd: Der flüchtige Sträfling in der kirchlichen Uniform, die ihn, den Verfolgten, sakrosankt und respektabel macht; das Predigerkleid und der kleine Mann darin, der andauernd vergißt, wie eindrucksvoll und ehrbar er ausschaut.

Die Gemeinde erwartet eine Predigt von ihm. Er schwitzt Blut, schlägt die Bibel auf und findet die Stelle von David und Goliath. Und nun erzählt er den Andächtigen die Geschichte, wie er sie sieht. Er bückt sich, um zu zeigen, wie klein David war; er reckt sich und zeigt mit der Hand über sich hinaus, um Goliaths Größe zu markieren; er tritt bald nach links, blickt klein und unerschrocken nach oben, dann ist das David; er tritt nach rechts, blickt wie Napoleon und tief hinunter, dann ist das Goliath. Das Gespräch wird erregter. Chaplin hüpft zwischen seinen Rollen hin und her. Der braven Gemeinde rollen die Augen aus dem Kopf. Das soll der neue Pastor sein?

Und nun beginnt der Kampf. Chaplin ahmt die Schleuderbewegungen Davids nach, wird frech, mißt die Entfernung und wirft – bums! Chaplin wird wieder Goliath, verdreht die Augen, deutet das Umsinken des Riesen an. Da liegt er! Und Chaplin verbeugt sich vor den unsichtbaren Israeliten und der sichtbaren und sichtbar verlegenen amerikanischen Gemeinde. Diese stumme Erzählung, nur durch Gestikulation erreicht, ist beredsamer als alle gesprochenen Dialoge der Weltliteratur zusammengenommen. Und ihre Komik ist von erhabener Größe.

Chaplin bleibt Prediger, obwohl die Kirchenältesten mißtrauisch geworden sind; er verliebt sich, will ein bürgerlicher Mensch werden; da taucht ein Zellengenosse auf, macht Chaplins gute Absicht zunichte; er wird erkannt und vom Sheriff zum Gefängnis zurücktransportiert. An der mexikanischen Grenze läßt ihn der Sheriff laufen. Er will es erst gar nicht glauben und kommt wieder. Dann springt er aber glücklich, am Grenzpfahl vorbei, nach Mexiko hinüber. Endlich in Sicherheit! ruft er. Da springen Räuber aus den Büschen. Die Luft schwirrt von Revolverkugeln. Es gibt Tote ... Chaplin rennt fort, steht wieder auf amerikanischem Boden. Hier wartet das Gefängnis, dort die Todesgefahr! Was tun?

Da kommt ihm eine Idee: Er läuft auf der Grenze entlang ins Ungewisse und achtet sorgfältig darauf, daß er mit dem linken Bein in Amerika und mit dem rechten in Mexiko bleibt ... So sieht unser Schicksal aus: der Marsch ins Ungewisse, auf Messers Schneide. Und Chaplin fand das Bild dafür, das dem, der es sah, unvergeßlich bleiben wird.

Gentlemen prefer peace

Doktor Robert Klein läßt im Deutschen Künstlertheater das englische Kriegsstück »Journey's end« spielen. Ergebnis: die »andre Seite« scheint auch keine brauchbaren Kriegsstücke zu haben. Der Autor, R. C. Sherriff, schrieb das Drama als Bankangestellter für seinen Club, staunt noch heute, ungläubig, über den daraus entstandenen Welterfolg und tut recht daran. Er schrieb ein Clubstück. Er beschrieb den Krieg als Weekend mit tödlichem Ausgang.

Englischer Offiziersunterstand; Grünkernsuppe, gebratener Schinken und Koteletts, daß es nur so duftet; als Nachtisch leider nur Büchsenpfirsich; zum Teufel, warum nicht Ananas? Der Whisky fließt. Der Sekt strömt. Der Koch rennt. Nur mit den Möbeln hapert es. Nun, vom Weltkrieg kann man kein Chippendale verlangen.

Mitunter schießen die Deutschen. Mitunter fällt ein Herr Kamerad. Also bekommt mans mit der Angst. Der eine simuliert Migräne, der andre säuft sich, der Dritte frißt sich dämlich, der Vierte ist Oberlehrer. So tut jeder was er kann, die Angst zu überkompensieren. Die Pflicht, sich erschießen zu lassen, ist kein Problem. Man macht sich besoffen; mit Alkohol, mit Revolvervorhalten, mit Heldenverehrung und Nacktphotos. Die Angst, die man hier hat, ist privat und unproduktiv.

Die Aufführung ist nur als Konjunktur verständlich. Mit irgend einer Gesinnung hat das Stück nichts zu tun. Es ist Weltkrieg als Historiendrama. Von gestern. Nicht für heute. Mit Menschen, die nur deshalb keine Helden sind, weil sie zu nervös wurden. Zum Schluß wird sogar geschossen. Die Ruhe vorher wirkt nicht lähmend, wie sie sollte. Es ist anspruchsvolle, wirkliche Ruhe. Die Granaten kommen aus heiterem Himmel. Der Weltkrieg als Kammerspiel. Mit Ulk und dummer Privathandlung.

Hilpert, der Regisseur, hat alle diese Schwächen vorzüglich inszeniert. Kayßler spielt den fatalistischen Oberlehrer, den sie »Onkel« nennen, unbeschreiblich geschmackvoll. Die Aufführung dient dem Stück, ohne dem Krieg zu schaden. Wenn sie nicht so gut wäre, wäre sie besser.

Buster Keaton gehört neben Chaplin

Aus dem Wust von Theater, der dem Publikum schon bis zum Halse steht, hebt sich ein Film. Er überragt an Humor, an Lebendigkeit und tiefem Sinn alles, was gegenwärtig auf den Bühnen vor sich geht. Er zeigt Buster Keaton als »Filmreporter«.

Buster Keaton (der Mann, der nicht lachen kann) beginnt in diesem Falle als hungernder Photograph, der Passanten knipst; er verliebt sich in ein Mädchen, das in einer Gesellschaft für Filmwochenschau Sekretärin ist; er kauft sich einen antiken Kurbelkasten und dreht, was ihm vor die Linse kommt; er hat natürlich Pech, wird hinausgeschmissen, steht schon wieder mit dem einer Granate ähnlichen Photoapparat auf der Straße, – da holt man ihn begeistert zurück: in der einen Kassette hat man die Aufnahmen einer Revolte im Chinesenviertel gefunden! Buster Keaton hat's geschafft.

Ein reichlich simpler Stoff nicht wahr? Interessiert uns Durchschnittsmenschen europäischer Herkunft nicht einmal besonders. Denn wer von uns trägt schon den Marschallstab im Kurbelkasten? Und trotzdem wackelt das Kino vor Gelächter. Und trotzdem ist man mehr bei der Sache, als wenn man ein schlechtes Inflationsdrama sähe. Obwohl wir auf diesem Gebiete wahrhaftig mehr zu Hause sind. Was hilft uns die zeitliche und geographische Verwandtschaft des Geschauten, wenn es nichts taugt?

Buster Keaton dreht im Chinesenviertel New Yorks eine Revolte. Er steht, völlig gelassen, nur der Pflicht verschrieben, mitten im Feuer der Maschinengewehre. Und kurbelt. Vor ihm ringen, am Boden, zwei Chinesen. Jeder hält ein Messer in der Hand, um den andern umzubringen. Keaton senkt den Apparat und kurbelt. Es wird eine interessante Aufnahme werden … Da entfällt einem der Ringer der Dolch. Sein Schicksal scheint besiegelt. Aber Buster Keaton hebt das Messer auf, drückt es dem Mann wieder in die Hand und kurbelt weiter. Noch ein paar Meter Film!

Dieser gelassene Zynismus; dieser Sieg des Willens zum Erwerb, der nicht nach den Folgen fragt, die den anderen daraus erwachsen werden, – er wirft die Zuschauer einfach um! Der alltägliche Egoismus ist in dieser Szene auf eine höllische Formel gebracht. Man erschrickt vor sich selber. Ein Filmkomiker klagt die Menschheit an! Mit einem Witz!

Was wissen wir vom Baseball-Spielen? Nichts. Nun, Buster Keaton gerät ins Stadion, um so ein Match aufzunehmen. Leider hat er das Datum verwechselt. Und er steht mutterseelenallein in dem Riesenring. Die Tribünen gähnen. Und – da fängt er an, allein zu spielen. Ohne Geräte, ohne Partner. Ihm ist schon alles gleich. Er schlägt unsichtbare Bälle, er beschimpft unsichtbare Gegner. Er gerät in den Sport-Taumel, hüpft, wirft, läuft, als gälte es das Leben, um die große Bahn! Es ist gespenstisch. Und man lacht auf betroffene Weise. Man lacht den Mann nicht aus. Wer fing nicht schon einmal völlig sinnlose Dinge an, als er sah, er hatte was versäumt?

Buster Keaton will mit seiner Flamme ins Bad gehen. Sie hat versprochen, ihn anzuläuten. So sitzt er nun, fix und fertig, am Sonntag früh, viel zu früh, auf einem Stuhl und wartet. Das Telephon befindet sich drei Stockwerke tiefer. Da klingelt's! Man sieht das ganze Treppenhaus. Und einen kleinen Mann, der die Treppen hinunterrast. Sie ist's. Ja, wenn er kommen wolle … Und während sie weiterspricht – sie sei schon angezogen; ob er lange brauche usw. – rast Buster Keaton durch New York. Sie plaudert lächelnd, glaubt, er sei am andern Ende, – doch er fliegt durch die Stadt, die so groß ist wie ein ganzer Staat. Zusammenstöße, Verfolgungen, Akrobatik, immer weiter! Und als sie ins Telephon flüstert: »Wann kommen Sie nun also?« da steht er schon hinter ihr, auf ernsthafte Weise verliebt, und zieht den Hut. Freundlicher und verliebter kann man das Verliebtsein nicht verspotten.

Ich beschrieb hier nur drei Beispiele aus einem Film, der ihrer noch viel mehr enthält. Daß Buster Keaton nicht lachen kann, war früher einmal ein Varietétrick. Heute ist es die repräsentative Haltung eines Künstlers, der dem andern, Charlie Chaplin, immer näher rückt. Sie erheitern uns und erschüttern uns doch. Sie erschüttern uns und machen doch Geschäfte. Sie machen Geschäfte und sind doch die beiden tiefsten, menschlichsten Künstler, die gegenwärtig unser Globus aufzuweisen hat.

§ 218
Cyankali

Der größte Theatererfolg der vorigen Saison war Lampels »Revolte im Erziehungsheim«. Der größte Erfolg der gegenwärtigen Spielzeit ist Friedrich Wolfs »Cyankali. § 218«. Das Stück von der Fürsorge-Erziehung schrieb ein ehemaliger Fürsorge-Lehrer; das Stück gegen den Abtreibungsparagraphen schrieb ein Krankenkassen-Arzt. Daß Lampel und Wolf Schriftsteller sind, ist im Hinblick auf ihre erfolgreichen Tendenzstücke unrichtig. Denn sie schrieben »Revolte« und »Cyankali« nicht als Schriftsteller, sondern als sozial fühlende Fachleute. Beide Dramen sind kunstlose Arbeiten. Ihre Wirkung hat mit Ästhetik nichts zu tun. Durchschlagend machte sie einzig die Echtheit des sozialen Gefühls und der stofflichen Darstellung. Lampel und Wolf lieferten, aus Erfahrung und Anteilnahme heraus, exemplarische Tendenzstücke. Die »Revolte« hatte eine staatliche Prüfung der Fürsorgeanstalten zur Folge und Diskussionen im Parlament. »Cyankali« wird bestimmt eine stärkere Erörterung des Abtreibungsparagraphen und seiner Grausamkeit nach sich ziehen.

Das Theater vermag es also, die Gesetzgebung und die innere Politik zu beeinflussen! Es gibt also Beispiele, daß die Literatur ins Leben und seine staatliche Organisation bessernd eingreift! Der Schriftsteller ist nicht ausschließlich dazu verurteilt, Unterhaltung zu liefern oder nicht ernst genommen zu werden! Diese Erkenntnis ist geeignet, die mutlos gewordenen Literaten zu ermutigen und tief zu erschüttern. Ihre Tätigkeit kann also doch wieder Sinn bekommen? Ihr Beruf kann also doch wieder nützlich werden? Sie sind also doch etwas mehr als bloße Gesinnungsrezitatoren, die, im Ernstfalle, keiner beachtet?

Am Schluß der Cyankali-Aufführung, die ich besuchte, schrie eine Stimme vom Balkon: »Nieder mit dem Paragraphen 218!« Und ein tumultuarischer Chor von Mädchen- und Männerstimmen rief: »Nieder mit ihm! Nieder! Nieder!« Und die Zeitungen greifen das Thema wieder auf. Und die Ärzte werden antworten. Und die juristische Reichstagskommission wird Arbeit bekommen und erneut Stellung nehmen müssen. Durch ein Theaterstück veranlaßt! Das macht wieder Mut.

Das Verdienst, die beiden Stücke herausgebracht zu haben, gehört der »Gruppe junger Schauspieler«. Und auch das ist schön und seltsam. In einer Stadt mit mehr als 30 staatlichen, städtischen und privaten Theatern mietet sich eine Gruppe stellungsloser junger Darsteller eine Vorstadtbühne und erobert, ohne Mätzchen, nur mit Charakter und Ernst behaftet, das verwöhnte, gelangweilte Publikum. Die anderen Bühnen verschwenden das Geld an Stars, Maschinen und Tamtam. Die »Gruppe junger Schauspieler« spielt ohne das alles und siegt! Es ist wie ein Märchen! Hoffentlich bleibt es lange so.

Friedrich Wolfs »Cyankali« ist, kurz, die Darstellung eines Vergehens gegen das keimende Leben mit tödlichem Ausgang. Ein Proletariermädchen – sie stellungslos, der Freund stellungslos und wegen Streikverbrechens verfolgt – geht zum Arzt, der nicht hilft, und zu einer Hebamme, die nicht hilft. Eigene Eingriffe nützen nichs. Sie irrt tagelang umher. Sie kehrt nach Hause zurück. Sie stirbt an Cyankali-Vergiftung, im Kindbettfieber. »Zehntausend Frauen müssen so jährlich sterben. Hilft uns denn niemand?« Das sind ihre letzten Worte. Sie flüstert sie nur in das Dunkel des Zuschauerraums hinein. Aber sie wirken stärker als Donnerschläge. Und wenn, mitten im Stück, ein Arbeiter einem Arzt zuschreit: »Ein Gesetz, das jährlich 800 000 Frauen zu Verbrechern macht, ist kein Gesetz mehr!« so geht eine Welle stummer, verzweifelter Empörung durchs Theater, und diese Empörung bleibt und wird praktische Folgen haben. Ein paar statistische Zahlen werden nur genannt; ohne raffinierte Verbrämung; im rechten Augenblick. Und die Zuschauer frieren vor Erschütterung.

Die »Gruppe junger Schauspieler« hat in den letzten Monaten ihren ersten Führer und andere gute Leute eingebüßt. Sie wurden von großen Theatern wegengagiert. Und sie gingen! Aber schon sind neue Kräfte da, ebenso begabt, ebenso besessen. Die »Gruppe« ist wieder vollzählig. Ihre Wirkung ist nicht erlahmt. Sie wird ihre Aufgabe weiter erfüllen. Hier geht's um viel mehr als nur um Theater spielen. Hier kämpft die Menschlichkeit gegen die Schlafsucht!

»Die Unüberwindlichen« von Karl Kraus

In einer Morgenfeier der Berliner Volksbühne wurde die Erstaufführung der »Unüberwindlichen« von Karl Kraus mit ungewöhnlicher Begeisterung aufgenommen. Das Stück ist und die Darstellung war bestimmt beifallswürdig. Aber der Applaus war noch stärker. Er war, in seinen Ausschreitungen, Wiener Herkunft. Kraus ist der Sprach- und Sittenreiniger Wiens: die Pflege der Sprache gilt ihm als ethischer Dienst und die stilistische Analyse als moralische Untersuchung. Er ist, in den Augen seiner Gemeindemitglieder, ein Prophet. Ihre Zuneigung zu dem Führer nimmt häufig fanatische Formen an. Und da viele geistige Arbeiter Wiens – Schriftsteller, Maler, Schauspieler, Journalisten, Studenten, Regisseure – heute nach Berlin übergesiedelt sind, hatte der Premierenbeifall dialektische Färbung.

Kraus' Stück will das Schicksal des Erpresserjournalisten Bekessy, seine Zusammenarbeit mit dem Polizeipräsidenten Schober, der mittlerweile schon Ministerpräsident geworden ist, und ihre Frivolität dramatisieren, die im Juli 1928 neunzig Menschen das Leben kostete, als der Kampf um das Justizpalais tobte. Kraus hat die Namen der Hauptbeteiligten ein wenig maskiert; Bekessy heißt bei ihm Barkassy, Schober heißt Wacker, Castiglioni heißt Camillioni, und Kraus, das Gewissen der Stadt, taucht in der Figur des Schriftstellers Arcus auf der Bühne auf.

Ein Stück Stadtgeschichte wird vorgestellt. Die Hyänen, die

das nachrevolutionäre Schlachtfeld unsicher machten, werden im Theater hinter Gittern gezeigt. Stilistisch ist das dem Stilkünstler Kraus gelungen. Er bedient sich ihrer Sprache, er verwendet Dokumente, er parodiert, durch eigene Zutat, ihre Eigenart. Und aus dem, was sie reden, tritt ihr Wesen. »Das Dokument ist Figur geworden, Berichte erstanden als Gestalten, die Phrase steht auf zwei Beinen«, schreibt er im Vorwort der Buchausgabe. Es ist schon imposant, diese Verbrecher und Politiker an ihrer Phraseologie zu erkennen. Ihre Syntax, ihre Redensarten, ihre stehenden Wendungen reichen hin, die dahinter verborgenen Charaktere deutlich zu sehen. *Dramatisch* ist Kraus die geplante Anklage weniger geglückt. Seine sprachliche Einfühlung hat ihn, trotz aller Übertreibungen, zu einer Objektivität geführt, die den Zuschauer zu sehr zum Lachen, zu wenig zur Empörung nötigt.

Dazu kommt, daß das Stück mangelhaft komponiert ist. Es befleißigt sich meist der Wirklichkeit; es soll real wirken. Plötzlich fangen dann aber die Erpresser und Polizeipräsidenten an, Chansons zu singen, und es entsteht eine politische Operette. Dann wieder beginnen zwei Konzeptsbeamte im Chor zu sprechen, und statt dem Präsidenten das Treuegelöbnis seiner Beamten vorzutragen, berichten sie, inmitten einer weihnachtlichen Festversammlung, von dem schauerlichen Hinmorden der neunzig Menschen vorm Justizpalast. Und da wird aus dem Stück – es ist sein Höhepunkt – eine Tragigroteske, gespenstisch und ergreifend. Aber der Gesamteindruck wird beeinträchtigt. Ferner: Die ersten drei Akte beschäftigen sich ausschließlich mit dem Erpresser und dem Kampf von Kraus gegen ihn und die Verschleppungsmethoden Schobers. Im letzten Akt fällt dieses Thema fast völlig unter den Tisch. Und die Justizpalastaffäre bricht los. Der vierte Akt ist ein völlig neues Stück, allerdings mit den alten Personen. Und dieser Einakter allein hätte den Applaus verdient, der dem ganzen Stück, in übertriebener Weise, zuteil wurde. Oder müßte man Wiener Bürger sein, um ihm voll zuzustimmen? Aber spräche diese Einschränkung nicht ebenso gegen eine Überschätzung des Dramas?

Die Aufführung war – abgesehen von kürzbaren Längen –

vorzüglich. Die Berliner Schauspieler sind ja bekanntlich alle aus Wien; und so blieb an Echtheit und lokalem Furor nichts zu wünschen. Besonders eindrucksvoll waren Hans Peppler als Polizeipräsident und Almas und Schweizer als Konzeptsbeamte.

»Der Kaiser von Amerika«
Shaw als Royalist?

Im Deutschen Theater wird, unter Reinhardts Regie, das neueste Stück von Shaw gespielt. Sein Inhalt könnte verblüffen; denn Shaw unternimmt nichts Geringeres, als den Parlamentarismus abzukanzeln und das Königtum über den Klee zu loben. Sein König Magnus, eine utopische Figur aus dem Jahre 2000, spielt mit den Ministern das Kabinetts, als wären sie aus Pappe. Er überwältigt sie, wie er will, so oft die Krisen entrieren, um seinen Einfluß zu beschränken, so daß sie schließlich froh sind, wenn er König bleibt, dazu noch Kaiser von Amerika wird und ihr Kabinett in Ruhe läßt. Denn es wäre ihm ein Leichtes, jeden einzelnen von ihnen zu beseitigen. Ihre Dummheit, Bestechlichkeit und Unmoral böten ihm Handhaben genug; statt dessen sitzt er, höflich lächelnd, mitten unter ihnen, wartet ab, bis sie sich losgelassen haben, nachdem sie kreischend, böse und verächtlich übereinander herfielen; macht sich ein bißchen über sie lustig und nützt seine Überlegenheit einzig und allein im Interesse der Nation aus.

Also: Shaw macht ein Kabinett, wie es ist, und einen König, wie es ihn nicht gibt, zu Gegenspielern, und freut sich diebisch, daß der König gewinnt. Schach dem Parlament! Wollte der Vorkämpfer des Sozialismus hier seine Königstreue bekanntgeben? Wollte er die Unfähigkeit vieler Parlamentarier geißeln? Die erste Frage ist verkehrt, obwohl manche Kritiker sie beantwortet haben. Die zweite Frage verdient ein Ja.

Shaw wollte den Parlamentarismus, dessen System er von jeher vertrat, warnen. Er wies in dem Stück auf die Schwäche und Unbrauchbarkeit vieler Parlamentarier, Minister und Kabinette hin und meint nun nichts als dies: »Meine Herren, wenn Sie einmal mit einem konstitutionellen Monarchen zu tun bekommen sollten, der klüger und besser ist als Sie – dann gnade Ihnen Gott!« Und damit hat er recht. Es ist ein wahres Glück für die Parlamente – Shaw meint nur die des englischen Reichs –, daß keine tüchtigeren Könige da sind! Sonst könnte es mindestens das Ansehen des Parlaments, wenn nicht die Zukunft des Volkes kosten. Und es ist gar keine Frage, daß Shaw das Stück schrieb, um als Repräsentativer, vorläufig durch die theatralische Blume, Parlamentsreformen anzuregen.

Es ist zwar »nur« ein Debattierstück. Aber was für eins! Wenn zum Schluß das Kabinett geschlossen anrückt, um dem König den ultimativ geforderten Verzicht auf sein Vetorecht abzudringen; wenn er mit Abdankung droht; wenn der Premierminister ihm droht, die Abdankung und die Thronbesteigung des Sohnes zu akzeptieren; wenn nun der König droht, er wolle sich in seinem Wahlkreise als Kandidat aufstellen lassen, eine eigene Partei gründen und womöglich als Ministerpräsident ins Schloß zurückkehren; wenn zum Schluß die Minister vor diplomatischer Unfähigkeit und Wut zittern und das Ultimatum schleunigst zerreißen – da fühlt man sich zu dem großen, etwas bösen Verstande Shaws beinahe hingezogen.

Und auch wir empfinden, obwohl wir keine Engländer sind, die Aktualität des Stückes und seiner stillen Forderung. Denn wir haben zwar keinen tüchtigen König, aber dadurch werden unsere Parlamente auch nicht besser!

Neben diesem Hauptthema erörtert Shaw allerdings und tatsächlich die Vorzüge der konstitutionellen Monarchie. Er erklärt, der König sei, beispielsweise durch seine Unabsetzbarkeit, der unentbehrliche, ruhende Pol in der erscheinenden und verschwindenden Parlamente Flucht. Aber: wie selten war die Unabsetzbarkeit der Fürsten für das Volk ein Glück, und wie oft ein Unheil? Shaw gehört zu den Autoren, die über der Freude, scharf und treffend angreifen zu können, vorübergehend vergessen, gegen wen sie fechten. Hauptsache, daß der Stich sitzt. Ob er den Feind oder einen Freund traf, ist ihnen nicht so wichtig. Es gibt solche Schriftsteller. Ihr Verstand und ihr Charakter stehen nur in loser Geschäftsverbindung ...

Die Aufführung ist ganz hervorragend. Werner Krauss als König, Max Gülstorff als Premier und Maria Bard als Mätresse leisten Unüberbietbares an geistigem und spielerischem Aufwand.

Döblins Berliner Roman

Alfred Döblin, der an Überraschungen reichste, vitalste Romanschriftsteller unserer Gegenwart, hat lange gebraucht, bis er zum »Gegenwartsroman« kam. Er entwich diesem, in seinen früheren Büchern, ins Exotische (»Die drei Sprünge des Wang-Lun«), in die Vergangenheit (»Wallenstein«), und auf grandiose Weise in die Zukunft (»Berge, Meere und Giganten«). Jetzt erst trifft er, örtlich, zeitlich und seelisch, im heutigen Deutschland ein: »Berlin Alexanderplatz« heißt das Buch (S. Fischer, Lw. 9.50); im Untertitel lautet es: »Die Geschichte vom Franz Biberkopf«. Diesen Franz Biberkopf »zu betrachten und zu hören wird sich für viele lohnen, die wie er in einer Menschenhaut wohnen ... Insofern ein gewöhnlicher Mann, als wir ihn genau verstehen und manchmal sagen: wir könnten Schritt um Schritt dasselbe getan haben wie er und dasselbe erlebt haben wie er.«

Es ist kein Zweifel: Döblin wollte einen Durchschnittsmenschen darstellen, mit durchschnittlichem Charakter, mit durchschnittlichem Schicksal; er tat's und schrieb kein Heldenbuch. Sein Mann, Franz Biberkopf, hat in Tegel eine Strafe abgesessen, weil er seine Geliebte, versehentlich, totschlug. Nun kommt er nach Berlin zurück, in die gewohnte Welt, will anständig werden, aber es mißlingt. Wieder verfällt er dem Milieu, wird Zuhälter, Hehler, Einbrecher, verliert einen Arm, weil ihn gute Freunde aus dem Auto schmeißen; und erst nachdem ihm Reinhold, eine extravagante und abenteuerliche Figur, die Geliebte ermordet hat, tritt die seelische Krise, die ihn fast das Leben kostet, ein. Als er aus der Irrenanstalt Buch, nun zum zweiten Male, nach Berlin zurückkommt, hat er die Augen geöffnet und wird sich den Schädel nicht zum dritten Male einrennen. »Bei solcher zeitgemäßen Betrachtung kommt man gänzlich ohne Erinnyen aus.« Nicht aber ohne die Umgebung; denn sie ist an Stelle der Erinnyen getreten. Und so ist die Geschichte vom Durchschnittsschicksal namens Biberkopf zugleich eine Darstellung von Berlin NO. Keine Beschreibung, bewahre! Döblin fand in Joyces Romantechnik verschiedenes, was er brauchen konnte und was ihm lag: die assoziative Schreibweise, die Darstellung des Alltags auf einer Simultanbühne. Einfacher gesagt: er kommt beim Erzählen, scheinbar absichtslos, aus dem Hundertsten ins Tausendste. Wenn seinem Franz Biberkopf irgend etwas Persönliches zustößt, so berichtet Döblin gleich noch, was am selben Abend sonst geschah: im Sport; in der Politik; wer im Hotel Esplanade abstieg; wie der neueste Schlager lautet; wer in den verschiedenen Etagen des Hauses wohnt, an dem sein Mann vorübergeht; und »ich gebe noch vorher rasch die Wetterlage nach den Meldungen der öffentlichen Wetterdienststelle für Berlin«.

So zügellos diese Manier sein mag, sie hilft erstens tatsächlich dazu, hinter, vor und neben dem Einzelschicksal eine ganze Stadt und eine ganze Zeit sichtbar zu machen; und zweitens fügt sie dem Bericht, unausgesprochen, jene Dosis bitterer Ironie bei, die Döblin für angemessen hielt.

»Und wer noch fragt, ob Gerechtigkeit auf der Welt ist, der wird sich mit der Antwort bescheiden: vorläufig nicht, jedenfalls bis zu diesem Freitag nicht.«

Lampels letztes Stück

Neue Dramen, aktuell bis auf die Knochen

Peter Martin Lampel ist nach Liegnitz übergeführt worden, weil er unter dem Verdacht steht, als Mitglied der Schwarzen Reichswehr an einem Mord oder Fememord aktiv beteiligt gewesen zu sein. Es ist bezeichnend, daß kein Mensch in der Lage ist, zu behaupten, er halte Lampel dieser Tat für fähig, oder er halte es für ausgeschlossen. Lampel ist nämlich, trotz der politisch unmißverständlichen Haltung, die seine Stücke und Bücher auszeichnet, ein literarisch völlig undurchsichtiger Charakter. Dazu kommt, daß dieser Autor, bevor er linksradikale Arbeiten schrieb, selber der Rechtsorganisation »Oberland« angehörte. Er ist ein Kriegsopfer: Flieger; pathologischer Patient; Schwarzer Soldat; Fürsorgelehrer; Renegat, auch als Schriftsteller; der Jugendbewegung nahestehend, auch in erotischer Beziehung. Niemand kann ahnen, wie dieser Prozeß ausgehen wird. Alle sind gespannt und voller Teilnahme. Denn Lampel hat, seit er als Schriftsteller hervortrat, alles versucht: fortschrittlich ins praktische Leben einzugreifen. Er schrieb zur Reform der Fürsorgeerziehung einen Buchbericht und ein Stück. Er warnte in einem anderen Stück vor dem Zukunftskrieg. Er brach ein Drama, das sich gegen den Abtreibungsparagraphen richtete, nur deshalb ab, weil er erfuhr, ein anderer Autor schreibe zu diesem Thema. Und er lieferte, zuletzt, nach einem Roman, der die Schwarze Reichswehr in Küstrin beschreibt, ein Schul-Drama. »Pennäler« heißt es und wird zur Zeit im Theater am Schiffbauerdamm ausgezeichnet zur Darstellung gebracht.

Es handelt sich um einen Schülerselbstmord; der Selbstmörder wird aber noch rechtzeitig losgeschnitten, und so hört das Stück mit einem zufälligen happy end auf. Innerlich bleibt der tragische Konflikt zwischen dem von Minderwertigkeitskomplexen geschundenen Primaner und seinem tyrannischen Vater, der sich der Familie gegenüber für sein Kleinbeamtentum entschädigt, bestehen. Wie wird sich dieser Vater ferner zu seinem Sohn stellen, nun, nachdem er gesehen hat, wohin er den armen Kerl trieb? Jetzt, wo der Stoff am interessantesten wird, hört das Stück auf.

Lampel interessieren die Stoffe nur, soweit sie in der Zeitung stehen. Er dramatisiert vermischte und politische Notizen. Er benützt die dramatischen Figuren nur. Er bedarf ihrer nur so lange, als er das aktuelle Sujet mit ihnen illustrieren muß. Er rollt, in diesem einen Stück, eine Vielzahl von Stoffen auf: Primaner-Redewettbewerb, Jugendbewegung, Politisierung der Schule, Homosexualität, den Mordfall Manasse Friedländer. Das ist ihm alles wichtig, und das ist ja auch alles wichtig! Er hat großes Verdienst um die stoffliche Aktualisierung des Theaters. Aber außerhalb dieser Sphäre hat er nicht nur zu wenig Ambitionen, sondern auch zu wenig Talent. Er lehnt sich an Wedekinds »Frühlings Erwachen«, sogar an Corrinths »Trojaner« an; nur um den Stoff so rasch wie möglich zu bewältigen. Er hat das heutige Drama verdienstlich aktualisiert, aber er hat es zugleich auch »journalisiert«. Und das ist alles andere als ein Verdienst.

Die aktuellen Dramen schießen wie Pilze aus dem Asphalt. Und keine Bühne und keine Schauspielergemeinschaft will zurückstehen. So kommt es, daß sich das Berliner Theaterleben sehr frisch, sehr bunt und sehr mobil gestaltet hat. Der Hauptgewinn entfällt aber stets auf die Spieler. Die Autoren ziehen meist Nieten oder kommen gerade mit dem Einsatz wieder heraus. Man sieht frühnaturalistische Elendsstudien (»Schlafstelle« von Hanns Minnich, aufgeführt von Alexander Granachs Novemberstudio, oder realistische Albumblätter aus dem Volksleben, aufdringlich mit Typischem überhäuft »Menschen wie du und ich« von Alfred H. Unger, aufgeführt im Deutschen Volkstheater). Diese Dramatik bringt uns künstlerisch keinen Schritt weiter. Sie erfüllt – hoffen wir es – immerhin den Zweck, künftige moderne Dramen stofflich vorzubereiten. Obwohl eher zu befürchten steht, daß sie eine vorzeitige Sättigung des Publikums mit Aktualitäten erreichen. Unter dieser Perspektive wäre fast zu wünschen, die Theater- und Studioleiter möchten etwas sorgfältiger und verantwortungsbewußter wählen, ehe sie sich zu Premieren dieser Art entschließen.

Der Dichter des Komplizierten
Zu André Gides 60. Geburtstag

In seinem Roman »Die Falschmünzer« läßt André Gide den Räsoneur des Buchs, den Schriftsteller Edouard, zum Füllfederhalter greifen und schreiben: »... Wie dereinst die Photographie den Malern die Sorge um gewisse Deutlichkeiten abgenommen hat, so wird zweifellos der Phonograph den Roman von jenen Dialogen entlasten, die Stenogrammen glichen, und auf die der Naturalismus so stolz war. Die äußeren Ereignisse, die physischen Gefahren und Katastrophen gehören zum Bereich der Kinematographen, und es ziemt sich, daß der Roman sie ihm überlasse. Selbst zur Beschreibung von Personen scheint mir der Roman keineswegs verpflichtet zu sein. Wirklich, ich glaube nicht, daß der integrale Roman (und in der Kunst wie überall hat nur die Integrität Reiz für mich) sich damit zu befassen habe ... Der Romanschriftsteller sollte sich in viel höherem Grade, als es meistens geschieht, auf die Phantasie seiner Leser verlassen.«

Und was hier die Romanfigur notiert, hat ihr Gestalter, André Gide, selber, wenn auch nicht auf theoretisch unduldsame und hundertprozentige Art, in den meisten seiner Bücher versucht. Er verließ sich auf die Phantasie seiner Leser; und es war zuzeiten sein Ehrgeiz, möglichst niedrige Auflagen seiner Bücher edieren zu lassen. Er wollte nicht von allen flüchtig gelesen, er will nach wie vor von wenigen gründlich verstanden werden. Er ist ein anspruchsvoller Romancier: Er befriedigt, er stellt aber auch hohe Ansprüche!

Als junger Autor gehörte er dem von Mallarmé und Régnier geführten Kreise der Symbolischen an: und in seinen negativen Forderungen ist er bis heute ein Vertreter dieser Richtung geblieben. Er verachtet den Naturalismus; er befehdet die Beschreibung; er hält sich bei der äußeren Wirklichkeit nur kurz und ungern auf. Er litt, wie er in seinem Memoirenbuch »Stirb und Werde« bekennt, schon als Jüngling an »monomanischer Introspektion«. Er blickte in sich hinein; er beobachtete sein

Seelenleben wie ein fanatischer Forscher. Die Realität interessierte ihn nicht. »Ich gleiche einem Prometheus, dem ein Dasein ohne Geier und ohne inneres Zerhacktwerden bedenklich vorkäme.« Zu dieser hemmungslosen Selbstergründung tritt »die merkwürdige Fähigkeit zum Verlassen meines Wesens, mittels welcher ich die Regungen eines andern wie meine eigenen empfinden kann.« »Mein Geist hat von jeher allem Einfachen widerstrebt; er zieht unweigerlich einen Umweg vor«, sagt Gides Vertrauensmann Edouard in den »Falschmünzern«, und er selber in den Erinnerungen: »Die Komplikation, ich suche sie nicht: sie ist in mir.«

Man darf diese Feststellungen nicht mit Arroganz verwechseln. Gide kennt sich eben nur genau und gibt davon Kenntnis. Er hält seine geistige Kompliziertheit nicht ohne weiteres für einen Vorzug. Gelegentlich kritisiert er seine »naiv-aprioristische Abkehr von der Erscheinungswelt« und ein andermal seine »fundamentale Unfähigkeit, Geist und Sinne zu vermengen«. Und er hält diese seine Kompliziertheit, die er auch seinen Romanfiguren mitteilt, nicht etwa für eine Auszeichnung oberer Klassen. »Niemals habe ich Gefallen daran gehabt, die Großen und Ruhmreichen der Erde zu schildern.« Er weiß, daß diese Komplikationsbegabung überall auftauchen kann. In der »Schule der Frauen« schildert er einen kleinen unsympathischen Geist: einen Mann, der sich einmal, als er krank ist, »bemüht, einfach zu sein, was für ihn das denkbar Unnatürlichste war«. Er weiß auch, daß diese Veranlagung nichts mit einem besonders hohen Geistesniveau zu tun zu haben braucht; wenn auch freilich die Darstellung solcher Veranlagung. Er respektiert wahrhaftige Kompliziertheit und verachtet das, was andere oberflächliche Autoren darunter verstehen. »Da ihre Unterhaltung auch weiterhin sehr geistreich verlief, brauche ich hier nichts darüber zu berichten.«

André Gide hat einen ungewöhnlich scharfen Blick, mit dem er eigene und fremde seelische Bezirke durchsucht. So sieht er schon da, wo andere Einfachheit taxieren, schwer darstellbare Verflochtenheit. Und so genügt ihm die echte, natürliche Komplikation. Er ist einer der ehrlichsten und unbestechlichsten Kenner und Darsteller der zeitgemäßen Seele. Er erzählt nicht nur, was seine Figuren sagen; er erzählt nicht nur, was sie, oft im Gegensatz dazu, denken; er erzählt auch, was währenddem in ihrem halb oder nicht bewußten Innenleben vorgeht. Er schaut durch drei, vier Wände, wo andere nur die Fassade sehen. Das macht seine Bücher so außergewöhnlich. Das macht sie so wertvoll und insgeheim nützlich. »Es gibt eine Wirklichkeit, und es gibt Träume; und außerdem gibt es eine zweite Wirklichkeit,« so unterscheidet er. »Auf dem Gebiete der Empfindungen unterscheidet sich das Wirkliche nicht vom Eingebildeten«, so vereinigt er.

Nun sollte man denken: diese originelle, dem üblichen seelischen Schablonenbetrieb feindliche Erlebnis- und Schreibart hätte Umwälzungen in anderer Richtung nach sich ziehen müssen. Aber André Gide ist Franzose. Er wuchs, puritanisch erzogen, mit der Bibel und den Klassikern heran. Er hat tiefes Empfinden für Tradition, trotz innerer Revolten. Er hat Respekt vor jeder Form. »Ich bin keine jener Naturen, die auf Interdikte mit Aufruhr antworten; im Gegenteil, ich habe stets gern Gehorsam geübt und mich in die vorgeschriebenen Normen geschickt.« Als letzte künstlerische Weisheit weiß er, trotz seiner Intelligenz und Fortgeschrittenheit, nur zu formulieren, was die Klassiker der Antike und die des alten Frankreich schon genau so formulierten: »Das ganze Problem besteht darin, das Allgemeine durch das Besondere auszudrücken.« André Gide stellt, auf höchster Ebene, eine ungewöhnliche, fast einmalige Mischung dar von formaler, traditionsliebender Zucht und inhaltlicher Neuartigkeit. Seine stilistische Bemühung um einfaches Aussprechen und um die größtmögliche Verdeutlichung des seelisch kaum Entwirrbaren ist unabsehbar und bleibt unvergeßlich. Hinter Gides klassischem Stil verbergen sich mühselige Kämpfe. Und so vollendet jener Stil ist, inhaltlich dringen überall Meldungen von diesen Kämpfen in seine Romane. Derart, daß ästhetische Erörterungen neben den psychologischen Gides Bücher, in jedem Kapitel fast, durchgängig beleben. Sein großes Können und seine Wahrhaftigkeit rechtfertigen solche Unterbrechungen immer und erhöhen den Gewinn und den Genuß der Lektüre. »Das Mißlichste ist, Zustände verworrener Gleichzeitigkeit als aufeinander folgend darstellen zu müssen ... Alles ist viel komplizierter, als es sich ausdrücken läßt. Wäre es denkbar, daß man im Roman der Wahrheit näherkommen vermöchte als in der Autobiographie?«

Wieder sehen wir, wie sich Gide von den »letzten Dingen« der Kunst bewegen läßt. Er ist, trotz seiner artistischen Genialität, kein Artist. Ästhetik und Ethik hängen für ihn aufs innigste zusammen, und die Schönheit ist nur das Mittel zum Zweck, der Wahrheit. Schon dieses ethische Verantwortungsbewußtsein ist heute selten; noch seltener wurde das künstlerische Vermögen, das sich in solcher respektablen und sinnvollen Richtung erfolgreich bewegt.

Die Deutsche Verlags-Anstalt (Stuttgart–Berlin–Leipzig) hat André Gides Werke erworben, bringt sie, einwandfrei ausgestattet und gut übertragen, heraus und verdient für diese Leistung volle Anerkennung. Noch ist André Gide ein Name; nie wird er ein populärer Autor werden; aber jeder literarisch Interessierte muß diesen modernen Klassiker lesen. Die Hochschätzung und die Liebe werden sich dann automatisch einstellen.

Zuckmayer und der Kakadadaismus

GUSCHKA: »Die Kakada! Die Kakadadadadadada!! Der Kakadudududu und die Kakadadadadadada!!«
Aus: Kakadu-Kakada, 8. Bild.

Carl Zuckmayer hat ein Stück für Kinder geschrieben. Man hoffte, es würde etwas. Es wurde nichts. Das »Motto« lautet (im Textbuch, bitte, nachzulesen): »Datatsching, schnedderengdeng, wummwumm rapapah, wau, wau, wau, kakadu, kakadah!« ... Zuckmayer wollte kindlich sein und wurde bloß albern. Er warf sich vor den Kindern, um nicht größer zu erscheinen als sie, platt auf den Bauch und erfand so den Kakadadaismus.

Diese bäuchlings verlaufende, läppische Anbiederung betrieb er aber nicht nur stilistisch, sondern auch moralisch. Er kroch, da er nun schon mal parterre war, zu den lieben Kinderlein hinüber, zog den Erwachsenen eine lange Nase und meinte: »Die dummen doßen Dafsdöpfe, nis?« Und so gleichen seine Erwachsenen fast ausnahmslos blöden oder bösartigen Flüchtlingen aus einem Wachsfigurenkabinett. Und so verzapft er Sentenzen wie diese: »Allzu große Sauberkeit bringt Verdruß und Herzeleid« oder »Wenn man ein warmes Herz hat, braucht man nicht zu frieren.« Zuckmayer schwärmt für schlechte Zensuren, für Arbeitsunlust, für Fresserei. Er identifiziert Fleiß mit Minderwertigkeit und Faulheit mit stiller Größe. Er lobt die schlechten Eigenschaften und verulkt die guten. »Heiliges Sankt Speckbäuchl!« Um mit ihm zu sprechen.

Wenn nun wenigstens das Stück etwas taugte! Der Stil ist unecht, schön. Die Gesinnung ist kindisch, schön! Es könnte ja trotzdem ein spannendes Theaterstück sein! Es ist keines. Es hat keine tragende Handlung; denn die Ferienreise und die Heimkehr zweier Berliner Familien zu beschreiben, wäre nur dann spannend, wenn Besonderes erfolgte. Zuckmayer hat das empfunden; denn wo er kann, bohrt er lustige Anekdoten neben den rosa Faden. Beispielsweise: Ein Pudding soll angezündet werden; der in die Stadt verpflanzte Dorfbua gießt, heimlich und mit bester Absicht, Benzin darüber, – und um die nun folgende, hinter der Bühne stattfindende Puddingexplosion für Kinder verständlich vorzubereiten und beizulegen, braucht Zuckmayer je zehn Minuten; der geplante »Lacher« dauert zehn Sekunden. Eines kurzen Gelächters wegen vergeudet und verödet der Autor also mehr als eine Viertelstunde! Das Stück ist ein Schulbeispiel für mangelnde Ökonomie, für instinkt- und planlose Dramaturgie. Da ist eine stundenlang sich hinschleppende Papageienjagd. Der Kakadu fliegt fort. Die Kinder beratschlagen; schleichen nachts auf den Donnerwetterkogel; treffen den Onkel Doktor; ziehen mit ihm weiter; treffen den Steinbock; klettern und reden, bis den Kulissen die Augen zufallen. Endlich finden sie das Vieh – es ist aus grüner Wolle; wenn es spricht, muß sich ein Darsteller den Mund zuhalten; wenn es fliegen soll, fällt es um – sie finden das Tier wieder, fad und ausgestopft und schief auf ein Versatzstück gesteckt, – und deswegen stundenlanges Her- und Hinziehen? Langeweile mit Freilauf.

Der Autor bricht seinen Charakteren sämtliche Knochen und ersäuft sie im familiären Normalkitsch. Die Gefühle sind verkitscht. Die Urwüchsigkeit trägt ein Sabberlätzchen. Die Situationen stehen auf Plattfüßen. Ohne den kleinen Gustl Gstettenbauer und ohne Willi Schaeffers wäre es noch viel ärger. Zwanzig gute zeitgemäße Kinderstücke könnten wir brauchen, und nun haben wir nicht einmal eins.

Ringelnatz und Gedichte überhaupt

Nehmen Sie an, man würde Sie fragen, ob Sie das Lesen oder Anhören von Gedichten für notwendig hielten. Die Antwort ist Ihnen von vornherein klar. Sie brauchen vielerlei, von dem Mittagessen bis zum Großen Einmaleins und von der Urlaubsreise bis zum Wasserklosett. Aber Lyrik – Lyrik brauchen Sie normalerweise nicht.

An dieser lyrischen Bedürfnislosigkeit ist nicht etwa nur das Publikum schuld. Schuld daran sind vor allem die Lyriker selber! Ihre Gedichte sind, wenn man von wenigen Autoren absieht, in keiner Weise verwendbar: der Fall ist nicht selten, daß sie nicht einmal verständlich sind.

Ich möchte nicht mißverstanden werden. Möglicherweise sind solche Gedichte sehr wertvoll. Aber ihre Valuta wird heute nicht notiert. Sie stellen Werte dar, trotz deren Besitz man an Leib und Seele verhungern kann. Vielleicht haben diese Verse ewige Bedeutung. Aber nicht wahr, so lange können wir nicht warten? Es ist Lyrik im luftleeren Raum. Sie ist weder in privater noch in kollektiver Hinsicht verwendbar.

Die Notlage der Leute, die heute Verse machen, ist grenzenlos. Nicht nur die äußere Situation! Hungerleiden war von jeher ein schönes Vorrecht der Lyriker. Nein, auch die innere Lage ist verzweifelt. Menschen, die sich schon der etwas komischen Beschäftigung unterziehen, daß sie Verse schreiben, wollen mindestens geschätzt und gelesen sein.

Neulich fand in Berlin eine Tagung des Kartells lyrischer Autoren Deutschlands statt. An der Sitzung nahmen sehr berühmte Autoren teil, einige von ihnen sind Mitglieder der Dichterakademie. Einer der Prominenten bekannte, daß er an seiner Lyrik im Jahre durchschnittlich 20 Mark Honorar verdiene. Aber auch ihn verbitterte sicher nicht so sehr die finanzielle Ertraglosigkeit seiner künstlerischen Bemühung, wie ihre kulturelle Sinnlosigkeit.

Die Lyrik von heute ist nicht zu gebrauchen, auch im subtilsten Sinne des Wortes nicht. Es gibt vielleicht ein halbes Dutzend Gebrauchslyriker. Die Bezeichnung ist leider nicht albern.

Und diese Gebrauchslyriker werden gelesen. Sie werden auch verstanden und überall vorgetragen, sogar geliebt und auswendig gelernt. Das ist sehr schön. Und die anderen, die »reinen«, echten, absoluten Lyriker, wie sie sich nennen lassen, tun Unrecht, wenn sie bei dem Worte Gebrauchslyrik den Mund verziehen.

Es ist wirklich keine Schande, Verse zu schreiben, die den Zeitgenossen begreiflich erscheinen! Die »reinen« Dichter dichten Konservenlyrik, nur zum Aufheben, für die Ewigkeit und für noch spätere Doktorarbeiten. Die Gebrauchslyriker schreiben aber für heute, zum Sofortessen: wahrscheinlich halten sich ihre Produkte nicht sehr lange und verderben rasch.

Auf diese Gefahr hin! Ihre Anteilnahme und ihre Arbeit gehört – ohne daß wir sie überschätzen wollen – unserer Zeit und deren Bewohnern: In die Literaturgeschichte vom Jahre 2400 einzugehen, ist halb so wichtig!

Einer der stärksten unter den »brauchbaren« Lyrikern von heute ist, nach wie vor, Joachim Ringelnatz. Es bedarf keiner Frage, daß er seit längerer Zeit daran ist, sich zu verwandeln.

Man sieht und hört es seinen Gedichten an. Er verliebt sich, mehr denn je, in unmittelbare Klangfiguren. Er nähert sich, auf seine Weise und von seiner Seite her, der reinen Lyrik. Das befremdet manchen seiner Verehrer. Als ob es verboten sei, sich zu entwickeln. Allerdings fliegen in Epochen derartiger Wandlungen natürlich mehr Späne als sonst. Das Experiment verbraucht Material. Viele Gedichte interessieren mehr der dichterischen Absicht wegen als infolge ihres innewohnenden Wertes. Aber noch im mißglückten Versuch spürt man den Dichter. Und dann: immer wieder einmal entsteht eins jener kleinen lyrischen Kunstwerke, die ihn vor allen Kollegen auszeichnen.

»Wir wandern alle mit der Zeit
nach dem spitzen Ende der Tüte.
Höflichkeit und Liebenswürdigkeit
sind noch längst keine Güte.«

Das ist so eine von Ringelnatzens unvergeßlichen Strophen. Sie steht in seinem neuesten Bande »Flugzeuggedanken« (Rowohlt-Verlag). Ringelnatz ist im Vorjahre sehr viel geflogen, scheint es. Und er hat in einer größeren Zahl von Gedichten seine Gefühle und Gedanken und Beobachtungen niedergelegt. Nun, diese Gedichte sind in dem Bande noch am ehesten entbehrlich. Sie eignen sich weniger als seine früheren zum bleibenden Besitz: oft sind es bloße Reportagen oder Nichtfliegern schwerverständliche Lobeshymnen. »Flieg wohl, du Junkers, du stolzer!« ruft er aus. Na ja.

Aber die anderen Gedichte, bei deren Abfassung der Autor mit beiden Beinen auf der Erde stand, sind für alle Leser schön und liebenswert und zum Aufheben. Oder, um Ringelnatz selber sprechen zu lassen:

»Manchmal, zwischen trocknen Zeilen:
barmt es, winkt es oder lacht es. –
Spielen Kinder doch zuweilen
wundersames Selbsterdachtes.«

Ein vorbildlicher Film

Daß an der mangelnden Qualität unserer Filme die Industrie die Schuld trägt, ist eine Behauptung, die zu beweisen sehr schwer ist, da ja außerhalb eben jener Industrie Filme kaum produziert werden. Glücklicherweise bescherten die letzten Wochen einen Film, der als Beweismaterial in der angedeuteten Richtung vorzüglich verwendbar ist. Denn er wurde von Außenseitern geschrieben, gespielt, in Regie genommen und gedreht. »Filmstudio 1929« nennt sich diese von Moritz Seeler geschaffene Gruppe deutscher Avantgardisten, und ihr erstes, außerordentlich erfreuliches Prudukt heißt »Menschen am Sonntag«. Die Gruppe (Seeler, Wilder, Syodmack, Schüfftan usw.) suchte Darsteller, die nie gefilmt hatten, suchte ein Thema, das mit den Normalsujets nichts zu tun hatte; schrieb ein Manuskript, das auf den üblichen Handlungsaufbau (Einführung einer Nebenhandlung, chargierte Typen und aufgepappte Episoden) verzichtete.

Es kam kein fertiges Meisterwerk zustande, aber ein Film, der das breite Publikum und seinen Großstadt-Sonntag, teils als Handlung mit vier Personen, teils als Reportage mit der anonymen Masse selber, dringend angeht; ein Film, der bereits so viele schöne Bilder und Momente enthält wie ein Dutzend hundertmal teurerer Industriefilme nicht; ein Film, der eine nahezu hunderprozentige Garantie dafür ist, daß dieses Filmstudio, wenn es sich seine künstlerische Naivität bewahrt und aus seinem ersten bewundernswerten Versuch noch hinzuzulernen versteht, für unsre Filmproduktion äußerst wichtig zu werden vermag.

Nichts ist wünschenswerter, als daß von anderer, ebenso ungebundner Seite ähnliche Versuche gewagt werden, damit unsre künstlerisch desinteressierte Industrieproduktion endlich einmal gezwungen wird, Qualität zu liefern, und wäre es nur aus geschäftlichen Gründen.

Das Hörspiel am Gendarmenmarkt

Reinhard Goerings »Südpol-Expedition des Kapitäns Scott« ist, dem Inhalt nach, eine schwache Repetition der »Seeschlacht«. Wieder sterben fünf, dem Tod rettungslos ausgelieferte Männer und begleiten den Vorgang mit Reden. Damals starben sie im Panzerschiff, und das ging viele an. Heute sterben sie am Südpol, und dorthin zu fahren, wird niemand gezwungen. Damals starben anonyme Stellvertreter; heute sterben historische Rekordjäger. Damals schrieb Goering eine Zeitballade, diesmal eine Berufsreportage.

Formal handelt es sich um Wiederbelebungsversuche an der antiken Tragödie. Goering entlehnt nicht nur die Spielform, indem er die heroischen Vorgänge von einem Chor interpretieren und weltanschaulich beglücken läßt. Er entlehnt auch den Glauben ans Schicksal. Es erscheint bei ihm in billiger Volksausgabe. Wahrsager und Stadtnarren sagen das Ende des Stücks voraus. Es riecht nach Kaffeesatz. Und Goering entlehnt auch den Stil. Scott, Amundsen und alle Übrigen reden rhythmisch gesteigerte, mit »Oh!« und »Weh mir!« pathetisierte Prosa. Die Herren Polarforscher steigen auf Kothurnen übers Packeis. Der Südpol wird zur Drehbühne. Man hört, wie die Pelzvermummten zu erfrieren vorgeben, und spürt, wie sie schwitzen. Das Sterben vollzieht sich jambisch.

Die Begleiterscheinungen des attischen Dramas sind vorhanden; fehlt nur das Drama. Goerings »Spiel« hat keine Handlung, auch keinen analysierenden Dialog. Man sieht nur fünf Männer übers Eis wanken. Stundenlang schlurfen sie in Pelzstiefeln über die gleiche Szene. Anfragen beim Himmel, wie er sich den Ausgang des Stücks denke, würzen den Rundlauf. Der Chor gibt seinen philosophischen Senf dazu.

Das ist eine pathetische Reportage. Das ist ein Hörspiel auf der Bühne, kein Drama. Trotz ernsthafter Absichten entsteht rollende Komik. Stilproben gefällig? Frau Scott hofft, daß ihr Mann kommt; demzufolge: »Nun werde wieder Taube, Herz, und fliege!« Oder die Männer wanken am Rundhorizont und erklären: »O schlimmer Marsch, o schlimmste Stunde des schlimmen Marsches!« und »Die Hunde zogen viele Meilen uns.«

»O kehr' zurück! Es ist dir keine Schande.« »Ich tue allen Stolz hier ab, ab alle Wünsche.« »Was sucht ihr Männer in der Welt, und wo?« »O, mir wird bang! Mein allzu langes Warten zittert.« »Hör' (!), wie sie tanzen! Hör' sie tanzen, Mutter!« »Soviel ich sah, und viel in vielen Jahren, – viel Gutes nicht.« Das Ohr weiß sich keinen Rat. Der Zuschauer fällt in die Kluft, die zwischen Stil und Stoff gähnt. Und gähnt. Die harmlosesten Sätze wie: »Für diese Zeit sprach Amundsen von Rückkehr«, oder: »Der Südpol galt mir nur als Weg zum Nordpol«, stellen sich als fünffüßige Jamben heraus; und die Deklamation bezahlt den Wert der Satzinhalte viel zu hoch. Man wird übers Ohr gehauen. Das sind keine Polarforscher von 1911, das sind auf Eis gelegte Argonauten!

Leopold Jeßners Inszenierung ist sorgfältig und kann nichts daran ändern, daß der Stoff mit Corneille und der »Braut von Messina« gekreuzt ist. Man fürchtet zum Schluß, nun könne noch ein Ballett getanzt werden. Wirkungsvoll und natürlich ist, unter den Darstellern, nur Paul Bildt als Amundsen. Lina Lossen gibt eine Iphigenie im Schneiderkostüm. Die Umstellung des zweiten Akts (Scotts Tod) und des dritten (Amundsens Heimkehr) ist eine konsequente Fortführung des Goeringschen Stils und gibt der Aufführung, dramatisch, den Rest, indem sie ihr diesen nimmt. Zeitgemäß und echt sind einzig Caspar Nehers Bühnenbilder.

Goering hat seit der »Seeschlacht«, und das ist zwölf Jahre her, nichts geschrieben. Und nun hat er sich wiederholt. Er trat an der Stelle, während wir den Ort und die Ebene wechselten. Was nützt es, so lange zu warten, wenn es nichts nützt?

Und wenn die Aufführung schon ein Resultat gehabt haben soll – der Versuch, das moderne Drama durch das klassizistische künstlerisch erneuern zu wollen, ist mißlungen. Es kommt zwar alles einmal wieder, aber manchmal ist es noch nicht so weit. Der Klassizismus muß sich noch gedulden. Er ist noch nicht dran.

Aber das wußten wir eigentlich schon vorher.

Gesinnung allein tut's auch nicht

Die inzwischen in Berlin herausgebrachten Stücke halten sich, nach wie vor, auf jenem fehlenden Niveau, das, fast ausnahmslos, für die gesamte Spielzeit charakteristisch geworden ist. Wo nichts ist, hat nun zwar der Kaiser, nicht aber der Regisseur das Recht verloren. Die Gesinnung, früher so ersehnt, hat sich zum billigsten Ingredienz der Dramen entwickelt. Und wenn sie auch sonst nichts intus haben: Gesinnung haben sie mehr als genug, und sie schmeckt durch und schlägt sich, derartig unvermittelt, auf Gemüt und Magennerven.

Wenn das nicht anders und die Gesinnungsfabrikation weiter billiger wird, gibt man demnächst keinen Heller mehr dafür. Und dazu ist uns die Gesinnung doch zu teuer. Sollte man meinen.

»Das Gerücht« nennt sich das hier zuletzt vor- und aufgeführte Gesinnungsdrama. Der Autor ist ein Ire, heißt C.K. Munro und genießt in England, wie es heißt, einen bedeutsamen Ruf. Vielleicht zu Recht; doch die guten Stücke des Autors kennen wir in Deutschland noch nicht. Das Gerücht und »Das Gerücht« allein reichen nicht aus, das Renommee Munros vor uns zu rechtfertigen.

Er will zeigen, wie aus Börsenmanövern, Waffengeschäften, Pressenotizen und der Dummheit der zunächst Unbeteiligten ein Krieg entsteht, in dem die Völker plötzlich Vaterlandsliebe und Feindeshaß entwickeln, als ginge es um heilige Güter. Während doch in Wahrheit nur eine Börsenclique auf Baisse spekulieren und dabei dick verdienen will.

Das Geschäft, das gemacht wird, geht in England vor sich. Die Staaten, die sich deswegen zerfleischen, heißen, operettenartig, Przimien und Lorien. Und diese Projektion ins Gebiet der Geographielosigkeit nimmt dem Drama von vornherein einen Teil der Wirkung. Die sehr lockere Bilderfolge, in der manche Szene entbehrlich ist und manche unentbehrliche fehlt, fesselt wenig. Trotzdem gelang es Karlheinz Martin, mit Hilfe gelungener maschineller Bühnenwandlungen und reizvoller Projektionen, aus dem schwachen Stück einen starken Erfolg herauszuholen.

Aber er hatte seine Rechnung ohne die Alterspartei seiner Volksbühnendirektoren gemacht. Am Tage nach der Premiere ging der Teufel los. Das Stück solle abgesetzt werden! Man wollte die Mitglieder nicht über die wahren Ursachen der Kriege aufklären. (Anm. d. Red.: Also ist das Gesinnungsdrama doch nicht ganz wertlos, wenn es solche Wirkung der Abwehr auslöst!) Man wollte der Volksbühne den Kapitalismus nicht verekeln. Vorläufig gelang es den reaktionären Einflüssen, durchzusetzen, daß das Stück nur an jedem zweiten Abend gespielt wird. Und es wird schon noch gelingen, es ganz vom Spielplan zu streichen, wenn Martin nicht mit seinem Abgang droht.

Auf der einen Seite: Verwässerung der dramatischen Gesinnung; auf der anderen Seite: Reaktion der Bühnenleitung, bis zur Volksbühnenbewegung hin.

Das kann gut werden.

Reklame und Weltrevolution

»Wenn die Seifensieder nicht besser für die Verbreitung der Seife sorgten als die Royal Society für die Wissenschaft, so würde sich niemand waschen.«

Dieser Satz stammt von H. G. Wells und steht in seinem zweibändigen Roman: »Die Welt des W. Clissold« (Zsolnay Wien). Das Buch geht noch mehr als die vorigen des gleichen Autors darauf aus, die bestehende Welt einer Kritik zu unterwerfen, die ihre allseitige Unzulänglichkeit dartut, um eine neue Welt in Vorschlag zu bringen, deren Erreichbarkeit, erklärt Wells, nur vom guten und festen Willen weniger mächtiger Wirtschaftsführer abhängt. Das ist seine ungewöhnliche Idee: Er erwartet eine Revolution, die zum Weltstaate führen soll, nicht von den Millionen armer und machtloser Arbeiter, sondern von den Hauptaktionären des Weltkapitals. In ihrer Macht allein liegt es, die Welt – zum Besten der Armen und Reichen – auf den Kopf zu stellen, der Politik zu entreißen, zu rationalisieren und zu befrieden. Hier soll nicht berichtet werden, wie Wells sich diese »Revolution der intellektuellen Minderheit« vorstellt, und es soll auch nicht versucht werden, das Für und Wider seines Hauptgedankens abzuwägen. Jedenfalls: Er hält eine Veredlung der Welt und eine Hebung des allgemeinen Wohls für gänzlich abhängig von der Entscheidung der künftigen Wirtschaftsführer, Großbankiers, Wissenschaftler und Propagandisten.

Er sieht in der Reklame einen der wichtigsten Faktoren der fortschrittlichen Entwicklung; er trägt diesem Werturteil Rechnung und erörtert den geheimen Sinn, die äußere Geschichte und die Ethik der Reklame in mehreren großen und großartig geschriebenen Kapiteln seines Buches.

William Clissold, der Held des Romans, ist Großindustrieller. In einem kleinen Häuschen der Provence schreibt er seine weltbewegenden Gedanken auf und kommt auch auf seinen Bruder, Dickon Clissold, zu sprechen, einen der Gründer und Beherrscher der englischen Reklameorganisationen, der ähnliche Hoffnungen hege und die Reklame, in seinen Träumen, längst solch einer Umwälzung dienstbar gemacht habe. Und so ergibt es sich, daß William Clissold den Lebenslauf seines Bruders, des Propagandisten, erzählt, der zugleich den Lebenslauf des englischen Reklamewesens darstellt.

Dickon Clissold studierte zunächst Bergwissenschaften. Aber es trieb ihn, einen Weg zu finden, der sicherer Geld einbringe; irgendeinen Weg, ganz gleich welchen. Die Brüder debattierten oft hierüber, und als sie einmal, in den achtziger Jahren des vorigen Jahrhunderts, auf der Londoner »Inventions Exhibition« herumgebummelt waren, sagte Dickon plötzlich: »Es hat keinen Zweck, Dinge zu erfinden, wenn man die Leute nicht dazu zwingt, davon Gebrauch zu machen ... Ich höre es ordentlich, wie mich die leeren Planken rufen und die Zeitschriften nach mir stöhnen, und ich komme. Ich komme.«

Die Reklame steckte damals noch in den Kinderschuhen.

Man betrieb sie »sozusagen automatisch«, ohne besonderen Geschmack, ohne besondere Hintergedanken. Dickon legte einer Uhrenfirma in Cornhill klug ersonnene Propagandapläne vor, und durch ihn nahm die Fabrik einen ungeahnten Aufschwung. Sie versorgte jeden Engländer mit einer Uhr, ob er wollte oder nicht.

Dickon ist der erste in England, der das Markenfabrikat einführt und dadurch die Ware zum Individuum macht. Er propagiert neue Erfindungen wie das Fahrrad; er macht sich systematische Gedanken über seinen Beruf; er bringt das fortlaufende Inserat in den Tagesblättern als erster in Mode. Er beobachtet die lesenden Fahrgäste, er studiert die Inserate der Amerikaner, er prüft die Lebensdauer des Plakats, er setzt sich für die Schaufensterwerbung ein, er eruiert, wie groß die Inseratenschrift sein darf, wenn sie wirken soll, – er wird ein Sherlock Holmes der Reklame. Und sein Bruder erklärt: »Er begann die Reklame immer weniger als ein Abenteuer und immer mehr als eine soziale Funktion mit besonderen Gesetzen und Regeln anzusehen.«

Dickon wird Mitinhaber einer Reklamefirma, er gründet eine Organisation für Reklamefachleute, hält Vorlesungen über Reklame, tritt für Prüfungen auf diesem Gebiete ein und »würde die Schaffung eines besonderen akademischen Grades: ›Doktor der Reklame‹ sehr gern sehen.«

Die Wendung ins Großartige und Weltanschauliche erfährt Dickons Berufsstolz aber erst mit der Einsicht, daß Propaganda moralische Verpflichtungen hat; sie darf nicht lügen. »Die Reklameleute müssen die schwarzen Schafe unter sich opfern. Die Reklame ist etwas viel zu Großes, als daß sie lügen dürfte.«

Diese ethische Fundierung des Reklamebegriffs und die Zerstörungen des Weltkriegs erlebte Dickon gleichzeitig, und er faßte den Plan, den Wiederaufbau durch Propaganda zu regeln. Er sieht sich selbst »die aus dem Felde heimkehrenden Millionen zu reicher Arbeit zurückführen«, sieht die ganze Bevölkerung des Landes vermöge einer umfassenden Reklameorganisation glücklich in erneuten, schöneren Heimstätten.

»Wir lernten die Reklame am Verkauf von Senf und Automobilen, an etwas Nebensächlichem also. Nun wollen wir sie auf Wichtigeres anwenden.« Er hat »die Vision des menschlichen Zusammenarbeitens im großen Stile ... Was ist Reklame? Sie ist Erziehung, moderne Erziehung ... Schulmeister halten sich für die einzigen Leute, die etwas lehren. Wir lehren zehnmal mehr ... Unterricht ist altmodische, primitive Reklame, die mündlich in einem Zimmer gemacht wird.«

Um seine Ansicht recht zu bekräftigen, wird Dickon ironisch und behauptet: »Die Hauptaufgabe der Schule ist heute, die Schüler so weit zu bringen, daß sie Inserate lesen können. Dann kommen wir daran. Jawohl, wir – die Reklameleute.« Wer die Welt ändern will – und Dickon hält sie ja für höchst änderungsbedürftig – der muß sein System anpreisen, »dann werden sie sich's anschaffen, genau wie sie sich Lucaslampen, Sicherheitsrasierklingen und anderen Kram zulegen.«

Man merkt, Dickon scheut vor keiner Konsequenz zurück. Überall sieht er Werbung und erkennt, daß ohne sie nichts erreicht wird. Auch die Religionen hätten sich nicht ausbreiten können ohne systematische Propaganda! Die zwölf Apostel waren »Kundenfänger« und »der Artikel, in dem sie reisten, war Seelenrettung«. Ihre Wunder waren »Probeflaschen«, und »was ist ein am Wege stehendes Kruzifix? – Reklame für den Glauben.«

Wer so ernst wie Dickon Clissold das Problem der Proganda durchdacht hat, darf solche Dinge sagen. Doch zuweilen schrickt er selber vor seinen Äußerungen zurück und fragt den Bruder: »Du findest meine Auffassung gemein? – Sehr gemein«, antwortet William. Aber Dickon verteidigt sich und sagt: »Wenn die moderne Reklame etwas Gemeines an sich hat, so kommt es daher, weil sie sich soviel mit Pillen, Seife und Pökelwaren befaßt. Das ist aber eine vorrübergehende Entwicklungsphase ... Existieren wollen und nichts dafür unternehmen, ist noch schlimmer als Gemeinheit.«

Ohne Apostel und Propheten, ohne Werbung und Missionsreisen wäre keine Religion groß geworden. Der Begriff der Propaganda hängt nur irrtümlicherweise ausschließlich mit

Handelsartikeln zusammen, er gehört genau so gut, als Verbreiter, zu den großen und größten Ideen der Menschheit. Ohne Progaganda kann gar nichts mehr verbreitet werden, keine Philosophie und keine Seife. Progaganda ist das Medium aller Werte geworden.

Deshalb sind die Führer der Propaganda eine Weltmacht. Sie sind sich nur der Tragweite ihres Einflusses nicht ganz bewußt. Dickon Clissold hält vor seinen Fachkollegen einen Vortrag, weist auf ihre heimliche Herrschaft hin und sagt: »Wir können der Führer, der Philosoph und der Freund des gemeinen Mannes sein – wenn wir zusammenstehen. Warum sollen wir uns nicht zur vollen Höhe unserer Möglichkeiten erheben? Sollen wir niemals über Zigarren und Eingepökeltes hinauskommen?« Seine Zuhörer lachen über ihn.

Dickon wird vorübergehend skeptisch und murmelt: »Vielleicht habe ich zuviel gesagt? ... Vielleicht.«

»So ist das Leben«

Der deutsche Außenseiter-Film marschiert. Vor kurzem hatte der Studiofilm »Menschen am Sonntag«, in dem Laien spielten, großen Erfolg. Jetzt zeigt ein Berliner Ufa-Kino den Film des Mannes, Karl Junghans, der aus eigener Tasche, mit Schuldenmachen, Entbehrung und Besessenheit arbeitete und noch, als »So ist das Leben« fertig war, außerordentliche Schwierigkeiten zu bekämpfen hatte. Er fand kein Kino, das seinen Film vorführen wollte! Erst der Presse, die immer wieder auf das bedeutende Werk hinwies, gelang es, und auch ihr erst nach Monaten, einen Direktor, Brodnitz heißt er, endgültig zu interessieren. So ist das Leben.

Nun ist der Film aufgeführt. Die Zeitungen haben begeisterte Artikel gebracht. Und das Kino bleibt, häufig genug, halbleer ... Der Film ist ein grausam ehrliches Dokument. Er will es sein. Aber das Publikum will nicht. Sein Wunsch, die Kunst möge vom Alltag fortführen und für Stunden Gedankenflucht gestatten, wird immer lauter. Kitsch, Operette, Posse, Romantik – diese Artikel gehen gut. Der Film von Junghans ist um die hemmungslos ehrliche und unretuschierte Darstellung der proletarischen Existenz bemüht; mit wilder Hingabe an die Echtheit; mit schlafwandlerischer Sicherheit; oft mit beinahe böser Lust, die elende Welt der Armen und Unglücklichen noch schwärzer zu malen, als sie ist, und ihr Bild durch lächerliche und komische Details so unerträglich zu machen, daß dem Zuschauer das Mitleid zufriert.

Der Film gestaltet das Schicksal einer Dutzendfamilie. Der Mann ist Kohlenträger, säuft, wird entlassen; die Frau geht waschen, sorgt sich häßlich, stirbt an einer Verbrühung, weil sie, vorm Waschtrog, das Nachbarskind retten will; die Tochter, Maniküre, wird schwanger, der Friseur entläßt sie, der Freund wird sie heiraten, sie werden das Elend fortpflanzen helfen. Die alltäglichsten Vorgänge spielen sich ab: Kündigung, Sauferei, Geburtstag, Ehestreit, Sonntag am Fluß, Begräbnis. Aus dem kleinen Vorgang, daß die Frau einen Handwagen voller Bleichwäsche vom Fluß, über die Brücke, durch Straßen und Höfe heimfährt, wird in diesem Film ein Passionsweg von erschütternder Einprägsamkeit. Der Operateur stand hoch über der Brücke; diese und die Straße dahinter waren völlig leer; nur die Wäscherin und ihr rumpelnder Handwagen, klein wie Spielzeug beides, sind zu sehen, hoffnungslos, wie von Münch. Und das billige, verhungerte Begräbnis zum Schluß und das folgende Kaffeetrinken in der Kneipe sind Szenen aus einer Hölle für arme Leute. Die schwarzen Anzüge passen nicht. Die Kränze sind aus Papier. Der Geistliche redet wie im Schlaf. Die Trauer hat nichts von schöner Würde. Der Tod ist das Ende. Der Mann der Gestorbenen steht und sitzt da, als wisse er nichts davon. Er denkt bestimmt an Zank, Schufterei, Hunger; er denkt ein Leben rückwärts. Sein Gesicht ist ausgelöscht. Er hat sie gequält. Weinen kann er nicht.

Die Trauergäste tauen, als der Wirt Quarkspitzen auf den Tisch stellt, wieder auf. Lachen und Tränen wechseln. Es schmeckt. Es ist furchtbar traurig. Der Kaffee wärmt so gut. Ein Bekannter spielt mit komisch bewegten Gliedern das Largo. Der Bräutigam legt den Arm um die Tochter der Toten. Er weiß nicht, ob das der Stunde angemessen ist. Er lächelt verlegen. Er fühlt sich nicht wohl. Deshalb wird er zärtlich. So ist das Leben …

Karl Junghans hat Knopf und Kragen zugesetzt, um seinen Film zu drehen und zu zeigen. Der Film war den Einsatz wert. Nun gebe man dem Mann Gelegenheit und Geld, weiterzuarbeiten!

»Der blaue Engel«

Der Erfolg des verfilmten »Professor Unrat« ist wohl so ziemlich unbestritten. Alle Kritiker und Blätter haben das Werk und die Meister gelobt. Längst vor der Premiere waren die Zeitungen voll davon. Hussong beschimpfte Heinrich Mann. Die Kollektiv-Manuskriptmitarbeiter, wie Zuckmayer und Vollmoeller, gaben ihre Eindrücke zum besten. Es steht allgemein fest, daß mit dem »Blauen Engel« der erste Schritt in die künstlerischen Bezirke des Tonfilms getan wurde, und daß Josef von Sternberg, der Regisseur, es ausgezeichnet verstanden hat, den Tonfilmgesetzen folgend, Dialog, Geräusch, Musik, Gesang und, nicht zuletzt, das Schweigen künstlerisch einzusetzen.

Da ist es nun sehr mißlich, wenn auch unvermeidlich, erklären zu müssen, daß der Film, unbeschadet dieser relativen Qualität, enttäuscht. Zunächst einmal: der Schluß ist, vom Roman abweichend, ins Rührselige verdreht worden; der zum Clown gesunkene Professor irrt durch die Heimatstadt und stirbt, bei Mondschein, auf seinem alten Gymnasialkatheder, in der Schule, wo er einst saß, bevor ihn die Liebe zu der Tingeltangel-Sängerin Lola Lola aus der Bahn warf.

Aber auch von diesem tränenseligen Ende abgesehen: Man sieht von Anfang bis Ende eine Historie, ein Drama aus der Vorkriegszeit, das uns eher wundert als rührt. Ja, wenn man einen Film gedreht hätte, in dem ein kleiner Ehrenmann an einer Unwürdigen zugrunde ging, die ihn nicht nur seinem Milieu entfremdet, sondern betrügt und quält! Aber diese Lola Lola ist ja anständiger, als man es von anständigen Frauen erwarten könnte! Sie gibt, sechs Jahre nach ihrer Hochzeit mit dem Professor, dem Athleten Mazeppa einen Kuß, und daraufhin will jener sie erwürgen. Wo kämen wir da heute hin? Und die historische Entschuldigung ist außerdem noch weggefallen; denn der Film spielt, nachdrücklich von Zwischentiteln unterstrichen, in den Jahren 1924/29! Man hat Heinrich Manns Stoff moralisch gereinigt und dann noch aus der Gründerzeit ins Heute herübergezerrt: und so zeigt er kein allgemein ergreifendes Schicksal mehr, sondern einen in mancher Hinsicht unwahrscheinlichen Sonderfall. Natürlich war Heinrich Manns Fabel nicht totzukriegen. Sie wirkt auch noch in der Entstellung. Aber wie hätte sie, sinngemäß transponiert, wirken können?

Diese störenden Unstimmigkeiten gehen ins Detail. Der Professor hat ein Studierzimmer wie Erasmus von Rotterdam. Er benimmt sich, in manchen Szenen, wie ein Trottel, der er doch nicht ist. Und da sind wir bei Emil Jannings angekommen: Es gibt da eine Szene, wo er in der Loge des »Blauen Engels« sitzt; Lola singt ihre zweideutigen Lieder zu ihm hinauf; er verdeckt sein Gesicht mit der Hand und lächelt derartig albern und verlegen geschmeichelt, als wäre der Film eine Posse und keine Tragödie. Jannings bringt als Darsteller, soweit er gut ist, nichts Neues, nicht einen Deut; und soweit er Neues bringt, ist er mittelmäßig.

Das Tingeltangel-Milieu ist echt und wirksam. Marlene Dietrich, als Lola, ist ausgezeichnet, auf harmlose Art ordinär und aufreizend kostümiert. Ihr Wuchs, ihre Beine und Schenkel spielen die Hauptrolle. Das wirkt. Aber man merkt, daß es wirken soll. Man ist in der Photographie beinahe pornographisch und in der Handlung puritanisch. Wieder so eine Verzerrung, die den Grad der Wahrscheinlichkeit unbedenklich reduziert!

Der Film ist nicht schlecht, trotzdem. Aber er ist auch beileibe nicht gut. Wertvoll ist Heinrich Manns stoffliche Unterlage; wertvoll sind Sternbergs episodischen Regie-Einfälle. Insgesamt ist es ein Erfolg. Weiter aber nichts.

»Heute abend wird aus dem Stegreif gespielt«
Pirandellos Theaterstück für Schauspieler

Dieses neue Stück von Luigi Pirandello ist durchgefallen, und zwar alles andere als sang- und klanglos. Es gab einen Skandal. Das Publikum revoltierte. Diese Tatsache ist unbestreitbar. Anfechtbar sind aber die Gründe, welche die Kritik für den Durchfall verantwortlich gemacht hat. Das Stück fiel nicht durch, weil es besonders schlecht oder langweilig ist. Das Stück fiel durch, weil es sich nicht an die Gefühlswelt des modernen Theaterpublikums wendet, sondern an die Gefühlswelt des modernen Schauspielers. Es hat direktes Interesse nur für am Theater interessierte Menschen und keinerlei unterhaltende Bedeutung für ein seine Unterhaltung suchendes Publikum.

Lessing hat einmal, im Anschluß an kunsttheoretische Vorgänger, die Frage aufgeworfen: »Soll der Schauspieler bei der Darstellung empfinden oder nicht?« Und diese Frage hat den Theaterdirektor Pirandello bewegt. Er zeigt, wie ein Theaterdirektor und seine Schauspielertruppe an Hand einer kurzen Novelle von Pirandello ein Stück improvisieren. (Faktisch sind selbstverständlich diese Improvisationen als Text festgelegt, aber der Schein der Improvisation bleibt durch Zwischenrufe, Unterbrechungen, Wiederholungen von Szenen usw. gewahrt.) Jeder der Schauspieler kennt also von dem Stück, das gespielt werden soll, nur den Charakter seiner Rolle und den ungefähren Verlauf der Handlung. Da er nun keinerlei Text im vorhinein kennt; da er noch nicht weiß, was er in der nächsten Minute sprechen wird, so muß er viel stärker und echter in der ihm zuerteilten Rolle leben, als wenn er sie memoriert hätte. Es ist bekannt, daß viele, auch sehr berühmte und talentierte Schauspieler sich ihre Rolle an Hand des Rollenbuches und der Proben ganz genau festlegen, bis auf die kleinste Handbewegung und auf den lautesten Aufschrei, und daß sie dadurch jederzeit in der Lage und sogar bemüht sind, ihre gefühlsmäßige, seelische Anteilnahme auszuschalten und nur zu routinieren. Sie beantworten also Lessings Frage mit der Routine und sind der Ansicht, der Schauspieler solle beim Spiel *nicht* empfinden.

In Pirandellos Improvisationsstück erwartet aber der Direktor unausgesetzt die restlose Gefühlshingabe von seinen Darstellern. Sie folgen ihm auch, leben und fühlen in ihren dramatischen Charakteren und erreichen durch diese sonst ungewöhnliche Konzentration einen Grad von Nervosität und Aufregung, der die Stimmung zwischen den Darstellern und dem Direktor unausgesetzt zum Sieden bringt. Außerdem liegt die Handlung nur in groben Zügen vor. Die Schauspieler machen sich oft selbständig und erklären dem Direktor: sie müßten die nächsten Szenen, den nächsten Auftritt oder den nächsten Abgang anders spielen, als er es wolle. Und so schwankt das Stück unausgesetzt zwischen Gefühlsausbrüchen der Rollencharaktere der Schauspieler selber, die schließlich den Direktor hinauswerfen, auf eigene Faust weiterspielen und zum Schluß erklären: ohne Text spielten sie niemals wieder Theater; denn ohne vorgeschriebenen Text beispielsweise auf der Bühne zu sterben, bedeute beinahe einen wirklichen Tod.

Niemand wird erwarten, daß dieses interne Theaterproblem »Einfühlung oder Routine« allgemein interessieren wird. Damit ist aber noch nicht gesagt, was von vielen Seiten trotzdem gesagt wurde: daß damit das Stück jeden Interesses entbehre. Es wird nur eben kein bürgerliches Problem gelöst; es wird kein politisches Problem gelöst; das Drama, das aufgeführt wird, hat gar keinen Selbstzweck, sondern dient nur der Erörterung von Problemen der Schauspielkunst. Dabei ergeben sich sogar grandiose Szenen. Wie beispielsweise der Schauspieler, der den Vater zu spielen, blutend auf die Bühne zu stürzen und im Kreise seiner verlotterten Familie zu sterben hat, nicht sterben will, weil er erklärt, man sei nicht auf ihn eingegangen und habe ihm die Stimmung verdorben. Große Aufregung. Der Direktor flucht. Die anderen Schauspieler stehen herum und schimpfen. Da steht der Schauspieler (Lupu Pick spielt diese Rolle ganz großartig und ergreifend) von seinem Sterbebett auf, sagt: »Ich hatte mir das folgendermaßen gedacht«, und spielt nun den Schauspielern, obwohl er es ihnen nur andeuten will, sein Sterben so eindringlich vor, daß auch das sprödeste Publikum – durch einen unausgesetzten Wechsel von Wirklichkeit, Spiel, Komik, Groteske und Tragik gejagt – hingerissen ist. Solche Szenen gibt es noch mehr, und wenn der Regisseur, Gustav Hartung, die langweiligeren und theoretischen Partien mehr zusammengestrichen hätte, wäre mindestens ein Achtungserfolg nicht unmöglich gewesen.

Man kann darüber im Zweifel sein, ob man das Publikum hinter die Kulissen schauen lassen und dem Publikum die Kulissenwelt zeigen soll. Aber schlecht ist Pirandellos Stück »Heute abend wird aus dem Stegreif gespielt« unter gar keinen Umständen.

Das Publikum der Aufführungen, die nach der Premiere erfolgten, war übrigens keineswegs skandalsüchtig, sondern applaudierte während des Stückes und zum Schluß lebhaft, wenn ihm auch, wie aus Gesprächen zu entnehmen war, der Kopf ein bißchen schwindelte.

Der Schriftsteller als Kaufmann

Während der Schriftsteller sein Buch schreibt, ist dieses – bei weitem nicht immer, aber es kommt doch vor – ein geistiger Wert und nichts als das. Sobald er aber das Manuskript aus den Händen gegeben und in den Briefkasten gesteckt hat, ist es auf dem Wege zur wirtschaftlichen Geburt. Vielleicht geht es noch vorher in irgendwelchen Papierkörben zugrunde, ohne recht das Licht der Geschäftswelt erblickt zu haben. Dann muß es sich darauf beschränken, ein nichts als geistiger Wert zu bleiben. Wenn aber, im Gegenteil, der Verleger, der Redakteur, der Theaterdirektor entschlossen sind, ihre Geburtshilfe auszuüben, so beginnt ein neues Stadium, die Inkarnation des geistigen Werts, und mit diesem Moment hört der Autor auf, nur geistiger Produzent zu sein; denn nun wird er dazu auch Kaufmann. Das heißt: Oft wird er das nicht oder nicht genügend, und die Ohren, über die man ihn haut, werden lang und länger. Dann handelt er ungeschickt und verantwortungslos. Ungeschickt, denn er schädigt sich selber. Verantwortungslos, denn er unterstützt die falsche Ansicht, geistige Werte seien keine Ware und verdienten nicht den, Waren gegenüber, üblichen Respekt. Bücher sind nicht nur Ware. Bücher sind auch Ware.

Arnold Zweig schrieb einmal, als er junge Autoren aufforderte, dem Schutzverband deutscher Schriftsteller beizutreten, der die wirtschaftlichen Interessen seiner Mitglieder und das Ansehen des Berufs aufs tatkräftigste wahrt: »Meine Erfahrung im Verlagswesen enthält staunenswerte Dinge; aber ich habe sie mir selber zur Last zu legen. Warum war ich zu fein, um zum Anwalt zu gehen? Warum genierte ich mich, den schmeichlerischen Erpressungen die ruhige Sachkenntnis eines Rechtsbeistandes entgegenzusetzen, der mich nichts gekostet hätte? Warum zog ich es vor, mich in die Würde des Dichters zu hüllen, statt die Listen und Tricks eines inflationellen Kaufmanns zu durchschauen? Meine Erfahrungen sind schließlich nicht vergeblich gewesen, obwohl ich sie mehrere Jahre hindurch allzu teuer bezahlte. Als jüngst ein Verleger vertragsbrüchig ward, ... mußte mein diesmaliger Gegner das lernen: Es gab einen Schutzverband, der mir all die Sorge, all die Wut, all die Schwierigkeiten abnahm, die ein hinzögernder Vertragspartner dem wirtschaftlich Schwächeren zu bereiten versuchte, um ihn zu zermürben.«

Die geschäftlichen Dummheiten, die ein Autor begehen kann und häufig, mit hohem Sinn für Vollständigkeit, nacheinander auch wirklich begeht, sind sehr zahlreich.

Und jeder Tag schafft neue Anlässe. Schon die Buchausgabe allein bietet ihresgleichen genug. Aber in unserer Zeit, in der Zeitungen Romane zum Vorabdruck oder zum Nachdruck suchen; in der Film- und Tonfilmkonzerne Stoffe und Titel aus der Literatur holen; in der der Rundfunk zur Programmausgestaltung stündlich zeitgenössische Werke heranzieht; in der ausländische Verlage übersetzungsgeeignete Arbeiten zum Ausbau ihrer Produktion dringend brauchen – in dieser Zeit liegen die Möglichkeiten für den Schriftsteller, an seinem Buch Geld zu verdienen oder, was noch häufiger ist, durch Unvorsichtigkeit leider nicht zu verdienen, auf der Straße. Oft bringt bereits der Vorabdruck eines Buches in einer Zeitung oder Zeitschrift wesentlich mehr Honorar ein als die gesamte Buchausgabe. Das Buchrecht, im Kontrakt noch immer an erster Stelle, verliert den anderen, sogenannten kleinen Rechten, gegenüber, wie Vorabdruck, Verfilmung, Vertonung, Vertonfilmung, Radiosendung usw., mehr und mehr an finanzieller Bedeutung. Die kleinen Rechte sind plötzlich die großen Rechte geworden. Und die Möglichkeit, sich selber zu schädigen, ist für den Schriftsteller von heute derartig vielseitig, daß er ohne Beratung und Verteidigung des Schutzverbandes, der ihm Rechtsanwälte zur Verfügung stellt, nicht mehr auskommt.

Denn: Was kann ihm, wenn er ein schlechter Geschäftsmann ist – es gibt auch erstaunlich tüchtige Kaufleute unter den Autoren – alles passieren? Alles! Er geht einen Vertrag ein, der ihm zehn bis fünfzehn Prozent vom broschierten Exemplar sichert. Aber der Verlag – wer kauft schon broschierte Romane? – fingiert vielleicht nur die Broschur und läßt das Sortiment die gebundenen Exemplare um drei bis vier Mark teurer verkaufen, als die nur in hundert Exemplaren erschienene Broschur. So daß er an diesem Mehrwert von vier Mark – der Einband kostet vielleicht sechzig Pfennig – nichts verdient, der Verleger aber die gesamte künstliche Differenz. Oder er unterschreibt einen Kontrakt, der ihm fünfzehn Prozent vom verlegerischen Verkaufserlös zubilligt, und das ist, da der Sortimenterrabatt oft genug fünfzig Prozent beträgt, noch weniger, als wenn er zehn Prozent des broschierten Ladenpreises bekäme. Die gesündeste und ehrlichste Art der Abmachung, die Prozentualbeteiligung am Ladenpreis selber, gestehen die Verleger nur den arriviertesten Autoren zu. Und jede andere Form der Tantiemen bietet von vornherein soviele Hintertüren für den böswilligen oder auch nur tüchtigen Verleger, daß der unberatene Autor mit Todessicherheit geschädigt ist. Der einzigartige Fall, daß der Verleger nicht mehr verdienen wollte als sein Autor, soll nicht verschwiegen werden: Der Erich Reiß-Verlag gab Maximilian Harden fünfzig Prozent der Einnahmen!

Der Autor fällt weiterhin hinein: Er unterschreibt, mit dem Vertrag, häufig eine den guten Sitten widersprechende Optionsklausel, mit deren Hilfe ihn der Verleger zum Erstangebot zwingt, ohne dieses Entgegenkommen durch eine Sonderzahlung abzugelten. Diese erzwungene Bindung auf Jahre hinaus führt fast regelmäßig zu künftigen Unannehmlichkeiten.

Der Autor hat sich selten, was Propaganda anlangt, ausreichend gesichert. Der Verlag kündigt das Buch an und tut, oft genug, weiter gar nichts. Heute, wo Bücher nicht jahrelang, sondern meist genau einen Monat über, Gegenstand der Kauflust sind, kann unzureichende Werbung den Erfolg eines Buches im Keim ersticken. Der Verlag hat zwar die gesetzliche Verpflichtung, »angemessene« Propaganda zu machen, doch welcher Autor könnte die Unangemessenheit beweisen?

Der Autor vergißt – und der Verleger unterstützt das gern – im Verlag einen Erscheinungstermin festzulegen, bis zu dem das Buch im Laden vorliegen muß. Er vergißt, die Auflagenhöhe kontraktlich zu fixieren. Er beachtet den Verrechnungsmodus nicht, erhält seine Tantiemen oft viele Monate nach den Zahlungen, die der Verleger vom Sortiment empfing, und kreditiert so dem Verlag, zinslos dazu, sein Geld.

Was tut der Autor, dessen Verlag bankrott geht? Er ist, nach dem Gesetz, kein bevorrechtigter Gläubiger; er kommt in die Masse. Seine Bücher werden, wenn kontraktlich nichts darüber vorliegt, verramscht. Und – er kriegt sein Verlagsrecht nicht ohne weiteres wieder. Die Verleger – der eine, der ihn abgibt, und der andere, der ihn erwirbt – treiben einen tollen Kuhhandel mit- und gegeneinander, und der Autor der Bücher, um die es geht, sieht womöglich mit knurrendem Magen zu.

Der Autor vernachlässigt, froh sein Buch unterzubringen, den Übersetzungsparagraphen und teilt mit dem Verlag hälftig, wo er doch siebzig bis fünfundsiebzig Prozent beanspruchen kann! Ganz kluge Kaufleute, wie Emil Ludwig, überlassen ihrem deutschen Verlag überhaupt nicht das Recht, ins Ausland zu vergeben; sie besorgen das Geschäft und verdienen die Dollars ohne solche Abzüge.

Welcher Autor denkt schon an eine vorsichtige Formulierung des Verfilmungsparagraphen? Wer weiß, daß man, etwa Tonfilmrechte nur für zwei, drei Jahre zu vergeben braucht und anschließend erneut vergeben darf?

Wer erfährt, wo man, im Rundfunk, aus seinen Büchern vorgelesen hat, und was er dafür beanspruchen kann? Außer, wenn er Mitglied der Gesellschaft der Senderechte ist, die die verschiedenen Radioprogramme sehr genau überprüft und die Honorare eintreibt, falls sie freiwillig nicht gezahlt werden!

Der Autor ist ein Arbeitnehmer, und ein besonders gefährdeter dazu. Ohne gewerkschaftlichen Rückhalt an den Schutzverband deutscher Schriftsteller und an die Gesellschaft für Senderechte ist er den verschiedenen Arbeitgebern und den Gesetzeslücken im Urheberrecht ziemlich hoffnungslos ausgeliefert. Er muß sich organisieren, soweit es ums Verdienen geht.

Denn was verdient er schon! Nehmen wir an, er erhält zehn Prozent von der Broschur bei einem Exemplarpreis von vier Mark, bei einer Auflagenhöhe von dreitausend Stück und bei einer Absatzdauer von zwei Jahren: so verdient er, während dieser Zeit, im Monat fünfzig Mark!

Ein »geheimer« Roman

Von dem kürzlich verstorbenen D. H. Lawrence ist unter Ausschluß der Öffentlichkeit, nur für Subskribenten, eines der klügsten und feinfühligsten Bücher erschienen, die jemals über Frauen geschrieben wurden. »Lady Chatterley und ihr Liebhaber« (E. P. Tal, Wien) heißt der Roman, und er schildert die äußeren und seelischen Vorgänge, die den Ehebruch einer anständigen Frau begleiten. Das Buch enthält unbestreitbar Handlungen und Wörter, die üblicherweise verheimlicht werden; und insofern muß die nur esoterische Ausgabe des Werks hingenommen werden. Aber es ist anderseits keine Frage, daß die übliche Geheimhaltung des Sexuellen an der Obskurität schuld ist, die derartiges umgibt. Was man beim Namen nennt und ausspricht, ist nicht mehr gefährlich. Werden wir, oder werden wenigstens Generationen nach uns erleben, daß Bezeichnungen wie »unzüchtig« und »obszön« ihren Sinn restlos und überall einbüßen? Lawrence gibt im Vorwort seinen Entschluß bekannt, durch Deutlichkeit, die der Wirklichkeit nahekommt, das sexuelle Gebiet zu desinfizieren. Es ist ihm in seinem Roman völlig gelungen. Doch was nützt das, wenn das Buch nur in zirka fünftausend Exemplaren gedruckt wurde, für fünftausend subskribierte Besteller? Hoffentlich ist es dem Verlag Tal wenigstens möglich, weitere (und billigere) Subskriptionsauflagen herauszubringen!

Lawrence beschreibt: Wie eine Frau durch ein illegitimes Erlebnis und durch die wachsende Einflußnahme ihres empfindsamen Liebhabers ihren eignen erotischen Sinn entdeckt. Vorher war sie – nicht die typisch unverstandene, aber doch die verständnislose Frau. Und nun wird in völliger Offenheit und mit subtiler Seelen- und Körperkenntnis der Weg gezeigt, den sie geht; erst unentschlossen; allmählich, dem Anwachsen der erotischen Gefühle parallel, immer sicherer werdend. Mit dem Ausblick auf die zweite Ehe, die im Grunde die erste sein wird; denn die Ehe vorher war eine Scheingemeinschaft.

Lawrences Seelenkenntnis und sein körperlicher Takt sind so bedeutend und umfassend, daß der normale männliche Leser kaum folgen kann. »Lady Chatterley und ihr Liebhaber« ist keine Dutzendlektüre, sondern ein Diskussionsbuch, das Mann und Frau zu wichtigen Gesprächen und Überlegungen Anlaß geben sollte. Sogar die Frauen erhalten hier über sich selber Aufschlüsse, die ihnen wie Entdeckungen erscheinen werden.

Die Badekur

Es kann ja sein, daß die Kur was nützt. Möglich ist alles. Amerikaner, die bereits gestorben waren, gehn heute wieder ihren Geschäften nach, versichert die Ortschronik. Soviel erwarte ich gar nicht. Mein Herz hat eine mitrale Konfiguration und präsystolische Geräusche; erweitert ist es auch. Bei der ersten Untersuchung war der Badearzt sich klar, daß ich einen Klappenfehler hätte. Je länger ich aber in der Kohlensäure liege und je öfter er meinen Brustkasten behorcht, um so unsicherer wird er. Bald wird er nicht mehr wissen, ob mir was fehlt, oder ob ich im Gegenteil was habe. Wozu hat er mich im Stehen, Sitzen und Liegen belagert? Wozu hat er mich in eine Dunkelkammer und auf einen elektrischen Stuhl gezerrt, und wozu hat er dort wie ein Alchimist hantiert? Jetzt hat der Mann zwar eine maßstabgerechte Landkarte von meinem Herzmuskel angefertigt und kennt sämtliche lateinischen Ortsbezeichnungen, die am Lager sind, – aber was mir fehlt, weiß er weniger denn je. Gestern sagte er schon, und senkte dabei verschämt sein ergrautes Köpfchen: »Na, schaden können die Bäder auf keinen Fall.« Mache ich etwa deswegen die teure Kur, damit sie mir nicht schadet? Fast täglich liege ich in der Wanne, sehe zu, wie sich die Kohlensäureperlen, Straßbesatz ähnlich, an mir festsetzen, und zeichne, gelangweilt und mit dem Fingernagel, meinen eignen und fremde Vornamen in die Perlenschicht. Aber bin ich denn zwecks Erlernung des Monogrammzeichnens hierher gereist, statt nach Weggis oder nach Gilleleje?

So endet nun der Weltkrieg für mich: in der Badewanne! Am liebsten schickte ich dem Sergeanten Waurich eine Ansichtskarte. Er soll Kohlenhändler in Dresden sein. Doch wer weiß, wo ich wäre, wenn er mich damals nicht mit Hilfe von zweihundertfünfzig wohlgezielten Kniebeugen ins Reservelazarett gebracht hätte? Es gibt noch andre Behältnisse außer kohlensauren Badewannen.

Mit der Kohlensäure allein ist es nicht getan. Die Verhaltungsmaßregeln sind streng. Treppensteigen ist Gift. Der Fahrstuhl und das Bett sind, neben der Wanne, der einzige genehmigte Aufenthalt. Man altert zusehends. Wo man hintritt, tritt man auf weiße Bärte, und das steckt an. Nicht, daß man einen Vollbart bekäme, viel schlimmer! die Empfindungsweise akklimatisiert sich. Der Seele fallen die Zähne aus, und sie wackelt mit dem Kopf. Eine Stadt voller Menschen, deren jeder darauf stolz ist, daß er zu hohen Blutdruck, zu schnellen Puls und eine undichte Aorta hat, ist kein Umgang. Neulich wurde zwar der Plan laut, für mich als einzigen Teilnehmer ein hübsches Kinderfest zu veranstalten. Doch das Projekt scheiterte. Der Arzt verbot mir von vornherein jedes Ballspielen und Herumspringen. Und so überlasse ich mich nun, so ergeben wie möglich, der Eingreisung.

Glücklicherweise gibt es hierorts ein Kabarett. Da kann man sich amüsieren, daß die Schwarte knackt. Sechsmal war ich bereits dort und beherrsche das Programm wie eine Souffleuse. Es ist auf Schwachsinnige abgestimmt und recht lustig. Die Chansonette liefert jeden Abend ein Lied, das sich »Die Hände« betitelt. Mir ist ein Teil der mittlern Strophe gegenwärtig. Das Fräulein legt dabei die gefalteten Hände schräglinks gegen den Unterkiefer und singt, während ihr Tränen die Stimme entlangrollen:

»Doch was ist Ehre und Schicksalsgewalt?
Er tat das gleiche wie sie.
Zwei Schüsse hatten im Wald geknallt.
Sie standen sich vis à vis.
Von Einigung sprach der Sekundant.
Da schoß er nach seines Freundes Hand.«

Besondern Erfolg hat regelmäßig jene Zeile, in der sich die zwei Schüsse vis à vis stehen. Das rührt. Mir wurde dabei so warm ums Herz, daß ich den Rock ablegte. Da kam der Oberkellner und brachte mir hiesige Lebensart bei.

Neulich fand ein Wettbewerb im Laiendichten statt. Die alten Herrschaften ließen die Köpfe hängen und fabrizierten Verse. Beispielsweise:

»Trinkt Wasser, sagen die Philosophen.
Wir trinken Sekt und lassen das Wasser loofen.«

Arteriosklerose ist Trumpf, doch man geht mit der Zeit. Auf einer Modenschau wurden »krawattenseidene« Kleider vorgeführt, das heißt, wenn das teure Kleid kaputt ist, läßt sich der

Gatte zwei bis drei Selbstbinder davon machen. Die Ersparnis leuchtet ohne weiteres ein.

Gelegentlich setzen wir uns, der drohenden Gehirnerweichung zu entfliehen, in einen Autobus der Reichspost und befahren die Gegend. Man kann im Taunus herumgondeln. Auf verbeulten Feldwegen, weil sämtliche Autostraßen gleichzeitig renoviert werden. Wir sahen in Darmstadt das Denkmal vom Erfinder des Fleischextrakts, und in Heidelberg das Denkmal vom Entdecker des Bunsenbrenners; ferner die Schloßbeleuchtung, die sämtliche bunten Ansichtskarten der Welt aus dem Felde schlägt.

Der Arzt erfuhr davon und hat uns nun derartige Aufregungen ein für alle Mal verboten. Vom Kabarett weiß er noch nichts. Wenn ers erführe, nicht auszudenken! Die Versicherung, daß ich die Witze des Konferenciers seit Jahren nur noch ernst nehme, würde ihn kaum noch umstimmen. Ins Theater zu gehen, hat er erlaubt. Er geht selbst hin. Das beste, was ich sah, war die »Südwestdeutsche Erstaufführung« eines französischen Lustspiels von zwei deutschen Autoren. Ich habe selten so wenig gelacht. Ein verarmter Fabrikant wollte in diesem Stück der Gattin den Konkurs verheimlichen und verdiente – zur Nachahmung empfohlen – als maskierter Masseur das kärgliche Brot, das er zur Aufrechterhaltung des voluminösen Hausstandes benötigte. Zum Schluß mußte er die eigne Frau massieren und kriegte von ihr das Geld, das sie ihm nachmittags abgebettelt hatte. Die Erkennungsszene war erschütternd. Und die graumelierten Kurgäste wurden sinnlich. Normalerweise sind dreißig bis vierzig Zuschauer im Theater. Nur Zuckmayers »Katharina Knie« war besser besucht. Weil eine echte Zirkustruppe im Stück mitmachte. Der Schlangenmensch hatte acht Vorhänge. Einmal waren allerdings neunhundert Menschen im Theater! Das war, als die drei Fratellini auftraten.

Um nicht ganz untätig zu sein, habe ich eine Arbeit erfunden, die ich auf der Terrasse des Kurcafés statistisch vorbereite. Ich betrachte sämtliche vorübergehenden Damen jüngerer Herkunft und beobachte, ob sie, wenn man sie anschaut, die

Zungenspitze zwischen die Lippen schieben, oder ob nicht. Nicht, daß sie es absichtlich täten! Das ist hier selten. Aber es handelt sich anscheinend um eine unwillkürliche Reaktion auf männliche Blicke. Wer die Zunge zeigt, kriegt einen Strich. Wenn ich genug Striche beisammen habe, schreibe ich einen Aufsatz mit dem Titel: »Die weibliche Zungenspitze im Dienst der Erotik.«

Und so vergeht die Zeit. Nie hätte ich gedacht, daß man von Badekuren derartig krank wird.

Die Ästhetik des Tonfilms

So sehr der Filmindustrie daran liegt, die technischen Probleme des Tonfilms zufriedenstellend zu lösen, so wenig interessiert sie sich für seine ästhetischen Gesetze. Es ist überhaupt erstaunlich, wie kühl die künstlerischen Fachleute des Films, des Rundfunks und des Tonfilms der normalen Klärung gegenüberstehen. Sie beruhigen sich, fast ausnahmslos, bei den selbstverständlichen Erkenntnissen. Auch auf den Universitäten hat sich kaum ein Gelehrter gefunden, den eine Erforschung der neuen Kunstgattungen gereizt hätte. Wenn man bedenkt, daß die Gesetzmäßigkeiten des Dramas und des Theaters seit Jahrtausenden von den besten Köpfen beobachtet, erkannt und beschrieben wurden, muß die gigantische Gleichgültigkeit wundernehmen, mit der die lebende Generation den neuen Darstellungskünsten zusieht. Auch die Tageskritiker nehmen sich selten die Mühe, die Mängel eines Hörspiels, eines Tonfilms in seinen tiefsten Gründen zu suchen. Und welchen Nutzen haben Dramatik und Schauspielkunst von ihren Erforschern, seit Aristoteles, gehabt! Jede Stilepoche fand ihre Ästhetiker und wurde, von ihnen nachträglich belehrt, noch reifer und echter. Die Ästhetik ist, mindestens, scheintot. Hoffentlich findet sie bald ihre Erwecker.

Neulich sprach ich mit einem Filmregisseur. Er setzte mir auseinander, wie er, in einem geplanten Tonfilm, künstlerisch vorgehen wolle.« »Die Kollegen«, sagte er, »verwechseln unentwegt den Tonfilm mit dem Theater; sie verzichten auf alle Eigentümlichkeiten und Möglichkeiten der Filmkunst; sie drehen ein Theaterstück, keinen Film.« Er hatte völlig recht. Ein Tonfilm wie »Hokuspokus« ist nichts als ein Theaterstück; die Einheit des Ortes – beim klassischen Drama ein immanentes Bühnengesetz – ist hier nahezu durchgeführt, obwohl das oberste Filmgesetz lauten müßte: Vielheit des Orts, bildhafte Beweglichkeit. Der Filmregisseur sagte dann noch: »Ich bin gegen den akustischen Realismus. Meine Kollegen nehmen alles auf, was zu hören ist, und ihnen ist es gleich, ob die Bildsituation dazu berechtigt. Stellen Sie sich vor, daß ein verzanktes Liebespaar im Straßenlärm steht. Glauben Sie, daß die beiden die Autos und Straßenbahnen und Gesprächsfetzen überhaupt hören oder doch entfernt so wie wer, der den Lärm betrachtet? Aber die Regisseure beachten das nicht.«

Merken Sie, wie wichtig solche Überlegungen für die Qualität eines Films, Tonfilms, Funkdramas sind? Und der Regisseur, von dem ich erzählte, war eine der wenigen Ausnahmen unter den modernen Herstellern. Die andern haben keine Ahnung, und so sehen dann auch ihre »Kunstwerke« aus. Glücklicherweise ist unter den neuen deutschen Tonfilmen einer, der Lob verdient. Er heißt »Schuß im Tonfilmatelier«. Der Produzent, Zeisler, hat Empfinden für das, was dem Tonfilm zukommt und was ihm nicht ziemt. Und er griff besonders geschickt, als er das Tonfilmatelier nicht nur als Aufnahmeraum, sondern auch als Handlungsort erwählte. So kamen wirklich akustische Dinge »zur Sprache«. Schüsse, Mikrophone, Abhörzellen, Tonfilmvorführungen im Tonfilm, Abgehörtes als Kriminalmittel, – alle diese Dinge der Werkstatt sind naturgemäß tonfilmgerechte Sujets. So gelang der Film, als bloße Unterhaltung projektiert, auch hinsichtlich der künstlerischen Qualität über Erwarten.

Aber damit ist die Schwierigkeit noch nicht behoben. In diesem einen Film war sie, dank des prädestinierten Stoffs, nicht vorhanden. Doch sie lebt weiter, und uns stehen unzureichende Tonfilme in Hülle und Fülle bevor. Hoffentlich ist die ästhetische Überlegung nicht mehr fern. Den neuen Kunstgattungen und ihren Produzenten könnten viele Irr- und Umwege erspart bleiben.

Tonfilm und Naturalismus

Den größten künstlerischen und finanziellen Filmerfolg der letzten Monate hat ein französisches Produkt zu verzeichnen: René Clairs »Sous les toits de Paris«. Clair ist einer der Pariser Avantgardisten, aber sein Film hat nichts von dem an sich, was wir bei uns unter Experiment verstehen. Er ist vielmehr ein gelungenes, unbeschwertes kleines Kunstwerk, das seinen Gegenstand (das abenteuerliche Leben von Pariser Taschendieben, Straßensängern und Mädchen) von sozialen Problemen ganz losgelöst und in eine unwirklich leichte Atmosphäre gehoben hat. Es kommen zwar Messerstechereien und Liebesschmerzen, Kriminalbeamte und andere schaurige Requisiten des Lebens vor, aber sie sind ihres realen Ernstes beraubt. Die deutsche Filmproduktion, und überhaupt die gegenwärtige deutsche Kunstbemühung, sind viel naturalistischer orientiert. Die Ufa hat, etwa zum gleichen Zeitpunkt, einen deutschen Qualitätsfilm herausgebracht, der »Abschied« heißt und den Gegensatz deutlich macht. Dieser Film spielt in einer Berliner Pension; auch er zeigt das Milieu der Dürftigen; auch hier gibt es Diebstahl, Trennung von Liebespaaren und andere Kümmernisse des Alltags; auch hier gibt es Musik und Chansons. Aber der deutsche Film will mitteilen: So traurig geht es in der Wirklichkeit des Alltags zu! und der französische Film statt dessen: So lustig ist das Leben trotz allem!

Erwiesenermaßen ist es nun aber nicht besonders lustig. Deswegen hat nur der deutsche Regisseur, Robert Siodmak, auf seine Art auch ein Avantgardist, das Recht (und den Willen) zum Realismus; René Claire verschiebt sein Sujet in die Gegenden des Singspiels; er stilisiert. Clair gibt seinem Film selten Geräusche bei, meistens leichte sentimentale Musik.

Woher sie kommt, darnach fragt er nicht; sie ist ganz einfach da. Siodmak braucht, so sehr er Geräusche heranzieht, zwar auch Musik, aber er begründet sie: In seiner Pension wohnt ein Klavierspieler, und der übt den ganzen Tag. So hat die Begleitmusik für den Film ihren begründeten Anlaß, doch gerade die Gründlichkeit stört den Gesamteindruck. Die Musik, ein unentbehrlicher Bestandteil des Films, irritiert plötzlich, statt zu nützen, und der Zuhörer und Zuschauer fragt sich ärgerlich: Wann hört denn dieser Kerl endlich mit Klavierspielen auf!

Clair schuf bewußt ein Singspiel. Siodmak wollte ein Drama und klebte Musik und Lieder drauf. Wieweit der Tonfilm, als Publikumserfolg, der Musik entraten kann, ist kaum fraglich. Musik ist unentbehrlich! Wer einmal Filmhandlungen sehen konnte, die ohne musikalische Begleitung vorgeführt wurden, der weiß, wie sehr die Musik hierher gehört. Das wird auch beim Tonfilm, auch beim Dialogfilm nicht anders werden, trotz theoretischer Gegenbeweise. So ist dem naturalistischen Tonfilm, wenn er nicht Operette oder Revue sein will, bereits von der kunstpsychologischen Seite her keine große Zukunft zu prophezeien.

Dazu kommt aber noch etwas anderes: Dem naturalistischen Bedürfnis der Produzenten entspricht nicht ein ähnliches Publikumsbedürfnis! Die bedauerliche, aber weder leugbare noch unverständliche Realitätsmüdigkeit des deutschen Publikums hat genug vom Realismus. Daran bietet schon die Wirklichkeit mehr als genug. Das Kino (und das Theater) werden mehr denn je zu Erholungszwecken aufgesucht, zur Entspannung, zum Amüsement. Der Erfolg von Brechts »Dreigroschenoper« ist, von der psychologischen Seite her, dadurch zu erklären. Die rauhe Wirklichkeit wird parodiert und unter Musik gesetzt. Der gleiche Grund spricht beim Erfolg von »Sous les toits de Paris« mit. Dieser Film ist nicht so vollkommen, und Siodmaks »Abschied« ist nicht so mangelhaft, wie die meisten Kritiker wahrhaben wollen. Auch sie unterliegen, bis zu gewissem Grade, der allgemeinen Publikumspsychose. Wir werden im nächsten Jahre – denn die Produzenten sind klug und wollen verdienen – von den Schauspielbühnen herab und aus der Tonfilmapparatur heraus sehr, sehr viel Musik zu hören bekommen! Die Kunst wird ein Mittel, müde Menschen zum Lachen zu bringen. Man kann sich gegen diese Verengung der Kunstziele sträuben. Aber heute hat dieses Sträuben noch keinen sichtbaren Zweck, nur seinen heimlichen, vorbereitenden Sinn.

Auf einen Sprung nach Rußland

Zehn Tage dauerte unsre Reise nach Rußland und zurück; 100 Stunden waren wir in Moskau. 50 Stunden waren wir in Leningrad. 100 Stunden saßen wir in Eisenbahncoupés dritter Klasse. Die Reise war natürlich zu kurz, um uns ein ausreichendes Bild der russischen Zustände zu vermitteln; aber sie war lang genug, uns auf Jahre hinaus nachdenklich zu machen. Zehn Tage, die das Weltbild erschütterten ...

In jeder deutschen Großstadt gibt es graue, traurige Viertel, in denen ärmlich gekleidete Menschen zu Hause sind. Moskau und Petersburg bestehen heute *nur* aus solchen Vierteln. Die schönen alten Kirchen, die Schlösser, Palais und Hotels stehen mittendrin, als hätten sie sich verirrt. Sie haben hier nichts mehr zu suchen. Moskau und Petersburg und alle anderen russischen Städte mit ihnen sind hundertprozentig proletarisiert. Das Gesamtniveau liegt für unsere Begriffe tief; das Gesamtniveau wurde, für russische Begriffe, im Vergleich mit der Vorkriegsepoche, außerordentlich gehoben.

An der absoluten Primitivität der Russen gemessen, ist das, was der Kommunismus für sie bis jetzt erreichte, relativ bedeutend. Und diese Entwicklung zur proletarischen Zivilisation hin wird, wenn der Fünfjahresplan der Sowjets durchgeführt ist, das russische Proletariat auf ein Lebensniveau führen, das hoch über dem unserer Arbeiterschaft liegt. Diese Entwicklung marschiert. Und dazu kommt das Gewaltigste: Die russischen Arbeiter sind die Herrscher ihres Landes, das den sechsten Teil der Erde einnimmt! Ihnen gehört das Wenige! Sie sind die Träger und die Nutznießer der Idee, die hier schrittweise, mit grandioser Zielsicherheit und Planmäßigkeit, verwirklicht wird!

In den fünf Jahren des großen Aufbauplanes will man so weit sein, daß Rußland von der übrigen Welt wirtschaftlich unabhängig geworden ist. Jeden Monat kommt man – Rückschläge sind von vornherein einkalkuliert und bleiben naturgemäß nicht aus – dem Ziele näher. Schon arbeiten die eigenen Kunstseidenfabriken. Die größten Elektrizitätswerke sind im Bau. Autofabriken werden gerade gegründet. Die landwirtschaftlichen Produkte, an denen es den Städten noch mangelt, werden reicher in die Städte fließen, wenn die Industrie ihre den Bauern notwendigen Erzeugnisse zur Genüge auf die Dörfer schicken kann. Rußland ist auf dem Wege, der einzige unabhängige Staat der Erde zu werden. Von Einfuhr und Ausfuhr unbeeinflußt; von ausländischen Wirtschaftskriegen und Börsenmanövern nicht betroffen; ohne Arbeitslosigkeit; der Bevölkerungszunahme auf lange Zeit gewachsen; später einmal, in Jahren der Mehrproduktion, eine Gefahr für Länder, in denen der Kapitalismus Preiswillkür treibt. Noch ist alles im Werden: der Verwaltungsapparat ist, da es noch an neuer Beamtenschaft mangelt, überorganisiert; die Industrie bedarf noch ausländischer Ingenieure und Spezialisten; die Landwirtschaft, vorwiegend das grundbesitzende Kulakentum, sträubt sich noch gegen die Kollektivisierung; die als unerläßlich angesehene Armee, Marine und Luftflotte verschlingen Unsummen. Wenn aber dieses gewaltigste aller historischen Experimente gelingt – und die Gründe dafür sind stärker als alle Einwände –, so beginnt, weiterwirkend, eine neue weltgeschichtliche Epoche. Und jeder parteipolitisch unvoreingenommene Betrachter wird diesem zuversichtlichen Volke, das aus fast 200 Nationen besteht und um die gerechtere Verteilung der Existenzmittel kämpft, vollen Erfolg, bis an die Grenzen des Möglichen wünschen.

Was wir sahen? Den Bau großer moderner Mietskasernen, nach amerikanischen Betonmethoden durchgeführt, um der unvergleichlichen Wohnungsnot abzuhelfen; wer eine Fabrik baut, muß sich zum Bau der erforderlichen Arbeiterwohnungen verpflichten. In diesen Fabriksiedlungen gibt es die »Stolowaja« (eine Art Volksküche); Schulen; Theater; Kinderheime, hygienisch, von Frohsinn erfüllt; der Betrieb baut ein Arbeiterklubgebäude, mit Bibliothek, Vortragssälen, Eßräumen, Spielzimmern, Turnhallen, Kinderzimmern, Schießständen, Debattierstuben, Ausstellungsräumen. In diesen Klubs hält sich die Arbeiterschaft, vor allem die Jugend, abends auf. Die »Erfinder« haben ihre Zusammenkünfte; Schauspieler und Sänger von Ruf machen Kabarett; man liest, man turnt, zeichnet, lernt Sprachen, tanzt, studiert Darbietungen ein, ißt und trinkt.

Andere Aufenthalts- und Vergnügungslokale gibt es in diesen Städten kaum mehr; nur noch die großen Kulturparks, unsern Lunaparks ähnlich, aber größer und vielseitiger; nur noch die Theater und Kinos, zu denen die Arbeiterschaft Freikarten erhält; nur noch ein paar Hotels, in denen Fremde, Journalisten, Diplomaten und ein paar Privathändler sitzen, als wären sie trotz der Hotelpracht, die im Verfall begriffen ist, ausgestoßen worden.

Wir sahen in Moskau das »Haus der Arbeit«, in dem qualifizierte Arbeiter herangebildet und Arbeitsmethoden erprobt und ersonnen werden. Wir sahen das »Haus der Schriftsteller«, den Arbeiterklubs sehr verwandt, mit Schreibzellen, Diktaträumen, Billardsälen, Eßzimmern, Kinos, Büchereien und Ruhestuben.

Wir sahen die großen staatlichen Warenhäuser »Mostorg« und »Gum«, durch deren Etagen die Arbeiter sich drängten, um an ihrem freien Tage einzukaufen. In den verschiedenen Abteilungen hingen Tabellen an der Wand; sie teilten, statistisch übersichtlich, mit, ob etwa die Textilabteilung, im vorigen Monat, die Anforderungen des Grund- und Jahresplanes erfüllt habe, oder um wieviel Prozent sie dahinter zurückgeblieben sei; sie gaben bekannt, wieviele Angestellte der Abteilung zu spät gekommen wären; sie zeigten, wie man im sozialistischen Wettbewerb mit der Parallelabteilung eines anderen Unternehmens abgeschnitten habe.

Äußerlich verlief alles reibungslos. Wir fuhren als Reisegesellschaft, etwa sechzig Personen. Das Moskauer Reisebüro funktionierte, wie Reisebüros zu funktionieren pflegen. Man sorgte für bestellte Zugabteile, für Hotelzimmer, für ausreichende Verpflegung, für Dolmetscher, Theaterkarten, Visa, Rundfahrten im Autobus; man führte uns durch Museen, zeigte uns Sehenswürdigkeiten, gab uns Ratschläge. In dieser Hinsicht geschah kaum etwas Besonderes, außer daß es doch vielleicht sonderbar erscheinen mag, heutzutage ohne jede Störung, und als fahre man an die Riviera, durch Sowjetrußland reisen zu können.

Die Reise unterschied sich dafür in anderer Hinsicht um so mehr von allen anderen Reisen, die man, für ein paar hundert Mark, in Europa machen kann. Es ging weder um höchste Berggipfel noch um blühende Orangenbäume; wir sahen nur Zwei-Millionen-Städte und dazwischen Sümpfe, sandige Steppen und winzige Holzdörfer. Aber wir begegneten einer anderen Welt! Und als wir, kaum 250 Stunden nach dem Reisebeginn, wieder in einer Berliner Autotaxe saßen, ziemlich schmutzig, etwas müde und hungrig, da kannten wir die schönen Straßen, die eleganten Frauen und die luxuriösen Geschäfte, die wir doch von jeher zu sehen gewohnt waren, kaum wieder. Wir kehrten heim, als kämen wir in die Fremde und in eine verbotene Welt.

Thomas Manns Appell an das deutsche Bürgertum

Thomas Mann hat einen politischen Vortrag gehalten. Fünfmal wurde er durch kindische Störungsversuche unterbrochen. Die Schupo griff ein und schob, nach jeder Unterbrechung, die Schreihälse ab. Herr Arnold Bronnen war unter ihnen. Er äußerte seine, dem Redner widersprechende politische Meinung dadurch, daß er Hustenanfälle markierte.

Thomas Mann hat sich bereits durch die bloße Tatsache, daß

er zur Tagespolitik Stellung nahm, um die Literatur verdient gemacht. Ob auch um die Politik, ist schwerer zu entscheiden. Kunst, erklärte Mann, sei mitunter seelisch unmöglich; und wir durchleben wieder solch einen Augenblick. »Es gibt kein Einzelglück, wenn das Elend die Stunde regiert.«

Der tiefste Beweggrund, der Thomas Mann zu dem Vortrag führte, war das Konfessionsbedürfnis. Die Rede war ein »gedrängtes Selbstgespräch an das deutsche Bürgertum«, und ihr Inhalt, aktuell genug, lautete: »Gesittung ist deutscher als Fanatismus«.

So begann Thomas Mann damit, den Nationalsozialismus zu analysieren, diese fanatische nationale Bewegung, deren Ursprünge vielfältiger Art sind: Mystik, Naturkult, Rassentheorie, Humanitätsfeindschaft usw. Das Ganze ist ein kaum faßbarer, wilder Rückschlag ins Primitive. »Die Gewalt beweist sich selbst, sonst nichts, und auch das ist nicht nötig. Die nationalsozialistische Liebe für Deutschland äußert sich vor allem im Haß nach innen. Weg vom Veitstanz!«

Die Würde ist Einfalt, sagte der Dichter, und nicht mehr angängig; die Würde des Wesens ist das Ziel, und dies fordert vom deutschen, kulturgebundenen Bürger: keine Angst vor dem Schreckgespenst des Marxismus zu haben, sondern sich der Sozialdemokratie anzuschließen. Gerade die Sozialdemokratie benimmt sich – obwohl ihre Theorie materialistisch ist – außerordentlich geistfreundlich. Die deutsche Arbeiterschaft hat Deutschland vorm Separatismus und allen anderen ernsten Gefahren gerettet. Ohne sie wäre Stresemanns Lebenswerk unmöglich gewesen, der bei ihr, nicht bei der Volkspartei den Rückhalt fand.

Nicht nur Deutschland, das ganze Europa, soweit es vernünftig ist, nicht zuletzt Frankreich, erwarten die friedliche, klug herbeigeführte Revision des Versailler Vertrages. »Die beste Sicherheit Frankreichs ist die Gesundheit des deutschen Volkes.« Deshalb: das deutsche Bürgertum gehört an die Seite der deutschen Sozialdemokratie.

Thomas Mann fand für seinen Vortrag außerordentlichen, berechtigten Beifall. Ein repräsentativer Bürger Deutschlands, einer der liebenswertesten dazu, hat sich vor der Öffentlichkeit zur deutschen Arbeiterschaft bekannt.

Als Konfession und als leuchtendes Beispiel hatte Thomas Manns Vortrag tiefe Bedeutung.

Die Verliese des Vatikans

Nicht in jedem, aber in einigen seiner Bücher wird André Gides Bedürfnis sichtbar: derbste Kolportage und subtilste Gedanklichkeit zu vereinigen. Es reizt ihn in außerordentlichem Maße, die Sensation zu vergeistigen und die Psychologie zu inkarnieren. Die »leidenschaftliche, antiopportunistische Neugier seiner Seele« begnügt sich nicht mit der materialistischen Motivierung von Untaten. Gides Verbrecher sind »die Inkonsequenz selber«. Sie leiden am »Hang zum Indirekten«. Er erfindet außergewöhnliche Hintergründe, vor denen sich wiederbelebte Lokalnotizen abspielen. In den »Verliesen des Vatikans« stößt Lafcadio Herrn Fleurissoire aus Pau zur Zugtür hinaus; er tut es aus unberechenbaren Trieben. Im selben Buch inszeniert Protos eine Sammlung zur Rettung des von den Freimaurern eingesperrten Papstes; nicht weil der Papst tatsächlich eingesperrt wäre, denn das ist gar nicht der Fall; eher und vermutlich, um die Dummheit der Menschen, auf Grund wissenschaftlicher Experimentiersucht, auf die Probe zu stellen. Im »Immoralisten« und in den »Falschmünzern« geschieht Verwandtes. André Gide liebt die Verbrechen, die keinen Sinn haben; denn es reizt ihn, Sinn zu verleihen.

So kommt es, daß manche seiner Bücher Kriminalromane sein könnten, wenn sie nicht mehr wären. Die »Verliese des Vatikans« sind, unter anderem, ein Kriminalroman hohen Ranges. Aber: nur unter anderem! Neben der kriminalistischen Handlung laufen zwei weitere Geschichten. Die eine befaßt sich mit der Auseinandersetzung zwischen dem Atheismus und kirchlicher Gläubigkeit, und das ist eine äußerst intellektuelle Angelegenheit. Die andere enthält die Tragikomödie eines Spießers, der, aus Dummheit und auf groteske Weise, den Papst befreien will, und das ist eine Provinzlersatire.

Sämtliche drei Handlungen münden, obwohl sie auf grundverschiedenen Ebenen verlaufen, im selben Punkt. Und sämtliche Personen der drei getrennten Schauspiele sind, dieser Distanz zum Trotz, miteinander verwandt und bekannt. Reißer, Groteske und Weltanschauung sind mit einer Eleganz und Virtuosität verknüpft und trotzdem getrennt, daß dem Leser literarische Vergleichsmöglichkeiten nicht beifallen. Einzig die Musik gewährt kommensurable Fälle: André Gides Roman ähnelt einer kontrapunktisch faszinierend durchgeführten Fuge. Jedes Register ist beherrscht. Und der Zusammenklang zeitigt Effekte, die nahezu ohnegleichen sind.

Lustspiel von links

Piscator, der wieder im kleinen Wallnertheater sitzt, hinter dem Alexanderplatz, inmitten der Volksklasse, der er sich verschrieben hat, kann endlich wieder einen Erfolg buchen. Einen Erfolg übrigens, der nur hier, in diesem Milieu und vor diesem Publikum, entstehen konnte. In einem westlicheren Theater wäre die Sache schiefgegangen. Das Lustspiel »Mond von links« (Autor: Bill Bjelowzerkowski) wäre, wie gesagt, im Westen durchgefallen. Es taugt, dramaturgisch, fast nichts: das Sujet des Stückes ist ein paar tausend Jahre älter als der Bolschewismus, und es wäre nur durch einen geschickten und gepflegten Dialog zu retten gewesen, aber der fehlt. Daß der Mann ohne Frau auf die Dauer nicht leben kann, auch wenn er es, im Interesse eines größeren Ziels ehrlich versucht, – das ist der Inhalt des Lustspiels. Na, nu lachense mal, kann man da nur sagen.

Daß das Stück während der russischen Revolution spielt und daß sie das große Ziel ist, dem der Held die Frau opfern will, macht den Anblick nicht komischer. Trotzdem lachen die Leute. Das Publikum brüllt vor Vergnügen.

Also gut. Es ist ihr Theater. Hier macht man ihre Politik. Und wenn sie hier lachen, sind sie im Recht! Nicht der Kritiker, der sich bescheiden an den Kopf faßt. Trotzdem geht er geknickt von dannen. Das ist die Kunst einer neuen Weltanschauung? So sieht deren Humor aus? Solcher Stücke wegen trennt man sich von der reaktionären Volksbühne? Man schmiß Arnold Bach, Kadelburg und dergleichen vom Theater, wütend über sie, und nun läßt man sie von links wieder herein und findet sie herrlich.

Und die bürgerliche Kritik applaudiert mit. Sie begnügen sich nicht, zu sagen: den Leuten gefällt's. Nein, sie erklären, es gefiele ihnen auch! Da schlägt's Dreizehn. Ein in Rußland sich gut auskennender Autor versicherte mir, es gäbe dort auch bessere Lustspiele. Wir wollen's hoffen. Aber sie wären in Deutschland, ihrer lokalen Bedingtheit wegen, nicht spielbar. Das ist bedauerlich.

Dieses Publikum würde ebenso herzlich über Guido Thielscher lachen, wenn er in Unterhosen über die Bühne hopst. Ist Thielscher deswegen ein Künstler? Und ist ein russischer Schwank deswegen ernst zu nehmen, weil der Wedding klatscht? Das Beste ist, die Frage mit Nein zu beantworten.

Wenn Kinder Theater spielen

Dadurch, daß mein Kinderstück »Emil und die Detektive« zur Aufführung kam, fand ich Gelegenheit, die schauspielerische Fähigkeit der heutigen Kinder aus nächster Nähe zu bewundern. Am auffälligsten ist immer wieder, daß die Kinder, mit ganz wenig Ausnahmen, außerordentlich sicher, freimütig und unkomödiantisch spielen. Ihre Sicherheit hat mehrere Ursachen: der Wandel der Erziehungsmethoden und der Unterrichtsart hat den Kindern das genommen, was man Lampenfieber nennt; und noch einflußreicher erscheint mir die Tatsache, daß sie das Theaterspielen, noch dazu und glücklicherweise in Rollen, die direkt aus der Wirklichkeit stammen, für eine höchst reale Beschäftigung halten. Sie spielen auf der Drehbühne so, wie sie sonst auf der Straße spielen. So echt wie das Spiel der Kinder, ist auch ihre Begeisterung. An drei Nachmittagen der Woche spielen sie, immer verantwortungsbewußt, immer lebendig und ganz bei der Sache. Neulich fehlte der kleine Darsteller des Krummbiegel unentschuldigt. Da jeder Junge jede Rolle längst auswendig weiß, bot das weiter keine Schwierigkeiten. Der Regisseur stellte den Knaben trotzdem bei der nächsten Aufführung zur Rede und sagte, er dürfe nun nicht mehr mitspielen, und seine Rolle sei vergeben worden. Man kann sich schwer ein Bild von der Verzweiflung des Jungen machen. Er stand im Theaterhof und heulte herzzerbrechend. Unter Schlucken und Schluchzen kam zutage: er war krank geworden, seine Mutter war nicht zu Hause gewesen, er hatte in nasse Tücher gepackt im Bett gelegen, und wer hätte da ins Theater telephonieren sollen? Die Affäre wurde beigelegt. Der Junge darf weiter spielen. Er war glücklich. Er ist glücklich. Er wird glücklich sein.

Auch für den Glauben an die »Realität des Scheins« möchte ich Beispiele geben. Bei einer der Aufführungen fiel dem Darsteller des kleinen Dienstag, als er, wie es die Rolle vorschreibt, etwas notieren wollte, der Bleistift hinunter. Die Zuschauer hatten es kaum bemerkt, und der Junge hätte, mit der Hand den Bleistift markierend, weiter schreiben können. Nicht um die Welt! Er bückte sich. Er suchte den Bleistift am Boden. Die Aufführung kam ins Stocken. Der kleine Dienstag suchte indessen seelenruhig, bis er den Bleistift gefunden hatte. Erst dann schrieb er weiter. Denn, nicht wahr, wie kann man ohne Bleistift schreiben? Und er bringt in jeder Aufführung genau das zu Papier, was die Rolle vorschreibt. Er kann nicht markieren. Das Spiel ist Wirklichkeit.

Und auch die Beziehung der zuschauenden Kinder zum Dargestellten beruht auf Echtheitsbedürfnis. (Genau wie alle Kinder, ähnlich ganzen früheren Kulturepochen, beim Lesen von Geschichten besonders Wert darauf legen, daß sie wirklich passiert sind!) Nach der Stelle, wo Emils Mutter zu sagen hat: »Da stehen mir förmlich die Haare zu Berge!« rief zur Premiere ein kleines Mädchen aus der ersten Parkettreihe ehrlich gekränkt zur Bühne hinauf: »Aber ich sehe ja gar nichts!«

In der Szene, in welcher der Held des Stücks im Coupé erwacht und merkt, daß ihm sein Geld gestohlen wurde, rufen nahezu regelmäßig alle Kinder, die das dem Stück zugrunde liegende Buch kennen: »Emil! Hab' keine Angst! Du kriegst dein Geld wieder!« Sie empfinden eben seine Angst so real wie möglich. Gleichzeitig kennen sie aber bereits, durch Lektüre vorbereitet, den Verlauf der Handlung. Doch genau so, wie sie das Buch als »wirklich passiert« betrachten, mit allen Konsequenzen dieser Auffassung, genauso glauben sie, der Held der Bühne sei wirklich bestohlen worden. Das Paradoxe ihrer Haltung wird ihnen, vor lauter Wirklichkeitsempfinden, nicht klar. Kinder sind nicht nur ideale Schauspieler, sie sind auch ideale Zuschauer. Ein Autor, der von Geschriebenem Wirkung erhofft, kann sich nichts Schöneres wünschen, als daß die Leser Literatur mit Wirklichkeit identifizieren und verwechseln.

Wo kann der Schriftsteller aber hoffen, daß er seine Leser und Zuschauer wirklich beeinflußt, als bei Kindern? In welchem Stadium wären die Menschen noch zu ändern, wenn nicht in dem der Kindheit? Eine der »Lehren« des Stückes ist: daß Kameradschaftlichkeit und Korpsgeist nicht nur schön, sondern auch zweckvoll sind. Beinahe zwangsläufig hat sich so ergeben, daß sämtliche kindlichen Schauspieler, ob Hauptdarsteller oder Statisten ist gleichgültig, vorbildlich zueinanderhalten. Neulich, anläßlich einer Rundfunkreportage hinter den Kulissen, rief einer der Jungen völlig unaufgefordert und eigentlich beziehungslos zur Unterhaltung, auf die Frage, wie ihnen das Theaterspielen gefalle, laut und begeistert ins Mikrophon: »Wir halten fest und treu zusammen!« Und die andern schrien, genau so ungebeten, im Chor: »Hipp, hipp, hurra!«

Zum Schluß sei im thematischen Zusammenhang auf die Beziehung der Kinder zum Autor hingewiesen. Denn das kommt dazu: Obwohl die Kinder an die Wirklichkeit des Buches und des Stückes glauben, spüren sie doch den Einfluß des Schreibers auf jene Realitäten. Am Tage, an dem das Stück in Breslau aufgeführt wurde, schrieb der Berliner Darsteller des kleinen Dienstag – dessen Mutter übrigens von den anderen »Schauspielermüttern« bereits nicht mehr beim wirklichen Namen, sondern nur noch Frau Dienstag genannt wird, und das findet sie ganz natürlich – nach Breslau folgenden Brief.

Als Adresse schrieb er: »Herrn Erich Kästner. In dem Theater, wo am Sonntag ›Emil und die Detektiefe‹ gespielt wird. Breslau.«

Der Brief lautete: »... Ich habe von meiner Mutter gehört, das ›Emil und die Detektiefe‹ in Breslau aufgeführt wird. Hoffendlich spielen es die Kinder genausogut wie wir. Allerdings hatten wir am Mittwoch, den 10. Dezember eine strafprobe. Aber machen Sie sich keine Sorgen es geht doch alles schon die leute klatschen und es ist gut besucht ... Ich wünsche, daß die Leute die Kinder immer wieder vor rufen, weil ihn das Stück so gut gefallen hatte. Hoffentlich rufen die Leute sie auch viel vor ... Zu dem Stück wünsch ich Ihnen in Breslau viel Glück!!! Herzliche Grüße ihr kleiner Dienstag, Hans-Albrecht Löhr. N. B. Grüßen Sie mir den kleinen Dienstag in Bresslau schön.«

Man glaube ja nicht, daß der in diesem Brief zum Ausdruck kommende schauspielerische Berufsstolz auch nur im entferntesten dem Glauben an die Realität des Dargestellten widerspräche. Durch die vielen Proben und die häufigen Aufführungen ist natürlich das Wirklichkeitsgefühl herabgestimmt worden. Trotzdem werden es die Kinder, während sie spielen, nie einbüßen. Lessings Frage aus der Dramaturgie: Soll der Schauspieler auf der Bühne empfinden oder nicht? hätte, an die Kinder gerichtet und ihnen verständlich gemacht, gar keinen Sinn. Denn sie empfinden, was sie spielen, unwiderruflich.

Natürlich und leider wird eines Tages die Wiederholung des Gespielten jene Fähigkeit erzeugen, die man kindlichen Schauspielern nicht wünschen sollte, und die alles hier Geschriebene über den Haufen werfen wird: die Routine.

Der Unterrock ist im Anzug

Aus England dringt die Kunde zu uns, daß der Unterrock im Anmarsch ist. Vorläufig schämt er sich noch seiner Wiedergeburt und tritt, von Spitzen duftig unterbrochen, auf. Aber wir werden gut tun, an dem kompakten Wesen der Neuerung nicht zu zweifeln. Wir haben in der letzten Zeit modische Requisiten auferstehen sehen, die wir längst im Sarge der Kulturgeschichte begraben glaubten: das lange Kleid, die Schleppe, sogar das Korsett meldeten sich von der Reise zurück; und die »praktische Kleidung« der Frau, deren Schönheit noch vor kurzem lebhaft gepriesen wurde, ist verurteilt, am Vormittag und beim Tennisspielen eine bescheidene Rolle zu spielen.

Die Befreiung des weiblichen Körpers war eine Episode. Man hält es nicht für möglich, aber es ist trotzdem so. Und nun klopft auch noch der Unterrock, sozusagen, an die Tür! Vor mehr als einem Jahr schrieb ich in einer gereimten Glosse:

> »Das wäre also der neue Stil:
> immer jung, immer kurz, immer schlank?
> Doch schon wird der Frau das Zuwenig zuviel.
> Es war nicht ihr Ernst, sondern wieder nur Spiel!
> Und sie spuckt in den Kleiderschrank.«

Inzwischen haben sich modischerseits (und auch sonst) schreckliche Dinge begeben, und wer heute einen Saal »modern« gekleideter Frauen sieht, kippt aus den Pantinen und schlägt mit dem Schädel an der Jahrhundertwende auf. Die »moderne« Frau hat sich freiwillig ins vorige Jahrhundert zurückbegeben. Mit der Mode hat's begonnen und die anderen kulturellen Errungenschaften werden ebenso gern und ebenso leicht aufgegeben werden.

Denn das ist das Ausschlaggebende: Die Reaktion der Mode ist nur der kleinste Teil einer freiwillig beschlossenen kulturellen Gesamtreaktion. Lernet-Holenia versuchte es neulich, am willkürlichen Länger- und Kürzerwerden der k. und k. österreichischen Offiziersmäntel nachzuweisen, daß die Frauenmoden sinnlos wechselten und keinem tieferen Gesetz unterlägen. Das ist offensichtlich unrichtig! Die Veränderungen der Kleidung, welche die Frau ver- und enthüllt, sind wirklich etwas grundsätzlich anderes als die Variationen von Soldatenmänteln mit Sternchen!

Nein, es steht außer Frage: der nahende Unterrock ist wiederum ein Anzeichen für die von der »Gesellschaft« beschlossene und erwünschte kulturelle Reaktion. Die nächste Mode wird: das Brett vorm Kopf. Und auch die Mode werden die meisten mitmachen. Wohl bekomm's!

Eine furchtbare Statistik

Ich habe in der letzten Zeit wiederholt Mord-Statistiken gelesen. Es handelte sich hauptsächlich um Feststellungen, wieviele Menschen im verflossenen Monat da und dort umgebracht worden wären. Solches Zahlenmaterial ist, so erschütternd es sein kann, selten genug aufschlußreich. Man liest nicht, ob im Monat vorher oder im gleichen Monat des Vorjahres mehr oder weniger Menschen Mördern zum Opfer fielen. Und auch, wenn das dabeistünde, wie hießen die Beweggründe? Waren es Morde aus Eifersucht, aus Verzweiflung, aus Raubgier, aus Not, aus politischen Gründen?

Neulich sah ich nun die Statistik, die ein Journalist aufgestellt hatte und die ausschließlich Raubmorden galt. Diesen Kollegen hatte die Frage interessiert: Um welchen Geldbetrags willen wurde in der letzten Zeit gemordet? Also, wieviel Geld ist heute ein Menschenleben wert? Und welche Summe reicht heute aus, daß sich ein haltloser, dazu in Not befindlicher Mensch entschließt, zum Mörder zu werden und Gefängnis, oft von lebenslänglicher Dauer, auf sich zu laden?

Die Zahlen dieser Statistik waren grauenerregend. Ich setze einige davon hierher. Stolpe und Lieschen Neumann erbeuteten 28 Mark. Nach einem gemeinsamen Kinobesuch, einer Autofahrt und einem Trinkgelage war das Geld zu Ende.

Die Mörder des Berliner Zigarrenhändlers Rieckmann und seiner Frau fanden bei den Toten 9,67 Mk.

Der Mörder Lüdecke, der in den letzten Jahren drei Wanderburschen umbrachte, erbeutete jedesmal nur ganz geringe Habseligkeiten; das letzte Mal eine Uhr und einige Rasierklingen.

Ich lasse einige Beuteziffern von anderen Raubmorden in Berlin folgen: ein Fahrrad; 25 Mark; ein paar Kleider und 30 Mark; eine Tabakpfeife; 70 Mark; 50 Mark; einige Silbersachen; eine leere Brieftasche.

Natürlich besteht oft ein Unterschied zwischen dem, was der Raubmörder als Beute erwartet, und dem, was er nach dem Mord tatsächlich vorfindet. Aber, wenn er auch 100 Mark erwartet hätte, wo er nur 25 Mark fand, – ist es verständlich, daß jemand wegen eines Hundertmarkscheines einen Mitmenschen umbringt?

Es ist aus jeder Situation heraus unverständlich. Und doch geschieht es täglich. Und doch geschieht es von Tag zu Tag häufiger! Der Krieg, seine seelischen und wirtschaftlichen Folgen, haben den Wert des Einzellebens hoffnungslos vermindert. Wie soll das weitergehen, wenn nicht einmal mehr die schwersten Strafen abschreckend zu wirken vermögen? Jeder Tag, der uns von der allmählichen Beseitigung der Arbeitslosigkeit fernhält, führt uns tiefer in Zustände hinein, in denen der Mensch dem Andern keinen Pfennig wert ist. Viele derer, die ihre Beschäftigung und ihr Einkommen haben, verlieren nur allzu leicht das Empfinden für den drohenden Ernst der Lage. So eine Statistik wirkt wie ein Alarmzeichen. Oder sollte ich mich täuschen?

»Der Hauptmann von Köpenick«

Dieses neue Stück von Carl Zuckmayer, das im Deutschen Theater mit außergewöhnlichem Erfolg aufgeführt wird, hat die Vorzüge und die Nachteile der bisherigen Zuckmayerschen

Dramen. Die wichtigsten Aktiva sind, nach wie vor, und in diesem »Deutschen Märchen« gelegentlich noch stärker als bisher, Zuckmayers Fähigkeit, eindrucksvolle und nachhaltige Bildausschnitte aus dem Leben nachgestalten zu können, und seine größte Begabung, nämlich die, dem Volk aufs Maul zu sehen, wie Luther das einmal genannt hat. Zuckmayer versteht es wie kaum ein Zweiter, ein halbes hundert Menschen der verschiedensten Klassen und der verschiedensten Landschaften hinzustellen, und jeder redet so, wie er reden muß, und keiner redet irgendeine neutrale oder ihm sonst unbekömmliche Autorensprache.

Diesen beträchtlichen Vorzügen Zuckmayers, zu denen sich sein Mutterwitz und sein Sinn für Bühneneffekte gesellen, stehen allerdings Nachteile gegenüber, die dieser deutsche Dramatiker bisher in keinem seiner Stücke vermied, und die er, scheint es fast, nicht vermeiden kann. Zuckmayer ist kein Dramenkonstrukteur, das heißt: er vermag zwar Dialoge zu schreiben und Bildausschnitte zu liefern, aber er schreibt trotzdem Stücke, die die zwingende, zwangsläufige Gesamtgestaltung vermissen lassen. Im »Hauptmann von Köpenick« liegen die Dinge so, daß das wirkliche Stück überhaupt erst nach dem zweiten Drittel, nämlich nach der zweiten Pause, beginnt. Da erst fängt er an, jene anekdotische Zeitsatire zu dramatisieren, die seinerzeit die Welt lachen machte. Bis dahin beschreibt er, in dreizehn Bildern (im Bühnenmanuskript sollen es sogar noch mehr sein) die Lebensgeschichte des Schusters Wilhelm Voigt; die Exposition des Dramas erstreckt sich also über zwei Drittel des Dramas selber. Bis zu diesem 13. Bild sind die Szenen, so sehr sie im einzelnen schön, gelungen und humorvoll sein mögen, sogar unter dem Gesichtspunkt der Exposition und des Dienstes am Stück selber vorwiegend überflüssig. Dazu kommt, daß Zuckmayer, während dieser ersten zwei Drittel, das typische Geschick eines Strafentlassenen der Vorkriegszeit erzählt, und daß sich dann erst, aus der typischen Darstellung heraus, der Spezialfall des Hauptmanns von Köpenick entwickelt. Dadurch erhält die Köpenickiade das, was Zuckmayer gerade vermeiden wollte: sie wird zum Zufall. Es geht nicht, wenn man ein anekdotisches Stück schreiben will, daß man zwei Stunden vom Typus spricht, der in der dritten Stunde im Spezialfall zum Helden wird. Je länger man einen derartigen Sonderfall zu erklären versucht, um so weniger läßt er sich erklären. Zuckmayer hat weiterhin von der Zeit innerhalb des Dramas eine falsche, nämlich eine objektive, Auffassung. Aber im Drama, wenn es eines sein will, verschieben sich die wirklichen Zeitproportionen zugunsten des dramatischen Willens und der psychologischen Wirkung. Zuckmayer verzichtet auf die künstlerisch subjektive Zeitbehandlung; er verzichtet, bildlich gesprochen, auf die dramatische Perspektive; das hatte zur Zeit des expressionistischen Dramas Sinn, aber heute ist es falsch und tut dem dramatischen Wert Abbruch.

Trotzdem sind die bereits angeführten Qualitäten Zuckmayers, die sich in diesem Stück prachtvoll äußern, so lebendig, daß der »Hauptmann von Köpenick« deswegen zwar noch zu keinem guten Stück, aber zu einem abwechslungsreichen und im einzelnen sehr wertvollen Abend wird. Am schönsten sind die Szenen, die in der Wohnung von Wilhelm Voigts Schwester spielen, zwischen dem ohne Paß und Aufenthaltsbewilligung von Polizeibüro zu Polizeibüro gehetzten Schuster, seiner kleinbürgerlichen, ängstlichen und seelisch beschränkten Schwester und deren Mann. Eine große Zahl der Bilder dient weniger der besonderen Handlung als der Darstellung der wilhelminischen Zeit. In diesem Zusammenhang ist vor allem eine Gefängnisszene zu erwähnen, in der der Anstaltsdirektor, anläßlich des Sedantages, mit seinen Gefangenen die Erstürmung der Höhe 101 spielt. Grausiger kann man jene so mit Recht verflossene Epoche kaum darstellen.

Die Aufführung ist vorzüglich, und Werner Krauss liefert in der Titelrolle, als Strafgefangener und als Hauptmann, einen erneuten Beitrag zu der Einsicht, daß er der wandlungsfähigste und merkwürdigste deutsche Schauspieler ist.

Hermann Kesten

Es ist keineswegs verwunderlich, daß Hermann Kestens dritter Roman ein Liebesroman wurde. Denn Kestens ironische Fähigkeit richtet sich, seit ihren Anfängen, gegen die Unfähigkeit der Zeitgenossen, ihren Idealen und ihrem Schicksal zu entsprechen. Seine beiden frühern Romane galten der beschämenden Diskrepanz zwischen der Freiheitsidee und dem menschlichen Freiheitswillen. Sein neues Buch (»Glückliche Menschen«, Gustav Kiepenheuer Verlag) konfrontiert die Liebe mit einer Liebe. Kesten ist, kurz heraus gesagt, Ironiker aus Idealismus. Er verehrt die Ideale der Vernunft und der individuellen Leidenschaften, und er verachtet ihre Verächter. Wer noch nicht wüßte, daß dieser Schriftsteller, trotz seiner mitunter zynischen Haltung, ein Jasager ist, der müßte es schon beim ersten Satzgefüge erkennen, das er in einem der Bücher läse. Kestens Zynismus ist eine bloße Konsequenz. Seine Ironie ist nicht kalt, sondern feurig. Er ist ein idealistisches Temperament, und sein Stil schafft hierfür den gültigen Ausdruck. Was er von seinem dreißigjährigen Helden, einem heruntergekommenen Akademiker namens Max Blattner, behauptet, gilt für Kesten selber: er ist »kein Zivilisationstrompeter«, er ist »nur ein Privatpathetiker«. Kestens Ironie trägt das pathetische Vorzeichen. Er eifert gegen die Unterernährung des Individuums und gegen den Niedergang der Größe des Menschen. Sein Held »ahnte, daß die einmalige Befriedigung der Seele tieferes Glück war als die Fortsetzung einer erbärmlichen, mittelmäßigen Existenz«. Max Blattner sieht, wie schäbig die Ziele und die Beziehungen der Zeitgenossen und wie läppisch ihre Vorstellung vom erreichbaren Glück wurden. »Die Glücklichen sind fürchterliche, unerträgliche Wesen, unerbittlich und mörderisch wie schlechte Paßphotographien der Götter.« Blattner wird von dem Gefühl, das ihn zu Else Pfleiderer, der Tochter eines betrügerischen Zigarrenhändlers, zieht, vorübergehend aufgerüttelt. »Er, der von Lebenszielen so gar nichts hielt, hatte sich einmal, von einer Leidenschaft überwältigt, ein Ziel gesteckt.« Doch er versagt, er ist seinem Gefühl nicht gewachsen. Er und Else »waren keine Helden. Beide wagten nicht, ihrem Schicksal zu begegnen.« Er versagt, als es gilt, zweitausend Mark für den alten Pfleiderer, einen selbstlosen Betrüger, aufzubringen. Er wird bei einem Diebstahl von seinem Nebenbuhler ertappt und opfert eher das unglückliche Mädchen als die eigne »glückliche« Zukunft. Elses Mutter ist tot, ihr Vater sitzt in Untersuchungshaft, ihr Geliebter schickt sie fort – sie wirft sich vor die Untergrundbahn. Blattner, »ein nachdenklicher Egoist«, ein Vertreter der »schrecklichsten Sorte Mensch, die es gibt«, überwindet die Affäre, tritt bei seinem Nebenbuhler a. D. ins Geschäft ein, heiratet reich und wird ein »glücklicher Mensch«, dessen Feierabendweisheit lautet: »Glück ist Verdienst. Unglück ist Tatenlosigkeit.«

Dieser Liebesroman spielt in Berlin, draußen am Hermannplatz und in den Cafés und Wohnungen seiner kleinen Seitenstraßen. Arbeitslosigkeit, Unterschlagungen und Selbstmord spielen eine Rolle. Grundstücksmakler, Zigarrenfabrikanten, Zimmervermieterinnen, Zeitschriftenredakteure treten auf. Doch das Buch ist kein Berliner Roman, sondern ein Roman, der das Schicksal der großstädtischen Jugend überhaupt an einem Sonderfall darstellen will, jenes Schicksal, das trotz seiner Sensationen an Schicksalslosigkeit grenzt. »Man fühlte sich als untergehender Abendländer, soweit man nicht ehemaliger Wandervogel, Korpsstudent oder Vertreter nationaler Belange war.« Das Geschick dieser jugendlichen Majorität von heute, das eher ein Mißgeschick genannt werden muß, wäre am bloßen naturalistischen Beispiel nicht darzustellen gewesen. Kesten konnte seine Romanfiguren nicht auf ihr bescheidenes Eigendenken beschränken. Und so unternahm er es, sie nach seinem Kopf denken zu lassen. Sie zerbrechen sich den Kopf über ihr Schicksal. Aber nur das Schicksal ist ihr Eigentum; der Kopf, den sie sich zerbrechen, gehört Hermann Kesten. Er mußte sich dieses surrealistischen Mittels bedienen, wenn er mehr geben wollte als ein Berliner Alltagsabenteuer.

Wir sind in dem glücklichen Besitz vieler Buchkritiker, die, das läßt sich vorhersagen, Kestens antipsychologisches Unterfangen nicht gutheißen werden, da sie nicht imstande sind, einen Realismus zu verstehen, dem es mehr auf die geistige Wahrheit des Dargestellten als auf die profane Genauigkeit ankommt. Doch Kesten hat ihnen ihre Pointe vorweggenommen. Er fragt sich, an einer Stelle seines Buchs, selber ironisch: »Oder denken Schutzleute nicht so literarisch?« Jene Rezensenten verlangen vom Schriftsteller nicht viel mehr, als daß er Wurstschalen fabriziere, in die er die Wirklichkeit hineinstopft. Sie lieben das Amorphe und begreifen allzu wenig vom Wesen der Kristallisation, von der Tragweite der Gestaltung und von der Notwendigkeit, die Wirklichkeit zu vergewaltigen, wenn man sie künstlerisch fruchtbar machen will.

Wir können von der Meinung dieser mit Verspätung eingetroffenen Primitiven absehen und erklären: Kestens Roman »Glückliche Menschen« ist die bedeutsame Fortsetzung seiner Bemühung, die menschliche Komödie von heute zu schildern, und der außerordentlich gelungene Versuch, im Rahmen einer spannenden Liebesgeschichte das Bild der heutigen Jugend zu zeigen.

René Clairs »Million«

René Clairs Tonfilmromanze »Unter den Dächern von Paris« war in eben diesem Paris durchgefallen, ehe ihr die begeisterte Aufnahme in Berlin zu einem Welterfolg verhalf. Und der nächste Film Clairs, »Le million«, soll jüngst in Wien kühl aufgenommen worden sein, ehe gestern das Berliner Premierenpublikum dem Film und seinem Schöpfer hymnische Ovationen bereitete.

Berlin hat scheinbar manchmal recht. Clairs »Million« ist die Hymnen wert; der Film zeigt die Filmkunst auf einer Höhe und bietet glückliche Heiterkeit in einem Ausmaße, daß man wünscht, auch dieses schlechthin vollkommene Werk möge ein Welterfolg werden. Und wenn der Fall einträte, dann sollten die Filmindustriellen den Kopf in die Hand stützen und sich sagen: »Qualität scheint das Geschäft nicht unbedingt zu ruinieren!« Und dann ...

Aber wo lebt in Deutschland ein Filmregisseur von solchem Geschmack, von solchem Humor, von solchem Berufsverstand? Die »Million« ist eine Operette, aber erst seit diesem Film wird man erkennen, welches Niveau, welchen Kunstwillen und welchen hohen Reiz eine Filmoperette haben kann und wie wenig sie mit einer Theateroperette gemein haben darf.

Der Stoff des Films ist schon amüsant genug: Ein junger Maler, den die Gläubiger verfolgen, gewinnt in der Lotterie eine Million. Aber seine Freundin, eine Balletteuse, verschenkt das Jackett, in dem sich das Los befindet, einem fremden Mann, der, wie sich bald zeigt, eine sehr geheimnisvolle Person ist, eine Art Diebskönig, zugleich ein Altwarenhändler, ein Herrscher über dunkles Gelichter. Er verkauft das Jackett einem Tenor der Oper, der das abgegriffene Kleidungsstück am Abend auf der Bühne tragen will. Nun beginnt, auf den Straßen, hinter den Kulissen, bei offener Szene in der Oper, im Auto, überall eine irrsinnige Jagd nach dem Jackett. Bis es der geheimnisvolle Fremde dem verzweifelten Maler ins Atelier bringt. Das Glück kann hereinbrechen. Der Film ist zu Ende.

Clair hat Manuskript und Regie so vollendet auf Parodie, verzauberte, schwerelose Wirklichkeit und scharmante Musik (Musik im übertragenen und im Wortsinne) abgestimmt, daß sogar der Zuschauer die Realität, die eigene und die der Umwelt, vergißt. Man gibt sich diesem heiteren Genuß so völlig hin, man ist so in Lachen und Lustigkeit gebannt, daß man noch Stunden nach der Aufführung glücklich ist und, wenn man sich zurückerinnert, leise vor sich hinlacht. Selbst die Bauten, die Gänge, die Räume schimmern vor lauter Unwirklichkeit. Man erlebt ein modernes Märchen.

René Clairs Leistung besteht hier neben der des Regisseurs Chaplin, sie ist noch gelungener, noch vollkommener, der Film ist Chaplins Filmen ebenbürtig, und er vermag das, obwohl ihm der Darsteller Chaplin fehlt. Ein größeres Lob gibt es nicht, und ein kleineres wäre zu gering.

»Die Million« wird in der Originalfassung gezeigt, eine sinnreiche kleine Rahmenhandlung gibt zu deutschen Erklärungen, so oft es nötig wird, Gelegenheit. Französischer Dialog ist auf ein Mindestmaß heruntergeschraubt. Musik, Lieder, Geräusche und Gesten machen Gespräche beinahe unnötig. Clair und Chaplin gehen den gleichen Weg, den Tonfilm vom Theater zu entfernen. Clairs Ruhm wird bald mit dem Chaplins Schritt halten.

Tags darauf sah man den Ufafilm »D-Zug 13 hat Verspätung«. Zeisler, der Produzent, hat seit seinem Erfolg »Der Schuß im Tonfilmatelier« Rückschritte gemacht, die sich gar nicht zählen lassen. Schon in der ersten Aufführung pfiff ein Teil der Gäste mit dem D-Zug um die Wette. Soviel Theater, soviel unfreiwillige komische und dabei langweilige Kriminalkolportage sollte verboten werden. Aber nicht von der Zensur, sondern vom Publikum, das, wie Clairs Erfolge beweisen, mitunter sehr gut weiß, was gut ist.

Gespräch mit dem Ministerium

Hans Wilhelm und ich fuhren zum Reichsministerium des Innern. Eine Stunde später saßen wir jenem Referenten gegenüber, den wir sprechen wollten. Er erzählte, es kämen Tag für Tag Stöße von Besuchern, Briefen und Exposés. Das sei einerseits erfreulich, denn es beweise den im deutschen Volk verbreiteten, wenn nicht gar zunehmenden Drang, mitzuhelfen. Andrerseits mache es verständlich, daß er bitten müsse, wir möchten uns kurz fassen. Herr Wilhelm habe ihn ja schon telephonisch ein wenig informiert. Also.

»Also«, sagte ich, »der Reichspräsident und das Kabinett haben einen Aufruf zur Winterhilfe erlassen, der zum Teil das, was wir, schon ehe dieser Aufruf erschien, besprachen und was außer uns sicher Tausende besprochen haben. Wir finden aber die Formulierung und die Gesinnung des Aufrufs und die Art seiner Bekanntgabe unzureichend.«

»Mein Minister hat außerdem vor einigen Tagen am Rundfunk ausführlich über das Thema gesprochen«, warf der Ministerialrat ein.

»Unser Plan«, sagte ich, »handelt von einer Aktion, die, wie auch immer, unternommen werden muß, aber er hat hinsichtlich andrer Projekte, die vorliegen mögen, bedeutende Vorzüge. Er ist erstens befähigt, alle Bevölkerungskreise, von Hindenburg angefangen bis zum kleinen Bäckermeister, in den Dienst der notleidenden Bevölkerung zu stellen, und das wird im kommenden Winter, wenn die Zahl der Arbeitslosen weiter gewachsen und die Kassen der Behörden noch leerer geworden sein werden, unvermeidlich. Außerdem würde der Plan, gelänge seine Durchführung, eine Folge haben, die ebenso wichtig wäre wie die Aktion selber: die verschiedenen Volksschichten könnten sich wieder einmal als zusammengehörig empfinden, die gemeinsame und die gemeinsam bekämpfte Not könnte eine Notgemeinschaft herbeiführen, deren sittlicher und nationaler Wert einleuchtet.«

Jetzt griff Hans Wilhelm ein. »Wie war das zum Beispiel im Krieg?« fragte er. »Gab damals nicht jeder das Letzte her? Sammelten da nicht Tausende von Schülern alles, was in den Haushalten einigermaßen entbehrlich war? Wurde da nicht am liebsten jedes Mädchen Krankenschwester? Strickte damals nicht jede Tante Strümpfe und Pulswärmer für die, die froren? Sparte sich da nicht noch der Ärmste vom Munde ab, um den andern zu helfen? Sollten die Deutschen solcher Opfer nur fähig sein, wenn es eine hirnverbrannte Sache gilt? Halten Sie die Situation, die der Winter herbeiführen wird, für harmloser? Ist es denn nur möglich, ein Volk aufzurütteln, solange Granaten platzen? Was damals ging, muß doch auch heute möglich sein!«

Der Herr Ministerialrat schüttelte die Fragen ab, als wären es Regentropfen auf einem Hut. »Der Aufruf zur Winterhilfe war der erste Schritt, nicht der einzige«, beruhigte er. »Wir planen, im Laufe der Zeit, mehrere Vorstöße dieser Art. Sie glauben nicht, wie schwierig es ist, die verschiedenen charitativen Organisationen unter einen Hut zu bringen.«

»Wir glauben es«, entgegnete ich. »Wir glauben aber auch, daß es jetzt nicht darum geht, Organisationen unter Hüte, sondern eine wirksame Aktion ins Rollen zu bringen; eine Bewegung, die nichts mit Parteien, Kirchen, Standpunkten, neuen Verwaltungsapparaten und andern organisatorischen Dingen zu tun hat; eine Bewegung, die, etwa von einem offenen aufrüttelnden Aufruf Hindenburgs angeregt, zwischen den Privatmenschen anwächst und, mitreißend, Nutzen stiftet. Wenn der Aufruf, meinetwegen als Maueranschlag, eindrucksvoll formuliert und angebracht und wenn in seinem Wortlaut die wirkliche Schwere und Tragweite der heraufziehenden Not geschildert wird, müßte es mit dem Teufel zugehen ...«

»Es ist natürlich ausgeschlossen, in einem solchen Aufrufe den von Ihnen befürchteten Umfang der Not zu charakterisieren oder gar zu betonen«, sagte der Ministerialrat. »Wir müssen politisch denken.«

Wilhelm wurde aufgeregt. »Nein!« erklärte er. »Das ist das Einzige, was Sie nicht tun dürfen! Warum wollen Sie denn diese Not nicht offen zugeben? Glauben Sie vielleicht, die Bevölkerung weiß noch nichts davon? Was hat denn der Plan, das gesamte deutsche Volk über den Winter zu bringen, mit Politik zu tun? Von Politik könnte, durch die Zwischenzeit der Notgemeinschaft günstig beeinflußt, vielleicht im Frühjahr wieder gesprochen werden. Bis dahin ginge es doch aber vor allem darum, dieses Frühjahr überhaupt noch zu erleben! Bei Hindenburg müßten hundert Arbeitslose essen, beim Reichskanzler gleichfalls; Fleischermeister Müller könnte fünf Personen durchfüttern; Eisenbahninspektor Schulz einen; ich könnte, solange ich verdiene, pro Tag drei Mann in meiner Wohnung beköstigen.«

»Ich esse außer Haus«, sagte ich. »Aber ich würde in meinem Stammlokal auf meine Kosten ebenfalls drei Leute als Tischgäste unterbringen.«

Der Ministerialrat wurde langsam ungeduldig. »Es wird vieles geschehn, darauf können Sie sich verlassen. Die Volksküchen werden beispielsweise verstärkt in Betrieb genommen werden.«

»Aber das ist ja doch nicht dasselbe«, sagte ich. »Wir bemühen uns doch die ganze Zeit, Ihnen vor Augen zu führen, wie wichtig es sein wird, die ganze Aktion nicht anonym zu betreiben, sondern auf Grund wirklicher menschlicher Beziehungen über ganz Deutschland zu verbreiten.«

»Ich weiß, ich weiß«, bemerkte der Beamte. »Sie denken an Nachbarhilfe, das ist ein alter charitativer Begriff. Na ja. Ich bin schon sehr lange in der Wohlfahrtspflege. Ich kenne mich begreiflicherweise auf dem Gebiete besser aus als Sie, das werden Sie mir glauben müssen.« Da klingelte das Telephon. Der Herr, der die Wohlfahrtspflege professionell erlernt hatte, entschuldigte sich bei uns und erledigte das Telephongespräch. Er legte, anscheinend mit einem Kollegen von einem andern Ministerium, einen Besprechungstermin fest. Er bat den Herrn Kollegen, die Herren vom Rundfunk zu bestellen, er übernehme es, Herrn Pastor X und dessen »Stab« zu benachrichtigen.

»Sie hörten es grade«, sagte er, als er sich wieder gesetzt hatte, »wir stehen dauernd mit dem Rundfunk in Verbindung, um unsre Maßnahmen den breitesten Kreisen zugänglich zu machen.«

»Und wenn Ihre Maßnahmen jener Not, die wir erwarten, nicht gewachsen sein sollten?« fragte Wilhelm.

»Dann«, meinte der Ministerialrat, »dann müßte man allerdings die privaten Kräfte in Bewegung setzen, und zwar auf dem Wege einer Notverordnung.«

»Aber in diesem Fall wäre doch alles, was wir von dem Elan und dem Sinn der privaten Aktion erwarten, kaputt!« rief Wilhelm.

»Ja«, sagte der Ministerialrat und stand auf. »Ich muß Sie jetzt bitten, mich zu entschuldigen. Meine Zeit ist knapp bemessen. Sie dürfen versichert sein, daß alles geschehen wird, was möglich ist. Wir haben unsre Erfahrung, und wir tun, was wir können. Es ist erfreulich, daß die Bevölkerung so regen Anteil nimmt. Das läßt uns hoffen, daß unsre Maßnahmen weitgehende Unterstützung finden werden. Im übrigen, meine Herren, Sie sind ja Schriftsteller. Suchen Sie doch in der Presse zu wirken. Schreiben Sie doch!«

Er gab uns die Hand. Wir verabschiedeten uns verlegen und

verließen das Reichsinnenministerium. Dann standen wir noch eine Weile auf der Straße, und uns war, als kämen wir vom Sprachunterricht und hätten die erste Stunde Chinesisch hinter uns. Schreiben Sie doch! hatte er gesagt.

Gesagt, getan.

Volksstück mit doppeltem Boden

Das Deutsche Theater hat mit Ödön Horvaths »Geschichten aus dem Wienerwald« einen großen Erfolg zu buchen. Es ist einmal der Erfolg einer hinreißenden Aufführung, unter Hilperts Regie, mit Frieda Richard, Hans Moser und Paul Hörbiger als wundervollen Darstellern. Es ist zum andern ein Erfolg Horvaths, des diesjährigen Kleistpreisträgers. Der Erfolg Horvaths ist von der Kritik gelegentlich unterschätzt worden. Man hat die Darsteller gepriesen und ein wenig übersehen, daß Horvath es war, der den Schauspielern die Rollen schrieb, und daß sie nur dank dieser Rollen besser als je waren.

Horvath schrieb hier ein Wiener Volksstück gegen das Wiener Volksstück. Er übernahm die aus Filmen, Operetten und Dramen bekannten pensionierten Rittmeister, die süßen Mädel, die nichtsnutzigen Hallodri, die familiensüchtigen Kleinbürger; er übernahm den Plüsch, aber er klopfte ihn aus, daß die Motten aufflogen und die zerfressenen Stellen sichtbar wurden. Er zeigte die Vorder- und die Kehrseite der überkommenen Wiener Welt. Er ließ diese Leute ihre Lieder singen, ihren plauschenden Dialekt sprechen, ihre Heurigenlokale trunken durchwandern und zeigte, darüber hinaus, die Faulheit, die Bosheit, die verlogene Frömmigkeit, die Giftigkeit und Borniertheit, die hinter und in jenen marktgängigen Eigenschaften stecken. Er zerstörte nicht nur das überkommene Wiener Figurenpanoptikum, er gestaltete ein neues, echteres außerdem. Er verspottete nicht nur die herkömmliche, landläufige Anschauung; er führte das Theaterpublikum hinter die Fassade. Was bisher als Wesen des Wienertums galt, wurde von

Horvath als Getue entlarvt, und hinter den Larven zeigte er die wahren Gesichter!

Es ist sehr schwer, eine derartige Komödie mit doppeltem Boden sinngemäß zu inszenieren und dem Publikum, soweit es einfältig ist, den Doppelcharakter des Ganzen anschaulich zu machen. Die Berliner Inszenierung ließ diese Notwendigkeit in den letzten Bildern vermissen. Der doppelte Boden wurde unterschlagen. Das Parodierte wurde ernst genommen. Das Hintergründige blieb unsichtbar.

Mit Hilfe dieser Unterlassung gelang es, das Publikum zu fesseln, vom Nachdenken abzubringen und einen Theatererfolg zu schaffen, der außerordentlich zu begrüßen ist. Stücke, die auch dann gefallen, wenn man nur ihre Hälfte zeigt, sind gute Stücke.

Wiedersehen mit Emil

Der Ufa-Film »Emil und die Detektive«, nach Erich Kästners Roman, wird in dieser Woche uraufgeführt.

Meinen Roman für Kinder: »Emil und die Detektive« schrieb ich, im Sommer 1929, auf der Terrasse des Café Josty, Kaiserallee, Ecke Trautenaustraße, nieder.

So kam es, daß Herr Grundeis, der Dieb mit den abstehenden Ohren, vom Bahnhof Zoo aus die Straßenbahnlinie 177 benutzen, daß er ferner Ecke Trautenaustraße wieder aussteigen und sich, vor Verfolgern sicher glaubend, auf die Terrasse des Café Josty setzen mußte, um, quasi am selben Tisch wie sein Autor, zu frühstücken. Es wirkte damals sehr beruhigend auf mich, das Personal der Geschichte auch geographisch in meiner Nähe zu wissen.

So kam es auch, daß Emil Tischbein, der kleine Neustädter Realschüler, den Dieb verfolgend, an derselben Haltestelle ausstieg, und daß er sich, mit Koffer und Blumenstrauß bewaffnet, hinter jenem Zeitungskiosk postierte, an dem ich täglich meine Zeitungen einkaufte. Von diesem Kiosk aus konnte Emil Tischbein den frühstückenden Grundeis beobachten, der neben mir auf der Terrasse saß. Er konnte also auch mich sehen. Und ich wußte, daß er dort drüben auf dem Koffer hockte und daß Herr Grundeis sich seinem Untergang entgegenfrühstückte. Denn bald mußte, meinen Dispositionen folgend, Gustav mit der Hupe auftauchen, drüben am Kiosk mit Emil Freundschaft schließen und die Kinder der Umgegend mobilisieren, damit sie gerechterweise den Mausehaken zu Fall brächten. Ich saß mitten zwischen meinen Figuren, mitten in meiner kleinen Geschichte, und wenn die anderen Kaffeehausgäste von den Figuren und der Geschichte nichts sahen und hörten, so war das nicht meine Sache.

Ein paar Monate später zog ich in ein anderes Viertel Berlins. Aber im Sommer 1931 kam ich wieder einmal an der Kaiserallee vorbei. In der Kaiserallee, Ecke Trautenaustraße, befindet sich nämlich eine Bankfiliale, der ich, trotz des Umzugs, treu geblieben bin. Ich kam dahin, um den Bankvorsteher zu bitten, er möge mir 50 Mark von meinem Konto auszahlen lassen. Es waren die glorreichen Tage des Bankkrachs, und ich mußte sehr bitten.

Als ich die Bank verlassen hatte, setzte ich mich, der alten, fast vergessenen Gewohnheit folgend, auf die Josty-Terrasse. Ich erkannte die Kellner und ein paar Stammgäste wieder. Nichts schien sich verändert zu haben. Nur, am Nebentisch saß ein Kerl im steifen Hut. Die Ohren standen ihm ab. Er fraß wie ein Scheunendrescher. Mitunter blickte er scheu um sich.

War das nicht Herr Grundeis, der vor zwei Jahren meinen kleinen Emil bestohlen hatte? Er war's tatsächlich! Ich blickte auf die Straße. Drüben kletterte eben ein kleiner Schüler aus der Linie 177. Mit Koffer und Blumenstrauß war er bewaffnet. Verloren stand er zwischen den Autos, sah zu uns herüber, duckte sich und rannte hinter den Zeitungskiosk. War das nicht Emil Tischbein aus Neustadt? Er war's tatsächlich.

Ich saß starr da und erlebte eine Geschichte, die ich vor zwei Jahren nur eben geschrieben hatte, wirklich. Das war ein seltsames Gefühl … Und dann trat ich zum Nebentisch und fragte: »Sind Sie nicht Herr Grundeis?« »Jawohl«, sagte der Mann mit dem Gaunergesicht, »ich heiße Fritz Rasp.«

Währenddem kletterte der kleine Emil unermüdlich aus der Linie 177 herunter, bis aus einem Auto einer winkte. Es war der Filmoperateur. Die Aufnahme schien gelungen. Ich ging und fand das Erlebnis ein bißchen unheimlich.

Kleine Freundin

In diesem Roman von Ernst Lothar (Paul Zsolnay-Verlag) erlebt ein zwölfjähriges Mädchen die Scheidungsgeschichte seiner Eltern, den Ehebruch der Mutter, die Verzweiflung des Vaters, die Aufregung der Schwiegereltern und Dienstboten, die öffentliche Gerichtsverhandlung vor der Scheidungskammer: alle diese »erwachsenen« Vorkommnisse spiegeln sich in der kleinen unglücklichen Felizitas, und nur in diesem Spiegel wird sie vom Autor gezeigt. Der Leser erfährt, voller Anteilnahme, die Leiden des Kindes; er erfährt des Kindes Zweifel und den Unverstand der Großen, die nicht merken, daß sie das kleine Wesen zu Tode quälen. Felizitas, die schaudernd bemerkt, daß die Mutter lügt und dem Vater unrecht tut, begeht, da sie trotz allem die Mutter mehr liebt als den Vater, dem sie vom Gericht zugesprochen werden soll, einen Selbstmordversuch. Sie sperrt sich ins Badezimmer und öffnet den Gashahn. Sie will ihren eigenen Konflikten entgehen und den Familienkonflikt lösen helfen. »Wenn das Kind nicht wäre!« Diesen Satz hat sie zu oft gehört. Sie wird im letzten Augenblick gerettet. Die Eltern bleiben beisammen. Das Kind bleibt am Leben. Aber freilich, seine Kindheit ist gestorben. – Ernst Lothar stellt dieses kleine rührende Schicksal mit erstaunlichem Verständnis dar. Er läßt uns ganz aus der Nähe zusehen, wie ein Kind zwischen Erwachsenen, die es liebt, herumirrt und, obwohl es von ihnen wiedergeliebt wird, beinahe zugrunde geht. Ohne daß die anderen, mit ihren eigenen Sorgen beschäftigt, es beachten. Nur ein paar alte Männer glauben nicht, Felizitas sei

»bloß« ein Kind. Ein alter Gärtner und der »Vater von Papa« (wie zum Unterschied vom adligen Großvater der jüdische Großvater genannt wird) spüren am ehesten, was in dem Kind vorgeht. Sie wissen, daß die Welt der Erwachsenen nicht wichtiger und nicht größer ist als die Welt der Kinder. Sie sind den kurzsichtig machenden Leidenschaften entwachsen. Sie sind die wertvollsten Figuren dieses an wertvollen Figuren reichen Buches. Sollte man Lothars Roman auf eine Erkenntnis hin absuchen, so fände man vor allem folgendes: Die Kinder begreifen bereits die Erwachsenen, obwohl sie noch unerwachsen sind; aber die Erwachsenen begreifen die Kinder nicht mehr, obwohl sie einmal Kinder waren.

Die Dietrich und die Garbo

Dieser Tage wurde Josef Sternbergs Spionage-Film »X 27«, mit Marlene Dietrich in der Hauptrolle gezeigt. Die Premiere gestaltete sich zu einem Skandal, die kriegerische Filmtragödie hatte einen Heiterkeitserfolg; man schnitt daraufhin, vor der zweiten Vorstellung, die am herzlichsten belachten Partien heraus; die Presse berichtete am nächsten Tag, die zweite Vorführung des Films habe großen Beifall wachgerufen, und nun entwickelt sich »X 27« zu einem Publikumserfolg. Ein paar Filmkritiker und -kritikerinnen haben bereits von neuem herausgefunden, daß Marlene Dietrich der Garbo wunderbar gleiche und gleichzusetzen sei. Wahrscheinlich haben sie, im Kino, auf dem Gesicht gesessen. Anders läßt sich ihr Urteil gar nicht erklären.

Daß die Paramount in die Welt posaunt, ihre Marlene Dietrich sei, nach Aussehen und Talent, dem Star von Metro-Goldwyn, Greta Garbo, ebenbürtig, kann man verstehen. Daß aber die deutsche Filmkritik einen derartigen Unfug nachbetet, ist unverständlich. Daß sie, wie es hier vor zwei Monaten erlebt wurde, einen ausgezeichneten, einen meisterhaften Garbofilm, es war »Yvonne« von Clarence Brown, zum Tode verurteilte, ist endlich eine Schande! Der Film verschwand nach einer Woche. Er wurde offensichtlich boykottiert.

»Yvonne« war hinsichtlich des Manuskripts, der Regie und der Leistung sämtlicher Darsteller zehntausendmal besser als der Film »X 27«, dessen Manuskript töricht, dessen Regie schleppend und dessen Darsteller summarisch Bramarbasse der Leinwand genannt werden müssen. Wenn auch der regelmäßige Kinobesuch, zu dem die Kritiker verpflichtet sind, langsam und unaufhaltsam das Urteilsvermögen unterhöhlt, die Kluft zwischen jenem Garbofilm und diesem Dietrichfilm war so groß, daß es nur zwei Möglichkeiten gab: die Kluft zu bemerken oder hineinzustürzen. Viele Kritiker purzelten hinein, und dort sitzen sie nun und schreiben, trotz der beschädigten Köpfe, hurtig weiter. Die Schreibmaschine blieb ganz.

Was nun, im besonderen, die Kühnheit betrifft, Marlene der Garbo gleichzusetzen: so verdienten diese Kritiker die Tapferkeitsmedaille vor dem Feind, der Wahrheit. Greta Garbo ist, als Erscheinung und als Talent, einmalig. Marlene Dietrich ist eine gute Chargenspielerin, ihr Fach die Darstellung ordinärer Frauen. Sie spielt, seit dem »Blauen Engel«, von Film zu Film einen blauen Engel nach dem andern, am laufenden Zelluloidband. Sie zeigt, kaum erschienen, ihre Schenkel, schwenkt verführerisch die Hüften, läßt die Augen feucht anlaufen, damit man, hinter diesen undurchsichtigen Fenstern, reizvolle Vergnügungen vermutet; mehr zeigt sie nicht, unbildlich gesprochen. Was sie auch spielt; welche Situation sich ihr auch naht; welchen Charakter ihr die Regie auch zumutet: sie zeigt Beine, schwenkt Hüften, kriegt feuchte Augen. Besser als nichts, kann man einwenden; dann hat man recht. Was sie demonstriert, tut sie effektvoll, kann man sagen; das stimmt. Aber daß ihr Talent dem der Garbo gleichkomme, das muß sie uns erst noch beweisen! Vorläufig ist die Behauptung als unwahr abzulehnen.

Der Esel und die Autarkie

Es ist bekannt, daß sich die Staaten auf dem Rückmarsch ins Mittelalter befinden. Sie umgeben sich mit hohen Zollmauern; sie erwägen die Binnenwährung; sie reden von nationaler Planwirtschaft; sie erschweren ihren Bürgern die Reisen ins Ausland; sie beginnen, die Vorteile des kapitalistischen Zeitalters abzuschaffen, ehe es ihnen gelang, seine Nachteile zu beseitigen. Nächstens werden sie noch das elektrische Licht verbieten, damit es in den Köpfen noch dunkler werde. Weil die Ziele einer vernünftigen Epoche höher als die heute vorhandene Vernunft liegen, senken sie diese Ziele, anstatt die Vernunft zu heben. Und diesen kümmerlichen, traurigen Vorgang preist jede Nation in ihren Mauern als »volkhafte Bewegung«.

In Le Havre, auf der Zollstation, ereignete sich neulich ein Vorfall, der die überall hereinbrechende Finsternis ins rechte Licht setzt. Der bekannte Varietéclown Angelo kam von einer Tournee aus Südamerika und wollte ein Engagement in Frankreich antreten. Er verließ also in Le Havre das Schiff und begab sich mit den dressierten Tieren, derer er zu seiner Varieténummer bedarf, an die Zollsperre. Diese dressierten Tiere waren: eine Ziege, zwei Maulesel, zwei Affen und fünf Hunde.

Und was geschah? Die Zollbeamten ließen ihm nur die Affen und die Hunde. Die Esel und die Ziege wurden zurückbehalten. Mit welcher Begründung? »Weil die Kontingente für die Einfuhr von Ziegen und Eseln bereits überschritten seien.« Es gab, mit andern Worten, schon zuviele Esel in Frankreich.

Der Clown Angelo fand, der Spaß gehe zu weit. Aber er mußte sich erst mit Eingaben an das französische Handels- und Landwirtschaftsministerium wenden, ehe ihm das Zollamt, auf ministerielle Verfügung hin, seine nichtfranzösische Ziege und seine nichtfranzösischen Esel freigab.

Welch ein Umstand! Als ob es in dieser Zeit auf zwei Esel mehr in je einem Land ankäme!

Brief aus Paris, anno 1935

An Waltraud Gräfin Rassow,
Potsdam, Heerstr. 8.

Paris, 12. Juni 1935

Liebes Weib!
 Seit gestern mittag also in Paris. Nachmittags verabredungsgemäß Wright von Armstrong-Vickers getroffen. Denk Dir, kennen uns längst! Brachte einst englische Waffenlieferung nach Allenstein! Ich damals Sturmführer auf den Gütern. Zeit vergeht. Erkannten uns auf der Stelle.
 Ideell natürlich einig. Vorherrschaft germanischer Rasse auch sein Ziel und das der Firma. Dreht sich nur noch um Preis. Sagte, hätte zu unsrer nationalen Regierung kein rechtes Vertrauen. Seit Hitler von Schulze-Naumburg gestürzt, gingen keine Gelder mehr ein. »Ihr Diktator Schulze-Naumburg«, sagte er, – aber das erzähl ich Dir, wenn wieder in Potsdam.
 Mallaczek (Skoda) auch in Paris. Bestimmt kein Zufall. Wright scheint uns schrauben zu wollen. Mal sehen, was M. kostet. Sehr teuer sieht er nicht aus. Andrerseits, diese Heimlichkeiten reichlich ekelhaft. Schneider-Greusot längst stutzig. Offene ehrliche Feldschlacht, das schon eher. Mit verhängten Zügeln und so. Na, kommt Zeit, kommt Rat. Armstrong-Vickers müssen liefern. Hier alles fertig zum Losschlagen. Denkt keiner dran, Saargebiet herzugeben oder Abstimmung durchzuführen. Sei keine Muß-Bestimmung, Bande!
 Oberst Bannermann-Leverkusen hökert mit Malcolm. (I.G. Farben, englische Gruppe.) Giftkomment ausknobeln. Angst vor eigner Apotheke. Humanität und Verwandtes. Aber auch nur Geldfrage. General h.c. Schulze-Naumburgs Devise: Krieg als Arbeitsbeschaffung, – Wright und Malcolm sehr gelacht.
 Mit Botschaft telephoniert. Sind reisefertig. Koffer gepackt. Niederwerfung des Hamburger Arbeiteraufstandes durch Nationalgarde hat Quai d'Orsay sehr verstimmt. Soll viel Geld hineingesteckt haben. Versteht nicht, wieso deutsche Arbeiter

auf deutsche Arbeiter schießen. Abstoßend rationales Denken hierorts.

Abends mit Bannermann gebummelt. Mit Taxi Montparnasse. Komischer Chauffeur. Deutscher. Ehemaliger Schriftsteller. Arzt auch. Döblin oder ähnlich. Seinerzeit, bei Machtübernahme, ausgewiesen worden. Entsinne mich dunkel an Prozeß. Evangelische Kirche gegen Pazifisten oder so. Fünf der Kerls verknackt. Rest über die Grenze. Gastgeschenk an Erbfeind.

Besagter Döblin, miserabler Chauffeur übrigens, brachte uns in deutsches Lokal. Emigranten en gros. Bewirtschaftet von Gebrüder Mann. Der eine hinter der Theke. Thomas Vorname, Nobelpreisdiplom überm Ofen. Bruder im Cutaway. Quasi Empfangschef. Ganz gute Manieren. So wie seinerzeit russische Großfürsten in Berlin. Natürlich nur näherungsweise.

Deutsche Kellnerinnen-Bedienung. Auch Literatur. Gewisse Marieluise Fleißer beispielsweise. Ein Herr Mehring sang deutsche Chansons. »Deutsch«, ist übertrieben. Sammelte anschließend per Mütze. Oberst Bannermann wollte randalieren. Begreiflich, aber nicht opportun. Hielt ihn mühsam zurück. Apropos, gewisser Mühsam sang auch. Schandschnauzen, die Kerle, Hammelbeine mal gehörig langziehen sehr am Platze, leider keine Gelegenheit.

Gehörten kaserniert und gedrillt, bis Intellekt durch die Rippen geschwitzt! Zweihundert Kniebeugen bei vierzig Grad Celsius, Geburt des Patriotismus bloße Zeitfrage. Wetten, daß?

Der eine Wirt, Thomas, sprach: Goethe und Weltbürgertum. Spaß! Goethe drei Jahre Militärdienst, hätte sich Weltbürgerei anders überlegt.

Ganzer Laden voll Idealisten. Individualismus offensichtlich Art Gehirngrippe. Bannermann doch nicht mehr zu halten. Wurde von Garderobier, namens Toller, rabiater Bursche, rausgebracht. Kein Trinkgeld gegeben. Strafe muß sein.

Fuhren noch Negerball. Tolle Kerle. Hochklassiges Soldatenmaterial. Sudanneger. Chauffeur Döblin bestellte Glas Milch. Bannermann blau wie Strandkanone. Hielt Negern Vorträge über Phosgen. Chauffeur ausgerückt. Keine Disziplin. Hält Kopf für Hauptsache.

Süße, wissen, daß nein. Oder? Gut geschlafen ohne? Schluß. Wright wartet. Gegenbesuch. Wünscht dringlich, reingelegt zu werden. Kuß. Baldmöglichst Potsdam. Scharf geladen.

Dein Bodo

PS.: Habe Eisenbahn neusten Hanns Heinz Ewers gelesen. Heißt: »Alraune wird Soldat«. Fabelhaft!

Kuhle Wampe

Man wird sich entsinnen, daß der Brecht-Ottwaldsche Film »Kuhle Wampe oder Wem gehört die Welt« verboten wurde und daß diejenigen, die den Film von Interessentenvorführungen her kannten, erklärten: sie verstünden diese Zensurmaßnahme nicht. Inzwischen ist der Film freigegeben worden, und nun ist jeder, der ihn sich angesehen hat, in der Lage, in das allgemeine Kopfschütteln über das Verbot einzustimmen.

Der Film ist zwar künstlerisch nicht viel wert, aber das kann kein Verbotsgrund gewesen sein. Wir wissen ja, daß noch wesentlich schlechtere Filme von der Zensur unbehelligt bleiben. Nun könnte man beinahe auf die Vermutung kommen, es seien politische Bedenken maßgebend gewesen! Doch auch diese Vermutung stellt sich als unhaltbar heraus. Denn der Sinn des Films, wenn man überhaupt einen Sinn darin entdecken kann, ist fraglos der: daß jugendliche Arbeitslose Sport treiben sollen. Man sieht eine Ruderregatta, ein Wettschwimmen und ein Motorradrennen, und anläßlich der Preisverteilung kriegt sich das verzankte Liebespaar, von dem gehandelt wird, wieder. Dergleichen sollte verboten oder verbietbar sein?

Es handelt sich freilich um einen Arbeitersportverein. Aber haben die Zensoren erwartet, Brecht würde den Arbeitslosen raten, sie möchten in den Polo-Club eintreten? Es wird, gewiß, außerordentlich viel marschiert, aber im Yorckfilm, der doch erlaubt wurde, marschierte man nicht weniger. Und ob man beim Marschieren mit dem rechten oder linken Bein antritt, fällt hier wirklich nicht auf. Es wird nämlich nicht gesagt, wohin der Marsch geht. Es wird im Chor gesungen: »Vorwärts, und nicht vergessen: die Solidarität!«

War das ein Grund, zu verbieten? Solidarität ist doch die Maxime aller Massen-Organisationen!

Die Handlung des Films läßt sich nicht wiedererzählen. Erstens einmal hat er keine, sondern deren drei. Und zweitens sind alle drei Handlungen belanglos, zwei davon sogar ziemlich töricht. Nur einzelne Szenen sind, in Fotoreportage, Songs und Unwichtiges verstrickt, des Sehens wert. Die erste Handlung gilt dem optischen Bericht über die Arbeitslosigkeit; die zweite der Darstellung eines falschen Auswegs, des Aufenthalts in der kleinbürgerlichen Zeltsiedlung Kuhle Wampe; die dritte endlich dem alleinseligmachenden Ausweg, dem Mitmarschieren und Mitsingen bei Arbeitersportfesten.

Viel interessanter als der Film wäre folgendes: Zu hören, wie sich urteilsfähige junge Arbeiter und Arbeitslose zu diesem »Parteikunstwerk« stellen. Zum Schluß sei noch erwähnt, daß ein (dem Brecht-Kollektiv übrigens nahestehender) Kritiker schrieb, das Marschieren der nationalsozialistischen Jugend und das der kommunistischen Jugend, wie dieser Film es zeige, seien einander zum Verwechseln ähnlich.

»Der Scharlatan«

Hermann Kesten und der skeptische Idealismus

Hermann Kestens neuer Roman »Der Scharlatan« (Gustav Kiepenheuer Verlag) ist umfangreicher und von größerer Spannweite als seine bisherigen Bücher. Seine erste Erzählung galt der Kindheit, die folgenden Romane widmeten sich den letzten Bildungs- und den ersten Erwerbsjahren unserer Generation. »Der Scharlatan« verfolgt uns bis ins Mannesalter. Er zeigt, tatsächlich und dialektisch, die Entwicklung, d.h. die

Verwandlung idealistischer Jünglinge zu Männern, die ihre Erfahrungen gemacht haben. Ein weiser Diplomat sagt zu einem von ihnen: »Wenn Sie zu ihren Ideen Anschauung und Erkenntnis gewinnen und, die Lage Europas überschauend, Ihren Ideen immer noch Kredit geben werden, will ich mich Ihren Schüler nennen.« Er muß es nicht. Der junge Mann – einer von den vielen dieses Buchs – erkennt: »Die Ideale, die er zehn, ja fünfzehn Jahre getragen hatte wie eine Brille, paßten plötzlich nicht mehr zu seinen Erfahrungen.« Er, Ballon mit Namen, ist Syndikus geworden; Stifter, ein Klassenkamerad von ihm, wurde Generaldirektor. Ballon wollte einst das allgemeine Wohl und fand bloß eine hochdotierte Lebensstellung; Stifter wollte nur Karriere machen und redet sich nur ein, er hätte es im Interesse aller getan. »So sind die Menschen. So töricht und unbewußt ihrer fatalen Veränderungen.« Zum Schluß nennen sie einander Scharlatane; und nur jener Josef Bar, der früher einmal die Freiheit suchte und später »Die Freiheit« herausgab, bleibt sich selber treu, sich und seinem »skeptischen Idealismus«. Dafür wird er von der Regierung und der Gerechtigkeit verfolgt und flieht, vor dem drohenden Gefängnis, ins Ausland.

Kesten hat seine Romanhandlung mit einer Fülle europäischer und deutscher Abenteuer aus der jüngsten Vergangenheit (vom Sklarekprozeß bis zum deutsch-französischen Verständigungsmanöver der Schwerindustrie, vom Selbstmord straffälliger Staatsanwälte bis zur Verurteilung Ossietzkys) befrachtet. Er verstrickt seine Helden und Scharlatane in ein dichtes Gewebe ungewöhnlicher Erlebnisse. Er hetzt sie aus einer Prüfung in die andere. Er macht ihnen das Leben nicht leichter, als es ist. Die Wirtschaftsmächte und die Politik müssen heran, die Korruption, der Ehrgeiz, die Liebe, der Haß und die Eifersucht. Die Jünglinge a. D. sollen zeigen, was ihre Ideale wert sind! Nun, die Ideale werden im Kreuzfeuer der Gegenwart zerfetzt. Und auch einige der jungen Leute selber. Doch die Überlebenden sind darum nicht besser, höchstens tüchtiger. »Sind alle guten Menschen so böse?« fragt jemand in diesem aufregenden Buch.

Kesten intensiviert die Wirkung noch dadurch, daß er diese jungen Männer, die einander fördern, vernichten, lieben, bekämpfen und immer wieder begegnen, zu ehemaligen Schulkameraden ernennt. Schieber und Staatsanwalt, Sekretär und Direktor, Erpresser und Selbstmörder, Liebhaber und Rivale, Philosoph und Gemüsehändler, alle gehörten einst ins gleiche Nürnberger Klassenzimmer. Und auch im Kampf ums Dasein zwingt er sie, beisammen zu bleiben, damit sie und wir, deutlicher als es sonst möglich wäre, erkennen, wie sich die Sitzordnung verändert und wie die Menschen sich »entwickeln«.

Sinnfälliger noch als in der Wirklichkeit wird in seinem Buch der Unsinn unserer Zeit. Und sinnfälliger auch die Dummheit und Bosheit der Kreaturen. Kesten ist kein Realist, noch weniger ein Naturalist. Sein Roman ist mehr als ein Verzeichnis, er ist, aus künstlerischer Absicht heraus, eine Verzeichnung! Seine Welt und seine Menschen, ihre Konflikte und ihre Überzeugungen wurden im »Scharlatan« beileibe nicht fotografiert, sondern eben »verzeichnet«, wie bei Grünewald oder Grosz. Kesten übertreibt und überhitzt den Weltlauf und die Lebensläufe nicht aus Haß oder Verachtung. Er liebt die Menschen, so sehr ein Ironiker dessen fähig ist. Er liebt sie, und wäre es nur um des einen Gerechten willen, der auch noch als Mann die Freiheit sucht. Um jenes Josef Bar willen, der auf der Suche nach der Freiheit die Gefängniszelle findet und aus der Heimat fliehen muß. Aus einem Vaterland, in dem es strafbar geworden ist, ein vernünftiges Individuum geblieben zu sein und für die Objektivierung der Vernunft einzutreten. »Das Individuelle von heute ist der wahre Typus von morgen«, schreibt Kesten in diesem Roman. Der Autor ist, gleich seinem flüchtigen Idealisten, trotz unserer großen Zeit, ein Optimist! Und jeder, der gleich ihm an dieser Epoche verzweifelt, nicht aber an der geschichtlichen Aufgabe der Vernunft, sollte den Roman lesen.

Der Dramatiker Ödön Horvath
Ein Unikum: Berliner Premiere in Leipzig

Ödön Horvath, dessen neustes Volksstück »Kasimir und Karoline« in Leipzig uraufgeführt werden wird, ist neben Bert Brecht der bedeutsamste Dramatiker, den unsre Generation besitzt. (Die beiden Autoren sind übrigens nur im Niveau Nachbarn; sonst haben sie keine Gemeinsamkeiten.)

Will man Horvaths dramatisches Wesen finden und bezeichnen, so kann man von seinen Erstlingsstücken »Die Bergbahn« und »Sladek, der schwarze Reichswehrmann« absehen. In diesen Dramen wurde er sich darüber klar, was er künftig nicht mehr wollen würde: nicht mehr das naturalistische soziale Spannungsstück, und nicht mehr das politische Diskussions- und Tendenzdrama.

Was er wollte und was er meisterhaft kann, hat er mit den drei folgenden Stücken bewiesen: mit der »Italienischen Nacht«, mit den »Geschichten aus dem Wiener Wald« und nun mit »Kasimir und Karoline«. In diesen drei Stücken diskutiert er nicht mehr, sondern stellt dar. In diesen drei Stücken ergreift er nicht mehr direkt Partei, sondern hält auf Distanz zwischen sich und seinen Figuren. In diesen drei Stücken treten keine Boten des Autors auf, um die Lösung der Welträtsel und Zeitfragen zu verkünden, sondern die Menschen kommen hier mit ihren Problemen nicht weiter vom Fleck als im Leben. In diesen drei Stücken spielt die Weltanschauung eine Rolle, ohne selber aufzutreten.

In diesen drei Stücken wird selten darüber gesprochen, wie schlecht und dumm und träge und gleichgültig die Menschen sind; aber man sieht und hört es trotzdem, denn sie benehmen sich entsprechend. Horvath ist seinen Figuren nicht böse, weil sie böse sind. Er ist ein Humorist geworden und lächelt. Er hat genau beobachtet, wie dämlich und überheblich und verlogen und ziellos sie sich aufführen, und das bringt er in seinen »Volksstücken« zur Aufführung.

Kein Wunder, daß sich das Theaterpublikum zunächst vor

den Kopf gestoßen fühlt! Es liebt harmlose und es liebt parfümierte Volksstücke. Es erträgt sogar Anklagen, wenn sie tendenziös von einem Herold ins Parkett trompetet werden. Wenn man aber, wie Horvath das tut, echte Menschen auf der Bühne durcheinanderwirbelt und, ohne es auszusprechen, sagt: »Nun seht euch mal euer Affentheater an!«, dann wird das Publikum nervös.

In fast jeder Aufführung der »Geschichten aus dem Wiener Wald« im Deutschen Theater zu Berlin gab es leise Empörung. Horvath sagt nie: »Ihr habt Hühneraugen.« Sondern er tritt drauf! Autoren, die es nur sagen, tun erstens nicht weh, und zweitens kann jeder selbstgerecht antworten: »Mein Nachbar hat welche; ich nicht!« Bei Autoren, die drauftreten, kann man sich schwerer verstellen. Ob man will oder nicht: man schreit leise auf. Und so geschah es, wie gesagt, auch. Man war beleidigt. Dieser Horvath entschuldigte sich auch gar nicht. Er lächelte nur, quer durchs ganze Stück, und nickte mit dem Kopf.

Nun, sein neues Volksstück ist mit den vorigen wesensverwandt. Und so wird die Premiere des Dramas zur Probe fürs Publikum werden.

»Kasimir und Karoline« spielt an einem Abend auf der Münchner Oktoberwiese. Zu Beginn sieht man zwei Liebespaare und einen einzelnen Mann, und zum Schluß sieht man zwei Liebespaare und einen einzelnen Mann. Beide Male sind es die gleichen fünf Menschen. Aber die Paare setzen sich anders zusammen, und der fünfte wird ausgewechselt. Diese Umgruppierung vollzieht sich, mit Heiterkeit, Besäufnis und Weltschmerz, zwischen Achterbahn und Würstelbude, zwischen Speiseeiswagen und Raritätenkabinett. Und im Grunde sind alle fünf, mitten im Oktoberwiesenkrach, jeder für sich mutterseelenallein.

Diesen Zustand, das Alleinsein der Kreatur, den nimmt Horvath bitterernst. Nur das, was die Menschen, Kitsch quatschend und Probleme wälzend, anstellen, um nicht allein zu bleiben, und was sie sich und einander vormachen, um diese Vereinigung aus Angst vor der Einsamkeit zum bedeutsamen

Schicksal zu stempeln, obwohl es sich meist nur um Zufall und Charakterlosigkeit handelt, – das kann er nicht ernst nehmen.

Er hat die Fähigkeit, volksmundartig auszusprechen, was die Figuren eigentlich nur dumpf empfinden. Er kann das wahre Gefühl hinter dem gesprochenen Kitsch transparent machen. Er versteht es wundervoll, die Großspurigkeit und halbgebildete Beredsamkeit der »höheren Stände« zu illuminieren. Seine drei Volksstücke sind wirkliche Volksstücke. Und hoffentlich gelingt ihm mit seinem neuen Stück, was ihm als Aufgabe vorschweben mag: durch Darstellung aufrichtig zu machen.

Möge jeder Theaterbesucher mitempfinden, was eine Figur in »Kasimir und Karoline« äußert: »Wir sind alles nur Menschen. Besonders heute.«

Unter aller Kritik!

Allen, also den wenigen, die sich und der deutschen Kultur wünschen, die Literatur möge jenen Einfluß nehmen, der ihr gebührt und dem sich das Volk nicht entzöge, – allen diesen, also diesen wenigen, ist klar, daß die deutsche Buchkritik zu den besonders traurigen Kapiteln gehört. Wir haben zwar Theaterkritiker, Kunstkritiker, Musikkritiker und Filmkritiker, aber Literaturkritiker haben wir nicht. Und wir haben keine, weil die Buchkritik in Deutschland kein Beruf, sondern ein Nebenberuf ist. Menschen, die das Bedürfnis und die Begabung zum literarischen Rezensenten haben, sind vor die Alternative gestellt: entweder zu verhungern oder keine Bücher zu besprechen. Die meisten ziehen das Letztere vor.

Nun könnte der Laie einwenden, daß doch aber, soweit er sich entsinne, in den wenigen Zeitschriften und in den vielen Zeitungen, die es gibt, Bücher besprochen würden! Ja. Nur leider nicht von Rezensenten. Und das ist das Entscheidende. Gelegentlich schreibt ein Schriftsteller über das Buch eines andern; mitunter findet der Feuilletonredakteur Zeit, einen wichtigen Roman sachkundig und gebührend anzukündigen; aber das sind Ausnahmen. Normalerweise geschieht, vor allem in der Provinz, etwas ganz andres. Normalerweise geraten die Bücher an Leute, deren kritisches Talent kaum zum Lesen ausreicht, geschweige zur Rezension. Wie kommt schließlich auch die Frau des Sportredakteurs dazu, etwas von Literaturkritik zu verstehen! Sie liest gern, sie liest gern gratis, sie stellt das Gelesene gern in den Bücherschrank, weiter reichen ihre Fähigkeiten nicht. Drum frisiert sie den Waschzettel, manchmal vergißt sie auch noch die Frisur, und schon steht die »Buchbesprechung« im Blatt. Und erst Tage später landet sie (die Buchbesprechung) dort, wo sie hingehört.

Es ist nicht immer so schlimm. Doch auch: daß einigermaßen befähigte Mitarbeiter der Redaktionen darauf aus sind (und wegen der miserablen finanziellen Entschädigung darauf aus sein müssen), in möglichst kurzer Frist möglichst viele Bücher zu »verarzten«, ist nur um weniges besser. So sind schon der Charakter und der Wert des einzelnen Referats unter aller Kritik. Völlig hoffnungslos wird aber der Betrachter, wenn er die ganzen oder halben »Literaturseiten« mustert, um zu erfahren, welche Gesinnung, welche Ordnung, welcher Kunstgeschmack wohl darin walten und darüber schweben. Es ist ein Zufall, wer schreibt. Es ist ein Zufall, was besprochen wird. Es ist ein Zufall, wie ausführlich das Einzelreferat ausgefallen ist. Ein neues Buch von André Gide wird, ein Jahr nach Erscheinen, von einem Analphabeten in zwanzig Zeilen abgewürgt. Daneben machen sich hundert Zeilen über Blumenzucht breit. Nichts ist so unvorstellbar, daß es auf der Bücherseite nicht doch geschähe. Der Unfug dieser Art von Buchkritik macht vor den Berliner Zeitungen keineswegs halt. Ich erinnere mich eines Referats über einen Novellenband von Hermann Kesten; und dieses Referat stand in einem Berliner Blatt von Weltruf. Der Herr Referent verglich dieses Buch angestrengt mit Kestens Gedichtbänden; er zitierte einen der Bände; der war aber von Erich Kästner. Und nun schmiß er mit wahrer Virtuosität Kestens Namen und Kästners Bücher und Kestens Romane und Kestens lyrische Qualitäten derartig durcheinander, daß Kesten, als er das Referat las, beinahe selber glaubte, meine Gedichtbände seien von ihm. Wir gingen dann, fröhlich vereint, auf die Redaktion und gaben dem Redakteur der Literaturbeilage auf diese unmißverständliche Weise zu erkennen, daß es sich um zwei Autoren handle. Er glaubte es schließlich. Und auch der Referent, den man davon in Kenntnis setzte, widersprach nicht länger.

Und solche Leute lehnen Bücher ab, empfehlen Bücher, üben Einfluß auf das Publikum aus, das sich zu informieren sucht. So kommt es, daß die deutsche Buchkritik von der Leserschaft nicht mehr ernst genommen wird. Und so kommt es, daß die deutsche Literatur ihres wichtigen Echos beraubt wurde.

Man schaffe endlich den fest angestellten, fix bezahlten Buchkritiker, so wie es den Theater- und Filmkritiker, den Kunst- und Musikkritiker schon lange gibt! Es gibt gescheite und belesene Männer genug, die zu diesem Beruf berufen sind.

Das Schauspielerelend als Bühnenerfolg

Die Rotterbühnen, zirka ein Dutzend Berliner Theater, sind bankrott. Reinhardts Deutsches Theater ging, unter Beer und Karlheinz Martin, zugrunde, und der letzte überaus künstliche Wiederbelebungsversuch wird nur dadurch verständlich, daß Geheimrat Duisberg, der I. G. Farben-König, einen Sohn hat, der gern einmal Theaterdirektor gewesen sein möchte. Erhalten haben sich, von den ehemals drei Dutzend Bühnen, nur die subventionierten Staatstheater, die ihren Mitgliedern gehörende Volksbühne; ferner das Theater in der Behrenstraße, in dem Ralph Arthur Roberts Direktor, Regisseur und Hauptdarsteller in einer Person ist.

Mit anderen Worten: das übliche, auf Starbetrieb und Billettorganisation basierende, für die vergangenen Jahre typische Theatersystem ist verschwunden.

Die Bescheidenheit greift um sich. Man baut die Bühnen wieder auf dem Boden der Tatsachen auf und nicht im Gefilde der Fehlspekulationen. Möglicherweise sind die interimistischen Versuche schon die Ansätze zum »neuen« Theater. Auf alle Fälle haben ein paar Hundert der zirka 2000 erwerbslosen Berliner Schauspieler Arbeit und Brot. Der neueste Versuch ist die Aufführung von Richard Duschinskys »Komparserie« im Theater des Westens. Der Berliner Bühnennachweis ließ das Stück von einem erwerbslosen Regisseur mit erwerbslosen Schauspielern für eine einzige Matinee inszenieren. Die Sonderveranstaltung fand Anklang, und nun spielt man, in einem der leeren Rottertheater, das Stück täglich. Die Abendpremiere fand im ungeheizten Theater statt. Das Publikum saß, in die Wintermäntel gehüllt, im Zuschauerraum. Der Beifall war groß.

Das Thema des Stückes »Komparserie« ist, nahezu präzise, das Thema der augenblicklichen Theatermisere. Duschinsky zeigt ein paar Dutzend halbverhungerter, proletarischer Schauspieler, die als Statisten ihr Leben fristen. Er zeigt, im Kontrast, den männlichen Star, der, wer weiß, wie lange noch, der Kassenmagnet ist, und er zeigt eine unbekannte lebensmüde Darstellerin, die, vom Zufall geführt, seine Partnerin wird, und, um beim Erfolg zu bleiben, seine Geliebte wird. Ihr Mann, der im gleichen Stück als Komparse mitwirkt, erschießt sich in der Theatergarderobe. Sie muß, von seiner Leiche weg, auf die Bühne und weiterspielen.

Entscheidend für den Publikumserfolg des Duschinskyschen Stückes ist der Einblick, den der Autor dem Publikum in das Leben des Schauspielerproletariats gewährt. Das durch die letzten Theaterzusammenbrüche geweckte Interesse der Zeitungsleser wird mit Anschauungsmaterial versorgt. Der Erfolg erklärt sich also weniger aus der Qualität des Stückes, obwohl das Stück Qualität hat; er ist vielmehr auf eine Reihe von aktuellen Nebenumständen zurückzuführen, und es bleibt abzuwarten, ob dieses Ensemble neben die anderen genannten Kollektivtruppen treten wird, um die direktoren- und direktionslose Epoche des Berliner Theaterlebens zu überdauern.

Die Gemeinschaft der
geistig Schaffenden Deutschlands

Eine Rundfrage zum »Tag des Buches«

Es gibt Schriftsteller, die fordern, daß man die Anschauungen der andern verbieten soll. Und es gibt Schriftsteller, die glauben, daß man ihre eignen Anschauungen verbieten kann. Die Wenigen, die übrigbleiben, gehören trotz aller Differenzen zusammen. Und nur sie sind wichtig.

NOTABENE 45

Ein Tagebuch

Vorbemerkungen

In einem Regal meiner Berliner Bibliothek stand, unauffällig zwischen anderen Bänden, während des Dritten Reiches ein blau eingebundenes Buch, dessen Blätter, wenigstens in der ersten Zeit, völlig weiß und leer waren. In Fachkreisen nennt man solche Bücher ohne Worte ›Blindbände‹. Es handelt sich um Buchmuster, die dem Verlag und dem Autor dazu dienen, die endgültige Ausstattung des geplanten Werks zu erörtern.

Der unverfängliche Blindband wurde mein Notizbuch für verfängliche Dinge. Die leeren Seiten füllten sich mit winziger Stenographie. In Stichworten hielt ich, als seien es Einfälle für künftige Romane, vielerlei fest, was ich nicht vergessen wollte. Und dreimal begann ich Tagebuch zu führen, jeweils etwa sechs Monate lang, in den Jahren 1941, 1943 und 1945.

Warum ich die Arbeit, noch dazu dreimal, nach kurzer Zeit wieder abbrach, weiß ich heute nicht mehr. Außer allerlei nicht mehr auffindbaren Gründen dürfte mitgespielt haben, daß der Alltag auch im Krieg und unterm Terror, trotz schwarzer Sensationen, eine langweilige Affäre ist. Es ist schon mühsam genug, ihn hinzunehmen und zu überdauern. Auch noch, Jahr um Jahr, sein pünktlicher Buchhalter zu sein, überstieg meine Geduld. Ich begnügte mich mit Stichproben.

Bis Ende November 1943 stand das blaue Buch, aufs sichtbarste verborgen, zwischen viertausend anderen Büchern im Regal. Dann steckte ich es, da die Luftangriffe auf Berlin bedenklicher wurden, zu dem Reservewaschbeutel, der Taschenlampe, dem Bankbuch und anderen Utensilien in die Aktenmappe, die ich kaum noch aus den Händen ließ. So entging es dem Feuer, als im Februar 1944 die anderen viertausend Bücher verbrannten. Und so existiert mein ›Blaubuch‹ heute noch, genau wie das Bankbuch. Beides sind Dokumente. Die Eintragungen im Bankbuch haben mittlerweile jeden Wert verloren, die Notizen im Tagebuch hoffentlich nicht.

Der vorliegende Band enthält die Aufzeichnungen aus ungefähr der ersten Hälfte des Jahres 1945. Es waren, wie man aus der Großen Chronik weiß, bewegte Monate. Das Dritte Reich brach zusammen. Die Sieger bestanden einmütig auf der bedingungslosen Kapitulation. Deutschland wurde in vier Besatzungszonen aufgeteilt und militärisch verwaltet. Seuchen und Bürgerkrieg konnten vermieden werden. Ruhe hieß die erste Bürgerpflicht. Am Leben bleiben hieß die zweite. Der erschöpften Bevölkerung war beides recht. Sie ließ sich regieren, und sie wurde, da der Zivilverkehr stillag, punktuell regiert. Die Methode war handlich. Da sie sich anbot, brauchte man sie nicht zu erfinden. Mit der Konstruktion und Rekonstruktion der Linien zwischen den Punkten hatte man's nicht eilig.

Im Wirrwarr jenes Halbjahres bewegte ich mich von Berlin über Tirol nach Bayern. Das Land glich einem zerstörten Ameisenhaufen, und ich war eine Ameise unter Millionen anderer, die im Zickzack durcheinanderliefen. Ich war eine Ameise, die Tagebuch führte. Ich notierte, was ich im Laufen sah und hörte. Ich notierte, was ich hoffte und befürchtete, während ich mich totstellte. Ich notierte nicht alles, was ich damals erlebte. Das versteht sich. Doch alles, was ich damals notierte, habe ich erlebt. Es sind Beobachtungen aus der Perspektive einer denkenden Ameise. Und es sind Notizen, die zum Teil nur aus Stichworten, halben Sätzen und Anspielungen bestehen. Das genügte, weil die Niederschrift nur für mich bestimmt war, nur als Zündstoff fürs eigene Gedächtnis.

Als ich nun, fünfzehn Jahre danach, ans Veröffentlichen dachte, an Leser außer mir selber, mußte ich den Wortlaut ergänzen. Meine Aufgabe war, die Notizen behutsam auseinanderzufalten. Ich mußte nicht nur die Stenographie, sondern auch die unsichtbare Schrift leserlich machen. Ich mußte dechiffrieren. Ich mußte das Original angreifen, ohne dessen Authentizität anzutasten. Es war eine mühsame Beschäftigung, eher die eines Konservators als eines Schriftstellers, und ich habe sie so gewissenhaft durchgeführt, wie ich es vermochte. Ich habe den Text geändert, doch am Inhalt kein Jota.

Deshalb ist das vorliegende Buch, was sonst es auch sein

oder nicht sein mag, nach wie vor ein Dokument. Es ist das Journal geblieben, das es war. Auch die Irrtümer habe ich sorgfältig konserviert, auch die falschen Gerüchte, auch die Fehldiagnosen. Ich wußte nicht, was ich heute weiß. Was wahr schien, konnte Lüge, und was Lüge schien, konnte wahr sein. Man durfte den Ohren nicht trauen, und noch der Augenschein trog. Man zog Schlußfolgerungen aus Tatsachen, die womöglich keine waren. Man interpolierte Ereignisse, die am Ende gar nicht stattgefunden hatten. Manche Sorge war überflüssig, und manche Hoffnung erst recht. Ich habe nicht daran gerührt. Denn ich bin nicht vom Verschönerungsverein. Vom Selbstverschönerungsverein schon gar nicht. Ich bin kein Feldmarschall, der aus Tagebüchern ein Plädoyer macht, und kein Staatsmann, der Tagebuchblätter in Lorbeerblätter verwandelt. Ein Tagebuch ohne Fehler und Falsches wäre kein Tagebuch, sondern eine Fälschung. Ich bin auch der Versuchung nicht erlegen, mein Journal mit einem Kunstkalender zu verwechseln. Je mehr ein Tagebuch ein Kunstwerk sein möchte, um so weniger bleibt es ein Tagebuch. Kunstgriffe wären verbotene Eingriffe. Wer notiert, was ihm widerfährt, darf keinen anderen Ehrgeiz haben als den, der eigne Buchhalter zu sein. Mehr wäre zu wenig.

›Zündstoff fürs eigene Gedächtnis‹ sollten die Notizen sein, Material für ein bengalisches Feuerwerk, das ich eines Tages abbrennen würde, ein höllisches Feuerwerk, weithin sichtbar, mit Donnerschlägen und blutigen Zeichen am Himmel und dem aufs Rad, aufs kreisende Flammenrad geflochtenen Menschen. Mit anderen Worten, ich dachte an einen großen Roman. Aber ich habe ihn nicht geschrieben.

Ich kapitulierte aus zwei Gründen. Ich merkte, daß ich es nicht konnte. Und ich merkte, daß ich's nicht wollte. Wer daraus schlösse, ich hätte es nicht gewollt, nur weil ich es nicht konnte, der würde sich's leichter machen, als ich es mir gemacht habe. So simpel liegt der Fall nicht. An meinem Unvermögen, den Roman der Jahre 1933 bis 1945 zu schreiben, zweifelte ich sehr viel früher als an der Möglichkeit, daß er überhaupt zu schreiben sei. Doch auch diesen grundsätzlichen Zweifel hege ich nicht erst seit gestern.

Das Tausendjährige Reich hat nicht das Zeug zum großen Roman. Es taugt nicht zur großen Form, weder für eine ›Comédie humaine‹ noch für eine ›Comédie inhumaine‹. Man kann eine zwölf Jahre lang anschwellende Millionenliste von Opfern und Henkern architektonisch nicht gliedern. Man kann Statistik nicht komponieren. Wer es unternähme, brächte keinen großen Roman zustande, sondern ein unter künstlerischen Gesichtspunkten angeordnetes, also deformiertes blutiges Adreßbuch, voll erfundener Adressen und falscher Namen.

Meine Skepsis gilt dem umfassenden Versuch, dem kolossalen Zeitgemälde, nicht dem epischen oder dramatischen Segment, den kleinen Bildern aus dem großen Bild. Sie sind möglich, und es gibt sie. Doch auch hier steht Kunst, die sich breitmacht, dem Ziel im Weg. Das Ziel liegt hinter unserem Rücken, wie Sodom und Gomorrha, als Lots Weib sich umwandte. Wir müssen zurückblicken, ohne zu erstarren. Wir müssen der Vergangenheit ins Gesicht sehen. Es ist ein Medusengesicht, und wir sind ein vergeßliches Volk. Kunst? Medusen schminkt man nicht.

Die Nation müsse die Vergangenheit bewältigen, heißt es. Wir sollen bewältigen, was wir vergessen haben? Das klingt nach leerer Predigt. Und die Jugend soll bewältigen, was sie nicht erlebt hat und nicht erfährt? Man sagt, sie erfahre es. Wenn nicht zu Hause, dann in der Schule. Die Lehrer, sagt man, schrecken vor dem schlimmen Thema nicht zurück, wenn auch nur die politisch unbescholtenen. Die Zurückhaltung der anderen, hat einer unserer Kultusminister gesagt, sei begreiflich. Aber bedenklich, hat er gesagt, sei das nicht. Denn sie träten demnächst, soweit sie vorher nicht stürben, in den Ruhestand. Und dann stünden weder sie noch sonst ein Hindernis dem regulären Unterricht in Zeitgeschichte im Weg. Weil ihre Nachfolger zu Hitlers Lebzeiten noch kleine Kinder gewesen und schon deshalb unbescholten seien. Hat er gesagt. Wie sie, ohne selber angemessen unterrichtet worden zu sein, die nächste Generation angemessen unterrichten sollen, das hat er nicht gesagt.

Was nicht gut ist, hat einen Vorzug: Es kann besser werden. Die Historiker sind nicht müßig. Die Dokumente werden gesammelt und ausgewertet. Das Gesamtbild wird für den Rückblick freigelegt. Bald kann die Vergangenheit besichtigt werden. Auch von Schulklassen. Man wird zeigen und sehen können, wie es gekommen und gewesen ist. Doch das Lesen in der großen, in der Großen Chronik darf nicht alles sein. Sie nennt Zahlen und zieht Bilanzen, das ist ihre Aufgabe. Sie verbürgt die Zahlen und verbirgt den Menschen, das ist ihre Grenze. Sie meldet, was im großen ganzen geschah. Doch dieses Ganze ist nur die Hälfte.

Lebten und starben denn Zahlen? Waren die Reihen jüdischer Mütter, die ihre weinenden Kinder trösteten, während man sie auf polnischen Marktplätzen in deutsche Maschinengewehre trieb, Zahlenketten? Und war der SS-Scharführer, den man danach ins Irrenhaus bringen mußte, eine Ziffer?

Die Menschen wurden wie vielstellige Zahlen auf die schwarze Tafel geschrieben und, Schwamm darüber, ausgelöscht. In der Großen Chronik ist für sie alle Platz, doch nur für alle miteinander. Der Einzelne kommt darin nicht vor. Er hat hier so wenig zu suchen wie auf dem Schulglobus meine kleine Tanne hinterm Haus. Man findet ihn in anderen Büchern. Wer in sie hineinblickt, starrt durch kein Teleskop, in kein Mikroskop und auf keinen Röntgenschirm. Das bloße Auge genügt. Bruchteile der Vergangenheit zeigen sich im Maßstab 1:1. Sie wird anschaulich. Der Mensch wird sichtbar. Er erscheint in natürlicher Größe. Er wirkt nicht sonderlich groß? Nein. Nicht einmal aus der Nähe. Gerade aus der Nähe nicht.

Tagebücher präsentieren gewesenes Präsens. Nicht als Bestandsaufnahme, sondern in Momentaufnahmen. Nicht im Überblick, sondern durch Einblicke. Tagebücher enthalten Anschauungsmaterial, Amateurfotos in Notizformat, Szenen, die der Zufall arrangierte, Schnappschüsse aus der Vergangenheit, als sie noch Gegenwart hieß.

Jene Vergangenheit, die unbewältigte, gleicht einem ruhelosen Gespenst, das durch unsere Tage und Träume irrt und, nach uraltem Geisterbrauch, darauf wartet, daß wir es anblicken, anreden und anhören. Daß wir, zu Tode erschrocken, die Schlafmütze über die Augen und Ohren ziehen, hilft nichts. Es ist die falsche Methode. Sie hilft weder dem Gespenst noch uns. Es bleibt uns nicht erspart, ihm ins Gesicht zu sehen und zu sagen: »Sprich!« Die Vergangenheit muß reden, und wir müssen zuhören. Vorher werden wir und sie keine Ruhe finden.

In dem Regal, worin die Tagebücher aus jener Zeit stehen, ist noch Platz. Ich stelle mein Buch neben die andern.

Frühjahr 1961 *Erich Kästner*

Berlin, 7. Februar bis 9. März

Aus der Chronik

4. bis 11. Februar
Konferenz in Jalta zwischen Roosevelt, Stalin und Churchill. Zitat aus der Schlußerklärung: ›Wir sind entschlossen, den deutschen Generalstab ein für allemal zu zerschlagen, der immer wieder Mittel und Wege zur Wiedererstarkung des deutschen Militarismus gefunden hat ... Erst nach der Ausrottung des Nazitums und des Militarismus wird Hoffnung auf ein anständiges Leben für Deutsche bestehen und auf einen Platz für sie in der Gemeinschaft der Nationen.‹

13. Februar
Zerstörung Dresdens durch amerikanische und englische Bombenflugzeuge. Budapest kapituliert vor der russischen Armee.

17. Februar
Großer Luftangriff auf Tokio.

21. Februar
Beginn der Interamerikanischen Konferenz in Mexiko City. Die USA schlagen für Nord- und Südamerika eine gemeinsame Wirtschaftscharta vor.

23. Februar
Die Türkei erklärt Deutschland den Krieg.

5. März
Die deutsche Wehrmacht zieht den Jahrgang 1929, die Sechzehnjährigen, ein.

7. März
Die Amerikaner überschreiten bei Remagen den Rhein.

8. März
Tito wird mit der jugoslawischen Regierungsbildung beauftragt.

Berlin, 7. Februar 1945

Wir waren wieder ein paar Tage in L. an der Havel, und es ging, wie fast jedesmal, hoch her. Textilkaufleuten verwehrt das Schicksal, Not zu leiden. Da hilft kein Sträuben. Man trägt ihnen, nach Einbruch der Dunkelheit, das Notwendige samt dem Überflüssigen korbweise ins Haus. Man drängt ihnen auf, was es nicht gibt. Bei Nacht kommen nicht nur die Diebe, sondern auch die Lieferanten. Sie bringen Butter, Kaffee und Kognak, weiße Semmeln und Würste, Sekt und Wein und Schweinebraten, und sie brächten den Kreisleiter der NSDAP, wenn er eßbar wäre. Karl honoriert soviel Mannesmut und Hilfsbereitschaft mit Kostüm- und Anzugstoffen, und dann ruft er, vom Berliner Geschäft aus, ein Dutzend Freunde und Bekannte an. »Kommt doch am Sonntag für eine halbe Woche aufs Land! Abgemacht? Wir freuen uns!«

Der Gastgeber freut sich. Die Gäste freuen sich. Die Freude ist allgemein. Man lacht und tafelt in einem Landhaus an der Havel, und die russischen Panzer stehen, bei Frankfurt und Küstrin, an der Oder. Man trinkt Sekt und tanzt, und noch gestern saßen wir, in Charlottenburg und Wilmersdorf, im Keller, während zwölfhundert Flugzeuge ihre Bomben ausklinkten. Man raucht Importen und pokert, und ringsum ziehen die Trecks, auf der Flucht aus dem Osten, ins Ungewisse. Man verkleidet und maskiert sich und improvisiert Kabarettszenen, und nicht weit von hier, in Brandenburg und Oranienburg, beginnen die Häftlinge zu hoffen und die Lagerkommandanten zu zittern. Manchmal treten wir, noch halbmaskiert und mit vollen Gläsern in der Hand, aus dem Haus ins Dunkel und betrachten, gegen Potsdam hin, die langsam und lautlos sinkenden feindlichen Leuchtkugeln und glitzernden Christbäume. Neulich sagte ich, als wir so am Ufer standen: »Es ist, als komme man ins Kino, und der Film habe schon angefangen.« Da ließ eine der Frauen die Taschenlampe kurz aufblitzen und fragte geschäftig: »Darf ich, bitte, Ihre Eintrittskarten sehen? Was haben Sie für Plätze?« »Natürlich Loge«, antwortete Karl, »Mittelloge, erste Reihe!«

Man tafelt, lacht, tanzt, pokert, schäkert, verkleidet und enthüllt sich und weiß, daß das Schiff sinkt. Niemand macht sich Illusionen. Die nächste Woge spült ihn selber über Bord. Und keiner hat Mitleid. Ertrinkende schreien um Hilfe? »Kann dir die Hand nicht geben, derweil ich eben tanz!« Die Lust ist zäher als das Gewissen. Wenn das Schiff sinkt, fällt der Katechismus ins Wasser. Polarforscher, heißt es, seien notfalls imstande, wissenschaftliche Mitarbeiter zu verzehren. Schlechte Zeiten, schlechte Manieren.

Als Lotte und ich in Nauen auf den Zug warteten, sprach uns eine Frau an, die mit ihrem Kind aus Gnesen geflüchtet war. Niemand hatte die russische Vorhut so bald erwartet. Man fand nicht einmal Zeit, die mit Sprengkapseln wohlversehene Brücke in die Luft zu jagen. Der erste Zug, den man Hals über Kopf für den Rücktransport zusammenstellte, war für die Angehörigen der Eisenbahner reserviert, und nur, weil im Zug noch Platz blieb, durften, wie die Frau sich ausdrückte, ›auch noch Zivilisten‹ hinein. Sie bedauerte, daß sie das neue Speisezimmer, den Staubsauger, die Nähmaschine und die Kiste mit den guten Kleidern hatte zurücklassen müssen, war aber recht gefaßt. Wie man ja überhaupt die Gottergebenheit solcher Menschen bestaunen muß, die doch an ihren Siebensachen viel inniger hängen als unsereins. Ameisen können nicht gefaßter sein, wenn ihr Bau mit einem Spazierstock zerstört wird.
 Eine Frau, die wir neulich sprachen, war mit einem Kriegsschiff aus Königsberg nach Kolberg transportiert worden. Zwölf Stunden hatten sie erst einmal im Hafen warten müssen, kranke Frauen, schwangere Frauen, Frauen mit sechs und noch mehr Kindern. Und unterwegs hatte es, außer der Ostsee, keinen Tropfen Wasser gegeben, weder zum Waschen noch zum Trinken. Vormärsche lassen sich, scheint es, exakter vorbereiten und durchführen als Rückzüge. Außerdem handelt es sich wohl auch um zwei grundverschiedene Talente. Immer wieder hört man von erfrorenen Kindern, die von verzweifelten Müttern aus ungeheizten Güterzügen geworfen werden mußten.
 Zur selben Zeit bedient sich die um die deutsche Jugend be-

sorgte Obrigkeit auch anderer Methoden. So berichtete Willi Schaeffers von einer Bekannten, einer ehemaligen Tänzerin, der, weil sie nicht ›erziehungswürdig‹ sei, die fünfjährige Tochter weggenommen worden ist. Die junge Frau empfange, obwohl verheiratet, Herrenbesuche. Die Mutter tobte, riß die von einem Hilfspolizisten eskortierte Parteimatrone an den Haaren und schrie das Haus zusammen. Ihr Kind habe zu essen und schlafe warm, während Zehntausende anderer Kinder verhungerten und erfrören! Der Polizist tat, was er konnte, um die Schreiende zu überzeugen, daß sie nicht das Mindeste erreichen, sondern sich selber, außer sie gebe nach, in ernsthafte Schwierigkeiten bringen werde. So wurde das Kind, das gleichfalls schrie, vor der sündigen Mutter gerettet. Sie weiß, daß die Russen vor Berlin stehen. Wo ihr Kind ist, weiß sie nicht.

Noch einige Worte über Textilien en gros. Karl möchte mit Hilfe der Potsdamer Kreisleitung einen Lastwagenzug organisieren, um, im Interesse des Reichs, mehrere tausend Anzüge sowie sich und seine Frau zu verlagern. Die Parteistellen sind ihm gewogen. Denn er hat eine als Overall zugeschnittene und deshalb auch für schlechtes Wetter vorzüglich geeignete Volkssturmuniform ersonnen, und mit schlechtem Wetter müssen weitblickende Instanzen schließlich rechnen. Er hat uns ein Modell seines Overalls vorgeführt. Wir haben sehr gelacht. Er lachte am herzlichsten.

Die rechtzeitige Rückführung jener ansehnlichen Warenbestände, die, wegen ihrer Gefährdung durch den Luftkrieg über Westdeutschland, vorsorglich nach dem Osten, z. B. nach Posen und Lietzmannstadt, evakuiert wurden, braucht den Grossisten, und gewiß nicht nur denen der Textilbranche, kein Kopfzerbrechen mehr zu machen. Die Wirtschaft kann die Bestände in den Schornstein schreiben. Bevor die Reichsstelle die Wagenzahl, das Benzin und den Transport bewilligt hat, hat die Ware den Besitzer gewechselt. Ein Zwanzigtonner, den Kurt, Karls Kompagnon, mit allen erforderlichen Papieren endlich in Richtung Küstrin losschicken durfte, wurde von russischen Panzerspitzen kassiert. Den Fahrern nahm man die Ringe und

Uhren ab. Dann ließ man sie laufen. Nach einem hundertvierzig Kilometer langen Geländemarsch erstatteten sie im Berliner Büro Bericht, genauer gesagt, im Luftschutzkeller. Die Chefs lauschten teils dem Bericht, teils den Bombeneinschlägen und zuckten über beides die Achseln.

Auch der Einfluß großer Kaufleute, die von Skrupeln nicht geplagt werden, hat seine Grenzen. Sie brächten es vielleicht zuwege, vormittags in Potsdam und nachmittags mit einem Sowjetkommissar einträgliche Geschäfte zu besprechen. Sie fänden wohl auch nichts dabei, ihre Frauen mitzubringen und sich während der Fahrt ein rotes Halstuch umzubinden. Und sie hätten womöglich hier wie dort Erfolg. Aber an Bratkartoffeln kann, wenn das Schicksal es will, ihre Macht rettungslos scheitern. Wie vorgestern abend in L., als wir essen wollten. Im Laufe von vier Stunden wurde mindestens achtmal der elektrische Strom abgeschaltet. Er gab, in den Beleuchtungskörpern und Herdplatten, immer nur für ein paar Minuten Gastspiele. Die Wirtschafterin kämpfte in der Küche wie ein Löwe. Doch sie brachte die heißersehnten und heiß ersehnten Bratkartoffeln trotzdem nicht zustande. Schließlich resignierte die hungrige Gemeinde und fraß den kalten Braten, den Spickaal, die Sülzkoteletts, den Schinken, die geräucherte Wurst und die halbe Gans, bei Kerzenlicht, mit nichts als Brot und Butter. Als wir satt waren, sagte Fritz, der Kameramann, zu Karl: »Vielleicht hätte der Herd funktioniert, wenn du ihm einen Anzug aus Kammgarn versprochen hättest!« »Dem eignen Herd?« fragte Karl. »Geht das nicht ein bißchen weit? Doch meinetwegen. Das nächste Mal probier ich's.«

Morgens gegen vier Uhr, als das Elektrizitätswerk mit dem Strom nicht mehr knauserte, saß ich allein im Wohnzimmer, blätterte in allerlei Zeitungen und fand hierbei, in der ›Textilzeitung‹ vom 27. Januar 1945, auf der ersten und zweiten Seite eine offensichtlich höchst aktuelle Mitteilung der ›Wirtschaftsgruppe Bekleidungsindustrie‹ über das Thema ›Bewirtschaftung der Nähmaschinennadeln‹. Daraus ging hervor, daß ›die Auftragslenkungsstelle Nähmaschinennadeln Ichtershausen (Thüringen), in deren Händen die Versorgung der deutschen Industrie mit Nähmaschinennadeln liegt, mit der Bewirtschaftung der Nähmaschinennadeln unter Einführung der R.T.E.-Schecks die Produktionshauptausschüsse betraut‹ hat. ›Der Produktionshauptausschuß für Bekleidung und Rauchwaren gibt nunmehr seinerseits Richtlinien für die Nadelversorgung seines Bereiches bekannt‹, heißt es weiter. Und ich hielt es für verdienstlich, einige Stellen der Verlautbarung abzuschreiben. Eines schönen Tages wird man sich der organisatorischen Leistungen der deutschen Gründlichkeit, kurz vorm Zusammenbruch des Dritten Reichs, auch auf dem Gebiete der Nähmaschinennadeln erinnern wollen, und dann fehlt es womöglich an Unterlagen! Natürlich kann auch mein Stenogramm verbrennen. Man lebt in riskanten Zeiten. Verbrennen ist menschlich. Trotzdem habe ich mir die kleine Mühe gemacht. Also:

›Ab 1. Februar 1945 wird die Bedarfsprüfung für den Nähmaschinennadel-Bedarf der Mitglieder des Produktionsausschusses ... für die deutschen Industriebetriebe in die Hände der jeweils zuständigen Bezirksgruppen bzw. Bezirksproduktionsausschüsse gelegt. Für die deutschen Handwerksbetriebe erledigt die Bedarfsprüfung der Reichsinnungsverband des Bekleidungshandwerks. Für die Bekleidungsbetriebe einschließlich des Handwerks im Protektorat ist der Produktionsausschuß Bekleidung und Rauchwaren in Prag beauftragt.‹ Nachdem den ›Bedarfsanforderern‹ anhand eines Beispiels die richtige Verwendung eines neuen ›Formblattschemas‹ erläutert worden ist, wird ihnen aufs umständlichste eingeschärft, daß Betriebe, die keine Produktionsstatistiken einreichen, keine neuen Nähmaschinennadeln kriegen und daß Zwischenmeister und Heimarbeiterbetriebe nicht direkt, sondern über ihre Auftraggeber mit Nadeln versorgt werden. Auch sonst zeigt man sich für Neuerungen recht aufgeschlossen. ›Um die Nadelfabrikation ebenso wie alle anderen Fertigungen entsprechend zu rationalisieren, ist es notwendig, die einzelnen bis in die Tausende gehenden verschiedenen Nadelsysteme zu normen bzw. zu vereinfachen und zu vereinheitlichen, denn es hat sich gezeigt, daß vielfach ein und dieselbe Nadel nur dadurch ein anderes System wurde, weil sie entsprechend der Maschinenklasse des Verkäufers oder Herstellers eine andere Systembezeichnung erhalten hat ... Damit tritt die Nähmaschinennadel-Versorgung nun wieder in ein normales Stadium ein. Trotzdem müssen wir darauf hinweisen, daß die Anordnung XV/44 des Produktionsbeauftragten für Bekleidung und Rauchwaren des Reichsministers für Rüstung und Kriegsproduktion vom 1. November 1944 noch nicht aufgehoben ist. Die Bestände gelten auch weiterhin noch als beschlagnahmt.‹

Nun folgt, über vier Spalten, die Aufzählung von Kleidungsstücken, von der ›Reithose mit Tuchbesatz mit abgesteppten Knie‹ bis zur ›Fl.-HJ-Überfallhose‹, von ›Backfischröcken, Mehrbahnenrock‹ bis zum ›Schlüpfer mit offenem Bein‹, vom ›Unterkleid mit Vollachsel‹ bis zum ›Büstenmieder‹, vom ›Kesselanzug, DIN 61 502‹ bis zum ›Erstlingshemdchen‹ und zur ›Lederlatzhose‹, und neben jedem Gegenstand ist, in fünf Zahlenkolonnen, der ausreichende ›Nähmaschinennadel-Verbrauch bei Fertigung von 1000 Stück des jeweiligen Artikels‹ angegeben.

Der letzte Abschnitt erteilt Ratschläge für die ›Nähmaschinennadel-Reparatur‹, denn ›Versuche haben gezeigt, daß etwa 30 bis 50% der als unbrauchbar bezeichneten Nadeln durch kleine Reparaturen wieder in Gebrauch genommen werden konnten‹. Ob Nadeln stumpf sind oder nur für stumpf gehalten werden, läßt sich leicht feststellen. ›Man fasse mit der rechten Hand an den Kolben und fahre mit dem Daumen- und Zeigefingernagel der linken Hand vom Kolben der Nadel zur Spitze!‹ Auch das Zuspitzen stumpfer Nadeln kann die ›vernähende Industrie‹ selbst durchführen. Hingegen ist die Diagnose, ob Nadeln krumm sind oder nicht, alles andere als einfach, und die Therapie ist erst recht eine Sache für sich. ›Die krummen Nadeln auszurichten, soll man dem Fachmann überlassen, d.h., sie sind zu sammeln und der Auftragslenkungsstelle Nadeln, Abteilung Reparatur, Ichtershausen (Thür.), einzusenden.‹

Nachdem ich diese Auslassungen über ›das Nadelproblem‹

notiert hatte, schloß ich vorübergehend die Augen und malte mir aus, was aus Karl wohl geworden wäre, wenn er die ›Textilzeitung‹, statt sie nur zu abonnieren, in den letzten Jahren tatsächlich gelesen hätte! Und weil sich bei geschlossenen Augen, außer man schläft, das Gehör schärft, merkte ich, daß jemand in der Küche hantierte. Ich schlich auf Zehenspitzen in den Flur. Es war kein Einbrecher, sondern ein Fräulein im Nachthemd. Sie stand am Eisschrank und kaute Schinken. Sie war zum ersten Mal in L., Georg hatte sie mitgebracht, und schon beim Abendbrot war uns ihr vorzüglicher Appetit aufgefallen. Sie schloß den Eisschrank und schritt, kauend und leichtfüßig und ohne mich zu bemerken, den Korridor entlang. Das Zimmer, worin sie verschwand, war ganz und gar nicht Georgs Zimmer. Nun, wer zum ersten Mal in einem fremden Haus übernachtet, kann sich, es wäre nicht das erste Mal, in der Tür irren.

An verkehrswichtigen Kreuzungen, z. B. Ecke Wilmersdorfer Straße und Kurfürstendamm, hat man, zunächst unter Aussparung der Straßenbahngleise, Panzersperren errichtet. Panzersperren? Man hat ausrangierte Lieferwagen und alte ausgeschlachtete Autos an die Kreuzungen geschleppt, dort umgestürzt und sonstiges Alteisen und verbeultes Blech dazwischengeworfen. Glaubt man im Ernst, mit solchen Schrott- und Müllhaufen die russischen Panzer auch nur eine Minute aufhalten zu können? Wenn man wenigstens ein paar Kisten krummer Nähmaschinennadeln aus der Reparaturwerkstatt Ichtershausen (Thür.) dazulegte! Das wäre immerhin eine originelle Methode, krumme Nadeln wieder ›auszurichten‹!

Wer solche blechernen Misthaufen für Panzersperren hält und sie aus diesem Grund ›erstellen‹ läßt, muß schwachsinnig sein. Und wer meinen sollte, es sei immer noch klüger, das Dümmste zu tun als überhaupt nichts, der möge sich für einige Minuten an eine dieser Kreuzungen begeben und die Gesichter der Berliner mustern! Die Bevölkerung vermutet, daß man sie auf den Arm nimmt. Sie hat sich damit abgefunden, daß es Tag und Nacht Bomben regnet, ohne jede Gegenwehr, und daß die fremden Geschwader, auch tagsüber und bei blauem Himmel, in Paradeformationen daherkommen. Man reißt blutige Witze. Roosevelt und Hitler, sagt man, hätten die für den Rest des Kriegs verbindliche Übereinkunft getroffen, daß jener die Flugzeuge und dieser den Luftraum zur Verfügung stelle. Doch angesichts der Panzersperren versagt sogar der Galgenhumor.

Am Sonnabend, erzählt man, sei das Schloß ausgebrannt. Die Staatsoper habe schwer einstecken müssen. Die Hotels ›Excelsior‹ und ›Fürstenhof‹, mehrere Bahnhöfe und die ›Tobis‹ in der Friedrichstraße sollen getroffen worden sein. Und noch eins: Freisler sei beim Verlassen des Adlon-Bunkers umgekommen, den er zu früh verlassen habe.

Wollte er rasch ein Dutzend Todesurteile unterschreiben? Warum hatte er es so eilig?

Mitunter bin ich mir wegen der Ausflüge nach L., diesen Abstechern ins Schlaraffenland, nicht ganz grün, sondern fast ein wenig suspekt. Was irritiert mich? Was an meinem Behagen behagt mir nicht? Oder stört es mich, daß ich die anderen stören könnte? Empfinden sie die Handbreit Ironie, die mich von ihrem märkischen Karneval trennt, als Arroganz? Hält man mich für einen Spielverderber? Das täte mir leid, und es träfe nicht zu. Ich habe oft genug in Milieus hospitiert, an denen gemessen das fidele Haus an der Havel ein Kindergarten ist. Und daß das abgedunkelte Haus nicht nur an der Havel, sondern dicht am Abgrund steht, steigert die Temperatur des Übermuts. Die Lebenslust wird fiebrig. Der Zustand ist plausibel.

Mein Unbehagen stammt aus einer anderen Ecke. Daß ich lustige Leute unter die Lupe nehme, während ich mit ihnen lache, mag hingehen. Dergleichen gehört zum Beruf. Schriftsteller sind neugierig. Aber ich hospitiere in dem mir fremden Milieu nicht auf eigne Kosten. Ich studiere nicht nur, wie eine Branche, die mir fernliegt, eine Diktatur nach besten Kräften zum Narren hält, sondern ich esse mich dabei satt. Ich bin ein Mitesser. Ich gehöre zu Karls Nepoten. Ich kann seine Großzügigkeit nicht erwidern. Nicht mit dem kleinsten Geschenk.

Denn ich habe nichts. Das wurmt mich. Ich könnte ihm das nächste Mal, von meiner Lebensmittelkarte, einen Abschnitt über 100 g Nährmittel mitbringen. Oder die Schlüssel zu meiner Wohnung, die vor einem Jahr verbrannt ist. Das könnte ich tun. Aber er verstünde es nicht. Das Allereinfachste wäre, ich ließe mich so gern beschenken, wie er schenkt. Aber ich bring's nicht zuwege. Was sträubt sich in mir? Der Hochmut des Kleinbürgers.

Heute mittag dementierte der Deutschlandsender die englische Rundfunkmeldung, daß Goebbels ›im Alpenland weile‹. Daß man die Nachricht sofort dementiert, ist aufschlußreicher als ihre Richtigkeit oder Unrichtigkeit. Man ist um den ›Frontgeist‹ der Berliner besorgt.

Berlin, 8. Februar 1945
Gestern gingen wir an zwei Frauen vorüber, deren eine gerade sagte: »Da bleibt ihnen nur noch Japan übrig!« Mehr konnten wir nicht verstehen und verstanden trotzdem, wovon die Rede war. Denn das Gerücht, die Reichsregierung plane, im äußersten Fall, eine ›Ausweichaktion‹ mit einem Transportflugzeug vom Baumuster ›Gigant‹, kursiert seit Monaten und dient den Leuten immer wieder als Gesprächsstoff.

Daß Roland Freisler ›dem Luftterror zum Opfer gefallen‹ sei, hat sich bestätigt. Andere Parteigrößen fallen ohne ›Feindeinwirkung‹. Hanke, der schlesische Gauleiter, hat Breslaus zweiten Bürgermeister wegen Feigheit öffentlich hinrichten lassen, und Himmler, mit der gleichen Begründung, den Polizeipräsidenten von Bromberg, der, wie in der Meldung ausdrücklich vermerkt wurde, ein hoher SS-Offizier gewesen sei. Einige seiner Mitarbeiter habe man degradiert und in Bewährungsbataillone gesteckt. Die Ersten hängen die Zweiten. Das ist die vorletzte Maßnahme. Wer vollzieht die letzte? Wer hängt die Ersten?

Charly berichtete, wie skurril es in Konstanz zugehe. Alle Hotels seien mit Parteigrößen und deren Angehörigen vollgestopft. Konstanz, das auf deutschem, und Kreuzlingen, das auf Schweizer Boden liegt, sind im Grunde, freilich durch die scharfbewachte Grenze halbiert, eine einzige Ortschaft. Die eine Hälfte liegt nachts im Licht, die andre in tiefem Dunkel. Die Hotelgäste starren gebannt hinüber. Worauf hoffen sie? Daß, wenn es soweit sein wird, die Schweizer Soldaten vor ihnen das Gewehr präsentieren und die Kreuzlinger Hoteldiener nach den braunen Koffern greifen?

Helmuth Krüger, der glänzende Kabarettist, hat es satt, in den Rundfunkbüros noch länger zu antichambrieren. Man findet keine Beschäftigung für ihn, und er bezweifelt, daß man überhaupt danach gesucht hat. Nun will er an den Chiemsee zurück, wo er seit einiger Zeit lebt. Er wirkt dort, in dem Ort Übersee, als Nachtwächter. So verschieden der alte und der neue Beruf sein mögen, so haben sie doch eine gemeinsame Voraussetzung: die Fähigkeit, nachts wachzubleiben. Das kann er. Insofern ist er kein ungelernter Nachtwächter, sondern einer mit Vorkenntnissen. Außerdem will er fort, um nicht noch in letzter Minute in den Berliner Volkssturm zu geraten. Denn er ist Balte. Das könnte zwischen den russischen Kommissaren und dem Volkssturmmann Krüger zu irreparablen Mißverständnissen führen. Er hat gar nicht so unrecht. Als ich vorhin zum Kriegsschädenamt in die Niebuhrstraße ging, übte der Volkssturm, unter Benutzung der Bäume in der Sybelstraße, das Legen von Telefonleitungen.

Auch das Kriegsschädenamt trägt dem Ernst der Stunde Rechnung. Den Vorschuß für Hausratsschäden kann ich erst morgen abholen, weil der Sachbearbeiter heute zum Schanzen beordert worden ist. Und auch der Sachbearbeiter der Abteilung ›Gewerbeschaden‹ hat sich von seinen Akten trennen müssen. Der Volkssturm hat ihn eingezogen. Der stellvertretende Dezernent lehnte Zahlungen ab, bis die Schrifttumskammer meine ›Schadensaufstellung‹ geprüft habe. Er zeigte mir den Zwischenbescheid der Kammer. Dieses Schreiben war vom 14. Dezember 1944 datiert und in der Niebuhrstraße am 4. Januar 1945 eingetroffen. Demnach hat der Brief von Amt zu Amt, noch dazu innerhalb Berlins, drei Wochen Reisezeit benötigt. Das ist respektabel. Meine Frage, ob sogar die Brieftauben beim Volkssturm dienten, gefiel dem Dezernenten des Sachbearbeiters der Abteilung ›Gewerbeschaden‹ beim Kriegsschädenamt nicht sonderlich.

Später rief ich bei der Schrifttumskammer an. Ich erfuhr, daß ein Schreiben an mich unterwegs sei. Falls es in den nächsten Tagen nicht komme, möge ich doch persönlich vorsprechen. Auch hier stellte ich eine offenbar ungeschickte Frage. Ich erkundigte mich, wo sich denn die Schrifttumskammer befinde. Der Herr am andern Ende des Drahts brauchte einige Zeit, bis er sich ausgewundert hatte und die Adresse nannte.

Berlin, 9. Februar 1945
Eben haben wir wieder anderthalb Stunden ohne Licht verbracht. Mit dem Licht meldete sich auch der Rundfunk wieder. Ab jetzt, gab die Gauleitung bekannt, würden viele Fabriken nicht mehr tagsüber, sondern nachts arbeiten. Die Umstellung helfe Strom sparen. Wieso? fragt man sich als Laie und ventiliert folgende laienhafte Vermutung: Solange die Fabriken bei Tag arbeiteten, litten auch sie unter der wachsenden Stromkürzung, die eigentlich nur dem deutschen Familienleben zugemutet werden sollte und konnte. Die Neuregelung nimmt auf die Produktionsziffern der Industrie Rücksicht. Andere Überlegungen hält man für unzeitgemäß. Die Arbeiter zögen die bisherige Lebensweise vor? Sie liefen lieber nachts mit Frau und Kind in den Luftschutzkeller als am hellichten Tag allein, während das Kind in der Schule sei und die Frau vor Läden Schlange stehe? Verspätete Gesichtspunkte. Die Transmissionsriemen sind wichtiger. Denn sie haben keine Angst. Vor nichts und niemandem.

Außerdem wurde die Bevölkerung, vom gleichen Rundfunksprecher, herzhaft aufgefordert, Deserteure aus dem Osten festzunehmen, diesen Schweinehunden mitleidslos entgegenzutreten und, in jedem Falle, neue Arbeitskräfte nur durchs zuständige Arbeitsamt zu beziehen.

Der Brief, von dem im gestrigen Telefonat mit der Reichsschrifttumskammer die Rede war, kam übrigens heute an. Er ist am 1. Februar abgeschickt worden. Man ersucht mich um nähere Angaben über ›Inhalt und Art‹ der vor einem Jahr infolge Totalschadens verbrannten Manuskripte.

Berlin, 12. Februar 1945
Der Greuelpropaganda, die seit Tagen forciert wird, ergeht es wie jeder heftigen Propaganda, der nicht widersprochen werden darf: Man widerspricht ihr. Da der weibliche Widerspruchsgeist sowieso lebhafter ist als der unsere, regt er sich bei Themen, ›von denen wir nichts verstehen‹, erst recht. Hierzu gehören die grassierenden Nachrichten über Vergewaltigungen. Die Frauen bezweifeln nicht etwa, daß dergleichen geschieht und, sehr bald, auch in Berlin geschehen könne. Aber sie merken gleichzeitig die pseudopatriotische Propaganda, die mit solchen Meldungen getrieben wird. Das bringt sie auf, und deshalb bestreiten sie rundweg die Wichtigkeit, die der Angelegenheit beigemessen wird. Der abgenötigte Geschlechtsakt, ob nun im Frieden oder im Krieg, ist und bleibt ein subkutaner Vorgang, und nicht der ärgste. Ein Bajonett im Leib ist schlimmer. So etwa wird hier und da argumentiert.

Die Friseuse, die neulich Lotte Dauerwellen legte, faßte ihre Ansicht über Wert und Rang des Mißbrauchtwerdens drastisch zusammen, als sie erklärte: »Lieber einen Russen auf dem Bauch als ein kaputtes Haus auf dem Kopf!« Und ich selber hörte gestern, wie sich zwei Frauen über eine Greuelnotiz unterhielten, wonach eine Bäuerin dreißigmal vergewaltigt worden und dabei gestorben war. So abscheulich die beiden die Untat fanden, sowenig leuchtete ihnen der Tod des armen Opfers ein. Sie erörterten den Fall wie zwei Chirurgen, die den letalen Ausgang einer Operation nicht auf den Eingriff, sondern auf undurchsichtige Begleitumstände zurückführen. Ihre Debatte verlief nicht weniger sachlich. Allerdings verzichteten sie völlig auf medizinische Fachausdrücke. Sie drückten sich so deutsch wie möglich aus.

Das sind nur zwei Beispiele, und andere Frauen werden ›in puncto puncti‹ nicht so nüchtern denken können. Zwei Beispiele sind es immerhin.

Da der Postverkehr mit der Schrifttumskammer, also zwischen der Sybel- und der Hardenbergstraße, soviel Zeit verbraucht, als lägen die beiden Straßen nicht im gleichen Charlottenburg, sondern in verschiedenen Erdteilen, machte ich einen kleinen Spaziergang und gab meinen Brief eigenhändig ab. Der junge Mann, der ihn entgegennahm und überflog, zeigte sich informiert, auch über die Ansicht seines gerade abwesenden Vorgesetzten, eines gewissen Dr. Buhl. Diese Ansicht hat den Vorzug, originell zu sein. Weil ich, für In- und Ausland, Publikationsverbot hätte, seien die zwei verbrannten Manuskripte, finanziell betrachtet, völlig wertlos. Deshalb sei mir kein gewerblicher Schaden erwachsen. Und deshalb hätte ich keine Ansprüche zu stellen. Ich erklärte, daß ich mich mit dieser Auffassung nicht abfinden könne und nicht abfinden lassen werde. Die Bewertung mit Null entspreche meinetwegen der augenblicklichen Marktlage, die sich aber schon morgen ändern könne. Doch auch das sei nicht entscheidend. Der Kurs meiner Papiere werde zwar zur Zeit an der literarischen Börse nicht notiert. Aber das habe nichts mit ihrem Werte zu tun. Er bestehe fort, auch wenn er vorübergehend ruhe. Er lasse sich, durch Vergleiche mit dem früheren Umsatz meiner Bücher, taxieren. Er sei, wenn auch nicht unschätzbar, so doch schätzbar. Und da er sich im Durchschnitt feststellen lasse, gelte das Gleiche für die Höhe des Verlustes. Der junge Mann zuckte die Achseln. Ich bat, mir die Auffassung der Kammer schriftlich mitzuteilen, da ich beabsichtigte, mich juristisch zu verwahren. Dann ging ich. (Es ist der bare Unsinn, sich mit den Leuten zu streiten. Sie und ich, jeder hat längst andere Sorgen. Le jeu est fait. Rien ne va plus.)

Am Renaissance-Theater war ein Pappschild angebracht: ›Übernachtungen hier nur noch bis 13.2.‹ Demnach haben hier bis jetzt Flüchtlinge genächtigt. In den Theatern, Kinos und Turnhallen Dresdens hausen Zehntausende, wird erzählt.

Im ›Bardinet‹ berichtete Lissy von einem Bauern aus dem Osten, der ihr sein Herz ausgeschüttet hatte. Erst habe der Bauernführer strikt verboten, ihre Wagen fahrtfertig zu packken, und später habe er sie gezwungen, die Gehöfte innerhalb dreier Stunden zu verlassen. Ein paar Nächte darauf war der Bauer, mitten durch die russischen Linien, noch einmal ins Dorf zurückgeschlichen. Die Tiere in den Ställen hätten gebrüllt, daß er es nie mehr vergessen könne.

Wieder sind zwei Bürgermeister öffentlich aufgehängt worden. In Königsberg und in Neumark. Die Exekutionen erinnern mich an den 30. Juni 1934 und an die stündlichen Meldungen über die Niederschlagung der Röhm-Revolte. Ich war damals in Dresden. Nachts saß ich bei ›Rumpelmayer‹ in der Prager Straße, als plötzlich die Zeitungsverkäufer erneut Sonderdepeschen ausriefen. Ich bat den Kellner, ein Blatt zu besorgen. Als er es mir brachte, hatte er die Zahl, die Namen und den Parteirang der Toten bereits überflogen. Er gab mir die noch druckfeuchte Liste mit den Worten: »Das Endresultat, Herr Doktor!«

Der schwarze Zigarettenpreis ist, pro Stück, von 2,50 RM ruckartig und ganz allgemein auf 3,50 RM gestiegen. Ich traue mich kaum noch, ›pro Stück‹ zu schreiben. Es müßte allmählich ›pro Exemplar‹ heißen.

Berlin, 14. Februar 1945
Gestern abend und in der Nacht schwere Luftangriffe auf Dresden! Die Telefonverbindungen sind unterbrochen. Sogar Reisesperre wurde verhängt. Wann werde ich erfahren, wie es den Eltern geht? Die Situation ist teuflisch. Sie wird geradezu unerträglich, wenn man während eines solchen Angriffs, hundertachtzig Kilometer davon entfernt, selber im Keller sitzt. Man verfolgt die trockne Rundfunkdurchsage, studiert dabei den abgegriffenen Koordinatenplan, den die Berliner die ›Quadrat-Else‹ nennen, und merkt immer deutlicher, immer un-

mißverständlicher, daß sich die ›Bomberströme‹ dem Planquadrat ›Martha Heinrich‹ stetig nähern und dann über diesem ›Raume kurven‹. Dieser Raum, dieses Quadrat unter vielen, dieses alberne Doppel- und Koppelwort ›Martha Heinrich‹, das ist die Heimat, das sind die Eltern! Eine Stunde, eine geschlagene Stunde lang flogen sie, ein Bomberverband nach dem anderen, über Dresden hinweg. Es nahm, für mein Empfinden, kein Ende. Schließlich, nach einer Stunde Ewigkeit, drehten sie nach Südwesten ab.

Jahrelang gab es, bei allen Sorgen, die eine, äußerste Sorge nicht. Jahrelang schien es, als wolle der Gegner Dresden vergessen. Und nun, wie wenn er alles nachholen wolle: Bomberströme überm Elbstrom. Wann werde ich erfahren, wie es den beiden geht?

Überall werden Militärausweise kontrolliert. Überall werden Deserteure verhaftet. Es dürfte nicht ratsam sein, sie alle in die Bäume zu hängen. Soldaten sind rar. Es wäre fahrlässiger Verschleiß von Heeresgut. Man wird sie, scharf bewacht, an die Front bringen. Weit ist der Weg ja nicht. Sie werden neben und mit den Helden fallen, diese auf dem Feld der Ehre, jene auf dem Feld der Schande, und es wird das gleiche Feld sein.

Der Leiter des Soldatensenders, erzählte Hans Fritz, habe aus der Frontstadt Berlin ›echte Reportagen‹ übertragen wollen und sei erstaunt gewesen, als man ihn warnte. Die Interviews auf den Straßen, vor den Geschäften und in den Fabriken, wurde ihm erklärt, dürften schiefgehen, falls sie überhaupt zustandekämen. Viel eher könnten seine Reporter damit rechnen, daß man ihnen das Mikrophon aus der Hand nehmen und sie verprügeln werde.

Die Stromsperre wird immer lästiger. Solange keine Flieger die Stadt ansteuern, gibt es keinen Strom. Er wird erst freigegeben, wenn sie sich am Himmel tummeln. Die Geschäfte und die Stockwerke funktionieren nur, wenn sie leer sind.

Berlin, 15. Februar 1945

Heute mittag der vierte Angriff auf Sachsens Mitte, besonders auf Dresden. Da ein Teil der Flugverbände nach Norden abschwenkte, saß auch Berlin im Keller. Die Vorstellung, daß die beiden alten Leute, seit vorgestern nacht, womöglich ohne Wohnung, irgendwo zwischen Trümmern hocken und daß die Mama meine zwei Manuskriptmappen, trotz Furcht und Tod und Teufeln, eisern umklammert hält, macht mich krank. (Es ist zweifellos viel wirkungsvoller, wenn jemand unsere Angehörigen quält, statt uns selber. Die Methode gehört zu den ältesten und probatesten Hausmitteln der Menschheit.)

Bei der Überlegung, daß täglich zehn- bis fünfzehntausend Flugzeuge über Deutschland Bomben abwerfen und daß wir, längst ohne jede Gegenwehr, stillhalten müssen und, wie das Rindvieh auf den Schlachthöfen, tatsächlich stillhalten, bleibt einem der Verstand stehen. Wann werde ich Nachricht haben?

Heute abend jährt es sich, daß meine Wohnung in der Roscherstraße abbrannte. Am Tage darauf kam, insofern sehr unpassend, meine Mutter an, um mir die Wäsche zu bringen, da die Post die Paketbeförderung abgelehnt hatte. Und weil der Anhalter Bahnhof getroffen worden war, mußte ich von dort aus zum Görlitzer Bahnhof. Ich kam trotzdem zurecht. Der Dresdner Zug stand, wegen einer Vorwarnung, noch weit draußen auf der Strecke. Mein Plan war, die Zeit bis zu Mamas Rückfahrt im erstbesten Lokal hinzubringen. Denn ich wollte ihr nicht nur die Roscherstraße ersparen, sondern den Trümmeranblick überhaupt. Sie brauchte nicht zu wissen, wie es in Berlin aussah. Sie sollte weiterhin glauben, es sei nur halb so schlimm. Ihre Sorgen um mich waren ohnedies groß genug.

Mein Plan schlug fehl. Sie wollte unbedingt die Wohnung sehen, obwohl ich ihr klarzumachen suchte, daß nicht nur die Wohnung, sondern das ganze Haus verschwunden sei. »Auch das Klavier?« fragte sie. Und als ich nickte, fragte sie weiter: »Auch die Teppiche?« Sie konnte es nicht fassen und bestand, eigensinnig wie ein Kind, auf dem Augenschein. So machten wir uns auf den Weg. Und auch den Weg hätte ich der alten

Frau gern erspart. Die Stadtbahn verkehrte nur auf Teilstrekken. Manchmal gab es Omnibusanschlüsse. Manchmal mußten wir bis zur nächsten Stadtbahnstation, die in Betrieb war, durch halbzerstörte Straßen laufen. Meine Angst freilich, der Anblick könne die Mama erschrecken, war überflüssig gewesen. Sie sah und hörte nichts, bis wir nach zwei Stunden im Hof standen, den sie kannte. Sie blickte auf die Ziegeltrümmer und, völlig ausdruckslos, in die leere Luft darüber. So standen wir eine Weile. Dann drehte sie sich um und kletterte über den meterhohen Schutt, der im Toreingang des Vorderhauses lag, auf die Straße zurück.

Für den Rückweg zum Görlitzer Bahnhof brauchten wir wieder zwei Stunden. Sie sah nichts, hörte nichts und sprach kein Wort. Als sie sich aus dem Abteil beugte, zeigte ich auf das Wäschepaket, das ich noch immer trug, und sagte lächelnd: »Ein Glück, daß die Post den Karton nicht angenommen hat! Sonst wäre die Wäsche mit verbrannt!« Das Gesicht blieb versteinert. Als der Zug anfuhr und ich winkte, hob und senkte sie ein einziges Mal die Hand.

In ihrem nächsten Brief schrieb sie, sie habe tagelang geweint. Und was ist nun? Ein Jahr später? Blickt sie jetzt in Dresden in die leere Luft ›darüber‹? Ein wenig beruhigt mich der Gedanke an den stabilen Gewölbekeller, den der Nachbar Hilbrich mit ein paar anderen Hausbewohnern gemauert hat. Auch der Papa meinte, das Gewölbe und die Türschleuse vertrügen einen Stoß.

In der Ostsee seien die zwei größten KdF-Schiffe auf Minen aufgelaufen, die ›Gustloff‹ mit neuntausend und die ›Robert Ley‹ mit fünftausend Flüchtlingen.

Berlin, 22. Februar 1945
Noch immer keine Nachricht aus Dresden! Auch nicht von den Verwandten aus Döbeln, denen ich depeschiert hatte. Auch nicht von dem aus Dresden zurückerwarteten militärischen Kurier, den Orthmann beauftragt hat, sich in der Königs-

brücker Straße zu erkundigen. Neun Tage ohne Nachricht. Und morgen ist mein Geburtstag.

Begreiflicherweise kursieren tausend Gerüchte. Erich Ponto sei, um sich zu retten, aus dem Fenster gesprungen und habe sich die Beine gebrochen. Peter Widmann, der einen Film drehte, werde vermißt. Günther Lüders, der zufällig drüben war, habe Viktor de Kowas Mutter heil herausgebracht.

Meine deprimierenden Bittgänge, etwas Schriftliches und Gestempeltes zu ergattern, sind kläglich gescheitert. Ich wollte mich an der Autobahn postieren und versuchen, daß mich irgendein Wagen in Richtung Dresden mitnähme. Aber ich bekam keine Erlaubnis, Berlin zu verlassen. Eine solche Erlaubnis erhalte nur, wer Unterlagen über die Schädigung der Angehörigen an Leib und Gut vorweisen könne. Und mir im besonderen, sagte man, hülfen nicht einmal derartige Unterlagen. Denn da ich als verbotener Schriftsteller keiner Fachschaft, keiner Kammer, noch sonst einer Berufsorganisation angehöre, dürfe mir niemand den erforderlichen Passierschein ausstellen. Und ohne ihn nähme mich bereits der erste Kontrollposten der Feldgendarmerie fest.

Berlin, 27. Februar 1945

Am Morgen des 23. Februar, zu meinem Geburtstag, kam endlich Nachricht! Zwei Briefe und zwei Postkarten, schmutzig und zerknittert, auf einmal! Das war ein Geburtstagsgeschenk! Sie leben und sind gesund, und sogar die Wohnung steht noch. Weil die Fenster zersprungen und die Zimmer voller Ruß und eiskalt sind, schlafen die Eltern im Korridor. Mama auf dem Sofa, Papa auf zusammengeschobenen Stühlen. Das Essen wird im ›Löwenbräu‹ ausgegeben. Sie frieren, was das Zeug hält. Die Koffer und die Bettenbündel liegen, im Keller, auf dem Handwagen.

Mit dem Wagen standen sie am 13. Februar, während der ganzen Nacht, in einem Hausflur auf der anderen Straßenseite. Warum gegenüber? Ich weiß es noch nicht. Ob es in den oberen Etagen oder nebenan eingeschlagen hat? Tante Linas

Villa am Albertplatz ist ausgebrannt. Die Bank ist zerstört. Fleischermeister Tischer und Kolonialwarenhändler Kletzsch sind ausgebombt.

Gestern abend brachte Orthmanns Kurier entsetzliche Nachrichten. Dresden sei ausradiert worden. Der Feuersog des brennenden Neuen Rathauses habe aus der Waisenhausstraße fliehende Menschen quer durch die Luft in die Flammen gerissen, als wären es Motten und Nachtfalter. Andere seien, um sich zu retten, in die Löschteiche gesprungen, doch das Wasser habe gekocht und sie wie Krebse gesotten. Zehntausende von Leichen lägen zwischen und unter den Trümmern. Und die Eltern leben! Trauer, Zorn und Dankbarkeit stoßen im Herzen zusammen. Wie Schnellzüge im Nebel.

Römische Generäle stürzten sich, angesichts der unvermeidlichen Niederlage, ins entgegengestreckte Schwert. Solch einen Selbstmord durch fremde Hand begeht das Dritte Reich. Das Dritte Reich bringt sich um. Doch die Leiche heißt Deutschland.

Wir sind wieder ein paar Tage in L. Gestern wurden Schöneberg und die Innenstadt schwer getroffen, besonders Alexanderplatz, Seestraße, Müllerstraße und Schlesischer Bahnhof. Hitler hat den Gauleitern Koch und Hanke in Königsberg und Breslau durch Funkspruch befohlen, ›auf ihrem schweren Posten auszuharren bis zu ihrem endgültigen Sieg‹. Guben und Forst brennen. Einzelne Transporte aus diesen Orten und aus Kottbus haben L. passiert, andere sind unterwegs abgefangen worden. Man hat sie zu spät in Marsch gesetzt. Daran ist nicht nur die Bürokratisierung des Rückzugs schuld, sondern auch der untaugliche Versuch, die Niederlage durch Propaganda zu verschleiern. Propaganda vermag viel. Sie kann schönfärben. Sie ist ein Färbemittel. Doch sobald sie sich anmaßt, Tatsachen auf den Kopf zu stellen, hilft sie der Konkurrenz. Sie wird, wie sich der Volksmund ausdrückt, zur ›Antiganda‹. Dann schminkt sie einen Schwerkranken, statt den Arzt zu holen.

In L. sollen Flüchtlinge untergebracht werden. Die Ansässigen sträuben sich. Die Geduld der Bevölkerung scheint sich zu erschöpfen. Auch Amputierten versagt man, in Bahn und Omnibus, bereits die gebotene Rücksichtnahme. Exemplarische Drohungen verfangen nicht mehr. Man ist ihrer müde. Die Angst hat die Richtung gewechselt. Und der angestaute, nicht länger zu stauende Unmut trifft die Schwachen.

Wir haben die ersten Schneeglöckchen gepflückt. Und die heimkehrenden Stare flogen in lärmenden Geschwadern über unsre Köpfe. Frühling und Untergang, am Himmel wie auf Erden. Natur und Geschichte sind geteilter Meinung und streiten sich vor unseren Augen. Wie schön müßte es sein, auch einmal einen Frühling der Geschichte zu erleben! Doch er steht nicht auf unserm Kalender. Die historischen Jahreszeiten dauern Jahrhunderte, und unsere Generation lebt und stirbt im ›November der Neuzeit‹.

Berlin, 1. März 1945
Auch Goebbels macht sich über die geschichtliche Entwicklung Gedanken, noch dazu mittels des Rundfunks vor aller Welt. So erklärte er gestern: Wenn wir den Krieg verlören, sei die Göttin der Geschichte eine Hure. Wollte er damit indirekt beweisen, daß wir, da eine Göttin keine Hure sein könne, den Krieg gewinnen müßten? Oder wollte er uns schonend auf den rapiden Sittenverfall in Götterkreisen vorbereiten? Wollte er mitteilen, daß sich die Dame, nach neuesten Informationen, nicht etwa nur ins, sondern sogar aufs falsche Lager begeben habe?

Wie man den Konditionalsatz auch verstehen mag, – daß er ins Mikrophon gebellt wurde, bleibt unverständlich. Noch der winzigste Parteigenosse betet die präfabrizierten Durchhalteparolen wie einen Rosenkranz herunter. Noch der bravste Landser, der das prodeutsche Walten der Vorsehung auch nur gelinde anzweifelt, muß gewärtigen, daß man ihn aufknüpft. Aus dem belagerten Königsberg meldete der Kreisleiter heute ›Kolberg-Stimmung‹. Und ausgerechnet der Propagandaminister trompetet defaitistische Sentenzen in den Äther? Warum fällt er sich in den Rücken? Noch dazu mit einer Trompete? Ich weiß keine Erklärung.

Berlin, 2. März 1945

Heute morgen erwartete man einen massierten Angriff auf Berlin. Aber vor Potsdam drehten die Verbände nach Süden ab und griffen statt dessen Chemnitz und Dresden an. Nun heißt es wieder auf Nachricht warten.

Es ist zwei Uhr mittags. Seit zehn Uhr morgens sind vier- bis fünftausend Flugzeuge über Deutschland. Auch Jagdgeschwader, die, weil es keine Abwehr gibt, im Tiefflug Eisenbahnziele attackieren. Die Abschlachtung eines wehrlosen Gegners, der sich nicht ergeben will, ist kein schöner Anblick. Ich werde das Bild eines Boxers nicht los, der die Fäuste nicht mehr heben kann. Immer wieder fällt er um, immer wieder steht er auf, immer wieder wird er niedergeschlagen, und immer wieder blickt er glasig in die Ecke seines Trainers. Doch der Trainer wirft das Handtuch nicht in den Ring, sondern brüllt: »Mach weiter! Die Linke raus!«

Von L. bis Wannsee fuhren wir mit einem Lastwagen, und überall begegneten wir Trecks. Einmal zogen zwei der traurigen Kolonnen in entgegengesetzter Richtung aneinander vorbei! Das wirkte unheimlich. Man hatte den aberwitzigen Eindruck, jede der beiden Gruppen suche in den brennenden Gehöften der anderen ihre Zuflucht. Der Anschein wurde zur Allegorie.

An den Kreuzungen wichtiger Landstraßen wurden die Kennkarten kontrolliert. Die Feldpolizisten, die ›Kettenhunde‹, suchen und fangen Spione und Deserteure. In der Giesebrechtstraße, in der Ruine eines Gartenhauses, sind fünf Soldaten verhaftet worden. Ein im Vorderhause wohnhafter Hauptmann hatte das Versteck bemerkt und Anzeige erstattet.

Seit zehn Tagen klettern die Berliner allabendlich ein- bis zweimal in die Keller. Gestern hockten wir geschlagene zwei Stunden drunten. Da alle erkältet sind, hätten wir vor Husten und

Niesen fast die Entwarnung überhört. Erst beehrte uns ein mittlerer und dann ein schwacher Verband schneller Kampfflugzeuge. An etlichen Teilstrecken ist die Stadtbahn wieder außer Betrieb. Elfriede Mechnig war anderthalb Stunden unterwegs, bevor sie schimpfend in der Sybelstraße eintraf.

Im ›Bardinet‹ gibt es, angeblich wegen Transportschwierigkeiten, nicht einmal Bier und Sprudel. So tranken wir, leicht verbittert, Malzkaffee. Dann erst rückte Foese für jeden ein Glas Rotwein heraus. Er spielt mit dem Gedanken, den Laden dicht zu machen. Um so mehr, als er dann das Hotelzimmer neben dem Lokal aufgeben und in seine Wohnung zurückziehen könnte, die nicht in Charlottenburg, sondern, glaube ich, in Tegel liegt. Das wäre für ihn eine günstige Gelegenheit, der Stadtwacht zu entkommen. Denn dieser Formation droht Kasernierung, und für eine solche Wohnweise fühlt er sich zu erwachsen. Martin Mörike ›wohnt‹ bereits, mit seinen einundsechzig Jahren, auf Staatskosten in einem Massenlogis, und er schrieb mir von dort, aus der Turmstraße, eine Postkarte, daß ich ihn, so bald ich könne, besuchen solle. Er leide an Haftpsychose.

Ich brauche nur an die Baracken auf dem Schießplatz Wahn zu denken oder an die mit Flöhen garnierten Strohsäcke im Dresdner Ball-Etablissement ›Orpheum‹, das wir in ›Morpheum‹ umbenannten, und schon wird mir übel. Damals war ich achtzehn Jahre alt. Den Quartiergestank habe ich noch jetzt in der Nase. Daß ich diesmal davongekommen bin, verdanke ich dem Stabsarzt, der mich untersuchte. Er fragte mich, während ich nackt und stramm vor ihm stand, nach Namen und Beruf und sagte: »Soso, *der* Kästner sind Sie!« Die Bemerkung verhieß nichts Gutes. Als ich dann aber von dem uralten Musterungsmajor, den ein Monokel zierte, erfuhr, daß ich für militärdienstuntauglich befunden und ausgemustert worden sei, wußte ich, daß mir der Arzt sehr gewogen sein mußte. Andernfalls hätte er mich mindestens für Schreibstubendienste oder fürs Kartoffelschälen im Ehrenkleid requirieren können. Wie man Freunde hat, die einen nicht mehr kennen wollen, hat man, zum Ausgleich, andere, die man selber nicht kennt.

Berlin, 3. März 1945
Gestern abend der übliche Angriff mit ›Moskitos‹. Heute vormittag starke Verbände über Mitteldeutschland. Auch hinter der Elbe waren sie. Vermutlich über Bautzen, Zittau und Görlitz. Nachdem ich das Gepäck im Keller verstaut hatte, ging ich im Sonnenschein vorm Haus auf und ab. Die letzte Post aus Dresden wurde am 23. Februar abgeschickt. Also vor acht Tagen. Ein Urlauber, der zum Bodenpersonal in Klotzsche gehört, erzählte, in der Marschallstraße hätten die Leichen noch vorige Woche auf dem Pflaster gelegen, und allein in der Altstadt habe es zwanzigtausend Tote gegeben.

Die Amerikaner stehen vor Köln. In Krefeld wird gekämpft. Düsseldorf wird schwer beschossen. Trier, Neuß und Mönchen-Gladbach sind erobert worden.

Als wir, auf dem Lastwagen zwischen L. und Wannsee, den zwei Trecks begegneten, die in entgegengesetzter Richtung flüchteten, fiel mir eine andere makabre Szene ein. Sie spielte sich vor Jahren ab. Und obwohl ich nicht befürchten muß, sie zu vergessen, will ich sie notieren. Als ich seinerzeit, in der Roscherstraße, meinem Haus gegenüber, die Gasmaske abholen wollte, schien, von außen durchs Fenster gesehen, das Parterrezimmer nahezu leer zu sein. Ich bemerkte nur die NS-Helferinnen, und ich begriff nicht recht, warum sie, ohne Parteienverkehr, so geschäftig und aufgeregt waren. Beim Betreten des Zimmers verstand ich ihre Verwirrung. Der Raum war mit Liliputanern überfüllt! Es handelte sich um eine Artistengruppe, der man Gasmasken anprobierte. Fast allen diesen Zwergen mit den Greisengesichtern waren die grauen Masken viel zu groß. Nur einigen der schnatternden Damen und Herren paßten wenigstens die sogenannten ›Kindergrößen‹. Die anderen mit den noch kleineren Köpfen ließen sich eine Maske nach der andern überstülpen, keine schloß luftdicht ab, und die doppeltgroßen Helferinnen, die neben den Liliputanern wie Riesenweiber wirkten, schwitzten vor Ratlosigkeit. Die meisten Zwerge mußten ohne Gasmasken abmarschieren. Die Minorität mit den etwas größeren Köpfen war stolz und glücklich.

Man hätte lachen mögen, doch es lachte niemand. Alles Komische beruht auf Kontrasten, doch nicht jeder Kontrast wirkt komisch.

Berlin, 5. März 1945
Nachts gegen drei Uhr ein kleinerer Angriff. Um die Mittagszeit Einflüge in breiter Front, von Hamburg bis Prag. Überall dicke Luft. Einige Verbände luden die Bomben erst auf dem Rückweg ab. Sondervorstellung im Rundfunk: Gauleiter Hanke sprach aus der ›Festung Breslau‹ zum Deutschen Volk. Was wir ehedem für unerläßliche Kulturgüter gehalten hätten, meinte er, stelle sich jetzt, bei näherem Hinsehen, als durchaus entbehrliches Zivilisationsgut aus. Auch sonst scheint er in der letzten Zeit mancherlei gelesen zu haben. Er zitierte sogar den alten Jakob Böhme aus Görlitz: »Wer nicht stirbet, bevor er stirbet, der verdirbet, wenn er stirbet.« Früher einmal, in brauner Vorzeit, als Hanke Kultur noch für unerläßlich hielt, ohrfeigte er in Babelsberg, Frau Magda Goebbels zu Ehren, den Dr. Greven von der Ufa, und nun, da ihm Kultur nichts mehr gilt, rezitiert er deutsche Mystik und predigt aus einer Festung, die keine ist, das Memento mori! Wo hat er die Weisheit her? Von dem Bürgermeister, den er vorm Breslauer Rathaus aufhängen ließ? Von diesem Feigling, der erklärt hatte, eine umzingelte Großstadt werde nicht einfach zur Festung, indem man sie als solche bezeichne? Hoffentlich hat das deutsche Volk die Predigt verstanden. ›Das Leben ist der Güter höchstes nicht?‹ Ganz wie Sie wünschen, Herr von Schiller! Es gehört vielmehr zu den entbehrlichen Zivilisationsgütern? Zu Befehl, Herr Hanke!

Nicht alle Volksgenossen sind Herrn Hankes Meinung. Eine Schauspielerin, deren Vater General ist, wurde, samt Geschirr und Wäsche, von einem vermutlich dienstfreien Obersten im Dienstwagen aus Berlin nach Süddeutschland verlagert. Ein Minister aus dem Protektorat Böhmen und Mähren, der in ähnlicher Absicht unterwegs war, wurde von einem Tieffliegernder getötet. Und der Komponist M. hat sich, mit Erlaubnis des Propagandaministers, ins Schwedische begeben, unter Zarah Leanders respektable Fittiche. In Stockholm soll er den Journalisten erklärt haben, er gedenke in Schweden zu bleiben, da er im Volkssturm nicht gegen seine österreichischen Kameraden von der Freiheitsbewegung kämpfen wolle. Si tacuisses! Hoffentlich hat er keine Angehörigen zurückgelassen. Sonst könnte man ihnen seinen schwedischen Freimut mit schwedischen Gardinen heimzahlen.

Berlin, 6. März 1945
Der Rundfunk nahm sich gestern der Festung, die keine ist, noch ein zweites Mal an. Er berichtete sehr anschaulich, wie sich in Breslau die Häuserschlachten abspielen. Daß deutsche und russische Stoßtrupps einander von Wohnung zu Nachbarwohnung bekämpfen, von Treppe zu Treppe, von Balkon zu Balkon, Fuß an Fuß und bis aufs Messer, und daß sie, wenn das Haus einstürzt, gemeinsam unter den Trümmern begraben werden.

Es heißt, in Berlin stationierte PK-Berichter seien wegen der Sendung außer sich geraten. Derart realistische Schilderungen steigerten ja doch nur die Labilität der Hörer! Eine interne Besprechung sei fast in eine Palastrevolution ausgeartet. Kurz, man war über die Grenzen zweckvoller Propaganda geteilter Meinung. Niemand wird bestritten haben, daß es Grenzen gibt. Aber wußte einer, wo sie verlaufen?

Solange man der Bevölkerung nur vor den eignen Machthabern bange machte, war die Grenzfrage nicht akut. Jetzt macht man nach zwei Seiten bange. Man zündet den Stall an zwei Ecken an, und nun wird es brenzlig. Nach welcher Seite wird die Herde, wild vor Angst, ausbrechen, und wen wird sie dabei niedertrampeln? In welches der zwei Feuer soll man noch mehr Stroh werfen, und in welche der Flammen das meiste?

Einem Funkbericht aus Königsberg war unschwer zu entnehmen, daß kürzlich nahezu chaotische Zustände geherrscht haben müssen. Die Herde wußte nicht, wohin. Seit ein paar Tagen hat sich das geändert. Es war und ist von ›Kolberg-Stimmung‹ die Rede. Wie hat man das erreicht? Davon war nicht die Rede. Trotzdem läßt es sich erraten. Man hat noch mehr durchgegriffen, gehenkt und exekutiert. Die Angst vorm Gauleiter Koch wurde größer als die Angst vor den Russen. Doch wie lange brennt ein Bündel Stroh? Vielleicht ist die Frage für Königsberg nicht mehr wichtig.

Denn vorhin wollte jemand wissen, die Stadt sei gefallen.

Erst heute gab der Wehrmachtsbericht zu, daß in Köln gekämpft werde. Außerdem meldete er, seit langem wieder einmal, Vorstöße der deutschen Luftwaffe nach England. Man habe in ›beleuchteten Städten‹ kriegswichtige Ziele angegriffen. Man teilte also zweierlei mit: die Hoffnung, die Ziele getroffen zu haben, und die Tatsache, daß England die Verdunklung aufgehoben hat! Wie kann man, jener mittelmäßigen Vermutung zuliebe, diese erstaunliche Neuigkeit ausposaunen! Oder wollte man, drittens, ankündigen, daß man ab heute wieder in der Lage sei, die Bevölkerung durch regelmäßige Gegenangriffe zu entlasten? Daran glaubt schon lange keiner mehr.

Kassiske verglich, gestern abend, unsere Nachrichtenübermittlung bei Luftangriffen mit den Bemerkungen einer alten Frau, die, während sie einen Räuber in der Wohnung weiß, mit der Polizei telefoniert. »Jetzt«, jammert sie, »ist er im Korridor! Jetzt geht er ins Wohnzimmer! Jetzt klinkt er die Kammertür auf! Jetzt greift er nach meinem Portemonnaie! Und jetzt, – jetzt haut er mir eins über den Schädel!«

Ernst von der Decken hat gehört, daß ein Großteil der Dresdner Altstadt, unter Verwendung der Trümmerziegel, zugemauert werden solle.

Mein platonisches Amüsement mit der Schrifttumskammer, zwecks Feststellung des mir erwachsenen Gewerbeschadens, dauert unvermindert an.

Berlin, 7. März 1945
Endlich wieder Post von den Eltern! Beim Angriff am 2. März mittags sind nur die Pappen aus den Fensterrahmen gefallen. Ärgerlich sei, daß es seit dem 13. Februar in den Häusern weder elektrischen Strom noch Wasser gibt. Das Wasser müssen sie mit Eimern holen. Und auf der anderen Straßenseite, in Naumanns Hausflur, hätten sie die Schreckensnacht deshalb verbracht, weil der niedrige Anbau in unserm Hof und das Hinterhaus nebenan brannten.

Guderian, der Chef des Generalstabs, hat sich, vor geladenen Journalisten, an die Weltöffentlichkeit gewendet. Das maßlose Verhalten der russischen Truppen gehe auf höchste Befehle zurück, deren einen er verlas. Und ›von Teufelsöfen, Gaskammern und ähnlichen Erzeugnissen einer kranken Phantasie‹ habe er während des deutschen Vormarsches in Rußland nichts bemerkt. Schließlich kam er auf die Leidenschaft zu sprechen, mit der daran gearbeitet werde, im Osten von der Verteidigung wieder zum Angriff übergehen zu können. Da wird die Weltöffentlichkeit aber staunen! Und zwar darüber, was so ein Chef des Stabes über die Zunge bringt, statt sie sich abzubeißen!

Eines Tages wird die Geschichte der deutschen Generalität seit 1933 geschrieben werden, und das wird keine schöne Geschichte sein, sondern ein höchst unerbauliches und unpreußisches Buch. Darin wird man nachlesen können, wie sich die Generäle, um mächtig zu werden, unterwarfen. Wie sie sich bald Marschallstäbe, bald Backpfeifen geben ließen und beidemale strammstanden. Wie sie nicht unseren, nicht einmal ihren, sondern immer nur ›seinen‹ Krieg führten. Wie sie, bis auf wenige, ihrem Treubruch die Treue hielten, bis übers Grab. Über wessen Grab?

Die trotz aller weiteren Einberufungen, insbesondere zum Volkssturm, schleichend um sich greifende Arbeitslosigkeit schleicht nicht mehr. Sie wird offenkundig. Wer jetzt, vor allem unter den ›Arbeitsdienstverpflichteten‹, krank wird, erhält, ohne langes Bitten, mehrere Wochen Krankenurlaub. Und wer unverdrossen arbeiten möchte, hat Verdruß, denn es fehlt an Arbeit. Und es fehlt an Arbeit, weil es an Rohstoffen und an Transportmitteln fehlt. Die Methoden, die Notlage zu verschleiern, schlagen nicht an. Die kranken Arbeiter, denen man Erholungsurlaub spendiert, machen sich ihre Gedanken. Und die gesunden, die man zum Volkssturm einzieht, tun das erst recht. Denn wenn man sie, mit Ausweisen wohlversehen, zur Kammer schickt, damit sie Waffen fassen sollen, werden sie mit leeren Händen zurückgeschickt. Da auch der größte Held nicht mit leeren Händen kämpfen kann, ahnt auch der gutwilligste Volkssturmmann, daß er eigentlich gar nicht gebraucht wird. Man macht sich, vermutet er, höherenorts einen Spaß mit ihm. Man braucht ihn nicht in der Fabrik, und man braucht ihn nicht als Kampfnatur. Er merkt, daß man ihn nur hindern will, spazierenzugehen. Man muß ihn beschäftigen, um den Leerlauf zu kaschieren.

Ich will nicht übertreiben, sondern gewissenhaft bleiben und hinzufügen: Viele merken es nicht, zum Beispiel jene Arbeiter, die sich Angestellte nennen. Das erlebte ich aufs anschaulichste, als ich, vor Monaten, in der Turnhalle der Fürstin Bismarck-Schule, Sybelstraße, mit etwa hundert anderen Charlottenburger Bürgern zur Musterung für eben diesen Volkssturm angetreten war. Nachdem der Herr Hauptmann, stolz wie ein Bürgergeneral, markige Worte an die Versammlung gerichtet hatte, begann er, mit Hilfe seiner Kompanieschreiber, organisatorischen Schwung zu entwickeln. Dieser Schwung und der subalterne Übereifer hundert besserer Herren in den besten Jahren ergab ein Schauspiel, an das ich gern zurückdenke. Es war ein Militärschwank in Maßanzügen. Die Männer drängten sich, wie sonst nur Frauen beim Inventurausverkauf.

»Wer von Ihnen hat im Büro oder im Geschäft Telefon?« rief der Hauptmann. Und schon flogen ein paar Dutzend Hände in die Luft. »Wer hat zu Hause Telefon?« Weiteres Händehoch. Der Hauptmann schien nicht unzufrieden zu sein. »Nun geben Sie gut acht!« rief er. »Wer sowohl zu Hause als auch im Betrieb Telefon hat, tritt dorthin!« Er zeigte in die äußerste linke Ecke der Turnhalle, und schon jagten die glücklichen Besitzer zweier Telefone in die befohlene Richtung. »Wer nur im Betrieb Telefon hat, dahin!« Er wies auf ein großes Fenster, und unter lautem Getrappel bildete sich im Hui die zweite Gruppe. »Und wer nur zu Hause Telefon hat, hierher!« Die dritte Gruppe stand. »Danke!« erklärte der Hauptmann. Warum er sich für Telefone interessierte, erklärte er später. Zunächst einmal zückten seine Schreiber Papier und Bleistift und begannen, die Namen, Adressen und Telefonnummern zu notieren.

»Telefone sind wichtig«, sagte der Hauptmann, während die Listen angelegt wurden. »Die Sirenen können ausfallen. Der Sender kann getroffen werden. Dann müssen wir Meldungen und Befehle per Telefon durchsagen, und Sie geben sie weiter. Näheres erfahren Sie übermorgen. Hier und zur gleichen Zeit wie heute. Verstanden?« »Jawohl, Herr Hauptmann!« rief der Chor.

Nun erinnerte sich der tatkräftige Mann jener bedauernswerten Anwesenden, die kein Telefon besaßen, geschweige zwei Telefone, und fragte uns, wer wenigstens ein Fahrrad sein eigen nenne. So entstand eine vierte Gruppe, und auch sie wurde von einem Schreiber protokollarisch erfaßt. »Falls Meldefahrer nötig werden sollten«, bemerkte der Hauptmann und schritt zur Gruppe der beneidenswerten Doppeltelefonbesitzer. »Wer von Ihnen war im Ersten Weltkrieg aktiver Offizier? Niemand? Wer von Ihnen war Reserveoffizier? Bitte, hierher, Herr Kamerad! Danke. Wer war Feldwebel oder Unteroffizier? Dorthin!« Er sortierte. Die Schreiber schrieben. Alle außer mir und vier anderen, die kein Telefon und kein Fahrrad hatten, waren bis über die Ohren beschäftigt.

Wir fünf Habenichtse schlenderten zum ramponierten Konzertflügel, der neben den Kletterstangen stand, boten einander Zigaretten an, gaben uns Feuer und rauchten. Einer war einarmig, schlenkerte den leeren Ärmel und brummte grimmig: »Verdun!« Sein Nebenmann meinte: »Eigentlich eine Frechheit, alte Krieger so dumm auszufragen! Natürlich hab ich Telefon!« Und der dritte sagte grinsend: »Es ist wie die Sache mit der Zahnbürste. ›Haben Sie eine Zahnbürste, Einjähriger? Ja?

Dann putzen Sie mal die Latrine!‹« Nach fünf Anstandsminuten gingen wir, ohne daß es jemand bemerkt hätte, nach Hause. (Immerhin erhielt ich später eine amtliche Postkarte, daß ich nunmehr zum Volkssturm gehöre, allerdings zu dessen letztem Aufgebot.)

Das Wort ›Bomberstrom‹ hat sich im Vokabularium des Wehrmachtsberichts und der Rundfunkdurchsage nicht lange gehalten. Eigentlich hatte man wohl nur mitteilen wollen, daß die feindlichen Verbände nicht in breiter Front, sondern hintereinander anflögen. Die fatale psychologische Wirkung auf die Hörer und Leser hatte man entweder nicht erwartet oder nicht bedacht.

›Vom Horizont, rot, erste Angriffsgruppe auf der waagerechten Gustav-Reihe, Spitzenreiter in Gustav Berta, rückwärtige Begrenzung in Gustav Otto‹, – ich brauche die ›Quadrat-Else‹ gar nicht mehr zu betrachten, um festzustellen, welche Städte überflogen und welche Gebiete angegriffen werden.

Berlin, 8. März 1945

Robert Ley hat am 3. März unter dem Titel ›Ohne Gepäck‹ einen Artikel veröffentlicht. Einige Kernsätze verdienen es, daß ich sie abschreibe. ›Nach der Zerstörung nun auch des schönen Dresdens‹, schrieb er, ›atmen wir fast auf. Nun ist es vorbei: Die steinernen Denkmäler deutschen Schöpfergeistes liegen in Trümmern. Jedoch die genialen Entwürfe deutscher Künstler sind gerettet. Nach ihnen werden wir wieder aufbauen!‹ ›Wir werden jetzt im Blick auf den Kampf und den Sieg durch die Sorgen um die Denkmäler deutscher Kultur nicht mehr abgelenkt. Vorwärts!‹ ›Das Schicksal hat nahezu die Hälfte der Nation zu Besitzlosen gemacht und sie damit erleichtert.‹ Man sei, behauptet er, den Reaktionären gegenüber zu großmütig gewesen. Man habe die bürgerlichen Vorurteile zu langsam ausgerottet. Doch diesen auf Großmut beruhenden Fehler habe der Krieg mit seiner gründlichen Zerstörung korrigiert. Auch den Aufstand am 20. Juli streift er. ›Blitzartig haben wir reagiert, den alten Zopf abgeschnitten – und aufgehängt.‹ ›Wie wollte jemand im Feuersturm brennender Straßen seine bürgerliche Standesfahne erheben! Auch die Salons sind verbrannt, und die Zirkel, in denen man kleine Rebelliönchen vorbereitete, sind nicht mehr.‹ ›So marschieren wir ohne allen überflüssigen Ballast und ohne das schwere ideelle und materielle bürgerliche Gepäck in den deutschen Sieg. Wir treten an zum Sturm. Sturm – Sturm – Sturm läuten die Glocken von Turm zu Turm!‹ Sehr viele Türme stehen Herrn Dr. Ley nicht mehr zur Verfügung. Und die Glocken wurden längst zur Artillerie eingezogen. Wenn er zum Sturm antritt, muß ein Rundfunkwagen nebenherfahren und das Glockenläuten von alten Schallplatten abspielen.

Vorhin ist mir wieder ein gesunder Backenzahn aus dem Munde gefallen. Paradentose. Friedrich der Große nannte sich, während des Siebenjährigen Kriegs und wegen der gleichen Ausfallerscheinung, in einem Brief an die Schwester einen ›alten Esel‹. Man freut sich über die kleinste Ähnlichkeit mit großen Männern.
    Daß Königsberg gefallen sei, ist offiziell noch nicht bestätigt worden. Um so sicherer ging aus Meldungen hervor, daß Gauleiter Koch nicht mehr in der Festung weilt. Auch Herr Bracht, der oberschlesische Gauleiter, scheint sich ›aus Gesundheitsrücksichten‹ evakuiert zu haben. Aber Karls Lagerhelfer in L., der einarmige, darf Berlin, wo er ambulant in Lazarettbehandlung ist, nicht mehr verlassen. Schon wenn man ihn in Potsdam aufgriffe, würde man ihn als Deserteur ansehen und behandeln. Die Kleinen hängt man, und die Großen lassen sich laufen.

Berlin, 9. März 1945

Den heutigen Leitartikel im ›Völkischen Beobachter‹ hat ein Leutnant namens Karl-Heinz Stockhausen verbrochen. Trotzdem ist nicht er der Verbrecher. Er ist das blutverschmierte Werkzeug. Er kann nicht schreiben und nicht denken, doch das ist nicht seine Schuld. Vielleicht ist er ein junger Held. Sicher ist er ein grüner Junge. Seinen Hintermännern, die sich längst zur Flucht, notfalls in den Selbstmord, entschlossen haben, ist jedes Mittel recht, Ultimo hinauszuschieben.

›Die jungen Soldaten‹ heißt der Artikel. Karl-Heinz, o du mein Alt-Heidelberg, schreibt: ›Ihr jungen Soldaten – wißt, daß ihr nichts zu verlieren habt! Oder meint einer, dieses Leben da unter Bombenregen und in panischer Angst vor den Grausamkeiten des Feindes sei lebenswert, um es sich um jeden Preis zu erhalten? Der Feind führt unbarmherzig seinen Krieg! Auch drüben stehen junge Soldaten in den Armeen. Aber die von Jugend auf im Bolschewismus Abgestumpften und wie eine Herde Aufgewachsenen können nicht besser und tapferer sein als ihr, die in der Hitler-Jugend schneidige Jungen wart!‹

Man läßt, obwohl man weiß, daß nichts mehr helfen kann, Halbwüchsige durch einen Halbwüchsigen aufhetzen. Noch ärgeres Schindluder kann man mit der ›Blüte der Nation‹ wahrhaftig nicht treiben! Man läßt die siebzehnjährigen Soldaten daran erinnern, daß sie in der HJ waren. Doch man schweigt über die Division ›Hitler-Jugend‹, weil sie nicht mehr existiert. Sie war mit Panzerminen bewaffnet, die an den russischen Panzern hätten haften sollen. Sie taugten nichts. Sie hafteten nicht. So liefen die Kinder in Uniform neben den rollenden Ungetümen her und preßten die Sprengladungen so lange gegen die Panzerwand, bis sie samt den Panzern zerrissen wurden.

Gestern warnte mich jemand. Die SS, das wisse er aus zuverlässiger Quelle, plane, bevor die Russen einzögen, eine blutige Abschiedsfeier, eine ›Nacht der langen Messer‹. Auch mein Name stünde auf der Liste. Das ist kein erhebender Gedanke. Denn ich kann Berlin nicht verlassen. Ich klebe hier fest wie eine Fliege an der Leimtüte.

Mayrhofen I, 21. März bis 3. Mai

Aus der Chronik

22. März
Gründung der Arabischen Liga in Kairo. Mitglieder werden Ägypten, Irak, Syrien, Libanon, Transjordanien, Saudi-Arabien und Jemen.

26. März
Die Amerikaner landen auf der Insel Okinawa, der künftigen Basis für unbeschränkte Luftangriffe auf Japan.

27. März
Argentinien erklärt Deutschland den Krieg.
Hitler empfängt in Berchtesgaden die Gau- und Reichsleiter.

7. April
Die Russen erobern Wien.

12. April
Roosevelt stirbt. Truman wird sein Nachfolger.

16. April
Beginn der russischen Offensive an der Oder.
Hitlers Aufruf ›An die Soldaten der Ostfront‹.

18. April
Kapitulation der deutschen Truppen im ›Ruhrkessel‹. In 16 Tagen an der Westfront 755 573 Gefangene.

20. April
Einschließung Berlins durch die Russen. Goebbels verspricht, anläßlich des Führergeburtstages, dem deutschen Volke den Sieg und eine glückliche Zukunft.

21. April
Die Sowjetunion und Polen schließen für dreißig Jahre einen Freundschaftsvertrag. In Italien bricht die deutsche Front zusammen.

23. April
Hitler enthebt Göring seines Amtes; gleichzeitig Ausschluß aus der Partei.

25. April
Beginn der Konferenz der Vereinten Nationen in San Franzisko. Begegnung der amerikanischen und russischen Truppen bei Torgau an der Elbe.

27. April
Unabhängigkeitserklärung der österreichischen provisorischen Regierung unter Staatskanzler Doktor Renner.

28. April
Mussolini wird, beim Fluchtversuch in die Schweiz, in Dongo erschossen. Himmler läßt den Westmächten die Kapitulation anbieten.

30. April
Die Russen besetzen das Reichstagsgebäude in Berlin. Hitler ernennt Großadmiral Dönitz zu seinem Nachfolger und begeht, wie Goebbels, im Bunker der Reichskanzlei Selbstmord. Die Amerikaner besetzen München.

2. Mai
Schwerin von Krosigk bildet in Plön eine neue deutsche Regierung. Berlin wird der Roten Armee übergeben. Die deutsche Armee in Italien kapituliert.

3. Mai
Die Engländer besetzen Hamburg. Die Amerikaner erreichen den Brenner.

Mayrhofen, Zillertal, 22. März 1945

Die Fliege klebt nicht mehr an der Tüte. Es hat ihr jemand aus dem Leim herausgeholfen. Eine Art Tierfreund? Der Vergleich hinkt. Denn die zappelnde Fliege zu befreien, ist selbst in Diktaturen nicht verboten. Aber einem Manne wie mir, einem Asphaltliteraten, vom Berliner Asphalt fortzuhelfen, war riskant. Und das Risiko, das jener ›Jemand‹ eingegangen ist, wird erst mit dem Krieg vorüber sein. Wann also? Ich weiß es nicht und mache mir Sorgen. Er weiß es nicht und lacht.

Die letzte Berliner Tagebuchnotiz stammt vom 9. März. Seit einer Woche sind wir in Tirol. Es gibt einiges nachzutragen.

Es begann damit, daß sich Lotte und Eberhard auf dem Ufa-Gelände begegneten und er sie erstaunt fragte: »Warum sind Sie eigentlich noch hier?« Sie antwortete: »Weil Erich nicht fortkann.« Da sagte er: »Das läßt sich arrangieren. Ich fahre übermorgen zu Außenaufnahmen. Wenn er will, nehm ich ihn mit. Kommt heute abend zu mir. Da besprechen wir alles.«

Am Abend besprachen wir alles. In der über alten Wagenremisen und Pferdeställen hübsch eingerichteten Kutscheretage, die zu Brigitte Horneys Babelsberger Grundstück gehört. Es war zugleich der Abschied von Lottes Barockschrank, den niederdeutschen Stühlen und ziemlich kostbaren Büchern, die wir, nach den ersten schweren Angriffen auf Charlottenburg, hier untergestellt hatten.

Er setzte sich an die Schreibmaschine und stellte, auf meinen Namen, alle notwendigen Papiere aus. Es waren von Staatsrat Hans Hinkel blanko unterzeichnete Formulare. Eberhard schrieb, ich sei der Autor des Drehbuchs, das in Mayrhofen verfilmt werde, und vervollständigte die Gültigkeit der Ausweise durch seine eigne Unterschrift. Am übernächsten Abend zehn Uhr führen wir los, sagte er dann. In einem noch ganz brauchbaren Zweisitzer, einem DKW. Und Lotte? Sie würde, in ihrer Eigenschaft als Dramaturgin der Ufa, von Liebeneiner, dem Produktionschef, nach Innsbruck geschickt werden, um mit einem dort wohnhaften Schriftsteller einen Filmstoff zu erörtern. Dazu bedürfe es keiner Camouflage. Und von Innsbruck nach Mayrhofen sei es ein Katzensprung.

Den nächsten Tag verbrachte ich auf Ämtern. Ich ging zur Polizei, zur Lebensmittelkartenstelle und ins Büro des Volkssturms. Und überall erhielt ich, aufgrund der vorgezeigten Ausweise, weitere notwendige Papiere. Es lief wie am Schnürchen. Am unbehaglichsten fühlte ich mich auf der Bank am Olivaer Platz. Denn hier hatte mich die Gestapo zum ersten Male verhaftet. Hier war, länger als ein Jahr, mein Konto gesperrt gewesen. Hier wußte man, daß mir der Staat nicht grün sei. Deshalb traute ich mich nicht, mein Geld bar zu beheben, sondern verlangte einen Reisescheck. Als der Angestellte wiederkam und erklärte, er könne mir keinen Scheck ausstellen, hielt ich den Atem an. Als er hinzufügte, sie hätten keine Scheckformulare in der Filiale, wurde mir wohler. Ob mir mit dem Barbetrag gedient sei, wollte er wissen. Ich zeigte mich einverstanden, ließ mir die Summe an der Kasse auszahlen und entfernte mich gemessenen Schrittes.

Am Tage darauf, zehn Uhr abends, fuhren Eberhard und ich davon. Hinter Potsdam wurden wir zum ersten Mal von Feldgendarmen kontrolliert. Eberhard zeigte unsere Papiere. Sie wurden geprüft. Wir durften passieren. Manchmal zuckten Scheinwerfer auf und prüften den Nachthimmel. Manchmal bemerkten wir neben der Autobahn von Tiefffliegern zerschossene Fahrzeuge. Manchmal zirkelten Taschenlampen, ein paar hundert Meter voraus, glühende Kreise, und das hieß immer wieder: ›Halt, wer da? Hier Feldgendarmerie!‹ Man prüfte die Papiere. Die Posten gaben den Weg frei. Und weiter ging's.

Als es zu dämmern begann, kletterte der kleine Wagen den Fränkischen Jura hinan. Plötzlich fiel mir auf, daß neben uns ein rötlicher Schein herlief. Er wich uns nicht von der Seite. Etwas später roch es nach versengtem Gummi. Unsere klammen Füße wurden erstaunlich warm. Nun sprangen wir aus dem Auto. Es war höchste Zeit. Unterm Vordersitz züngelten Flammen. Funken sprühten aus dem Auspuff. Das Chassis schmorte. Erst schmissen wir die Benzinkanister auf die Straße. Dann zerrte Eberhard Wolldecken aus dem Wagen, warf sich zu Boden und versuchte, das Feuer zu ersticken. Das half nichts. Nun brannten auch die Decken. Ich stand ratlos daneben und blickte mich nach Hilfe um. Es war zwecklos. Kein andres Auto. Kein Gehöft. Kein Mensch. Kein Wasser. Doch da entdeckte ich einen Schneehaufen, und nun rannte ich los. Nachdem ich den letzten Schnee weit und breit zusammengekratzt und im Dauerlauf herangeschleppt hatte, kroch Eberhard, verrußt und zufrieden, unterm Auto hervor. Das Feuer war tot. Wir fuhren langsam weiter.

Gegen acht Uhr morgens roch es wieder nach Gummi und glimmendem Sperrholz. Diesmal fanden wir Bauern und Eimer mit Wasser. Und so trafen wir zwölf Stunden nach der Abfahrt aus Babelsberg, ziemlich pünktlich und wohlbehalten, bei Eberhards Freunden, einer Familie Weiß, in P. ein. Der Gutshof liegt, nicht weit von Fürstenfeldbruck, mitten im Moos. Der Frühstückstisch war schon gedeckt. Mit hausschlachtener Wurst und geräuchertem Speck. Wir hatten Hunger und ließen uns nicht lange bitten.

Nachdem wir ein paar Stunden geschlafen hatten, besuchten wir das Vieh in den Ställen, die Kühe und Ziegen, den wegen seiner Klugheit gepriesenen Ochsen Max und zwei Reitpferde, die ›versehentlich‹ weder zum Militär noch von der Partei eingezogen worden waren. Dann versteckten wir den angeschmorten DKW in einer Scheune unter Strohbündeln und halfen ein wenig bei der Gartenarbeit. Erst als wir in der Veranda Kaffee tranken, rückten die Gutstöchter mit jener Frage heraus, die ihnen seit unsrer Ankunft auf den Nägeln brannte. Sie wollten wissen, wieso die Regierung, kurz vorm Zusammenbruch, Filme drehen lasse. Nicht, daß sie ihrem Jugendgespielen Eberhard den Ausflug nach Tirol mißgönnten, das keineswegs. Sie begriffen nur nicht, wozu Goebbels noch Filme brauche. Sie fanden die Sache ganz einfach unsinnig.

Eberhard gab ihnen lächelnd recht. Und dann erklärte er ihnen, wie alles zusammenhänge. Er schickte voraus, daß die Ufa nicht nur seine Expedition ins schöne Zillertal ausgerüstet habe, sondern noch eine zweite Mannschaft, die einen Film in der fotogenen Lüneburger Heide verfertigen solle. Beide Gruppen seien unterwegs. Mit Lastzügen, Apparaturen, Schauspielern, Regisseuren, Assistenten, Kameraleuten, Architekten, Aufnahmeleitern, Handwerkern jeder Art, Maskenbildnern, Beleuchtern, Requisiteuren, insgesamt mit über hundert Menschen. Voraussichtlich werde sich die Gesamtziffer noch erhöhen, da etliche Teilnehmer ihre Frauen und Kinder nachkommen lassen wollten.

Die Methode, beide Pläne durchzusetzen, sei denkbar einfach gewesen. Man habe ein paar konsequente Lügner beim Wort genommen, nichts weiter. Da der deutsche Endsieg feststehe, müßten deutsche Filme hergestellt werden. Es sei ein Teilbeweis für die unerschütterliche Zuversicht der obersten Führung. Und weil das Produktionsrisiko in den Filmateliers bei Berlin täglich wachse, müsse man Stoffe mit Außenaufnahmen bevorzugen. Was wäre den Mandarinen im Propagandaministerium anderes übriggeblieben, als energisch einzuwilligen? Wer A sage, müsse auch B sagen. Mit diesem alten Kniff hätten die kleinen Auguren die großen überlistet.

»Die Luftveränderung ist den Berlinern zu gönnen«, meinte das jüngere Fräulein Weiß. »Nur noch eine Frage: Werdet ihr den Film überhaupt drehen?« »Das ist eine Frage zuviel«, sagte Eberhard.

In der übernächsten Nacht fuhren wir, ab Pasing, mit dem Zug über Garmisch nach Innsbruck. Dort blieben wir, obwohl wir bis zum Anschluß nach Jenbach viel Zeit übrig hatten, geduldig auf dem Bahnhof. Wegen des Gepäcks. Wenn man nur noch einen Handkoffer, einen Rucksack, eine Aktentasche mit Manuskripten, eine Reiseschreibmaschine und einen gerollten Regenschirm besitzt, wird man pedantisch. Wem nur noch fünferlei gehört, der lernt bis fünf zählen, ob er mag oder nicht.

Die Monotonie des Wartens wurde, anläßlich einer Luftwarnung, durch ein seltsames Schauspiel unterbrochen. Die Sirene wirkte wie das Megaphon eines Regisseurs, der einen

Monstrefilm inszeniert. Auf ihr Kommando strömten von allen Seiten Komparsen mit Klappstühlen, Kindern, Kissen und Koffern herbei und verschwanden, in langer Polonaise, im gegenüberliegenden Berg.

Abends fuhren wir, von Jenbach aus, mit der Zillertaler Lokalbahn nach Mayrhofen hinauf. Der Fahrplan läßt sich leicht behalten. Der Zug fährt einmal täglich von Jenbach nach Mayrhofen und ebenso häufig von Mayrhofen nach Jenbach. Mayrhofen ist die Endstation, hat etwa zweitausend Einwohner und lebt, sei nun Krieg oder Frieden, nicht zuletzt vom Fremdenverkehr. Die Gegend eignet sich sowohl für Sommerfrischler, die es bei Spaziergängen und Halbtagsausflügen bewenden lassen, als auch für Touristen, denen die Erdkruste erst dreitausend Meter überm Meeresspiegel interessant wird. Die wichtigste Rolle neben den Fremden, wenn nicht die wichtigere, spielt das Vieh, das während der Fremdensaison auf hochgelegenen Almen weidet. So geraten die zweibeinigen und die vierbeinigen Sommerfrischler einander nicht ins Gehege. Die Natur ist weise, und Milch, Butter und Käse sind vorzüglich.

Zur Zeit freilich ist es mit der natürlichen Ordnung nicht weit her. Denn das Vieh ist noch nicht auf der Alm, und die Fremden sind schon im Ort. Der Krieg stiftet noch in den fernsten und schönsten Tälern Unfrieden. An der Qualität von Butter und Käse hat er nicht rütteln können. Um so kräftiger hat er am Preis gerüttelt. Der Schwarze Markt gedeiht nicht nur im Flachland. Die Tiroler sind nicht nur, wie es im Lied heißt, lustig. Sie haben auch andere Eigenschaften. Das bare Geld, das man mir am Bankschalter in Berlin aufnötigte, tut seine Dienste. Schade, daß sich das hiesige Klima nicht für den Anbau von Getreide eignet. Sonst hätten wir sogar Brot. Doch Großstädter, eher mit Bomben als mit Butter überfüttert, sind bescheiden. Sie säbeln Scheiben vom Käselaib und von der goldnen Butterkugel und belegen eins mit dem andern. Wo ein Wille ist, ist auch ein Weg.

Mayrhofen, 23. März 1945

Lottes Bahnfahrt scheint noch abenteuerlicher verlaufen zu sein als meine Autotour. Am heikelsten, und zwar lebensgefährlich, sei es in Berlin gewesen, als der Zug leer im Anhalter Bahnhof einfuhr. Lotte stand, mit ihrem fünferlei Gepäck beladen, in der vordersten Reihe, dicht am Bahnsteig. Und nun drängten die Menschen schreiend nach vorn, als brenne die Oper und sie suchten den Ausgang. Wenn ein Mann sie nicht zurückgerissen hätte, erzählte sie, dann wäre sie auf die Gleise und zwischen die rollenden Wagen gestürzt. Die Menge war von einer Panik gepackt. Man schlug Waggonfenster ein, stieß Frauen zu Boden, trampelte über sie hinweg, rutschte von den Trittbrettern, hing an den Türgriffen, und als der Zug hielt, war Lotte vom Schrecken noch so benommen, daß ihr Hasler, der Filmarchitekt, der zufällig neben sie geraten war, Raum schaffen und sie in den nächsten Wagen schieben mußte.

Über eine Stunde stand der Zug in der Halle. Erst als die Sirenen aufheulten und Luftalarm meldeten, fuhr er, mit abgeblendeten Lichtern, in die Nacht hinaus. Zunächst hockte sie auf dem Handkoffer im Gang. Später wurde sie von ein paar Unteroffizieren in ein Kurierabteil geholt und mit überdimensionalen Wurstbroten verpflegt. Auch sonst erwiesen sich die Menschenfreunde in Uniform als hilfreich. Denn der Zug hielt mehrere Male auf offener Strecke, weil Tiefflieger aufkreuzten. Dann mußten sie alle aus den Waggons springen und in Deckung gehen, bis das Signal zur Weiterfahrt durchgegeben wurde. Ohne die tatkräftige Unterstützung routinierter Krieger hätten der Elevin diese Nachtübungen bestimmt einige Sorgen bereitet. Beim ersten Alarm hatte sie sogar ihre fünf Gepäckstücke mitnehmen wollen!

Wir wohnen bei Steiners, sehr freundlichen Leuten. Er hält Vieh. Sie ist die Hebamme des Ortes. Viktoria, die Tochter, hilft im Haus. Ein Sohn ist gefallen. Der andere kämpft noch irgendwo. Die Fotografie des gefallenen Sohnes steht, schwarzumflort, in der Wohnstube. Auch die Freundlichkeit der Eltern und ihrer hübschen Tochter trägt einen Trauerflor. ›Viktl‹, wie Viktoria gerufen wird, vergißt den Kummer zuweilen. Denn ihr Bräutigam, aus Hintertux gebürtig, ist verwundet, liegt in einem Heimatlazarett und kommt als Krieger nicht mehr in Betracht. Wenn wir in der warmen Stube sitzen und Rundfunknachrichten hören, leistet uns Frau Steiner schweigend Gesellschaft. Die Fotografie des Gefallenen ist nicht der einzige Zimmerschmuck. An den Wänden hängen, einander gegenüber, ein geschnitztes Kruzifix und ein buntes Hitlerbild.

Eberhard hat seine Schäfchen beisammen und die Apparaturen auch. Harald Braun ist der Regisseur. Er hat die Frau und den Sohn mitgebracht. Kyrath, der nette Kerl mit dem Hörapparat, fungiert als Produktionsassistent. Seine Braut, die ihn begleitet, ist Halbjüdin. Vom Architekten Hasler war schon die Rede. Baberske wird an der Kamera stehen. Herbert Witt, der lustige Mitstreiter aus der ›Katakombe‹ und dem ›Tingeltangel‹, den verstorbenen Berliner Kabaretts, korrigiert, im Hinblick auf Landschaftsmotive, das Drehbuch, wenn er nicht gerade, denn er ist enragierter Rohköstler, über die Wiesen schreitet und Nahrung pflückt. Die Besprechungen des Filmgeneralstabs finden teils im Gasthof ›Brücke‹, teils beim Moigg, im ›Hotel Neuhaus‹, statt. Dort essen wir auch zu Mittag, mehr schlecht als recht, und überhaupt nur, weil Eberhard die Wirtsleute kennt und ein wenig tyrannisieren darf.
 Als Hauptdarsteller stehen Hannelore Schroth und Ulrich Haupt zur Verfügung. Ihr Stichwort ist noch nicht gefallen. Mittags liegen sie auf dem Balkon und nehmen Sonnenbäder. Die Handwerker und Beleuchter spielen Skat, lassen sich vom Maskenbildner Schramm die Haare schneiden, untersuchen den Ort und die Gegend mit dem nötigen Scharfblick und fangen an, sich in den Schwarzhandel einzuschalten. Alle miteinander wissen, daß ich nicht zum Team gehöre, sondern von der Spree bis zum Ziller als ›Unterseeboot‹ mitgefahren bin. Niemand läßt sich etwas anmerken. Keiner verliert ein Wort darüber. Ich stehe auf ihrer Liste, das genügt, basta. Vorhin habe ich zum ersten Mal den Titel des Films gehört. ›Das verlorene Gesicht‹ soll er heißen. Ein hübscher Einfall.

Daß uns der Großteil der Einheimischen nicht eben gewogen ist, läßt sich mit Händen greifen, und die Aversion läßt sich verstehen. Wer vom Fremdenverkehr lebt, kann die Fremden nicht leiden, damit fängt es an. Sie benutzen seine Stuben, seine Höhenluft, seine Panoramen, seinen Sonnenschein, seine Toilette und seine Wiesenblumen, es muß ihn ärgern. Weil diese Tagediebe Eintrittsgeld, Pachtgebühr und Sporteln bezahlen, muß er seinen Widerwillen zu verbergen trachten, und das macht die Sache noch schlimmer. Wenn sie, statt selber zu erscheinen, die Gelder per Post überwiesen, wäre Eintracht möglich. Doch sie kommen, als Anhängsel ihrer Brieftaschen, persönlich, und das geht ein bißchen weit.

Daß die Fremden, wie der Name sagt, Fremde sind, wäre Ärgernis genug. Aber es sind zumeist Großstädter, vielleicht sogar Berliner, vorlaut und überheblich, fürs schlichte Bauernherz das reinste Gift. Heute mehr denn je. Sie wollen, als Reichsdeutsche, ganz einfach nicht begreifen, daß die Tiroler, also die Österreicher, nach 1933 mit der liberalen Welt und deren Presse noch fünf Jahre lang in engem Kontakt, d. h. sehenden Auges, 1938 dem Hitler zujubeln konnten. Jetzt, 1945, begreifen es die ›Ostmärker‹ selber nicht mehr. Und was fangen sie mit ihrem sträflichen und irreparablen Irrtum an? Sie nehmen ihn uns übel. Nicht sie sind schuld, daß sie den Krieg mitverlieren und daß ihre Söhne mitfallen, sondern wir.

Und was tun wir mitten im Untergang, auch dem ihrigen, was tun wir, statt sie an der Neiße und am Scharmützelsee und in Schlachtensee zu verteidigen? Wir kommen, eine Kabinettsorder vorzeigend, in ihre Bergwelt und drehen einen Film! Eine solche Unverfrorenheit verschlägt ihnen den Atem. Der Großteil der Hiesigen ist uns nicht gewogen? Er haßt uns! Und es ist ein ohnmächtiger Haß. Denn unsere Frivolität ist unangreifbar. Die Obrigkeit hat sie uns aufgetragen. Sie hat sie verbrieft und gesiegelt.

Es gibt einen einzigen schwachen Punkt, wo sich der Hebel gegen uns ansetzen ließe, und der schwache Punkt ist meine Person. Ein kurzes Telefongespräch mit dem Propagandaministerium oder auch nur mit dessen Innsbrucker Filiale würde ausreichen, Eberhards gewagtes Spiel zu durchkreuzen. Wir können nur hoffen, daß die örtlichen Amts- und Würdenträger meinen Namen niemals gehört oder längst wieder vergessen haben. Beide Fälle sind denkbar, und der zweite Fall wäre so vorteilhaft wie der erste. Wenn ein Schriftsteller lange genug verboten ist, vergessen die Leute mit dem Namen auch das Verbot. Wer hier oben weiß, wer ich bin? Und daß ich geblieben bin, wer ich war? Drei Männer aus dem Ort wissen es, ein Arzt, ein Architekt, der Besitzer einer Sägemühle und sechzig Berliner. Sie wissen auch, daß ich ihre Achillesferse bin. Sie lassen es mich nicht fühlen. Dadurch wird das Vergnügen, die Achillesferse von sechzig Berlinern zu sein, nicht größer.

In den meisten Hotels wohnen, von der ebnen Erde bis unters Dach, junge Mädchen. Es sind die Schülerinnen der Lehrerinnenbildungsanstalten Österreichs. Man hat sie nach Mayrhofen umgesiedelt, da hier ihr Leben und der kontinuierliche Unterricht weniger gefährdet sind als in den Städten. Sie sonnen sich auf den Balkons. Sie stehen in den Glasveranden an der Wandtafel. Sie üben Chorgesang und Zitherspiel. Die Ältesten machen in der Gaststube das schriftliche und mündliche Schlußexamen. Der Direktorin wird nachgesagt, daß sie eiserne Disziplin halte, zu den ›alten Kämpfern‹ und zum engsten Freundeskreis des Tiroler Gauleiters Hofer gehöre und daß sie nahezu nichts unversucht gelassen habe, die Einquartierung der Berliner Filmleute zu hintertreiben. Daß ihr das mißlungen sei, habe sie erst recht zu unserer Feindin gemacht. Was wird sie tun? Wird sie in Innsbruck Lärm schlagen? Oder in Bozen, wo sich Hofer neuerdings aufzuhalten pflegt?

Heute mittag hatten wir, bei strahlendem Sonnenschein, Alarm. Da das Elektrizitätswerk gerade Strom sparte, rannte ein Mann mit einer jaulenden Handsirene, einer Art Kinderspielzeug, durch die Straßen und jagte, wie ein vom Blutrausch besessener Amokläufer, die erstaunten Berliner in die umliegenden Hausflure. Viele traten nur, wie bei einem Platzregen, unter die vorspringenden Dächer. Und kaum war er um die Ecke, standen sie wieder mitten auf der Straße. Wenige Minuten später tauchten, im Süden, kleinere Bomberverbände über den Schneebergen auf und flogen, blitzend und in Paradeformation, am blauen Himmel über unsere Köpfe hinweg. Die Berliner unterhielten sich, als alte Routiniers, über englische und amerikanische Bombertypen. Aus weiter Ferne hörten wir Detonationen. Da die deutschen Truppen in Norditalien zurückgehen, bombardiert man planmäßig die Brücken über den Inn und wichtige Eisenbahnknotenpunkte wie Wörgl.

Während wir auf der Straße herumstanden, erzählte uns eine Frau von Spiegel aus Frankfurt an der Oder, was sie dort während ihrer Hilfstätigkeit bei der ›Volksopfer‹ genannten Kleidersammlung erlebt hat. Diese Sammlung für Flüchtlinge und Ausgebombte war sehr ergiebig gewesen. Die Bevölkerung hatte tief in die Schränke gegriffen, und die Magazine und Turnhallen hatten sich keineswegs mit Schund und Lumpen, sondern mit noch recht ansehnlichen Mänteln, Anzügen und Kleidern gefüllt. Es wäre ein leichtes gewesen, die abgerissenen Kreaturen in den Durchgangslagern menschenwürdig herzurichten und dadurch ihren Lebensmut zu festigen. Doch bevor die Sachen verschickt und verteilt wurden, griffen die Amtsleiter und andere Schildbürger ein und machten die Aktion zur Farce. Sie zerstörten den Sinn durch Ordnung. Man scheute keine Mühe. Die Anzüge, zum Beispiel, ließ man säuberlich sortieren und die Hosen, Jacketts und Westen getrennt stapeln, und bereits mit dieser Maßnahme war der Plan ruiniert. Denn jetzt konnte man den zahlreichen Verteilungsstellen zwar Waggons und Lastwagen mit Hosen, Jacketts und Westen schicken, aber keinem Bedürftigen einen kompletten Anzug. Diesem Narrenstreich folgte der zweite. Die Kleidungsstücke wurden samt und sonders, unter Inanspruchnahme vieler weiblicher Hilfskräfte, geplättet und gebügelt und anschließend, um das Transportvolumen zu vermindern, in riesige Säcke gestampft. Schilda an der Oder!

Unter den Flüchtlingen, die in Mayrhofen Fuß gefaßt haben, befinden sich nicht wenige Standespersonen. Die Frau Wirtin der ›Neuen Post‹ verköstigt Barone, Baronessen, Gräfinnen, Grafen, ja sogar Fürsten in einem Extrazimmer, und sie zeigt sich außerordentlich ungehalten, wenn ein bürgerliches Subjekt, da es sonst keinen freien Stuhl findet, an einer der Ahnentafeln Platz nimmt.

Mayrhofen, 25. März 1945

Als wir gestern abend bei Steiners in der Wohnstube saßen, kamen der Bürgermeister und der Ortsgruppenleiter ins Haus. Der Ortsgruppenleiter blickte ins Zimmer und winkte Viktl, der Tochter, mit dem Kopf. Sie lief in den Flur und fing plötzlich an, fistelhoch und auf ein und demselben Ton, wie ein Hund zu heulen. Da hielt die Mutter, die starr auf dem Sofa gesessen hatte, die Hand vors Gesicht, als wolle sie einen Schlag abwehren. Dann murmelte sie: »Hansl, mein Hanseli!« und nun begann auch sie, wie ein Tier aufzuheulen.

Wir traten vor die Haustür und hörten die Frauen schreien. Mit Weinen hatte ihre Klage nichts zu tun. Es klang gräßlich und wie in einer Irrenanstalt. Was geschehen war, bedurfte keiner Erklärung. Steiners zweiter und letzter Sohn war gefallen.

Was dann folgte, weiß ich nur vom Hörensagen. Der Vater erlitt einen Herzanfall. Die Mutter riß das Hitlerbild von der Wand. Sie wollte es zertreten und in den Garten hinauswerfen. Später machte sie zweimal den Versuch, durch die Hintertür in die Nacht zu rennen. Beide Male wurde sie gepackt und zurückgehalten.

Heute früh hing das Hitlerbild wieder an der Wand. Und vor Hansl Steiners schwarzumrahmter Fotografie, nicht weit von der des Bruders, stand ein Teller mit Gebackenem. Der Schmerz der, wie man so sagt, einfachen Leuten ist komplizierter als unsere Art zu trauern. Er ist reichhaltiger. Er wird, ohne daß es ihn minderte, durch realistische Klagen ungescheut ergänzt. »Deswegen hat man sie mit soviel Mühe und Kosten aufgezogen«, heißt es unter Tränen. »Nun sind wir wieder ganz allein«, sagt die Mutter. Und der Vater klagt: »Jetzt hilft mir keiner mehr bei der Arbeit auf der Alm!« Auch dieser Kummer ist tief und echt und herzzerreißend.

Der Wehrmachtsbericht meldet schwere Panzerverluste der Russen bei Küstrin, einen Terrorangriff bei Tag auf Berlin und den Absprung feindlicher Fallschirmjägerregimenter hinter unserer Westfront. Das wichtigste Gesprächsthema ist das Gerücht, daß wir demnächst noch weniger Brot zugeteilt erhielten als bisher. Die Besorgnis ist, trotz Butter und Käse, nicht unverständlich. Wer es nicht am eignen Leib erlebt, wird es nicht glauben.

Mayrhofen, 26. März 1945
Die Augen der alten Steiners sind vom Weinen rot, und die Augenränder sind vom Salz der Tränen so entzündet, daß Lotte aus dem Rucksack eine Tube mit Wundsalbe hervorgekramt hat. Die beiden sitzen erschöpft auf dem Sofa, haben leere Gesichter und starren aus fettverklebten Augen vor sich hin.

Mayrhofen, 28. März 1945
Die Amerikaner sind in wenigen Tagen vom Rhein bis nach Gießen, Limburg, Würzburg und in den Spessart durchgebrochen. Der Rundfunk hat die Ereignisse nicht erläutert, sondern nur mitgeteilt. Immerhin liegt der Schluß nahe, daß ganze Armeekorps den Kampf eingestellt und sich ergeben haben.

Die Hörer werden davor gewarnt, dem Sender Frankfurt am Main Glauben zu schenken. Der Feind gäbe eigne Meinungen als Ansichten deutscher Heeres- und Parteiprominenz aus. An den Verlautbarungen sei kein wahres Wort. (Eine etwas umständliche Methode, uns mitzuteilen, daß Frankfurt am Main von den Engländern besetzt worden ist.)

Mayrhofen, 3. April 1945
Die Russen stehen in Baden bei Wien und in Danzig, die Engländer in Bielefeld, Kassel und Heidelberg sowie vor Würzburg und Eisenach. Auch der Fall Frankfurts am Main wurde, diesmal unverblümt, zugegeben.

Der Krieg im Äther wird zum Guerillakrieg, unübersichtlich und täglich rüder. Die Eroberer greifen auf deutschen Wellen und in deutscher Sprache in den Kampf ein. Und seit vorgestern stemmt sich der Werwolf-Sender gegen den nahenden Untergang. Er scheut vor keiner Hetzparole zurück. Er stempelt Kinder zu Helden, weil sie Handgranaten aus den Fenstern geworfen haben. Und den deutschen Frauen und Mädchen sind ehrenvolle Fensterplätze zugedacht. Man fordert sie, auf Betreiben Himmlers und übrigens auch in den Zeitungen, zum Heroismus auf und empfiehlt ihnen, die einmarschierenden Feinde mit kochendem Wasser zu begießen. Man kommentiert den Vorschlag einer russischen Krankenschwester, stramme deutsche Mädchen zu sowjetischen ›Staatsmüttern‹ zu machen, mit der Bemerkung, sie seien ›als Matratzen für die russischen Untiere‹ vorgesehen. Diesen Kommentar hörten wir im Gasthof ›Neuhaus‹ gemeinsam mit einer Schar halbflügger Seminaristinnen. Sie saßen rund um den Radioapparat und kicherten, als läse ihnen, nachts im Schlafsaal, ein nackter Mann aus ›Josefine Mutzenbacher‹ vor.

Sehr stolz ist man darauf, daß man in Aachen den Bürgermeister meuchlings umgelegt hat, weil er mit der Besatzungsbehörde verhandelte. Was sonst hätte er denn, zum Nutzen der Bevölkerung, tun sollen? Hätte er den Schulkindern Handgranaten und den Frauen Eimer für heißes Wasser zuteilen sollen? Die Ludendorffs verlieren unsere Kriege, und die Erzbergers verlieren ihr Leben.

Mayrhofen, 7. April 1945
Gestern früh humpelte der alte Gemeindediener von Haus zu Haus und stellte, gegen persönliche Unterschrift, jedem männlichen Mitglied der Ufa-Expedition die amtliche Aufforderung zu, sich unverzüglich, nämlich heute, zu einem vierwöchigen Standschützenkursus nach Gossensaß zu begeben! Dem hinkenden Boten war an der Nasenspitze anzusehen, wie aufrichtig er sich über unsere langen Gesichter freute. Berliner, ob nun geborene oder gelernte, sind bekanntlich nicht leicht zu ver-

blüffen, aber diesmal waren wir perplex, es läßt sich nicht leugnen. Daß man uns zum Teufel wünscht, haben wir vom ersten Tag an gespürt. Daß man es bei dem frommen Wunsch beließe, war nicht zu erwarten. Aber daß man so weit gehen würde, Berliner Filmhasen in Tiroler Standschützen umzuarbeiten, übertraf das Vermutbare.

Der Einfall verrät Phantasie und verdient Bewunderung. Er paart Bauernschläue mit dem Wunsch, uns zu provozieren. Es ist ein Schuß aus dem Hinterhalt, doch mit einem Schuß Courage. Denn wenn man uns in Kasernen hinterm Brenner schickt, ärgert man nicht nur ein paar Dutzend Berliner, sondern auch deren Auftraggeber, den Schutzherrn des deutschen Films, und das ist immerhin der Reichspropagandaminister. Glaubt man hier oben allen Ernstes, daß wir, ohne uns zu wehren, die Zahnbürsten einpacken und uns in Gossensaß ›zur Stelle melden‹ werden? So schnell, meine Herren Tiroler, schießen die Preußen nicht!

Eberhard fuhr mit Harald Braun und Uli Haupt umgehend nach Schwaz. Dort sprachen sie mit dem Landrat und mit dem Kreisleiter. Und von dort aus telefonierten sie, da der Gauleiter in Bozen weilte, mit dessen Stellvertreter in Innsbruck. Es ging ihnen zunächst um Zeitgewinn. Man könne, erklärten sie, die kostbaren Filmapparate, für die das Team die Verantwortung trage, nur dann im Stich lassen, wenn die Gauleitung, schriftlich und sachlich, die Verantwortung übernähme. Das Resultat? Drei Tage Aufschub.

Das ist besser als nichts. Die Apparaturen sollen bis dahin sachgemäß verpackt und in Obhut gegeben werden. Eberhard ist, von Schwaz aus, sofort nach München weitergefahren, um mit Berlin zu telefonieren. Daß sich Goebbels den Tiroler Fußtritt mitten in sein Prestige gefallen lassen wird, ist unwahrscheinlich. Es dreht sich nur darum, ob die Telefonverbindung zwischen München und Berlin noch funktioniert. In drei Tagen werden wir's wissen. Es geht zu wie in Schillers ›Bürgschaft‹.

Den Gesprächen zwischen unseren Berlinern läßt sich jedenfalls entnehmen, daß sie nicht im Traum daran denken, unfreiwillige Tiroler zu werden. Lieber wollen sie hier, statt einzurücken, bei Nacht und Nebel ausrücken und versuchen, sich nach Berlin durchzuschlagen. Einer der Handwerker sagte entrüstet: »Wat denn! Wir als Wacht am Rhein, und ausjerechnet am Brenner? Det wär ja noch scheener! Volkssturm und keene Jewehre, det jibt et ooch in Halensee!«

Seit Tagen treffen Wiener Flüchtlinge ein. Preßburg und Wiener Neustadt sind in russischer Hand. In einzelnen Wiener Vorstädten werde noch gekämpft. Baldur von Schirach sei getürmt, aber unterwegs verhaftet worden. Und Himmler befinde sich an der Schweizer Grenze, um die dort angestaute Parteiprominenz festnehmen zu lassen.

Mayrhofen, 8. April 1945
Eberhard ist noch nicht zurück. Uli Haupt hat sich nach Kitzbühel aufgemacht. Er kennt, wohl vom Wintersport her, den dortigen Kreisleiter und wird versuchen, ihm solange um den Bart zu gehen, bis der Mann bei seinen Kumpanen in Innsbruck interveniert. In der Not frißt der Teufel Fliegen.

Auch Harald Braun war nicht müßig. Gestern abend startete er im hiesigen Kino die Welt-Uraufführung des Films ›Via Mala‹, et tout le village était présent. Denn die Außenaufnahmen wurden im Vorjahr in und bei Mayrhofen gedreht, und so mancher Einwohner hatte, gegen ein kleines Entgelt, als Komparse mitgewirkt. Nun war man gekommen, um das Dorf, die Gegend und sich selber auf der Leinwand wiederzusehen. Das bot Harald Braun die Gelegenheit zu einer festlichen Ansprache. Er entpuppte sich als Minnesänger des Zillertals. Er pries die malerische Landschaft und die kunstsinnige Bevölkerung, das fürstliche Wohlwollen des Bürgermeister, der Hoteliers und sogar des Ortsgruppenleiters. Er überschüttete das knorrige Auditorium mit Superlativen, daß differenziertere Menschen daran erstickt wären. Er schlug sie mit seiner Schlagsahne halbtot, und sie blühten auf. Die Rede war eine Meisterleistung, und wir wußten nicht, wo wir, ohne die Stimmung zu beeinträchtigen, hinsehen sollten.

Brauns hymnische Variationen über das Thema ›O du mein Zillertal!‹ werden nicht vergeblich erklungen sein. Um so weniger, als man, nach neuesten Informationen, sowieso etwas kürzer tritt. Wir sollen uns am Dienstag in Schwaz melden und dort zunächst einmal, auf unsere kriegerische Tauglichkeit hin, ärztlich untersuchen lassen. Das klingt schon ein wenig manierlicher.

Die Amerikaner stehen in Hildesheim und Crailsheim. Die Russen in den Wiener Vorstädten und in St. Pölten. Unsere Flieger haben gestern, laut Wehrmachtsbericht, über Norddeutschland ›eine Menge‹ feindlicher Flugzeuge abgeschossen.

Noch im 18. Jahrhundert fanden die Kriege nur im Sommer statt. In der härteren Jahreszeit bezog man Winterlager und verschob die Fortsetzung aufs Frühjahr. Es waren Saisonkriege. Im 19. Jahrhundert nahm man auf die Jahreszeiten keine Rücksicht mehr. Die räumliche Begrenzung erwies sich als dauerhafter. Der Vernichtungskampf beschränkte sich, bis in den Ersten Weltkrieg hinein, auf die jeweilige Frontlinie und das nächstliegende Hinterland. Es waren Frontkriege. Auch diese Einschränkung ist beseitigt worden. Flugzeuge und weittragende Geschosse haben den Begriff der Front ausgelöscht.
Der jetzige Krieg findet immer und überall statt. Zu den Opfern der Schlachten haben sich die Schlachtopfer gesellt. Es gibt keine Zivilpersonen mehr. Noch der Säugling ist ein unbewaffneter Soldat. Und zahllose Fronturlauber, die während schwerer Luftangriffe, wehrlos wie ihre Frauen und Kinder, in den Kellern der Großstädte das Lotteriespiel über ihren Köpfen, die Große Ziehung, abwarten mußten, hatten nur einen Wunsch: ›Hinaus, und zurück zur Truppe!‹ Der moderne Krieg, diese letzte Errungenschaft des 20. Jahrhunderts, heißt: Der totale Krieg.

Auch nach einem totalen Krieg gibt es Sieger und Besiegte. Und der Sieger wird, wie in alten Zeiten, Forderungen stellen. Ich sehe von Zusicherungen ideeller Art ab und denke an ökonomische Ansprüche, nachträgliche Kontributionen, wirtschaftlichen Schadenersatz. Woran kann sich, nach einem solchen Schlachtfest, der nominelle und sogar moralische Sieger schadlos halten?

Roosevelt hat, las ich, ausdrücklich erklärt, daß die Vereinigten Staaten diesmal nicht an pekuniäre Leistungen dächten. Er hat also die Zeit nach 1918 nicht vergessen. Geld kann man vom Besiegten nur dann eintreiben, wenn man es ihm, unter welcher Klausel auch immer, zunächst einmal borgt. Das ist ein schlechtes Geschäft. Der amerikanische Präsident hat mitgeteilt, er denke an Sachlieferungen, und damit kann er eigentlich nur die Ratenzahlung von Rohstoffen wie Kohle und Eisen meinen. Er hat die Zeit nach 1918 also doch vergessen. Weswegen kam es denn damals in den englischen Kohlenrevieren zu Aussperrungen und Streiks, zu Lohndruck, Arbeitslosigkeit und Notstand? Wegen der deutschen Reparationskohle!

Was außer Geld, das uns der Sieger erst leihen müßte, und außer Rohstoffen, die er selbst besitzt und abbauen muß, können wir ihm bieten? Billige Arbeitskräfte? Er wird sich hüten. Denn er muß seine eignen Rüstungsarbeiter und die heimkehrenden Armeen in die langsam anlaufende normale Wirtschaft zurückgliedern! Sollen sie sich, als arbeitslose Paschas, an deutschen Gratiskohlen wärmen, während deutsche Importarbeiter die amerikanischen Hochöfen anblasen und deutsches Eisen verhütten?

Außerdem heißt die Frage ja nicht nur: Was kann man dem Besiegten, ohne die nationale Wirtschaft zu gefährden, wegnehmen? Sie lautet zugleich: Was muß man ihm, wenn die internationale Wirtschaft funktionieren soll, lassen? Einen totalen Krieg zu gewinnen, ist schwer genug. Den Frieden zu gewinnen, dürfte noch viel schwieriger sein. Der Neugierde der Überlebenden sind keine Grenzen gesetzt.

Mayrhofen, 9. April 1945

Heute feiert Mama ihren 74. Geburtstag. Feiert? Ich möchte nicht wissen, wie ihr zumute ist. Und ich brauche es nicht zu wissen. Denn ich weiß es.

Gestern abend kursierte das Gerücht, wir brauchten, falls keine neuen Weisungen einträfen, am Dienstag nicht nach Schwaz zu fahren. Die ärztliche Untersuchung werde neu anberaumt. Heute mittag hieß es gar, die gesamte Einberufung beruhe auf einem Versehen. Der Tiroler Gauleiter Hofer, von Haus aus Radiohändler, nebenberuflich oberster General der Standschützen, habe mitteilen lassen, das Ufa-Team unterstünde nach wie vor dem ›Berliner Gauleiter‹! Man habe sich geradezu entschuldigt! Wer sich bei wem entschuldigt haben soll oder könnte, weiß kein Mensch. Gerüchte sind zollfrei. Und Skepsis bleibt wärmstens anempfohlen.

Sollte an den Gerüchten etwas Wahres sein, bliebe noch ungewiß, wem wir die Protektion zu verdanken haben. Harald Brauns Regieassistent behauptet, der Wohltäter sei Harald Brauns Regieassistent. Warum auch nicht. Der hoffnungsvolle junge Mann kennt eine hoffnungsvolle junge Dame, die den Herrn Gauhauptmann kennt, der, logischerweise, den Herrn Gauleiter kennt. So könnte unser Fall zwischen der jungen Dame, die der Regieassistent kennt, und dem Gauhauptmann, der die junge Dame kennt, besprochen worden sein, und dieser könnte seine Kenntnisse dem Gauleiter, den er kennt, zur Kenntnis gebracht haben! Vielleicht. Es wäre nicht das erste Mal, daß hoffnungsvolle junge Damen auf zornige Tyrannen mäßigend eingewirkt hätten. Warum nicht in Tirol? Uns wäre es recht. Der Zweck heiligt die Mittel. Auch die Schlafmittel.

Heute waren wir mit Rauter, dem Architekten, ein paar Stunden über Land. Er führte uns durch einige Dörfer und erläuterte den Zillertaler Stil an markanten Beispielen. Auffällig ist, daß die Bauern Wohnhaus, Stall, Scheune und Backofen voneinander getrennt und in einem ungeordneten Haufen errichten und daß ihr ›Gärtchen‹ irgendwo mitten in der Wiese, eingezäunt, herumsteht, halbverloren und wie vergessen. Es gibt noch Küchen mit offenen Feuerstellen, und das Rauchfleisch und der Speck hängen dutzendweise an der Decke. Eigentümlich, und lustig dazu, wirkte in einer der Kammern, genau überm Ehebett, eine Schiebeklappe, die der Kommunikation mit der Kammer darüber dient, dem Schlafraum der Alten.

   Das Mobiliar ist geringfügig und der Stil, etwa mit dem des Montafon verglichen, dürftig. Doch auch diese künstlerisch unbeträchtlichen Bauernmöbel haben die Aufkäufer den Besitzern abgegaunert. Sie kamen mit Lastwagen voller fabrikneuer Schundschränke, Tische, Stühle und Kommoden auf die Höfe, ließen das moderne Gerümpel hier und fuhren mit den alten Bauernmöbeln auf und davon. Das Ärgste ist, daß der miserable Tausch die Bauern glücklich machte. Sie fühlten sich nicht begaunert, sondern bereichert.

Eine amerikanische Armee marschiert, vom Rhein her, die Weser aufwärts und scheint Bremen anzusteuern. In einem Salzbergwerk bei Mühlhausen in Thüringen sollen die Amerikaner, heißt es, den deutschen Goldschatz gefunden haben. Und in Wien, wo gekämpft wird, sei Sepp Dietrich ermordet worden. Seit Freitag ist aus Berlin keine Post eingetroffen. Das ist kein Gerücht.

Mayrhofen, 11. April 1945

Gestern kam der Ortsgruppenleiter, Niederwieser heißt der Mann, mit einem Gendarmen bewaffnet zu Kyrath und erklärte, er habe aus Schwaz den dienstlichen Auftrag erhalten, uns alle zu verhaften, weil wir nicht zur Musterung erschienen seien. Auch am Abend vorher hatte ihn die Kreisleitung mit einem Auftrag versehen. Er möge sich, früh um 5 Uhr, zum Bahnhof verfügen und nachschauen, ob die Berliner auch ganz gewiß in die Kleinbahn stiegen. Niederwieser war, samt seinem Gendarmen, sehr aufgeregt. Kyrath, dessen Schwerhörigkeit, trotz Hörapparat, Unterhaltungen sehr spannend gestaltet, gelang es, die beiden bis zu einem gewissen Grade davon zu überzeugen, daß der Befehl, uns einzusperren, auf einem Irrtum beruhen müsse. Es könne sich nur um eine mangelhafte Verständigung zwischen Gau- und Kreisleitung handeln. Die Angst, es mit der Gauleitung zu verderben, machte den Ortsgruppenleiter wankelmütig. Er will sich in Innsbruck erkundigen. Und so sitzen wir noch nicht hinter Tiroler Gardinen. ›In den Bergen ist Freiheit.‹ Büchmann weiß alles.

Ich beschäftige mich wieder einmal mit Nietzsche, anhand zweier Kröner-Auswahlbände. ›Dem bösen Menschen das gute Gewissen zurückgeben – ist das mein unwillkürliches Bemühen gewesen? Und zwar dem bösen Menschen, insofern er der starke Mensch ist?‹ Welch unheimliche Frage Nietzsches an sich selbst, und fast schon die Antwort!

Die genauere Antwort, so unheimlich wie seine Frage, hat nun die Geschichte erteilt, und er kann von Glück sagen, daß er sie nicht mehr hören mußte. Hätte er, wie seine literarischen Nachbeter und Nachtreter, die Stirn, von einem schauderhaften Mißverständnis zu reden? Niemals. Er wüßte, daß zum Mißverständnis zwei gehören, nicht nur der Mißverstehende, sondern auch der Mißverstandene. Er wüßte es, und er wußte es. Sonst hätte er sich nicht jene schreckliche Frage gestellt.
  Indem er die großen Verbrecher der Geschichte verherrlichte, spornte er die kleinen Schurken und Schufte der Zukunft an, große Verbrecher zu werden. Er redete ihnen nicht nur ihr schlechtes Gewissen aus. Er riet ihnen nicht nur, die Stimme des Gewissens für Aberglauben und Bauchrednerei zu halten. Sondern er gab ihnen ›das gute Gewissen zurück‹. Der Weg zur Macht, den er pries, verlief keineswegs, ›jenseits von Gut und Böse‹, im moralischen Niemandsland. Er ernannte das Böse zum Guten!
  Der Pastorensohn konnte nicht ohne Kirche leben. Er ließ das Gebäude stehen, wechselte die Altardecken und ersetzte Christus durch Cesare Borgia. Der ›gemäßigte‹ Mensch erschien ihm ›mittelmäßig‹. Er mußte anbeten, und so betete er das ›blühende Tier‹ an. Es genügte ihm nicht, die alten falschen Gesetzestafeln (›Jeder jedermanns Krankenpfleger!‹) mit dem

Hammer seiner Sprache zu zertrümmern. ›Zwei Jahrtausende beinahe und nicht ein einziger neuer Gott!‹ rief er aus und schuf neue falsche Tafeln. Er erhob Darwins Zoologie zur Religion. Er war kein Philosoph, sondern ein Konvertit. ›Es wird Kriege geben, wie es noch keine gab. Erst von mir an gibt es auf Erden große Politik.‹ Ruhelos wie eine Nymphomanin schrie er nach Barbaren. ›Ich bin bei weitem der furchtbarste Mensch, den es bisher gegeben hat.‹ Daß Nietzsche krank war, ist sein Verhängnis. Uns wurde zum Verhängnis, daß Bücher anstecken können.

Mayrhofen, 12. April 1945
Gestern hat, in Schwaz, eine Rücksprache mit dem Kreisleiter stattgefunden. Das Ergebnis läßt sich hören. Man will uns weder ins Gefängnis sperren noch in Uniformen stecken. Statt dessen sollen wir, vorzüglich an Regentagen, den Einwohnern bei der Feldbestellung helfen. Und warum, wenn es regnet? Weil man dann nicht filmen kann. Es grenzt an Courtoisie. Außerdem will man, mit Hilfe unserer Schauspieler, in den umliegenden Lazaretten Unterhaltungsabende organisieren, an denen auch Willy Birgel aus Kitzbühel und Hans Moser aus Zell am Ziller mitwirken werden. O wie gut, daß niemand weiß, daß ich Rumpelstilzchen heiß!

Königsberg ist gefallen. Der Kommandant ist zum Tode verurteilt worden, weil er seine ›Festung‹ ohne Genehmigung des Oberkommandos der Wehrmacht übergeben hat. Im Anschluß an den Wehrmachtsbericht wurde allen Kommandanten noch nicht in Feindeshand befindlicher Städte bei Todesstrafe untersagt, ohne ausdrückliche Ermächtigung des Oberkommandos zu kapitulieren. Sonst? Die amerikanischen Panzer stehen in Braunschweig, belagern Erfurt und stoßen ›südöstlich von Würzburg‹ vor. In Wien wird am Donaukanal gekämpft. Im hiesigen Postamt sind heute weder Briefschaften noch Zeitungen eingetroffen.

Mayrhofen, 17. April 1945

Roosevelt ist tot. Er starb, während er porträtiert wurde, an einem Gehirnschlag. Er starb am 12. April. Am Donnerstag. (Nicht am Freitag, dem Dreizehnten.)

Der Gauleiter Hofer, wird gemunkelt, sei in Bozen bei einem Attentat leicht verwundet worden. Und der Pistolenschütze stamme aus Hofers Gefolge.

Die Elbe ist bei Magdeburg und Wittenberge überschritten worden. Die fragile Wespentaille zwischen Nord- und Süddeutschland wird von zwei kräftigen Händen umspannt, einer amerikanischen Hand und einer russischen. Die Engländer marschieren auf Hamburg, Bremen wird belagert. Sonst? In Halle an der Saale wird gekämpft. Panzerspitzen nähern sich Chemnitz. Wien scheint gefallen zu sein.

Täglich tauchen Lastautos und Postomnibusse mit Flüchtlingen auf. Alle wollen bleiben. Alle werden weitergeschickt. Mayrhofen ist überfüllt. Die Gemeinde erteilt keine Aufenthaltsgenehmigungen mehr, es sei denn ... Es sei denn, man wäre ein ungarischer Großindustrieller, womöglich der Bruder eines Horthy-Ministers, zöge zehntausend Reichsmark aus der Westentasche und fragte den Bürgermeister leichthin, ob der Betrag genüge. Die Gemeindekasse tat einen Luftsprung, und der splendide Herr mit dem schönen grauen Vollbart durfte, samt Familie, bleiben. Die Familie besteht aus einer Tochter, einer Schwiegertochter, einem Sohn und einem Schwiegersohn.

Beim Anblick der fünf aus Budapest käme man, wenn man es nicht wüßte, nie auf den Gedanken, daß sie, um bleiben zu dürfen, auch noch Eintritt bezahlt haben. Man dächte viel eher, so unzeitgemäß die Vermutung wäre, daß sie der Verschönerungsverein von Mayrhofen für teures Geld zum Bleiben bewogen habe!

Seit sie hier sind, hat sich der Ort verändert. Die zwei Frauen sind schön, elegant, dezent und so gepflegt, als gingen sie täglich zu Antoine. Die jungen Herren sind, in Manier und Kleidung, Männer von Welt. Beim Anblick ihrer Chaussure stöhnte mein letztes Paar Jakoby-Schuhe, aus klaffenden Sohlen, gequält auf. Und der Alte mit dem imposanten Barte hieß schon am zweiten Tag ›der Patriarch‹. Fünf Menschen haben, ohne es zu wollen, das Dorf verwandelt. In der Luft schwebt ein Hauch Parfüm. In ein paar hundert müdgewordnen Augen zwinkert Wohlgefallen. Erinnerungen an versunkene und verschüttete Zeiten werden wach und räkeln sich. Luxus, Eleganz, Komfort, Kosmetik, Fluidum, lauter Fremdwörter und lauter Plusquamperfekta! Die ungarische Familie scheint aus einem Märchenbuch zu stammen, das verbrannt ist. ›Es war einmal!‹ stand auf dem Umschlag. Märchenhaft und doch ganz und gar lebendig spazieren die fünf an uns vorüber. Wir bleiben stehen, es geht nicht anders, und blicken ihnen nach. Sind wir in der Rue St-Honoré oder an der Place Vendôme? Gehen sie ins Ritz? Wir müssen lächeln. Paris liegt in der Luft. Paris liegt am Ziller.

Der Patriarch sitzt täglich etliche Stunden im ›idyllisch gelegenen‹ Waldcafé, hat eine auffällig altmodische Kladde vor sich liegen und rechnet. Wenn er nachdenkt, streicht er sich den soignierten Bart. Worüber denkt er nach? Was bedeuten seine Zahlenkolonnen? Addiert er das Familienvermögen? Die im Koffer mitgebrachten Banknoten, den Schmuck in den Kassetten und den Saldo der Konten in Zürich, London und New York? Wie viele Millionen hat er denn nun beisammen, der Bruder des ungarischen Kriegsministers?

Die Kellnerin hat mir erzählt, was er tut. Er studiert Baupläne und berechnet Baukosten. Sobald der Krieg vorüber sein wird, will er, rundum in Westeuropa, Dutzende von Ferienhotels bauen lassen! Nicht etwa Luxuskästen und Prunkpaläste, deren Zeit vorbei ist und die nur von Bankkonsortien vorm Sterben bewahrt werden, sondern ökonomisch lebensfähige Kettenhotels, im gleichen DIN-Format, bis zur Balkonbreite, Tapete und Nachttischlampe genormt. Seine Hotels an der Riviera, in Kent, Interlaken, Ostende, Deauville, Marienlyst, Amalfi, Ischl, Garmisch, Hintertux und, meinetwegen, am Nordpol werden sich gleichen wie ein Ei dem andern. Wer in einem gewohnt hat, wird sie alle kennen. Und wer mit dem ersten zufrieden war, frequentiert das nächste und fernste. Er braucht nur die Landschaft und die Valuta zu wechseln. Jedes Jahr woanders, und immer im gleichen Hotel!

Da sitzt er nun also, der steinreiche Flüchtling, streicht sich den Bart und träumt in Zahlen. Kostenvoranschläge, Devisenkurse und Rentabilitätsquoten defilieren hinter seiner Stirn. Zinsfüße tanzen Spitze. Die Phantasielosigkeit künftiger Touristen beflügelt seine Phantasie. Er schreibt Zahlen, als wären es Verse. Seine Hotels reimen sich. Und wenn ihn die zwei schönen Frauen abholen, erhebt er sich, um ihnen die Hand zu küssen. Er ist mit der Welt zufrieden. Er wird auf ihren Trümmern Hotels bauen.

Im Waldcafé kann man auch wesentlich ärmere Flüchtlinge besichtigen, seit gestern beispielsweise zwei blutjunge Wehrmachtshelferinnen, die nicht wissen, wohin sie gehören und was sie anfangen sollen. Der Herr Stabsfeldwebel hat jeder hundert Mark in die Patschhand gedrückt und feierlich erklärt, sie sollten gehen, man brauche sie nicht mehr. Hätte man sie vor Wochen fortgeschickt, wären sie noch bis nach Hause gekommen. Jetzt sind der Heimweg und die Heimkehr zu den Eltern abgeschnitten. Jetzt stehen sie, in ihren Wehrmachtskleidern, mit hundert Mark und verweinten Augen, ratlos in der Gegend. Der Cafetier wird sie ein paar Tage durchfüttern. Dann müssen sie weiter. Werden sie sehr viel gutmütigen Cafetiers begegnen? Es widerspricht der statistischen Erwartung. Erst hat man sie den Eltern weggenommen und in Uniform gesteckt. Und jetzt schickt man sie auf die Straße.

Vorhin ist Post eingetroffen, darunter, vom 7. April datiert, Mamas erster Brief an mich nach Mayrhofen, wahrscheinlich via Prag, denn die anderen Verbindungen sind ja unterbrochen. Elfriede Mechnig schreibt, unterm 4. April, aus Berlin, die Ernährung bereite täglich mehr und mehr Kopfzerbrechen. Der Gasdruck sei zu niedrig und das Wasser müsse, z. B. vielerorts in Charlottenburg, am Brunnen geholt und wegen drohender Seuchengefahr abgekocht werden. Der stellvertretende Gauleiter habe alle Personen, die entbehrlich seien, vor allem Mütter und Kinder, dringend aufgefordert, die Reichshauptstadt zu verlassen. Und wo sollen sie hin? Wie die zwei Wehrmachtshelferinnen auf die Straße? Die Reichsstudentenführung habe man en bloc nach Salzburg transportiert, wo ja Herr Scheel, der Reichsstudentenführer, schon lange vorher Quartier bezogen hat. Und sonst? Es werde für den Eintritt in ein Adolf Hitler-Freikorps geworben!

Mayrhofen, 18. April 1945
Gestern erschien in der Zeitung ein Tagesbefehl Hitlers ›An die Soldaten der deutschen Ostfront!‹ Was soll die Truppe mit dem Quodlibet anfangen? Das Argument gegen die Niederlage erinnert an Christian Morgensterns Herrn von Korff, der seinen Verkehrsunfall bestreitet, ›weil nicht sein kann, was nicht sein darf.‹ Solche Aussprüche mögen den behandelnden Arzt interessieren und den Krankheitsbericht bereichern. Als Parolen für die Front sind sie zumindest untauglich. Ich notiere ein paar Sätze. ›Der Bolschewist wird diesmal das alte Schicksal Asiens erleben, das heißt: Er muß und wird vor der Hauptstadt des Deutschen Reiches verbluten.‹ ›Wenn in diesen kommenden Tagen und Wochen jeder Soldat an der Ostfront seine Pflicht tut, wird der letzte Ansturm Asiens zerbrechen, genauso, wie am Ende auch der Einbruch unserer Gegner im Westen trotz allem scheitern wird.‹ ›Bildet eine verschworene Gemeinschaft zur Verteidigung nicht des leeren Begriffes eines Vaterlandes, sondern zur Verteidigung unserer Heimat!‹ Was ist des Deutschen Vaterland? Ein leerer Begriff? Welch neue Instruktion in letzter Minute!

Genauso bedenklich mutet eine andere Instruktion an. ›Achtet vor allem auf die verräterischen Offiziere und Soldaten, die, um ihr erbärmliches Leben zu sichern, in russischem Sold, vielleicht sogar in deutscher Uniform, gegen uns kämpfen werden! Wer euch Befehle zum Rückzug gibt, ohne daß ihr ihn genau kennt, ist sofort festzunehmen und nötigenfalls augenblicklich umzulegen, ganz gleich, welchen Rang er besitzt!‹

Und zum Schluß noch ein Glaubensartikel: ›Im Augenblick, in dem das Schicksal den größten Kriegsverbrecher aller Zeiten von dieser Erde genommen hat, wird sich die Wende des Krieges entscheiden.‹ Mit dem ›größten Kriegsverbrecher aller Zeiten‹ ist Roosevelt gemeint.

Mayrhofen, 19. April 1945
Eberhard ist aus München zurück, hat Berlin telefonisch erreichen können und erhofft Rückendeckung, denn er traut dem Frieden nicht, und er hat gar nicht so unrecht. Die Seminardirektorin, der Ortsgruppenleiter und ihr Anhang haben die Anweisungen aus Innsbruck und Schwaz geschluckt, aber nicht verdaut. Man ignoriert uns, ›den Dolch im Gewande‹. Deshalb zog heute, denn die Sonne schien, die Ufa, mit den geschminkten Schauspielern an der Spitze, geschäftig durch den Ort, hinaus in die Landschaft, und drehte, was das Zeug hielt. Die Kamera surrte, die Silberblenden glänzten, der Regisseur befahl, die Schauspieler agierten, der Aufnahmeleiter tummelte sich, der Friseur überpuderte die Schminkgesichter, und die Dorfjugend staunte. Wie erstaunt wäre sie erst gewesen, wenn sie gewußt hätte, daß die Filmkassette der Kamera leer war! Rohfilm ist kostbar. Bluff genügt. Der Titel des Meisterwerks, ›Das verlorene Gesicht‹, ist noch hintergründiger, als ich dachte.

Obwohl wir hier oben, an Berlin gemessen, im toten Winkel leben, geht es bunt zu. Wir hören, daß im Südosten und Westen von Leipzig gekämpft wird, und wir spazieren durch den Bergfrühling. Flüchtlinge nächtigen in Heuböden, und der Patriarch aus Ungarn plant Kettenhotels. Wir pflücken auf dem Weg nach Lanersbach Blumensträuße fürs Herz und Brennesseln für den Magen. (Frische Brennesseln schmecken, gekocht, wie Spinat!) Die Damen schenken den Bäuerinnen Blusen mit Spitzen aus Valenciennes, und die Bäuerinnen schenken den Damen ein paar Brotmarken. Wir helfen dem Hauswirt, die Maikäfer aus den Bäumen zu schütteln und in den Ofen zu schaufeln, und kaum haben wir die Flugzeuge über unseren

Köpfen gezählt, donnern im Inntal die Reihenwürfe. Wir drehen einen Film, der nicht gedreht wird, und rauchen zu viert an einer Zigarette, die nach Laub schmeckt. Das Neben- und Durcheinander wird zum Knäuel. Über den schizoiden Menschen ist viel geredet worden. Es wäre soweit, über die Schizophrenie der Ereignisse nachzudenken.

Die Zeit spielt mit ihrem Kaleidoskop. Sie hält es uns vors Auge und dreht es hin und her. Sie spielt mit ihrem Spielzeug, und sie spielt mit uns. Die bunten Glassplitter stürzen wahllos durcheinander. Die Unordnung überstürzt sich. Doch was geschieht? Wir sehen Muster. Wir erblicken Bilder. Der Unfug fügt sich. Echter Wirrwarr täuscht Komposition vor. Was geht da, im Anschein, vor sich? Beim Kaleidoskop aus dem Spielzeugladen wissen wir, warum. Es liegt an den Spiegeln, die den Wirrwarr reflektieren. Liegt es auch bei uns, angesichts der verwirrten und verworrenen Wirklichkeit, an der ›Reflexion‹?

Mayrhofen, 21. April 1945

In den letzten Tagen ist die Bahnstrecke Innsbruck-Salzburg wiederholt schwer bombardiert und durch Treffer unterbrochen worden. Wer auch nur nach Schwaz, dem Kreisstädtchen, hinunter muß, um mit dem Landrat zu sprechen oder einer Vorladung des Wehrbezirkskommandos Folge zu leisten, weiß nicht, wie er's anstellen soll. Und er weiß es natürlich erst recht nicht, wenn er zwar kommen soll, aber nicht will.

Ein amtliches Telegramm aus Berlin hat Eberhard den Rükken gesteift. Es verweist erneut und nachdrücklich darauf, daß der Film in ministeriellem Auftrag gedreht wird, und kündigt an, daß Staatsrat Hans Hinkel demnächst bei der Bavaria-Film in München-Geiselgasteig erreichbar sein werde. Dieser zweite Teil der Depesche freut mich nicht sonderlich. Jetzt fehlt nur noch, daß Hinkel das Bedürfnis empfände, in Mayrhofen nach dem Rechten zu sehen! Er würde nicht wenig erstaunt sein, wenn er mich zu Gesicht bekäme. Und beim Staunen ließe er es wohl kaum bewenden. Dafür wäre, bei der Art unserer Bekanntschaft, kein Anlaß. Ich müßte mir vom Maskenbildner einen Schnurrbart kleben lassen und mich auf Steiners Alm verkriechen. Doch auch dann fände er meinen Namen auf der Ufa-Liste!

Eberhard lacht über meine Sorgen, die ja auch seine Sorgen sein müßten. Hinkel, sagt er, werde nicht kommen. Und wenn er wider Erwarten käme, dürfte ihm, ohne langes Kopfzerbrechen, einleuchten, daß es für ihn, so kurz vor Torschluß, besser sei, mich nicht zu bemerken. Vermutlich werde er mich dieses Nichtbemerken sogar merken lassen, denn das könne ihm, eines Tages nach Torschluß, von bescheidnem Nutzen sein. Vielleicht hat Eberhard recht. Die Richter von heute sind die Angeklagten von morgen. Manche treibt das zum Äußersten. Andere macht es nachsichtig.

Die Amerikaner stehen vor Leipzig, die Russen vor Dresden, und Berlin ist isoliert, denn das Eisenbahnnetz wird aus der Luft laufend unterbrochen. Die Panzer vom Typ T 34 halten in Mahlsdorf und Buchholz, und unsere Tischler, Schlosser, Beleuchter und Requisiteure sitzen düster in den Tiroler Schenken. Sie haben Angst um ihre Angehörigen. Die letzte Post, die Mama zum Briefkasten am Neustädter Bahnhof getragen hat, ist vom 11. April datiert. Die letzte Post? Die letzte Post vor Kriegsende. Gestern war Hitlers 56. Geburtstag. Der letzte Geburtstag? Der letzte Geburtstag.

Das Konzentrationslager Buchenwald ist befreit worden, und der amerikanische General nötigte die Parteimitglieder der Goethestadt Weimar zu einem Lagerbesuch. Beim Anblick der halbverhungerten Insassen, der Verbrennungsöfen und der gestapelten Skelette seien, hieß es, viele Besucher ohnmächtig geworden.

Mayrhofen, 22. April 1945
Mehrere Berliner Stadtteile liegen unter russischem Artilleriefeuer. Vor Dresden halten die Russen bei Königsbrück. Das Haus Königsbrücker Straße 38 in Dresden-Neustadt wird also

an ihrem Wege liegen, wenn sie einziehen. Die Phantasie, diese vielgepriesene Himmelsgabe, ist ein böses Geschenk.

Stuttgart ist besetzt worden. Andere Truppen sind, von Nürnberg aus, über vierzig Kilometer nach Süden vorgedrungen. Bei Ingolstadt hat man die Donau erreicht. Ob die Gerüchte von Feldmarschall Models Selbstmord zutreffen, ist ungewiß. Festzustehen scheint, daß er im Ruhrgebiet zwei feindliche Armeen so lange gebunden hat, bis sich seine Truppen, nicht zuletzt wegen ihres Mangels an Waffen, ergeben mußten. Der Mangel an Kriegsmaterial hat das Tempo des Zusammenbruchs offensichtlich an allen Fronten mitbestimmt.

Als Hitler das Oberkommando der Wehrmacht übernahm, gab er das Versprechen ab, daß es nie an Munition und Waffen fehlen werde. Als Soldat des Ersten Weltkrieges wisse er Bescheid. Deshalb sei ein ›1918‹ von vornherein ausgeschlossen. Das war ein großes Wort, und er sprach es gelassen aus, der größte Feldherr aller Zeiten. Der Weg vom Schwur zum Wortbruch war kurz. Als die Luftwaffe den Angriffskrieg und später die Verteidigung einstellen mußte, krähte der Hahn, der rote Hahn, zum ersten und zum zweiten Mal.

Eberhard müßte wieder nach München fahren. Das Geld für die Löhne und Diäten wird knapp, und nur die ›Bavaria‹ könnte ihm aushelfen. Das Benzin im Auto dürfte bis München ausreichen, und in P., bei Familie Weiß, stehen die Reservekanister. Wenn er nun aber den Amerikanern in die Hände fiele, was finge dann die Belegschaft an? Und was geschähe mit den Filmapparaten, die er liebt und behütet, als gehörten sie nicht der Ufa, sondern ihm selber? So überlegt er hin und her. Auch die Gefangennahme böte Vorteile, und auch über diesen Punkt denkt er wahrscheinlich nach. Denn er hat längere Zeit als Bankangestellter in New York gelebt und käme, als deutscher Filmfachmann, den Amerikanern gewiß nicht ungelegen. Wer weiß, welches Abenteuer er vorziehen wird.

Mayrhofen, 26. April 1945

Gestern hatte, neben Babelsberg und Nauen, auch L. an der Havel seine historische Sekunde, als der Rundfunk meldete, die drei Ortschaften seien von den Russen besetzt worden. Wir saßen in Steiners Wohnstube, dachten bei Babelsberg an Lottes Möbel in Eberhards Wohnung, bei L. an der Havel an meine Bücherkisten in Karls Landhaus und erst recht an seine Frau und an ihn selber. Sind sie rechtzeitig, mit ein paar tausend Anzügen und Mänteln, auf einem Kahn davongeschwommen? Oder haben sie den anderen Plan verwirklicht, die Freunde von der dänischen Gesandtschaft ins Haus genommen und deren Flagge am Gartentor aufgezogen, in der vagen Hoffnung, die einmarschierenden Russen nähmen darauf Rücksicht? Sollte Karl diesen Plan verfolgt und damit auch nur ein paar Stunden Zeit gewonnen haben, kann ich mir das übrige ausmalen. Dann nämlich sitzt er jetzt mit seinen Dänen und ein paar russischen Offizieren um den exterritorialen Tisch und traktiert die Freunde und die Eroberer mit Kognak, Genever und Himbeergeist. Womöglich steht schon ein russischer Soldat als Wachtposten am Tor, kaut westfälischen Schinken und behütet die Schwelle!

Eben meldet der Rundfunk, Pankow sei zurückerobert worden, in den Schächten der U-Bahn werde, sogar mit leichter Artillerie, gekämpft, und Goebbels habe, in einem Aufruf an die Berliner Bevölkerung, mit Lob und Zuversicht nicht gespart. Nicht einmal die Moskauer Zeitungen hätten, laut Goebbels, bestritten, daß der Widerstand Berlins ›ohne Beispiel in der Geschichte‹ sei. In und mit der Reichshauptstadt, hat er erklärt, verteidige man zugleich Deutschland und Europa. Ähnlich, nur noch schneidiger drückte sich neulich, in einer gespenstisch wirkenden Funkübertragung aus der nächtlichen ›Festung‹, ein Offizier aus, als er rief, man gedenke, ›auf den Trümmern Berlins die Fahne des neuen Europa aufzurichten‹! Die Kurzlebigkeit solcher Phrasen und Parolen ist bedenklich genug. Noch verfänglicher ist ihre Umkehrbarkeit. Denn wenn Europa mit Berlin steht, muß es, wenn die Stadt fällt, mitfallen. Entweder stimmt die Gleichung überhaupt nicht, oder sie stimmt immer. Warum nötigt man die Hörer, kurz vorm Fall Berlins, zu fatalen Schlußfolgerungen? Wozu ruft man, nun die Stadt verloren ist: ›Berlin verloren, alles verloren!‹? Hofft man, dadurch den Vormarsch der Amerikaner zu beschleunigen? Will man ihnen die moralische Schuld in die Marschstiefel schieben? Ein fruchtloser Versuch. Sie haben zu Stalin gesagt: ›Bitte, nach Ihnen!‹, und dabei wird es bleiben.

Hitler befindet sich in der Reichskanzlei und hat den Oberbefehl übernommen. Er repetiert an der Spree die Belagerung Wiens. 1945 ist 1683, die Russen sind die Türken, er selber spielt den Starhemberg, und das Einzige, was ihm zum Gelingen der Inszenierung fehlt, ist der Polenkönig Johann Sobieski mit dem Entsatzheer. An solchen Kleinigkeiten kann eine Aufführung scheitern. Vor allem bei klassischen Stücken mit glücklichem Ausgang. Sie sind besonders schwer nachzuspielen.

Bei der Neueinstudierung historischer Trauerspiele war Hitler gelehriger und erfolgreicher. Vor allem bei einigen Napoleondramen. ›Die Kontinentalsperre‹, ›Die Landung in England‹ und ›Wende und Ende vor Moskau‹ hat er textgetreu inszeniert. Daß er die Stücke in modernem Kostüm spielen ließ und die Fortschritte der Bühnentechnik zu nutzen verstand, mag das Urteil oberflächlicher Kritiker gelegentlich getrübt haben. Sie sahen, ohne es zu bemerken, die alten Stücke. Doch auch die Wiederholung des erfolgreichen Trauerspiels ›Viel Front, viel Ehr‹, das 1914 bis 1918 uraufgeführt wurde, verrät subtilstes Einfühlungsvermögen. Man würdigt diese Gabe erst richtig, wenn man bedenkt, daß der heutige Oberspielleiter, dieser souveräne und suggestive Massenregisseur, damals nur in der Komparserie mitgewirkt hat. Schon im 1. Akt, dem Überfall Belgiens, zeigte sich die Klaue des Löwen, der alle Rollen, auch den Löwen, nachspielen will. Es ist kein leerer Wahn: Die Österreicher haben Theaterblut.

In Hitlers letzter Inszenierung, ›Die Belagerung und Befreiung Berlins‹, wird man, wie gesagt, ohne Johann Sobieski und dessen Entsatzheer auskommen müssen. Dem Regisseur bleibt nichts übrig, als das Stück, während die Vorstellung bereits läuft, umzuschreiben, gemeinsam mit seinem Hausdramaturgen Goebbels, dem Dramaturgen des Braunen Hauses. Denn die Ankündigung vorm Vorhang, man habe einen gewissen General Wenk oder Wenck gefunden, der in letzter Minute einspringen und den Originalschluß ermöglichen werde, glaubt keiner vor und niemand hinter der Bühne. In der letzten Minute der letzten Szene kann kein Mensch den Sobieski übernehmen, dafür ist die Rolle zu schwierig. Und so wird das Stück schlimm enden.

Dresden ist noch nicht besetzt worden. Es scheint sogar, daß die Russen bei Kamenz und Königsbrück auf der Stelle treten, weil sie Verbände über Jüterbog nach Berlin beordert haben.

Die letzthin über Schirachs Schicksal kursierenden Gerüchte treffen nicht zu. Nach neuester Version wollte er, im Einvernehmen mit der Wehrmacht, Wien zur offenen Stadt erklären. Da tauchte Himmler auf, durchkreuzte den Plan und setzte Schirach einen stellvertretenden Gauleiter aus dem Altreich vor die Nase. Himmler ist viel unterwegs. In Hamburg war er weniger kulant und ließ, wegen der gleichen Insubordination, den Gauleiter Kaufmann hinrichten. Der Leipziger Oberbürgermeister Freiberg und einige seiner Mitarbeiter haben Selbstmord begangen. Es wird viel gestorben.

Mayrhofen, 28. April 1945
Vorgestern gab es, jedenfalls bis zum späten Abend, keinen Wehrmachtsbericht, und seit gestern informiert uns eine mindestens dem Namen nach völlig neue Station, der ›Großdeutsche Rundfunksender Gruppe Süden‹.

Ebenso interessant wie unübersichtlich sind seit zwei Tagen die Nachrichten über die Vorgänge in Oberitalien. Nur das Resultat der dortigen Entwicklung dürfte feststehen: Verona, Trient, der Gardasee, Mailand, Como, Turin, Parma und Mantua sind von unseren Truppen geräumt worden und befinden sich in den Händen ›der italienischen Patrioten‹. Es dürfte sich um einen von höchster Stelle befohlenen Rückzug der deutschen

Südarmee handeln, in einigen Fällen allerdings eher um unbefohlene Kapitulation. So hat sich die Besatzung Genuas ergeben, bevor feindliche Truppen überhaupt in der Nähe waren. Daß die ›italienischen Patrioten‹ allein den deutschen Kommandanten gezwungen haben könnten, samt der Garnison zu kapitulieren, ist nicht sehr wahrscheinlich. Er wird es gewollt haben. Vielleicht hat auch die Mittelmeerflotte gedroht, die Stadt zu beschießen, und er wollte das Bombardement nicht verantworten.

Gestern trafen wir, von einem Spaziergang nach Zell heimkehrend, Dutzende von Schülerinnen der Lehrerinnenbildungsanstalten auf der Landstraße, mit Koffern und Rucksäcken beladen. Sie hatten die Direktorin angefleht, sie möge sie nach Hause fahren lassen, ehe es zu spät sei. Der Drachen hatte abgelehnt und Lehrerinnen am Bahnhof postiert. Nun zogen die Mädchen, trotzig und romantisch, zu Fuß auf und davon, vorwiegend Südtirolerinnen, zum Inn hinunter, fest entschlossen, Innsbruck, den Brenner und die fernen Täler zu erreichen, wo die Eltern und Geschwister wohnen. Wann wird man sie wieder einfangen? Sie haben keine Passierscheine. Und spätestens am Brenner werden sie mitten in unsere zurückflutende Südarmee hineinlaufen. Sie schüttelten alle Einwände ab und schleppten ihr Gepäck und ihr Heimweh weiter.

Gestern hieß es plötzlich überall im Ort, Bayern habe kapituliert. Wer denn? Und vor wem denn? Genaueres, geschweige Verständlicheres wußte niemand. Soeben hat nun der Rundfunk die ersten Konfidenzen gemacht. Danach handelt es sich um den Putsch einer in München stationierten Dolmetscher-Kompanie unter der Führung eines Hauptmanns Gerngroß. (Unter diesem Namen zu putschen, beweist viel Mut und Gottvertrauen.) Heute früh hat die Gruppe versucht, den Gauleiter Giesler festzunehmen. Der Versuch mißlang. Dann glückte es aber, den Sender zu besetzen und mit Aufrufen und Nachrichten Verwirrung zu stiften. Jetzt jedoch sei die Funkstation wieder in Gieslers Hand, und die ›ehrvergessenen Lumpen‹ seien tot.

Trotzdem wurden die Hörer dringend davor gewarnt, in den nächsten Stunden, Tagen und Wochen jemandem Glauben zu schenken, den sie nicht kennten. Das ist leicht gesagt. Jeder mittelmäßige Schauspieler kann die Stimme Hitlers und die von Goebbels waschecht imitieren. Er kann es am Stammtisch, und so könnte er es auch am Mikrophon. Selbst Herrn Gieslers Tonfall dürfte nicht unnachahmlich sein. Die Aufforderung, nur wiedererkennbaren Stimmen zu vertrauen, bedeutet im Grunde, jeder Stimme zu mißtrauen. Wer die Technik des Umsturzes als erster durch die Möglichkeit der Radiotechnik bereicherte, könnte Erstaunliches zustande bringen! Schade, daß der Hauptmann Gerngroß keinen gewitzten Schauspieler in der Kompanie gehabt hat.

Wir waren am Bahnhof, um Nanderl, Steiners Nichte aus Südtirol, deren zwei Kinder und ihr Gepäck im Zug zu verstauen. Wir staunten nicht wenig, daß drei Eisenbahnwagen mit vergnügten jungen Mädchen vollgestopft waren! Die Direktorin hatte demnach, von gestern auf heute, ihren Sinn geändert, spät, aber doch.

Der Putsch in München ist noch nicht erledigt. Halb drei Uhr meldete sich die Gruppe wieder. Kurz vor fünf Uhr folgte eine Gegenerklärung des Gauleiters. Nun, hieß es, sei der Widerstand der Verräter endgültig gebrochen. Handelt es sich um zwei verschiedene Sendestationen? Oder wird, mit wechselndem Glück, um ein und dieselbe Anlage gekämpft? Der Äther ist unpräzis.

Durch den heutigen Wehrmachtsbericht wurde näherungsweise deutlich, was es mit dem seit Tagen gepriesenen ›Entsatzheer für Berlin‹ auf sich hat, das die Stadt freikämpfen und auf den Trümmern die Fahne Europas aufpflanzen soll. Es handelt sich um deutsche Verbände, die bis jetzt an der Elbe standen. Nun haben sie ›den Amerikanern den Rücken gewendet‹, marschieren Berlin entgegen und sind bereits in Ferch. Was soll die Kehrtwendung? Kopiert Hitler bis zuletzt berühmte Muster aus dem Lesebuch? Verwechselt er sich diesmal mit Friedrich dem Großen, der seine Regimenter in Gewaltmärschen vom schlesischen auf den böhmischen Kriegsschauplatz hetzte? Die Kehrtwendung zwischen Elbe und Spree ist ein schlechter Manöverwitz. Hitler schickt die Maus von einer Katze zur andern, das ist alles. Die Soldaten wollten sich den Amerikanern ergeben, damit ist es vorbei. Sie marschieren nicht nach Berlin, sondern nach Sibirien.

Himmler soll, über Schweden, die bedingungslose Kapitulation angeboten haben, aber nur den Amerikanern und Engländern. Deswegen hätten die Unterhändler abgelehnt.

Mayrhofen, 29. April 1945
Heute über Tag war der Münchner Sender stundenlang still. Es war, als sende er Schweigen. Abends zehn Uhr, wir saßen im Waldcafé, rührte er sich plötzlich wieder. Und was brachte er? ›Heiße‹ Musik! Erst unkommentierte Funkstille, dann undeutschen Jazz ohne Worte, was ist geschehen? Liegt der Münchner Sender im Niemandsland? Liebt der Nachtportier amerikanische Platten?

Gerüchte: Mussolini sei, bei einem Fluchtversuch in deutscher Offiziersuniform, gestellt und in Mailand, mit anderen prominenten Faschisten, füsiliert worden. Zweitens: Die Russen hätten eine provisorische österreichische Regierung ernannt, mit dem alten Dr. Renner an der Spitze. Drittens: Vorarlberg werde geräumt.

Mayrhofen, 30. April 1945
Vorarlberg sei bereits besetzt, und der Feind nähere sich Innsbruck! Wenn das zutrifft, läuft ihm unsere Italienarmee, soweit sie den Brenner benutzt, geradenwegs in die Arme. Steiners machen sich der Tochter wegen Sorge. Viktl ist im Stubaital, wo ihr Bräutigam, einarmig, im Lazarett liegt. Die Eltern befürchten, sie könne mitten in den womöglich blutigen Trubel am Brenner geraten.

Neulich ist jemand, irgendwo im Gebirge, den Insassen eines Versehrtenlazaretts begegnet, das wegen Feindannäherung fluchtartig geräumt und verlagert wurde. Die einbeinigen Soldaten stelzten, auf Krücken und ›zu Fuß‹, im Gänsemarsch die Landstraße entlang. Lastwagen hätte es zur Not gegeben, aber kein Benzin. Zwanzig Kilometer mußten die Helden humpeln!

Versehrtenlazarett, Ohnhänder, Feindannäherung, Frontbegradigung – die Betulichkeit und das Zartgefühl des neudeutschen, treudeutschen Vokabelschatzes wird die Philologen bald beschäftigen. Das Kapitel ›Euphemismus‹ darf nicht zu kurz kommen. Der Wolf in Grimms Märchen fraß Kreide, bevor er die sieben Geißlein fraß. Die Sprachgeologen werden, unter anderem, die jüngste Kreidezeit zu erforschen haben.

Heute früh mußten die Schüler der in Straß hausenden Lehrerbildungsanstalt den Gasthof räumen. Der Wirt und die neuen Mieter hatten es eilig. Die neuen Mieter? Eine Gruppe Generalstäbler. Überall suchen sich jetzt solche Regimentsstäbe ohne Regimenter und Divisionsstäbe ohne Divisionen einen malerischen Schlupfwinkel. Sie sind arbeitslos geworden, beschlagnahmen abgelegene Quartiere, schlafen sich aus, atmen Bergluft, bringen die Chronik ihrer Truppe à jour, vernichten zweideutige Unterlagen, besprechen die Lage, koordinieren künftige Antworten auf peinliche Fragen und lassen, während sie auf die Gefangennahme warten, in der Küche von einem Offiziersburschen die weiße Fahne bügeln.

Es war ein stummer Tag. Nicht nur der Münchner Sender hielt den Mund. Auch die ausländischen Stationen schwiegen sich aus. Was hatte ihnen, in den verschiedensten Sprachen, die Sprache verschlagen? Sendeten sie die Reden auf einem internationalen Trappistenkongreß? Lügen im Funk, die gröbsten und die feinsten, kann man interpretieren, das große Schweigen gibt Rätsel auf.

Herr B. aus Hamburg, der zur Zeit Geschäftsführer einer Großtischlerei in Innsbruck ist, erzählte, daß man dort in den letzten Tagen siebzehn Kaufleute, sprich ›Schwarzhändler‹, geköpft habe. Er weiß überhaupt Interessantes interessant zu erzählen, nicht zuletzt über seine letzten Tage im besetzten Frankreich.

Es waren zugleich die letzten Tage der deutschen Besatzungszeit, und er war, als Zivilist, der Admiralität in Rouen zugeteilt. Der letzte Befehl dieser letzten Tage lautete, wenn auch in anderer Formulierung: Rette sich, wer kann!

Das war für die Truppen das Hornsignal zum Saufen und Plündern. Es ging zu wie im Irrenhaus. Man watete in zertretenen Zigaretten, zerfetzten Tabakpaketen und knirschendem Würfelzucker. Die Soldaten und Matrosen hatten ein Lager für Damenwäsche gestürmt, trugen überm Uniformrock Büstenhalter, schlenkerten fesche Handtaschen, tanzten miteinander Tango, fielen johlend um und schliefen, in Stapeln von Florstrümpfen und Hemdhosen, ihren Rausch aus.

Ein Werkmeister aus Hamburg schleppte B. in den Keller einer Kognakfirma, den die Landser vergessen hatten, und wurde dort zum Berserker. Er drehte die Spundhähne von drei Dreitausendliterfässern auf, soff den Kognak aus der Hand und trieb es immer toller. Er brachte die wandhohen Regale voller Flaschen ins Wanken, sprang zurück und brüllte vor Wonne, wenn die Flaschen auf den Kellerfliesen in tausend Stücke sprangen. B. war von dem Duft und Dunst des verströmenden Kognaks so benommen, daß er Mühe hatte, ins Freie zu gelangen. Auf dem Rückweg traf er vor einem Lagerschuppen drei SS-Leute, die einen Lastwagen und den Anhänger mit Schokolade und Zigaretten beluden. Als er sie fragte, für welche Einheit sie die Riesenfracht mitnähmen, sagte einer von ihnen kurz angebunden: »Für uns drei!«

Auch in Paris, wo er vorher beschäftigt war, hat er, wenn man ihm glauben darf, an Erlebnismangel nicht eigentlich gelitten. Dort scheinen sich bestimmte Kreise der russischen Emigration um die Hebung der Fremdenindustrie, speziell um die Freizeitgestaltung deutscher Besucher in Uniform, unsterbliche Verdienste erworben zu haben.

So wurde B. einmal, neben anderen Deutschen, von einer

russischen Fürstin zu einer Emigrantenhochzeit eingeladen, auf der es, obwohl nur ein einziges Zimmer zur Verfügung stand, ziemlich hoch herging. Nachdem man gut gegessen und getrunken hatte, ersuchte der Fürst jeden der Gäste, da es so üblich sei, um die Spende von viertausend Francs. Herr B. zahlte die Hälfte, und das war immer noch mehr, als der Fürst, mochte er nun echt oder falsch sein, erwartet hatte.

Ein andermal wurde B. zu einer Tanzveranstaltung gebeten, die in Sèvres, und zwar im russischen Altersheim, stattfand. Auch hier war das kalte Büfett nicht nur vorzüglich, sondern recht teuer. Zu später Stunde verkündete dann einer der Gastgeber vom Tanzparkett aus, wer nicht mehr nach Paris zurückwolle, könne mit einer der anwesenden Damen im Hotel nebenan übernachten. Der Wirt habe sich bereit erklärt, fünfzig Doppelzimmer zur Verfügung zu stellen. Herr B. schlief also in Sèvres und war, bis auf den Preis, mit der Unterkunft äußerst zufrieden.

Mayrhofen, 1. Mai 1945

1. Mai und dicker Schnee! Als habe über Nacht ein leiser Riese die Wiesenhänge und die schlafenden Blumen in den Gärten mit weißen Plusterbetten zugedeckt. Und auf den verschneiten Straßen und Wegen stehen die Leute herum und erzählen einander, Hitler liege im Sterben. Die Apfelblüten lugen aus dem Schnee wie Erdbeeren aus der Schlagsahne. Außer ihrem hingetupften Rosarot erinnert nichts mehr an die bunte Frühlingswelt von gestern. Der Winter, der große Meister der Graphik, stellt noch einmal seine herben Schwarzweißlandschaften aus, nur für ein paar Tage, auf der Durchreise nach dem Norden. Dann wird wieder umgehängt. Dann können wir uns doppelt an den Aquarellen der Kollektion Lenz erfreuen.

Hitler, erzählt man also, liege im Sterben. Göring amüsiere sich, in einer Alpenvilla irgendwo, mit Kinderspielzeug und brabble vor sich hin. Himmler verhandle erneut mit Bernadotte. Und in Oberitalien hätten sich hundertzwanzigtausend Mann ergeben. Sonst? Die Amerikaner haben, anscheinend ohne Kampf, München besetzt, und ihre schnellen Verbände stehen schon bei Mittenwald. Daß sie, in der anderen Stoßrichtung, Innsbruck erreicht hätten, wurde vorhin in einer Rundfunkdurchsage heftig bestritten. Sie seien erst in Bregenz. Wer gegenteilige Behauptungen verbreite, schade nicht nur der Heimat, sondern auch sich selber.

Gestern wurden die Lebensmittelkarten für den Monat Mai verteilt. Und heute gibt es schon keine Lebensmittel mehr, kein Brot, keine Butter, keine Teigwaren. Die Läden sind leer. »Die Preußen haben die Geschäfte gestürmt«, behaupten die erbitterten Bauern. Aber nicht wir haben die neuen Marken auf einen Schlag in Ware umgesetzt, sondern die Flüchtlinge aus Wien. Die Geschäftsleute hatten keine Handhabe, den panischen Ausverkauf zu verhindern. Es war eine legale Plünderung. Sie mußten am ersten Tag alles hergeben, was wochenlang reichen sollte. Da Brot die Angewohnheit hat, altbacken zu werden, wurde auch sehr viel Mehl gekauft. Und nun gibt es weder Brot noch Mehl. Die Bitte ›Unser täglich Brot gib uns heute!‹ wird sich, mindestens während der nächsten vier Wochen, auch für fromme Leute kaum erfüllen lassen, sie seien denn Müller oder Bäcker. Auch wir sind, wenn man es wortwörtlich nimmt, brotlos. Butter und Käse lassen sich immer einmal wieder für teures Geld beschaffen, und ich habe noch Geld. Wie lange es reichen wird, steht auf einem anderen Blatt. Das hängt von der Entwicklung der Preise und der Weltgeschichte ab. Wenn die Kühe im Zillertal außer Milch auch Mehl gäben, wäre auch die Brotbeschaffung nichts mehr und nichts weniger als eine Geldfrage. Doch die Kühe sind eigensinnig. Und weil hier oben kein Getreide wächst, ist Brot teurer als Geld. Da muß man schon mit solideren Werten winken als mit Reichsmarkscheinen. Zum Exempel mit geräuchertem Speck. Deshalb habe ich vorhin, wehen Herzens, mit dem alten finnischen Dolch etwa ein halbes Pfund Speck von der eisernen Ration heruntergesäbelt und bei einer Frau aus Wien, die heute morgen zuviel Brot gehamstert hat, in ein Zweipfundbrot umgewechselt. Damit ist die ›Ernährungslage‹ bis morgen früh gesichert.

Die Geschichte des Specks in unseren Rucksäcken erinnert entfernt an das Märchen vom Hans im Glück, nur daß wir mehr Glück hatten als jener unverwüstlich zufriedene Hans. Es begann mit einem bildhübschen und nagelneuen Akkordeon aus Markneukirchen. Der Zufall spielte es Lotte, vor anderthalb Jahren in Berlin, für eine erschwingliche Summe in die Hände, und sie schenkte es mir, weil sie dachte, ein verbotener Schriftsteller könne sich damit die Zeit und die Melancholie vertreiben, als sei er David mit der Harfe und König Saul in Personalunion. Daraus wurde nichts. Ich wußte mit dem Instrument nichts Aufheiterndes anzufangen. Ich war zu ungeschickt.

Deshalb schenkte es Lotte alten Bekannten in Württemberg, die ein konfirmationsreifes Töchterchen hatten sowie einen Landgasthof mit Hausmetzgerei. Der Dank blieb nicht aus. Die hocherfreuten Eltern zeigten sich, in einem dicken Brief, mit Fleischmarken erkenntlich. Es waren Reisemarken in Kleinabschnitten für Schwerarbeiter zum Bezug von Speck und Schinken. Es waren Marken für zirka fünfzehn Pfund Speck! Wir trauten unseren Augen nicht. Doch der ersten Überraschung folgte die zweite: Die Marken waren nicht fabrikneu. Sie waren von anderen Schwerarbeitern vor uns bereits verwendet und von der braven Metzgersgattin in Schwaben, zur Ablieferung beim Lebensmittelamt, fein säuberlich und haltbar auf hierfür bestimmte Formblätter geklebt worden!

Was war zu tun? Wir benahmen uns wie leidenschaftliche Sammler, die seltene Briefmarken von Kuverts ablösen. Wir arbeiteten mit Wasserdampf, Pinzetten und Löschpapier und hatten, dank unserer Akribie, keine nennenswerten Verluste zu beklagen. Die ›neuen‹ Reisemarken hatten einen einzigen Fehler: Sie waren überm Dampf recht blaß geworden. Fast so blaß wie wir, wenn wir in den nächsten Tagen unsere Marken auf die Ladentafeln legten. Wir kauften kleinweise und in einem guten Dutzend Charlottenburger Fleischereien, damit der Überfluß nicht auffalle, und manchmal ging es glatt.

Mitunter aber wurden die farbmüden Speckmarken und wir selber, als Schwerarbeiter nicht sonderlich überzeugend, recht mißtrauisch gemustert. Das waren bange Sekunden, und wir hielten uns eher für Schwerverbrecher als für Schwerarbeiter auf Reisen. So mancher Fleischer und so manche Fleischersgattin durchschauten den Schwindel, denn sie schwindelten ja auch, nur in größerem Stil und ohne blaß zu werden! Es kam zu keinem Eklat. Wir kamen zu unserem Speck. Und heute sogar zu einem Zweipfundbrot.

Mayrhofen, 2. Mai 1945
Hitler liegt, nach neuester Version, nicht im Sterben, sondern ist ›in Berlin gefallen‹! Da man auf vielerlei Art sterben, aber nur fallen kann, wenn man kämpft, will man also zum Ausdruck bringen, daß er gekämpft hat. Das ist nicht wahrscheinlich. Ich kann mir die entsprechende Szene nicht vorstellen. Er hätte dabei mit Ärgerem rechnen müssen, mit der Gefangennahme, und dieses Spektakel konnte er nicht wollen. Ergo: Er ist nicht ›gefallen‹.

Zu seinem Nachfolger hat er den Großadmiral Dönitz bestimmt, der sich in Norddeutschland aufhält. Er hat ihn als ›Staatsoberhaupt‹ bezeichnet. Das ist, wie der Mann selber, eine Verlegenheitslösung. Das parteihörige Militär soll die Kapitulation unterzeichnen. Es ist die Quittung. Das ›Staatsoberhaupt‹ hat sich auch schon geäußert: Es will die bolschewistische Flut zurückschlagen, aber gegen die restlichen Alliierten nur fechten, wenn diese es nicht anders wollen. Der Mann an der Drehorgel hat gewechselt. Er spielt das alte Lied. ›Heil Dönitz!‹ sagen die Leute zum Spaß, wenn sie einander begegnen. Es, das neue Staatsoberhaupt, erwartet von den Truppen, daß sie ihren dem Führer geschworenen Eid prolongieren und auch dem designierten Nachfolger halten werden. Das wird, mangels Masse, schwer halten. Allein seit der Invasion sind im Westen drei Millionen Mann und hundertfünfzig Generäle gefangengenommen worden. Dem fliehenden und umherirrenden Rest steht die Gefangennahme unmittelbar bevor. Der Eid wird einsam.

Hofer, der Gauleiter von Tirol, hat den Befehl, die Brücken

zu sprengen, annulliert und hofft, daß Innsbruck ›ritterlich‹ behandelt werde. Er selber wolle sich in die Berge zurückziehen. Himmlers Verhandlungen mit Bernadotte sind, bis zum Eintreffen neuer Instruktionen für den Grafen, wieder unterbrochen worden. Generaloberst Guderian, der Chef des Stabes, hat nicht weit von hier, in Fügen, Quartier bezogen und läßt Leitungskabel legen. Am 7. März erklärte er vor ausländischen Journalisten, daß man daran arbeite, im Osten wieder zum Angriff überzugehen. Jetzt spinnt er wohl im Zillertal am Kabelnetz für seine Offensive. Ein unermüdlicher Arbeiter!

Der Schnee, der heute früh noch dicker und dichter als gestern lag, taut und sinkt zentimeterweise in sich zusammen. Schon stecken die Mehlprimeln und der Löwenzahn ihre Köpfe unter der weißen Daunendecke hervor. Und Mussolinis Leiche liegt oder hängt noch immer auf dem Platz in Mailand.

Die gemischte Runde in Steiners Wohnstube hat sich um zwei Unteroffiziere vermehrt. Sie heißen Willi und Alfred, stammen aus Riesa und Pritzwalk und besitzen einen Lastkraftwagen, der ihnen nicht gehört. Das mit Benzin und hundert anderen nützlichen Dingen vollbeladene Fahrzeug, mit dessen Hilfe sie in Norditalien ihre Trainkolonne aus den Augen verloren haben, zählte bis dahin zum sogenannten Heeresgut. Nun steht der Wagen, ein paar Steinwürfe entfernt und mit Tarnplanen bedeckt, im Gebüsch. Willi und Alfred sind zwei alte, ausgekochte Transportkrieger, zwischen sämtlichen Fronten und Etappen zu Hause, und haben sich entschlossen, die nächste Zeit im schönen Mayrhofen zu verbringen.

Es begann damit, daß sie sich, an einer Kreuzung bremsend, bei einer Flüchtlingsfrau und deren Tochter nach dem Weg erkundigten. Da sie sich für die Auskunft mit einer Handvoll Zwiebeln bedankten, lud man sie zum Verweilen ein, und das war ja, was sie wollten. Ihr Lastwagen ist eine Wundertüte auf Rädern, und die beiden Mannsbilder sind ganz und gar nicht geizig. Sie haben, wie man in Sachsen sagt, die Spendierhosen an. Außerdem wissen sie zu erzählen.

Auch heute, während wir am Radio auf exaktere Nachrichten über Hitlers Tod warteten, erzählten sie mancherlei. Von mit dem Roten Kreuz gekennzeichneten Lazarettschiffen und Lazarett-Zügen, die, entgegen der Genfer Konvention, bombardiert wurden, weil sie, entgegen der Genfer Konvention, mit Gasmunition beladen waren. Von der SS, die den über den Po zurückweichenden, zum Teil den Fluß durchschwimmenden Truppen am nördlichen Ufer die Waffen abnahm und die Landser zur Schanzarbeit abtransportierte. Von den Judenerschießungen in Rußland und Polen, vor allem von den schönen Mädchen und jungen Müttern, denen man überhaupt nicht angesehen habe, daß sie Jüdinnen gewesen seien. Und davon, daß sie, Willi und Alfred, die Genickschüsse und das Durchsieben der in den Gruben liegenden Halbtoten und Ganztoten mit Serien aus den Maschinenpistolen als Augenzeugen und Ohrenzeugen miterlebt hätten. Gelegentlich sei der eine und andere der Schützen ›an Ort und Stelle‹ wahnsinnig geworden.

Als Lotte in Berlin ihre Habseligkeiten für Mayrhofen packte, stopfte sie auch mehrere Gebund dunkelblauer Strickwolle in den Rucksack, wobei sie dachte: ›Man kann nie wissen.‹ Nun weiß sie es. Sie strickt für eine kleine Kellnerin Wadenstrümpfe. Dabei muß Lotte gut achtgeben, denn die Auftraggeberin hat sich ein Zopfmuster gewünscht. Und die Auftraggeberin muß gut achtgeben, denn Lotte hat sich, für die zopfgemusterten Wadenstrümpfe aus bester deutscher Zellwolle, Brot gewünscht. Brot Nummer Eins wurde uns im dunklen Flur des Gasthofs bereits ausgehändigt. Die kleine Kellnerin brachte es unter der Schürze. Wir essen, offensichtlich, heimlich gestohlenes Brot. Wir essen es ohne Gewissensbisse. Und auch die kleine Kellnerin leidet keine unerträglichen Seelenqualen. Der Wirt, den sie schädigt, ohne daß er es bemerkt, ist ihr Onkel.

Mayrhofen, 3. Mai 1945

Das alliierte Hauptquartier teilt mit, Himmler habe dem Grafen Bernadotte am 24. April, also vor zehn Tagen, berichtet, Hitler leide an Gehirnblutungen und mit seinem Ableben sei in den nächsten achtundvierzig Stunden fest zu rechnen. Viele schenkten der Meldung keinen Glauben. Ihnen gefällt die Version, daß er vorm Feind gefallen sei, bei weitem besser. Sie entspricht ihrem Wunsch. Sie halten einen solchen Heldentod für eine Heldentat. Andere Parteigenossen passen sich geschwinder an, beispielsweise Herr Pf., einer von Steiners Nachbarn. Vor wenigen Tagen beschimpfte er die Viktl, weil sie ihre gefallenen Brüder beweine. Gestern hat er sein Parteiabzeichen, das Führerbild und belastende Dokumente beseitigt. Er kann es noch weit bringen. Solche Leute werden gebraucht. Sie sind immer die ersten.

Ein neues Gerücht: Hans Fritsche sei in Gefangenschaft geraten und habe versichert, Hitler und Goebbels hätten Selbstmord begangen. Das ist die bis jetzt einleuchtendste Version. Vorhin verbreitete der Sender ›Oberdonau‹ die Anordnung, im Gedenken an den Führer halbmast zu flaggen. Anschließend wurde empfohlen, die Fahnentücher nachts einzuholen. Warum? Hat man Angst vor Andenkensammlern? Die Leute interessieren sich nachts nicht für Hakenkreuzfahnen, sondern für den Londoner Sender. Aus fast allen Häusern dringt, wenn es dunkel geworden ist, sein Pausenzeichen. Man ist nicht mehr zimperlich. Es klingt, als spalte man überall Holz.

Gestern nacht meldete London, die deutsche Italienarmee habe, einschließlich der bereits in Tirol und Vorarlberg eingetroffenen Verbände, die Waffen gestreckt. Daraufhin begann sofort Herr B. mit Willi und Alfred, den Unteroffizieren, über den Verkauf ihres versteckten Lastwagens zu verhandeln. Die beiden wollten nicht. Während sich B. wenigstens das Vorkaufsrecht zu sichern versuchte, lauschten wir am Radio einer Ansprache unseres neuen Außenministers, des Grafen Schwerin-Krosigk. Er sprach über die Abscheulichkeit moderner Kriege und war sehr gerührt. Zeitungen scheint es überhaupt nicht mehr zu geben.

Mayrhofen II, 4. Mai bis 15. Juni

Aus der Chronik

5. Mai
Die neue Reichsregierung entläßt Heinrich Himmler aus seinen Ämtern.

7. Mai
Generaloberst Jodl unterzeichnet in Reims, in Eisenhowers Hauptquartier, die Kapitulation der deutschen Wehrmacht.

8. Mai
Generalfeldmarschall Keitel unterzeichnet die Kapitulation im russischen Hauptquartier in Karlshorst. Die Schweiz sperrt die Grenzen nach Norden, Osten und Italien, löst ihre NSDAP-Landesgruppe auf und unterbricht die diplomatischen Beziehungen zu Deutschland.

11. Mai
Die bisher in London ansässige tschechische Exilregierung tritt in Prag zusammen.

15. Mai
Aufstand in Prag. Blutige Ausschreitungen gegen die Deutschen.

23. Mai
Die deutsche Regierung wird bei Flensburg gefangengenommen. Himmler wird verhaftet und vergiftet sich.

31. Mai
Die norwegische Regierung kehrt aus London nach Oslo zurück.

5. Juni
Die Alliierten gliedern Deutschland in vier Besatzungszonen und übernehmen die oberste Regierungsgewalt.

Mayrhofen, 4. Mai 1945

Die Ostmark heißt wieder Österreich. Die Agonie ist vorüber. Klio hat den Totenschein ausgestellt. Das Regime, das nicht leben konnte und nicht sterben wollte, existiert hierzulande nicht mehr. Gestern nachmittag hat sich, mit einem Dr.-Ing. Gruber an der Spitze, die Österreichische Widerstandsbewegung konstituiert. Die Sender Vorarlberg, Innsbruck und Salzburg bestätigten die Waffenstreckung der Südarmee, auch für Tirol, Vorarlberg und Reutte, und verbreiteten die ersten zwei Erlasse der provisorischen Regierung.

Der eine Erlaß hob ab sofort die Verdunklung auf, fand ungeteilten Beifall und wurde am Abend weithin sichtbar befolgt. Die Fenster waren erleuchtet! Ein paar Straßenlaternen brannten zwinkernd! Wir gingen spazieren und freuten uns wie die Kinder. Uns war, mitten im Mai, weihnachtlich zumute. Das jahrelang entbehrte Licht in den Häusern erschien uns schöner als Millionen Christbäume.

Auch der zweite Erlaß wurde gehorsam befolgt. Freilich nicht mit der gleichen Begeisterung. Er befahl die sofortige Beflaggung in den Farben Österreichs, also Rot-weiß-rot, oder in den Tiroler Farben Rot-weiß. Die Schwierigkeit, unter der die Bevölkerung leise seufzte, bestand nicht etwa, wie man denken könnte, in dem über Nacht zu vollziehenden Gesinnungswandel. Auch nicht in der bedenklichen Zumutung, ihn vor aller Augen meterlang aus den Fenstern zu hängen. Die Schwierigkeit lag ausschließlich darin, sich in so kurzer Zeit, noch dazu nach Ladenschluß und bei der herrschenden Stoffknappheit, das geeignete Fahnentuch zu beschaffen.

Künftige Usurpatoren sollten daraus lernen. Man kann die Menschen, nicht nur die Österreicher, natürlich dazu nötigen, vom Abend zum Morgen ihre Gesinnung wie einen Handschuh umzukehren. Und man kann sie mühelos dazu bewegen, diese Wandlung öffentlich zu bekennen. Am guten Willen wird nicht zu zweifeln sein. Man muß nur die Grenzen beachten, die ihm gezogen sind. Für die politische Kehrtwendung selber genügen zehn Minuten. Die befriedigende Lösung der Flaggenfrage ist viel zeitraubender. Schon wegen des Ladenschlusses. Denn es genügt nicht, die Fahne nach dem Wind zu hängen. Es muß ja die neue Fahne sein!

Immerhin bot Dr.-Ing. Grubers Flaggenerlaß keine unüberwindlichen Schwierigkeiten. Es wurde von der Nation bis heute früh weder Marineblau noch Schweinfurter Grün verlangt und auch kein Kanariengelb. Rot und Weiß waren, bei einiger Phantasie, über Nacht beschaffbar, und sie wurden beschafft. Als wir, die Entdunklung feiernd, die Straßen und Gassen entlanggingen, konnten wir uns mit eignen Augen – einem weinenden und einem lachenden Auge – unterrichten, wie man aus alten und soeben verbotenen Fahnen neue, aufs innigste zu wünschende schneidert. Wir blickten in die Stuben und sahen, in jedem Fensterrahmen, das nahezu gleiche lebende Bild. Überall trennte man das Hakenkreuz aus den Hitlerfahnen. Überall zerschnitt man weiße Bettlaken. Überall saßen die Bäuerinnen an der Nähmaschine und nähten die roten und weißen Bahnen fein säuberlich aneinander. »Doch drinnen waltet die züchtige Hausfrau«, zitierte einer von uns. Und ein andrer sagte: »Sie ziehen sich die Bettücher unterm Hintern weg. Das nenn ich Opfermut!«

Auch sonst glich der Spaziergang einer politischen Exkursion. Farbsatte Rechtecke an den Wänden erzählten uns, wie leicht Tapeten zu verschießen pflegen und wie groß die Hitlerbilder gewesen waren. In dem einen und anderen Zimmer standen die Hausväter vorm Rasierspiegel, zogen Grimassen und schabten, ohne rechten Sinn für Pietät, ihr tertiäres Geschlechtsmerkmal, das Führerbärtchen, von der Oberlippe. (Obwohl, historisch betrachtet, sein Emblem unter der Nase, wie vieles andre auch, nicht von Hitler, sondern vor ihm erfunden worden ist.) Kurz und gut, es war ein lehrreicher Rundgang. Seit das Licht wieder aus den Häusern fällt, fällt auch wieder Licht hinein.

Heute früh wehten die Fahnen der Freiheit, daß es eine Pracht war. Die neuen Ordnungshüter, mit rot-weiß-roten Armbinden, konnten auf Mayrhofen stolz sein. Mitunter bemerkte man freilich Kreise und Segmente in unausgeblichenem Rot, die bis gestern vor Wind und Wetter durchs Hakenkreuz geschützt worden waren. Zuweilen hatten die Bäuerinnen wohl auch die roten und weißen Bahnen in der verkehrten Reihenfolge zusammengenäht. Doch das blieben kleine Schönheitsfehler, über die man großzügig hinwegsah. Alles in allem war die Flaggenparade ein schöner Erfolg.

In Steiners Wohnstube wurde er mit Kartoffelpuffern und Marmelade gefeiert. Anschließend holten Alfred und Willi aus ihrem Lastwagen Chianti, Wodka und einen Karton Eier. Frau Steiner erhielt von den abgemusterten Unteroffizieren den dienstlichen Auftrag, aus dem Wodka und vielen Eidottern einen Eierlikör zu brauen, und die Damenwelt freute sich schon. Leider kam der Likör nicht zustande. Denn die Eier in dem Karton waren hartgekocht. So gab es, statt dessen, harte Eier und Wodka zum Nachtisch. Es erfolgten keine Beschwerden. (Außer Magenbeschwerden.)

Die Fahnen sind nicht nur aus Angst und Lüge zusammengestoppelt. Vor manchem Fenster flattert auch die Wahrheit, die ganze oder die halbe, trotz der zerschnittenen Bettlaken. Wir aus Berlin kennen hier nur die Eckfälle. So wußten wir seit den ersten Tagen, daß der Kramerwirt, ein feister Mann mit Kropf, zur katholischen Opposition und zu Schuschniggs Freunden gehöre. Die Einheimischen, auch er selber, rechnen mit ihm als dem neuen Bürgermeister.

Die Seminardirektorin, die alte Kämpferin und Freundin des Tiroler Gauleiters Hofer, hat die Fahne nicht gewechselt, sondern wurde heute früh in Hippach, auf dem Hügel neben der Kapelle, tot aufgefunden. Neben ihr lagen die Leichen ihrer Mutter, ihrer Freundin, eines Kindes und eines Lehrers sowie ein zweiter Lehrer, der nur verwundet war und, mit einem Kopfverband, abtransportiert worden ist. Sechs Schüsse und fünf Tote, darunter ein Kind. Ein blutiger letzter Akt, mit Selbstmord und Mord im Einverständnis. Ein schlimmes Ende schlimmer Erzieher. Der Pfarrer hat angeordnet, daß sie außerhalb der Friedhofsmauern begraben werden.

Die dreiundzwanzigjährige BDM-Führerin der Anstalt habe sich anderswo erschossen, und der Ortgruppenleiter sei, auf dem Rückweg vom Achensee, in Jenbach umgebracht worden. Diese zwei Nachrichten sind nicht verbürgt.

Vorhin fuhr eine Kette von Autos, worin höhere Offiziere saßen, durch den Ort. Als sie anhielten, um den Weg nach Hintertux zu erfragen, stellte sich heraus, daß sie, trotz der deutschen Uniformen, Russen waren und zum Stab der Wlassow-Armee gehörten. Ein radebrechender Dolmetscher erzählte, sie hätten noch vor kurzem in Babelsberg gekämpft und sich im letzten Augenblick nach Süden durchgeschlagen. Die Erzählung klang unwahrscheinlich. Sollte sie zutreffen, so hieße es, daß man die ukrainischen Partisanen regimenterweise den Sowjets ans Messer geliefert hat. Wlassow und seine Offiziere ziehen es jedenfalls vor, droben in Hintertux auf die Amerikaner zu warten.

Auch Lastautos der deutschen Südarmee fahren, mit Maschinengewehren bestückt und mit Lebensmitteln beladen, in der gleichen Richtung bergauf. Einzelne kleinere Trupps absolvieren die letzten Kilometer ihrer Flucht zu Fuß. Hintertux ist die Endstation. Dort ist die Welt mit Gletschern vernagelt.

Eben brüllte ein leichtverwundeter Stabsapotheker, mit einem Leutnant nach Lanersbach unterwegs, zwei humpelnd bummelnde Landser an, die ihn nicht durch ›Anlegen der Hand an die Kopfbedeckung‹ gegrüßt hatten. Er war vor Wut und Erschöpfung außer Rand und Band. Sie nahmen, etwas verwundert, mitten auf der Straße stramme Haltung an, schimpften dann aber unflätig hinter ihm drein. Er tat, als ob er es nicht höre.

Auch Zivilisten ziehen durch den Ort, freilich in entgegengesetzter Richtung. Es sind italienische und serbokroatische ›Fremdarbeiter‹ mit ihren Bündeln. Sie wollen nach Hause. Wlassows Stab, deutsche Soldaten, italienische Arbeiter, Tiroler Freiheitskämpfer mit Armbinden, brennesselpflückende Berliner, promenierende Hautevolee aus Budapest, es geht unverkennbar international zu. Marika Rökk fährt ihr Baby im Kinderwagen aus. Leni Riefenstahl ist aus Kitzbühel eingetroffen.

Sie hat dort ihre Villa, ihren Schneidetisch, ihren Vorführraum, vielleicht auch ihre Weltanschauung zurückgelassen und sucht, von einer Gallenkolik geplagt, an Harald Brauns liberaler Brust Schutz und Halt. Der Ärmste weiß nicht recht, wie er sich dem Regisseur der Reichsparteitagfilme gegenüber verhalten soll, da dieser Mann ja eine Frau ist, noch dazu mit Tränen in den Augen und einer Wärmflasche vorm Leib. Was soll er, in Mayrhofen und im 20. Jahrhundert, mit einer besiegten Amazone anfangen, die sich ergeben will? Da die Bräuche der Antike nicht mehr Mode sind, ergreift er verlegen die Flucht.

Es gibt auch jüngere Amazonen, zum Beispiel die Sportlehrerin der entschwundenen Seminaristinnen. Sie möchte jeden Soldaten anspucken, der nicht mehr weiterkämpft. Sie tobt und zerschlägt, da man sie eingeschlossen hat, die Möbel ihres Hotelzimmers. Was wird aus so einem fatalen Heldenmädchen werden? Sie weiß es nicht besser? Freilich nicht. Und wie will man erreichen, daß sie es besser wissen wird?

Das Mißtrauen zwischen den Einheimischen besteht weiter. Nur das Vorzeichen hat sich geändert. Bis vor ein paar Tagen hatten die einen vorm Ortsgruppenführer Angst. Nun fürchten sich die anderen, diesmal vorm Kramerwirt und den Männern mit der neuen Armbinde.

Gestern wurde im Rundfunk mitgeteilt, daß Tirol auf absehbare Zeit mit ›Ernährungszuschüssen‹ nicht rechnen könne. Daraufhin hat man schon in einigen Geschäften abgelehnt, Ortsfremden Lebensmittel zu verkaufen. Auch in diesem Punkt hat sich also nichts geändert. Nicht einmal das Vorzeichen.

Herr B., der aus Hamburg stammt, trieb die gespielte Treuherzigkeit so weit, daß er sich in Innsbruck den österreichischen Freiheitskämpfern als Mitstreiter anbot. Da kam er an die Verkehrten. Leute mit undurchsichtiger Konduite haben die Tiroler selber zur Genüge. Hierfür braucht man keine auswärtigen Mitglieder. Deshalb schloß sich Herr B., bitter enttäuscht, den politischen Wallfahrern an, die zu den warmen Quellen nach Hintertux pilgern.

Mayrhofen, 5. Mai 1945

Obwohl es längst zu Ende ist, ist es noch immer nicht zu Ende. Gestern hat allein in Nordwestdeutschland eine halbe Million Soldaten die Waffen gestreckt. Hamburg und Oldenburg haben sich den Engländern ergeben. Gegen die Amerikaner sind ›alle Kampfhandlungen eingestellt worden‹. Unsere Armeen, welch großes Wort, kämpfen ›nur noch‹ gegen die Russen.

Für Mayrhofen gilt ein anderes ›nur noch‹: Brot gibt es nur noch für die Ansässigen. Wenn einer von uns den Laden betritt und seine Lebensmittelkarte zückt, spielen die anderen das Bauernstück ›Leider ausverkauft‹. Der Kramerwirt hat sich mit dem bisherigen Bürgermeister zusammengesetzt, also der neue Mann mit dem alten, der Schwarze mit dem Braunen, weil wieder einmal über das Thema ›Gemeinschaftsverpflegung‹ nachgedacht werden soll. Schon am Montag, heißt es, wolle man mit der summarischen Abfütterung beginnen.

Worin der Vorteil liegen könnte, begreife ich nicht recht. Gemeinschaftsverpflegung hätte Sinn, wenn es zuwenig Herdstellen, zuwenig Holz und Kohlen oder zuwenig Köche gäbe. Oder einen ausreichenden Vorrat von bestimmten Lebensmitteln und einen entscheidenden Mangel an anderen. Oder ein psychologisches Motiv. Nichts davon trifft zu. Alle Sorten Lebensmittel sind knapp. Rationalisierung durch Gulaschkanonen ohne Gulasch, ohne Brot, ohne Kartoffeln, ohne Mehl und Schmalz kann den Mangel weder verschleiern noch gar beheben. Am Ende ist doch eine psychologische Erwägung im Spiele? Hofft man, die Ortsfremden mit Gulaschkanonen in die Flucht zu jagen? Auch das wäre eine Fehlspekulation. Wir kämen nicht weit. Und schlecht ist es auch anderswo.

Lore Flesch, die BDM-Führerin, hat sich, entgegen dem Gerücht, nicht umgebracht. Sie hat es auch nicht versucht. Sie lebt und ist noch hier.

Bei der Schneiderin in Hollenz herrschte gestern Hochbetrieb. Sie mußte Uniformen abändern, Knöpfe mit dem Hoheitsabzeichen durch Hirschhornknöpfe ersetzen, jägergrüne Jackenaufschläge annähen, Biesen und Spiegel abtrennen und in der Nachbarschaft alte Filzhüte auftreiben. Die Soldaten warteten geduldig, zahlten mit Zigaretten und Schnaps aus dem Rucksack und verließen die Schneiderstube als nachgemachte, nicht ganz waschechte Tiroler. Mit Hüten, die zu groß oder zu klein waren.

Viele Fahrer von Wehrmachtswagen haben ihre Fahrzeuge in der Gegend stehenlassen und sind abgehauen. Wir kamen dazu, wie Kinder und Halbwüchsige einen I-Wagen, einen ›Instandsetzungs-Wagen‹, also eine fahrbare Reparaturwerkstatt mit Hunderten von Ersatzteilen, bis auf den letzten Schraubenschlüssel ausschlachteten. Binnen kurzem sah der Wagen aus, als seien die Heuschrecken dagewesen.

Bei P. in der Nachbarschaft haben sich acht Soldaten einquartiert und beschimpfen, pausenlos und ohne Luft zu holen, ihn und die übrigen ›schlappen Tiroler‹ so massiv, daß er, aus lauter Verzweiflung, sein Parteiabzeichen wieder ausgekramt und angesteckt hat. Wenn auch nur für den Hausgebrauch. Nur als Innendekoration.

Die Depression schlägt in Reizbarkeit um. Erst war man gelähmt, jetzt wird man zänkisch. Jeder macht jeden verantwortlich. Jeder macht jedem Vorwürfe. Und jeder nimmt nur einen einzigen Menschen aus: sich selber. Warum ist man gereizt? Weil man überrascht ist? Wie kann man denn überrascht sein? Hat man denn den Schwindel geglaubt? Hat man die hanebüchenen Phrasen tatsächlich mit Tatsachen verwechselt? So dumm kann man nicht sein. So dumm konnte man sich nur stellen. Jetzt tut man überrascht, d.h., man stellt sich wieder dumm. Man möchte lieber für einen großen Trottel gehalten werden als für einen kleinen Halunken.

Der ›Deutsche Volkssender‹, eine Neugründung sowjetischer Observanz, hat mitgeteilt, daß Berlin umgehend Brot erhalten werde. Daran erkenne man, was es mit den Verleumdungen auf sich habe, die Russen seien Un- und Untermenschen. Überdies seien Moskauer Ingenieure und Techniker per Flugzeug eingetroffen, um die zum Teil in die U-Bahnschächte abgestürzte Friedrichstraße wieder passierbar zu machen.

Trotz solcher Sirenenklänge haben hier nur wenige Flüchtlinge aus dem Osten die Absicht, in ihren Wohnort zurückzukehren. Ob die Alliierten darauf Rücksicht nehmen werden, ist die zweite Frage. Ein übervölkertes Westdeutschland und ein schwachbesiedeltes Ostdeutschland dürften nicht in ihrem Interesse liegen. Dresden und Chemnitz sind noch immer nicht besetzt worden.

Alfred und Willi erzählten Erbauliches über die militärische Transportbürokratie in Oberitalien. So mußten die endlosen LKW-Kolonnen, wohin sie auch dirigiert wurden, immer und unter allen Umständen ›ausgelastet‹ sein. Wenn sie Munition und Lebensmittel zur Front gebracht hatten, durften sie nicht leer zurückkommen. Und wenn sie zur Räumung gefährdeter Depots nach Süden beordert wurden, durften sie nicht leer hinunterfahren! Man übertrug also die Methoden der Speditionsbranche auf den Frachtverkehr zwischen Hinterland und Front, auch dann noch, als sie wankte und zusammenbrach. Mitten im Rückzug der Armeen ging es zu wie beim Umzug im Frieden. Da Leertransporte streng untersagt waren, brachten die Kolonnen, um Bestände zu retten, Bestände mit! Es ging Zug um Zug. Man tauschte die Beute, die der Gegner morgen oder übermorgen machen würde, im letzten Moment aus. Dabei konnte es vorkommen, daß, nachdem das Mitgebrachte abgeladen worden war, keine Zeit mehr blieb, das Abzuholende aufzuladen. Dann steckte man beides in Brand, und die Kolonnen machten sich schleunigst und, dem kategorischen Befehl zuwider, völlig leer aus dem Staube. Willi geriet geradezu ins Schwärmen, als er uns zu beschreiben versuchte, wie appetitanregend tonnenweise brennende Dörfler-Würstchen zu duften imstande sind.

Daß Soldaten, denen derartige Schildbürgerstreiche befohlen wurden, ihren eignen Vorteil nicht aus den Augen verloren, leuchtet ein. Alfred deutete an, daß er allseitig versiegelte Kisten mit Zigaretten entleeren könne, ohne auch nur eines der Siegel zu lädieren. Und er verschwieg uns nicht, wie man Schnapsladungen zu Bruch fahren kann, ohne daß der kostbare Inhalt nachweislich zerbrochener Flaschen verlorengeht. Zuweilen sei die ganze Kompanie tagelang besoffen gewesen.

Weniger erheiternd klang Willis Behauptung, daß seit Oktober vom Hauptpostamt Verona keinerlei Feldpost weiterbefördert worden sei!

Mayrhofen, 5. Mai 1945, nachts
Heute gegen Abend trafen die ersten Amerikaner ein. In zwei Panzerspähwagen und zwei Kübelwagen mit Maschinengewehren. Sie hatten deutsche Offiziere mit Armbinden der Widerstandsbewegung bei sich und hielten beim Kramerwirt. Auf einem der Panzer lagen ein deutscher Offiziersdegen und ein deutscher Stahlhelm. Der Wirt begrüßte den Lieutenant Colonel mit jovialer Würde und führte ihn und die deutschen Begleiter in die Gaststube. Unmittelbar danach fuhr, aus entgegengesetzter Richtung, ein Auto mit weißem Wimpel und Parlamentären des Stabs der Wlassow-Armee vor, und auch sie wurden vom Wirt ins Haus geführt.

Während in der Gaststube verhandelt wurde, warteten die Panzerfahrer und MG-Schützen neben ihren Fahrzeugen, rauchten und ließen sich von der Menge bestaunen. Es waren kräftige Burschen mit schmalen Ordensschnallen und breiten Boxergesichtern. Während die Dorfjugend auf den Panzern herumturnte, meinte ein Sergeant, der ein deutsches Sportabzeichen als Siegestrophäe an der Mütze trug, Tyrol sei a beautiful country. Ein Kamerad nickte, warf seine kaum angerauchte Chesterfield achtlos auf die Straße und merkte gar nicht, wie wir dabei zusammenzuckten. Später tauchte Uli Haupt auf und verwickelte die Boys, da er in Chikago großgeworden ist, in ein längeres Gespräch, das ihnen viel Freude machte. Von der Zigarette, die man ihm anbot, trat er mir zwei Züge ab. Kyrath stand, den Hörapparat in der Hand, lächelnd dabei, hatte seinen ältesten Trachtenhut auf dem Kopf und rechnete damit, daß sich unter den Helden aus Übersee ein Andenkenjäger fände. Doch sie interessierten sich, fast zu seinem Verdruß, nicht für alte Hüte.

Sie interessierten sich nicht einmal sonderlich für die vielen kleinen Trupps deutscher Soldaten, die, von den verschneiten

Pässen herunterkommend, ohne Orden und Rangabzeichen, fußkrank und schneeblind, auf Zweige gestützt vorüberhumpelten oder stehenblieben, um sich gefangennehmen zu lassen. Die Amerikaner zeigten nur mit dem Daumen talabwärts, und so zogen die Reste der geschlagenen Armee weiter. Viele Kameraden, erzählten sie uns, seien im Po ertrunken und andere droben auf den Pässen erfroren.

Ein einziges Mal hoben die Amerikaner erstaunt die Brauen. Als ein junger Leutnant, mit umgeschnalltem Revolver und sechs Mann, auf sie im Gleichschritt losmarschierte, die Abteilung halten ließ und, mit der Hand an der Mütze, einem der Sergeants Meldung erstattete. Auch dieses Grüppchen kam von den Pässen herunter. Auch sie kamen aus der Po-Ebene. Doch sie sahen aus, als hätten sie höchstens einen mittleren Gepäckmarsch hinter sich. Die Amerikaner hielten Kriegsrat und gaben dem Leutnant und seinen sechs Mann schließlich einen ihrer MG-Schützen mit. Er verschwand mit ihnen, nicht als sei er ihr Aufpasser, sondern eine Ehrengarde.

Später rollten die Panzer wieder nach Schwaz hinunter, und das Auto mit dem weißen Fähnchen kletterte wieder nach Hintertux hinauf. Wir hatten ein kleines Stück Geschichte gesehen, als wären es ein paar Meter Bergfilm gewesen, und waren wieder unter uns. In den nächsten Tagen werden andere Amerikaner kommen und die Ortsverwaltung übernehmen. »Armeerikaner«, sagte jemand aus Jux.

Alfred und Willi sind seit dem Auftauchen der Panzer nicht müßig gewesen. Sie tragen eine Art Räuberzivil, wohnen jetzt bei Steiners und haben ihren Lastwagen und sechshundert Liter Benzin ›der Ufa zur Verfügung gestellt‹.
Unser Lastwagenpark à discretion hat sich um einen LKW nebst Anhänger vergrößert. Das Fahrzeug gehörte zur ›Marsfilm‹, einer Gründung des OKW, also einer militärischen Formation im Dienste der Filmpropaganda. Die jetzigen Eigentumsverhältnisse sind weniger klar. Bis auf weiteres gehört der Wagen jedenfalls dem Leutnant H. und dem Unteroffizier R., einem Kulturfilmproduzenten und einem unseren Ufa-Fachleuten wohlbekannten Aufnahmeleiter. Die beiden wußten,

daß Eberhards Gruppe in Mayrhofen ist, und haben sich aus Norddeutschland nach Tirol, nicht ohne Abenteuer, durchgeschlagen.

Nachdem sie in der Lüneburger Heide die Braut des Leutnants, seine Anzüge, Wäsche, Schuhe und ein paar kleinere antike Möbelstücke abgeholt und in Berlin des Unteroffiziers Habseligkeiten mitgenommen hatten, gerieten sie, Mitte April, in einen Tieffliegerangriff, wobei die Braut und der Fahrer ums Leben kamen. H. erhielt einen Durchschuß durch den Oberarm, und R. wurde von Splittern getroffen, deren einer noch unter der Stirnhaut sitzt und wie eine blaue Beule hin- und herwandert. Völlig unbeschädigt blieb nur ein Kamerad, der im Anhänger saß und, mit dem Rucksack, der Butterbüchse und der Feldflasche auf den Knien, beim Frühstücken war.

Nun wohnen auch H. und R. bei Steiners, kurieren ihre Wunden und ihre Trauer, so gut es geht, und geben uns von ihrem ›Reiseproviant‹ ab. Außerdem hat mir der Leutnant ein Paar Schuhe geschenkt und der deutschen Literatur damit einen außerordentlichen Dienst erwiesen. Denn ich ging in der letzten Zeit nicht mehr auf den Schuh-, sondern auf den Fußsohlen. Daß er mir, während unserer ersten Unterhaltung am Gartentisch, keine Zigarette anbot, war die schiere Gedankenlosigkeit. Er rauchte, eine fast volle Schachtel lag vor ihm, mir wurde vor Gier nach Tabak geradezu schwindlig, und ich sagte viel zu laut: »Geben Sie mir eine Zigarette!« Da wurden wir beide rot.

Aufnahmeleiter sind notwendigerweise gewitzte Naturen, oder sie haben ihren Beruf verfehlt. Unser Unteroffizier scheint einer der weniger gewitzten zu sein. Vielleicht liegt es aber auch nur an seiner Wanderbeule auf der Stirn. Jedenfalls gehören er und sein Kopf zu den zahllosen Dummköpfen, deren Credo in dem Satze gipfelt: ›Daß es so schlimm gewesen und geworden ist, hat nicht am Hitler, sondern an den Mitarbeitern gelegen.‹ Außerdem kommt diese Version ihrem Gewissen zupasse. Indem sie seine Schuld vermindern, reduzieren sie ihre Mitschuld.

Auch R. steckt, wie fast jeder Soldat, voller Geschichten,

worin sich die charakteristischen Mängel des vielgepriesenen deutschen Organisationstalentes veranschaulichen. Es sind stets die gleichen Mängel. Es sind haarsträubende Mängel. Es sind Mängel des deutschen Charakters. Wenn es, wie bei Rückzügen Hals über Kopf, auf Biegen oder Brechen geht, muß man sich biegen können. Man muß sich der Lage anpassen. Man muß elastisch sein. Man muß improvisieren. Man darf nicht subaltern sein. Wenn der Fahrplan durcheinandergerät, darf man sich nicht mehr daran halten, sonst stoßen die Züge zusammen. Die Deutschen glauben nicht an das, was sie sehen, sondern an den Fahrplan. Und sie gehorchen ihm noch, wenn sie nicht mehr an ihn glauben. Ihr Gehorsam ist schwachsinnig. Er ist verbrecherisch. Und wenn man sie anklagt, zeigen sie mit Fingern auf den Fahrplan. Dann schreien sie: »An die Laterne mit ihm!«

Auch unser R. erzählte also seine Geschichte. Sie handelte von einem großen Verpflegungslager, das bereits unter Beschuß lag, und von ihm selber als einem von zweihundertfünfzig Unteroffizieren, die gekommen waren, um für ihre Einheiten Lebensmittel, Schnaps und Zigaretten zu fassen. Die lange Kette der Kuriere wurde von schwerbewaffneten Streifen bewacht, und einer aus der Reihe, der hintenherum ein Stück Fleisch ergattert hatte, wurde sofort erschossen. Alles andere ging wesentlich langsamer voran. Denn der Feldwebel der Lagerverwaltung mußte alles, was er ausgab, achtmal verbuchen.

Und er tat, obwohl der Feind immer näherrückte, ungerührt seine Pflicht. Dabei hatte er schon den Befehl in der Tasche, den Rest des Lagers am Abend in die Luft zu sprengen. Doch auch die Bestände, die er, infolge Zeitnot, nicht mehr würde ausgeben können, mußte er, ehe er sie in die Luft jagte, achtfach verbuchen! So lautete sein Auftrag, und er ließ sich davon nicht abbringen. Bedarfsgegenstände, die in der Eile nicht gefragt waren, hatten seine Helfer schon gezählt, z.B. gewaltige Mengen von Damenbinden und, wie sich R. noch genau erinnert, 280 000 Füllfederhalter. Wie der achtfach verbuchte Albtraum geendet hat, weiß R. nicht. Er machte sich, nachdem er acht Quittungen gegengezeichnet hatte, mit seinem LKW aus dem Staube. So wußte er nicht, ob der böse Feind eine Stunde zu früh eingetroffen sei und den fleißigen Feldwebel überrascht habe, bevor er zur Sprengung schritt. Dann hat er sicher, unter Bezugnahme auf den Sommerfahrplan 1945, die Cowboys gehörig angepfiffen und zurückgeschickt. Auch wer zu früh kommt, ist unpünktlich! Und mit unpünktlichen Völkern kommt man schon im Frieden nicht zurecht, geschweige denn im Krieg!

Drei deutsche Armeen, die sich in Mecklenburg den Engländern ergeben wollten, sind von Montgomery nicht akzeptiert worden. Er hat die Annahme verweigert. Und er hat sie an die Russen verwiesen. Der Kriegsschauplatz wird zum Arbeitsmarkt. England braucht keine Fremdarbeiter aus Deutschland. Rußland hat Bedarf. Doch wer möchte schon in den Ural und nach Sibirien? So wird sich dort oben der Kampf um den Stellenmarkt noch ein paar Tage hinschleppen.

Frank, Frick und Amann sind gefangengenommen worden. Georg Jakobi, der Marika Rökks Baby ausfuhr, erzählte mir, daß ihm in Fügen ein General bis zuletzt versichert habe, der Sieg sei immer noch möglich. Und er, Jakobi, habe es geglaubt. Da kann man nichts machen.

Mayrhofen, 6. Mai 1945
Reste der Südarmee kommen in immer größeren Trupps von den Pässen herunter. Humpelnd, mit umwickelten Füßen, in Zivilanzügen, die zu groß oder zu klein sind, auch in Uniform, aber mit Filzhüten auf dem Kopf. Die Einwohner laufen den Zillergrund hinauf und tragen den armen und erschöpften Kerlen die Rucksäcke, Tornister und Kartons bis zum Marktplatz. Dort wird das Gepäck auf ein Pferdefuhrwerk geladen, nach Zell transportiert und aufs nächste Fuhrwerk verfrachtet.

So haben die traurigen Gestalten wenigstens nur die eignen Füße weiterzuschleppen. Und schon das ist mühselig genug. Manche machen vorübergehend schlapp. Sie werden auf einem improvisierten Verbandsplatz, dem Schulhaus gegenüber, mit

Kamillenfußbädern, Salbe und frischen Mullbinden traktiert. Weiter wollen sie nichts, weil sie weiterwollen. Sie wollen heim. Bis nach Schlesien. Bis nach Ostpreußen. Wo ein Wille ist, denken sie, sei auch ein Weg.

Drei von ihnen fragten mich, ob ich ihnen tausend Lire wechseln könne. Ich schenkte ihnen zwanzig Mark. Ein Offizier, heißt es, habe, mit einem Rucksack voller Tausendlirescheine, beim Pfarrer vorgesprochen und den frommen Mann ersucht, ihm wenigstens einen Teil des Geldes in Reichsmark umzutauschen. Der Pfarrer habe ihn jedoch aus dem Tempel gejagt. Das Beispiel regt zum Rechnen an. Wenn der Halunke auch nur hundert Päckchen zu hundert Scheinen bei sich trug, kehrte er als zehnfacher Liremillionär in die teure Heimat zurück. Mehr kann man, als Soldat und brav, von einem verlorenen Kriege wirklich nicht erwarten.

Die Rucksäcke der simplen Landsknechte wiegen schwerer. Und der Inhalt ist weniger wertvoll. Trotzdem herrscht, in und vor den Häusern und Gasthöfen, ein schwunghafter Tauschhandel. Die Nachfrage nach Hüten kann kaum befriedigt werden. Der Kurs schwankt. Joppen und Jacketts werden mit hundert Zigaretten gehandelt, und komplette Anzüge mit einem Pfund Kaffee. Da die Kaffeebohnen grün sind, hat die würzige Berglust an Aroma noch gewonnen. In fast jeder Küche steht die Hausfrau am Herd, rührt hingebungsvoll im Tiegel und röstet Kaffee. Und die Männer plündern den Kleiderspind.

Mit einem der Soldaten gerieten wir ins Gespräch, während er sich rasierte. Er hatte einen Handspiegel an die Friedhofsmauer gelehnt und schabte sich die Stoppeln in Gegenwart der Lebendigen und der Toten. Die frisch erworbene Bauernjoppe lag neben dem Spiegel. Die Uniformjacke hatte er einem kleinen Jungen geschenkt, der darin wie in einem Mantel herumstolzierte. Den Übergang über den Po, sagte der Soldat, werde er nicht so bald vergessen. Die Offiziere hätten den Fluß auf Fähren überquert, und die Mannschaften hätten zusehen können, wo sie blieben. Noch am Brenner habe die SS viele über den Haufen geschossen. So seien er und andere eiligst umgekehrt, um unbewachte Pässe auszukundschaften. Die Verwundeten und Kranken lägen wohl jetzt noch marschunfähig auf der italienischen Seite der Berge.

Morgen sollen die Lebensmittelkarten beschnitten und, statt der kupierten Kupons, Gutscheine ausgegeben werden, die zur Teilnahme an der Gemeinschaftsverpflegung berechtigen. Heute abend wird der amerikanische Ortskommandant erwartet.

Ich beginne mich wieder für mein Stück ›Die Schule der Diktatoren‹ zu interessieren. Es machte, jahrelang, so gar kein Vergnügen, Szenen und Dialoge niederzuschreiben, die, im Anschluß an eine Haussuchung, den Kopf gekostet hätten. Und man braucht Zeit, sich an den Gedanken zu gewöhnen, daß es nun nicht mehr den Kopf kostet.

Mayrhofen, 7. Mai 1945

Noch immer kommen Soldaten in Rudeln, in Trupps und paarweise von den Pässen herunter. Als wir den Zillergrund hinaufstiegen, sahen wir im Schnee, links und rechts vom Weg, sonderbare Gebirgsblumen leuchten, in Bunt und Gold und Silber: Epauletten, Kokarden, Tressen und Ordensspangen, Alpenflora 1945. Und an einer Felsnase klebte ein Schild mit der Aufschrift: ›Karl Funke, melden in Mayrhofen Haus 129, Hilde.‹

Die Trollblumen, der Hahnenfuß und der Enzian auf den Wiesen haben den Dreitageschnee überdauert. Sie richten sich wieder auf. Weder der angekündigte Ortskommandant noch andere Amerikaner haben sich blicken lassen. Die Leute laufen betreten durch die Straßen. Die kurze Pause im Geschichtsunterricht macht sie nervös. Die Lücke zwischen dem Nichtmehr und dem Nochnicht irritiert sie. Die Bühne ist hell, aber leer. Wo bleiben die Schauspieler? Geht denn das Stück nicht weiter? Die Geschäfte haben geschlossen. In den Schaufenstern und an den Türen liegen und hängen Schilder und Zettel: ›Ausverkauft!‹

Heute früh sechs Uhr hat man die Direktorin, das Kind und die drei anderen Toten begraben, und zwar zwei der fünf außerhalb des Friedhofs, nicht weit vom Gittertor, da sie, nach den Angaben des nur verwundeten Lehrers, die Schüsse abgefeuert hätten. Nun, tot ist tot, und die Erde, ob vorm oder hinterm Tor, ist die gleiche.

Der Sender Flensburg gab bekannt, Jodl habe die Kapitulationsurkunde unterzeichnet, und morgen träte sie in Kraft. Der Sender Böhmen nannte, in Schörners Auftrag, diese Meldung eine Feindlüge. Und die Russen ließen mitteilen, man habe in Berlin die Leichen von Goebbels, seiner Frau und den Kindern gefunden und identifiziert.
 Jetzt schweigen die Sender. Es ist still im Haus. Nur die Maikäfer, die kleinen gepanzerten Flieger, stoßen mit den Köpfen gegen das erleuchtete Fenster.

Mayrhofen, 8. Mai 1945
Jodl hat die bedingungslose Kapitulation unterzeichnet. In Reims. Der Rundfunk überträgt die Siegesfeiern und den Jubel, der draußen herrscht. Alle miteinander sind stolz darauf, was sie in fünf Kriegsjahren geleistet haben. Und sie haben Grund, sich zu rühmen. Aber sie werfen uns vor, daß es ihrer Anstrengungen bedurfte. Was sie getan hätten, sei unsere Aufgabe gewesen. Wir, die deutsche Minorität, hätten versagt. Das ist ein zweideutiger Vorwurf. Er enthält nur die halbe Wahrheit. Sie verschweigen die andere Hälfte. Sie ignorieren ihre Mitschuld. Was sie verschweigen, macht das, was sie aussprechen, zur Phrase, und wir sind im Laufe der Zeit gegen Phrasen sehr empfindlich geworden. Auch gegen liberale Phrasen. Auch gegen Phrasen aus Übersee. Die Sieger, die uns auf die Anklagebank verweisen, müssen sich neben uns setzen. Es ist noch Platz.
 Wer hat denn, als längst der Henker bei uns öffentlich umging, mit Hitler paktiert? Das waren nicht wir. Wer hat denn Konkordate abgeschlossen? Handelsverträge unterzeichnet?

Diplomaten zur Gratulationscour und Athleten zur Olympiade nach Berlin geschickt? Wer hat denn den Verbrechern die Hand gedrückt statt den Opfern? Wir nicht, meine Herren Pharisäer!

Sie nennen uns das ›andere‹ Deutschland. Es soll ein Lob sein. Doch Sie loben uns nur, damit Sie uns desto besser tadeln können. Beliebt es Ihnen, vergessen zu haben, daß dieses andere Deutschland das von Hitler zuerst und am längsten besetzte und gequälte Land gewesen ist? Wissen Sie nicht, wie Macht und Ohnmacht im totalen Staat verteilt sind? Sie werfen uns vor, daß wir nicht zu Attentaten taugen? Daß noch die Trefflichsten unter uns dilettantische Einzelmörder unübertrefflicher Massenmörder waren? Sie haben recht. Doch das Recht, den ersten Stein gegen uns aufzuheben, das haben Sie nicht! Er gehört nicht in Ihre Hand. Sie wissen nicht, wohin damit? Er gehört, hinter Glas und katalogisiert, ins Historische Museum. Neben die fein säuberlich gemalte Zahl der Deutschen, die von Deutschen umgebracht worden sind.

Der Äther ist geduldig. Stalin hat erklärt, Deutschland solle nicht zerstückelt werden. Doch es müsse sich selbst ernähren, haben englische Minister geäußert. Man werde nur eingreifen, falls Hungerepidemien aufträten. Hauptmann Gerngroß hat mitgeteilt, daß die unverbesserlichen Anhänger Hitlers nur nördlich des Mains lebten. Und der Sender Vorarlberg pries die engelhafte politische Unschuld der Österreicher. Das künftige Schicksal des Altreichs gehe sie nichts an. Es interessiere sie nicht. Ihre Freunde wohnten hinter anderen Grenzen. Die Unschuld grassiert wie die Pest. Sogar Hermann Göring hat sich angesteckt. Er sei von Hitler zum Tode verurteilt und von der SS inhaftiert worden. Erst Angehörige der Luftwaffe hätten ihm das Leben gerettet. Man sieht, der Engel der Unschuld hat sich mit fast jedem eingelassen, und nun wollen sie alle ins Krankenhaus.

Prag und Dresden sind eingenommen worden. Mayrhofen verwaltet sich selber. Nach 21 Uhr darf niemand mehr auf der

Straße sein. Und ein Anschlag besagt, daß wir, die Flüchtlinge, wegen der angespannten Ernährungslage, ausgewiesen werden sollen.

Mayrhofen, 9. Mai 1945
Der gestrige Anschlag für die Flüchtlinge, der ein Anschlag auf die Flüchtlinge war, ist abgeändert worden. Man will uns nicht auf die Landstraße setzen, sondern erwartet, daß wir freiwillig gehen. Man packt uns beim Portepee, aber wir haben keins. Der Wunsch, uns loszuwerden, ist verständlich. Man möchte ohne Gäste am Hungertuche nagen. Das ist ganz gut und schön, doch wo sollen wir hin? Ins nächste amerikanische Lager? Zu Fuß und aus freien Stücken? Da sind wir schon lieber unhöflich.

Der gleiche Anschlag gibt eine Verschärfung des Ausgehverbots bekannt. Gestern durften wir bis neun Uhr abends umherspazieren, ab heute nur noch bis sieben Uhr. Warum und wozu, weiß kein Mensch. Fast zwei Stunden, bevor es dunkel wird, hocken wir schon in den Stuben, freuen uns der wiedergewonnenen Gedankenfreiheit und dürfen nicht vors Haus treten. Man will, daß wir fortgehen, möglichst bis nach Berlin, und verbietet uns, am späten Nachmittag die Nase aus der Tür zu stecken. Vielleicht möchte man uns und sich selber beweisen, daß regiert wird. Vor einschneidenden Maßnahmen, wie der Gemeinschaftsverpflegung, schreckt man zurück, oder man widerruft sie, wie das Ausweisungsdekret. Also untersagt man uns den Abendspaziergang und betet, daß die Amerikaner endlich, endlich ein paar Uniformen heraufschicken.

Die einzige ernsthafte Verordnung, zu der man sich durchgerungen hat, erfuhren wir gesprächsweise. Es ist untersagt, Ausländer zu beschäftigen. Eine Ärztin aus Königsberg bot dem ortsansässigen und überbeanspruchten Kollegen ihre Hilfe an. Er hätte Mithilfe dringend nötig. Er weiß nicht, wo ihm der Kopf steht. Trotzdem mußte er das uneigennützige Angebot rundweg ablehnen. Im Hinblick auf zu erwartende, etwa von der Front und aus aufgelösten Lazaretten heimkehrende österreichische Mediziner. Wann und ob solche Kollegen kommen werden, weiß niemand. Aber das Beschäftigungsverbot gilt. Die Ärztin aus Königsberg ist eine Ausländerin. Womöglich ist sie nicht einmal katholisch. Die Kranken müssen warten. Und morgen ist Himmelfahrtstag.

Mayrhofen, 10. Mai 1945
Der Zug der humpelnden Soldaten reißt nicht ab. Um ein bißchen Geld in die Hand zu bekommen, verkaufen sie Zigaretten. Der Preis schwankt zwischen zwei und drei Mark pro Stück. Die Nachfrage nach Zivilkleidung hält an. Das Angebot ist gleich Null. Die Schränke sind leer. Einer aus dem Nachbarhaus erhielt für eine alte Hose vierhundertfünfzig Zigaretten. Dafür gäbe auch ich gern eine Hose her. Aber ich habe nur die eine, die ich trage. Das Geschäft und das Resultat wären gegen die Moral. Mit nur einer Hose ist man nicht geschäftsfähig.

Bei Steiners bot ein Gefreiter für einen Zivilanzug drei Pfund Dauerwurst, zwanzig Zigaretten und hundert Mark in bar. Der Handel zerschlug sich. Vater Steiner fand, der Preis entspreche nicht der angespannten Marktlage. Als einer der Umstehenden auf die zwecklos im Schrank hängenden Anzüge der beiden gefallenen Söhne anspielte, wurde die Stimmung bedrohlich. Doch der Alte verschluckte seinen Zorn und schlug die Tür zu.

Während wir heute im Waldcafé saßen, kehrte ein Soldat in halbziviler Tracht ein und hängte, um sich nach Tagen wieder einmal zu rasieren, die Joppe über den Stuhl. »Da staunt ihr, was?« sagte er, und wir staunten tatsächlich. Denn er trug statt des Militärhemds eine seidene, nicht mehr ganz weiße Damenbluse mit halblangen und glockig verarbeiteten Ärmeln. Das erschöpfte und stopplige Mannsgesicht über der verlockend ausgeschnittenen Bluse verzog sich zu einem ironischen Lächeln. Der Anblick war so grotesk, daß wir vergaßen zurückzulächeln.

Mit dem Lächeln ist es überhaupt so eine Sache. Der Rückmarsch einer geschlagenen Armee und der Rückweg zum Ebenbild Gottes sind nicht ganz und gar oder, noch präziser, ganz und gar nicht ein und dasselbe. Eine Bäuerin, die aus Gutmütigkeit drei Soldaten für die Nacht im Haus aufgenommen hatte, fand am nächsten Morgen weder die Soldaten vor, noch das eigne bißchen Geld, noch den Sonntagsschmuck in der Lade.

Die Verschärfung des Ausgehverbots scheint ernstere Gründe zu haben, als ich dachte. In Fügen, wird erzählt, habe ein deutscher Offizier einen Amerikaner erschossen. Daraufhin seien zwanzig deutsche Soldaten an die Wand gestellt und alle Gemeinden im Zillertal angewiesen worden, die Straßen schon ab 19 Uhr zu sperren.

Mayrhofen, 17. Mai 1945
Vorgestern ist Rauter, der Architekt, wieder aufgetaucht. Er war noch in letzter Kriegsminute nach Landeck eingezogen worden, sieht reichlich mitgenommen aus und hat alle Ursache, so auszusehen. Vor ein paar Wochen zeigte er uns noch, nichts Böses ahnend, Zillertaler Dörfer und Bauernhöfe und erläuterte höchst sachkundig deren Stil und Anlage. Wenn er nun berichtet, was ihm seitdem widerfahren ist, glaubt man, das Referat über einen Schnellkursus in Abenteuern zu hören.

Als man ihn und die andern, lauter ungediente Leute und vorwiegend Schüler und halbe Kinder, in Uniformen steckte und mit Gewehren und Handgranaten versah, war im Rundfunk bereits von Kapitulation die Rede. Trotzdem wurden sie losgeschickt, um den Fernpaß zu verteidigen. Schon beim ersten Zusammenstoß mit den schwerbewaffneten und kampferfahrenen Amerikanern blieb von ihnen kaum die Hälfte übrig. Mit diesem Ergebnis war aber die höhere Führung noch lange nicht zufrieden. Immer wieder wurden sie in neuen Widerstandslinien aufgefangen, obwohl sie gar nicht fähig waren, Widerstand zu leisten. Man hätte den von Etappe zu Etappe dahinschmelzenden Rest ebensogut mit Benzin übergießen und anzünden können. Nur die Stabskompanie, alte Frontkämpfer, machte den Amerikanern acht Stunden zu schaffen. Dann zog sich die Kompanie, noch drei Mann stark, in die nächste Stellung zurück. Schließlich fanden sogar einige Generäle, daß es genug sei, und wollten den Kampf einstellen. Da aber kam der Kreisleiter, verhandelte mit ihnen, und so nahm das abscheuliche Schlachtfest, fast schon ohne Opfer, seinen Fortgang.

Nachdem der Regimentskommandeur in Gefangenschaft geraten war, unterschrieb ein barmherziger Major die Entlassungspapiere der knapp Davongekommenen, und nun stiegen ein Dutzend Kinder in Uniform und ein paar Männer in den Bergen hin und her, bis sie einer amerikanischen Patrouille in die Arme liefen und nach Innsbruck gebracht wurden. Hier in der Stadt, die Rauter wie seine Westentasche kennt, fand sich alles Weitere sehr rasch: ein Zivilanzug, ein Krankenschein, ein Sanitätsauto bis Jenbach und ein für Bargeld nicht unempfänglicher Chauffeur, der nicht in Jenbach, sondern erst in Mayrhofen hielt, vorm Haus des Arztes, mit dem Rauter befreundet ist.

Was er am Fernpaß erlebt hat, hätten wir, als Tiroler Standschützen, am Brenner erleben können. Ob so zählebig wie er und mit so viel Glück im Unglück, ist die Frage.

Kyrath deutete an, wie schwer es Marion, seine Braut, als Kind gehabt hat. Sie zählte als ›Mischling‹, und als die Mutter, eine Jüdin, gestorben war, wurde es noch schlimmer. Bis auf die Straße schrie ihr der Vater, wenn er sich über sie geärgert hatte, nach, daß er sie eines Tages noch ins Konzentrationslager bringen werde.

Das erinnerte mich an meine zufällige Begegnung mit Hans Natonek am Kurfürstendamm. Es ist etwa zehn Jahre her. Er hatte die Papiere für Amerika in der Tasche, und als ich ihn nach seiner Familie fragte, begann er lautlos zu weinen. Wenn ihm seine Kinder, abends vorm Haus, entgegengelaufen seien und ihn umhalst hätten, habe seine Frau, vom Fenster aus, sie keifend zurückgerufen und ihnen, weithin hörbar, verboten, ihren Vater zu küssen, da der Mann ein Jude sei.

Mir fiel aber nicht nur Natonek ein, sondern auch Rechtsanwalt Schröder, dem man nahegelegt hatte, sich von seiner jüdischen Frau ›wegen unüberwindlicher Abneigung‹ zu trennen. Er antwortete, daß er sich von ihr nicht trennen werde und könne, und zwar ›wegen unüberwindlicher Zuneigung‹.

Die Obstbäume und die Kastanienkerzen sind verblüht. Jetzt blühen der Flieder und der Goldregen. Die Zillertalbahn, sagt man, sei heute zum ersten Male wieder in Mayrhofen eingetroffen. Da ich nicht am Bahnhof war, weiß ich nicht, ob es stimmt. Was ich zuverlässig weiß, ist, daß die amerikanische Ortsverwaltung noch immer nicht eingetroffen ist. Manchmal fahren Jeeps mit Soldaten durch den Ort, die offensichtlich dienstfrei haben und kleine Ausflüge machen.

Gestern begegneten wir sogar einem einzelnen Amerikaner, der sich zu Fuß fortbewegte. Im Waldpark, auf dem Weg, der von Bänken des Verschönerungsvereins flankiert ist. Es war ein riesenhafter Neger. In der einen Hand hielt er, an einer langen Spitze, eine qualmende Zigarette und in der anderen Hand, für alle Fälle, ein aufgeklapptes, blitzendes Messer. Als er merkte, daß auch wir einen friedlichen Spaziergang machten, lächelte er breit und sagte, mühsam erlernt: »Grieß Goot!«

Es soll, was nicht verwunderlich ist, auch andere Sieger geben. Sie requirieren, wenn sie deutsche Soldaten nach Waffen durchsuchen, auf eigne Faust deren Ringe und Uhren und tauschen die Beute bei den Bauern gegen Obstschnaps ein. Es würde mich nicht wundern, wenn unter den Wertsachen auch Ringe und Uhren aus ursprünglich italienischem Besitz wären.

In Innsbruck, heißt es, suchten zahlreiche Leute und Instanzen der österreichischen Widerstandsbewegung den Amerikanern jeden Wunsch von den Augen abzulesen. Sie benähmen sich, zum Gaudium der Fremden, wie apportierende Hündchen. Und auch an Tiroler Bräuten fehle es den Siegern natürlich nicht. Sie bezögen Wohnungen, setzten die Inhaber im Handumdrehen vor die Tür, und dann fielen die gefälligen jungen Damen, kürzlich noch mit der SS und der Wehrmacht verlobt, über die Schränke her. Sie zogen sich wieder einmal aus, um sich wieder einmal einzukleiden. Ben Akiba, wenn er's erleben könnte, hätte seine helle Freude dran.

Krieg und Nachkrieg waren, von Schlimmerem abgesehen,

immer auch Flutzeiten des Fremdenverkehrs, und so herrscht auch jetzt Hochsaison. Da es sich, etwa im Gegensatz zum Wintersport, um fast nur aus Männern bestehende Reisegesellschaften handelt, spielt sich der Fremdenverkehr einseitiger als sonst ab. Skilehrer, Bauernburschen und Etagenkellner können diesmal zur Entlastung der entsprechend weiblichen Bevölkerung nichts Nennenswertes beitragen. Das dürfte hier und da zu Engpässen und Preistreibereien führen. Solche dem Fremdenverkehr abträglichen Schönheitsfehler wären leicht zu vermeiden gewesen, wenn die amerikanischen Generäle den Sieg der Lage angepaßt und auch ihn in eine Vor-, eine Haupt- und eine Nachsaison aufgeteilt hätten.

Noch ersprießlicher und radikaler würde sich ein internationales Übereinkommen auswirken, das den Fahneneid um das Keuschheitsgelübde bereicherte und wonach auf den Beischlaf in Feindesland die Todesstrafe stünde. Bei einem entsprechenden Kriegsartikel wären schon die Kreuzritter zu Hause geblieben.

Im Rundfunk wurden die Berliner Lebensmittelrationen bekanntgegeben. Butter sei sehr knapp. Aber Brot werde reichlich zugeteilt. Und die geistigen Arbeiter erhielten Schwerarbeiterzulage. Auch die russischen Kommentare klingen freundlicher und verständnisvoller als die der Westmächte. Die Anklagen sind wattiert. Stalin spielt Rotkäppchens falsche Großmutter. ›Damit ich dich besser fressen kann.‹

Mayrhofen, 18. Mai 1945
Die amerikanischen Kampftruppen, die das Zillertal beaufsichtigen, gehören zur Rainbow-Division. Sie langweilen sich und machen daraus kein Hehl. Sie wären lieber zu Hause, als in Tiroler Dörfern Wache zu schieben. Aber sie schieben lieber in Tirol Wache, als nun auch noch, womöglich, den japanischen Kriegsschauplatz kennenzulernen.

Lindlay Frazer sprach im Rundfunk über die englische Rationalisierung der Lebensmittel während des Krieges, und wir waren einigermaßen verblüfft. Warum eigentlich? Worüber denn? Daß Goebbels auch als Topfgucker gelogen hat? Er servierte uns die Not der anderen als markenfreie Mahlzeit. Es war ein billiges Essen. Der Preis war in der Rundfunkgebühr inbegriffen. Über den Nährwert einschlägiger Lügen, speziell über ihren Eiweißgehalt, gehen die Meinungen auseinander.

Propaganda, selbst die tüchtigste, ist den Anforderungen, die der totale Staat stellt, nicht gewachsen. Sie läßt der Privatmeinung noch zuviel Spielraum. Man wird zwingendere Methoden finden müssen, und man wird sie finden. Lenkung durch Hypnose wäre ein gangbarer Weg, mittels ärztlich geschulter Staatskommissare. Meinungsempfang einmal wöchentlich in allen Großbetrieben, vor riesigen Fernsehapparaten. (Mindestens hundertmal so groß wie das Bildfeld auf dem Postamt in der Giesebrechtstraße.) Propaganda ist Überredung und gestattet Zweifel. Hypnose produziert Überzeugung.

Doch zurück zu Lindlay Frazer. Brot, Kartoffeln und Gemüse waren während des ganzen Krieges in England nicht bewirtschaftet. Wild, Geflügel und Wurst konnte man ohne Marken kaufen. Das Essen in den Gasthäusern und Kantinen war frei. Und die Zuteilung an Käse betrug pro Kopf und Woche zweihundert Gramm. Was Goebbels dem deutschen Volk erzählen ließ, klang ein wenig anders.

Hat Frazer die Wahrheit gesagt? Seine Ziffern über die Auswirkung der Bombenangriffe und V-Waffen stimmten uns skeptisch. Es habe einhundertfünfundzwanzigtausend Tote und Verwundete gegeben, und ein Viertel aller Häuser sei zerstört und beschädigt worden. Die beiden Zahlen reimen sich schlecht zusammen. Hat auch Frazer nicht die Wahrheit gesagt?

Über einen anderen Sender hörten wir soeben Aussagen vom Stenographen Hitlers. Keitel, Bormann und andere hätten ihren Führer zum Verlassen Berlins bewegen wollen. Er aber habe darauf bestanden, da alles verloren sei, in Berlin zu sterben. Die Paladine könnten ihn getrost verlassen, es sei ihm recht. Martin Bormann habe geantwortet: »Das ist das erste

Mal, daß ich Ihnen nicht gehorche.« Ob Bormann schließlich gehorcht hat oder nicht, ist vorläufig unbekannt.

Sonst? In Berlin sei ein Stadtrat zusammengerufen worden, und einer der Stadträte sei Sauerbruch. Dreißig Kinos spielten bereits wieder, und weitere Eröffnungen stünden unmittelbar bevor.

Mayrhofen, 19. Mai 1945
Pfingstsonnabend. Während die russisch dirigierten Sender Berlin und Graz laufend über Fortschritte beim Verwaltungsaufbau und bei den Aufräumungsarbeiten berichten und mitgeteilt haben, daß dreißigtausend Tonnen Weizen aus dem Osten unterwegs seien, beschränken sich die von den Amerikanern und Engländern kontrollierten Stationen auf politische Meldungen. Sie erzählen, daß man noch immer nach Himmler und Ribbentrop fahnde und daß man Rosenberg in einem Flensburger Krankenhaus gefaßt habe. Warum ist die westliche Propaganda so vornehm? Weshalb verschenkt sie ihre Chancen?

Daß die Bevölkerung Konstruktives zehnmal lieber vom Westen als von den Russen hören möchte, steht außer Frage. Erst an der Elbe, dann vor Berlin und nun in der Propaganda, stets warten die Westmächte an der offnen Tür und sagen zu Stalin: »Bitte, nach Ihnen!« Was soll die falsche Vornehmheit? Glaubt man, die Demokratie bedürfe, weil sie eine gute Sache ist, keiner Empfehlung? Hält man, Besiegten gegenüber, Wettbewerb für überflüssig? Für unfein? Das wäre ein folgenreicher und irreparabler Denkfehler.

Wenn meine Mutter ironisch gestimmt ist, pflegt sie zu sagen: »Nobel geht die Welt zugrunde.« Die demokratische Welt muß sich hüten, den Sieg herzuschenken. Das täte sie, wenn sie nun, nach dem Krieg, nicht auch den Frieden gewönne. Die ersten Wochen nach einer Kapitulation sind kostbare Minuten der Geschichte. Sie lassen sich nicht vertagen und nicht nachholen.

Die Engländer melden, Rosenberg habe, bei Vernehmungen an seinem Krankenbett in Flensburg, behauptet, von der Existenz deutscher Konzentrationslager nichts gewußt zu haben. Es gibt Lügen, deren Unverfrorenheit einem die Sprache verschlägt.

Morgen, am Pfingstsonntag, sollte in Zell am Ziller eine Parade des dort stationierten Bataillons der Regenbogen-Division stattfinden, und die Ufa hatte den Auftrag erhalten, mit der großen Kamera, mit Handkameras und mit dem Tonwagen ›Wochenschau‹ zu spielen. Heute wurde das Militärschauspiel plötzlich abgeblasen. Es scheint, daß sich die Amerikaner ›das liebliche Fest‹ nicht leisten können. Der Kleinkrieg gegen versprengte SS geht vor.

In Bayern haben die amerikanischen Behörden, wie der Münchner Sender bekanntgab, zweierlei strikt verboten: jegliche Parteienbildung und das Abhalten von Versammlungen.
    Berlin meldet, daß im Großen Saal des Rundfunks an der Masurenallee, im Beisein hoher Offiziere der Roten Armee, das erste öffentliche Konzert stattgefunden und Staatsschauspieler Viktor de Kowa die verbindenden Texte gesprochen habe.
    Auch hier im Zillertal interessieren sich die fremden Offiziere für die deutsche Kunst. Sie schicken Jeeps nach Mayrhofen herauf und lassen Schauspielerinnen zu Parties abholen. Um öffentliche Darbietungen handelt es sich also nicht gerade, und das Ausleseprinzip, das den Einladungen zugrunde liegt, hat weniger mit dem künstlerischen Ruf der Damen als mit ihren, sagen wir, häuslicheren Talenten zu tun. Die Einwohner sind empört, und auch die meisten Männer der Ufa bezeichnen diese Talente weniger summarisch als ich. Dabei liebedienern und scharwenzeln viele von ihnen selber um die fremden Uniformen herum, daß es schon nicht mehr schön ist. Und warum? Wegen einer Camel? Nein, dieses Schwänzeln ist deutsches l'art pour l'art.

Mayrhofen, 22. Mai 1945
Heute sind im Ort und rundum alle Heimkehrer verhaftet worden, soweit sie der SS angehört haben. Man will sie sammeln und zu Arbeitsbataillonen formieren. In vereinzelten Fällen wird sich die Verhaftung als unbillige Härte erweisen, wie bei Sepp Moigg, dem Sohn des Neuhauswirtes. Er war seinerzeit in die SS gepreßt worden, weil der Vater, als strenger Katholik, das Regime ablehnte. Es war ein Racheakt auf Gemeindebasis gewesen, eine Ranküne unter Bekannten, ein Tiefschlag gegen die Sippe. Die hohe Ehre, bei den Prätorianern zu dienen, wurde zur hohen Strafe. Wie ja auch die höchste Ehre, nämlich zu kämpfen und zu fallen, als immerhin zweithöchste Militärstrafe galt. Aus Schande wurde Ehre, aus Ehre wurde Schande, die Wertskala war umkehrbar.

Was ich bis heute nicht wußte, ist, daß jeder Angehörige der SS ein unverlierbares Erkennungszeichen bei sich trägt. Ihnen allen wurde die jeweilige Blutgruppe in die Achselhöhle tätowiert. Hatten Hitler und Himmler Angst, die Männer könnten die Zeichen A oder B oder O vergessen oder ihre Papiere verlieren? Man hatte wohl eher Angst, sie könnten Hitler und Himmler vergessen. Man versah sie, wenn auch nicht auf der Stirn, mit dem Kainsmal. Es ließ und läßt sich nicht fortwaschen. Man zeichnete sie, indem man vorgab, sie auszuzeichnen. Man versicherte sich ihrer Zuverlässigkeit, indem man sie abstempelte. Tätowierung der Lagerhäftlinge am Unterarm, Tätowierung der Wachtposten und Henker unter der Achsel, einmal als angebliche Schande, einmal als angebliche Ehre, wahnwitziges Indianerspiel germanischer Karl May-Leser, groteske Verwechslung von Tausendjährigem Reich und unabwaschbarer Tinte.

Schon im September 1934, anläßlich meiner ersten Verhaftung durch die Gestapo, fiel mir die infantile Indianerlust der Leute auf. Als man mich ins Vernehmungszimmer eskortierte, rief einer der Anwesenden höchst amüsiert: »Da kommen ja Emil und die Detektive!«, und auch die anderen fanden die Bemerkung äußerst lustig. Sooft jemand das Haustelefon benutzte, nannte er nicht etwa seinen Namen, sondern sagte:

»Hier ist F., ich möchte L. sprechen.« Noch viel lieber, schien es mir, hätten sie sich ›Adlerfeder‹ und ›Falkenauge‹ tituliert.

Wie sie miteinander die Aufträge für den Nachmittag koordinierten, die geeignete Reihenfolge der Verhaftungen und Haussuchungen, und wie sie die Frage erörterten, ob zwei Autos ausreichen würden oder ein Lastwagen vorzuziehen sei, das klang nicht, als sollten sie nach dem Berliner Westen, sondern in den Wilden Westen. Als säßen sie nicht an Bürotischen in der Prinz-Albrecht-Straße, sondern am Lagerfeuer in der Steppe. Als wollten sie, ein paar Stunden später, nicht etwa in Mietwohnungen einer Viermillionenstadt eindringen und überraschte Steuerzahler drangsalieren, sondern als seien sie auf verbarrikadierte Blockhäuser und auf Kunstschützen und Pferdediebe aus.

Auch während meiner protokollarischen Vernehmung betätigten sie sich wie Waldläufer, die sich in der Deutung von Fußspuren und von sonst niemand beachteten abgebrochnen Zweigen auskennen. Ihr kindisches Benehmen in einer ziemlich ernsten Sache verdroß nicht nur mich, sondern auch, und zwar zu meinen Gunsten, den alten Kriminalbeamten, der die Vernehmung leitete und das Protokoll diktierte. Als ich meinen Paß zurückerhalten hatte und an der Tür »Auf Wiedersehen« sagte, brüllten sie wütend und im Chor »Heil Hitler!« hinter mir her.

Auf dem Korridor murmelte der Inspektor, der mich zu den Wachtposten zurückbrachte, ein pensionsreifer Zwölfender, mißmutig und geringschätzig: »Junge Kadetten!« Doch es waren eben keine Kadetten, sondern Trapper und Indianer, Karl May-Leser wie ihr Führer, verkrachte NS-Studenten mit Intelligenzbrille, Pfadfinder mit blutigem Fahrtenmesser, braune Rothäute als blonde Bestien. Europa als Kinderspielplatz, mutwillig zertrampelt und voller Leichen. Und die eintätowierte Blutgruppe als Aktenzeichen der Blutsbrüderschaft und der Blutherrschaft.

Vorhin unterhielten wir uns kurz mit zwei italienischen Arbeitern, die auf Rädern aus Berlin kamen und sieben Tage unterwegs waren. Die Russen versähen alle Italiener mit Ausweisen und wiesen sie an, ihre Zone zu verlassen. Der Ausweis habe bis München gegolten, wo ihnen die Amerikaner neue Ausweise in die Hand gedrückt hätten. Die Lebensmittelzuteilung in Berlin fanden die beiden erträglich und in jedem Fall auskömmlicher als beispielsweise in Nürnberg. Bevor sie wieder aufbrachen, verkaufte der eine sein Fahrrad. Für tausend Lire. Er war zu müde, um es bis zum Paß hinaufzuschieben.

Das Rad kaufte übrigens ein Ufa-Handwerker. Er will, wenn er einen Ausweis erhält, nach Berlin radeln und die Direktion in Babelsberg, falls es Babelsberg und die Direktion noch geben sollte, nötigen, die Mayrhofener Belegschaft heimzuholen. Denn die Arbeiter wollen, im Gegensatz zu Harald Braun und den Schauspielern, so schnell wie möglich nach Hause. Daß Braun, mit ihrem Beistand und mit Unterstützung der Amerikaner, einen Film drehen möchte, interessiert sie nicht. Eberhard, der bei der Bavaria in München Lohngelder holen wollte, ist nicht zurückgekommen. Wo er steckt, wissen wir nicht. Das Geld, das die Arbeiter verdienen, stammt nicht aus Berlin und nicht aus München. Einige haben sich, findig und pfiffig, in den schwarzen Zwischenhandel mit Butter und Käse eingeschaltet. Damit halten sie sich über Wasser. Aber sie wollen heim.

»Wir wollen wissen, was aus unseren Angehörigen geworden ist«, sagte Ali Schmidt aufgebracht. »Ob hier ein Film gedreht wird, kann der Regisseur nicht ohne uns entscheiden. Wir sind genauso wichtig wie er und die Schauspieler. Wir verlangen, daß über die Sache abgestimmt wird.« Und Alis Bruder meinte: »Wer uns daran erinnern sollte, daß wir einen Vertrag mit der Ufa haben, den müßten wir daran erinnern, daß die Ufa vertragsbrüchig geworden ist. Sie zahlt keine Löhne mehr. Ob Eberhard zurückkommt, wissen wir nicht. Und ob er, falls er kommt, Geld mitbringen wird, wissen wir erst recht nicht. Uns vorzuwerfen, wir wollten einen Vertrag brechen, den die Firma längst gebrochen hat, ist restlos albern.«

Vorläufig verdienen sie ein bißchen Geld, indem sie ihre Berufe ausüben. Als Schlosser, Schneider, Tischler, Friseure und

Installateure. Wie lange mein eignes Geld reichen wird, weiß ich nicht. Die Scheine zu zählen, nimmt täglich weniger Zeit in Anspruch. Was dann, wenn die Brieftasche leer ist? Zäune reparieren und Klingeln legen, das kann ich nicht. Ich kann nicht einmal Holz hacken oder mit schwarzer Butter handeln. Soll ich abends im Gasthof satirische Gedichte deklamieren und hinterher mit dem Hut kassieren? Die Schriftstellerei ist kein ausgesprochen praktischer Beruf. Was er einbringt, sind Ungelegenheiten.

Mayrhofen, 24. Mai 1945
Churchill hat sein Rücktrittsgesuch eingereicht. Denn im Herbst sind Unterhauswahlen, und der Krieg ist, obwohl Japan noch nicht kapituliert hat, im Grunde zu Ende. Den Frieden zu gewinnen, das weiß er, ist die schwerere Aufgabe und schon gar nicht die seinige. Er wird werden, was er immer war und geblieben ist: ein glänzender Journalist. Also wird er sich eine neue Zigarre anzünden und seine Memoiren diktieren.

Während des Krieges fiel es nicht schwer, über den Frieden zu reden. Da blies die Rache ihre Slogans in die Trompete. Jetzt haben die Trompeten nicht mehr mitzureden, und die Rache müßte demissionieren wie Winston Churchill. Wird auch sie ihr Rücktrittsgesuch einreichen? Sie wird sich überwinden müssen. Sonst geht, im Lärm der Siegesfanfaren, der Frieden verloren, und nicht nur der Frieden hier oder dort, sondern an allen Fronten. Die Destruktion ist geglückt. Nun muß die Konstruktion glücken.

Wo sind die Konstrukteure? Wie weit sind ihre Pläne? Und wie weit sind ihre Pläne vom zornigen Plane Morgenthaus entfernt, aus Deutschland einen Kartoffelacker zu machen? Man wird kaltes Blut nötig haben, besser heute als morgen. Schuld und Sühne mögen klassische Begriffe sein, doch das 20. Jahrhundert ist kein klassisches Zeitalter. Sogar Lord Vansittart, der Deutschenfresser, hat erklärt, unsere Industrie müsse ›im Interesse Europas‹ wieder aufgebaut werden. Welche Überwindung wird ihn dieser Satz gekostet haben! Vernunft nötigt zur Großmut, und Großmut ist ungerecht. Wozu wird man sich entschließen? Zu einem ungerechten Frieden, oder zu einem gerechten Chaos? Dieses echte Dilemma beweist, daß Kriege Nonsens sind. Aber mit welchem anderen Mittel wird man den nächsten Hitler bändigen können? Der Völkerbund muß diesmal besser geraten. Sonst? Sonst ...

Julius Streicher hat man bei Berchtesgaden eingefangen. Himmler hat sich, in englischer Haft, mit Zyankali vergiftet. Als man ihn festnahm, hatte er sich den Schnurrbart abrasiert und trug über einem Auge eine schwarze Klappe. Robert Ley hatte sich einen Bart wachsen lassen. Es geht zu wie im Maskenverleih-Institut. Oder wie in Gangsterfilmen. Der Würdelosigkeit sind keine Grenzen gesetzt. Die Katastrophe endet als Jux und Kintopp. Das Gesicht der Herrenrasse mit auswechselbarem Schnurrbart!

Mayrhofen, 28. Mai 1945
Eberhard hat Nachricht geschickt. Er ist, nach einigen Wirrnissen, bei Familie Weiß in P. gelandet und hofft, in Bälde selbst zu erscheinen. Wahrscheinlich verweigert man ihm vorläufig noch den Passierschein oder das Benzin oder beides, oder er traut sich nicht, das in der Scheune unterm Stroh versteckte Auto auszubuddeln. Ob er, wenn er kommt, Lohngelder mitbringen wird, erscheint mehr als zweifelhaft. Wer, selbst wenn er wollte und könnte, dürfte ihm Geld aushändigen? Die Bavaria? Für die Ufa? Das wäre eine Transaktion zwischen zwei staatseigenen Firmen, deren Staat nicht mehr existiert. Wie es ein Niemandsland gibt, gibt es eine Niemandszeit. Sie erstreckt sich vom Nichtmehr bis zum Nochnicht. Wir vegetieren im Dazwischen. Was gegolten hat, gilt nicht mehr. Was gelten wird, gilt noch nicht. Das einzig Gültige heißt Höhere Gewalt.

So bleiben die Männer der Ufa, ohne Löhne und Diätgelder, auf die Zwischengewinne aus dem Schleichhandel angewiesen. Das Pfund Butter verkaufen sie mit 130 Mark, das Pfund Käse mit 50 Mark. Die Gewinnspanne kenne ich nicht. Jedenfalls schlagen sie sich durch. Sie sind tüchtig. In der Hölle würden sie mit frischem Wasser handeln. Einer von ihnen, wohl der Geschäftstüchtigste, findet sogar noch die Zeit, Lustspiele zu schreiben. Dazu trinkt er hochkarätigen Obstschnaps. Wenn sein dramatisches Talent so groß sein sollte wie seine kaufmännische Fähigkeit, dann dürfen wir demnächst mit einem deutschen Molière rechnen. Er selber, ein glänzender Rechner, rechnet schon damit.

Der Bote, der uns Eberhards Grüße überbrachte, war kein gewöhnlicher Bote, sondern der Filmbeauftragte beim amerikanischen Hauptquartier in Bayern, ein Mr. Kennedy aus New York, zur Zeit München. Ein netter blonder Herr, der sich, anhand einer provisorischen Adressenliste, im Jeep umherfahren läßt, um deutsche Filmleute kennenzulernen, und der jedesmal rot wird, wenn er sich vorstellt, weil man ihm die Hand entgegenstreckt und er sie nicht nehmen darf. Shakehands zwischen Amerikanern und Deutschen hat das Hauptquartier streng untersagt. Schade, daß wir das nicht wußten. Wir hätten ihm und uns die peinliche Situation gern erspart. Die amerikanischen Anstandsregeln für den Umgang mit deutschen Männern und für den Verkehr mit deutschen Mädchen scheinen nicht ganz die gleichen zu sein.

Trotz der peinlichen Situation kam dann doch eine Art Gespräch zustande. Der nette blonde Kennedy, der uns die Hand nicht reichen durfte, gab zu verstehen, daß vielleicht schon im Herbst deutsche Spielfilme gedreht werden könnten, und er fragte mich, ob ich dann wohl Zeit und Lust hätte, in München, also in Geiselgasteig, mitzuarbeiten. Ich verhielt mich höflich und reserviert. Beim Abschied behielt jeder sein Patschhändchen hübsch für sich. Man soll Sieger, die rot werden können, nicht in Verlegenheit bringen.

Heute ist der 28. Mai. Und im Herbst, meint Kennedy, gäbe es vielleicht etwas zu tun. Der Herbst beginnt am 21. September. Vier Monate Niemandszeit. Meine Brieftasche magert zusehends ab. Das Leben ist, unter anderem, auch eine Existenzfrage. Überlebt zu haben, genügt nicht. Und der Neugier, was kommen wird, sind keine Schranken gesetzt. Wie gut, daß ich ein neugieriger Mensch bin.

Genormte Handbewegungen spielen in Politik und Geschichte eine beachtliche Rolle. Man muß die Hand an die Kopfbedeckung legen. Oder man muß die Hand heben und zur Faust ballen. Oder man muß die Hand samt dem Arm, im Winkel von 45 Grad, nach vorn in die Luft strecken. Oder man muß, als Besiegter, beide Hände hochhalten. Oder Mister Kennedy muß, wenn ich seine Hand schütteln will, selbige in die Hosentasche stecken. Wer die jeweilige Vorschrift mißachtet, wird getadelt, eingesperrt oder umgebracht. Die Hand, das Werkzeug des Menschen, degradiert den Menschen zum Werkzeug. Sie macht ihn zum Herrn und zum Sklaven. Man sollte ein ›Handbuch‹ der Geschichte schreiben.

In diesen Zusammenhang gehören zwei verbürgte Anekdoten. Es wäre jammerschade, wenn sie in Vergessenheit gerieten. Erzählt wurden sie von Gustav Knuth und Otto Wernicke, an unserem Berliner Stammtisch bei Jonny Rappeport. Sie mußten, gelegentlich und notgedrungen, an Künstlerempfängen in der Reichskanzlei teilnehmen und beeilten sich jedesmal, anschließend in unserer Runde aufzukreuzen und Bericht zu erstatten. Also:

Während eines solchen Empfangs, nach einer großen Parade, zog sich Hitler mit einer strebsamen kleinen Schauspielerin in einen Nebenraum zurück, und sie schwenkte, auf berufliche Vorteile bedacht, das Weihrauchfaß, bis ihr fast übel wurde. Er vertrug den Weihrauch besser. Als ihr gar nichts weiter einfiel, bewunderte sie die Ausdauer, mit der er während der Parade Arm und Hand in die Luft gestreckt habe. Ihr Verständnis erquickte ihn, er wurde lebhaft und sagte (etwa): »Es freut mich, daß Ihnen das aufgefallen ist! Nicht ein einziges Mal habe ich den Arm gesenkt! Und der Vorbeimarsch dauerte immerhin drei Stunden! Haben Sie Göring beobachtet? Mindestens fünfmal mußte er den Arm sinken lassen!« Dann beugte er sich vor, winkelte den Arm und forderte sie leutselig auf, seinen Bizeps zu befühlen. Sie befühlte folgsam Hitlers

Hitlergrußmuskel, zeigte sich hingerissen, und er war stolz wie ein Ringkämpfer auf dem Rummelplatz.

Auch die andre Begebenheit verdient notiert zu werden. Als Erfindung, als Phantasieprodukt wäre sie allenfalls ein vorzüglicher optischer Einfall für einen satirischen Film. Als von vielen Augenzeugen verbürgtes ›wahres Geschichtchen‹ wiegt sie schwerer, so belanglos sie erscheinen mag. Wenn nicht gar, weil sie so belanglos ist. Kurz und gut, während einem dieser Empfänge, auf der Höhe seiner Macht, wollte Hitler demonstrieren, wie jovial er sein könne. Er hatte sich vorgenommen, einen der Gäste – eine bekannte Schauspielerin, von der man wußte, daß ihr das Regime nicht gefiel – statt mit erhobenem Arme mit einem Händedruck zu begrüßen. Die Schauspielerin hatte sich ihrerseits, um Aufsehen und Ärger zu vermeiden, fest entschlossen, bei der Begrüßung den Arm in die Luft zu strecken.

Der Adjutant rief ihren Namen in den Saal. Sie löste sich aus der Schar der Gäste, schritt auf Hitler zu und hob, während er ihr lächelnd die Hand entgegenstreckte, pflichtschuldigst den schönen, festlich nackten Arm. Nun wollten beide, spontan und simultan, den Fehler auswetzen, und so streckte die Dame dem Diktator, der den Arm hochriß, die gepflegte Hand entgegen. Deshalb beeilte er sich, ihre Hand zu erfassen, doch diese war, samt dem dazugehörigen Frauenarm, bereits wieder in der Luft. So trieben sie es noch ein paarmal. Das Mißgeschick hatte sich selbständig gemacht. Sie konnten, wie es im Volkslied heißt, zusammen nicht kommen. Es blieb dabei. Nur daß Hitler nicht mehr lächelte. Statt dessen lächelten, von Mißgeschick zu Mißgeschick immer fröhlicher, die kunstsinnigen Gäste. Wie die Pantomime endete, ist mir leider entfallen. Doch auch ohne authentischen Schluß behält die kleine Szene ihren historischen Wert. Sie zeigt den Nero Europas, den Abstinenzler, der soviel Blut vergoß, den großen Schlächter, der kein Fleisch aß, auf dem Kasperletheater, als den Hanswurst seiner selbst.

Gestern sprach ich mit einem Mann von der Widerstandsbewegung, einem Südtiroler, einem jener zwielichtigen Kerle, denen man nicht über den Weg traut. Überall machen sie sich als alte Freiheitskämpfer mausig, nur nicht bei sich zu Hause. Denn dort kennt man sie. Vor dem Krieg hatte er, in Süditalien, als Bersagliere gedient. Den Krieg hatte er bei den ›Preußen‹ mitgemacht. Er gefiel mir nicht, aber er erzählte gut. Besonders anschaulich beschrieb er die Ausbildungszeit in der Bersaglieri-Kaserne. Beispielsweise: Die Rekruten dieser Elitetruppe durften nicht etwa, beim Kommen und Gehen, das Kasernentor benutzen, sondern mußten an Stricken die Hauswand hinauf- und herunterklettern. Auch mit dem Waschzeug in der Hand. Auch mit dem Morgenkaffee aus der Kantine. Drückebergerei gab es nicht. Die Kasernentore waren abgeschlossen. Kurz, die Rückerziehung des Menschen zum Affen. Zum militärischen Elite-Affen. Einen entscheidenden Einfluß auf die Kriegslage scheint die Fähigkeit, mit der Kaffeekanne senkrecht an Häusern hochzuklettern, nicht gehabt zu haben.

Mayrhofen, 2. Juni 1945
Heute nacht, gegen ein Uhr, zogen die Kühe aus dem Unterzillertal laut läutend durch den Ort. Sie wurden zur Tuxer Alm hinaufgetrieben, wo sie den Sommer über weiden dürfen. Dafür haben die Almbesitzer auf die Milch der fremden Kühe Anspruch. Die Tiere werden quasi als Sommerfrischler behandelt. Sie werden wie diese verpflegt und gemolken. Sie dürfen sich erholen, und das gesunde Aussehen ist das einzige, was sie nach den Ferien heimbringen.

Seit einigen Tagen hat Mayrhofen amerikanische Einquartierung. Etwa hundertsechzig Mann. An den Ortsausgängen haben sie hübsche Schilderhäuschen aufgestellt, die an die Zeiten unter Kaiser Wilhelm erinnern. Und die Wachtposten, die bei Regen untertreten und gelangweilt in den schmalen bunten Buden mit dem Spitzdach lehnen, erinnern mich an mich selber, an 1917 und an das weißgrüne Schilderhaus vorm Linckeschen Bad. Wenn ich abends, mit umgehängtem Karabiner, Wache schob, pflegte die Mama vorbeizukommen und mir, wenn es niemand sah, eingewickelte Schmalzbrote und ein paar frische Taschentücher zuzustecken. Da Wachtposten mit den Passanten nicht reden durften, redete sie ganz allein. Wenn ein Offizier in Sicht war und ich das Gewehr präsentieren mußte, ging sie geschwind beiseite. War er verschwunden, unterhielt sie mich wieder, bis die Ablösung anrückte. Dann ging sie über die Straße, winkte unauffällig und wartete, bis ich mit dem Wachhabenden abmarschiert war. Eher ging sie nicht nach Hause.

Die Amerikaner stehen also vor oder in den Schilderhäusern, je nach Witterung, machen als Patrouillen dienstliche Spaziergänge, warten auf die Jeeps mit der Feldpost und auf die Lastautos mit dem Proviant und haben zehn Radioapparate beschlagnahmt. (Unser Leutnant von der ›Marsfilm‹ hat sein erstklassiges Funkgerät vorsorglich versteckt.) Die Kinder belagern die offenen Fenster, hinter denen die Kompanieköche hantieren, und warten geduldig darauf, daß ihnen die schwitzenden Männer etwas zustecken oder mit der Kelle Suppe in leere Konservenbüchsen schwappen. Es sind amerikanische Konservenbüchsen. Manche Kinder bringen Töpfe und deutsches Feldgeschirr von daheim angeschleppt. Die Köche machen keinen Unterschied. Der Hunger ist der gleiche. Und die Patrouillen nehmen von der Hilfsaktion keine Notiz. Im übrigen achten sie darauf, daß die Spielregeln eingehalten werden. Die Soldaten dürfen den Einwohnern nicht die Hand geben. Und sie dürfen deren Wohnungen nicht betreten. Ordnung muß sein. Jedenfalls bei Tage. Nachts sind alle Kühe schwarz. Und nicht nur die Kühe.

Mayrhofen, 5. Juni 1945
Wir erhalten Kennkarten. In einem Klassenzimmer der Dorfschule. Der ›Lehrer‹ ist ein Sergeant, der als Kind bestimmt in einem deutschen Klassenzimmer gesessen hat. Seine Bemühung, die Muttersprache zu radebrechen, ist unverkennbar. Die Camouflage hat etwas Rührendes. Mit seinem Mißtrauen gerät er, glaub ich, oft an die Verkehrten. Er hat kein Talent

zum Dorfkommissar. Die erstbeste Blondine wird ihn um den Finger wickeln. Und auch da wird er hereinfallen. Ich habe ihn beobachtet. Die Blondine, die ihm den Finger hingehalten hat, um den sie ihn spätestens morgen wickeln wird, ist gefärbt. Sie ist von Haus aus brünett. Und ihr Mann, der in Gefangenschaft geraten sein dürfte, war zwölf Jahre lang braun. Der Sergeant ist farbenblind.

Wir stehen an, wenn wir Milch kaufen. Wir stehen im Flur des Gasthofs und bis auf die Straße, wenn wir aufs Mittagessen warten. Wir stehen an, wenn wir die Lebensmittelkarten abholen. Und nun stehen wir in und vor der Schule, um Kennkarten zu erhalten. Das Schlangestehen überdauert Krieg und Niederlage und Regierungsform. Die ersten Menschen standen vor der Schlange, die letzten stehen in der Schlange. Mit der Schlange fing es an. Und als Schlange hört es auf.

Spaziergänge sind erlaubt. Man darf sich sechs Kilometer weit vom Ort entfernen. Es empfiehlt sich, die Kilometersteine zu beachten. Denn Militärstreifen durchstreifen die sommerliche Landschaft und kontrollieren die Spaziergänger und die Ausweise. Und es ist nicht jedermanns Sache, sich auf der Landstraße und im Abendsonnenschein anschnauzen zu lassen. Man muß sich fest einprägen: Die Natur ist zur Zeit sechs Kilometer lang. Dann beginnt die Geschichte.

Dann erst beginnt die Geschichte? Nicht einmal das stimmt. Die Natur ist noch viel kürzer. Auch innerhalb der Spazierzone trifft der poetisch gestimmte Naturfreund Bekannte, die ihn am Jackettknopf festhalten und, trotz Feld, Wald und Wiese ringsum, in durchaus naturferne Gespräche verwickeln, und ehe er sich's recht versieht, wird der Dialog zum Monolog, zum politischen Plädoyer. »Ich habe mich zwar von meiner jüdischen Frau scheiden lassen«, erklärt ihm einer, »aber die Trennung wäre auch in normalen Zeiten unvermeidlich gewesen. Unglückliche Ehen gibt es ja schließlich nicht nur unter der Diktatur. Außerdem habe ich ihr, solange es möglich war, Geld geschickt.« Der Mann steht zwischen hohen Bäumen, als seien sie der Hohe Gerichtshof. Er verteidigt sich ungefragt. Er übt. Er trainiert sein Alibi. Er sucht Zuhörer, um die Schlagkraft seiner Argumente zu kontrollieren. Die Bäume und der Spaziergänger, den er trifft, müssen ihm zuhören. Er beantragt Freispruch. Dann geht er weiter. Die Angst und das schlechte Gewissen laufen hinter ihm her.

Der Nächste, dem man begegnet, versichert, daß er, obwohl er kürzlich noch das Parteiabzeichen getragen habe, nicht in der Partei gewesen sei. »Ich war nur Anwärter«, sagt er, »Mitglied bin ich nie geworden, obwohl sich dann vieles für mich einfacher gestaltet hätte. Wenn Sie wüßten, was ich alles versucht habe, um nicht Mitglied zu werden! Es war, weiß Gott, nicht leicht, sich aus der Geschichte herauszuhalten!« Wir stehen auf einem Feldweg. Und drüben in einem Bauernhof kräht der Hahn. Es ist nicht leicht, sich aus der Geschichte herauszuhalten ...

Der Dritte, und auch ihn kennt man nur flüchtig, wird noch zutraulicher. Er öffnet nicht nur sein Herz, sondern, bildlich ausgedrückt, auch die Hose. Er hat, trotz der Nürnberger Gesetze, zuweilen mit einem jüdischen Mädchen geschlafen, und nun hört er sich um, ob dieser Hinweis auf seine damals strafbaren Vergnügungen den nötigen politischen Eindruck erweckt. Schließlich hat er ja, als es verboten war, mit einer Jüdin gemeinsame Sache gemacht! Ja, hat er sich denn da nicht, wenn auch nur in der Horizontale, als Staatsfeind betätigt? Könnte ihm, überlegt er, die sündige Vergangenheit künftig nicht vielleicht von Nutzen sein? Er sucht in meinem Blick zu lesen, wie ich den Fall und die Chancen beurteile. Daß ich ihn für ein Ferkel halte, läßt ihn kalt.

Die Wege durch Wald und Feld ähneln Korridoren eines imaginären Gerichtsgebäudes. Die Vorgeladenen, mehr oder weniger kleine Halunken, gehen nervös hin und her, warten, daß der Polizeidiener ihren Namen ruft, und ziehen jeden, der vorbeikommt, ins Gespräch. ›Wer weiß, wozu es gut ist‹, denken sie.

Mayrhofen, 15. Juni 1945
Vor einem Vierteljahr verließ ich Berlin. Sechs Wochen später, also eine Woche vor der allgemeinen Kapitulation, gab die Südarmee den Kampf auf. Seitdem macht der Frieden die ersten Gehversuche. Er lernt laufen. Wie ein kleines Kind. Wir dürfen an den Gehversuchen teilnehmen. Vor ein paar Tagen wurde die Spazierzone erweitert. Auf zehn Kilometer im Umkreis. Und seit heute dürfen wir sogar, ohne besondere Genehmigung, das gesamte Zillertal durchqueren. Das ist, um so vor sich hinzugehen und nichts zu suchen, mehr als genug. Am Käferdasein zwischen Baum und Borke ändert es nichts. Mein Versteckspiel hat seinen Zweck, das Dritte Reich zu überleben, überlebt. Ich werde ungeduldig.

Daß meine Ungeduld wächst, hat zwei entgegengesetzte Gründe. Ich weiß nicht nur, wie schwer es ist, aus dem lieblichen Zillertal herauszukommen, sondern ich weiß auch, wie leicht es ist. Die Schwierigkeiten kenne ich, weil ich die Verordnungen kenne. Daß die Verordnungen nicht immer gelten, weiß ich durch Harald Braun und Ulrich Haupt. Sie waren dieser Tage in München! Noch dazu im Jeep, mit einem amerikanischen Unteroffizier als Chauffeur! Und bevor sie nach München fuhren, waren sie in Straßburg!

Die Passierscheine hatte ihnen jener Lieutenant Colonel verschafft, der sich mit Uli Haupt angefreundet hat, am ganzen Körper tätowiert ist und seine amüsant bebilderte Haut, ohne Eintritt zu verlangen, auf Parties herumzeigt. Im Krieg war er ein Held, im Dienst ist er unverdrossen, in der Freizeit hat er ein Privatleben. Weil ihn nun die bisherige Freizeitmarketenderin, die ihm nach Tirol gefolgt war, nicht mehr freute, ließ er sie an ihrem Ausgangspunkt, in Straßburg, wieder abliefern. Eile schien um so eher geboten, als sich eine unserer Filmkünstlerinnen bereits als Nachfolgerin einzuarbeiten begonnen hatte. Es hätte Streit gegeben. Schon dem Hund des Helden, einem nervös zitternden Zwergrattler, der oft an Bäume geführt zu werden wünscht, wären zwei Frauen zuviel gewesen.

Man fuhr also, den Unteroffizier am Steuer mitgerechnet,

zu viert nach Straßburg und zu dritt nach München. Da Uli Haupt, der an den zahlreichen Kontrollpunkten den Passierschein vorwies, in Chicago großgeworden ist und überdies in eine amerikanische Montur gesteckt worden war, verlief die Reise ohne Zwischenfälle.

Sie brachten Grüße und Nachrichten mit. Grüße von Eberhard aus P., aber kein Geld für die Belegschaft. Die Bavaria zahlt ihren eignen Produktionsleitern, Regisseuren und Autoren keine Gehälter mehr und wird siebenhundert der elfhundert Angestellten und Arbeiter entlassen müssen. Den Bavariachef Schreiber, der als Zauberkünstler Weltruf genießt, hat Mister Kennedy abgesetzt, ebenso die Münchener Intendanten Alexander Golling und Fritz Fischer. Nachdem Schreiber vergeblich versucht hatte, sich nachträglich in einen Hitlergegner zu verwandeln, verzauberte er sich. Er ist, Hokuspokus Fidibus, verschwunden. Die Philharmoniker soll Kabasta oder Knappertsbusch übernehmen. Sonst? Grüße von Lore, Lottes Schwester, aus Schliersee. In einem Brief, den Harald Braun mitbrachte. Eberhard ließ mir sagen, daß wir, wenn wir wollten, am Ammersee Unterkunft fänden, wohin sich seine Mutter abgesetzt hat. Schliersee, Ammersee. Und gestern nachmittag drückte mir jemand einen Zettel vom Tegernsee in die Hand. Das erste Lebenszeichen von Werner Buhre! Der aus einem Notizblock herausgerissene Zettel war durch viele Hände gegangen. Ein Stafettenzettel. Buhre ist in Rottach gelandet. Bei seinem Vater. Die oberbayerischen Seen scheinen ihre Anziehungskraft auch im Krieg nicht eingebüßt zu haben. (Und wann wird die erste Stafettenpost aus Dresden eintreffen?)

Am Nachmittag tauchten zwei Amerikaner im Gasthof ›Brücke‹ auf, ein jüdischer Emigrant und ein kleiner Chinese. Im Namen der Militärregierung. Der Emigrant, deutsch sprechend und in der Filmbranche nicht unbewandert, trug einen Hörbügel für Schwerhörige unterm Uniformkäppi und teilte Eberhards Stellvertreter, dem gleichfalls schwerhörigen Kyrath, in Kürze mit, daß sämtliche Ufa-Apparaturen sowie Alfreds und

Willis Lastauto als von ihm beschlagnahmt zu betrachten seien. Der Ausgang des Duells zwischen den zwei Schwerhörigen war keinen Augenblick zweifelhaft. Ulrich Haupt, der sich in Chikagoer Slang einmischte, wurde aufgefordert, die Hände aus den Hosentaschen zu nehmen. Harald Braun, der dabeisaß, wurde gefragt, wer ihm denn erlaubt habe, sich zu setzen. Und sich an uns alle wendend, meinte der Mann mit dem Käppi, das beste wäre, uns in ein Lager zu bringen. Dann verließ er die Gaststube, schwang sich auf einen der Lastwagen und fuhr mit der Beute davon. In seinem Gefolge befanden sich, außer dem kleinen Chinesen, auch einige Tiroler. Es waren Männer der ehemaligen nationalsozialistischen Gaufilmstelle aus Innsbruck. Sie hatten die neuen Herren auf das Ufa-Team, die Apparaturen und die Lastautos aufmerksam gemacht!

Erst waren die Berliner empört. Nun sind sie niedergeschlagen. Der Verlust der Lastwagen hat sie schwer getroffen. Denn sie wollten Chansons und Szenen einstudieren, auf die Dörfer fahren und in den Gasthöfen, bei kleinen Preisen, tingeln. Es hätte ihnen Spaß gemacht und ein bißchen Geld eingebracht. Der Traum ist ausgeträumt. Und ein anderer Traum erst recht: eines Tages die große Überlandpartie nach Berlin zu wagen.

Nach der Eroberung Berlins, heißt es, sei die Stadt den russischen Truppen zu einer Dreitageplünderung freigegeben worden. Außerdem rücken sie, über Berlin hinaus, immer weiter nach Westen und Südwesten vor! Hat man die Demarkationslinie noch immer nicht festgelegt? Oder hat man sie so weit westlich gezogen, daß die Russen sie noch immer nicht erreicht haben?

Das Dritte Reich ist vorbei, und man wird daraus Bücher machen. Miserable, sensationelle und verlogene, hoffentlich auch ein paar aufrichtige und nützliche Bücher. Eine psychologische Untersuchung, die sich mit dem Verhalten des Durchschnittsbürgers beschäftigt, wird nicht fehlen dürfen. Und sie könnte etwa ›Die Veränderbarkeit des Menschen unter der Diktatur‹ heißen. Ohne eine solche Analyse stünden die fremden Rächer,

Forscher, Missionare und Gruselgäste ohne Leitfaden im Labyrinth. Sie wüßten nicht aus noch ein. Und auch wir, die im Labyrinth herumtappten, als es noch kein Museum war, sondern als der Minotaurus und seine Opfer noch lebten, auch wir werden das Buch nötighaben.

Verständnis und Selbstverständnis sind erforderlich. Verständnis bedeutet nicht Einverständnis. Alles verstehen und alles verzeihen sind keineswegs ein und dasselbe. Doch wer kein Zyniker oder Pharisäer und wer erst recht kein blinder Richter sein möchte, der muß nicht nur wissen, was geschehen ist. Er wird studieren müssen, wie es geschehen konnte. Er wird umlernen müssen. Andernfalls gliche er einem Ignoranten, der über die Eigenschaften des Wassers spräche, ohne zu wissen, wie sich Wasser unterm Null- und überm Siedepunkt zu verhalten pflegt. Auch der Mensch kann den Aggregatzustand wechseln. Wasser verwandelt sich bei großer Kälte und Hitze, der Mensch unter großem Druck. Daß er bis zur Unkenntlichkeit veränderbar ist, fällt nicht sofort auf, da er den aufrechten Gang und die gewohnten Gesichtszüge beibehält. Auch die Intelligenz und der Fortpflanzungstrieb bleiben intakt. Nur der Schlaf und der Appetit sind vorübergehend gestört, und zwar im ersten Stadium der sich unter ständig wachsendem Druck vollziehenden Veränderung. Denn in diesem ersten Stadium hat er noch Angst. Er hat Angst vor wirtschaftlichem Ruin, vorm Gefängnis, vor Schlägen, vor Fußtritten, vor der Peitsche, vor Hunger und Siechtum, Angst ums Leben der Angehörigen, Angst vorm eignen Tod und Angst, aus Angst zu lügen und zu verraten.

Im zweiten Stadium der Veränderung unter Druck hat er nur noch eine einzige Angst: etwas anderes zu sagen, als man von ihm hören will. Und im dritten Stadium hat er überhaupt keine Angst mehr. Das Verfahren, ihn unter Druck zu verändern, ist geglückt. Er hat den Aggregatzustand gewechselt. Er ist, weil man mit ihm zufrieden ist, mit sich zufrieden. Er ist glücklich, weil er, nun aus freien Stücken, die Ansichten der herrschenden Verbrecher teilt. Sollten sie ihn, wegen einer abweichenden, womöglich humanen Meinung oder Handlung, vor Gericht stellen, bedürften sie keines Anklägers. Er wäre über seinen Rückfall am meisten empört. Er bäte um seine Hinrichtung und stürbe als glücklicher Mensch. Er stürbe, genauer, nicht als das, was man andernorts einen Menschen nennt, aber er stürbe glücklich. Im besten Einvernehmen mit Herrscher und Henker.

Das Gewissen ist drehbar. Wer wäre gern ein schlechter Mensch? Noch dazu auf Schritt und Tritt? Und in jeder Richtung? So schließt der Untertan mit der herrschenden Moral, wie unmoralisch sie auch sein mag, einen Seelenfriedensvertrag. Die innere Stimme gehorcht dem jeweiligen Kodex, und der Untertan gehorcht immer der inneren Stimme. Der Kompaß pendelt sich ein. Genauso wie man aus frommen Menschenfressern fromme Christen machen kann, kann man aus frommen Christen fromme Menschenfresser machen. Das eine ist nicht schwieriger als das andere. Aber beides geht nicht von heute auf morgen. Das Gewissen verbrennt, was es heute anbetet, erst in einer Woche. Es ist fähig, Unrecht für Recht zu halten, Inquisition für Gott wohlgefällig und Mord für staatspolitisch wertvoll. Das Gewissen ist um 180 Grad drehbar. Doch man muß ihm etwas Zeit lassen. Und auch dann ist man vor Rückfällen nicht sicher. Auch im Dritten Reich hat es Helden und Märtyrer gegeben, also Untertanen, die nicht mit der Zeit, sondern lieber zugrunde gehen.

Nun kommt die nächste neue Zeit. Sie hat den Fuß schon in der Tür. Nun wird aus Unrecht, das Recht geworden war, wieder Unrecht. Keine Angst, das Gewissen ist drehbar. Was die innere Stimme auch ruft oder widerruft, – eines steht fest: Sie meint es immer ehrlich.

Das Rad der Zeit, mit dem das drehbare Gewissen durch Transmission verbunden ist, ist kein Schwungrad, sondern ein Zahnrad. Es bewegt sich zuverlässig, aber langsam, Zahn um Zahn. Wer das Tempo forciert, verdirbt die Maschinerie. Sogar Diktatoren müssen mit der öffentlichen Meinung Geduld haben. Nicht einmal sie dürfen den letzten Schritt vorm ersten machen. Weil Hitler das anfangs noch nicht wußte oder glaubte, wurde der Judenboykott im Jahre 1933 ein Fehlschlag. Die Bevölkerung der Großstädte boykottierte den Boykott. Das Gewissen, zu jeder Drehung bereit, wurde überdreht. Erst fünf Jahre später, 1938, war es soweit. Erst in der ›Kristallnacht‹ konnte man den Pogrom exerzieren und der Bevölkerung in die Schuhe, statt der SS und der Polizei in die Stiefel zu schieben. Erst dann waren Widerspruch oder gar Widerstand nicht mehr zu erwarten.

In jener Nacht fuhr ich, im Taxi auf dem Heimweg, den Tauentzien und den Kurfürstendamm entlang. Auf beiden Straßenseiten standen Männer und schlugen mit Eisenstangen Schaufenster ein. Überall krachte und splitterte Glas. Es waren SS-Leute, in schwarzen Breeches und hohen Stiefeln, aber in Ziviljacken und mit Hüten. Sie gingen gelassen und systematisch zu Werke. Jedem schienen vier, fünf Häuserfronten zugeteilt. Sie hoben die Stangen, schlugen mehrmals zu und rückten dann zum nächsten Schaufenster vor. Passanten waren nicht zu sehen. (Erst später, hörte ich am folgenden Tag, seien Barfrauen, Nachtkellner und Straßenmädchen aufgetaucht und hätten die Auslagen geplündert.)

Dreimal ließ ich das Taxi halten. Dreimal wollte ich aussteigen. Dreimal trat ein Kriminalbeamter hinter einem der Bäume hervor und forderte mich energisch auf, im Auto zu bleiben und weiterzufahren. Dreimal erklärte ich, daß ich doch wohl aussteigen könne, wann ich wolle, und das erst recht, wenn sich in aller Öffentlichkeit, gelinde ausgedrückt, Ungebührliches ereigne. Dreimal hieß es barsch: »Kriminalpolizei!« Dreimal wurde die Wagentür zugeschlagen. Dreimal fuhren wir weiter. Als ich zum vierten Mal halten wollte, weigerte sich der Chauffeur. »Es hat keinen Zweck«, sagte er, »und außerdem ist es Widerstand gegen die Staatsgewalt!« Er bremste erst vor meiner Wohnung.

Jetzt war es soweit. Jetzt herrschte die verkehrte Welt ganz offiziell, und niemand widersprach. Die Partei beging, wenn auch bei Nacht und in Räuberzivil, auf offener Straße Handlungen, die früher Verbrechen gewesen wären, und die deutsche Polizei schirmte die Verbrecher ab. Zu diesem Zweck bedrohte sie, sogar in Berlin, sogar am Kurfürstendamm, die Passanten. In der gleichen Nacht wurden von den gleichen Verbrechern, von der gleichen Polizei beschützt, die Synagogen in Brand gesteckt. Und am nächsten Morgen meldete die gesamte deutsche Presse, die Bevölkerung sei es gewesen, die ihrem Unmut spontan Luft gemacht habe. Zur selben Stunde in ganz Deutschland – das nannte man Spontaneität. Das durfte man so nennen, ohne daß widersprochen wurde. Jetzt war das drehbare Gewissen gleichgeschaltet. Jetzt stimmte Hitlers Rechnung. Sie stimmte, bis, ein paar Jahre später als die Synagogen, die Städte brannten.

P. in Bayern, 18. Juni bis 28. Juni

Aus der Chronik

20. Juni
In Italien bilden sechs Parteien die neue Regierung. Außenminister: De Gasperi.

21. Juni
Die Russen übernehmen von den Amerikanern Sachsen und Thüringen, von den Engländern Teile der Provinz Sachsen und Mecklenburgs.

26. Juni
Feierliche Unterzeichnung der UN-Verfassung in San Franzisko. Aus der Präambel: ›Wir, die Völker der Vereinten Nationen, sind entschlossen, die kommenden Generationen vor der Geißel des Krieges zu bewahren, die zu unseren Lebzeiten zweimal unsagbares Elend über die Menschheit gebracht hat.‹ Als Bestandteil der Reparationen wird die Auswertung aller deutschen Erfindungen und Patentrechte durch die Vereinten Nationen verkündet. Die amerikanische Besatzung übernimmt das Reichspatentamt.

Die Tschechoslowakei tritt an Rußland die Karpato-Ukraine ab.

P. in Bayern, 18. Juni 1945

Seit vorgestern bin ich für ein paar Tage bei Familie Weiß, Eberhards Freunden, auf dem schönen Gutshof im Moos. Es ergab sich ganz plötzlich. Ulrich Haupts Kumpan, der tätowierte Oberstleutnant, hatte wieder einmal einen Jeep samt Fahrer übrig. Am Donnerstag läßt er uns zurückholen. Womöglich kommt er selber.

Da er Uli zwei Flaschen Himbeergeist als Wegzehrung mitgab, kann ich mich nur noch an die Abfahrt in Mayrhofen und an den ersten Teil des Ausflugs erinnern. Uli, der neben dem Fahrer saß, reichte, in nobler Regelmäßigkeit, die erste und später die zweite Flasche nach hinten. Trinkgefäße hatten wir nicht bei der Hand. Wenn ich trank, muß es ausgesehen haben, als wollte ich Trompete blasen. Der Jeep hüpfte auf seinen harten Reifen wie ein Füllen zu Tal, und ich, im Fond, hüpfte unfreiwillig mit. Meine Bemühungen, mir beim Trinken nicht die Zähne einzuschlagen, mögen daran schuld gewesen sein, daß der eine und der andere Schluck das bekömmliche Maß überschritten. Es ging lustig zu. Uli und der Fahrer sangen amerikanische Lieder. Und ich selber freute mich wie ein Kind, seit einem Vierteljahr zum ersten Male wieder unterwegs zu sein. Kein Krieg, keine Spazierzone, keine Polizeistunde, statt dessen Getreidefelder und Fachwerkstädtchen, im Hui vorbei, es war herrlich.

Von der Ankunft auf dem Gut weiß ich nur, daß mich zwei kräftige Männer aus dem Jeep hoben, ins Haus bugsierten und, am hellichten Tag, in irgendein Bett legten. Am Abend war ich wieder bei Verstand und, obwohl ich mich nun schämte, bei bestem Appetit.

Eberhard will am Donnerstag mitkommen, aber nur, um seine Siebensachen abzuholen. Das Kapitel Mayrhofen ist für ihn erledigt. Für die Belegschaft kann er nichts tun. Die Lastwagen und Kameras hat ihm der Amerikaner mit dem Hörbügel weggeschnappt. Jetzt kommt es ihm darauf an, München im Auge zu behalten. Wie ein Jäger. Mit der Hand am Drücker. Wer zuerst kommt, schießt zuerst. Das Ziel, das er aufs Korn genommen hat, heißt Kennedy. Denn Kennedy soll und will Geiselgasteig wieder flottmachen. Dafür wird er deutsche Filmfachleute brauchen. Am ehesten solche, die, wie Eberhard, Amerika kennen und Kennedys Muttersprache beherrschen. Ich zähle in der Kalkulation zu den Aktivposten. Denn ich bin politisch unbescholten, kann Filmstoffe und Drehbücher liefern, schulde Eberhard Dank und halte es ja selber für notwendig, die Tiroler Zelte abzubrechen. Das Gescheiteste, meint Eberhard, sei, daß ich gar nicht erst nach Mayrhofen mitkäme, sondern mich bei seiner Mutter in Schondorf einquartiere. Dort werde er Lotte und unser ›zweimal Fünferlei‹, auf der Rückfahrt nach P., gewissenhaft abliefern. Am Ammersee seien wir gut untergebracht, und München, die nächstliegende Zukunft, liege dann auch räumlich in der Nähe.

An der Logik und Zweckmäßigkeit der Überlegungen ist nicht zu rütteln. Trotzdem werde ich am Donnerstag nicht hierbleiben, sondern wieder mitfahren. Logik und Zweckmäßigkeit sind mir zuwenig. Erst recht in dieser Zwischenzeit. Bahn und Post sind scheintot. Passierschein und Transport hängen von Gnade und Zufall ab. Ich bin kein Schwarzhändler und Gelegenheitsmacher. Und ich muß nicht zuerst kommen, um zu mahlen oder zu malen oder zu schreiben. Ich werde warten, bis der Postbote wieder Briefe austrägt und bis am Bahnhof wieder Fahrkarten verkauft werden. Oder bis man, falls das Geld reicht, in Innsbruck ein Taxi mieten und damit nach München kutschieren kann. Ich bin ein hochmütiger Kleinbürger. Ob mir das gefällt oder ob ich mir gefalle, steht nicht zur Debatte.

Ein schlimme, niederdrückende Nachricht! Die Russen besetzen, bis zum 21. Juni, Thüringen, Sachsen, die Provinz Sachsen und Mecklenburg! Und die Amerikaner sind damit einverstanden! Es kann sich nur um ein Zugeständnis älteren Datums handeln. Um eine Klausel aus der Kriegszeit. So ließe sich nachträglich auch das amerikanische Zögern an der Elbe und vor Berlin erklären, nur so und nicht anders. Man löst ein ge-

gebenes Wort ein. Und man verschenkt, mit Mitteldeutschland, Europa!

Diese welthistorische Hiobsbotschaft verdunkelt die Sommersonne wie eine Gewitterwolke aus Schwarz und Schwefelgelb. Es gibt geschichtliche Fehler, die irreparabel sind, und das hier ist einer! Sein Schatten liegt wie Blei auf den Wiesen und auf den Hoffnungen. Und erst recht auf dem aufgeschlagenen Tagebuch und der leeren Spalte, die auf ihren Text wartet.

Was sonst kann sich schon zugetragen haben? Es mag gemeinhin den spezifischen Reiz solcher Notizen ausmachen, daß sich Wichtiges und Unwichtiges mischt. Das Durcheinander im Nacheinander ist ihr unantastbares Ordnungsprinzip. Die Reihenfolge herrscht und duldet keinen Eingriff. Alles, was im Augenblick wichtig erscheint, auch die Bagatelle, gehört an den von der Chronologie zugewiesenen, an den echten Platz. Bereits das Weglassen ist Manipulation und kann Unterschlagung sein. Deshalb also, heute nur deshalb, weiter im Text! Vive la bagatelle!

Eberhard und Uli waren vormittags nach München gefahren, hatten sich mit Kennedy unterhalten und erwähnt, daß ich seit zwei Tagen vorübergehend in P. sei. Diese Tatsache interessierte einige andere Amerikaner sehr und machte sie mobil. Als Eberhard und Uli zurückfuhren, folgte ihnen ein Jeep mit drei Männern des CIC. Sie nahmen auf der Gartenterrasse Platz, lehnten Getränke ab und ließen mich holen. Es wurde eine Vernehmung. Die zwei, zwischen denen ich am Tisch saß, stammten aus Deutschland. Der Wortführer stellte Fragen, als stelle er Fallen, und schrieb meine Antworten in ein Notizbuch. Der zweite sprach wenig, rauchte viel und spielte mit dem Schießgewehr, das an seinem Knie lehnte. Der dritte, ein Sergeant, hockte, sich und die Maschinenpistole sonnend, auf der halbhohen Terrassenmauer. Er verstand kein Deutsch, unterhielt sich mit einem Kaugummi und spuckte häufig in den Garten. Es handelte sich ganz offensichtlich um außermilitärische Zielübungen.

Das Mißtrauen des Wortführers, eines Leutnants, war mit

Händen zu greifen. Über meine Bücher wußte er, mindestens was den Inhalt anlangt, einigermaßen Bescheid. Den ›Fabian‹ bezeichnete er als jenen ›Berliner Roman, worin Bordelle vorkommen‹, und er hätte gar zu gern gewußt, ob es seinerzeit, wie das Buch andeute, tatsächlich außer ›normalen‹ Bordellen auch solche mit männlicher Bedienung für weibliche Kundschaft gegeben oder ob ich das nur erfunden hätte. Meine lichtvollen Ausführungen über den Unterschied von Wirklichkeit und Wahrheit befriedigten den Leutnant nicht sonderlich.

Auch meine anderen Auskünfte stellten ihn nicht zufrieden. Er bohrte an mir herum wie ein Dentist an einem gesunden Zahn. Er suchte eine kariöse Stelle und ärgerte sich, daß er keine fand. Was ich zwölf Jahre lang getan und wovon ich gelebt hätte? Ich unterrichtete ihn in großen Zügen. Er hörte skeptisch zu und machte Notizen. Und warum war ich, unmittelbar nach dem Reichstagsbrand, nach Berlin zurückgekommen, statt in der Schweiz zu bleiben, wo ich meine Ferien verbracht hatte? Um Augenzeuge zu sein? Wovon denn Augenzeuge? Als verbotener Schriftsteller und unerwünschter Bürger? Wie hätte ich denn hinter die Kulissen blicken dürfen? Ich antwortete, mir wäre der Blick hinter die Kulissen weniger wichtig gewesen als das auf offener Bühne zu erwartende Drama. Darüber hätte ich mich, meinte er, auch im Ausland informieren können, beispielsweise in der Schweiz, etwa durch gründliche Zeitungslektüre. Ich widersprach. Schon bei unbedeutenderen Uraufführungen verließe ich mich nicht gern auf Korrespondenzberichte, geschweige bei der drohenden Tragödie des Jahrhunderts. Ob ich geglaubt hätte, mir könne nichts zustoßen? Ich fragte, warum ich das hätte glauben sollen. Ob ich denn keine Angst gehabt hätte. Selbstverständlich hätte ich Angst gehabt, sagte ich. Wir kamen nicht voran. Einen Helden hätte er vielleicht verstanden. Die Wahrheit verwirrte ihn. Die Verwirrung wuchs, als ich meine Auslandsreisen aufzählte. Ich sei 1937 in Salzburg gewesen? Warum? Um mit Walter Trier, dem Illustrator meiner Bücher, einen Buchplan zu besprechen, ein Salzburg-Buch. Wer hätte die Reise offiziell genehmigt? Niemand. Ich hätte mich des nicht genehmigungspflichtigen

Kleinen Grenzverkehrs bedient. Zwischen Reichenhall und Salzburg mehrere Wochen lang täglich hin und zurück. Aber Walter Trier sei doch Jude, oder nicht? Doch. Ich hätte mich auch mit anderen jüdischen Freunden täglich getroffen, die damals in Salzburg waren. Und dann sei ich wieder nach Berlin gefahren? Ja, dann sei ich wieder nach Berlin gefahren.

Und wer hätte 1938 meine Reise nach London befürwortet? Die Reichsschrifttumskammer? Nein, sie hätte den Antrag abgelehnt. Wer also? Ein alter Bekannter, der früher Vertragsjurist bei der Ufa und später Angestellter der Reichsfilmkammer gewesen sei. Was hätte ich in London getan? Ich hätte mich mit Cyrus Brooks, meinem englischen Übersetzer und Agenten, über Geschäfte unterhalten. Ich hätte aber auch andere Leute gesprochen, zum Beispiel Lady Diana, Duff Coopers Frau, und Brendan Bracken, Churchills Sekretär. Hätte ich in England bleiben können? Wahrscheinlich. Warum sei ich nicht geblieben? Weil, kurz vor Chamberlains Flug nach München, akute Kriegsgefahr bestanden habe. Deshalb hätte ich meine Reise sogar vorzeitig abgebrochen. Deshalb? Ja, deshalb.

Als ich schließlich sagte: »Und 1942 war ich ein paar Tage in Zürich«, da holte er dreimal Luft. Dann fragte er ungläubig: »In Zürich? Mitten im Krieg?« »Ja.« »Zu Fuß? Bei Nacht und Nebel?« »Nein, per Flugzeug. Bei schönem Wetter.« »Was wollten Sie dort?« »Ich sollte mir einen Garbo-Film anschauen, den es, infolge des Krieges, in Deutschland nicht zu sehen gab. Eigentlich sollten wir nach Stockholm fliegen. Doch dort war der Film gerade vom Spielplan abgesetzt worden.« »Wir?« »Ja, Jenny Jugo, Klagemann und ich. Die Jugo hätte gern eine Doppelrolle in einer Filmkomödie gespielt, und sie und die Ufa wollten, daß ich das Drehbuch schriebe. Es war in dem merkwürdigen Dreivierteljahr, in dem ich, obwohl nach wie vor als Schriftsteller verboten, bis auf Widerruf Drehbücher schreiben durfte. Diese ›Sondergenehmigung‹ hatte mich, wie ich Ihnen schon eingangs gesagt habe, außerordentlich überrascht. Als wir nach Zürich flogen, galt sie wohl noch.«

Der amerikanische Leutnant senkte den Kopf und schien seine Gedanken zu ordnen. Sein Kollege rauchte. Die Sonne schien auf die Terrasse. Und der Sergeant spuckte in den Garten. »Der Film«, sagte ich, »hieß ›The Twofaced Woman‹, die Garbo spielte eine lustige und eine seriöse Schwester, Melvyn Douglas war der irritierte Partner, und der Film war spottschlecht.« »Woher wußten Sie, daß es diesen Film überhaupt gab?« »Aus einer Zeitungsnotiz irgendeines Korrespondenten im neutralen Ausland.« »Und warum wollten Sie den Film sehen? Um sich Anregungen für das geplante Drehbuch zu holen?« »Nein. Um es nicht schreiben zu müssen. Die Aufgabe interessierte mich nicht sonderlich.« »Deshalb wollten Sie nach Zürich?« »Aber ich wollte ja gar nicht nach Zürich! Und auch nicht nach Stockholm!« »Warum bestanden Sie dann darauf?« »Weil ich es für völlig ausgeschlossen hielt, daß man mitten im Zweiten Weltkrieg einen suspekten Autor ins neutrale Ausland schicken werde, nur damit er sich dort einen schlechten Garbo-Film anschaue. Ich erklärte dem Ufa-Chef Jahn und dem Chefdramaturgen Brunöhler, daß Filmdoppelrollen unweigerlich von gleichen und ähnlichen Lustspielsituationen lebten. Diese gelte es möglichst zu vermeiden! Deshalb müsse ich den Film sehen. Denn ich hätte keine Lust, mich eines Tages als Plagiator anpöbeln zu lassen. Damit hielt ich die Angelegenheit für erledigt. Statt dessen drückte man uns ein paar Tage später die Flugkarten in die Hand und Schweizer Franken als Diätgelder und natürlich die amtlichen Reisepapiere!« »Sahen Sie den Film?« »Ja. Im Vorführraum der Schweizer Filiale der amerikanischen Firma Metro-Goldwyn-Mayer. Es war alles geregelt.« »Haben Sie dann das Drehbuch für Jenny Jugo geschrieben?« »Nein. Es war nicht nötig.« »Warum nicht?« »Weil die Reichsfilmkammer meine Sondergenehmigung zurückzog.« »Weswegen?« »Auf Betreiben des Führerhauptquartiers. Da sich die Reichsschrifttumskammer beschwert hatte.« »Und warum blieben Sie nicht in Zürich? Mitten im Krieg? Dachten Sie, Hitler werde ihn gewinnen?« »Nein«, sagte ich. »Wenn ich das geglaubt hätte, wäre ich womöglich doch in der Schweiz geblieben!«

Nachdem das Trio verschwunden war, erschienen die neugierigen Hausgenossen auf der Terrasse und hätten gern gewußt, was der neugierige Leutnant hatte wissen wollen. Doch ich mußte gestehen, das wisse ich nicht. Vermuten lasse sich nur, daß er das Mißtrauen, mit dem er hergekommen sei, als ›unerledigt‹ wieder mitgenommen habe. Mein Verhalten passe wohl nicht in sein Weltbild, und schon gar nicht in die Typenforschung des CIC. Das habe ihn sichtlich gekränkt. Während wir uns unterhielten, kam ein Mädchen aus dem Haus gelaufen und sagte: »Die drei Amerikaner sind schon wieder da!« Wir waren verblüfft. Hatten sie etwas vergessen? Das Gewehr, die Maschinenpistole oder gar den Notizblock?

Sie hätten, sagten sie, vergessen, die Räume zu besichtigen, und wollten wissen, ob Hitlerbilder im Hause seien. Das verschlug uns ein wenig die Sprache. Echt konnte so viel Naivität kaum sein! Erwarteten sie allen Ernstes, Ende Juni in Deutschland Hitlerbilder an den Wänden zu finden? Wahrscheinlich war es eine Ausrede, an deren Glaubwürdigkeit ihnen überhaupt nichts lag. (Was sie, statt dessen, wirklich suchten und wollten, ist übrigens unklar geblieben.)

Nachdem ihnen die jüngere Tochter die Räumlichkeiten gezeigt hatte, kamen sie noch einmal auf die Terrasse und unterhielten sich mit Eberhard über Mayrhofen. Die Beschlagnahme des Ufa-Eigentums durch Mister Shareen, im Namen der Militärregierung, entspreche den Maßnahmen bei der Bavaria und sei rechtens. Von einem Zugriff ohne Order könne keine Rede sein. Was aus dem Team werden soll, das ohne Arbeit und Geld in Tirol stecke? Daß sich die Leute auf eigne Verantwortung nach Berlin durchschlagen wollten, lasse sich nicht verbieten. Unterwegs würden sie schon merken, was sie davon hätten. München komme nicht in Frage, da sie, von Geld und Arbeit ganz abgesehen, nicht einmal Unterkunft fänden. Das beste sei, sie blieben in Mayrhofen.

Am Mittwoch wollen wir nach München. Kennedy im Büro aufsuchen. Und die Nase in die Kammerspiele stecken. Das Theater ist ja zum Glück stehengeblieben. Vielleicht treffen wir bei der Gelegenheit Falckenberg und andere Bekannte.

P. in Bayern, 19. Juni 1945

Die Bahnhöfe und Züge, die Briefträger und Postämter, die Depeschenboten und die Telefonklingeln halten noch immer ihren Sommerschlaf. Dorf und Stadt sind Inseln, die voneinander nichts wissen. Sie sind lebendige Punkte, und dazwischen ist nichts. Die Linien zwischen den Punkten fehlen. Wenn es nicht den Rundfunk gäbe, könnte man glauben, man lebe auf dem Mond. Die Ortschaften sind Monaden, und nur der Funk erinnert, notdürftig genug, an gewesene und künftige Zusammenhänge.

So war es jedenfalls bis gestern. Heute ist es anders. Denn heute brachte jemand eine Zeitung ins Haus. Eine Zeitung! Es war wie ein Wunder, und ich las das Wunder dreimal hintereinander. Die Zeitung nennt sich ›Münchener Nachrichten‹, und was ich las, war die zweite Nummer des neuen Blattes, die Wochenendausgabe. Sie brachte als wichtigsten Beitrag einen Aufsatz Friedrich Meineckes. Vor dreiundzwanzig Jahren, im Wintersemester, saß ich in seinem Seminar, und wir verglichen mit ihm die Testamente Friedrichs des Großen. Jetzt ist er zweiundachtzig Jahre alt, wohnt noch immer in Dahlem, wo ich ihn damals besuchte, und hat als erster zur Feder gegriffen.

Er schreibt, ihm, als einem alten Mann am Grabe, werde wohl niemand unterstellen, daß er dem Augenblick nach dem Mund reden wolle. Er betonte, wie oft ihm, unter vier Augen, ehemalige Schüler ihren Abscheu vor der Diktatur bekannt hätten. Und er beharrt auf der Meinung, daß, von Terror und Propaganda umzingelt, jede interne Gegenaktion erstickt worden wäre. Wird man ihm im Ausland glauben? Die Redaktion distanziert sich und erklärt, daß sie seine Auffassungen nicht teile. Das ist verständlich, denn die Redakteure sind Amerikaner, höchstwahrscheinlich Emigranten, und es wäre übermenschlich, wenn sie ihm beipflichteten. Daß sie seine Meinung, die nicht die ihre ist, abdrucken, schon das ist viel. Es gibt, vor aller Öffentlichkeit, wieder mehrerlei Meinungen! Früher einmal war das selbstverständlich. Notabene: Es ist ganz und gar nicht selbstverständlich. Notate bene! Merkt's euch gut!

In diesem Zusammenhang fällt mir der Österreicher ein, der 1941 im Café Glockenspiel, in Salzburg, am Nebentisch saß. Er trank seine Schale Nuß wie früher, rauchte seine Virginia wie früher, trank ein Glas Wasser nach dem anderen wie früher und las, wie früher, sämtliche Tageszeitungen. Sie lagen, in den üblichen Haltern und hübsch zusammengerollt, auf einem zweiten Stuhl, und er las ein Blatt nach dem andern, gründlich, Seite für Seite und Zeile für Zeile. Als er gegangen war, winkte ich dem Oberkellner und fragte: »Warum hat denn der Herr sechs Zeitungen gelesen?« »Das tut er täglich. Seit zwanzig Jahren. Deswegen geht man ja bei uns ins Kaffeehaus!« »Das ist mir bekannt«, sagte ich, »aber seit 1938 steht doch auch bei Ihnen in jeder Zeitung ein und dasselbe. Hat er das denn noch nicht gemerkt?« Der Ober lächelte milde und meinte: »Ja, gemerkt dürfte er's schon haben. Doch er hat es immer so gemacht. Und von alten Gewohnheiten trennt man sich bei uns nicht gern.«

P. in Bayern, 20. Juni 1945

Heute morgen waren wir mit Eberhards Auto in München. Es war nicht ganz einfach, Kennedy zu finden. Die ›officers‹ für Theater, Film und Presse zogen eifrig um. In andere Zimmer und in andere beschlagnahmte Häuser. In den Büros und Korridoren und auf den Treppen wimmelte es von deutschen Schauspielern, Regisseuren, Journalisten und Filmleuten. Es ging zu wie auf dem Rialto. Man will Auskunft. Man sucht Anschluß. Man hat Pläne. Man fällt alten Kollegen vor Wiedersehensfreude um den Hals. Man wohnt noch auf dem Land. Man will nach München ziehen. Wer erteilt die Genehmigung? Wird Falckenberg die Kammerspiele behalten? Womit wird er eröffnen? Mit Thornton Wilders ›Our Town‹? Wann? Erst im September?

Endlich fanden wir Kennedy. Er war in Paris und London gewesen und im Begriff, nach Bad Homburg zu fahren. Über die Münchner Situation wisse er kaum noch Bescheid. Leider. Er verwies uns an seine Mitarbeiter. Einige Namen behielten wir im Ohr. Ross, Richards, van Loon. Plötzlich faßte ich Kennedy am Ärmel. Denn mein Leutnant von gestern kam den Korridor entlang! Ich erfuhr, daß er früher beim Intelligence Service in London gedient habe und jetzt, als Secret Service-Spezialist, Colonel Kinard zugeteilt sei. Er nenne sich Dr. Dunner. Doctor Dunner? Das riecht förmlich nach ›nom de guerre‹.

Es gab auch erfreulichere Begegnungen. Ich traf Wolfgang Koeppen und Arnulf Schröder und später, im Hof der Kammerspiele, Rudi Schündler und Arthur Maria Rabenalt. Die beiden wollen hier im Theater, mit Genehmigung der Stadt, ein Kabarettprogramm starten. Sie probieren schon und sind Feuer und Flamme. Was sie bringen werden? Texte von Villon, Ringelnatz und Baudelaire, Blackouts, Tanzszenen, hübsche Mädchen. Hübsche Mädchen seien weniger rar als gute Texte, und aktuelle Chansons fehlten ihnen völlig. Mich schicke der Himmel. Ich müsse mitmachen. Daß ich nichts Neues geschrieben hätte, sei bedauerlich, aber reparabel. Sie würden mir ein paar Tage Zeit lassen. Das gehe nicht? Morgen nachmittag führe ich wieder ins Zillertal? Was ich denn dort oben wolle? So ein Nonsens! Hier in München bräche die Kultur aus, und ich führe in die Himbeeren!

Sie verschleppten uns in die Ruine des Nationaltheaters. Die Kantine ist intakt und wird notdürftig bewirtschaftet. Hier trafen wir unter anderm Albert Hoermann, der graue Haare bekommen hat und, falls Falckenberg nicht mit Wilders Stück eröffnet, den Mackie Messer spielen möchte. Große Rosinen, das muß ich schon sagen. Robert A. Stemmle denkt praktischer. Er bereitet einen bunten Abend vor, mit dem er die amerikanischen Truppen amüsieren will. Eine Art Wehrmachtstournee. Ein handfester Plan. Arien gegen Zigaretten, Tänze gegen Konserven, Humor gegen Schnaps, Zauberkunststücke gegen Benzin. Im Augenblick hat er freilich Probenverbot. Warum? Er weiß es nicht. Hat man gegen das eine oder andere Mitglied seines Ensembles politische Bedenken? Oder gegen mehrere Mitglieder? Feststeht, daß er die Proben unterbrechen mußte.

P. in Bayern, 21. Juni 1945

Heute früh waren wir schon wieder in München. Vitalität steckt an. Wir haben uns gestern infiziert. Es handelt sich um einen Anfall von Arbeitsfieber. Bei Eberhard mehr als bei mir. Ich habe nur etwas Übertemperatur. Immerhin, auch mich hat es gepackt. In den Ruinen geistert nicht die Cholera. Es grassiert die Influenza vitalis, eine kerngesunde Epidemie. Es geht zu wie in Klondyke. Wenn man zu charakterisieren sucht, was man ringsum erlebt, fallen einem ganz, ganz altmodische Wörter ein, wie ›Hoffnungsschimmer‹, ›Morgenröte‹, ›Schaffensfreude‹, ›Glücksrausch‹ und ›Lebensmut‹. Der Magen knurrt, doch die Augen blitzen. ›Trunkenheit ohne Wein‹. Alle miteinander sind um zehn Jahre jünger geworden. Der Kalender verbessert mich: um zwölf Jahre jünger.

Eberhard machte Rabenalt und Schündler im Hof der Kammerspiele klar, daß sie für ihr Kabarett dringend einen Mann brauchten, der etwas von Geschäften verstehe. Sie gaben ihm recht. Als er erklärte, daß er dieser Mann sei, gaben sie ihm wieder recht. Er wolle, sagte er, nicht nur die Geschäfte führen, sondern auch das Risiko tragen. Ihnen fiel ein Stein vom Herzen. Denn jetzt hat das Kabarett einen geschäftlichen Direktor. Es hat, wenn uns nichts Besseres einfallen sollte, sogar schon einen Namen. Schündler hat ihn vorgeschlagen. Es soll ›Die Schaubude‹ heißen.

Ob Falckenberg im Herbst das Theater übernehmen kann, ist fraglich. Die Amerikaner haben, im Verlauf einer Haussuchung, Kopien von Briefen gefunden, die er Hitler geschrieben hat. Näheres weiß man nicht. Man munkelt nur, daß die Haussuchung aufgrund einer anonymen Anzeige erfolgt sei. Was, um alles in der Welt, kann ein Mann wie Otto Falckenberg jenem Schnurrbart geschrieben haben? Und wer, wenn er scheitern sollte, käme statt seiner in Frage?

Am Eröffnungstermin des Theaters wird sich nichts ändern. ›Die Schaubude‹ wird, wenn sie Erfolg haben sollte, umziehen müssen. Wohin? In welche Ruine? Schündler und Rabenalt zucken die Achseln. Noch ist es nicht Herbst. Noch ist der Vorhang nicht aufgegangen. Außerdem wäre dieses Problem nicht ihre Sorge. Sie haben ja einen geschäftlichen Direktor.

Da ich in P. ein Exemplar von ›Herz auf Taille‹ entdeckt hatte, schlug ich Schündler vor, den Text ›Kennst Du das Land, wo die Kanonen blühn?‹ ins Programm aufzunehmen und, das sei nicht unwichtig, auf das Entstehungsdatum des Gedichts kurz hinzuweisen. Ob ich denn wirklich nach Tirol zurückwolle? Ja, am Nachmittag.

Bevor wir wieder nach P. fuhren, war ich bei der Commerz- und Privatbank. In einer Büroruine. Mit meinem Banksparbuch, das ich vorsorglich in Mayrhofen eingesteckt hatte. Die Vorsorge erwies sich als überflüssig. Ehe man nicht wieder mit Berlin Verbindung habe, könne man mir keinen Pfennig auszahlen. Es sei völlig unmöglich. (Dann nicht, liebe Tante!)

P. in Bayern, 22. Juni 1945
Wir sind gestern leider nicht abgeholt worden. Stundenlang saßen wir gestiefelt und gespornt vorm Haus und warteten, daß der Jeep einböge. Hoffentlich kommt er heute. Uli schwört, sein Oberstleutnant sei zuverlässig. Gott geb's. Denn ich werde ungeduldig, und ohne den Jeep sind wir verraten und verkauft. Das Herumfressen bei halbfremden Leuten war noch nie meine Sache. Geben ist nicht nur seliger als nehmen, sondern auch ungleich bequemer.

Wenn wenigstens die hausschlachtene und angeräucherte Wurst nicht so gut schmeckte! Der Kampf zwischen meinem schlechten Gewissen als Gast und der guten Wurst auf dem Tisch zehrt und zerrt an meinem Befinden. Ich ärgere mich, wenn ich eine Scheibe zuviel esse. Ich ärgere mich, wenn ich eine Scheibe zuwenig esse. Und die Gastgeber ärgern sich seit gestern nachmittag sowieso. Ihre Vorräte sind nicht unerschöpflich, und auch ihre Gastlichkeit hat Grenzen. Sie war limitiert. Bis gestern nachmittag lächelten sie ungezwungen. Heute geben sie sich Mühe. Ich kann ihnen kaum noch ins Gesicht sehen.

Uli Haupt hat bessere Nerven als ich. Er ließ Eberhard vorfühlen, ob seine Frau und die Kinder, mit deren Ankunft aus dem Harz er jederzeit rechnen muß, hier wohnen dürften, bis er für sie und sich eine Bleibe gefunden hätte. Eberhard fühlte vor und kehrte mit einem glatten Nein zurück. Uli war beinahe gekränkt. Bessere Nerven allein tun es auch nicht.

Die Schuhe, die ich trage, hat mir Horst Kyrath geborgt. Meine Knickerbockerhose ist so fadenscheinig geworden, daß ich mich kaum noch zu setzen wage, aus Angst, der Hosenboden könne reißen und sich in ein Schaufenster verwandeln. Wenn ich mich setze, lasse ich mich ganz vorsichtig nieder. Ich nehme Platz. Wie eine Dame in großer Abendtoilette. Außerdem habe ich nur noch ein einziges sauberes Taschentuch. Wenn bloß dieser verdammte Jeep käme!

P. in Bayern, 25. Juni 1945
Es ist, um aus der Haut zu fahren. Der Jeep kommt nicht. Am Donnerstag wollte man uns abholen, und heute ist Montag. Wenn es nicht so gräßlich wäre, wäre es zum Totlachen. Doch es ist zum Totschämen. Die Frau des Hauses hat sich, wahrscheinlich bis zu unserer Abreise, in ihre Gemächer zurückgezogen. Sie zeigt uns ihre Entrüstung, indem sie sich nicht mehr zeigt. Vielleicht betet sie, daß der Himmel sie von uns befreien möge. Hoffentlich hört der Himmel zu.

Die Dienstboten sind stumm. Die Mahlzeiten, die sie uns kredenzen, werden zusehends schmäler, wären aber auskömmlich, wenn wir sie aufäßen. Doch wir trauen uns nicht. Ich picke und nippe wie ein Kanarienvogel im Bauer. Es entspricht der Lage. Daß die Tür des Käfigs offensteht, nützt uns nichts. Wir sind angeleimt.

Ringelnatz war einmal von einem reichen Bewunderer zum Mittagessen gebeten worden. Als das Dienstmädchen öffnete und den ramponierten Matrosen erblickte, schlug sie vor Schreck die Tür wieder zu. Aber sie hatte ein weiches Herz. Deshalb brachte sie kurz darauf dem Manne, den sie für einen Bettler hielt, einen Teller Suppe hinaus und sagte: »Da!

Wärmen Sie sich ein bißchen auf!« Und als der Gastgeber, der sich verspätet hatte, die Treppe hinaufeilte, sah er seinen Gast und Dichter auf den Stufen sitzen und Suppe löffeln. Schade, daß Ringelnatz aus diesem Erlebnis kein Gedicht gemacht hat!

Mitten in den Wiesen, die zum Gutshof gehören, liegt ein Wäldchen. Hier, am Waldsaum, sitzen Uli und ich tagtäglich stundenlang, kauen Grashalme und starren unverwandt zu der Fahrstraße hinauf und zu dem Weg, der von ihr abzweigt und zum Gutshof führt. Weiter als bis zur Straßenkurve reicht unser Horizont nicht. Wir warten auf einen Jeep, der rechts auftauchen, das Tempo drosseln, in den Weg einbiegen und uns abholen wird. Auf einen Jeep, bei dessen Anblick wir Indianertänze aufführen und markerschütternd schreien werden: »Endlich!«

Meist ist die Straße leer. Manchmal rollt ein Ochsenfuhrwerk den Horizont entlang. Zuweilen kommt ein Radfahrer vorbei. Mitunter, selten genug, zeigt sich sogar ein Jeep. Dann springen wir auf. Doch nie ist es unser Jeep. Immer nur einer seiner unzähligen Zwillinge. Und wenn er, statt einzubiegen, weiterfährt, setzen wir uns wieder auf den gefällten Baumstamm und lassen die Köpfe hängen.

Abends trotten wir ins Wohnzimmer und leisten den jungen Damen Gesellschaft. Sie geben sich große Mühe, uns vergessen zu machen, wie sehr wir stören. Sie mogeln Wein aus dem Keller, spendieren ein paar Zigaretten, bringen alte Zeitschriften herbei und spielen mit uns Karten. Ich komme mir vor wie auf den Stellproben für einen ruhigen Lebensabend. Es ist ebenso rührend wie idiotisch.

Am Freitag fuhr Else, eine der Töchter, bis zum nächsten amerikanischen Kontrollposten auf der Autobahn und beschwatzte den Boy am Feldtelefon solange, bis er tatsächlich Ulis Oberstleutnant in Schwaz anrief. Nein, man habe uns keineswegs vergessen, und der Jeep käme am Sonnabend. Doch er kam weder am Sonnabend noch gestern am Sonntag. Deshalb fuhr Else abends wieder zur Autobahn, und wieder tat ihr, wenn auch erst nach langem Palaver, der Posten den Gefallen, Schwaz anzurufen. Diesmal ließ man uns ausrichten, der Colonel und der Jeep seien dienstlich unterwegs. Nach ihrer Rückkehr werde man den Wagen unverzüglich losschicken. Mit dem gleichen Fahrer, der uns nach P. gebracht habe. Da er den Weg schon kenne, könne nichts passieren. Jetzt haben wir Montag abend, und es ist tatsächlich nichts passiert.

P. in Bayern, 27. Juni 1945

Am vorigen Donnerstag wollte man uns abholen, und heute ist Mittwoch. Unser Passierschein ist seit sechs Tagen ungültig. Und Frau Weiß hat verlauten lassen, daß sie uns vor die Tür setzen werde. In normalen Zeiten wäre eine solche Drohung das letzte Signal. Auch für die hartgesottensten Gäste. Auch für überdimensionale Rüpel und Flegel. Trotzdem werden wir erst gehen, wenn der Stallknecht mit aufgekrempelten Ärmeln anrückt. Weiß denn die empörte Dame in weltfremden Gemächern nicht, daß wir längst gegangen wären, wenn wir auch nur die leiseste Ahnung hätten, wohin?

Uli ist in München, um Schwaz zu alarmieren. Dann will er in die Waldfriedhofstraße zum Colonel Kinard und versuchen, daß uns dieser den Passierschein verlängert. Ich sitze auf unserem Baumstamm am Waldrand und mustere den Horizont. Der Rucksack liegt im Gras. Wenn der Jeep kommt, gehe ich gar nicht erst ins Haus zurück, sondern fahre nach München und zwicke Uli in der Waldfriedhofstraße auf. Vier Stunden später wären wir in Tirol. Aber der Jeep kommt nicht.

Neben dem Rucksack liegt ein alter Schulatlas, den ich im Haus aufgestöbert habe. Ich habe, in Bausch und Bogen, die Kilometerzahl von hier bis Mayrhofen ausgerechnet und festgestellt, daß ich zu Fuß die Strecke in sechs bis acht Tagen bewältigen könnte. Eher in acht als in sechs, denn die Schuhe, die mir Kyrath geborgt hat, passen mir nicht so gut wie ihm. Ich fürchte, die romantische Wanderlust verginge mir nicht erst am Inn. Und womöglich führe schon am ersten Tag ein Jeep aus Schwaz achtlos an mir armen humpelnden Landstreicher vorüber! Und wenn der Wagen auf dem Gut einträfe, wüßte keiner, wo ich wäre! Das fehlte gerade noch.

Auch sonst taugt der Plan nichts. Schon nach zehn Kilometern fiele ich einer amerikanischen Streife in die Hände. Wanderer ohne Passierschein sind ein gesuchter Artikel. Wohin man mich brächte, weiß ich nicht. Doch bestimmt nicht nach Mayrhofen.

Gestern saß Uli auf dem Baumstamm, und ich war in München. Wir lassen den Waldrand nicht unbesetzt. Und wer Dienst hat, weiß, wo der andere im Ernstfall zu finden ist. Ich war mit Eberhard in den Kammerspielen und später allein in der Renatastraße. Im Hof des Theaters freudiges Wiedersehen mit Werner Buhre! Es ist frappierend, wer alles sich hier wiedertrifft! Fast pausenlos fallen sich Menschen um den Hals. Man sollte eines Tages eine Erinnerungstafel anbringen, worauf stünde: ›Der Hof des Wiedersehens 1945‹.

Werner haust augenblicklich, als Platzhalter, in Ellen Franks Wohnung in der Keplerstraße. Ellen ist mit dem Kind noch auf dem Land. Platz hat er genug. Vier Zimmer. Das Mobiliar besteht aus einem Tisch und einem Bett. Auch sonst huldigt er notgedrungen dem einfachen Leben. Da er nur ein Hemd besitzt, muß er sich, bevor es gewaschen wird, ein zweites borgen. Unter der Hose schauten die Knobelbecher hervor. In der Brieftasche hat er noch ein paar hundert Mark. Wenn sie fortsind, ist er am Ende. Es macht ihm wenig aus. Er amüsiert sich vor sich hin.

In der Renatastraße beschäftigte sich ein Amerikaner mit mir, der griechischer Abstammung ist und Typograph heißt. Er nahm zunächst, für irgendeine Kartothek, meine Personalien auf und drückte mir dann einen sechsseitigen Fragebogen in die Hand, den ich ausfüllen soll. Die ausgefüllten Formulare würden in Paris überprüft. In Paris? Jawohl. Die Angaben seien oft unvollständig und nachweislich unwahr. Das bringe Zeitverlust und Ärger mit sich. Wie ja überhaupt die kapitale Schwierigkeit beim kulturellen Wiederaufbau nicht im vorgefundenen Materialverlust bestehe, sondern in der irreparablen Einbuße an menschlicher Integrität. Zerstörte Theater, Bibliotheken, Laboratorien, Schulen und Justizpaläste ließen sich ersetzen, das sei nur eine Geldfrage. Wie aber könne man beschädigte Künstler, Lehrer, Forscher und Richter reparieren? Dafür gebe es kein Rezept. Die Zahl der Unbescholtenen und Blütenweißen sei, am Bedarf gemessen, minimal. Wickelkinder eigneten sich zwar dank ihrer politischen Konduite, sonst jedoch kaum. Also müsse man wohl oder übel mit denen zusammenarbeiten, die auch mit Hitler zusammengearbeitet hätten. Ein solideres Fundament existiere nicht. Herbeizaubern könne man keines. Ob das fatale Fundament den Neubau tragen könne und wolle, wisse niemand. Man müsse es riskieren. Denn die einzige Alternativlösung, die sich anbiete, lehne Amerika strikt ab. Wie die Alternative laute, fragte ich. »Gar nicht erst bauen!« sagte Mister Typograph. »Die Trümmer und das Fundament, morsch oder nicht, sich selber überlassen!«

Mr. Typograph ist gescheit und hat recht. Es gibt, außer in der Theorie, keine Alternative. Und es gibt kein solides Fundament für den Bau. Er und ich werden auf dem Bauplatz zu finden sein. Er im Personalbüro, und ich beim Ziegeltragen oder an der Mörtelmaschine, man wird sehen. Das Haus wird gebaut werden, da gibt es keinen Zweifel. Ob das Fundament hält oder nicht, das werden wir erst viel später merken. Vielleicht stellt es sich als ›fundamentaler‹ Irrtum heraus.

Parteimitglieder, erklärt Mr. Typograph, werde das amerikanische Personalbüro beim Bau nicht zulassen. In diesem Punkt kenne man keinen Kompromiß. Auch Männer wie Gründgens und Furtwängler dürften die Baustelle nicht betreten. Sie hätten ihren guten Namen verwirkt. Talent sei kein Freibrief. Sie hätten Hitler geholfen, das Dritte Reich künstlerisch salonfähig zu machen. Er redete sich in Feuer. Als ich versuchte, das Verhalten gerade Furtwänglers zu entschuldigen, gab er eine Handbreit nach. Dann wechselte er das Thema.

An die baldige Rückkehr des Ufa-Teams nach Berlin sei nicht zu denken, und an eine Reise nach Dresden schon gar nicht. Auch er könne keineswegs fahren, wohin er wolle. Weder in die Schweiz noch zu Verwandtenbesuch nach Griechenland. Aber die Fesseln der Freizügigkeit würden langsam gelockert, und zwar in Phasen. Demnächst trete die fünfte Phase in Kraft. Dann könne man Reisegesuche einreichen. Sie würden zunächst in Frankfurt geprüft. Von Frankfurt aus würden sie, um die russische Stellungnahme zu ergründen, nach Berlin geschickt und von Berlin aus wieder nach Frankfurt. Ich sagte, unter diesen Umständen und Umständlichkeiten empfehle es sich wohl, auf die sechste Phase zu warten.

Abschließend teilte er mir mit, daß er einige meiner Bücher kenne und daß er in amerikanischen Nachtclubs Gedichte von mir gehört habe. Im Korridor stießen wir auf den schneidigen und etwas mysteriösen Dr. Dunner. Er war auf dem Wege nach Freiburg.

Ich habe meinen Posten am Waldrand verlassen. Die Mücken trieben es ziemlich bunt. Meine Hände sind völlig zerstochen und rotgeschwollen. Und der Jeep kommt ja doch nicht. Man benimmt sich wie eine Klapperschlange, die ein Kaninchen hypnotisiert, das es gar nicht gibt. Eine durchaus schwachsinnige Beschäftigung. Jetzt sitze ich im Wohnzimmer. Angeblich im Lehnstuhl. In Wahrheit auf glühenden Kohlen. Was wird Uli Haupt in München erreichen? Und wird er überhaupt etwas erreichen?

P. in Bayern, 28. Juni 1945
Den Oberstleutnant hat er erreicht, sonst nichts. Daß wir nicht abgeholt worden sind, wußten wir ja schon. Damit hat er Uli nichts Neues erzählt. Neu für uns ist der Grund. Der Grund ist ein General, der vor einer Woche unangemeldet in Schwaz auftauchte, um die im Zillertal stationierten Truppen zu besichtigen. ›Unser‹ Jeep war schon auf dem Sprung, uns zu holen, und konnte, im letzten Augenblick, gerade noch zurückgehalten werden. Zum Glück für den Oberstleutnant. Denn besagter General genießt als Inspekteur einen fast legendären Ruf. Er merkt, wenn in einer Kompanieschreibstube ein Lineal oder ein Bleistift fehlt. Daß im Fahrzeugpark ein Jeep und

bei den Unteroffizieren ein Sergeant fehle, wäre ihm unweigerlich aufgefallen, und der Oberstleutnant hätte Farbe bekennen müssen. Daß ein Jeep und ein Sergeant abgängig seien, um einen deutschen Schauspieler und einen deutschen Schriftsteller aus dem schönen Bayern nach dem ebenso schönen Tirol zu verbringen, hätte den General nicht gefreut. Männer seines Schlages und Ranges haben notwendigerweise von den Aufgaben des Siegers eine ernstere Vorstellung. Man darf es ihnen nicht verargen.

Dem General schien es im Zillertal zu gefallen. Er blieb. Er ordnete eine Parade an. Er ließ ein mehrtägiges Manöver durchführen, mit Nachtübungen und hübschen bunten Leuchtkugeln. Zur Zeit interessiert er sich für Gemsen und anderes Bergwild. Wie lange er zu bleiben gedenkt, ist ungewiß. Der Oberstleutnant kann ihn nicht fragen. Das wäre unhöflich. Also muß er warten. Also müssen wir warten. Sobald der General verschwunden ist, startet der Jeep, um uns in P. zu erlösen. Wo wir sein werden, wenn er in P. eintrifft, ist ungewiß. In P. werden wir nicht mehr sein. Am Wäldchen werden wir nicht mehr sitzen. Denn ...

Denn als Eberhard gestern abend die oberen Gemächer aufsuchte und die lustige Geschichte vom General zum besten gab, brach Frau Weiß zusammen. Es scheint sich um eine Mischung von Herzattacke, Weinkrampf und Tobsuchtsanfall gehandelt zu haben. Eberhard kam blaß ins Wohnzimmer, wo wir eine Streit-Patience spielten, und überbrachte uns den Ausweisungsbefehl.

Heute nachmittag – das ist der äußerste Termin, den er der verzweifelten Frau abringen konnte – fährt er uns breit. Erst bringen wir Uli nach München, der zur Not bei einem Kollegen unterkriechen kann. Dann fahren wir nach Schondorf. Zu Eberhards Mutter und Schwester. Ich bin bereit, die nächste Zeit von Baumrinde zu leben und stehend in einem Kleiderschrank zu schlafen, es soll mir recht sein. Nur fort aus dieser Nervenmühle!

Mayrhofen III, 29. Juni bis 5. Juli

Aus der Chronik

29. Juni
Rückkehr der Slowakei in den Staatsverband der tschechoslowakischen Republik.

4. Juli
Österreich wird in den Grenzen von 1937 wiederhergestellt und in vier Besatzungszonen gegliedert.

5. Juli
Die polnische Exilregierung löst sich auf. Die provisorische Regierung Osobka wird von den Großmächten anerkannt.

7. Juli
Das Saargebiet erhält eigene Verwaltung unter französischem Protektorat.

Mayrhofen, 29. Juni 1945

Gestern mittag kam der Jeep! Ein wenig später, und ich wäre auf dem Weg nach Schondorf gewesen! Der General hatte endlich ein Einsehen gehabt und Schwaz am frühen Morgen verlassen. Zehn Minuten später schob sich der Sergeant, mit einem gültigen Passierschein für uns in der Brusttasche, hinters Lenkrad und war nicht mehr zu halten.

Er wurde, während er in der Gutsküche verschnaufte, bewirtet, als habe er den Verlorenen Sohn heimgebracht. Er holte ihn zwar fort, doch die Freude war die gleiche. Die Abschiedszeremonie hielt nicht lange auf. Denn keiner konnte es erwarten, ungestört den ersten Seufzer der Erleichterung auszustoßen. Als der Jeep das Wäldchen passierte, fiel mir ein zentnerschwerer Stein vom Herzen. Ich ließ ihn liegen.

Zunächst fuhren wir kreuz und quer durch München, um Uli Haupt zu finden. Das war, obwohl er mir einige Adressen angegeben hatte, gar nicht einfach. Hier war er schon wieder fort. Dort war er noch nicht gewesen. Es ging zu wie auf der Schnitzeljagd. Und wir erwischten ihn erst acht Uhr abends. Er machte einen Luftsprung.

Drei Stunden später waren wir in Schwaz und wurden von dem Oberstleutnant mit lautem Hallo begrüßt. Wir wollten sofort weiter, aber er wollte das weniger. Er hatte Durst. Seine Ordonnanz hatte Durst. Der Sergeant im Jeep hatte Durst. Und so blieb uns nichts übrig, als auszusteigen und ebenfalls Durst zu haben.

So eine kurzerhand beschlagnahmte Villa ist ein ungemütlicher Ort. Wer drin wohnt, dem gehört sie nicht, und wem sie gehört, der wohnt nicht drin. Man kennt ihn nicht, aber man erkennt ihn wieder. Vom Sofa bis zur Tischdecke und zum Zahnputzglas, alles erinnert an die Leute, die früher einmal die Kommoden und Wandbilder, die Flurgarderobe, die Lampen, die Vasen und die Aschenbecher ausgesucht und gekauft haben. Das Speisezimmer verrät ihren Dutzendgeschmack. Das Schlafzimmer entblößt ihre gutbürgerliche Lüsternheit. Spielzeug liegt noch herum. Haben es die Kinder vergessen? Ging es so eilig zu, als man die Familie vor die Tür setzte? Ins Gewesene mischen sich Whiskydunst und Kasernengeruch. Überm Lehnstuhl hängt ein Koppel mit dem Dienstrevolver. Vorm zerwühlten Doppelbett liegen, achtlos hingeworfen, Reitstiefel. Auf dem Nachttisch steht, im Silberrahmen, die mit einer zärtlichen Widmung geschmückte Fotografie einer deutschen Filmschauspielerin. So eine Villa ist ein tristes Stilleben. Nature morte? Culture morte.

Die drei amerikanischen Landsknechte brachten Flaschen und Gläser auf den Tisch, zogen die Jacken aus und gaben sich dem Feierabend hin. Daß einer von ihnen ein Oberstleutnant war, interessierte sie nicht, am wenigsten den Oberstleutnant selber. Da er ein Unterhemdchen anhatte, kam die reiche Tätowierung seiner Athletenarme voll zur Geltung. Man hätte ihn mühelos für einen Matrosen halten können, und nicht nur wegen der blauen und deftigen Kaltnadelkunstwerke auf der Haut. Als er, noch dazu beidhändig, versuchte, einige kleine Pickel am Kinn auszudrücken, wollte ich ihn und mich nicht irritieren und blickte zum Sofa hinüber. Doch auch dort ging es feldmarschmäßig zu. Der Fahrer des Jeeps reinigte sich, mit der größten Klinge seines Taschenmessers, die Fingernägel. Meine geheime Befürchtung, er könne sich wehtun, erwies sich, bei näherem und längerem Zusehen, als unbegründet. Er besaß eine geradezu nachtwandlerische Routine.

So hockten, tranken und rauchten wir, bis der Oberstleutnant gähnte. Er entledigte sich ungezwungen seiner Hosen, trank das Glas leer, klopfte uns auf die Schulter und begab sich ins Doppelbett. Die Ordonnanz deckte ihn fürsorglich zu. Und der Fahrer, so müde er war, transportierte uns noch nach Mayrhofen hinauf. Wir konnten ihm zum Dank nur die Hand geben. Sonst hatten wir nichts.

Lotte war noch wach, saß in Steiners Wohnzimmer und hatte gelesen. Mein Bericht dauerte länger als der ihre, denn im Dorf war, während Uli und ich uns in der weiten, weiten Welt herumgetrieben hatten, nichts Nennenswertes passiert. Das Warten, wann wir wohl wiederkämen, sei täglich mühsamer geworden, weil es ja auf die Frage nach dem Grund oder der Ursache der wachsenden Verspätung keine befriedigende Antwort gegeben hätte, und Vermutungen seien ein häßlicher Zeitvertreib. Daß ein amerikanischer General mit drei Sternen der ahnungslos Schuldige sein könne, habe die Phantasie begreiflicherweise nicht in Erwägung gezogen.

Nun war ich also wieder da, und wir gingen zur Tagesordnung über, d. h., ich aß mitten in der Nacht zu Abend. Es gab Butter und Schweizer Käse, ja sogar ein paar Scheiben Brot. Und es gab weit und breit keine soignierte alte Dame, die, weil ich tüchtig zugriff und es mir schmecken ließ, zusammengebrochen wäre.

Zu der chronischen Befürchtung der ›Reichsdeutschen‹, sie könnten kurzerhand abgeschoben werden, tritt die blanke Furcht, man werde sie zunächst in mit Stacheldraht umzäunte Lager stecken. An solchen Lagern herrscht ja kein Mangel. Es gibt die alten, und es gibt neue. Hunderttausende von Kriegsgefangenen warten in Lagern auf ihre Entlassung. Aber auch befreite Konzentrationslagerhäftlinge befinden sich erneut in Lagern, wo man sie, in ihrem eigenen Interesse und zur notwendigen Erhellung der grauenhaften Geschehnisse, ausführlich befragt. Und in allen Lagern, geht das Gerücht, würden die Insassen von den Wachmannschaften schamlos bestohlen, vor allem von Polen und Russen, verschleppten Fremdarbeitern, die nun, uniformiert und bewaffnet, die Inhaftierten beaufsichtigen. Sie wollen sich rächen, und sie rächen sich an den Falschen. Die amerikanischen Kommandanten seien nahezu machtlos. Welch ein heilloses Quiproquo!

Der Berliner Sender habe, wurde erzählt, ein Interview mit dem ›Gaukulturwart‹ Alfred Beierle übertragen, worin er mitgeteilt haben soll, seine erste Veranstaltung werde ein Kästner-Abend sein. Daß er einen solchen Abend plant, glaube ich, und es freut mich, denn er ist ein vorzüglicher Rezitator. Er weiß, durch gemeinsame Plattenaufnahmen für eine sozialistische Gruppe, wie ich selber die Gedichte spreche, und er kann es

besser als ich. Bei der Bezeichnung ›Gaukulturwart‹ muß es
sich um einen kompakten Hörfehler handeln. Das Wort ist so
mausetot wie seine Erfinder. Hoffentlich.

Beierle war immer ein Bohèmien, und so wurde er im
Kriegsberlin der Bohèmien unter den Schwarzhändlern. Als er
einen Posten Würstchen an der Hand hatte, das Paar zum Preise von zehn Mark, mußte Elfriede Mechnig zum Bahnhof
Charlottenburg rennen, wo er ihr die von mir bestellten zehn
Paar, flüchtig in Zeitungspapier eingewickelt, entgegenstreckte. Wenn man bei ihm Damenstrümpfe kaufen wollte, hatte
man am Telefon für seidene Strümpfe ›Goethe‹ und für kunstseidene ›Schiller‹ zu sagen, für die Strumpfgröße 8 ›achter
Band‹ und für die nächstgrößere halbe Nummer ›Band acht bis
neun‹. Man bestellte also, beispielsweise, drei Bände Goethe
und vier Bände Schiller, und samt und sonders die Bände ›acht
bis neun‹ der vorrätigen Klassikerausgaben.

Sträfliche Unachtsamkeit und zweischneidige Übervorsicht
gehörten gleicherweise zu Beierles Geschäftsprinzipien, und
eines war so riskant wie das andere. Als ich ihm einmal, an der
Garderobe eines Nachtlokals, eine unbeglichene Rechnung
bezahlte und er mir Geld heraus geben wollte, fielen ihm so
viele Kaffeebohnen, grüne und gebrannte, aus der Tasche, daß
er sich vor Lachen fast verschluckt hätte. Die Garderobenfrau
und der Geschäftsführer machten große Augen. Nun darf er
also wieder Gedichte aufsagen, der Alfred Beierle, und das
freut mich.

Ehe ich es vergesse, denn dafür wäre es zu schade: Als Carl
Hofer wegen seiner durch einen Bombenangriff zerstörten
Gemälde Schadenersatzansprüche geltend machte, beauftragte
die Kulturkammer den Architekten Wilhelm Kreis, den Erfinder der in Deutschland weitverbreiteten Bismarcktürme, ein
Gutachten abzugeben. Das war für einen staatsfrommen Mann
wie Kreis eine nicht unpikante Aufgabe, denn Hofer war als
›entarteter‹ Künstler in Acht und Bann, und es stand außer
Zweifel, was die Kulturkammer vom Sachverständigen erwartete. Er sollte den Anspruch rundweg ablehnen, etwa mit dem

Argument, daß durch den Verlust kunstfeindlicher Gemälde kein Schaden entstanden sein könne, außer in Höhe der Materialunkosten für Leinwand, Ölfarbe, Terpentin und ein paar Dutzend Keilrahmen.

Weil aber in der Brust des Baumeisters und Professors Kreis das Schamgefühl noch nicht ganz tot war, rang er sich zu einem verblüffenden Kompromiß durch, zu einem geradezu salomonischen Urteil. Nachdem er die Fotokopien der verbrannten Bilder geprüft hatte, teilte er der Kammer in seinem Schriftsatz mit, daß Carl Hofer für die Stilleben Schadenersatz beanspruchen könne, für die Aktkompositionen jedoch nicht.

Ich habe mir einen Tennisschläger gekauft. Für sechzig Mark. Er ist nicht mehr der jüngste und gehört zu jener Sorte von Rackets, die man in Fachkreisen ›Hängematten‹ nennt. Die Bespannung federt zuwenig. Die Saiten machen, wie man sagt, keine Musik. Trotzdem will ich morgen versuchen, mein Saitenspiel erklingen zu lassen. Alek Scheel, ein gewiegter Tennisspieler und Eisläufer, hat sich bereiterklärt, mich auf dem notdürftig hergerichteten Platz hinzurichten. Ich habe jahrelang nicht mehr gespielt. Seit die Tennisplätze am Kurfürstendamm zweckentfremdet wurden. Erst wandelte man sie in Kartoffeläcker um. Noch später, während des Luftkrieges, verarbeitete man sie zu Splittergräben. Auch Tennisplätze sind geduldig.

Mayrhofen, 30. Juni 1945
Nicht in Tennisschuhen zu spielen, gilt zu Recht als Sakrileg. Ich sündigte nicht lange. Nach dem ersten Seitenwechsel rissen zwei Saiten. Da ein Saitenwechsel nicht möglich war, streckte ich die Waffe. Dr. Scheel will versuchen, den Schaden zu beheben.

Mittags saßen wir auf dem sonnigen Giebelbalkon. Lotte hatte Streuselkuchen gebacken. Er duftete, weil er noch warm war, und schmeckte nach Kindheit. Wir gedachten Marie Antoinettes und ihres aus den Lesebüchern bekannten Ausspruchs, als die Pariser Bevölkerung in Versailles um Brot schrie. »Wozu die Aufregung?« hatte sie gefragt. »Wenn die Leute kein Brot haben, sollen sie Kuchen essen.« Länger als hundertfünfzig Jahre schüttelte die Welt über eine derart majestätische Lebensfremdheit den Kopf. Seit wir in Tirol hausen, verstehen wir den Ausspruch besser. Das Brot unter der Butter hat uns hier droben viel häufiger gefehlt als die Butter auf dem Brot. Und weil Mehl leichter zu beschaffen war, haben wir unseren Hunger öfter als einmal mit Kuchen besänftigt. Marie Antoinettes Vorschlag fußte auf heimatlichen Erfahrungen. Die Franzosen hätten bedenken sollen, daß ihre Königin nicht etwa leichtfertig, sondern Österreicherin war! (Es wäre für künftige Historiker eine reizvolle Aufgabe, das folgenschwere Mißverständnis auszuräumen, ungefähr unter dem Titel ›Das unterschiedliche Vorkommen von Brot und anderen Mehlspeisen in ernsten Zeiten, unter besonderer Berücksichtigung der habsburgischen Länder‹.)

Mitten im schönsten Streuselkuchen erhielten wir Besuch: Kennedy und einen englischen Presseoffizier. Es war Peter Mendelssohn! »Lange nicht gesehen!« sagten wir zwei wie aus einem Munde, und das war nicht übertrieben. Da er in Hellerau aufgewachsen ist, machte er sich, kaum daß er saß, sachverständig über den Kuchen her und verriet dem Amerikaner das sächsische Backrezept. Dann kamen, sehr bald, seriösere Gegenstände zur Sprache.

Sie fragten, ob ich an einer Zeitung mitarbeiten wolle, die man plane. Sie werde, zunächst zweimal wöchentlich, in München erscheinen. Hausenstein und Süskind hätten schon zugesagt, und die Chefredaktion übernähme voraussichtlich der Herausgeber der Zeitschrift ›Hochland‹. Genaueres erführe ich, sobald man selber Genaueres wisse. Ich machte alles Weitere und Nähere begreiflicherweise davon abhängig, ob die erste Station auf meiner Rückreise ins öffentliche Leben München heißen werde oder nicht. So blieb das Thema in der Schwebe.

Dann geriet Mendelssohn ins Erzählen. Hermann Kesten,

der alte Freund, lebt in New York. Cyrus Brooks befindet sich seit Kriegsbeginn als Sachbearbeiter in einem der Londoner Ministerien. Bermann-Fischer und Landshoff haben in Amerika einen gemeinsamen Verlag gegründet. Sich draußen zu assimilieren, sagte er, sei den wenigsten deutschen Autoren gelungen. Er zähle zu den Ausnahmen und habe bereits drei Romane in englischer Sprache veröffentlicht. Auch Robert Neumann und Klaus Mann schrieben englisch. Daß es sich um Ausnahmefälle handle, stehe fest. Ob es Glücksfälle seien, stehe dahin.

Als wir unsere Erlebnisse während des Luftkrieges austauschten, kamen traurige Dinge zur Sprache. Mendelssohn hat 1943, bei einem der letzten, verzettelten und strategisch effektlosen Angriffe auf London, ein Kind verloren. (Charakter und Größe eines solchen Schmerzes hängen von der ›Verlustquote‹ ab.) Jetzt ist er, in zweiter Ehe, mit einer Österreicherin verheiratet.

Mayrhofen, 5. Juli 1945
Heute wird in England gewählt. Man rechnet damit, daß die Labourparty siegen und daß Attlee die neue Regierung bilden wird. An der Potsdamer Konferenz am 10. Juli wird in jedem Fall Churchill teilnehmen. Truman, Stalin und er, die großen Drei, werden auch Berlin besichtigen. Sie werden sich ›in den Ruinen der Sklavenstadt‹ umsehen, wie sich die von der amerikanischen Militärregierung dirigierte Innsbrucker Zeitung auszudrücken beliebt.

Vor ein paar Tagen traf hier, bei seiner Frau, ein Ingenieuroffizier der deutschen Luftwaffe ein, dem es gelungen ist, trotz der amerikanischen Abriegelung die Elbe zu überqueren und sich, im Laufe von achtundzwanzig Tagen, nach Tirol durchzuschlagen. Er erzählt, daß bei Messerschmitt, auf Heinckels Rat hin, schon 1939 Turbinenflugzeuge gebaut und erprobt worden seien. Doch Hitler habe die Serienfabrikation abgeblasen. Erst 1944 wurde, wegen des epidemischen Treibstoffmangels, das Steuer wieder herumgeworfen. Aber nun war es zu spät.

Der Bürgermeister, also der Kramerwirt, hat mir mitteilen lassen, daß Lotte und ich ›vorläufig‹ in Mayrhofen bleiben könnten. Wir stünden auf einer Liste, die freilich noch der Genehmigung durch die Amerikaner bedürfe. Die dafür erforderlichen Dienststellen hatten gestern geschlossen. Man feierte den Unabhängigkeitstag. Im Café Dengg ging es hoch her.

Schliersee, 9. Juli bis 2. August

Aus der Chronik

12. Juli
Berlin wird in vier Besatzungssektoren aufgeteilt.

17. Juli
Beginn der Potsdamer Konferenz zwischen Truman, Stalin und Churchill.

28. Juli
In England unterliegen die Konservativen bei den Wahlen. Attlee löst Churchill in Potsdam ab.

2. August
Ende der Potsdamer Konferenz. Einige der wichtigsten Beschlüsse: Bis zur endgültigen Grenzregelung durch Friedensvertrag untersteht Ostpreußen mit Königsberg der russischen, Ostdeutschland bis zur Oder-Neiße-Linie, mit Danzig und Stettin, der polnischen Verwaltung. Die Alliierten billigen die ›auf eine geregelte und menschliche Weise‹ durchzuführende Aussiedlung der deutschen Bevölkerung aus Ungarn, der Tschechoslowakei und den Gebieten östlich der Oder und Neiße. Im August passieren täglich rund 30000 Ostflüchtlinge Berlin.

Schliersee, 9. Juli 1945

Wir haben die Adresse gewechselt. Ziemlich Hals über Kopf. Schuld trug das fatale Gerücht, die Amerikaner zögen sich aus Tirol zurück und überließen es den Franzosen, genauer, den Spahis und anderen nordafrikanischen Kolonialregimentern. In der Innsbrucker Hofburg säße die Generalität beider Besatzungsmächte bereits am grünen Tisch, um die Formalitäten zu erledigen. Die Nachricht, wahr oder nicht, schlug wie ein Blitz ein. Kaum hatte man sich an die Rainbows gewöhnt, standen neue Herren ins Haus? Noch dazu Soldaten einer recht fremdartigen Rasse? Muselmänner, denen der Ruf vorausging, ihr Appetit auf europäische Frauen kenne keine Rücksicht? Hatten, im Spanischen Bürgerkrieg, Francos Marokkaner ihre Zügellosigkeit denn nicht anschaulich genug demonstriert? Und hatte ich nicht selber, in Ortschaften am Ammersee, Plakate gesehen, wodurch französische Kommandanturen deutsche Frauen und Mädchen dringend davor warnten, allein unterwegs und allein im Haus zu sein?

Als vor drei Tagen in Mayrhofen höhere französische Offiziere auftauchten, sich im Dorf umschauten und mit den amerikanischen Kameraden unterhielten, fanden wir jedenfalls, nun sei keine Zeit zu verlieren. Wie aber konnten wir uns nach Bayern ›absetzen‹, legal und ohne lange Umstände? Wir hatten Glück. Harald Braun, in Eberhards Abwesenheit der Verantwortliche, besaß ein gestempeltes, befristetes, aber noch gültiges Papier, die Genehmigung für einen LKW-Transport innerhalb eines Umkreises, der München als Ziel einbegriff. Das war die Hauptsache. Alles andere machte keine besonderen Schwierigkeiten. Das Benzin, ein Fuhrhalter und ein offenes Lastauto mit Plane wurden aufgetrieben. Die Bündel wurden geschnürt. Und schon beim nächsten Morgengrauen fuhren wir, zusammengepfercht und durcheinandergeschüttelt, auf Koffern und Planken hockend, das Zillertal hinunter, über den Inn und ins Bayerische hinein. An den Kontrollpunkten machten die Posten große Augen, aber keine Einwände. Das gestempelte Papier war in Ordnung.

Während der Wagen und die Passagiere in Schliersee verschnauften, suchte Lotte ihre Schwester Lore auf und fragte, schon im Begrüßen, ob sie für uns zwei vorübergehend eine Bleibe wisse, da wir in München eigentlich noch gar nicht gefragt seien. Lore lief treppauf, besprach sich mit den Hausgenossen, kam zurück und sagte, es werde sich arrangieren lassen. So ließen wir uns vom Lastwagen nur noch unsere zweimal Fünfsachen herunterreichen. Ich kritzelte die neue Adresse auf vier Zettel und bat Harald Braun, bei der ersten Gelegenheit je einen der Zettel Eberhard, Kennedy, Mendelssohn und Buhre in die Hand zu drücken. Dann fuhr der Lastwagen davon. Wir winkten hinterdrein. Die neue Adresse heißt: Schliersee, Unterleiten 6.

Wenn unbekannt bleibt, wo man wohnt, ist man heute unauffindbar. Man ist verschollen. Man ähnelt Tolstois Lebendem Leichnam. Das wird sich so mancher zunutze machen, der die Vergeltung fürchtet. Er bringt sich um und lebt weiter. Nichts ist leichter. Er taucht in einem Dorf auf, hat keine Papiere, lügt sich einen belanglosen Namen und Lebenslauf zusammen, und schon ist der Schinder und Henker, der er war, mausetot. Statt seiner, den man richten, wenn nicht gar hinrichten würde, existiert ein andrer, ein freundlicher Mann, der heiraten und Kinder schaukeln wird, obwohl er verheiratet und ein Mörder ist. Vielleicht wird ihn, irgendwann einmal, einer erkennen, eins der übriggebliebenen Opfer, und wird schreien: »Das ist er!« Vielleicht. Es wird ein Zufall sein. Wenn er ein tüchtiger Mörder war, hat er dafür gesorgt, daß kein Zeuge übrigblieb.

Das Bauernhaus, worin wir Unterschlupf gefunden haben, ist kein Bauernhaus mehr, sondern es gehört einem Hochschulprofessor, der ein Menschenfreund zu sein scheint. Er hat das stämmige Gebäude, vom Keller bis zum Dach, einigen Frauen aus dem Münchener Bekanntenkreis anvertraut, und jetzt haben auch wir fürs erste ein Asyl. Ich schlafe in einer Bodenkammer, und nur die Nacht nach der Ankunft machte mir zu schaffen, weil ich den Eindruck hatte, ein Regiment berittener Heinzelmännchen halte nebenan im Dunkeln Manöver ab. Die

Attacken der rätselhaften Kavallerie endeten erst, als der Morgen dämmerte. Nun erfuhr ich auch, wer so erstaunlich gelärmt hatte. Es waren Siebenschläfer gewesen, freundliche Nagetiere also, die sich im Speicher einquartiert haben. Bei Tage bleiben sie unsichtbar. Nachts donnern sie mit den Hufen, die sie nicht besitzen. Aber seit ich weiß, wer da randaliert, schlafe ich lächelnd ein. Nur der Name der munteren Nachbarn macht mir zu schaffen. Siebenschläfer? Wer sie so getauft hat, war ein Witzbold. Oder der Volksmund hatte damals keine Ohren.

Die neue Umgebung führt zu neuen Bekanntschaften und zu den alten Diskussionen. Immer wieder wird der amerikanische Vorwurf, die deutschen Gegner der Diktatur hätten kläglich versagt, als ungerecht empfunden. Wer so abschlägig urteile, heißt es, sei ein Ignorant oder ein Pharisäer oder beides. Man habe, heißt es, sowenig tun können wie ein Gefesselter, der zusehen muß, wie seine Frau und seine Kinder gequält werden.

Ich weiß, daß der Vergleich zutrifft. Trotzdem fürchte ich, daß auch der Vorwurf stimmt. Wir nehmen die Bibelzeile ›Seid untertan der Obrigkeit, die Gewalt über euch hat!‹ wörtlicher als andere Völker. Wir bleiben untertänige Untertanen, auch wenn uns größenwahnsinnige Massenmörder regieren. Und was uns an der Empörung hindert, sind nicht nur die Fesseln. Was uns lähmt, ist nicht nur die nackte Furcht. Wir sind bereit, zu Hunderttausenden zu sterben, sogar für eine schlechte Sache, doch immer auf höheren Befehl. Wir opfern uns en gros und auf Kommando. Wir sind keine Attentäter, auch für die edelste Sache nicht, gerade hierfür nicht. Unsere Attentate mißlingen. Es gehört zum Charakter. Wir sind politisch subaltern. Wir sind Staatsmasochisten. ›Euch liegt der Rohrstock tief im Blut‹, habe ich einmal geschrieben. Den Rest an Einzelmut beseitigt die Erziehung. ›Es ist schade um die Menschen‹, sagt Indras Tochter im ›Traumspiel‹. Es ist schade um die Deutschen. Sie haben eine Tugend und ein Talent zuwenig. Es fehlt ihnen das Zeug zur Nation.

Nun haben ihnen die Sieger die Abrechnung mit der Diktatur abgenommen, die spontane Vergeltung, das Ziehen des Schlußstrichs, die Bilanz der Rache, die selbständige Rück- und Heimkehr in die Ordnung der Völker. Das Ausland vollzieht die Liquidation, und die deutschen Gläubiger gehören zur Konkursmasse. War eine andere Lösung abzusehen? Wo war, vor zwei Monaten, unser eigner Wille zur Abrechnung? Wo war die zum Tribunal entschlossene und legitimierte Minderheit? Die Halbtoten aus den Konzentrationslagern kamen ins Lazarett. Wer Uniform trug, kam hinter Stacheldraht. Die Minorität war nicht aktionsfähig. Und es ist die Frage, ob sie gehandelt hätte, wenn sie zu handeln imstande gewesen wäre. Daß es die Frage ist, verbirgt und verhüllt die Antwort.

Am Rathaus hängt ein Anschlag, der zum Thema gehört. Er lautet: ›Achtung! Haltlose Denunziationen haben derart überhandgenommen, daß ich veranlaßt bin, im Auftrag der Militärregierung folgendes bekanntzugeben: Ungerechtfertigte Denunziationen werden hinfort mit empfindlichen Strafen geandet(!). Wer – ohne dies beweisen zu können – behauptet, jemand sei Parteigenosse gewesen oder habe sich für den Nationalsozialismus eingesetzt, oder wer grundlos andere ehrenrührige Gerüchte ausstreut, wird polizeilich bestraft. Schliersee, 26. 6. 45. Der Bürgermeister, Gasteiger.‹

Der Wortlaut ist nicht nur als Mitteilung interessant, sondern auch psychologisch. Wer von haltlosen und ungerechtfertigten Denunziationen spricht, hält auch berechtigte Anklagen für ›Denunziationen‹, nur daß sie nicht haltlos und deshalb nicht strafbar sind.

Trotz meiner Aversion gegen historische Stoffe fände ich eine ›Geschichte Karthagos nach dem Dritten Punischen Krieg‹ schreibenswert. Als Nichtparallele! Karthago wurde verpflanzt, von der Küste entfernt. Damit verschwand es aus der Geschichte. Deutschland läßt sich verkleinern. Das wird, im Guten wie im Schlimmen, nichts ändern. Wer es ändern wollte, müßte die Geographie ändern. Er müßte Deutschland verpflanzen.

Schliersee, 29. Juli 1945

Nun sind wir schon drei Wochen in Schliersee und haben die erforderlichen Papiere ergattert: die Aufenthaltsbewilligung, die Lebensmittelkarte, die Haushaltskarte und, sogar, die Sonderzuteilungskarte für Arbeitende. Wir holen Milch, wir holen Kartoffeln, wir holen in den Gasthöfen Bier und Suppe, wir pflücken an den Hängen überm Ort Himbeeren, wir stehen im Rathaus wegen der Kennkarte an, kurz, wir sind, ohne etwas zu tun, wieder einmal von früh bis spät beschäftigt. Das Leben zu fristen, frißt Zeit. Manchmal werden wir größenwahnsinnig, opfern eine Fleischmarke und essen, als herrschten normale Zustände, im ›Fischerstüberl‹ zu Mittag. Manchmal pilgern wir zum gegenüberliegenden Ufer, schwimmen im See, hocken faul in der Sonne und tun das Übliche: Wir warten. Wir warten, daß etwas geschehe. Aber es geschieht nichts. Nichtstun, gerade jetzt, ist eine anstrengende Beschäftigung.

Zweimal in der vergangenen Woche hielten Autos vor der Tür und brachten Besuch und allerlei Grüße. Pamela Wedekinds Schwager, der Bruder von Charles Regnier, kam von weither, aus Hamburg. Gustav Knuth und Titti seien dort, Käutner und Liebeneiner. Veit Harlan chauffiere einen schwedischen Wagen. Felix von Eckardt gebe den Ostenholzer Anzeiger heraus. Max Schmeling plane einen Buchverlag, was ja wohl bedeutet, daß John Jahr nicht weit sein kann. Schmeling lasse fragen, ob ich nicht nach Hamburg kommen wolle. Die Engländer hätten mit Hamburg viel vor.

Nachdem er dies und anderes berichtet hatte, fuhr Regnier weiter. Es gibt einen neuen Beruf, das Verbreiten von Personalnachrichten, landauf, landab, in interessierten Kreisen. Diese ›Gesprochene Zeitung‹ hat eine vorübergehend durch nichts anderes ersetzbare wichtige Funktion.

Vorgestern hielt, aus München kommend, Walter Jansen vorm Haus, vergnügt wie immer, und die Tasche voller Atteste und Genehmigungen. Er soll und will ein ambulantes Theater aufziehen und mit leicht spielbaren Stücken nicht nur die Dörfer, sondern auch jene Städte aufsuchen, deren Bühnenhäuser zerbombt worden sind oder bis auf weiteres leerstehen. Beginnen will er mit einem Tirso de Molina, den er in Wien inszeniert hat. Er fährt kreuz und quer durchs Land, sucht Schauspieler und verbreitet die ihm eigne gute Laune. Aus Berlin hatte auch er noch nichts gehört. Wir tranken, mit nach Molke schmeckendem, lauem Dünnbier, aufs Wohl der dort verbliebenen ›Stammtischler‹, auf Heini Heuser, auf den ›manisch vergnügten‹ Rotzoll und auf Jonny, den Romeo der Meininger, den Wirt und besten Gast des Kleinen Künstlerrestaurants.

Schündlers erstes Kabarettprogramm, erzählte Jansen, sei den amerikanischen Theateroffizieren intern vorgeführt und von ihnen ohne Striche abgenommen worden. Die Premiere stehe bevor. Im Herbst werde Erich Engel als Regisseur und wohl auch als Intendant die Kammerspiele eröffnen. Man mache ihm zwar zum Vorwurf, daß er kein Bayer sei. Doch scheine dieser offenkundige Geburtsfehler Engels Chancen nur unbeträchtlich zu vermindern.

In Frankfurt unterhielt sich Jansen mit einem amerikanischen Leutnant, der sich bei näherem Zusehen als Billy Wilder entpuppte. Er hat es in Hollywood zu einem sehr erfolgreichen Filmregisseur gebracht. Daß ich mich mit ihm in Babelsberg über das Drehbuch für ›Emil und die Detektive‹ bis zur Weißglut herumstritt, ist über fünfzehn Jahre her. Aus Kindern werden Leute.

Wir haben uns mit einem amerikanischen Sanitätsfeldwebel angefreundet. Andy, so heißt er, bemuttert und beonkelt uns, als kenne er uns seit eh und je. Wenn er, allabendlich nach Dienstschluß, aufs Haus zuschlendert, an die Fensterscheibe klopft und lächelnd in die Bauernstube tritt, ist es ihm und uns, als komme er heim. Bevor er sich's am Tisch gemütlich macht, kramt er aus, was er mitgebracht hat: Kaffee, Zigaretten, Schokolade, Zahnpasta, illustrierte Zeitschriften und, in Feldpostformat, Romane, Kurzgeschichten und sonstige Lektüre. Dabei freut er sich so zurückhaltend wie möglich. Wir freuen uns viel ungenierter. Falsche Töne gibt es nicht.

Beim Kaffee wird dann erzählt. Andy geht der Stoff nicht aus. Er wohnt mit seiner Mutter in Long Island, verbringt aber mehr als die Hälfte des Jahres in Kanada, nicht zuletzt in Alaska. Denn er ist Einkäufer einer großen New Yorker Pelzfirma, und die Stapelplätze der Felljäger liegen hoch im Norden. Oft genug reist er mit Hundeschlitten, denn gerade die Eskimos zählen ja zu den Stammlieferanten der Firma. So gehören Kälte, Einsamkeit und wunderliche Abenteuer zu seinem Metier, und er liebt den seltsamen Beruf. Während er erzählt, darf man ihn nicht ansehen, denn er ist ein hübscher Kerl, aber er schielt ein wenig. Und wenn er spürt, daß man ihn anschaut, springen die Pupillen erschreckend weit auseinander. Das merkt er, und dann weiß er nicht, wo er hinsehen soll. Und wir wissen's erst recht nicht.

Sonntags machen wir mit ihm Ausflüge in die Berge hinterm Haus, pflücken Beeren, tun uns an den Lunchpaketen gütlich, die ihm der Küchenunteroffizier in die Hand gedrückt hat, und halten im Gras ein Nachmittagsschläfchen. Andy hat sich, als er eingezogen wurde, als Sanitäter gemeldet, weil er, als Abkömmling von Quäkern, nicht schießen, sondern helfen wollte.

Schliersee, 2. August 1945
Heute schickte Andy einen gewissen Kr. herüber, einen jener Häftlinge, die, mehr tot als lebendig, in den Konzentrationslagern vorgefunden wurden und am Leben erhalten werden konnten. Er war in verschiedenen Lagern, unter anderem in Auschwitz, Melk und Ebensee, und wog, als man ihn fand, sechsundneunzig Pfund. Obwohl er seitdem, bei ärztlicher Aufsicht und gründlicher Pflege, nahezu sechzig Pfund schwerer geworden ist, hat er sein Normalgewicht noch nicht wieder erreicht. Man hat ihn in eine amerikanische Montur gesteckt, und da sich der Sanitätsfeldwebel Andy um ihn kümmert, ist er in besten Händen.

Kr. kam, um zu erzählen, und was er erzählte, war grauenhaft. Es hat nicht den mindesten Sinn, den Abscheu, den der Bericht erregte, in Worte zu fassen. Der Ekel über das, was in den Lagern geschehen ist, läßt sich überhaupt nicht artikulieren. Man kann die Beispiele nur aufzählen, als handle sich's um einen Katalog, um statistisches Material, um Eintragungen ins Register, ins Sündenregister, ins Todsündenregister einer Verbrecherherrschaft. Es sind beispiellose Beispiele. Die Mörder waren Tiere, die sich für Menschen hielten. Die Opfer waren Menschen, die man für Tiere hielt. Die Geschehnisse gehören nicht in die Geschichte, sondern in des Teufels Gesangbuch. Die Lager glichen Irrenanstalten, aber in der Umkehrung, denn wahnsinnig waren nicht die Insassen, sondern das Personal.

Und nun, ohne jede Gefühlsverzierung, ein paar Nummern aus dem Katalog:

1. Arbeitsuntaugliche, also unnütze Häftlinge wurden, 800 Stück pro Serie, nackt in ›Duschräume‹ getrieben, eingeriegelt und vergast. In den Pausen zwischen den Serienmorden transportierten gleichfalls aus Häftlingen bestehende Sonderkommandos die jeweils 800 Leichen zu den Verbrennungsöfen. Und nach Abschluß der Gesamtprozedur wurden die Sonderkommandos selber unter die Dusche gejagt. Tote plaudern nicht.

2. Nach dem Tod wurden die unnütz gewesenen Häftlinge noch einmal nützlich. Man verwendete ihre Habseligkeiten weiter, auch die Kleidung, die sie vorm Betreten der Duschräume zurückgelassen hatten. Und man ließ durch Zahnärzte aus den Gebissen der Leichen die Plomben und Brücken herausbrechen. Das Gold und Platin wurde eingeschmolzen und in Kilogrammklumpen nach Berlin geschickt. Kr. hat längere Zeit auf einer solchen Zahnstation beim Einschmelzen geholfen und bezeichnete den Stationschef, den SS-Hauptsturmführer und Zahnarzt Dr. Frank aus Stuttgart, als den einzigen ›menschlichen‹ Mann im Lager.

3. Ein besonders widerwärtiges Kapitel in der Geschichtsschreibung jener Lager wird den Ärzten gewidmet werden müssen. Sie benutzten, im Namen der Forschung, die Häftlinge als Versuchstiere, und sie verfuhren mit derselben Kaltblütigkeit wie bei Ratten und Meerschweinchen. Eine der Versuchsreihen galt der Sterilisation. Man injizierte Hunderten von weiblichen Häftlingen ein neues Scheringpräparat, ver-

folgte sorgfältig die Verkümmerung der Eierstöcke und der Gebärmutter, und wenn die Fälle uninteressant wurden, ließ man die Frauen vergasen und ein paar hundert neue bereitstellen. Die Leichen überließ man den Zahnärzten.

4. Die SS-Ärzte betrieben ihren Sadismus auch ohne wissenschaftlichen Vorwand. Einer von ihnen las, wenn er durchs Lager ging, junge Häftlinge auf und kastrierte sie. Anschließend erwirkte er ihre Freilassung.

5. Daß der zweckfreie Sadismus kein Privileg für Vollakademiker war, ist begreiflich. Die Verbrecher ohne Abitur und Promotion ließen sich nicht lumpen. Einer von ihnen pflegte einen Stock mit einem metallnen Kugelknauf zu tragen und, wenn es ihn danach verlangte, folgendermaßen zu benutzen: Er befahl dem Häftling, den Mund aufzusperren, und dann stieß er dem Mann den Metallknauf tief in den Hals, wieder und immer wieder, bis Schlund und Mund bluteten und die Lippen rissen.

6. Da die Kommandanten mit Vorliebe die ›Kapos‹ aus dem Kontingent der kriminellen Insassen auswählten, fanden auch notorische Schwerverbrecher, noch dazu straflos, Gelegenheit, sich auszuleben. So erhielt einer dieser Kapos, vorm Abmarsch mit 250 Häftlingen in ein Außenwerk, vom Obersturmbannführer den Befehl, am Abend mit nur 225 Mann zurückzukommen. Der Auftrag lautete also, bis dahin fünfundzwanzig Menschen umzubringen, und der Untermörder tat seine Pflicht. Die Auswahl traf er, indem er die Gruppe so oft strammstehen ließ, bis fünfundzwanzig Mann ›nachgeklappt‹ hatten. Sie waren die Todeskandidaten, mußten vor der Baubaracke antreten und einzeln hineinkommen. Das jeweilige Opfer mußte den Kopf auf einen Stuhl legen. Der Kapo brach dem Mann mithilfe eines schweren Instruments das Genick. Der Nächste hatte die Leiche aus dem Hinterfenster zu werfen, bevor er selber vor dem Stuhl niederkniete. Die fünfundzwanzigste Leiche warf der Kapo, in Ermangelung eines sechsundzwanzigsten Opfers, persönlich aus dem Fenster. Er hatte seinen Spaß gehabt, und der Befehl war ausgeführt.

Während der letzten Wochen im Lager, erzählte Kr., seien Nacht für Nacht Dutzende an Entkräftung gestorben. Zehn Mann erhielten pro Tag ein Brot, und die Suppe bestand aus heißem Wasser mit Kartoffelschalen. Die Häftlinge waren so abgemagert, daß vier auf einer Pritsche Platz hatten. Einmal in der Woche durften sie sich waschen. Im Pissoir fingen sie, nachts und heimlich, das über die Wand rieselnde Wasser auf, um sich den Mund zu spülen.

Am 5. Mai wurde ihnen mitgeteilt, daß die militärische Lage kritisch sei und daß man sie, elftausend Mann, in einen der in den Berg gebauten Fabrikstollen bringen werde. Da sie sich sträubten, entschloß sich die Lagerleitung zum Marsch in westlicher Richtung. Wer in der Elendskolonne zusammenbrach, wurde vom Begleitkommando erledigt. Als man ein bereits verlassenes anderes Lager erreicht hatte, jagte man, was übriggeblieben war, in die Baracken, entfernte die elektrischen Sicherungen und machte die Laden dicht. Sonst geschah nichts.

Weil die Häftlinge am nächsten Morgen nicht geweckt worden waren, brachen sie einen der Laden auf und sahen, wie, hinterm Drahtzaun, einer der SS-Posten die Abzeichen von der Uniform trennte. Jetzt wußten sie: Es war soweit. Denn man ließ sie allein. Die Wartepause war kurz. Dann tauchte die amerikanische Vorhut auf, und sie wurden befreit.

Postskriptum 1960

Aus der Chronik

6. August
Abwurf der ersten Atombombe, auf Hiroshima.

8. August
Die Russen erklären Japan den Krieg und marschieren in der Mandschurei ein.

9. August
Abwurf der zweiten Atombombe, auf Nagasaki.

10. August
Japan kapituliert.

12. August
Ausrufung der Koreanischen Volksrepublik.

14. August
Rußland und Nationalchina schließen einen Freundschaftsvertrag.

Mit den Notizen darüber, was Kr. erzählt hatte, bricht das Tagebuch unvermittelt ab. Erst drei Jahre später griff ich, aus der Erinnerung an jene Augusttage, den Faden wieder auf und schrieb, im ›Täglichen Kram‹, zurückblickend: ›Wir stecken hilflos fest, wie Nägel in einer Wand. Wer wird uns herausziehen? Und wann?‹

Warum war ich nicht mit Harald Braun und den anderen, damals auf dem Lastwagen, nach München gefahren? Ich hatte mich freiwillig in die Ecke manövriert. Heute noch, nach fünfzehn Jahren, spüre ich bis in die Fingerspitzen, wie lästig mir das Wartenmüssen geworden war. Kennedy ließ nichts von sich hören. Mendelssohn war, wie sich nachträglich herausstellen sollte, in Potsdam, in dessen Trümmern er, als englischer Korrespondent, an der Konferenz zwischen Truman, Stalin und Churchill teilnahm. Und was tat ich? Ich holte, mit einer Wasserkanne ausgerüstet, im Gasthof markenfreie Suppe!

Eines Abends, als wir auf Andy warteten, der sich und einen Topf mit Eierkuchenteig angekündigt hatte, weil er auf dem Herd echt amerikanische ›pancakes‹ produzieren wollte, erschien ein Lazarettgehilfe auf der Bildfläche mit Teig und Schmalz und Abschiedsgrüßen. Andy war Hals über Kopf nach Paris und von dort aus, per Flugzeug, nach Washington beordert worden. Die Eierkuchen schmeckten vorzüglich, doch sie waren mit Wehmut gefüllt.

›Da, eines Tages‹, lese ich in dem kurzen chronologischen Rückblick, ›hält ein wackliges Auto vor dem Bauernhaus. Man holt uns für ein paar Tage nach München. Einige Schauspieler wollen dort ein Kabarett eröffnen. Daraus wird, wie sich bald zeigt, nichts werden. Wenn sich alle Pläne dieser Wochen verwirklichten, gäbe es bald mehr Kabaretts und Theater als unzerstörte Häuser. Immerhin, wir sind endlich wieder in einer Großstadt. Schliersee sieht uns auf Jahre hinaus nicht wieder.‹

Ich lese die Sätze und erinnere mich. Der Freund, der uns abholte, war Viktor Becker, Willi Forsts langjähriger Regieassistent. Er und Peter Gillmann, ein Filmautor und Mitarbeiter von Curt Goetz, ein Kumpan aus Karls Landhaus an der Havel, planten ein Kabarett im halbzerstörten Künstlerhaus. Der musisch beflügelte Amerikaner, der uns vergeblich unterstützte, hieß Hugoboom, ein glänzender Pianist, von Beruf Orchester- und Chordirigent an einem College. Das Military Government machte aus der malerischen Ruine eine Snackbar. Viktor Becker, dessen Mutter Engländerin war, ging nach London. Auch hier hatte er kein Glück. Er trank zuviel und wurde nicht betrunken. Daran ist er, viel zu früh, gestorben.

Sonst geschah im August 1945 nichts? Andy ging, Viktor kam, Hugoboom spielte Brahms. War das alles? Nur dünne Suppe aus dem Wirtshaus, nur Eierkuchenteig mit Abschiedsgrüßen, nur ein wackliges Auto zwischen Schliersee und München, nur der Schritt aus einer Bodenkammer mit Seeblick und Siebenschläfern in ein Pensionszimmer mit Fenstern aus Pappe? Die Kleine Chronologie weiß es nicht besser.

Was wichtig war, steht auf einem anderen Blatt und in einem anderen Buch, nicht in der Kleinen Chronologie, sondern in der Großen Chronik. Ihr Rapport über genau dieselben Tage lautet: ›Am 6. August 1945 Abwurf der ersten Atombombe. Am 10. August Kapitulation Japans.‹

Daß der amerikanische Major Claude Eatherly, der vor dem Abwurf der Atombomben auf Hiroshima und Nagasaki ein Aufklärungsflugzeug steuerte, seitdem an einem unheilbaren Schuldgefühl leidet, neunmal im Irrenhaus war und dieser Tage, im Januar 1961, von einem Geschworenengericht in Waco für geisteskrank erklärt und zur Behandlung einer ›schizophrenen Reaktion‹ zum zehnten Mal in eine Anstalt gebracht worden ist, gehört zum Kleinkram und nicht ins Große Buch. Und auch die unbestätigte Meldung, der Pilot eines der Bombenflugzeuge habe später Selbstmord begangen, gehört nicht hinein. Da müßte schon, amtlich bestätigt, die gesamte Menschheit Selbstmord begehen! Doch welche Amtsperson bliebe dann übrig, das totale Harakiri zu beglaubigen und die offizielle Meldung einzutragen? Am Ende das Höchste Wesen, woran so viele glauben, ganz gleich, wie unterschiedlich sie's benennen? Griffen ihre Götter zum Federkiel?

Nein. Es gibt Milliarden Sterne. Der nachweisliche Selbstmord unseres Planeten wäre nicht wichtiger als der unbestätigte Selbstmord jenes Piloten. Der selbstgewählte Untergang der Erdbewohner hätte in der Chronik der Sonnensysteme und Spiralnebel nichts zu suchen. Was ist denn schon unser elliptisch rotierendes Kügelchen, wenn die Menschen keine Menschen sind? Kleinkram. Widerwärtiger, krötenhafter und zu groß geratener Kleinkram. Rufen Sie jetzt nicht: »Ach du lieber Himmel!« Sagen Sie mit mir: »Ach du liebe Erde!«

NOTABENE 1945

NEUES VON GESTERN

Münchener Theaterbrief

München, im Oktober

Das schmale Pensionszimmer, in dem ich augenblicklich kampiere, steckt schon am frühen Morgen voller Menschen. Alte Freunde und neue Bekannte teilen sich in den Genuß, mir beim Waschen, bei der Zahnpflege und beim Rasieren zuzusehen. Die Portion Aufmerksamkeit, die übrigbleibt, widmen sie der Debatte. Sie hocken auf dem Sofa, auf dem Bett, auf den Stühlen, die das Mädchen und die Wirtin begeistert nachliefern. Es ist angenehm kühl im Raum, weil es an Fensterscheiben mangelt, und wenn unten amerikanische Lastwagen vorüberdonnern, wird man den Eindruck nicht los, einer Unterhaltung zwischen aufgeregten Taubstummen beizuwohnen. Es soll Zimmer geben, in denen man den Straßenlärm besser hört als auf der Straße selber. Ich habe Glück gehabt. Ich habe so ein Zimmer gemietet.

Will man erfahren, worüber bei mir gesprochen wird, genügt es zu wissen, wer sich unterhält. Es sind Schauspieler, Verleger, Journalisten, Maler, Regisseure, Filmautoren, Chansonetten, Kabarettdirektoren, Kunstkritiker, Komponisten und andere unseriöse Menschen. Sie kommen aus München, aus den Bergen, aus Frankfurt, aus Heidelberg, aus Stuttgart, aus Hamburg, und sie reden, sehr oft im gemischten Chor, über Theater, Verlage, Lizenzen, Zeitschriften, Kabarettprogramme, Zigarettenpreise, Kunstausstellungen, Hörspiele, Tourneen, Bohnenkaffee, Zeitungsartikel, Zementscheine, Bühnenstücke aus der Schweiz, Morgenfeiern und vieles mehr. Man plant, gründet und redet. Das Reden steht leicht im Vordergrund. Alle diese Versammlungen, die, von niemandem einberufen, trotzdem täglich stattfinden, gleichen einem Pantheon nur bis zu einem gewissen Grade; wir sind weniger berühmt und, das vor allem, viel weniger tot.

Ich berichte von meinem Zimmer mit den zerbrochenen Fensterscheiben und den turbulenten Gesprächen nur, weil es nicht das einzige Zimmer Münchens ist, in dem es jetzt so zugig und so begeistert zugeht. Und wir wissen: nicht nur hier, sondern überall in deutschen Städten wird es trotz Trümmern, Not und Kummer ähnlich sein!

*

»Was sind Hoffnungen, was sind Entwürfe?« Die Zahl und Reichhaltigkeit der Pläne überbietet auch in München das bereits Vorhandene oder fast Greifbare bei weitem. Denn nur zwei Theater sind bespielbar. Erich Engel, der neue Intendant der Kammerspiele, hat soeben mit »Macbeth« eröffnet. Paul Raynals »Grabmal des unbekannten Soldaten« und Thornton Wilders »Our Town« sollen folgen und werden intensiv probiert. Neue Stücke von Spoerl, Ambesser, von der Schulenburg, Claudel usw. sind vorgesehen. – Bislang gastierten und alternierten auf Engels Bühne Holsboers ausgebombtes Volkstheater-Ensemble mit Bruno Franks »Sturm im Wasserglas« sowie Rudolf Schündlers und Otto Osthoffs Kabarett »Die Schaubude« mit ihrem ersten Programm. Das zweite, an dem Axel von Ambesser, Herbert Witt und ich seit Wochen arbeiten, soll bald im »eigenen Haus« herauskommen, einem reizenden Theater für sechshundert Personen, dem im Moment nur noch der Fußboden, das Dach und die Bestuhlung fehlen. Aber das sind ja Kleinigkeiten! – Zum Direktor des Staatlichen Schauspiels wurde Paul Verhoeven ernannt. Da er kein Haus hat, soll er zunächst im Ballsaal der Residenz und später im renovierten Thronsaal spielen. Eröffnen will er mit Goldonis »Kaffeehaus«, Lessings »Nathan«, mit Kurt Horwitz aus Zürich in der Titelrolle, Anouilhs »Antigone«, Georg Kaisers »Floß der Medusa«, und neue Stücke von Friedrich Wolff, Bert Brecht, Maxwell Anderson, O'Neill sind vorgesehen. Kindertheater, Jugendvorstellungen und Vorträge plant er für die jüngste Generation; und als Höhepunkt seiner Bemühungen in der ersten Spielzeit träumt Verhoeven, fürs nächste Jahr, von Aeschylos' »Orestie« auf dem Platz vor dem zerstörten Nationaltheater, das von den Luftangriffen zu einer Art Tempel auf der Akropolis umgearbeitet worden ist. – Ein anderes Ensemble wird, unter Dr. Laubs Direktion, in einer Nymphenburger Turnhalle bald mit dem »Fröhlichen Weinberg« aufwarten. – Das Prinzregententheater ist der Staatsoper, die unter Knappertsbusch mit dem »Fidelio« beginnen wird, und Symphoniekonzerten vorbehalten. – Die Regensburger Domspatzen sangen in einer Morgenfeier. Harald Kreutzberg hat, mit stürmischem Erfolg, seine erste Tanzmatinee nach dem Kriege absolviert. – Soviel über das, was bereits geschehen ist, was geschieht und in Kürze geschehen wird.

Der Rest sind Pläne. Lizenzen sehen ihrer Geburt entgegen. Es sind schwere Geburten darunter. Konzessionen sind zu erwarten. Die Namen weiterer Kabaretts schwirren durch die Luft. »Das Steckenpferd« soll eines heißen. »Das Wespennest« ein anderes. Theaterdirektoren in spe verhandeln mit ihrem künftigen Ensemble über Aufführungen in noch nicht vorhandenen Häusern. Man besetzt Stücke und setzt Proben an, ohne das Buch in Händen zu haben. Kuriere stieben durch die Lande, um es bei irgendwem aufzutreiben. Aber bei wem? Wo ist der Verleger? Wer hat die Rechte?

Kein Hindernis ist hoch und kein Abenteuer verzwickt genug, den edlen Eifer zu dämpfen. Mögen die privaten Sorgen getrost dazukommen! Wohnungssuche, Zuzugsgenehmigung, keine Möbel, das letzte Paar Schuhe, keine Nachricht von den Angehörigen, keine eigene Bibliothek, gepumpte Oberhemden am Leib – alles tritt schattenhaft zurück hinter das, was nun, nach zwölf Jahren geistiger Fesselung und Bedrohung, endlich wieder winkt: die Freiheit der Meinung und der Kunst! (»Amen, das ist, es möge also geschehen«, steht bei Luther.)

*

Zu der echten, schönen Begeisterung gesellt sich freilich eine andere Triebfeder: der eiserne Vorsatz, nicht zu denen gehören zu wollen, die unter die Räder kommen werden. Die interne deutsche Völkerwanderung der letzten Jahre und das Durcheinander der letzten Kriegsmonate haben es mit sich gebracht, daß, um ein Beispiel zu nennen, zur Zeit in und um München nicht weniger als zweitausendfünfhundert Schauspieler darauf warten, wieder theaterspielen zu können! Filmen wollen sie selbstverständlich auch – aber das ist, angesichts der Zerstückelung Deutschlands, ein Kapitel für sich, und beileibe kein besonders lustiges Kapitel!

Also, zweitausendfünfhundert Sänger und Schauspieler wollen auf die Bühne zurück, und die meisten Bühnen sind zerstört! Es ist klar, daß in dem Kampf ums Bühnendasein mancher wird unterliegen müssen.

München, das seine vorbildliche Eignung, ein bedeutendes deutsches Kulturzentrum zu werden, historisch wiederholt glänzend bewiesen hat, hat jetzt eine unvergleichliche Chance, sich erneut zu solch einem Mittelpunkt entwickeln zu können. Viele der besten deutschen Regisseure, Schauspieler, Dirigenten, Opernkomponisten und Autoren hat der Krieg aus anderen Gauen, aus Berlin und aus den Kriegsgefangenenlagern des Südens und Westens an den Strand der grünen Isar gespült. Münchens Chance ist einmalig, und es scheint sie entschlossen wahrnehmen zu wollen!

So etwas geht nicht reibungslos vor sich. Die bayerischen Künstler sind auch nur Menschen. Selbstverständlich gibt es unter ihnen solche – naturgemäß weniger bedeutende, vom bevorstehenden Konkurrenzkampf deshalb besonders bedrohte –, die es tausendmal lieber sähen, ihre Stadt bliebe, was sie im letzten Jahrzehnt war, eine künstlerisch mittelmäßige süddeutsche Provinzstadt. Ihre Existenzangst ist größer als ihre Courage. Sie wollen lieber im bajuwarischen Milieu die Hauptrolle spielen als in einem westeuropäischen Zentrum eine Nebenrolle.

Trotzdem hat es den Anschein, als wäre es der Wunsch sowohl der Behörden wie auch der lange verfemt und verspottet gewesenen intellektuellen Schicht, die einmalige Gelegenheit willkommen zu heißen. Die Erinnerung an frühere Münchener Großzeiten ist noch nicht völlig verblaßt. Noch denken viele an die Glanzepoche Schwabings, Wedekinds und der ruhmreichen Skandinavier zurück. Und der Ausblick in einen neuen gelobten Kulturabschnitt wärmt schon heute ihr zärtlich für die Kunst schlagendes Münchener Herz. – Und so mag es also nicht vergeblich sein, daß in manchem kalten, zugigen Zimmer ihrer alten, zerborstenen Stadt die Köpfe rauchen!

*

Was am meisten im Rennen zurückliegt, ist die Operette. Das Gärtnerplatztheater wird mit einigem guten Willen und nicht unbeträchtlichen Kosten wiederhergestellt und der leichten Muse übergeben werden können. Unter den Anwärtern glänzen berühmte Namen wie Trude Hesterberg und Hans Albers. So bleibt zu hoffen, daß auch diese Teilfrage in Bälde großzügig und vielversprechend gelöst werden wird.

Damit hätte ich über Münchens Theaterlage das Wissenswerte oder doch wenigstens das, was ich über das Thema weiß, berichtet. – Abschließend wäre noch eines Kuriosums zu gedenken: der ersten Theaterkritik, die vor kurzem, nach der langen schrecklichen Zeit der nationalsozialistischen »Kunstbetrachtungen«, in der »Münchener Zeitung« erschien. Sie erregte beträchtliches Aufsehen. Nicht weil sie besonders wertvoll oder besonders schlecht gewesen wäre, sondern weil die offenen, ehrlich gemeinten Worte zur Sache völlig ungewohnt waren. Sie wirkten so verblüffend wie ein Trompetensolo auf der Baßgeige! Es hagelte Zustimmungen, es regnete Entrüstung. Man war auf alle Fälle im ersten Moment vollkommen überrascht, daß jemand wieder ungescheut seine Meinung äußerte. Der Herr, der die Kritik geschrieben hatte, wird über deren Echo nicht minder verblüfft gewesen sein als die Leser der Zeitung über seine Kritik. Ich weiß ziemlich genau darüber Bescheid.

Denn der betreffende Herr war ich selber.

Pfiffe im Kino

Während ich mich aus den Münchener Merkur-Lichtspielen hinauszwängte, wo der hübsche amerikanische Unterhaltungsfilm »Tom, Dick und Harry« gezeigt worden war, schimpfte ein junger Mann aus dem Volke wie ein Rohrspatz. Und er gestand seinem Begleiter nicht ohne Stolz, daß er »neulich schon« – anläßlich eines anderen aus den USA importierten Films – »mächtig aufrührerische Reden geschwungen« habe. Einer Zeitung entnehme ich sogar, daß in einer anderen Vorstellung von »Tom, Dick und Harry« beträchtlich gepfiffen worden sein soll. Man beginnt also, von den in Aussicht gestellten demokratischen Rechten und Pflichten mit gespitztem Mund Gebrauch zu machen ...

Tom, Dick und Harry sind drei junge Männer, die, alle drei, ein und dasselbe backfischhaft alberne Telefonfräulein heiraten wollen. Einer ist reich. Der andere möchte reich werden. Und der dritte ist arm und vergnügt. Dem Telefonfräulein, das alle drei nett findet, fällt die Wahl zwischen dem Erben, dem Streber und dem Lebenskünstler schwer. Am liebsten möchte sie alle drei heiraten. Da das nicht geht, entscheidet sie sich für den reichsten. Und dann nimmt sie, im letzten Moment, den nettesten. Also den armen Teufel. Natürlich!

Eine entsetzlich banale Geschichte – wenn nicht die vier Träume wären! Das Telefonfräulein träumt nämlich, wie die Ehe mit dem Streber, mit dem Millionär, mit dem Glückspilz und, viertens, mit allen Dreien wäre. Die vier Träume, vor allem der vierte, also die Trauung eines Mädchens mit drei Männern und die (rechtzeitig abgebrochene) Hochzeitsnacht zu viert verzaubern den Film: sie machen ihn zu einem kleinen Kunstwerk. Und man muß sehr filmentwöhnt oder sehr voreingenommen sein, wenn man nicht merkt oder merken will, daß die Hauptsache an diesem Film eben diese Träume sind – die parodistisch übertriebenen Träume eines parodistisch übertriebenen Kitschfräuleins.

Der Film ist schon ziemlich alt. Ich sah ihn vor Jahren, mitten im Bombenkrieg in der Berliner Musikhochschule, zum ersten Male. Und damals war er auch schon nicht mehr ganz neu. Der inzwischen verstorbene, ebenso witzige wie dicke Dozent für Filmmusik, Doktor Schottländer, führte ihn »interessierten Fachleuten« vor. – Es ist so klar wie dicke Tinte, daß niemand von denen, die seinerzeit den Film in Hollywood herstellten, daran dachte, er könne in Berlin, knapp zwischen zwei Alarmen, oder nun in München, zwischen lauter Not und Trümmern, vorgeführt werden. Und es ist leider ebenso klar, daß die amerikanischen Filmfirmen teure Kopien ihrer teuersten Filme erst dann zu uns schicken werden, wenn sich das Geschäft beginnen wird ein wenig zu lohnen ...

Bis dahin – hoffentlich dauert es »bis dahin« nicht allzu lange – bin ich bereit, mich bei guten Unterhaltungsfilmen gut zu unterhalten. Selbst wenn Millionäre darin vorkommen sollten! Ich bin eisern entschlossen, mich trotzdem von der Sucht amerikanischer Backfische, Millionäre heiraten zu wollen, nicht anstecken zu lassen. Ich verspreche übrigens auch, wenn es sein muß »eidesstattlich«, nicht Monarchist zu werden, auch wenn man mir gelegentlich Märchen vorlesen sollte, in denen blonde Prinzen und reizende Prinzessinnen vorkommen!

Die Millionäre und die Prinzessinnen sterben in der Wirklichkeit langsam, aber unaufhaltbar aus, wie seinerzeit die Drachen, die Däumlinge und die sprechenden Hunde. Sie werden zu Film- und Fabelwesen. Als solche hab ich sie recht gerne.

Immerhin ist gepfiffen worden. Nun, es wird wahrscheinlich noch über viel bessere Sachen gepfiffen werden.

Politik und Liebe

Die Geschichte lehrt mit schöner Eindringlichkeit, daß die »großen« Männer, also jene, die am meisten erobert und zerstört haben, diese ihre Fähigkeiten nicht nur an fremden Völkern, sondern auch an fremden Damen zu demonstrieren pflegten. Das macht ihre Biographien so dick und deren Lektüre so interessant.

Nun war es immer schon ein öffentliches Geheimnis, daß Adolf Hitler mit der Eroberung von Frauenherzen nicht übermäßig viel Zeit verplempert hat. Er tanzte privatim völlig aus der Reihe. Er war sozusagen Nichttänzer. Man sah es kommen, daß seine Biographie künftige Leser werde bitter enttäuschen müssen. Wenn man bedenkt, wie sich noch Napoleon bemüht hat, um die Nachwelt in puncto puncti amüsant zu unterhalten!

Immerhin bestanden noch bescheidene Hoffnungen. Doch nun sind auch diese zerschellt. Schuld daran ist ein Berichterstatter der AFP, der die sagenumwobene Filmschauspielerin und -regisseurin Leni Riefenstahl in einem bayerischen Gebirgshotel aufsuchte und in der »Baseler Nationalzeitung« über den Besuch sehr ausführlich berichtet hat. Der Bericht ist niederschmetternd! Hitler muß mit der Eroberung der ganzen Welt Tag und Nacht so zu tun gehabt haben, daß ihm für die »halbe« tatsächlich keine Sekunde übriggeblieben ist!

Leni Riefenstahl, die während vieler Jahre im Dritten Reich für die Favoritin des Dschingiskhans aus Braunau gehalten wurde, hat uns nun aufgeklärt. Es war nichts! Absolut nichts! Warum ließ sich Hitler mit ihr fotografieren? Um das falsche »Gerücht«, sie sei Jüdin, zu dementieren. Warum machte er sie, eine Regieanfängerin, zum Filmdiktator während der Olympiade 1936 in Berlin? Warum durfte diese Frau an einem einzigen Film fünf geschlagene Jahre drehen? An dem Film »Tiefland«, der auch heute noch nicht fertig ist? Goebbels mußte zähneknirschend den Mund halten – und den Mund zu halten, war für ihn doch gewiß keine kleine Strafe! Sie blockierte jahrelang im Ufagelände in Babelsberg die große Mittelhalle; und die anderen Regisseure, deren Filme in Monaten abgedreht werden mußten, konnten samt dem Produktionschef sehen, wo sie blieben. Frau Riefenstahl ging zu Außenaufnahmen nach Spanien; sie ging nach Tirol; sie ging ins Sanatorium; sie kam wieder und drehte weiter. Wenn das Dritte Reich wirklich tausend Jahre gedauert hätte, der Film »Tiefland«, das kann man ohne Übertreibung versichern, hätte bestimmt noch ein paar Jahre länger gedauert! Warum durfte sie?

»Ich war nie die Geliebte Hitlers«, erklärte sie dem Herrn von der Presse wörtlich. Und an dem Wort einer Dame darf man nicht zweifeln. Da man am Wort zweier Damen erst recht nicht zweifeln darf, mischte sich die weißhaarige Mama der Nicht-Geliebten ins Gespräch und sagte: »Böse Zungen behaupteten, daß meine Tochter Beziehungen zu Hitler unterhalten habe, was durchaus nicht wahr ist!« Da nun bekannt ist, daß Mütter nicht unbedingt darüber im Bilde sind, was die Töchter treiben, wenn sie angeblich in der Klavierstunde sind, und da Leni Riefenstahl längst das Klavierstundenalter hinter sich hat, fügte die Mama erläuternd hinzu: »Sie wissen wohl, daß Hitler seit etwa zehn Jahren Eva Braun, die Sekretärin des Fotografen Hoffmann, als Freundin und später als Frau hatte.« Damit war nun der Pressevertreter mundtot gemacht. Denn wenn ein Mann zehn Jahre lang die Sekretärin eines Fotografen »als Freundin und später als Frau« hat, scheidet er natürlich im freien Wettbewerb aus. Das sieht ein Kind ein.

Falls aber auch dieses Argument für nicht ganz stichhaltig gelten sollte, war die alte, welterfahrene Dame zu weiteren Auskünften gern bereit. Sie meinte: »Hoffmann hatte Hitler davon überzeugen können, daß er den Frauen gegenüber zu schüchtern sei, und er hatte dem Führer Eva Braun verschafft.«

Nun fällt es einem wie Schuppen von den Augen. Der Mann, der die Menschen millionenweise abschlachten und Europa in Flammen aufgehen ließ, war Frauen gegenüber zu schüchtern! Da mußte erst der kleine »Professor« Hoffmann kommen, der bekanntlich zu Frauen ganz und gar nicht schüchtern war, und ihm seine Sekretärin Eva Braun andrehen. Adolf und Eva vor dem Sündenfall, und der Fotograf als Schlange! Vielleicht hat Hoffmann seinem Führer, wenn sie gemeinsam die Bilder für die Große Deutsche Kunstausstellung auserwählten, an Professor Zieglers Aktmalereien überhaupt erst den Unterschied zwischen Mann und Frau klargemacht? Oder noch besser an Thoraks überlebensgroßen Plastiken?

*

Um nun wieder auf besagte Leni Riefenstahl zurückzukommen – es erscheint also auch glaubhaft, daß sie »nie die Geliebte Hitlers« gewesen ist. Sie war keine unscheinbare Sekretärin, sondern eine hochinteressante Frau, eine Filmschauspielerin, von vielen geheimnisvollen Abenteuern umwittert! Er traute sich nicht. Aber er verlieh ihr Einfluß und Macht, damit die

Welt glauben sollte, er sei ein verfluchter Kerl. So kann es schon zugegangen sein ... Und Frau Riefenstahl steht in jungfräulicher Glorie vor der verlegenen Mitwelt.

Doch sie ist nicht nur moralisch, sondern auch politisch ohne Makel. Die Mama erzählte dem Onkel von der Zeitung: »Weder Leni noch mein Mann waren jemals Parteimitglieder, so wenig wie ich selber.« Warum soll das nicht wahr sein? Und: »Die Politik hat Leni nie interessiert.« Warum denn auch? Sie brauchte mit Adolf nicht Mann und Frau zu spielen, und auch nicht Führer und Parteigenossin – er traute sich nicht, von ihr irgend etwas zu wollen. Er schenkte ihr den deutschen Film. Das war ihm Glücks genug.

Und ihr auch. »Wir wußten nichts von den Greueln und Grausamkeiten«, sagte sie. Na ja, wenn man fünf Jahre an einem einzigen Film dreht und dabei bis nach Spanien kommt – woher soll man's denn auch wissen. Es sagt einem ja keiner was!

Außerdem, Hitler hatte nie Zeit für die Liebe, und Frau Riefenstahl hatte nie Zeit für die Politik. Auch heute hat sie keine Zeit dafür, Politik interessiert sie nun einmal nicht! Da kann man nichts machen. In nobler Bescheidenheit meinte sie deshalb zum Schluß: »Ich bin eine Künstlerin und habe nur einen Wunsch, meine Arbeit wiederaufnehmen zu können und den großen Film ›Tiefland‹ zu vollenden.«

Wer das liest, muß gesundheitlich allerdings ziemlich auf dem Posten sein und einige nette Verwandte auf dem Lande haben, die ihm gelegentlich etwas Butter und Speck zukommen lassen, sonst bricht er beim Lesen womöglich ohnmächtig zusam ...

*

Eben erwache ich aus einer tiefen Ohnmacht ... Was war denn eigentlich passiert? Ach, richtig. Leni Riefenstahl, die Künstlernatur, hat jetzt nur einen Wunsch. Sie möchte ihren großen Film »Tiefland« vollenden.

Sie hat sich wirklich nie für Politik interessiert. Sonst wäre ihr gelegentlich aufgefallen, daß das Dritte Reich vorbei ist.

Streiflichter aus Nürnberg

Nürnberg, 22. November

Autobahn München–Nürnberg ... Wir fahren zur Eröffnung des Prozesses gegen die Kriegsverbrecher. Einige der Verteidiger hatten beantragt, den Verhandlungsbeginn noch einmal zu verschieben. Der Antrag wurde abgelehnt. Morgen früh ist es so weit ...

Herbstnebel hängen auf der Straße und über den Hügeln. Die Sonne schimmert vage am Himmel wie hinter einer Milchglasscheibe. In den kahlen, toten Äckern hocken die Krähen ...

Wenn ich als Kind in der Schule von Kriegen und Siegen zu hören bekam – und unsere Schulstunden waren ja mit Usurpatoren, Feldherren und dergleichen vollgestopft wie überfüllte Straßenbahnen –, hatte ich stets den gleichen Gedanken. Ich dachte: »Wie haben diese Kriegsherren nur nachts in den Schlaf finden können?« Ich sah, wie sie sich ruhelos auf ihren Lagern wälzten. Ich hörte sie in Traum und Halbschlaf stöhnen und beten. Die Reihen der Gefallenen zogen blutig durch ihre Schlösser und Purpurzelte ... Dabei schliefen diese Mordgrossisten wie die Murmeltiere!

Am Straßenrand hält ein amerikanischer Militärlastwagen. Ein Neger wirft Kistenholz in ein offenes Feuer. Ein paar Frauen und eine Horde Kinder wärmen sich und lachen ...

Morgen soll nun gegen vierundzwanzig Männer Anklage erhoben werden, die schwere Mitschuld am Tode von Millionen Menschen haben. Oberrichter Jackson, der aus Amerika entsandte Hauptankläger, hat erklärt: »Sie stehen nicht vor Gericht, weil sie den Krieg verloren, sondern weil sie ihn begonnen haben!« Ach, warum haben die Völker dieser Erde solche Prozesse nicht schon vor tausend Jahren geführt? Dem Globus wäre viel Blut und Leid erspart geblieben ...

Aber die Menschen sind unheimliche Leute. Wer seine Schwiegermutter totschlägt, wird geköpft. Das ist ein uralter verständlicher Brauch. Wer aber Hunderttausende umbringt, erhält ein Denkmal. Straßen werden nach ihm benannt. Und die Schulkinder müssen auswendig lernen, wann er geboren wurde und wann er friedlich die gütigen Augen für immer schloß ...

Einen einzigen Menschen umbringen und hunderttausend Menschen umbringen, ist also nicht dasselbe? Es ist also ruhmvoll? Nein, es ist nicht dasselbe. Es ist genau hunderttausendmal schrecklicher! – Nun werden die vierundzwanzig Angeklagten sagen, sie hätten diese neue, aparte Spielregel nicht gekannt. Als sie ihnen später mitgeteilt wurde, sei es zu spät gewesen. Da hätten sie nicht aufhören können. Da hätten sie wohl oder übel noch ein paar Millionen Menschen über die Klinge springen lassen müssen ...

Es sind übrigens nicht mehr vierundzwanzig Angeklagte. Ley hat sich umgebracht. Krupp, heißt es, liegt im Sterben. Kaltenbrunner hat Gehirnblutungen. Und Martin Bormann? Ist er auf dem Wege von Berlin nach Flensburg umgekommen? Oder hat er sich, irgendwo im deutschen Tannenwald, einen Bart wachsen lassen und denkt, während er die Zeitungen liest: »Die Nürnberger hängen keinen, sie hätten ihn denn«?

Ein mit Dung beladener Ochsenkarren stolpert durch den Nebel. Die Räder stecken bis zur Nabe in weißlich brauendem Dampf. Und drüben, mitten im Feld, ragen ein paar Dutzend kahler, hoher Hopfenstangen in die Luft. Es sieht aus, als seien die Galgen zu einer Vertreterversammlung zusammengekommen ...

*

Dienstag morgen. Das Nürnberger Justizgebäude ist in weitem Umkreis von amerikanischer Militärpolizei abgesperrt. Nur die Menschen, Autos und Autobusse mit Spezialausweisen dürfen passieren. Vorm Portal erneute Kontrolle. Neben den Stufen des Gebäudes zwei Posten mit aufgepflanztem Bajonett. Aus den Autobussen und Autos quellen Uniformen. Russen, Amerikaner, Franzosen, Engländer, Tschechoslowaken, Polen, Kanadier, Norweger, Belgier, Holländer, Dänen. Frauen in Uniformen. Die Russinnen mit breiten goldgestreiften Achselstücken. Journalisten, Fotografen, Staatsanwälte, Rundfunkreporter, Sekretärinnen, Dolmetscher, Marineoffiziere mit Aktenmappen, weißhaarige Herren mit Baskenmützen der englischen Armee und kleinen Schreibmaschinen, deutsche Rechtsanwälte mit Köfferchen, in denen sie die schwarzen Talare und die weißen Binder tragen ...

Im Erdgeschoß ist scharfe Kontrolle. Im ersten Stock ist scharfe Kontrolle. Im zweiten Stock ist zweimal scharfe Kontrolle. Mancher wird, trotz Uniform und Ausweisen, zurückgeschickt.

Endlich stehe ich in dem Saal, in dem der Prozeß stattfinden wird. In dem einmal, Jahrhunderte später, irgendein alter, von einer staunenden Touristenschar umgebener Mann gelangweilt herunterleiern wird: »Und jetzt befinden Sie sich in dem historischen Saal, in dem am 20. November des Jahres 1945 der erste Prozeß gegen Kriegsverbrecher eröffnet wurde. An der rechten Längsseite des Saales saßen, vor den Fahnen Amerikas, Englands, der Sowjetrepublik und Frankreichs, die Richter der vier Länder. Der hohe Podest ist noch der gleiche wie damals. An der gegenüberliegenden Wand, meine Herrschaften, saßen die zwanzig Angeklagten. In zwei Zehnerreihen hintereinander. Hinter ihnen standen acht Polizisten der ISD in weißen Stahlhelmen. ›Stahlhelm‹ wurde im zwanzigsten Jahrhundert eine Kopfbedeckung genannt, die man in den als ›Krieg‹ bezeichneten Kämpfen zwischen verschiedenen Völkern zu tragen pflegte. Links neben mir können Sie, unter dem Glassturz auf dem kleinen Tisch, einen solchen Stahlhelm besichtigen. Vor der Estrade der Angeklagten, welche noch immer die gleiche wie im Jahre 1945 ist, saßen etwa zwanzig Rechtsanwälte. An der vor uns liegenden Schmalseite des holzgetäfelten Raumes saßen die Anklagevertreter der Vereinten Nationen. Wo Sie, meine Damen und Herren, jetzt stehen, befanden sich damals die Pressevertreter der größten Zeitungen und Zeitschriften, Agenturen und Rundfunksender der Welt. Vierhundert Männer und Frauen, deren Aufgabe es war ... «

Ja, so ähnlich wird der alte Mann dann reden. Hoffentlich. Und die Touristen der ganzen Welt werden ihm zuhören und den Kopf schütteln, daß es einmal etwas gab, was »Krieg« genannt wurde ...

*

Die Scheinwerfer an der Balkendecke strahlen auf. Alle erheben sich. Die Richter erscheinen. Die beiden Russen tragen Uniform. Man setzt sich wieder. Die Männer in der eingebauten Rundfunkbox beginnen fieberhaft zu arbeiten. Aus fünf hoch in den Wänden eingelassenen Fenstern beugen sich Fotografen mit ihren Kameras vor. Die Pressezeichner nehmen ihre Skizzenblocks vor die Brust. Der Vorsitzende des Gerichts eröffnet die Sitzung. Dann erteilt er dem amerikanischen Hauptankläger das Wort. Die meisten Zuhörer nehmen ihren Kopfhörer um. Ein Schalter an jeder Stuhllehne ermöglicht es, die Anklage, durch Dolmetscher im Saal sofort übersetzt, in englischer, russischer, deutscher oder französischer Sprache zu hören. Auch die Angeklagten bedienen sich des Kopfhörers. Amerikanische Soldaten sind ihnen behilflich. Und während so die Anklage, welche die Welt den zwanzig Männern entgegenschleudert, viersprachig durch die Drähte ins Ohr der einzelnen dringt, ist es im Saal selber fast still. Die Stimme des Anklägers klingt, als sei sie weit weg. Die Dolmetscher murmeln hinter ihren gläsernen Verschlägen. Alle Augen sind auf die Angeklagten gerichtet ...

Göring trägt eine lichtgraue Jacke mit goldenen Knöpfen. Die Abzeichen der Reichsmarschallwürde sind entfernt worden. Die Orden sind verschwunden. Es ist eine Art Chauffeurjacke übriggeblieben ... Er ist schmaler geworden. Manchmal blickt er neugierig dahin, wo die Ankläger sitzen. Wenn er seinen Namen hört, merkt er auf. Dann nickt er zustimmend. Oder wenn der Ankläger sagt, er sei General der SS gewesen, schüttelt er lächelnd den Kopf. Zuweilen beugt er sich zu seinen Anwälten vor und redet auf sie ein. Meist ist er ruhig.

Rudolf *Heß* hat sich verändert. Es ist, als sei der Kopf halb so klein geworden. Dadurch wirken die schwarzen Augenbrauen geradezu unheimlich. Wenn er mit Göring oder Ribbentrop spricht, stößt er ruckartig mit dem Kopf. Wie ein Vogel.

Sein Lächeln wirkt unnatürlich. Sollte es in diesem Kopf nicht mehr richtig zugehen?

Joachim *von Ribbentrop* sieht aus wie ein alter Mann. Grausträhnig ist sein Haar geworden. Das Gesicht erscheint faltig und verwüstet. Er spricht wenig. Hält das Kinn hoch, als koste es ihn Mühe. Als ihn ein Polizist kurz aus dem Saal und dann wieder zurückbringt, bemerkt man, daß ihm auch das Gehen schwerfällt.

Auch *Keitel* ist etwas schmäler geworden. Er sitzt, in seiner tressenlosen Uniformjacke, grau mit grünem Kragen, ernst und ruhig da. Wie ein Forstmeister.

Alfred *Rosenberg* hat sich nicht verändert. Seine Hautfarbe wirkte immer schon kränklich. Manchmal zupft er an der Krawatte. Sehr oft fährt er sich mit der Hand übers Gesicht. Die Hand allein verrät seine Nervosität.

Neben ihm sitzt Hans *Frank*, der ehemalige Generalgouverneur von Polen. Manchmal zeigt er die blitzenden Zähne. Dann verzieht ein zynisches stummes Lachen die scharfen Züge. Warum lacht er so ostentativ vor sich hin? Die Zuschauer kennen keinen Grund, den er hier zum Lachen hätte. Er spricht auch viel mit seinen Nachbarn, deren einer *Rosenberg* und deren zweiter Wilhelm *Frick* ist.

Frick wirkt kräftig, gesund und temperamentvoll. Sein Gesicht sieht braungebrannt aus. Wie er zuhört, wie er mit den Nachbarn spricht, wie er mit den Anwälten redet – alles verrät eine überraschende Energie.

Die Energie des Mannes neben ihm scheint weniger echt. Es ist Julius *Streicher*. Oft zuckt sein rechter Mundwinkel nervös zur Seite. Und unmittelbar danach zuckt sein rechtes Auge zusammen. Immer wieder und wieder.

Dann kommt Walter *Funk*. Klein, molluskenhaft, mit seinem blassen häßlichen Froschgesicht. Neben ihm, aufrecht, ruhig, reserviert, ablehnend Hjalmar *Schacht*. Als letzter der ersten Reihe. Hinter Göring und Heß sitzen *Dönitz* und *Raeder*, die beiden ehemalige Großadmiräle. In blauen Jacketts. Das Gold ist verschwunden. Dönitz sieht verkniffen aus. Ruhig sind beide.

Baldur *von Schirachs* Gesicht ist bleich und bedrückt. Er wirkt wie ein schlecht vorbereiteter Abiturient im Examen. Daneben *Sauckel*, ein kleiner rundköpfiger Spießer. Mit einem Schnurrbart unter der Nase, wie ihn sein Führer trug.

Jodl bemerkt man kaum. Nur wenn er gelegentlich die Brille abnimmt, fällt er, lediglich durch die Handbewegung, ins Auge. Neben ihm, weißhaarig und soigniert, leicht im Stuhl zurückgelehnt, ein Bein übers andere geschlagen, Herr *von Papen*.

Dann *Seyß-Inquart*, groß, dünn, fahrig. Unsicher. Das Haar wirr und gesträubt. Neben ihm, ruhig wie Papen, ablehnend wie Schacht, weißhaarig, seiner scheinbar sicher: Konstantin *von Neurath*.

Und als letzter der zweiten Reihe, und damit als letzter der Zwanzig überhaupt, Hans *Fritsche*, der ölige Rundfunkprediger des Dritten Reiches. Blaß. Schmal. Nervös. Aber sehr aufmerksam und bei der Sache.

*

Dem amerikanischen Hauptankläger folgt der französische. Er bringt vor, welche Untaten das westliche Europa den Kriegsverbrechern zur Last legt. Mord an Kriegsgefangenen, Mord an Geiseln, Raub, Deportation, Sterilisation, Massenerschießungen mit Musikbegleitung, Folterungen, Nahrungsentzug, künstliche Krebsübertragungen, Vergasung, Vereisung bei lebendigem Leibe, maschinelle Knochenverrenkung, Weiterverwendung der menschlichen Überreste zur Dünger- und Seifengewinnung ... Ein Meer von Tränen ... Eine Hölle des Grauens ... Um zwölf ist Mittagspause. In den Gängen wimmelt es von Journalisten, Talaren, Sprachen, Uniformen. Da – ein bekanntes Gesicht! »Grüß Gott!« »How do you do!«

Meine erste Frage ist: »Wen in diesem Jahrmarktstreiben kennen Sie? Die Leser unseres Blattes. Sie verstehen ... « Der andere versteht. Wozu ist er Journalist!

»Also: der große Mann dort drüben, ja, der in Uniform, mit dem Mondschein im Haar, ist John *Dos Passos*. Der berühmte Romanschriftsteller. Er ist für die New Yorker Zeitschrift

›Life‹ nach Nürnberg gekommen ... Die Amerikanerin mit dem schmalen Kopf und dem dunklen, glatt anliegenden, kurz geschnittenen Haar ist Erika *Mann*, die Tochter Thomas Manns. Sie ist für die Londoner Zeitung ›Evening Standard‹ hier. Und für eine amerikanische Zei... Halt, sehen Sie den Engländer dort? Den mit der Hornbrille, ganz recht! Das ist Peter *Mendelssohn*. Vor 1933 war er ein deutscher Schriftstel... ach, das wissen Sie natürlich ... Jetzt schreibt er seine Romane englisch ... Seine Prozeßberichte gehen an den ›New Statesman‹ in London und an die ›Nation‹ in Amerika. Wer sonst noch? ... Die beiden am Fenster sind Howard Smith von der New Yorker Rundfunkgesellschaft CBS und William Shirer; er war bis kurz vorm Krieg in Berlin und schrieb dann drüben einen Bestseller, unter dem Titel ›Berlin Diary‹. Ferner – hallo, Irvin!« Zu mir: »Pardon!« Fort ist er.

*

Kurz vor zwei Uhr füllt sich der Saal wieder. – Jetzt erteilt der Vorsitzende dem russischen Hauptankläger das Wort. Dieser verliest die Anklagen, welche die östliche Welt vorzubringen hat. Wieder Millionen mutwillig umgebrachter Menschen. Wieder Verstoß um Verstoß gegen die Haager Bestimmungen aus dem Jahre 1907. Wieder eine Hölle ... Wieder ein Abgrund ...

Später kommt der englische Hauptankläger an die Reihe. Er verliest einzelne Anklagepunkte, die den zwanzig Angeklagten im besonderen gelten. Sie hören gelassen zu. Manche haben die Kopfhörer beiseite gelegt und starren trübe oder gleichgültig vor sich hin.

Dann ist es fünf Uhr. Die Sitzung wird aufgehoben. Die Angeklagten stehen noch ein wenig herum und sprechen mit ihren Anwälten. Dann verschwindet einer nach dem anderen, gesondert eskortiert, hinter der braunen Tür, die ins Gefängnis zurückführt. Morgen ist auch noch ein Tag ...

Und ich gehe, an den vielen Kontrollen vorbei, jedesmal wieder kontrolliert, aus dem historischen Gebäude hinaus. Das Herz tut mir weh, nach allem, was ich gehört habe ...

Und die Ohren tun mir auch weh. Die Kopfhörer hatten eine zu kleine Hutnummer.

*

Heimfahrt auf der Autobahn. Der Nebel ist noch dicker geworden. Man könnte ihn schneiden. Der Wagen muß Schritt fahren. Ich blicke aus dem Fenster und kann nichts sehen. Nur zähen, milchigen Nebel ...

Jetzt sitzen also der Krieg, der Pogrom, der Menschenraub, der Mord en gros und die Folter auf der Anklagebank. Riesengroß und unsichtbar sitzen sie neben den angeklagten Menschen. Man wird die Verantwortlichen zur Verantwortung ziehen. Ob es gelingt? Und dann: es darf nicht nur diesmal gelingen, sondern in jedem künftigen Falle! Dann könnte der Krieg aussterben. Wie die Pest und die Cholera. Und die Verehrer und Freunde des Krieges könnten aussterben. Wie die Bazillen.

Und spätere Generationen könnten eines Tages über die Zeiten lächeln, da man einander millionenweise totschlug.

Wenn es doch wahr würde! Wenn sie doch eines Tages über uns lächeln könnten ...

Die Schuld und die Schulden

Als ich mich im Herbst 1938, nach einem kurzen Besuch in London, von meinem englischen Übersetzer verabschiedete, sagte er, nicht ohne Galgenhumor: »So, und wenn Sie wieder in Berlin sind, schießen Sie, bitte, Ihren Verrückten tot!«

Das war zur Zeit des Einmarsches im »Sudetenland« gewesen. Wir hatten wiederholt in größerem Kreise zusammengesessen: Engländer, Emigranten, amerikanische Kaufleute: auch Brandon Bracken, damals noch Churchills Privatsekretär, war einmal dabeigewesen. Und über »meinen Verrückten«, Adolf Hitler, hatte nur eine Meinung geherrscht.

Ich fuhr zurück und schoß ihn bekanntlich nicht tot. Das lag zum kleineren Teile daran, daß er mich nicht zu sich einlud.

Die ausländischen Diplomaten und Journalisten, die ihn besuchen und mit ihm sprechen durften, schossen ihn bekanntlich auch nicht tot. Die Menschheit besteht zum größeren Teil aus Leuten, die »ihre Verrückten« nicht totschießen. Oder erst, nachdem einige Millionen anderer Menschen und die meisten von ihnen selber totgeschossen, totgestochen, totgeschlagen oder sonstwie zu Tode gebracht worden sind.

Das ist zweifellos ein Fehler der Menschen. Ihr folgenschwerster Fehler. Ihre größte Schuld. Sie geben sich immer wieder dazu her, im Kriege Zeitgenossen zu töten, die sie nicht kennen und die ihnen nicht das geringste getan haben. Aber ihre »Verrückten«, die sie kennen und die ihnen so viel antun, die schießen sie nicht tot. Ich habe einmal ein ziemlich langes Gedicht darüber geschrieben. Es erschien im Jahre 1932. Aber getan? Getan habe ich es nicht. Viele, viele Tausende haben in Deutschland gesagt: »Man müßte es tun. Man sollte es tun.« Und wie wenige haben es, vergeblich, versucht.

*

Dieser Tage ist nun durch die Reihen von Millionen seelisch und körperlich abgewrackter, bettelarmer, zu Zigeunern gewordener Deutscher ein leises Aufatmen gegangen. Das war, als der amerikanische Oberrichter *Jackson* im Nürnberger Prozeß der Welt erklärte: »Wir wollen klarstellen, daß wir nicht beabsichtigen, das ganze deutsche Volk zu beschuldigen. Wir wissen, daß die Nazipartei nicht auf Grund einer Mehrheit der abgegebenen Stimmen zur Macht kam.« Und er sagte noch, daß ja keine Sturmkolonnen, keine Konzentrationslager und keine Gestapo hätten erfunden werden müssen, wenn die Deutschen insgesamt und die Nationalsozialisten ein und dasselbe gewesen wären.

Die Reihen mit Trauer, Not und Sorge Beladener atmen auf, weil ihnen ein gerecht denkender Mann eine übrige Last abnahm, von der sie empfanden, daß sie ihnen zu Unrecht aufgepackt worden war. Ihr Rucksack ist noch immer schwer genug. Doch nun trippelt, wenn auch noch klein und schüchtern, die Hoffnung nebenher und hilft ein wenig tragen.

Was hat sich geändert? Wenig und alles. – Wenn ich einen Bruder hätte, der jemanden beraubte, und man käme und sagte, ich sei schuld, so wäre das ungerecht. Wenn man aber sagte, ich solle, da der Dieb mein Bruder sei, mitarbeiten, daß der Bestohlene sein Gut oder dessen Gegenwert zurückerhalte, so würde ich ohne Zögern antworten: »Das will ich tun.« Die Schuld müßte ich ablehnen. Die Schulden würde ich anerkennen.

*

Schulden, die ein besiegtes Volk zurückzahlen muß, heißen seit 1918 »Reparationen«. Ein Fremdwort, jedoch kein fremdes Wort. Wir Deutschen kennen es noch recht gut. Und die anderen Völker kennen es ebenfalls. Wir kennen auch die Wörter Revolution, Inflation, Deflation. Lauter Fremdwörter, die sich in unserer Generation vortrefflich eingebürgert haben.

Nun ist also wieder das Wort »Reparation« an der Reihe. Wir entsinnen uns noch einigermaßen. Wenn wir die Schulden in Geld abzahlen wollten, mußten wir zuvor beim Ausland Anleihen aufnehmen. Wenn wir mit unserem »Rohstoff Kohle« bezahlten, sanken die Löhne der Bergarbeiter in Wales, daß es zu Streiks und Aussperrungen kam. Wenn wir mit menschlicher Arbeitskraft hätten zahlen wollen, wäre die große Arbeitslosigkeit in der Welt noch früher gekommen und noch ärger geworden, als sie dann wurde.

Ich gebe zu bedenken, daß ich auf dem Gebiete der Wirtschaft im allgemeinen und der Reparationen im besonderen ein krasser Laie bin. Trotzdem glaube ich, mich noch zu erinnern, daß schließlich, nachdem alles versucht worden war, die Fachleute zu dem Ergebnis kamen: Alle Völker, die Sieger und die Besiegten, hätten den Krieg verloren. Und es sei bei den mißglückten Versuchen, die Kriegsschulden bezahlt zu erhalten, der andere Plan automatisch mitgescheitert: den Frieden zu gewinnen.

Nun sind wieder ganze Länder verwüstet worden mit allem, was einst zu ihnen gehörte: Menschen, Häuser, Höfe, Fabriken, Stauwerke, Museen, Bibliotheken, Kirchen, Brücken,

Viehherden, Flotten, Banken – alles. Und die Fachleute sind dabei, diese Verluste in Summen auszudrücken. In astronomischen, in apokalyptischen Summen. Die Fachleute denken darüber nach, wie Deutschland diese Werte zu ersetzen in der Lage sein wird und wie es das tun kann, ohne in den Ländern der Sieger Anleihen aufzunehmen, ohne dort Lohnsenkungen und Arbeitslosigkeit hervorzurufen und schließlich ohne Deutschland selber, das schon ruiniert ist, endgültig lebens- und damit auch reparationsunfähig zu machen. Ich bedaure, daß ich weder von diesen Problemen noch von ihren Lösungen etwas verstehe. Und ich bin froh darüber, daß ich, da ich einem vollkommen anderen Berufe nachgehe, nichts davon zu verstehen brauche.

*

Von meinem Beruf, von meinen engeren Berufskollegen und von den deutschen Künstlern überhaupt verstehe ich naturgemäß einiges. Ich weiß etliches über ihre Schuld und über ihre Schuldlosigkeit im Dritten Reich. Ich kenne die Meinung mancher über den Unterschied zwischen Kriegsschulden und Kriegsschuld. Und so glaube ich, daß ich nicht nur von mir und meinen Gedanken spreche, wenn ich hiermit eine Anregung weitergebe, die ich einem Bekannten verdanke.

Er sagte zur mir: »Was glauben Sie wohl – wie würde es das Ausland aufnehmen, wenn sich gerade die politisch unbescholtenen Künstler bereit erklärten, auf ihre Weise an der Abtragung der Reparationen mitzuhelfen? Ob man es nicht begreifen, ja vielleicht sogar anerkennen würde, wenn die ›Nichtschuldigen‹ für ihr Volk einträten?«

»Ein schöner Gedanke«, erwiderte ich. »Die deutschen Künstler täten es gewiß von Herzen gern. Und das Ausland, warum sollte es einen solchen Schritt nicht gutheißen? Nur eines ist mir völlig dunkel: *Wie* sollten wir helfen können? Die meisten haben nur noch, was sie auf dem Leibe tragen. Sie leben von der Hand in den Mund. Denn sie waren verboten oder doch knapp geduldet. Carl Hofer und andere ›entartete‹ Maler durften nicht einmal zu Hause, zum bloßen Vergnügen, malen!

Jede Woche kam ein Polizist und sah nach, ob sie auch ja nicht Pinsel und Palette in der Hand hielten. Sie sind zu arm, um etwas zahlen zu können, wenn sie gleich wollten!«

Der Bekannte lächelte. »Sie könnten mit ihrer Kunst zahlen. Mit ihrem Wissen. Kurz, mit ihren besonderen Fähigkeiten! Hören Sie ein paar beliebige Beispiele! Wenn nun ein gutes Schauspieler-Ensemble, etwa mit Paul Wegener an der Spitze, zu einer Auslandstournee eingeladen würde? Wenn von Malern, wie Hofer, Beckmann, Pechstein, Kollwitz, Schmidt-Rottluff und anderen, eine Wander-Kunstausstellung beschickt würde? Wenn bedeutende Gelehrte und Schriftsteller von Ruf Vortragsreisen unternähmen? Wenn gute Orchester mit berühmten Dirigenten moderne deutsche Komponisten spielten? Wenn Operngastspiele und Konzerte mit namhaften Sängern stattfänden?«

»Und?«

»Und wenn die Erträgnisse aus all diesen Veranstaltungen einem Reparationsfonds zur Verfügung gestellt würden?«

»Es wäre ein Tropfen auf den heißen Stein«, sagte ich zögernd. »Bedenken Sie, Deutschlands Schulden werden Summen mit so vielen Nullen ausmachen, daß man ein neues Papierformat wird erfinden müssen, um sie aufschreiben zu können.«

»Niemand kann mehr und anderes geben, als er hat«, meinte der Bekannte unbeirrt.

»Die deutschen Künstler«, wandte ich ein, »waren zwölf Jahre lang hinter Stacheldraht. Abgeschnitten von internationaler Konkurrenz. Verboten. Auf falsche Wege gewiesen. Wer weiß, ob sie vor der Welt bestehen könnten … «

»Die Besten unter ihnen doch wohl«, entgegnete der Bekannte. »Wie wichtig wäre es außerdem für sie, endlich einmal wieder über die Mauer blicken zu können.«

»O ja. Das wäre für sie von höchster Bedeutung!«

»Und schließlich: Wie nützlich könnte solch ein Versuch dem Gedanken der Versöhnung sein! Diese Künstler kämen mit gleichgesinnten Kollegen anderer Nationen zusammen. Und mit ihren in die Emigration gegangenen Freunden.«

»Freilich«, warf ich ein. »Und diese aus Deutschland emigrierten Künstler könnten gleichfalls für den Reparationsfonds Vorträge halten, Konzerte geben, Theater spielen, Ausstellungen veranstalten!«

»Werden die Emigranten *wollen*?« fragte der andere zurück. »Werden sie nicht sagen, sie hätten damit nichts zu schaffen?«

»Mit ihrer Heimat nichts zu schaffen? Und nichts zu schaffen mit deren Not? Das glaube ich nicht! Viele, weiß ich, wollen zurück und aufbauen helfen. Andere würden gewiß den Plan ›Kunst und Reparation‹ draußen unterstützen ... «

Der Bekannte lächelte. »Sie beginnen sich, merke ich, für meine Anregung zu erwärmen.«

Ich nickte. »Ja. Nur – was wird man, im In- und Auslande, dazu sagen?«

»Um das festzustellen«, erwiderte mein Bekannter, »sollten Sie vielleicht einmal einen Artikel schreiben!«

Our Town

Ums Jahr 1940 muß es gewesen sein, als mir in Berlin ein Bekannter ein Schreibmaschinenexemplar von Thornton Wilders »Our Town« zusteckte. So heimlich, als handle sich's nicht um ein amerikanisches Theaterstück, sondern um eine Bombe mit tickendem Uhrwerk. Ich las und war begeistert. Der Dichter der Romane »Die Brücke von San Luis Rey« und »Die Frau von Andros« zeigte sich in neuem Licht. Er hatte die historischen Bezirke verlassen, den Alltag angepackt und, ohne großes Federlesen, ein auch in technischer Hinsicht verblüffendes Meisterstück geliefert.

›Wann‹, dachte ich sehnsüchtig, ›wird dieses Stück auch in Deutschland gespielt werden können?‹ Und nun wird es in Deutschland gespielt. In Berlin wurde es zwar nach wenigen Aufführungen aus mir unbekannten und unerfindlichen Bedenken wieder abgesetzt. In München wird es, steht zu hoffen, in Erich Engels beispielgebender Einstudierung dafür um so größeren Anklang und Widerhall finden.

Der Bekannte, der mir seinerzeit das Manuskript heimlich zusteckte, war Axel von Ambesser. Jetzt spielt er die Hauptrolle des Stücks. Und ich berichte darüber in einer Zeitung. »Was kann geschehen in tausend Tagen!« hat Ambesser auf der Bühne zu sagen, und ich kann ihm nur beipflichten.

*

»Unsere kleine Stadt« heißt das Stück in der Übersetzung, und die ersten beiden Akte gelten dem monotonen Alltagsleben des Städtchens, wo »der Tag abläuft wie eine müde Uhr«, wo »von Kultur nicht viel die Rede ist« und wo »jeder Mensch das Recht auf eigene Sorgen hat«. Der Milchmann, der Polizist, der Zeitungsjunge, der Pfarrer und der Organist spielen ihre Rolle. Die Arztfamilie und die Familie des Zeitungsbesitzers lernen wir genauestens kennen, und am Ende des zweiten Akts findet die kirchliche Trauung der Tochter des Verlegers mit dem Sohn des Doktors statt. »Einmal unter tausend Malen ist das interessant«, heißt es, und Wilder läßt uns nicht eine Minute im Zweifel, daß wir einen der neunhundertneunundneunzig uninteressanten Fälle vor Augen haben. Immer wieder weist er uns auf die Banalität seiner Figuren hin, die ihr Leben, sich plagend, vergeuden, »als hätten sie eine Million Jahre vor sich«. Dabei ist das Leben so kurz. »Man ist einundzwanzig, trifft seine Entscheidungen, und plötzlich ist man siebzig!«

Doch der Dichter ist seinen Gestalten nicht böse. Er umgibt ihr Tun mit zartem Spott und feinem Humor. Er hat in der Rolle des »Spielleiters« einen Schauspieler zum Stellvertreter ernannt, der die Kleinstädter da oben kennt, dem Publikum statistisch Wissenswertes, aufschlußreiche Erkenntnisse und poetische Stimmungen übermittelt, die anderen Schauspieler, wenn es ihm geboten erscheint, wichtige zurückliegende Erlebnisse szenisch nachholen läßt und selber in kleinen Rollen – als Drugstorebesitzer, Pfarrer und skurrile alte Jungfer – in die Handlung eingreift. Also, die »romantische Ironie«, die seit Tieck bis zu Wedekind und Pirandello die Illusion zu steigern liebt, indem sie diese aufhebt, treibt mit Hilfe dieses Schauspielers und einiger Kollegen, die aus der Loge und dem Parkett eingreifen, ihren reizvollen, bedeutenden Schabernack.

Dasselbe romantische Raffinement hat Wilder bestimmt, jede Dekoration, ja fast jedes Requisit fortzulassen. Gelegentlich tragen Arbeiter ein paar Tische und Stühle auf die Bühne oder räumen sie wieder beiseite, das ist alles, was an »Realismus« geboten wird. Der Zeitungsjunge tut, als trüge er Zeitungen aus; Frau Gibbs und Frau Webb tun, als ob sie kochten, den Tisch deckten und die Türen und Fenster öffneten und schlössen. Aber weit und breit sind kein Herd, keine Teller, keine Tür und keine Zeitungen zu sehen. Und wenn der Milchmann »mit Pferd und Wagen« die Straße entlangkommt, kommt er ohne Pferd und ohne Wagen, und nicht einmal eine Straße ist da. Man hört nur das Klappern unsichtbarer Hufe auf einem unsichtbaren Pflaster. – Und auch hier wird durch Illusionslosigkeit und Desillusionierung mehr erreicht als durch echte Pferde und bemalte Pappe.

*

Den Höhepunkt erreicht das Stück im dritten, letzten Akt, der auf dem Friedhof des Städtchens spielt. Während Emily, die junge Gattin, begraben wird, sprechen die Toten, die auf Stühlen sitzen, über die Torheit der Lebenden. »Überall, wo Sie dem Menschen begegnen, finden Sie nun einmal viel Unsinn«, heißt es da, und: »Die Menschen machen nichts aus ihrem Leben, höchstens manchmal die Dichter und die Heiligen. Sonst sind die Menschen blind.« Leidenschaftslos und wortkarg sprechen die Toten über die anderen, denn »sie verlieren sehr bald das Interesse an den Lebendigen«. Gerade diese kühle Gelassenheit der Toten rüttelt die Zuhörer auf. »Etwas muß ewig sein, und dieses Etwas hängt mit dem menschlichen Leben zusammen.« So zögernd, so vage wird von der Seele gesprochen, und um so tiefer, um so aufrüttelnder wirkt, was Wilder uns zu sagen hat. Er kommt ganz still bis an unser Herz heran, lächelt ein wenig traurig und flüstert bittend: »Seid doch nicht blind. Vertut die kurze Spanne Zeit nicht wie die Toren!«

Die Aufführung ist nahezu vollendet. Erich Engel hat mit

der ihm eigenen, unter den deutschen Regisseuren einzigartigen Behutsamkeit und Genauigkeit die Schauspieler jeder Pathetik und jeder leeren Gestik entkleidet. Das bedeutungsvolle Spiel vollzieht sich leise, richtig bis in jeden Schritt, scheinbar mühelos bis zur Eleganz. Keiner der Darsteller hat sich Engels Suggestion entziehen können. Am sichersten folgen seinem Willen Maria Byk und Maria Koppenhöfer, Gundel Thormann, Will Dohm, Hertzsch, Kroll, Kallmann, Reiff und Wery; am überraschendsten und intensivsten die blutjunge Hanna Rucker und am souveränsten jener Mann, der mir damals das Manuskript lieh: der Darsteller des Spielleiters, Axel von Ambesser.

Ist Politik eine Kunst?

Leuten, die der Politik fernstehen und die dessenungeachtet mit schönem Eifer in den Folianten der Geschichte zu blättern pflegen, erscheint der alte Satz, daß Politik eine Kunst sei, immer wieder als eine der verwegensten Behauptungen, die seit der Erschaffung der Welt gemacht worden sind. Denn wenn die Politik zu den Künsten gehörte, so wäre sie wahrhaftig ein außerordentlich aparter Kunstzweig, nämlich eine Kunst ohne die dazugehörigen Künstler und Kunstwerke.

Vielleicht aber hat der Mann, der den tollkühnen Satz zum ersten Male prägte, ihn ganz anders gemeint? Vielleicht hat er sagen wollen, Politik sei eine Kunst, wie es eine Kunst ist, auf dem kleinen Finger den Handstand zu machen? Oder, auf einem Drahtseil balancierend, linkshändig über die Schulter einem harmlosen, hundert Meter entfernt stehenden Herrn eine Tonpfeife aus dem Mund zu schießen?

Dann wäre es also falsch, nach dem Shakespeare der politischen Kunst, nach ihrem Praxiteles und Mozart zu fragen. Dann müßte man sich nach ihren Rastellis und nach ihren Kunstschützen erkundigen?

Nun, schon im Varieté möchte ich der harmlose Herr mit

der Tonpfeife im Munde nicht übermäßig gerne sein. Und in der Politik? Ich wette meinen letzten Hut, daß der politische Kunstschütze alles andere im Umkreise meiner werten Person eher träfe als ausgerechnet die weiße Tonpfeife.

Und jetzt etwas ernsthafter: Wenn ein kleiner Kaufmann nur den hundertsten Teil jener Fehler und Irrtümer beginge, die sich die großen Männer der Geschichte im Altertum, im Mittelalter und, dem Vernehmen nach, auch in der neueren Zeit geleistet haben, käme er aus dem Bankrott und dem Gefängnis überhaupt nicht mehr heraus. Wenn die Bankiers ihren Klienten, die Ärzte ihren Patienten, die Gatten ihren Frauen, die Eltern ihren Kindern und die Lokomotivführer ihren Passagieren gegenüber »staatsmännisch« verführen, läge das Ende der Menschheit bereits seit einigen Jahrtausenden weit hinter uns.

Doch die Staaten und die Völker sind mindestens aus Gußeisen. Man kann sie so dilettantisch, so roh, so unvorstellbar behandeln, daß den Geschichtsbetrachter eine Gänsehaut nach der anderen überläuft – die Staaten und die Völker gehen nicht entzwei. Man kann sie in die abgründigsten Abgründe stürzen – sie bleiben ganz.

Das deutsche Volk ist in einen solchen Abgrund gestürzt worden. Und nicht nur Deutschland, sondern der gesamte Kontinent. Ob Europa diesmal »ganz« geblieben ist, wird sich erst herausstellen müssen. Wir hoffen es klopfenden Herzens. Noch sind wir dabei, uns in dem gemeinsamen Abgrund umzuschauen. Wir mustern die steilen Felswände rund um uns. Wir prüfen, während uns noch alle Rippen schmerzen, ob und wie wir wieder emporkommen können. Damit uns, wenn wir tatsächlich noch einmal herauskämen, dann die nächsten Staatsmänner, die künftigen politischen Künstler, erneut anpacken können, wie sich nicht einmal ungelernte Transportarbeiter erlauben würden, eine Kiste voll Bierdeckel anzufassen.

Am 27. April des Jahres 44 vor Christi Geburt schrieb Cicero an seinen Freund Atticus: »Und du redest mir noch zu, ich solle Geschichte schreiben? Ich solle die ungeheuren Schlechtigkeiten der Menschen zusammenstellen, von denen wir noch immer umlagert sind?«

»Noch immer«, schrieb Cicero im Jahre 44 ante Christum natum. Was sollen denn nun wir, genau zwanzig Jahrhunderte später, schreiben? Nachdem die Staaten und die Völker von ihren politischen Künstlern mit eiserner Beharrlichkeit stets aufs neue ins Verderben gestürzt worden sind?

In jedem anderen Beruf, und wäre es der simpelste, muß der Mensch, bevor man ihm sein Teil Verantwortung zuschiebt, etwas lernen. In welchem anderen Gewerbe, von den Künstlern ganz zu schweigen, hätte sich ein Dilettant wie Göring, ein Phrasendrescher wie Goebbels, ein Hasardeur wie Hitler auch nur ein halbes Jahr halten können, ohne in hohem Bogen auf die Straße geworfen zu werden?

Dabei bedenke man, ohne daß einem das Herz vor Schreck stillsteht, noch Folgendes: Wenn diese Männer ihren Größenwahn auch nur etwas bezähmt, wenn sie ein paar Verträge weniger gebrochen und bloß um einige Nuancen realistischer gedacht und gehandelt hätten, regierten sie uns womöglich heute noch! Wenn sie, nachdem Österreich und das Sudetenland »heimgekehrt« waren, ihre weiteren Expansionsgelüste bezähmt und die Danziger Frage diplomatisch gelöst hätten?

Es ist immer mißlich, sich ausmalen zu wollen, was geschehen wäre, »wenn« … Dazu kommt, daß Menschen, je mehr sie mit Gewalt erreichen, um so hemmungsloser Gewalt anwenden. Raubtiere pflegen sich nicht plötzlich auf Spinat umzustellen. Doch versuchen wir immerhin, die angedeutete Hypothese ein wenig weiterzuspinnen. Stellen wir uns trotz allem vor, die eklatanten Vertragsbrüche und Überfälle wären gestoppt worden. Die Nationalsozialisten hätten sich an achtzig Millionen Untertanen genügen lassen. Sie hätten die Großmächte nicht länger bis aufs Blut gereizt. Diese Großmächte hätten den polnischen Garantievertrag nicht zu erfüllen und ihre Armeen und Flotten nicht zu mobilisieren brauchen. Hitler und die Seinen hätten sich darauf beschränkt, hinter den neuen Grenzen durch lautlosen Terror die alte Ordnung und »Einstimmigkeit« aufrechtzuerhalten!

Sie hätten ungestört, in sonntäglicher Friedhofsruhe, ihre inneren Gegner bis zum letzten Mann und bis zum letzten männlichen Gefühl ausrotten können, ohne daß jenseits der Grenzen ein Hahn danach gekräht hätte. Ein paar Millionen wären noch draufgegangen. Die anderen wären willenlose, stumpfsinnige zweibeinige Maschinen geworden. Ein Volk dressierter Hunde. Wer die vergangenen zwölf Jahre aufmerksam in Deutschland verbracht hat, weiß zur Genüge, wie den Menschen, wenn man den Erziehungskursus nur unerbittlich genug betreibt, auch der letzte Wirbel ihres seelischen Rückgrates gebrochen werden kann.

Wir wollen diese infernalische Vorstellung von uns abschütteln. Es ist gekommen, wie es kommen mußte. Aber ich werde den Gedanken nicht so bald loswerden, daß jene Hasardeure nur ein wenig inkonsequent, nur etwas vernünftig, nur einen Zentimeter menschlicher hätten zu werden brauchen, und sie säßen heute nicht auf Anklagebänken. Sondern unsere Enkel könnten in ihren Geschichtsbüchern für die Mittelstufe nachlesen, von was für großen Staatsmännern, von welchen Meistern der Politik Deutschland in der Mitte des zwanzigsten Jahrhunderts regiert worden wäre.

*

Wenn nun, nach erfolgreicher Lektüre, ein bis zwei Leser ausriefen: »Da haben wir's! Sogar ein antifaschistischer Journalist zieht in Betracht, daß es an einem Haar gehangen habe und Hitler wäre an der Macht geblieben!« so hätten sie mit erstaunlichem Takt und Zartgefühl jeden einzelnen Satz ungefähr dreimal mißverstanden. Lawinen haben nicht die Gewohnheit, auf halbem Wege stillzustehen und Vernunft anzunehmen. Das ist eines der wenigen historischen »Naturgesetze«, die sich haben entdecken lassen.

Im vorliegenden Falle war der Weg in die Tiefe insbesondere zwangsläufig vorgezeichnet. Denn die erste Revolutionsgarnitur blieb, das ist eine Ausnahme, bis zuletzt an der Macht. Kurzum: so wenig Politik eine Kunst ist, so sehr wäre das angedeutete Mißverständnis ein Kunststück.

Unser Weihnachtsgeschenk

Diese Weihnachten ist es weniger denn je angebracht, daß sich der für den Festartikel abkommandierte Zeitungsmann einen doppeltbreiten, schönwallenden weißen Bart vors Gesicht hängt, ehe er zur Schreibmaschine tritt. Auch braucht er keine Kerzen am Schreibtisch anzünden zu lassen. Es wäre unwürdig, die Situation durch eine festliche Beleuchtung verdunkeln zu wollen.

So wurde beschlossen, den herkömmlichen, feierlichen Aufsatz sorgfältig zu vermeiden. So werde ich auf den Tasten der Remington keine perlenden Variationen über das Thema »... und den Menschen ein Wohlgefallen« zum Vortrag bringen. So werde ich nicht das traditionelle »Christfest der Armen« ergreifend zu beschreiben suchen. Sechzig Millionen deutscher »meistergeprüfter« Fachleute könnten das genauso gut wie ich. So werde ich aber auch dem heimatlichen Fragenkreis nicht ausweichen und über ferne Abenteuer wie »Mit Blitzlicht und Christbaum im dunklen Erdteil« renommieren, noch einen »Heiligabend bei den Eskimos« oder »Die mißverstandenen Weihnachtskerzen« zum besten geben.

Ich will versuchen, einen Weihnachtsartikel zu schreiben, von dem ich glaube, daß er zeitgemäß ist.

*

Als ich am 10. November 1938, morgens gegen drei Uhr, in einem Taxi den Berliner Tauentzien hinauffuhr, hörte ich zu beiden Seiten der Straße Glas klirren. Es klang, als würden Dutzende von Waggons voller Glas umgekippt. Ich blickte aus dem Taxi und sah, links wie rechts, vor etwa jedem fünften Haus einen Mann stehen, der, mächtig ausholend, mit einer langen Eisenstange ein Schaufenster einschlug. War das besorgt, schritt er gemessen zum nächsten Laden und widmete sich, mit gelassener Kraft, dessen noch intakten Scheiben.

Außer diesen Männern, die schwarze Breeches, Reitstiefel und Ziviljackets trugen, war weit und breit kein Mensch zu entdecken. Das Taxi bog in den Kurfürstendamm ein. Auch hier standen in regelmäßigen Abständen Männer und schlugen mit langen Stangen »jüdische« Schaufenster ein. Jeder schien etwa fünf bis zehn Häuser als Pensum zu haben. Glaskaskaden stürzten berstend aufs Pflaster. Es klang, als bestünde die ganze Stadt aus nichts wie krachendem Glas. Es war eine Fahrt, wie quer durch den Traum eines Wahnsinnigen.

Zwischen Uhland- und Knesebeckstraße ließ ich halten, öffnete die Wagentür und setzte gerade den rechten Fuß auf die Erde, als sich ein Mann vom nächsten Baum löste und leise und energisch zu mir sagte: »Nicht aussteigen! Auf der Stelle weiterfahren!« Es war ein Mann in Hut und Mantel. »Na hören Sie mal«, begann ich, »ich werde doch wohl noch ...« – »Nein«, unterbrach er drohend. »Aussteigen ist verboten! Machen Sie, daß Sie sofort weiterkommen!« Er stieß mich in den Wagen zurück, gab dem Chauffeur einen Wink, schlug die Tür zu, und der Chauffeur gehorchte. Weiter ging es durch die gespenstische »Nacht der Scherben«. An der Wilmersdorfer Straße ließ ich wieder halten. Wieder kam ein Mann in Zivil auf uns zu. »Polizei! Weiterfahren! Wird's bald?«

Am Nachmittag stand in den Blättern, daß die kochende Volksseele, infolge der behördlichen Geduld mit den jüdischen Geschäften, spontan zur Selbsthilfe gegriffen habe.

*

Ich mußte dieses »kleine Erlebnis« ausführlich berichten, um mein Thema im weiteren Verlauf unzweideutig klarmachen zu können. – Was war geschehen? Die Regierung hatte ein gemeines Verbrechen angeordnet. Die Polizei hatte die kommandierten Verbrecher während der Tat geschützt. Sie hätte jeden braven Bürger, der die Ausführung des Verbrechens zu hindern gesucht hätte, festgenommen. Und am nächsten Tage log die Regierung das Verbrechen in eine überraschende Volksaktion um.

Die gepriesene »Umwertung der Werte« war Wirklichkeit geworden. In diesem Fall und in Millionen anderer Fälle. Und der Umkehrung der Werte entsprach die geplante und tausendfach erzielte Umkehrung des menschlichen und staatsbürgerlichen Gewissens. Ein Staat hatte es sich zur Aufgabe gemacht, das dem Menschen eingeborene Gewissen und Rechtsempfinden innerhalb der Landesgrenzen radikal auszurotten. Wer ein schlechter Kerl war oder wurde, konnte es weit bringen. Wer auf die Stimme in seinem Innern hörte, kam vor Gericht und wurde als Verbrecher – als »Staatsfeind« – verurteilt. Mörder regierten. Hehler waren Polizist. Lumpen sprachen Recht. Und das Gewissen saß auf der Anklagebank.

Gut und böse, unwandelbare Maßstäbe des menschlichen Herzens, wurden durch Gesetz und Verordnung ausgetauscht. Der Milchhändler, der einem unterernährten »artfremden« Kind eine Flasche Milch zusteckte, wurde eingesperrt, und die Frau, die ihn angezeigt hatte, bekam das Verdienstkreuz. Wer unschuldige Menschen umbrachte, wurde befördert. Wer seine menschliche oder christliche Meinung sagte, wurde geköpft oder gehängt. Ein Mann, der vor 1933 Polizeioffizier gewesen war, wurde wegen achtbarer Handlungen in seinem ehemaligen Büro von einem Menschen streng verhört, der ihm damals im gleichen Zimmer als gemeiner Verbrecher gegenübergesessen hatte. Jetzt saß nur eben der andere hinter dem gleichen Schreibtisch. Schauspieler, die eine widerliche Denunziantin auf der Straße nicht mehr gegrüßt hatten, wurden zu Staatsrat Hinkel befohlen, der ihnen scharfe Strafen androhte, wenn sie die Dame weiterhin »schnitten«. Wer einen unschuldig Verfolgten verbarg, mußte um sein und seiner Familie Leben zittern. Als man mich einmal in der Bankfiliale, wo ich seit Jahren gut bekannt war, verhaftete, duckten sich die Buchhalter und Kassierer über Bücher und Geldbündel, damit man ihre verstörten und ratlosen Gesichter nicht etwa sähe. Wer mein Freund blieb, war selber gefährdet. Wer sich abwandte, konnte ungestört Karriere machen. Der Lehrer, der den Schülern gegenüber bewußt log, blieb im Amt und avancierte zum Schulratshelfer. Wer die Kinder nicht anlügen wollte, flog auf die Straße.

Man könnte jahrelang, ohne zu essen und zu schlafen, solche und treffendere Beispiele aufzählen. Und es wird nötig sein, sie nach und nach aufzuzählen. Denn hier, auf dem Gebiete des Gewissens und Charakters, lag der furchtbarste, der unheimlichste Fluch jener zwölf Jahre. Die Männer an der Macht und ihre Partei erstrebten systematisch die größte, teuflischste Seelenverderbnis aller Zeiten. Das Gewissen vieler, die nicht besser oder schlechter waren als andere Menschen auf der Welt, wurde ratlos. Was war Schuld, was Unschuld? Was Recht, was Unrecht? Der untrüglich die rechte Richtung weisende Kompaß im Herzen des einzelnen wurde durch einen aus der Hölle heruntergestürzten riesigen Magnetstein irritiert und täglich mehr und mehr außer Kraft gesetzt. Man lebte immer weniger mit seinem Gewissen im Einklang. Viele wurden unsicher und schwach. Viele rannten, nur um dem Inferno in der eigenen Brust zu entfliehen, die alten Wahrheiten wie Beschwörungen hinausschreiend, ins Verderben und unter den Galgen.

*

Die Ratlosigkeit des Gewissens, das war das Schlimmste. Die Ausweglosigkeit aus dem morastigen Labyrinth, in das der Staat ein Volk hineingetrieben hatte und an dessen Ausgängen die Henker standen. Wer es nicht erlebt hat, wer nicht verzweifelnd in diesem Labyrinth herumgeirrt ist, der hat es zu leicht, den ersten Stein auf dieses Volk zu werfen.

Nun aber ist diese Qual, die Dante in seinem »Inferno« zu schildern vergaß, zu Ende. Diese Qual, an der gemessen die Ängste während der schwersten Bombenangriffe auf unsere unverteidigten Städte Kindereien waren. Wir können wieder beginnen, mit unserem Gewissen in Harmonie zu leben. Was auch sonst kommen mag – daß wir wieder das dürfen, ist ein Schicksalsgeschenk, über das wir uns an diesem Weihnachtsfest, erlöst aufatmend, aller Not zum Trotze freuen wollen.

Betrachtungen eines Unpolitischen

Am 30. Dezember 1945 richtete Thomas Mann, von BBC dazu aufgefordert, eine »Rundfunkbotschaft« an Deutschland, und zwei Stunden später antwortete ihm Frank Thieß über den Nordwestdeutschen Rundfunk.

Als ich ein kleiner Junge war, ging ich gerne einholen. Denn die Wurst, die Butter, die Schmierseife, das halbe Pfund »Querrippe, aber nicht zu fett« und der Schweizer Käse pflegten in jenen Tagen, die vergangen sind, doppelt eingewickelt zu werden. Einmal in weißes und dann in Zeitungspapier, und auf das Zeitungspapier kam es mir an. Kaum war ich aus dem Laden, wickelte ich die gevierteilten und halben Zeitungsseiten wieder herunter, klemmte die Leberwurst, den Käse und das Rindfleisch unter den Arm und las. Ich las jede Zeile. Ich las auf dem Trottoir, beim Überqueren der Straße, die Treppe hoch und vor der Wohnungstür, bis meine Mutter öffnete. Ich war ein außerordentlich wißbegieriges Kind.

Solche wißbegierigen Kinder gibt es natürlich auch heute noch. Und da es wenig alte und überhaupt keine neuen Bücher gibt, werden die kleinen wißbegierigen Knaben und Mädchen, noch mehr als ich seinerzeit, Zeitung lesen. »Thomas Manns Offener Brief an Deutschland«, werden sie lesen. »Walter von Molo antwortet Thomas Mann«, werden sie lesen, und »Frank Thieß an Thomas Mann« und »Arnold Bauer an Thomas Mann«. Und »Thomas Manns Rundfunkbotschaft an Deutschland« und Frank Thießens »Abschied von Thomas Mann«. Sie werden lesen, daß Thomas Mann neulich erklärt hat, nach Deutschland heimzukehren, wäre »die größte Torheit meines Lebens ... Ich soll Amerika, dem ich doch schließlich meinen Eid geleistet habe, seinen Bürgerschein vor die Füße werfen?« Und man wolle ihn zurücklocken, um ihn »zum Bannerträger einer mir noch ganz schleierhaften, neudeutschen geistigen Bewegung aufzuwerfen«. Und »Wo ist Deutschland? Wo ist es aufzufinden, auch nur geographisch? Wie kehrt man heim in sein Vaterland, das als Einheit nicht existiert? Soll ich zu den Russen gehen, den Franzosen, den Engländern oder zu meinen neuen Landsleuten, den Amerikanern, um mich von ihren Bajonetten schützen zu lassen gegen den nichts weniger als toten Nationalsozialismus, der sich alle Mühe gibt, unsere Soldaten zu korrumpieren?«

Solche Sätze und solche Reden und Briefe werden die kleinen wißbegierigen deutschen Knaben und Mädchen, wenn sie die Zeitungen zum Schmökern benutzen, nicht oder ganz falsch verstehen. Sie werden Thomas Mann womöglich für einen berühmten amerikanischen Politiker halten, und das wäre nicht nur verkehrt, sondern auch sehr schade. Hört zu, liebe Kinder: Thomas Mann ist kein Amerikaner und kein Politiker. Er ist der größte unter den lebenden deutschen Schriftstellern, auch wenn er seit dem Sommer 1945 in unseren Zeitungen nicht mehr den Eindruck gemacht haben sollte. Später einmal werdet ihr seine wunderbaren Bücher lesen, und dann werdet ihr schon merken, was für ein großer Deutscher und Dichter dieser »Mann« war.

Die ganze Sache, der ganze Streit, liebe Kinder, ist die Folge eines fast tragischen Mißverständnisses. Und es wird gut sein, wenn ich euch kurz erkläre, wie es zu diesem Mißverständnis kam und kommen konnte. – Es war so: Deutschland hatte den Krieg verloren. Europa war durch Deutschlands Schuld eine einzige, riesige Ruine geworden. Die Welt zeigte mit Fingern auf Deutschland. Jene Deutschen, die den Krieg und Hitler nicht gewollt hatten, die beides aber auch, trotz allem Bemühen und aller Pein, nicht hatten verhindern können, sahen sich hilfesuchend um. Denn jetzt brauchten sie wie nie zuvor Hilfe. Sie brauchten jemanden, der in der ganzen Welt berühmt und makellos und unverdächtig dastand. Jemanden, um den sich die anderen guten Deutschen, die weniger berühmt und in den zwölf Jahren daheimgeblieben waren, hätten scharen können wie um eine Fahne. Wie um einen Heerführer des Friedens und der Redlichkeit. Die guten, anständigen, unberühmten daheimgebliebenen Deutschen brauchten einen Kristallisationspunkt. Laßt euch von euren Eltern erklären, was das ist, ein

Kristallisationspunkt. Ich will es ganz einfach sagen: sie brauchten einen Mann.

So kamen sie auf Thomas Mann, liebe Kinder. Und das war der Fehler. Der verhängnisvolle Fehler. Versteht mich recht. Es war nicht der Fehler Thomas Manns, daß er der Mann dazu nicht war. Es war einzig der Fehler der Menschen, die ihn riefen. Sie bewunderten ihn. Sie verehrten ihn. Sie brauchten ihn. Sie riefen ihn. Sie streckten die Hände nach ihm aus. Und er kam nicht. Er wollte nicht kommen und konnte nicht kommen und muß wohl das Gefühl gehabt haben, das wir haben, wenn jemand gerufen und gewinkt wird, der, ohne daß wir's wissen, hinter uns steht. Es ist, als ob nur wir gemeint sein könnten, aber wir wissen, daß der Gruß oder das Winken oder der verzweifelte Hilferuf uns gar nicht gelten kann.

Und nun, liebe Kinder, war das Tragische und Vertrackte, daß die Deutschen ihre Hände nach einem Mann ausstreckten, der Thomas Mann nicht war, der aber auch nicht hinter ihm stand – nach einem Mann, den es, so sehr sie ihn brauchten und noch brauchen, nicht gibt. Das ist in mehrfachem und auch im tiefsten Sinne »Künstlerpech«. Den Deutschen fehlt der große, der überlebensgroße Dichter und Denker, der sich schützend, sammelnd und die Welt beschwörend hinstellt und die Arme ausstreckt wie ein zweiter lieber Gott. Thomas Mann ist kein lieber Gott, der erste nicht und auch nicht der zweite. Sondern er ist, wie gesagt, der bedeutendste und berühmteste unter den lebenden deutschen Dichtern. Und es ist sehr bedauerlich, daß ihn andere, weniger berühmte, trotzdem bedeutende deutsche Dichter so lange gebeten und gebettelt haben, bis er böse wurde. Sie haben sich ein bißchen dumm benommen. Wenn ich jemanden um hundert Mark bitte, der nur zehn Mark bei sich hat, wenn ich ihn wieder bitte und weiter bitte, muß er mit der Zeit wütend werden. Das ist ja klar. Thomas Mann ist ein Meister in der Darstellung differenzierter Künstlernaturen, kränklicher, überfeinerter, dekadenter Charaktere, er tut sich sogar auf die Bedeutsamkeit des Nichtgesundseins seiner Bücherhelden etwas zugute, und er geht soweit, die Labilität, die Nervosität, die behutsame Abwegigkeit für Tugenden und hohe Werte zu halten. Dieser Kennerschaft und Vorliebe entsprach seit je eine physische Labilität des Autors selber. Die Athleten und Heroen waren ihm immer ein wenig verdächtig, und er ist selber keines von beiden. Wer kam nur zuerst auf die Idee, ihn über den Ozean zwischen unsere Trümmer zu rufen? Dazu kommt, daß er ein alter Herr ist und noch manches für ihn und uns wichtige Buch schreiben will. Wie könnte er das zwischen unseren Nöten, die man ihm in die Ohren brüllen würde? Und dazu kommt, daß er in Amerika für Europa und für jenes Deutschland, das er nicht haßt, sondern liebt, besser werben und bitten kann und wird, als wenn er in seinem ehemaligen Vaterland wäre. Es war Torheit, ihn zu rufen. Man hätte ihn viel eher bitten müssen, nur ja und auf alle Fälle drübenzubleiben!

Nun ist er verbittert, und die ihn vergeblich riefen, sind böse, und das alles, liebe Kinder, sind die unausweichbaren Folgen eines Mißverständnisses, das, weiß Gott, zu vermeiden gewesen wäre. Das müßt ihr begreifen und solltet es euch merken. Ich will euch zur Verdeutlichung ein anderes Beispiel erzählen. In Amerika lebt zur Zeit noch ein anderer großer Deutscher, der Schauspieler Albert Bassermann. Ein herrlicher Schauspieler und ein herrlicher Mensch. Als ihm die Berliner Schauspieler kabelten, ob er nicht in die Heimat zurückkehren wolle, depeschierte er vier Worte: »Ich komme. Albert Bassermann.« Als ich die vier Worte las, habe ich alter Schafkopf beinahe geheult. Seht ihr, liebe Kinder, das ist eben ein anderer Mann als Thomas Mann. Nur darf man das dem Thomas Mann nicht zum Vorwurf machen, daß er nicht ein Mann wie unser Bassermann ist. Das wäre sehr, sehr ungerecht.

Und ungerecht sein, liebe Kinder, soll man nicht und nie. Daß wir in diesen grauen Tagen einen großen deutschen Dichter zu wenig haben, einen, der sich nicht hätte rufen lassen, sondern der ungerufen, vom Nachhauserennen noch ganz außer Atem, zwischen uns getreten wäre – daß wir diesen Mann nicht haben, dürfen wir dem anderen, dem Thomas Mann, nicht übelnehmen. Er wird und soll in Amerika bleiben. Zum Ersatz-Mann wäre er wahrhaftig zu schade.

Splitter und Balken

»Es steht für den Psychologen fest, daß er nicht jenen beliebten gesinnungsmäßigen Unterschied zwischen Nazis und Gegnern des Regimes machen darf.« Der Psychologe, der jenen »gesinnungsmäßigen Unterschied« nicht machen darf, ist der Schweizer Seelenforscher Prof. Dr. C. G. Jung. Wir lasen das Interview, das er einem Mitarbeiter der Züricher »Weltwoche« gewährt hatte, im vorigen Sommer und erschraken bis ins Mark. Denn wir mußten uns sagen, daß wir, wenn uns schon einer der berühmtesten Seelenkenner Europas nicht verstünde, bei den transozeanischen Siegern auf noch weniger Verständnis rechnen könnten.

Auf *noch* weniger Verständnis? Der Seelenforscher Prof. Dr. C. G. Jung, der dem Journalisten berichtete, daß er gerade zwei kranke deutsche Antifaschisten behandele, meinte, daß hinter der Anständigkeit seiner beiden Patienten »die ausgesprochene Nazipsychologie lebendig sei mit all ihren Gewalttätigkeiten und Grausamkeiten«. Er, der Seelenforscher Prof. Dr. C. G. Jung, finde »die Scheidung in anständige und unanständige Deutsche recht naiv«. Alle Deutschen seien »bewußt oder unbewußt, aktiv oder passiv, an den Greueln beteiligt«. »Man wußte nichts von den Dingen und wußte sie doch, gleichsam in einem geheimen contract génial.«

Es gab unter uns im vorigen Sommer Menschen, die den Seelenforscher Prof. Dr. C. G. Jung so hoch einschätzten, daß sie, aus lauter Verehrung, entschlossen schienen, eher an sich als an ihm zu zweifeln. Sie hatten zwölf Jahre lang seelisch dem Ärgsten widerstanden. Nun das Martyrium, das ein Achteljahrhundert gewährt hatte, endlich vorbei war, hatten sie auf ein klein wenig Trost und Hilfe, Zuspruch und Mitleid gerechnet; auf nur eben so viel, daß sie die tödliche Erschöpfung ihrer Herzen überwänden. Sie waren, weiß Gott, nicht stolz, sondern müde. Ein Körnchen Verständnis wäre ein unermeßliches Geschenk für sie gewesen.

Doch da drang die Stimme des Seelenforschers Prof. Dr.

C. G. Jung aus der Schweiz herüber, und es klang, als habe der bedeutende Mann eine Trompete des Jüngsten Gerichts verschluckt. »Die Deutschen erwiesen sich den Dämonen gegenüber als spezifisch schwach dank ihrer unglaublichen Suggestibilität.« Da sanken die armen, erschöpften Gegner des Regimes wortlos in sich zusammen. Freilich, sie hatten den Dschingiskhan vom Inn und seine braungoldene Horde nicht bewältigen können. Sie hatten, soweit sie es überlebt hatten, den Dämonen der Folter und Sippenrache, den Drachen der Gaskammern und Krematorien, den Vipern der Belauerung, Erpressung und Enteignung allenfalls standzuhalten versucht. Nicht jeder konnte so tapfer, so gewaltig und so unsuggestibel sein, wie der Seelenforscher Prof. Dr. C. G. Jung es ganz gewiß an ihrer Stelle gewesen wäre, wenn er nicht in der Schweiz gelebt hätte. Wie dröhnte doch jetzt seine Stimme, gleich der eines etatmäßigen Seelenfeldwebels, über die Grenze! »Die Frage der Kollektivschuld ist ... für den Psychologen eine Tatsache, und es wird eine der wichtigsten Aufgaben der Therapie sein, die Deutschen zur Anerkennung dieser Schuld zu bringen!«

Da verhüllten die Gegner des besiegten Regimes stumm ihr bleiches, müdes, verhungertes Haupt. Der »beliebte gesinnungsmäßige Unterschied« zwischen ihnen und den Nazis durfte keinesfalls gemacht werden. Der Seelenforscher Prof. Dr. C. G. Jung war entschieden dagegen und teilte der ganzen Welt seine fachmännische Meinung mit. Die Welt, das war klar, würde sich nach diesem Richter richten.

*

Die Welt richtete sich *nicht* nach diesem Richter, sondern nach einem anderen, nach dem amerikanischen Oberrichter Jackson. Man dürfe, sagte Jackson, *nicht* das ganze deutsche Volk für die Untaten des Regimes verantwortlich machen! Und die Welt glaubte *ihm*, obwohl er kein berühmter Seelenforscher war, sondern der amerikanische Hauptankläger in Nürnberg.

Da atmeten die Gegner des Regimes auf. Die bleierne Müdigkeit und die Ratlosigkeit fielen von ihnen ab. Ein wenig Lebensmut, ein Funken Lebensfreude trat in ihre glanzlosen Augen. Vielleicht konnten sie, vielleicht konnte Deutschland doch noch, eines späteren Tages, einen schmalen Weg aus dem Chaos ans Licht finden? An ein wenig Licht? Mit ein wenig blauem Himmel über sich?

*

Das Interview des Seelenforschers Prof. Dr. C. G. Jung erschien natürlich in vielen Zeitungen der ganzen Welt. Dazu war es ja gegeben worden. Und so wurde es auch, im September 1945, im »American Journal of Psychiatry« in englischer Sprache abgedruckt. Dort las es nun Dr. Wladimir G. Eliasberg, ein Mann, der früher in Europa gelebt, gewirkt und unter anderem das »Zentralblatt für Psychotherapie« herausgegeben hatte.

Dieses »Zentralblatt für Psychotherapie« gibt jetzt der Seelenforscher Prof. C. G. Jung heraus, der, wie gesagt, nicht nur die Nazis, sondern auch deren Gegner, weil sie im Grunde genau solche Nazis seien, schwer bestraft wissen möchte. Und Dr. Eliasberg druckte in der deutschsprachigen Wochenzeitung »Aufbau«, New York, am 14. Dezember 1945, mit einem geharnischten Kommentar eine Stelle aus einem Aufsatz ab, den der Seelenforscher Prof. C. G. Jung im Jahre 1934 in der »Neuen Zürcher Zeitung« geschrieben hat.

Im Jahre 1934 nun schrieb Jung folgendes: »Meines Erachtens ist es ein schwerer Fehler der bisherigen medizinischen Psychologie gewesen, daß sie jüdische Kategorien unbesehen auf den christlichen Germanen anwandte; damit hat sie nämlich das kostbarste Geheimnis des germanischen Menschen, seinen schöpferisch ahnungsvollen Seelengrund, als kindisch banalen Sumpf erklärt. Diese Verdächtigung ist von Freud ausgegangen. Er kannte die germanische Seele nicht. So wenig wie alle seine Nachfolger sie kannten. Hat sie die gewaltige Erscheinung des Nationalsozialismus, auf die die ganze Welt mit erstaunten Augen blickt, eines besseren belehrt? Wo war die unerhörte Spannung und Wucht, als es noch keinen Nationalsozialismus gab? Sie lag verborgen in der germanischen Seele, in jenem tiefen Grunde, der alles andere ist als der Kehricht unerfüllter Kinderwünsche … Eine Bewegung, die ein ganzes

Volk ergreift, ist auch in jedem einzelnen frei geworden.« So weit Jung.

Und nun bin ich wieder dran! Als Jung, Anno 1934, mit erstaunten Kinderaugen auf »die gewaltige Erscheinung des Nationalsozialismus« blickte, waren schon Zehntausende vor der »unerhörten Spannung und Wucht« des kostbaren germanischen Seelengrunds aus Deutschland in die Schweiz geflohen. Und die Gestapo tötete damals zwar noch nicht die widerspenstigen Europäer samt deren Frauen und Kindern, aber doch schon viele Tausende ihrer engeren germanischen Landsleute, die, hätten sie die Qualen überlebt, wörtlich nach Jung »bewußt oder unbewußt, aktiv oder passiv, an den Greueln beteiligt« waren. Passiv *waren* sie sogar beteiligt, da hat Jung recht. Als man in der Voßstraße in Berlin den Schauspieler Hans Otto in einer Folterkammer schon dreiviertels totgeschlagen hatte, sagte er, bevor man ihn aus dem Fenster auf die Straße warf, aus einem kaum noch kenntlichen, blutenden Gesicht, tapfer lächelnd: »Das ist meine beste Rolle ...«

Hier könnte Jung geradezu sagen, dieser Gegner des Regimes sei »aktiv an den Greueln beteiligt« gewesen. Freud, meint Jung, kannte »die germanische Seele nicht: so wenig wie alle seine Nachfolger sie kannten«. Es ist nur gut und hat uns sehr geholfen, daß Jung selber die »christlichen Germanen« und ihre »unerhörte Spannung und Wucht«, die so »verborgen lag«, besser kannte. Damals schon. Und heute wieder. Es geht nichts über einen berühmten Psychotherapeuten.

Und zum Zeichen, wie sehr wir Jung schätzen, wollen wir ihm zum Schluß ein paar Sätze seines großen Kollegen, des Seelenforschers Prof. Dr. C. G. Jung, aus dessen Interview vom Jahre 1945 ins Poesiealbum schreiben. Erstens: »Die einzige Erlösung liegt ... in der restlosen Anerkennung der Schuld. Mea culpa, mea maxima culpa!«

Und zweitens: »Wir lieben den Verbrecher und interessieren uns brennend für ihn, weil der Teufel uns, in der Betrachtung des Splitters, den Balken im eigenen Auge vergessen läßt.«

Schade, daß Jung seinen Balken nicht in einem Sondergüterzug nach Deutschland geschickt hat. Der Balken hätte in diesem Winter vielen Gegnern des Regimes und ihren fröstelnden Familien auf Monate zu einem warmen Ofen verholfen. Aber leider gehört Jung ja zu denen, die zwischen den Gegnern und den Nazis »nicht jenen beliebten gesinnungsmäßigen Unterschied« machen. Und so hat er uns seinen Balken nicht gegönnt.

Gespräch mit Zwergen

Die deutschen Zeitungsleser sind, den Ruinen und den kalten Öfen zum Trotz, vom Lesen zum Schreiben übergegangen. Sie schicken Briefe. Sie antworten. Manche von ihnen sind sogar schon so weit fortgeschritten, daß sie die Artikel beantworten, ohne sie gelesen zu haben. Doch das ist vorläufig noch eine Seltenheit. Die meisten nehmen sich, nach altem guten Brauch, noch immer die Mühe, die Aufsätze zu studieren, ehe sie sich über die Postille bücken und den lädierten Füllfederhalter in die künstlich verdünnte Tinte tauchen. Die einen ärgern sich begreiflicherweise über das, was der Zeitungsmann geschrieben hat. Die anderen teilen ihm, ebenso oft wie die Vergrämten, in überlegten, ausführlichen Dar- und Klarstellungen ihr Einverständnis, wenn nicht gar ihr lebhaftes Wohlgefallen mit. Etliche, tatsächlich nur etliche, spucken anonym in den Briefkasten. Nun, der Kasten ist wasserdicht. Und Kästner auch.

Es regnet Briefe. Es hagelt Briefe. Es schneit Briefe. Der Idealzustand zwischen Zeitung und Lesern, die offene Aussprache, ist erreicht. Es ist herrlich! Und es ist, unter uns Pfarrerstöchtern sei es errötend gestanden, zugleich erschreckend. Denn der Tag hat, dem sonnigen Fortschritt der Menschheit zum Hohne, nach wie vor und weiterhin vierundzwanzig Stunden. Es sind zwar schon Unterschriften gesammelt worden. Man hat bereits Eingaben gemacht. Aber mit der einstimmig beschlossenen Verlängerung des Tages wird es wohl, wie mit einigem anderen, noch ein wenig dauern ...

Also, es regnet, hagelt und schneit Briefe. Man möchte sie

alle lesen. Man müßte sie alle beantworten. Es wäre so wichtig, beides zu tun! Doch der gewissenhafte Redakteur hat nebenher noch ein paar andere Dinge zu erledigen. Er muß mit den Mitarbeitern sprechen. Er muß Artikel und Novellen lesen. Von Gedichten ganz zu schweigen. Er muß ins Theater gehen. Ins Kino. In Kunstausstellungen. Er muß in alten und neuen Büchern blättern. Er muß Besucher anhören. Es ist alles so verteufelt wichtig, heute mehr denn je! Und den unwichtigeren Beschäftigungen, als da sind Essen, Trinken und Schlafen, denen muß schließlich auch ein bißchen gehuldigt werden. Denn es ist zwar, trotz allem, eine Lust zu leben – man muß nur achtgeben, daß man dabei nicht vor Entkräftung stirbt. Edison, der patriarchalische Erfinder der einst viel verwendeten und überall vorrätigen Glühbirnen, hatte seinen Anspruch auf Schlaf so weit heruntertrainiert, daß er mit drei bis vier Stunden gesundheitlich gut zurechtkam. Ich bekenne, daß ich ihm nicht gleiche. Ich habe rein gar nichts erfunden. Und ich schlafe länger. Aber ...

*

Aber ich habe einen immerhin recht brauchbaren Einfall gehabt. Ich habe mir mehrere Mitarbeiter engagiert. Sie sitzen bei mir zu Hause und lesen von früh bis spät. Sie lesen die Briefe, die man mir schickt. Der eine liest die Antworten auf das Thema: »Friedrich der Große oder Der neue Geschichtsunterricht«. Der zweite liest die Briefe, die sich mit dem »Humor in der deutschen Literatur und seinen Verächtern« beschäftigten. Der dritte und der vierte studieren die Antworten auf den Artikel über »Die Kunst und Die Erziehung zur Toleranz«. Der fünfte ...

Um es kurz zu machen: Ich mußte ziemlich viele Mitarbeiter anstellen; und da meine Wohnung nicht übermäßig groß ist, engagierte ich, wozu es verheimlichen, die aus »Schneewittchen« bekannten Sieben Zwerge. Sie nehmen nicht viel Platz weg. Sie essen verhältnismäßig wenig. Und wenn ich abends abgekämpft im Ohrenstuhl sitze, hocken sie rings auf meiner Lehne, hübsch dicht beieinander, wie Kinder auf dem Zaun, und berichten an Hand unwahrscheinlich niedlicher Notizblöcke, was die Leser über dieses und jenes Thema denken. Die Sieben Zwerge sind sehr fleißig und akkurat. Sie setzen mich gründlich ins Bild. Sie ...

Halt, ich möchte nicht lügen! Es handelt sich nicht um sämtliche Sieben Zwerge, sondern nur um fünf von ihnen. Ich hätte gern alle sieben gehabt, Arbeit gäbe es ja wirklich genug, aber die Ungunst der Zeit hat auch vor den deutschen Zwergen nicht haltgemacht. Der sechste, Dr. Erwin Heinzelmann, hat noch keine Briefleselizenz. Und der siebente, Friedrich Wilhelm Gnom, soll sogar in der NS-Zwergenschaft eine gewisse Rolle gespielt haben. Er bestreitet es entschieden. Doch die Angelegenheit ist noch immer ungeklärt. Und seit er neulich öffentlich gesagt hat: »Ob man mich verbietet und mein Zwergenvermögen einzieht, oder ob man mich zuläßt und mir die Riesensteuern abnimmt, das, meine Herren, ist mir ...«

Der hier verschwiegene Rest des Gesagten muß schlimm gewesen sein. Und so steht zu befürchten, daß ich mich mit den fünfen, gegen die bis auf weiteres ..., nein, daß ich mich bis auf weiteres mit den fünfen, gegen die nichts vorliegt, werde begnügen müssen. Zwei von ihnen arbeiten tagsüber, Briefseiten wälzend, als seien es waagerecht liegende, weißgetünchte, gebündelte Türen, auf dem Schreibtisch, zwei auf der Eckbank und einer auf dem Polsterstuhl, Zipfelmützen tragen sie übrigens nicht mehr, sondern, späteren Moden Rechnung tragend, dunkle, etwa pralinégroße Hüte. (Natürlich nicht während der Arbeitszeit.)

Schade, daß Sie, verehrte Leser, nicht dabei sein können, wenn die fünfe abends, eine Viertelstunde vor Curfew, aneinander angeseilt die Treppe hinunterklettern! Neulich rutschte Rudi Zwerger, der Kleinste, auf der vorletzten Stufe aus und ... Ich habe den Eindruck, daß ich vom eigentlichen Thema abkomme.

*

Gestern abend hatte ich wieder eine ganz interessante Unterhaltung mit ihnen. Erst plauderten wir ein bißchen über die

Weltlage. Über das Entnazifizierungsgesetz und Franco und den Streik bei General Motors und die deutsche Währung und die Studenten von Kairo, Erlangen und Kalkutta, über das europäische Ernährungsproblem und Picasso und die arabische Frage und die sozialistischen Parteien und Dr. Heinzelmanns Briefleselizenz und die politische Staatskunst, nun ja, eben über das, was die Menschen, die Riesen und nicht zuletzt die Zwerge heutzutage bewegt.

Dann machten wir eine Atempause. Die fünf Zwerge saßen auf der Stuhllehne, baumelten mit den Beinen, tranken aus Lottchens Fingerhüten heißen Tee ohne Zucker, und plötzlich meinte Rudi Zwerger nachdenklich: »Das merkwürdigste Volk sind und bleiben doch die Deutschen. Ich sage das nicht, weil ich ein deutscher Zwerg bin ...«

Professor Enoch Kleiner, der älteste, strich sich den weißen Miniaturbart und brummte: »Zum zweiten Male im gegenwärtigen Jahrhundert versucht Deutschland sein Glück mit der Demokratie. Nachdem es zweimal von seinen Nationalisten in heillose Katastrophen gestürzt worden ist. Die Demokraten dürfen immer erst ans Ruder, wenn die anderen das Ruder gerade zerbrochen haben ...«

Giselher Winzig nickte. Dann sagte er: »Und jedesmal stehen die Reaktionäre wie Verschwörer am Strome der Zeit und lachen den demokratischen Ruderklub aus.« (Der Zwerg Winzig hat eine unglückliche Liebe zur Allegorie.)

»Wenn sie bloß lachten!« fistelte Gustav Knäbchen mit seiner zwirnsdünnen Stimme. »Sie tun Schlimmeres. Erst jagen diese verspäteten Recken das gesamte Volk sehenden Auges in die Tiefe, und dann machen sie die Nachfolger für den Abgrund verantwortlich. Ich finde, das ist nicht die richtige Lebensweise für waschechte Helden.«

»Schwerlich!« knurrte Professor Kleiner. »Wenn man nur wüßte, worauf sie so stolz sind. Daß ein Generalstab zweimal hintereinander mit Pauken und Trompeten denselben Krieg verliert, ist doch noch kein Grund zur Eitelkeit.« Knäbchen kicherte. »Generalität und Genialität sind zwei Wörter, die nur aus Versehen ähnlich klingen.« Dann bückte er sich schnell über sein Fingerhütchen voll Tee, weil ihn der Professor streng ansah.

Rudi Zwerger seufzte tief. »Warum versuchen wir es immer erst dann mit der Demokratie, wenn wir mit unserem Latein, beziehungsweise mit unserem Deutsch am Ende sind? Dadurch haben sich viele daran gewöhnt, die erwachsenden Schwierigkeiten nicht, wie sie müßten, dem kritischen Zeitpunkt, sondern der demokratischen Staatsform selber in die Schuhe zu schieben. Wenn sich die Deutschen doch ein einziges Mal entschließen könnten, im *Wohlstand* Demokraten zu werden!«

»Das tun sie nicht«, sagte Giselher Winzig. »Sobald sie sich auch nur einigermaßen aus dem Dreck herausgebuddelt haben, kommen die reaktionären Recken, ausgeruht und mit frischer Blechmusik, in die Arena der Weltgeschichte marschiert und spielen so lange mit dem Globus Fußball, bis wir wieder bis an die Nase im Dreck stecken.«

Professor Kleiner meinte resigniert: »Unser Volk braucht lange, um zur Vernunft zu kommen. Wie wäre es auch anders möglich, wo doch die meisten einzelnen so viel Zeit dazu brauchen? Schauen Sie sich nur die Briefe an, die man Ihnen schreibt! Wie groß ist die Zahl derer, die Ihnen erklären: ›Wir sind keine Militaristen und Reaktionäre. Wir geben Ihnen auch recht, wenn Sie die Abkehr von unecht gewordenen Idealen, wenn Sie eine Revision historischer Werturteile fordern – aber müssen Sie das denn gerade jetzt betreiben? Jetzt, wo wir ohnedies besiegt und mißachtet sind?‹«

Da sagte der kahlköpfige, spannenlange Doktor Daum, der den ganzen Abend mißmutig geschwiegen hatte: »Sehr richtig! Warum denn gerade jetzt? Können Sie denn nicht warten? Müssen Sie in einem Augenblick, da Deutschland so platt wie nie am Boden liegt, auf den erschütterten Idealen und zerbrochenen Träumen so vieler Landsleute auch noch herumtrampeln?«

Meine fünf Zwerge hatten aufgehört, mit den Beinen zu baumeln. Doktor Daum rutschte vorsichtshalber von der Sessellehne herunter, ließ sich am Stuhlbein wie an einer Kletterstange hinabgleiten und setzte sich zwischen Herders »Ideen zur Philosophie der Geschichte der Menschheit« und Burckhardts »Weltgeschichtlichen Betrachtungen« ins Bücherregal.

»Warum gerade jetzt?« fragte ich und stand auf. »Ja, um alles in der Welt, Sie akademisch gebildeter Zwerg – wann denn sonst, wenn nicht *jetzt*? Unser Land liegt auch geistig in Trümmern. Sollen die Baumeister der deutschen Zukunft auf erschütterten Fundamenten, auf Häuserstümpfen und nach veralteten Plänen Neues aufbauen? Wann, wenn nicht eben jetzt, ist die Gelegenheit da, endlich die Grundlagen selber zu erneuern? Glauben Sie denn, daß es mir besonders großen Spaß macht, in diesem Augenblick, vor aller Welt, an den letzten morschen Säulen zu rütteln? Es macht mir ganz und gar keinen Spaß! Zum Spaßmachen ist die Zeit etwas zu ernst! Was nicht jetzt geschieht, geschieht nie! Wenn die deutsche Jugend nicht auf der Stelle im Hinblick auf echte, ehrliche Vorbilder, sondern wieder nach tönernen Idealen, nach verkitschten Abziehbildern und bronzierten, posierenden Denkmälern erzogen wird, ist es zu spät! Unsere Jugend soll lernen, sich an großen Menschen zu messen, nicht an überlebensgroßen Tortenaufsätzen zu Pferde! Ideale soll man nicht nach ihrer Größe ordnen, sondern nach ihrer Wahrheit und nach ihrem Wert! Soll die deutsche Jugend in diesem menschenmörderischen Jahrhundert noch ein drittes Mal belogen und für eine neue, wiederum sinnlose und entsetzliche Reaktion geistig herangemästet werden? Nein? Das wollen Sie nicht? Nun, wann sonst soll das verhütet werden, wenn nicht bei der *Grundsteinlegung* unserer Zweiten Republik?«

Ich war, ganz gegen meine Gewohnheit, etwas heftig geworden. Doktor Daum saß zwischen Herder und Jacob Burckhardt und blinzelte verlegen vor sich hin. »Entschuldigen Sie, bitte, meine Herren Zwerge«, sagte ich. »Man soll sich nicht so gehenlassen. Ich habe vorübergehend vergessen, was ich schon seit zwanzig Jahren weiß: Man kann mit seiner Überzeugung nur diejenigen beeinflussen, die bereits der gleichen Überzeugung sind.« Ich nötigte mir ein kleines Lächeln ab, verbeugte mich, ging in mein Schlafzimmer und legte mich ins Bett.

Während ich mir noch Vorwürfe machte, daß ich meinen Humor hatte vergessen können, kratzte es an der Tür. Ich rief »Herein!« Es war Professor Kleiner. Er schleppte einen Briefbogen ins Zimmer, der größer als er selber war, und sagte: »Ich bringe Ihnen noch eine kurze Bettlektüre, die Ihnen Spaß machen wird. Und dann möchte ich die Schlüssel haben. Wir müssen gehen.«

Ich gab ihm die Schlüssel. Er schleppte sie wie ein Schwerathlet aus dem Zimmer. Im Korridor klirrte es. Der Zwerg war über den Schlüsselbund gestolpert. Nach einigem Gewisper wurde es ruhig, und ich blickte auf den Briefbogen. Er stammte von einem Zeitungsleser aus dem Taunus. Er schrieb: »Vor einiger Zeit fuhr ich mit der Eisenbahn. Da sagte eine junge Frau im Abteil: ›Man kann ja über die Nazis denken wie man will – aber eines muß man ihnen lassen, für Ruhe und Frieden haben sie jedenfalls gesorgt!‹« Und der Briefschreiber fuhr fort: »So grotesk es klingt, ich war der einzige, der lachte.«

*

PS. Das Gespräch mit den Zwergen ist natürlich erfunden. Und die Briefstelle ist natürlich nicht erfunden.

Darmstädter Theaterfrühling

Die letzte Station vor Darmstadt, dem Ziel der kleinen Reise, hieß Heidelberg. Früher war Heidelberg weit und breit wegen seiner Ruinen berühmt. Heute hingegen bestaunt man's, weil es *keine* Ruinen aufzuweisen hat. So ändern sich die Zeiten. So wenig hat sich die Stadt am Neckar verändert. Darmstadt aber ...

Darmstadt existiert im Grunde nicht mehr. Es wurde in einem Zwanzigminutenangriff aus der Welt geschafft. Die Einwohnerzahl sank in dieser maßlosen Drittelstunde von hundertzwanzig- auf achtzigtausend Menschen, und an Bewohnbarem blieb keine Hundehütte übrig. Heute sind die Straßen sauber aufgeräumt, »peinlich« sauber, ist man versucht zu denken. Die vernichtete Stadt liegt da wie ein totes Schmuckkästchen. Die Trambahn fährt von einem zum anderen Stadtende wie über einen feiertäglich geharkten Friedhof. Die Überlebenden sind in die erhaltenen Randgebiete gezogen, in die Vororte, in die weitere Umgebung. Dadurch ist die Einwohnerzahl weiter gesunken. Man spricht von siebzigtausend Menschen.

Die Fahrt von Heidelberg nach Darmstadt ist in den letzten Märztagen, auch wenn man weiß, welcher schmerzliche Anblick am Ziele die Augen und das Herz erwartet, beseligend wie immer. Die alte »Bergstraße« ist ja die Via triumphalis des deutschen Frühlings! Hier zieht er, vergangenen, unvergänglichen Bräuchen folgend, alljährlich zuerst ein. Die Blumenrabatten, die Ziersträucher, die Obstbäume, alle haben sie zu Ehren des Heimkehrenden geflaggt. Hyazinthen, Primeln, Narzissen, Veilchen, Forsythien, Kirsch- und Aprikosenbäume jubeln ihm in sämtlichen Pastellfarben zu. Die Luft weht wie weiche Seidentücher in die Gesichter. Die »Bergsträßer« stehen an den Spargelbeeten, in den schaumig-weißen, crème- und rosafarbenen Obstgärten und droben an den Rebhängen. Die Sonne lehnt rotbäckig im Himmelsfenster und schaut zu den Leuten hinunter, die ihrerseits in Sensheim, Alsbach und Jugenheim auch ein wenig im offenen Fenster liegen, den spielenden Kindern zusehen und lächelnd von Aprikosenmarmelade und anderen Spielsachen Floras träumen.

*

Das vernichtete Darmstadt war das Ziel der Reise, deren Zweck darin bestehen sollte, festzustellen, wie lebendig eine tote Stadt sein kann. Das Landestheater veranstaltete im Saal der ehemaligen Orangerie zwei »Uraufführungstage«. Am ersten Tag sah man die »*Antigone*« des jungen Franzosen Jean *Anouilh*, am zweiten ein Schauspiel des Amerikaners Thornton *Wilder*, das »*Wir sind noch einmal davongekommen*« heißt; außerdem gab es eine Morgenfeier, in der das Ensemble aus Dramen von

Saroyan, *Ardrey*, *Wilder* und *Giraudoux* vorlas. Es darf ohne Übertreibung festgestellt werden, daß bisher keine andere deutsche Stadt, sei sie auch zehn- oder zwanzigmal so groß, und keine andere Schauspielgruppe, mag sie getrost viel mehr und viel bedeutendere Namen nennen, auch nur entfernt mit einem derartig interessanten und reichhaltigen Programm aufgewartet hat.

Nun, Darmstadt und die Darmstädter galten in Theaterdingen stets für besonders aufgeschlossen. Und da Wilhelm *Henrich*, der in den zwanziger Jahren des Jahrhunderts, zu Gustav *Hartungs* und Carl *Eberts* Wirkzeiten, als Kulturreferent der Stadt amtierte, heute Intendant ist, muß man sich über den Tatendrang des neuen Ensembles nicht zu sehr wundern. Man braucht es um so weniger zu tun, als der Intendant die Schauspieler dem Regisseur Karl Heinz *Stroux* anvertraut hat. Stroux hat, trotz der beiden verdächtig an das nahe »Alt-Heidelberg« erinnernden Vornamen, beileibe nichts Prinzliches, Sentimentales oder sonst Altmodisches an sich. Er gehört zu den Regisseuren, deren Vehemenz und Intensität junge Schauspieler zu wilder Spielbegeisterung und bis zu Nervenzusammenbrüchen hinreißen kann. Man würde sich nicht wundern, wenn dieser besessene Spielleiter eines Tages die gesamte Bevölkerung der kleinen Stadt als Statisterie und Chor auf die Bühne holte. Abhalten könnte ihn höchstens der Umstand, daß er dann ja keine Zuschauer mehr hätte ...

Etwas ernster wäre zu bemerken, daß sich noch zeigen muß, ob die Darmstädter, nach der Zerstörung ihrer Stadt und ihrer Hoffnungen, jetzt schon wieder lebendig und fähig genug sein werden, sich einem so modernen und geistig anspruchsvollen Spielplan gewachsen zu zeigen. Es bleibt ferner abzuwarten, ob ein eben erst mühsam zusammengesuchtes Ensemble – also eben noch kein »Ensemble« – und der feuerköpfige Regisseur den selbstgestellten Anforderungen, zum Beispiel den jeweiligen Vorbereitungen, diesen gewaltigen Belastungs- und Zerreiß-Proben, auf längere Sicht körperlich standhalten können. Vom energischen Aufbau zum schädlichen Raubbau sind nur wenige Schritte; und es wird schwer sein, diese Schritte im ersten Taumel künstlerischer Begeisterung klug und beherrscht zu vermeiden.

Die zwei Theaterabende waren für die Darmstädter und für die auswärtigen Besucher unzweifelhaft bedeutsame Erlebnisse. Aus den nahegelegenen Kulturzentren, aber auch aus Kassel, Köln, München und Berlin waren Fachleute zu Gast. Man saß nach den Vorstellungen beieinander und diskutierte, daß die Köpfe wie Fabrikschlote rauchten. Man analysierte das Wesen moderner Tragödien, wie es, in der »Antigone« Anouilhs, die Figur des Sprechers bereits geistvoll und mit gallischer Ironie unternommen hatte. »Das Uhrwerk ist aufgezogen«, hatte er gesagt, »ein Stups, und dann rollt es ab ... Das ist das Praktische an der Tragödie!« Man erörterte die 1942 aktuell gewesene Bedeutung des Stücks: Mit König Kreon war der »aufgeklärte« Diktator Laval, mit Antigone war die junge Widerstandsbewegung gemeint gewesen, die fast trotzig wie ein Kind auf dem Rechte, früh zu sterben, bestanden hatte. »Ich will alles, sofort und vollkommen, oder ich will nichts! Ihr seid widerlich mit eurem Glück!« Als Antigone auf den Richtplatz geführt worden war, hatte Kreon gesagt: »Ihr war die Hauptsache, sterben zu dürfen. Hätte ich sie zum Leben verurteilen sollen?« Die Bühne war wieder, nach zwölf Jahren, zum »theatrum mundi« geworden, und entsprechend wogten die Gespräche.

Im Garten der Orangerie schwankten an den gleichen Tagen hohe Zirkusmasten, Seile spannten sich, und Sprungnetze waren ausgebreitet. Hier konnte das Volk eine Seiltänzerin bewundern, die sich »Selma Traber, die mutigste Frau der Welt« nennen ließ. Auf der Bühne, keine zwanzig Meter entfernt, erzwang Antigone ihren Tod. Und am Abend darauf, in Wilders Stück, sagte ein Mädchen, unter trotzigen Tränen, im Auftrag des amerikanischen Dichters: »Es ist ja leichter, tot zu sein ... Wir haben den Krieg gewonnen? Reden Sie nicht soviel!« Mrs. Antrobus, in Wahrheit die fünftausend Jahre alte Eva, rief laut: »Rettet die Familie! Ich weiß nicht, was Sie gegen die Familie einzuwenden haben – wissen Sie was Besseres?« Und an einer anderen Stelle erklärte sie: »Wir Frauen sind nicht, was Sie alle glauben und was Sie denken. Wir sind wir selber! Und wenn nur ein einziger Mann einmal eine von uns erkennte, so würde er wissen, warum die Welt anfing, sich zu drehen!«

*

Die beiden Stücke, die man sah, das geistreiche, dem Sophokles in Ironie und Trauer nachgeformte aus Frankreich, und das andere, das turbulente, Sinne und Verstand fast verwirrende amerikanische Schauspiel, das im Grunde aus europäischer Phantasie und Philosophie genährt wird, bewegten unsere Gemüter und Gedanken wie seit langem nichts. Beiden Stücken wohnt eine tiefe Kulturmelancholie inne. Nur der Amerikaner verbirgt sie hinter bitterem Lachen und gewaltiger Theatermechanerie. Und er betont den festen Glauben, daß nicht nur die Katastrophen der Menschheit unaufhörlich sein werden, sondern nach jeder Katastrophe doch auch, unermüdlich und genau so ewig, der verbissene Entschluß der Menschen, der nächsten Sintflut Einhalt zu gebieten. Es rührt eisig ans Herz gerade deutscher Idealisten, wenn Mr. Antrobus, in Wahrheit Adam, der erste Mensch, zu Henry, seinem mordgierigen Sohn mit dem Kainsmal auf der Stirn, sagt: »Was jetzt kommt, ist weit schwerer als Krieg – den Frieden wieder aufzubauen, mit *dir* mitten darin!«

Darum, daß nicht nur die Stücke, sondern auch die Aufführungen ihren bedeutenden Zweck erreichten, machten sich neben Stroux alle Schauspieler ehrlich verdient. In der »Antigone« besonders Maria *Pierenkämper*, Arthur *Menz* und Ernst *Sladek*; in Wilders Drama neben Paul Edwin *Roth* und Alexander *Gausche* eine Schauspielerin, deren eigenartiges Spieltemperament stärksten Eindruck hinterließ: Ingeborg *Kaun*.

Angesichts der französischen und amerikanischen Stücke, die in den beiden Tagen wirken konnten, erhob sich lauter denn je die Frage: Wann werden sich deutsche Dramatiker zum Worte melden? Diese Frage wurde nicht beunruhigt gestellt, nicht bitter und nicht zweifelnd. Die politische und menschliche Katastrophe, die vorläufig die letzte war, traf uns am frühesten und wirkt bei uns am längsten nach. Es ist verständlich, daß wir werden warten müssen. Es ist ebenso begreiflich, daß es für das deutsche Theater die brennendste Frage bleiben wird.

Nürnberg und die Historiker

Wer die *Opfer* der Epochen sind, die in den Geschichtsbüchern sehr viel Platz wegzunehmen pflegen, weiß man nachgerade. Wenn aber die »einmaligen« historischen Ereignisse vorüber sind und die mit Ruhegehältern versorgten Herren, die sich in Klios Gästebuch eingetragen haben, in ihren Gärten stehen und goldgelbe Rosen hochbinden, erhebt sich stets von neuem die Frage: Wer waren denn nun die *Täter*? Die Ansichten darüber, wer eigentlich Geschichte »mache«, gehen einigermaßen auseinander. Die einen behaupten steif und fest, daß die »großen Männer« Ursache der historischen Vorkommnisse seien; andere huldigen eher der Auffassung, es handle sich hierbei um wesentlich kompliziertere, verflochtenere Zusammenhänge. Den zweiten Standpunkt vertreten übrigens recht verschiedengeartete Leute – Materialisten ebenso wie Theologen, und dann, mit Vorliebe, natürlich auch große Männer a. D., die beim »Machen« von Geschichte einigen Verdruß hatten und beim Hochbinden ihrer goldgelben Rosen nicht gestört zu werden wünschen. Man kann es ihnen nachfühlen. Geschichte, die sich sehen lassen kann, macht man gerne selber, doch Bankrott macht man lieber im Rahmen einer GmbH. Es ist angenehmer, die Haftung dem Fatum, der Prästabilität, den drängenden Wirtschaftsproblemen oder, bevor alle Stricke reißen, wenigstens anderen »Gesellschaften« in die Schuhe zu schieben.

Zu denen, die an die Theorie von den großen Männern nicht glauben, gehört ein wirklich großer Mann, der russische Dichter Leo Tolstoi. In seinem gigantischen Roman »Krieg und Frieden« schreibt er: »Nichts Einzelnes ist die entscheidende

Ursache, sondern nur das Zusammenwirken der Bedingungen, unter denen jedes Ereignis sich vollzieht ... Bei geschichtlichen Ereignissen sind sogenannte große Männer nur die Etiketts, die dem Ereignis den Namen geben, und sie haben, wie alle Etiketts, nur sehr wenig mit dem Ereignis selbst zu tun. Ihre Taten, die sie geneigt sind, für freiwillige zu halten, sind im geschichtlichen Sinne nicht freiwillig, sondern stehen im Zusammenhang mit dem gesamten Gang der Geschichte und sind von Ewigkeit vorherbestimmt.«

Bei allem schuldigen Respekte vor dem Grafen Tolstoi empfiehlt sich's dringend, in der Praxis nicht die Ewigkeit zu belangen, sondern einfachheitshalber eben doch die großen Männer. Es ist den Völkern auf die Dauer nicht länger einzureden, daß man zwar den Menschen, der aus Haß oder Hunger den Nachbarn umbrachte, zur Verantwortung ziehen muß, nicht aber einen Mann, dem hunderttausend und mehr Tote zur Last gelegt werden. Bei dem Mörder, der aus Eifersucht die Braut tötet, mag am Ende auch die Ewigkeit schuld sein, und trotzdem hat noch kein Strafverteidiger die Ewigkeit als den wirklichen Täter angeklagt und den hohen Gerichtshof gebeten, seinen Mandanten mit einem Ruhegehalt und zwecks des Hochbindens goldgelber Rosen freizusprechen. Und was dem einen recht ist, ist dem anderen billig. Sogar sehr billig.

Wer im Erfolg ein großer Mann war, muß es in der Niederlage notgedrungen bleiben. Nirgends ist der Trick des Rechnens mit »zweierlei Maß« so verbreitet wie gerade in der Geschichte. Diese politische Mathematik muß, allerdings nicht nur in Nürnberg, sondern für immer aus der Welt geschafft werden. Man sollte sich, um ein beliebiges Beispiel herauszugreifen, endgültig schlüssig werden, wie man ganz allgemein Leute nennen und beurteilen will, die, ohne zur Armee zu gehören, während eines Krieges, der in ihre Heimat getragen worden ist, den Feind bekämpfen. Man muß endlich und ein für allemal wissen, ob man sie als »Patrioten« oder als »Heckenschützen« zu bezeichnen hat. Eines sollte jedenfalls unzulässig sein: sie je nach Bedarf bald so, bald anders zu betiteln. Was sie sind, darf nicht davon abhängig gemacht werden, ob sie gerade nützen oder schaden. Der Lauf der Welt wird durch solche Tricks noch unübersichtlicher, als er bereits ist. Bei Schiller gilt Wilhelm Tell als vaterländischer Held, nicht als Franktireur. Wir haben es in der Schule so gelernt. Aber im Dritten Reich durfte Schillers »Wilhelm Tell« nicht gespielt werden. Weil das Stück einen Partisanenführer verherrlichte. Freiheitskämpfer oder Heckenschütze – beides ist ein Standpunkt. Doch je nach politischem Bedarf den Standpunkt zu wechseln, das ist *kein* Standpunkt.

So geht es auch nicht an, daß sich Marschälle, Minister und Gouverneure bis zum Jahre 1944 zu jenen großen Männern zählten, welche Weltgeschichte machen, und ab 1945 bescheiden erklären, sie seien immer kleine Leute gewesen und hätten aus purer Folgsamkeit immerzu gegen ihr besseres Wissen und Gewissen gehandelt. Von Narvik bis El Alamein und vom Kuban bis Cherbourg hat Europa samt seinen Greisen und Kindern vor ihnen gezittert, und jetzt hängen sie sich an Klios Griffel und bitten gehorsamst, es nicht gewesen sein zu dürfen.

Nein. Das zweierlei Maß soll für alle Zukunft abgeschafft werden. Man wird sie mit dem Maß messen, das sie stolz angaben, als sie noch sehr viel Gold an ihren Anzügen hatten.

Die Männer von Nürnberg, die das Zeug dazu mitbrachten, großzügig über das Schicksal vieler Millionen Menschen hinwegzusehen, sind in eigener Sache wesentlich verständnisvoller und mitleidiger. Noch sträuben sie sich aufs entschiedenste, das entsetzliche Resultat einer recht »männlich geführten Geschichte« wenn schon »nicht als ihr Werk, so doch als Geschehnis ihrer Verantwortung auf sich zu nehmen«. Und doch wäre dieser Schritt wahrhaftig keine zu große Zumutung und darüber hinaus ein Entschluß von einer für die Wissenschaft bedeutenden Tragweite. Man will die Herren ja nicht in Eiswasser setzen, und man will sie weder mit Tuberkelbazillen noch mit Malaria beglücken, wie das bei weniger großen Männern, ja bei Kindern tausendfach geschah. Man will nur ihre Seele studieren. Nie war die Chance, das »Phänomen des Individuums in der Geschichte« zu erforschen, greifbarer. »Die Geschichtsschreibung krankt daran, daß sie aus Materialien oder Realien auf die Personalien schließen muß.« Briefe und Tagebücher, aus denen die Wissenschaft seit Anbeginn schöpfen mußte, sind trübe Quellen. Pose und Maske verwischen das Wesen und das Gesicht der »historischen Persönlichkeit«. In Nürnberg bietet sich nicht nur die Gelegenheit für eine neue künftige Rechtsfindung, sondern auch für eine grundsätzliche Förderung der Geschichtserkenntnis.

»Kann man aus der Geschichte lernen? Würde man die Frage verneinen, so wäre die Freiheit und damit die Geschichte im menschlichen Sinne vernichtet. Aber warum lernt man dann nicht aus ihr oder nur so zögernd und so verzweifelt wenig?« Diese Zitate entstammen einem Aufsatz Alexander *Mitscherlichs* aus den »Schweizer Annalen«, und der Aufsatz führt den Titel »*Geschichtsschreibung und Psychoanalyse*, Bemerkungen zum Nürnberger Prozeß«. Der Verfasser beschwört die zwanzig Männer, sich zu demaskieren. »Erinnerung ohne Selbstprotektion würde aus den Angeklagten historische Zeugen von außergewöhnlichem Gewichte machen.« Es geht nicht zuletzt darum, die Motive kennenzulernen, und das vermag man nicht aus nachgelassenen Memoiren. »Aufschluß darüber, was die Angeklagten heute sind, wie sie es geworden sind, und zwar in einer kundig geleiteten seelischen Erforschung ... Dieses Einsehen vorzubereiten im Abbau einer Garnitur von Posen nach der anderen, das ist der eigentliche Inhalt jeder Psychoanalyse ... Sie wird die Katastrophen nicht als Naturkatastrophen, sondern als Effekte der menschlichen Dynamik zu verstehen sich bemühen.«

Werden die »großen Männer« groß genug sein, sich von ihren Rollen zu distanzieren? »Es geht um Geschichtserkenntnisse in der Erkenntnis von Personen.« Und es gälte, »mit aller kritischen Schärfe auf Erinnerungstäuschungen und Erinnerungsfälschungen« zu achten. Die zur Mitwirkung erforderliche Intelligenz besitzen die meisten Angeklagten. Ob aber auch den hierfür notwendigen guten Willen? Wären sie imstande, der Nachwelt freiwillig diesen Dienst zu leisten? Die Aufzeichnungen aus einer solchen Analyse dürften »bei Lebzeiten der Angeklagten ... nur dem Gericht, nicht aber der

Weltöffentlichkeit zugänglich gemacht werden«. Wenn sie sich zu dieser modernen Buße entschlössen, wenn sie die Zeit der Haft statt zu gewundenen Entschuldigungen dazu verwendeten, sich selber verstehen zu lernen und von der Wissenschaft verstanden zu werden, dann, so meint Mitscherlich, ginge es in Nürnberg in der Tat um einen »Prozeß von vielleicht geschichtswendender Bedeutung«!

Wir wissen nicht, ob das, was er in seinem Aufsatz vorschlägt, nicht längst geschieht. Bei dem Vertrauen, das gerade die Amerikaner der psychologischen und methodischen Befragung entgegenbringen, wäre es fast verwunderlich, wenn sie nicht auch die Psychoanalyse in Dienst gestellt hätten. Und sie täten wahrhaftig recht daran, nichts unversucht zu lassen, was das Leben künftiger Generationen erleichtern könnte. Erdbeben, Überschwemmungen und Vulkanausbrüche mögen wie ein unausbleibliches Schicksal hingenommen werden müssen. Doch dem Krieg, der gewaltigsten aller Katastrophen, einer der wenigen, die beim »Menschen selbst« liegen, kann und soll und muß mit allen Mitteln begegnet werden. Ob die Psychoanalyse ein echtes, taugliches Mittel ist? Mitscherlich ist davon fest überzeugt. Wachsende Einsicht in das seelische Wesen der Verantwortlichen ließe sich, meint er, prophylaktisch auswerten. »Erst wenn die Völker ein wirklich feines Ohr für die Töne des Verhängnisses haben werden, können sie damit rechnen, früh genug die Täter *vor* der Tat unschädlich zu machen ... Andernfalls bleiben die Einzelnen wie die Völker Opfer der Legende.«

Eine neue Jurisdiktion, eine Wende in der Geschichtswissenschaft und eine Methode, nahende Kriege rechtzeitig zu erkennen und zu verhüten – die Zahl der Nürnberger Aufgaben wächst, je mehr sich der Prozeß dem Ende nähert. Und der Wunsch nach Friede ist bei den Überlebenden so groß, daß er zuweilen noch die lahmste Hoffnung beflügelt.

Grenzpfähle und Grenzfälle

Diesmal war ich eine ganze Woche unterwegs. Unermüdlich zogen Städte und Landschaften, Seen und Wälder, gelber Ginster und rote Heckenrosen, gesprengte Brücken, zerfetzte Hauskadaver und friedliche Dörfer am Wagen vorüber. Bauern, Gärtner, Frauen und Kinder arbeiteten auf den Feldern, zwischen den Erdbeerbeeten und Bohnenstangen. Frisch geschorene Schafherden schoben sich im Zeitlupentempo über die Hügel. Raubvögel schraubten sich ins Himmelblau, um dortselbst, wie's die Fachleute nennen, zu rütteln. Und schillernde Eichelhäher verschwanden lachend in den Tannen.

Zwischen den Feldgevierten, die wie bunte Flicken auf die Erde genäht schienen, zwischen den Weinbergen und Kirschbaumzeilen konnte man für Stunden beinahe vergessen, in welch miserabler Zeit wir leben. Bis dann wieder Häuserstümpfe, ausgebrannte Lokomotiven, Waggongerippe, fremde Fahnen, fremde Inschriften, fremde Schilderhäuschen und eigene Erinnerungen vorüberglitten. Ach, die Spezies »Mensch« ist wahrhaftig die Luft nicht wert, die sie atmet, vom Duft des Jasmins und der Linden ganz zu schweigen ... Wurde meine Mutter früher um ihre Ansicht über die zivilisierte Menschheit befragt, pflegte sie zu sagen: »Man sollte die eine Hälfte hernehmen und die andere damit durchprügeln.« Wenn ich sie das nächste Mal wiedersehe, werde ich mich gleich erkundigen, ob sie von dieser Therapie noch sehr viel hält.

Fast sind fünfzig Jahre unseres Jahrhunderts vorbei. Und das Gefühl, daß wir die überkommenen Methoden, die Menschen zu sortieren, zum übrigen alten Eisen werfen sollten, wird immer stärker. Hat es noch Sinn, uns nach Nationen, Religionen, Haarfarben und Parteien einzuteilen? Auch Einteilungen können altersschwach werden. Thomas Wolfe schrieb in seinem letzten Roman, es sei soweit, daß sich ein Chauffeur aus Milwaukee mit einem Chauffeur aus Köln, trotz aller Unterschiede, leichter und besser verständigen und verstehen könne als mit einem Collegeprofessor aus Chicago. Und so ein

Professor verstehe einen Kollegen aus Grenoble viel rascher und gründlicher als den eigenen Hausmeister. Das sind keine bloßen Spitzfindigkeiten. Für Leser, die es bezweifeln, füge ich hinzu, daß ich dem gleichen Gedankengang auch schon bei Jean Paul begegnet bin. Dichter merken manches früher, weil sie, im Gegensatz zu uns, um die Ecke sehen können.

Ein Unterschied, der sich wie Rost immer tiefer frißt, ist der zwischen dem Bauern und dem Städter. Unterschiede sollten, wenn möglich, nicht zu Differenzen werden. Die Städte liegen in Trümmern, das Land ist einigermaßen intakt geblieben. Wie wäre es, wenn man die Bauern, im Winter, für ein paar Wochen in die zerstörten Städte quartierte? Sie würden in unseren halbzerstörten Häusern wohnen. Sie könnten studienhalber das Schlangestehen erlernen, das Hängen am Trittbrett der Straßenbahnen, das Frieren im Zimmer, das Sattwerden mit Hilfe der zugeteilten Rationen, den lähmenden Blick auf Ruinen und manches Nützliche mehr. Das wäre ein hübscher Kursus in Weltbürgerkunde. Und die Zahl derer, die den modernen Massenkrieg für einen unvermeidbaren historischen Verkehrsunfall halten, nähme gewiß beträchtlich ab. Leider ist es schwer, plausible Einfälle zu verwirklichen. Deshalb wird aus den »Stadtkursen für Landleute« nichts werden. Oder, was noch ärger wäre, ein schlechtes Filmlustspiel.

*

Die Reise führte mich unter anderem an den Bodensee, in das idyllische Konstanz, wo, als erster großangelegter Versuch nach dem Krieg, gerade die »Kunstwochen 1946« begannen, die von der französischen Militärregierung energisch geförderte »Quinzaine artistique«. Die Schwierigkeiten, die überwunden werden mußten, waren zahlreich, und auch nichtüberwindbare wird's zur Genüge geben. Das ist nicht entscheidend. Ein auswärtiges Orchester sagt im letzten Augenblick ab? Man läßt sich nicht entmutigen, sondern holt rasch ein anderes. Ein Dichter, der einen Vortrag halten sollte, bleibt unterwegs an irgendeinem Grenzpfahl hängen? Ein anderer Schriftsteller springt ein. Das ursprüngliche und das schließliche Programm mögen sich, sogar hinsichtlich der Güte, unterscheiden. Ausschlaggebend bleibt der Wille, der diese kleine Stadt, private Gruppen, französische Kreise, Schweizer Freunde und andere Liebhaber der Kultur mitriß, nicht, daß er Berge und Grenzpfähle nicht versetzen konnte.

Doch auch die Grenzpfosten erwiesen Reverenz. So kamen täglich tausend Gäste und mehr aus der Schweiz herüber. Zu Fuß, in Autos und Omnibussen. In Kunstsalons hingen französische Gemälde. In Konzerten hörte man russische und amerikanische Musik. In den Schaufenstern der Buchhandlungen in der Kanzleistraße sah man Hunderte von in der Schweiz erschienenen Büchern. Mit Autorennamen aus der ganzen Welt. Freilich, solche »Begegnungen im Geiste« hatten gelegentlich ihre absurde, ja ihre lächerliche Seite. Diese Bücher zum Beispiel, man konnte sie anstarren, soviel man wollte – kaufen konnte man sie nicht. Mit den französischen Büchern und Zeitschriften in anderen Läden war es dasselbe. Man kam sich, trotz vorgerücktem Alter, ein wenig wie eines der armen Kinder bei Ludwig Richter oder Nieritz vor, das sich die Nase an der Glasscheibe plattdrückt, hinter der, zum Greifen nahe und doch unerreichbar, Schaukelpferd und Puppenstube winken ...

Auch die Sorge der Gäste ums tägliche Brot und leibliche Wohl war nicht gering. Wer aus »fernen Zonen« kam, hatte das Mitgebrachte bald verwirtschaftet. Und dann? Der Magen knurrte. Er wollte keine Konzerte und Dramen. Ihm lag an weniger geistigen Genüssen. Nun, die Gaststättenmarken, die man den Gästen aushändigte, trugen ihnen jedesmal eine Suppe ein und allerlei Spielarten der düsteren Gattung »Eintopf«. Es gibt reinere Freuden. Ich machte mir den etwas rohen Scherz, einen alten Freund aus Zürich, den ich nach dreizehn Jahren wiedertraf, zu einem solchen Gastmahl einzuladen. Sein leidender Gesichtsausdruck während des Essens war ergreifend. Und als er dann gar eine Tafel Schokolade, Apfelsinen und Zigaretten gleich glühenden Kohlen auf meinem Haupt ansammelte, bat ich ihn weinend um Verzeihung.

Er war nicht ganz frei von unedler Rachsucht und erzählte

mir ausführlich, was er, wenige Stunden vorher, auf Schweizer Boden gegessen habe. Unter anderem war von einem »Cordon bleu« betitelten Fleischgericht die Rede. Das sei, sagte er, ein verfeinerter Abkömmling des ordinären Kalbsschnitzels. Es bestehe aus zwei großen Fleischscheiben, zwischen die man feingeschnittenen rohen Schinken und Schweizer Käse bette, bevor man das Ganze mit Semmelbröseln paniere, in Eigelb wälze und in Butter brate. Man esse es am besten mit geschwenkten Brechbohnen, Karotten, Spargelgemüse in holländischer Sauce sowie knusprigen Pommes frites.

Nach dieser kleinen kulinarischen Exkursion war meine Phantasie vergiftet und mein Magen verdorben. Die Erzählung war zu fetthaltig gewesen. Man verträgt nichts mehr.

*

Das Interessanteste, wenn auch nicht das Schönste an Konstanz ist die deutsch-schweizerische Grenze. Sie läuft mitten durch die Stadt, zwischen den Häusern und Gärten hin und äußert sich in einigen Schranken, Uniformen, Waagen, Schaltern, Gittern und anderen Grenzpfahlbauten. Wie so eine »Grenze«, die ein paar Häuser von ein paar Nachbarhäusern und Menschen von Mitmenschen trennt, im totalen Krieg ausgesehen und funktioniert hat, mag man sich kaum vorstellen. Denn sie sah natürlich genauso aus wie heute, und für einen Weltuntergang ist das entschieden zu wenig. Man hatte einen Bretterzaun quer durch Konstanz gebaut. Damit war markiert, daß die Menschen auf dessen einer Seite aus der Luft, von vorn und hinten totgeschossen, daß sie gequält und wie Ungeziefer behandelt werden durften, auf der anderen Seite jedoch in Recht und Frieden leben konnten. Ein paar Holzschranken und ein Bretterzaun hielten die Lawine des Wahnsinns symbolisch auf! Wenn das ein Dichter erfände, würde er ausgelacht. Die Wirklichkeit und die Herren dieser Wirklichkeit muten den Menschen sehr viel dummes und kindisches Zeug zu.

Nun der Krieg vorbei ist, beginnt die Grenze wieder mit dem besseren, zweiten Teil ihres alten, abgespielten Programms: sie läßt gelegentlich Menschen über sich hinwegspazieren. Menschen mit bestempelten Papierstückchen in der Hand. Menschen, die nun wieder ihre Verwandten besuchen und sagen dürfen: »Herrjeh, ist der Xaver in den sechs Jahren aber gewachsen!« Sie dürfen ihnen sogar ein wenig zum Essen und den Kindern zum Naschen aus einem Land ins andere tragen. Man erzählte mir schmunzelnd, manche dieser braven Schweizer Bürger und Bürgerinnen kämen morgens reichhaltig gekleidet zu Besuch und kehrten nach der Dämmerung beinahe nackt, mit ihren Ausweispapieren die Blöße deckend, ins helvetische Vaterland zurück.

Die Grenzen atmen wieder. Sie sind wieder porös. Sie wurden wieder für Gedankengut passierbar. So bildet Konstanz in diesen Tagen einen freundlichen, sonnenbeschienenen Umschlagplatz für geistige Ware. – Man unterhielt sich mit emigrierten Freunden, die nach Deutschland hereinschauten wie durch eine angelehnte Tür. Man sprach mit Schweizer Professoren und Theaterleitern, mit französischen Schriftstellern in Uniform, mit Amerikanern und Globetrottern. Man konnte auf seine Uhr schauen und sie mit den Uhren von draußen vergleichen. Ging sie, trotz der zwölfjährigen Isolation, noch immer richtig? Mußte man sie stellen oder gar wegschmeißen? Nun, sie ging fast auf die Weltminute richtig, die gute, alte Uhr! Das zu erleben, war das Schönste an der schönen Reise.

*

Der nächste Zweck des Aufenthalts in Konstanz war, das von Horst *van Diemen* geleitete Stadttheater zu besuchen. Die Theater sind, auch in kleinen Städten wie dieser, zu kulturellen Brennpunkten geworden. Sie spielen anspruchsvolle Stücke. Sie geben lehrreiche Programmhefte heraus. Man arbeitet fast bis zum Zusammenbrechen. Denn wie oft kann man schon, bei vierzigtausend Einwohnern, ein schwerverständliches Drama spielen? Die Frage stellt sich viel prinzipieller: Wollen diese kleinen Städte überhaupt, daß ihre Bühnen »kulturelle Brennpunkte« werden? Und falls sie das nicht wollen – wird man sie, durch eine kluge Spielplanpolitik, dahin bringen können? Mir scheint, daß die Frage in keiner dieser Städte, die ich bis jetzt aufsuchte, beantwortet ist. Das wäre wohl noch zu früh. Man muß abwarten und hoffen. Und den Intendanten diplomatische Fähigkeiten wünschen. Sie sind Kulturbotschafter. Das verpflichtet.

Am ersten Abend sah ich »*Die erste Legion*«, ein Stück des kanadischen Jesuiten Emmet *Lavery*. Ein in allen katholischen Ländern der Welt gespieltes Erfolgsstück, das vom Wunderglauben, vom Zweifel und vom Gehorsam handelt: Um es gut zu finden, muß man wahrscheinlich katholisch sein. Es ist, von einzelnen Dialogen abgesehen, ein primitiver religiöser Reißer. Aber es gefällt auch in Konstanz außerordentlich. Und es bringt Geld ein. Beides ist gelegentlich wichtig. Nicht nur am Bodensee.

Am zweiten Abend wurde dann, zur Eröffnung der Kulturwochen, das von vielen lang erwartete Schauspiel »*Mutter Courage und ihre Kinder*« für Deutschland uraufgeführt. Eine große Tat des kleinen Theaters. Daß es sich, trotz aller Begeisterung und Mühe, trotz Lina *Carstens*, Inge *Conradi*, Robert *Bürkner* und fanatischer junger Kräfte um keinen Idealfall handeln konnte, versteht sich am Rande. Und wenn ein Leser im Programmheft schreibt: »Ich durfte mich oft an Meister Reinhardts Kunst und Künstlern erfreuen, und ich nehme keinen Anstand zu erklären: das heutige Konstanzer Theater stellt sich diesen Leistungen ebenbürtig an die Seite«, so wäre nur zu sagen: Etwas mehr Anstand hätte er sich ruhig nehmen können. Aber trotzdem, der Elan der Leitung und des Ensembles verdient Anerkennung. Nicht zuletzt dafür, daß sie uns so couragiert *Brechts* »Mutter Courage« als erste zeigten.

Diese »Chronik aus dem Dreißigjährigen Krieg in zwölf Bildern« schildert, von Songs durchsetzt, in lockeren Szenen das lockere, wilde Leben der »simplizianischen Courasche, der Landstörzerin und Marquetenderin«. Sie haßt den Krieg und lebt von ihm. Sie verdankt ihm und seinen sowie ihren Umtrieben drei Kinder und verliert sie wieder an ihn. Trotzig packt sie die Deichsel ihres Planwagens und schleppt ihn singend und kinderseelenallein, gebückt, doch nicht gebrochen, weiter durch Krieg, Schnee und Untergang. Das Stück, das

1937 geschrieben wurde, antizipiert, im historischen Gewand, bereits den kommenden totalen Krieg, seine »Moral« und seine Schrecken und wird, steht zu hoffen, bald von vielen Bühnen gespielt werden. Einige Szenen sind von dramatischer Großartigkeit. So die Vernehmung Courages an der Leiche ihres füsilierten Sohnes. Sie darf ihn, will sie sich und die stumme Tochter retten, nicht erkennen. Sie blickt starr auf den Toten. »Kennst du den da?« – »Nein!« Manche Sätze verraten uns noch den Bert Brecht von früher, so: »Vollkommene Kriege, von denen man sagen kann, da ist nichts mehr dran auszusetzen, sind selten.« Und doch, so sehr sich der Dichter treu geblieben ist, so sehr hat er sich, will mir scheinen, verändert …

Seine Stücke galten immer dem Kampf und Hohn gegen die humanitäre, bürgerliche Lüge aus Plüsch, daß der Mensch gut sei. »Der Mensch ist schlecht, der Mensch ist schlecht!« hieß es unbarmherzig. Es überkam Brecht fast wie eine böse Lust, in allen möglichen Variationen zu betonen, daß erst das Fressen und sehr viel später die Moral komme. Diese Weltansicht hat er beibehalten. Anlaß zum Umlernen bot sich ja auch in den letzten zwölf Jahren eigentlich kaum. Doch die spielerische, konstruktive, aus Qual manchmal bis ans Hämische grenzende Freude über die Schlechtigkeit des Menschen ist dahin. Sie ist anderen Gefühlen gewichen. Im »Guten Menschen von Sezuan« sehen selbst die Götter erschrocken ein, daß sie uns mit ihren moralischen Forderungen zu viel zugemutet haben. Und nun, in »Mutter Courage«, dramatisiert Brecht die alternde Kriegshure Grimmelshausens, das animalische Frauenzimmer, das nicht Sünde kennt, noch Buße, und das nicht böse ist, noch gut, sondern ein Mensch.

*

Der Krieg ist aus. Die Übermenschen sind gegangen. Und die Dichter dürfen wieder ihr altes Amt übernehmen, uns daran zu erinnern, daß wir, wenn schon nicht gut, so doch besser werden sollten. Und wenn nicht aus Liebe und Güte, so um Himmels willen endlich aus Gründen der Vernunft! Ehe der Globus mit einem lauten Knall zerplatzt!

Auf der Reise fiel mir ein Buch in die Hand. In dem Buch stand ein Gedicht mit dem Titel »Ewige Infanterie«. Die schönste Strophe dieses Meisterwerks habe ich mir abgeschrieben. Sie lautet:

»Mag fahren oder reiten
und durch die Lüfte gleiten
der andern schnelle Schar –
erst da, wo Stiefel schreiten,
wird deutsch für alle Zeiten
das Land unwandelbar.«

Die Verse stammen von dem deutschen Nationalpreisdichter Heinrich *Anacker*. Der Strophenbau wurde von Matthias *Claudius* entlehnt. »Der Mond ist aufgegangen«, dies innige deutsche Lied stand unfreiwillig Pate. Anacker lebt wohl noch. Doch wenn er einst droben eintreffen sollte, erwartet ihn der Wandsbecker Bote hoffentlich schon am Tor, um dem Barden des deutschen Stiefels handgreiflich klarzumachen, was er von den Dichtern und Sängern des Dritten Reiches hält.

Eurydike in Heidelberg

Über die Rolle des Schrittmachers

Die Fahrt, die mich vom Bodensee über die dunklen Höhen des Schwarzwalds und durch den Riesengarten der Oberrheinischen Tiefebene zum Neckar brachte, war, literarisch betrachtet, eine Reise von Bert Brechts »Mutter Courage« zu Jean Anouilhs »Eurydike« oder, anders ausgedrückt, vom Konstanzer Stadttheater zu den Heidelberger Kammerspielen. Solche Reisen sind heutzutage, trotz komischer und ernster Beschwernisse, wichtiger denn je. Der Zeitungsmann wird zwangsweise zum Theatertouristen. Unsere Schauspieltruppen haben sich in ihrem kulturellen Eifer, Deutschland rasch mit den wichtigsten Stücken des verflossenen Jahrzehnts bekanntzumachen, unversehens einer zusätzlichen Rolle bemächtigt, an die sie, bei allem Rollenehrgeiz, nicht gedacht haben. Sie haben die Rolle des Schrittmachers beim Wiederaufbau übernommen.

Der Begriff »Schrittmacher« stammt aus dem Radrennsport. Schrittmacher heißen dort jene Männer, die hochaufgerichtet, mit Sturzhelmen und in schweren Lederpanzern, auf lautknatternden Motorrädern ihre Bahn ziehen, während hinter ihnen, über die Lenkstange gebückt, die Herren »Steher«, wie besessen in die Pedale tretend, Schritt zu halten suchen. Die Ledermänner auf den lärmenden Maschinen sind beim Rennen nicht die Hauptpersonen. Aber für den Rennfahrer hinter ihnen, auf den es ankommt, hängt von ihrem Schneid und Motorentaktgefühl, von ihrer Kurvendiplomatie und »Umsicht« sehr viel ab. Sie müssen spüren, wieviel er leisten kann. Sie müssen ihn, der wie hypnotisiert auf die Rolle an ihrem Hinterrad starrt, zur äußersten Entfaltung seiner Beinmuskulatur reizen. Und sie müssen dabei peinlichst vermeiden, daß er ins »Schwimmen« gerät. Denn wenn sie zu sehr »aufdrehen«, fällt er von ihrem Hinterrad zurück, und dann wird's riskant. Die Zuschauer in der Arena johlen und pfeifen, damit der stolz und ungerührt wie ein Adler seine Kreise ziehende Schrittmacher sich umzudrehen geruhe. Damit er, die Fahrt verlangsamend, seinen unglücklichen Pedalhelden einsammle und erneut an die strampelnde Konkurrenz heranlotse.

Doch genug vom Radsport. Die Tragfähigkeit des Vergleichs dürfte deutlich geworden sein. Der Schrittmacher ist eine wichtige Person. Seine Rolle und die seines Hinterrads sind von großer Bedeutung. Doch die Hauptsache beim Rennen ist der gebeugte, strampelnde Mann hinter ihm. Ganz ähnlich liegt es heute beim Theater. Es ist, ohne jede Absicht, zum Schrittmacher des Wiederaufbaus geworden. Es erfüllt die ihm zugefallene Aufgabe mit bewundernswerter Bravour. Und wenn die »Steher« hinter ihm – die anderen kulturellen, die wirtschaftlichen, sozialen und politischen Kräfte, die es schwerer haben – häufig ins Schwimmen geraten, so liegt das beileibe nicht immer an den Schrittmachern. Sondern oft erfüllt sich auch hier das wahre Wort, daß die Radfahrer schuld sind.

Ein Theater in Schwierigkeiten

Die *Heidelberger Kammerspiele* sind keine staatliche oder städtische Bühne. Sie verdanken ihr Dasein der Initiative eines kunstsinnigen Kreises, der es als »eingetragener Verein« einem Ensemble ermöglicht hat, literarisches Theater von Niveau zu zeigen. Von einem Niveau, das, nach Meinung der Gründer, einer Universitätsstadt mit hunderttausend Einwohnern zukommt. Die Stadtväter scheinen diese Ansicht nicht zu teilen. Sie konzentrieren ihre Aufmerksamkeit und Hilfsbereitschaft auf die »Städtische Musikbühne«, die Opern und Operetten aufführt. Sie können sich nicht entschließen, der Kammerspielgruppe, deren Erfolg unbestreitbar ist, die regelmäßige Mitbenutzung des Stadttheaters zu garantieren. Die Gruppe schafft und schuftet unterm Schwert des »jederzeitigen Widerrufs«. Und unter der ungnädig bohrenden Steuerschraube. Opferfreude und Spieleifer haben aber ihre wirtschaftlichen und psychologischen Grenzen. Die Zukunft des Unternehmens ist in Frage gestellt. Von der Luft allein kann der Mensch nicht leben. Auch von der guten Heidelberger Luft nicht. Nicht einmal der begeistertste Schauspieler. Schon gar nicht, wenn, dank des Erfolgs, aus anderen Städten bessere, besser garantierte Zukunftsaussichten winken. Bis zum Winter, wo der kalte Bandhaussaal auf dem Schloßberg als zweite Bühne ausscheidet, wird sich gezeigt haben müssen, ob die Stadt Heidelberg interessiert war. Oder ob Süddeutschland am Grabe eines »Schrittmachers« stehen wird, der unnütz ins Gras biß.

Der jetzige Leiter des Ensembles ist Harald *Braun*. Er übernahm den problematischen Posten, nachdem Karl Heinz *Stroux* nach Darmstadt abgewandert und dessen Nachfolger, Gustav *Hartung*, kaum aus Basel zurückberufen, plötzlich gestorben war. Das Ensemble hielt trotz der Nackenschläge zusammen. Braun, der in die Bresche sprang, kam als Theaterneuling. Gewiß war er ein bewährter Filmregisseur und Hörspielfachmann, doch wieviel besagte das im Grunde? Nun, das kühne Wagnis gelang über alles Erwarten! Als erstes Stück inszenierte Braun Thornton Wilders »Kleine Stadt« und meisterte die Aufgabe derart, daß man in der Stadt noch heute voll Bewunderung darüber spricht.

Nach diesem Debut und nach gelungenen Einstudierungen für den Bandhaussaal und die Schloßkapelle ging Braun zur Attacke über. Er sicherte dem Ensemble und damit Heidelberg die deutsche Uraufführung des Schauspiels »*Eurydike*« von Jean Anouilh. Und errang damit einen neuen beachtlichen Erfolg.

Orpheus und Eurydike im Wartesaal

Der Leser wird sich an Orpheus, den mythischen Sänger, erinnern. Wenn er seine tenorale Stimme erhob, erschauerten die Vögel vor Wonne, die Löwen machten »schön«, und die Welt hielt den Atem an. Und als Eurydike, sein Weib, gestorben war, drang er ins Reich der Schatten vor, bezwang die Mächte der Unterwelt durch sein Lied und erhielt die Frau zurück. Freilich unter einer Bedingung, unter *einer* Bedingung! Und diese Bedingung hielt er natürlich nicht ein. Solche Bedingungen haben es in Sagen, in Märchen und in Wirklichkeit an sich, faszinierend zur Übertretung herauszufordern.

Der junge französische Dramatiker machte, unter Beibehaltung der Namen, aus dem liebenden Paar zwei moderne, jugendliche Bohèmiens, behielt jedoch die Handlung in ihrer mythischen Größe bei. Dadurch wurde das Stück zu einem Gebäude von höchst romantischen Dimensionen: zwei Kilometer hoch und einen halben Meter breit. Dergleichen hat seine Reize und birgt seine Schwächen. Der Tod, der die zwei trennt, vereint, wieder trennt und endgültig vereinigt, ist ein junger Mann im Regenmantel. Wenn er nicht »Hein« hieße, könnte man lange, fast zu lange an seiner Jenseitigkeit zweifeln. (Harald Braun hat ihm vorsorglich eine dunkle Brille aufgesetzt.)

Orpheus also ist ein junger Kaffeehausgeiger, der mit seinem Vater, als dessen Ernährer, durch die Provinz zieht: Eurydike wandert als kleine, frühreife Schauspielerin mit einer Schmierentruppe von Ort zu Ort. Sie begegnen einander in einem Bahnhofswartesaal, lieben sich auf den ersten Blick, verbringen gemeinsam eine Nacht in einem verstaubten Hotelzimmer und ... Und dann flieht Eurydike, weil sie ihren Charakter kennt. Sie fühlt sich der »großen« Liebe nicht gewachsen, klettert in den ersten besten Autobus und verunglückt tödlich.

Hier endet, nach zwei Akten, der reale Teil des Schauspiels. Hier beginnt die kleine, alltägliche Liebesgeschichte, unter Zuhilfenahme mythologischer Motive, sich ins Geheimnisvolle, Unwirkliche auszuweiten. Der Tod, jener Herr Hein mit der dunklen Brille, bringt Eurydike, dem verzweifelten Orpheus zuliebe, noch einmal unter die Lebenden. Die Begegnung findet in dem nächtlich öden, gespenstischen Bahnhofswartesaal statt. Orpheus hat versprechen müssen, der von den Schatten Heraufbeschworenen nicht ins Angesicht zu blicken. Die Eifersucht reißt ihn hin. Er muß ihr, um die Wahrheit zu ergründen, in die Augen sehen. Und so weicht die Geliebte, während er ihre Flucht begreifen lernt, Schritt für Schritt ins Totenreich zurück. Damit ist der dritte Akt und, könnte man glauben, das Stück zu Ende.

In der Pause vorm vierten Akt fragt man sich vergeblich, was wohl noch folgen mag. Man errät es nicht. Dieser letzte Akt spielt wieder in dem abscheulichen, abgelebten Hotelzimmer. Orpheus liegt willenlos auf dem Bett, indes sein Vater und Herr Hein die Vorzüge des mittelmäßigen, genüßlichen, resignierten Daseins preisen. Der Vater meint es ernst und wirkt komisch. Der Tod meint es ironisch und wirkt unheimlich. Er verfolgt ein Ziel, und er erreicht es. Orpheus folgt ihm und begeht Selbstmord! Nun ist er mit der Geliebten vereint. Nichts kann ihn mehr zu Kompromissen, zu Halbheiten, zum Vegetieren verleiten. »Der Tod ist schön«, sagt Herr Hein zum Abschied. »Du hast gehört, wie dein Vater vom Leben sprach.

Spaziere mit deiner kleinen Eurydike darin herum, und schon nach kurzer Zeit wirst du ihr Kleid voller Fingerspuren und dich sonderbar durchtrieben finden. *Ich* biete dir eine unberührte Eurydike mit ihrem wahren Gesicht, das ihr das Leben nie und nimmer gelassen hätte. Willst du sie?«

Mit dem Lob des frühen Sterbens und mit Orpheus' Selbstmord endet das zwiespältig wirkende, an poetischen und gedanklichen Schönheiten reiche Schauspiel. Die Aufführung hinterließ nachhaltige Eindrücke. Die Bühnenbilder (Helmut *Nötzelt*) waren ausgezeichnet. Von den Darstellern seien besonders Helene *Dietrich*, Gisela *Uhlen*, Toni *Dameris*, Werner *Nippen* und Armin *Süßenguth* erwähnt.

Anouilhs Lob des frühen Sterbens

Die deutschen Theater haben uns, in wenigen Monaten bereits, mit einer nicht unbeträchtlichen Zahl ausländischer Stücke bekannt gemacht. Dieser unerläßliche Nachholkursus war in mancher Hinsicht aufschlußreich. Jean Anouilh ist der erste, von dem wir nun schon mehrere Dramen sehen und beurteilen konnten. So ist er auch der erste, dessen Profil für uns einigermaßen deutlich wird. Er gehört fraglos zu jenen Schriftstellern, die sich höchst aktiv an der Auseinandersetzung zwischen den Generationen beteiligen. Und es ist verständlich genug, daß er im Namen der Jugend gegen die – auch in Frankreich – vom Kompromiß, von der Entschuldigung, vom Pragmatismus lebende ältere Generation aufgestanden ist. Seine »Antigone«, seine »Eurydike« und sein im Fragment vorliegender »Orest« sind dafür ausreichende Beweis-Stücke. Mit einer an heimlicher Zuneigung geschulten Einfühlungsgabe stellt er hier die müde und vernünftig gewordenen Feinde idealer Forderungen dar, ob es sich nun um Kreon, Aegisth, Orpheus' Vater oder Eurydikes Mutter handeln mag. Er folgt dem christlichen Gebot, das auch das der Dichter ist: Er liebt seine Feinde.

Seine Jünglinge und jungen Mädchen freilich, Antigone, Hemon, Elektra, Eurydike und Orpheus, schaudern beim Anblick »dieser armseligen, an die Existenz gefesselten Gerippe«, angesichts ihrer Bärte und Kneifer, ihrer Todesangst und ihrer Angst vor dem Leben. »Ihr seid mir widerlich mit eurem Glück«, ruft Antigone aus. »Ich, ich will alles, sofort und vollkommen – oder ich will nichts. Ich kann nicht bescheiden sein und mich mit einem kleinen Stückchen begnügen, das man mir gibt, weil ich brav war. Ich will die Gewißheit haben, daß es so schön wird, wie meine Kindheit war, oder ich will lieber sterben!«

Sterben. In Schönheit sterben, wie ein großer Kollege Anouilhs es formuliert hat. Im Kampf um »alles oder nichts« entscheiden sich alle diese jungen Träumer und Feuerköpfe, ohne lange zu kämpfen, für den Tod. Sie kapitulieren. »Was soll ich denn tun?« fragt Kreon ratlos. »Sie zum Leben verurteilen?« Diese Reihenflucht in den Tod wirkt unheimlich. Man hat das Gefühl, als ob in diesen Dramen eine romantische, lebensgefährliche Krankheit umgehe, wie sie Novalis besungen und geliebt hat ...

So hinterläßt die Begegnung mit Anouilh, trotz seiner Kunst und Poesie, ein tiefes, rastloses Unbehagen. Und man hofft, aus dem Munde der gepeinigten europäischen Jugend bald kühnere, weniger resignierte Antworten ans Leben zu hören. Antworten, wie sie etwa Anouilhs Landsmann Sartre in seinem Drama »Die Fliegen« geben läßt. Das Leben ist, trotz allem und sogar heute, wahrhaftig mehr wert, als vor ihm davonzulaufen und den Kopf ängstlich im Mantel des Todes zu verstecken. »Nicht geboren werden ist das beste«, schreibt Alfred Polgar. Und mit listig weisem Lächeln fährt er fort: »Aber wer hat schon das Glück? Wem widerfährt das schon? Unter Hunderttausenden kaum einem.«

Kinder suchen ihre Eltern

Zu den kopernikanischen Errungenschaften des totalen Kriegs gehört es, die Zivilbevölkerung, als sei sie eine Armee, mobilisierbar und transportabel gemacht zu haben. Man entleert, auf ein einziges Kommando hin, ganze Großstädte. Man evakuiert, mit einem Federstrich, dichtbesiedelte Provinzen. Man importiert, per sofort, Millionen Ausländer. Man exportiert hunderttausend »Wehrbauern« nebst Familie. Man führt heim. Man siedelt an. Man siedelt um. Man verschickt Schulen. Man bewegt Kinderheime. Man verpflanzt Industrien. Man verlegt Ministerien. Man tut das so lange, bis kein Mensch, das kleinste Baby inbegriffen, mehr weiß, wo er eigentlich hingehört. Die Zivilisten sind, von Möbeln, Wäsche und ähnlichem Ballast befreit, zu Paketen geworden, die man fahrplanmäßig verschicken, umleiten und anhalten kann.

Nur auf eines muß man dabei sorgfältig achten: daß man diesen totalen Krieg gewinnt! Verliert man ihn nämlich und gibt das auch noch, obwohl man es »höheren Orts« längst weiß, nicht zu, sondern sucht es bis fünf Minuten nach Zwölf krampfhaft zu verbergen, dann wird es fürchterlich. Dann mischen sich die fliehenden Heere mit den zivilen Rücktransporten zu einem unentwirrbaren Knäuel. Dann laufen Kriegsschiffe, vollgestopft mit sterbenden und gebärenden Müttern und verdurstenden Kindern, in der Ostsee auf Minen. Dann fliegen fehlgeleitete Züge in die Luft. Dann verenden Trecks in Schneeverwehungen. Dann erfrieren Neugeborene in offenen Güterwagen, und man muß die kleinen Leichen während der Fahrt aus dem Zug werfen.

Vor mehr als einem Jahr ging das »totale« Staatsschiff unter. Auf den Wogen der stürmischen Gegenwart treiben noch immer die Wracks. An Balken, ja an Strohhalme geklammert, kämpfen noch immer Schiffbrüchige ums bare Leben. Immer noch hört man, von allen Seiten, verzweifelte Hilferufe. Es sind viele, viele Kinderstimmen darunter ...

*

Allein beim *Bayerischen Roten Kreuz* zählte man, am 17. Mai 1946 als Stichtag, 15 795 elternlose Kinder. Die knappe Hälfte im Alter zwischen drei und sechs Jahren. Ein Fünftel, also mehr als 3000, Ein- und Zweijährige. Viele wurden, im Laufe der letzten Monate, in private Pflege gegeben. Ein großer Teil befindet sich noch in Heimen, das heißt in für solche Zwecke umgewandelten Schulen, Krankenhäusern, Waisenhäusern und Klöstern. Manche der Kinder warten hier nur noch darauf, daß sie vom Vater oder der Mutter, die sich beim Suchdienst gemeldet haben, abgeholt werden. Andere sind mittlerweile bereits heimgebracht worden.

Wie viele aber werden nie mehr »heimgeholt« werden können? Es sind Findlinge darunter, die ihren Namen, ja ihren Vornamen nicht wissen, geschweige den Ort der Herkunft. Bei dem *Amt für verlegte Schulen* in München gibt es Listen von mehr als 900 auslandsdeutschen Kindern, deren Väter und Mütter nicht ausfindig gemacht werden konnten. Viele Eltern werden, muß man fürchten, verschollen bleiben.

Außerdem befinden sich natürlich auch nichtdeutsche Kinder, die vorübergehend oder für immer Waisen geworden sind, bei uns. Die UNRRA hatte, bis zum Januar, 6000 solcher Kinder in Heimen aufgefangen.

Kinder suchen ihre Eltern. Eltern fahnden nach ihren Kindern. Der *Suchdienst* arbeitet fieberhaft. Und so gut er es vermag. Doch die Aufteilung Deutschlands in vier Zonen erschwert nicht nur die Lösung wirtschaftlicher und politischer Probleme. Sie hemmt automatisch auch die Beantwortung der brennendsten Frage unserer fragwürdigen Tage: die Frage Tausender von Kindern nach ihren Eltern!

*

Ein paar Beispiele. Denn was besagen Ziffern, wenn man daran denkt, daß sich hinter jeder Ziffer ein lebendiges Kind verbirgt? Da fanden, vor mehr als einem Jahr, deutsche Soldaten auf dem Rückzug in einem Stall ein zerlumptes kleines Mädchen. Sie nahmen es mit und gaben es in Augsburg ab. Heute ist es etwa drei Jahre alt. Etwa. Mehr weiß man nicht. Name? Vorname? Vater? Mutter? Woher? Nichts ist bekannt. Nichts, gar nichts. Man hat das Kind »Bärbel« genannt. Sie hat sich an den Namen gewöhnt. Als man sie fand, konnte sie noch nicht sprechen. Wenn man sie heute fragt – denn man sucht ja nach Anhaltspunkten, um ihr heimzuhelfen, falls es irgendwo auf der Welt noch ein Heim für sie geben sollte –, wenn man sie fragt, wie die Mutter ausgesehen hätte, antwortet sie zögernd: »Sie hatte ein schönes Kleid an ...«

Ein anderer Fall. Ein anderes kleines Mädchen. Auch ein Findling. Man fragte sie, neben vielem anderen, was für Haare die Mutter hatte. »Rote Haare.« »Und dein Vater?« »Auch rote Haare.« »Habt ihr zu Hause Tiere gehabt?« »Ja. Einen kleinen Hund, eine Miezekatze und ein Christkind.«

Weiter. Ein Mädchen, sechs Jahre alt, fand man, neben einem großen Rucksack mit Wäsche und Kleidern, irgendwo in der Eisenbahn. Der Vater ist tot. Die Mutter floh mit dem Kind. Und dann? Wo ist deine Mutter? »Auf einem Bahnhof hielt der Zug, und Mutti wollte Brot und Tee holen. Auf einmal fuhr der Zug los und ...«

Ein anderes Bild. Umgeben von vier kleineren Geschwistern, erzählt Hermine, die älteste: »Wir mußten plötzlich aus Bessarabien fort und kamen in den Warthegau. Von dort mußten wir wieder weg und kamen nach Sachsen. Und von dort nach Württemberg. Unsre Mutti ist tot. Sie ist im vorigen Jahr, im August, überfahren worden. Wo unser Vater ist, wissen wir nicht. Zuletzt war er Soldat. Ich glaube, Gefreiter war er.«

Das sind vier kleine Beispiele. Beispiele für den Fortschritt der Menschheit, die sich rühmen kann, den totalen Krieg erfunden zu haben. Beliebige Beispiele, die jedem beliebigen Leser das Herz im Leibe umdrehen. Beispiele, die keiner vergessen sollte. Die Vergeßlichkeit ist kein Fehler, sondern eine Sünde. Und es sind Beispiele, die uns anzeigen, wo Hilfe not tut!

*

Die Beispiele stammen aus der bei Rowohlt in Stuttgart erscheinenden Jugendzeitschrift »*Pinguin*«. Der »Pinguin« bringt in jedem Heft eine Doppelseite unter der Überschrift »Verlorene Kinder«. Auf diesen Doppelseiten sind Fotos zu sehen. Bilder von elternlosen Kindern. Und soweit Anhaltspunkte vorhanden sind, hat man sie im Text angemerkt. Die Fotografien sind wichtig. Besonders bei Findlingen. Eltern oder weitläufigere Verwandte oder Bekannte können vielleicht das eine oder andere Kind erkennen, den Suchdienst der Zonenzentrale des Bayerischen Roten Kreuzes verständigen und so das namenlose Wesen heimführen. Einige Male ist das schon geglückt! Oder es kommen Briefe kinderlos gewordener Mütter, die sich zu diesem oder jenem Bilde hingezogen fühlen und darum bitten, Bärbel oder Hans oder Katrin an Kindes Statt annehmen zu dürfen, falls sich eines Tages ausweisen sollte, daß sie für immer elternlos bleiben werden.

Auch sonst geschieht manches. In Hamburg erscheint eine Zeitung mit den Listen der in der englischen Zone gesammelten elternlosen Kinder. Die Zeitung wird in 25 000 Exemplaren gedruckt und an alle Gemeinden verteilt. Aber es geschieht nicht genug. Wie könnte auch, Kindern gegenüber, genug geschehen? Könnten die Menschen, die immer wieder eine so ausgetüftelte, so glänzend funktionierende Organisation aufbringen, um Länder und Familien zu zerstören, ihre Gabe nicht auch einmal in den Dienst einer besseren Sache stellen? In den Dienst der besten Sache?

Denn vieles liegt im Argen. Frauen, die ein Kind adoptieren wollen, bekommen mitgeteilt, es gäbe im Zuständigkeitsbereich keine elternlosen Kinder mehr. Und dann müssen diese Frauen feststellen, daß der Bescheid nicht stimmt! Oder ihr Gesuch wird abschlägig beschieden, weil sie irgendwelche Bedingungen des Bürgerlichen Gesetzbuches nicht erfüllen, zum Beispiel, weil sie noch nicht fünfzig Jahre alt sind! In diesem Punkte hat wenigstens die Landesverwaltung Sachsen etwas getan: Sie hat durch eine Rundverfügung (Nr. 54, vom 20. 1. 46) diesen Zopf des alten BGB abgeschnitten!

Ein ganz anderer Fall: Ein aus der Kriegsgefangenschaft heimkehrender Mann hat das Glück zu erfahren, wo sich seine evakuierten Kinder befinden. Er will sie holen. Aber man verweigert ihm für die Kleinen die Zuzugsgenehmigung; und es braucht ermüdenden langwierigen Ämterbesuch, bis er endlich die Erlaubnis erhält und sich nun auf den Weg machen kann und darf, seine Kinder zu holen!

Zehntausende von Kindern. Hundertfache Fragen. Vier Zonen. Ein einziger Wunsch. Und ich wiederhole: Könnten die Menschen ihr Organisationstalent nicht auch einmal in den Dienst der besten Sache stellen? Es wäre an der Zeit!

Briefe in die Röhrchenstraße

Am 24. Oktober 1933 verschickte der in Witten an der Ruhr, Röhrchenstraße 10, beheimatete Verlagsdirektor Gustav Christian Rassy ein Rundschreiben. Er bat bekannte Schriftsteller um gefällige Rückäußerung zu dem im Ausland kursierenden frechen Gerücht, daß im Neuen Deutschland die Freiheit des Geistes erschlagen worden sei und die Dichter, wenn auch nur bildlich gesprochen, mit einem Maulkorb herumliefen. Eine Woche später lagen die Antworten auf seinem Schreibtisch. Dieser Tage hat mir ein Leser ein halbes Dutzend dieser Antwortbriefe zur Verfügung gestellt. Es handelt sich um die Originalschreiben mit den authentischen Namenszügen.

»Die Ketten fallen!« heißt es da zum Beispiel. »Wir dürfen wieder frei reden, der Druck ist von uns genommen, die deutsche Seele ist wieder zur freien Entfaltung gekommen! ... Wenn ich in der Großstadt Ahnenkunde vortrug oder meine kleinen lächelnden Geschichten von 1919, so fiel die Linkspresse über mich her, ich war unmöglich geworden. Heute ist meine Familien- und Erbkunde Reichssache geworden. Mit neun Worten: wir dürfen wieder reden und schreiben, wie es uns ums Herz ist! So ist's im Dritten Reich! ... Können Sie den ›Vogel Rock‹ nicht irgendwo zum Zeitungsabdruck bringen? In Stuttgart hat er als ›neu‹ riesig eingeschlagen, er ist zehn Jahre alt! Mein Verleger unterdrückte ihn. Und mich bis heute. Heil Hitler! Ihr *Ludwig Finkh*.«

Mit neun Worten: Da dreht sich einem der Magen um. Schriftsteller von Weltruf hatten aus ihrem Vaterland fliehen müssen. Andere saßen im Kerker und wurden totgeschlagen. Andere lebten, von allen Seiten bespitzelt, unterm Schwert oder hielten sich, das Äußerste befürchtend, versteckt. Berge von Büchern waren auf Scheiterhaufen verbrannt worden. Und Herr Doktor Finkh erklärte frohen Mutes, weil seine Bücher nun nicht mehr kritisiert werden durften und vom Verleger, auch wenn keine Nachfrage vorlag, nachgedruckt werden mußten, endlich sei die Freiheit des Geistes in Deutschland ausgebrochen!

Diese Spätbarden hatten Nerven! Und heute, nun sie mit Hilfe ihrer Freiheitslieder die Heimat in Grund und Boden gesungen haben, sitzen die damals Verfolgten beisammen und befragen ihr Gewissen, ob es wohl überhaupt und wie weit es richtig und gerecht sei, immerhin die schlimmsten Bücher der ärgsten jener Seelentrompeter zu verbieten! Man fühlt sich versucht, dem eigenen Gewissen ein paar Maulschellen anzutragen. Jene am leiblichen, am seelischen und am Berufstod so vieler Schriftsteller schuldigen Männer sind es nicht wert, daß man sich ihretwegen den Kopf und das Gewissen zerbricht.

*

Bevor ich in der Betrachtung der Briefe an Herrn Rassy aus Witten in der Röhrchenstraße 10 fortfahre, will ich ein kleines, nettes Berufsabenteuer aus dem Jahre 1933 zum besten geben. Der Schutzverband deutscher Schriftsteller war aufgelöst und der RDS, ein entsprechender Reichsverband, war gegründet worden. Im Frühsommer galt es, den Vorstand der Organisation zu wählen. Der erste Versuch mißlang, da sich die konservativen und die braunen Autoren rettungslos in die Haare gerieten. Ein neuer Termin wurde anberaumt. Erneut lud man zur Vorstandswahl im »Haus der Presse« am Berliner Tiergarten ein. Und eine der Einladungen erging auch an den Schriftsteller Erich Kästner, dessen Bücher verboten und am Opernplatz feierlich verbrannt worden waren. Ich besah mir den Brief von allen Seiten. Was konnte das heißen? Wollte man den einzigen »Verbrannten«, der nicht emigriert war, besonders ehren? Ich war Mitglied des Hauptvorstands des aufgelösten Schutzverbands gewesen. Hatte sich eine unerfahrene Sekretärin in der Kartei vergriffen? War es ein dummer Witz? Ich weiß heute noch nicht, welchem Anlaß ich die Einladung zu verdanken hatte. Nun, ich bin ein höflicher Mensch. Ich ging hin.

Als ich den Sitzungssaal betrat, mich, hübsch für mich allein, an ein Tischchen setzte, mir ein Bier bestellte und mich dann umschaute, sah ich, das kann ich getrost sagen, ziemlich viele entgeisterte Gesichter auf mich gerichtet. Die »neuen Herren« in SA-Uniform, die als Majorität einen Riesentisch umsäumten, erkundigten sich bei nichtuniformierten, dienstälteren Kollegen, wer der Fremdling sei. Mein Name schwirrte in allen Flüsterstärken durch den Saal. Ich durfte mich als erster in die Anwesenheitsliste eintragen, und mein Autogramm wurde an diesem Abend, während die Liste kursierte, so gründlich bestaunt wie nie vorher oder nachher.

Genug davon und zurück zur Vorstandswahl. *Fedor von Zobeltitz*, ein Kavalier alter Schule, präsidierte. Die Deutschnationalen brachten einen Wahlvorschlag ein, der ihre Mitgliederzahl im Wahlvorstand angemessen berücksichtigte. Vertreter des Parteitischs lehnten den Vorschlag brüsk ab und legten den ihrigen vor. Mit nicht gerade zarten Hinweisen darauf, daß er unumstößlich sei. Freiherr *von Grote* erhob sich und forderte energisch demokratische Methoden. *Wulf Bley, Hadamowsky* und die anderen totalitären Poeten widersprachen ausgesprochen laut. Der alte Herr von Zobeltitz versuchte wie ein Obersthofmeister zu vermitteln. Die Sänger der Saalschlachten wurden noch lebhafter. Einer von ihnen wies beleidigt darauf hin, daß man ja großzügigerweise zwei Vertreter der Reaktion auf die braune Liste gesetzt habe, *Hanns Martin Elster* und *Edgar von Schmidt-Pauli*. Nun wurde die Debatte noch unterhaltender. Sprecher der Konservativen verbaten es sich ganz entschieden, zwei Verräter ihrer Idee, zwei solche Überläufer, als ihre Vertreter bezeichnet zu hören. Elster habe in der Systemzeit seine Orden nicht getragen. Und gegen Schmidt-Pauli fielen noch härtere Vorwürfe. Es waren Worte darunter, die man sich nicht an den Hut zu stecken pflegt. Zobeltitz bat um Ruhe. Herr von Schmidt-Pauli lächelte verkniffen. Einer aus der deutschnationalen Gruppe sprang hoch, provozierte ihn fleißig weiter und schrie, als aber auch gar nichts helfen wollte, außer sich vor Empörung und Schneidigkeit: »Ich stehe Ihnen zur Verfügung!« Zobeltitz flehte um Ruhe. Die SA-Männer lachten rauh und herzlich. Schmidt-Pauli erklärte, er pflege sich nur zu duellieren, wenn es ihm passe. Die Gruppe Grote stand im Chor auf und war überhaupt außer sich über so viel Bosheit und so wenig Kinderstube. Es hagelte Beleidigungen. Zobeltitz schien, nach seinen Mundbewegungen zu urteilen, um Ruhe zu bitten. Die Hölle war los. Als die Konservativen heiser wurden, brüllte Bley, die Geduld seiner Parteigenossen sei nun zu Ende. Und die Geduld des Doktor Goebbels gleicherweise. Ihre Vorstandsliste sei ohne jede Änderung zu genehmigen. Und zwar binnen der nächsten zehn Minuten. Widrigenfalls würden sie die Sitzung in corpore verlassen und dem Minister sofort Meldung machen. Dieser habe ihnen erklärt, daß er bei Ablehnung ihrer Liste rundweg eine Verbandsbildung überhaupt verbieten werde.

Die Deutschnationalen schwiegen betroffen. Die SA-Dichter legten die Uhren auf den Tisch. *Walter Bloem*, der an einem Tisch in meiner Nähe saß, röteten sich die studentischen Schmißnarben. Sein Nachbar, der Arbeiterdichter a.D. *Max Barthel*, der damals sein Glück als nationalsozialistischer Poet zu versuchen begann, trank mir heimlich grinsend zu und, wohl weil er sich noch immer als Arbeiter fühlte, gleich aus der Flasche. Er schien verwundert, daß ich ihn für Luft hielt. Zobeltitz ersuchte die Pegasus-SA um einen parlamentarischen, freiheitlichen Fortgang der Sitzung und der Wahl. Einer von ihnen blickte gelangweilt auf die Uhr und sagte knapp: »Noch fünf Minuten.« – Nach Ablauf der Frist war die Liste akzeptiert. Die Gegner unterlagen der Drohung, der Erpressung, der Gewalt und machten erstaunte Kinderaugen.

Auf dem Heimweg überlegte ich mir genau, ob auch nur einmal Worte wie »Literatur«, »Dichtung«, »Schriftstellerei« oder etwas Ähnliches am Rande erwähnt worden waren. Nein, nicht ein einziges Mal. Für einen Uneingeweihten hätte es ebensogut eine Sitzung des Braunkohlensyndikats oder der Schnürsenkelkleinverteiler sein können. Irgendeine beliebige Sitzung zur Knebelung nichtnationalsozialistischer Verbandsmitglieder.

*

Ein halbes Jahr später schrieb *Paul Oskar Höcker* an Herrn Rassy in Witten, Röhrchenstraße 10: »Ich kann Ihnen nur aus ehrlicher Überzeugung darin beipflichten, daß es zu den unerhörtesten Greuelmärchen gehört, wenn im Ausland behauptet wird: die geistige Freiheit wäre in Deutschland erschlagen worden und die Dichter liefen alle mit dem Maulkorb herum. Wer irgendwelche persönlichen Beziehungen zu deutschen Schriftstellern unterhält, wird längst über diese hetzerischen Lügen aufgeklärt worden sein.«
Der Arzt und Nibelunge Professor Dr. med. et phil. *Werner Jansen* erklärte scheinbar verblüfft: »Gibt es wirklich im Ausland Narren, die Deutschland so falsch sehen? Wir sind das einzige Volk der Welt, dem die Freiheit gegeben wurde, zu sich selbst zu kommen. Wir haben, gottlob, noch genügend preußische Zucht in uns, um uns dieser Freiheit zu bedienen. Heil Hitler!« Der zarte Poet *Max Jungnickel* meinte entrüstet: »Wo nehmen nur die sogenannten ›Emigranten‹ den Mut her?! ... Wenn sie nur ahnten, wie heute die deutsche Seele befreit aufatmet, wenn sie nur wüßten, wie erledigt und vergessen sie heute schon sind!« Und *Hanns Johst* durfte natürlich auch nicht fehlen. Er schrieb: »Das Ausland arbeitet in seiner Greuelpropaganda mit dem Schlagwort des Maulkorbes für Geistige im Dritten Reich. Die Tatsache dieser Verdächtigungen genügt als Feststellung; denn was aus diesen Quellen kommt, ist immer Lüge! ... Für die Freiheit des geistigen Deutschland garantiert das Niveau der Deutschen Akademie der Dichtung.«
So gingen damals die Hüter des Worts mit Worten wie Freiheit, Geist, Dichtung, Ehrlichkeit und deutsche Seele um. Solche Lügner waren sie geworden. Und heute will's keiner gewesen sein! Es war schon schlimm genug, daß sie der Knebelung und Vergewaltigung der deutschen Literatur stumm und fromm zusahen. Daß sie aber diese äußerste Sklaverei gar noch

als Freiheit des Geistes priesen und besangen, das ist ein geradezu unfaßlicher, das ist der niederträchtigste Verrat an ihrer Aufgabe, der sich ausdenken läßt. Es ist kein Wunder, daß die braune Parteibürokratie diesen Leuten das einzige entgegenbrachte, was sie verdienten: Verachtung.

Als ich, etwa ein Jahr später, Ende 1934, mit dem damaligen stellvertretenden Präsidenten der Reichsschrifttumskammer, einem Doktor Wißmann, zu sprechen hatte und ihm sagen mußte, daß wir uns unter anderem vielleicht auch deswegen so überhaupt nicht verstünden, weil er kein Fachmann sei, und ich mich deshalb etwas lieber statt mit ihm mit seinem Vorgesetzten, dem Präsidenten *Hans Friedrich Blunck*, unterhalten wolle, der doch wenigstens ein Berufskollege von mir sei, erwiderte Wißmann, höhnisch lächelnd und vor Zeugen: »Blunck hat gar nichts zu sagen!«

So viel galten die deutschen Dichter und Freiheitssänger damals im eigenen Haus und bei ihrer eigenen Partei. Sie galten so viel, wie sie wert waren.

Spatzen und höhere Tiere

In München hat anläßlich des amerikanischen Films »Going my way« eine festliche Wohltätigkeitsveranstaltung stattgefunden. Und da der Hollywoodstar Bing Crosby in dem Film als katholischer Priester wirkt, das heißt, spielt und singt, holte man zur Verschönerung des Vorprogramms die Regensburger Domspatzen nach München. Dieser Knabenchor ist weltberühmt und verdient seinen Ruhm. Er wird seit langem von einem vorzüglichen Gesangspädagogen und A-cappella-Spezialisten geleitet, vom Domkapellmeister Prof. Dr. Theobald *Schrems*. Da Schrems auch schriftstellerische Fähigkeiten besitzt, wäre er in jeder Beziehung der geeignete Mann, eines Tages die »Geschichte der Domspatzen« zu schreiben.

Das Kapitel, das die Geschicke des Knabenchors im Dritten Reich zu schildern hätte, verspräche besonders interessant zu werden. Denn »die ganze Größe und jugendfrische Lebenskraft der nationalen Bewegung«, wie Professor Schrems es einmal formuliert hat, teilte sich naturgemäß auch seinem Chor mit. Nachdem Hitler den Domkapellmeister im Jahre 1937 zum Professor ernannt hatte, schickte er ihn samt den Spatzen auf eine Südamerikatournee. Es galt, für die »ganze Größe der nationalen Bewegung« zu werben. Die Bedürfnisfrage war dringend genug. Im Auslande, nicht zuletzt in den deutschen Kreisen Südamerikas, wäre sonst womöglich der Eindruck entstanden, daß die »jugendfrische Lebenskraft« daheim mit der katholischen Kirche unsanft umspringe. Die Reise der singenden Kinder schien so wichtig, daß Hitler die Seereise sogar aus der eigenen Tasche, beziehungsweise Schatulle bezahlte.

Der Erfolg in Argentinien und Brasilien mehrte den Ruhm der Spatzen und der nationalen Bewegung gleicherweise. So nimmt es nicht wunder, daß die Herren Hitler, Göring, Rust und so weiter an den Sängerknaben aus Regensburg immer größeren Gefallen fanden und sie oft einluden, ihnen vorzusingen wie weiland David dem König Saul. Uns liegt eine schöne Fotografie vor, die ein anderer Professor gemacht hat, der Professor Hoffmann. Auf dem Bilde sieht man die Domspatzen in HJ-Uniform, und vor ihnen stehen vier Herren, zwei in Uniform und zwei in Zivil. Der eine Uniformierte ist der Führer des Dritten Reichs. Professor Schrems, neben ihm, trägt, im Gegensatz zu Hitler und den Spatzen, allerdings Zivil. Wie nahe der Domkapellmeister seinem Führer auch innerlich stand, geht aus einem Aufsatz hervor, den er 1938 schrieb und »Der Chordirigent als Führerpersönlichkeit« betitelte. Wir wollen wenigstens den Anfang des trefflichen Artikels mitteilen. »Welt- und Kulturgeschichte lehren, wie sich jede große Tat, jede große Bewegung jeweils an eine überragende Führerpersönlichkeit knüpft, die in einem unerschütterlichen Glauben an eine innerlich erkannte Mission nicht ruht, bis sie ihr Ziel, wenn auch unter größten Opfern und Anstrengungen, erreicht. Wir erleben gerade heute und schauen mit eigenen Augen dieses wunderbare Schauspiel einer einzigartigen Führerpersönlichkeit. Mit Recht ist der Führergedanke daher auch auf allen Gebieten neu erwacht und zum Prinzip geworden. Gerade auf musikalischem Gebiet ist der Führer von entscheidender Bedeutung, er ist für die Gemeinschaft, der er vorsteht, für Chor und Orchester, einfach alles und jedes.«

Professor Schrems, erkennt man, ist nicht nur eine musikalische Führerpersönlichkeit, sondern er weiß, beziehungsweise wußte auch darüber einleuchtend zu schreiben. Doch damit nicht genug. Als der Domchor später eine große Balkantournee machte, griff er geradezu in die Weltgeschichte ein! 1941 bezeichnete der Professor als das, was ihm besonders unvergeßlich sei, »den gemeinsamen Einzug des Chores und der deutschen Truppen in der rumänischen Hauptstadt Bukarest«. Man sieht es greifbar vor Augen: die Panzer, die Flugzeuge, die Spatzen, die Feldmarschälle und Professor Dr. Theobald Schrems – welch eindrucksvoller Einmarsch! Solche gemeinsamen Kriegs- und Biwakerlebnisse verpflichten. Im Weihnachtskonzert sangen deshalb die Knaben einen sechsstimmigen Chor des Orlando di Lasso mit einem funkelnagelneuen Text, und der begann: »Herr, hilf dem Führer streiten, siegen, siegen in diesem Kampfe!« Das fromme Lied gefiel allgemein. Auch in Innsbruck, wo der Gauleiter Hofer für das geplante Konzert einen einzigen bescheidenen Wunsch geäußert hatte: der Knabenchor des Regensburger Domes möge doch bitte keine religiösen Lieder singen! Die musikalische Führerpersönlichkeit des Professors Schrems erfüllte den verständlichen Wunsch. Und so verlief das Konzert zur allgemeinen Zufriedenheit.

Es ließe sich noch manches erzählen. Aber wir wollen dem berufenen Chronisten nicht vorgreifen. Bis dahin hat er vielleicht sogar seinen Professorentitel in den Schrank gehängt. Er wird Selbstvertrauen genug besitzen, um auch an seinen künftigen Stern und neue Titel unterm neuen Regime zu glauben. Abschließend sei noch bemerkt: wenn wir uns eines auffallend milden und gemäßigten Tons befleißigt haben, so hing es mit der sprichwörtlichen Überzeugung zusammen, daß man nach Spatzen nicht mit Kanonenkugeln schießen soll, und schon gar nicht nach – Domspatzen.

Mein Wiedersehen mit Berlin

Während ich, in der Nähe des Kurfürstendamms, auf Johnnys Balkon stehe und in den weißblauen Septemberhimmel schaue, sitzt Professor Kleiner in einem der Blumenkästen zwischen den Geranien und spitzt Bleistifte. Im Haus gegenüber komponiert ein alter Bekannter von mir am Klavier einen Schlager. Manchmal unterbricht er sein feuriges Spiel. Dann malt er wohl die dunklen unschuldigen Notenköpfchen auf liniiertes Papier. Vor einem nahen englischen Kommandanturgebäude landen ratternde Autos. Irgendwo hämmert jemand beharrlich auf etwas Metallischem herum. Es klingt, als wolle er die verbogene Erdachse geradekriegen. Vielleicht hängt an seinem Haus ein Schild: »Hier werden Planeten repariert. Aus Alt mach Neu.« Ich muß gelegentlich nachsehen, ob's stimmt …

Aber im übrigen ist es still. Der Professor schimpft leise vor sich hin, weil sein schöner weißer Vollbart vorübergehend in den Bleistiftspitzer geraten war. »Lassen Sie doch die albernen Bleistifte in Ruhe, Professor!« sag ich. »Sie sind doch *sonst* nicht so betriebsam!«

»Ich weiß auch nicht, was mit mir los ist«, meint er. »Es muß an der Berliner Luft liegen. Seit wir hier sind, kann ich nicht mehr stillsitzen. In einem fort muß ich etwas tun. Stellen Sie sich vor: heute morgen ertappe ich mich doch dabei, wie ich mit meinem Taschentuch die Astern auf dem Eßtisch abputze. Ein Blumenstrauß und Staubwischen – so etwas Blödsinniges! Dabei war ich nur auf den Tisch geklettert, um festzustellen, ob Astern *duften*.«

»Sie waren auf den Tisch geklettert, um Johnnys Marmelade aufzufressen«, sag ich kühl. »Man sieht es noch an Ihrem ehemals blütenweißen Bart.« Der kleine Kerl wird rot wie die Geranien, zwischen denen er hockt, legt den Bleistiftspitzer in den Blumenkasten und beginnt mit dem Taschentuch an seinem Vollbart zu fummeln. – Einige Leser werden sich vielleicht noch an Professor Enoch Kleiner erinnern. Es ist einer der berühmten sieben Zwerge, deren fünf ich in München als

Privatsekretäre beschäftige. Die übrigen zwei konnte ich noch nicht engagieren, da sie in der NS-Zwergenschaft eine gewisse Rolle gespielt haben sollen. Sie stehen nächstens vor der Spruchkammer und hoffen, als »Mitläufer« davonzukommen. Und weil Zwerge von Natur aus kleine Schritte machen – so argumentieren sie –, sei ihre Mitläuferei im Grunde völlig bedeutungslos gewesen ...

Also: Professor Kleiner bestand neulich darauf, mich auf meiner Reise nach Berlin zu begleiten. Viel Platz nimmt er ja nicht weg, und so fuhr er mit. In einem Schuhkarton, etwas Holzwolle drin. Zehn Gramm Brot und ein halbes Gramm Butter. Zwerge brauchen nicht viel. Wenn das ganze deutsche Volk aus Zwergen bestünde, wären das Ernährungsproblem, die Wohnungsfrage und manche anderen Schwierigkeiten längst gelöst! Aber wir sind nun einmal keine Zwerge. Da hilft kein guter Wille.

Eigentlich fuhr ich ja nach Berlin, um es wiederzusehen. Nach anderthalbjähriger Trennung ... Diese Stadt ist zwar nicht meine Heimat. Doch ich habe die schönsten und die schlimmsten Jahre darin verbracht. Sie ist sozusagen meine Busenfreundin. Ich will den etwas heiklen Vergleich nicht totthetzen, sondern nur bemerken, daß man sich mit solchen Freundinnen manchmal besser versteht als mit der eigenen Frau. Nun, ich wollte sie also endlich wiedersehen, diese alte ramponierte Freundin, von der man mir in den letzten Monaten so viel erzählt hatte. Stundenlang, tagelang wollte ich durch ihre Straßen und Trümmer spazieren, die Augen auf, die Ohren offen. Ganz nahe wollte ich dem Gesicht Berlins kommen und prüfen, ob sein erstes neues Wangenrot ein Zeichen beginnender Gesundung sei, ob ein Merkmal bösen Fiebers oder ganz einfach Schminke.

Doch ich habe Berlin noch nicht wiedergesehen, obwohl ich seit zehn Tagen mitten drinbin. Dutzende alter, treuer Freunde, Hunderte lieber Bekannter versperren mir noch immer mit ihren fröhlichen, fragenden, neugierigen, bekümmerten, mager gewordenen, gerührten, müden, energischen Gesichtern das Gesicht Berlins, das ich enträtseln möchte.

Aber vielleicht ist gerade dies das rechte Wiedersehen mit Berlin: das Wiedersehen mit den vielen alten Freunden? Mit denen, die übriggeblieben sind? Daß man, wenn man einander ins Auge sieht, derer gedenke, die nicht mehr lachen, arbeiten und mithelfen können?

*

Berlin hat schon wieder über drei Millionen Einwohner. Professor Kleiner hat sich genau erkundigt. Ganze Industriezweige sind aber vom Unwetter des Krieges abgeschlagen und noch im vorigen Jahr abgesägt worden. Die Innenstadt ist ein menschenleeres, säuberlich aufgeräumtes Pompeji. Man haust in Randstädten, wie Charlottenburg, Neukölln, Zehlendorf und Tempelhof; und jede dieser Bezirksstädte entwickelt ihren eigenen Stil, hat ihr eigenes Theater und besitzt ihren eigenen Bürgermeister. Der »Magistrat der Stadt Berlin« ist der imaginäre Mittelpunkt der zudem ja in vier Zonen aufgeteilten Peripheriestädte. Die Parteipolitik tut, was sie seit alters gewohnt ist: sie treibt Blüten. Über die Früchte des Vierfruchtbaumes sind sich die Propheten des Treibhauses und die anderen Treibhäusler noch nicht einig. Die Temperatur entspricht dem Bild, das ich gebrauche. Sie ist überhitzt. Und sie überhitzt alles: die Not, das Temperament, die Preise, den Ehrgeiz, die Moral und deren Gegenteil.

So nimmt es nicht wunder, daß mir ausländische Journalisten, die es wissen müßten, erklärten, Berlin sei zur Zeit nicht nur die interessanteste Stadt Europas, sondern der Welt. Freilich, um in der interessantesten Stadt der Welt leben zu können, dazu gehören Tugenden, die nicht jeder hat: ein breiter Buckel, Tatkraft, Nerven wie Stricke, Gottvertrauen, auch wenn man nicht an ihn glaubt, gute Freunde, und, wenn möglich, satt zu essen ...

Das wäre so einiges, was mir über Berlin, das ich noch nicht wiedergesehen habe, zu Ohren gekommen ist. Freunde haben es gesagt, denen die Energie aus den Augen spritzt wie der Saft aus einer Apfelsine. Der eine hat hundertfünfundzwanzig Pfund abgenommen. Das ist soviel, wie ich mit Knochen wiege. Der

Anzug hängt um den Mann herum wie eine Pelerine. Aber unterkriegen lassen? Niemals. Die Berliner, dieser »verwegene Menschenschlag«, wie Goethe sie genannt hat, die Berliner sind fleißig, tapfer, zuversichtlich und keß wie je zuvor. Wer mit ihnen in den Luftschutzkellern gesessen hat, wer dann durch die brennenden Straßen ging und hörte, wie sie sofort wieder am Werke waren, wie sie sägten und hämmerten, daß sich die Göttin der Nacht die Ohren zuhielt, der weiß Bescheid. Und wer, wie ich, zufällig neben dem Mann stand, der im Flammensturm zum Himmel hoch sah und sagte: »Wenn die Tommies so weitermachen, dann müssense sich nächstens die Häuser selber mitbringen«, der weiß, daß die Berliner außer ihrer sagenhaften großen Schnauze noch andere Eigenschaften besitzen.

Ob es ihnen gelingen wird, Berlin wieder hochzureißen, hängt nicht nur von ihnen ab. Aber eins kann man getrost schon heute sagen: »Wenn es den Berlinern nicht gelingen sollte, dann ist es überhaupt unmöglich!«

*

Ich stehe also auf einem Balkon, in der Nähe des Kurfürstendamms, und Professor Kleiner spitzt im Blumenkasten meine Bleistifte. Manchmal redet er ein bißchen. Manchmal schweigt er. »Die Berliner sind freche Leute«, sagt er plötzlich. »Gestern, wie ich in der Joachimsthaler Straße in die Bahn wollte, meinte einer: ›Gebense nich so an. Sie, ich habe schon größere Zwerge gesehn!‹ Und als das Gedränge immer schlimmer wurde, knurrte ein anderer: ›Warte, warte, Kleener, deine Beene sind noch jarnich dran.‹ Fein ist das nicht, Herr Kästner.«

»Nein«, antwortete ich amüsiert. »Fein ist das nicht. Fein waren sie nie, die Berliner.«

Dann halten wir für ein paar Minuten die Klappe. Kinder spielen auf der Straße. Mein Bekannter von gegenüber haut in die Tasten, der Mann, der die Erdachse repariert, hämmert drauflos, daß es eine wahre Lust ist. Sonst ist es still.

»Alles spricht über die Zonengrenzen«, sagt der alte Zwerg. »Und daß sie bald fallen müßten; auch wegen Berlins.«

»Ja«, sage ich und blicke in den weißblauen Septemberhimmel. »Sie müssen. Auch wegen Berlins.«

Er hüstelt. »Ich kenne ein altes Gedicht, das ganz gut hierherpaßt. Es ist allerdings fast zwanzig Jahre alt. Wollen Sie's hören?«

»Wenn's nicht allzu lang ist ...«

»Es ist kurz. Acht Zeilen. Darf ich?«

Da ich nicht widerspreche, stellt er sich im Blumenkasten in Positur. Er reicht knapp bis an die Geranienblüten. In der rechten Hand hält er einen Bleistift, Marke »Castell B«, dunkelgrün. Es sieht aus, als sei er ein Herold mit seinem Stab. »Das Gedicht«, sagt er, »heißt: ›Inschrift auf einem sächsisch-preußischen Grenzstein.‹« Dann schiebt er ein Bein vor, fast wie Ludwig Wüllner, und legt los:

»Wer hier vorübergeht, verweile!
Hier läuft ein unsichtbarer Wall.
Deutschland zerfällt in viele Teile.
Das Substantivum heißt: Zerfall.
Was wir hier stehngelassen haben,
das ist ein Grabstein, daß Ihr's wißt!
Hier liegt ein Teil des Hund's begraben,
auf den ein Volk gekommen ist.«

Nachdem er sich wieder gesetzt hat, sage ich: »Recht nett. Zwanzig Jahre alt? Paßt nicht übel. Komisch – es kommt mir so bekannt vor.« Da fängt er zu kichern an, hält sich an zwei Geranienstengeln fest, damit er nicht vor Lachen hintenüber kippt, und kräht: »Das ist ja auch kein Wunder! Sie haben es doch selber geschrieben!«

Ich suche ihn mit einem wohlgezielten Blick zu vernichten, nehme ihm zur Strafe den Bleistiftspitzer weg und gehe ins Zimmer. So ein Zwergflegel! Wie ich durchs Türfenster auf den Balkon hinausschaue, versteckt er sein feixendes Gesicht hinter einem fetten grünen Geranienblatt und lacht, daß der Blumenkasten wackelt.

Es wird Zeit, daß ich nach München zurückfahre, sonst

fängt der Kleine noch an zu berlinern. Und mit Zwergen sollen sich die lieben guten Bayern nicht auch noch herumärgern.

Wir lassen herzlich bitten ...

Es ist so kalt, daß den Berlinern die Tränen kommen. Auf den Perrons der Stadtbahnhöfe treten die Wartenden hastig in den Windschatten der Zeitungskioske. Zwölf Grad unter Null sind kein Spaß. Der Sturm fegt eisig um die Ecken. Er pfeift durch hunderttausend leere Fensterhöhlen. Es klappert und klirrt und scheppert. Das ist die atonale, die hochmoderne Ruinenmusik. Auch wer zu Hause, bei Stromsperre, hinterm kalten Ofen sitzt, kann mithören. Die Übertragung ist vorzüglich. Das Konzert ist gratis. Es kostet nur Nerven. Alles, was Zähne hat, darf mitklappern. – Die Treppen knarren. Zögernd verhält ein Schritt. Weihnachten steht vor der Tür. Soll man öffnen? Sollte man nicht lieber »Es ist niemand zu Hause« durchs Schlüsselloch schreien?

Auf dem Weihnachtsmarkt am Lustgarten, wo's bei der bösen Kälte gewiß recht einsam und leer sein wird, gehen heute, das weiß ich, mindestens fünfundzwanzig fröstelnde Männer und Frauen spazieren. Nicht aus weihnachtlichem Übermut, bewahre. Es sind die vom Preisamt Berlin-Mitte ausgesandten ehrenamtlichen Prüfer und Prüferinnen, die nach Preisverstößen fahnden. Den Karussellbesitzern ist man schon auf der Spur. Es ist festgestellt worden, daß »die Preise für das Karussellfahren (50 Pfennig mindestens) viel zu hoch sind; dabei werden für diese hohen Preise nur vielleicht drei Runden zurückgelegt, gegenüber acht bis elf Runden in früheren Zeiten, in denen höchstens 20 Pfennig für eine solche Fahrt verlangt wurden«.

Das ist schlimm. Nicht so sehr für die Berliner Kinder. Denn, wenn's so kalt bleibt, werden die Eltern mit ihnen sowieso nicht bis zum Lustgarten, dem Tummelplatz des Preisamts

Mitte, wandern. Sondern für die Karussellbesitzer selber. Bei so hohen Preisen und so wenig Runden pro Person und Fahrt büßen sie ja doch, falls niemand kommt, viel mehr Geld ein, als wenn sie schicklicherweise, wie in früheren Zeiten, für zwanzig Pfennig acht bis elf Runden lieferten. Das haben sie nun davon.

Wenn's nicht so kalt wäre, hätte ich nicht übel Lust, den Weihnachtsmarkt zu besuchen, um den fünfundzwanzig ehrenamtlichen Prüfern und Prüferinnen zuzuschauen, wie sie, ernsten Auges, mit roten Nasen, Teufelsrad fahren und – die Sache will's – in den Luftschaukeln grimmig dahinschweben und die Runden zählen. »Der Gewerbe-Außendienst führt außerdem eine Sonderkontrolle auf dem Weihnachtsmarkt durch«, berichten die Zeitungen. Die Sonderkontrolleure vom Gewerbe-Außendienst reiten also, zur Drehorgelmusik, auf Hirschen und Tigern und kritzeln hierbei die Preisverstöße ins verbeulte Notizbuch ... welch ein Beispiel schöner und äußerster Pflichterfüllung!

Rupprecht ante portas. Weihnachten steht vor der Tür, durch deren Ritzen der Winter die Kälte und die Not in die Wohnungen fädelt. Weihnachten steht vor der Tür. – Sollen wir's wirklich hereinbitten? An den Ofen ohne Kohle, unter die Lampe ohne Licht, an den Tisch ohne Gaben? Nun, der Mensch bedenkt sich, wie man weiß, nicht lange. Im bösen nie. Und zuweilen nicht einmal im guten. Er geht zur Tür, vor welcher Weihnachten steht, öffnet sie weit und ruft unter Tränen lächelnd: »Herein. Wir freuen uns, daß Sie gekommen sind. Und noch dazu so pünktlich.«

Man will und wird Weihnachten feiern. Trotz allem. Mit zusammengebissenen Zähnen, ohne Rücksicht auf Verluste. Man wird einander beschenken. Auch wenn man nichts hat. Auch wenn es nichts gibt. Windschiefe Puppen kann man kaufen. Sie sind aus alten Soldatenmänteln und Strumpfresten zusammengeschustert, nein, geschneidert. Parfüm steht in den Schaufenstern, bunt, in hübschen Flakons. Zu häßlichen Preisen. Reizende Lampenschirme locken das Auge. Glühbirnen, Schnur und Stecker sind allerdings nicht dabei. Aber waren wir nicht früher schon der Meinung, daß praktische Geschenke nicht halb soviel Vergnügen machen? Drum auf, Freunde, beglückt einander mit handgemalten Stehlampen ohne Birnen. Da habt ihr endlich einmal etwas Unpraktisches. Oder wie wär's mit einer Nofretete aus echtem Gips? Ein findiger Mann hat die Schaufenster der Stadt mit der holden ägyptischen Königin förmlich überschwemmt. Wird sie sich nicht trefflich daheim ausnehmen? Wenn sie den dunklen Rätselblick durchs Fenster, an der wehenden Pappe vorbei, auf euer malerisches Trümmergegenüber richtet? Oder wollt ihr noch etwas Schöneres, noch Sinnigeres überreichen? In der Zeitung steht: »Dein geeignetes Weihnachtsgeschenk ist eine Groß- oder Klein-Lebensversicherung mit voller Auszahlung im Todes- und Erlebensfalle. Erhöhte Leistung bei Unfalltod.« Wie wär's? Vielleicht in einer samtschwarzen Geschenkpackung? Ich wüßte auch eine passende Zeile drauf. Im Krieg kursierte der Reim: »Praktisch denken, Särge schenken.« Das wäre doch eine geeignete Inschrift, nein?

Wem diese Musterkollektion entzückender Geschenke trotz allem nicht zusagen sollte, der muß ein paar Buden weitergehen. Vom Weihnachtsmarkt weg. Am Schwarzen Markt vorbei. Zum Schwarzen Weihnachtsmarkt hinüber. Ich weiß nicht genau, wo er liegt. Aber man braucht nur zu fragen. Die Berliner sind höflich. Und es kennt ihn ja jeder. Nur, tu Geld in deinen Beutel, Horatio. Und wenn du kein Geld hast, womöglich nicht mal einen Beutel, dann schenk das letzte her, was dir geblieben ist: das letzte Lächeln, den letzten kräftigen Händedruck, das letzte gute Wort. Heraus damit. Weihnachten steht vor der Tür. Wir wollen ein Fest feiern, und ein Schelm gibt mehr, als er hat.

Freunde von mir wollen heute abend, wenige Tage vorm »Fest«, auch ein Fest feiern. Ein Fest mit Musik und Festreden und Abendkleidern und Fracks und Schimmer und Gepränge. Mit Pauken und Trompeten. Und wenn sie keine anderen Trompeten finden, wollen sie sich die Dinger in Jericho ausborgen, haben sie gesagt. Der Tod hat viele dieser Freunde in den letzten Jahren so oft am Ohrläppchen gezupft, daß sie sich für durchaus befugt halten, auch einmal ein Fest zu riskieren. Trotz Kälte und Armut. Rücksichtslos. Finster entschlossen. Es wird zugehen wie bei den Menuetts, die man in der Conciergerie tanzte. Das Schicksal war zu Gaste geladen. Bei uns heute abend wird man einen Tisch frei lassen, woran die grausige Vergangenheit und die graue Gegenwart sitzen werden. Unsichtbar und für alle zu sehen …

»Ich komme weder dekolletiert, noch im Frack«, sagte ich im Kreis der Freunde. »Der Frack ist verbrannt; der Smoking und die Lackschuhe wurden von Plünderern als Andenken mitgenommen. Ich werde schlecht und recht im grauen Anzug erscheinen. Die Farbe ist angemessen.«

Da geriet ich an die Verkehrten. »Das soll ein Fest sein?« rief Johnny voll Emphase. »Im grauen Anzug? Du bist nicht bei Troste.«

»Wovon wird deine Festrede handeln?« fragte Paul behutsam.

»Von der Kunst, weiterzuleben«, erwiderte ich.

»Da hast du's«, sagte Johnny. »Darüber kannst du unmöglich im grauen Anzug sprechen. Das darf man nur in Samt und Seide. Der Handschuh, den man dem Schicksal vor die Füße wirft, muß aus feinstem Glacéleder sein.«

»Recht hat er«, bemerkte Paul. »Man muß auf die Formen sehen. Nicht nur bei den Damen.«

Das war vorgestern. Gestern brachte ein Bote einen Smoking und ein blütenweißes, gefälteltes, gebügeltes Hemd. Lucie schickte sogar Manschettenknöpfe mit. Ein anderer Bekannter spendierte einen dunklen Hut.

»Na also«, meinte Johnny tiefbefriedigt. »Samt und Seide –. Du versprichst ein Glanzstück des Abends zu werden. Es mag eine Kunst sein, weiterzuleben, was tut's? Wir sind Künstler.«

»Smoking mit braunen Schuhen?« fragte ich skeptisch.

Johnny kramte im Schrank und brachte ein paar schwarze Halbschuhe zum Vorschein. »Passen sie?« Sie paßten. Ziemlich. Eine Spur zu groß. Genauer, drei Spuren zu groß. Trotzdem. Heute, zwei Stunden vor unserm Fest, blitzen sie, als ob sie aus feinstem Lack wären. Und das ist die Hauptsache. Sie glänzen, als ob. Wir wollen feiern, als ob. Denn wir leben ja auch, als ob.

Jenes Als-ob, von dem uns der Philosoph Vaihinger soviel erzählt hat, nimmt viel Raum ein in der Welt. Es ist die Spielregel des Lebens, heute mehr denn je zuvor. Es kommt nur drauf an, die Spielregel nicht für das Leben selber zu halten. Man soll die Brille nicht mit den Augen verwechseln. Konventionen können sterben. Einige von ihnen sind wieder einmal reif fürs Altersheim. Zum Beispiel der Glaube, es könne im Krieg, auch heutzutage, Gewinner geben. Es gibt nur noch Sieger und Besiegte, und beide zählen zu den Verlierern. Die Konvention vom Gewinnenkönnen gehört zum alten Eisen. Es wäre an der Zeit, den Krieg hinterdreinzuwerfen.

Oder die andere Konvention, die in den letzten Zügen zu liegen scheint: der Glaube, das Stillhalteabkommen zwischen der Umwelt und unserem Verstand, daß wir noch immer im bürgerlichen Zeitalter lebten. Diese Epoche starb in den Jahren zwischen 1914 und 1918, wer's nicht weiß, hat versehentlich noch die falsche Brille auf der Nase.

So gibt es noch manche Konvention, deren Tage gezählt sind; noch manchen Glauben, an den längst niemand mehr glaubt; noch manche Übereinkunft, die nur deshalb kursiert, weil man vergessen hat, sie außer Kurs zu setzen. In dem schweren Rucksack, den wir schleppen müssen, drücken sich noch ein paar Tüten mit nassem Sand herum. Zu nichts nütze. Sie machen nur den Weg und das Leben schwer. Fort damit.

Der Glaube an den Sinn der Feste und Feiern aber, an denen wir einander unsere Liebe bezeigen, gehört nicht zum toten Ballast. Man kann den anderen beschenken, selbst wenn man nichts besitzt. Man kann die Kinder fröhlich und ein wenig glücklich machen, auch wenn man, wie wir, tief im hausgemachten Unglück sitzt. Wir brächten's nicht zuwege? Das wäre ja gelacht. Zündet die letzte Kerze an. Schenkt euch was; wenn's nicht anders sein kann, einen Lampenschirm ohne Birne. Umarmt euch, und hofft auf Frieden.

Weihnachten steht vor der Tür: Herein damit. Wir lassen herzlich bitten.

Reisender aus Deutschland

In Brandenburg an der Havel hielt ein Personenzug, den nur Brueghel hätte malen können. Doch zu seiner Zeit gab es keine überfüllten Eisenbahnen, und heute gibt's keinen Brueghel. Es ist nicht immer alles beisammen ... Die Trittbretter, die Puffer und die an den Waggons entlangführenden Laufstege waren mit traurigen Gestalten besät, und oben auf den Wagendächern hockten, dicht aneinandergepreßt, nicht weniger Fahrgäste als unten in den Coupés. Von dem Zug, den wir sahen, war nichts zu sehen, – er war mit Menschen paniert!

Sie saßen, hingen, standen, klammerten sich an, blinzelten apathisch in die Nachmittagssonne, dachten nicht an Kurven und Tunnels, sondern nur an ihre Rucksäcke mit den paar Pfunden gehamsterter Kartoffeln und an die Gesichter daheim. War's nicht früher einmal verboten gewesen, sich während der Fahrt aus dem Fenster zu beugen? Und jetzt kauerten alte Frauen und magere Kinder zu Hunderten, ohne Halt und Lehne, auf den rußverschmierten Dächern wie auf einstöckigen, geländerlosen Omnibussen. Nun war es niemandem mehr untersagt, sich das Genick zu brechen. Der Staatsbürger war dabei, sich neue Freiheiten zu erobern, wenn auch nicht gleich die richtigen ... Eine Frau, die eingekeilt auf dem schmalen Laufsteg stand, schnallte sich sorgfältig mit einem Lederriemen an einem Eisenbügel fest, der früher einmal den Zugschaffnern während der Fahrt als Haltegriff gedient hatte. Sie tat's mit der sachkundigen Nüchternheit einer alten Artistin, die im Begriff ist, ohne Netz am Trapez zu arbeiten.

Als der Zug anruckte, gab's eine Schrecksekunde. Dann glitt wieder der alte Gleichmut über die blassen Mienen. Die Lokomotive spie Ruß und Rauch, und langsam schob sich die Wagenkette wie ein mit tausend kleinen Fliegen gesprenkelter, halbtoter Wurm durch den märkischen Sand. Noch auf den Puffern des letzten Waggons balancierten zwei alte Männer und hielten ihre Rucksäcke krampfhaft umklammert. »Die neueste Art Kartoffelpuffer«, sagte jemand neben mir und versuchte zu lachen. Der Versuch mißlang.

*

Der vergangene Winter hat den Berlinern, die doch ganz gewiß nicht zimperlich sind, das Herz abgekauft. Zur Kälte und zum Hunger traten andere Übel, zum Beispiel zahlreiche Kanalisationsschäden und deren infernalische Folgen. Im März schließlich war die Bevölkerung schwer angeschlagen. Sie taumelte im Ring und zweifelte, ob sie über die letzte Runde käme. Als der Gong ertönte, als der Zweikampf gegen den Winter ohne Niederschlag verlaufen war, als die Sonne schien und die Sträucher zwischen den Ruinen grünten, ging ein Aufatmen durch die große Stadt, das schon eher einem Aufstöhnen und Aufschluchzen glich. Mit halbgeschlossenen Augen, zögernd wie Geblendete, erschöpft, verwundert und ein wenig wunderlich bewegten sich die Menschen durch die Straßen. Lächelnd blickten sie zum blauen Himmel hinauf, ehe sie treppab in den düsteren Untergrundbahnhöfen verschwanden. Nachtwandlern bei Tage glichen sie. Daß die Natur sie wieder pünktlich und ausreichend mit Licht und Wärme zu versorgen begann, trotz allem Warenmangel der Welt, trotz Transportmittelschwund, Kollektivschuld, Konferenzen und Parteizank, das grenzte, Wand an Wand, ans Wunderbare. Das war keine Interessensphärenmusik. Die Sonne schien rückhaltlos auf die Gerechten und Ungerechten. Sogar auf die Berliner.

Die Wunden aus den mit allem Komfort der Eiszeit geharnischten Monaten werden im Sommer oberflächlich verheilen. Trotzdem darf sich niemand täuschen. Den nächsten Winter werden, unter ähnlich tödlichen Bedingungen, die großen Städte nicht überstehen. Es muß gelingen, genug Kohle beizeiten heranzurollen. Es muß! Sonst ginge auf europäischem Boden die verheerendste Schlacht verloren, die jemals im Frieden geschlagen wurde. Und die Sieger wie die Besiegten aus dem letzten Krieg, alle miteinander, würden sich dann von Klio auf der Verliererseite buchen lassen müssen.

Das ist nicht als wehleidige Tirade gemeint und schon gar

nicht als Neuigkeit. Manchmal gehört es zu den Pflichten eines Journalisten, auch Altbackenes auszuklingeln.

*

Der noch immer unterbrochene Kontakt zwischen den Bewohnern der verschiedenen Zonen hat zu einer fortschreitenden, nein, zu einer galoppierenden Entfremdung innerhalb Deutschlands geführt. Die wenigen, die gelegentlich in andere Landesviertel reisen dürfen, übernehmen damit ein Amt. Sie kommen als regionale Botschafter. Sie haben die moralische Mission, idiotische Gerüchte auszuräuchern, Mißverständnisse aufzuklären, Klatschsucht und Offenheit nicht zu verwechseln und Behelfsbrücken zu schlagen, auf denen der gute Wille ungehindert passieren kann.

Die falschen Vorstellungen, in denen sich hier wie da kindliche Gemüter schaukeln, entstammen, möchte man glauben, zuweilen geradenwegs alten Märchenbüchern. Sehr erheiternd wirkt besonders das pompöse Bild, das man sich in der Ostzone, aber auch in Berlin, von der Ernährungslage in Bayern zu machen pflegt. Dieses Bild sieht, ein bißchen karikiert, etwa so aus: Allmorgendlich, noch am Bett, werden die Alt- und Neubürger Bayerns von launig jodelnden Metzgerburschen und reschen Bäckermadeln heimgesucht, mit warmem Leberkäs, blütenweißen Semmerln und sahniger Vollmilch bis an die Rachenmandeln vollgestopft und dann, unter Absingung deftiger Schnadahüpfl, zur Arbeitsstätte begleitet. Mittags fallen in den Hauptverkehrsstraßen muskulöse Sendboten des Landwirtschaftsministeriums über besonders dürre Zugereiste her und zwingen die Erstaunten unter sanften Knüffen und Püffen, knusprige Schweinshaxen und schmalzgeschwenktes Kraut hinunterzuwürgen. Wer der Staatsgewalt Widerstand leistet, kriegt einen Strafzettel. Gläubige Vegetarier werden, nach dem dritten Verweis, in die Schweiz abgeschoben. (Nicht nach Sibirien, wie fälschlich in den Zeitungen gestanden haben soll.) Abends und nachts spannen sich mit Lampions und Weißwürsteln, Salzstangerln und Gselchtem behangene Girlanden in den Alleen. Unter den Bogenlampen sind Fässer mit Starkbier aufgebockt. Und schmunzelnd hinter seinem Bart verborgen wandelt, Harun al Raschid gleich, der Kultusminister durch die schwatzende und schmatzende Menge. Sechs in Weiß gekleidete Schulrätinnen folgen ihm und halten Rohrstöcke wie Liktorenbündel im Arm. Nur ausnehmend Widerspenstige, die trotz frömmstem Zureden nicht essen noch trinken wollen, müssen sich kurz bücken ...

Nein, liebe Freunde in Nord und Ost, – ganz so üppig geht's in München und Umgebung nun doch nicht zu! Wir bekommen im Monat sechshundert Gramm Rindfleisch, Schweinernes haben wir seit langem nicht gesehen. Beim Fleischer nicht und beim Schwarzen Mann auch nicht. Das Bier ist so schwach, daß es nicht aus dem Faß kann. Wein und Schnaps gibt es hierzulande weniger denn anderswo. Was könnte euch noch interessieren? Zwiebeln kriegt man nicht. Obst kriegt man nicht. An Brot werden dem bayerischen Erdenbürger wöchentlich zwei Pfund (1000 g) zugeteilt. Es hat, trotz der rühmenswerten Lieferungen von Übersee, keinen rechten Sinn, neiderfüllt in unsere Töpfe zu blicken.

*

Mit Ludwig Renn, der wenige Tage vorher auf seltsam verschlungenen Wasserwegen aus der mexikanischen Emigration in Berlin eingetroffen war, reisten wir nach Dresden weiter. Er wurde hier von seiner alten Mutter erwartet. Und von neuen Aufgaben. Ein Jahrzehnt war er fortgewesen. Seit der Entlassung aus der politischen Haft in Bautzen hatte er viel erfahren und erlebt: den Bürgerkrieg in Spanien, die Pyramiden Mexikos, die Menschen im Urwald, die Interessenmanöver der Mächte in Lateinamerika. Nun stand ihm ein neues Abenteuer bevor: das Ruinenpanorama an der Elbe.

Auch in Dresden hat der Winter umbarmherzig gehaust. Holz und Kohle waren noch schneller als anderswo im Herd verschwunden, weil die Gasversorgung tief unter die Bedürfnisgrenze hatte gesenkt werden müssen. So waren auch meine Eltern, trotz mancher Hilfe, Anfang März wieder einmal auf dem Gefrierpunkt angekommen. Der zuständige Bürgermeister stellte einige Lebensmittel und einen halben Meter Holz zur Verfügung, und die Gruppe »Waldschlößchen« der Freien Deutschen Jugend erbot sich, die Zuwendungen zu überbringen. Als das junge Volk die Baumklötze sah, tat man ein übriges: Man spaltete das Holz feierabends in brennfertige Portionen, transportierte die Bescherung am Sonntag mittag in die Königsbrücker Straße, schleppte alles, heimlich und keuchend, zwei Stockwerke hoch und begann dann »Wir lieben das fröhliche Leben« zu singen. Es waren zwanzig Jungen und Mädchen. Ein paar schlugen die Klampfe. Vater und Mutter dachten, Bettelmusikanten seien am Werk, kamen aus der Wohnung und drückten dem Vorsänger etwas Geld in die Hand. Da gab es viel Hallo und Gelächter. Und eine kleine festliche Ansprache. Und ein wenig Rührung. Und ein paar Lieder als Zugabe. Und schließlich eine warme Küche.

*

Bei Dresdener Gesprächen wurde immer wieder die eine Klage laut: über den fühlbaren Mangel an Talenten im kulturellen Aufgabenkreis. Die politische Verfolgung und der Krieg haben, hier wie überall, gerade die besten Kräfte außerordentlich dezimiert, und den nachwachsenden Begabungen fehlt fürs erste noch die unerläßliche Erfahrung. Als Universitätslehrer, Intendant, Akademieprofessor und Chefredakteur kommt der Mensch, trotz aller Anlagen, nicht fix und fertig zur Welt. Auch hier gibt es Lehrlings- und Gesellenjahre, die weder mit Grandezza noch mit Arroganz übersprungen werden können. Ich wies nun darauf hin, daß sich in der Ostzone ja doch zahlreiche Emigranten von Ruf wieder eingefunden hätten, und nannte nur ein paar der bekanntesten Namen, also Anna Seghers, Johannes R. Becher, Friedrich Wolf, Theodor Plievier, Ludwig Renn, Erich Weinert und Wolfgang Langhoff. In den Westzonen sei der entsprechende Wertzuwachs ausgeblieben. Die meisten Emigranten seien hier leider nur auf Abruf aufgetaucht, mit neuer Staatsangehörigkeit, in Uniform und im Auftrag ihrer Militärregierungen.

Dieser augenfällige Unterschied wurde zugegeben und diskutiert. Die Unterhaltungen endeten immer mit dem gleichen skeptischen Ergebnis: daß die Zahl der »guten Leute« in allen vier Zonen zu klein sei und daß die wenigen deshalb mit ihren Kräften nicht haushälterisch umgehen könnten, sondern, rücksichtslos gegen sich selbst, Raubbau treiben müßten.

*

Die innerdeutsche Entfremdung, von der bereits die Rede war, stellt sich am sinnfälligsten im »Zonendeutschtum« dar. Hierbei handelt es sich um eine moderne Krähwinkelei, nicht weniger blamabel als die früheren Spielarten lokalpatriotischer Herkunft. Man ist zunächst einmal anglophil, russophil, frankophil, je nach der ortsansässigen Besatzung, und betreibt diese Philisterei, vor allem unterm Gesichtspunkt der Abgrenzung und Selbstgenügsamkeit, mit kindischer Leidenschaft. Dadurch werden die internationalen Spannungen auf deutschem Boden erhöht, statt reduziert. Es geht zu wie bei einem Tauziehen, wo sich die Kleinen, die eigentlich noch gar nicht mitspielen sollen, strampelnd und krähend an die Seilzipfel und an die Hosenbeine der Großen hängen. Es ist immer das alte Lied: Entweder wollen wir die Welt erobern oder zwischen Garmisch und Partenkirchen Grenzpfähle errichten. Uns auf normale Weise als Volk zu empfinden, liegt uns nicht besonders. Es wäre zu natürlich. Der gesunde Menschenverstand war noch nie unsere Stärke.

*

Gerade darum lockt es mich, abschließend ein Beispiel gesunden Menschenverstandes, so unbedeutend es sein mag, zum besten zu geben. Obwohl es weder mit Weltpolitik noch mit Parteiparolen etwas zu schaffen hat, halte ich's für erzählenswert. Ich ging, am Abend nach meiner Rückkehr, langsam durch die Ungererstraße in München und freute mich stillvergnügt der milden Luft, der Buchfinken und der zartgrünen

Bäume. Da fiel mir ein weißer, handbemalter Zettel, der an einem Ladenfenster klebte, ins Auge. Ich trat näher und las: »Einbrechen zwecklos! Ware wird bei Geschäftsschluß entfernt!«

Ein guter Einfall. Geehrte Diebe, macht euch keine unnötige Arbeit, laßt die Scheiben ganz, erspart euch und uns überflüssigen Ärger und wendet eure kostbare Zeit nutzbringender an! Ein bescheidenes Beispiel gesunden Menschenverstands, gewiß, aber immerhin ein Beispiel. Aller Anfang ist schwer. Und wenn das Sprichwort zutrifft, daß böse Beispiele gute Sitten verderben – vielleicht gilt auch die Umkehrung? Gute Beispiele verderben böse Sitten, warum eigentlich nicht? Rufen wir also uns selber und allen anderen zu: »Gute Beispiele gesucht!«

Reise in die Gegenwart

Als ich in Konstanz die deutschen, französischen und Schweizer Zollbeamten, die unterschiedlich bemalten Hürden sowie eine bescheidene Gesundheitskontrolle hinter mir hatte und in dem blitzsauberen Bahnhof von Kreuzlingen auf den Zug nach Winterthur wartete, stand mir eine Fahrt in mindestens zwiefacher Richtung bevor: eine Reise in die Gegenwart, die sich durch die Gitterfenster unserer Quarantänestation, die Deutschland heißt, kaum erkennen läßt, und eine Reise in die Vergangenheit, in ein Land, das weder durch Siege noch durch Niederlagen erschöpft ist, sondern unverdrossen an das versunkene Europa erinnert. Vielleicht galt es, auf denselben Schienen, sogar eine dritte Reise? Eine Reise in die Zukunft, ins Gebiet der Hoffnungen und Entwürfe? Dreihundert Schriftsteller aus Amerika, Asien, Europa und Afrika trafen zusammen, also unabhängige Geister, beileibe kein politischer Gesangverein. Ich war gespannt. »Gespannt wie ein Regenschirm«, sagt man bei mir daheim.

Wiedersehen mit Zürich

Im Kongreßbüro auf dem Züricher Bahnhof erfuhr ich, daß ich umgehend an einer vorbereitenden Sitzung des Exekutivkomitees teilnehmen müsse. So ließ ich den Koffer stehen und galoppierte wie ein verspäteter Musterknabe durch die legendäre Bahnhofstraße, im Sauseschritt vorbei an all den prunkvollen, glitzernden, märchenhaften Schaufenstern, und nur zweimal hielt ich kurz inne. Zuerst vor Corrieri, dem Südfruchtladen: Bananen, Apfelsinen, Ananas, Feigen, Datteln, Pampelmusen, Erdbeeren, Kirschen, Rosinen, Mandeln, Nüsse, Zitronen – ich stand wie angewurzelt, es verschlug mir den Atem. Das zweite Ritardando widerfuhr mir vor einem Kaffeehaus in der Nähe des Paradeplatzes. Hier hatte ich, aus Südtirol kommend, an jenem Tage gesessen, als in Zürich die Nachricht vom Berliner Reichstagsbrand eintraf. Hier war ich damals zufällig Anna Seghers begegnet, an der ersten Station ihrer vierzehnjährigen Wanderschaft. Heute nun würde ich viele andere wiedersehen, die 1933 Deutschland oder, Jahre später, Österreich verließen: Thomas Mann, Alfred Kerr, Robert Neumann, Franz Theodor Csokor, Alexander Sacher-Masoch, Friedrich Burschell, Robert Lantz, Rudolf Frank, Max Tau, Paul Tabori, Siegfried Trebitsch, Ossip Kalenter. Sie waren inzwischen Bürger Amerikas, Englands, Norwegens und der Schweiz geworden oder staatenlose Emigranten geblieben …

Ich hastete weiter, sah den blauen See und weiße Segel blitzen, trat ins Kongreßhaus, und schon war mein Wiedersehen mit der schönen Stadt vorüber! Fast eine Woche lang jagte ich jetzt, mit kleinen Notizblöcken und großen Erwartungen, von Sitzung zu Sitzung, von Besprechung zu Besprechung, blickte nicht links und rechts, brütete über Stundenplänen wie ein Klippschüler, führte Buch, stenographierte eifrig wie im ersten Semester, hörte fleißig zu, suchte zu lernen, stand selber Rede, fand kaum Zeit, eine Tüte Kirschen leerzuessen, las jede Verlautbarung, hoffte, zweifelte, wollte nichts Entscheidendes versäumen und begriff ganz allmählich: daß das Entscheidende nicht in Sitzungssälen geschieht. Auch nicht, wenn Schriftsteller von Ruf und Rang die Säle füllen. Das Entscheidende vollzieht sich, wenn überhaupt, fast beiläufig, im Gespräch zu zweit und dritt. Ein Blick, ein Lächeln, ein dargebotenes Zündholz vermögen mehr als jedes noch so gelungene Redekunststückchen, das in Versammlungen und vorm Mikrophon demonstriert wird. Das Randgeschehen ist bei Kongressen und Konferenzen die Hauptsache. Die meisten Teilnehmer der Züricher PEN-Tagung schienen das längst zu wissen. Mir war es neu.

Die deutsche Frage

Trotzdem war und bleibt es zu bedauern, daß die wichtigste Frage, die zur Debatte stand, nicht auch offiziell so großzügig und vernünftig beantwortet wurde, wie es Schriftstellern geziemt hätte. Nachdem die Bildung einer deutschen PEN-Gruppe beschlossen worden war und Thomas Mann, der angesehenste Teilnehmer des Kongresses, etwa ein Dutzend in Deutschland verbliebener Autoren, für die er seine Hand ins Feuer legen könne, als erste neue Mitglieder vorgeschlagen hatte, entstand eine mehrstündige Diskussion, die allenfalls dem Temperament, keineswegs aber dem Niveau der Teilnehmer Genüge tat. Man verwechselte häufig sogar die Adresse, an die man sich zu wenden hatte. Man sperrte sich, als habe das ganze deutsche Volk, samt den Wächtern der Konzentrationslager, den Antrag gestellt, in den PEN-Club aufgenommen zu werden, während es doch, am Beispiel Ernst Wiecherts, der im Saale saß, offenkundig genug, um Schriftsteller ging, die im und unterm Dritten Reich nicht weniger gelitten hatten als andere europäische Kollegen. Vercors, einer der französischen Delegierten, warf unseren antifaschistischen Schriftstellern vor, daß sie lediglich geschwiegen hätten, statt gegen das Regime offen das Wort zu ergreifen. Nun, wenn sie das getan hätten, dann hätte man sich im Züricher Kongreßhaus über ihre Aufnahme in den PEN-Club nicht mehr den Kopf zu zerbrechen brauchen …

Obwohl Johannes R. Becher nachdrücklich auf die Opfer hinwies, die gerade auch die deutsche Literatur gebracht habe, beharrte die Opposition, besonders aus den während des Krieges besetzt gewesenen Ländern West- und Osteuropas, auf der Einrichtung einer umständlichen Kontrollkommission, und der Streit ging nur noch um die Art der Zusammensetzung dieser Instanz. Wie wohltuend wäre hier eine Geste des Vertrauens gewesen! Wie hätte sie diejenigen, die am Aufbau Deutschlands mitzuhelfen trachten, in ihrem Entschluß bestärkt! Und wie angemessen hätten sie eine solche moralische Unterstützung empfunden, wäre sie ihnen von draußen spontan zuteil geworden!

»Aber so wir entkommen, ach, im anderen Land
wird niemand uns glauben. Gejagte und Jäger,
Mörder und Opfer sind eins für die rächende Welt,
der unser Tod erst beweist, daß wir lebten.
O ewiges Dunkel!«

Diese Zeilen entstammen einem Gedicht Gregor Waldens aus dem Jahre 1943 (»De profundis«, eine Anthologie, Verlag Kurt Desch); und sie prophezeien, düster und bitter, welch einzige Garantie eines Tages dem Mißtrauen der Welt standhalten werde.

Daß einige der Oppositionsredner »aus dem Fenster« zu sprechen schienen, für die Zeitungsleser ihrer Heimat statt für das im Saal versammelte Gremium, mochte als schwacher Trost gelten. Wesentlicher und von Herzen erfreulich war die bedingungslose Kameradschaft aller deutschen Emigranten sowie die vorbildlich objektive Haltung der englischen Gruppe, vor allem zweier Frauen: Phyllis Bentley und Margaret Storm-Jameson. Ihrem energischen Eingreifen war – nach einer Zehnminutenpause, in der sich die gegnerischen Parteien taktisch berieten – jenes eben noch erträgliche Kompromiß zu danken, das endlich angenommen wurde. Ob die somit ins Leben gerufene Kommission freilich angesichts der vielen Grenzpfähle und Postschwierigkeiten überhaupt aktionsfähig sein wird, muß die Zukunft lehren.

Die Gefahren der Quarantäne

So sehr es zu bedauern bleibt, daß die PEN-Tagung im entscheidenden Moment auf das Niveau einer politischen Versammlung herabsank, so wenig darf man die Schuld allein bei den intransigenten Wortführern suchen. Schuld ist im Grunde, daß man Deutschland, zwei Jahre nach Kriegsende, noch immer unter Quarantäne hält, daß man kaum jemanden, er trüge denn Uniform, hereinläßt und niemanden, außer Parteipolitikern und Pfarrern, hinaus. Schon in Zürich, eine Stunde jenseits der Grenze, hat man eigentlich keine Ahnung, wie es bei uns aussieht. Und wir wissen unsererseits nicht, was draußen vorgeht. Der Zeitungsdienst internationaler Nachrichtenagenturen kann den Augenschein und die persönliche Kommunikation in keiner Weise ersetzen. Unser Wiedersehen mit der Emigration, unsere Unterhaltung mit Freunden aus der Schweiz und Österreich, unsere Begegnung mit Männern wie Goffin, Ould, Saurat, Chapman, Golding, Lord Samuel, Membré, Spender, Donkersloot, Dekker, Silone, Muir, Young, Bjoerkman, Prinz Wilhelm von Schweden, Huebsch, Rice und vielen anderen war für uns und wohl auch für sie nicht vergeblich.

Die faktische und geistige Quarantäne Deutschlands muß aufgehoben werden. »Eine erhebliche Minorität«, wie Thomas Mann es formulierte, wünscht sich den Anschluß an die übrige Welt. Diese Minorität verdient nicht nur im eigenen, sondern auch im Interesse Europas, daß man sie endlich aus der gefährlichen Isolierung, in der man sie gefangenhält, entläßt. Weshalb sperrt man sie ein? Weshalb sperrt man sie von den Freunden und Verständigungsbereiten im Ausland ab? Ist es denn ihre Schuld, wenn noch nicht Frieden herrscht? Es ist nicht nur ungerecht, sie unter einer Glasglocke im Vakuum festzuhalten, sondern es ist ein Fehler! Man hebe die verhängnisvolle Quarantäne auf, und man wird bald sehen, welche Früchte eine solche demokratische Maßnahme zeitigen wird.

Am Tage, an dem sich die Schriftsteller voneinander trennten, wurde im selben Saale der Internationale Sozialistenkongreß eröffnet. Sein betrübliches Ergebnis ist bekannt. Man stimmte gegen die Aufnahme der deutschen Sozialdemokraten. Das gleiche Mißtrauen, der gleiche Kontaktmangel, ein noch beschämenderes Resultat als bei den Schriftstellern – und dieselbe Ursache: die Quarantäne. Der nächste in Zürich stattfindende Kongreß wird von der »Fleurop« veranstaltet, jener Internationale, die sich den »grenzenlosen« Blumenversand zur Aufgabe gemacht hat. Bei diesem Kongreß haben wir wohl nichts zu befürchten. Nicht weil die Gärtner sehr viel vernünftiger wären, sondern weil wir auf unseren Blumenbeeten seit längerer Zeit Kartoffeln und Kohl bauen.

Thomas Mann ante portas

Thomas Mann hielt den Festvortrag über »Nietzsches Philosophie im Licht unserer Erfahrung«. Er las im Zürcher Schauspielhaus und vor den Studenten im Auditorium Maximum der Technischen Hochschule aus seinem im Herbst erscheinenden neuen Roman. Und er griff zugunsten der erheblichen Minorität in die Debatte um unsere Wiederaufnahme in den PEN-Club ein. Er war der geehrteste der »guests of honour«, und alle anderen Schriftsteller deutscher Sprache waren, er wird's ihnen nachsehen, stolz auf ihn.

Da er über den Sommer in der Schweiz bleibt, wird seinem Herzen nicht entgehen, daß er ebensolange vor den Toren Deutschlands weilt.

Lesestoff, Zündstoff, Brennstoff

Anfang Oktober hat in Düsseldorf eine Jugendgruppe des »Bundes Entschiedener Christen«, wohlversehen mit Gitarrenbegleitung, einem evangelischen Pressefotografen und zwei etwa dreißigjährigen Diakonissinnen, am Ufer des Rheins Bücher verbrannt. Unter Absingung frommer Lieder. Mit Genehmigung des Amtes für öffentliche Ordnung. Und, wie dergleichen zu geschehen pflegt: spontan.

Die jungen Protestanten hatten ihren spontanen Entschluß bei besagtem Amte vier Wochen vorher angemeldet, und die Polizei hatte das Autodafé erlaubt. Wegen des feuergefährlichen Funkenflugs allerdings nicht auf dem im Gesuch erwähnten Karlplatz, sondern am Rheinufer. Hier wurden dann also, neben Schundheften, Bücher von Camus, der Sagan, von Nabokov, Günter Grass und mir mit Benzin begossen und angezündet.

Die Schundhefte waren jugendliches Eigentum. Den literarischen Teil des Zündstoffs hatte man aus den Regalen von Eltern und entfernteren Verwandten entfernt, beizeiten ins Jugendheim gebracht und dort in Pappkartons deponiert gehabt. Spontaneität ist seit alters ein schönes Vorrecht der Jungen.

Die in- und ausländische Presse griff das Ereignis sofort auf. Und als ich, eine Woche danach, wegen einer seit Monaten anberaumten Vorlesung, in Düsseldorf eintraf, erschien ich, trotz des Zufalls, wie aufs Stichwort. Die Evangelische Landeskirche hatte sich distanziert. Die Zeitungen brachten Leserbriefe, Glossen und Reportagen. Und was taten die kleinen Brandstifter? Sie waren verblüfft. Sie wiesen jede Anspielung auf die Bücherverbrennung vom 10. Mai 1933 entrüstet von sich. In einer ihrer Bibelstunden war von einem Briefe des Apostels Paulus an die Epheser die Rede gewesen und von der Verbrennung heidnischer Zauberbücher. Nicht Goebbels, sondern Paulus hatte sie inspiriert. Sie kannten nicht die deutsche, sondern die Apostelgeschichte.

Mich verdroß diese Unbildung. Mich verdroß der bewiesene »Feuereifer«. Mich verdroß noch mehr, daß, nach wie vor, von einer spontanen Aktion die Rede war. Denn junge Christen, welcher Konfession auch immer, sollten nicht frecher lügen als andere junge Leute. Und am meisten verdroß mich die Schweigsamkeit der städtischen Behörden. Denn daß das Amt für öffentliche Ordnung einen bedenklichen Fehler gemacht hatte, als es nur an den Funkenflug auf dem Karlplatz dachte, nicht aber an brennendere Probleme, mußte dem Rathaus längst klargeworden sein.

Das Rathaus, das war der Oberbürgermeister. Und der Oberbürgermeister war, wie ich hörte, ein aufrechter Sozialdemokrat. Warum schwieg er so gründlich? Warum erteilte er dem ihm unterstellten öffentlichen Amt keinen öffentlichen Verweis? Lore und Kay Lorentz vom Kabarett »Kom(m)ödchen« vermittelten eine Unterhaltung. Ein Schriftsteller würde das Oberhaupt Düsseldorfs fragen können, warum man eine solche »Affäre« auf sich beruhen ließ.

Im Amtszimmer wurden Kaffee und Zigaretten serviert. Reporter blitzten Fotos für die Morgenblätter. Bilder mit gemütlichen Unterschriften standen bevor. Handelte es sich hier um Kommunaldiplomatie oder um ein Mißverständnis? In jedem Fall verdarb ich die Stimmung, als ich mich angelegentlich erkundigte, wem es oblegen und wer es somit versäumt habe, die Ärgernisse der vergangenen Woche offiziell zu verurteilen. Der Oberbürgermeister wollte das joviale Kaffeestündchen retten. Ich blieb neugierig. Wir verdarben einander das Konzept. Das Ganze, so sagte er, sei ein Dummerjungenstreich gewesen, den man nicht hochspielen solle, und das Amt für öffentliche Ordnung habe korrekt gehandelt. Diese Instanz müsse sich um den Funkenflug kümmern. Das habe sie getan. Den literarischen Wert oder Unwert des Brennmaterials zu beurteilen, sei nicht ihres Amtes.

Und obwohl nun das Ehepaar Lorentz von anonymen Drohbriefen erzählte, die es, wegen seines Kabarettprogramms, laufend erhalte; obwohl die am Kaffeetisch sitzenden Journalisten berichteten, daß soeben auf dem Kongreß des »Christlichen Vereins Junger Männer« die Bücherverbrennung von fast 200 deutschen Delegierten begrüßt worden war; obwohl auf Ludwig Erhards hilflosen Jähzorn die Rede kam, mit dem er die intellektuellen »Pinscher« traktiert hatte, und auch als diese und andere Peinlichkeiten in politischen Zusammenhang gebracht wurden – noch dann beharrte der Oberbürgermeister auf seinem Standpunkt. Er ärgerte sich immer offensichtlicher über die Taktlosigkeit seiner Gäste. So durfte man mit einem Hausherrn nicht umspringen! Ich empfahl mich, und der Abschied fiel uns leicht.

Zu Beginn meiner Vorlesung am gleichen Abend berichtete ich dem Publikum kurz von dem mißglückten Besuch. Das war nicht höflich? Es war notwendig. Jedermann hat das Recht, Literatur, die er mißbilligt, im Ofen oder auf dem Hinterhof zu verbrennen. Aber ein öffentliches Feuerwerk veranstalten, das darf er nicht. Auch nicht, wenn er ein entschiedener Christ ist. Auch nicht, wenn es die Polizei erlaubt. Auch nicht, wenn der Oberbürgermeister nichts dabei findet. Und nicht einmal, wenn der Oberbürgermeister Sozialdemokrat ist.

Mehrere Wochen später: Neuigkeiten aus Düsseldorf. Auf der Bundestagung der »Entschiedenen Christen« wurde die Bücherverbrennung lebhaft gebilligt! Daraufhin erklärte der Oberbürgermeister während einer Sitzung des Magistrats, daß er, nun doch, das Feuerwerk am Rheinufer verurteile. Und daß es nötig sein werde, dem Amt für öffentliche Ordnung Weisungen zu erteilen, die sich nicht nur auf den Funkenflug bezögen.

Diese zwei bis drei Neuigkeiten standen, außer vielleicht in Düsseldorf, nicht in der Zeitung. Ich erfuhr sie, brieflich, durch einen Bekannten, der dort wohnt. Anfang Oktober hatte sich die öffentliche Meinung an den brennenden Büchern entzündet. Und was ist nun? Der Oberbürgermeister hat seinen Fehler korrigiert, und die spontanen Christen haben ihre Schuld verdoppelt. Aber es hat sich nicht herumgesprochen.

Die Einbahnstraße als Sackgasse

Gestern war ich in Nürnberg. Am Tage vorher hatten in Bayern Gemeindewahlen stattgefunden und im großen und ganzen die Erwartungen bestätigt. Nur eben in Nürnberg, der Hauptstadt Frankens, und in den übrigen fränkischen Städten, wie in Bayreuth, Bamberg, Ansbach, holte man tief Luft. Man schüttelte ungläubig den Kopf. Warum? Die NPD, die Nationaldemokratische Partei, war, als einzige Splitterpartei, in den Vordergrund gewählt worden. Sie hatte hier und da die FDP überrundet, also die immerhin drittgrößte Partei in der Bundesrepublik. In Bayreuth hatte sie 10,5 Prozent der abgegebenen Wählerstimmen auf sich vereinigt, anderswo 9,5 Prozent und 9 und 8 – und in Nürnberg selber 7,5 Prozent!

Die Verblüffung ist verständlich. Bei der Bundeswahl im vorigen Jahr kandidierte die NPD zum erstenmal überhaupt und erhielt zwei Prozent der Stimmen. Und diesmal, bei den Kommunalwahlen, glich das Ergebnis im übrigen Bayern jenem vorjährigen Bundesresultat. Außer, wie gesagt, in Franken. Hat das abnorme Votum mit dem Volksstamm zu tun? Oder mit der NPD? Man braucht die drei Buchstaben nur umzustellen und durch zwei weitere, nämlich durch SA, zu ergänzen – und die neue Firma erinnert uns, ganz gewiß mit Absicht, an eine ältere: an die NSDAP. Haben die Franken nationaldemokratisch gewählt, weil sie ums Drei- bis Vierfache nationalsozialistischer sind als die Bewohner Bayerns?

Wenn das zuträfe, hätten wir's mit einer regionalen Abnormität zu tun. Schlimm in und für Franken, aber nicht so schlimm für unsere Demokratie und zweite Republik. Ich fürchte, diese sanfte Deutung wäre falsch. Auch und gerade für Nürnberg, obwohl hier die Reichsparteitage und die Kriegsverbrecherprozesse stattfanden. Denn Nürnberg unterscheidet sich kommunalpolitisch nicht von unseren anderen Großstädten. Auch hier ist der Oberbürgermeister ein Sozialdemokrat. Und, wie in den anderen Rathäusern, hilft auch im Nürnberger Rathaus kein weltpolitisches Geschwafel. Hier geht es um Wohnungen, Straßen und Schulen. Hier heißt es: Hic urbs, hic salta! Hier ist man nicht nur Stadtrat und Fraktionsmitglied, sondern, unmittelbar, auch Mitbürger.

Es kann nicht an den Franken, es muß an den Nationaldemokraten gelegen haben! Hier war ihr Versuchsfeld. Hier wurde »es«, mit erschwinglichen Unkosten, einmal ausprobiert. Hier veranstalteten sie, mit Pauken und Trompeten, nationale Fackelzüge. Hier ließen sie sich, bei Gegendemonstrationen, in bescheidene Schlägereien ein. Und hier hatten sie vorgestern jenen Wahlerfolg, der auch sie verblüfft haben dürfte. Der regionale Test hat ihre Erwartungen übertroffen. Sie werden ihn künftig einkalkulieren.

Sie wissen jetzt, statistisch nachprüfbar, zweierlei. Erstens: Die öffentliche Unzufriedenheit wächst. Und zweitens: Sie läßt sich, zwanzig Jahre nach dem Zusammenbruch des Dritten Reiches, wieder mit den alten Phrasen anheizen und gängeln. Man braucht nicht mehr zu fordern, daß die Mängel unserer Demokratie beseitigt werden. Man kann mit wachsender Zustimmung rechnen, wenn man fordert, daß die Demokratie selber abgeschafft wird. Ich sehe zu schwarz?

Wir haben Pech mit der Demokratie. Ob nun 1918 oder 1945, sie war das Aschenputtel der Jahre Null. Sie durfte beide Male den Dreck und die Schande wegputzen, die uns nationalistische Großmäuler hinterlassen hatten. Sie durfte das Land wieder hochbringen. Sie durfte dem Volk wieder zu einigem Ansehen verhelfen. Und sie durfte, obwohl sie das beide Male nicht gedurft hätte, der Remilitarisierung Vorschub leisten. Damit hatte Weimar sein demokratisches Soll erfüllt. Die Wirtschaftskrise kam. Die Unzufriedenen formierten und uniformierten sich. Und sie schwenkten, mit Fackeln und Gesang, in jene Einbahnstraße ein, die eine Sackgasse war.

Und diesmal? Auch Bonn hat sein Soll erfüllt. Noch ist, trotz sinkender Konjunktur und schleichender Inflation, die Wirtschaftskrise mit jener der zwanziger Jahre unvergleichbar. Doch die Unzufriedenen formieren sich schon. Drohbriefe sind an der Tagesordnung. Nachts werden Haustüren in Brand gesteckt. Offiziere und Unteroffiziere der Bundeswehr haben für die NPD kandidiert. Es ist fast wieder so weit.

Gestern las ich im Nürnberger Schauspielhaus mein »Deutsches Ringelspiel 1947« vor. Die Verse des »Widersachers« wirkten erstaunlich aktuell. Das fand auch das (vorwiegend jugendliche) Publikum.

»Videant consules!« möchte man rufen. Aber die Herren haben seit längerem mit der Wahl des CDU-Vorsitzenden zu tun.

Vier bis fünf Stellvertreter soll er kriegen. Hübsch proportioniert. Nicht zu viele Protestanten. Nicht allzu viele Katholiken. Die Köpfe rauchen. – Und der bekannte Marsch in die Einbahnstraße, die eine Sackgasse ist, kann demnächst ungestört beginnen.

Ich sehe zu schwarz? Nun, ich möchte in dieser Sache, eines hoffentlich schönen Tages, tausendmal lieber als Schwarzseher getadelt denn als Hellseher gelobt werden.

REDEN UND VORREDEN

Begegnung mit Tucho

Sehr oft bin ich ihm nicht begegnet. Denn als ich 1927 nach Berlin kam, um das Fürchten zu lernen, hieß sein Wohnort schon: Europa. Bald hauste er in Frankreich, bald in Schweden, bald in der Schweiz. Und nur selten hörte man: »Tucho ist für ein paar Tage in Berlin!« Dann wurden wir eilig in der Douglasstraße zusammengetrommelt. »Wir«, das waren die Mitarbeiter der »Weltbühne«: Carl von Ossietzky, Arnold Zweig, Alfred Polgar, Rudolf Arnheim, Morus, Werner Hegemann, Hermann Kesten und einige andere. Tucholsky saß dann zwischen uns, keineswegs als sei er aus Paris oder Gripsholm, sondern höchstens aus Steglitz oder Schöneberg auf einen Sprung in den Grunewald herübergekommen; und kam er gerade aus der Schweiz, so dachte man, während man ihm belustigt zuhörte, nicht ganz ohne Besorgnis: Da werden nun also alle Eidgenossen berlinern!

An solchen Abenden ging es hoch her. Da wurden das Weltall und die umliegenden Ortschaften auseinandergenommen. Emmi Sachs und das Dienstmädchen reichten kleine Brötchen und große Cocktails herum. Und Edith Jacobsohn, die Verlegerin, blickte wohlgefällig durch ihr Monokel. Einmal, weiß ich noch, war meine Mutter, die mir aus Dresden frische Wäsche gebracht hatte, dabei. Sie saß leicht benommen inmitten der lauten Männer, die sie nicht kannte, und hörte von Büchern und Menschen reden, die sie noch weniger kannte. Da rückte Tucholsky seinen Stuhl neben den ihren und unterhielt sich mit ihr über mich. Er lobte ihren »Jungen« über den grünen Klee, und das verstand sie nun freilich. Das war ihr Spezialgebiet. Er aber sah mich lächelnd an und nickte mir zu, als wollte er sagen: So hat jeder seine Interessen – man muß sie nur herauskriegen!

Ein einziges Mal, 1931 oder 1932, war ich länger mit ihm zusammen. Vierzehn Tage lang, und das war purer Zufall. Am Ende einer Schweizer Urlaubsreise war ich in Brissago gelandet. Am Lago Maggiore, nicht weit von Locarno. In Brissago lag ein schönes, großes, bequemes Hotel mit einem alten Park, einem sandigen Badestrand und anderen Vorzügen. Hier gedachte ich ein neues Buch anzufangen, mietete außer einem Balkonzimmer noch einen zweiten Balkon und zog jeden Tag mit der Sonne und einem Schreibblock von einer Hotelseite zur anderen, ließ mich braunbrennen, blickte auf den See hinunter und malte zögernd kariertes Papier mit Wörtern voll. Als ich eines Abends – ich war schon mehrere Tage da – beim Portier nach Post fragte, sah ich einen großen Stapel Postpakete liegen. Das konnten nur Bücher sein! Und auf jedem der Pakete stand: »An Herrn Dr. Kurt Tucholsky. Absender: die Redaktion der Weltbühne.« Wir waren einander noch nicht begegnet, weil er dauernd in seinem Dachzimmer gehockt und auf der Reiseschreibmaschine klaviergespielt hatte. Denn Ossietzky brauchte Artikel. – Am Abend saßen wir miteinander in der Veranda, tranken eine Flasche Asti spumante und freuten uns wie die Kinder, wenn sie eine Gelegenheit entdeckt haben, sich von den Schularbeiten zu drücken. Wir blickten auf den See, und es war, als führen wir auf einem großen langsamen Dampfer durch die gestirnte Nacht. Beim Mokka wurden wir dann wieder erwachsen und organisierten die neue Situation. Tagsüber, schworen wir, wollten wir uns nicht stören, sondern tun, als ob der andere überhaupt nicht da wäre. Einander flüchtig zu grüßen, wurde einstimmig konzediert. Abends wollten wir uns dann regelmäßig zum Essen treffen und hinterdrein ein paar Stunden zusammen sein.

So geschah es auch. Während ich tagsüber am Strand lag oder von einem Balkon zum anderen zog, damit in meinem Reich die Sonne nicht untergehen möge, klapperte Tucholskys Schreibmaschine unermüdlich, der schönen Stunden und Tage nicht achtend. Der Mann, der im Dachstübchen schwitzte, tippte und Pfeife rauchte, schuftete ja für fünf – für Peter Panter, Theobald Tiger, Ignaz Wrobel, Kaspar Hauser und Kurt Tucholsky in einer Person! Er teilte an der kleinen Schreibmaschine Florettstiche aus, Säbelhiebe, Faustschläge. Die Männer des Dritten Reiches, Arm in Arm mit den Herren der Reichswehr und der Schwerindustrie, klopften ja damals schon recht vernehmlich an Deutschlands Tür. Er zupfte sie an der Nase, er trat sie gegen das Schienbein, einzelne schlug er k. o. – ein kleiner dicker Berliner wollte mit der Schreibmaschine eine Katastrophe aufhalten.

Abends kam er, frisch und munter, zum Essen an unseren Verandatisch herunter. Wir sprachen über den Parteienwirrwarr, über die wachsende Arbeitslosigkeit, über die düstere Zukunft Europas, über die »Weltbühne« natürlich, über neue Bücher, über seine Reisen. Und wenn wir später am See oder im Park spazierengingen, gerieten wir meistens ins Fachsimpeln. Dann war vom Satzbau die Rede, von Chansonpointen, von der »Überpointe« in der letzten Strophe und ähnlichem Rotwelsch. In einer entlegenen Ecke des Parks stand, in einer kleinen, von Oleanderbüschen umgebenen Orchestermuschel, ein altes, verlassenes Klavier. Manchmal setzte er sich an den ziemlich verstimmten Kasten und sang mir Chansons vor, die er für »Schall und Rauch«, für Gussy Holl, für Trude Hesterberg und andere geschrieben hatte. Diese Vortragsabende für einen einzigen Zuhörer, am abendlichen See und wahrhaftig unter Palmen, werde ich nicht vergessen.

Oft war er niedergeschlagen. Ein Gedanke quälte und verfolgte ihn. Der Gedanke, was aus dem freien Schriftsteller, aus dem Individuum im Zeitalter der Volksherrschaft werden solle. Er war bereit, dem arbeitenden Volk und dem Sozialismus von Herzen alles hinzugeben, nur eines niemals: die eigene Meinung! Und dann marterte ihn damals schon, was ihn immer mehr und unerträglicher heimsuchen sollte – mit keinem Mittel zu heilende, durch keine Kur zu lindernde Schmerzen in der Stirnhöhle.

Als wir uns trennten, wußten wir nicht, daß es für immer sein werde. Ich fuhr nach Deutschland zurück. Bald darauf schlug die Tür zum Ausland zu. Eines Tages hörten seine Freunde und Feinde, daß er aus freien Stücken noch einmal emigriert war. Dorthin, von wo man nicht wieder zurückkehren kann.

Resignation ist kein Gesichtspunkt

Meine Damen und Herren!
Ich habe mir für den Hausgebrauch eine Maxime zurechtgezimmert. Sie lautet: Resignation ist kein Gesichtspunkt. Der Satz ist faßlich, handlich und tut, oft genug, seine Dienste. Manchmal aber mustere ich ihn skeptisch und fange an, ihn zu bezweifeln. Denn manchmal – und jetzt maße ich mir an, auch in Ihrem Namen zu sprechen – manchmal werden wir müde. Dann fragen wir uns leise und erschöpft: Vielleicht ist die Resignation *doch* ein Gesichtspunkt? Ist unser Jahrhundert, das man hoffärtig »das Jahrhundert des Kindes« tituliert hat, denn nicht auch jener Zeitabschnitt, worin der Nullpunkt der Menschlichkeit und der Menschheit erreicht wurde? Und ist der Ehrentitel denn nicht nur eine Redensart, und war das Absinken der Humanität auf den Nullpunkt nicht Tatsache und Erfahrung?

Manchmal werden wir müde, wie nach einer Krankheit auf Leben und Tod. Und uns ist nicht damit gedient, daß man uns dann erzählt, die Zeiten der Mongolenstürme, der Pest und der Inquisition seien genauso schlimm gewesen. Ebenso erfüllt von Angst, Flucht, Verbrechen, Vergeltung und ebenso ohne Gedächtnis. Wenn es so blieb, wie es war – wozu verging seitdem Zeit? Und wenn diese, astronomisch bemessen, nichts bedeutet – was schiert uns die Astronomie? Hätten fünfhundert und tausend Jahre denn nicht menschlich zu etwas führen müssen? Als Einstein von einem Reporter gefragt wurde, mit welchen Waffen – falls es zum Atomkrieg käme und genug Nichtkrüppel übrigbleiben sollten – mit welchen Waffen der übernächste Krieg ausgetragen würde, antwortete er lakonisch: »Mit Steinen.«

Mir scheint, daß wir auch in den dunkelsten Stunden, während wir an nichts mehr glauben, noch immer an alles glauben, nur nicht mehr an erfüllbare Hoffnungen hier, jetzt und durch uns selber. Deshalb, wenn auch keineswegs nur deshalb, wenden viele von uns ihre gesamte Aufmerksamkeit, Mühe und

Zuversicht den Kindern zu. Denn die Kinder sind unschuldig. Selbstverständlich nicht so, als ob sie Engel zu Fuß wären, sondern weil sie zum Schuldigwerden noch keine Zeit hatten. Daß wir wieder werden wie die Kinder, ist eine unerfüllbare und bleibt eine ideale Forderung. Aber wir können zu verhüten suchen, daß die Kinder werden wie wir.

Gerade hier, im Hause der Internationalen Jugendbibliothek, und zum Glück nicht nur hier, geht man in diesem Sinne mit den Kindern um, zu ihrem Besten und für eine bessere Zukunft, an der wir nicht mehr teilhaben dürfen. Zwei Leitgedanken sind die Fixsterne jener möglichen Welt, die wir nur sehen können, aber nicht betreten werden. Die Kinder sollen beizeiten, und das kann nur heißen, so früh wie möglich, begreifen – Sie können das Wort »begreifen« nicht anschaulich genug auffassen –, daß jenseits ihrer Heimat und ihrer Sprache andere Kinder leben, eine andere Heimat haben und eine andere Sprache sprechen und daß man, indem man ihre Sprache zu verstehen trachtet, Verständnis erwirbt und Verständigung erreicht. Diesem nach draußen zielenden Plan ist ein zweiter untrennbar beigeordnet, der sich nach innen, auf das Kind im Kinde, richtet. Er gilt der Entwicklung und Pflege jener dritten Kraft, die sich am ehesten mit Begriffen wie »Phantasie« und »musisches Bedürfnis« umschreiben läßt und deren sträflicher Vernachlässigung die Fehlentwicklung ganzer Generationen zuzuschreiben ist. Dabei geht es nicht um Kinderkunst, sondern darum, daß ganze Menschen entstehen, statt gefährlicher und gefährdeter Zweidrittelgeschöpfe.

So kam es in diesen Räumen immer wieder zu Ausstellungen von Kinderzeichnungen aus anderen Ländern und Kontinenten. Und so stellen heute Kinder aus dem Land Israel aus. Daß es mit ihrer Leihgabe zudem eine ernstere und feierlichere Bewandtnis hat, spürt jeder von uns. Die untilgbare Schuld, die das Dritte Reich auf sich lud, läßt sich nicht in tilgbare Schulden konvertieren. Wo etwas nicht wiedergutzumachen ist, bleibt die »Wiedergutmachung« allenfalls eine allegorische Geste. Daß noch diese Geste im Vorderen Orient Unwillen erregt und Unfrieden stiftet, ist einer der neuesten Beiträge zu jener Entwicklungsgeschichte der Menschheit, die, trotz der Überwindung der Schallgrenze, noch nicht begonnen hat.

Wir verstehen, daß es in Bonn noch keinen israelischen Botschafter gibt. Und wir sind gerührt über das, was uns heute und hier erreicht: eine Botschaft der Kinder Israels. Und so sollten wir am Ende doch unsere Verzagtheit wieder abschütteln und zu uns von neuem sagen: Resignation ist kein Gesichtspunkt!

Jugend, Literatur und Jugendliteratur

»Jugend«, »Literatur« und »Jugendliteratur«, die drei Worte sind Abbreviaturen für drei Werte, deren Bedeutsamkeit und deren spezifisches Kulturgewicht weit weniger umstritten sind als ihre Definition, ihr Katalog und ihre Grenzen. Das Wort »Jugend« mag als poetische, magische Formel unmißverständlich klingen, – als präziser Begriff, mit dem die Psychologen und die Physiologen, die Psychoanalytiker und die Erzieher, die Soziologen und die Politiker hantieren müßten und müssen, entzieht es sich dem Zugriff, und Meinung steht gegen Meinung. Mit den Begriffen »Literatur« und gar »Jugendliteratur« ist es, in anderer Weise, nicht anders. Werte solcher Art sind weder Automaten, die man gemütlich zerlegen und unter die Lupe nehmen, noch kurzlebige Organismen, die man, sind sie erst gestorben, sezieren kann. Sie werden zuweilen krank, das ist leider wahr. Aber sie sind unsterblich. Man kann sie beobachten, analysieren und beschreiben. Doch noch während man sich zur Niederschrift anschickt, verändern sie sich wie ziehende Wolken. So sind auch die Gründlichsten und Redlichsten auf Verallgemeinerungen angewiesen, und auch die schneidigsten Herolde des »up to date« auf mindestens kurzfristige Konventionen. Und so werden auch wir, hier und heute, mit Schema und Faustformel auskommen müssen und tun, als ob es Begriffe wären.

Neben dieser unvermeidlichen Methode bietet sich, aus

freien Stücken, eine zweite an: der bewußte, der zielbewußte Kunstgriff mit den zwar gewagten, aber durchaus legitimen Mitteln der Übertreibung, der Zuspitzung und der Vereinfachung, jene Methode also, welcher sich, vergleichsweise, im Bezirke der bildenden Kunst der Karikaturist bedient. Eine gelungene Karikatur ist, nicht obwohl, sondern weil sie vereinfacht und übertreibt, treffender als eine gute Porträtfotografie. (Die in diesem Satz aufgestellte Behauptung ist übrigens kein übles Beispiel für die gesamte Methode.) Mit ihrer Hilfe kann es gelingen, Fragen, Behauptungen, Einwände und Postulate so deutlich und in solcher Kürze zu veranschaulichen, daß die Ergebnisse anderer Praktiken daneben verschwimmen und verblassen. Es gibt eben nicht nur die »schrecklichen«, sondern auch nützliche und notwendige Vereinfachungen. Wo mit einer solchen Methode gehobelt wird, fliegen freilich Späne. Und man ist in unserem glorreichen Jahrhundert zwar, immer wieder einmal, keineswegs dagegen, daß der Hobel, die Bretter, die Zimmerleute und das ganze Weltgebäude in die Luft fliegen. Doch wenn Späne fallen, ist man sehr empfindlich. Lassen Sie mich für die Methode, bei der Späne zu fallen pflegen, ein Beispiel anführen, das bereits mit »Jugend« und »Literatur« zu schaffen hat, wenn auch noch nicht mit dem Begriffe »Jugend«, sondern mit den Jugendjahren dessen, der zu Ihnen spricht.

Es war in jenen Jahren nach dem Ersten Weltkrieg, als unsereins Student war, in der bittersten Kälte eine Stunde quer durch Berlin lief, um dann, vom billigsten Theaterplatz aus, Steinrück oder Bassermann zu hören und zu sehen. Damals winkte man noch nicht, lässig und gnädig, vorüberfahrenden Autos, daß sie einen mitnähmen und notfalls einen gehörigen Umweg machten. Es war in jenen Jahren, da man, nach einer Vorlesung Hofmannsthals oder Werfels, stumm davonging, statt dem Dichter auf die Schulter zu klopfen und ein Autogramm zu verlangen. Es war in jenen Jahren, als die jungen Leute, obgleich viel radikaler als heutzutage, noch Ehrfurcht empfanden oder doch Respekt besaßen. Freilich, warum und vor wem soll die Jugend heute Respekt haben? Angesichts einer zerbrochenen, unbelehrbaren und von echten Idealen und Vorbildern nahezu chemisch gereinigten Welt? Auch wenn der Großteil der Schuld uns, die Älteren, treffen mag, und träfe die Schuld uns ganz allein – der Schwund des Respekts, der Verlust der Ehrfurcht und der aufrechten Demut sind Wetteranzeichen einer Katastrophe, die verhütet werden muß. Das ist keine Redensart. Sonst wären wir nicht hier. Die Jugend braucht Vorbilder, wie sie Milch, Brot und Luft braucht. Und sie braucht frische Milch, frisches Brot und frische Luft. Was also braucht sie für Vorbilder?

So bin ich unversehens ans Thema geraten und wollte Ihnen doch zunächst die Methode der Vereinfachung und Übertreibung an einem Jugenderlebnis erläutern. Aus jenen Jahren, die vergangen sind ... Lassen Sie mich, bitte, das kleine Beispiel nachtragen. In jenen Jahren war ich einmal dabei, wie Theodor Däubler in einer Schriftstellerversammlung über die Poesie sprach und mit dem lapidaren Satz schloß: »Ein Schriftsteller, der nie ein Gedicht schrieb, ist kein Schriftsteller!«

Daß Däublers rigorose Behauptung nicht stimmte, lag, obwohl er dabei mit der Faust auf den Tisch schlug, auf der Hand. Wer kennte nicht, in Vergangenheit und Gegenwart, höchst anerkannte und anerkennenswerte Autoren, die es nie zum lyrischen Ausdruck gedrängt hat? Trotzdem beschäftigte mich der Ausspruch sehr lange. Vielleicht beschäftigt er mich heute noch. Ich empfand und empfinde etwa das Folgende: »Die Behauptung ist zwar nicht richtig. Sie stimmt nicht. Aber sie ist – wahr.« Und das ist nicht nur etwas anderes, sondern es ist mehr. Übertreibungen können wahrer sein als jede Statistik. Sie führen ohne Umständlichkeit zur treffenden Anschauung und von dort aus, ohne mißliche Haarspaltereien, zu geraden Wegen auf notwendige Ziele hin. Übertreibungen sind vorzügliche Arbeitshypothesen, ähnlich jenen Theorien in der Physik und Chemie, die ebensowenig »richtig« sind, die trotzdem weiterführen und weiter führen als gesetztere und gemessenere Methoden. Überall, wo brennende Fragen einen Themenkreis tangieren – das heißt, wie in der Geometriestunde, von jeder Tangentenmitte aus –, treffen derartig »kühne« Behauptungen lotrecht und magnetisch den Kern der Sache. Sie schneiden sich in einem einzigen Punkte, im Mittelpunkt des Themenkreises. Insofern ist die Reihenfolge in der Aufzählung, Anordnung und Interpretation der »angeschnittenen« Fragen nicht entscheidend. Sämtliche Überlegungen, Fragen und Behauptungen führen notwendig zum gleichen Zentrum, zum gemeinsamen Wesentlichen, zu wenigen simpel klingenden und trotzdem schwierig einlösbaren Forderungen.

So beginne ich, willkürlich, die Reihe übertriebener, wissentlich und willentlich zugespitzter Behauptungen mit einem an Däublers Formulierung angelehnten Satze. Er lautet: *Schriftsteller, die nur Jugendbücher schreiben, sind keine Schriftsteller, und Jugendschriftsteller sind sie schon gar nicht.* Die These stimmt nicht. Natürlich stimmt sie nicht. Es gibt Gegenbeispiele. Aber die These ist wahr! Sie ist nur zu wahr. *Die meisten Jugendbücher, die geschrieben werden, sind überflüssig, wenn nicht schädlich. Und die Jugendbücher, die wichtig wie das liebe Brot wären, werden nicht geschrieben.* Das klingt hart. Es stimmt nicht. Und es ist wahr. Wer nicht schreiben kann, nicht die pure Wirklichkeit noch den Zauber der ungebundenen Phantasie spürt und trotzdem schreiben möchte, schreibt Kinderbücher. Wer eine Malschule oder eine Akademie besucht hat und dessenungeachtet weder Maler noch Zeichner geworden ist, illustriert Jugendbücher. Und wer es nicht zum »richtigen« Verleger bringt, verlegt »nur« Jugendbücher. *Nur* Bilderbücher. *Nur* Kinderbücher. *Nur* Jugendbücher. Dieses Wörtchen *nur*, das harmlose Adverb, ist das Symbol für ein gigantisches Mißverständnis. Daran ändert die rühmliche Tatsache nicht viel, daß es auch eine Anzahl wirklicher Autoren, Zeichner und Verleger gibt, die ihr Talent und ihren Traum der Jugend widmen. Das Mißverständnis und die Folgen sind da, und man bemerkt sie nicht. Wieviel Dilettantismus, Tantenhaftigkeit, Geschäftemacherei, Kitschsucht, Dunkelmännerei und Propaganda sind am Werke, das »Jahrhundert des Kindes« zu etablieren! Mißverständnisse, die man nicht sieht, wirken am ärgsten. Und hat man sie schließlich erkannt, dann hilft kein Wegsehen und kein Augenschließen. Diagnose ohne Therapie ist Zeitverschwendung. Und eine unverzeihliche Sünde ist es außerdem.

Vielleicht kümmert sich die Jugend zu wenig um die Literatur. Bestimmt aber kümmert sich die Literatur zu wenig um die Jugend. Und wieder warte ich, wie nach dem Blitz auf den Donnerschlag, auf das vermaledeite Wörtchen »nur«. Erst war es »nur« die Jugendliteratur, und nun ist es »nur« die Literatur. Was, inmitten einer Welt von Tatsachen, bedeutet schon die Literatur! Und was kann sie schon der Jugend geben! Sie hat ihr »1001 Nacht« geschenkt, »Don Quichotte«, »Gulliver«, »Robinson«, die Sagen des Altertums, die Volksbücher, Perraults Märchen und die der Brüder Grimm, Wilhelm Hauffs Poesie und Andersens Werke. Hatte die Jugend je herrlichere Paten, mächtigere Freunde und interessantere Erzieher als diese Bücher und solche Dichter? Und vergessen Sie dabei das Merkwürdigste nicht: Diese Bücher wurden, fast ohne Ausnahme, nicht etwa für die Jugend und schon gar nicht »nur« für die Jugend geschrieben! Aber die Jugend eroberte sie sich. Oft genug gegen den Willen der erwachsenen Welt. Das Schönste und Treffendste hierüber hat Paul Hazard in seinem temperamentvollen Buch »Les livres, les enfants et les hommes« gesagt. Dieses unvergleichliche Werk gibt es seit einem Jahr auch in einer deutschen Übersetzung, und ich möchte hier und heute und aufs nachdrücklichste jeden, der es noch nicht kennt, bitten, es zu lesen. Eine temperamentvollere Bestätigung dessen, was er selber über unser Thema denkt, wird er nirgends finden können.

Lebte Paul Hazard heute noch, dann säße er, fünfundsiebzigjährig, gewiß unter uns, könnte unsern Dank für sein Buch »Kinder, Bücher und große Leute« entgegennehmen und, was mehr ist, uns helfen. Was er über die Klassiker der Jugendliteratur geschrieben und aus der Beziehung zwischen ihnen und der Jugend gefolgert hat, ist meisterhaft und mustergültig und wird es bleiben. Aber dieser »ewige« Vorrat ist ja, zum Glück, eingebracht. Doch wäre er auch unerschöpflich – man kann nicht nur vom Vorrat in den Kornkammern leben. Man muß weiterhin die Felder bestellen. Und man muß ernten, auch wenn die sieben mageren Jahre regieren sollten. Ja, dann wohl erst recht. Die Sorge um diese Saat und diese Ernte hat uns zusammengeführt. Und diese Sorge ist berechtigter, ist quälender als je zuvor. Sie ist atemberaubend.

Denn die Welt der Werte ist, in der ersten Hälfte unseres fortschrittsfreudigen Jahrhunderts, schwer verletzt, ja, sie ist tödlich verwundet worden. Auch andere Epochen hatten ihre Krisen, ihre seelischen Gleichgewichtsstörungen, ihre Epidemien im Bereich der Sitte. Immer wurden die Azteken ausgerottet. Immer gab es aber auch Anker, die den Stürmen trotzten und sie überdauerten, Religionen, also metalogische Bindungen. Die Anker haben sich losgerissen. »Religion«, schreibt Willy Hellpach in seiner »Kulturpsychologie«, »Religion als der Gaube an überirdische, übersinnliche, übermenschheitliche Mächte ist zwar noch vorhanden, aber ohne lebensbestimmende Wirksamkeit«, und »die dreitausendjährige, von Jenseitsreligionen beherrschte ... Epoche ... ist ausgelebt ... Das profane Dasein ist autark geworden.« Der Fortschrittsglaube, diese Ersatzreligion, hat Selbstmord begangen. Der Rückschrittsglaube hat ihn abgelöst, ein andrer Aberglaube, genauso sinnlos und genauso gefährlich. Abgelebte Werte lassen sich nicht galvanisieren. Inmitten ihrer Ruinenwelt sind Kunst und Wissenschaft, Entdeckung und Erfindung, Handel und Technik ruhelos am Werk, zum Ruhm der Sache und der Zahl, jenseits von Gut und Böse, ohne Bindung. Wissenschaft und Technik – wozu? Damit wir noch schneller, noch exakter, noch raffinierter ins Verderben rennen? In eine Hölle und in einen Himmel, an die wir nicht mehr glauben?

Die Umwertung der Werte ist mißlungen. Und eine wertfreie Welt wäre eine wertlose Welt. Aus dem Panorama der menschlichen Gesellschaft wurde ein Panoptikum. Darin kann man den Stachanowmenschen bewundern, ferner den Homo Cornedbeefiensis, den Menschen als bewegliche Uniform, den Roboter mit dem Rückwärtsgang, den Menschen als aufrechtgehende Kaumaschine und andere Zerrbilder mehr. Der Balg des letzten Individuums wird soeben ausgestopft und soll, im naturkundlichen Museum, neben den Dinosauriern und anderen ausgestorbenen Experimenten der Schöpfung seine Aufstellung finden. Mit einem beschrifteten Schildchen, aus dem, für die künftigen Besucherkollektive, näherungsweise hervorgeht, was Individualismus heißt und was er irgendwann einmal bedeutet hat. Das stimmt nicht? Es stimmt nicht. Aber es ist wahr.

Ehe und Familie, die man lange und guten Glaubens für unteilbare Elemente der menschlichen Gesellschaft hielt, verlieren ihren elementaren Charakter. Der soziologische Atomzerfall macht auch vor ihnen nicht halt. Und die Bürokratie, die es bewirkt, daß jeder jeden verwaltet, zerfrißt, wie ein Karzinom, das Zellsystem der westlichen und östlichen Kultur. Das stimmt nicht? Noch stimmt es nicht. Aber es ist wahr.

»Eine erdbebenähnliche Störung hat die Familie erschüttert«, schrieb Thornton Wilder unlängst, und er meinte damit nicht die Zustände im Europa der modernen Völkerwanderung, sondern in den Vereinigten Staaten. Und er fuhr fort: »Das Kind zog sich in sich selbst zurück oder wurde neurotisch.« Und weiter: »Die zweite entscheidende Wandlung besteht darin, daß sich die Jungen keine hohen Ziele mehr stekken. Sie wollen einen guten, sicheren Posten ... Es mag sein, daß diese jungen Leute durch die Stürme, die in ihrer Entwicklungszeit über die Erde tobten, verletzt wurden. Es mag sein, daß, was ich ihre Selbstbeherrschung genannt habe, nur ein vorsichtiges Sich-Zurückziehen vor den Anforderungen des Lebens ist. Es mag sein, daß ihnen Begeisterung und schöpferisches Vorstellungsvermögen fehlen.« »Es mag sein«, sagt dieser als Lehrer wie als Künstler der Jugend innig zugetane Amerikaner. »Es mag sein«, sagt er und hofft, es möge nicht stimmen. Es stimmt nicht. Aber es ist wahr. Er nennt diese jungen Menschen die schweigsame, die stumme Generation, »The Silent Generation«. Seine, das heißt unsere Generation nannte man seinerzeit die verlorene, »The Lost Generation«. Um wie vieles hoffnungsvoller durften wir damals sein als die heutige, die schweigende Jugend! Daß die Hoffnungen getrogen hatten, merkten wir erst später. Bevor sie sich nicht erfüllten, hielten sie uns aufrecht, machten sie uns Mut, ließen sie uns an die

Zukunft glauben. Der Götterdämmerung und der Götzendämmerung folgte, statt einer Morgenröte, die Dämmerung der Werte. Erst ging dieser, dann jener und schließlich jeder Glaube verloren. Und am Grab unserer dahingegangenen Hoffnung stehen, als Hinterbliebene, der Opportunismus, die Resignation und das Nichts.

Nun mögen wir, die Erwachsenen, zwar das traurige Recht in Anspruch nehmen, wie hypnotisierte Hühner den »Untergang der Gegenwart« abzuwarten – das Recht, als Vormund der Jugend zugleich den »Bankrott der Zukunft« anzumelden, haben wir nicht! Wir haben, vielmehr, Pflichten, die über jeden, auch den äußersten Zweifel und über die tiefste Verzweiflung erhaben sind! Resignation im Namen der Kinder ist kein Gesichtspunkt!

In meiner »De minoribus« betitelten Kabarettkantate habe ich versucht, die Situation vor dem nächsten, barbarischsten und letzten Weltkrieg zu schildern. Die müden und mutlosen Völker erwarten ihn wie ein Fatum und verwenden den Rest ihrer Energie auf die Errichtung vertraglich garantierter »Kinderzonen«, worin alle Kinder unseres Planeten, bis zu vierzehn Jahren, mit kriegsuntauglichen Erziehern, Ärzten, Schwestern und Verwaltern untergebracht werden. Der erwartete Krieg mit seinen Atom-, Wasserstoff- und Bakterienbomben bricht herein und vernichtet die Völker. Gegen Schluß der Kantate berichtet der Chronist: »Nach drei Jahren lebten noch über zweihundert Millionen Menschen, gemessen an den Vorhersagen ein ansehnlicher Prozentsatz. Freilich kamen auch sie nicht davon. Denn die Felder waren vergiftet, und die Tiere in Stall und Wald fielen um. Ob man sie schlachtete oder nicht, ob man Brot buk oder es ließ, man starb an beidem. Man hatte die Wahl … Die Überlebenden schleppten sich über die Berge. Sie ruderten, Männer und Frauen, übers Meer. Den seligen Kinderinseln entgegen. Sie knieten vor den Wachtürmen und schrien: ›Jimmy!‹ und ›Aljoscha!‹ und ›Waldtraut!‹ Man mußte sie totschlagen. Aus sanitären Gründen. Ihr trauriges Ende war unvermeidlich. Sie hatten die Kinder gerettet, ohne an die Menschen zu glauben. Das war ihr frommes Verbrechen.«

Sie hatten die Kinder gerettet, ohne an die Menschen zu glauben. Das war ihr frommes Verbrechen. – Das Fazit der Szene war und ist: Der Jugend kann, in unserer desolaten Welt, nur helfen, wer an die Menschen glaubt. Er hat kaum Anlaß, an die abgewerteten Zeitgenossen zu glauben. Sich selber wird er dabei nicht ausnehmen dürfen. Doch er muß einen gelungeneren Entwurf vom Menschen vor Augen haben. Das hat nichts mit Schönfärberei zu tun. Und er muß an die Erziehbarkeit der Jugend zu solchen Menschen glauben. Weder Nihilismus noch Schwärmerei sind dabei seine Sache. Er hat das Museum der abgelebten Werte besichtigt. Er war in den Treibhäusern, worin künstliche Werte gezüchtet werden. Und er weiß, daß es, wenn auch nicht dort und nicht da, doch noch ein paar echte Werte gibt: das Gewissen, die Vorbilder, die Heimat, die Ferne, die Freundschaft, die Freiheit, die Erinnerung, die Phantasie, das Glück und den Humor. Diese Fixsterne leuchten noch immer über und in uns. Und wer sie der Jugend weist und deutet, zeigt ihr den Weg aus ihrer Schweigsamkeit und unserer Gegenwart in eine freundlichere Welt, die wir, die Großen, sehen, aber nicht mehr betreten dürfen. Wir sind arm geworden. Mehr und anderes als dieses gestirnte Firmament und einen Wunsch auf den Weg können wir der Jugend nicht vererben.

Doch, wer soll ihr die Sterne zeigen und deuten? Wer soll den Zauber der Heimat und den Glanz der Ferne heraufbeschwören? Wer soll ihr den Kompaß des Gewissens in die Hand drücken? Wer soll ihr das Land der Erinnerungen verheißen? Wer soll ihr die neuen Märchen erzählen? Wer soll für sie die Vorbilder aufrichten, keine großen Denkmäler, aber Denkmäler der Größe? Wer soll ihr das Heimweh nach dem Glück schenken? Wer soll ihr Herz zum Lachen bringen? Doch, um alles in der Welt, nicht jene mediokern Leute, die »nur« Kinderbücher fabrizieren? Doch nicht jene Ahnungslosen, die, weil Kinder erwiesenermaßen klein sind, in Kniebeuge schreiben? Und die ihren Zeigefinger mit dem Pinsel eines Malers verwechseln?

Die Zeiten haben sich geändert und mit ihnen die Aufgaben

der Literatur. Sie kann und darf die neuen Funktionen und das Mehr an Verantwortung nicht ablehnen. Sie muß das Patronat für die Jugendliteratur übernehmen, und das heißt zugleich: für das Kindertheater, für den Jugendfilm, für den Rundfunk und, bald genug, für das Fernsehen. Die Jugend ist beeinflußbar wie eh und je. Die Mittel, sie zu beeinflussen, schießen aus dem Boden. Und wie oft werden sie mißbraucht! Dem Schlendrian zu begegnen, dem Mißbrauch abzuhelfen, das Bessere zu schaffen, zu finden, zu empfehlen, zu verbreiten, sind wir alle aufgerufen: die Schriftsteller, die Maler, die Musiker, die Verleger, die Erzieher, die Bibliothekare, die Buchhändler, die Lektoren, die Intendanten, die Dramaturgen und, nicht zuletzt, die Jugend selber. Doch auch dann noch, wenn sich mit der Zeit genug Kenner und Könner, Helfer und Mittler fänden, auch dann noch, wenn sich die Literatur mehr um die Jugend kümmerte, bliebe die Frage der internationalen Koordination zu beantworten. Wie vermindert und verhindert man das Eindringen belangloser und schlechter Jugendliteratur in andere Länder und Sprachen? Wie fördert man den Austausch wertvoller Stücke, Hörspiele und Bücher? Wie hebt man das Niveau der Übersetzungen und Illustrationen? Wie bekämpft und besiegt man die Indolenz und das Krämertum der Zwischenhändler? Wie hebt man, im Übergang, die Chance der Idealisten? Wie senkt man die Kosten, während man die Qualität steigert? Wie schafft und verleiht man für das Beste internationale Buchpreise, die keineswegs nur als Geldprämien, sondern darüber hinaus als Ehrung empfunden werden? Und durch welch andere Maßnahmen hebt man das allgemeine Ansehen der guten Jugendliteratur überhaupt?

Ein so vielschichtiger, großangelegter und völkerumspannender Plan bedarf der Organisation. Und der Aufbau und das Gedeihen einer solchen Organisation kosten viel Geld. Ganz gewiß nur einen bescheidenen Bruchteil jener Summen, die von den Regierungen der Völker für, gelinde gesagt, ungleich weniger sinnvolle Organisationen unbedenklich aufgebracht werden – immerhin namhafte Beträge, durch deren Bewilligungen man beweisen könnte, daß man das Gebot der Stunde und des Jahrhunderts begriffen hat. Denn: Die Zukunft der Jugend wird so aussehen wie, morgen und übermorgen, ihre Literatur? Das stimmt. Und was mehr ist: Es ist wahr!

Von der deutschen Vergeßlichkeit

Als Friedrich Wilhelm I. von Preußen, der Soldatenkönig, eben jener Hohenzoller, der den Sohn und präsumptiven Nachfolger beinahe hätte hinrichten lassen, ein Regiment inspizierte, schlug er, aus geringem Anlaß, einen Major mit dem Krückstock. Daraufhin zog der Major, angesichts der Truppe, die Pistole und schoß, knapp am Könige vorbeizielend, in den Sand. »Diese Kugel«, rief er, »galt Ihro Majestät!« Dann jagte er sich, unter Anlegen der bewaffneten Hand an die Kopfbedeckung, die zweite Kugel in die eigne Schläfe.

Es lohnte sich nicht, diese kleine Geschichte zu erzählen, wenn es in unserer Großen Geschichte viele ihresgleichen gäbe. Aber es ist eine verzweifelt einsame, eine zum Verzweifeln einsame kleine deutsche Geschichte. Noch der Schuß in den Sand, noch der symbolische Widerstand, ist »nicht statthaft« und »findet«, schon deshalb, »nicht statt«. Wir stehen vor jeder Autorität stramm. Auch vor dem Größenwahn, auch vor der Brutalität, auch vor der Dummheit – es genügt, daß sie sich Autorität anmaßen. Unser Gehorsam wird blind. Unser Gewissen wird taub. Und unser Mund ruft: »Zu Befehl!« Noch im Abgrund reißen wir die Hacken zusammen und schmettern: »Befehl ausgeführt!« Wir haben gehorcht und sind es nicht gewesen. Der Mut, bar des Gefühls der Verantwortung und ohne jede Phantasie, ist unser Laster. Und Courage bleibt ein Fremdwort. Die Frauen und Männer des deutschen Widerstands haben versucht, haben wieder einmal versucht, dieses Wort einzudeutschen. Sie setzten Ehre und Leben aufs Spiel, und sie verloren beides. Ihr Leben konnte man ihnen durch kein Wiedergutmachungsverfahren rückvergüten. Stellen Sie sich vor, man hätte es gekonnt! Stellen Sie sich die allgemeine und die amtliche Ratlosigkeit nur vor! Diese Frauen und Männer, als Heimkehrer aus dem Jenseits, mitten unter uns! Welch ein Drama! Was für eine deutsche Tragikomödie!

Sie opferten Leben und Ehre. Hat man ihnen wenigstens ihre Ehre wiedergegeben? Nicht ihre Offizierschre, nicht ihre Pastorenehre, nicht ihre Gewerkschaftsehre, nein, ihre mit Gewissensqualen und dem Tod besiegelte, mit Folter und Schande besudelte, am Fleischerhaken aufgehängte menschliche Ehre und wahre Würde? Ich denke dabei nicht an die Umbenennung von Straßennamen, die Niederlegung von Behördenkränzen und ähnliche Versuche, den Dank des Vaterlands nach dem Muster des Teilzahlungssystems in bequemen Raten abzustatten. Sondern ich frage: hat man versucht, diese Männer und Frauen in unserer vorbildarmen Zeit zu dem zu machen, was sie sind? Zu Vorbildern?

Wer an die Zukunft glaubt, glaubt an die Jugend. Wer an die Jugend glaubt, glaubt an die Erziehung. Wer an die Erziehung glaubt, glaubt an Sinn und Wert der Vorbilder. Denn die Jugend will und braucht auf ihrem Weg in die Zukunft keine noch so gut gemeinten vaterländischen, europäischen oder weltbürgerlichen Redensarten, keinen Katalog, keinen Baedeker, sondern weithin sichtbare, im Lande der Zeit Richtung und Ziel zeigende Wegweiser, sie will und braucht: Vorbilder. Für den Marsch in die Vergangenheit, die unsere Politiker mit der Zukunft verwechseln, für diesen pompösen Rückzug ins Vorgestern bedarf es freilich keiner Wegweiser. Es sei denn präziser Anweisungen, ob man bei besagtem Marsch alle drei Strophen der alten Hymne oder nur die dritte zu singen habe. Für den blinden Gehorsam, für die Treue als das Mark der Ehre, für die Pflichterfüllung bis zur überletzten Minute bedarf es keiner neuen, ja überhaupt keiner Vorbilder hierzulande. Das und dergleichen gehört seit alters zum deutschen ABC. Treusein, auch wenn darüber die Welt zugrunde geht, das kann man bei uns bekanntlich auswendig.

Die Frauen und Männer des Widerstands wollten, als Freiwillige, im Namen des Volkes dessen physischen und moralischen Untergang verhindern. Im Namen des Volkes kämpften sie mit ihrem Gewissen, das zwischen Gehorsam und Verantwortung schwankte, um den Sieg des sittlicheren Wertes. »Im Namen des Volkes« wurden sie angespuckt, gequält und ermordet. Und im Namen des Volkes wäre es, als der Albtraum vorüber war, nur selbstverständlich gewesen, diese Nothelfer des deutschen Wesens gegen das deutsche Unwesen zu kanonisieren. Hier wäre Heldenverehrung »zukunftspolitisch wertvoll« gewesen, statt vor den Memoiren und Pensionsansprüchen überlebensgroßer Befehlsempfänger.

Im Drange der Geschäfte, der Staatsgeschäfte, wurde diese Pflicht und Schuldigkeit versäumt. In der Hast, das Mögliche zu erreichen, wurde das Not-Wendige – das, was die Not hätte wenden können – vergessen. Es wurde »verdrängt«. Der psychoanalytische Jargon ist am Platze. Denn so mancher derer, die heute regieren, gehörte ja selber zum Widerstand! Als es eine neue Staatsautorität zu schaffen galt, empfand man plötzlich die Vorbildlichkeit jener Männer und Frauen als unbequem. Man mißtraute der Widerstandsfähigkeit der von fremder Hand gepflanzten Autorität. Man fürchtete die beispielhafte Kraft des vorgelebten echten und beschritt den Weg des geringsten Widerstands.

Diesen Weg gehen sie nun und murren über die Apathie der Jugend. Noch einmal: die Jugend braucht Vorbilder. Es gibt sie. Man richte sie nur, weithin sichtbar, auf! Man braucht ja, außer dem Weltuntergang, nichts zu befürchten. Die Autorität des Staats, die parlamentarische Zweidrittelmehrheit und die Golddeckung sind ja gesichert. Außerdem: die Sorge, die Zivilcourage und der politische, mit Lebensgefahr verbundene Gewissenskonflikt könne, mit Hilfe bewundernswerter Vorbilder, Mode oder gar epidemisch werden, ist in unserm Vaterland unbegründet.

Man gedenke ernstlich der Beispiele! Man schaffe die Vorbilder! Und man tue es, bevor der Hahn zum dritten Male kräht!

Ein politischer Eilbrief

Sehr geehrte Redaktion!
 Das wird ein rechtes Stichwortgestammel werden. Denn ich bin in ausgesprochner Zeitnot. Nehmen Sie deshalb den guten Willen für die Tat. Ich beginne mit einem beliebigen aktuellen Beispiel, den bevorstehenden bayerischen Landtagswahlen. Die verfehlte Konzeption im Bund wirkt sich wie überall, so auch hier aus. Womit werben die Parteien? Mit außenpolitischen Argumenten und Slogans. Wählen die Bayern eine Landesregierung, damit sie Außenpolitik mache? Nächstens werden noch die Anwärter für den Bürgermeisterposten in Starnberg mit ihren Ansichten über die Saarfrage und die Nato Wähler gewinnen wollen, statt mit Vorschlägen für neue Schulhäuser, für eine Erweiterung des Omnibusnetzes und für eine Rationalisierung der Ortsverwaltung. Adenauers erfolgreiches Bemühen um die Festigung seines Prestiges bedient sich des »Primats der Außenpolitik«, das hieß für ihn: wildes Anschmiegen an den großen Bruder überm großen Teich. Nun machen's ihm die hiesigen kleinen Brüder auch am kleinsten Teiche nach. Es ist grotesk, und alle brennenden innen- und sozialpolitischen Fragen werden – es handle sich denn um Dinge wie das Schmutz- und Schundgesetz, die dem weiteren Machtzuwachs der Behörden dienen – mit falschen Herzenstönen beiseitegesprochen. Allein das »Samstagsladenschlußgesetz« wird und wird nicht zustande gebracht. Man kann und kann sich nicht einigen. Es ist ein Zwergproblem der Innenpolitik, eine Feierabendfrage. Sie ist in Bonn nicht zu lösen.
 Man kann es nicht, und deshalb will man es nicht. Denn man will nur, was man kann. Außenpolitik »kann« man. Vor dem »roten Tuch« werden alle Parteien scheu. So bot sich, als Hausmachtpolitik der Christen, Bankiers und zunächst zerschlagenen Konzerne, die Außenpolitik an, und nur sie. Jedes andre noch so kleine Eisen ist zu heiß. Als neulich einige Gewerkschaften in einigen Gebieten streikten, war man weithin entrüstet. Prestigezuwachs von außen erfordert sozialen Burg-

frieden im Innern. Somit grenzt Kampf gegen das Konservative an Landesverrat.

Wenn sich die Opposition rührt, wird Adenauer böse, weil er z. B. gerade zum Flugplatz Wahn fahren muß, um Herrn Dulles abzuholen. Zum Glück für ihn und die Fluggäste von auswärts opponiert im Grunde niemand. Oder die SPD, als Opposition legitimiert, hat kein Konzept, geschweige eine Konzeption, die klar und deutlich wäre. Das liegt zum Teil daran, daß die SPD in einigen Bundesländern mitregiert. (Auch daran, daß sie zu wenig Köpfe hat. Der »Funktionär« ist längst tot, man hat ihn nur galvanisiert. Und die Intelligenz? Soll sie sich aktiv in eine Politik einschalten, die nicht ihre Interessen vertritt? Es ist schon Selbstverstümmelung, diese Partei zu wählen!) Also, da die SPD in einigen Ländern mitregiert und sich, koste es, was es wolle, in den Kabinetten bewähren will, tritt sie kurz. Sehr kurz. Beim Thema »Konfessions- oder Gemeinschaftsschule« kapituliert sie geradezu, wenigstens während und wo sie mitregiert. Kulturpolitik war ja immer das fünfte Rad am Wagen der Sozialdemokraten, und sie haben nichts dazugelernt. Während die »christlichen« Parteien, bis zum Dorfpfarrer, genau wissen, worum es hier geht, und danach handeln.

Die Opposition übt sich im Regieren, für den Fall, daß sie eines Tags die Majorität bekäme. Statt sich dadurch, daß sie echt opponiert, die Majorität zu erkämpfen. Sie ist das Schaf im Schafspelz. Die Opposition hat auf die Opposition verzichtet. Der Posten ist noch frei. Wenn es schlecht geht: für verantwortungslose Gruppen. Hierzu abschließend: Die SPD hat noch nicht einmal gemerkt, daß links von ihr niemand mehr steht. Auch diese eminente staatspolitische Position »positiv« zu bewältigen, wäre eine ihrer Aufgaben. (Es gibt nicht einmal eine große SPD-Zeitung!)

Die FPD? Die Spannweite zwischen ihren zwei Flügeln ist so groß, daß niemand, wohl auch sie selber nicht, weiß, wohin sie fliegen wird. Auch hier also: Cave canem! Obwohl sie die Kulturpolitik, bislang, recht vernünftig anpackt.

Wenn wir schon resignieren möchten, was sollen die jungen

Leute tun? Es ist ein böser Scherz der Geschichte, daß die Demokratie bei uns immer erst auszubrechen pflegt, nachdem ein Krieg verloren wurde. Demokratie und Ressentiment – das führt zu Strindberg-Ehen! (Womit nicht gesagt sein soll, daß ich die Politik in anderen Staaten für bewunderungswürdig halte. Aber danach wurde nicht gefragt.)

Glückwünsche für Carl Zuckmayer

Lieber Zuck,
erinnerst Du Dich an »Schwannecke«? Was für eine Frage! Erinnerst Du Dich an Dein Stück für Kinder, »Kakadu Kakada«, und an die Aufführung in der Nürnberger Straße? Wahrscheinlich. Und erinnerst Du Dich an meine Kritik darüber in der »Weltbühne«? Wohl kaum. Seitdem ist viel Wasser in den Atlantik geflossen. Seitdem wurde viel Wasser in unsern Wein geschüttet. Es war vor einem Vierteljahrhundert.

Wenige Tage nach der Premiere und dem Erscheinen der Kritik saß ich bei Schwannecke und plagte mich mit meinem obligaten Wochengedicht für den »Montag Morgen« herum. Da kamst Du, mit einer fröhlichen Gesellschaft und selber sehr vergnügt, ins Lokal. Jonny – erinnerst Du Dich noch an ihn? – kletterte mit eurer Garderobe in den Keller. Ihr nahmt Platz und bestelltet bei Charlie – erinnerst Du Dich noch an ihn? – geistige Getränke.

Euer Tisch befand sich nicht weit von meinem, und mir war ein bißchen unbehaglich zumute. Du kanntest mich zwar nicht von Ansehen. Denn Du warst jung und berühmt, und ich war nur jung. Aber wenn nun einer aus Deiner Runde gesagt hätte: »Dort sitzt Erich Kästner« ... Ich war zwar nach Berlin gekommen, um das Fürchten zu lernen. Aber doch nicht bei Schwannecke! Und meine Theaterkritik war, dezent ausgedrückt, das akkurate Gegenteil einer Lobeshymne gewesen!

Und da sagte jemand aus Deiner Runde: »Dort sitzt Erich Kästner!«

Du drehtest Dich um, sahst mich an, und ich kam mir vor wie bei einem Fotografen, der mit Kopfstütze arbeitet. Es gibt gemütlichere Situationen. Schließlich standst Du auf, tratst an meinen Tisch und meintest, nach einigem Schweigen: »Ihnen hat mein Stück nicht gefallen. Mir hat Ihre Kritik nicht gefallen. Beides kann vorkommen. Ich glaube, wir sind quitt.« Dann gingst Du an Deinen Tisch zurück, setztest Dich, hobst das Glas und trankst mir lächelnd zu.

Das, lieber Zuck, war unsre erste Begegnung. Eine kleine Erinnerung an Dich. Ein wichtiges Erlebnis für mich. Wer es ehrlich meinte, den ließ man gelten. Wer Talent hatte, wurde akzeptiert. Man verletzte, wenn es sein mußte, einander. Man verletzte niemals die Spielregeln. Es war eine schöne Zeit. Und es ist lange her.

Unsre Generation kommt in die Jahre. Heute gratulier ich Dir zum Sechzigsten. In drei Jahren, wenn alles gutgeht, gratulierst Du mir. Was ich Dir wünsche? Halte die Ohren steif! Von ganzem Herzen und immer

Dein *Erich*

Robert Neumann zum 60. Geburtstag

Lieber Robert!

Als wir einander kennenlernten, waren Sie Anfang Dreißig und ich ein guterhaltener Endzwanziger. Wir trafen uns – wo denn auch sonst – in Berlin. Im Café Carlton am Nürnberger Platz. Hier pflegte ich mit Eugen Hamm, der sich eines Tages umbrachte, und mit E. O. Plauen, der eines Tages umgebracht wurde, die Nachmittage zu verplaudern. Wir drei Sachsen waren aus Leipzig eingewandert, um in Berlin das Fürchten zu lernen. Nun, damals lachten wir noch.

Hier also kreuzten Sie eines Tages auf, aus Wien oder Florenz, entschlossen, die deutsche Literatur nicht nur mit eignen, sondern auch mit »fremden Federn« zu schmücken, und ich fühlte mich aufs heiterste geehrt, daß Sie mich, damals schon, für populär genug hielten, um parodiert zu werden. (»Halb ein Bürgerschreck und halb ein erschrockener Bürger«, auf diese Formel haben Sie mich dann gebracht, und das, lieber Robert, war meisterhaft und Maßarbeit!)

Zweimal jährlich pflegten Sie nach Berlin zu kommen und den literarischen Markt mit frischen Erzeugnissen zu versorgen. Nach wie vor trafen wir uns im Carlton. Kaum daß Sie ein wenig verschnauft hatten, berichteten Sie alles Wissenswerte über die Marktlage. Es grenzte an Konjunkturforschung. Sie kannten das jeweilige Spannungsverhältnis zwischen Angebot und Nachfrage. Sie nannten die echte Auflagenhöhe der Erfolgsromane. Sie wußten die Höchstpreise für Kurzgeschichten und längere Erzählungen und ließen gelegentlich durchblicken, daß es Ihnen wieder einmal gelungen sei, einen noch höheren als den Höchstpreis zu erzielen. Sie waren, bevor sich Ihr facettenreiches schriftstellerisches Talent durchgesetzt hatte, nicht vergeblich Devisenhändler, Bankdirektor und Schokoladenfabrikant gewesen. Ich bewunderte Ihren Sinn und Scharfsinn fürs Merkantile nicht weniger als Ihre Bücher.

Am meisten aber bewunderte ich Ihre überlebensgroße Aktenmappe! Es handelte sich um einen mappenförmigen Musterkoffer für Geschäftsreisende. Er enthielt, in getrennten Lederfächern, Ihre für den Berliner Markt bestimmten Manuskripte, und an den oberen Fachrändern stand zu lesen, was die Fächer enthielten, also »Romane«, »Erzählungen«, »Kurzgeschichten«, »Parodien«, »Aufsätze«, »Zweitdrucke« und anderes mehr.

Trotz Ihrer prächtigen Selbstironie und unbeschadet meines Sinns für freiwillige Komik, an der Existenzberechtigung Ihrer musterhaften Mustermappe gab es nichts zu deuten. Mochten und mögen andere Leute »Künstler« und »Hungerkünstler« für Synonyme, mochten und mögen sogar Kollegen das geschäftliche Talent eines Schriftstellers für ein Talent zuviel halten, uns focht und ficht dieser Aberglaube nicht an. Ein Talent zuviel gibt es nicht. Und ein Autor, der zum Beispiel »The Inquest« geschrieben hat, bedarf hinsichtlich seiner übrigen Talente keines Plädoyers.

Als wir uns, 1947, endlich wiedersahen, hieß der Treffpunkt nicht Berlin, sondern Zürich. Sie kamen weder aus Wien noch aus Florenz, sondern aus Cranbrook in Kent, aus dem romantischen, rosenumrankten Landhaus, an dessen Kamin vor 250 Jahren der Kollege Daniel Defoe gesessen hat. Und auch diesmal brachten Sie »ein Talent zuviel« mit: Sie hatten Ihre letzten Bücher in englischer Sprache geschrieben!

Aber Ihre musterhafte Mustermappe hatten Sie nicht dabei! Auch nicht in den anderen Städten, wo wir uns seitdem getroffen haben, nicht in Venedig, Lausanne oder Nizza, nicht in Edinburgh und Dublin und nicht in München. Hoffentlich besitzen Sie dieses museumsreife Stück noch, denn es ist museumswürdig! Die Mappe gehört in eine Vitrine. Junge Autoren sollten davor stehenbleiben, und auf einem Schildchen müßte zu lesen sein: »Zum erfolgreichen Schriftsteller gehört zweierlei. Er muß schreiben können – und rechnen!«

Und nun und somit, lieber Robert, meine herzlichsten Glückwünsche zum 60. Geburtstag.

Ihr *Erich*

Rede zur Verleihung des Georg Büchner-Preises 1957

Meine Damen und Herren,

das Land Hessen, die Stadt Darmstadt und die Deutsche Akademie für Sprache und Dichtung haben mir für dieses Jahr und in dieser Stunde den Georg Büchner-Preis zuerkannt, und es handelt sich für mich um mehr als einen zeremoniellen Akt, daß ich mich nun, von hier aus, für die hohe literarische Auszeichnung bedanken darf. Ich bin Ihnen Dank schuldig, und ich möchte ihn nicht schuldig bleiben. Dieser Wunsch drängt über die gezirkelten Grenzen gemessener Förmlichkeit und angemessener Feierlichkeit hinaus. Er möchte sich ganz einfach *Luft* machen. Drum muß er sich ganz *einfach* Luft machen. Und so lassen Sie mich sagen: Ich danke Ihnen von Herzen, weil ich mich von Herzen freue.

Freilich, auch der Freudenhimmel hat seine Wolken, und nicht alle ziehen spurlos vorüber. Schon daß die Auszeichnung im Gedenken an einen genialen Schriftsteller verliehen wird, wirft einen Schatten auf die helle Stunde. Und die Vermutung, daß wohl niemand kongenial und würdig genug wäre, ist ein schwacher Trost. Doch ich weiß mir keinen besseren. Denn wenn es nur nach Wert und Größe ginge, dann gäbe es nicht nur keine Ehre, dann gäbe es keine Kunst mehr. Dann müßten wir unsere Bleistifte verbrennen und unsere Schreibmaschinen aus dem Fenster werfen. Dann hätte sogar Büchner seine Federkiele zerbrechen müssen. Denn er kannte Shakespeare, und er kannte Büchner. Und wir sind noch viel ärger dran. Denn wir kennen nicht nur Shakespeare und Büchner, sondern auch uns. Die Wissenschaften mögen, vielleicht mit ihren Resultaten, Formeln und Hypothesen stufenweise vorankommen, aber der Weg der Künste geht nicht treppauf. Ihre Geschichte hat mit dem Worte »Fortschritt« nichts zu schaffen. Trotzdem bleiben wir, ob nun übermütig, naiv oder verzweifelt, an der Arbeit, als gelte es das Leben. Und es gilt ja auch das Leben, und wir haben nur das eine! Nur so ist Literatur möglich. So auch nur mögen Auszeichnungen gelten.

Ich bin, dem Vernehmen und der eignen Meinung nach, ein satirischer Schriftsteller, und schon gleitet der zweite Wolkenschatten über die Versammlung und über den, der sich geehrt sieht. Darf er sich mit gutem Gewissen geehrt *fühlen*? Galt denn seine Satire nicht gerade auch jenen öffentlichen Einrichtungen, die ihn nun loben? Daß man einen solchen Mann ablehnt oder verbietet, wird ihn nicht verwundern, es verrät Konsequenz. Daß man ihn ignoriert, mag ihn kränken, denn Schweigen ist eine schlimme Antwort. Was aber soll er davon halten, daß man ihm, dem Warner und Spötter, einen offiziell gewundenen Kranz überreicht? Könnte man damit sagen wollen: »Du bist ein zahmer Zirkuslöwe, nun komm, und friß Lorbeer aus der Hand!«?

Man blickt skeptisch nach oben. Zieht die Wolke taktvoll vorüber? Oder fallen nicht doch ein paar Wermutstropfen auf die Festgemeinde? Zum Glück kenne ich die hessischen Gastfreunde. Ich weiß, daß sie nicht zufällig den Hessischen Landboten zum Patron ihres Literaturpreises machten, nicht zum Spott und nicht nur aus lokalgeographischem Anlaß. So darf ich auch dieser Wolke nachwinken. Und es ist keine Redensart, wenn ich, eine Redensart abwandelnd, für meine Person und nicht sonderlich gezähmt erkläre: Noch ist nicht aller Satire Abend!

Wolken sind Herdentiere, doch wir wollen es bei der dritten bewenden lassen. Sie beschattet alle Literatur- und Kunstpreise, die heutzutage und hierzulande verteilt werden. Es wird verteilt, und es wird verurteilt, und es heißt immer einmal wieder, die Preisträger seien zu alt. Es gehöre sich nicht, derartige Preise als moderne Alterserscheinung hinzunehmen und die Kreislaufstörung mit der »Preislaufstörung« zu koordinieren.

Meine Damen und Herren, als mir vor zwei Jahren die Stadt München ihren Literaturpreis zuteilte, stellten die Zeitungen zu ihrer Verwunderung fest, daß dies meine erste Auszeichnung sei. Ihre Verblüffung war verblüffend. Hatte man denn vergessen, wie meine sogenannte Karriere verlaufen war? Ich will sie Ihnen in ein paar Worten skizzieren, und ich darf es tun, weil ich dabei nicht etwa nur mich selber im Auge habe. Ich bin nur der Gesichtspunkt im Blickfeld.

Das Croquis sieht so aus. Im Frühjahr 1928 erschien mein erstes Buch, ein Gedichtband. Im Mai 1933 fand die Bücherverbrennung statt, und unter den vierundzwanzig Namen, mit denen der Minister für literarische Feuerbestattung seinen Haß artikulierte, war auch der meine. Jede künftige Veröffentlichung in Deutschland wurde mir streng untersagt. Im Laufe der nächsten Jahre wurde ich zweimal verhaftet, und bis zum Zusammenbruch der Diktatur stand ich unter Beobachtung. Nach jenem Zusammenbruch war ich einige Jahre Redakteur, und dann erst, nach rund fünfzehnjähriger Pause, erschien in Deutschland mein nächstes neues Buch.

Das ist die »Karriere« eines, wie es 1933 hieß, »unerwünschten und politisch unzuverlässigen« Schriftstellers, der fast sechzig Jahre alt ist, und mit dem Schicksal der meisten anderen »unerwünschten« Autoren verglichen war das seinige ein Kinderspiel! Ihre Literaturpreise bestanden in Verfolgung und Verbot. Ihre Diplome lauteten auf Ausbürgerung. Ihre Akademien waren das Zuchthaus und das Konzentrationslager. Und mit noch höheren »Ehren«, auch mit der letzten Ehre, wurde nicht gespart.

Diejenigen unter uns, die von der Fülle solcher Auszeichnungen nicht erdrückt worden sind, sondern noch atmen, tragen diese Ordenslast nicht am Frack. Wir sind nicht eitel. Aber uns will scheinen, daß man gesonnen ist, die größte und gemeinste Brandstiftung in der Geschichte der deutschen Literatur zu verniedlichen, wenn nicht gar zu vergessen. Um so entschlossener nehme ich, im eigenen wie in vieler Namen, Ihren Preis entgegen, der uns an den in der Emigration gestorbenen Georg Büchner und seine in deutschen Gefängnissen verzweifelten Freunde, wie Minnigerode und Weidig, erinnern will und erinnern soll. Auch wir waren und sind Mitglieder jener »Gesellschaft der Menschenrechte«, die oft genug bedroht und verfolgt und selten genug geehrt wird. Hier und heute und in meiner Person wird allenfalls ein älterer *Mann* ausgezeichnet, ganz gewiß aber kein älterer *Schriftsteller*, der im literarischen Abendsonnenschein befriedigt auf eine dreißigjährige Laufbahn zurückblickt und seit eh und je Diplome einweckt. So mag denn auch die dritte Wolke, die ich selber an den Festhimmel gemalt habe, in den Soffitten verschwinden!

Die dem Preisträger auferlegte Pflicht und das damit verknüpfte Recht, im Hinblick auf Georg Büchner eine kleine Festrede zu halten, bereiteten mir zunächst kein Kopfzerbrechen. Das Thema bot sich an. Es lag nahe, über jene Art Literatur zu sprechen, die seit längerem als die »engagierte« bezeichnet wird. Über den Unterschied zwischen humanem und ideologischem Engagement. Dann über die nichtengagierte Literatur, die angeblich, wenn nicht gar tatsächlich »um ihrer selbst willen« betrieben wird. Im Zusammenhange damit über die nur bei uns geltende fatale Unterscheidung von »Dichtern« und »Schriftstellern«, und über die schwerwiegenden Folgen einer solchen autarken Rangordnung. Und wohl auch über die Multiplikation dieses Mißverständnisses, an der nicht zuletzt unsere Sekundärliteratur schuld ist.

Ich habe das Thema und die Variationen hierüber zu den Akten gelegt. Ein Staatsmann des 19. Jahrhunderts hat gesagt, eine brauchbare Rede solle »kurz und verletzend« sein. Meine Damen und Herren, ich bin kein Staatsmann. So sehr ich der Forderung, eine Ansprache möge kurz sein, zustimme, so ungern möchte ich ein Auditorium verletzen, das zuverlässig zahlreiche Schriftsteller, möglicherweise doch aber auch einige Dichter aufzuweisen hat.

Statt dessen habe ich mich entschlossen, Ihnen einige Überlegungen vorzutragen, die sich bei der Wiederbeschäftigung mit Büchners Leben und Werk einstellten. Es handelt sich natürlich nicht um neue Erkenntnisse auf den Gebieten der Literaturgeschichte und der Ästhetik, sondern um Einfälle, die man gelegentlich beim Lesen hat und in Stichworten am Buchrande notiert, also um Notizen, um Marginalien, um Randbemerkungen, um Knoten im Taschentuch. Man stockt beim Lesen, kritzelt etwas hin, überlegt, unterstreicht, macht ein Ausrufungszeichen und denkt: »Ein andermal!«

Drei solcher Marginalien möchte ich – nicht »ein andermal«, sondern jetzt – kurz zur Sprache bringen und beginne mit einer Notiz, die

Über die Ungleichzeitigkeit des Gleichzeitigen

heißt. Ich könnte auch sagen: Über die Asynchronität in der Chronologie. Gerade im Falle Georg Büchners stellt sich, wenn und solange man ihn im Rahmen seiner Lebenszeit und der Zeitgenossen zu betrachten versucht, ein nahezu physisches Mißbehagen ein. Man ist bis in die Nervenspitzen irritiert. Trotz Julirevolution und Gutzkow, trotz gemeinsamer Zeitgeschichte, trotz gleicher Empörung und Verfolgung, was hatte er denn mit dem Optimismus und dem Stil des sogenannten »Jungen Deutschland« zu schaffen? Nichts, gar nichts. Was hielt denn dieser Jüngling, obgleich er ein Rebell war, von Revolutionen? Es gäbe keine, wenn der Arme, nach Henri Quatres Rezept, sein Huhn im Topf habe. Was hielt er, der die hohen Herren gleichwohl haßte, von ihrem Übermut und ihrem Ziel? Lebensüberdrüssig seien sie, und nur eine Neuigkeit könne sie noch kitzeln, der Tod. Glaubte er denn, der sich trotzdem auflehnte, an den Sinn der Empörung, an eine Synthese der sozialen Gegensätze? Er kämpfte dafür und glaubte nicht daran. So steht er, ein streitbarer Fatalist, mitten unter den Fechtern, die an die große Veränderung glauben, und steht doch ganz woanders. Wohin gehört er?

Im gleichen Jahre, in dem er geboren wurde, kamen Hebbel, Richard Wagner, Verdi und Kierkegaard zur Welt, und nur mit Kierkegaard ist er verwandt, in der gleichen und gemeinsamen Angst. Im nächsten Umkreis seines Geburtsjahres wurden Geibel, Adolf Menzel, Karl Marx, Keller, Fontane und Bismarck geboren. Bevor sie ihr Lebenswerk auch nur begonnen hatten, das ins nächste Zeitalter gehört, war Büchner schon berühmt und schon lang tot. Wohin gehört er?

In seinem Todesjahr und in dessen nächstem Umkreis starben Börne, Puschkin, Chamisso, Brentano, Immermann, Caspar David Friedrich, Karl Blechen, Walter Scott und Schleiermacher. Die Romantiker starben, deren Lebenswerk in der Vergangenheit lag. Und unser Klassiker Goethe war erst fünf Jahre tot. Wohin gehört Büchner?

1835, als »Dantons Tod« erschien, und im nächsten Umkreis des Erscheinungsjahres, wurden Balzacs »Père Goriot« und Mörikes »Maler Nolten«, Grillparzers »Traum, ein Leben« und »The Pickwick Papers« von Dickens veröffentlicht. Wieso befällt uns kein Zweifel, daß diese Meisterwerke zu ihrem Erscheinungsjahr gehören? Wieso schickt sich ihre Einzigartigkeit in den Kalender – oder eigentlich: Wieso ergreift uns gerade bei Büchner eine an Verwirrung grenzende Ratlosigkeit, die nicht durch Hinweise auf seine Genialität, auf seine kurze Lebensdauer und auf seine Frühreife besänftigt oder gar beseitigt werden kann? Unsere Ratlosigkeit verschwindet, sobald wir uns zu einer seltsamen Ansicht entschließen. Sobald wir seine literarische Existenz um genau sechzig Jahre zurückdatieren, mildert sich unsere Verwirrung, und je mehr wir uns mit dieser neuen und sonderbaren Zeitrechnung vertraut machen, um so klarer wird, durch diese Rückprojektion, Büchners Bild.

Die Meinung, daß er, der Chronologie zum Trotz, nicht in die Nachbarschaft des »Jungen Deutschland«, sondern inmitten jene Bewegung gehöre, die sich, nach Klingers Drama, »Sturm und Drang« nannte, ist nicht neu. Doch als ich, etwa sechzehn Jahre alt, Büchner zum ersten Male las, kannte ich die merkwürdige Theorie noch nicht, und trotzdem sah ich auch damals den außerordentlichen Jüngling nicht neben dem Burschenschafter Fritz Reuter stehen, der ein Jahr nach dem Erscheinen von »Dantons Tod« zum Tode verurteilt und zu Festungshaft begnadigt wurde, und nicht neben den sieben aufrechten Professoren aus Göttingen, sondern immer neben dem jungen Goethe in Straßburg, von Herder kommend, vorm Münster, von Shakespeare schwärmend, oder wie sie sich brüderlich die Hand drückten und jeder in »sein« Pfarrhaus eilte, der eine zu Friederike Brion, der andre zu Minna Jaegle. Die Wahlverwandtschaft und die Zeitverwandtschaft der zwei jungen Genies drängte sich auf, und die anderen, Lenz und Klinger und Wagner, sie standen nicht neben, sondern hinter den beiden. Büchner, der »ungleichzeitige Zeitgenosse« des jungen Goethe, der Sohn Darmstadts, stand für mich und steht tatsächlich dem Sohne Frankfurts ungleich näher als etwa Lenz, der, komisch und tragisch in einem, Goethe bis in dessen Liebschaften »nachzuvollziehen« suchte.

Büchner ist, wenn man es so nennen will, doch ohne daß er dadurch an Substanz und Wert einbüßte, ein Anachronismus, – ein Epigone ist er in keiner Zeile. Danton und Wozzeck behaupten neben dem Götz und neben dem Gretchen des »Urfaust« den gleichen Rang und ihren unverwechselbaren Platz. Nur in einem Punkt unterschied sich Georg Büchner von den anderen Straßburger Genies um 1775: Er kannte die europäische Geschichte der folgenden sechzig Jahre! Er wußte von der Französischen Revolution, von Napoleons Herrschaft und Untergang, von der Restauration, von der Julirevolution, vom

Juste Milieu und vom Bürgerkönigtum. Er war um sechzig Jahre klüger als sie, und das heißt, in Anbetracht des Weltgeschehens in dieser Zeitspanne, um sechzig Jahre skeptischer. Er lehnte sich auf wie sie, und er glaubte viel weniger als sie. Er war ein Kämpfer ohne Hoffnung.

Ein anderer großer Sohn Darmstadts, Lichtenberg, hat den Satz notiert: »Ich kann freilich nicht sagen, ob es besser werden wird, wenn es anders wird; aber so viel kann ich sagen: es muß anders werden, wenn es gut werden soll.« – Das ist eine bescheidene Prophezeiung. Sie besagt nichts weiter, als daß man in der Geschichte die Chance, das Große Los zu gewinnen, nur dann hat, wenn man Lotterie spielt. Büchners Zweifel waren nicht geringer. Aber Lichtenberg war ein philosophischer Zuschauer, und Büchner war ein jugendlicher Rebell, der an der Lotterie teilnahm. Er spielte um seinen Kopf und glaubte weder ans Große Los noch an einen anderen nennenswerten Gewinn. Zwischen seinem Genie und seinem Kopf lagen sechzig Jahre. Während er stritt, stritten zwei Epochen in ihm. Um seinen literarischen Ort zu bestimmen, sprach ich von der Ungleichzeitigkeit des Gleichzeitigen. Um seinen inneren Zwiespalt zu bezeichnen, wäre die umgekehrte Formulierung am Platze. Er litt unter der Gleichzeitigkeit des Ungleichzeitigen.

Bevor ich meine zweite Randbemerkung mache und erläutere, wiederhole ich, was ich eingangs der ersten sagte: Ich etabliere keine Neuigkeiten. Ich versuche, mich Naheliegendem auf meine Weise zu nähern. Die zweite Notiz machte ich beim Wiederlesen von »Dantons Tod«, und sie heißt

Über spezifische Eigenschaften historischer Stoffe

Das historische Drama – für den historischen Roman gilt dasselbe – bringt dem Autor, bei der Eheschließung zwischen sich und seinem Gegenstand, eine stattliche Mitgift ein: den Stoff der Geschichte. Das ist für minderbemittelte Autoren oft genug Anreiz zur Mitgiftjägerei. Sie heiraten den Stoff und geben Geld aus, das ihnen nicht gehört. Sie lassen Friedrich den Großen »Bon soir, messieurs!« sagen, und das hat zweifellos eine stärkere Wirkung, als wenn eine ihrer selbstgemachten Figuren, welchen Rang sie ihr auch anschminken, Guten Abend wünschte. Doch von solchen Schmarotzern soll nicht die Rede sein. Immerhin wird auch hier, bei diesem bloßen Seitenblick, ein zusätzlicher Effekt sichtbar, der mit dem Können des Dramatikers nicht das mindeste zu tun hat, sondern den das Sujet frei ins Haus liefert, in unserm Fall ins Bühnenhaus. Die einzige Voraussetzung, die erfüllt sein muß, ist, daß im Parkett Leute sitzen, die, wenigstens bis zu einem gewissen Grad, geschichtskundig sind.

Man könnte sich Schriftsteller ausmalen, denen die Mitwirkung der Geschichte am Drama illegitim erschiene und peinlich wäre. Sie könnten sagen: »Wir verzichten auf fremde Hilfe. Wir engagieren weder Heinzelmännchen noch historische Riesen. Wer in den Tresor der Geschichte greift, stiehlt. Auch er ist ein Plagiator. Wir aber siegen oder fallen ohne Hilfstruppen und mit nichts anderem als unserem Talent.« Solche Sensibilität, solcher Hochmut, ein so heikles Gewissen wären denkbar. Doch solche Schriftsteller, über deren Meinung und Idiosynkrasie sich streiten ließe, gibt es nicht. Die kleinen, die großen und die größten haben tief in den Tresor der Geschichte gegriffen, und als sie ihre Hände voller Gold und Edelsteine wieder herauszogen, hatten sie Handschellen an den Gelenken!

Büchner hat geschrieben, das historische Drama sei »Geschichte zum zweiten Male«, und »Ich betrachte mein Drama wie ein geschichtliches Gemälde, das seinem Original gleichen muß«. Der historische Stoff und die überlieferten Schicksale tragen dazu bei, die Zuschauer zu fesseln, doch zuvor fesseln sie den Autor. Sie knebeln seine Phantasie, seine Hoffnungen und seine Entwürfe. Er muß wollen, was schon einmal geschah. Daß er im Pitaval der Geschichte nach Möglichkeit genau die Fabel, die Helden und die Schurken sucht, die er braucht, ist sicher.

Daß er sie findet, war und ist selten. Er liegt an der Kette. Die künstlerische Freiheit wird, mit der Kugel am Beine zur

Bewegungsfreiheit des Gefangenen degradiert. Er wandert, zwei Schritte hin, zwei Schritte her, in der Zelle seiner Wahl.

Zwei Schritte hin, zwei Schritte her. Lucile Desmoulins darf zur Ophelia werden, und sie darf »Es lebe der König!« rufen, obwohl nicht sie diesen verbrieften Ruf ausgestoßen hat, um aufs Schafott zu kommen. Sie wurde hingerichtet, aber auf Grund einer Denunziation. Und Julie Danton darf sich, während ihr Mann geköpft wird, vergiften, obwohl sie, in Wirklichkeit, drei Jahre nach Dantons Tod einen Baron Dupin geheiratet und selbst Georg Büchner, den Erfinder ihres Selbstmords, überlebt hat. Als er dieser Frau die Treue bis in den Tod andichtete, verletzte er die historische Treue, doch es war kein Treubruch von Belang. So viel Freiheit blieb ihm. Mehr aber nicht.

Die großen Helden und Schurken, die im Vordergrund der Bühne agieren, müssen handeln, leiden und enden, wie es die Geschichte befahl. *Sie* liefert die Schablone. *Sie* liefert die Grundfarben. Dann kann der Historienmaler immer noch zeigen können, daß er Schiller, oder zeigen müssen, daß er Wildenbruch heißt. In beiden Fällen malt er mit gebundenen Händen. Es wird so oft und so hochtrabend darüber gesprochen, wie belanglos, gemessen am Drama, der Gegenstand sei, daß es angezeigt scheint, dieser Schönrederei endlich einmal in aller Nüchternheit zu widersprechen. Es geht ja nicht nur um Shakespeare! Es gibt ja noch andere und nicht ganz so geniale Dramatiker, die im Buch der Geschichte und in den Geschichtsbänden blättern! Solche Anleihen haben ihre Vorteile. Doch alle Vorteile haben ihre Nachteile. Sie sind, bei unserem Beispiel, in der Leihgebühr inbegriffen.

Der größte Nachteil historischer Dramen besteht darin, daß sie keinen Schluß haben. Sie hören nur auf. Bei Büchners Revolutionsdrama wird das besonders augenfällig. Danton ist tot und Robespierre hat gesiegt. Für Leute, die von der Geschichte Frankreichs und Europas keine Ahnung hätten, fiele mit dem Vorhang auch die Entscheidung. Doch diese Leute sind selten. Die anderen wissen: Auch Robespierre, der vermeintliche Sieger, wird guillotiniert werden. Ein kleiner korsischer

Artillerieoffizier wird Kaiser werden, Europa erobern und auf St. Helena sterben. Man wird den Rücksprung in die Vergangenheit versuchen. Zwei Revolutionen werden folgen. Ein anderer Napoleon wird sich Kaiser nennen. »Dantons Tod« hat keinen Schluß und findet kein Ende.

In jedem historischen Drama ist der Schlußvorhang ein Provisorium. Es endet offen. Die Zeit schreibt in einem fort daran weiter, und damit wandelt sich, von Stichtag zu Stichtag, das Stück. Das historische Drama ist tatsächlich kein Ganzes, sondern nur ein »Stück«. Die Helden und ihre Widersacher, ihre Taten, ihre Probleme, ihr Kampf, ihr Sieg, ihr Untergang, – alles ist relativ, nichts stimmt, und in jedem Jahr, nachdem der Autor »Finis« geschrieben hat, stimmt es aus neuen und alten und anderen Gründen nicht.

Nur wenigen historischen Dramen gereicht dieser Nachteil fast zum Vorteil, und eines dieser wenigen Stücke ist Büchners »Danton«. Denn Büchner glaubte ja nicht an Helden, so sehr er unter seinem Unglauben litt. Einundzwanzigjährig, den Thiers studierend, schrieb er aus Gießen nach Straßburg: »Ich fühle mich wie zernichtet unter dem gräßlichen Fatalismus der Geschichte.« Insofern ist der Schluß seines Stücks kein Kurzschluß. Das Drama blieb offen, aber die Geschichte widersprach ihm nicht. Trotzdem steht fest, daß die Dramatisierung historischer Sujets, die mehr oder weniger bekannt sind, nicht nur außerliterarische Vorzüge, sondern auch spezifische Nachteile mit sich bringt. Der Autor, der sich mit der Geschichte nicht verbündet, hat zwar einen Bundesgenossen, aber auch einen Feind weniger.

Fast wäre ich, im Hinblick auf historische Stoffe, der Versuchung erlegen, darüber nachzudenken, warum es wohl keine *historischen Lustspiele* gibt. Ich denke dabei natürlich nicht an »Madame Sans-Gêne«, und ich weiß natürlich, daß in »Minna von Barnhelm« ein preußischer König, ohne aufzutreten, eine Rolle spielt. Trotzdem dürfte meine Behauptung, daß es viele hervorragende historische Trauerspiele, aber kein historisches Lustspiel gibt, schwer zu widerlegen sein. Ich begnüge mich, bevor ich zu meiner dritten Randbemerkung komme, mit der Vermutung, daß das Buch der Geschichte eine ausgesprochen ernste und traurige Lektüre ist. Da gibt es nichts zu lachen.

Die dritte Randbemerkung – die letzte, die ich vor Ihnen ein wenig interpretieren will – machte ich, als ich den »Wozzeck« wiederlas. Sie heißt:

Über die Tragedia dell'Arte,

und der unübliche Komplementärbegriff zur Commedia dell' arte versucht anzudeuten, für wie einzigartig und eigenartig ich dieses fragmentarische Trauerspiel halte, genauer gesagt, etwa die erste Hälfte des Stücks. In den späteren Szenen verändert sich dessen Charakter, es wird mehr und mehr zur klinischen Studie, zum psychologischen Einmann-Drama, zum Seismogramm, worauf sich die wortarmen Erschütterungen Wozzecks bis zur Katastrophe abzeichnen. Auch diese späteren Szenen sind grandios. Sie nehmen den psychologischen Realismus vorweg, sie sind ihm um fast ein halbes Jahrhundert voraus, und sie sind zugleich dessen Meisterwerk. Der Weg zu »Rose Bernd« und »Fuhrmann Henschel« beginnt hier, und das besagt: Der Weg beginnt auf dem Gipfel!

Doch die stilistische Bedeutung Büchners liegt, entgegen der herrschenden Ansicht, nicht im Bezirke des Realismus. Soweit er und so weit er auch in dieses Gebiet vordrang, hielt hier der junge Mediziner und Naturwissenschaftler, der er war, den Dramatiker an der Hand. Der Fuß des Schriftstellers folgte dem Auge des Diagnostikers. Büchners »Realismus« ist eine nebenberufliche Begleiterscheinung und soll weder bestritten noch unterschätzt werden. Aber sein künstlerischer Wille strebte – das beweisen die Szenen mit dem Hauptmann und dem Direktor, wie auch die Großmutter mit ihrem makabren Märchen – in die völlig entgegengesetzte Richtung, in das seinerzeit von Dramatikern nicht nur unbesiedelte, sondern überhaupt noch nicht entdeckte Gebiet der tragischen Groteske.

Die Situationen sind Grenzsituationen, und zwar jenseits der Grenze. Die Bilder auf der Bühne sind Zerrbilder. Die

Wirklichkeit und die Kritik an ihr verzehnfachen sich durch die Genauigkeit der Übertreibung. Dieser Doktor und dieser Hauptmann, doch auch der Tambourmajor und der Marktschreier sind Karikaturen. Sie haben eine Maske vorm Gesicht, doch nicht nur das –, sie haben auch noch ein Gesicht vor der Maske! Sooft man diese Szenen liest, oder im Theater wiedersieht, verschlägt es einem den Atem. Mit wie wenigen und mit welch wortkargen und scheinbar simplen Dialogen wird hier die Wirklichkeit heraufbeschworen, ohne daß sie geschildert würde! Und wie gewaltig ertönt die Anklage, obwohl und gerade weil sie gar nicht erhoben wird! Nie vorher – und seitdem nicht wieder – wurde in unserer Literatur mit ähnlichen Stilmitteln Ähnliches erreicht.

So ist der »Wozzeck« einerseits ein Fragment, fast zu kurz für einen Theaterabend, und andererseits, in der Geschichte des deutschen Dramas, ein doppeltes Ereignis. Hier wurzeln sowohl der psychologische Realismus, als auch der völlig entgegengesetzte, der groteske Stil. So ist es kein Wunder, daß das Stück, das ja erst 1875 aufgefunden wurde, sehr bald in beiden Richtungen weiterwirkte. Gerhart Hauptmann und Frank Wedekind sind bedeutende und glaubwürdige Zeugen für diese zweisinnige Strahlkraft. Und beide haben sich, an Büchners Grab auf dem Zürichberg, vor dem 23jährigen Genius mit der gleichen Dankbarkeit verneigt.

1875 wurde das Manuskript gefunden, und erst weitere achtunddreißig Jahre später fand die Uraufführung statt, 1913, im Münchner Residenztheater, mit Albert Steinrück als Wozzeck. Dem hartnäckigen Bemühen zweier Schriftsteller, Heinrich Manns und Wilhelm Herzogs, war es endlich gelungen, dem Stück den Weg zur Bühne freizumachen. Erst jetzt, ein Jahr vorm Beginn des Weltkriegs, und erst seitdem konnte sich das außerordentliche Drama auch im deutschen Theaterleben auswirken.

Der dominierende Einfluß Büchners, besonders der ersten Hälfte seines »Wozzeck«, auf den expressionistischen Stil kann gar nicht überschätzt werden. Wieder waren Stück und Autor jung, modern, rebellisch und genial wie am ersten Tage, und wieder huldigte ihm eine neue Generation der Talente. So ist es bis heute geblieben, und so wird es noch lange bleiben. In diesem Zusammenhange wird man es mir nicht als Vermessenheit auslegen, wenn auch ich mich, mit meiner Komödie »Die Schule der Diktatoren«, als Schüler und Schuldner Büchners bekenne.

So danke ich, von hier aus, zunächst ihm als einem meiner Vorbilder. Dann danke ich noch einmal denen, die mir den Preis zugesprochen haben, wie auch, insbesondere, Kasimir Edschmid für seine Ansprache. Und schließlich und endlich, meine Damen und Herren, danke ich Ihnen allen für Ihre Aufmerksamkeit.

Erich Ohser aus Plauen

Erich Ohser, der aus Plauen im Vogtland stammte und sich späterhin e. o. plauen nannte, zählt zu unseren besten satirischen Zeichnern, aber man weiß es nicht mehr. Er war fünfunddreißig Jahre jünger als Th. Th. Heine, er war jünger als Rudolf Großmann, Walter Trier, Schaefer-Ast und Rudolf Schlichter, aber er starb als erster. Die glanzvolle Reihe hat sich gelichtet. Nur Gulbransson und George Grosz leben noch. So wäre es höchste Zeit, sich dieser Meister und ihrer Werke zu erinnern und sie zu sammeln. Es zu unterlassen, hieße die interessanteste Epoche in der Geschichte der deutschen Karikatur vergessen. Das wäre unverzeihlich, und der Fehler wäre irreparabel. Satirische Zeichnungen von Rang sind Unterhaltung, Kunst und Dokument in einem.

Das einzige, was man heute noch von e. o. plauen kennt und wieder kaufen kann, sind einige Folgen seiner »Lustigen Streiche und Abenteuer von Vater und Sohn«. Damit kennt man die schönsten deutschen Bildergeschichten seit Wilhelm Busch, und es ist nur gerecht, wenn sie bereits jetzt zu den »Klassikern« gerechnet werden. Schon gibt es Fachleute, Eltern und Kinder genug, die e. o. plauens Zeichenkunst, Humor und

Herzlichkeit noch höher schätzen und noch mehr lieben als ihren »Max und Moritz«.

Doch ob sie nun recht haben oder nicht, den Zeichner e. o. plauen kennen sie dann immer erst zur Hälfte, und den Mann selbst kennen sie, damit allein, überhaupt nicht. Denn er war ein rauflustiger Kritiker seiner Zeit, er haßte die Profitmacher, er verlachte die Spießer und Heuchler, er attackierte die Bürokratie, er focht für die Freiheit des einzelnen und kämpfte gegen die Dummheit der meisten. Unermüdlich stellte er sich, mit Tusche und Feder, den Leithammeln und ihren Herden in den Weg und malte den Teufel an die Wand. Hunderte seiner gezeichneten Pamphlete erschienen in demokratischen und sozialdemokratischen Zeitungen. Der Sturm hat die Blätter verweht.

Er illustrierte Kipling und Sostschenko und meine Gedichtbände. Die Bücher sind nicht wieder aufgelegt worden. Die neun oder zehn ganzseitigen Zeichnungen für »Herz auf Taille« überlebten nicht einmal die erste Auflage des Bandes. Curt Weller, unser Verleger, mußte sie prüden Buchhändlern opfern. Sie und ihre wohlanständigen Kunden hatten die unzimperlichen Bilder nicht mit den Augen, sondern mit den Hühneraugen betrachtet. Das mußte Ärger geben.

Denn wenn e. o. plauen von seiner naiv unbändigen Lebenslust gepackt wurde, dann griff er nicht zum Silberstift. Dann wurde er derb wie Rabelais. Seinen erotischen Zeichnungen müßten in einer Kunst- und Sittengeschichte über die »années folles«, über das tolle zweite Jahrzehnt unseres Jahrhunderts, ein eigenes Kapitel eingeräumt werden. Darin wäre ganz und gar nicht von Dekadenz und Perversion, Käuflichkeit und Kokain die Rede, sondern vom gesunden Sinn der gesunden Sinne. Auch diese übermütigen Meisterwerke sind, wie etwa meine kleine Sammlung in Berlin, im Luftkrieg verbrannt und verschollen.

So verdient der hiermit vorgelegte Band das Interesse der Öffentlichkeit und den Dank der Kenner. Es handelt sich um den ersten nennenswerten Versuch, e. o. plauens Kunst der Vergangenheit und der Vergeßlichkeit zu entreißen. Möge es nicht der letzte Versuch bleiben!

Ich bin kein gebürtiger Kunstrichter. Es ist nicht meines Amtes, stichhaltig darzulegen, wie und wo sich e. o. plauen in die Tradition der satirischen Schwarzweißkunst Europas eingereiht, wann und wie er seinen eigenen Weg eingeschlagen und ob und inwieweit er selber »Schule« gemacht hat. Darüber dürfte manches zu sagen sein. Doch das sollen und werden andere besser sagen, als ich es könnte.

Mir fällt die Aufgabe zu, über die entscheidenden Jahre seines Lebens zu berichten. Das kann ich. Denn wir waren befreundet. Und ich tue es, weil der Mann, der es besser als ich gekonnt hätte, weil Erich Knauf, der dritte Erich unserer Runde, tot ist. Er wurde 1944 mit e. o. plauen von der Gestapo verhaftet und, unmittelbar nach dessen Selbstmord in der Zelle, vom Volksgerichtshof verurteilt und umgebracht.

Erich Ohser, Erich Knauf und Erich Kästner, zwei Sachsen aus Plauen und einer aus Dresden, ein Schlosser, ein Setzer und ein Lehrer, die ihre Berufe an den Nagel hängten, ihren Talenten vertrauten, ihre Erfolge hatten und, bis auf einen, unter Hitler ihr Ende fanden, das sind drei kurze Biographien aus unserem fortschrittlichen Jahrhundert!

Als Ohser und ich uns in Leipzig kennenlernten, trieb die Inflation ihre letzten verrückten Papierblüten in die hektische Atmosphäre der Nachkriegszeit. Er war noch ein paar Jahre jünger als ich, groß, dunkelhaarig, tapsig und voller Übermut. Er studierte an der Kunstakademie und ich an der Universität. Wir waren beide unseren Berufen entlaufen und aufs Dasein neugierig, fanden die Freiheit samt ihrem Risiko herrlich, lernten und bummelten, lachten und lebten von der Hand in den Mund. Wir glaubten getrost an unser Talent und waren sehr fleißig und sehr faul, wie es sich traf. Er zeichnete und ich schrieb schon für Zeitungen und Zeitschriften, und sein Freund Erich Knauf, der es bereits zum Redakteur der »Plauener Volkszeitung« gebracht hatte, war unser bester Abnehmer. Daß sich seine Leser über unsere ungebärdige Modernität wunderten, kümmerte Knauf wenig. Ängstlichkeit stand nicht auf seinem Programm.

1924 wurde ich, mitten im Studium, selber Redakteur. Damit boten sich uns, in der »Neuen Leipziger Zeitung«, neue Möglichkeiten. Ohser zeichnete und ich schrieb, was das Zeug hielt. Unser Ehrgeiz und wir selber brauchten wenig Schlaf. Noch nachts, wenn ich in der Johannisgasse 8 »Stallwache« hatte und, beim Dröhnen der Rotationsmaschinen, Spätnachrichten redigierte, hockten wir zusammen. Manchmal brachte er – aus dem Café Merkur oder, in selbstgeschneiderten Kostümen, von Faschingsbällen – andere junge Künstler und Weltverbesserer mit, und dann redigierten wir die korrekturbedürftige Menschheit. Goethe hat, in Erinnerung an seine Studentenzeit, Leipzig »ein Klein-Paris« genannt, und auch um 1925 konnte sich die Stadt der Bach- und Buchkantaten sehen lassen. Doch Krieg und Inflation hatten die Bürger übermüdet. Das Althergebrachte war ihnen neu genug. Unsere rebellische Munterkeit ging ihnen auf die Nerven. Die »Leipziger Neuesten Nachrichten«, ein konservatives Blatt und zugleich die größte mitteldeutsche Zeitung, beobachteten die junge und jugendliche Konkurrenz mit wachsendem Unbehagen und warteten darauf, daß sich eine Gelegenheit böte, uns eins auszuwischen.

Die Gelegenheit bot sich. Im Jahre 1927, noch dazu im Fasching, war bei Knauf und anschließend im Karnevalsheft der Kunstakademie, »Das blaue Herz«, mein von Ohser illustriertes Gedicht »Nachtgesang des Kammervirtuosen« erschienen. Die ersten Zeilen lauteten: »Du meine Neunte letzte Sinfonie! Wenn du das Hemd anhast mit rosa Streifen … Komm wie ein Cello zwischen meine Knie, und laß mich zart in deine Seiten greifen!« Ohser hatte die junge Dame und den Cellisten aufs anschaulichste dargestellt, und wir waren mit unserem gereimten und gezeichneten Scherz soweit zufrieden. Aber wir hatten nicht bedacht, daß 1927 das hundertste Todesjahr Beethovens war!

Die »Leipziger Neuesten Nachrichten« widmeten unserer »Tempelschändung« einen geharnischten Leitartikel und attackierten nicht nur uns beide, sondern auch die »Neue Leipziger Zeitung«, die solche Frevler beschäftigte. Und am nächsten Tage saßen wir, von unserem Verlagsdirektor fristlos entlassen, verdutzt auf der Straße. Da fanden wir, daß es an der Zeit sei, nach Berlin auszuwandern.

Berlin war damals die interessanteste Großstadt der Welt, und wir bereuten den Tausch keine Stunde. Wir entdeckten Berlin auf unsere Weise und berichteten davon in illustrierten Reportagen, die uns die Provinzpresse abkaufte. Wir saßen täglich stundenlang in unserem Café am Nürnberger Platz und erfanden politische und unpolitische Witze, die Ohser graphisch umsetzen konnte. Auch Eugen Hamm saß dabei, älter als wir, ein Schüler Lovis Corinths, und auch er war unter die Karikaturisten gegangen. Auch er war aus Leipzig ausgewandert. Wir arbeiteten wie die Teufel, lachten an der Spree wie vordem an der Pleiße und lebten wieder einmal von der Hand in den Mund. Eines Tages gab Eugen Hamm das Rennen auf. Er beging Selbstmord.

Ohser und ich ließen nicht locker. Kaum hatten wir ein paar hundert Mark zusammen, fuhren wir nach Paris. Von unserm Quartier aus, es war ein romantisches Stundenhotel am Bahnhof St. Lazare, durchstreiften wir nun die Hauptstadt der Künste. Im Jardin du Luxembourg und in den Gärten der Tuilerien begann Ohser mit Pastellstiften zu arbeiten, und diese Blätter, worauf Kraft und Zärtlichkeit miteinander Hochzeit machten, zeigten endgültig, daß ein jugendlicher Meister am Werke war.

Doch noch immer waren wir arm wie die Kirchenmäuse, und nach einigen Wochen kehrten wir in die geliebte Berliner Tretmühle zurück. Allmählich wurde man auf uns aufmerksam. Es ging vorwärts. Knauf, der dritte Erich, kam nach Berlin. Die Büchergilde Gutenberg hatte sich den tüchtigen Mann geholt. Auch er erteilte Ohser Illustrationsaufträge für einige Bücher und laufend für die Hauszeitschrift des Verlags, und so konnten wir, 1929, zum zweitenmal auf die Reise gehen. Diesmal hießen unsere Ziele Moskau und Leningrad. Wir sahen, was man uns zeigte, und noch ein bißchen mehr. Die Berliner Freiheit und das Leben auf eigene Gefahr waren uns lieber.

Doch die Jahre der Berliner Freiheit waren, ohne daß wir es wußten, schon gezählt, und unser Leben auf eigene Gefahr sollte nur zu bald in ständige Lebensgefahr ausarten. Die Zeit bis zu dieser Unzeit brachte ihm, der sich nun e. o. plauen nannte, noch mancherlei Glück. Der Verlag Ullstein machte ihn zum festen Mitarbeiter. Das bedeutete Anerkennung, sicheres Einkommen und Auskommen und verhieß Popularität. Er heiratete seine Marigard und wurde Krischans Vater. Nun brauchte er mit seinem Talent nicht länger Raubbau zu treiben. Der Plan zu »Vater und Sohn« entstand. Auch andere Pläne reiften. Und da kam Hitler an die Macht.

Knauf, der sozialistische Haudegen, geriet ins Konzentrationslager. Mir wurde das Schreiben verboten. Ohser blieb verschont und zeichnete seine lustigen Bilderserien. Als Knauf aus dem Lager entlassen worden war, tauchte er in einer Filmfirma als Pressemann unter. Später schrieb er, unter anderem Namen, erfolgreiche Heimatlieder. Sie wollten, mit einem Minimum an Konzessionen, das braune Reich überdauern. Sie hofften, es werde gutgehen. Es konnte nicht gutgehen, und es ging nicht gut. Sie verbargen ihre eigentlichen Talente, damit sie nicht mißbraucht würden. Ihre eigentliche Meinung konnten sie auf die Dauer nicht verbergen. Sie wurden denunziert und dem Volksgerichtshof ans Messer geliefert.

Es ist leider müßig, sich auszumalen, bis zu welcher Meisterschaft e. o. plaucn cs gewiß gebracht hätte, wenn er noch lebte. Und den Freunden hilft es wenig, die Augen zu schließen und aus dem Romanischen Café im Jenseits sein unbändiges Lachen zu hören. Wir wollen um ihn trauern, indem wir uns über seine Zeichnungen freuen.

Über das Verbrennen von Büchern

Meine Damen und Herren,
  seit Bücher geschrieben werden, werden Bücher verbrannt. Seit es die Erstgeburt gibt, gibt es, als Antwort, den Haß. Und weil Geist, Glauben und Kunst nicht verkauft werden können, nicht für ein Linsengericht und um keinen Preis, wird Esau zum Kain, und Jakob stirbt als Abel. Der Neid, der keinen Weg

sieht, begibt sich auf den einzigen Ausweg: ins Verbrechen. Wer den Tempel der Artemis nicht bauen kann – aus gebürtigem Unvermögen, und da er ja schon in der Sonne schimmert, der ephesische Tempel –, der muß zur Fackel greifen und ihn anzünden. Aber alles verstehen heißt keineswegs: alles verzeihen! Und da die Sühne der Schuld zwar im Strafgesetzbuch folgt, nicht jedoch im Buch der Geschichte, muß künftig an die rechtzeitige Verhütung der Schuld gedacht werden. Davon ist die Rede. Davon handelt die Rede. Heute: nun auch die Naturwissenschaften moralische (oder unmoralische) Disziplinen geworden sind, ist es unangebrachter denn je, die Unmoral in Politik und Geschichte als Naturereignis hinzunehmen.

Die Geschichte des Geistes und des Glaubens ist zugleich die Geschichte des Ungeistes und des Aberglaubens. Die Geschichte der Literatur und der Kunst ist zugleich eine Geschichte des Hasses und des Neides. Die Geschichte der Freiheit ist, im gleichen Atem, die Geschichte ihrer Unterdrückung, und die Scheiterhaufen sind die historischen Schnitt- und Brennpunkte. Wenn die Intoleranz den Himmel verfinstert, zünden die Dunkelmänner die Holzstöße an und machen die Nacht zum Freudentag. Dann vollzieht sich, in Feuer und Qualm, der Geiselmord an der Literatur. Dann wird aus dem »pars pro toto« das »ars pro toto«.

Seit Bücher geschrieben werden, werden Bücher verbrannt. Dieser abscheuliche Satz hat die Gültigkeit und Unzerreißbarkeit eines Axioms. Er galt zur Zeit der römischen Soldatenkaiser und unter Kubilai Khan, bei Cromwell und für die Konquistadoren, für Savonarola, Calvin und Jacob Stuart, für die Jesuiten, die Dominikaner und die Puritaner, für China und Rom, für Frankreich, Spanien, England, Irland und Deutschland, für Petersburg, Boston und Oklahoma City. Immer wieder hatten die Flammen ihren züngelnden Wolfshunger, und immer wieder war ihnen das Beste gerade gut genug. Sie fraßen die Werke von Ovid und Properz, von Dante, Boccaccio, Marlowe, Erasmus, Luther, Pascal, Defoe, Swift, Voltaire und Rousseau. Manchmal fraßen sie den Autor oder den Drucker als Dreingabe. Oder sie leuchteten, damit der Henker den Angeklagten um so besser die Ohren abschneiden, die rechte Hand abhacken und das Nasenbein zertrümmern konnte.

Hören Sie sich, bitte, ein paar Sätze aus einem Buch an, und versuchen Sie zu erraten, wer das und wann er es geschrieben haben könnte! »Man hat nicht nur gegen die Autoren, sondern auch gegen ihre Bücher gewütet, indem man besondere Kommissare beauftragte, die Geisteserzeugnisse der bedeutendsten Köpfe auf offnem Markte zu verbrennen. Natürlich meinte man in diesem Feuer die Stimme des Volkes, die Freiheit und das Gewissen töten zu können. Man hatte ja obendrein die großen Philosophen ausgewiesen und alle echte Kunst und Wissenschaft ins Exil getrieben, damit nirgends mehr etwas Edles und Ehrliches anklagend auftrete ... Während in fünfzehn Jahren ... gerade die geistig Lebendigsten durch das Wüten des Führers umkamen, sind nun wir wenigen ... nicht nur die Überlebenden von anderen, sondern auch von uns selber, weil ja mitten aus unserem Leben so viele Jahre gestohlen wurden, in denen wir aus jungen zu alten Männern geworden sind, ... indessen wir zur Stummheit verurteilt waren.« Das hat Tacitus nach der Schreckensherrschaft des Kaisers Domitian geschrieben, der im Jahre 96 n. Chr. ermordet wurde. Achtzehn Jahrhunderte und ein halbes sind vor diesen Sätzen vergangen wie ein Tag und wie eine Nachtwache.

Und Heinrich Heines Verse aus dem »Almansor«: »Dort, wo man die Bücher verbrennt, verbrennt man auch am Ende Menschen«, galten zwar den spanischen Autodafés und wurden dennoch zur Prophezeiung.

Das blutige Rot der Scheiterhaufen ist immergrün.

*

Einen dieser Scheiterhaufen haben wir, mit bloßem Auge, brennen sehen. Das war auf den Tag genau vor einem Vierteljahrhundert, und deswegen haben wir uns heute versammelt. Es gibt Andachtsübungen, und wie es Andachtsübungen gibt, sollte es, nicht weniger ernsthaft und folgenschwer, Gedächtnis-Übungen geben. Meine Damen und Herren, wir sind zu einer Gedächtnis-Übung zusammengekommen.

Politik ist von uns selber erlebte Geschichte, und in prägnanten Augenblicken empfinden wir dies nicht weniger, als es Goethe vor Valmy empfand. Als am 10. Mai 1933 die deutschen Studenten in allen Universitätsstädten unsere Bücher tonnenweise ins Feuer warfen, spürten wir: Hier vollzieht sich Politik, und hier ereignet sich Geschichte. Die Flammen dieser politischen Brandstiftung würden sich nicht löschen lassen. Sie würden weiterzüngeln, um sich fressen, auflodern und Deutschland, wenn nicht ganz Europa in verbrannte Erde verwandeln. Es würde so kommen und kam so. Es lag in der Unnatur der Sache.

Sie machten sich viel mit Fackeln und Feuer zu schaffen, jene Pyrotechniker der Macht. Es begann mit dem brennenden Reichstag und endete in der brennenden Reichskanzlei. Es begann mit Fackelzügen und endete mit Feuerbestattung. Zwischen dem Reichstagsbrand und der Bücherverbrennung, also zwischen dem 27. Februar und dem 10. Mai 1933, arbeiteten sie freilich ohne Streichhölzer und ohne Benzin. Sie sparten Pech und Schwefel. Es ging auch so. Der Feldmarschall und Reichspräsident kapitulierte in der Potsdamer Garnisonkirche. Das geschah am 21. März. Zwei Tage später kapitulierten, mit Ausnahme der Sozialdemokratie, die Parteien in der Krolloper. Eine Woche später wurden die Länder »gleichgeschaltet«. Am 1. April wurde der Judenboykott inszeniert. Es war eine mißglückte Inszenierung, und man setzte das blutige Stück vorübergehend vom Spielplan ab. Am 7. April wurden die Gauleiter als Reichsstatthalter herausstaffiert. Am 2. Mai wurden die Gewerkschaften aufgelöst. Zwei Monate hatte man mit der seidnen Schnur gewinkt, und es ging wie am seidnen Schnürchen. Am 10. Mai aber brauchte man wieder Feuer. Für die Bücher.

*

Der kleine Hinkende Teufel, nicht der von Le Sage, sondern der aus Rheydt im Rheinland, dieser mißratene Mensch und mißglückte Schriftsteller, hatte das Autodafé fehlerlos organisiert. Eine Münchner Zeitung schrieb am 5. Mai: »Die Hinrichtung des Ungeistes wird sich zur selben Stunde in allen Hochschulstädten Deutschlands vollziehen. In einer großen Staffelreportage zwischen 11 und 12 Uhr nachts wird gleichzeitig der Deutschlandsender ihren Verlauf aus sechs Städten, darunter auch München, mitteilen. Schon einmal weihten deutsche Burschen öffentlich vor allem Volk einen Haufen Bücher dem Feuer. Das war vor nunmehr hundert Jahren auf der Wartburg, und die achtundzwanzig Schriften, die der Zorn der Flammen damals ergriff, ... waren Werke des Muckertums, der Knechtsgesinnung, von Büttteln, Spießern und Dreigroschenseelen im Sold der Herrschenden hingesudelt ... Und heute steht abermals das Gericht über sie auf, und abermals schichtet der deutsche Bursch ihnen das Feuer der Vernichtung.«

Die Parallele zum Wartburgfest Anno 1817 zu ziehen, zur Verbrennung einiger preußischer Polizeivorschriften sowie etlicher Bände von Kotzebue und eines Autors namens Schmalz, der Vergleich eines Ulks mit der Verbrennung nicht des »deutschen Ungeistes«, sondern des deutschen Geistes, das war eine Frechheit ohne Beispiel. »Die Lüge hat ein kurzes Bein«, hieß es schon damals. Was hatten denn die Bücher von Heinrich und Thomas Mann, von Döblin und Leonhard Frank, von Werfel und Wassermann, von Brecht und Renn, von Alfred Neumann und Polgar, von Stefan Zweig und Lernet-Holenia, von Heuss und Rathenau, von Sigmund Freud und Lindsay, die Übersetzungen der Bücher von Sinclair, Barbusse und Gorki, von Wells, Jack London, Dos Passos, Hašek, Hemingway und James Joyce mit Muckertum und Knechtsgesinnung und gar mit preußischen Polizeivorschriften zu tun? Die Zahl der Autoren, deren Bücher verbrannt wurden, geht in die Hunderte. Einige dieser Schriftsteller sitzen heute unter uns. Wir waren Spießer und Dreigroschenseelen?

Der Lügner wußte, wie infam er log. Er nahm sich nicht einmal die Mühe, seinen Haß und Neid gescheiter zu artikulieren, und er hatte recht. Denn »der deutsche Bursch schichtete das Feuer der Vernichtung«, wie es so schön hieß, sowieso. In der Münchner Zeitung vom 5. Mai 1933 steht weiter: »Es mag einen tüchtigen Stoß geben, denn nicht nur die Studenten sind

aufgefordert worden, ihre Bücherschränke zu sichten, sondern an die ganze Bevölkerung ging der Ruf, und vor allem aus den Leih- und Volksbüchereien erwartet man kräftigen Zuzug. Und darum stehen heute schon Lastwagen bei der Studentenschaft gerüstet, und sie hat sich für das Werk der Zerstörung sogar schon mit einer pyrotechnischen Firma in Verbindung gesetzt. Am Nachmittag soll der Stapel schon aufgebaut werden. Eine gute Stunde lang dürften die Flammen wohl Nahrung finden.«
Eine gute Stunde lang! Es war für Deutschland und die Welt keine gute Stunde.

Die Feuer brannten. Auf dem Opernplatz in Berlin. Auf dem Königsplatz in München. Auf dem Schloßplatz in Breslau. Vor der Bismarcksäule in Dresden. Auf dem Römerberg in Frankfurt. Sie loderten in jeder deutschen Universitätsstadt. Die Studenten hielten in brauner Uniform die Ehrenwache. Die Sturmriemen unterm akademischen Kinn. In Berlin hatten sie sich vor der Universität und der Bibliothek aufgebaut, sahen zum Scheiterhaufen hinüber und kehrten ihrer »Alma mater« den Rücken. Und den Standbildern der Brüder Humboldt am Haupttor. Sie blickten zackig geradeaus, die Studenten. Hinüber zum Brandmal, wo der kleine »Teufel aus der Schachtel« schrie und gestikulierte und wo die Kommilitonen die Bücher zentnerweise ins Feuer schippten. Meine Damen und Herren, ich habe Gefährlicheres erlebt, Tödlicheres – aber Gemeineres nicht!

»Ein Revolutionär muß alles können!« brüllte der personifizierte Minderwertigkeitskomplex aus Rheydt. »Er muß ebenso groß sein im Niederreißen der Unwerte wie im Aufbau der Werte.« Und die Frankfurter Zeitung vom 11. Mai berichtet: »Niemals, so meinte er, hätten junge Männer so wie jetzt das Recht, mit Ulrich von Hutten auszurufen: ›O Jahrhundert, o Wissenschaften! Es ist eine Lust zu leben!‹«

*

Was hatte, vom abscheulichen Schauspiel abgesehen, an diesem Abend stattgefunden? Hatte, diesmal auch, der dämonische Gefreite und Obdachlose aus Braunau am Inn gebrüllt? Nein.

Hatten seine Marodeure und sein Pöbel die Bücher ins Feuer geworfen? Nein. Viel Schrecklicheres, etwas Unausdenkbares war geschehen: Ein Doktor der Philosophie, ein Schüler Gundolfs, hatte die deutschen Studenten aufgefordert, höchstselbst den deutschen Geist zu verbrennen. Es war Mord und Selbstmord in einem. Das geistige Deutschland brachte sich und den deutschen Geist um, und der Arrangeur, auch und gerade er, war, wie er das zu formulieren pflegte, ein Arbeiter der »Stirn«. Es war nicht nur Mord und nicht nur Selbstmord, es war Mord als Inzest, es war, mathematisch gesagt, Massenmord und Selbstmord hoch drei.

Nun blieb zu tun nichts mehr übrig. Dieses »Nichts nichtete« dann, im November des gleichen Jahres, in seiner Rektoratsrede vor den Freiburger Studenten »der größte deutsche Philosoph unseres Jahrhundert«, auch er der Schüler eines jüdischen Gelehrten, als er sagte: »Nicht Lehrsätze und ›Ideen‹ seien die Regeln eures Seins. Der Führer selbst und allein ist die heutige und künftige Wirklichkeit und ihr Gesetz.« Ob der bedeutende Mann, als er »euer Sein« sagte, Sein mit i oder mit y ausgesprochen hat, weiß ich nicht. Möge er der größte Philosoph unseres glorreichen Jahrhunderts sein oder seyn und bleiben! Ich glaube und hoffe, daß ihm, eines Tages im Pantheon, Sokrates und Seneca, Spinoza und Kant nicht die Hand geben werden.

An dieser Stelle möchte ich einem anderen Philosophen meine ehrliche Bewunderung und Verehrung zollen: Eduard Spranger, einem meiner Leipziger Lehrer, das wird er nicht mehr wissen, unserm PEN-Mitglied und, das wissen wir alle, einem aufrechten Mann. Er trat demonstrativ von seiner Berliner Professur zurück und begründete diesen Rücktritt sogar vor einer Pressekonferenz. Auch Alfred Webers, des eben verstorbenen Nestors unseres PEN-Zentrums, dürfen wir an dieser Stelle, trauernd und respektvoll, gedenken.

Doch das Ehrgefühl und der Widerstand im Detail nützten nichts. Auch die Selbstmorde und die Emigration von Professoren konnten nichts helfen. Der inzestuöse, der perverse Coup war geglückt. Man hatte sich an sich selber verraten. Der neue Judas hatte etwas Unmögliches zuwege gebracht: Er hatte, vor den Augen der Menge und der ausgesandten Häscher, sich selbst geküßt.

*

Meine Damen und Herren, eine Gedenkstunde soll eine Gedächtnis-Übung sein, und noch etwas mehr. Was hülfe es, wenn sie nur der Erinnerung an arge Zeiten diente, nicht aber der Erinnerung an unser eignes Verhalten? Das heißt, hier und jetzt, für mich nicht mehr und nicht weniger: an mein Verhalten? Ich bin nur ein Beispiel neben anderen Beispielen. Doch da ich mich etwas besser als andere kenne, muß in meiner Rede nun ein wenig von mir die Rede sein.

Ich habe mich, damals schon und seitdem manches Mal gefragt: »Warum hast du, am 10. Mai 1933 auf dem Opernplatz in Berlin, nicht widersprochen? Hättest du, als der abgefeimte Kerl eure und auch deinen Namen in die Mikrophone brüllte, nicht zurückschreien sollen?« Daß ich dann heute nicht hierstünde, darum geht es jetzt nicht. Nicht einmal, daß es zwecklos gewesen wäre, steht zur Debatte. Helden und Märtyrer stellen solche Fragen nicht. Als wir Carl von Ossietzky baten, bei Nacht und Nebel über die Grenze zu gehen – es war alles vorbereitet –, sagte er nach kurzem Nachdenken: »Es ist für sie unbequemer, wenn ich bleibe«, und er blieb. Als man den Schauspieler Hans Otto, meinen Klassenkameraden, in der Prinz Albrecht-Straße schon halbtotgeschlagen hatte, sagte er, bevor ihn die Mörder aus dem Fenster in den Hof warfen, blutüberströmten Gesichts: »Das ist meine schönste Rolle.« Er war, nicht nur auf der Bühne am Gendarmenmarkt, der jugendliche Held. Gedenken wir dieser beiden Männer in Ehrfurcht! Und fragen wir uns, ob wir es ihnen gleichgetan hätten!

Als ich in jener Zeit, anläßlich der Amateurboxmeisterschaften, im Berliner Sportpalast saß und als zu meiner Überraschung bei jeder Sieger-Ehrung die Besucher aufstanden, den Arm hoben und die beiden Lieder sangen, blieb ich als einziger sitzen und schwieg. Hunderte schauten mich drohend und lauernd an. Nach jedem Boxkampf wurde das Interesse an mir größer. Trotzdem lief dieses Nebengefecht des Abends, zwischen dem Sportpalast und mir, glimpflich ab. Es endete unentschieden. Was ich getan, genauer, was ich nicht getan hatte, war beileibe keine Heldentat gewesen. Ich hatte mich nur geekelt. Ich war nur passiv geblieben. Auch damals und sogar damals, als unsere Bücher brannten. Ich hatte angesichts des Scheiterhaufens nicht aufgeschrien. Ich hatte nicht mit der Faust gedroht. Ich hatte sie nur in der Tasche geballt. Warum erzähle ich das? Warum mische ich mich unter die Bekenner? Weil, immer wenn von der Vergangenheit gesprochen wird, auch von der Zukunft die Rede ist. Weil keiner unter uns und überhaupt niemand die Mutfrage beantworten kann, bevor die Zumutung an ihn herantritt. Keiner weiß, ob er aus dem Stoffe gemacht ist, aus dem der entscheidende Augenblick Helden formt. Kein Volk und keine Elite darf die Hände in den Schoß legen und darauf hoffen, daß im Ernstfall, im ernstesten Falle, genügend Helden zur Stelle sein werden.

Und auch wenn sie sich zu Worte und zur Tat meldeten, die Einzelhelden zu Tausenden – sie kämen zu spät. Im modernen undemokratischen Staat wird der Held zum Anachronismus. Der Held ohne Mikrophone und ohne Zeitungsecho wird zum tragischen Hanswurst. Seine menschliche Größe, so unbezweifelbar sie sein mag, hat keine politischen Folgen. Er wird zum Märtyrer. Er stirbt offiziell an Lungenentzündung. Er wird zur namenlosen Todesanzeige.

*

Die Ereignisse von 1933 bis 1945 hätten spätestens 1928 bekämpft werden müssen. Später war es zu spät. Man darf nicht warten, bis der Freiheitskampf Landesverrat genannt wird. Man darf nicht warten, bis aus dem Schneeball eine Lawine geworden ist. Man muß den rollenden Schneeball zertreten. Die Lawine hält keiner mehr auf. Sie ruht erst, wenn sie alles unter sich begraben hat.

Das ist die Lehre, das ist das Fazit dessen, was uns 1933 widerfuhr. Das ist der Schluß, den wir aus unseren Erfahrungen ziehen müssen, und es ist der Schluß meiner Rede. Drohende

Diktaturen lassen sich nur bekämpfen, ehe sie die Macht übernommen haben. Es ist eine Angelegenheit des Terminkalenders, nicht des Heroismus. Als Ovid sein »Principiis obsta!« niederschrieb, als er ausrief: »Bekämpfe den Beginn!«, dachte er an freundlichere Gegenstände. Und auch als er fortfuhr: »Sero medicina paratur!«, also etwa »Später helfen keine Salben!«, dachte er nicht an Politik und Diktatur. Trotzdem gilt seine Mahnung in jedem und auch in unserem Falle. Trotzdem gilt sie auch hier und heute. Trotzdem gilt sie immer und überall.

Meine Damen und Herren, ich danke Ihnen für Ihre Aufmerksamkeit.

Ein deutscher Kleinmeister aus Prag

Mit dem rühmenden Beiwort »unersetzlich« wird, vornehmlich in Nachrufen auf verdienstvolle Zeitgenossen, sehr freigebig umgegangen. Trauer macht nachsichtig. Pietät macht großzügig. Und in vielen Fällen war die Wortwahl ein Fehlgriff, ein Griff zu hoch hinaus. Unersetzlichkeit ist ein rarer Artikel. Oft genug stehen die Nachfolger schon unter den Hinterbliebenen am Grabe des angeblich Unersetzlichen. Selten genug bereitet die Wachablösung Schwierigkeiten. Die Kontinuität bleibt auch dann noch gewahrt, wenn die Hinterlassenschaft imposanter sein sollte als das künftige Werk der Nachfolger. Unersetzlichkeit folgt ja nicht aus dem Wert eines Werks, sondern aus der Eigenart, aus der Einzigartigkeit dessen, der es schuf. Es ist keine Frage der Qualität, sondern der Originalität.

Nach dieser Vorbemerkung wird mir der Leser vielleicht glauben, daß ich nicht unüberlegt und nicht aufs Geratewohl den Satz hinschreibe: Walter Trier ist unersetzlich. Daß dem so sei, spürte ich schon, als wir einander 1927 in Berlin kennenlernten und er mein erstes Kinderbuch, »Emil und die Detektive«, illustrierte. Ich empfand es während des Vierteljahrhunderts unserer Zusammenarbeit stets von neuem und in steigendem Maße. Und seit er tot ist, weiß ich's erst recht. Sein Platz ist leergeblieben. Und man ist keiner von den großen Propheten, wenn man hinzufügt: Der Platz wird auch in Zukunft leer bleiben.

Trier stammte aus Prag – aus dem Prag von Kafka, Werfel, Kisch und Max Brod –, und er war ein deutscher Künstler wie kaum einer, wenn »deutsch« überhaupt einen Sinn haben und Sinn und Verstand behalten soll. Er war ein stiller, ernster Mann mit Kinderaugen. Alles, was er zeichnete und malte, lächelte und lachte, sogar der Schrank und der Apfel, die Wanduhr und der Damenhut. Alles war und machte heiter. Er sah die Bosheit und wurde nicht böse. Er sah die Dummheit und blieb gelassen. Er sah die Welt, wie sie war, und lächelte sie sich zurecht. Es gibt den sprichwörtlich bösen Blick. Trier hatte den »guten Blick«, und der ist selten. Das Erdenrund wurde zur Spanschachtel, und alles, was drinlag, war Spielzeug. Auch häßliches und boshaftes, zorniges und albernes, gieriges und blutgieriges Spielzeug lag darunter. Aber, kann man auf Spielzeug böse sein? Nur weil es nicht aus Zinn oder Blei gegossen und nicht aus Holz geschnitzt ist? Nur weil es atmet, liebt und haßt und Junge kriegt?

Ich erinnere mich eines Titelbildes der Zeitschrift »Die Dame«, das es mir besonders angetan hatte, und die Erinnerung an das Blatt, das ich vor rund dreißig Jahren sah und seitdem nicht wieder, erwärmt und erheitert noch heute mein Herz. Mitten in einer blumenübersäten Sommerwiese hielt, mit qualmender Lokomotive, eine Eisenbahn. Die Fahrgäste, groß und klein, stauten sich, ob des fahrplanwidrigen Aufenthalts, neugierig an den Coupéfenstern und freuten sich und lachten herzlich über Zugführer und Schaffner, die, im Grase hockend, Blumen pflückten.

Es war ein Zwinkerblick ins Paradies. In ein Paradies mit Eisenbahn. In ein Paradies trotz Schaffneruniform und Dampf und Fahrplan. In ein Paradies ohne Zank und Hast und Kursbuch. Es bedarf keiner großen Gedankensprünge, um an Spitzwegs Stadtsoldaten zu denken, die dienstuend am Tor sitzen und Strümpfe stricken. Es ist der gleiche fröhliche Entschluß zur Idylle. Es ist dieselbe unbeugsame und unbeirrbare Naivität, die sich, statt die ärgerliche Welt zu bekämpfen, eine eigne Welt schafft: die Welt ohne Ärger. Spitzweg starb 1885. Trier wurde 1890 geboren. Er war »unser« Spitzweg. Und er hatte es, von den schlimmen Zumutungen des 20. Jahrhunderts umzingelt und umzüngelt, wahrhaftig schwerer als der Ahnherr, das Land des Lächelns zu verteidigen.

Wir wissen, welch gefährliche Angriffswaffen Tuschfeder und Pinsel sein können. Walter Trier griff nicht an. Er verteidigte die Grenzen. Er überschritt sie nicht. Er respektierte seine Grenzen. Nie wäre er etwa auf den Gedanken verfallen, meine satirischen Gedichte zu illustrieren. Und ich wäre niemals auf die Idee gekommen, ihn darum zu bitten. Es wäre absurd gewesen. Er war empfindsamer als die meisten, und die Zeit verwundete ihn schwerer als die meisten. Er antwortete nicht wie sie, sondern lächelte »trotzdem«. Seine Meisterschaft zeigte sich auch und gerade in der Beschränkung.

Er liebte die Welt, so arg sie sein mochte, und machte sie zu seiner Spielzeugschachtel. Und er liebte das Spielzeug und machte es zu einem Teil seiner Welt. Er sammelte Hampelmänner, Nußknacker, Rauschgoldengel, Puppen aus Zucker, Menagerien aus Glas, hölzerne Förster aus dem Erzgebirge, die Räucherkerzen rauchten, Krippengruppen, bunte Schachteln und Häuschen, und natürlich den Kasper und den Teufel und andere Handpuppen aus alten Kasperletheatern.

Als Trier, mit der Frau und der Tochter, sein Haus in Lichterfelde verließ und emigrierte, nahm er das Spielzeug mit. In London, in der Charlotte Street, sah ich es 1938 wieder. Und schließlich begleitete es ihn nach Kanada, nach Toronto und in das Blockhaus in den Bergen, dorthin also, wo er 1951 starb.

Ein Mann, der, wohin er auch kam, Freude verbreitete, floh mit seinem Spielzeug, um den halben Erdball, vor einem anderen Mann, der Schrecken und Grauen verbreitete, wohin er auch kam. Das, finde ich, wäre eine passende Geschichte für die deutschen Lesebücher! Es ist eine deutsche Geschichte aus der Deutschen Geschichte!

Als ich Trier zu seinem sechzigsten und letzten Geburtstag gratulierte, erinnerte ich uns beide daran, wie selten wir eigentlich zusammengewesen seien. In fast fünfundzwanzig Jahren, so taxierte ich, kaum vier Wochen lang, auch wenn man jede noch so flüchtige Viertelstunde mitrechne. In Berlin hatten wir einander kennengelernt und ab und zu gesehen. Zuerst bei der Verlegerin Edith Jacobsohn, die aus uns ein Paar machte. Dann in seinem schönen Haus. Und, als er es schweren Herzens aufgegeben hatte, in der Keithstraße, wo er, schon zwischen Koffern hausend, die Auswanderung vorbereitete. Die Vorbereitungen traf, genauer gesagt, Helene Trier, seine resolute Frau. Er selber zeichnete und malte. Er wollte nicht mit leeren Händen, sondern mit vollen Mappen in der Fremde ankommen. 1937, ein Jahr vor Hitlers Einmarsch in Österreich, feierten wir in Salzburg Wiedersehen. Während der Festspiele. Dieses Wiedersehen fand zwei Wochen lang tagtäglich statt. Jeden Morgen kam ich im Omnibus aus Reichenhall, also aus Hitlerdeutschland, herüber. Und allabendlich fuhr ich dorthin zurück. Wir planten ein Salzburgbuch. Es wurde auch eines. Ursprünglich hieß es »Georg und die Zwischenfälle«. Heute heißt es »Der kleine Grenzverkehr«. 1938 besuchte ich Trier in London. Wir trugen uns mit neuen Plänen. Wir spielten in Regent Park Tennis. Doch wenige Tage später fuhr ich Hals über Kopf nach Berlin zurück. Denn es drohte Krieg. Als das Boot in Hoek van Holland einlief, wurden Extrablätter verkauft. Die akute Kriegsgefahr war abgewendet. Chamberlain war auf dem Wege nach München. Sollte ich umkehren? Ich kehrte nicht um und habe Trier nicht wiedergesehen. Denn ein Jahr später brach der Krieg schließlich aus, und als er zu Ende war, lebte der Freund längst in Kanada.

Der Freund? Trotz der seltenen und flüchtigen Begegnungen, fast immer unter den Gewitterwolken und dem Donnergrollen der Politik? Das war für das Wachstum einer Freundschaft nicht die beste Zeit und kaum das gesündeste Klima. Vielleicht waren wir Zwei nur eben ein Vierteljahrhundert auf dem Wege, Freunde zu werden, und meist fand sich nicht einmal ein Weg. Als ich ihm 1947 den Text zur »Konferenz der

Tiere« schickte, waren neun Jahre seit unserer letzten Begegnung vergangen. Meine dilettantischen Skizzen, die ich beilegte und die ihm andeuten sollten, wie das fertige Bilderbuch aussähe, das mir vorschwebte, konnten ihm ganz gewiß nur wenig helfen. Trotzdem entstand, dank seines Kunstverstandes und seiner unermüdlichen Phantasie, ein Buch aus einem Guß. Zwischen seinem und meinem Arbeitstisch lag der Atlantische Ozean. Und zwischen 1938 und 1947 lag sehr viel Weltgeschichte. Wir waren Nachbarn geblieben.

Er sammelte Spielzeug. Er malte Spielzeug. Das allerschönste seiner schönen Bücher heißt »Spielzeug«. Es enthält, auf vierzig Farbtafeln, vierzig alte Kinderspielzeuge aus dem Erzgebirge. Er hat sie porträtiert. Es ist ein Meisterwerk geworden. Nicht nur Walter Triers Meisterwerk, sondern ein Meisterwerk überhaupt. Es ist nicht wieder aufgelegt worden, und das ist ein echter Verlust.

Während der Salzburger Festspieltage saßen wir, eines Abends, im Stieglbräu und warteten aufs Essen. Der Saal war überfüllt. Trier rauchte eine Virginia, eine jener langen, dünnen Zigarren der Österreichischen Tabakregie, die als Mundstück einen Strohhalm besitzen. Der schmale, mit einem Zellophanfenster versehene Pappkarton, dem er die Virginia entnommen hatte, lag vor ihm auf dem Tisch. Wir waren müde, hatten Hunger und schwiegen. Plötzlich nahm er den im oberen Drittel durchsichtigen Deckel der Schachtel in die Hand, betrachtete ihn nachdenklich, legte ihn auf die Tischplatte zurück und begann zu spielen. Er drehte mit Brotkügelchen, tunkte rote Schwefelholzkuppen in eine kleine Bierlache, brannte andere Streichhölzer ab, daß sie schwarz wurden, und begann nun, ein Miniaturpuppentheater zu improvisieren. Mit Köpfen und Körpern aus Brot, mit roter Streichholzfarbe, mit verkohltem Kuppenschwarz, mit zerzupftem Serviettenpapier, mit Bleistift und Füllfedertinte, mit Brotrinde und bunten Bierfilzpartikeln. Manchmal legte er probeweise den Pappdeckel mit dem Zellophanfenster drüber, nahm ihn wieder weg, ergänzte und veränderte die Szene, und schließlich war er mit seinem Werk zufrieden. Es war ein komplettes Kasperletheater entstanden! Die umsitzenden Gäste, die Kellnerinnen, der Zahlkellner und der Geschäftsführer waren hingerissen. Am liebsten hätten sie einen Glassturz über das Ganze gestülpt und das kleine Kunstwerk, denn das war es geworden, ins Museum gebracht. Doch dazu hätten sie den Tisch mitnehmen müssen, worauf das Opus der Muße und der Muse lag, und der Tisch war, während der Festspielzeit, unabkömmlich. Endlich kam der Tafelspitz mit Kren. Wir aßen, zahlten und gingen. Und noch in der Tür sah ich, wie sich die Leute, nun erst recht, staunend und vergnügt um unsre Tischecke drängten.

Genauso freuten sich, auch damals noch, die Besucher des Kabaretts der Komiker, in Berlin am Kurfürstendamm, wenn sie das Foyer betraten und Triers lustige Varieté-Fresken erblickten. Da gab es, beispielsweise, eine Kapelle zu bewundern, die ohne Instrumente musizierte. Der Klarinettist, entsinne ich mich, spielte auf seiner Nase! Und als Girltruppe warf eine Reihe Flamingos die Beine in die Luft! Man konnte sich an der bunten Heiterkeit kaum sattsehen.

Aber Hitler eroberte nicht nur Österreich, sondern auch das Foyer des Kabaretts der Komiker. Eines Tages kamen Handwerker und kratzten die heitere Herrlichkeit von den Wänden. Ein Künstler mit dem richtigen Ahnenpaß gab sich dazu her, mit dem Pinsel staatlich genehmigte Heiterkeit zu verbreiten. Das Resultat war trostlos. Doch wer auch immer sich zum Ersatzmann hergegeben hätte, – Trier war unersetzlich.

Er verbreitete mit seinem Talente Glück, und weil das so selten ist, hatte er Glück mit seinem Talent. Schon als junger Mann in München. Als Schüler in der Malklasse Franz von Stucks. Der »Simplicissimus« und die »Jugend« veröffentlichten Arbeiten von ihm. 1910 holten ihn die »Lustigen Blätter« nach Berlin. Dann griff der Ullstein-Konzern zu, mit dem »Heiteren Fridolin«, der »Dame«, dem »Uhu«. Aus Walter Trier wurde, unaufhaltsam und ohne Rückschläge, einer jener populären Künstler, deren Ruhm den Vornamen ersetzt. Er wurde »der Trier«.

Als er nach England ging, machte er zum zweiten Male Karriere. Zehn Jahre lang brachte das Magazin »Liliput«, Nummer für Nummer, einen seiner farbigen Umschläge, also hundertzwanzig Titelbilder, und auf jedem waren, in immer neuer lustiger Variation, drei Figuren zu sehen: eine Dame, ein Herr und ein Hund. Und wieder wurde er »der Trier«. In seiner Londoner Wohnung zeigte er mir zwei ganzseitige humoristische Zeichnungen. Die eine entstammte der alten Berliner Zeit. Die andere war eben in der »Picture Post« erschienen. Beide Bilder, die einen komischen Verkehrswirrwarr in der Großstadt darstellten, waren haargenau das gleiche Bild. »Nein«, sagte er. »Eine der vielen Figuren ist nicht dieselbe.« Ich schaute näher hin. Er hatte recht. Aus dem Berliner Verkehrsschutzmann hatte er einen Londoner Bobby gemacht. »Die Engländer finden«, sagte er, »daß das Blatt typisch englisch sei. Sie bewundern mein für einen nichtenglischen Zeichner geradezu unheimliches Einfühlungsvermögen.« Wir lächelten. Das Lob war ein Irrtum. Doch der Irrtum war nur zu begreiflich. Das Blatt war keine gezeichnete Reportage voller spezifischer Nebensachen, sondern es zeigte, bei auswechselbaren Polizisten, die karikierte Hauptsache: die Hypertrophie des Großstadtverkehrs und die Unmöglichkeit, das Chaos auf menschliche Weise zu bewältigen.

Nach Kanada gingen Trier und seine Frau, weil Gretl, die Tochter, geheiratet hatte und in Toronto lebte. Nur deshalb unterbrach er, 57 Jahre alt, seine zweite Karriere und begann, jenseits des Ozeans, die dritte. Auch der dritte Versuch glückte. Er stellte seine Talente und seinen Fleiß in den Dienst eines Lebensmittelkonzerns. Nun schmunzelte Kanada! Wieder wurde er »der Trier«. Und schon nach kurzer Zeit ließ er sich in den Bergen, in Collingwood, hundert Meilen von Toronto entfernt, ein Haus nach seinem Geschmack bauen. Ein Haus im Wald, ein ländliches Haus auf einem kleinen Hügel, nicht weit von der Tochter, – doch wie weit von Europa! Nun hatte er wieder ein Haus und war doch weiter denn je von zuhause fort. Seine Wünsche spielten mit dem Gedanken, aus der Neuen in die Alte Welt heimzukehren. In die Schweiz zu gehen. In Bern zu wohnen. Zum vierten Male zu beginnen. Er dachte an Europa. Er dachte an die Tochter. Und er dachte an den Tod.

Am 18. April 1950 schrieb er an seinen Verleger nach London: »I wonder – ob Sie – der Sie ja doch wohl ein paar Jahre jünger sind als ich – auch so viel an den Tod denken. Ich tue das aus purer Lebensfreude – aus dem Bedauern, daß es doch bald zum Abschiednehmen kommt. Wenn ich sage »bald« – kokettiere ich nicht mit einem frühen Tod – aber ist man 60, so ist ja jede Spanne, die noch zu erwarten ist, *bald*! Und obzwar ich gerade jetzt – seitdem wir dieses wundervoll gesunde Leben am Hügel führen – mich besonders gesund fühle, erwarte ich doch nicht Shaws Alter zu erreichen, und *nur* 20 weitere Jahre nenne ich *bald*.«

Nur zwanzig Jahre noch? Am 8. Juli 1951, nicht viel mehr als ein Jahr nach diesem Briefe, starb er. Unerwartet. Und unersetzlich. Auf seinen Grabstein, hatte er einmal lächelnd gesagt, solle man die Worte schreiben: »Grad als ich beginnen wollte ...«

Zur Naturgeschichte des Jugendschriftstellers

Meine Damen und Herren,

ich erinnere mich noch recht gut eines Nachmittags in München, als Jella Lepman, während einer Sitzung des Kuratoriums, im Beratungszimmer der Internationalen Jugendbibliothek eine goldene Münze von Hand zu Hand gehen ließ. Emil Preetorius, der Präsident der Bayerischen Akademie der Schönen Künste, hatte sie entworfen, und Jella Lepman sagte, so stelle Preetorius sich die Medaille vor, die man, im Namen des Schutzpatrons Hans Christian Andersen, künftig als internationale Auszeichnung verleihen wolle. Ich saß in der Runde. Auch ich hielt die kursierende Goldmünze kurz in der Hand. Und Sie werden es mir hoffentlich nicht als Prahlerei ankreiden, wenn ich Ihnen gestehe, daß ich damals in der Kaulbachstraße 11a bei mir dachte: ›Nun, vielleicht ist es nicht das letzte Mal, daß du diese Medaille siehst und in der Hand hältst!‹ Mein prophetisches Gemüt hat, wie Sie sehen, nicht getrogen. Heute habe ich die Medaille wieder in der Hand, und heute darf ich sie sogar behalten. Die Ehre ist groß. Doch so groß sie ist, meine Freude darüber ist größer, und ich packe, mit eben dieser Freude, die jetzt und hier anberaumte Gelegenheit beim Schopf, der internationalen Jury von ganzem Herzen zu danken.

Mit dem Dank und mit der Freude allein ist es freilich nicht getan. Es bedarf einer Ansprache. Strafe muß sein. Und der Verurteilte bin *ich*. Glücklicherweise bietet mir das Luxemburger Thema der Tagung einen Anhaltspunkt wenigstens für den Anfang, für die Eröffnung der kleinen Rede. Das Thema hieß und heißt »Jugendbuch und Schule«. Und wenn schon das Wort und der Begriff »Schule« im Spiele sind, und wenn ich nun schon vor Ihnen stehen muß, indes Sie sitzen dürfen, dann lassen Sie mich, wenigstens für eine Minute, den Lehrer spielen, der an Sie, als seien Sie die Schüler, eine Frage richtet! Es handelt sich um eine Frage der in den Schulen üblichen Sorte. Die Kinder sollen antworten, obwohl sie die Antwort am Ende gar nicht wissen, und der Lehrer fragt, obwohl er es ebenso gut lassen könnte, weil er die Antwort längst weiß. Fragen, worauf er selber die Antwort *nicht* wüßte, stellt kein Lehrer. Weswegen sich besonders kluge Kinder auch nicht zu Worte melden. Sie denken bei sich: ›Wozu die Umstände! Er weiß ja, was er wissen möchte! Das genügt uns vollauf!‹

Also, liebe Schüler, meine Frage vom Katheder herunter lautet: »Worin unterscheidet sich der heutige, der dritte Preisträger am auffälligsten von den zwei vorhergehenden?« Nun, wer meldet sich? Niemand? Lauter kluge Schüler! Ich meine nicht das Land seiner Herkunft. Ich meine auch nicht seine Muttersprache. Und ich hätte, genauer, nicht »am auffälligsten«, sondern »am augenfälligsten« sagen sollen! Wieder niemand? Dann werde ich wohl die Antwort selber geben müssen. Der heutige, der dritte Preisträger ist, im Gegensatz zu den beiden vorhergehenden, ein *Mann*! Nun ich es gesagt habe, fällt es auch den Schülern auf und ein. So ist das zuweilen mit den Fragen in der Schule.

Die erste Medaille erhielt die Engländerin Eleanor Farjeon, die zweite die Schwedin Astrid Lindgren und die dritte ein Mann aus Deutschland. *Ist der Unterschied*, ob Frau oder Mann, *so wichtig*? Sie verstehen schon, daß ich die Frage nicht allgemein stelle, sondern nur in bezug auf das Schreiben von Jugendbüchern. Und diese Frage scheint mir keine Schulfrage zu sein. Mindestens wäre ich, der die Frage aufwirft, kein Lehrer, wie sich's gehört. Denn ich stelle die Frage, obwohl ich die Antwort darauf nicht weiß. Das einzige, was ich gewiß weiß, ist: daß die Vergebung der Hans Christian Andersen-Medaille zunächst an zwei Schriftstellerinnen kein Akt der Höflichkeit, kein »Ladies first!« war, sondern das zweifache Ergebnis aus beide Male sorgfältig abgewogenen Urteilen.

Läßt dies den Schluß zu, daß es mehr weibliche als männliche Jugendbuchautoren gibt? Daß das Gebiet eher ihre als unsere Domäne ist? Daß sie die treffenderen und insofern die trefflicheren Bücher schreiben? Und wenn es so wäre, wie ließe sich's erklären? Daraus, daß sie, de facto oder wenigstens latent, Mütter sind? Daß schon deshalb ihre Intimität mit den Kindern größer ist, und nicht nur größer, sondern auch unmittelbarer? Sowohl mit den Kindern als den *Helden* ihrer Bücher, als auch mit den Kindern als deren *Lesern*? Und wenn sich's so erklären ließe, wäre das nicht eine höchst plausible, eine völlig überzeugende und befriedigende Erklärung?

Bis zum 4. Oktober 1954 erschien mir diese Erklärung völlig ausreichend und einer gründlicheren Nachfrage überhaupt nicht wert. Doch am Abend dieses Tages unterhielt ich mich mit Astrid Lindgren und Mrs. Travers, zwei Jugendschriftstellerinnen, die ich uneingeschränkt bewundere, und die Unterhaltung machte mich stutzig. Es war in Zürich, während des damaligen Kongresses des Internationalen Kuratoriums für das Jugendbuch. Wir saßen in einem gemütlichen Beisel, drei Kollegen, und ich brachte eben diese Fragen und auch meine Erklärung aufs Tapet. Aber Mrs. Travers, eine lebenslustige Großmama, und Frau Lindgren, immerhin als Mutter einer Tochter, wollten von meiner Erklärung nichts wissen. Sie rückten mit Gegenfragen heraus. Sie erkundigten sich, wie denn dann ich dazukäme, Bücher zu schreiben, die den Kindern in aller Welt gefielen. Und als ich sagte, bei mir läge es wohl daran, daß ich von dem Talent zehrte, mich meiner eignen Kindheit anschaulich erinnern zu können, da stimmten beide Frauen lebhaft ein und sagten, genau so sei es bei ihnen auch. Nicht daß sie Frauen und Mütter seien, und die eine sogar eine Großmutter, spiele für ihre Bücher eine nennenswerte Rolle, sondern die gleiche Fähigkeit, auf die ich mich beriefe: die, wie es scheine, nicht allzu häufige Gabe des unbeschädigten, des lebendig gebliebenen Kontakts mit der eignen Kindheit. Auch nach *ihrer* Meinung entstünden gute Kinderbücher nicht, weil man Kinder habe und kenne, sondern weil man, aus vergangener Zeit, *ein* Kind kenne: sich selber. Solche Kinderbücher seien in erster Linie *nicht* Werke der Beobachtung, auch der mütterlichen nicht, sondern der Erinnerung.

Jener Abend in Zürich hat mich lange bewegt und beschäftigt. An der Ernsthaftigkeit und der Aufrichtigkeit des Gesprächs war nicht zu zweifeln. Das Ergebnis klang bestechend einfach. Es schmeckte nach Poesie. Die Erzählkunst für Kinder hatte also, durch die Aussage weiblicher Kronzeugen verbürgt, die eine und gleiche Quelle. Das war schön. Es leuchtete ein. Und es schien unwiderruflich. Aber, meine Damen und Herren, ich glaube nicht mehr ganz daran.

Ich glaube, Mrs. Travers und Astrid Lindgren haben sich an jenem Abend in Zürich, und vielleicht nicht nur an jenem Abend, geirrt. Sie mochten den Wert und die Kraft der Selbsterinnerung nicht *über*schätzen, auch bei ihrer Autorenschaft nicht, doch sie *unter*schätzten das für sie Selbstverständliche. Die Eignung der Frau fürs Kinderbuch hängt nicht nur von ihrer Erinnerungkraft und Erzählkunst ab, sondern auch von ihrer Weiblichkeit und Mütterlichkeit. Ihre Eignung, unter diesen drei Voraussetzungen, grenzt an Prädestination. Die Männer – auch als Väter und Lehrer und Psychologen – sind *Außenseiter*. Darüber kann ihre Kunst oder ihre Fähigkeit zur Selbsterinnerung zuweilen hinwegtäuschen. Am Grundsätzlichen, am gebürtigen Außenseitertum, ändert das nichts.

Bedenken Sie nur zwei unter vielen Beispielen! Denken Sie

an »Gullivers Reisen« und an »Robinson Crusoe«! Weder Swift noch Defoe dachten auch nur im Traum daran, Kinderbücher zu schreiben! Es sind zwei Bücher, worin nicht ein einziges Kind vorkommt. Es sind zwei Bücher, die sich in der ursprünglichen Fassung für Kinder gar nicht eignen. Und trotzdem sind die zwei herrlichsten Kinderbücher daraus geworden, die jemals geschrieben wurden! Es war Zufall. Es waren zwei Zufälle. Die beiden Männer gewannen einen Wettbewerb, an dem sie überhaupt nicht teilgenommen hatten! Und auch an anderen Beispielen, freilich nicht von solch eminenter Bedeutung, ist in der Geschichte des Jugendbuchs kein Mangel. Und ich glaube, daß es wichtig genug und verdienstlich wäre, wenn sich die mit der Kinderliteratur beschäftigten Historiker des merkwürdigen Gegenstands annähmen. Außer Paul Hazard hat ihn meines Wissens noch niemand angepackt.

Das Außenseitertum der männlichen Autoren reicht bis in die Gegenwart herein. Und da es Preisträgern keineswegs verwehrt, sondern nachdrücklich gestattet ist, von sich selbst zu sprechen, lassen Sie mich, bitte, bemerken, daß ich auch *mich* für einen solchen Außenseiter halte. Auch ich bin kein zünftiger, kein regulärer Jugendschriftsteller. Das spränge deutlicher in die Augen, wenn ich von Haus aus Mathematikprofessor wäre, wie etwa Lewis Carroll, oder Arzt, wie Heinrich Hoffmann. Daß ich statt dessen von Beruf Schriftsteller bin, hat die Situation verschleiert. Man glaubt, und auch ich glaubte es lange Zeit, daß der Schriftsteller und der Jugendschriftsteller blutsverwandt und daß die beiden Berufsbezeichnungen nahezu Synonyme seien. Das ist ein fundamentaler Irrtum! Gemeinsam ist den zweien, daß sie, mit maximal drei Fingern, die Schreibmaschine benutzen und, so gut sie es zuwege bringen, ihre Muttersprache, sonst aber nichts!

Ich deutete schon an, daß auch ich mich lange getäuscht und den naheliegenden Irrtum mit der Wahrheit und der Wirklichkeit verwechselt habe. Was hat mich belehrt? Die Erfahrung. Immer wieder, jahrzehntelang, versuchte ich, ausgezeichnete und mit mir befreundete Schriftsteller zum Schreiben von Kinderbüchern zu bewegen, und ich malte ihnen die Notwendigkeit guter Jugendliteratur in allen Farben. Wenn sie sich sträubten, hielt ich sie für arrogant. Wenn sie nichts schrieben, hielt ich sie für faul. Doch was blieb mir übrig, wenn sie sich begeistern ließen und für Kinder zu schreiben versuchten? Sie merkten es bald, und auch ich mußte es feststellen: Sie waren Schriftsteller, aber Jugendschriftsteller, das waren sie *nicht*.

Ob *ich* einer bin? Es gibt Fachleute genug, die es immer wieder einmal bestreiten. Auch wenn sie unrecht haben sollten, so wäre ihnen in jedem Fall eines zugute zu halten: sie spüren, und es irritiert sie begreiflicherweise, daß ich zu den Außenseitern gehöre. So selbstverständlich es für mich immer war, Schriftsteller zu werden, so fernab von diesem Wunsch und Plan und Ziel lag mir der Gedanke an Kinderbücher. Ich war in den zwanziger Jahren, in den eignen und denen des Jahrhunderts, etwa das, was man heute einen »zornigen jungen Mann« nennt. Ich attackierte die herrschenden Zustände, die verlogene Gesellschaft, die Parolen der Parteien, die Dummheit der Wähler, die Fehler der Regierung und die der Opposition. Ich war dem Lehrerberuf entlaufen, ja, wie ich es empfand, entronnen. Zeitkritik und Satire, das war mein Metier. Sogar Anerkennung fand ich, bei Freund und Feind. Wie um alles in der Welt hätte ich darauf verfallen sollen, Kinderbücher zu schreiben? Kinderbücher waren mir Hekuba!

Und trotzdem erschien 1928, kaum daß meine ersten Gedichtbände die braven Gemüter schockiert hatten, ein Kinderbuch von mir. Es hieß »Emil und die Detektive« und wurde, im Handumdrehen, ein internationaler Erfolg. Was war passiert? Was war mir, der nie daran gedacht hatte, ein Kinderbuch zu schreiben, da eigentlich eingefallen? Hier war ein junger Mann zum Kinderbuch gekommen wie die sprichwörtliche Jungfrau zum Kind. So treffend der Vergleich ist, so delikat wäre es, ihn weiter durchzuführen. Ich drücke mich deshalb lieber weniger anschaulich aus und sage: Mein Kinderbuch entstand aufgrund eines sehr merkwürdigen, eines geradezu radikalen Zufalls! Ihn zu beschreiben, muß ich kurz die Umstände schildern, die ihn aus heiterem Himmel herbeiführten.

Ich war Mitarbeiter einer politischen und satirischen Wochenzeitschrift, deren Name mittlerweile in die Geschichte eingegangen ist. Sie hieß »Die Weltbühne«. Carl von Ossietzky war der Herausgeber, auch sein Name steht im Buch der Geschichte, und Kurt Tucholsky war unter den Mitarbeitern der wichtigste. Beide gehören zu den Kron-Opfern des Dritten Reichs. Ossietzky starb als Märtyrer in Deutschland und Tucholsky beging in Schweden Selbstmord. Nach Kinderbüchern klingt das nicht.

Der Gründer der »Weltbühne«, Siegfried Jacobsohn, ein leidenschaftlicher Theaterkritiker und Verleger, war gestorben, und so leitete den Zeitschriftenverlag die Witwe, Edith Jacobsohn. Einmal im Monat trafen sich bei ihr, in Berlin-Grunewald, die Mitarbeiter der »Weltbühne«, also neben Ossietzky und Tucholsky Männer wie Alfred Polgar, Arnold Zweig, Werner Hegemann, Hermann Kesten, Rudolf Arnheim und andere. Zu diesen anderen gehörte, da ich seit 1927 in Berlin wohnte, auch ich. Man traf sich und sprach über Literatur und Theater, besonders aber über Politik, über Bankskandale, über die Schwarze Reichswehr und über Prozesse, in die sich »Die Weltbühne« als unerschrockene, aufrechte und aufrichtige Zeitschrift oft genug verstrickt sah. Es waren Gespräche auf dem Vulkan, kurz vor seinem Ausbruch.

An einem dieser schwelenden Nachmittage nahm mich die Gastgeberin, Edith Jacobsohn, beiseite. Wir gingen auf den Balkon, und sie fragte mich, ob ich nicht einmal versuchen wolle, ein Kinderbuch zu schreiben. Wie kam sie auf diese absurde Idee? Sie war nicht nur die Verlegerin der »Weltbühne«, sondern auch die Inhaberin des renommierten Kinderbuchverlags Williams & Co., und Lofting, Milne und Čapek gehörten zu ihren Autoren! Eine groteskere Personalunion war nicht auszudenken! Und ein abgelegenerer Zufall, aus mir einen Jugendschriftsteller zu machen, ebenso wenig! Warum verfiel die Dame mit dem Monokel, jawohl, sie trug eines, ausgerechnet auf mich? Sah sie mir die mögliche Eignung an der Nasenspitze an? An meiner Nasenspitze war, glaube ich, nichts zu sehen. Vielleicht dachte sie: »Fragen schadet nichts.« Verleger fragen lieber zehnmal zu oft als einmal zu wenig, denn sie sind immer auf der Suche.

Feststeht, daß die befremdliche Anregung völlig außerhalb meiner literarischen Interessen lag. Warum griff ich dann die Anregung auf? Das hing nicht mit dem Vorschlag zusammen, sondern mit meiner Jugend. Ich war auf meine Talente neugierig. Wenn man mir statt eines Kinderbuchs ein Opernlibretto vorgeschlagen hätte, wahrscheinlich hätte ich das Libretto versucht. Aber Edith Jacobsohn hatte keinen Musikverlag, sondern einen Kinderbuchverlag. Daß der Versuch, entgegen aller Wahrscheinlichkeit, gelang, ist eine Sache für sich. Wir waren alle miteinander außerordentlich überrascht.

Warum habe ich die Vergangenheit aufgeweckt? Um von mir zu erzählen? Um persönlich zu werden, weil es mir heute erlaubt ist? Ich habe von mir als von jenem Jugendbuchautor erzählt, den ich am besten kenne, und weil es mir zweckvoll erschien, gerade auf das Autorenproblem hinzuweisen. Hier ist das vielgeschundene Wort »Problem« am Platze. Die Fachleute sollten, scheint mir, häufiger und energischer aus dem Kreise der Untersuchungen hinaustreten, die sich mit den Jugendschriften und den Kindern und den Kategorien des Lesealters beschäftigen. Auch die sorgfältige analytische Untersuchung derer, welche die Bücher geschrieben haben, könnte der Sache dienen, der großen gemeinsamen Sache. Was ich heute wollte, war nichts weiter, als zur »Naturgeschichte des Jugendschriftstellers« ein paar Randbemerkungen zu machen.

Meine Damen und Herren, ich nähere mich dem Ende meiner Ausführungen. Ich habe drei Fragen aufgeworfen, die mich schon lange bewegen. Ich habe sie nicht in den Rang von Thesen erhoben, sondern im Stande der Frage belassen und sie noch als Fragen immer wieder in Frage gestellt. Das hatte seinen guten Grund: Ich bin mir der Antworten darauf nicht sicher. Trotzdem scheinen es mir Fragen zu sein, deren Beantwortung man erstreben sollte. Es wären Beiträge nicht nur zur Theorie des Jugendbuchs, sondern womöglich nützliche Handhaben für dessen Pflege und sinnvolle Weiterentwicklung. Ich darf die drei Fragen kurz rekapitulieren. Ja, ich darf sie vielleicht sogar, obwohl ich bündige Antworten schuldig geblieben bin, in ketzerische Thesen verwandeln, damit sie, in dieser Zuspitzung, kräftiger und heftiger zur Stellungnahme herausfordern. Schon jetzt möchte ich mich in die Liste derer eintragen, die hilfreiche Auskünfte und lehrreiche Untersuchungen zu schätzen wüßten. Die drei anfechtbaren Thesen lauten:

1. Der Beruf des Jugendschriftstellers unterscheidet sich von dem des Schriftstellers nicht weniger als von allen übrigen Metiers. Daß sich beide Berufe der Sprache als des gemeinsamen Handwerkzeugs bedienen, verschleiert ihre Unterschiedlichkeit, ohne sie zu verringern.

2. Die entscheidende Voraussetzung für den Jugendschriftsteller ist nicht, daß er Kinder, sondern daß er seine Kindheit kennt. Was er leistet, verdankt er nicht der Beobachtung, sondern der Selbsterinnerung.

3. Eine viel größere und wichtigere Rolle als bei den Schriftstellern spielen bei den Jugendschriftstellern die Außenseiter. Ob bei den Frauen im ähnlichen Ausmaß wie bei den Männern, sei dahingestellt.

Ostermarsch 1961

Das Kuratorium für den diesjährigen Ostermarsch hat mich gebeten, die süddeutsche Marschgruppe und die übrige Versammlung hier in München zu begrüßen, und ich habe ohne Zögern zugesagt. Mit schlechtem Gewissen nur insofern, als ich mich, wie ich weiß und Sie bald gemerkt haben werden, zum Versammlungredner nicht eigne. Doch wenigstens in *einem* Punkte möchte ich hinter versierten Rednern nicht zurückstehen: Ich werde mit einem Goethe-Zitat beginnen, und zwar mit dem Zwiegespräch zweier selbstzufriedner Bürger in jener Szene aus dem »Faust«, die gemeinhin »Der Osterspaziergang« genannt wird. Da sagt der eine Bürger: »Nichts Bessers weiß ich mir an Sonn- und Feiertagen / Als ein Gespräch von Krieg und Kriegsgeschrei, / Wenn hinten, weit, in der Türkei, / Die Völker aufeinanderschlagen. / Man steht am Fenster, trinkt sein Gläschen aus / Und sieht den Fluß hinab die bunten Schiffe gleiten; / Dann kehrt man abends froh nach Haus / Und segnet Fried und Friedenszeiten.« Und der andre Bürger, dem das aus der Seele gesprochen ist, antwortet: »Herr Nachbar, ja! so laß ichs auch geschehn; / Sie mögen sich die Köpfe spalten, / Mag alles durcheinandergehn; / Doch nur zu Hause bleibs beim alten!«

Der Unterschied zwischen Osterspaziergängen, so beliebt sie noch immer sind, und den neumodischen Ostermärschen in England, in Dänemark, bei uns und anderswo mag groß sein. Doch der Unterschied zwischen dem gemütlichen Köpfespalten »hinten, weit, in der Türkei« und der Kernspaltung ist noch ein bißchen größer. Warum marschieren denn Sie, die das Marschieren verabscheuen? Warum wohl setzt sich Bertrand Russell, der Mathematiker, Nobelpreisträger und Philosoph, achtundachtzig Jahre alt, im Schneidersitz demonstrativ vors englische Verteidigungsministerium? Weil ihm und Ihnen und uns allen keine hübschere Art der »Freizeitgestaltung« einfiele? Wir bedienen uns der Demonstration als eines demokratischen Mittels, die Regierungen und Parlamente an ihre Pflicht zu erinnern. Was werfen wir den Wichtigtuern und Tüchtigtuern demonstrativ vor? Lassen wir die großen Vokabeln getrost aus dem Spiel! Reden wir nicht von »Verrat am Christentum« und ähnlich massiven Gegenständen. Wir sind ja keine pathetische Sekte, sondern nüchterne Leute. Deshalb werfen wir ihnen zweierlei vor: Mangel an Phantasie und Mangel an gesundem Menschenverstand. Ihr Mut und ihre Vorstellungen stammen aus Großmutters Handkörbchen. Ost und West spielen einen Dauerskat mit Zahlenreizen, als ginge es um die Achtel. Aber es geht ums Ganze!

Ich versage es mir, mich über die zwei Mangelkrankheiten zu verbreiten, woran die einen leiden und an denen alle anderen sterben könnten. Ich möchte Ihnen statt dessen vorlesen, was ein berufener Mann geschrieben hat. Ein Mann mit Phantasie und gesundem Menschenverstand, der außerdem, im Gegensatz zu mir, ein Fachmann ist. Ich meine Carl Friedrich von Weizsäcker, den in Hamburg lebenden und lehrenden Atomphysiker und Philosophen. Er schreibt im Taschenbuch »Kernexplosionen und ihre Wirkungen«, dessen Vorwort am 18. März, also vor rund vierzehn Tagen, in der Zeitung »Die Welt« abgedruckt worden ist: »Entweder wird das technische Zeitalter den Krieg abschaffen, oder der Krieg wird das technische Zeitalter abschaffen ... Die Entwicklung des technischen Zeitalters ist dem Bewußtsein des Menschen davongelaufen. Wir denken und handeln von Begriffen aus, die früheren Zuständen der Menschheit angemessen waren, den heutigen aber nicht. Wir könnten uns wahrscheinlich sehr viele überflüssige Anstrengungen ersparen, wenn wir etwas mehr Zeit und Kraft darauf verwendeten, uns die Lebensbedingungen unserer Welt in aller Ruhe klarzumachen ... Beim Versuch einer sorgfältigen Abschätzung bin ich zu der Vermutung gekommen, daß ein Atomkrieg (mit vollem Einsatz der existierenden Waffen) vielleicht 700 Millionen Menschen töten würde, darunter den größeren Teil der Bevölkerung der Großmächte, die heute als Träger dieses Kriegs allein in Betracht kommen. Er würde wahrscheinlich einige weitere hundert Millionen mit schweren Strahlen- und Erbschäden zurücklassen. Bedenkt man die wahrscheinliche Wirkung eines solchen Vorgangs auf die Überlebenden, so wird man wohl vermuten müssen, daß sie bereitwären, zu jedem Mittel zu greifen, das die Wiederholung einer solchen Katastrophe zu verhindern verspräche. Vermutlich unterwürfen sie sich also einer Weltdiktatur, als deren Träger dann beim Kräfteverhältnis nach der weitgehenden Zerstörung der hochindustrialisierten Weltmächte Amerika und Rußland am ehesten China in Betracht käme. Wer das durchdenkt, wird überzeugt sein, daß dieses Unglück vermieden werden muß, soweit das überhaupt in menschlichen Kräften steht. Er wird insbesondere erkennen, daß die Kultur und die bürgerliche Freiheit, die wir ja doch zu schützen wünschen, durch jenen Krieg aller Voraussicht nach zerstört werden würden! ... Die Zukunft jeder einzelnen Nation wird davon abhängen, daß sich in jeder einzelnen Nation Menschen finden, die begreifen, daß Souveränität im alten Sinn heute unmöglich ist. Zu dem Mißverstehen der Weltlage scheinen mir die vielfach sich regenden Wünsche nach einer nationalen Atomrüstung zu gehören.«

So weit Carl Friedrich von Weizsäcker. Ein Fachmann. Ein Mann mit gesundem Menschenverstand. Und ein Mann mit Phantasie, die nicht das mindeste mit Phantasterei zu schaffen hat. Ich muß gestehen, daß mir einige seiner Sätze den Atem verschlagen haben. Nicht seine Schätzung, ein solcher Atomkrieg werde an Toten und Verseuchten etwa eine Milliarde Menschen kosten. Ähnliche Ziffern haben auch andere Fachleute genannt. Auch seine Erwartung, Amerika und Rußland würden im Doppelselbstmord enden, mitsamt den Gernegroßmächten in beiden Lagern, teilen wir ja wohl seit langem. Was mir den Atem benahm, war Weizsäckers Schlußfolgerung. Mich erregte die Konsequenz. Mich überwältigte die Logik seiner Phantasie. Viele unter uns, auch ich, haben immer nur das gigantische Leichenfeld vor Augen gesehen, aber niemals den gigantischen Erben! China! Das immense Land! Das riesige Volk! Und dessen Regierung, die Rußland immer wieder zum harten Kurs gegen Amerika auffordert!

Phantasie? Nur Phantasie? Nun, diese Phantasie eines deutschen Atomphysikers ist tausendmal realistischer als der Routinetraum deutscher Generäle, Westdeutschland, wenn nicht gar die westliche Welt bei Hof und Helmstedt mit taktischen Atomwaffen zu retten. Die Herren haben bekanntlich den Ersten und den Zweiten Weltkrieg gewonnen. Denn wo nähmen sie sonst die großen Worte her? Welches Argument könnten sie sonst für ihre dritte Siegeszuversicht ins Treffen führen? Ins Atomtreffen? Ich wüßte keines.

Trotz solcher Sorge, verstärkt durch die Besorgnis, die SPD könne eines Tages in die CDU eintreten, haben wir einen neuen Grund zur Hoffnung. Denn in Washington ist, im Zusammenhang mit der unsinnigen Formel, Kriege ließen sich durch Aufrüstung verhindern, ein für Militärtheoretiker ungewöhnliches Wort gefallen: das Wort »Zufall«! Man hat zwar die alte Formel nicht zum alten Eisen geworfen. Man hat aber verlautbart, daß sie per Zufall ungültig werden könne, und je größer der »Atomclub« werde, um so größer werde die tödliche Gefahr des Zufalls. Den Gegnern der Atomrüstung hat man damit nichts Neues erzählt. Wir haben schon immer gemeint, ein Pilot oder wer immer brauche nicht nur deswegen wahnsinnig zu werden, weil er am Abwurf einer Atombombe schuld ist, sondern auch, weil er die Macht hätte, sie abzuwerfen, jedoch nicht die Erlaubnis hierfür, und daß er gerade deshalb auf den Zauberknopf drücken werde.

Vor ein paar Tagen, am 28. März, hat sich die Frankfurter Allgemeine Zeitung im Leitartikel ihres Militärsachverständigen zum Thema geäußert. Herr Weinstein schreibt: »Offiziell setzt sich Washington weiter für die Abschreckungstheorie ein; aber es ist auch bekannt, daß namhafte Militärtheoretiker die These vertreten, mit der Abschreckung allein ließe sich ein Krieg keineswegs mehr verhindern.« Dann kommt er auf Henry Kissinger, einen wichtigen Berater des Präsidenten, zu sprechen, und damit auf »eine Regierung, die nicht felsenfest davon überzeugt ist, daß das Gleichgewicht des gegenseitigen Terrors den Schrecken für alle verhindern kann ... Die Gefahren sehen Kissinger und die ihm verwandten Geister« – damit wird natürlich nicht zuletzt auf Kennedy angespielt – »in der Möglichkeit, daß ein großer Krieg durch Zufall ausbräche.«

Wenn eine der zwei Atom-Großmächte im Hinblick aufs Jüngste Gericht der Technik das Wort von der zunehmenden Möglichkeit des puren »Zufalls« öffentlich gebraucht, so kann sie dieses Wort nie wieder zurücknehmen. Vor ihrer Nation nicht. Vor keiner Nation, und nicht vor der Geschichte. Man muß in Washington wissen, was man, vernünftigerweise, angerichtet hat, und ich glaube, man wird wissen, daß man in Moskau neuerdings nicht anders, sondern genau so denkt. Sollten sich, vom Worte »Zufall« angeregt, die beiden Zauberlehrlinge ehrlich auf den Spruch besinnen, der allein aus dem Teufelskreis herausführen kann? Sollten sie, wie der deutsche Atomphysiker in Hamburg, an die Zeit nach der Katastrophe denken? Zum Beispiel an die chinesische Erbschaft? Sollten sie rechtzeitig den gesunden Menschenverstand, die Phantasie und den Mut aufbringen, zu den Atombomben und deren Generalvertretern zu sagen: »Besen! Besen! / Seids gewesen!«?

Das ist ein kleiner Lichtblick, aber noch kein Anlaß zu einem feierlichen Dankgebet, zu einem bundesdeutschen Dankgebet schon gar nicht. Unsere Heerführer und deren Wortführer marschieren, wie Kinder nun einmal sind, munter Trompete blasend an der Tête der amerikanischen Wachtparade immer geradeaus. Sie merken in ihrem Feuereifer, in ihrem Atomfeuereifer, gar nicht, daß die Wachtparade um die Ecke biegen will. Daß sie womöglich schon um die Ecke gebogen ist. Werden sich die Kinder umdrehen? Und werden sie sich dann – umschauen?

Es ist ein kleiner Lichtblick, mehr nicht. Immerhin, das Wort Zufall ist nicht zurückzunehmen. Es steht in Feuerschrift an der Wand, unauslöschbar, ein mächtiges Hilfszeitwort für unsere Sache. Unser friedlicher Streit für den Frieden geht weiter. Im Namen des gesunden Menschenverstands und der menschlichen Phantasie. Resignation ist kein Gesichtspunkt!

ANHANG

Nachwort

In den vergangenen Jahren sind wiederholt Anstrengungen unternommen worden, Erich Kästner und sein Werk in Mißkredit zu bringen. Das krasseste Beispiel liefert eine 1993 veröffentlichte Dissertation, die unter dem Titel *Erich Kästner. Moralist mit doppeltem Boden* an der Universität Marburg gefertigt wurde. In den »Schlußbetrachtungen« heißt es dort: »Kästner war kein konstruktiver Zeitkritiker, sondern ein ewig murrender Beckmesser. Vom gesellschaftlichen *Zuschauer-Posten* aus war es ein leichtes, zu nörgeln und mit federleichtem Stil literarische Nischen einer Bedürfnisbefriedigung zu füllen oder mit faden Postulaten als fingerdrohender *Schulmeister* und als besserwisserischer Nachbetrachtungs-Analytiker zu fungieren. [...] Kästner war kein literarisch-konsequenter Schriftsteller, kein politischer Autor und kein Sprachrohr der kleinen Leute«[1].

Wer bereit ist, einen Teil von Kästners Werk, zumal solche Veröffentlichungen, die nicht in den Werkausgaben oder Sammelbänden greifbar sind, von der Betrachtung weitgehend auszunehmen, kann diese Einschätzung für akzeptabel halten. Wer dagegen auch nur einen Blick auf die politisch motivierte Publizistik dieses Schriftstellers werfen mag, wird darin ein anderes Bild erkennen, als Kästners neuerliche Kritiker es zu zeichnen versuchen.

Der vorliegende Band versammelt ausschließlich das, was nicht zum literarischen Werk von Erich Kästner gehört, und er enthält vieles, was bisher weder die Kritiker noch die Freunde des Autors wahrgenommen haben. Noch vor wenigen Jahren war der Publizist Erich Kästner so gut wie unbekannt. Die Ausgabe letzter Hand enthält nur eine bescheidene Auswahl seiner Artikel, und diese Auswahl konzentriert sich im wesentlichen auf die Zeit nach 1945; lediglich aus der *Weltbühne* sind fünf Texte aus den Jahren 1929 bis 1932 aufgenommen worden.[2]

Daß Erich Kästner spätestens ab 1927 zu den bedeutenden

Journalisten und Kritikern der Weimarer Republik gehört hatte, konnte aus der Werkausgabe nicht geschlossen werden, und weitere Publikationen bzw. wissenschaftliche Untersuchungen fehlten. Es ist das Verdienst von Alfred Klein, 1989 zumindest die Artikel aus der *Neuen Leipziger Zeitung* von 1923 bis 1933 in einer zweibändigen Auswahl greifbar gemacht zu haben.[3] Seitdem wird auch der Kritiker Kästner in Ausstellungskatalogen, Anthologien und Essays zitiert. Allerdings ließ Klein seine Zusammenstellung (bis auf ein Nachwort) unkommentiert, und seine »Bibliographie der Beiträge Erich Kästners« gibt nur vor, vollständig zu sein. Gerade die tagespolitischen Artikel aus der Leipziger Zeit Kästners, die nicht im Feuilleton, sondern oft sogar auf der Titelseite erschienen, sind Klein und seinen Mitarbeitern entgangen.

Einige dieser Lücken kann die bisher einzige wissenschaftliche Untersuchung der kulturkritischen Arbeiten Kästners schließen. Johan Zonnevelds Dissertation ist zunächst eine breit angelegte Bibliographie aller Veröffentlichungen Kästners bis 1933 (und darüber hinaus).[4] Zonneveld stützte sich dabei auf den Bestand des Nachlasses und auf eigene Recherchen, die erstmals die Dimension des publizistischen Werks von Kästner deutlich machten. Da Kästners Berliner Wohnung im Februar 1944 völlig ausbrannte, hat sich im Nachlaß nur ein bescheidener Teil der Artikel erhalten, die der Journalist und Berlin-Korrespondent zwischen 1923 und 1933 verfaßte. Zonneveld machte sich auf die Suche und förderte Erstaunliches zutage. Kästners Produktivität scheint unermeßlich gewesen zu sein. Über seine Schreibwerkstatt versorgte er die Provinzpresse ebenso wie damals führende Tageszeitungen und Zeitschriften – oft in Mehrfachverwertung. Das macht die Erfassung und Auswertung nicht gerade leicht. Auch Zonneveld ist, bei aller Akribie, nicht ans Ende gekommen, obwohl er mehr als 350 Rezensionen (im weitesten Sinn) nachweist. Und es sind ihm zwar wenige, aber gravierende Fehler unterlaufen, etwa wenn er einen Artikel aus dem Jahr 1925 ins Jahr 1923 verlegt und damit fälschlich zur ersten Rezension Kästners überhaupt macht, oder wenn er einen von Erhart Kästner verfaßten Artikel aus dem Jahr 1939 (dem mit Publikationsverbot in Deutschland belegten) Erich Kästner zuordnet.

Die außergewöhnliche Leistung schmälern diese Fehler aber nur unwesentlich, zumal Zonneveld für sich in Anspruch nehmen kann, ein Pionier gewesen zu sein. Seine Bibliographie und seine inhaltliche Auswertung der Artikel machen deutlich, wie marginal bisher die Beschäftigung mit dem publizistischen Werk Kästners war, und wie viel noch zu tun bleibt, auch wenn Zonnevelds Resümee eher unspektakulär ausfällt: »Die Rezensionen bestätigen zum Teile [sic!] das Kästner-Bild der Sekundärliteratur, in dem vor allem seine leichte, journalistische Schreibweise und der humoristisch-satirische Aspekt betont werden. Vor allem zeigen die Rezensionen aber den seriösen Kästner. Was in dieser Arbeit vor allem nachgewiesen werden sollte war, daß er sich weit intensiver mit den kulturellen Äußerungen seiner Zeit beschäftigt hatte, als allgemein angenommen wurde. [...] Die Vorwürfe der politischen Meinungslosigkeit, der Anpassung an die jeweiligen sozialpolitischen Umstände und die Charakterisierung Kästners als ›Vernunftrepublikaner‹ sind daher falsch. Er ist im Grunde ein freizügiger Moralist, mit allen Vor- und Nachteilen, die damit zusammenhängen«[5].

Obwohl die vorliegende Auswahl Zonnevelds Analyse wesentliche Impulse verdankt, versucht sie, Kästner nicht nur als engagierten Kulturkritiker, sondern auch als politischen Journalisten, als Reporter der alltäglichen Sensationen, als witzigen Glossisten und als kämpferischen Demokraten vorzustellen. Die systematische Suche brachte eine Fülle von bisher bibliographisch noch nicht erfaßten Artikeln zutage; allein für die *Neue Leipziger Zeitung* sind es über 140 Rezensionen, Berichte, Reportagen, Betrachtungen, Glossen, Gedichte und Erzählungen, die weder in den Zusammenstellungen von Zonneveld noch von Klein auftauchen. Aber auch in anderen Blättern, wie etwa der vom Börsenverein der Deutschen Buchhändler herausgegebenen »Monatsschrift für Neuerscheinungen«, *Das deutsche Buch*, hat Kästner weit öfter publiziert, als bisher bekannt war.

Die trotz aller Nachforschungen noch immer nicht zu umreißende Produktivität des Publizisten Kästner bis 1933 führt dazu, daß eine Auswahl wie unsere sich sehr bescheiden muß, will sie den von dieser Werkausgabe vorgegebenen Rahmen nicht sprengen. Aber andererseits bietet eine Auswahl auch die Chance, die besten Arbeiten von Kästner und die für seinen publizistischen Weg repräsentativsten zusammenzustellen. Das scheint um so wichtiger, weil Kästner als kulturkritischer Chronist der Weimarer Republik immer noch so gut wie unbekannt ist. Das überrascht nicht nur angesichts der Qualität seiner Artikel. Kästner war ein sehr genauer Beobachter vor allem der von ihm als bahnbrechend erkannten Entwicklungen auf den Bühnen und im Film. Oft distanzierte er sich dabei bewußt von den führenden Kritikern in Berlin. Er suchte seinen eigenen Weg und entwickelte für sich Kriterien, denen er zumindest bis 1933 treu blieb.

Daß er aus seiner überaus respektablen Produktion der Weimarer Zeit nur einige Beiträge aus der *Weltbühne* in seine 1959 veröffentlichten *Gesammelten Schriften (GS)* übernahm, aber eine recht umfangreiche Auswahl seiner seit Oktober 1945 erschienenen Artikel, ist aus der heutigen Sicht nur schwer zu erklären. Möglicherweise scheute er die Mühe der Recherche, denn er selbst besaß aus den zwanziger und dreißiger Jahren nur eine bescheidene Zahl von Belegen (die heute im Nachlaß aufbewahrt werden). Für einen repräsentativen Überblick hätte dieses Material nicht ausgereicht. Für eine Mißachtung der frühen publizistischen Tätigkeit durch Kästner gibt es keine Anzeichen. Ganz im Gegenteil: Wenn er davon sprach, tat er es ganz selbstverständlich. So heißt es in der *Kleinen Freiheit* unter dem Titel *Kästner über Kästner*: »Was soll man nun mit jemandem anfangen, der neben satirischen Gedichtbänden, worin Konventionen der Menschheit entheiligt und ›zersetzt‹ werden, wie es seinerzeit offiziell hieß und gelegentlich auch heute heißt, – der neben solchen gereimten Injurien Kinderbücher geschrieben hat, denen die Erzieher Anerkennung und die Erzogenen Begeisterung entgegenbringen? Mit einem Schriftsteller, bei dessen ›Fabian‹ Bardamen, ja sogar Mediziner noch rot werden, dessen humoristische Unterhaltungsromane hingegen in manchen Krankenhäusern verordnet werden wie Zinksalbe und Kamillenumschläge? Mit jemandem, der, wenn er's für notwendig hält, für Zeitungen kulturpolitische Leitartikel und für Kabaretts Chansons und Sketsche schreibt, letzthin zweieinhalbes Jahr lang, ohne abzusetzen, und dessen nächstes Projekt – in einer zutraulichen Minute hat er mir's verlegen gestanden – einem für ihn neuen Gebiete gilt: dem Theater? Wie soll man dieses Durcheinander an Gattungen und Positionen zu einem geschmackvollen Strauße binden. Wenn man es versuchte, sähe das Ganze, fürchte ich, aus wie ein Gebinde aus Gänseblümchen, Orchideen, sauren Gurken, Schwertlilien, Makkaroni, Schnürsenkeln und Bleistiften. Und so erhebt sich die fatale Frage, ob seine Arbeiten und Absichten überhaupt untereinander im Bunde sind. Ob nicht das ziemlich heillose Durcheinander höchstens in ein Nach- und Nebeneinander verwandelt werden kann. [...] Unser Gast, meine Damen und Herren, ist gar kein Schöngeist, sondern ein Schulmeister! Betrachtet man seine Arbeiten – vom Bilderbuch bis zum verfänglichsten Gedicht – unter diesem Gesichtspunkte, so geht die Rechnung ohne Bruch auf. Er ist ein Moralist. Er ist ein Rationalist. Er ist Urenkel der deutschen Aufklärung, spinnefeind der unechten ›Tiefe‹, die im Lande der Dichter und Denker nicht aus der Mode kommt, untertan und zugetan den drei unveräußerlichen Forderungen: nach der Aufrichtigkeit des Empfindens, nach der Klarheit des Denkens und nach der Einfachheit in Wort und Satz«[6].

Diesen Maximen fühlte sich Kästner natürlich auch in seinem publizistischen Werk verpflichtet, das er ausdrücklich als wesentlichen und gleichberechtigten Teil seines schriftstellerischen Schaffens erwähnt. Die Zeitungen und Zeitschriften waren für ihn aber nicht nur eine willkommene Möglichkeit, sein moralisches Programm in die Tat umzusetzen, er nutzte die Blätter auch, um Texte und Ideen auszuprobieren. Was diese Prüfung durch den Leser überstand, konnte später Eingang in seine Gedicht- und Prosabände finden oder zu einem größeren Stoff ausgearbeitet werden.

Schon während seines geisteswissenschaftlichen Studiums in Leipzig hatte Kästner am Institut für Zeitungskunde das Fach Feuilleton bei Karl Bücher belegt und die entsprechenden Übungen besucht, die das Verfassen von Theaterkritiken einschlossen. Sehr zum Leidwesen seines Mentors Albert Köster begann der Student Kästner dann tatsächlich, für Zeitungen zu schreiben. Nach Luiselotte Enderle startete er seine journalistische Karriere wie im Bilderbuch: »Eine satirische Glosse über die Geldentwertung, *Max und sein Frack*, schickte er, halb zum Spaß, an das ›Leipziger Tageblatt‹. Sie erschien zwei Tage später als Lokalspitze. Der Verlagsdirektor, Richard Katz, der spätere Reiseschriftsteller, ließ ihn zu sich kommen und engagierte ihn vom Fleck weg als Redakteur«[7]. Der Wahrheitsgehalt dieser Geschichte ist gering, zumal Luiselotte Enderle in der Einleitung zu den *Muttchen*-Briefen von der *Neuen Leipziger Zeitung* spricht, bei der sich Kästner als Autor beworben haben soll.[8] Die erwähnte Glosse ist aber tatsächlich erschienen, und zwar am 7. Februar 1923 im *Leipziger Tageblatt*. Eingestellt wurde Kästner aber nicht sofort. Nach Briefen, die sich im Nachlaß erhalten haben, ist es wahrscheinlich, daß Kästner im Februar/März 1924 in die Leipziger Verlagsdruckerei G.m.b.H. vorm. Fischer & Kürsten in der Johannisgasse 8 eintrat, zu der ein ganzes Konglomerat von Blättern gehörte.[9]

Die Postkarte von Kästner an seine Mutter, die Luiselotte Enderle auf den 4. Februar 1923 datierte, ist wahrscheinlich genau ein Jahr später geschrieben worden: »Ist gemacht! 200 M Anfangsgehalt. Vorläufig ein Probemonat. Also: Wenn mir's zuviel Arbeit wird, rücke ich wieder ab. Aber ich glaube, das wird ganz gut gehen«[10]. Wie der Vertrag genau aussah, ist nicht überliefert. Er muß aber bestimmte Ausnahmeklauseln enthalten haben, denn Kästner studierte noch und mußte auch sein universitäres Pensum erledigen. Erst am 15. Oktober 1924 war sein Studium beendet. Die Promotion sollte dann noch fast ein Jahr in Anspruch nehmen: Am 4. August 1925 wurde er zum Doktor der Philosophie promoviert.

Neben Max Krell und Hilde Decke arbeitete Kästner zunächst als Redakteur für die Magazine *Das Leben*, *Der Die Das* und *Die große Welt*. In den drei Blättern, die dem Unterhaltungsbedürfnis einer breiteren Leserschaft verpflichtet waren, finden sich von Kästner – zum Teil unter Pseudonym – Gedichte, Glossen und heitere Betrachtungen, denen er später wenig Bedeutung beimaß.

Der ernsthafteren Publizistik widmete er sich zunächst im *Leipziger Tageblatt*. Sein erster größerer, noch stark von seinem Germanistikstudium geprägter Essay erschien am 21. Juli 1923.[11] Im Gegensatz zu den folgenden Artikeln ist kein aktueller Anlaß zu erkennen. Offensichtlich wollte sich Kästner von Anfang an nicht als Gedichte- und Glossenschreiber abstempeln lassen und seinem Doktorvater beweisen, daß Journalismus auch etwas durchaus Ernsthaftes sein könne. Wie wichtig ihm das Gesagte war, belegt ein Aufsatz, der fünf Jahre später im *Blauen Heft* erschien und der die Grundgedanken des frühen literaturwissenschaftlichen Artikels aufgreift, ohne zu wesentlich anderen Ergebnissen zu gelangen.[12] Von eher marginalen Ausnahmen abgesehen[13], widmete sich Kästner aber dem wissenschaftlichen Diskurs nicht mehr. Das Tagesgeschäft dürfte ihm dafür auch keine Muße gelassen haben, denn immer häufiger übernahm er die aktuelle Berichterstattung über kulturelle Ereignisse in Leipzig – von Vorträgen im Kunstverein bis zu einer Rosenthal-Porzellanschau im Gebäude der Dresdner Bank. Seine Liebe galt allerdings schon in dieser frühen Phase dem Theater. Größere und kleinere Premieren verfolgte er ebenso wie Gastspiele oder Kleinkunstdarbietungen. Seine Urteile waren in jedem Fall pointiert, gelegentlich vernichtend, aber den Stallgeruch des germanistischen Hauptseminars hatten sie noch nicht verloren. Eindeutige Kriterien, wie später in Berlin, sind nicht zu erkennen. Noch müssen sich die Leser mit abschließenden Charakterisierungen wie »Die Aufführung war stark«[14] zufrieden geben. Stilistisch orientierte sich Kästner mehr und mehr an den Berliner Großkritikern (wie Alfred Kerr und Herbert Ihering), allerdings noch ohne deren Originalität zu erreichen.

Max Krell schätzte seinen Kollegen sehr. Er erinnerte sich später an den »satirisch, scharf, dabei mit Heinescher Leichtigkeit« schreibenden Kollegen: »Mit dem Doktor Kästner zu diskutieren, war immer ein Vergnügen. Ein erzgescheiter Mann, der sich klar war über das, was not tat, und begabt war mit dem Sarkasmus, der lachen konnte. Dabei ein Dichter, der die Kinder verstand, was immer ein Zeichen von Echtheit ist. Wie er die Kinder erleben ließ, das wurde immer zum Spiegel dessen, was die Erwachsenen verpatzten. Es bestand kein Widerspruch zwischen den heiter reinen Kinderbüchern und den aggressiven Kritiken in Vers und Prosa, die er den Erwachsenen und ihrer Zeit ins literarische Gedenkbuch schrieb«[15].

Parallel zum *Leipziger Tageblatt* publizierte Kästner auch in der als linksliberal geltenden *Neuen Leipziger Zeitung*, die schließlich Ende 1925 das *Tageblatt* übernahm. Ob oder wann Kästner zur *Neuen Leipziger Zeitung* gewechselt war, ist nicht mehr genau zu ermitteln, zumal beide Blätter zur selben Druckerei gehörten. Luiselotte Enderle legt die Ernennung zum zweiten Feuilletonredakteur und zur »zweiten Theaterkritik« in die Zeit vor der Promotion.

In der *Neuen Leipziger Zeitung* arbeitete Kästner zum einen für die politische Redaktion unter Richard Lehmann und zum anderen für den Feuilletonchef Hans Natonek, dessen Einfluß auch später noch in Kästners Artikeln zu spüren ist. Kästner hatte das Glück, obwohl er bei einer Provinzzeitung angestellt war, von einem Großen des Feuilletons lernen zu können. Der sieben Jahre ältere Natonek, Sohn eines Prager Rabbiners, war 1917 Redakteur beim *Leipziger Tageblatt* geworden, nachdem er schon für die *Schaubühne*, die *Aktion* und andere linke Blätter gearbeitet hatte. Er gab an Kästner das weiter, was ihm selbst wichtig war, nämlich den engagierten Einsatz für die Weiterentwicklung der Demokratie und gegen Intoleranz, Nationalismus und Militarismus. Wolfgang U. Schütte, dem das Verdienst zukommt, 1982 nachdrücklich auf Natoneks Werk hingewiesen zu haben, sieht in den Feuilletons des später emigrierten Publizisten »primär den politischen Autor, den Mahner und Analytiker, der mit sensibler und wacher Genauigkeit Zeiterscheinungen registrierte und interpretierte. In ihnen machte der Autor die Verantwortlichen des ersten

Weltkriegs namhaft, durchschaute den Betrug mit der Kleinaktie und gab den übertriebenen Nationalstolz der Deutschen der Lächerlichkeit preis. Er schilderte die Verelendung des Kleinbürgertums und hatte früh erkannt, daß es unter den bürgerlichen Intellektuellen einen Typus gibt, der die von ihm mitverschuldeten gesellschaftlichen Krisen in schönes Wortgeklingel ›auflöst‹«[16].

Natoneks Artikel halfen Kästner, Kriterien für seine Theaterkritik zu entwickeln, und sie ermutigten ihn, ins politische Tagesgeschäft einzusteigen. Zu seinen wichtigsten Aufgaben zählte aber zunächst das »Blattmachen«, also die Zusammenstellung und Redaktion der Artikel auf einer Seite oder des Feuilletons unter dem berühmten Strich, der in der Regel auf Seite 2 die Politik von der Kultur trennte. Mehr als einmal beklagte sich Kästner in den Briefen an seine Mutter über den Schichtdienst, der bis spät in die Nacht dauern konnte, weil der Umbruch erst um 1.00 Uhr gemacht wurde und alle bis dahin eintreffenden Meldungen und Berichte noch aufgenommen werden mußten. Vor allem der Nachtdienst setzte Kästner zu, weil er dann tagsüber sehr müde war und nicht schreiben konnte.

Bereits seit Ende Januar 1923 verfaßte Kästner regelmäßig unter seinem Namen oder unter den Pseudonymen Hekubus, Pejus und Peter Flint für die *Neue Leipziger Zeitung* Gedichte, humorvolle Betrachtungen, kleine Erzählungen, Glossen und seit März 1924 auch Kritiken. Wir haben für diese Ausgabe erstmals alle bis Juli 1927 in der *Neuen Leipziger Zeitung* erschienenen Artikel von Kästner erfaßt, deren Zahl weitaus größer ist als bisher vermutet (Zonneveld konnte nur die im Umfang reduzierte Fernausgabe auswerten). Oft liegen zwischen zwei Beiträgen nur ein oder zwei Tage. Ähnlich wie im *Leipziger Tageblatt* berichtete Kästner über alles, was sich im kulturellen Leben ereignete, allerdings ohne speziell auf das Theater einzugehen. Das blieb – gerade bei wichtigen Premieren – Hans Natonek vorbehalten. Von den über 130 Artikeln, die in der ersten Phase bis zum Mai 1926 entstanden (und die teilweise auch im *Tageblatt* erschienen), haben wir nur zwei aufgenommen[17], weil die im allgemeinen sehr kurzen Beiträge den Gesetzen des Lokaljournalismus gehorchen und mehr als Service denn als kritische Auseinandersetzung mit gesellschaftlicher Wirklichkeit oder kulturellen Darbietungen zu verstehen sind. Kästner ist ein freundlicher Präsentator von Ereignissen, nur selten findet er zu einem negativen Urteil.

Im Mai 1926 ist eine deutliche Wandlung zu spüren, die offensichtlich mit dem stärkeren Engagement Kästners in der politischen Redaktion zusammenhängt. Mit *Der Staat als Gouvernante*[18] begann seine Tätigkeit als politischer Kommentator, die schließlich mit einem Eklat enden sollte. In den knapp elf Monaten bis zur Kündigung durch die Verlagsleitung schaltete sich Kästner nachdrücklich in die Tages-, vor allem in die Schulpolitik ein und bezog eindeutig Position. Die Artikel aus dieser Zeit, die den politischen Kästner in seltener Klarheit zeigen, sind bisher von der Forschung nicht zur Kenntnis genommen worden – von Zonneveld abgesehen, der zumindest die von ihm (in der Fernausgabe) gefundenen Beiträge in seiner »Schlußbetrachtung« erwähnt, während Alfred Klein sie nur im Ausnahmefall überhaupt bibliographisch erfaßt hat.

Kästner attackierte vor allem die antidemokratischen Kräfte auf der rechten Seite des politischen Spektrums: Adlige und Monarchisten, Weltkriegsnostalgiker und unbelehrbare Militaristen, klerikale Scharfmacher, selbsternannte Zensoren, verbindungstreue Studenten und deutschnationale Menschheitsbeglücker. Im Zentrum seines Engagements standen Schule und Universität, da, wie er im Januar 1927 über die deutsche Studentenschaft schrieb, die akademische Generation »im kommenden Jahrzehnt und später das Hauptkontingent regierender, lehrender, richtender und wirtschaftlich führender Persönlichkeiten stellen muß und stellen wird«[19]. Vor allem gegen die konfessionsgebundene Schule, gegen die privaten Vorschulen und die Verteufelung der Volksschullehrer richtete sich sein Zorn. Kästner glaubte, sich einer breiten politischen Bewegung entgegenstemmen zu müssen, die er, wieder auf der ersten Seite der *Neuen Leipziger Zeitung*, so charakterisierte: »Die Reaktion marschiert. Millionen Hände sind heimlich und offenbar am Werk, die Uhr des kulturellen Fortschritts um Jahrzehnte zurückzustellen. Geht es in diesem rückläufigen Tempo weiter, so wird die Zeit wieder näher kommen, da es lebensgefährlich war, die Existenz eines persönlichen Gottes in Frage zu stellen, die Kugelgestalt der Erde zu verteidigen und Krankheiten, die für tödlich galten, zu heilen. – Die Politik – und zwar deren konservative Richtung – hat begonnen, sich in unerträglichem Maß zum Vormund des Geistes zu machen. Nichts aber wirkt zerstörender für jede Kultur als diese Polizeiwirtschaft in den Bezirken des Denkens, der Kunst und der Erziehung«[20].

Das waren heftige Angriffe, die Kästner gelegentlich noch mit persönlichen Attacken, z. B. gegen den Leipziger Oberbürgermeister, verstärkte. Während die Redaktion, wie den *Muttchen*-Briefen zu entnehmen ist, die Kommentare in der Regel mittrug und Kästner sogar im Einzelfall lobte[21], überlegte die Verlagsleitung, wie sie den bei manchem Lokalpolitiker sicher nicht beliebten Redakteur aus der vordersten Linie abziehen könnte. Als nächstliegende Lösung bot sich ein verstärkter Nachtdienst an, gegen den Kästner am 5. Januar 1927 beim Chefredakteur Georg Marguth protestierte. Seiner Mutter faßte Kästner den Ausgang des Gespräches zusammen: »Und ich heute ½ 2 h in Marguths Zimmer. Es waren paar herrliche Stunden. Um 3 h waren wir zwei Hübschen, Marguth und ich, einig. Das heißt: Ich hatte ihn überzeugt, daß seine neue Maßnahme furchtbar dumm, ungerecht und gefährlich sei. […] Ja, sagte er, er wolle mich bißchen kaltstellen durch die vielen Nachtdienste. Ich sei, nach Meinung fast aller, zu radikal und vergifte alle mit diesen Radikalismen…Ja, ich sei eben eine äußerst kluge, mitreißende Persönlichkeit – das sei wohl für mich gut, aber fürs Blatt gefährlich…Er war am Schluß klein wie ein dummer Junge. Am Abend traf ich ihn, und er erklärte mir: er ziehe seine Neuordnung zurück«[22].

Kästners Triumph währte aber nicht lange, denn die Verlagsleitung sah in dieser Niederlage eher noch einen zusätzlichen Grund, sich von dem als schwierig eingestuften Mitarbeiter zu trennen oder ihn zumindest aus der Leipziger Redaktion zu entfernen. Und Kästner selbst war es dann, der den gewünschten Anlaß dazu bot.

Leipzig hatte in der Weimarer Zeit eine höchst lebendige Zeitungslandschaft, die sich auch dadurch charakterisierte, daß ein Blatt die Artikel des anderen aufgriff und zum Teil vernichtend kommentierte. Neben der *Neuen Leipziger Zeitung* mit dem *Leipziger Tageblatt* erschienen täglich noch die (kommunistische) *Sächsische Arbeiterzeitung*, die (sozialdemokratische) *Leipziger Volkszeitung* und die (konservativen) *Leipziger Neuesten Nachrichten*, die Kästner schließlich zu Fall bringen sollten. Bei Luiselotte Enderle liest sich die Geschichte so: »Kästner hatte in der ›Plauener Volkszeitung‹, mit einer Illustration von Erich Ohser, ein satirisches, erotisch nicht ganz stubenreines Gedicht publiziert. *Das Abendlied des Kammervirtuosen.* Es begann: Du meine Neunte, letzte Symphonie! Wenn du das Hemd an hast mit rosa Streifen… Das Pech wollte es, daß die Verse im Gedenkjahr an Beethovens 100. Todestag erschienen! Den ›Leipziger Neuesten Nachrichten‹ war der satirische, politisch kritische Mitarbeiter des demokratischen Konkurrenzblattes ohnehin längst ein Dorn im Auge. Die Gelegenheit war günstig. Sie provozierten einen Skandal«[23].

Am 20. März 1927 erschien in den *Leipziger Neuesten Nachrichten* ein Artikel, der Kästner hart attackierte, weil er angeblich das Erbe Beethovens in den Schmutz gezogen habe. Dr. Marguth kam dieser Angriff wie gerufen. Luiselotte Enderle behauptet, Kästner sei »fristlos entlassen«[24] worden, während Alfred Klein nach seiner Recherche meint, »von einer fristlosen Entlassung kann freilich zumindest im Falle Kästner nicht die Rede sein, blieb er doch noch mehrere Monate mit der Redaktionsarbeit befaßt«[25]. Tatsächlich war ihm von der Verlagsleitung nahegelegt worden, zum 1. April 1927 zu kündigen. Offenbar ist es Kästner gelungen, aus der »Kündigung«[26] doch noch Kapital zu schlagen. Er durfte als (freier) Kulturkorrespondent für die *Neue Leipziger Zeitung* nach Berlin gehen.

Daß er aber zunächst weiter in der Redaktion im Tag- und Nachtdienst arbeitete und auch ein Preisausschreiben betreuen mußte, bestätigen seine *Muttchen*-Briefe. Die Behauptung Alfred Kleins, »von März bis Juli 1927 wurden auch keine Beiträge mehr von ihm gedruckt«[27], erweist sich bei genauerer

Nachprüfung als falsch. Als »Peter Flint« bzw. »P. F.« veröffentlichte Kästner zwischen dem 6. Mai und dem 3. Juli 1927 drei Reisefeuilletons, zwei Kritiken und eine Erzählung. Auch die anderen von Klein für diesen Zeitraum vorgenommenen Datierungen bedürfen der Korrektur. So heißt es im Nachwort zu den *Gemischten Gefühlen*: »In der Nummer 64 vom 6. März erschien noch das Gedicht *Die Zeit fährt Auto*, aber erst von der Skizze *Kleinstädtisches Berlin* an, die in der Nummer 207 vom 29. Juli 1927 veröffentlicht wurde, durfte Erich Kästner wieder regelmäßig in dem Leipziger Blatt publizieren«[28]. Tatsache ist dagegen, daß der letzte Artikel, den Kästner in Leipzig unter seinem richtigen Namen schrieb, am 17. März 1927 (*»Kiki« im Film)* im Blatt stand und er sich bereits am 28. Juli 1927 (*Sächsische Edelvaluta*) wieder bei seinen Lesern aus Berlin meldete. Da der letzte Brief aus Leipzig an seine Mutter vom 14. Juli 1927 datiert, und er darin bereits Post aus Berlin ankündigte, muß der Umzug kurz danach erfolgt sein. Also etwa ab Mitte Juli war er in Berlin, und nicht, wie Luiselotte Enderle in ihrer Biographie meinte, ab September 1927.[29]

Kästner unterhielt zu dieser Zeit bereits eine florierende »Versfabrik« und eine nicht minder erfolgreiche Manufaktur für Artikel aller Art, die er, wie seine Gedichte, auf die Reise durch die Blätterwelt schickte. Was im Original im *Leipziger Tageblatt* und/oder in der *Neuen Leipziger Zeitung* erschienen war, konnte auch in diversen anderen Blättern auftauchen. Die Liste der Zeitungen und Zeitschriften, die Kästner aus Leipzig und dann verstärkt aus Berlin belieferte, ist lang – und noch immer sind nicht alle bekannt, denn Kästner war ein souveräner Meister des Inkognito. Und das nicht ohne Grund. So bemerkte er im Oktober 1926 gegenüber seiner Mutter, als er ihr einen Artikel zur Landtagswahl in der *Zwickauer Volkszeitung* ankündigte: »Da muß ich freilich unter anderem Namen auftreten, sonst zerspringen die Leute hier«[30]. Also schon aus Rücksicht auf seine Tätigkeit für die *Neue Leipziger Zeitung* benutzte er ständig wechselnde Pseudonyme, die sich bisher allerdings nur zu einem Teil eindeutig zuordnen lassen.

Zu den Zeitungen und Zeitschriften, die er mit Originalartikeln belieferte, gehörten neben den bereits genannten u. a. die *Dresdner Neuesten Nachrichten, Beyers für Alle, Der Querschnitt, Die Weltbühne, Das deutsche Buch, Das blaue Heft, Prager Tageblatt, Die Literarische Welt, Die Neue Bücherschau, Vossische Zeitung, Berliner Tageblatt, Gebrauchsgraphik, Simplicissimus, Der Schriftsteller, Das Leben* und *Die Literatur*. Für eine Reihe von Blättern, wie *Die Grüne Post* oder *Die Jugend*, schrieb Kästner daneben feuilletonistische Betrachtungen und kleine Erzählungen, die dem Unterhaltungsbedürfnis der Leser entgegenkamen.

Eine regelmäßige journalistische Mitarbeit ist nur für das *Leipziger Tageblatt* (1923–1925), die *Neue Leipziger Zeitung* (1923–1933), die *Weltbühne* (1927–1933) und das vom Börsenverein der deutschen Buchhändler herausgegebene Rezensionsorgan *Das deutsche Buch* (1926–1930) nachweisbar. In der damals sehr angesehenen *Vossischen Zeitung* oder in dem ebenfalls renommierten *Berliner Tageblatt* konnte Kästner nicht recht Fuß fassen. Allerdings weiß auch niemand, ob er es wirklich wollte, denn in den letzten Jahren der Weimarer Republik verlagerte Kästner den Schwerpunkt seiner Produktion auf die Literatur. Der Erfolg seiner Gedichtbände, Kinderbücher, Theaterstücke und Drehbücher hatte ihn finanziell unabhängig gemacht, und er wandte sich auch in seinen Zeitungsbeiträgen immer mehr von der Kritik ab. So sind es vor allem Gedichte, Erzählungen und satirische Texte, die die *Neue Leipziger Zeitung* ab Mitte 1930 von ihm druckte. Daß die Zahl der Beiträge für das Leipziger Blatt in den letzten Jahren der Weimarer Republik zurückging, könnte auch damit zusammenhängen, daß Kästner zur *Neuen Leipziger Zeitung* in keinem festen Vertragsverhältnis mehr stand. Am 2. Januar 1931 hatte er nämlich seiner Mutter geschrieben: »Damit das neue Jahr gut anfängt, hat mir heute die Neue Leipzg. Zeitg. den Kontrakt gekündigt, ¼ jährliche Kündigung, also ab April. Sie wollen sich meine Mitarbeit erhalten, und ich soll in dieser oder nächster Woche nach Leipzig kommen und besprechen, was geschehen soll. Wahrscheinlich soll ich ihnen für jeden Beitrag, den sie bringen, noch zehn Mark draufzahlen. Das ist ein Pack.

Na, ich werde ihnen meine Meinung geigen«[31]. Der Streit wurde friedlich beigelegt, aber Kästner veröffentlichte danach fast nur noch literarische Texte in der *Neuen Leipziger Zeitung* und beschränkte sich bei den wenigen verbliebenen Kritiken auf Film und Theater. Als Chronist der laufenden Kulturereignisse in Berlin war Kästner also nur von Ende 1927 bis Anfang 1931 aktiv. In diese Zeitspanne fällt allerdings viel von dem, was in unserem heutigen Bewußtsein den kulturellen Aufbruch in der Weimarer Republik symbolisiert.

Kästner beweist in seinen Artikeln einen fast untrüglichen Instinkt für das Neue, das Besondere und das Qualitativ-Herausragende. Zwar ist nicht immer mit letzter Sicherheit zu sagen, wo Kästner sein eigenes Empfinden artikulierte, und wo er sich der Meinung von Berliner Kollegen anschloß, denn seine Berichte und Rezensionen erschienen in der *Neuen Leipziger Zeitung* gewöhnlich erst Tage nach den entsprechenden Artikeln in der Hauptstadtpresse, die oft schon wenige Stunden nach dem Ereignis die kritische Bilanz lieferte. Kästner hatte also genügend Zeit, die Feuilletons zu studieren und seine Eindrücke daran zu messen. Er scheint aber gerade seinen Ehrgeiz darein gesetzt zu haben, die Urteile der Großkritiker zu revidieren, wobei die Lust am Widerspruch dort versiegte, wo Kästner die angebotenen Meinungen teilte. Ein gutes Stück oder einen guten Film nur deshalb nicht zu loben, weil es ein Alfred Kerr oder ein Herbert Ihering auch getan hatten, stand für ihn außerhalb der Diskussion.

Kästner wußte genau, was er seinem Leipziger Publikum bieten wollte, und was von ihm erwartet wurde. Natürlich lieferte er Berliner Flair, die Exotik einer Metropole, in der extreme Armut und verschwenderischer Reichtum schon mit dem ersten Blick erfaßt werden konnten. Er spürte Kuriosa auf und dokumentierte augenzwinkernd, daß die Weltstadt und die Provinzstadt nicht so weit auseinanderlagen, wie es von Leipzig den Anschein hatte. Zumindest was die Körung von Ziegenböcken und die Vergnügungen der kleinen Leute betraf, war man in Berlin auch nicht weiter als in Sachsen. Und wenn dann noch ein Leipziger in der Haupstadt beklatscht wurde, dann war das Kästner einen besonderen Hinweis wert. Die Leser der *Neuen Leipziger Zeitung* werden es ihm gedankt haben.

Aber Kästner verstand sich keineswegs als Gesellschaftsreporter; er wußte nur, was ankam. Und garniert mit allerlei Anekdotischem servierte er den Lesern der *Neuen Leipziger Zeitung* das, was ihm wirklich wichtig war. Denn Kästner, der in Leipzig brav über biedere Theateraufführungen, erbauliche Vorträge und hübsch arrangierte Ausstellungen reportiert hatte, erlebte in Berlin eine ganz andere und für ihn neue Welt. Er spürte, was ein Erwin Piscator oder – mit Einschränkungen – ein Bertolt Brecht in Bewegung setzen wollten, und versuchte, dieses Neue und Ungeheuerliche nach Leipzig zu vermitteln.

Dabei stand für Kästner nicht das formale Experiment, sondern das pazifistische und soziale Engagement im Vordergrund. Ein Kriegsfilm, der den Krieg nicht dezidiert verurteilte, konnte in seinen Augen ebensowenig Gnade finden wie ein Sozialdrama, das mit dem Elend der Deklassierten nur die Schaulust des saturierten Bürgertums befriedigte. Als Kritiker wollte Kästner gerade die Produktionen herausstellen, die seiner radikal-pazifistischen und in seinem Sinn sozialistischen Einstellung entsprachen. Inhaltliche oder stilistische Mängel nahm er in Kauf, wenn nur die Intention stimmte.

Eine Grenze gab es für ihn allerdings: Kommunistische Indoktrination lehnte er entschieden ab, auch wenn er selbst, 1930, nach seiner Rußlandreise, einen euphorischen Artikel über die Sowjetunion verfaßte, der aber ein einmaliges Ereignis bleiben sollte.[32] So scheiterte seine Verehrung von Piscator und anderen Regisseuren gerade an dem, wie er seiner Mutter am 19. November 1929 schrieb, »kommunistischen Fimmel«[33].

Erwin Piscators Theater, vor allem seine Inszenierung von *Hoppla – wir leben!*, war für Kästner das Schlüsselerlebnis – unmittelbar nachdem er sich als Kulturkorrespondent in Berlin niedergelassen hatte. Wie Zonneveld in seiner Dissertation zeigen kann, hatte Kästner bis dahin die Aufführungen in Leipzig oder Dresden an den von der Aufklärung geprägten Kriterien seines akademischen Lehrers Albert Köster gemessen, was er auch später noch hin und wieder tun sollte. Aber Piscators

Theater bedeutete für ihn etwas völlig Neues – und nicht nur für ihn. Zwar hatten sich die Staatlichen Bühnen mit Leopold Jessner oder Max Reinhardt dem formalen und inhaltlichen Experiment schon lange geöffnet, aber die Radikalität, mit der Piscator die Guckkastenbühne öffnete, musikalische Elemente einbezog und aktuelle politische Ereignisse zu Themen machte, war auch für Berlin außergewöhnlich. Kästner erkannte das sofort und schrieb gleich am Anfang seiner Rezension: »Es ist schwer, von dieser ersten Aufführung der Berliner Piscatorbühne auch nur näherungsweise eine brauchbare Vorstellung zu vermitteln. Der Leser muß jeden bisher gebräuchlichen Begriff, was das Theater sei, ausmerzen, wenn er begreifen will, was hier an theatralisch Neuem geschaffen wurde. Mit dieser Aufführung beginnt – wenn nicht alles trügt – eine neue Epoche der deutschen Theatergeschichte«[34].

Zwar benutzte Kästner in seinen Artikeln gern Superlative, und nicht immer sind seine Wertungen heute noch nachvollziehbar, aber bei Piscators Debüt am eigenen Haus kam die Begeisterung aus tiefstem Herzen. Sie muß so groß gewesen sein, daß Kästner auch die intellektuelle und körperliche Nähe suchte. Denn schon kurze Zeit später konnte er mit einer Sensation aufwarten, der die Redaktion einen kleinen Kommentar voranstellte: »Wir sind in der Lage, auf Grund einer Unterredung mit Piscator und seinen Helfern im bautechnischen Büro die Pläne seines ungeheuer kühnen, kommenden Theaters zu veröffentlichen, die bisher weder in der in- noch in der ausländischen Presse publiziert worden sind«[35]. Kästner war tatsächlich der erste (und nicht, wie bisher vermutet, die *Berliner Illustrirte Zeitung* am 25. Dezember 1926), der die Entwurfzeichnungen für das später nicht realisierte Theater mit entsprechenden Kommentaren veröffentlichte. Allein das zeigt schon, welche Nähe er zu Piscator gewonnen hatte. Er empfand ihn als Erneuerer des Theaters, der den Strömungen der Zeit auf der Bühne einen adäquaten Ausdruck verlieh und – fast nebenbei – die jahrtausendealte Trennung von Publikum und Schauspielern aufhob.

Daß sich Kästners Abwendung von Piscator, trotz weiter

bestehender Anerkennung der Regieleistung, so schnell vollzog, lag an einem politischen Manöver in der Inszenierung des Stückes *Rasputin*. Nach der Verbannung Trotzkijs durch Stalin ließ Piscator den Schlußmonolog des in Ungnade gefallenen Revolutionärs auf wenige Sätze zusammenstreichen. Kästner reagierte mit einer scharfen Attacke: »Politik borniert den Charakter! Sie kann dazu führen, daß Rußland mit Deutschland verwechselt wird und Stalin mit Theater und Unvernunft mit Charakter«[36]. Auch wenn er die folgenden Premieren daraufhin abklopfte, wie stark politisch agitiert wurde, konnte er sich ein »Berlin ohne Piscator« nicht vorstellen. Als Theaterleiter war Piscator gescheitert. Er suchte Geldgeber, und Kästner rührte noch einmal die Trommel: »Er hat eine theaterhistorische Aufgabe zu erfüllen. Dergleichen und Geld zu verdienen sind grundverschiedene Dinge. [...] Er experimentiert. Er experimentiert für das europäische Theater. Er hat das Zeug dazu. Schon fangen die deutschen Provinzbühnen an, von ihm zu lernen. Er übertreibt. Er muß übertreiben. Er hämmert den Zeitgenossen eine neue Bühnenform ein. Da muß man skandieren. Kurz und gut: hoffentlich gibt ihm jemand Geld. Wir haben ihn nötig«[37].

Im Gegensatz zu Piscator schenkte Kästner dem zweiten großen Erneuerer des Theaters in der Weimarer Republik, Bertolt Brecht, wenig Aufmerksamkeit. Lediglich die Uraufführung der *Dreigroschenoper* war ihm eine ausführliche (und hymnische) Kritik wert. Und auch da mußte sich Brecht noch mit Piscator vergleichen lassen, wenn Kästner zu der Aufführung anmerkte, »daß sie aktuelle Möglichkeiten kaum wahrnahm, geschweige denn erschöpfte«[38]. Politische Intentionen konnte Kästner bei Brecht nicht entdecken, und das dürfte der Hauptgrund dafür gewesen sein, daß er ihn nicht so ernst nahm wie andere Regisseure oder Autoren.

Wo Kästner selbst politisch stand, läßt sich mit letzter Sicherheit nicht sagen. Den Parteien der Weimarer Republik entzog er sich bewußt. Konstanten seines Denkens sind der unbedingte Pazifismus und das gesellschaftliche Engagement, die am ehesten noch der sozialistischen Tradition entsprechen. Wo sich Kästners Überzeugung am deutlichsten vom Kommunismus unterscheidet, ist die Frage, auf welchem Weg der gesellschaftliche Idealzustand erreicht werden könnte. Kästner läßt, zumindest zeitweilig, deutliche Sympathien für eine »Revolution von oben« erkennen, wie sie H. G. Wells in seinem Roman *Die Welt des William Clissold* propagierte. In seiner Rezension spricht Kästner vom »gescheiteste(n) Buch der letzten Jahre überhaupt«[39] und resümiert den Inhalt für sich so: »Arbeiter und Führer sind Verbündete und haben einen gemeinsamen Feind und ein großes Hindernis: die Staaten, die Regierungen. Man wird ganz einfach einmal diese antiquarischen Einrichtungen beiseite schieben müssen. Der kommende Weltstaat – mit Kontrolle der Wirtschaft, Einheitswährung, Weltpolizei, Weltuniversität usw. – muß von den Hauptaktionären des Weltkapitals eingerichtet und von den Arbeitern gebilligt werden. Dann ist keine Regierung länger fähig, den Fortschritt aufzuhalten. Dann wird es keinen äußeren Feind mehr geben und keinen Krieg und keine Ausgabe, die sinnlos wäre. Dann kann, von diplomatischen Katastrophen unbehindert, an die Lösung bedeutender sozialer und wirtschaftlicher Aufgaben herangegangen werden.« Und an die Adresse der Radikalsozialisten und Kommunisten gerichtet, veröffentlichte er nur wenige Monate später seine *Kritik des idealistischen Sozialismus*[40], in der er die Zusammenarbeit von »sozial und sozialistisch orientierten Menschen« forderte: »Es gilt, das Los der Mehrheit zu bessern! Und wer Idealist genug ist, zu erwarten, daß sich dadurch diese Mehrheit selber bessern werde, der soll es glauben! Nur eins wird er rechtzeitig lernen müssen: auf die unvermeidliche Enttäuschung gefaßt zu sein, die einmal für ihn kommen muß. Es mag ihm genug sein, die Mehrheit gesünder und klüger, vielleicht gar ein wenig zufriedener zu sehen. Mehr, oder auch nur soviel, wurde noch nie erreicht. So lange die Erde besteht. Und mehr kann nie erreicht werden.«

Die Gefahren, die gerade in dem von Wells propagierten Modell stecken, erkannte Kästner zunächst nicht. Auch wenn im *Fabian* deutliche Relativierungen zu erkennen sind, ließ Kästner die Idee der Revolution von oben nicht los. In seinem

Aufsatz *Reklame und Weltrevolution*[41] griff er die Ideen von Wells wieder auf und stellte einen Aspekt besonders heraus: die überragende Bedeutung der »Propaganda« (im Sinne von Werbung) für die Durchsetzung politischer Ziele: »Ohne Apostel und Propheten, ohne Werbung und Missionsreisen wäre keine Religion groß geworden. Der Begriff der Propaganda hängt nur irrtümlicherweise ausschließlich mit Handelsartikeln zusammen, er gehört genau so gut, als Verbreiter, zu den großen und größten Ideen der Menschheit. Ohne Propaganda kann gar nichts mehr verbreitet werden, keine Philosophie und keine Seife. Propaganda ist das Medium der Welt geworden.« Kästner sieht die positiven Möglichkeiten der (politischen) Propaganda, gerade wenn es darum geht, den Menschen das für sie Gute nahezubringen, aber er leugnet auch nicht die offensichtlichen Gefahren, wenn er resümiert: »Deshalb sind die Führer der Propaganda eine Weltmacht. Sie sind sich nur der Tragweite ihres Einflusses nicht bewußt.« Schon wenige Jahre später sollte Goebbels die so beschriebene Propaganda ganz gezielt politisch einsetzen – und ganz und gar nicht im Sinne von Kästner.

Daß der Skeptiker Kästner zumindest zeitweise einer Revolution von oben zuneigte, bedeutet nicht, daß er die Demokratie ablehnte oder gar Sympathien für Diktatoren gehabt hätte. Als Kritiker wußte er von den Defiziten, die eine junge Demokratie wie die der Weimarer Republik haben mußte, aber eine realistische Alternative dazu gab es für ihn nicht. So energisch er den kommunistischen Dogmatismus ablehnte, obwohl er gerade die Verbesserung der Lebensbedingungen für Arbeiterfamilien und Arbeitslose als vordringliche Aufgabe ansah, so sehr fürchtete er sich vor dem Nationalsozialismus, in dem er die größte Gefahr für Deutschland und die Deutschen sah. Aus den *Muttchen*-Briefen ist abzulesen, daß er spätestens seit August 1931 eine große Angst vor einem Regierungswechsel zugunsten der Nationalsozialisten hatte. Und seit Anfang 1932 wußte er, was ihn erwartete. So schrieb er am 13. Januar 1932, nachdem seine (Kinderbuch-)Verlegerin noch immer nicht die ausstehenden Honorare gezahlt hatte: »Na, es wird ja wohl auf dasselbe herauskommen, ob ich mein Geld bei ihr oder erst im Dritten Reich verliere. [...] Aber was hat Warten für Zweck, wo man damit rechnen muß, daß das Schreiben bald nur noch unter ganz strenger Zensur möglich sein wird.«

Geradezu prophetisch ist seine am 24. Mai 1932 in der *Weltbühne* erschienene und bisher kaum beachtete Satire *Brief aus Paris, anno 1935*, die Kästner aus unbekannten Gründen nicht in seine Gesamtausgabe letzter Hand aufnahm. Tatsächlich mußten die Schriftsteller, die er ins Pariser Exil versetzte, Deutschland nach 1933 verlassen. Mit diesem Text machte Kästner noch einmal öffentlich deutlich, was Intellektuelle unter einer nationalsozialistischen Diktatur zu erwarten hatten. Daß sich seine satirischen Prophezeiungen aber so erschreckend genau erfüllen würden, dürfte Kästner – trotz seines politischen Pessimismus – nicht geahnt haben.

Als einziges nicht-utopisches Mittel, ein totalitäres Regime von rechts oder links zu verhindern, sah Kästner die Demokratie an, deren Schwächen er zwar benannte, die er aber als einzig mögliche Regierungsform der Weimarer Republik akzeptierte. Schon früh, in einem Artikel gegen die in Europa um sich greifenden Diktaturen[43], wandte sich Kästner auch gegen die wohlfeile und in den zwanziger Jahren in Deutschland weit verbreitete Kritik am Parlamentarismus: »Dem modernen und bekannten Begriff der Arbeitsteilung entspricht der unbekanntere der geteilten Verantwortung. Anders als geteilt ist wirkliche und wirksame Verantwortung nicht länger möglich. [...] Daß dem antiquierten Prinzip der Diktatur als Ideal das Prinzip des Parlamentarismus gegenübersteht, muß kaum noch gesagt werden. Niemand bediene sich, um zu widersprechen, der üblichen abfälligen Worte, mit denen Parlamente kritisiert zu werden pflegen! Hier ist nicht von irgendeinem zufällig mangelhaften Parlamentarismus die Rede, sondern von diesem als System.« Und das mochte Kästner nicht in Frage stellen. Denn er wußte, daß das Ende des Parlamentarismus die Auflösung der demokratischen Struktur in Deutschland bedeutet hätte. Besondere Sorge bereitete ihm dabei immer wieder die akademische Jugend. So heißt es in seinem Artikel *Professoren an die*

Front!, den er auf der Titelseite der *Neuen Leipziger Zeitung* veröffentlichte: »Früher, zu Zeiten tyrannischer und ständischer Staatsformen, war es selbstverständlich, daß sich die Jugend, und vor allem die akademische Jugend, in der Opposition befand, um für eine Regierung einzutreten, die der Vernunft, der Freiheit und der echten Volksgemeinschaft Raum gebe. Heute aber, nun in der Deutschen Republik diese ewigen Wünsche jeder rechten Jugend verwirklicht wurden und angestrebt werden – heute ist gerade die Studentenschaft der Hort der Reaktion und der Herd der Unvernunft«[44]. Und am Ende seines Artikels forderte er die Lehrer der Studenten auf, mit gutem Beispiel voranzugehen: »Professoren, bekennt euch zur Republik! Zum demokratischen Gedanken! Zum sozialen Empfinden! Es ist an euch, denn die Jugend hat versagt.«

Ein Salondemokrat, der in Caféhäusern oder in privaten Zirkeln schwadronierte, ansonsten aber politische Abstinenz übte, um für alle Wechselfälle der Geschichte gerüstet zu sein, war Kästner nicht. Daß seine Bücher am 10. Mai 1933 auf den Scheiterhaufen brannten, lag nicht zuletzt an seinem politischen und gesellschaftlichen Engagement, das neben der Lyrik vor allem die Publizistik dokumentiert. Durch seinen erzwungenen Wechsel nach Berlin war ihm zwar die Möglichkeit genommen, kommentierend für seine Leipziger Zeitung in die Tagespolitik einzugreifen, aber für Kästner bedeutete das keineswegs, daß er sich auf die Schönen Künste zurückzog. Zum einen bot ihm die *Weltbühne* die Möglichkeit, mit Gedichten oder Artikeln Zeitphänomene zu glossieren; andererseits nutzte er seine Rolle als Berlin-Korrespondent, um via Kulturkritik das zu sagen, was ihm gesellschaftspolitisch wichtig war.

Kästners Artikel seit der Endphase seiner Leipziger Zeit lassen sich auch so lesen: als Versuch, das von ihm im Grunde akzeptierte demokratische System zu verbessern. Er wollte sein Publikum auf Mißstände aufmerksam machen, auf soziales Elend, Militarismus, Abtreibung, Todesstrafe, Zensur und die Zumutungen einer Unterhaltungsindustrie, die vorgab, im Sinne einer nie befragten Mehrheit zu handeln. Wichtig war ihm aber auch, dort mit Lob nicht zu sparen, wo sich wirklich

Neues und Überraschendes ereignete. Neben dem Theater waren es vor allem der Film und die Literatur, denen er einen außergewöhnlichen Stellenwert zubilligte. Vielleicht überschätzte er ihre gesellschaftliche Funktion und ihren politischen Einfluß, aber was er sehr klar sah, waren die gewaltigen Veränderungen, die beide kulturellen Institutionen in der Weimarer Zeit erfuhren.

Der Film, das Medium, das Kästner schon früh faszinierte, wandelte sich grundlegend. Aus schnell und billig produzierten Unterhaltungsstreifen wurden anspruchsvolle und teure Produktionen, die, wenn sie aus der Sowjetunion oder Deutschland kamen, auch ihre politischen Intentionen nicht mehr verbargen. Und aus der stummen, nur mit Musik untermalten Bildfolge entwickelte sich langsam – und zunächst auch von Kästner skeptisch aufgenommen – der Tonfilm, der künstlerische Ansprüche nicht vernichtete, sondern ganz neu herausforderte.

Gerade die Filmproduktionen klopfte Kästner auf ihren gesellschaftlichen Gehalt und ihre innovative Kraft hin ab. Was er positiv herausstellte, findet sich heute als Titel nur noch zum Teil in den Filmlexika. Über *Hunger in Waldenburg* zum Beispiel, laut Kästner »eine der interessantesten Leistungen der letzten Zeit«[45], ist die Filmgeschichte fast ebenso spurlos hinweggegangen wie über die meisten anderen filmischen Reportagen oder Sozialdramen, die der Berliner Korrespondent der *Neuen Leipziger Zeitung* sorgfältig begutachtete. Filmrezensionen gehörten in dieser Zeit noch keineswegs zu den selbstverständlichen Inhalten der Feuilletons, und schon die Zahl der Kritiken zeigt, welchen Stellenwert Kästner dem sich etablierenden Medium zubilligte.

Wie bei seinen Theaterkritiken wurde Kästner nicht müde, nach innovativen Ansätzen und nach gesellschaftspolitischem Engagement zu suchen. Geradezu vernichtend konnten seine Urteile ausfallen, wenn er das von ihm so geschätzte Medium mißbraucht glaubte: zu einfältigen Unterhaltungszwecken oder zur politischen Agitation von rechts. Obwohl er für sich eindeutige Bewertungskriterien entwickelte und anwandte, fand er nicht zu einer eigenen Filmästhetik, sondern beließ es bei der zustimmenden Besprechung von zwei filmtheoretischen Büchern, die Rudolf Harms und Béla Balázs veröffentlicht hatten. In der Rezension findet sich als Kästners eigene Meinung die eher allgemeine Bemerkung: »Der Film ist eine Kunst der Fläche, der Schwarzweiß-Kontraste, der Bewegung, der Wortlosigkeit. Diese Eigenschaften schließen gewisse Möglichkeiten aus und bedeuten doch wieder Vorzüge, deren Berücksichtigung und Registratur notwendig ist.«[46] Präziser wurde er ein Jahr später, als er in der *Neuen Bücherschau* unter dem Titel *Hätten wir das Kino!* nach seinen Forderungen und Vorschlägen gefragt wurde: »Jeder aussichtsreiche Versuch, den deutschen Film wesentlich zu qualifizieren, müßte mit der Durchführung des aussichtslosen Planes beginnen: die Industrialisierung der Filmproduktion zu beseitigen. [...] Künstlerisch belangvolle Manuskripte wären ebenso möglich wie ihre angemessene Behandlung. [...] Der Geschmack des Publikums ließe sich in der Übergangszeit durch psychologisch und bewußt ›überkitschte‹ Filme aushungern und, so oder nie, Werten zugänglich machen«[47]. Kästner zielte auf die Praxis, aber er war sich natürlich bewußt, wie utopisch seine Vorstellungen sein mußten, denn in einem durch und durch kommerzialisierten Gewerbe zählten materielle Interessen mehr als der ideelle Wert eines Films. Andererseits hatte Kästner auch für avantgardistische Experimente ein nur geringes Verständnis, denn primär lag ihm daran, das Medium zunächst als gleichrangige Kunstform zu etablieren. Den freieren und insgesamt auf wenig Akzeptanz stoßenden Umgang mit filmischen Inhalten hielt er dabei für eher störend. Wie stark ihn der Film als künstlerische Ausdrucksform und als Möglichkeit, viele Menschen zu erreichen, faszinierte, läßt sich daran ersehen, daß Kästner sich selbst als Drehbuchautor versuchte, unter anderem mit Max Ophüls.

Wie beim Theater versuchte Kästner, für seine Leipziger Leser die Spreu vom Weizen zu trennen. Zahlreich sind seine Sammelbesprechungen, die nur Hinweise auf die Qualität einer Inszenierung oder eines Filmes geben konnten, aber wohl dem Bedürfnis eines Publikums entsprachen, das an dem kulturellen Leben in Berlin zumindest lesend teilhaben wollte. ... sind auch nicht immer die großen Ereignisse, die Kästner her... ausstellte, und manche glanzvolle Premiere, die die Kritik der Hauptstadt intensiv beschäftigte, findet in den Korrespondentenberichten nicht einmal Erwähnung. Kästner wählte sehr genau aus und wußte immer, für wen er schrieb. Ein in Berlin weitverbreitetes Interesse, seine gesammelten Rezensionen möglichst bald auch zwischen zwei Buchdeckeln zu sehen, hatte Kästner nicht. Deshalb sind seine Artikel auch schnörkellos, direkt und auf den Punkt geschrieben. Was der Rezensent dachte, mußte vom Leser nicht erst mühsam zwischen den Zeilen ermittelt werden. Anspielungen tauchen nur dort auf, wo auch der Leipziger wußte, was damit gemeint war.

Diesem Prinzip blieb Kästner auch in den anderen Blättern treu, für die er Beiträge verfaßte. Vielleicht war es gerade das, was ihn als Mitarbeiter so beliebt machte. Selbst wenn er in landesweit verbreiteten Zeitschriften wie der *Weltbühne* oder dem *Deutschen Buch* schrieb, ist keine Anstrengung spürbar. Kästner blieb Kästner, auch in den Inhalten. So sind seine literarischen Rezensionen von den gleichen Überlegungen geprägt wie seine Theater- und Filmkritiken. Georg von der Vrings Antikriegsroman *Soldat Suhren* stellte er ebenso heraus wie Alfred Döblins *Berlin Alexanderplatz* oder das Werk des als Homosexuellen diskriminierten französischen Autors André Gide.

Gelegentlich wandte er sich auch seinem eigenen Gewerbe zu und verteidigte zum Beispiel das, was er »Gebrauchslyrik« nannte und auch selbst verfaßte. Deutlich wird dabei, daß er nicht »für die Ewigkeit« schreiben wollte, sondern, wie auch als Journalist, für Leser, denn: »diese Gebrauchslyriker werden gelesen. Sie werden auch verstanden und überall vorgetragen, sogar geliebt und auswendig gelernt. [...] Es ist wirklich keine Schande, Verse zu schreiben, die den Zeitgenossen begreiflich erscheinen! Die ›reinen‹ Dichter dichten ›Konservenlyrik‹, nur zum Aufheben, für die Ewigkeit und spätere Doktorarbeiten«[48]. Dieser pragmatische Umgang mit Literatur kennzeichnet auch einen Aufsatz von Kästner, der Heinrich Bölls berühmte Rede vom Ende der Bescheidenheit von 1969 vorwegnimmt. *Der Schriftsteller als Kaufmann* überschrieb Kästner seine energische Mahnung, als Autor selbstbewußter aufzutreten und in einem fertiggestellten Manuskript ganz selbstverständlich die Handelsware zu sehen.[49] Kästners akribische Berechnungen von Honorarhöhen dürften manchem Zeitgenossen als Sakrileg vorgekommen sein. An die Adresse der Verleger gerichtet waren sie eine Kampfansage, deren Wirkung noch dadurch gesteigert wurde, daß sie im *Schriftsteller*, dem Organ des Schutzverbandes, erschienen. Heinrich Bölls Appell führte 1969 zur Gründung des Verbands Deutscher Schriftsteller als Autorengewerkschaft; Kästners fulminante Attacke in eigener Sache zeigte 1930 weitaus weniger Wirkung, aber für manchen unerfahrenen Schriftsteller dürfte sie zumindest eine Ermutigung gewesen sein, härter zu verhandeln.

Daß Kästner mit beiden Füßen auf dem Boden der Tatsachen stand, offenbaren auch seine Reportagen, die mitten hinein ins pralle Menschenleben führen. Schon in seiner frühen Leipziger Zeit versuchte er neben seinen Feuilletons und Rezensionen auch das abzubilden, was seiner Meinung nach die Aufmerksamkeit einer breiteren Leserschaft verdient hätte. Zwar hatte Kästner nie die Ambition, einem Egon Erwin Kisch nachzueifern, aber die Reportage blieb für ihn die geeignete Form, wenn er auf Kurioses oder für ihn Ärgerliches gestoßen war. Dabei konnte es sich um einen Dauertanzwettbewerb ebenso handeln wie um einen Zauberladen, eine Auffrischstation für übernächtigte Junggesellen oder einen Rummelplatz für die sozial Deklassierten. Liebevoll behandelte er diese Themen; er ließ sich auf Menschen und Situationen ein, die ihm zunächst fremd schienen. Er suchte zu ergründen, warum die, die er beschrieb, so handelten, ohne seine Persönlichkeit oder seinen Standort zu verleugnen. Mit Schärfe und Härte im Urteil operierte er nur dort, wo sein Pazifismus verletzt wurde, etwa auf den Schlachtfeldern vor Verdun oder in der Waffensammlung des Berliner Zeughauses.[50] Daß er gelegentlich die Distanz und damit auch sein klares Urteil verlieren konnte, beweist der schon erwähnte Bericht über das neue Rußland.

Ganz offensichtlich konnte sich Kästner auch beeinflussen lassen, wenn das, was er sah, nur glaubwürdig war.

Für die Nationalsozialisten mußte ein Journalist wie Kästner, der den Krieg, die Diktatur und das nationale Pathos verabscheute, ein gefährlicher Gegner sein. Und wenn Kästners Bücher schließlich in Berlin und anderen deutschen Städten verbrannt wurden, dann sollte das nicht nur den Schriftsteller treffen, sondern auch den Journalisten und Publizisten. Es ist aufschlußreich zu verfolgen, mit welchen anderen Autoren Kästner in den Feuersprüchen der Studentenschaft (vor deren undemokratischer Gesinnung er so oft gewarnt hatte) genannt wurde. In Berlin war es der »Zweite Rufer«, der die Bücher von Kästner, Heinrich Mann und Ernst Glaeser in die Flammen warf und dabei in die Mikrophone von Wochenschau und Rundfunk brüllte: »Gegen Dekadenz und moralischen Zerfall! Für Zucht und Sitte in Familie und Staat!«[51] Kästners Name folgte unmittelbar denen von Karl Marx und Karl Kautsky. In Bonn, wo ebenfalls eine stark beachtete »Kundgebung wider den undeutschen Geist« stattfand, nannte der Feuerredner Prof. Dr. phil. et jur. Eugen Lüthgen Kästner gleich zu Beginn in einem Atemzug mit Kautsky, Marx, Mann und Glaeser: »Hinein in die Flammen mit dem Gift des Klassenkampfes und des Materialismus, mit den Zeugen der Dekadenz und des moralischen Verfalls«[52].

Das Autodafé in Berlin erlebte Kästner selbst mit: »Ich stand vor der Universität, eingekeilt zwischen Studenten in SA-Uniform, den Blüten der Nation, sah unsere Bücher in die zuckenden Flammen fliegen und hörte die schmalzigen Tiraden des kleinen abgefeimten Lügners. Begräbniswetter hing über der Stadt. Der Kopf einer zerschlagenen Büste Magnus Hirschfelds stak auf einer langen Stange, die, hoch über der stummen Menschenmenge, hin und her schwankte. Es war widerlich«[53].

Kästner stand schon lange auf den sogenannten »Schwarzen Listen« der verschiedenen NS-Organisationen, die nur auf die Machtübernahme warteten. Aber trotz seiner schon erwähnten realistischen Einschätzung der Verhältnisse nach der Ernennung Adolf Hitlers zum Reichskanzler dürfte Kästner von der Radikalität und der Schnelligkeit der Veränderungen überrascht gewesen sein. Der Artikel *Das Schauspielerelend als Bühnenerfolg* am 31. Januar 1933 war sein letzter in der *Neuen Leipziger Zeitung*. Danach veröffentlichte er noch fünf Gedichte. Das letzte, unter seinem Pseudonym Peter Flint gedruckte Gedicht *Besuch im Garten* (am 16. Juni 1933) ist erst im Rahmen unserer Recherchen ermittelt worden. Zumindest bis Mitte Juni 1933 war Kästner also literarisch-publizistisch aktiv, wenn auch teilweise unter Pseudonym. Seine einzige journalistische Arbeit nach der nationalsozialistischen Machtübernahme erschien am 17. März 1933 in der *Literarischen Welt*. Es ist die kurze, aber politisch pointierte Antwort auf eine Rundfrage zum »Tag des Buches«. Offensichtlich besaß kein Redakteur mehr den Mut, Texte von Erich Kästner zu veröffentlichen. Lediglich Werner Finck brachte in seiner »Katakombe« bis zum Verbot des politisch nicht genehmen Kabaretts noch Gedichte und Lieder des verfemten Autors, der natürlich nicht unter seinem richtigen Namen auftreten durfte. »Eine entschiedene Opposition«, so Hermann Kurzke, »ist den Kabarett-Texten von 1933 bis 1935 freilich nicht anzumerken. Sie weichen ins Unpolitische aus«[54].

Kästner versuchte immer wieder, auch in Deutschland offiziell arbeiten zu dürfen, nachdem es ihm erlaubt worden war, im Ausland zu veröffentlichen. Aber seine Versuche, in die Reichsschrifttumskammer aufgenommen zu werden, scheiterten mehrfach. Da Kästner unbedingt in Berlin bleiben wollte, gab es für ihn nur die Möglichkeit, politikferne Bücher außerhalb des nationalsozialistischen Einflußbereiches herauszubringen und in Deutschland unter Pseudonym oder unter Namen von Freunden zu arbeiten. Die Zeit zwischen 1933 und 1945 gilt in der Kästner-Forschung als die am wenigsten bekannte. Zwar gehören die während dieser Jahre im Ausland publizierten Bücher zum selbstverständlichen Kanon, aber was Kästner daneben konzipierte, schrieb und bearbeitete, ist bisher nur sehr unvollständig ermittelt worden – was vor allem an seinen äußerst geschickten Täuschungsmanövern liegt. Neben der von Goebbels persönlich verantworteten Sondergenehmigung für die Ufa, die unter anderem zu dem *Münchhausen*-Film führte, sind es vor allem Theaterstücke und Drehbuchbearbeitungen, die die inoffizielle Tätigkeit von Kästner während der NS-Zeit ausmachen. Publizistische Aktivitäten können nach unseren Recherchen ausgeschlossen werden. Zwar tauchten immer wieder Gerüchte auf, Kästner habe im Ausland politische Artikel veröffentlicht. Aber dafür fanden sich keine Belege. Kästner wußte genau, was möglich gewesen wäre, wenn er die politische Entwicklung in Deutschland kommentiert hätte. Dieses Risiko war ihm zu hoch.

Andererseits sammelte er Material und machte sich Notizen, weil er nach Kriegsende einen großen Roman über die NS-Zeit schreiben wollte. Aus diesen stenographischen Notizen, die er in ein »blau eingebundenes Buch« eingetragen hatte, ist 1960/61 der Band *Notabene 45* entstanden. Im Vorwort zu diesem Tagebuch vom 7. Februar bis zum 2. August 1945 erzählte Kästner auch die Geschichte seiner Aufzeichnungen, die er »mein Notizbuch für verfängliche Dinge« nennt: »Die leeren Seiten füllten sich mit winziger Stenographie. In Stichworten hielt ich, als seien es Einfälle für künftige Romane, vielerlei fest, was ich nicht vergessen wollte. Und dreimal begann ich Tagebuch zu führen, jeweils etwa sechs Monate lang, in den Jahren 1941, 1943 und 1945. [...] Bis Ende November 1943 stand das blaue Buch, aufs sichtbarste verborgen, zwischen viertausend anderen Büchern im Regal. Dann steckte ich es, da die Luftangriffe auf Berlin bedenklicher wurden, zu dem Reservewaschbeutel, der Taschenlampe, dem Bankbuch und anderen Utensilien in die Aktenmappe, die ich kaum noch aus den Händen ließ. So entging es dem Feuer, als im Februar 1944 die anderen viertausend Bücher verbrannten. Und so existiert mein ›Blaubuch‹ heute noch, genau wie das Bankbuch.«[55]

Lange Zeit galt das blaue Buch allerdings als verschollen. Erst im Rahmen der Vorarbeiten für diese Gesamtausgabe konnte es im Nachlaß von Luiselotte Enderle wiedergefunden werden. Mit Hilfe des Stenographie-Experten Arthur Lux ist es gelungen, die Aufzeichnungen Kästners zu transkribieren – wenn auch noch nicht mit letzter Sicherheit. Denn Kästner hatte sich ein eigenes System der Verschlüsselung ausgedacht, das zwar auf der Gabelsberger Schrift beruht, aber vor allem die Identifizierung von Eigennamen schwierig macht. Zu der Frage, ob es sich bei seinem »System« nur um seinen persönlichen Stil handelt, oder ob er die Übersetzung bewußt erschweren wollte, hat sich Kästner nicht geäußert. Doch so offen, wie er das blaue Buch in seiner Wohnung plaziert hatte und später bei sich trug, läßt sich zumindest vermuten, daß er es seinen Häschern, mit denen er jederzeit rechnen mußte, nicht einfach machen wollte. Denn was Kästner notierte, war im Jargon der Nationalsozialisten »Volksverrat«, für den der Volksgerichtshof Freislers nach kurzen Prozessen nur die Todesstrafe kannte. Kästners Freund Erich Ohser zum Beispiel, der sich nur gegenüber seinem Nachbarn unvorsichtig geäußert hatte, war im März 1944 von der Gestapo verhaftet worden. Noch bevor der Prozeß begann, erhängte er sich in seiner Zelle.

Es gehörte also großer Mut dazu, das blaue Buch nicht zu vernichten, sondern im Gegenteil bei sich zu tragen.

Warum hat Kästner das getan? Ein Grund wurde schon erwähnt. Die Notizen sollten »Zündstoff fürs eigene Gedächtnis«[56] sein, wenn er darangehen würde, seinen großen Roman über die NS-Zeit zu schreiben. Daß es dazu nicht kommen sollte, erklärte Kästner im Vorwort zu *Notabene 45*. Zum einen merkte er, daß er es nicht konnte und wollte, zum anderen hatte für ihn das »Tausendjährige Reich [...] nicht das Zeug zum großen Roman. [...] Man kann eine zwölf Jahre anschwellende Millionenliste von Opfern und Henkern architektonisch nicht gliedern. Man kann Statistik nicht komponieren. Wer es unternähme, brächte keinen großen Roman zustande, sondern ein unter künstlerischen Gesichtspunkten angeordnetes, also deformiertes blutiges Adreßbuch, voll erfundener Adressen und falscher Namen.«[57]

Auch wenn Kästners Skepsis sich selbst und einem möglichen Roman gegenüber berechtigt war, so erklärt sie nicht alles. Denn daß Kästner überhaupt die Idee entwickelte, das große literarische Panorama einer dunklen Zeit zu entwerfen, hängt unmittelbar mit seinen persönlichen Umständen zusammen. Um seinen weiteren Aufenthalt nach 1933 in Deutschland vor sich und anderen rechtfertigen zu können, brauchte er diese Aufgabe. Augenzeuge wollte er sein, wie er einem amerikanischen Offizier im Juni 1945 erklärte.[58]

Als in Deutschland verbotener Autor, dessen schriftstellerische Arbeit trotzdem geduldet wurde, war Kästner in einer ganz besonderen Situation. Hätte er sich nur das kleinste zuschulden kommen lassen, wäre er unweigerlich in Gestapo-Haft verschwunden und hätte nicht mehr arbeiten können. Außerdem war da noch seine Mutter, um die er sich sehr sorgte und die ein ganz wichtiger Grund für ihn gewesen sein dürfte, im nationalsozialistischen Deutschland zu bleiben.

Als überzeugter Gegner des Nationalsozialismus blieb Kästner nur die innere Emigration und Opposition, der gelegentliche Kontakt mit Menschen, die so dachten und fühlten wie er. Dem blauen Buch kam dabei eine entscheidende Rolle zu. Es dokumentierte, zunächst nur für ihn allein, daß er sich von dem System nicht einfangen ließ, auch wenn er mehr als einmal Zugeständnisse machte. Sein ungebrochener innerer Widerstand spricht aus jeder Zeile. Das blaue Buch war sein Symbol dafür, daß er nicht zu den Blockwarten und Uniformträgern gehörte, zu den Parteigenossen aus Überzeugung und den Funktionären von Hitlers Gnaden. Wie ein Zauberbuch, das Dämonen fernhalten sollte, nahm er es mit in die Luftschutzkeller und zuletzt gar nach Mayrhofen, wo sein Ufa-Team das Kriegsende erwartete. Daß er sich schließlich nur dafür entschied, die letzten Aufzeichnungen in bearbeiteter Form herauszubringen, erklärt sich möglicherweise daraus, daß dies der geschlossenste und interessanteste Teil ist. Aber neben *Notabene 45* hätte es genausogut ein *Notabene 41* oder ein *Notabene 43* geben können.

Im folgenden sollen deshalb einige Auszüge aus den bisher noch nicht publizierten Aufzeichnungen wiedergegeben werden. Die Passagen aus den Jahren 1941 und 1943 gliedern sich in drei zeitliche Abschnitte: 16. Januar 1941 bis Ende September 1941, 18. Februar 1943 bis 31. März 1943 und 6. August 1943 bis 18. September 1943 (»Babelsberger Tagebuch«).

Die Notizen sind als Gedächtnisstützen sehr knapp gehalten und behandeln in großen Teilen die Kriegslage. Kästner registriert Truppenbewegungen, Siege, Niederlagen, Machtwechsel, Schiebereien, Bestechungen und offizielle Verlautbarungen. Hinter allem will er das nahe Kriegsende erkennen – wie immer es aussehen möge. Die Hoffnung auf Frieden prägt die Notizen, die die »großen« Ereignisse und die »kleinen« Dinge des Alltags oft in einem Satz verbinden. Kästner erzählt von persönlichen Erlebnissen seiner Freunde, die in der Presseabteilung des Oberkommandos der Wehrmacht, in Verlagen oder beim Film arbeiten. Anekdoten und Witze über Nazigrößen stehen neben politischen Analysen und Berichten über Deportationen. Und immer wieder mahnt Kästner sich selbst, bei der Einschätzung von Gehörtem vorsichtig zu sein: »Es wird jetzt nahezu langweilig, alle Gerüchte, die über Deutschlands Pläne und die gesamte politische Lage kursieren, zu Papier zu bringen. Daß Gerüchte am laufenden Band fabriziert werden, ist andererseits kein Wunder. Denn wenn in einer solch gespannten Situation niemand etwas weiß, bleibt der Bevölkerung nichts übrig, als alles zu glauben. Schwer auseinander zu halten sind nach meiner Meinung die von der Regierung und Partei lancierten Zweckgerüchte und Tartarennachrichten der anderen Seite« (3. 2. 1941).

Um so erstaunlicher ist, was Kästner alles in Berlin erfuhr. Zum Beispiel den Tod von Walter Benjamin, der sich am 26. September 1940 in Port Bou mit Morphiumtabletten vergiftet hatte. Maria Speyer, die Frau des Benjamin-Freundes und Schriftstellers Wilhelm Speyer, war aus dem unbesetzten Frankreich nach Berlin zurückgekehrt, während ihr Mann in die USA emigrierte: »Die dortigen Verhältnisse seien so schrecklich gewesen, daß emigrierte deutsche ›Fachleute‹ erklärt hätten, sie möchten lieber nach Dachau zurück. So behandeln die Franzosen die Nicht-Nationalsozialisten aus Deutschland. Eine interessante Tatsache« (19. 1. 1941). Maria Speyer behauptete allerdings fälschlich, Benjamin habe sich die Pulsadern aufgeschnitten.

Sorgfältig registriert Kästner die Kriegslage im Jahr 1941:

»Heute hat das amerikanische Repräsentantenhaus das Englandhilfegesetz mit ca. ²/₃ Mehrheit angenommen. Der Senat wird es gleichfalls annehmen. Also: In kurzer Zeit wird, über die Torpedierung amerikanischer Dampfer hinweg, der (wenn auch nicht erklärte Krieg) mit Amerika beginnen« (9. 2. 1941). »Allein von der Garnison Potsdam sind vorige Woche drei Regimenter an die russische Grenze transportiert worden« (2. 4. 1941). »Die Zusammenziehung deutscher Truppen an der russischen Grenze soll keinen anderen Zweck haben, als Russland für alle weiteren Maßnahmen gefügig zu halten, die Deutschland für notwendig hält« (12. 4. 1941). »Schon vorigen Sonntag hatten die Berliner Zeitungsleute Alarm. Heute wieder. Und heute hat Hitler dann auch endlich den Krieg an Rußland erklärt« (22. 6. 1941). »Es hat den Eindruck, als ob Deutschlands ›Kreuzzug gegen den Bolschewismus‹ in allen, auch den unterdrücktesten Ländern eine geradezu erstaunliche Sympathiesteigerung für Hitler hervorgerufen habe« (26. 6. 1941). »Trotzdem dürfte feststehen, daß der Zerfall des Deutsch-Russischen Paktes eine gewaltige diplomatische Neulage mit enormen militärischen Folgen ist. Denn wie dieser Krieg im Osten auch ausgeht, daß dadurch der gefürchtete Zweifrontenkrieg des Weltkriegs wieder aufgelebt ist, wird keine Propaganda bestreiten können. Und daß, wie es fast jeden Tag heißt, der Krieg gegen England in ungeminderter Kraft fortschreite, ist ein Märchen. [...] Drei große Mißerfolge zeichnen sich – bei allen sonstigen Erfolgen – ab, und auch wie man militärisch soviel wie möglich aus diesen Mißerfolgen noch herauszuwirtschaften sucht, kann nicht darüber hinwegtäuschen. 1. Es war nicht möglich, im Anschluß an Dünkirchen die Insel zu besetzen, und es ist seitdem immer schwieriger geworden, dieses Projekt noch durchzuführen. 2. Einen Tag nachdem Jugoslawien dem Dreimächtepakt beigetreten war, gelang England die Kriegsausweitung auf dem Balkan. 3. Trotz des Russenpakts entstand ein Zweifrontenkrieg. Wer nun das größere aktuelle Interesse hatte, den Kriegsausbruch herbeizuführen, ist demgegenüber gleichgültig. Als 4. Mißgeschick muß man noch die amerikanische Haltung ansehen. Diese Haltung zu ändern hätte wahrscheinlich überhaupt nicht in der Macht der deutschen Diplomatie gelegen. Doch scheint sie auch von Anfang an diesen Schritt nicht einmal versucht zu haben« (8. 7. 1941).

Den Flug des Hitler-Stellvertreters Rudolf Heß nach England und die Aufregung darum in Deutschland kommentiert Kästner sarkastisch: »Da sie immer fordern, daß zeitnahe Stücke geschrieben werden sollen, hier ist eins!« (13. 5. 1941) Und er gibt einen Vierzeiler wieder, den er aufgeschnappt hat:

»Laut klingt es durch das ganze Land;
wir fahren gegen Engeland.
Doch wenn dann wirklich einer fährt,
so wird er für verrückt erklärt« (22. 6. 1941).

Auch wenn Kästner gern den im wahrsten Sinn des Wortes Galgenhumor seiner Freunde wiedergibt und von allerhand Kuriosem erzählt, ist die Grundstimmung seiner Aufzeichnungen ernst, und er selbst äußert sich mehr als einmal in tiefster Bitternis. Denn was die nationalsozialistische Schreckensherrschaft und der Weltkrieg wirklich bedeuteten, wußte er genauer als manch anderer Deutsche. Denn er hatte viele Kontakte und erfuhr viel. Ein Freund berichtete ihm von Erschießungen in der Truppe »wegen angeblicher oder sogar wirklicher Fahnenflucht« (21. 2. 1941), über einen anderen Bekannten erfuhr er aus Polen »vom Ermorden von Polen, Juden usw., z. B. von Juden, die beim Schwarzschlachten ertappt wurden« (27. 2. 1941). Ende September 1941, als das Tragen des Judensterns auch im Deutschen Reich Pflicht geworden war, notierte Kästner: »Neulich wurde ein ehemaliger Rechtsanwalt, der den Judenstern mit der Aktentasche verdeckt haben soll, fünf Stunden mit dem Gesicht zur Wand aufgestellt. Und seit Tagen werden die Juden nach dem Warthegau abtransportiert. Sie müssen in ihren Wohnungen alles stehen und liegen lassen und dürfen pro Person nur einen Koffer mitnehmen. Was sie erwartet, wissen sie nicht. Ein jüdisches Ehepaar, das in meinem Haus wohnt, hat mich gefragt, ob ich Möbel, Bilder, Bücher, Porzellan usw. kaufen will. Sie hätten sehr schöne ausgesuchte

Dinge. Aber das Geld werden sie wohl auch nicht mitnehmen dürfen.«

Als Kästner am 18. Februar 1943 sein Tagebuch wieder begann, wußte er offensichtlich, was mit den deportierten Juden geschah. Nur so ist seine Eintragung zu verstehen: »Von den Judenerschießungen im Osten erzählte jemand, daß vorher ein SS-Mann mit einem Pappkarton von einem zum andern geht und ihnen Ringe und Ohrringe abzieht.« Er selbst sah dann, wie er am 11. März 1943 notierte, »die Restabholung der Berliner Juden, darunter Lastwagen voller Kinder zwischen drei bis sechs Jahren«.

Für Kästner waren das Erfahrungen und Erlebnisse, die seinen Optimismus weichen ließen und ihn zum Pessimisten machten: »Und politische Idealisten, wie ich einer war, erleben wohl immer das gleiche: Eines Tages verachten sie die Menge, aber doch nur, weil sie die Menge vorher überschätzten. Und trotzdem: Sie schließlich zu verachten erscheint mir immer noch als eine erträglichere Lösung, als etwa den Satz zu sprechen: ›Vergib ihnen, denn sie wissen nicht, was sie tun.‹ Daß sie es nicht wissen, daß sie es noch immer nicht wissen, ist unverzeihlich. Man schämt sich, im Namen aller, vor der Geschichte« (21.1.1941).

Selbst von seinen politischen Freunden zeigte er sich enttäuscht: »Es ist eine auffällige Begleiterscheinung der letzten zehn Jahre, daß diejenigen, die mit dem revolutionären Gedanken uneigennützig sympathisierten, nach der Niederlage des Sozialismus und dem Erfolg des Nationalsozialismus konservativ geworden sind, soweit ihr neuer Idealismus überhaupt eine Eingliederung noch zuläßt« (25.3.1941).

Aus der tristen Realität flüchtete Kästner in die Arbeit an seinen Romanen und an Drehbüchern. Herausragendes Ereignis in dieser Zeit war seine Beteiligung an dem Jubiläumsfilm der Ufa, *Münchhausen*. Obwohl seine guten Kontakte zur Ufa nie abgerissen waren und er viele Freunde unter den Filmleuten hatte, kam die Einladung, sich in Babelsberg zu melden, für ihn überraschend, war er doch ein verfemter Autor, dessen Bücher in keiner deutschen Bibliothek mehr stehen durften.

Am 16. April 1941 notierte er deshalb noch skeptisch: »Morgen bin ich in Babelsberg, um zu hören, unter welchen Bedingungen man mich versucht, im Film mitzuarbeiten. Schmidt [Herstellungsleiter der Ufa und ein Freund, d. Verf.] sagte am Telefon, daß Goebbels den Hippler [Reichsfilmintendant, d. Verf.] befragt und erklärt habe, er wolle von nichts wissen, aber man könne mich – unter dieser personellen Voraussetzung – beschäftigen. Morgen werde ich Näheres über diese neue Mutprobe des Propagandaministers hören.« Für den nächsten Tag gibt es allerdings keine Eintragung. Erst Ende September 1941 ist wieder von dem projektierten Film die Rede, nämlich daß er einen Monat in Berlin an dem *Münchhausen*-Drehbuch gearbeitet habe, da die erste Fassung beendet sein müsse. Seiner Mutter schrieb er am 27. Oktober 1941, daß das Drehbuch sehr gefallen habe, der Film aber erst im nächsten Jahr gedreht werden solle.[59]

Als er seine Tagebucheintragungen am 18. Februar 1943 wieder aufnahm, hatte ihn bereits das endgültige Berufsverbot getroffen, das am 14. Januar 1943 ausgesprochen worden war. Kästner spekulierte über die Gründe: »Ob mein neuerliches Verbot auf Hitler, Bormann oder Rosenberg zurückzuführen ist, scheinen nicht gerade viele Leute zu wissen. Ich selber weiß es bis heute, also seit Anfang Januar, noch immer nicht. Na, der Tatbestand ist jedem klar. Das ist schon etwas.«

Nach der festlichen Premiere des *Münchhausen*-Films am 5. März 1943 im Berliner Ufa-Palast am Zoo notierte Kästner: »Münchhausen war anscheinend der Auftakt zu einem großen Erfolg. Goebbels sagte in der Nacht bei Professor Froelich [Regisseur und Präsident der Reichsfilmkammer Carl Froelich, d. Verf.], wohin die Geladenen gefahren worden waren, ohne zu wissen, wohin die Fahrt ging, wenn die Zeiten weniger ernst wären, hätte er ein neues Prädikat geschrieben, um es erstmalig M. [Münchhausen, d. Verf.] zu verleihen. Dann hielt er den dutzend Herren noch einmal seine Sportpalastrede, hier, vor wenigen, nicht recht am Platz, und wies darauf hin, daß die Regierung, sollte es schiefgehen, noch unter Deutschlands Trümmern kämpfen würde« (11. 3. 1943).

Trotz des generellen Berufsverbots hatte Kästner weiterhin sehr gute Kontakte zu Schauspielern, Regisseuren, Ufa-Produktionsleitern und Schriftstellern, was sich in den letzten Kriegstagen als segensreich erweisen sollte. In den privaten Zirkeln, die sich in bestimmten Lokalen oder in Wohnungen trafen, wurde offen geredet. So erfuhr Kästner von vielem, was offiziell verschwiegen wurde, etwa von den Widerstandsaktivitäten der »Roten Kapelle« und der »Weißen Rose«. Aber nicht immer mochte er das Gehörte auch glauben: »Günter Weisenborn, Adam Kuckhoff und andere, auch Frauen, sollen im Zusammenhang mit einer Klique aus dem Luftfahrtministerium hingerichtet worden sein, die mit Hilfe eines Geheimsenders Moskau Nachrichten zukommen ließ. An Münzenberg! Alles klingt höchst unwahrscheinlich« (18. 2. 1943) [Weisenborn erhielt eine Zuchthausstrafe, Kuckhoff wurde im Februar 1943 vom Reichskriegsgericht zum Tode verurteilt und am 5. August 1943 hingerichtet, d. Verf.]. »Über München hörte ich vor Tagen merkwürdige Dinge. Von einer Seite her, daß der Ausnahmezustand verhängt sei, was ich nicht glaube. Von mehreren Seiten: daß Studentenunruhen stattgefunden hätten; Auseinandersetzungen zwischen bewaffneter Gestapo und Wehrmachtsstudenten; Flugzettel seien verteilt und vier Studenten hingerichtet worden« (11. 3. 1943) [am 22. Februar 1943 waren Christoph Probst, Hans und Sophie Scholl zum Tode verurteilt und hingerichtet worden, d. Verf.].

Wenn Kästner mit seinen Aufzeichnungen nach einer längeren Pause wieder einsetzte, analysierte er zunächst die Kriegslage und dann die Situation in Deutschland. So heißt es zum Beispiel unter dem 18. Februar 1943, daß »die Stimmung der Bevölkerung in Deutschland [...] sehr ernst geworden« sei. »Das Ausschlaggebende ist die Furcht vor einer russischen ›Invasion‹. Mit diesem Mittel, das ›Kauft durch Furcht‹ genannt worden ist, kann man noch allerlei erreichen. Stalingrads Fall wurde am 30. Januar bekanntgegeben. Man schrieb und sprach von Kämpfen bis zum letzten Mann und daß sie schließlich überwältigt worden seien. Daß der Generalfeldmarschall [Friedrich Paulus, d. Verf.] und weitere 14 Generale in russischer Gefangenschaft sind, und wohl auch einige Unteroffiziere und Mannschaften, weiß im Volk niemand und würde wohl auch niemand glauben. Ferner wurde am 30. Januar […] der totale Krieg erklärt. Die meisten Bars sind geschlossen worden. Auch zahlreiche Geschäfte. Weitere werden folgen. Im Laufe einer Woche, Anfang Februar, wurden drei oder gar vier Verlautbarungen hintereinander her gejagt – die Meldungen zum Arbeitseinsatz betreffend – die einander in vielem widersprechen. Die Gymnasien sind geschlossen bei der Luftabwehr eingesetzt. Ein ›Betreuungslehrer‹ unterrichtet sie in freien Stunden. Die freigemachten Angestellten wurden zu tausenden in kriegswichtige Betriebe geschickt, wo man sie zum Teil gar nicht brauchen konnte. Wenn sie wenigstens jeder einen Stuhl mitgebracht hätten, wurde ihnen an einer Stelle gesagt. Kurz, eine außerordentlich verspätete Maßnahme wird außerordentlich überstürzt durchgeführt. Ich habe mich übrigens auch gemeldet, obwohl viele Schriftsteller der Ansicht sind, daß wir uns noch nicht melden müßten. Die Wortlaute der Aufrufe waren, wie gesagt, reichlich.«

Vor allem sind es die Berichte über Luftangriffe und die Zerstörungen, die sie anrichteten, die die Aufzeichnungen des Jahres 1943 prägen. Je weiter das Tagebuch fortschreitet, desto mehr ist es die Kriegslage, die Kästner beschäftigt. Analyse reiht sich an Analyse, und dazwischen spekuliert er über bevorstehende Angriffe und das Verhalten der politischen Führung. Die Evakuierung Berlins, die Goebbels als Vorsichtsmaßnahme angeordnet hatte, die Situation in den von Deutschland besetzten Gebieten und die für ihn undurchsichtigen Vorgänge in Italien sind für Kästner ebenso Themen wie NS-Bonzen, die gegen die Anordnung ihren Besitz aus Berlin wegbringen, die Bummelei auf den Postämtern oder die Probleme von Freunden, deren Wohnungen bei Luftangriffen zerstört worden sind. Und immer wieder hält Kästner inne, um sich seine Gedanken über das Erfahrene und Erlebte zu machen: »Die herzhafte Frische, mit der die Regierung immer wieder zum Heroismus in den Bombennächten aufruft, da ja die Waffen, die den Gegenschlag führen sollen, leider noch nicht fertig geschmiedet sind, legt einen Vergleich nahe: Die Bevölkerung wird wie ein Duellant behandelt, dem die Sekundanten lachend eine alte Plumpe in die Hand drücken und dessen Gegner sicher einen Revolver haben. ›Nur Mut, mein Lieber!‹ Ja, nur Mut? Ein besseres Exempel, das Wesen des Zynismus zu verdeutlichen, gibt es kaum« (7. 8. 1943). »Jeden Tag gibt es Minuten, wo einem die Unsinnigkeit der Situation geradezu platt drückt, als würde man von einem idiotischen Riesen wie eine Blume gepresst. Da sitzen die verantwortlichen Leute irgendwo zusammen, der oberste läßt sich, wie berichtet wird, von einem Münchener Zauberkünstler unterhalten; wissen, daß es keinen siegreichen Ausweg gibt, und warten, in der Nase bohrend, geduldig ab, daß eine deutsche Stadt nach der anderen in ein Pompeji verwandelt wird« (12. 8. 1943). »Es ist erstaunlich, wie, von der wachsenden Nervosität abgesehen, die Bevölkerung einer Stadt die allnächtliche Bedrohung mit dem Tode über Tage hinnimmt. Man fühlt sich an die Geschichtsstunde erinnert, in der man mit respektvollem Schaudern vernahm, daß die adeligen Gefangenen der französischen Revolution in ihren Gefängnissen Menuetts getanzt haben sollen. Jeder von ihnen konnte als nächster abgeholt werden, und trotzdem tanzten sie; noch dazu keine wilden, bacchantischen Tänze, wie sie sich hier verstehen ließen, sie zirkelten Menuetts« (18. 9. 1943). Mit einigen fragmentarischen Überlegungen, »daß der Schilderung körperlicher und seelisch erotischer Vorgänge so enge Grenzen gezogen sind«, brechen die Aufzeichnungen am 18. September 1943 ab.

Für die Bearbeitung seiner Eintragungen aus dem Jahre 1945 griff Kästner auch auf seine früheren Notizen zurück. Seine Gedanken über Nietzsche[60] oder über Francos Marokkaner[61] zum Beispiel stammen aus den Jahren 1941 bzw. 1943. Generell weicht die 1960/61 erstellte Druckfassung des Kriegsende-Tagebuchs erheblich vom Original ab. Kästner nutzte die zwischen Februar und August 1945 geschriebenen Stichworte als Vorlage, die er 15 Jahre später ausformulierte, erweiterte und mit neuen Gedanken und Erinnerungen ergänzte. So ist fast die gesamte Reflexionsebene neu eingezogen worden. Das Original-Tagebuch beschränkt sich über weite Strecken auf die Wiedergabe von persönlich Erlebtem und Gehörtem, bleibt also im großen und ganzen dem Faktischen verpflichtet. Was Kästner damals dachte oder gedacht haben könnte, rundet sich erst in *Notabene 45* zu einem Gesamtbild.

Kästner stilisiert sich dabei zu einem prophetischen Mahner und hellsichtigen Analytiker. So heißt es zum Beispiel unter dem 2. Mai 1945 lakonisch kurz im Originaltagebuch: »Hitler ist in Berlin gefallen.« Daraus wird in *Notabene 45*: »Hitler liegt, nach neuester Version, nicht im Sterben, sondern ist ›in Berlin gefallen‹. Da man auf vielerlei Arten sterben, aber nur fallen kann, wenn man kämpft, will man also zum Ausdruck bringen, daß er gekämpft hat. Das ist nicht wahrscheinlich. Ich kann mir die entsprechende Szene nicht vorstellen. Er hätte dabei mit Ärgerem rechnen müssen, mit der Gefangennahme, und dieses Spektakel konnte er nicht wollen. Ergo: Er ist nicht ›gefallen‹.«[62] Kästner suggeriert aus der Rückschau, schon damals den Selbstmord vermutet zu haben. Aber auch die weiteren Originalaufzeichnungen lassen diesen Schluß nicht zu. Ähnliche Beispiele sind keineswegs selten. Die Unterschiede zwischen den Aufzeichnungen im blauen Buch, der Transkription im Nachlaß und der Buchfassung sind im Kommentar deutlich markiert und dokumentiert.

Aus dem sprachlich eher schlichten Original ist ein stilistisch ausgefeiltes und erheblich erweitertes Tagebuch geworden, das streckenweise sogar literarischen Charakter annimmt. Kästner läßt weg, wo ihm das seinerzeit Notierte nicht mehr opportun schien, er verändert Orts- und Personennamen, schmückt einzelne Passagen aus und erfindet andere ganz neu. Seine vielgepriesenen Analysen, die seit dem ersten Erscheinen immer wieder als Beleg dafür herangezogen wurden, wie viel »man« damals hätte wissen können, und wie überzeugend Kästner die Maskeraden eines untergehenden Regimes durchschaute, entpuppen sich im großen und ganzen als Zugaben, mit denen der Autor aus 15 beziehungsweise 16 Jahren Abstand seinen Originaltext anreicherte.

Eine gründliche Auseinandersetzung mit seiner eigenen Rolle in dieser Zeit und ein Bekenntnis zur eigenen Verstrickung in die Unrechtsmaschinerie fehlen ebenso wie die – sicherlich höchst aufschlußreichen – Gedanken, die sich der unerkannt gebliebene »Halbjude« Kästner über die Vernichtung der europäischen Juden gemacht haben muß. Im Gegenteil: Er verstärkte gerade die Passagen, die die Mitschuld der Alliierten betonen und die die Leiden der deutschen Bevölkerung beklagen.

Wer trotz der einführenden Erläuterungen des Autors *Notabene 45* als bis zum letzten Komma authentisches Zeugnis angesehen hat, wird also sicherlich enttäuscht sein. Für die Rezensenten des Jahres 1961 waren die Veränderungen noch nicht nachvollziehbar. Entsprechend euphorisch fielen die Urteile aus. So schloß Sybil Gräfin Schönfeldt ihre Besprechung in der *Zeit* (die zuvor einen vierteiligen Vorabdruck gebracht hatte) mit den Sätzen: »Natürlich irrte Kästner auch. Aber er lehnte es ab, sich selbst zu korrigieren: ›Ein Tagebuch ohne Fehler und Falsches wäre kein Tagebuch, sondern eine Fälschung.‹ Diese Ehrfurcht vor der eigenen Erinnerung und dem eigenen Wort hat ihm auch jegliche Ergänzung und Erläuterung verboten. Wer also nicht weiß, wer Erich Engel oder Jenny Jugo, Wolfgang Koeppen oder Ulrich Haupt sind, der erfährt es nicht. Doch wenn er in diesem Fall mit dem Tagebuch in bezug auf den Autor auch nicht viel anfangen kann, so doch alles in bezug auf die Zeit. Denn dieses penibel authentisch gehaltene Tagebuch liest sich wie eine grandios erfundene Geschichte im Stil und mit der Wirkung eines authentischen Tagebuchs, das beweist, wieviel eindrucksvoller diese Form dem Thema gerecht wird als ein ›großer Roman‹.«[63]

Die letzte dieser Tagebuchaufzeichnungen trägt das Datum vom 2. August 1945. Wenig danach nimmt Kästner Quartier in München, vorläufig noch ohne Zuzugsgenehmigung: »Das schmale Pensionszimmer, in dem ich augenblicklich kampiere, steckt schon am frühen Morgen voller Menschen. Alte Freunde und neue Bekannte teilen sich in den Genuß, mir beim Waschen, bei der Zahnpflege und beim Rasieren zuzusehen. Die Portion Aufmerksamkeit, die übrigbleibt, widmen sie der Debatte.«[64] Seine Besucher sind Schauspieler, Regisseure und Theaterdirektoren, Schriftsteller und Verleger, Maler und Komponisten,

Kritiker und Kabarettisten. Also debattieren sie über Theaterstücke und Kabarettprogramme, über Kunstausstellungen und Filme, über Zeitschriften, Verlage und Lizenzen, auch über Bohnenkaffee, über Zigarettenpreise und Zementscheine.

Am 18. Oktober 1945 erscheint in München die erste Nummer der *Neuen Zeitung*, deren Feuilletonredaktion Erich Kästner leitet. Am 1. Januar 1946 wird die erste Ausgabe der Jugendzeitschrift *Pinguin* ausgeliefert, für die seit dem zweiten Heft Kästner als Herausgeber verantwortlich zeichnet. Und nicht viel später, am 21. April 1946, feiert das Kabarett »Die Schaubude«, zu dessen Programmen er eine Fülle von Beiträgen[65] schreibt, seine erste Premiere im eigenen Haus. »Auf geht's!«[66] notiert er ganz unpathetisch – ein Lyriker und Leitartikler, Redakteur und Reporter, der seine Produktion (die nach 1945 ebenso wie die vor 1933) nicht unzutreffend als »ein Gebinde aus Gänseblümchen, Orchideen, sauren Gurken, Schwertlilien, Makkaroni, Schürsenkeln und Bleistiften«[67] charakterisiert. Wir sagten es eingangs schon.

Sein erster Artikel in der *Neuen Zeitung*, mit ironischer Untertreibung nur *Münchener Theaterbrief* überschrieben, als lasse der Autor darin die Stücke, Aufführungen, Akteure einer Saison, die in Wahrheit noch lange nicht begonnen hat, der Reihe nach Revue passieren, ist dies alles in einem: weder Theaterkritik noch Probenbericht, weder Glosse noch Essay, weder Momentaufnahme noch Panorama, sondern ein gallig vergnügter Blick aus dem eigenen Parterrefenster auf eine Landschaft, in der fast alles sich verändert hat und dennoch das meiste sich gleichgeblieben ist. Das Münchner Volkstheater, zum Beispiel, eröffnet die Spielzeit 1945 mit einem Schwank von Hans Wolfgang Hillers: demselben Stück, das am Ende des Dritten Reiches als letztes über die Bühne gegangen ist.[68] Nur eine Marginalie, ohne Zweifel. Doch sie läßt abgrundtief blicken, sagt Kästner: »Denn es gibt nicht nur wirkliche, sondern auch scheinbare Kleinigkeiten. Und während die wirklichen getrost als Brosamen vom Tisch der Zeit fallen können, wollen die scheinbaren Kleinigkeiten sorgfältig betrachtet sein. Sie sind beim näheren Zusehen keine bloßen Details, sondern Symptome.«[69]

Kästner macht sie zum Thema seiner Publizistik: die Pfiffe im Kino, mit denen das gemeine Volk »von den in Aussicht gestellten demokratischen Rechten und Pflichten«[70] Gebrauch zu machen beginnt; den in der britisch besetzten Zone unternommenen Versuch, nach englischem Vorbild auch im Deutschen die Kleinschreibung einzuführen, in dem er die Knospen eines separatistisch aufblühenden Föderalismus erkennt; die Sprüche derer, die im Gefolge Hitlers allenfalls Mitläufer gewesen sein wollen wie die Filmregisseurin Leni Riefenstahl; den gedankenlosen Feuereifer schließlich, mit dem eine Gruppe evangelischer Jugendlicher am Düsseldorfer Rheinufer in Sorge um den fortschreitenden Verfall von Sitte und Moral außer Schundheften auch Bücher von Camus, Nabokov, Grass und Kästner in Flammen aufgehen läßt: »In einer ihrer Bibelstunden war von einem Briefe des Apostels Paulus an die Epheser die Rede gewesen und von der Verbrennung heidnischer Zauberbücher. Nicht Goebbels, sondern Paulus hatte sie inspiriert. Sie kannten nicht die deutsche, sondern die Apostelgeschichte.«[71]

Kein Gedanke an Gegenwart und Zukunft, aus dem die Erinnerung an die Vergangenheit völlig zu tilgen wäre, und nur wenige Ereignisse von öffentlichem Rang in den frühen Nachkriegsjahren, die diese Erinnerung nicht sogleich mit Nachdruck wachriefen. Der da durch Deutschland reist, um von den Theaterpremieren in Konstanz, Darmstadt oder Heidelberg, vom ersten Tag der Prozesse gegen Göring und Heß, Keitel und Rosenberg in Nürnberg oder vom internationalen Kongreß des PEN-Zentrums in Zürich zu berichten, ist nicht nur ein aufmerksamer Beobachter und ein verläßlicher Protokollant. Er ist, vor allen Dingen, ein Schriftsteller: ein Chronist, dem zu den Namen, Daten und Fakten stets anschauliche Bilder und einleuchtende Vergleiche einfallen: »In Brandenburg an der Havel hielt ein Personenzug, den nur Brueghel hätte malen können. Doch zu seiner Zeit gab es keine überfüllten Eisenbahnen, und heute gibt's keinen Brueghel. Es ist nicht immer alles beisammen ... Die Trittbretter, die Puffer und die an den Waggons entlangführenden Laufstege waren mit traurigen

Gestalten besät, und oben auf den Wagendächern hockten, dicht aneinandergepreßt, nicht weniger Fahrgäste als unten in den Coupés. Von dem Zug, den wir sahen, war nichts zu sehen, – er war mit Menschen paniert!«[72] Die melancholisch getrübte Ironie, die in solchen Sätzen beredten Ausdruck findet, ist Kästners Hausmittel gegen Feierlichkeit und Emphase: »Es wäre unwürdig«, so notiert er vor Weihnachten 1945, »die Situation durch eine festliche Beleuchtung verdunkeln zu wollen.«[73]

Dem Journalisten Kästner genügen »Streiflichter«, sagt er selber, auch wenn es um die Nürnberger Prozesse zu tun ist. Sie erfassen die Haupt- und die Nebenschauplätze gleichermaßen: »Ein mit Dung beladener Ochsenkarren stolpert durch den Nebel. Die Räder stecken bis zur Nabe in weißlich brauendem Dampf. Und drüben, mitten im Feld, ragen ein paar Dutzend kahler, hoher Hopfenstangen in die Luft. Es sieht aus, als seien die Galgen zu einer Vertreterversammlung zusammengekommen.«[74] Aus der Weitwinkel-Perspektive des als Zeitzeuge im Parkett sitzenden Schriftstellers wird das Tribunal zur Theaterszene. Also muß von den Kulissen und vor allem von den Kostümen, wenn nicht von den Masken die Rede sein. Sie verraten über die Rolle, die den Figuren auf den Leib geschrieben ist, viel mehr als alle Auskünfte zur Person: »Göring trägt eine lichtgraue Jacke mit goldenen Knöpfen. Die Abzeichen der Reichsmarschallwürde sind entfernt worden. Die Orden sind verschwunden. Es ist eine Art Chauffeurjacke übriggeblieben. […] Auch Keitel ist etwas schmäler geworden. Er sitzt, in seiner tressenlosen Uniformjacke, grau mit grünem Kragen, ernst und ruhig da. Wie ein Forstmeister. […] Baldur von Schirachs Gesicht ist bleich und bedrückt. Er wirkt wie ein schlecht vorbereiteter Abiturient im Examen.«[75] Aus Kästners Blickwinkel angeschaut, verlieren die Gestalten, über die in Nürnberg zu Gericht gesessen wird, alles Diabolische, alles Dämonische auf der Stelle. Es ist, mit einem Wort von Joachim Fest, Hitlers Chauffeureska, die sich dort ein letztes Mal versammelt: willfährige Gehilfen, die sich von ordinären Verbrechern nur durch das Ausmaß ihrer Mordtaten unterscheiden.

Zweifellos weiß der Journalist Erich Kästner, wie man die

Worte setzen muß, damit sie Wirkung zeigen. Er ist ein Meister der Beiläufigkeit – der vom Plauderton auch dann nicht lassen mag, wenn es todernst wird. Wo alle Welt scheinheilig schrill Zeter und Mordio schreit, scheint er hinter vorgehaltener Hand stets zu flüstern: »Es sind übrigens nicht mehr vierundzwanzig Angeklagte. Ley hat sich umgebracht, Krupp, heißt es, liegt im Sterben, Kaltenbrunner hat Gehirnblutungen. Und Martin Bormann? Ist er auf dem Wege von Berlin nach Flensburg umgekommen? Oder hat er sich, irgendwo im deutschen Tannenwald, einen Bart wachsen lassen ...?«[76] Als sei er über den zynischen Klang seiner Mitteilungen selbst erschrokken, fügt er, dann allerdings dem Kabarett näher als dem zeitkritischen Kommentar, rasch eine Pointe an, die der aggressiven Bitterkeit seines Berichts sofort die Spitze nimmt.

Auch wenn er, in dem satirischen *Gespräch mit Zwergen* etwa, seine Tiraden über die Lehren aus der deutschen Geschichte und den Nutzen von Vorbildern und Idealen für die nachwachsenden Generationen deutlich augenzwinkernd vorträgt, fällt er sich, durchaus nicht unernst, selbst ins Wort: »Man soll sich nicht so gehenlassen. Ich habe vorübergehend vergessen, was ich schon seit zwanzig Jahren weiß: Man kann mit seiner Überzeugung nur diejenigen beeinflussen, die bereits der gleichen Überzeugung sind.«[77] Ein Anflug von Resignation? Oder Ausdruck abgeklärter Gelassenheit? Merkwürdig, wie oft man in den Berichten über Kästners Wirken in seinen späten Jahren Verlautbarungen wie diese zitiert findet und wie gern sie, ohne Rücksicht auf ihren Zusammenhang, als Bekenntnis gedeutet werden. »Ich habe schon resigniert«: Mit dieser lakonischen Zeile zum Beispiel ist ein Interview überschrieben, das zu Kästners siebzigstem Geburtstag im Februar 1969 veröffentlicht wurde und in mehreren Varianten die Runde durch christlich-demokratisch geprägte Zeitungen machte.[78] In Wahrheit war Kästners Ausspruch auf die politische Effizienz der Großen Koalition in Bonn gemünzt. Mutwillig aus dem Zusammenhang gerissen liest er sich als Quintessenz, gibt sich als die Lebensbilanz eines notorischen Zeit- und Gesellschaftskritikers, der – den ideologischen Streitigkeiten und den politischen Hoffnungen, wie sie die Außerparlamentarische Opposition Mitte der sechziger Jahre geschürt hatte, angeblich weit entrückt – vor allem als verdrossener Skeptiker porträtiert werden soll, wenn nicht als Renegat, der den Überzeugungen seiner frühen Jahre längst abgeschworen hat.

Kein Zweifel, daß Erich Kästner sich selbst als »überzeugten Individualisten« einschätzte. Er ist nicht unglücklich als Feuilletonredakteur einer Zeitung, die nach Rang und Umfang als das bedeutendste Blatt der ersten Nachkriegszeit gelten darf.[79] Doch »daß ich nun in einem fort im Büro sitze, am laufenden Band Besuch empfange, redigiere, konferiere, kritisiere, telefoniere, depeschiere, diktiere, rezensiere und schimpfiere«[80], beschwert und verärgert ihn, weil der Redakteur dem Romancier, der Publizist dem Poeten alle Zeit stiehlt. Darum überläßt er schon nach einem Jahr, im Herbst 1946, die Leitung des Feuilletons der *Neuen Zeitung* seiner Lebensgefährtin Luiselotte Enderle, mag nach der Währungsreform 1948 auch nicht länger Herausgeber des *Pinguin* sein. Nicht aus Enttäuschung und Resignation allerdings, sondern weil er, anstelle des tagtäglichen Pflichtpensums an Kritiken und Kommentaren, viel lieber Chansons und Gedichte, Theaterstücke oder Filmdrehbücher und Romane für Kinder schreiben möchte. Schriftsteller und Publizist will er sein, frei und unabhängig wie zuletzt vor 1933 – und nicht Verwalter der Dienststelle eines festangestellten Feuilletonisten.

Seine letzten Beiträge für die *Neue Zeitung* und den *Pinguin* werden im März 1948 veröffentlicht. Danach erscheinen seine Aufsätze und Glossen, Feuilletons und Kritiken, Reden und Kommentare gleichmäßig (und offenbar ziemlich wahllos) verstreut in Tages- und Wochenzeitungen, Magazinen und Zeitschriften fast aller Größen und Couleurs. Darin preist er die Vorzüge der Stenografie, berichtet von seinen Katzen, bringt Geburtstagsständchen[81], schreibt Nachrufe und Gedenkblätter, Porträts und vermischte Feuilletons für den Bedarf des Tages, die er zu gegebenen Anlässen pointensicher als Reden vorträgt oder in die Gestalt von Vorworten und Nachworten kleidet. Ein charmanter Plauderer, ein liebenswürdiger Geschichtenerzähler. Der andere, der politische Schriftsteller Erich Kästner, der dem launigen Causeur bisweilen durchaus zum Verwechseln ähnlich sieht, verfaßt offene Briefe und Aufrufe, meldet sich mit Mahnungen und Warnungen zu Wort, äußert eindringlich Unbehagen und Kritik.

Ein Schön- und Schwarmgeist ist dieser andere Kästner nicht. Auch wenn er, zum Beispiel, seine Ansprache zum Ostermarsch 1961 mit einem Goethe-Zitat anfängt und, als Impuls aller denkbaren Veränderungen, die Phantasie ins Feld führt. Seinen Zuhörern auf dem Münchner Königsplatz erklärt er gelassen: »Wir bedienen uns der Demonstration als eines demokratischen Mittels, die Regierungen und Parlamente an ihre Pflicht zu erinnern. Was werfen wir den Wichtigtuern und Tüchtigtuern demonstrativ vor? Lassen wir die großen Vokabeln getrost aus dem Spiel! Reden wir nicht von ›Verrat am Christentum‹ und ähnlich massiven Gegenständen. Wir sind ja keine pathetische Sekte, sondern nüchterne Leute. Deshalb werfen wir ihnen zweierlei vor: Mangel an Phantasie und Mangel an gesundem Menschenverstand. Ihr Mut und ihre Vorstellungen stammen aus Großmutters Handkörbchen. Ost und West spielen einen Dauerskat mit Zahlenreizen, als ginge es um die Achtel. Aber es geht ums Ganze!«[82] Auch der politische Publizist Kästner ist ein Sprachartist: einer, der weiß, wie man die Worte drehen und wenden muß, damit sie dem Publikum einleuchten und Wirkung zeigen. So verbindlich sein Ton, so entschieden seine Meinung und so beharrlich sein Eifer, ihr Resonanz und öffentliche Geltung zu verschaffen. Ohne Zweifel ein glänzender Rhetoriker, witzig und geistesgegenwärtig, mit Courage, Phantasie und dem Weitblick des gebrannten Kindes.

Gewiß ist er eitel: »Im November 1945 begannen in Nürnberg die Kriegsverbrecherprozesse. Nachdem ich am ersten Prozeßtage teilgenommen hatte, schrieb ich am 22. November 1945 ...«[83] Oder, in seiner Ansprache an die Ostermarschierer: »Das Kuratorium für den diesjährigen Ostermarsch hat mich gebeten, die süddeutsche Marschgruppe und die übrige Versammlung hier in München zu begrüßen.«[84] Und natürlich genießt er seine Prominenz. Denn es schmeichelt ihm, als Autorität gefragt, als Augenzeuge geladen zu sein. Mag sein, daß er den wiederkehrenden Ruhm als Trost für die Entbehrungen der Jahre zwischen 1933 und 1945 empfunden hat. Doch vor allem hilft er ihm, auch jenseits der Literatur auf sich aufmerksam zu machen. So engagiert er sich, Ende der fünfziger Jahre, im »Komitee gegen Atomrüstung« und, zehn Jahre danach, im Kuratorium »Notstand der Demokratie«. Und wie 1960 mit den Ostermarschierern sympathisiert er 1970 mit der »Initiative Internationale Vietnam-Solidarität«: ein Pazifist wider besseres Wissen, doch unbelehrbar – sein Leben lang, wie seine journalistischen Arbeiten deutlich machen.

Wann immer von der Vergangenheit gesprochen wird, so mahnt er zum Jahrestag der Bücherverbrennung am 10. Mai 1958 in Hamburg, muß auch von der Zukunft die Rede sein. Die Umkehrung dieses Satzes gilt für Erich Kästner erst recht. Wie sonst wäre aus der Geschichte zu lernen möglich, was anders nirgendwo zu erfahren ist? »Die Ereignisse von 1933 bis 1945 hätten spätestens 1928 bekämpft werden müssen. Später war es zu spät. Man darf nicht warten, bis der Freiheitskampf Landesverrat genannt wird. Man darf nicht warten, bis aus dem Schneeball eine Lawine geworden ist. Man muß den rollenden Schneeball zertreten. Die Lawine hält keiner mehr auf. Sie ruht erst, wenn sie alles unter sich begraben hat. Das ist die Lehre, das ist das Fazit dessen, was uns 1933 widerfuhr. Das ist der Schluß, den wir aus unseren Erfahrungen ziehen müssen, und es ist der Schluß meiner Rede. Drohende Diktaturen lassen sich nur bekämpfen, ehe sie die Macht übernommen haben. Es ist eine Angelegenheit des Terminkalenders, nicht des Heroismus.«[85]

Es gibt nicht eben viele Schriftsteller im dritten Viertel dieses Jahrhunderts, in deren Aufsätzen, Reden und Büchern Gedanken wie diese in solchen Sätzen anzutreffen wären.

Frankfurt am Main, im Juli 1998

Franz Josef Görtz / Hans Sarkowicz

Anmerkungen

1 Andreas Drouve: *Erich Kästner – Moralist mit doppeltem Boden.* Marburg 1993, S. 248
2 *Gesammelte Schriften für Erwachsene (GSE).* München 1969. Bd. 6, S. 23–53
3 Erich Kästner: *Gemischte Gefühle.* Literarische Publizistik aus der Neuen Leipziger Zeitung 1923–1933. Hrsg. v. Alfred Klein. 2 Bde., Berlin und Weimar 1989
4 Johan Zonneveld: *Erich Kästner als Rezensent 1923–1933.* Frankfurt/M., Bern, New York, Paris 1991
5 Ebd., S. 205 und S. 237
6 Erich Kästner: *Kästner über Kästner, II, 325f.*
7 Luiselotte Enderle: *Erich Kästner.* Reinbek 1966, S. 42
8 Erich Kästner: *Mein liebes, gutes Muttchen, Du! Dein oller Junge.* Briefe und Postkarten aus 30 Jahren. Ausgewählt und eingeleitet von Luiselotte Enderle. Hamburg 1981, S. 13
9 Unter der zum Ullstein Verlag gehörenden Leipziger Verlagsdruckerei firmierten neben dem *Leipziger Tageblatt* und der *Neuen Leipziger Zeitung* auch das *Leipziger Abendblatt für Sport und Börse*, der *Mitteldeutsche Kurier* in Halle, der *Kinder-Kurier*, *Die große Welt*, *Der Die Das* und *Das Leben*.
10 *Mein liebes, gutes ...*, a.a.O., S. 15
11 *Von der Ernüchterung der Wissenschaft, VI, 9–13*
12 *Deskription und Deutung, VI, 112–118*
13 Vgl. *Köster und Korff, VI, 22–31*
14 Erich Kästner: *Die Wandlung.* In: *Neue Leipziger Zeitung (NLZ)* v. 4. 8. 1924
15 Max Krell: *Das gab es einmal.* Frankfurt/M. 1961, S. 199
16 In: *Hans Natonek: Die Straße des Verrats.* Berlin 1982, S. 366
17 *Salzburger Festspiele* und *Klaus Mann und Erich Ebermayer lesen Eigenes, VI, 19–21* und *31f.*
18 *Der Staat als Gouvernante, VI, 32–36*
19 *Die deutsche und die Deutsche Studentenschaft, VI, 54*
20 *Die Jugend als Vorwand, VI, 61*
21 *Mein liebes, gutes ...*, a.a.O., 50f. Dort heißt es unter dem 14. Januar 1927: »Ich hab diese Tage wie ein Kaninchen Artikel geschrieben. Bin in der Konferenz belobigt worden. [...] Gestern hab ich einen Leitartikel gegen den Oberbürgermeister geschrieben, weil er die Volksschullehrer Leipzigs zu Unrecht getadelt hat.«

[22] Ebd., S. 48
[23] Enderle: *Kästner*, a.a.O., S. 48
[24] Ebd., S. 49
[25] *Gemischte Gefühle*. Bd. 2, a.a.O., S. 364 f.
[26] *Mein liebes, gutes ...*, a.a.O., S. 58
[27] *Gemischte Gefühle*. Bd. 2, a.a.O., S. 365
[28] Ebd.
[29] Enderle: *Kästner*, a.a.O., S. 49
[30] *Mein liebes, gutes ...*, a.a.O., S. 29
[31] Ebd. S. 134
[32] *Auf einen Sprung nach Russland*, VI, 256–259
[33] *Mein liebes, gutes ...*, a.a.O., S. 94
[34] *»Hoppla – wir leben!«*, VI, 80
[35] *Das Theater der Zukunft*, VI, 95
[36] *Piscator verbannt Trotzki*, VI, 106
[37] Erich Kästner: *Berlin ohne Piscator*. In *NLZ* v. 25. 10. 1929
[38] *Die Dreigroschenoper*, VI, 148
[39] *Die Revolution von oben*, VI, 121
[40] Erich Kästner: *Kritik des idealistischen Sozialismus*. In: *NLZ* v. 24. 8. 1928
[41] *Reklame und Weltrevolution*, VI, 233–237
[42] *Mein liebes, gutes ...*, a.a.O., S. 177
[43] Vgl. *Diktatur von gestern*, VI, 41–43
[44] Erich Kästner: *Professoren an die Front!* In: *NLZ* v. 29. 1. 1927
[45] *Gefilmtes Elend*, VI, 186
[46] Erich Kästner: *Ästhetik des Films*. In: *Das Deutsche Buch*, 8. Jg. (1928), H. 3/4, S. 114 f.
[47] *»Hätten wir das Kino!«*, VI, 188
[48] *Ringelnatz und Gedichte überhaupt*, VI, 227
[49] *Der Schriftsteller als Kaufmann*, VI, 243–247
[50] *Fort Douaumont, zwölf Jahre später* und *Das Berühren der Gegenstände ist streng untersagt*, VI, 201–205 und 188–193
[51] Zitiert nach: Akademie der Künste (Hrsg.): »*Das war ein Vorspiel nur ...*« Berlin 1983, S. 196
[52] Ebd., S. 204
[53] *Bei Durchsicht meiner Bücher*, I, 370
[54] *Nachwort* von Hermann Kurzke, II, 418
[55] VI, 303
[56] VI, 304
[57] VI, 306
[58] VI, 439

[59] *Mein liebes, gutes ...*, a.a.O., S. 237
[60] VI, 364
[61] VI, 466
[62] VI, 385
[63] Sybil Gräfin Schönfeldt: *Nicht mehr und nicht weniger.* In: *Die Zeit* v. 23. 6. 1961
[64] *Münchner Theaterbrief*, VI, 483
[65] *Der tägliche Kram*, II, 7
[66] *Kleine Chronologie statt eines Vorworts*, II, 13
[67] *Kästner über Kästner*, II, 325
[68] Vgl. *Kommentar* zu VI, 487
[69] Erich Kästner: *Stoffproben. GSE*, Bd. 8, S. 146
[70] *Pfiffe im Kino*, VI, 488
[71] *Lesestoff, Zündstoff, Brennstoff*, VI, 588
[72] *Reisender aus Deutschland*, VI, 576
[73] *Unser Weihnachtsgeschenk*, VI, 512
[74] *Streiflichter aus Nürnberg*, VI, 494
[75] VI, 496 ff.
[76] VI, 494
[77] *Gespräch mit Zwergen*, VI, 529
[78] Adelbert Reif: *Ich habe schon resigniert. Ein Gespräch mit Erich Kästner zu seinem 70. Geburtstag.* In: Publik, Frankfurt/M., 21. 2. 1969
[79] Reinhard Wittmann: *Auf geflickten Straßen. Literarischer Neubeginn in München 1945 bis 1949.* München 1995, S. 27 ff.
[80] *Der tägliche Kram*, II, 81
[81] So häufig offenbar, daß der Verleger Klaus Piper ihn als »Gratulanten vom Dienst« verspottet; vgl. *GSE*, Bd. 8, S. 326
[82] *Ostermarsch 1961*, VI, 663
[83] Erich Kästner: *Gegen den Krieg in Vietnam. GSE*, Bd. 8, S. 333
[84] *Ostermarsch 1961*, VI, 662
[85] *Über das Verbrennen von Büchern*, VI, 647

Kommentar

Die Artikel von Erich Kästner werden jeweils nach dem Erstdruck zitiert. Ausnahmen sind gekennzeichnet. Da Kästner seine Texte zum Teil fernmündlich übermittelte, haben sich immer wieder Orthographie- und Interpunktionsfehler eingeschlichen. Sie sind berichtigt, allerdings wurden Besonderheiten der Diktion und Rechtschreibung beibehalten. Wörter, die in unterschiedlichen Texten in unterschiedlichen Schreibweisen auftauchen, sind der heutigen Orthographie angeglichen worden. Umlaute wurden grundsätzlich zu einem Buchstaben. Die Zahl der Punkte als Platzhalter ist auf drei vereinheitlicht. Gesperrt gedruckte Wörter, die dem (Zeitungs-)Leser als Orientierungshilfe dienen sollten, sind zusammengezogen worden. Die Sternchen, die einzelne Passagen innerhalb der Artikel voneinander trennten, wurden generell weggelassen. Inhaltliche Unstimmigkeiten sind im Kommentar erläutert. Als Chronist der laufenden (Kultur-)Ereignisse neigte Kästner dazu, möglichst viele Namen von Mitwirkenden oder Beteiligten zu nennen. Eine Kommentierung wurde nur dort vorgenommen, wo sie zum Verständnis des Textes und der darin geschilderten Zusammenhänge unbedingt notwendig ist oder wo es sich um eine von Kästner herausgehobene Person handelt. Gerade in der tagesaktuellen Kritik tauchen immer wieder Namen auf, die nur für dieses Ereignis belegt sind und deren biographische Spuren sich danach wieder verlieren. Lebensdaten erscheinen deshalb nur bei von Kästner (und nicht von den Kommentatoren zur Erläuterung) erwähnten Persönlichkeiten und auch nur dann, wenn sie zweifelsfrei zu ermitteln waren.

Rund um die Plakatsäulen

Von der Ernüchterung der Wissenschaft
Erstdruck: *Leipziger Tageblatt*, 21. 7. 1923.
10 *Ernst Troeltsch:* Der evangelische Theologe, Philosoph, Politiker (1865–1923) wurde mit seinem Hauptwerk *Der Historismus und seine Probleme* (Tübingen 1922) einer der wichtigsten Denker in den Anfangsjahren der Weimarer Republik und übte u. a. großen intellektuellen Einfluß auf Thomas Mann aus; seit 1914 lehrte er Philosophie in Berlin, wo Kästner seine Vorlesungen im Wintersemester 1921/22 hörte. Troeltsch

stellte die »individuellen Totalitäten«, die ein Mensch, aber auch eine geschichtliche Epoche sein konnten, in den Mittelpunkt seiner Untersuchungen. Geschichte nahm für ihn stets eine »sinnerfüllte Entwicklung«.

11 *Fritz Strich:* Germanist (1882–1963). In seinem Hauptwerk *Deutsche Klassik und Romantik, oder Vollendung und Unendlichkeit. Ein Vergleich* (München 1922, 6. Aufl. Bern 1965) orientierte er sich an Heinrich Wölfflins (1864–1945) *Kunstgeschichtlichen Grundbegriffen* (München 1915, 17. Aufl. Basel 1984) und dessen Versuch, historische Epochen mit gegensätzlichen Begriffspaaren zu charakterisieren.

Gundolf: Friedrich Gundolf, eigentlich Friedrich Leopold Gundelfinger (1880–1931), Literaturwissenschaftler, Lyriker, Übersetzer, gehörte zum Kreis um Stefan George, wollte in der biographischen Auseinandersetzung mit bedeutenden Persönlichkeiten der Geschichte ein hierarchisches Wertesystem entwickeln, verfaßte u. a. *Shakespeare und der deutsche Geist* (Berlin 1911), *Goethe* (Berlin 1916), *George* (Berlin 1920) und *Heinrich von Kleist* (Berlin 1922).

12 *Kettenhandel:* Durch die Einschaltung von (funktionslosen) Zwischenhändlern wurde die Ware verteuert.

Levin Schücking: Anglist, Shakespeare-Forscher (1878–1964), seit 1916 Ordinarius in Breslau (bis 1925, danach in Leipzig und Erlangen). Seine stark beachtete und diskutierte Untersuchung *Charakterprobleme bei Shakespeare* (Leipzig 1919) stellte die Dichtung des englischen Dramatikers in ihren historischen Kontext und versuchte, sie aus ihrer Zeit heraus zu erklären. In seiner Rezension der Antrittsvorlesung von Schücking als Ordinarius für englische Sprache in Leipzig schrieb Kästner am 18. Dezember 1925 in der *Neuen Leipziger Zeitung*, daß der von Schücking vertretenen »literarsoziologischen Forschung ernsthafte Konsequenz zu wünschen« sei, und zwar »als ernüchterndes Gegenprinzip für die geisteswissenschaftliche Methodik«.

Residuen: Rückstände, Reste.

13 *Theodor Lessing:* Publizist, Journalist und Philosoph (1872 bis 1933). Sein zunächst von der Militärzensur verbotenes Antikriegsbuch *Geschichte als Sinngebung des Sinnlosen* (München 1916) war eine breit angelegte Kritik an gängigen philosophischen Deutungen von historischen Entwicklungen. Statt von Wissenschaft sprach er provozierend von »Willenschaft«.

Lessing, der als Journalist in zahlreichen Artikeln vor der aufkommenden NS-Bewegung gewarnt hatte, wurde 1933 von einem sudetendeutschen Nationalsozialisten in Marienbad ermordet.

Dresden im Schlaf
Erstdruck: *Leipziger Tageblatt*, 22. 2. 1924. (Typoskript im Nachlaß)
14 *Mantillen:* Schleiertücher.
15 *Nicht nur im Wi-i-in-ter, wenn es schneit:* Anspielung auf das Weihnachtslied von Joachim A. Zarnack und Ernst Anschütz *O Tannenbaum*, in dem es heißt: »Du grünst nicht nur zur Sommerszeit, nein auch im Winter, wenn es schneit«.
Tairoff: Aleksandr Jakowlewitsch Tairow (d. i. A. J. Korublit, 1885–1950), Leiter des Moskauer Kammertheaters, der bei Einsatz aller künstlerischen Mittel die absolute Autonomie des Regisseurs und der Schauspieler propagierte. Durch seine Gastspiele (1923 und 1925) und sein Buch *Das entfesselte Theater* (Moskau 1921, dt. Potsdam 1923) übte er einen nicht unbedeutenden Einfluß auf die jüngeren Regisseure in Deutschland aus. Erwin Piscator z. B. setzte sich intensiv mit Tairows Arbeit auseinander.
Johst: Hanns Johst (1890–1978), expressionistischer Schriftsteller, ab 1935 Präsident der NS-Reichsschrifttumskammer. Seine am 5. Mai 1923 im Leipziger Schauspielhaus uraufgeführte Satire *Wechsler und Händler*, die das Schieber- und Fälscherunwesen der Zeit aufs Korn nahm, wurde von der SPD hart attackiert, weil der skrupelloseste Betrüger in dem Stück ein Proletarier war und der einzig »anständige« Mensch ein früherer Aristokrat.
Toller: Ernst Toller (1893–1939), Schriftsteller. Sein am 19. September 1923 im Alten Theater in Leipzig von Paul Wiecke uraufgeführtes Kriegsheimkehrerdrama *Hinkemann*, von der Kritik euphorisch gefeiert, löste am 17. Januar 1924 in Dresden einen Theaterskandal aus, der eine Woche später sogar den sächsischen Landtag beschäftigte. Die deutschnationalen Störer wurden schließlich vom Gericht freigesprochen, weil sie als Verteidiger der »Vaterlandsliebe« in »Notwehr« gehandelt hatten.
Sternheim: Carl Sternheims (1878–1942) bürgerliches Lustspiel *Die Hose* war am 15. Februar 1911 in den Berliner Kammerspielen uraufgeführt geworden. Über die Verfilmung des

Stoffes schrieb Kästner am 31. August 1927 in der *Neuen Leipziger Zeitung.*

Die Groteske als Zeitgefühl
Erstdruck: *Leipziger Tageblatt,* 1. 6. 1924.
16 *Joachim Ringelnatz:* Eigentlich Hans Bötticher (1883–1934), Lyriker, Erzähler und Kabarettist. Der bibliographischen Notiz unter dem Artikel ist zu entnehmen, daß sich Kästner auf folgende Lyrikbände von Ringelnatz bezog: *Turngedichte* (München 1923), *Kuttel Daddeldu* (Berlin 1920), *...liner Roma...* (Hamburg 1924) und *Geheimes Kinder-Spiel-Buch* (Potsdam 1924).
Brecht: Bertolt Brecht (1898–1956) war mit nur zwei Stücken (*Baal* und *Trommeln in der Nacht*) bereits ein berühmter Autor.
Bronnen: Arnolt Bronnen (eigentlich: A. Bronner, 1895–1959) zählte nach seinem 1922 uraufgeführten Stück *Vatermord* neben Brecht zu den wichtigsten Dramatikern der zwanziger Jahre in Deutschland.
Leip: Hans Leip (1893–1983), Erzähler und *Simplicissimus-*Autor, erhielt 1924 für das Manuskript seines Seeräuberromans *Godekes Knecht* (Leipzig und Zürich 1925) den Preis der *Kölnischen Zeitung.* Thomas Mann lobte den Text, weil er »erschreckend klar gegenwärtig ins Gemüt« greife.
Döblin: Alfred Döblin (1878–1957) veröffentlichte 1924 seinen Zukunftsroman *Berge, Meere und Giganten*; seit Januar 1924 war der politisch stark engagierte Autor Vorsitzender des Schutzverbandes deutscher Schriftsteller.
Gustav Sack: Romancier, Erzähler und Lyriker (1885–1916), stellte in seinen die literarische Moderne mitbegründenden, aber erst postum veröffentlichten Büchern radikal die Frage nach dem Sinn des Lebens.
17 *Christian Morgenstern:* Lyriker (1871–1914), gehörte mit seinen grotesk-komischen *Galgenliedern* und seinen *Palmström*-Gedichten zu den Protagonisten der Brettl- und Überbrettl-Kultur.

Salzburger Festspiele
Erstdruck: *Neue Leipziger Zeitung,* 18. 8. 1925.
Bereits 1917 hatte sich in Salzburg eine Festspielhausgemeinde gegründet, zu deren Kunstrat u. a. der Schriftsteller Hugo von Hof-

mannsthal (1874–1929), der Komponist Richard Strauss (1864 bis 1949) und der Regisseur Max Reinhardt (1873–1943) gehörten. 1920 begannen die Salzburger Festspiele mit der Reinhardt-Inszenierung von Hofmannsthals *Jedermann*. Für die Festspiele des Jahres 1926 baute der Salzburger Architekt Eduard Hütter die früheren erzbischöflichen Hofstallungen zu einem ersten, provisorischen Festspielhaus um. Neben dem *Jedermann* brachte Max Reinhardt in eigenen Inszenierungen: Hugo von Hofmannsthals *Salzburger großes Welttheater* (nach Calderóns *Großem Welttheater*), Karl Vollmoellers *Mirakel* und Max Mells *Apostelspiel*. Bruno Walter dirigierte Donizettis Oper *Don Pasquale*. Orchesterkonzerte leiteten Karl Muck und Franz Schalk. Von den optimistischen Plänen für 1926, die Kästner referierte, ließ sich nur wenig realisieren: Richard Strauss als Dirigent seiner Oper *Ariadne auf Naxos* und das Gastspiel der Wiener Staatsoper. Den *Faust* sollte Reinhardt erst 1933 herausbringen.

(Auf eine individuelle Kommentierung wurde verzichtet, weil Kästner nur den Spielplan referiert.)

Köster und Korff
Erstdruck: *Leipziger Tageblatt*, 3. 12. 1925 (Teil I) und 4. 12. 1925 (Teil II).
22 *Albert Köster:* Literaturwissenschaftler, Goethekenner und Geheimrat (1862–1924). Kästner studierte bei ihm Germanistik und Theaterwissenschaft. Seit dem Sommersemester 1922 arbeitete er auch als Famulus für Köster, dessen theatergeschichtliche Sammlung mit Bühnenmodellen für die Studenten eine besondere Attraktion war. Obwohl Köster die literarischen und journalistischen Arbeiten seines Schülers mißbilligte, wollte Kästner bei ihm promovieren, wozu es aber durch den Selbstmord Kösters nicht mehr kam.
Korff: Hermann August Korff (1882–1963), Literaturhistoriker, wurde berühmt durch sein vierbändiges Werk *Geist der Goethezeit* (Leipzig 1923–1953), das eine in sich schlüssige und geschichtsphilosophisch begründete Entwicklung vom Sturm und Drang bis zur Romantik zu erkennen glaubte. Der von ihm über alles verehrte Goethe wurde darin zu dem »neuen Christus einer diesseitigen, faustischen Weltfrömmigkeit« (Karl Robert Mandelkow: *Goethe in Deutschland*. Bd. 2. München 1989, S. 26). Vor diesem Artikel hatte sich Kästner bereits zweimal für die *Neue Leipziger Zeitung* mit Korffs ideen-

geschichtlicher Literaturbetrachtung beschäftigt: am 28. Oktober 1925 aus Anlaß eines Vortrags von Korff über Goethe und die Kunst und am 5. November 1925 nach dessen Leipziger Antrittsvorlesung als Nachfolger von Albert Köster. Kästner kam dabei ebenfalls zu positiven Einschätzungen.

27 *den belanglosen Streit zwischen Gottsched und den Schweizern:* Anspielung auf die Auseinandersetzung des Leipziger Universitätslehrers und Dichtungstheoretikers Johann Christoph Gottsched (1700–1766) mit den beiden Züricher Gelehrten Johann Jakob Bodmer und Johann Jakob Breitinger über das Wunderbare und Wahrscheinliche.

Gellert: Christian Fürchtegott Gellert (1715–1769), Fabel- und Komödiendichter, Erzähler und Lyriker.

Lessing: Gotthold Ephraim Lessing (1729–1781), deutscher Dichter; Kästner wollte zunächst bei Köster über Lessings *Hamburgische Dramaturgie* promovieren. In Kästners Roman *Fabian* verfaßt Labude eine Habilitationsschrift über Lessing.

28 *Cysarz:* Herbert Cysarz (1896–1985), Literaturwissenschaftler und wie Rudolf Unger Vertreter einer ideengeschichtlichen Literaturbetrachtung, die den Sinngehalt einer Dichtung herausarbeiten wollte; veröffentlichte 1921 sein von Kästner erwähntes Hauptwerk *Erfahrung und Idee*.

Unger: Rudolf Unger (1876–1942), Literaturwissenschaftler, Schüler von Wilhelm Dilthey, brachte 1922 seine gesammelten *Studien über die Entwicklung des Todesproblems in Denken und Dichten vom Sturm und Drang zur Romantik – Herder, Novalis und Kleist* heraus.

Klaus Mann und Erich Ebermayer lesen Eigenes

Erstdruck: *Neue Leipziger Zeitung*, 8. 12. 1925. *Leipziger Tageblatt*, 8. 12. 1925.

31 *Klaus Mann:* Schriftsteller (1906–1949). Der Sohn von Thomas Mann hatte 1924 die Schule abgebrochen und begonnen, kleine Arbeiten in Zeitungen und Zeitschriften zu veröffentlichen. 1925 erschienen seine ersten beiden Bücher *Anja und Esther. Ein romantisches Stück in sieben Bildern* und der Erzählungsband *Vor dem Leben. Acht Kaspar-Hauser-Legenden*.

Erich Ebermayer: Schriftsteller (1900–1970), war in Leipzig aufgewachsen und hatte 1924 seinen ersten Novellenband mit dem Titel *Doktor Angelo* veröffentlicht. Klaus Mann lernte er während eines Besuches bei Thomas Mann kennen und rezensierte dessen Erzählungen für die *Literatur* und das *Leipziger Tageblatt*, worüber sich Klaus Mann sehr freute (Brief an Ebermayer vom 12.7.1925). Es entwickelte sich eine Freundschaft, die u. a. in der gemeinsam (mit Hans Rosenkranz) herausgegebenen *Anthologie jüngster Prosa* (Berlin 1928) ihren Niederschlag fand. In seiner Autobiographie *Heute gehört uns Deutschland* (Hamburg und Wien 1959) erinnerte sich Ebermayer an Klaus Mann.

Der Staat als Gouvernante
Erstdruck: *Neue Leipziger Zeitung*, 17.5.1926.
32 *russischer Film:* Gemeint ist Sergej Michajlowitsch Ejzenštejns 1925 gedrehter Revolutionsfilm *Panzerkreuzer Potemkin*, der am 24. März 1926 von der Berliner Filmprüfstelle verboten, dann nach Schnitten am 10. April 1926 wieder freigegeben worden war. Ein erneutes Verbot erfolgte am 16. Juli 1926. Zur endgültigen Freigabe kam es erst am 2. Oktober 1926.
33 *Luther:* Das Kabinett unter Reichskanzler Hans Luther (1879 bis 1962) war am 12. Mai 1926 zurückgetreten.
Unamuno: Miguel de Unamuno (1864–1936), spanischer Philosoph, der bereits 1924 als einer der prominentesten Gegner der Diktatur in seinem Heimatland nach Fuerteventura verbannt worden war und daraufhin ins französische Exil ging.
Ibanez: Vicente Blasco Ibanez (1867–1928), spanischer Schriftsteller und engagierter Demokrat, der ebenfalls zeitweilig im Exil leben mußte.
Dayton: In der amerikanischen Stadt Dayton im Bundesstaat Tennessee fand im Juli 1925 der sogenannte »Affenprozeß« statt. Angeklagt war Prof. John T. Scopes als Verfechter der Darwinschen Lehre von der Entwicklungsgeschichte des Lebens, die, so seine Gegner, den christlichen Glauben gefährde. Der Prozeß, der weltweites Aufsehen erregte, endete am 21. Juli 1925 mit der Verurteilung Scopes zu hundert Dollar Strafe.
34 *Zuckmayer:* Die Aufführungen von Carl Zuckmayers (1896 bis 1977) Lustspiel *Der fröhliche Weinberg* wurden in verschiedenen deutschen Städten verboten, abgesetzt oder massiv gestört.
Zille: Am 14. Dezember 1925 war die Münchner Zeitschrift *Simplicissimus* beschlagnahmt worden, weil sie eine Zeichnung des Berliner Malers Heinrich Zille (1858–1929) veröf-

fentlicht hatte, die den Künstler umringt von nackten Modellen zeigte.

34 *Gärtner:* Der damals 37jährige Schauspieler Josef Gärtner hatte am 7. November 1924 in Stuttgart während einer »Revolutionären Gedenkfeier zum 7. Jahrestag der russischen Revolution und zum 10jährigen Gründungstag der K. P. in Württemberg« Gedichte und Texte u. a. von Ernst Toller und Walter Steinbach vorgetragen. Er war daraufhin verhaftet und vom Leipziger Staatsgerichtshof angeklagt worden. Am 21. Juli 1925 erging folgender Spruch: »Der Angeklagte wird wegen Vorbereitung des Hochverrats in Tateinheit mit Vergehen gegen § 7 Ziffer 4 des Republikschutzgesetzes zu einer Gefängnisstrafe von einem Jahre drei Monate und einer Geldstrafe von 100 – einhundert Reichsmark – verurteilt.«

Rund um die Plakatsäulen
Erstdruck: *Neue Leipziger Zeitung*, 15. 6. 1926.

Der Artikel von Kästner, auf Seite 3 im politischen Teil, erschien wenige Tage vor dem Volksentscheid über die Enteignung der Fürstenvermögen am 20. Juni 1926. Da sich nur 39,3 Prozent der Wahlberechtigten an der Abstimmung beteiligten, wurde die geforderte Mehrheit, die für eine entschädigungslose Enteignung nötig gewesen wäre, nicht erreicht. Im Stimmkreis Leipzig lag die Beteiligung mit 57,4 Prozent weit über dem Durchschnitt; von 475 000 Wählern votierten 453 000 für die Enteignung.

Kirche und Radio
Erstdruck: *Die Weltbühne* 22, Nr. 27 vom 6. 7. 1926, S. 35–36.

Einundzwanzigfacher Mord?
Erstdruck: *Neue Leipziger Zeitung*, 21. 8. 1926.

»Hab eben einen Artikel gegen den Generaldirektor der Eisenbahn geschrieben. Gestern schon einen Leitartikel über das Eisenbahnunglück«, berichtete Erich Kästner seiner Mutter am 21. August 1926 und ergänzte vier Tage später: »Im Verlag hab ich auch bißchen Ärger gehabt. Mit dem Eisenbahnartikel, dessen Anfang von der Sächs. Arbeiterzeitung als Kitsch usw. bezeichnet worden ist. Na, dazu ist man in diesem Beruf. Man muß sich daran gewöhnen, Sticheleien einzustecken. [...] Der andre Eisenbahnartikel wurde überhaupt nicht gebracht, da er zu scharf wäre«.

40 *Langenbacher Zugunglück:* Bei diesem Zugunglück am 13. Au-

gust 1926 starben nicht, wie Kästner schreibt, elf, sondern schließlich sogar zwölf Menschen. Bei dem Unglück des Schnellzugs Berlin-Hannover am 18. August 1926 zwischen Meinersen und Leiferde handelte es sich tatsächlich um einen Anschlag. Zwei Tatverdächtige, der 21jährige Musiker Otto Schlesinger und der 22 Jahre alte Willy Weber, wurden ermittelt, vom Schwurgericht Hildesheim zum Tode verurteilt, dann aber zu lebenslänglicher Haft begnadigt.

Diktatur von gestern
Erstdruck: *Neue Leipziger Zeitung*, 24. 8. 1926.
41 *Mussolini:* Benito Mussolini (1883–1945), italienischer Diktator seit 1922, seit 1924/25 mit allen Vollmachten.
Primo de Rivera: Miguel Primo de Rivera y Orbaneja (1870 bis 1930), spanischer General und Diktator seit 1923.
Pilsudski: Józef Klemens Piłsudski (1867–1935), polnischer Marschall, übernahm am 14. Mai 1926 durch einen Staatsstreich die Macht in Polen.
Pangalos: Theodoros Pangalos (1878–1952), griechischer Ministerpräsident, rief sich am 3. Januar 1926 zum Diktator aus, wurde aber schon am 22. August 1926 von Militärs gestürzt, die die Demokratie wiederherstellten.
Soldatenkaiser: Durch Akklamation der Soldaten erhobene römische Kaiser (im 3. Jh. n. Chr.).
43 *putschen gelegentlich:* Kästner spielt offensichtlich auf den Kapp-Putsch (13. bis 17. März 1920) und auf Hitlers »Marsch auf die Feldherrnhalle« (9. November 1923) an.

Die theatralische Sendung der Kirche
Erstdruck: *Die Weltbühne* 22, Nr. 34 vom 24. 8. 1926, S. 314.
44 *Parochien:* Pfarreien, Amtsbezirke von Geistlichen.

Mörder in Uniform
Erstdruck: *Neue Leipziger Zeitung*, 30. 9. 1926.
45 *Roucier:* Der 24jährige französische Unterleutnant Pierre Roucier hatte in den Nachtstunden vom 26. auf den 27. September 1926 in einer politisch aufgeheizten Situation mehrere Germersheimer Bürger verletzt und den Arbeiter Emil Müller erschossen. Das (französische) Kriegsgericht Landau sprach Roucier am 17. Dezember 1926 frei. Aus Protest gegen das Urteil veranstalteten verschiedene pfälzische Städte Kundgebun-

gen gegen die Aufrechterhaltung der Besatzung. Bereits am 4. und 5. Juli hatte Roucier, wie von Kästner beschrieben, das Bezirkskriegerfest in Germersheim erheblich gestört. Von den Besatzungsbehörden war damals eine Untersuchung zugesichert worden; zu dem von Kästner angemahnten Ergebnis kam es aber nicht.

45 *Havas:* l'Agence Havas, französische Presseagentur.
46 *Demarche:* Mündlich vorgetragener diplomatischer Einspruch.
Entente: Einverständnis, Bündnis.
Painlevé: Paul Painlevé (1863–1933), Mathematiker und Politiker, französischer Kriegsminister 1925 bis 1929.

Herr Külz sucht wieder eine Mehrheit
Erstdruck: *Neue Leipziger Zeitung*, 7. 12. 1926.
47 *§ 146, Abs. 2:* Artikel der Weimarer Verfassung, in dem es heißt: »Innerhalb der Gemeinden sind indes auf Antrag von Erziehungsberechtigten Volksschulen ihres Bekenntnisses oder ihrer Weltanschauung einzurichten, soweit hierdurch ein geordneter Schulbetrieb […] nicht beeinträchtigt wird. Der Wille der Erziehungsberechtigten ist möglichst zu berücksichtigen.« Diese Regelung, die das Nebeneinander von konfessionell gebundenen und ungebundenen Volksschulen ermögliche, führte zu einem deutlichen Übergewicht der Bekenntnisschulen. 1927 z. B. standen rund 44 000 Bekenntnisschulen nur gut 8400 Gemeinschaftsschulen gegenüber.
Külz: Wilhelm Külz (1875–1948), Politiker der (liberalen) Deutschen Demokratischen Partei (DDP), Reichsinnenminister vom 20. Januar 1926 bis zum 29. Januar 1927, war in seiner eigenen Partei umstritten und geriet durch das von ihm vertretene Gesetz zur Bewahrung der Jugend vor Schmutz und Schund in Konflikt mit den Intellektuellen; u. a. trat der Journalist und Schriftsteller Theodor Wolff aus der DDP aus. Der von Kästner angesprochene Entwurf eines »Reichsschulgesetzes« wurde schließlich am 14. Juli 1927 von der Reichsregierung vorgelegt. Er sah ein Nebeneinander der drei Schultypen und einen verstärkten Einfluß der Konfessionen auf das Schulsystem vor. Da die Deutsche Volkspartei Gustav Stresemanns den Entwurf ablehnte, zerbrach daran am 15. Februar 1928 die Mitte-Rechts-Koalition unter Reichskanzler Wilhelm Marx.

Kultur und Einheitsstaat
Erstdruck: *Neue Leipziger Zeitung*, 25. 12. 1926.
 Kästner greift mit diesem Artikel in eine seit Beginn der Weimarer Republik schwelende Diskussion ein, die um die Jahreswende 1926/27 einen erneuten Höhepunkt erreichte. Neben dem Kommentar von Kästner veröffentlichte die *Neue Leipziger Zeitung* in ihrer Weihnachtsausgabe auch antiföderalistische Stellungnahmen von namhaften Politikern.
51 *Hellpach:* Willy Hellpach (1877–1955), Psychologe und Politiker, war im März 1925 der Kandidat der DDP für die Reichspräsidentenwahl.

Rainer Maria Rilke †
Erstdruck: *Neue Leipziger Zeitung*, 30. 12. 1926.
52 *Rainer Maria Rilke:* Deutscher Schriftsteller, geboren 1875, starb am 29. Dezember 1926 in Val-Mont bei Montreux.
 Stefan George: Deutscher Schriftsteller (1868–1933), geistige Autorität des nach ihm benannten Literatenkreises.
53 *Gedichte in französischer Sprache:* Seit Ende 1923/Anfang 1924 verfaßte Rilke auch Gedichte in französischer Sprache, von denen einige in französischen Zeitschriften, u. a. im Dezember 1924 in Paul Valérys *Commerce*, erschienen. Rilke wurde dafür und für seine Sympathien Frankreich gegenüber von nationalistischen Kreisen im Sommer 1925, u. a. in der von Friedrich Lienhard herausgegebenen Zeitschrift *Türmer*, scharf attackiert. Walter Mehring verteidigte Rilke damals im *Tage-Buch* in zwei Artikeln.

Die deutsche und die Deutsche Studentenschaft
Erstdruck: *Neue Leipziger Zeitung*, 9. 1. 1927.
54 *Deutsche Studentenschaft:* Das studentische Selbstverwaltungsorgan war im Juli 1919 in Würzburg gegründet worden. Ein Großteil der Mitglieder stand politisch rechts und lehnte die Weimarer Republik offen ab. Dieses deutschvölkische und antidemokratische Auftreten führte zu zahlreichen Konflikten vor allem mit dem preußischen Kultusministerium.
55 *beim Falle Lessings:* Der Kulturphilosoph Theodor Lessing mußte am 18. Juni 1926 als Professor an der Technischen Hochschule Hannover zurücktreten, nachdem von nationalistischen und antisemitischen Studenten eine Hetz- und Boykottkampagne gegen ihn gestartet worden war.

Die Stabilisierung der Jugend
Erstdruck: *Neue Leipziger Zeitung*, 15. 1. 1927.

Anlaß für diesen Artikel war die Neujahrsansprache des Leipziger Oberbürgermeisters Rothe vor dem Stadtverordnetenkollegium. Rothe hatte die Leistungen der Volksschüler bemängelt und die Reform der Leipziger Volksschule sowie eine verstärkte Schulaufsicht gefordert. Trotz heftiger Proteste hatte Rothe seine Meinung am 13. Januar vor der Stadtverordnetenversammlung noch einmal bekräftigt. Über die von Kästner zitierten »bürgerlichen« Kritiker schreibt Bernd Zymek im *Handbuch der deutschen Bildungsgeschichte* (Band V, München 1989, S. 178): »Distanziert ist auch die Haltung der grund- und kapitalbesitzenden Familien und des etablierten akademischen Bildungsbürgertums zum staatlichen Schulsystem. Für diese Schichten ist die allgemeine obligatorische Grundschule – wenn man in sozial inhomogenen Wohnvierteln z. B. der Innenstädte lebt – eine Zumutung, die man möglichst zu umgehen sucht.«

Die Jugend als Vorwand
Erstdruck: *Neue Leipziger Zeitung*, 5. 2. 1927.
61 *Reichsregierung:* Koalition aus Zentrum, Deutscher Volkspartei, Deutschnationaler Volkspartei und Bayerischer Volkspartei unter Reichskanzler Wilhelm Marx.
62 *Gesetz über den Schutz der Jugend bei Lustbarkeiten:* Das durch Artikel 118 der Weimarer Verfassung ermöglichte Gesetz (»Auch sind [...] zum Schutze der Jugend bei öffentlichen Schaustellungen und Darbietungen gesetzliche Maßnahmen zulässig«) wurde zwar am 17. Mai 1927 vom Reichstag verabschiedet, scheiterte aber danach am Einspruch des Reichsrates.
Aufhebung der Vorschulen: Kästner behielt recht. Die privaten Vorschulen, die statt den Grundschulen die Kinder auf den Besuch der höheren Schulen vorbereiteten, blieben erhalten, obwohl schon das Grundschulgesetz von 1920 deren Auflösung gefordert hatte.

Einigung in der Frage des Studentenrechts
Erstdruck: *Neue Leipziger Zeitung*, 17. 2. 1927.

Die Einigung, die Kästner beschreibt, war in Wirklichkeit keine. Im Wintersemester 1927/28 kam es zum offenen Bruch. Das neue Studentenrecht, das der preußische Kultusminister Becker eingebracht hatte, wurde in einer Urabstimmung mehrheitlich abgelehnt

(77 Prozent der abgegebenen Stimmen). »Als Konsequenz des *Becker-Konflikts*, den die antidemokratischen völkischen Korporationen als *Freiheitskampf* stilisierten, verlor die verfaßte Deutsche Studentenschaft ihre staatliche Anerkennung. Mit dem Scheitern des demokratischen Selbstverwaltungskonzepts 1927 war das stärkste institutionelle Bindeglied zwischen der Studentenschaft und der Republik zerschnitten« (Hartmut Titze in: Handbuch der deutschen Bildungsgeschichte. Bd. V. München 1989, S. 215).

Rechtschreibung und Politik
Erstdruck: *Neue Leipziger Zeitung*, 20. 2. 1927.
66 *Kampf um die Volksschule:* Vgl. *VI, 47ff.*
67 *Briefe der Frau Rath Goethe:* Die Mutter Johann Wolfgang von Goethes, Catharina Elisabeth Goethe (1731–1808), geborene Textor, schrieb ab 1774 Briefe voller Originalität, Witz und Lebensklugheit, aber auch voller orthographischer, grammatikalischer und stilistischer Fehler. Albert Köster, der akademische Lehrer Kästners, gab eine in zahlreichen Auflagen gedruckte Auswahl 1904 in zwei Bänden heraus.
eine Broschüre: Kästner meinte die im Dresdner Verlag F. Emil Boden erschienene 40seitige Broschüre *Wie steht's um die Volksschule* des Dresdner Gewerbeschuldirektors Willy Berger, der hundert schulentlassene Jungen einer eingehenden Prüfung unterzogen hatte, vor allem in der Orthographie, und dabei zu negativen Ergebnissen gekommen war. Da Berger früher auch als nationalliberaler Parteisekretär tätig gewesen war, dürfte die Broschüre nicht ohne politische Absicht verfaßt worden sein.

Der Rahmen ohne Gesetz
Erstdruck: *Neue Leipziger Zeitung*, 13. 3. 1927.
68 *Becker:* Carl Heinrich Becker (1876–1933), von 1925 bis 1930 preußischer Kultusminister, der Deutschen Demokratischen Partei (DDP) nahestehend, war federführend bei dem 1929 zwischen Preußen und dem Vatikan geschlossenen Konkordat.
69 *Reichsinnenminister:* Walter Keudell (1884–1973), Politiker der Deutschnationalen Volkspartei (DNVP), Reichsinnenminister 1927/28; in dem Konflikt mit der Studentenschaft der Gegenspieler Beckers.
Lauscher: Albert Lauscher (1872–1936), Theologe und Päpst-

licher Hausprälat, Fraktionsführer des Zentrums im Preussischen Landtag bis 1933.
70 *ultramontan:* Oft diffamierend gebraucht für katholische Kreise.
Syllabus Pius' IX.: Diese Auflistung der »hauptsächlichen Irrtümer unseres Zeitalters« erschien 1864 und richtete sich vor allem gegen den Liberalismus; erst durch das 2. Vatikanische Konzil (1962–65) aufgehoben.
Stresemann: Gustav Stresemann (1878–1929), Politiker der Deutschen Volkspartei (DVP), Friedensnobelpreisträger 1926, Reichsaußenminister seit 1923, trat für Bündnisse sowohl mit der SPD als auch mit der DNVP ein.

»Die Mutter«
Erstdruck: *Neue Leipziger Zeitung*, 16. 3. 1927.

Wsewolod Pudowkins (1893–1953) Film *Die Mutter*, 1926 nach dem gleichnamigen Roman von Maxim Gorki gedreht, war die erste größere Arbeit des Regisseurs und Filmtheoretikers, der die Ästhetik des Sowjetfilms entscheidend mitprägte.

Kleinstädtisches Berlin
Erstdruck: *Neue Leipziger Zeitung*, 29. 7. 1927.
73 *Körung:* Amtliche Prüfung und Einstufung landwirtschaftlicher Zuchttiere; dabei wird die Deckerlaubnis erteilt oder verweigert.

Brief an den toten Lehmbruck
Erstdruck: *Neue Leipziger Zeitung*, 2. 8. 1927.

(Ein orthographisch und in der Interpunktion leicht veränderter Nachdruck, der zwei Ergänzungen enthält und in der Anrede von der Sie- in die Du-Form wechselt, erschien am 16. August 1927 in der *Weltbühne*, S. 270–271.)

Die Plastik *Die Kniende* von Wilhelm Lehmbruck (1881–Selbstmord 1919) war in der Nacht zum 28. Juli 1927 in Duisburg vom Sockel gestürzt worden. Die fünf Täter erhielten am 10. August 1927 je einen Monat Gefängnis. Von einer »unnachsichtigen« Bestrafung kann also keine Rede sein.

Die beiden Ergänzungen in der *Weltbühne*, die in folgende Absätze eingefügt sind, lauten:
75 *Wen wir meinen? [...] dazu ein Recht:* »Wen wir meinen? – Wir meinen jene Parteien, welche die Kunst in die giftigen

Niederungen der Politik zerrten. Wir meinen jene Anwälte gestriger Autorität, die alles Neue infamieren und verleumden. Wir meinen jene Regierungen, die der Ansicht sind, Kunst ließe sich verbieten und verordnen. Wir meinen jene Staatsmänner, die zweideutige Gesetze erfanden und behaupteten, ihre Paragraphen gälten dem Schutze der Jugend. Sind wir verständlich? Diese Männer tragen die unsichtbare Verantwortung dafür, daß die Achtung vor der Kunst leidet. Diese Männer hoben die Immunität der Kunstwerke auf, als hätten sie dazu ein Recht. Diese Männer stellten den Bilderstürmern Freibriefe aus.«

Sie täuschen sich [...] pompöses Wort: »Und wir dürfen sie nicht eher entschuldigen, als bis sie tätlich bewiesen haben, daß sie ihre Reden und Gesetze bereuen. Toter Lehmbruck, diese Männer bereuen so bald nichts. Kunst ist ihnen nur ein pompöses Wort.«

Krieg und Film
Erstdruck: *Neue Leipziger Zeitung*, 25. 8. 1927.
76 *Raoul Walsh:* Amerikanischer Filmregisseur (1887–1980), der meist Abenteuerfilme inszenierte, u. a. 1924 *Der Dieb von Bagdad* und 1926 *What Price Glory?*

Sternheim wird populär
Erstdruck: *Neue Leipziger Zeitung*, 31. 8. 1927.

Zu Sternheims Dramenzyklus *Aus dem bürgerlichen Heldenleben* zählen die Komödien *Die Hose* (1911), *Die Kassette* (1912) und *Bürger Schippel* (1913). In der *Chronik von des 20. Jahrhunderts Beginn* (2 Bde. 1918, erweitert in 3 Bänden 1926–28) faßte Sternheim seine Erzählungen zusammen. Der Roman *Europa* erschien 1920, ebenso wie *Berlin oder Juste milieu*. Das Lustspiel *Die Schule von Uznach oder Neue Sachlichkeit* brachte er 1925 heraus.

77 *Und 1925 mußte Sternheim:* Vgl. VI, *15 f.*

Pariser Interviews: Während seines Aufenthalts in Paris (24. 12. 1924 bis 11. 1. 1925) gab Sternheim der *Nouvelles Littéraires* ein Interview, in dem er sich selbst als großen deutschen Dramatiker feierte und in der Bedeutung neben bzw. vor Thomas Mann stellte. Außerdem bemerkte er, niemand könne ihm eigentlich sagen, welches die entscheidenden, die wahren französischen Talente der Gegenwart seien. Das Interview erregte

sowohl in Frankreich als auch in Deutschland erhebliches Aufsehen.
78 *»Hose« verfilmt:* Unter der Regie von Hans Behrendt (1889 bis 1942 verschollen) spielten Werner Krauss (1884–1959) als Theobald Maske und Jenny Jugo als Frau Luise die Titelrollen. Das Stück bearbeitet hatte Franz Schulz und sich dabei, wie Willy Haas in der *Literarischen Welt* (Nr. 35, 1927, S. 8) schrieb, »sehr weit von der Komödie ›Die Hose‹ entfernt, [...] aber er hat sich dabei gar nicht von Sternheim entfernt, im Gegenteil, er hat sich womöglich tiefer in das ›Sternheimische‹ hineingefressen als Sternheim selbst«.
Jannings: Emil Jannings (1882–1950), internationaler Stummfilm- und später Tonfilmstar (vgl. *VI, 181*).
Lubitschs »Ehe im Kreise«: 1924 hatte Ernst Lubitsch (1892 bis 1947) in den USA die Komödie *The marriage circle* nach dem Bühnenstück *Nur ein Traum* von Lothar Goldschmidt gedreht.
»In meinem Stück verlor...«: Das Zitat stammt aus dem Vorwort zur zweiten Auflage der *Hose,* die allerdings nicht 1920, sondern bereits 1918 erschienen war.

»Hoppla – wir leben!«

Erstdruck: *Neue Leipziger Zeitung,* 6. 9. 1927.

Nachdem Erwin Piscator (1893–1966) wegen seiner Inszenierung von Ehm Welks *Gewitter über Gotland* vom Volksbühnen-Vorstand eine »tendenziös-politische Um- und Ausgestaltung« vorgeworfen worden war, verließ der Theaterregisseur das Haus und gründete die Piscator-Bühne am Nollendorfplatz, die am 3. September 1927 mit Ernst Tollers *Hoppla, wir leben!* eröffnet wurde. An der Inszenierung des zwei Tage zuvor in Hamburg uraufgeführten Stücks wirkten neben Piscator und Walter Mehring (1896–1981) als Chansondichter der Bühnenbildner Traugott Müller (1895–1944), der Komponist Edmund Meisel (1894–1930) und der Filmemacher Curt Oertel (1890–1960) mit. Die Hauptrolle des Katl Thomas spielte Alexander Granach (1890–1949). Für die Chansonette Kate Kühl (1899–1970), die in Werner Fincks *Katakombe* auftrat, schrieb Kästner später u. a. seine Parodie *Surabaya-Johnny II*.

Die Berliner Kritik war in ihren Urteilen durchaus nicht einer Meinung. Während der eher völkisch orientierte Paul Fechter in der *Deutschen Allgemeinen Zeitung* (vom 6. September 1927) über

»vier Stunden schlechtes Theater« klagte, sah Herbert Ihering im *Berliner Börsen-Courier* (vom 5. September 1927) in dem neuen Theater »die einzige Bühne, die Aufgaben gibt, die zur Stellungnahme zwingt. [...] Eine Persönlichkeit ist da. Über die Struktur des Theaters ist noch zu schreiben«. Auch Kästner sollte dies noch mehrfach tun (vgl. *VI, 95, 106, 128* u. *262*; daneben berichtete Kästner u. a. über die Piscator-Produktionen *Singende Galgenvögel, Der letzte Kaiser, Der heilige Krieg* und *Was kostet der Ruhm*).

83 *Vicki Baums Feme-Roman:* Der Roman *Feme* der österreichischen Schriftstellerin Vicki Baum (1888–1960) war ab dem 28. April 1926 in der *Berliner Illustrirten Zeitung* abgedruckt worden. In der Einleitung der Redaktion hieß es dazu: »Mit dem Schicksal eines fanatischen jungen Menschen ist die Tragik jener unbefriedigten, weglosen Jugend unsrer Tage gestaltet, die sich, von den Irrungen und Wirrungen der Zeit erschüttert und aus der Bahn der ruhigen Entwicklung geworfen, in die Geheimbünde zu retten vermeint«.

Berlin als Film
Erstdruck: *Neue Leipziger Zeitung*, 1. 10. 1927.

Der Maler und Regisseur Walter Ruttmann (1887–1941) hatte mit abstrakten Filmen begonnen, ehe er mit *Berlin, die Sinfonie der Großstadt* der Montagetechnik zum Durchbruch verhalf. Zur Uraufführung seines von der Kritik gefeierten Dokumentarfilms, die am 23. September 1927 im Berliner Tauentzien-Palast stattfand, schrieb er im *Illustrierten Film-Kurier*: »Hauptmacht des Films ist das Unerbittliche seiner Ehrlichkeit: seine unbestechliche Objektivität.« Das Manuskript des Films hatten Ruttmann selbst und der Kameramann Karl Freund nach einer Idee des bekannten Drehbuchautors Carl Mayer *(Caligari)* verfaßt. Die Musik stammte von Edmund Meisel.

85 *Lunapark:* 1904 eröffneter Vergnügungspark am Halensee mit verschiedenen Attraktionen; Konkurs 1933/34.
Magnater: Hier: reicher Mann.

Blaue Bluse
Erstdruck: *Neue Leipziger Zeitung*, 12. 10. 1927.

Die »Blauen Blusen« waren 1923 im »Staatlichen Institut für Journalistik« als sog. »Lebende Zeitungen« entstanden, die einer noch weitgehend lese- und schreibunkundigen Bevölkerung die wichtigsten Informationen vermitteln sollten. Bereits 1926 gab es 5000 solcher in der Regel von Laien getragenen Gruppen. Zu den professionell organisierten Kollektiven gehörten die Moskauer »Blauen Blusen«, die 1927 eine von der »Internationalen Arbeiterhilfe« organisierte Tournee durch Deutschland machten. Die von der Kritik weitgehend bejubelte Berliner Premiere war am 7. Oktober 1927. In der Nachfolge gründeten sich auch in deutschen Städten »Blaue Blusen«-Gruppen.

87 *Der Blaue Vogel:* 1908 in Moskau uraufgeführtes Theaterstück von Maurice Maeterlinck, in dem der blaue Vogel die höchste Wahrheit symbolisiert.
Tairoff: Vgl. Anmerkung zu VI, *15.*
Dragilewh: Sergej Pawlowitsch Diaghilew (1872–1929), Leiter des Ballets Russes, mit dem er das moderne Ballett begründete.
Meyrhold: Wsewolod Emiljewitsch Meyerhold o. Mejerchold (1874–1940), russischer Schauspieler, Regisseur und Theaterleiter, der u. a. mit seinen mobilen »Theater-Sturmtrupps« Agitation betrieb. Seine kargen, äußerst exakt ablaufenden Aufführungen, sein »biomechanistisches System«, und seine Massenspektakel beeinflußten zahlreiche Regisseure, u. a. Erwin Piscator.

Zuckmayers »Schinderhannes«

Erstdruck: *Neue Leipziger Zeitung,* 16. 10. 1927. (Im Artikel heißt es falsch: Karl Zuckmayr.)

Der wahrscheinlich 1779 oder 1780 in dem Taunusdorf Miehlen geborene und am 21. November 1803 in Mainz hingerichtete Abdeckersohn Johannes Bückler, genannt Schinderhannes, ist der bekannteste deutsche Räuber. Er hatte es sehr geschickt verstanden, sich antisemitische und franzosenfeindliche Stimmungen in der Landbevölkerung zunutze zu machen und dadurch populär zu werden. Ein deutscher Robin Hood, ein Rebell oder gar ein Revolutionär war Bückler in keiner Weise. Den volkstümlichen Räuberhelden, den Carl Zuckmayer in seinem am 14. Oktober 1927 in Berlin und Erfurt gleichzeitig uraufgeführten Stück auftreten läßt, hat es so nicht gegeben. Von der historischen Realität ist das Drama bewußt weit entfernt. »Im *Fröhlichen Weinberg* war es mir gelungen«, schrieb Zuckmayer 1970 in dem Selbstporträt *Das bin ich,* »die Leute so von Herzen zum Lachen zu bringen, wie sie selten im Theater lachen können. Nun lag es mir am Herzen, die Leute auch einmal flennen zu lassen. Ich wollte wieder den Menschen vom Gefühl her auf dem Theater ansprechen, gegen die sogenannte neue Sachlichkeit, gegen das lehrhaft-politische Theater, das in dieser Zeit begann.« Diese auch gegen Piscator gerichtete Intention und das Fehlen von Gegenwartsbezügen ließen Kästner, im Gegensatz zu den meisten anderen Kritikern, zu einer negativen Einschätzung kommen. Bei der mit Eugen Klöpfer (1888–1950) und Käthe Dorsch (1890–1957) glänzend besetzten Premiere führte Reinhard Bruck (1885–1929) Regie. Der bedeutende impressionistische Maler Max Liebermann (1847–1935) schuf das Bühnenbild.

88 *Fall Hölz:* Der Kommunist Max Hölz (1889–1933) war als Anführer des Aufstands im mitteldeutschen Industriegebiet 1921 in einem umstrittenen Prozeß wegen Hochverrats und Tötung eines Gutsbesitzers zu lebenslanger Haft verurteilt worden. Für ihn setzten sich in der Folge zahlreiche Prominente ein. Schließlich wurde er am 13. Juli 1928 begnadigt.
Vanzetti: Die auf äußerst dürftigen Beweisen beruhende Verurteilung der beiden amerikanischen Anarchisten Nicola Sacco und Bartolomeo Vanzetti wegen Mordes durch ein Gericht in Dedham am 14. Juli 1921 führte in den USA zu jahrelangen Protesten, die letztlich erfolglos blieben. In der Nacht vom 22. auf den 23. August 1927 wurden die beiden höchstwahrscheinlich Unschuldigen hingerichtet.

89 *Rinaldini:* Rinaldo Rinaldini, Räuberhauptmann und Hauptfigur des gleichnamigen Trivialromans von Christian August Vulpius. Die »romantische Geschichte«, die 1798 in drei Bänden erschien, löste ein wahres Rinaldo-Fieber aus.

Der Krieg im deutschen Roman
Erstdruck: *Das deutsche Buch* 7, 1927, S. 417–418.

90 *Le feu:* 1916 veröffentlichte der französische Schriftsteller Henri Barbusse (1873–1935) seinen Roman *Le feu. Journal d'une escouade*, in dem er seine Erlebnisse als Soldat im Ersten Weltkrieg verarbeitete.
Schwejk: Gemeint ist Jaroslav Hašeks Schelmenroman *Die Abenteuer des braven Soldaten Schwejk während des Weltkriegs* (1921–23, dt. 1926/27).

91 *Georg von der Vring:* Deutscher Schriftsteller (1889–1968); kurz nach dem Ende seines Kunststudiums zum Kriegsdienst eingezogen, wurde er schwer verwundet und geriet in amerikanische Kriegsgefangenschaft. *Soldat Suhren* (1927) ist sein

erster Roman nach einem Gedichtband und einer Übersetzung. Das Buch wurde ein großer Erfolg und ermöglichte ihm die Existenz als freier Schriftsteller.

91 *Felix Braun:* Österreichischer Autor (1885–1973); *Agnes Altkirchner* (1927) wurde sein auflagenstärkster Roman (Neuauflage 1957 unter dem Titel *Herbst des Reiches*). 1939 mußte Braun nach England emigrieren.

92 *Karl Lieblich:* Rechtsanwalt und Journalist (1895–1984), veröffentlichte 1926 *Das proletarische Brautpaar*, gründete 1932 den »Bund für Neues Judentum« und mußte 1937 nach Brasilien emigrieren; kehrte 1957 in die Bundesrepublik zurück.

Rollands »Pierre et Luce«: 1920 erschienener Roman des französischen Schriftstellers Romain Rolland (1866–1944).

Dokumentarisches Theater
Erstdruck: *Neue Leipziger Zeitung*, 15. 11. 1927.

Über sein am 10. November 1927 uraufgeführtes Stück *Rasputin, die Romanows, der Krieg und das Volk, das gegen sie aufstand* schreibt Erwin Piscator in seinem Buch *Das politische Theater* (Berlin 1929, Reinbek 1963, S. 174), daß es »von allen Aufführungen dieser Spielzeit, ja, von allen meinen Inszenierungen überhaupt [...] das stärkste Echo, die eindeutigste Wirkung« hatte. »Hatten bis dahin Kritik und bürgerliches Publikum immer wieder versucht, die politische Absicht meiner Inszenierung ästhetisch abzutun, die Diskussion auf die Ebene der ›reinen Kunst‹ abzuschieben, so gab es nach *Rasputin* diese Möglichkeit nicht mehr. [...] Das Theater war zur politischen Tribüne geworden, man mußte sich politisch mit ihm auseinandersetzen.« Was die Kritiker auch taten. In der Aufführung, die u. a. von Herbert Ihering und Alfred Kerr positiv besprochen wurde, spielten Paul Wegener (1874–1948, Rasputin), Erwin Kalser (1889–1958, Zar) und Tilla Durieux (1880–1971, Zarin) die Hauptrollen.

Das Stück basiert auf dem *Rasputin*-Drama von Aleksej Nikolajewitsch Tolstoj (1883–1945) und Pawel Jelisejewitsch Schtschegolew (1877–1931), allerdings hatten die Bearbeiter Erwin Piscator, Felix Gasbarra, Leo Lania und Bertolt Brecht den acht ursprünglichen Szenen 19 hinzugefügt. Ex-Kaiser Wilhelm II. erwirkte gegen die Dreikaiserszene eine einstweilige Verfügung, die am 15. Dezember 1927 bestätigt wurde und heftige Diskussionen auslöste.

93 *Rasputin:* Grigorij Jefimowitsch Rasputin, eigentlich Nowych (1864 oder 1865–1916), russischer Bauer, Wunderheiler, zwielichtiger Berater des Zarenhauses; von Angehörigen des Hofes ermordet.
Zar: Zar Nikolaus II. (1868–1918).
Zarin: Alice Viktoria Helene Beatrice von Hessen-Darmstadt, in Rußland: Aleksandra Fjodorowna (1872–1918).
Kaiser Franz Joseph: Kaiser von Österreich und König von Ungarn (1830–1916).
Wilhelm II.: Deutscher Kaiser und König von Preußen (1859 bis 1941).
Lenin: Wladimir Iljitsch Uljanow, Deckname: Lenin (1870 bis 1924), russischer Revolutionär und Politiker.
Trotzki: Leo Dawidowitsch Bronstein, Deckname: Trotzkij (1879–1940), russischer Revolutionär und Politiker.
Kerenski: Aleksandr Fjodorowitsch Kerenskij (1881–1970), letzter russischer Ministerpräsident, in der Oktoberrevolution durch die Bolschewiki gestürzt; er emigrierte 1918.
Liebknecht: Karl Liebknecht (1871–1919), deutscher revolutionärer Politiker, von Freikorpssoldaten ermordet.
Leo Lania: Eigentlich: Lazar Herman (1896–1961), deutscher Journalist und Dramatiker.

Das Theater der Zukunft
Erstdruck: *Neue Leipziger Zeitung*, 20. 11. 1927 (mit fünf Entwurfszeichnungen).

Der Artikel von Erich Kästner scheint tatsächlich der erste zu sein, der über die Gropius-Pläne für das Piscator-Theater berichtete. Im allgemeinen gilt die Veröffentlichung der Entwürfe in der *Berliner Illustrirten Zeitung* vom 25. Dezember 1927 als erste Publikation. Auch daß der Artikel fünf Entwurfszeichnungen enthält, weist auf den glänzenden Kontakt hin, den Kästner während dieser Zeit zu Piscator und dessen Haus gehabt haben muß. Die Pläne für das »Totaltheater«, die allerdings erst nach der Berliner Veröffentlichung für erheblichen Wirbel sorgten und von vielen Kritikern aus verschiedenen Gründen abgelehnt wurden, konnten aus finanziellen Gründen nicht realisiert werden.

98 *Globe- oder Blackfryars-Theatre:* Das 1599 erbaute Globe-Theatre am Südufer der Themse war das wichtigste öffentliche Theater in London, wo u. a. viele Stücke Shakespeares uraufgeführt wurden. Es brannte 1613 nieder, wurde wiederaufge-

baut und 1644 endgültig abgerissen. Auch das Black Friars Theater, ebenfalls in London, brachte Shakespeare-Stücke, allerdings erst nach dem Brand des Globe.

98 *Gropius:* Walter Gropius (1883–1969), deutscher Architekt, Direktor des 1919 gegründeten Bauhauses (bis 1928). Er schrieb über seinen Entwurf (in *Das politische Theater,* a. a. O., S. 127): »das ziel dieses theaters besteht [...] nicht in der materiellen anhäufung raffinierter technischer einrichtungen und tricks, sondern sie alle sind lediglich mittel und zweck, zu erreichen, daß der zuschauer mitten in das scenische geschehen hineingerissen wird, seinem schauplatz räumlich zugehört und ihm nicht hinter den vorhang entrinnen kann.«

101 *Bramante:* Eigentlich: Donato d'Angelo, italienischer Baumeister und Maler, von dem u. a. die ersten, kühnen Entwürfe für den Neubau der Peterskirche in Rom stammen.

Bibiena: Gemeint ist wohl Giuseppe Bibiena (1696–1756), italienischer Baumeister und Theaterarchitekt, der u. a. die transportable Bühnenszenerie erfand.

Lyriker ohne Gefühl

Erstdruck: *Neue Leipziger Zeitung,* 4. 12. 1927.

102 *Walter Mehring:* Deutscher Schriftsteller, der mit seinen Lyrikbänden, u. a. dem *Ketzerbrevier* (1921), zu den bekanntesten Autoren seiner Zeit gehörte.

Lion Feuchtwanger: Deutscher Schriftsteller (1884–1958), dessen erster Lyrikband allerdings erst 1928 unter dem Pseudonym J. L. Wetcheek erschien. Möglicherweise kannte Kästner das Buch schon.

Siegfried von Vegesack: Deutsch-baltischer Autor (1888–1974), der 1925 den Versband *Die kleine Welt vom Turme gesehn* veröffentlicht hatte, lebte auf Burg Weißenstein bei Regen.

103 *Strawinski:* Igor Fjodorowitsch Strawinsky (1882–1971), russischer Komponist, Begründer des musikalischen Neoklassizismus.

George Grosz: Deutscher Maler und Graphiker (1893–1959), der mit seinen Karikaturen und Bildern die Gesellschaft der zwanziger Jahre analysierte.

Dix: Otto Dix (1891–1969), deutscher Maler, wie Grosz einer der wichtigsten Vertreter der später doch so genannten *Neuen Sachlichkeit* in der Weimarer Republik.

Der alte Fritz und sein Domela
Erstdruck: *Neue Leipziger Zeitung*, 12. 1. 1928.
104 *Der alte Fritz, 1.Teil:* Der Film, bei dem Gerhard Lamprecht (1897–1974) Regie führte, hatte am 3. Januar 1928 im Berliner Ufa-Palast Premiere. Otto Gebühr (1877–1954) spielte den alternden König am Ende des Siebenjährigen Krieges. Den von Kästner in seiner Kritik erwähnten Ex-Korporal und Schulmeister verkörperte Albert Ihle. Die Kritik war durchaus gespalten. Zum einen wurde positiv hervorgehoben, daß der Film keine Verherrlichung der Monarchie und des Militarismus sei, andererseits galt er gerade deshalb z. B. der *Roten Fahne* (5. 1. 1928) als Beleg für die Raffinesse von »Hugenbergs Filmideologen« und »für bürgerliche Verkitschung der Geschichte«.
Marquis D'Argens: Jean-Baptiste de Boyer, Marquis D'Argens (1704–1771), französischer Schriftsteller und intimer Freund Friedrichs des Großen (1712–1786).
105 *Sanssouci:* Sommerschloß Friedrichs des Großen im Park von Potsdam (erbaut 1745–47).
Domela: Der 23jährige Harry Domela erschwindelte sich im Dezember 1926 als falscher Kronprinzensohn Wilhelm Geld und Anerkennung. Er wurde am 6. Januar 1927 in Euskirchen verhaftet.
106 *Gehirn messen:* Anspielung auf die Untersuchungen des deutschen Hirnforschers und Professors am Kaiser-Wilhelm-Institut für Hirnforschung, Oskar Vogt, der im Herbst 1925 in Moskau das Hirn des verstorbenen Lenin nach Spuren des Genialen untersuchen sollte und es dafür sezierte, mikroskopierte und vermaß.

Piscator verbannt Trotzki
Erstdruck: *Neue Leipziger Zeitung*, 19. 1. 1928 (möglicherweise in einer Teilauflage schon am 18. 1. 1928).
106 *Trotzki:* Leo D. Trotzkij, der Gegenspieler Stalins in der kommunistischen Partei der Sowjetunion, war am 14. November 1927 aus der Partei ausgeschlossen worden und wurde am 17. Januar 1928 nach Alma Ata verbannt. 1929 aus der UdSSR ausgewiesen, organisierte er später von Mexiko aus den Kampf gegen Stalin und wurde dort von einem Agenten des sowjetischen Geheimdienstes ermordet.
107 *Oscar Sima:* Österreichischer Film- und Bühnenschauspieler (1900–1969), u. a. bei Max Reinhardt.

Hauptgewiñ 5 Pfund Prima Weitzenmehl!
Erstdruck: *Neue Leipziger Zeitung*, 5. 2. 1928.
(Kästner verarbeitete diesen Artikel später in seinem Roman *Fabian* in der Episode über Onkel Pelles Nordpark im sechzehnten Kapitel.)

108 *Die Bühne der Welt ist eine unmoralische Anstalt:* Anspielung auf Friedrich Schillers 1785 in der *Thalia* veröffentlichten Aufsatz *Was kann eine gute stehende Schaubühne eigentlich wirken?*, der 1801 unter dem neuen Titel *Die Schaubühne als eine moralische Anstalt betrachtet* wieder erschien.

111 *Nemesis:* Griechische Göttin, Mutter der Helena, die für Vergeltung, Strafe, Mißbilligung steht.
Alt-Heidelberg: 1927 gedrehte Filmkomödie von Ernst Lubitsch, die im Original den Titel *The student prince* trägt (vgl. zu dem Theaterstück Anmerkung zu *VI, 149*).

Deskription und Deutung
Erstdruck: *Das blaue Heft* 10, 1928, S. 175–178.

113 *Jaspers:* Karl Jaspers (1883–1969), deutscher Philosoph, seit 1920 Professor in Heidelberg, Vertreter der Existenzphilosophie, 1919 erschien seine *Psychologie der Weltanschauungen* (Berlin), 1923 *Die Idee der Universität* (ebenfalls Berlin).

114 *Nadler:* Josef Nadler (1884–1963), österreichischer Literarhistoriker, seit 1925 Professor in Königsberg, mit seiner (später im Sinne des Blut-und-Boden-Denkens umgearbeiteten) *Literaturgeschichte der deutschen Stämme und Landschaften* (4 Bde. Regensburg 1912–1928) war er einer der einflußreichsten Germanisten der Weimarer Zeit.

116 *Geschichte als Sinngebung des Sinnlosen:* Titel eines 1916 erschienenen Buches von Theodor Lessing.

117 *Dilthey:* Wilhelm Dilthey (1833–1911), deutscher Philosoph, der gegen den »erklärenden« Positivismus die »verstehenden« »Geisteswissenschaften« setzte.

Vierdimensionaler Expressionismus
Erstdruck: *Neue Leipziger Zeitung*, 6. 3. 1928.

118 *Gesellschaft Neuer Film:* Zusammenschluß von Filmschaffenden und Filminteressierten; ihr Ziel bestand darin, das Experiment zu fördern.

119 *Fernand Léger:* Französischer Maler (1881–1955), Meister der geometrischen Abstraktion, der 1924 seinen bahnbre-

chenden Film *Ballet méchanique* drehte, auf den sich Kästner bezieht.

119 *Flechtheim:* Alfred Flechtheim (1878–1937), bedeutender Sammler, Kunsthändler und Verleger *(Der Querschnitt)*.
Viking Eggeling: Experimenteller Filmemacher (1880–1925), dessen erstmals am 3. Mai 1925 öffentlich vorgeführte und aus linearen Elementen bestehende *Diagonal-Symphonie* als erster formal abstrakter Film der Geschichte gilt.
Hans Richter: Experimenteller Filmregisseur (1888–1976), der vor allem in den zwanziger Jahren mit seinen surrealistischen, dem Dadaismus nahestehenden Filmen Aufsehen erregte.
Man Ray: Berühmter Fotograf des Surrealismus (1890 bis 1976), der in den zwanziger Jahren auch als experimenteller Filmemacher hervortrat.
Comte Etienne de Beaumont: Etienne Bonnin de la Bonnimère, Comte de Beaumont (1883–1956), französischer Mäzen und Filmtheoretiker.

120 *Alberto Calvacanti:* Alberto de Almeida-Cavalcanti (1897 bis 1982), brasilianischer Filmregisseur, lebte seit 1918 in Paris; Pionier des französischen Avantgardefilms und des dokumentarischen Realismus, später Mitbegründer des brasilianischen Filminstituts.

Die Revolution von oben
Erstdruck: *Neue Leipziger Zeitung*, 11. 3. 1928.
Die Begegnung mit dem Buch von H. G. Wells war für Kästner offensichtlich ein Schlüsselerlebnis. In seinem Roman *Fabian* finden sich in den Äußerungen des Protagonisten und vor allem seines Freundes Labude mehrfach Bezüge auf die Ideen von Wells, der der antimarxistischen und gemäßigt sozialistischen »Fabian Society«, einer Vereinigung britischer Intellektueller, angehörte.

Wenn zwei Filmregisseure dasselbe tun ...
Erstdruck: *Neue Leipziger Zeitung*, 11. 4. 1928.
Zu den Hauptwerken des russischen Regisseurs Wsewolod Illarionowitsch Pudowkin (1893–1953) zählen *Die Mutter* (1926) und *Die letzten Tage von St. Petersburg* (1927). *Die letzten Tage von St. Petersburg* war eine Auftragsarbeit zur Zehnjahrfeier der Oktoberrevolution. Kästner hatte den Film am 14. März 1928 in einer Sammelrezension für die *Neue Leipziger Zeitung* kurz vorgestellt und hymnisch geurteilt: »Vollendet ist wieder, neben der Photographie

und der Rhythmisierung der Massenszenen, die schauspielerische Leistung der Darsteller, die ja in außerrussischen Filmen noch nie erreicht wurde. Und wieder spielen Menschen, die noch nie filmten. Buchhalter, Fabrikarbeiter, Soldaten ›oder irgendwelche Menschen‹ sind es, – diese Kunst, kunstlos zu sein, ohne Naturalismen minderen Grads zu erzeugen, ist immer wieder die unnachahmliche Eigenheit der Russenfilme. Sie ist ihr öffentliches Geheimnis.« *Die letzten Tage von St. Petersburg* war der erste Film, der durch die Vermittlung des wenige Wochen zuvor gegründeten »Volksverbandes für Filmkunst« in die Kinos kam. Unter Vorsitz von Heinrich Mann wollte der Verband die Verbreitung niveauvoller und politisch fortschrittlicher Filme fördern: »Daß einer Volksmehrheit, deren geistiges Leben in allem übrigen höher liegt, vom Film nicht eine kindische Senkung ihrer geistigen Ansprüche zugemutet werde« (Heinrich Mann am 29. Februar 1928 bei der ersten Veranstaltung des Verbandes im Berliner *Capitol*). Zum Vorstand und Künstlerischen Ausschuß gehörten u. a. Erwin Piscator, Käthe Kollwitz, G. W. Pabst, Leonhard Frank und Leo Lania.

125 *Eisenstein:* Sergej Michajlowitsch Ejzenštejn (1898–1948), russischer Regisseur, zu dessen berühmtesten Filmen neben dem *Panzerkreuzer Potemkin* (1925) auch *Zehn Tage, die die Welt erschütterten* (1927) gehört.

126 *General Kornilow:* Lavr Georgievich Kornilov (1870–1918), russischer General, nach dem März 1917 Kommandeur des Militärbezirks Petrograd (Petersburg), als Gegner von Kerenskij inhaftiert, formierte er nach seiner Flucht die erste antibolschewistische Armee; er starb am 31. März 1918 noch während der Kämpfe.

127 *Qualen der Ehe:* Eine amerikanische Produktion (*A Woman on Trial*, 1927) in der Regie von Mauritz Stiller und mit Pola Negri (1897–1987) in der Hauptrolle.
Sonne, Süden, Leidenschaft: Amerikanische Produktion mit dem Stummfilmstar Norma Talmadge (1893/97–1957) in der Hauptrolle.
Charlott, etwas verrückt: 1927/28 von A. E. Licho gedrehte Komödie.
Lya de Putti: Aus Ungarn stammender Filmstar (1896–1931), der in Deutschland und den USA u. a. die leidenschaftliche ›femme fatale‹ spielte.

»Konjunktur« und Konjunktur
Erstdruck: *Neue Leipziger Zeitung*, 19. 4. 1928.

Am 10. April 1928 brachte Erwin Piscator an seinem (neuen) Lessing-Theater Leo Lanias *Konjunktur* mit der Musik von Kurt Weill als erste Premiere heraus. Die Resonanz bei der Kritik (etwa bei Alfred Kerr oder Herbert Ihering) war positiv, aber nicht beim Publikum. Nach vier Wochen mußte das Stück abgesetzt werden. Piscator, der die Probleme mit dem Stück nicht leugnete, schrieb 1929 in seinem Rechenschaftsbericht *Das politische Theater* (a. a. O, S.209): »Überhaupt scheint mir, daß mit der Inszenierung von ›Konjunktur‹, der man doch gewiß nicht eine Überlastung mit dem Apparat und eine Beschwerung mit technischen Mitteln vorwerfen kann, in der Richtung auf eine Vereinfachung der Bühnenmittel, auf die Auflockerung der Form die geschlossenste Leistung der Spielzeit erreicht wurde.«

129 *Trebitsch-Lincoln:* Ignaz Trebitsch Lincoln (1879–1943) Hochstapler, britischer Unterhaus-Abgeordneter, Gründer einer Ölgesellschaft, Spion, Teilnehmer am Kapp-Putsch, militanter Antikommunist, Berater chinesischer Warlords, Abt eines buddhistischen Klosters.

130 *Hans Sturm:* Lustspielautor (1874–1933), dessen Schwänke wie *Frau Käte läßt sich verführen* zu den meistgespielten Boulevardstücken in Berlin zählten.
Wenn eine Frau will ...: Nicht ermittelt.
Coeur Bube: Komödie des französischen Lustspielautors Jacques Natanson.
Sascha Guitrys »Schwarz-Weiß«: Das Stück des französischen Schriftstellers, Schauspielers und Regisseurs (1885–1957), das im Original *Le blanc et le noir* heißt, erschien 1928 in französischer und 1929 in deutscher Sprache.

131 *Ralph Arthur Roberts:* Eigentlich: Robert Arthur Schönherr (1884–1940), deutscher Komödiant und Lustspielautor.

»Indirekte« Lyrik
Erstdruck: *Das deutsche Buch* 8, 1928, S. 143–145.

132 *Frank Wedekind:* Deutscher Schriftsteller (1864–1918), vor allem wegen seiner Stücke *Frühlings Erwachen* (1906) und *Die Büchse der Pandora* (1902, 1906 gerichtlich verboten) von konservativen Kritikern verfolgt.

133 *Siegfried von Vegesack:* Vgl. Anmerkung zu *VI, 102*.

134 *Jakob Haringer:* Deutscher Lyriker und Prosaist (1898–1948),

der vor allem von Hermann Hesse und Alfred Döblin gefördert wurde.
134 *J. R. Becher:* Johannes R. Becher (1891–1958), deutscher Schriftsteller, seit 1919 Mitglied der KPD, später, von 1954 bis 1958, Kulturminister der DDR.

»Krankheit der Jugend«

Erstdruck: *Neue Leipziger Zeitung*, 3. 5. 1928.

Ferdinand Bruckners (1891–1958) Drama *Krankheit der Jugend*, das am 17. Oktober 1926 in den Hamburger Kammerspielen uraufgeführt worden war, brachte Gustav Hartung (1887–1946) am 26. April 1928 am Berliner Renaissance-Theater heraus, das Bruckner unter seinem richtigen Namen Theodor Tagger gegründet hatte. Das Pseudonym Bruckner war zu diesem Zeitpunkt noch nicht gelüftet. Von den drei Hauptdarstellern (Elisabeth Lennartz, Hans Adalbert Schlettow und Hilde Körber) fiel besonders Hilde Körber (1906–1969) der Kritik auf. Der damals knapp Zweiundzwanzigjährigen gelang mit der Rolle des Dienstmädels der Durchbruch.

Arnolt Bronnens (1895–1959) *Katalaunische Schlacht* (uraufgeführt am 28. November 1924 in Frankfurt) inszenierte Heinz Hilpert am 25. April 1928 am Berliner Staatstheater, nachdem der unterdessen ins nationale Lager gewechselte Bronnen spektakulär die Regie niedergelegt hatte. Dieser kleine Skandal und der politische Gesinnungswandel des Autors dürften der Aufführung die von Kästner beklagte Aufmerksamkeit gesichert haben. Bronnen empfand die Premiere, wie er in seiner Autobiographie schrieb, als »Niederlage«, die dem »Dramatiker« Bronnen »die Toten-Glocke« läutete.

Das Rendezvous der Künstler

Erstdruck: *Neue Leipziger Zeitung*, 6. 5. 1928.

(Der Artikel ist mit drei Zeichnungen des »Berliner Porträtisten« Fred Dolbin [1883–1971] illustriert, die Bert Brecht, Fred Hildenbrandt und Ernst Deutsch zeigen.)

138 *Romanisches Café:* 1916 von dem Kaufmann Karl Fiering gegründetes Kaffeehaus gegenüber der Gedächtniskirche; seit 1918 bevorzugter Künstlertreffpunkt in Berlin.

Schwanneke: Das 1921 gegründete Weinlokal in der Rankestraße, das der Wirt und Schauspieler Victor Schwannecke (1880–1931) leitete, wurde für Kästner ein beliebter Aufent-

haltsort, wo er auch schrieb. Schwannecke, der immer noch kleine Rollen spielte, stammte aus einer alten Münchner Schauspielerfamilie. Er hatte 1918 für kurze Zeit das Hoftheater als Intendant geleitet und war 1920 nach Berlin an das Deutsche Theater gegangen.
138 *Tauber:* Richard Tauber (1891–1948), österreichischer Tenor.
140 *Nebbich:* Das Unbedeutende.
141 *Alfred Polgar:* Einflußreicher Kritiker und Schriftsteller (1873 bis 1955).
Ernst Deutsch: Deutscher Schauspieler (1890–1969), der in Berlin vor allem bei Max Reinhardt engagiert war.
Paul Morgan: Deutscher Schauspieler und Conférencier (1886 bis 1938) im Berliner *Kabarett der Komiker.*
Paul Grätz: Deutscher Schauspieler und Kabarettist (1890 bis 1937), u. a. im *Kabarett der Komiker.*
Albert Steinrück: Deutscher Theater- und Filmschauspieler (1872–1929).
Rosa Valetti: Deutsche Schauspielerin und Kabarettistin (1878 bis 1937).
Hermann Vallentin: Deutscher Schauspieler und Kabarettist (1872–1945), u.a. an der Berliner *Rampe*, sang den damaligen Gassenhauer *Es tut sich was in dieser Stadt ...*
Conrad Veidt: Deutscher Schauspieler (1893–1943), Schüler Max Reinhardts, internationaler Stummfilmstar.
Leonhard Frank: Deutscher Schriftsteller (1882–1961), der seit 1910 in Berlin lebte.
Franz Blei: Deutscher Schriftsteller und Übersetzer (1871 bis 1942), lebte abwechselnd in Berlin und München.
Emil Orlik: Deutscher Maler und Graphiker (1870–1932), seit 1905 in Berlin, arbeitete u. a. für die Reinhardt-Bühnen.
142 *Rudolf Großmann:* Deutscher Porträtist und Karikaturist (1882–1941).

Das Kabarett der »Unmöglichen«
Erstdruck: *Neue Leipziger Zeitung*, 30. 6. 1928.

(Der Artikel ist mit einer Illustration, »Der Conferencier«, versehen; er diente Kästner als Vorlage für seine Schilderung des »Kabaretts der Anonymen« im fünften und sechsten Kapitel des *Fabian*.)

Dem Artikel ist folgende Vorbemerkung vorausgeschickt: »Aus Berlin wird gemeldet: Seit einigen Wochen hatte sich im ›Toppkeller‹ in Berlin eine aus lauter jugendlichen Bohémiens zusammengesetzte Kabarett-Truppe niedergelassen, machte viel von sich reden, erregte teils Ärgernis, teils beifälliges Gelächter und nannte sich ›Die Unmöglichen‹. Nunmehr erschien im ›Toppkeller‹ die Baupolizei, erklärte die Vorstellung für geschlossen und räumte das Lokal. Darauf charterte das Ensemble eine offene Pferdedroschke und führte in dieser unter dem Applaus des begeisterten Publikums die Vorstellung so lange fort, bis sich eine andere Abteilung der Polizei wiederum liebevoll der Truppe annahm und sie in ihrem neuartig-altmodischen Thespiskarren geschlossen auf die Wache brachte. Die Verhaftung gestaltete sich begreiflicherweise zu einer Sensation – und was war der Effekt? Eine Ordnungsstrafe von 7,50 Mark. Unser Berliner Mitarbeiter hatte Gelegenheit, einer der letzten Vorstellungen beizuwohnen«.

142 *Schnitzler in seinem »Grünen Kakadu«:* Arthur Schnitzlers (1862–1931) Einakter *Der Grüne Kakadu* war am 1. März 1899 am Wiener Burgtheater uraufgeführt worden. Er spielt in einer Spelunke, die in der Regieanweisung so beschrieben wird: »Ein nicht großer Kellerraum, zu welchem rechts – ziemlich weit hinten – sieben Stufen führen, die nach oben durch eine Tür abgeschlossen sind. Eine zweite Tür, welche kaum sichtbar ist, befindet sich im Hintergrund links. Eine Anzahl von einfachen hölzernen Tischen, um diese Sessel, füllen beinahe den ganzen Raum aus. Links in der Mitte der Schanktisch; hinter demselben eine Anzahl Fässer mit Pipen. Das Zimmer ist durch Öllämpchen beleuchtet, die von der Decke herabhängen.«
Topp: Eigentlich: oberstes Ende eines Mastes, aber auch scherzhaft für den obersten Rang im Theater.

144 *Van de Veldes Ehepraktiken:* Anspielung auf das 1926 erstmals erschienene Buch *Die vollkommene Ehe* des niederländischen Frauenarztes und Sexualforschers Theodor Hendrik van de Velde (1873–1937).
Alfred Kerr: Einflußreichster Kritiker Berlins (1867–1948), schrieb u. a. für das *Berliner Tageblatt*.
Frühlings Erwachen: 1906 uraufgeführtes Pubertätsdrama von Frank Wedekind.

Die Dreigroschenoper
Erstdruck: *Neue Leipziger Zeitung*, 14. 9. 1928.
  Der junge Schauspieler Ernst Josef Aufricht (1898–1971), der das Theater am Schiffbauerdamm für ein Jahr gemietet hatte, brach-

te am 31. August 1928 Bertolt Brechts *Dreigroschenoper* heraus, die zum größten Bühnenerfolg der Weimarer Republik wurde. Für das Stück, das auf John Gays (1685–1732) 1728 uraufgeführter *The Beggar's Opera* basiert, schrieb der Komponist Kurt Weill (1900 bis 1950) die Musik. Unter der Regie von Erich Engel (1891–1966), der bereits im Januar 1928 Brechts *Mann ist Mann* an der Volksbühne inszeniert hatte, gelang Erich Ponto (1884–1957), Lotte Lenya (1898–1981) und Harald Paulsen (1895–1954) der künstlerische Durchbruch. Kästner erwähnt die »Seeräuber-Jenny« Lenya nicht, dafür aber u. a. die heute kaum noch bekannte, damals aber sehr beliebte Roma Bahn (1896–1960) und Kurt Gerron (1897–1944).

Am 11. Februar 1928 – aus Anlaß der Premiere von *Mann ist Mann* an der Volksbühne – hatte sich Kästner im Rahmen einer Sammelrezension zum ersten Mal mit Bert Brecht als Theaterautor befaßt und war zu dem Ergebnis gekommen: »Und wenn dieses Stück – das eine unwahre These ausführlich zu beweisen sucht – zum Publikumserfolg wurde, so geht das weniger auf Rechnung der kostbar trockenen Sprache oder der balladesken Buntheit des Dramas, sondern es ist das Verdienst Erich Engels, des Regisseurs.« Nach der Uraufführung von *Happy End* fragte Kästner am 20. September 1929 in seiner Rezension des Stückes: »Er ist einer der Talentvollsten unter den jungen Dramatikern. […] Warum betreibt er, politisch linksradikal und voller Pläne, Kolonialromantik? Hält er die Gesinnungspointen seiner Songs für so kräftig, daß er sie mildern zu müssen glaubt, indem er die Dramenfiguren mit Kostümen polstert? […] Seit den ›Trommeln in der Nacht‹ haben sich Brechts Stücke nicht mehr in die deutsche Gegenwart getraut. Ist Deutschland so uninteressant?« Und er resümierte: »Man kann vor lauter Spaß nicht lachen. Die Dreigroschen-Oper war das Vorbild. Das neue Stück hinkt hinterher.«

146 *Whitechapel-Stoff:* Whitechapel ist ein Stadtteil im Osten Londons, in dem John Gay seine Komödie ansiedelte.

147 *Villon:* François Villon (1431–1463), französischer Dichter, von dem Brecht Verse übernahm.
Kipling: Rudyard Kipling (1865–1936), englischer Schriftsteller, für Brecht Stofflieferant.
Offenbachiade: Parodistisches Bühnenwerk nach Art der Singspiele von Jacques Offenbach (1819–1880).
Der unwirkliche Vollzug […]: Der (unvollständige) Satz heißt im Originaltext: »Der unwirkliche Vollzug der Handlung gestattet schärfste Polemik gegen Zeitsünden, gegen die Polizei

usw.; er glaubt außerdem eine Sonderpersiflage auf die typische Opernhandlung in ihrer unrealen Komposition und die Einlage von Chansons, die, statt arienhafter Sinnlosigkeiten satirische und revolutionäre, zynische und kritische Themen unheimlich einprägsam und sangbar vorbringen.«

Goethe als Tenor
Erstdruck: *Neue Leipziger Zeitung*, 11. 10. 1928.
Franz Léhars Operette war am 4. Oktober 1928 im Berliner Metropol-Theater uraufgeführt worden.
149 *Léhar:* Franz Léhar (1870–1948), österreichischer Operettenkomponist.
Friederike Brion: Die Sesenheimer Pfarrerstochter (1752 bis 1813) hatte Goethe im Frühherbst 1770 kennengelernt. In der Zeit bis zur Trennung im August 1771 verfaßte Goethe einige seiner schönsten Gedichte, u. a. das von Kästner zitierte *Willkommen und Abschied*. Goethe berichtet darüber im zweiten Teil seiner Autobiographie *Dichtung und Wahrheit*.
Ossian: Goethe liebte die sog. *Ossian*-Dichtung, angebliche Gesänge eines gälischen Barden aus dem 3. Jahrhundert, die James Macpherson 1760 in Edinburgh herausgebracht hatte. Im wesentlichen handelte es sich dabei aber, wie sich später herausstellte, um eine Fälschung.
Alt-Heidelberg: 1903 veröffentlichtes Schauspiel von Wilhelm Meyer-Förster (1862–1934), in dem sich der junge Erbprinz von Sachsen-Karlsburg als lustiger Student in Heidelberg in Käthi, die Nichte seines Wirtes, verliebt, aber sie aus Staatsräson nicht heiraten kann. Das Stück mit seinem tränenreichen Ende wurde auch noch in den zwanziger Jahren oft gespielt und von Ernst Lubitsch 1927 verfilmt.
150 *Dreimäderlhaus:* Singspiel über die unglückliche Liebe Franz Schuberts (1797–1828) zu Hannerl Tschöll; Musik nach Franz Schubert bearbeitet von Heinrich Berté, Text von Arthur Maria Willner und Heinz Reichert unter Verwendung des Romans *Schwammerl* von Rudolf Hans Bartsch; die Uraufführung war am 15. Januar 1916 im Wiener Raimundtheater.

U-Boot »S 4«
Erstdruck: *Neue Leipziger Zeitung*, 20. 10. 1928.
Über den historischen Hintergrund des Stückes heißt es im Programmheft zur Uraufführung am 16. Oktober 1928 in der Berliner

Volksbühne: »Am Sonnabend, dem 17. Dezember 1927, rammte in der Bucht von Provincetown im Staate Massachusetts U.S.A. das Küstenwachschiff ›Poulding‹ das wenige Meter vor seinem Bug auftauchende U-Boot ›S 4‹. Das Wachschiff erhielt ein Leck von mehreren Metern Durchmesser, lief sofort Hafen an und wurde auf Strand gesetzt. ›S 4‹ dagegen sank sofort. Öl floß aus, woran herbeieilende Schiffe den Unglücksort erkannten. Taucher gingen hinunter und verständigten sich mit Klopfzeichen mit den sechs noch im Torpedoraum lebenden Matrosen. [...] Fieberhaft wurde oben gearbeitet, aber der immer heftiger einsetzende Sturm erschwerte die Rettungsaktion, die schließlich, am Dienstag, ergebnislos eingestellt werden mußte. Am Mittwoch, dem 21., wurden die Klopfzeichen der Eingeschlossenen schwächer und schwächer und hörten am Abend gänzlich auf. Die Besatzung von ›S 4‹ war tot.«

Das Stück, das Leo Reuß (1891–1946) inszenierte und das dem jungen Victor de Kowa die Hauptrolle des U-Boot-Kommandanten brachte, wurde von der Berliner Kritik keineswegs so vehement abgelehnt, wie es Kästner glauben machen will. Erkannt wurden allerdings die Nähe zu Erwin Piscator und die politische Botschaft, die sich gegen den geplanten Bau eines deutschen Panzerkreuzers richtete.

150 *Günther Weisenborn:* Deutscher Schriftsteller (1902–1969), der als Dramaturg am Stadttheater Bonn arbeitete und nach dem Erfolg seines Erstlings *U-Boot S 4* nach Berlin übersiedelte.

151 *Der noch immer einflußreichste Berliner Theaterkritiker:* Anspielung auf Alfred Kerr, der am 17. Oktober 1928 im *Berliner Tageblatt* geschrieben hatte: »Wer war Weisenborn? Ein Anlaß. Jedoch niemand. Kümmert euch um Kerle, die auch ein jemand sind. [...] Schnitzler, jetzt vorübergehend in Berlin ist jemand. (Ihr sagt irrig: er war jemand.) Er ist es in allem, was er war. Was er ist. Ihr habt ihn zu spielen. Gebt bitte deutschen Gestalten eine Möglichkeit – und ein Risiko.«

Sensationen nach rückwärts
Erstdruck: *Prager Tagblatt*, 4. 11. 1928. (Mit vier Zeichnungen »Praktische Vorschläge für Sensationslustige«.)

153 *Eiserner Gustav:* Berlins berühmtester Droschkenkutscher, Gustav Hartmann, der von Berlin nach Paris und zurück (2. 4. bis 12. 9. 1928) fuhr, um gegen die Verdrängung der Pferdedroschke zu protestieren.

Kunstgespräche
Erstdruck: *Neue Leipziger Zeitung*, 21. 11. 1928.
157 *Internationale Automobilausstellung:* Die Internationale Automobil- und Motorradausstellung in Berlin, die vom 8. bis zum 18. November dauerte, präsentierte u. a neue Achtzylinder-Modelle von Mercedes-Benz und von Audi.
Rehfischs »Frauenarzt«: In seinem Stück *Der Frauenarzt* thematisierte Hans José Rehfisch (1891–1960), der bis 1933 zu den meistgespielten deutschen Theaterautoren zählte, die erbitterten Auseinandersetzungen um den Abtreibungsparagraphen. Die Hauptrolle spielte Rudolf Forster (1884–1968), der später auch in Deutschland und den USA in zahlreichen Filmrollen zu sehen war.
Londoner verlorener Sohn: Das fälschlich Shakespeare zugeschriebene Stück brachte Erich Engel am 6. November 1928 in der Bearbeitung von Ernst Kamnitzer am Berliner Schillertheater heraus.
Carl Hofer: Karl Hofer, deutscher Maler (1878–1955), der zum Umkreis der expressionistischen Künstlergemeinschaft »Die Brücke« zählte, obwohl er selbst sich nicht zum Expressionismus rechnete und seine Selbständigkeit als Maler wahrte. Zu seinem 50. Geburtstag zeigte die »Berliner Secession« die erste Gesamtausstellung seines Werks.
Das Dokument von Shanghai: Sowjetischer Spielfilm aus dem Jahr 1928 (*Shanghaisky Dokument*, Regie: Blyokh Yakov), der den Kampf der Kanton-Truppen unter Tschiang Kai-schek gegen Briten und Amerikaner schildert.
158 *Das Schwarzwaldmädel:* 1917 in Berlin uraufgeführte Operette von Leon Jessel, die bis heute von zahlreichen deutschen Bühnen immer wieder gespielt wird.
159 *Swift:* Jonathan Swift (1667–1745), anglo-irischer Schriftsteller, der vor allem durch *Gulliver's travel* (1726) berühmt wurde.
Sterne: Laurence Sterne (1713–1768), englischer Schriftsteller, Verfasser u. a. von *The life and opinions of Tristram Shandy* (1759–67).
Lichtenberg: Georg Christoph Lichtenberg (1742–1799), deutscher Naturwissenschaftler und Schriftsteller, bekannt vor allem durch seine aphoristischen *Sudelbücher*.
Sibylle Binder: Deutsche Schauspielerin (1898–1962), u. a. bei Max Reinhardt, verheiratet mit dem Regisseur Otto Falckenberg.

159 *Trude Hesterberg:* Deutsche Schauspielerin und Kabarettistin (1892–1967), für die Kästner später Chansons schrieb.
W. R. Heymann: Werner Richard Heymann (1896–1961), deutscher Unterhaltungskomponist, vertonte später Kästner-Gedichte.

Dramatische Reportage
Erstdruck: *Neue Leipziger Zeitung,* 16. 12. 1928.

Nach seinem dokumentarischen Bericht *Jungen in Not* (1928) schrieb Peter Martin Lampel (1894–1965) sein Theaterstück *Revolte im Erziehungshaus,* das am 2. Dezember 1928 im Berliner Thalia-Theater uraufgeführt wurde. Am 8. Dezember übernahm Viktor Barnowsky (1875–1952) das von der Kritik und von Schriftstellern wie Ernst Toller und Carl Zuckmayer euphorisch gefeierte Stück an sein Theater in der Königgrätzer Straße. Regie führte der vom Deutschen Theater kommende Schauspieler Hans Deppe (1897–1969). Die *Gruppe junger Schauspieler* unter Leitung von Fritz Genschow hatte sich nach dem Ende des Piscator-Theaters am Nollendorfplatz (am 15. 6. 1928) gegründet. An der Aufführung des Lampel-Stückes wirkten mit: Reinhold Bernt, Werner Pledath, Ludwig Roth, Renée Stobrawa, Werner Kepich, Gerhard Bienert, Walter Gynt, Otto Matthies, Peter Wolff, Adolf Fischer, Ernst Hoffmann, Erich Koberling, Alfred Schäfer, Hans Anklam. Das auf eigenen Erfahrungen basierende Drama um die Situation von Fürsorgehäftlingen löste eine lange und kontroverse Diskussion aus, die schließlich zu einer Verbesserung der Situation in den Heimen führte.

160 *Toboggan:* Bühnenerstling des deutschen Schriftstellers Gerhard Menzel (1894–1966), der am 14. Februar 1928 in Dresden uraufgeführt worden war. Das monologische Stück schildert das langsame Sterben des Hauptmanns Toboggan und verstand sich als Anklage gegen den Krieg. Es erlebte am 16. Dezember 1928 seine Berliner Premiere im Theater in der Königgrätzer Straße, wo es zuvor aus dem Spielplan genommen worden war. Für das Stück hatte Menzel 1927 den halben »Kleist-Preis« erhalten.

Zuckmayers »Katharina Knie«
Erstdruck: *Neue Leipziger Zeitung,* 25./26. 12. 1928.

Carl Zuckmayers am 21. Dezember 1928 im Berliner Lessing-Theater von Karl Heinz Martin (1888–1948) uraufgeführtes Stück war zwar ein Publikumserfolg, aber die Kritik äußerte sich, wie Kästner richtig bemerkte, eher ablehnend. Alfred Kerr etwa schrieb am 22. Dezember 1928 im *Berliner Tageblatt*: »Kurz: ein hübsches, etwas gemütvolles Genrebild aus der Heimat. Das auch vor fünfzig Jahren spielen könnte.« Andere, wie Walter Benjamin, Herbert Ihering, Bernhard Diebold, Kurt Pinthus oder Monty Jacobs, waren noch enttäuschter. Auf fast ungeteiltes Lob stießen allerdings die schauspielerischen Leistungen von Albert Bassermann (1867 bis 1952) und Elisabeth Lennartz.

163 *Jonsons »Dreigroschenoper«:* Kästner verwechselt hier offenbar Ben Jonson (1572–1637) mit John Gay (1685–1732).

Berufsberatung im Theater

Erstdruck: *Neue Leipziger Zeitung*, 8. 1. 1929. (Eine leicht gekürzte Version war bereits am 7. Januar 1929 im *Montag Morgen* erschienen.)

Nachdem sein Bühnenerstling *Revolte auf Cote 3018* (1927 in Hamburg uraufgeführt) bei der Kritik durchgefallen war, arbeitete Ödön von Horváth (1901–1938) das Stück um. Unter dem Titel *Bergbahn* hatte es am 4. Januar 1929 im Berliner Theater am Bülowplatz Premiere. Horváth verarbeitete darin einen dramatischen Unfall, der sich beim Bau der im Juli 1926 eingeweihten Zugspitzbahn ereignet hatte.

Der Ullstein Verlag war übrigens zu einem ganz anderen Urteil als Kästner gekommen. Am 11. Januar 1929 schloß er mit Horváth einen Vertrag, der dem noch weitgehend unbekannten Autor die Existenz als freier Schriftsteller ermöglichte.

Das Publikum fällt durch

Erstdruck: *Neue Leipziger Zeitung*, 16. 1. 1929.

Mit dem 1926 in Paris uraufgeführten Stück *Orpheé* (dt.: *Orpheus*) des in Deutschland bis dahin noch nicht gespielten französischen Schriftstellers Jean Cocteau (1889–1963) eröffnete Ernst Josef Aufricht am 5. Januar 1929 sein von Heinrich Fischer geleitetes »Studio« im Theater am Schiffbauerdamm. Gustaf Gründgens (1899 bis 1963), damals als Regisseur noch weitgehend unbekannt, leitete die Aufführung, nachdem Erich Engel abgesagt hatte. Über die Atmosphäre dieser Produktion schrieb Aufricht 1966 in seinen Erinnerungen *Erzähle, damit du dein Recht erweist* (S. 79f. und S. 81f.): »Da ich eine Aversion habe, am hellichten Tage, besonders am Vormittag, zu Theatervorstellungen zu gehen – Proben erfordern keine Illusion –, beschlossen wir, die Studioaufführungen Sonnabend um zwölf Uhr nachts nach der Abendvorstellung anfangen zu lassen. Diese Veranstaltungen wurden nicht nach regulärem Tarif bezahlt. Die Direktion des Theaters stellte das spielfertige Haus, Dekorationen, Kostüme und das technische Personal. Die Schauspieler partizipierten an den Einnahmen. Da meistens nur einmal gespielt wurde und Presse und geladene Gäste einen großen Teil der Plätze beanspruchten, waren sich alle Beteiligten im klaren, daß kaum Geld zur Verteilung kommen konnte. Trotzdem spielten und inszenierten die Besten, da die erste Garnitur der Presse und ein ausgewähltes, am Theater brennend interessiertes Publikum die literarischen Matineen besuchte, und man sich gerade vor diesen Kritikern beweisen wollte. [...] Die Aufführung war ein Erfolg. Ich wiederholte sie am nächsten Sonnabend nacht. Nach der Premiere diskutierten wir in einem Restaurant am Tisch von Karl Kraus, ob es zu der Aufgabe des Theaters gehöre, ein surrealistisches Stück zu spielen.«

Boxer unter sich
Erstdruck: *Das Leben* 6, Februar 1929, S. 24–28. (Mit drei Zeichnungen von Erich Ohser.)

167 *Don José:* Sergeant in Bizets Oper *Carmen*, Geliebter der Protagonistin.
Metropolitan: Metropolitan Opera (Met) in New York, 1883 eröffnet.

169 *Max Schmeling:* *1905, deutscher Boxer, 1926 deutscher Meister und 1927 Europameister im Halbschwergewicht, 1928 deutscher Meister im Schwergewicht (mußte aber seinen Titel im November 1928 kampflos abgeben) und 1930 Weltmeister im Schwergewicht.
Ludwig Haymann: Deutscher Boxer, 1928 deutscher Meister im Schwergewicht.
Bülow: Arthur Bülow, Chefredakteur der Zeitschrift *Boxsport*, Entdecker und Förderer von Max Schmeling.
Franz Diener: Deutscher Schwergewichtsboxer, verlor seinen Meistertitel am 4. April 1928 gegen Max Schmeling, unterhielt nach dem Zweiten Weltkrieg eine sehr erfolgreiche Künstlerkneipe in Berlin.
Sabri Mahir: Trainer von Franz Diener mit einer auch von kultureller Prominenz frequentierten Boxschule.

Wedekind und Tolstoi im Film

Erstdruck: *Neue Leipziger Zeitung*, 22. 2. 1929.

Der deutsche Filmregisseur Georg Wilhelm Pabst (1885–1967) drehte 1928/29 *Die Büchse der Pandora* nach Frank Wedekinds Bühnenstücken *Erdgeist* und *Büchse der Pandora*. Die Uraufführung war am 9. Februar 1929 im Berliner Gloria-Palast. Für die Hauptrolle suchte Pabst, wie der *Film-Kurier* am 30. Juni 1928 schrieb, »keine Salonschlange und wüst geschminkte Dämonin, sondern [eine] reizvolle, lebendige Frau. Er sucht, sucht, sucht.« Schließlich fand er die amerikanische Schauspielerin Louise Brooks (1906 bis 1985), für die die Rolle den internationalen Durchbruch bedeutete, obwohl sie von der zeitgenössischen Kritik heftig attackiert wurde. Bezeichnend ist, daß Brooks 1982 ihrer Autobiographie den Titel *Lulu in Hollywood* gab.

174 *Jack the Ripper:* Sagenumwobener Mörder, der 1888 in London fünf Prostituierte bestialisch umbrachte; die Identität des Täters ist bis heute nicht geklärt.
Der lebende Leichnam: Film nach Lew N. Tolstojs 1911 in Moskau uraufgeführtem Stück mit gleichem Titel unter der Regie von Fedor Ozep und mit Wsewolod Pudowkin in der Hauptrolle.
Ozep: Fedor Ozep (1895–1949), russischer Filmregisseur, der in Deutschland vor allem durch seine Dostojewskij-Adaption *Der Mörder Dimitri Karamasoff* (1931) bekannt wurde.
Pudowkin: Vgl. *VI, 70f.*

175 *Alexander Moissi:* Österreichischer Schauspieler (1879–1935) bei Max Reinhardt, der bei der deutschen Erstaufführung von Tolstojs Stück am 7. Februar 1913 im Deutschen Theater Berlin die Hauptrolle spielte.

Karl II und Anna II

Erstdruck: *Die Weltbühne* 25, Nr. 9 vom 26. 2. 1929, S. 350–352.

Die von Leonhard Frank selbst erstellte Bühnenfassung seiner Novelle *Karl und Anna* (1926), am 16. Januar 1929 in München uraufgeführt, erlebte ihre eigentliche Premiere am 15. Februar 1929 unter Leopold Jessner am Staatlichen Schauspielhaus Berlin.

175 *Oskar Homolka:* Österreichischer Theater- und Filmschauspieler (1901–1978), der in den 30er Jahren zu einem international gefragten Star aufstieg, seit 1937 lebte er in den USA.
Käte Dorsch: Käthe Dorsch, deutsche Theater- und Filmschauspielerin (1890 bis 1957), lebte seit 1919 in Berlin.

179 *Heimkehr:* Ein »frei nach der Novelle *Karl und Anna*« gedrehter Film mit Gustav Fröhlich, der am 29. August 1928 im Berliner Gloria-Palast uraufgeführt worden war. Die deutsche Kritik lehnte die Arbeit von Regisseur Joe May fast einhellig ab. Leonhard Frank hatte bereits nach der Lektüre des Drehbuchs bei der Ufa dagegen protestiert, »daß diese total mißlungene, mehr als mißlungene, unfreiwillige Verulkung meiner Novelle gedreht wird« (Brief vom 23. 2. 1928) – allerdings ohne Erfolg.

»Bourgeois bleibt Bourgeois« von Ehm Welk

Erstdruck: *Die Weltbühne* 25, Nr. 10 vom 5. 3. 1929, S. 389–390.

Ehm Welks (1884–1966) Stück *Kreuzabnahme*, das 1927 in Mannheim seine Uraufführung erlebt hatte, brachte die Berliner Volksbühne in der Regie von Paul Bildt am 22. Februar 1929 heraus. Herbert Ihering hatte der Volksbühne bereits nach der Premiere von *Gewitter über Gotland* empfohlen, besser dieses Stück aufzuführen, da es »in der weltpolitischen Kampfstellung klarer, technisch einfacher und leiser« (*Berliner Börsen-Courier*, 24. 3. 1927) sei. Ehm Welk war seit 1928 Chefredakteur der im Ullstein Verlag erscheinenden *Grünen Post*, für die Kästner hin und wieder arbeitete. Den Titel für seine Rezension hatte sich Kästner dem Stück *Bourgeois bleibt Bourgeois* von Ernst Toller, Walter Hasenclever und Hermann Kesten entliehen. Über dessen Premiere am Lessingtheater war von Kästner am 1. März 1929 gespottet worden: »Blamage bleibt Blamage«. In demselben Artikel schrieb Kästner auch kurz über Welks *Kreuzabnahme* und kritisierte die Unentschlossenheit des Autors, sich zu einer klaren Meinung zu bekennen.

179 *1927:* Anspielung auf die Entmachtung der innerparteilichen Opposition durch Stalin.

Nowikow: Das historische Vorbild konnte nicht eindeutig ermittelt werden.

Veidt und Jannings auf dem Holzwege

Erstdruck: *Neue Leipziger Zeitung*, 7. 3. 1929.

181 *Patrioten:* Der von Ernst Lubitsch gedrehte Film *The Patriot*, der auf Alfred Neumanns (1895–1952) Bühnenstück *Der Patriot* (1925) basiert und die Frage des »gerechten« Tyrannenmords behandelt, erhielt für das Drehbuch von Hans Kraly einen Oscar bei der zweiten Verleihung.

181 *Der Mann, der lacht:* Der deutsche Regisseur Paul Leni (1885 bis 1929) drehte seinen Film *The Man Who Laughs* nach Victor Hugos 1869 erschienenen Roman *L'homme qui rit*. Die Hauptrolle spielte der Reinhardt-Schüler und für seine dämonischen Stummfilmfiguren berühmte Conrad Veidt, der später in die USA emigrierte.
Pokal: Für seine Rollen in *The Last Command* und *The Way of All Flesh* erhielt Emil Jannings den ersten Oscar für einen Schauspieler (1927/28); übereicht wurde er allerdings erst am 16. Mai 1929 in Hollywood.
182 *Mary Philbin:* Amerikanischer Stummfilmstar (1903–1993).

»Giftgas über Berlin«
Erstdruck: *Neue Leipziger Zeitung*, 10. 3. 1929.

Peter Martin Lampels Stück *Giftgas über Berlin* wurde am 5. März 1929 in einer geschlossenen Vorstellung am Berliner Theater am Schiffbauerdamm durch die *Gruppe junger Schauspieler* (vgl. *VI, 160*) uraufgeführt und schon zwei Tage später verboten. Regie führte Bert Brecht, der von Kästner nicht erwähnt wird. Nach dem Verbot konstituierte sich ein »Verein der Freunde junger Schauspieler/Verein zur Förderung junger Theaterkunst«, dem u. a. Brecht, Piscator, Feuchtwanger, Albert Einstein und Heinrich Mann angehörten.
184 *von Seeckt:* Hans von Seeckt (1866–1936), Generaloberst, Chef der Heeresleitung (1920 bis 1926), von November 1923 bis zum Februar 1924 Inhaber der Exekutivgewalt zur Sicherung des Reiches gegen innere Gefahren.

Gefilmtes Elend
Erstdruck: *Neue Leipziger Zeitung*, 25. 3. 1929.
185 *Leo Lania:* Vgl. Anmerkung zu *VI, 93*.
Volksverband für Filmkunst: Vgl. Anmerkung zu *VI, 125–127*.
Hunger in Waldenburg: Den Film produzierte die 1927 gegründete »Weltfilm GmbH«, die von der Internationalen Arbeiterhilfe unterstützt wurde. Der »Filmbericht« erhielt keine Freigabe für Jugendliche. Leo Lania hatte die Gesamtleitung. Regie und Kameraführung lagen bei Piel Jutzi (1894–1945), der sich vor allem durch die deutsche Bearbeitung sowjetischer Filme einen Namen gemacht hatte.
186 *Melodie der Welt:* Der von Walther Ruttmann gedrehte und

am 12. März 1929 uraufgeführte Dokumentarfilm ist einer der ersten deutschen Tonfilme.

»Hätten wir das Kino!«
Erstdruck: *Die Neue Bücherschau* 7, 1929, S. 218.

1929 veranstaltete *Die Neue Bücherschau* eine Umfrage unter Intellektuellen, die in den Februar- bis April-Heften der Zeitschrift unter dem Titel »*Hätten wir das Kino!« Forderungen und Vorschläge der Jungen für den deutschen Film* veröffentlicht wurde. Neben Kästner schrieben u. a. Hermann Kesten, Joseph Breitbach, F. C. Weiskopf und Ernst Glaeser. Der Titel war der Schrift *Hätte ich das Kino!!* entlehnt, die Carlo Mierendorff 1920 für die Reihe *Tribüne der Kunst und Zeit* verfaßt hatte.
188 *H. G. Wells:* Vgl. *VI, 121–125* u. *747.*
Amelioration: Verbesserung (des Ackerbodens).

Das Berühren der Gegenstände ist streng untersagt!
Erstdruck: *Das Leben*, April 1929, S. 29–33. (Der Artikel ist mit vier Zeichnungen von E. Hamm illustriert.)
188 *Berliner Zeughaus:* Das zwischen 1695 und 1706 als Waffenarsenal nach Plänen von Johann Arnold Nering, Martin Grünberg und Andreas Schlüter errichtete Zeughaus wurde 1877 bis 1880 zum Waffenmuseum und zur brandenburgisch-preußischen Ruhmeshalle umgebaut – mit einer Herrscherhalle, zwei Feldherrnhallen, einem Hof für militärische Festlichkeiten und einer monumentalen Freitreppe. Bis zur Zerstörung im Jahre 1944 beherbergte das Zeughaus die größte Waffensammlung Europas.
190 *mit Schiller:* Zeile aus dem Reiterlied in *Wallensteins Lager* (I/11). Die ganze Strophe heißt: »Wohl auf Kameraden, aufs Pferd, aufs Pferd!/ Ins Feld, in die Freiheit gezogen. / Im Felde, da ist der Mann noch was wert, / Da wird das Herz noch gewogen. / Da tritt kein anderer für ihn ein, / Auf sich selber steht er da ganz allein.« Erstmals erschien das Reiterlied in Schillers *Musenalmanach für das Jahr 1798.*
Albrecht der Bär: Um 1100–1170, seit 1150 Markgraf von Brandenburg und Gründer des brandenburgischen Staates.
Richthofen: Manfred Freiherr von Richthofen (1892–1918), deutscher Jagdflieger im Ersten Weltkrieg.
Fokkerflugzeug: Von dem Niederländer Anthony Herman

Gerard Fokker in seiner Schweriner Fabrik gebautes einsitziges Jagdflugzeug.
190 *Hauptmann Boelke:* Oswald Boelke (1891–1916), deutscher Jagdflieger im Ersten Weltkrieg.
191 *Die Erstürmung von St. Privat:* Im Deutsch-Französischen Krieg wurde die französische Armee des Marschalls François Achille Bazaine von der 1. deutschen Armee (unter Generalfeldmarschall Karl Friedrich von Steinmetz) und der 2. deutschen Armee (unter Prinz Friedrich Karl) am 14. August bei Colombey-Nouilly, am 16. August bei Vionville-Mars-la-Tour, am 18. August bei Gravelotte-St. Privat und am 31. August/ 1. September 1870 geschlagen und schließlich in der Festung Metz eingeschlossen, wo sie am 27. Oktober 1870 kapitulierte.
Ernst Litfaß: Drucker in Berlin (1816–1874), der am 1. Juli 1855 die erste Litfaßsäule als »öffentlichen Zettelaushang« aufstellte.
Kein schönrer Tod: Zeilen aus Jakob Vogels 1626 veröffentlichter *Ungarischer Schlacht*, die durch die Vertonung von Friedrich Silcher populär wurden. Im Original heißt die Passage: »Kein seeligr Tod ist in der Welt / Als wer fuer'm Feind erschlagen«.
192 *Linksdrall:* Durch Züge im Rohr hervorgerufene Drehbewegung des Geschosses, die ein Überschlagen verhindern soll.
Rohrkühler: Vorrichtung, um durch schnelleres Abkühlen des Rohres die Schußzahl zu erhöhen.
Brisanzgeschoß: Geschosse mit hoher Detonationsgeschwindigkeit.
Wallbüchse: Vorderladergewehr, das wegen seiner Größe aufgelegt werden mußte.
Mitrailleuse: Französisches Salvengeschütz, das u. a. im Deutsch-Französischen Krieg eingesetzt wurde.
Anton von Werners Kaiserkrönung zu Versailles: Berühmtes Bild des preußischen Hofmalers Anton von Werner (1843 bis 1915), das in drei Varianten existierte und eigentlich den Titel *Kaiserproklamation in Versailles* trägt. Die 1882 für das Zeughaus entstandene und im Zweiten Weltkrieg verlorengegangene Version als Wandgemälde zeigt Bismarck entgegen der historischen Situation in weißer Kürassieruniform.
Krönung Friedrichs I.: Am 18. Januar 1701 krönte sich der brandenburgische Kurfürst Friedrich III. (1657–1713) in Königsberg selbst zum preußischen König.

192 *der Große Kurfürst:* Im Winter 1676/77 (nach der Schlacht bei Fehrbellin) eroberte Friedrich Wilhelm von Brandenburg (1620 bis 1688) die Inseln Usedom und Wollin sowie die pommersche Hauptstadt Stettin, die bis dahin von den Schweden besetzt gewesen waren.
Leuthen: Mit der Schlacht bei Leuthen am 5. Dezember 1757 brachte Friedrich der Große das bis dahin österreichische Schlesien in preußische Hand.
193 *Ziethen:* Hans Joachim von Ziethen (1699–1786), preußischer Reitergeneral, gehörte zu den Siegern von Leuthen.
Rote und Schwarze Adlerorden: Der Schwarze Adlerorden war von 1701 bis 1918 der höchste preußische Orden, verbunden mit dem erblichen Adelsstand; der 1705 gestiftete Rote Adlerorden nahm von 1792 bis 1918 den zweiten Rang in der Ordenshierarchie ein.
Eisernes Kreuz: 1813 von Friedrich Wilhelm III. von Preußen gestiftete Kriegsauszeichnung für alle Dienstgrade.
Pour le mérite: 1740 von Friedrich dem Großen gestifteter Kriegsorden für »Verdienste vor dem Feind«, ausschließlich für Offiziere bestimmt, seit 1842 auch für Wissenschaft und Künste (Friedensklasse).
Johanniskreuz: Ein Johanniskreuz ist in der preußischen Ordenshierarchie nicht bekannt, möglicherweise meint Kästner den 1852 gestifteten Johanniterorden.

Kleine Skandale um gute Stücke
Erstdruck: *Neue Leipziger Zeitung*, 10. 4. 1929.
  Marieluise Fleißers (1901–1974) am 25. März 1928 in Dresden uraufgeführtes Stück kam am 30. März 1929, bearbeitet u. a. von Bert Brecht und in der Regie des Brecht-Freundes Jakob Geis, am Berliner Theater am Schiffbauerdamm heraus. Trotz positiver Kritiken, etwa von Ihering, Kerr und Pinthus, mußte die Aufführung »entschärft« werden, um das Verbot zu verhindern.
  Robert Musils (1880–1942) Stück *Die Schwärmer*, für das der österreichische Autor 1923 den Kleist-Preis erhalten hatte (und nicht wie Kästner schreibt: »vor zehn Jahren«), wurde in einer stark gekürzten Fassung am 3. April 1929 im »Theater in der Stadt« uraufgeführt. Der Regisseur Jo Lherman (1892–1949?) hatte bereits 1923 Hans Henny Jahnns *Pastor Ephraim Magnus* in einer ebenfalls nur bruchstückhafter Fassung an seiner kurzlebigen Bühne »Das Theater« zur Uraufführung gebracht (Regie: Arnolt Bronnen). Da-

mals hatte Jahnn erfolglos versucht, die Aufführung verbieten zu lassen. Nun war es Musil, der massiv protestierte, aber ebenfalls ohne Erfolg. Allerdings erlebte auch das Musil-Stück, wie vorher schon die Jahnn-Bearbeitung, nur wenige Aufführungen.

194 *Preußisches Landrecht von 1792:* Das Allgemeine Landrecht für die preußischen Staaten, das 1794 (in Abänderung einer Fassung aus dem Jahr 1791) in Kraft trat, umfaßte 19000 Paragraphen und hat in Teilen bis heute Bedeutung.

«Schmutzsonderklasse»

Erstdruck: *Die Weltbühne* 25, Nr. 20 vom 14. 5. 1929, S. 745–747. (Typoskript mit kleinen handschriftlichen Korrekturen im Nachlaß; im Druck wurde aus »Der Reichsverkehrsminister« »Das Reichsverkehrsministerium«.)

197 *Deutscher Frauenkampfbund:* Der »Deutsche Frauenkampfbund gegen die Entartung«, so der vollständige Name, wurde 1923 als Unterorganisation des protestantisch-nationalkonservativen »Neuland-Bundes« gegründet. Er soll zeitweilig bis zu 200000 Mitglieder gehabt haben. Hauptanliegen des Verbandes war die »Erneuerung der Sittlichkeit«, gepaart mit nationalkonservativen Angriffen gegen den Weimarer Staat. Die Führungsspitze des Bundes sympathisierte bereits Ende der zwanziger Jahre mit der NSDAP und SA.

198 *Sievers:* Hans Sievers (1893–1965), von 1927 bis 1930 Justiz- und Kultusminister in Braunschweig, 1933 Flucht nach Dänemark und 1940 nach Schweden, 1948 Rückkehr nach Deutschland.

199 *Ehen werden im Himmel geschlossen:* Das Stück von Walter Hasenclever (1890–1940), in dem Gott in Knickerbockern und Magdalena im Abendkleid auftritt, sorgte nach seiner Uraufführung in den Berliner Kammerspielen am 12. Oktober 1928 für den Skandal der Saison. Der Preußische Landtag mußte sich ebenso damit beschäftigen wie die Wiener Staatsanwaltschaft. In Frankfurt machten die Evangelische Volksvereinigung und der Evangelische Verein mobil, aber das Stadtparlament lehnte trotz heftiger Proteste der politischen Rechten eine Absetzung des Stückes ab.

Bruckners »Verbrecher«: Das justizkritische Stück, das z. B. in München nur in geschlossenen Vorstellungen gezeigt werden durfte, war am 23. Oktober 1928 im Deutschen Theater Berlin uraufgeführt worden.

200 *Himmelfahrt der Galgentoni:* Theaterstück von Egon Erwin Kisch (1885–1948) über die berüchtigte Prager Prostituierte Tjonka Schibenice, die »Galgen-Toni«, die mit amtlichem Segen zum Tode Verurteilten einen letzten Liebesdienst erweisen durfte.
Harfenjule: Die *Neuen Zeit-, Streit und Leidgedichte* von Alfred Henschke (1890–1928), der sich Klabund nannte, erschienen 1927 im Berliner Verlag »Die Schmiede« und wurden zum größten Publikumserfolg des satirischen und gesellschaftskritischen Schriftstellers.
Magnus Hirschfeld: Gründer des Berliner Instituts für Sexualwissenschaft (1868–1935) und seit 1928 Präsident der Weltliga für Sexualreform, mußte 1933 ins Exil nach Frankreich gehen.
Landsberger: Arthur Landsberger (1876–1933), deutscher Schriftsteller und Kritiker, schrieb u. a. 1926 den Hochstaplerroman *Emil*, in dem er die Scheinheiligkeit des angeblich so anständigen Bürgers heftig attackierte. Er verübte nach der Machtübernahme durch die Nationalsozialisten Selbstmord.
Rideamus: Pseudonym des deutschen Kabarettautors und Librettisten Fritz Oliven (1874–1956), der u. a. Texte für die Berliner Haller-Revuen schrieb. Er emigrierte 1939 nach Südamerika.
Bibi: Das am 22. Oktober 1928 im Berliner »Theater im Palmenhaus« uraufgeführte Singspiel, das Heinrich Mann für Trude Hesterberg geschrieben hatte, schildert »eine entwurzelte Jugend ohne Glauben, ohne soziales Gewissen, ohne geistige Schulung, die für den Tag und die Stunde lebt« (Alfred Kantorowicz).
Rehfischs »Frauenarzt«: Vgl. Anmerkung zu *VI, 157*.
Meyrinck: Gustav Meyrinck (1868–1932), österreichischer Schriftsteller, dessen bekanntestes Werk der 1915 erschienene Roman *Der Golem* ist.
Iwan Goll: Deutsch-französischer Schriftsteller und Pazifist (1891–1950), Theoretiker des Surrealismus, mußte 1939 aus Frankreich fliehen.
Weinert: Erich Weinert (1890–1953), deutscher Lyriker, der sich 1924 der KPD angeschlossen hatte und 1933 emigrieren mußte.
Hiller: Kurt Hiller (1885–1972), deutscher Journalist, Warner vor Nationalismus und Militarismus, mußte 1934 nach Prag gehen.

Fort Douaumont, 12 Jahre später
Erstdruck: *Neue Leipziger Zeitung*, 2. 6. 1929.
201 *Fort Douaumont:* Ostfranzösischer Ort im Departement Meuse, etwa acht Kilometer von Verdun-sur-Meuse entfernt. Das Fort war wegen seiner herausragenden Lage in der Schlacht um Verdun (vom 21. Februar bis zum 15. Dezember 1916) besonders hart umkämpft und gelangte zeitweilig in deutsche Hände. Die Schlacht um Verdun mit rund 700000 Toten auf deutscher und französischer Seite wurde in Frankreich zum Symbol für den nationalen Widerstandsgeist. Anlaß für Kästners Reise nach Douaumont könnte auch das am 16. Februar 1929 in Dresden und Essen uraufgeführte Theaterstück *Douaumont oder die Heimkehr des Soldaten Odysseus* von Eberhard Wolfgang Möller gewesen sein, das die konservativ-nationale Kritik wegen seiner »heldischen« Ausrichtung begeistert hatte. Kästner lieferte seine nüchterne »Bestandsaufnahme« nach.
202 *Sappe:* Annäherungsgraben.
spanische Reiter: Gekreuzter Stacheldrahtverhau.
203 *Kirche der Heiligen Ursula:* Die dreischiffige romanische Emporenbasilika, erbaut auf einem Gräberfeld vor den Toren der Römerstadt, wurde im Zweiten Weltkrieg stark zerstört. In Reliquiennischen des gotischen Langchors wurden die Reliquien der »Elftausend Jungfrauen« aufbewahrt, die nach der Legende als Märtyrerinnen zusammen mit der Heiligen Ursula bei Köln von den Hunnen ermordet worden sein sollen.
Zuavenregimenter: Regimenter mit Angehörigen einer ehemals aus Berberstämmen rekrutierten französischen (Kolonial-)Truppe.
204 *Fred Hildenbrandt:* Journalist und Schriftsteller (1892–1963), Feuilletonchef des *Berliner Tageblatts*.

Chaplin in Kopenhagen
Erstdruck: *Neue Leipziger Zeitung*, 27. 8. 1929.
205 *Chaplin:* Charles (»Charlie«) Chaplin (1889–1977), englischer Filmschauspieler, -regisseur, -autor und -produzent.
Show-Boat: Der Film nach dem Musical von Jerome David Kern und Oscar Hammerstein, das wiederum auf dem gleichnamigen, 1926 erschienenen Roman von Edna Ferber (1887 bis 1968) beruht, wurde 1929 von Harry Pollard mit Laura La Plante (*1904) und Joseph Schildkraut (1895–1964) in den Hauptrollen gedreht.

205 *Tonfilmkrieg:* Streit um die Tonfilmpatente, die im Besitz von international operierenden Film- und Elektrofirmen waren, erst im Juli 1930 mit dem Pariser Abkommen beigelegt.
The Pilgrim: Stummfilm von Charles Chaplin (Regie, Drehbuch, Hauptdarsteller) aus dem Jahr 1922/23.

Gentlemen prefer peace

Erstdruck: *Die Weltbühne* 25, Nr. 37 vom 10. 9. 1929, S. 407–408.

Robert Cedric Sherriffs (1896–1975) am 9. Dezember 1928 in London uraufgeführtes Drama *Journeys End (Die andere Seite)* gehört zu der großen Zahl von (Anti-)Kriegsstücken Ende der zwanziger Jahre, die in Deutschland, Frankreich und Großbritannien auf die Bühne kamen. Der Kritiker Günter Rühle bezeichnete es als »das objektivste und unpathetischste von allen« (*Theater für die Republik*. Band 2. Frankfurt/M. 1988, S. 951). Die deutsche Erstaufführung am Deutschen Künstlertheater in Berlin, am 29. August 1929 von Heinz Hilpert (1890–1967) in Szene gesetzt, stieß bei der Kritik auf eine positive Resonanz. Herbert Ihering z. B. schrieb im *Berliner Börsen-Courier* (30. 8. 1929): »Er will nicht wirken. Aber dieses persönliche Erlebnis, diese privateste Erfahrung ist gleichzeitig das Erlebnis von Millionen«. Die Hauptrolle spielte Friedrich Kayßler (1874–1945), der von 1918/19 bis 1922/23 der Volksbühne als künstlerischer Leiter vorgestanden hatte. Robert Klein (1892–1958), der zunächst die Reinhardtschen Bühnen in Berlin geleitet hatte, eröffnete damit, nachdem Reinhardt die Leitung seiner Bühnen wieder selbst übernommen hatte, sein eigenes Theater.

Buster Keaton gehört neben Chaplin

Erstdruck: *Neue Leipziger Zeitung*, 11. 9. 1929.

209 *Buster Keaton:* Amerikanischer (Stumm-)Filmstar (1895 bis 1966), der 1959 einen Ehren-Oscar erhielt: »for his unique talents which brought immortal comedies to the screen«. *The Cameraman* (dt. *Buster Keaton, der Filmreporter*) wurde 1928 von Edward Sedgwick gedreht.

§ 218

Erstdruck: *Neue Leipziger Zeitung*, 14. 9. 1929.

Der Arzt und Schriftsteller Friedrich Wolf (1888–1953), der seit 1928 der KPD angehörte, verstand sein am 6. September 1929 von der »Gruppe junger Schauspieler« unter Hans Hinrich im Berliner Lessing-Theater uraufgeführtes Stück *Cyankali* als Beitrag zur Diskussion um den Paragraphen 218. Jährlich kam es in Deutschland zu bis zu einer Million Abtreibungen. Eine große Zahl von Politikern und Intellektuellen kämpfte angesichts des Leidens der meist sozial bedrängten und von drastischen Strafen bedrohten Frauen für die Straffreiheit des Schwangerschaftsabbruchs. *Cyankali*, der größte Bühnenerfolg der Saison und in vielen Ländern nachgespielt, löste heftige Diskussionen aus, die aber nur eine geringe Verbesserung brachten. Das Stück wurde von der bürgerlichen Presse abgelehnt, während z. B. Herbert Ihering oder Kurt Pinthus die Aufführung gerade wegen ihrer politischen Aussage lobten.

212 *Gruppe junger Schauspieler:* Im Sommer 1929 war der Leiter der Gruppe, Fritz Genschow, an das Staatstheater zu Leopold Jessner gewechselt. Dieser Abgang und der Mißerfolg von Lampels *Giftgas über Berlin* hatte die Gruppe in eine Krise gestürzt. *Cyankali* war der letzte Höhepunkt ihrer Arbeit mit über hundert Aufführungen im Lessing-Theater und einer sich anschließenden Tournee. Ende 1931 löste sich die Gruppe praktisch auf.

»Die Unüberwindlichen« von Karl Kraus

Erstdruck: *Neue Leipziger Zeitung*, 23. 10. 1929.

Das zu den kleineren Dramen zählende Stück des Wiener *Fackel*-Herausgebers und Schriftstellers Karl Kraus (1874–1936) war am 5. Mai 1929 im »Studio Dresdner Schauspieler« im Residenztheater Dresden unter Paul Verhoeven uraufgeführt worden. Am 20. Oktober 1929 kam es in der Regie von Heinz Dietrich Kenter im Volksbühnenstudio heraus und fand allgemein Beifall.

Kraus griff darin zwei Geschichten auf: zum einen seinen eigenen Kampf gegen den Betrüger Emmerich Bekessy, der zusammen mit den beiden Spekulanten Camillo Castiglioni und Siegmund Bosel in der Nachinflationszeit ein auch von Intellektuellen gestütztes Zeitungsimperium aufgebaut hatte und schließlich nach verschleppten Prozessen nach Paris geflohen war, und zum anderen den Sturm auf den Wiener Justizpalast am 15. Juli 1927, der, ausgelöst durch ein skandalöses Urteil gegen eine rechtsextremistische Frontkämpferorganisation, 90 Todesopfer gefordert hatte, weil von dem Wiener Polizeipräsident Johannes Schober eine organisierte Revolte vermutet worden war. Im September 1929 wurde der mit den Großdeutschen sympathisierende Schober auf Druck der Heimwehr zum österreichischen Bundeskanzler ernannt und blieb es bis 1930, danach war er bis zu seinem Tod 1932 Vizekanzler und Außenminister.

214 *Konzeptsbeamter:* Bürobeamter, im Gegensatz zum Beamten im Außendienst.

215 *Hans Peppler:* In seinem Nachruf auf den damals beliebten Schauspieler (1884–1930) schrieb Herbert Ihering am 23. Dezember 1930: »Von den ›Unüberwindlichen‹ bis zu Friedrich Wolfs »Matrosen von Cattaro« […] eine Reihe von Rollen, deren Ton im Ohr bleiben wird.«

Almas: Jose Almas (1883–1948), Berliner Schauspieler, v. a. an der Volksbühne.

Schweizer: Armin Schweizer (1892–1968), Schauspieler, dem Herbert Ihering eine »Theatervereinskomik« bescheinigte.

»Der Kaiser von Amerika«
Erstdruck: *Neue Leipziger Zeitung*, 26. 10. 1929.

Das kurz vorher in New York uraufgeführte Stück des irischen Dramatikers George Bernard Shaw (1856–1950) wurde in der Regie von Max Reinhardt einer der großen Berliner Bühnenerfolge mit fast 200 Aufführungen. Shaw selbst war von der Reinhardt-Inszenierung wenig angetan. Seinem deutschen Übersetzer Siegfried Trebitsch schrieb er am 19. Dezember 1929: »Entweder zanken Sie sich mit Reinhardt oder mit mir. Ganz klar, Sie müssen sich mit Reinhardt zanken.« Shaws Biograph Michael Holroyd (*Bernard Shaw. Magier der Vernunft.* Frankfurt/Main 1995, S. 1013) faßt die Einwände des Dramatikers so zusammen: »Das einsame Machtgenie wurde dann auch wieder durch Reinhardts König Magnus in *Kaiser von Amerika* hervorgehoben und die ›seltsam unschuldige Beziehung‹ zu der modisch frechen Kokotte Orinthia als sexuelle Auffrischung eines zarathustrischen Übermenschen dargestellt, dessen politische Eingebungen sich hoch über den vergifteten Brunnen antideutscher jüdischer Demokratie hinausschwangen. Was von Shaw als Warnung gegen das Schwelgen in alten Träumen gedacht war, wurde zum Belebungsversuch eines neuen Alptraums und – wie Shaw kurz angebunden Trebitsch wissen ließ – ›zu einer pornographischen judenhetzerischen Posse‹.«

217 *Werner Krauss:* Deutscher Schauspieler (1884–1959), v. a. bei Max Reinhardt und am Wiener Burgtheater, erhielt nach 1945 wegen seiner Mitwirkung in dem Film *Jud Süß* Auftrittsverbot (bis 1948).

217 *Max Gülstorff:* Deutscher Theater- und Filmschauspieler (1882 bis 1947).
Maria Bard: Deutsche Theater- und ab 1931 auch Filmschauspielerin (1900–1944).

Döblins Berliner Roman
Erstdruck: *Das deutsche Buch* 9, 1929, S. 357–358.
Alfred Döblins (1878–1957) Großstadtroman *Berlin Alexanderplatz* erschien am 30. September 1929. Bereits der Vorabdruck in der *Frankfurter Zeitung* (vom 8. September bis zum 11. Oktober 1929) hatte heftige Reaktionen bei den Lesern ausgelöst. Die Kritiken waren zahlreich und in der Regel positiv. Der Roman wurde zum literarischen Ereignis des Jahres 1929.

218 *Erinnyen:* Aus dem griechischen Mythos: Rächerinnen von Freveln.
Joyces Romantechnik: In den Kritiken zu *Berlin Alexanderplatz* wurde immer wieder die Nähe zu *Ulysses* von James Joyce herausgestellt, so auch von Kästner. Tatsächlich hat Döblin in einer Besprechung des *Ulysses* für *Das deutsche Buch* (Heft 3/4 vom März/April 1928, S. 84–86) den Roman als »ein ungewöhnliches und ganz außerordentliches Buch« gepriesen: »Ich entsinne mich nicht, in den beiden letzten Jahrzehnten einem umfangreichen Schriftwerk von derartiger Radikalität in der Form begegnet zu sein. […] Zunächst hat jeder ernste Schriftsteller sich mit diesem Buch zu befassen«.

Lampels letztes Stück
Erstdruck: *Neue Leipziger Zeitung*, 15. 11. 1929.

218 *Lampel:* Peter Martin Lampel war am 8. November 1929 in Berlin verhaftet worden; eine Verurteilung erfolgte allerdings nicht.
Schwarze Reichswehr: Illegale, militärische Freiwilligenorganisation, die mit offizieller Billigung die deutsche Ostgrenze gegen Polen verteidigen sollte; nach dem Versuch, die Waffenlager der Festung Küstrin am 1. Oktober 1923 einzunehmen und dann nach Berlin zu marschieren, wurde die Schwarze Reichswehr aufgelöst.

219 *Oberland:* Freikorps Oberland, in Bayern gegründete, militärische Freiwilligenorganisation, die u. a. 1921 in Oberschlesien gegen polnische Truppen kämpfte, nannte sich nach ihrem Verbot »Bund Oberland«.

219 *Roman:* Kästner spielt auf Lampels 1929 erschienenen Roman *Verratene Jungen* an.
Pennäler: Das Stück wurde am 30. Oktober 1929 am Berliner Theater am Schiffbauerdamm uraufgeführt. Ernst Josef Aufricht, der damalige Direktor der Bühne, schrieb dazu 1966 in seiner Autobiographie *Erzähle, damit du dein Recht erweist* (S. 108): »Wenn der Mangel an Uraufführungen besonders empfindlich wurde, rief man Peter Martin Lampel an. War kein spielfertiges Stück bereit, hatte er ein unfertiges in fünf Tagen spielfertig parat. Er fand immer ein originales Milieu, das er wahr und gekonnt darstellte. Die Dramaturgie war unordentlich. Angezogen von seiner Beobachtungsgabe glaubte man, die dramaturgischen Mittel zusammen mit ihm in Ordnung zu bringen. Es gelang nur zum Teil. Die Premieren waren keine Mißerfolge, ergaben aber auch keine Erfolge. Wir führten ›Pennäler‹ und ›Wir sind Kameraden‹ in der Versuchsbühne auf und spielten beide Aufführungen kurze Zeit im Abendspielplan.«
220 *Mordfall Manasse Friedländer:* Im Januar 1929 erschoß der neunzehnjährige Manasse Friedländer seinen Bruder Waldemar und seinen Freund Tibor Földes. Er wurde dafür vom Berliner Landgericht II zu sechs Jahren Gefängnis verurteilt, in dem Wiederaufnahmeverfahren allerdings freigesprochen, weil er die Tat im »Jugendirrsein« begangen habe.
Corrinths »Trojaner«: Das Schüler-Stück von Curt Corrinth (1894–1960), in dem Obersekundaner aus Protest gegen die Gewalt der Lehrer in die Wälder flüchten, wurde unter der Regie von Fritz Holl am 6. April 1929 vom Berliner Theater am Bülowplatz zur Uraufführung gebracht.
Schlafstelle: Hanns Minnichs (1888–1952) Stück hatte am 27. Oktober 1929 im »Novemberstudio« des Schauspielers Alexander Granach (1890–1949) am Berliner Theater am Schiffbauerdamm Premiere.
Menschen wie du und ich: Alfred Hermann Ungers (1902 bis 1989) Szenen aus einem Berliner Mietshaus waren 1929 mit dem renommierten »Zehntausend-Mark-Preis für Dramatik« und mit dem Preis der Vereinigten Stadttheater Bochum-Duisburg ausgezeichnet worden. Die Uraufführung im Deutschen Volkstheater unter der Regie von Joachim von Ostau erfolgte am 1. November 1929.

Der Dichter des Komplizierten
Erstdruck: *Neue Leipziger Zeitung*, 20. 11. 1929.
221 *André Gide:* Französischer Erzähler und Dramatiker (1869 bis 1951), Literaturnobelpreisträger 1947. *Die Falschmünzer* (*Les faux-monnayeurs*, 1926) ist sein einziger größerer Roman. *Die Schule der Frauen* (*L'école des femmes*) erschien 1929. In seiner Autobiographie *Stirb und werde* (*Si le grain ne meurt*, 1920) schilderte er im ersten Teil seine schriftstellerischen Versuche im Pariser Kreis der gegen Naturalismus und Realismus eine transzendente Realität setzenden Symbolisten um Stéphane Mallarmé (1842–1898) und Henri Régnier (1864 bis 1936). Im zweiten Teil erzählte Gide u. a. von seiner Reise nach Nordafrika (teilweise zusammen mit Oscar Wilde) und bekannte sich offen und nicht ohne Folgen in seinem Heimatland zur eigenen Homosexualität.
222 *Prometheus:* In der griechischen Mythologie der Dieb des Feuers, der zur Strafe an einen Felsen gefesselt wurde; ein Adler fraß ihm jeden Tag die Leber aus dem Leib, die nachts wieder nachwuchs. Erst Herakles befreite ihn. 1899 hatte Gide sich in *Le Prométhée mal enchainé* mit dem Prometheus-Mythos auf ironische Weise auseinandergesetzt.

Zuckmayer und der Kakadadaismus
Erstdruck: *Die Weltbühne* 26, Nr. 5 vom 28. 1. 1930, S. 190.
Kakadu Kakada, uraufgeführt am 18. Januar 1930 im Deutschen Künstlertheater Berlin (als Gastspiel des Renaissance-Theaters), blieb das einzige Kinderstück Carl Zuckmayers, obwohl es von der Kritik (mit der sehr pointierten Ausnahme Kästners) sehr gelobt wurde und, wie Zuckmayer in seiner Autobiographie *Als wär's ein Stück von mir* (Frankfurt/M. 1976, S. 453f.) betont: »wochenlang von Berliner Schulklassen bejubelt« wurde. »Reizend. *Schickt die Kinder rein!*«, schrieb Monty Jacobs in der *Vossischen Zeitung* (21. 1. 1930), und Alfred Kerr verfaßte für das *Berliner Tageblatt* (20. 1. 1930) sogar ein Lobgedicht. Regie führte Gustav Hartung. Die Hauptrollen spielten Gustl Stark-Gstettenbauer (*1914) und Willi Schaeffers (1884–1962). Bereits am 23. Januar 1930 hatte Kästner die Premiere kurz in einer Sammelrezension in der *Neuen Leipziger Zeitung* erwähnt und »Milieumalerei, ulkige Episoden, hübsche Lieder« entdeckt, aber: »es fehlt die fesselnde, alles haltende Spannung.«

Ringelnatz und Gedichte überhaupt
Erstdruck: *Neue Leipziger Zeitung*, 7. 2. 1930.
227 *Kartell lyrischer Autoren Deutschlands:* 1902 gegründete Interessenvereinigung von Lyrikern, entstanden u. a. auf Initiative von Arno Holz und Richard Dehmel mit Otto Julius Bierbaum, Hugo von Hofmannsthal und Detlev von Liliencron als führenden Mitgliedern (1933 aufgelöst).
228 *Junkers:* Von dem deutschen Konstrukteur Hugo Junkers (1859–1935) entwickelte (Passagier-)Flugzeuge; berühmt wurde 1931 die Ju 52 (»Tante Ju«).

Ein vorbildlicher Film
Erstdruck: *Neue Leipziger Zeitung*, 22. 2. 1930.
Der Film *Menschen am Sonntag*, 1929 gedreht, war eine Kollektivarbeit. Er schildert das Leben von sogenannten »kleinen Leuten« an einem Berliner Sonntag. Regisseure dieses fast dokumentarischen Films waren Robert Siodmak (1900–1973), der nach diesem erfolgreichen Debüt zur Ufa ging, und Edgar G. Ulmer (1900 bis 1972), der später auch in Hollywood arbeitete. Das Drehbuch verfaßten neben Ulmer und Siodmak die später ebenfalls sehr berühmten Regisseure Billy Wilder (*1906) und Fred Zinnemann (1907 bis 1997). Die Kamera führte neben Ulmer und Zinnemann Eugen Schüfftan (1893–1977), der danach vor allem in England und Frankreich arbeitete. Er erfand ein Spiegeltrick-Verfahren, das z. B. bei Fritz Langs *Metropolis* eingesetzt wurde und bis heute die Trickfilmtechnik beeinflußt. Der Schüfftan-Effekt spielte auch 1942/43 bei den Dreharbeiten für *Münchhausen* eine wichtige Rolle. Der von Kästner als Spiritus rector genannte Moritz Seeler (1896–1943 verschollen) war nicht direkt an dem Film beteiligt. Er arbeitete als Theaterregisseur und Dramaturg in Berlin.

Das Hörspiel am Gendarmenmarkt
Erstdruck: *Die Weltbühne* 26, Nr. 9 vom 25. 2. 1930, S. 333–334.
Reinhard Goering (1887–1936) zählt mit seinem am 10. Februar 1918 in Dresden uraufgeführten und wenig später von Max Reinhardt zum Erfolg gebrachten Weltkriegsdrama *Seeschlacht* zu den wichtigsten Autoren des Expressionismus. Die *Seeschlacht*, geschrieben unter dem Eindruck der Skagerrakschlacht, brachte den Tod von sieben Matrosen im Panzerturm eines Kriegsschiffes auf die Bühne. Nach *Scapa Flow* (1919) fand Goering erst mit *Die Süd-*

polexpedition des Kapitäns Scott zum Drama zurück. Bei der Uraufführung am 16. Februar 1930 im Staatlichen Schauspielhaus Berlin führte Leopold Jessner (1878–1945) Regie. Das Stück schildert den dramatischen Wettkampf der beiden Forscher Robert Falcon Scott (1868–1912) und Roald Amundsen (1872–1928) um die Erstbezwingung des Südpols. Amundsen erreichte den Südpol vier Wochen vor Scott, der auf dem Rückmarsch umkam.

Die Premiere wurde von der Kritik wohlwollend bis ablehnend beurteilt.

231 *Argonauten:* Helden der griechischen Mythologie, die mit Medeas Hilfe das Goldene Vlies nach Griechenland holten.

Corneille: Pierre Corneille (1606–1684), französischer Bühnendichter, der in seinen Tragödien willensstarke Einzelkämpfer auftreten ließ.

Braut von Messina: 1803 uraufgeführtes Trauerspiel von Friedrich Schiller; der Versuch, das antike Theater in die »moderne gemeine Welt« (Schiller) zu überführen; eine wichtige Rolle spielte dabei der Chor, dem Schiller die Vorrede *Über den Gebrauch des Chores in der Tragödie* widmete.

Paul Bildt: Schauspieler und Regisseur (1885–1957).

Lina Lossen: Deutsche Theater- und Filmschauspielerin (1878 bis 1959).

Caspar Neher: Einer der wichtigsten Bühnenbildner (1897 bis 1962) in der Weimarer Republik, der auch für die Oper und seit 1948 wieder mit Brecht arbeitete.

Gesinnung allein tut's auch nicht

Erstdruck: *Neue Leipziger Zeitung*, 28. 2. 1930.

Das Stück *Das Gerücht* (*The Rumour*, 1923) des Iren Charles Kirkpatrick Munro (1889–1973) wurde am 27. März 1930 vom künstlerischen Leiter der Volksbühne, Karl Heinz Martin, zur Premiere gebracht. Martin, den der Vorstand 1929 berufen hatte, wollte, wie er in den *Blättern der Volksbühne Berlin* (September/Oktober 1929, S. 19) erklärte, »im bewußten Gegensatz zum Zufallstheater, zum Zufallsspielplan d. h. zur Wahl von Stücken und Darstellern aus zufälligen Bedingnissen, aus zufälliger Konjunktur und zufälliger Geschmacksrichtung heraus, ein charaktervolles Theater [...] schaffen – als Ausdruck eines vorwärtstreibenden, freiheitssüchtigen, kämpferischen Willens, manifestiert im Zeitstück oder im klassischen Werk.« Dieses Konzept war aber keinesfalls Konsens in der Volksbühnenorganisation. Martin verließ das

Theater nach einer langen Reihe von Querelen (eine deutet Kästner an) mit dem Ende der Spielzeit 1931/32.

Reklame und Weltrevolution
Erstdruck: *Gebrauchsgraphik* 3, März 1930, S. 52–57.
(Der Artikel wurde zweispaltig deutsch-englisch gedruckt, die Übersetzung ins Englische besorgte E. T. Scheffauer; der Artikel ist mit sechs »Schaufensterbildern für den Verlag Ullstein, Berlin« von Klaus Freese illustriert.)
233   *H. G. Wells:* Vgl. *VI, 121–125* u. *747*.

»So ist das Leben«
Erstdruck: *Neue Leipziger Zeitung*, 1. 4. 1930.
Über die Entstehungsbedingungen des 1929 von Carl Junghans (1897–1984) gedrehten Films heißt es in *Reclams Filmführer* (Stuttgart 10. A. 1996, S. 592): »Junghans drehte seinen Film unter schwierigen Bedingungen in ständiger Geldnot. Das Drehbuch hatte er schon 1925 geschrieben; eigentlich sollte die Handlung in Dresden spielen. Aber es fand sich kein Produzent. Schließlich überredete Junghans den populären tschechischen Komiker Pistek, die erste tragische Rolle seines Lebens ohne Gage zu spielen. Andere Darsteller folgten Pisteks Beispiel. [...] Als der Film fertig war, fand sich kein Verleiher. Und als die Ufa ihn schließlich übernahm, war die Zeit des Tonfilms angebrochen; das Publikum zog die neuen ›Sprechfilme‹ vor.« Junghans stellte 1964 eine mit Musik und signifikanten Geräuschen angereicherte »Ton«-Fassung her.
Neben Theodor Pistek spielten u.a. Wera Baranowskaja, Mana Zeniskova und Valeska Gert.
237   *Direktor Brodnitz:* Hans Brodnitz, Leiter der Ufa-Kinos in Berlin.
238   *wie von Münch:* Es könnte sich hier um einen Satzfehler handeln. Kästner meint wahrscheinlich den norwegischen Maler und Graphiker Edvard Munch (1863–1944), der mit seinen psychologisch verdichteten Bildern bedrückende Interpretationen der menschlichen Existenz schuf.

»Der blaue Engel«
Erstdruck: *Neue Leipziger Zeitung*, 5. 4. 1930.
Der blaue Engel, gedreht nach dem 1905 erschienenen Roman *Professor Unrat* von Heinrich Mann und am 1. April 1930 im Berliner Ufa-Palast uraufgeführt, war der erste international erfolgrei-

che deutsche Tonfilm und der künstlerische Durchbruch für Marlene Dietrich (1901–1992). Unter der Regie von Josef von Sternberg (1894–1969) spielten u. a. der aus Hollywood zurückgekehrte Emil Jannings, Kurt Gerron, Rosa Valetti und Hans Albers. Das Drehbuch verfaßten Carl Zuckmayer, Karl Vollmoeller (1878–1948) und Robert Liebmann.

Bereits vor der Premiere hatte es die von Kästner erwähnte öffentliche Diskussion gegeben – ausgelöst von Friedrich Hussong, dem Chefredakteur des *Berliner Lokal-Anzeigers*, der *Professor Unrat* einen »miserablen Roman« genannt hatte: »In Wahrheit ist der Film *Der blaue Engel* kein Film *mit* Heinrich Mann, sondern ein Film *gegen* ihn«. Einen Tag vor der Uraufführung antwortete Zuckmayer in der *B. Z. am Mittag*: »Ich möchte vor allem ausdrücklich betonen, daß ich niemals meine Hand dazu hergegeben hätte, an einem Film *gegen Heinrich Mann* mitzuwirken«. Heinrich Mann selbst sah die Verfilmung seines Romans durchaus mit gespaltenen Gefühlen, vor allem das tragische Ende des Protagonisten empfand er als Fehler. An Erich Ebermayer schrieb er am 18. August 1931: Jannings »darf nicht vor fertige Tatsachen gestellt werden. Andererseits wäre es nicht richtig, sich einfach nach seinen bisherigen Neigungen zu richten. Dies ist in dem Film geschehen und hat dem Film nicht, aber auch Jannings nicht genützt. Unrat als Clown und sterbend auf dem Katheder war falsch, so wirksam Jannings den Tod gespielt hat.« (Zitiert nach: Deutsches Literaturarchiv Marbach (Hrsg.): Carl Zuckmayer 1896–1977. Marbach 1996, S. 180)

240 *Erasmus von Rotterdam:* 1466 o. 1469–1536, bedeutendster Humanist, Kirchen- und Kulturkritiker.

»Heute abend wird aus dem Stegreif gespielt«

Erstdruck: *Neue Leipziger Zeitung*, 5. 6. 1930.

Der italienische Dramatiker Luigi Pirandello (1867–1936) hatte vor allem mit seinem Stück *Sechs Personen suchen einen Autor* in Berlin, wo er zeitweilig lebte, ein wahres Pirandello-Fieber entfacht, das mit Gustav Hartungs Inszenierung von *Heute abend wird aus dem Stegreif gespielt* (am 31. Mai 1930 im Lessing-Theater) abrupt endete. Herbert Ihering z. B. nannte das Stück im *Berliner Börsen-Courier* (2. 6. 1930) einen »Sandsturm von Langeweile«. Hartung verließ bald darauf Berlin, um Intendant in Darmstadt zu werden.

242 *Lupu Pick:* Schauspieler und Filmregisseur (1886–1931).

Der Schriftsteller als Kaufmann
Erstdruck: *Der Schriftsteller* 18, Juli 1930, S. 3–6.
244 *Arnold Zweig:* Deutscher Schriftsteller (1887–1968), 1928 zum 2. Vorsitzenden und 1929 zum 1. Vorsitzenden des Schutzverbandes deutscher Schriftsteller gewählt.
Schutzverband deutscher Schriftsteller: »Gewerkschaft deutscher Schriftsteller«, 1909 gegründet, 1933 als »SDS im Exil« in Paris weitergeführt; *Der Schriftsteller* war das Verbandsorgan.
Meine Erfahrung [...] zu zermürben: Zitat aus dem Aufsatz *Werbung für den Schutzverband* von Arnold Zweig, erschienen in: *Der Schriftsteller* 15, März 1928, S. 2-6.
245 *Erich Reiß-Verlag:* 1908 von Erich Reiß (1887–1951) gegründeter Verlag, in dem u. a. Hardens *Zukunft* und die *Schaubühne* erschienen; als jüdischer Verlag 1938 aufgelöst.
Maximilian Harden: Theaterkritiker, Essayist und Publizist (1861–1927), Herausgeber der *Zukunft*.
246 *Emil Ludwig:* Romancier und Biograph (1881–1948), einer der erfolgreichsten Buchautoren der Weimarer Republik.

Ein »geheimer« Roman
Erstdruck: *Neue Leipziger Zeitung*, 15. 7. 1930.
247 *D. H. Lawrence:* Englischer Schriftsteller (1885–1930) mit einem umfangreichen Werk an Gedichten, Erzählungen, Romanen, Reiseberichten, Essays und Kritiken. Sein berühmtestes Werk ist der 1928 in Florenz als Privatdruck erschienene Roman *Lady Chatterley's Lover*, der in der deutschen Übersetzung von H. E. Herlitschka 1930 ebenfalls in kleiner Auflage herauskam. Das Buch wurde vom Erscheinen an von den Zensurbehörden, vor allem in den USA und Großbritannien, verfolgt. Die erste vollständige Ausgabe in England konnte der Penguin Verlag erst 1960 nach einer gerichtlichen Auseinandersetzung herausbringen.

Die Badekur
Erstdruck: *Die Weltbühne* 26, Nr. 33 vom 12. 8. 1930, S. 238–240.
Im Juli 1917 hatte der damals 18jährige Kästner seinen Einberufungsbefehl in den Ersten Weltkrieg erhalten. Zu seinen »Ausbildern« in der Einjährig-Freiwilligen-Kompanie der schweren Artillerie zählte ein Sergeant mit Namen Waurich, der den Rekruten so brutal strafexerzieren ließ, daß Kästner einen bleibenden Herz-

schaden davontrug. Dem verhaßten Sergeanten Waurich hat Kästner in seinem Gedichtband *Lärm im Spiegel* und in der Erzählung *Duell bei Dresden* ein unrühmliches Epitaph errichtet. Kästner blieb in medizinischer Betreuung und war, kurz bevor er den Artikel in der *Weltbühne* veröffentlichte, mit seiner Mutter in dem berühmten Herzbad Nauheim, nördlich von Frankfurt und östlich des Taunus in der Wetterau gelegen, zur Kur gewesen. Am 26. April 1930 hatte er an seine Mutter geschrieben: »Du hast also auch einen Herzklaps? Na, da passen wir zwei Hübschen ja ganz vorzüglich ins Kohlensäure-Badewasser. Es wird sicher sehr hübsch. Man kann schöne Ausflüge machen, sagt John [ein Freund, d. Hrsg.]; an den Rhein, nach Wiesbaden, in den Taunus usw. [...] Mittelstandskuren machen wir nicht. Sondern richtig auf fein. Das ist doch klar.« (Der Artikel erschien am 15. August 1930 in der *Neuen Leipziger Zeitung* unter dem Titel *Hilferuf eines Kurgastes*.)

248 *mitrale Konfiguration:* Verformung der Mitralklappe im Herzen.

249 *präsystolische Geräusche:* Geräusche vor dem Zusammenziehen des Herzmuskels.

Weggis: Schweizer Bade- und Luftkurort im Kanton Luzern.

Gilleleje: Kleine Stadt in Dänemark, nördlich von Kopenhagen.

251 *Erfinder des Fleischextrakts:* Der in Darmstadt geborene Chemiker Justus von Liebig (1803–1873), der u. a. ein Verfahren erfand, nach dem noch heute ein nach ihm benannter Fleischextrakt hergestellt wird.

Entdecker des Bunsenbrenners: Der in Heidelberg gestorbene Chemiker Robert Wilhelm Bunsen (1811–1899), der einen speziellen Gasbrenner erfand.

drei Fratellini: Die Brüder Paul, François und Albert Fratellini, die berühmtesten Clowns ihrer Zeit, waren 1930 auf Deutschlandtournee; Fellini setzte ihnen 1970 mit seinem Film *Clowns* ein Denkmal.

Die Ästhetik des Tonfilms

Erstdruck: *Neue Leipziger Zeitung*, 20. 8. 1930.

253 *Hokuspokus:* 1930 von Gustav Ucicky gedrehter Tonfilm nach dem gleichnamigen Bühnenstück von Curt Goetz mit Lilian Harvey, Willy Fritsch, Oskar Homolka und Gustaf Gründgens in den Hauptrollen.

Schuß im Tonfilmatelier: In dem von Alfred Zeisler (*1897) gedrehten und am 25. Juli 1930 im Berliner Ufa-Palast uraufgeführten Tonfilm spielte die Akustik bei der Aufklärung des Mordfalls eine entscheidende Rolle. Die Idee stammte von Curt Siodmak, dem Bruder von Robert Siodmak.

Tonfilm und Naturalismus
Erstdruck: *Neue Leipziger Zeitung*, 12. 9. 1930.

Sous les toits de Paris (dt.: *Unter den Dächern von Paris*) war René Clairs (1898–1981) erster Tonfilm, der allerdings nicht durch das Pariser Publikum, sondern durch die überaus positive Aufnahme in Berlin zum Welterfolg wurde. In dem am 25. August 1930 in Berlin uraufgeführten Ufa-Film *Abschied* spielten unter der Regie von Robert Siodmak u. a. Brigitte Horney und Aribert Mog. Obwohl der Film nach einem Jahr noch um einen Epilog erweitert wurde, konnte er sich beim Publikum nicht durchsetzen.

Auf einen Sprung nach Rußland
Erstdruck: *Das neue Rußland* 7, 1930, H. 5/6, S. 33–34. (Der Artikel ist mit zwei Zeichnungen von Erich Ohser versehen.)

Am 22. März 1930 kündigte Kästner seiner Mutter an: »Heute in einem Monat, am 26. April, fahre ich mit Ohser zusammen auf eine Woche nach Rußland. Eine billige Reise, von einem Verkehrsbüro veranstaltet. Kesten fährt schon früher und bleibt länger. Da werden wir uns in Moskau mal guten Tag sagen. Sehr ulkig. Eine Woche Rußland ist natürlich viel zuwenig. Aber man muß doch mal anfangen es kennenzulernen. Ist ja heute das interessanteste Land.« Insgesamt waren es, die Bahnfahrt eingerechnet, zehn Tage. »Ohser und Kästner fuhren«, schreibt Helga Bemmann in ihrer Kästner-Biographie (Berlin 1994, S. 161), »mit einer Reisegruppe von etwa sechzig Personen. Es handelte sich um eine Pauschalreise, wie sie die Gesellschaft der Freunde des neuen Rußland veranstaltete, die in Berlin unter ihrem Generalsekretär Erich Baron auch die Zeitschrift ›Das neue Rußland‹ herausgab, die der Verständigung zwischen Künstlern, Wissenschaftlern und Intellektuellen der Weimarer Republik und dem jungen Sowjetstaat dienen sollte.« Diese blieb Kästners einzige Reise in die Sowjetunion. Die positive Grundstimmung des Artikels relativierte Kästner später immer wieder. So schrieb er z. B. am 29. September 1931 anläßlich der Berliner Premiere des ersten russischen Tonfilms in der *Neuen Leipziger Zeitung*: »Besonders auffällig und zum kritischen Nachdenken reizend ist die optische Heroisierung des Arbeiters; diese bedenkliche Eigenart fiel mir schon auf, als ich in Moskau vor einem Jahr zweitklassige stumme Russenfilme sah. Man hat oft den Eindruck, als ob Hodler fotografiert hätte! Es ist begreiflich, daß die Russen ihre zivilisatorischen Leistungen übersteigert sehen. Aber es wäre bedauerlich, wenn der Fortschritt, auch in Rußland, den Blick zu trüben und den Charakter zu verderben fähig sein sollte.«

256 *Fünfjahresplan:* Im April 1929 wurde der 1. Fünfjahresplan verabschiedet, der die Industrieproduktion um 230 Prozent und die Konsumgüterproduktion um 106 Prozent (jeweils zu 1927/28) steigern sollte. Da die projektierten fünf guten Ernten ebenso wie die Kredite aus dem Ausland ausblieben, konnte die Industrieproduktion zwar gesteigert werden, aber um den Preis eines sinkenden Lebensstandards der Bevölkerung.

257 *Kulakentum:* Als »Kulak« galten in der Sowjetunion reiche oder begüterte Bauern, die Mitte der 20er Jahre etwa vier Prozent der Bauernwirtschaften ausmachten und als Sündenböcke in den Agrarkrisen dieser Zeit durch die Kollektivierung als Klasse vernichtet werden sollten. Die mit brutalen Methoden durchgeführte Kollektivierung der Landwirtschaft erreichte ihr Ziel nicht. Nach westlichen Schätzungen verhungerten allein zwischen 1932 und 1934 mindestens 5,5 Millionen Menschen.

Thomas Manns Appell an das deutsche Bürgertum

Erstdruck: *Neue Leipziger Zeitung*, 19. 10. 1930.

Am 17. Oktober 1930 hielt der Literaturnobelpreisträger Thomas Mann im Berliner Beethovensaal unter dem Titel *Deutsche Ansprache. Appell an die Vernunft* einen Vortrag, in dem er vor dem aufkommenden Nationalsozialismus warnte. Bis die Polizei die rechtsradikalen Agitatoren aus dem Saal entfernte, wurde die Veranstaltung massiv gestört, u. a. von dem Schriftsteller Arnolt Bronnen, der damals keinen Skandal scheute. In seiner Autobiographie erinnerte sich Bronnen später: »Was Thomas Mann nach meiner Information vorschlagen wollte – und dann auch in der Tat vorschlug –, war die Aufforderung an das deutsche Bürgertum, eine enge Koalition mit der SPD einzugehen, um gemeinsam mit dieser großen und mächtigen Partei den Faschismus zu schlagen. Ich war Faschist, mehr noch Anarchist. Ich hielt den augenblicklichen Zustand der deutschen Dinge für korrupt und verderblich, denselben Zustand, den Thomas Mann, wie ich ihn zu verstehen glaubte, konsolidieren wollte. [...] Am nächsten Tage hagelte es Presse-Angriffe und parlamentarische Anfragen.« (Zitiert nach Arnolt Bronnen gibt zu Protokoll. Königstein 1978, S. 229 u. 234.)

Die Verliese des Vatikans
Erstdruck: *Die Literatur* 33, Dezember 1930, S. 173.

André Gides *Les caves du Vatican*, 1914 erstmals veröffentlicht, war bereits 1922 in deutscher Übersetzung erschienen. Bei der von Kästner vorgestellten Ausgabe handelt es sich um eine Neuübersetzung von Ferdinand Hardekopf in der Deutschen Verlags-Anstalt.

Lustspiel von links
Erstdruck: *Neue Leipziger Zeitung*, 7. 12. 1930.

Nachdem Erwin Piscator mit seinem Zwei-Bühnen-System (Piscator-Bühne und Lessing-Theater) finanziellen Schiffbruch erlitten hatte, übernahm er mit seinem Kollektiv das bis dahin eher als Lustspielbühne hervorgetretene Wallner-Theater und brachte dort am 3. April 1930 mit Carl Credés § *»218«. Frauen in Not* seine erste Inszenierung heraus. *Mond von links* des sowjetischen Dramatikers Wladimir Bill-Bjelozerkowski (1885–1970) war am 28. November 1930 die erste Premiere des Kollektivs mit einem aus Sowjetrußland stammenden Stück. Im Gegensatz zu Kästner fanden andere Kritiker gerade diese Provenienz besonders spannend. Herbert Ihering z. B. schrieb im *Berliner Börsen-Courier* (29. 11. 1930): »Es fesselt an diesem Schwank, daß wir etwas kennenlernen, daß wir neugierig gemacht werden. Alte Probleme, angewandt auf die neue russische Welt.«

263 *Arnold Bach:* Der deutsche Schwankautor Franz Arnold (1878 bis 1960) schrieb zusammen mit Ernst Bach (1876–1929) 14 Lustspiele, von denen nicht wenige zwischen 1920 und 1929 in Berlin uraufgeführt wurden.
Kadelburg: Gustav Kadelburg (1851–1925), deutscher Schwankautor, Schauspieler und Regisseur, war u. a. von 1871 bis 1878 einer der Stars des Wallner-Theaters.
Guido Thielscher: Schauspieler (1859–1941), Star der Berliner Revue- und Operettenszene.

Wenn Kinder Theater spielen
Erstdruck: *Berliner Tageblatt*, 31. 12. 1930.

Die von Kästner selbst vorgenommene Dramatisierung seines 1929 erschienenen Kinderbuchs *Emil und die Detektive* hatte am 20. November 1930 im Berliner Theater am Schiffbauerdamm Premiere (unter der Regie von Karl Heinz Martin); in Breslau brachte Max Ophüls das Stück am 14. Dezember 1930 heraus.

Der Unterrock ist im Anzug
Erstdruck: *Neue Leipziger Zeitung*, 29. 1. 1931.
267 *Das wär also der neue Stil:* Strophe aus dem Gedicht *Der Busen marschiert*, das Kästner am 15. Oktober 1929 in der *Weltbühne* veröffentlicht hatte; er nahm das Gedicht dann in seinen Band *Ein Mann gibt Auskunft* auf.
Lernet-Holenia: Alexander Lernet-Holenia (1897–1976), österreichischer Schriftsteller, dessen Frühwerk um den Untergang des Habsburgerreiches kreist. Die k. und k. Armee mit ihren Insignien erhielt dabei eine besondere Symbolkraft.

Eine furchtbare Statistik
Erstdruck: *Neue Leipziger Zeitung*, 7. 2. 1931.

»Der Hauptmann von Köpenick«
Erstdruck: *Neue Leipziger Zeitung*, 13. 3. 1931.
 Die Geschichte des Schusters Wilhelm Voigt (1849–1922), der 1906 als falscher Hauptmann mit einer von ihm »kommandierten« Wachmannschaft aus Plötzensee das Köpenicker Rathaus besetzt, den Bürgermeister verhaftet und die Stadtkasse mitgenommen hatte (wofür er von Dezember 1906 bis August 1908 im Gefängnis büßen mußte), faszinierte neben Zuckmayer auch andere Autoren, wie z. B. Wilhelm Schäfer, der 1930 seinen Roman *Der Hauptmann von Köpenick* veröffentlicht hatte. Zuckmayer allerdings verstand sein Stück, das am 5. März 1931 unter der Regie von Heinz Hilpert am Deutschen Theater in Berlin uraufgeführt wurde, als Kontrapunkt zu einer Kaiserzeit-Nostalgie, die 1931 mit der sehr umstrittenen Etablierung eines »Reichsgründungs-Feiertages« ihren Höhepunkt erreicht hatte. Die Aufführung, der letzte große Bühnenerfolg der Weimarer Republik, wurde von der rechtsgerichteten und NS-Presse heftig bekämpft. Noch im selben Jahr entstand auch die Filmfassung unter der Regie von Richard Oswald. Bis 1933 wurde das Stück von mehr als hundert Theatern übernommen.
271 *Sedantag:* Die Kapitulation der französischen Hauptarmee am 2. September 1870 bei Sedan und die damit verbundene Gefangennahme des französischen Kaisers Napoleon III. markierte den Wendepunkt im Deutsch-Französischen Krieg. Der »Sedantag« galt im Kaiserreich als Feiertag.
Werner Krauss: Deutscher Schauspieler (1884–1959), übernahm die Titelrolle, die er nach hundert Aufführungen an Max

Adalbert weitergab, der auch in der Filmfassung den falschen Hauptmann spielte.

Hermann Kesten
Erstdruck: *Die Weltbühne* 27, Nr. 13 vom 31. 3. 1931, S. 465–467.

René Clairs »Million«
Erstdruck: *Neue Leipziger Zeitung*, 17. 5. 1931.
René Clair drehte seinen Film *Le million*, der gemeinhin als sein bester gilt, nach einem Theaterstück von Georges Berr und M. Guillemaud. Die Hauptrollen spielten Annabella, René Lefèvre und Louis Allibert. Die Berliner Premiere war am 13. Mai 1931.
276 *D-Zug 13 hat Verspätung:* Der am 14. Mai 1931 in Berlin uraufgeführte Film um das mißglückte Attentat auf einen Präsidenten wurde von Alfred Zeisler gedreht und produziert, der ein knappes Jahr zuvor mit dem von Kästner gelobten Streifen *Der Schuß im Tonfilmatelier* hervorgetreten war.

Gespräch mit dem Ministerium
Erstdruck: *Die Weltbühne* 27, Nr. 40 vom 6. 10. 1931, S. 523–525.
So skurril die Geschichte zunächst klingen mag, sie ist autobiographisch. Am 14. September 1931 hatten der Reichspräsident, die Reichsregierung und die Wohlfahrtsverbände erstmals zur »Winterhilfe« aufgerufen, um im Krisenwinter 1931/32 Arbeitslose und andere Bedürftige mit Geld, Lebensmitteln, Kleidung und Heizmaterial zu unterstützen. Erich Kästner hatte dazu eine Idee, die allerdings, wie er seiner Mutter am 19. September 1931 schrieb, zunächst im Reichsinnenministerium auf taube Ohren gestoßen war: »Im übrigen bin ich dabei, eine Winterhilfs-Aktion aufzuziehen. Wir waren im Reichsinnenministerium, aber diese Kerle sind zu schlafmützig. Ich möchte für den Winter in der ersten Etage vom Café Leon einen großen Mittagstisch für Notleidende veranstalten. Der Wirt ist einverstanden. Ich suche nun noch ein paar Helfer, dann wollen wir Geld zusammentrommeln, von Schauspielern, Schriftstellern, Filmleuten usw. Wenn das überall gemacht würde, gibt's im Winter keinen Krach. Sonst ganz bestimmt! Da laß ich mich fressen. Man kann doch nicht zusehen, wie Deutschland kaputtgeht. Mal sehn, ob man genug Geldgeber findet. Für 30 M im Monat kann eine Person Essen kriegen, Suppe und Fleischgericht, außerdem sitzen die Leute an gedeckten Tischen, sitzen warm und

können lesen und sich unterhalten. Die Kellner vom ›Leon‹ wollen umsonst bedienen.«

Nach dem erfolglosen Besuch im Reichsinnenministerium sprach Kästner bei Theodor Wolff, dem Chefredakteur des *Berliner Tageblatts*, vor, stieß aber wieder auf Ablehnung: »Er sagte, das sei nicht das Richtige. Sondern die Regierung müsse auf Lebensmittelkarten an Arbeitslose kostenlos Lebensmittel verteilen. Denn die Notleidenden wollten nicht im Café Leon, sondern bei sich zu Hause essen. Da hat er ja recht. Na, ich muß mal sehen, was ich mache. Die Leute sitzen alle da und scheinen zu denken: Wie Gott will. Aber damit ist keinem Menschen geholfen.« (Brief an die Mutter vom 22. 9. 1931)

Offensichtlich ist aus den Plänen Kästners nichts geworden. Am 7. November 1931 teilte er seiner Mutter mit, daß er nun in Berliner Buchhandlungen mit sehr mäßigem Erfolg seine Bände zugunsten der Winterhilfe signiere: »Die Geschäfte haben sich verpflichtet, 2 % des Wochenumsatzes der Winterhilfe abzuführen.«

276 *Hans Wilhelm:* Drehbuchautor und Regisseur (*1904), Freund von Kästner.

Mein Minister: Joseph Wirth (1879–1956), Zentrumspolitiker, ehemaliger Reichskanzler, Reichsinnenminister seit 30. März 1930 (bis 7. Oktober 1931); als oberster Rundfunkzensor der Weimarer Republik hatten der Reichsinnenminister und mit ihm auch andere Regierungsmitglieder sowie der Reichspräsident ein weitgehendes Zugriffsrecht auf Sendezeiten. Fast uneingeschränkt konnten sie über den Rundfunk Aufrufe, Gesetze und Verordnungen bekanntgeben oder Angriffe auf die Reichsregierung »abwehren«.

Volksstück mit doppeltem Boden
Erstdruck: *Neue Leipziger Zeitung*, 11. 11. 1931.

Mit den am 2. November 1931 von Heinz Hilpert am Deutschen Theater uraufgeführten *Geschichten aus dem Wiener Wald* gelang dem seit 1925 in Berlin lebenden Horváth der künstlerische Durchbruch. Kurz vorher hatte Carl Zuckmayer dem von ihm geförderten Dreißigjährigen den halben Kleist-Preis für das Volksstück zugesprochen. (Die zweite Hälfte war an Erik Reger gegangen.) Die Kritiker, wie Alfred Kerr, Herbert Ihering und Alfred Polgar, waren von der Aufführung begeistert, auch von den beiden Wiener Schauspielern Hans Moser und Paul Hörbiger (1894–1981) sowie von der »bösen Großmutter und Engelmacherin« Frieda Richard

(1873–1946), die allerdings nicht alle so herausstellten wie Kästner.

Kästner hatte bis dahin den künstlerischen Werdegang Horváths aufmerksam verfolgt. Zur Premiere von *Sladek, der schwarze Reichswehrmann* schrieb er am 19. Oktober 1929 in der *Neuen Leipziger Zeitung*: »Horvaths Personal besteht aus treffend, aber oberflächlich charakterisierten Individuen; [...] die Darstellung jener Epoche ist zu flach geraten; das Private frißt zuviel Raum und Zeit«. Über die *Italienische Nacht* am Theater am Schiffbauerdamm fiel das Urteil am 1. April 1931 in der *Neuen Leipziger Zeitung* schon positiver aus: »Im Rahmen dieser bescheidenen, spannungsarmen Handlung bewegen sich aber, von Horvaths Witz und Humor beleuchtet, so viele echte Figuren, so viele Spielarten der politischen und menschlichen Lächerlichkeit, daß kein noch so ernsthafter politischer Kannegießer im Parkett auf die Dauer widerstehen kann. Horvaths ›Italienische Nacht‹ nötigt die Zuschauer, die Politik einmal, ohne Ansehen der Partei, herzlich auszulachen. Ein schöner Zweck!«

Wiedersehen mit Emil
Erstdruck: *Berliner Tageblatt*, 29. 11. 1931.

Der Film *Emil und die Detektive*, für den Kästner selbst, Emmerich Pressburger und Billy Wilder das Drehbuch geschrieben hatten, wurde am 2. Dezember 1931 in Berlin uraufgeführt. Unter der Regie von Gerhard Lamprecht spielten u. a. Fritz Rasp (Herr Grundeis), Käte Haack (Frau Tischbein), Rolf Wenkhaus (Emil) und Hans Joachim Schaufuß (Gustav mit der Hupe).

283 *Fritz Rasp:* Deutscher Film- und Theaterschauspieler (1891 bis 1976).

Kleine Freundin
Erstdruck: *Der Querschnitt* 11, Dezember 1931, S. 865.

283 *Ernst Lothar:* Österreichischer Erzähler, Essayist, Kritiker und Theaterregisseur (1890–1974), der 1938 zunächst nach Paris und dann nach New York emigrieren mußte; nach dem Zweiten Weltkrieg widmete er sich dem Wiederaufbau des österreichischen Theaters.

Die Dietrich und die Garbo
Erstdruck: *Neue Leipziger Zeitung*, 13. 1. 1932.

284 *X 27:* Der Spionagethriller, der im amerikanischen Original *Dishonored* hieß, war die dritte gemeinsame Arbeit von Mar-

lene Dietrich und Josef von Sternberg – nach dem *Blauen Engel* und dem in den USA sehr erfolgreichen Liebesfilm *Marocco*. Die amerikanische Kritik lobte Marlene Dietrich fast einhellig, während sie zum Teil Sternberg attackierte, weil er seiner Hauptdarstellerin nicht genügend Spielraum lassen würde. Finanziell brachte der Film der Paramount wenig ein. In Deutschland boykottierten die Nationalsozialisten den Streifen, weil er angeblich das Militär kritisiere.

284 *Yvonne:* Der Garbo-Film, der im amerikanischen Original *Inspiration* hieß, war im Oktober 1931 in die deutschen Kinos gekommen.
Clarence Brown: Amerikanischer Regisseur (1890–1987), der die großen Garbo-Filme drehte (im Originalartikel wurde er wohl durch einen Übermittlungsfehler »Broron« genannt).

285 *Bramarbasse:* Großsprecher, Prahler, benannt nach einer Figur aus der Commedia dell'arte.

Der Esel und die Autarkie
Erstdruck: *Die Weltbühne* 28, Nr. 7 vom 16. 2. 1932, S. 267.

Brief aus Paris, anno 1935
Erstdruck: *Die Weltbühne* 28, Nr. 21 vom 24. 5. 1932, S. 795–796.

Die Personennamen »Wright«, »Mallaczek«, »Schneider-Greusot« und »Bannermann-Leverkusen« sind höchstwahrscheinlich Erfindungen von Kästner; ein biographischer Nachweis jedenfalls war nicht möglich.

287 *Armstrong-Vickers:* Phantasie-Firmenname mit dem englischen Maschinenbau- und Flugzeugkonzern Vickers Ltd. als Kern.
Schulze-Naumburg: Offensichtlich ist damit Paul Schultze-Naumburg (1869–1949) gemeint, NSDAP-Mitglied und seit 1930 Leiter der Staatlichen Hochschule für Baukunst und Handwerk in Weimar. Schultze-Naumburg propagierte in der Architektur einen neuen Heimatstil als bewußte Abkehr von »volksfremden« und »kulturbolschewistischen« Tendenzen, wie sie für ihn z. B. vom Bauhaus vertreten wurden. Er gewann nach 1933 großen Einfluß in der NS-Kulturpolitik.

288 *Goethe und Weltbürgertum:* Wahrscheinlich eine Anspielung auf die Rede Thomas Manns am 18. März 1932 in der Preußischen Akademie der Künste (*Goethe als Repräsentant des bürgerlichen Zeitalters*), in der es u. a. heißt: »Nur kann, wie es bei Wagner und seinen geistigen Zöglingen geschah, das Deutsche

und Konservative sich zum Nationalismus politisieren, gegen welchen Goethe, der deutsche Weltbürger, selbst als das Nationale so viel historische Berechtigung besaß wie 1813, sich freilich kalt bis zur Verachtung verhielt« (zitiert nach: Thomas Mann. Adel des Geistes. Stockholm 1945, S. 125).
288 *Phosgen:* Hochgiftiges Gas, das u. a. im Ersten Weltkrieg eingesetzt wurde.
289 *Alraune wird Soldat:* Der Titel ist eine Parodie von Hanns Heinz Ewers' (1871–1943) erfolgreichstem Roman *Alraune* (1911), mit dem der frühere Brettl-Autor die bürgerlichen Moralvorstellungen hart attackiert hatte. 1931 war Ewers der NSDAP beigetreten und hatte seinen Roman *Reiter in deutscher Nacht* veröffentlicht, die verbrämte Lebensgeschichte des NSDAP-Funktionärs Paul Schulz.

Kuhle Wampe
Erstdruck: *Neue Leipziger Zeitung*, 4. 6. 1932.

Der Film *Kuhle Wampe*, für den der Regisseur Slatan Dudow, Ernst Ottwald und Bertolt Brecht gemeinsam das Drehbuch geschrieben hatten, wurde schon vor seiner Uraufführung, am 31. März 1932, durch die Filmprüfstelle Berlin verboten. Am 9. April 1932 bestätigte die Oberprüfstelle Berlin das Verbot und begründete es u.a. damit, daß »vom ersten bis zum letzten Akt […] in steigendem Maße zum Ausdruck gebracht« werde, »daß der gegenwärtige Staat unfähig und nicht in der Lage ist, der Not und dem Elend der Massen zu steuern. [sic!] Nur Selbsthilfe und Solidarität könnten hier helfen, denen die Stählung durch den Sport den Weg bereitet. […] Hiernach ist die Gesamtdarstellung des Bildstreifens geeignet, an den Grundfesten des Staates zu rütteln und mit der unmißverständlichen Aufforderung zu Umsturz und Gewalt den Bestand des Staates zu erschüttern, somit lebenswichtige Interessen im Sinne der Dritten Verordnung des Reichspräsidenten vom 6. Oktober 1931 zu gefährden.«

Nach heftigen öffentlichen Protesten und nach eher unbedeutenden Schnitten (u. a. mußte eine harmlose Nacktbadeszene entfernt werden) erhielt der Film am 21. April 1932 seine Freigabe und konnte am 30. Mai 1932 im Berliner »Atrium« uraufgeführt werden.
289 *Yorckfilm:* Am 23. Dezember 1931 war in Berlin der Ufa-Film *Yorck* in der Regie von Gustav Ucicky uraufgeführt worden. Er handelt von dem preußischen General Yorck von Warten-

berg, der 1812 als Führer eines Hilfscorps mit Napoleon nach Moskau ziehen soll, aber gegen den Befehl seines Königs Frieden mit Rußland schließt und so den preußischen Kampf gegen die französische Armee ermöglicht.

290 *Parteikunstwerk:* Die von Kästner damit gemeinte kommunistische Tendenz des Films ist auch heute unbestritten. *Kuhle Wampe* gilt sogar als einziger eindeutiger kommunistischer Spielfilm der Weimarer Republik. Als Statisten waren außerdem, wie Brecht berichtet (in: Kuhle Wampe. Hrsg. von W. Gersch und H. Hecht. Frankfurt 2. Aufl. 1973, S. 92), 4000 Arbeitersportler aus kommunistischen Sportverbänden beteiligt.

»Der Scharlatan«
Erstdruck: *Vossische Zeitung*, 2. 10. 1932.

291 *Sklarekprozeß:* Am 26. September 1929 wurden in Berlin die drei Brüder Sklarek verhaftet, die u. a. durch Bestechung von Beamten und Bankdirektoren die Stadt Berlin um Millionen betrogen hatten. Am 28. Juni 1932 wurden Leo und Willy Sklarek zu je vier Jahren Zuchthaus verurteilt.
deutsch-französisches Verständigungsmanöver der Schwerindustrie: Seit 1924/25 hatte es eine Annäherung der deutschen und französischen Stahlindustrie gegeben, die 1926 in die Gründung des »Internationalen Stahlkartells« mündete, dem auch Belgien und Luxemburg angehörten. Festgelegt wurden u. a. Produktionsquoten. Obwohl das Kartell 1931 zusammenbrach, gilt es heute als wichtiger Vorläufer der Montanunion.
Verurteilung Ossietzkys: Im sog. »Weltbühnenprozeß« war Carl von Ossietzky (1889–1938) am 23. November 1931 vom Leipziger Reichsgericht wegen eines Artikels (der die heimliche Aufrüstung der Luftwaffe anprangerte) aus dem Jahr 1929 in der von ihm herausgegebenen *Weltbühne* zu 18 Monaten Gefängnis verurteilt worden.

292 *Grünewald:* Mathias Grünewald (um 1480–1528), deutscher Maler, Schöpfer des Isenheimer Altars und sehr ausdrucksstarker Gemälde.

Der Dramatiker Ödön Horvath
Erstdruck: *Neue Leipziger Zeitung*, 17. 11. 1932.

Dem Artikel schickte die Feuilletonredaktion (oder Kästner?) folgende Sätze voraus: »Ein seltenes Theaterereignis in Leipzig: die Berliner Theaterproduktion Aufricht läßt am Freitag die Berliner

Uraufführung von »Kasimir und Karoline« im Leipziger Schauspielhaus in Szene gehen. Generalprobe in Leipzig. Man will einen umstrittenen Autor der unruhigen, von Feindschaft geladenen Berliner Theateratmosphäre entziehen und das Stück vor die sachlichere Leipziger Öffentlichkeit stellen. Wir können nur die Nachahmung dieses Beispiels empfehlen. Erich Kästner führt uns hier den Autor als Dramatiker vor.«

Die Leipziger Premiere von *Kasimir und Karoline* am 18. November 1932 hat Kästner nicht besprochen; er blieb in Berlin.

Unter aller Kritik!
Erstdruck: *Die Weltbühne* 28, Nr. 47 vom 22. 11. 1932, S. 765–767.
296 *Ich erinnere mich eines Referats:* Diese Anekdote ist sowohl von Kästner als auch von Kesten belegt. Hermann Kesten erinnerte sich in *Meine Freunde die Poeten* (Wien, München 1953, S. 217f.): »Ein damals namhafter Kritiker (ich habe seinen Namen vergessen) schrieb im ›Berliner Tageblatt‹ anläßlich meines Novellenbandes ›Die Liebesehe‹, er sei nicht ganz so gut wie meine Gedichte in ›Herz auf Taille‹, die ihm meinen Namen *unvergeßlich* gemacht hätten. Mein alter Verleger, Gustav Kiepenheuer, selbst zuweilen zerstreut und also voller Verständnis für zerstreute Leute, rief den alten Fritz Engel an, den Redakteur vom ›Berliner Tageblatt‹, und machte ihm klar, daß Hermann Kesten Kestens Novellen veröffentlicht habe, und daß ›Herz auf Taille‹ von Erich Kästner sei und bat um Berichtigung. Diese erschien und machte Kästner zum Autor meiner Novellen und seiner Gedichte. Arm in Arm traten Kästner und ich vor den in Irrtümern ergrauten Engel hin, um ihn von der verschiedenen realen und poetischen Existenz von uns beiden visuell und akustisch zu überzeugen. Der arme alte Engel geriet in immer größere Verwirrung, erst hielt er mich für Kästner, dann Kästner für meinen Verleger Kiepenheuer, dann mich für Kästners Verleger Weller, schließlich uns beide für Hochstapler.«

Erich Kästner schrieb am 19. Oktober 1929 an seine Mutter: »Ich lege Dir eine Kritik aus dem ›Berliner Tageblatt‹ und eine Berichtigung bei. Da hat man mich und Kesten nun also doch miteinander verwechselt! So etwas. Ganz Berlin hat drüber gelacht. Es ist fürs ›Tageblatt‹ eine große Blamage. Sie haben sich auch noch brieflich entschuldigt. Anfang der Woche wollen Kesten und ich mal hingehen und uns bißchen beschweren.«

Und am 22. Oktober 1929 heißt es: »Am 30. Oktober muß ich mit Kesten nach Oberhausen fahren; das liegt im Rheinland; sein Verlag zahlt mir die Spesen; dort wird ein Stück von ihm uraufgeführt, und ich soll es im ›Berliner Tageblatt‹ besprechen. Er bespricht dafür ›Lärm im Spiegel‹. Das ›Berliner Tageblatt‹ hat uns das vorgeschlagen, weil sie wegen der Verwechslung Gewissensbisse haben. Nun werden wir einander bißchen loben.«

Nach Oberhausen ist Kästner dann doch nicht gefahren. Es erschien also auch keine Kritik von ihm. Kestens Besprechung brachte das *Berliner Tageblatt* am 3. November 1929.

Das Schauspielerelend als Bühnenerfolg
Erstdruck: *Neue Leipziger Zeitung*, 31. 1. 1933.

Nach einer Denkschrift der Genossenschaft Deutscher Bühnen-Angehörigen vom März 1932 konnten in der Spielzeit 1931/32 nur noch 6081 beschäftigte Solomitglieder gezählt werden. Die Zahl der Erwerbslosen hatte sich gegenüber der Spielzeit 1928/29 auf 3080 verdoppelt: »In der Spielzeit 1931/32 wird nach starken Kürzungen der Spielzeitdauer die Zahl der Sommererwerbslosen auf 2500 bis 3000 geschätzt. Das bedeutet eine Vergrößerung der Erwerbslosigkeit für den Sommer 1932 auf 5500 bis 6000 Solomitglieder.«

297 *Rotterbühnen:* Nach den Theaterunternehmern (und Varietéspezialisten) Alfred und Fritz Rotter benannte Bühnen.

Reinhardts Deutsches Theater: Bereits im Jahr 1931 hatte Reinhardt die Geschäftsführung seiner Bühne Rudolf Beer (1885–1938) und Karl Heinz Martin übertragen. Nachdem Reinhardts Weggang aus Berlin bekanntgeworden war, wurde der Schauspieler Carl Ludwig Achaz (1889–1958), der Sohn des I.G. Farben-Aufsichtsratsvorsitzenden Carl Duisberg (1861 bis 1935), mit der Leitung beauftragt. Im April 1933 brachte Achaz mit dem Blut-und-Boden-Stück *Das ewige Volk* von Hans Kluge seine erste Premiere heraus.

298 *Richard Duschinsky:* Richard Duschinsky (*1897), österreichischer Schauspieler und Dramatiker; Duschinsky hatte sich bereits drei Jahre zuvor in seinem Stück *Stempelbrüder* (uraufgeführt am 1. Oktober 1929 im Berliner Renaissance-Theater mit Heinrich George in der Hauptrolle) mit der Arbeitslosigkeit beschäftigt. Erich Kästner hatte damals in seiner Kritik für die *Neue Leipziger Zeitung* (4. 10. 1929) geschrieben: »Der Stoff – die herrschende Arbeitslosigkeit – ist

gut gewählt. Das Mitgefühl des Autors ist echt. Regie und Darstellung ist einzigartig. Aber das Stück ist alledem nicht gewachsen. [...] So wird aus dem Drama ein Museum des Elends.«

Die Gemeinschaft der geistig Schaffenden Deutschlands
Erstdruck: *Die literarische Welt* 9, Nr. 11/12 vom 17. 3. 1933, S. 4.

Die Zeitschrift *Die literarische Welt* lud Anfang 1933 prominente Schriftsteller ein, die Position der Literatur anläßlich des »Tages des Buches« zu bestimmen. Das seit 1925 bestehende Blatt, das Willy Haas leitete, hatte in der Weimarer Republik namhafte Autoren wie Thomas Mann, Robert Musil, Hermann Hesse oder Alfred Döblin versammelt. Nach dem Reichstagsbrand mußte Haas nach Prag fliehen. (Abgedruckte) Antworten auf die Rundfrage schickten Ernst Barlach, Richard Billinger, Edwin Erich Dwinger, Erich Ebermayer, Herbert Eulenberg, Bruno Frank, Manfred Hausmann, Werner Hegemann, Kurt Heuser, Richard Huelsenbeck, Heinrich Eduard Jacob, Erich Kästner, Gerhard Menzel, Walter von Molo, Alfred Neumann, Robert Neumann, Rudolf Pannwitz, Alfons Paquet, Erich Przywara S. J., Erik Reger, Wilhelm Schäfer, Wilhelm von Scholz, Rudolf Alexander Schröder, Ina Seidel, Jakob Wassermann, Karl Wolfskehl, Fedor von Zobeltitz und Arnold Zweig.

Notabene 45

Der Text folgt der Druckfassung (D) aus der Ausgabe letzter Hand von 1969: Gesammelte Schriften für Erwachsene. Bd. 6. Vermischte Beiträge I. Zürich 1969, S. 55–238.

Überliefert sind die Aufzeichnungen vom 7. Februar 1945 bis zum 2. August 1945 in Kästners »blau eingebundenem Buch« (B) (vgl. die Anmerkungen zu den Tagebuchaufzeichnungen 1941 und 1943 in diesem Band). Im Nachlaß findet sich eine undatierte, leicht bearbeitete und mit stenographischen Anmerkungen versehene Transkription (T) dieser *Kriegstagebuch 1945* überschriebenen stenographischen Notizen. Für die erste Ausgabe von *Notabene 45*, die 1961 im Zürcher Atrium-Verlag erschien, überarbeitete und ergänzte Kästner diese Transkription durchgehend; dabei hielt er sich nicht immer die ursprüngliche Abfolge ein. Ganz neu hinzukommen sind: *Vorbemerkungen*, *AUS DER CHRONIK* und *Postskriptum 1960*. Bei der Fülle der vor allem stilistischen Änderungen muß sich die Kommentierung darauf beschränken, signifikante Abweichungen der Druckfassung von der Transkription und der Transkription vom »blau eingebundenen Buch« kenntlich zu machen. Offensichtliche Übertragungs-, Rechtschreib- und Interpunktionsfehler in T wurden stillschweigend korrigiert. Eine weitergehende Aufschlüsselung bleibt einer historisch-kritischen Ausgabe vorbehalten. Kästner behauptet, er habe den ursprünglichen Text, um die Begriffe aus den *Vorbemerkungen* zu gebrauchen, behutsam auseinandergefaltet und dechiffriert, »ohne dessen Authentizität anzutasten«. Das bestätigt der Vergleich der verschiedenen Fassungen so nicht. Im Nachwort wird ausführlicher darauf eingegangen. An manchen Stellen hielt es Kästner für angebracht, im Tagebuch genannte Namen wegzulassen, zu umschreiben oder zu verschlüsseln. Er verzichtete auch darauf, (Vor-)Namen zu erläutern. Bei dem derzeitigen biographischen Kenntnisstand ist es selbst mit Hilfe des Nachlasses nicht möglich, die Namen in jedem Fall eindeutig zuzuordnen. Auf eine Kommentierung der Chronik wurde verzichtet, da sie lediglich den historischen Sachstand wiedergibt.

Vorbemerkungen

301 *Notabene:* (Lat.) »merke wohl«; das Notabene: Merkzeichen, Vermerk.

303 *Februar 1944:* In der Nacht vom 15. auf den 16. Februar 1944 wurde Kästners Wohnung in der Berliner Roscherstraße 16 von Phosphorbomben getroffen und vollständig zerstört.

304 *Ruhe hieß die erste Bürgerpflicht:* Nach der Niederlage gegen Napoleon bei Jena am 14. Oktober 1806 gab der preußische Gouverneur von Berlin und Minister von der Schulenburg die Parole aus: »Der König hat eine Bataille verloren. Jetzt ist Ruhe die erste Bürgerpflicht.«

305 *aufs kreisende Flammenrad:* Kästner könnte mit diesem Bild auf ein Plakat der SPD zur Reichstagswahl 1932 anspielen, das einen aufs »Sonnenrad« (Hakenkreuz) geflochtenen Arbeiter zeigt.

306 *Comédie humaine:* Die »menschliche Komödie«, Titel für das gesamte Romanwerk Honoré de Balzacs (1799–1850), der damit eine umfassende Darstellung der französischen Gesellschaft seiner Zeit schaffen wollte.
Sodom und Gomorrha/Lots Weib: Nach Genesis 19 wurden die beiden biblischen Städte Sodom und Gomorrha am Toten

Meer wegen der Sündhaftigkeit ihrer Bewohner zerstört. Lot verließ auf den Rat von zwei Engeln mit seiner Frau und seinen zwei Töchtern Sodom kurz vor der Zerstörung. Gegen das göttliche Verbot blickte Lots Frau zurück und erstarrte zur Salzsäule.

306 *Medusengesicht:* Medusa ist in der griechischen Mythologie eine der drei Töchter des Phorkys und der Keto. Zusammen werden diese Töchter als »Gorgonen« bezeichnet. Sie sind geflügelt, haben Schlangenhaare und mächtige Zahnhauer. Ihr Anblick versteinert.

307 *Waren die Reihen [...] eine Ziffer:* Ob sich Kästner hier auf ein konkretes Ereignis bezieht, war nicht zu ermitteln. Höchstwahrscheinlich hat Kästner dieses Bild als Symbol für die Deportation und Ermordung der Juden gewählt. Der SS-Scharführer (im Dienstrang einem Unterfeldwebel vergleichbar), der an seinen Mordtaten irre wurde, dürfte aber die Ausnahme gewesen sein.

Berlin, 7. Februar 1945

310 *Wir waren wieder ein paar Tage in L. [...] schlechte Manieren:* Neuer Anfang für D; in T heißt die Anfangspassage: »Wir waren wieder ein paar Tage in Ketzin. Der Luftangriff am Sonnabend mittag soll der schwerste überhaupt gewesen sein. 1200 Bomber. Luftabwehr wie üblich. Dazu die hunderttausende von Flüchtlingen aus dem Osten in der Stadt. Und die Russen bei Küstrin und bei Frankfurt/Oder. Willi Kollo hat, um seine Familie aus Altheide zu holen, sieben Tage von dort nach Berlin gebraucht.«
Brandenburg und Oranienburg: Gemeint sind damit das berüchtigte Zuchthaus in Brandenburg an der Havel und das im März 1933 errichtete KZ Oranienburg, das allerdings schon seit März 1935 geschlossen war, so daß Kästner offensichtlich die Erinnerung trog.
Karl: Laut T: Paul Odebrecht.

311 *Kann dir die Hand nicht geben, derweil ich eben tanz:* Anspielung auf die dritte Strophe des Liedes *Der gute Kamerad:* »Er liegt mir vor den Füßen, / Als wär's ein Stück von mir. / Will mir die Hand noch reichen, / Derweil ich eben lad'. / Kann dir die Hand nicht geben, / Bleib du im ew'gen Leben, / Mein guter Kamerad!« Der Text stammt von Ludwig Uhland

und wurde von Friedrich Silcher vertont. Das Lied gehörte seit dem Ersten Weltkrieg zum militärischen Beerdigungszeremoniell.

311 *Lotte:* Luiselotte Enderle (1908–1991), spätestens seit 1944 Kästners Lebensgefährtin, arbeitete zu dieser Zeit als Dramaturgin bei der Ufa; nachdem seine Wohnung ausgebombt worden war, wohnte Kästner bei ihr.

312 *Willi Schaeffers:* Conférencier (1884–1962), hatte 1938, nach der Emigration von Kurt Robitschek und Paul Morgan, die Leitung des »Kabaretts der Komiker« übernommen.
Volkssturm: Durch Führererlaß am 25. September 1944 aufgestellte Truppe aus bisher nicht eingezogenen 16- bis 60jährigen Männern zur Verteidigung des »Heimatbodens«.
Kurt: Laut T: Wolff.

313 *Aber an Bratkartoffeln kann [...] in der Tür irren:* Ergänzung von Kästner in D. In T heißt diese Passage, direkt plaziert nach dem Absatz über die Mutter, der ihr Kind abgenommen wurde: »Interessant ist in diesem Zusammenhang auch der Ausschnitt aus der Textilzeitung mit der Statistik über die Verteilung von Nähmaschinennadeln (liegt dem Tagebuch bei). [Das ist tatsächlich der Fall, d. Hrsg.] Die von den Elektrizitätswerken unternommene Stromsparaktion führt auch zu allerlei Vergnügungen. So gestern abend in Ketzin, wo es unmöglich war, zu einer Runde Bratkartoffeln zu gelangen, weil im Laufe von vier Stunden mindestens achtmal der Strom abgeschaltet wurde. Das Licht brannte immer etwa zehn Minuten und blieb dann eine halbe Stunde weg.«

314 *Protektorat:* Protektorat Böhmen und Mähren, durch Erlaß vom 16. März 1939 dem Deutschen Reich angegliederte Teile der zerschlagenen Tschechoslowakei.
Stenogramm: Wie schon oben erwähnt, lag der Artikel dem Tagebuch bei, ein Stenogramm ist nicht bekannt.

317 *Roosevelt und Hitler:* Der Witz findet sich in T unter dem 5. März 1945.
Tobis: Tobis Filmkunst GmbH in Berlin, reichseigene Filmfirma.
Freisler: Roland Freisler (1893–1945), seit 1942 Präsident des sog. »Volksgerichtshofes«, des höchsten NS-Gerichtes, vor dem auch die Schauprozesse gegen die Widerstandskämpfer des 20. Juli 1944 stattfanden. Er kam nicht, wie Kästner vermutete, beim Verlassen des für Prominente bestimmten Bun-

kers im lange unzerstört gebliebenen Nobelhotel »Adlon« um, sondern starb am 3. Februar 1945 durch einen alliierten Bombenangriff im Keller des »Volksgerichtshofes«.

317 *Mitunter bin ich mir [...] Der Hochmut des Kleinbürgers:* Ergänzung von Kästner in D.

318 *Deutschlandsender:* 1927 gegründeter überregionaler Rundfunksender, der seit 1933 für die In- und Auslandspropaganda eingesetzt wurde.

im Alpenland weile: Gemeint ist damit der Obersalzberg bei Berchtesgaden; der »Berghof« Hitlers, um den sich die Landsitze von Goebbels, Göring und Bormann scharten; allerdings waren sowohl Hitler als auch Goebbels zu dieser Zeit in Berlin.

Berlin, 8. Februar 1945

318 *Da bleibt ihnen nur noch Japan übrig:* Seit dem 27. September 1940 waren Deutschland, Italien und Japan im sog. »Dreimächtepakt« verbunden.

Gigant: Beiname für den Messerschmitt Lastensegler Me 321, mit über 55 Metern Spannweite und einem Fluggewicht von 40 Tonnen eines der größten Flugzeuge im Zweiten Weltkrieg.

Hanke: Karl Hanke (1903–1945), seit 1941 Gauleiter und Oberpräsident von Niederschlesien, trotz seiner fanatischen Durchhalteparolen floh der von Hitler als Himmler-Nachfolger vorgesehene Hanke aus der Festung Breslau und wurde von tschechischen Partisanen getötet.

Breslaus zweiter Bürgermeister: Am 31. Januar 1945 ließ Hanke den zweiten Bürgermeister der Stadt vor dem Rathaus erschießen, weil dieser die Stadt habe verlassen wollen.

Polizeipräsidenten von Bromberg: Der hingerichtete Polizeipräsident von Bromberg war SS-Standartenführer von Salisch. Er wurde, so zumindest das Datum des Befehls, am 30. Januar 1945 erschossen.

Bewährungsbataillone: Truppeneinheiten, die mit disziplinarisch auffälligen, »politisch unzuverlässigen« oder »bedingt wehrwürdigen« Soldaten besetzt wurden; bekannt sind die 23 Bewährungs- oder Strafbataillone 999.

Konstanz [...] braunen Koffer greifen: Ergänzung von Kästner in D.

319 *Helmuth Krüger:* Conférencier und Kabarettist (1890–1945),

u. a. im »Kabarett der Komiker«, schrieb später u. a. für die »Schaubude«, wirkte bei Fincks »Mausefalle« und der »Kleinen Freiheit« mit.

319 *russische Kommissare:* Hohe russische Beamte.
Sybelstraße: In der Sybelstraße/Ecke Giesebrechtstraße wohnte Luiselotte Enderle, bei der Kästner nach dem Verlust seiner Wohnung lebte.
Schrifttumskammer: Die Reichsschrifttumskammer war eine von sieben Einzelkammern der am 1. November 1933 gegründeten Reichskulturkammer; für die Ausübung des Schriftstellerberufs war Mitgliedschaft Voraussetzung. Um wieder in Deutschland publizieren zu können, hat Kästner mehrfach erfolglos versucht, in die Reichsschrifttumskammer aufgenommen zu werden.

320 *Meine Frage [...] nicht sonderlich:* Ergänzung von Kästner in D.

Berlin, 9. Februar 1945

320 *Wieso? [...] Vor nichts und niemandem:* Ergänzung von Kästner in D.

Berlin, 12. Februar 1945

321 *Da der weibliche Widerspruchsgeist [...] und da argumentiert:* Ergänzung von Kästner in D.
322 *in puncto puncti:* Im Hauptpunkt.
Dr. Buhl: Dr. jur. Herbert Erich Buhl (1905–1948), Schriftsteller und Referent in der Reichsschrifttumskammer.
Renaissance-Theater: Das in der Nacht des 22. November 1943 erstmals von alliierten Bomben getroffene Theater mußte, wie die anderen Berliner Häuser, zum 30. August 1944 seinen Betrieb einstellen und diente danach offensichtlich auch als Unterkunft für Flüchtlinge.
323 *Bardinet:* Kleine Bar in der Schlüterstraße/Ecke Kurfürstendamm, in der Kästner sich, laut Luiselotte Enderle, mit Freunden regelmäßig an einem Stammtisch traf.
Lissy: Laut Luiselotte Enderle: Bedienung im »Bardinet«.
Wieder sind zwei Bürgermeister öffentlich aufgehängt worden. In Königsberg und in Neumark: In T und B lautet diese Passage: »Es ist wieder ein Bürgermeister gehängt worden, diesmal der von Königsberg in der Neumark. Übrigens ein Bekannter von Hans Fritz und von dem jungen Schaeffers.« Of-

fensichtlich handelt es sich in D um einen Übertragungsfehler.
Am 5. Februar 1945 wurde der Bürgermeister von Königsberg in der Neumark, Kurt Flöter, von dem Standgericht Schwedt zum Tode verurteilt und gehängt, weil er seine Stadt »ohne Räumungsbefehl verlassen hatte«.

323 *Die Exekutionen erinnern mich [...] »Das Endresultat, Herr Doktor!«:* Ergänzung von Kästner in D.

30. Juni 1934: Von der SS geschürte Gerüchte über angebliche Putschpläne der SA-Führung unter ihrem Stabschef Ernst Röhm nahm Hitler zum Anlaß, die gesamte oberste SA-Führung anläßlich einer Führertagung am 30. Juni 1934 verhaften und ermorden zu lassen. Durch ein von Reichspräsident Hindenburg am 3. Juli 1934 unterzeichnetes Gesetz ließ Hitler die Morde an seinen potentiellen politischen Gegnern als »Staatsnotwehr« für rechtens erklären.

Berlin, 14. Februar 1945

323 *Gestern abend und in der Nacht schwere Luftangriffe auf Dresden:* Im *Kriegstagebuch des Oberkommandos der Wehrmacht* (OKW) ist dazu unter dem 14. Februar 1945 vermerkt: »Im Westen am Tage 200 Flugzeuge, in der Nacht ein zweimaliger Angriff gegen Dresden mit je 200 Bombern und 80 Moskitos. In der Presse wird der Angriff gegen das bisher verschonte Dresden damit begründet, daß den Russen geholfen werden soll.« Bei dem Angriff britischer und amerikanischer Flugzeuge, dem verheerendsten gegen die mit Flüchtlingen überfüllte Stadt, starben zwischen 40 000 und 60 000 Menschen, vielleicht sogar noch mehr. Die Altstadt wurde total zerstört.

Berlin, 15. Februar 1945

325 *trotz Furcht und Tod und Teufel:* Anspielung auf Albrecht Dürers 1513 entstandenen Kupferstich »Ritter, Tod und Teufel«.

326 *KdF-Schiffe:* Passagierschiffe der Freizeitorganisation »Kraft durch Freude« der Deutschen Arbeitsfront (in der nach der Zerschlagung der Gewerkschaften alle »schaffenden Deutschen« zusammengefaßt waren).

Gustloff: »Wilhelm Gustloff«, 1938 in Dienst gestelltes, nach einem ermordeten Schweizer Nationalsozialisten benanntes KdF-Schiff, das gegen Kriegsende zur Evakuierung von Flüchtlingen eingesetzt wurde; am 30. Januar 1945 mit über

6000 Menschen an Bord von dem sowjetischen U-Boot S 13 vor Stolpmünde versenkt; dabei starben 5348 Menschen.

326 *Robert Ley:* Nach dem Leiter der Deutschen Arbeitsfront Robert Ley (1890–1945) benanntes KdF-Schiff, das ebenfalls zur Evakuierung von Flüchtlingen eingesetzt war, aber nicht versenkt wurde; Kästner verwechselte das Schiff höchstwahrscheinlich mit der »General von Steuben«, die am 10. Februar 1945 vor Stolp und ebenfalls von dem sowjetischen U-Boot S 13 mit 3000 Menschen an Bord torpediert wurde; nur rund 300 Menschen überlebten.

Berlin, 22. Februar 1945

326 *Verwandte aus Döbeln:* Die Familie Augustin, aus der Kästners Mutter stammte, findet sich, wie Kästner in *Als ich ein kleiner Junge war* schreibt, erstmals um 1650 in den Kirchenbüchern von Döbeln erwähnt. Auch Kästners Eltern hatten zunächst in Döbeln gelebt, dort blieben die »Döbelner Schwestern« der Mutter und Onkel Robert Augustin.
Königsbrücker Straße: In der Königsbrücker Straße 38 wohnten Kästners Eltern.

327 *Erich Ponto:* Deutscher Schauspieler, von 1914 bis 1945 vor allem in Dresden, spielte zwischen 1934 und 1945 in 41 Filmen.
Günther Lüders: Deutscher Schauspieler und Regisseur (1905 bis 1975).
Viktor de Kowa: Deutscher Schauspieler (1904-1973).
Meine deprimierenden Bittgänge [...] der Feldgendarmerie fest: Diese Passage heißt in T: »Und ich kann nicht hinüber, weil ich keine Erlaubnis bekomme, Berlin zu verlassen. Erst muß man Unterlagen über wirkliche Schäden der Angehörigen vorlegen können. Was kann sich seit dem 13. 2. in Dresden alles ereignet haben!«

Berlin, 27. Februar 1945

327 *Tante Lina:* Lina Augustin, Kästners Tante und Ehefrau des Fleischermeisters Franz Augustin. Der »Villa am Albertplatz« (korrekt: Antonstraße 1) in Dresden hat Kästner in *Als ich ein kleiner Junge war* ein ganzes Kapitel gewidmet.

328 *Dresden sei ausradiert worden [...] Doch die Leiche heißt Deutschland:* Ergänzung von Kästner in D.
Koch: Erich Koch (1896–1986), Gauleiter von Ostpreußen

und Reichskommissar für die Ukraine, 1950 an Polen ausgeliefert, zum Tode verurteilt, aber zu lebenslanger Haft begnadigt.
328 *Daran ist nur die Bürokratisierung [...] statt den Arzt zu holen:* Ergänzung von Kästner in D.
329 *Natur und Geschichte [...] »November der Neuzeit«:* Ergänzung von Kästner in D. »November der Neuzeit« könnte eine Anspielung auf die Verehrung des 9. November (1923) durch die Nationalsozialisten sein, möglicherweise auch eine Verballhornung des Buchtitels *Herbst des Mittelalters* von Johan Huizinga.

Berlin, 1. März 1945
In T lautet der Eintrag: »Wenn wir den Krieg verlören, hat gestern Dr. Goebbels im Rundfunk verkündet, sei die Göttin der Geschichte eine Hure. Aus dem belagerten Königsberg wurde heute gemeldet, der Kreisleiter habe geäußert, in Königsberg herrsche ›Kolberg-Stimmung‹. Vorgestern war u. a. wieder einmal Leipzig an der Reihe, Lottes Eltern haben keinen Schaden.«
329 *Goebbels:* Am 28. Februar 1945 hatte Goebbels seine vorletzte, über einstündige Rundfunkrede über die noch rund zwei Dutzend verbliebenen Sender gehalten und darüber am 1. März 1945 in seinem Tagebuch notiert: »Abends um 7 Uhr wird meine Rede über den Rundfunk übertragen. Ich höre mir sie selbst noch einmal an. Vortrag und Stil sind ausgezeichnet, und ich verspreche mir davon wenigstens einige Wirkung, wenn ich natürlich auch nicht in der Lage war, mit positiven Erfolgen als besten Argumenten aufzuwarten. Aber das Volk ist ja schon zufrieden, wenn man ihm heute wenigstens eine Stunde lang einmal gut zuspricht.« (Zitiert nach: Joseph Goebbels: Tagebücher 1945, Bergisch Gladbach 1980, S. 71)
Göttin der Geschichte: Klio, Muse der Geschichtsschreibung, eine der neun Töchter des Zeus und der Mnemosyne.
Kreisleiter: Leiter eines Kreises der NSDAP, direkt dem Gauleiter unterstellt, den Ortsgruppenleitern übergeordnet.
Kolberg-Stimmung: Die napoleonische Armee belagerte die preußische Festung Kolberg 1806/07 sechs Monate lang, ohne sie einnehmen zu können. Goebbels ließ noch 1944/45 den Durchhalte-Film *Kolberg* drehen (Premiere am 30. Januar 1945), der allerdings nur noch wenige Kinos erreichte.

Berlin, 2. März 1945

330 *Heute morgen erwartete man:* Im *Kriegstagebuch des OKW* vom 3. März 1945 heißt es dazu: »1250 Einflüge von Westen gegen Dresden, Magdeburg, Chemnitz sowie Industrieziele; ferner 350 Briten gegen Köln, 150 gegen Neuwied und Andernach; dazu 500 mittlere und 1500 Jagdflugzeuge. Nachts 50 Moskitos gegen Kassel, 40 gegen Berlin. Am Tage 200 eigene Jäger: 15 Abschüsse, 43 Verluste.«

331 *Elfriede Mechnig:* Sekretärin Kästners (1901–1986) von 1928 bis 1945, danach seine Berliner Büroleiterin.
Foese: Laut Enderle: Hermann Foese, Wirt des »Bardinet«.
Stadtwacht: Dabei dürfte es sich um den »Volkssturm« I und II handeln, der sich aus 92 Bataillonen mit etwa 60000 Mann zusammensetzte und Berlin bis in die Häuserzeilen verteidigen sollte.
Martin Mörike: Inhaber des Berliner »Chronos Verlag«, der z. B. das von Kästner (mit-)verfaßte Lustspiel *Das lebenslängliche Kind* in seinem Bühnenvertrieb hatte.
Ich brauche nur an die Baracken [...] die man selber nicht kennt: Ergänzung von Kästner in D.
Schießplatz Wahn: Kästner hatte 1918 während seiner Militärausbildung einen Lichtmeß-, Schallmeß- und Auswerterkurs auf dem Schießplatz Wahn bei Köln absolviert.

Berlin, 3. März 1945

332 *Moskito:* Wegen seiner Schnelligkeit und Wendigkeit gefürchtetes britisches Kampfflugzeug (De Haviland DH-98), das ganz aus Holz gefertigt war.
Klotzsche: Dresdner Flughafen.
Als wir, auf dem Lastwagen [...] doch nicht jeder Kontrast wirkt komisch: Szene in T skizziert, nicht in B.

Berlin, 5. März 1945

333 *Sondervorstellung im Rundfunk:* Zu der Rede Karl Hankes am 3. März 1945 notierte Goebbels in seinem Tagebuch: »Sie ist von ergreifender Eindringlichkeit und atmet die Würde und eine Höhe der politischen Moral, die Bewunderung verdient. Wenn alle unsere Gauleiter im Osten so wären und so arbeiteten wie Hanke, dann stände es besser um unsere Sache, als es wirklich um sie steht.«

333 *Auch sonst scheint [...] Zu Befehl, Herr Hanke:* Ergänzung von Kästner in D.
Jakob Böhme: Deutscher Mystiker (1575–1624), lebte seit 1599 als Schuhmachermeister in Görlitz.
»Wer nicht stirbet, bevor er stirbet«: Der Ausspruch »Wer eh stirbt, als er stirbt, der stirbt nit, wann er stirbt« wird nicht Jakob Böhme als erstem, sondern dem Grafen Johann von Nassau zugeschrieben, der die Schule in Herborn stiftete; danach gibt es zahlreiche weitere Belege.
Babelsberg: Stadtteil von Potsdam mit den Studios der Ufa.
Magda Goebbels: Ehefrau von Joseph Goebbels (1901–1945); Karl Hanke war als Staatssekretär im Reichsministerium für Volksaufklärung und Propaganda über die Amouren von Joseph Goebbels (u. a. mit der Filmschauspielerin Lida Baarova) informiert und versuchte nun seinerseits, ein Verhältnis mit Magda Goebbels zu beginnen. In diesem Zusammenhang dürfte es auch zu der von Kästner erwähnten Ohrfeige gekommen sein. Die Scheidung der Goebbels-Ehe wurde von Hitler abgelehnt; Hanke verließ seinen Staatssekretärsposten und meldete sich als Kriegsfreiwilliger, 1941 wurde er dann zum Gauleiter in Niederschlesien ernannt.
Dr. Greven: Alfred Greven, Produktionschef der Ufa.
Memento mori: Lateinisches Sprichwort: »Gedenke des Todes«.
Das Leben ist der Güter höchstes nicht: Zitat aus Schillers Drama *Die Braut von Messina* (4. Akt, 10. Szene).
Eine Schauspielerin: Laut T: Hertha Morell (Prof. Dr. Morell war allerdings trotz seiner Phantasieuniform nicht General, sondern Leibarzt von Adolf Hitler).
der Komponist M: Laut T: Willi Mattes (der erst 1949 wieder aus Schweden nach Deutschland kam).

334 *Zarah Leander:* Schwedische Filmschauspielerin und Sängerin (1907–1981), einer der beliebtesten Ufa-Stars.
Si tacuisses: »O si tacuisses, philosophus mansisses!« – »Hättest du geschwiegen, wärst du ein Philosoph geblieben«. Aus Boethius *De consolatione* (*Vom Trost der Philosophie*), 2. Buch, 17. Kapitel.

Berlin, 6. März 1945

334 *PK-Berichter:* Angehöriger einer sog. »Propaganda-Kompanie« der Wehrmacht; zu den Aufgaben gehörte neben der

Kriegsberichterstattung in Wort und Bild auch die psychologische Kriegsführung.

334 *Solange man der Bevölkerung [...] der Flammen das meiste:* Ergänzung von Kästner in D.

335 *Vorstöße der deutschen Luftwaffe nach England:* Dazu heißt es im *Kriegstagebuch des OKW* unter dem 6. März 1945: »Nachtrag zur Nacht vom 4./5.: Über 100 eigene Nachtjäger, die sich dem feindlichen Bomberstrom anschlossen. 39 Flugzeuge wurden vernichtet, 17 am Boden zerstört, 12 in Brand geschossen und 3 zur Explosion gebracht, ferner Angriff gegen 3 Fabriken und 9 Züge. Der Erfolg ist geringer, als erhofft wurde; jedoch reagiert die engl. Presse stark darauf und spricht von der Notwendigkeit, die Verdunklung wieder einzuführen.«
Man teilte also zweierlei mit [...] schon lange keiner mehr: Ergänzung von Kästner in D.
Ernst von der Decken: Hauptschriftleiter der *Deutschen Allgemeinen Zeitung* (1894–1958), später stellvertretender Chefredakteur der *Welt am Sonntag*.

Berlin, 7. März 1945

336 *Guderian vor geladenen Journalisten:* Heinz Guderian (1888 bis 1954), deutscher General, seit 1943 Generalinspekteur der Panzertruppen, seit 1944 Chef des Generalstabs des Heeres, am 28. März nach Differenzen mit Hitler entlassen. Die Pressekonferenz war von Goebbels angeregt worden. Am 5. März 1945 notierte Goebbels: »Ich trage dem Führer meinen Propagandaplan zur Publizierung der sowjetischen Greuel vor, und auch meine Absicht, dabei Guderian einzusetzen. Der Führer ist mit meinem Plan sehr einverstanden. Er billigt es, daß ausgesprochene Nationalsozialisten sich bei der Publizierung der sowjetischen Greuel etwas zurückhalten, da unsere Nachrichten damit eine größere internationale Glaubwürdigkeit erhalten.« Trotzdem war die Berliner Pressekonferenz ein Mißerfolg, wie Goebbels am 8. März 1945 notierte: »Guderian hat etwas zu pathetisch und zu blumig gesprochen, und auch die vernommenen Zeugen waren durch vorherige Aussagen bei den verschiedensten Stellen wohl etwas zu belastet, als daß sie noch frisch und ungehemmt vortragen konnten. [...] In Stockholm werden die Aussagen entweder verhöhnt oder totgelacht.«

336 *Da wird die Weltöffentlichkeit [...] Über wessen Grab:* Ergänzung von Kästner in D.
Marschallstab: Rangabzeichen der höchsten militärischen Ränge (Reichsmarschall, Generalfeldmarschall).
Arbeitsdienstverpflichteter: Der Reichsarbeitsdienst (RAD) sah eine halbjährige allgemeine Dienstpflicht für alle Männer und Frauen zwischen 18 und 25 Jahren vor. Gegen Ende des Krieges wurde der RAD z. T. mit dem Volkssturm zusammengelegt.
337 *Da auch der größte Held [...] allerdings zu dessen letztem Aufgebot:* Ergänzung von Kästner in D.
Musterung [...] Volkssturm: Kästners heute im Nachlaß aufbewahrter Volkssturm-Ausweis trägt als Datum den 5. November 1944.
338 *Verdun:* Von Februar bis Dezember 1916 lieferten sich deutsche und französische Truppen die blutigste Schlacht des Ersten Weltkriegs mit 700 000 Toten.
Einjähriger: Bezeichnung für Einjährig-Freiwillige. Bis 1918 genossen sog. »Angehörige der gebildeten Stände« das Privileg, statt drei Jahre nur ein Jahr in der Armee dienen zu müssen. Voraussetzung war der Abschluß der Tertia eines Gymnasiums.

Berlin, 8. März 1945

339 *Robert Ley hat:* Der Artikel erregte auch den Unmut der NS-Führung. Goebbels berichtete am 9. März 1945, daß eine »ausgekochte Wut« gegen »den letzten Artikel von Dr. Ley« herrsche, und ergänzte einen Tag später: »Er hat sich letztlich unter dem Titel »Ohne Gepäck« einige Eskapaden geleistet, die gar nicht mehr erträglich sind. [...] So kann man natürlich den Luftkrieg nicht behandeln. Wenn ich diese Beweisführung für richtig anerkennen wollte, dann müsste ich als letzte Schlussfolgerung daraus ziehen, dass es das beste wäre, wir würden das Reich überhaupt dem Feind überlassen, da wir dann nicht das geringste Gepäck mehr mitzuschleppen hätten.«
Aufstand am 20. Juli: (In T: »Zum 20. 7.«) Am 20. Juli 1944 scheiterte ein Attentatsversuch Claus Schenk Graf von Stauffenbergs auf Hitler im Führerhauptquartier Wolfsschanze. Die Männer und Frauen des Widerstands wurden in der Fol-

ge verhaftet, ermordet oder zu langjährigen Zuchthausstrafen verurteilt.
340 *Und die Glocken wurden längst:* Hitler hatte an seinem 51. Geburtstag (20. 4. 1940) zur »Metallspende des deutschen Volkes« aufgerufen, in deren Verlauf auch Glocken eingeschmolzen wurden, um daraus Geschütze zu gießen.
Bracht: Fritz Bracht (1899–1945), seit 1941 Gauleiter von Oberschlesien, verübte Selbstmord unter ungeklärten Umständen.

Berlin 9. März 1945

340 *Völkischer Beobachter:* Zentralorgan der NSDAP.
Karl-Heinz Stockhausen: In B und T richtig: Karl-Heinz Holzhausen; offensichtlicher Übertragungsfehler. Der Artikel dürfte im Zusammenhang mit dem von der Parteikanzlei angeordneten »Sondereinsatz zur Hebung der Moral der Truppe« (Goebbels am 9. März 1945) gestanden haben.
341 *o du mein Alt-Heidelberg:* Vgl. Anmerkungen zu *VI, 111* u. *149.*
Man läßt [...] daß sie in der HJ waren: Ergänzung von Kästner in D.
Doch man schweigt [...] Panzern zerrissen wurden: In T unter dem 7. 3. 1945.
Division »Hitler-Jugend«: Name für die 12. SS-Panzerdivision, die nach verlustreichen Kämpfen in den Ardennen und Frankreich im Februar 1945 nach Ungarn transportiert worden war und dort an den Kämpfen um die Gran-Brückenköpfe und an der Offensive zum Entsatz von Budapest teilnahm. Die wenigen Überlebenden gerieten am 8. Mai 1945 in amerikanische Gefangenschaft.
Gestern warnte mich jemand [...] an der Leimtüte: Ergänzung von Kästner in D.

Mayrhofen, Zillertal, 22. März 1945
Mayrhofen, 23. März 1945

In B und T gibt es nur den 22. März 1945, nicht aber den 23. März 1945. In B und T lautet die gesamte Eintragung: »Nun bin ich schon eine Woche in Mayrhofen im Zillertal. Mit Eberhard einen Tag im Auto bis zum Staudenhof, reizende Tage bei Blaus, mit Gartenarbeit mit dem Ochsen ›Max‹. Dann durch das zerstörte München zum kroatischen Generalkonsul, mit Champagner, polnischer ›Bank‹. In der Nacht, ab Pasing über Garmisch bis Innsbruck, wo die Bevölkerung lange vor Alarmen in den Bergstollen verschwindet. Dann bis Jenbach und abends, mit dem einzigen Zuge, hinauf nach Mayrhofen. Lotte ist mittlerweile auch eingetroffen. Die Reise von Berlin wird immer abenteuerlicher mit längeren Fußmärschen zwischen den Strecken. Mit Angriffen von Tiefffliegern. Alles heraus aus dem Zug und in Deckung gehen usw.

Eberhard hat uns jetzt mit Butter und Schweizer Käse versorgt. Das Einzige, was noch fehlt, ist Brot. Um dieses anzuschaffen, wird es schwerhalten. [sic!]

Hier oben haust eine Lehrerinnen-Bildungsanstalt. Die Mädchen und Lehrer wohnen in den Hotels, sonnen sich auf den Balkons, haben in den Gasthof-Veranden und Hotelzimmern Unterricht und sogar Abschlußprüfungen. Wenn man in der Gaststube sitzt, hört man nebenan Zither-Unterricht und den Lehrer, der den Takt schlägt. Ausserdem gibt es hier viele Ausgebombte und Flüchtlinge aus den Ostgebieten. Eine Frau v. Spiegel, die in Frankfurt/Oder lebte, half seinerzeit dort beim Volksopfer. Es kamen viele brauchbare Anzüge zusammen. Nun wurde von der Partei organisiert. Es wurden die Hosen, die Westen und die Jacketts getrennt gestapelt, so dass niemand mehr einen kompletten Anzug kriegen konnte. Anschliessend wurde weiter organisiert: die Sachen wurden alle gebügelt. Und nun kam der Gipfelpunkt der Organisation: die gebügelten Hosen usw. wurden in grosse Säcke gestopft!

Heute [in B: gestern] war hier kein Strom, dafür aber Alarm. Ein Schlosser drehte die Handsirene und jagte die routinierten Berliner Bomberkenner, die auf der Strasse stehenblieben, in einer Art von Blutrausch in die Hausflure.

Im Nebenzimmer in der ›Neuen Post‹ werden geflüchtete Fürsten, Grafen, Barone usw. beköstigt. Die Wirtin hat es nicht gern, wenn sich die Bürgerlichen ins gleiche Zimmer setzen. Walter Ulbrich, der von Liebeneiner eine Reiseerlaubnis in den Schwarzwald bekommen hatte, schlug auf dem Berliner Bahnhof ein Zugfenster ein, das man ihm nicht öffnen wollte. Daraufhin wurde er verhaftet, saß bei der Gestapo und mußte sich freiwillig zum Militär melden. Dies war der Effekt seiner ursprünglichen Absicht, dem Volkssturm zu entgehen.«

Anmerkung in T: »Näheres über die Fahrt mit Eberhard Schmidts DKW, über den Wagenbrand usw. wurde nicht notiert, ist aber in meinem Gedächtnis ziemlich genau aufbewahrt.«

Außerdem findet sich in T unter dem 25. März 1945 die Anmerkung: »Nicht notiert: meine vergebliche Bemühung, auf der Dresdner Bank am Olivaer Platz, kurz vor der Abfahrt, einen Reisescheck auf 10 000 zu erhalten. Die Filiale hatte keine Formulare mehr. So ›musste‹ ich das bare Geld mitnehmen, das zu beantragen ich mich nicht getraut hatte. Das war unser Glück. Den Reisescheck hätte uns in Mayrhofen kein Mensch eingewechselt.«

345 *Mayrhofen:* Kleine Marktgemeinde am Südende des Zillertals in Tirol auf 633 Metern Höhe, Endstation der Zillertalbahn, mit heute 3300 Einwohnern.
Asphaltliterat: Der (städtische) Asphalt war für die nationalsozialistische Propaganda der negative Gegenpol zur Scholle, zu Blut und Boden. »Asphaltliteraten« wurden die sozialistischen und/oder pazifistischen Schriftsteller der Weimarer Republik genannt, also auch Erich Kästner.
Eberhard: Gemeint ist Eberhard Schmidt (*1908), Herstellungsleiter der Ufa.
Brigitte Horney: Deutscher Filmstar (1911–1988), spielte u. a. in *Münchhausen*.
Staatsrat Hans Hinkel: Geschäftsführer der Reichskulturkammer (1901–1960), seit 1. April 1944 Reichsfilmintendant und Filmabteilungsleiter im Ministerium für Volksaufklärung und Propaganda, 1947 an Polen ausgeliefert, kehrte 1952 nach Deutschland zurück.
DKW: Deutsche Automarke, unter der von 1928 bis 1942 Personenwagen in Zschopau gebaut wurden.
Liebeneiner: Wolfgang Liebeneiner (1905–1987), deutscher Schauspieler und Regisseur (13 Filme bis 1945), 1938 bis 1944 künstlerischer Leiter der Filmakademie, 1942 bis 1945 Produktionschef der Ufa.

346 *Denn hier hatte mich die Gestapo:* Über seine erste Verhaftung schrieb Kästner an seine Mutter: »Eben wollte ich auf der Bank etwas Geld abheben. Da sagten sie mir, mein Konto sei leider beschlagnahmt« (11. 12. 1933). »Also, das Geld soll wieder frei sein. Na, ich gehe aber erst morgen wieder hin. Denn vielleicht haben sie's doch noch nicht mitgeteilt, und dann ginge das Theater wieder los. Die polizeiliche Vernehmung war nach 1 ½ Stunden schon vorüber. Man dachte also, ich lebe in Prag und sei heimlich da, um Geld zu beheben. So ähnlich. Na, Schwamm drüber« (14. 12. 1933).
Hier war länger als ein Jahr: In ihrer Kästner-Biographie schreibt Luiselotte Enderle (Reinbek 1966, S. 64): »Dr. Som-

born [Kästners Anwalt, d. Hrsg.] brauchte ein ganzes Jahr, um das Konto freizubekommen. Kästner hatte vergessen, sich die Nummer des Zimmers zu merken, in dem er vernommen worden war. Wahrscheinlich hatte es gar keine Nummer.«

347 *Familie Weiß:* In T heißt die Familie Blau und bewohnt den Staudenhof.

348 *zweite Mannschaft:* Vom 20. November 1944 bis zum 16. April 1945 drehte Wolfgang Liebeneiner den Film *Das Leben geht weiter* nach einem Artikel von Joseph Goebbels. Die Hauptrollen spielten Gustav Knuth, Hilde Krahl, Marianne Hoppe, Victor de Kowa und Heinrich George. Nachdem in Berlin nicht mehr gearbeitet werden konnte, ging das Team nach Lüneburg, wo Liebeneiner um den 20. März 1945 herum die Produktion wieder aufnahm. Der Film wurde nicht beendet und gilt bis heute als verschollen.

Mandarinen: Eigentlich der europäische Name für hohe Beamte des chinesischen Kaiserreichs; abschätzig für hohe, aber weisungsgebundene Beamte.

Auguren: Im antiken Rom Priester und Vogelschauer (= Wahrsager).

349 *Die Tiroler sind nicht nur:* Anspielung auf das Volkslied *Die Tiroler sind lustig.*

350 *Hasler, der Filmarchitekt:* Emil Hasler (1901–1986), Filmarchitekt der Ufa, u. a. für *Münchhausen.*

Elevin: Anfängerin, Schülerin.

351 *Harald Braun:* Deutscher Dramaturg, Filmregisseur, Drehbuchautor und Produzent (1901–1960), drehte für die Ufa u. a. *Zwischen Himmel und Erde* (1941/42, mit Werner Krauß, Gisela Uhlen, Paul Henckels und Elisabeth Flickenschildt), *Hab' mich lieb* (1942, mit Marika Rökk, Ursula Herking und Günter Lüders), *Nora* (1943, mit Luise Ullrich, Viktor Staal und Ursula Herking), *Träumerei* (1943/44, mit Hilde Krahl, Mathias Wieman und Friedrich Kayßler), *Der stumme Gast* (1944/45, mit René Deltgen, Gisela Uhlen und Rudolf Fernau); ab 1947 Leiter der »Neuen deutschen Filmgesellschaft« in München.

Kyrath: Ekkehard Kyrath (*1909), 1928–1945 Kameramann bei der Ufa und der Terra.

Baberske: Robert Baberske (1900–1958), Kameramann, seit 1917 beim Film, drehte mit Harald Braun *Zwischen Himmel und Erde, Träumerei* und *Der stumme Gast.*

351 *Herbert Witt:* Deutscher Filmautor (1900–1980), schrieb später Texte für die »Schaubude«.
Hannelore Schroth: Deutsche Schauspielerin (1922–1987), debütierte 1938 in dem Film *Spiel im Sommerwind*, hatte kurz zuvor mit Helmut Käutner den Film *Unter den Brücken* gedreht, der allerdings erst 1946 zur Uraufführung kam, heiratete am 30. Juni 1945 den Meeresbiologen und Kulturfilmer Hans Hass in Mayrhofen (1950 Scheidung).
Ulrich Haupt: Deutscher Schauspieler (1915–1991), Sohn ausgewanderter Deutscher, in Chicago geboren, seit 1931 in Deutschland, seit 1940 als Schauspieler in Berlin.
Maskenbildner Schramm: Arthur »Atze« Schramm, später Maskenbildner bei der Bavaria.

352 *Reichsdeutsche:* Im NS-Sprachgebrauch: Deutsche mit deutscher Staatsangehörigkeit im »Altreich«.
1938 dem Hitler zujubeln konnten: Anspielung auf den sog. »Anschluß« Österreichs an das Deutsche Reich und der Bildung einer NS-Regierung unter Arthur Seyß-Inquart sowie auf den von der Bevölkerung überwiegend bejubelten Einmarsch der deutschen Truppen am 12./13. März 1938.
Ostmärker: Im NS-Sprachgebrauch: Österreicher und Bewohner der deutschen Gebiete in Südböhmen und Südmähren, seit 1942 als Begriff offiziell nicht mehr verwendet.

353 *Gauleiter Hofer:* Franz Hofer (1902–1977), Gauleiter von Tirol-Vorarlberg seit 1938, Reichsverteidigungskommissar von Tirol-Vorarlberg, dem Alpenvorland, Süd-Tirol und dem italienischen Raum bis Verona.

354 *kleinere Bomberverbände:* Im *Kriegstagebuch des OKW* ist unter dem 22. März 1945 notiert: »Von Süden 600 Bomber in 2 Gruppen gegen Wien, Bruck, Villach, Graz sowie gegen das bayerisch-schwäbische Gebiet, wo Flugplätze schwer getroffen wurden.« Und unter dem 23. März 1945 heißt es: »Aus dem Süden 600 Bomber gegen Wien und Schwarzheide. Dabei Zerstörung von 2 Brücken nach Innsbruck.«
Volksopfer: Das »Volksopfer« war eine über die üblichen Kleidersammlungen, wie die des Winterhilfswerks, hinausgehende Sonderaktion zur Ausrüstung des letzten Aufgebots. Sie startete am 6. Januar 1945 mit einem Aufruf im »Völkischen Beobachter« (»Helft neue Divisionen auszurüsten!«) und endete am 11. Februar 1945.

Mayrhofen, 25. März 1945

356 *Der Wehrmachtsbericht meldet:* Im Wehrmachtsbericht für den 25. März 1945 heißen die entsprechenden Passagen: »In den letzten drei Tagen scheiterte im Kampfabschnitt Küstrin der Ansturm starker Infanterie- und Panzerverbände der Sowjets an der Standhaftigkeit unserer Divisionen. Über 200 feindliche Panzer wurden abgeschnitten. [...] Im Rücken unserer Stellungen am Niederrhein sind am gestrigen Vormittag die Engländer aus der Luft gelandet. Unsere für diesen Fall bereitgehaltenen Verbände schossen aus einer Gruppe von 121 Lastenseglern noch vor der Landung 50 ab und gingen zum Angriff auf die feindlichen Luftlandetruppen über. In den gestrigen Mittagsstunden setzten außerdem die Amerikaner zwischen der unteren Lippe und der unteren Ruhr stärkere Kampfgruppen aus der Luft ab, die gleichfalls von mehreren Seiten angegriffen werden. [...] Angriffe anglo-amerikanischer Terrorbomber richteten sich gegen Berlin, Nordwestdeutschland und besonders gegen frontnahe Orte an Ruhr und Niederrhein.« Im *Kriegstagebuch des OKW* finden sich die entsprechenden Meldungen. Von einem Tagesangriff auf Berlin wird allerdings nicht berichtet.

Mayrhofen, 26. März 1945

356 *Die beiden sitzen [...] vor sich hin:* Ergänzung von Kästner in D.

Mayrhofen, 28. März 1945

Das *Kriegstagebuch des OKW* meldete am 28. März 1945: »Wetzlar wurde gehalten; Limburg ging verloren. [...] In Frankfurt kam der Gegner bis zum Opernplatz vor. Im Raum von Hanau Kämpfe [...]. Südlich Darmstadt stieß der Gegner durch den eigenen Riegel. Es wird jetzt eine neue Front in der Linie Miltenberg-Eberbach-Neckar-Mannheim aufgebaut.« Amerikanische Truppen (nicht englische, wie Kästner glaubte) waren bereits am 26. März 1945 in Frankfurt eingerückt.

356 *Sender Frankfurt:* »Durch falsche Funkmeldungen versucht der Gegner, die Bevölkerung in Unruhe zu versetzen« (*Kriegstagebuch des OKW* v. 27. 3. 1945). Die endgültige Besetzung Frankfurts meldete der amerikanische Frontsender in Luxemburg am Nachmittag des 29. März 1945. Der »Reichssender Frankfurt« hatte seinen Betrieb bereits einstellen müssen; die

Sendemasten waren am 27. März gesprengt worden. Offensichtlich liegt eine Verwechslung mit Radio Luxemburg vor.

Mayrhofen, 3. April 1945

356 *Die Russen stehen:* Kästner faßt einige Meldungen aus den Wehrmachtsberichten der letzten Tage zusammen; der Fall Frankfurts wird darin allerdings nicht ausdrücklich erwähnt. Kästner zitiert hier wohl andere Meldungen.

357 *Werwolf-Sender:* Die von Himmler angeregte Partisanenbewegung hinter den Linien der Alliierten wurde von Goebbels am 1. April 1945 im von ihm geschaffenen »Werwolf-Sender« proklamiert. In seinem Tagebuch notierte Goebbels dazu: »Ich bin jetzt an der Arbeit, den Werwolf-Sender zu organisieren. [...] Prützmann ist mit seiner Vorbereitung für die Werwolf-Organisation noch nicht allzuweit. [...] Man müsste diese jetzt sehr energisch angreifen. Ich glaube, ihr durch unsere Propaganda in dem neu zu errichtenden Werwolf-Sender mächtige Impulse zu geben« (1. 4. 1945). »Unsere Werwolf-Tätigkeit hat nun das Feindlager in erheblichen Schrecken versetzt. Man hat jetzt eine ausgesprochene Angst vor einem Partisanen-Deutschland, das – so wird auf der Feindseite vermutet – noch auf Jahre Europa in die grösste Unruhe versetzen könne. [...] Durch beschleunigte Maßnahmen ist es jetzt endlich gelungen, den Sender Werwolf schon am Abend des ersten Ostertages zum ersten Mal zu Gehör zu bringen. Der Sender sendet auf der alten Welle des Deutschlandsenders und besitzt eine beträchtliche Stärke. Das Programm für die erste Sendung wird mir in Einzelheiten vorgetragen, und ich selbst schreibe dazu einen ausserordentlich revolutionären Aufruf, in dem ich auf die reguläre Kriegsführung und auf die Aussenpolitik des Krieges nicht die geringste Rücksicht nehme. Am Abend wird die Sendung über den Werwolf-Sender übertragen und dann zum Teil auch auf die regulären Sender des Reiches übernommen. Die Sendung macht einen ausgezeichneten Eindruck. Sie ist von einem revolutionären Geist erfüllt und wird sicherlich sehr viele Hörer finden. Ich werde die Werwolf-Sendungen jeden Abend durchführen, und ich hoffe, mit diesen Sendungen die Aktivisten zu einer festen Gemeinschaft im ganzen Reich zusammenzuschliessen« (2. 4. 1945).
Und den deutschen Frauen [...] Wasser zu begießen: Ergän-

zung von Kästner in D. Dafür in T: »Auf der verspätet veranlassten Flucht aus dem Osten hat man ›Deutschlands Zukunft‹ kaltblütig erfrieren lassen; im Westen, wo die Flucht unmöglich geworden zu sein scheint, lässt man sie an die Wand stellen. Wenn man sich nicht gleichzeitig ereiferte, dass die Alliierten die Bevölkerung schlecht behandeln, wäre wenigstens noch eine Linie sichtbar.« (Ergänzung in B: »Aber so ist es nur eben ›Politik‹.«)

357 *Diesen Kommentar hörten wir [...] »Josefine Mutzenbacher« vor:* In T heißt es an dieser Stelle: »Wir hörten diesen Kommentar in dem Gasthaus Neuhaus, wo die kleinen Seminaristinnen um das Radio gereiht saßen und lachten. Uns allen blieb die Spucke weg. Steiners Tochter Viktoria, Viktl geheißen, hat viel erlebt. Einmal ging sie mit einer Cousine, die ihre Eltern in Südtirol besuchen wollte, über die Grüne Grenze, d. h. sie kletterten tagelang in 3000 Meter Höhe. Einmal gerieten sie in Grenznähe in eine Kolonne von Preiselbeersucherinnen. Wohl oder übel, behaupteten sie, sie suchten auch Preiselbeeren, und nun mussten sie, um nicht aufzufallen, den ganzen Tag Beeren suchen. Nachts warfen sie die gesamten Beeren wieder weg und suchten das Weite. Ausser uns wohnt eine Frau hier, deren Mann in den Lazaretten ›Ohnhänder‹, welche die ›Krukenberg‹-Zange haben, beruflich umschult.«
Josefine Mutzenbacher: Wahrscheinlich von Felix Salten anonym veröffentlichte »Lebensbeichte« einer Wiener Dirne; der Klassiker der erotischen Literatur erschien 1906 als Privatdruck.
Sehr stolz [...] verlieren ihr Leben: In T heißt diese Passage: »Darauf, dass man den Bürgermeister von Aachen meuchlings umgelegt hat, ist man sehr stolz. Aber wie können in der geplagten Bevölkerung wieder geregelte Zustände eintreten, ohne dass sich jemand für die Organisation der besetzten Ortschaften hergibt? Im vorigen Krieg weigerte sich die Generalität, nachdem sie den Krieg verlieren durfte, die ›entehrenden‹ Waffenstillstandsbedingungen zu unterschreiben. Das liess man Erzberger tun, und dafür wurde er später ermordet.«
Bürgermeister von Aachen: Am 25. März 1945 wurde der Aachener Bürgermeister Oppenhoff von sechs Männern und einer Frau ermordet, die mit Fallschirmen hinter den amerikanischen Linien abgesprungen waren.
Ludendorff: Erich Ludendorff (1865–1937), deutscher Gene-

ral im Ersten Weltkrieg, der noch 1918 an den militärischen Sieg der deutschen Armee glaubte.

357 *Erzberger:* Matthias Erzberger (1875–1921), deutscher Zentrums-Politiker, der sich im Gegensatz zu Ludendorff für einen Verständigungsfrieden einsetzte und am 11. November 1918 als Staatssekretär den Waffenstillstand unterzeichnete; er wurde von der Rechten als »Erfüllungspolitiker« diffamiert und am 26. August 1921 von zwei ehemaligen Offizieren ermordet.

Mayrhofen, 7. April 1945
In T lautet die Eintragung für diesen Tag: »Durch den Rundfunk gehen, wurde mir gesagt, Aufforderungen an die Frauen und Mädchen, und in der Zeitung erscheinen, das las ich gestern selber, Berichte über deutsche Frauen und Mädchen, worin davon die Rede ist, sie sollten auf die einmarschierenden Feinde, vor allem wenn keine anderen Waffen da seien, heisses Wasser aus den Fenstern schütten.

Gestern morgen bekamen alle Ufa-Leute plötzlich die Aufforderung, sich heute früh nach Gossensaß zu einem Standschützenkursus für die Dauer von vier Wochen zu begeben. Eine ortsübliche Angelegenheit. Hier wird nicht abends dann und wann wie beim Berliner Volkssturm, sondern vier Wochen hintereinander gearbeitet. Uns gegenüber wirkt die Angelegenheit aber als offensichtliche Unfreundlichkeit der Ortsgruppe. Natürlich ist es etwas seltsam, dass im augenblicklichen Kriegszustand noch Filme gedreht werden. Doch dagegen mit Erziehungsmaßnahmen anzugehen, ist eine deutliche Ranküne gegen uns Preussen.

Nun fuhren Eberhard Schmidt, Harald Braun und Ulrich Haupt nach Schwaz zum Landrat und zum Kreisleiter, telefonierten dann mit Innsbruck, und zwar mit dem stellvertretenden Gauleiter. Das Ergebnis bis gestern abend war: drei Tage Verschiebung, damit die Filmapparate eingepackt werden können. Nun ist Eberhard wieder unterwegs, um diesmal von München aus mit Berlin zu telefonieren. Er will versuchen, dass Goebbels das Filmunternehmen weiterhin sanktioniert. Die meisten der Ufa-Preussen wollen, falls es beim Kursus in Gossensaß bleiben sollte, lieber bei Nacht und Nebel nach Berlin zurück und dort Volksstürmer werden als hier bei den hintertückischen Tirolern.

Seit Tagen kommen hier Wiener Flüchtlinge an. Pressburg ist gefallen, Wiener Neustadt, Baden bei Wien – Um Wiener Vorstädte soll noch gekämpft werden. Mit heissem Wasser aus den Fenstern? Drei Tage Aufschub: das wäre also bis zum 10. 4. Mal sehen, was bis dahin alles geschieht.«

357 *Standschützen:* Bezeichnung für Mitglieder der früheren »Schützengesellschaften« oder »Schützenstände« in Tirol und Vorarlberg.

359 *Preßburg und Wiener Neustadt:* Im *Kriegstagebuch des Oberkommandos der Wehrmacht* heißt es unter dem 6. April 1945: »Südwestlich von Wien schob sich der Gegner näher heran; außerdem stieß er über Preßburg (das als Festung vorgesehen und dementsprechend seit Herbst versorgt worden war, auch über 60 Rohre Festungs = Artl. verfügte) in Richtung Heimberg weiter nach Westen vor.« In den Wiener Vororten wurde seit dem 4. April gekämpft; der sowjetische Großangriff erfolgte am 6. April. Zur endgültigen Besetzung kam es am 13. April 1945.

Baldur von Schirach [...] festnehmen zu lassen: Diese Passage findet sich in T unter dem 8. April 1945.

von Schirach: Baldur von Schirach (1907–1974), war von 1930–1940 Reichsjugendführer, anschließend Gauleiter und Reichsstatthalter in Wien; verließ am 8. April 1945 Wien, unterstellte sich zunächst dem Kommandierenden General des II. Panzerkorps, Sepp Dietrich, und tauchte dann unter; er stellte sich am 4. Juni 1945 in Schwaz den Amerikanern.

Himmler: Es ist sehr unwahrscheinlich, daß sich Himmler zu dieser Zeit an der Schweizer Grenze befand. Im März und April 1945 verhandelte jedoch sein Mitarbeiter, SS-Obergruppenführer Karl Wolff, in der Schweiz unter anderem mit Allen Dulles vergeblich über eine Teilkapitulation der deutschen Truppen in Italien.

Mayrhofen, 8. April 1945

359 *Eberhard [...] ein wenig manierlicher:* In T lautet die Eintragung: »Eberhard Schmidt ist noch unterwegs in München, um telefonische Verbindung mit Berlin herzustellen. Ulrich Haupt ist in Kitzbühel, um den Kreisleiter zu beschwatzen und um die Telefonleitung der Frau von Martin Bormann zu benutzen. Gestern abend war hier die Uraufführung von Bakys ›Via Mala‹. Ein scheußlicher Film mit Verlaub zu sagen, aber Dr. Braun hielt eine Rede, in der er Mayrhofen, den Bür-

germeister und den Ortsgruppenleiter mit Schlagsahne überschüttete, dass es ein Genuß war. Nun sollen wir wohl am Dienstag nach Schwaz, um auf unsere Standschützen-Standhaftigkeit ärztlich untersucht zu werden. (Ich habe ja sofort den Eindruck, daß die nachträgliche Eintragung ›Gossensaß‹ durch den Gemeindediener eine komplette Eigenwilligkeit des hiesigen Ortsgruppenleiters war. Ganz so einfach kriegen sie die Film-Preussen also wohl nicht in die Uniform und nach Südtirol.)«

359 ›*Via Mala*‹: Der Film *Via Mala. Die Straße des Bösen* in der Regie von Josef von Baky war bereits 1943 (mit Nachaufnahmen im Juni/Juli 1944) nach einem Drehbuch von Thea von Harbou produziert worden. Die Herstellungsleitung hatte Eberhard Schmidt. Die Zensur stellte den in Babelsberg, Berlin und Mayrhofen gedrehten Film im März 1945 zurück, so daß er erst im November 1946 in Zürich zur offiziellen Uraufführung kam. Die deutsche Erstaufführung war am 16. Januar 1948 in Ost-Berlin.
et tout le village était présent: (frz.) …und das ganze Dorf war zugegen.

360 *Die Amerikaner stehen:* Im Wehrmachtsbericht vom 8. April 1945 heißt es dazu: »Im Raum um Wien konnten die Sowjets im Nordteil des Wiener Waldes nach Westen und Norden Boden gewinnen und trotz zäher Gegenwehr unserer Truppen in die südlichen Vorstädte der Stadt eindringen. […] Nördlich Hameln wurde der Feind wieder über die Weser zurückgeworfen, doch gelang es ihm, südlich davon in einem schmalen Abschnitt bis westlich Hildesheim vorzustoßen. […] Bei Bad Mergentheim durchbrach eine Panzergruppe unsere Linien und stieß bis südlich Crailsheim vor. […] Besonders über Norddeutschland kam es zu erbittert geführten Luftkämpfen, in denen die kühn angreifenden deutschen Jäger trotz stärkster Abwehr den amerikanischen Bomberverbänden schwere Verluste zufügten.« Von »einer(r) Menge« abgeschossener Flugzeuge wird im Wehrmachtsbericht nicht gesprochen.
Noch im 18. Jahrhundert […] Sieger schadlos halten: Ergänzung von Kästner in D.

361 *Roosevelt:* Franklin D. Roosevelt (1882–1945), 32. Präsident der USA.
Er hat die Zeit nach 1918 nicht vergessen: Auf der Konferenz zu Paris wurde 1921 die Gesamtsumme der deutschen Re-

parationen (in Geld- und Sachleistungen) auf 269 Milliarden Goldmark festgesetzt, zahlbar in 42 Jahren. Nach der Reduzierung auf 132 Milliarden Goldmark wurden die Reparationsleistungen 1932 für beendet erklärt. Die Reparationen bedeuteten für die Weimarer Demokratie eine erhebliche Belastung.

361 *Außerdem heißt die Frage [...] Grenzen gesetzt:* Ergänzung von Kästner in D.

Mayrhofen, 9. April 1945

362 *Berliner Gauleiter:* Joseph Goebbels.
Wer sich bei wem entschuldigt [...] Auch die Schlafmittel: In T heißt diese Passage: »Eberhard Schmidt ist noch nicht aus München zurück und Haupt noch nicht aus Kitzbühel. Es scheint, daß beide Ortschaften Fliegerangriffe erlebt haben. Nun fehlt nur, dass Eberhard aus München zurückkommt, mit Berlin tatsächlich Verbindung erhalten und womöglich den Auftrag gekriegt hat, die Zelte hier abzubrechen! Gerade jetzt, wo wir hier Ruhe hergestellt haben. Im Grunde durch eine weibliche Bekanntschaft des Regieassistenten, die den Gauhauptmann kennt, der sich sofort mit dem Gauleiter in Verbindung gesetzt hat.«

363 *Das Mobiliar [...] sondern bereichert:* Ergänzung von Kästner in D.
In einem Salzbergwerk: Im Tagebuch von Joseph Goebbels findet sich unter dem 9. April 1945 die Eintragung: »Eine traurige Nachricht kommt über UP [United Press, d. Hrsg.] aus Mühlhausen in Thüringen. Dort sind in den Salzbergwerken unsere gesamten Goldreserven in Höhe von hundert Tonnen und dazu noch ungeheure Kunstschätze, u. a. die Nofretete, in die Hand der Amerikaner gefallen. Ich habe immer dagegen plädiert, dass Gold und die Kunstschätze von Berlin weggebracht würden ...«
Sepp Dietrich: Kommandeur der »SS-Leibstandarte Adolf Hitler« (1892–1966), im Zweiten Weltkrieg Oberbefehlshaber der 6. SS-Panzerarmee, kam im Mai 1945 in alliierte Kriegsgefangenschaft, 1946 zu lebenslanger Haft verurteilt; 1955 entlassen, dann erneut verurteilt und 1959 endgültig entlassen.

Mayrhofen, 11. April 1945

364 »*In den Bergen ist die Freiheit*«: Eigentlich: »Auf den Bergen ist Freiheit«, Zitat aus Schillers Drama *Die Braut von Messina*.
Büchmann: Georg Büchmann (1822–1884), deutscher Philologe, gab 1864 erstmals seine bis heute aufgelegte Zitatensammlung *Geflügelte Worte* heraus.
Ich beschäftige mich [...] anstecken können: In T heißt diese Passage: »Ich lese zwei Auswahlbände Nietzsche von Kröner. Im Augenblick Abschnitte aus ›Jenseits von Gut und Böse‹. Es ist immer wieder erschreckend und kann einen erbosen zu sehen: wie krank ein kranker Intellekt schlussfolgert. Die fast weibische Liebe, mit der er die grossen Verbrecher anhimmelt, weil sie das polare Gegenstück von ihm selber verkörpern! Cäsare Borgia ist ihm der ›tropische Mensch‹, im Gegensatz zu den ›gemäßigten‹ Naturen, die er zugleich die ›Mittelmäßigen‹ nennt. So fällt er aus einem Extrem ins andere und verachtet das Maßvolle, die mittelhochdeutsche ›Masze‹, das Winckelmannsche Griechenideal, dem er ja schon früher mit dem dionysischen Menschen das Urteil gesprochen hat. Immer wieder ist es die Verherrlichung des ›blühenden Tieres‹, mit der er die Halbgebildeten des 20. Jahrhunderts zu Ehren grossschnäuzigen Theorien und ihrer gewalttätigen Praxis entflammt hat. Seine Ablehnung der christlichen Moral argumentiert ähnlich wie ich es tue, aber seine Folgerungen laufen ganz anders. Man merkt es bei jedem Satz beinahe körperlich, wie krankhaft, wie ungesund er denkt und wie wenig er den Satz ›mens sana in corpore sano‹ verstehen und würdigen konnte. Er sehnt sich von der tiefen Waagschale auf die Höhe, der Sinn fürs Gleichgewicht der Waagschale ist ihm fremd. Er leidet von Anfang an an Gleichgewichtsstörungen.«
Nietzsche: Friedrich Nietzsche (1844–1900), deutscher Philosoph; *Jenseits von Gut und Böse* (1886) gehört zu seinen Hauptwerken; er beeinflußte das Denken Hitlers und Mussolinis, die Nietzsches Schriften für ihre Zwecke ausbeuteten.
Kröner-Auswahlbände: Kästner zitiert aus der sehr populären zweibändigen Auswahl von August Messer, die im Stuttgarter Kröner Verlag erschien (z. B. 8. Aufl. 1930). In B finden sich, eingelegt, vier Seiten und eine Postkarte mit exzerpierten stenographischen Zitaten aus seiner Ausgabe, außerdem eine

Postkarte mit einem kleinen, in lateinischer Schrift verfaßten Nietzsche-Essay:
»*Apropos ›Jenseits von Gut und Böse‹*
Nietzsches Wert-Schätzungen sind – so sehr er sich müht, gesetzgeberisch zu wirken (eine Maske wie sein Schnurrbart) – krankhaft subjektiv. Er, einer der ärgsten Kränkler und invertierten Minderwertigkeitskomplex-Inhaber, wirft zwei Jahrtausenden vor, den kranken Teil der Menschheit zu sehr berücksichtigt zu haben, und tritt auf die Seite der vernachlässigten, deshalb bedauernswerten ›großen‹ Verbrecher, Tyrannen usw. – Seine Moral- u. Kulturideale sind Projektionen seiner Krankheitsgeschichte. Der *Minus*-Kranke fordert wütend *Plus*-Krankheit. Die *Gesundheit* verachtet er; ebenso deren menschliche u. menschheitliche Folgen u. Erfolge. Er ist rabiat aus Schwäche und lacht hysterisch über die Gesunden. – So fand er auch seine neurasthenische Klientel, wie die neuere Geschichte deutlich zeigt. Man tue C. Borgia unrecht, sagt N., wenn man ihn krankhaft nenne. Er ist das ›gesündeste aller tragischen Untiere‹. Er unterscheidet diesen ›tropischen Menschen‹ u. den ›gemäßigten‹. ›Masz‹ kapiert er nicht. Gesund ist ihm ›mittelmäßig‹.
Götzen-Dämmerung
N. ist enorm im Darwinismus befangen. Der Mensch als Tier. Die Verbesserer der Menschheit sind für ihn teils Zähmer (der Mensch als Haus- u. Manegerietier) und teils Züchter. Das Christentum hat das wilde Tier in Käfige gesperrt u. krank gemacht …« [Der letzte Satz ist unleserlich.]

364 *Cesare Borgia:* Italienischer Renaissancefürst (1475–1507), Sohn Papst Alexanders VI., skrupelloser und gewalttätiger Herrscher, diente Machiavelli als Vorbild für sein Traktat *Principe*.

365 *Darwins Zoologie:* Charles Robert Darwin (1809–1882), britischer Naturforscher, verschaffte durch seine Schrift *On the origin of species by means of natural selection, or preservation of favoured races in the struggle of life* (1859) der Abstammungslehre allgemeine Anerkennung und begründete die Selektionstheorie.

Mayrhofen, 12. April 1945

365 *Courtoisie:* Feines, ritterliches Benehmen, Höflichkeit.
Willy Birgel: Deutscher Filmschauspieler (1891–1973), u. a. in ... *reitet für Deutschland* (1941).
Hans Moser: Österreichischer Schauspieler, übernahm zwischen 1933 und 1945 insgesamt 62 Rollen (wird in T nicht erwähnt).
O wie gut: Schlüsselzitat aus dem Märchen *Rumpelstilzchen* der Brüder Grimm; Anspielung auf Kästners Inkognito.
Königsberg ist gefallen: Im Wehrmachtsbericht für den 12. April 1945 heißt die von Kästner zitierte Passage: »Die Festung Königsberg wurde nach mehrtägigen Angriffen durch den Festungskommandanten, General der Infanterie Lasch, den Bolschewisten übergeben. [...] General der Infanterie Lasch wurde wegen feiger Übergabe an den Feind durch das Kriegsgericht zum Tode durch den Strang verurteilt. Seine Sippe wird haftbar gemacht.« General Otto Lasch hatte Königsberg bereits am 9. April übergeben. Die Todesstrafe gegen den Festungskommandanten war in Abwesenheit ausgesprochen worden, da sich Lasch bereits in sowjetischer Kriegsgefangenschaft befand; er kehrte erst 1955 zurück.

Mayrhofen, 17. April 1945

366 *Roosevelt ist tot:* In T ist das Todesdatum noch Freitag, der 13. April. Für Goebbels (und einen großen Teil der NS-Spitze) war der plötzliche Tod des amerikanischen Präsidenten das langersehnte »Wunder«, von dem er die Wende zugunsten des Deutschen Reiches erhoffte; Goebbels glaubte, daß die alliierte Koalition zerbrechen würde.
Gauleiter Hofer [...] verwundet worden: Dafür konnte kein Beleg gefunden werden.
Die Elbe ist bei [...]: Kästner faßt die Wehrmachtsberichte vom 16. und 17. April 1945 zusammen.
Alle wollen bleiben [...] Trümmern Hotels bauen: In T heißt diese Passage: »Eine schwerreiche, ungarische Familie hat der Gemeinde 10 000 Mark gezahlt, um die Aufenthaltsgenehmigung zu erhalten. (Diese ungarische Familie – mehrere bildschöne Frauen, ein paar junge, elegante Männer und die interessanteste Figur, der ›Patriarch‹, haben allein durch ihre Anwesenheit die Atmosphäre völlig verändert. Der Patriarch soll

ein Bruder des ungarischen Kriegsministers sein. Er trägt einen Vollbart, rechnet im Waldcafe dauernd in einer Kladde, da er nach Kriegsende in ganz Europa Kettenhotels bauen will, und er wird sich eines Tages, so dass wir ihn kaum wiedererkennen, seinen Vollbart abrasieren.)
Wien scheint gefallen zu sein. Die Elbe ist bei Magdeburg und Wittenberge überschritten worden. Bremen wird belagert. Auf Hamburg marschieren die englischen Spitzen zu. Die Arbeitslosigkeit beginnt, und das zur gleichen Zeit, wo die Ufa-Leute hier oben dienstpflichtig werden sollen!«

366 *Bruder eines Horthy-Ministers:* Eine genaue Identifizierung war nicht möglich. Es könnte sich um den Bruder des ungarischen Verteidigungsministers Lajos Csatay handeln.

367 *Chaussure:* Frz.: Schuhwerk.
Ritz: Von dem Schweizer Hotelier César Ritz 1898 gegründetes Nobelhotel in Paris.

368 *stellvertretender Gauleiter:* Der stellvertretende Gauleiter von Berlin war Gerhard Schach (*1906), der im Februar 1944 Artur Görlitzer abgelöst hatte.

369 *Die Reichsstudentenführung:* In T: »[...] die Reichsstudentenführung, auch Fräulein Mauer aus der Giesebrechtstraße, [...].«
Herr Scheel: Gustav Adolf Scheel (1907–1979), Reichsstudentenführer, Gauleiter und Reichsstatthalter von Salzburg, SS-Obergruppenführer.
Adolf-Hitler-Freikorps: Das »Freikorps Adolf Hitler« wurde auf Initiative von Robert Ley im Zusammenhang mit den geplanten Guerilla-Aktivitäten des »Werwolf« aufgestellt. Ihm gehörten vor allem leichtbewaffnete, volkssturmartige Verbände an, aber offenbar auch vereinzelt Panzereinheiten. Vor allem im südbayerischen Raum brachte es das Freikorps unter der Führung des NS-Literaten Hans Zöberlein zeitweilig auf mehrere hundert Mann. Traurige Berühmtheit erlangte diese Horde durch das Massaker in Penzberg in der Nacht vom 28. auf den 29. April 1945.

Mayrhofen, 18. April 1945

369 *Tagesbefehl Hitlers:* Hitlers *Aufruf an die Soldaten der Ostfront* zum 16. April 1945 war den Kompanien bekanntzugeben und durfte nur in den Armeezeitungen, nicht aber in der

Tagespresse erscheinen. Am 16. April begann der sowjetische Großangriff auf Berlin. Kästner zitiert mit ganz kleinen Abweichungen korrekt aus dem Aufruf.

369 *Quodlibet:* (Lat.) wörtlich: was beliebt, aber auch: Durcheinander.

Das Argument [...] Krankheitsbericht bereichern: Nicht in T. Anspielung auf Christian Morgensterns Gedicht *Die unmögliche Tatsache.* Allerdings verwechselt Kästner die fiktive Figur des Palmström mit der des Herrn Korff. Über Palmström heißt es am Schluß des Morgenstern-Gedichts: »Nur ein Traum war das Erlebnis. / Weil, so schließt er messerscharf, / nicht sein kann, was nicht sein darf.«

Was ist des Deutschen Vaterland: Titel eines der patriotischen *Lieder für Teutsche* (1813) des deutschen Schriftstellers Ernst Moritz Arndt.

Mayrhofen, 19. April 1945

In T lautet die Tageseintragung: »Eine unwahrscheinliche Situation: Bergfrühling und Flüchtlinge, die auf den Heuböden schlafen; Maikäferepidemie und Flugzeuggeschwader, die man aus den Wolken aufblinken sieht, in der Ferne donnern die Reihenwürfe, Blusentausch gegen Brotmarken, Sträußepflücken, Brennessel sammeln für spinatähnliches Gemüse; Schnapsgelage und zigarettenlose Zeit; Sommerfrische und Untergang des Abendlandes!

Gestern Angriff auf Dresden; Kämpfe im Südosten und Westen von Leipzig, Zwickau genommen. Baldur von Schirach soll tot sein. Hier sind die Ufa-Brüder zu faul jeden Tag zu drehen, d. h. so zu tun, als ob sie drehten, während der ganze Ort darauf wartet, uns Filmleuten ein Bein zu stellen.«

370 *den Dolch im Gewande:* Anspielung auf Schillers Ballade *Die Bürgschaft.*

Valenciennes: Nordfranzösische Industriestadt, die für ihre Klöppelspitze berühmt war.

Mayrhofen, 21. April 1945

371 *Bavaria-Film:* Eigentlich: Bavaria Filmkunst GmbH in München-Geiselgasteig, von Hitler besonders gefördert, seit 1942 Teil des reichseigenen Ufa-Konzerns.

Er würde nicht wenig erstaunt sein [...] Andere macht es nachsichtig: Ergänzung von Kästner in D.

372 *Die Amerikaner stehen vor [...]:* Da die Angaben Kästners über die militärische Lage und über die Befreiung des Konzentrationslagers Buchenwald nicht aus dem Wehrmachtsbericht oder aus anderen offiziellen Quellen stammen (können), sind sie höchstwahrscheinlich Rundfunksendungen der Alliierten entnommen. Kästner nennt auch im Tagebuch seine Quelle nicht; das Abhören ausländischer Sender und die Weitergabe der Nachrichten war mit der Todesstrafe bedroht.
Die letzte Post? Die letzte Post vor Kriegsende: Ergänzung von Kästner in D.
Der letzte Geburtstag? Der letzte Geburtstag: Ergänzung von Kästner in D.
Konzentrationslager Buchenwald: Am 11. April 1945 hatten sich die Häftlinge des Konzentrationslagers Buchenwald bei Weimar selbst befreit und das KZ den Amerikanern übergeben, die 2000 Bewohner von Weimar, zumeist NSDAP-Mitglieder, zwangen, das Lager anzusehen. Diese Weimarer Bürger waren erschüttert, aber nicht schuldbewußt.

Mayrhofen, 22. April 1945

372 *Mehrere Berliner Stadtteile [...] an allen Fronten mitbestimmt:* Kästner zitiert wieder alliierte Nachrichten. Stuttgart wurde an diesem Tag von der 1. französischen Armee besetzt, während der Wehrmachtsbericht noch Kämpfe um die Stadt meldete.
Das Haus Königsbrücker Straße 38 [...] böses Geschenk: In T nur: »(Königsbrückerstrasse!)«.
373 *Model:* Generalfeldmarschall Walter Model (*1891), der die Ardennen-Offensive geleitet hatte, löste im Frühjahr 1945 in aussichtsloser Lage seine Heeresgruppe im Ruhrkessel auf und nahm sich am 21. April 1945 bei Düsseldorf das Leben.
Als Hitler das Oberkommando [...]: Am 4. Februar 1938 hatte Hitler den damaligen Reichskriegsminister und Oberbefehlshaber der Wehrmacht, Werner von Blomberg, entlassen und selbst den Oberbefehl übernommen; das Kriegsministerium wurde aufgelöst. Kästner spielt auf die Rede Hitlers am 20. Februar 1938 vor dem Reichstag an.
Das war ein großes Wort [...] zweiten Mal: Ergänzung von Kästner in D. Anspielung auf den Ausspruch des Thoas in Goethes *Iphigenie auf Tauris* (1. Akt, 3. Szene): »Du sprichst ein großes Wort gelassen aus«.

373 *krähte der Hahn:* Anspielung auf den Verrat des Petrus im Neuen Testament (Lukas 22,34ff.): »Er aber sprach: Petrus, ich sage dir, der Hahn wird heute nicht krähen, ehe denn du dreimal verleugnet hast, daß du mich kennest.« Der »rote Hahn« ist ein altes Symbol für die zerstörende Kraft des Feuers.
in P., bei Familie Weiß: In T: »in Olching«.

Mayrhofen, 26. April 1945

374 *Gestern hatte [...]:* Im Wehrmachtsbericht (der über Rundfunk verbreitet wurde) hieß es am 25. April 1945: »Im Süden drangen die Sowjets bis in die Linie Babelsberg-Zehlendorf-Neukölln vor. [...] Westlich der Stadt erreichten sowjetische Panzerspitzen den Raum von Nauen und Ketzin.«
Wir saßen in Familie Steiners Wohnstube [...] behütet die Schwelle: Ergänzung von Kästner in D.
Aufruf an die Berliner Bevölkerung: Der Aufruf von Goebbels wurde wahrscheinlich am 23. April 1945 gesendet.
[...] mit leichter Artillerie, gekämpft: In T folgen nach dieser sehr ähnlich lautenden Passage die beiden von Kästner bereits in T gestrichenen Sätze: »Erstaunlich, dass, obwohl Berlin doch nun schon eine Woche zum Teil erobert ist, in seinem Aufruf von Schändungen usw. noch kein Wort gefallen ist. Anscheinend haben die Russen wohl noch keine Zeit gehabt.«
Noch verfänglicher ist ihre Umkehrbarkeit [...] Und so wird das Stück schlimm enden: In T lautet die Passage: »Der Führer befindet sich jetzt als Oberbefehlshaber in Berlin. Er will die Rolle Starhembergs, 1683, spielen. Aber woher soll das Entsatzheer kommen? Von dem seit langen Tagen gesprochen wird? Noch dazu in öffentlichen Reden?«

375 *Belagerung Wiens:* Während des zweiten Türkenkrieges (1683 bis 1699) stieß der Großwesir Kara Mustafa bis Wien vor und belagerte mit seinen Truppen die Stadt. Die Führung der Verteidigung hatte Graf Rüdiger von Starhemberg (1638–1701). Ein von dem Polenkönig Johann Sobieski (1629–1696) befehligtes Entsatzherr besiegte am 12. September 1683 die türkische Armee und beendete damit die Belagerung.
Napoleondramen: Kästner spielt auf die von Napoleon 1806 verkündete Wirtschaftsblockade Englands (Kontinentalsperre), auf dessen Plan, in England zu landen, und auf den zunächst

erfolgreichen, dann aber für das französische Heer katastrophalen Feldzug gegen Rußland an (mit der zunächst geglückten Besetzung Moskaus 1812), der schließlich das Ende der napoleonischen Herrschaft brachte.

375 *Überfall Belgiens:* Am 3. August 1914 marschierten die deutschen Truppen in das neutrale Belgien ein. Damit begann der Erste Weltkrieg.

Es ist kein leerer Wahn: Erneute Anspielung auf Schillers *Bürgschaft*, in der es am Ende heißt: »Ihr habt das Herz mir bezwungen, / Und die Treue, sie ist kein leerer Wahn«.

376 *Braunes Haus:* Ehemaliges Palais Barlow in der Briennerstraße in München, seit 1929 Sitz der NSDAP-Parteizentrale.

General Wenk oder Wenck: Walther Wenck (1900–1982), seit 10. April 1945 Oberbefehlshaber der 12. Armee, mit der er vergeblich versuchte, Berlin zu entsetzen.

Dresden ist noch nicht besetzt worden: Dresden wurde erst am 8. Mai 1945 von sowjetischen Truppen besetzt.

Schirachs Schicksal: Vgl. die Eintragung am 7. April 1945; ob Schirach Wien zur offenen Stadt erklären wollte, ist nicht mit Sicherheit zu sagen; er jedenfalls dementierte die Gerüchte, nachdem Himmler in Wien gewesen war, in den ersten Apriltagen über Radio; für eine Entmachtung Schirachs durch Himmler fand sich kein Beleg.

Gauleiter Kaufmann: Karl Kaufmann (1900–1969), seit 1929 Gauleiter von Hamburg, wurde nicht, wie Kästner meinte, hingerichtet, sondern am 3. April 1945 als Reichsverteidigungskommissar seines Amtes enthoben, weil er die Verteidigung Hamburgs für unvertretbar hielt.

Leipziger Oberbürgermeister Freiberg: Der Leipziger Oberbürgermeister Freyberg (sic!) hatte am 20. April 1945 zusammen mit seiner Familie und zwei weiteren hohen NSDAP-Funktionären Selbstmord begangen.

Mayrhofen, 28. April 1945

376 *Großdeutscher Rundfunksender Gruppe Süden:* Dabei dürfte es sich um einen der kurzlebigen deutschen Armeesender gehandelt haben. Ein genauer Nachweis ist nicht möglich.

Vorgänge in Oberitalien: Kästners Informationen scheinen nicht aus offiziellen deutschen Verlautbarungen zu stammen.

Tatsächlich verhandelte der Bevollmächtigte General der Wehrmacht bei Mussolini, Karl Wolff, ohne Wissen Hitlers mit dem US-Geheimdienst in der Schweiz und vereinbarte am 29. April 1945 die Kapitulation für den 2. Mai. Genua war am 27. April von der 5. US-Armee besetzt worden.

377 *Daß die »italienischen Patrioten« […] nicht verantworten:* In T lautet diese Passage: »Und dass unsere Armeen vor den italienischen Patrioten solche Angst gehabt haben sollten, möchte ich, bei allem Sinn für Humor, nicht annehmen.«

Putsch einer in München stationierten Dolmetscher-Kompanie: Am 28. April 1945, um 5.50 Uhr meldete sich der Münchner Sender mit der Meldung, daß die »Freiheitsaktion Bayern« (FAB) die Regierungsgewalt ergriffen habe. Der Putsch, durch den die nationalsozialistische Herrschaft in Oberbayern beendet werden sollte, wurde von dem Chef der Dolmetscher-Kompanie des Wehrkreises VII, Rupprecht Gerngroß (*1905) angeführt. An ihm beteiligten sich rund 400 Soldaten und Zivilisten in verschiedenen Städten. Über die Sender Erding und Freimann wandte sich die FAB an die Bevölkerung, allerdings ohne eine große Resonanz zu erzielen. Gauleiter Paul Giesler (1895–1945), dessen Gefangennahme nicht gelang, ließ den Aufstand blutig niederschlagen (vor allem in Penzberg und Altötting). Insgesamt starben 41 Menschen zwei Tage vor dem Einmarsch der Amerikaner in München. Bereits um zehn Uhr sprachen der Münchner Oberbürgermeister Fiehler und Gauleiter Giesler über den Sender Freimann und erklärten den Putsch für gescheitert. Der Sender Erding blieb noch für einige Stunden in der Hand der FAB.

378 *Das ist leicht gesagt […] in der Kompanie gehabt hat:* Ergänzung von Kästner in D.

Entsatzheer für Berlin: Die entsprechende Passage im Wehrmachtsbericht vom 28. April 1945 lautet: »In dem heroischen Kampf der Stadt Berlin kommt noch einmal vor aller Welt der Schicksalskampf des deutschen Volkes gegen den Bolschewismus zum Ausdruck. Während in einem, in der neuen Geschichte einmaligen grandiosen Ringen die Hauptstadt verteidigt wird, haben unsere Truppen an der Elbe den Amerikanern den Rücken gekehrt, um von außen her im Angriff die Verteidiger von Berlin zu entlasten.«

Was soll die Kehrtwendung […] nach Sibirien: In T heißt diese Passage: »So sieht das Entsatzheer aus? Eine Truppe, die vor den Amerikanern flieht und dabei den Russen in die Arme läuft? Oder spielt Hitler Friedrich den Großen, der seine Armeen zwischen den Gegnern hin und her bewegte? Da zog Friedrich aber von Schlesien nach Böhmen und nicht von Wittenberge nach Ferch! Und für solche ›Operationen‹ noch große Worte!«

379 *Verwechselt er sich diesmal mit Friedrich dem Großen:* Eine Anspielung auf die Abwehrschlachten Friedrichs des Großen im Zweiten Schlesischen Krieg, den der preußische König dadurch für sich entschied, daß er 1745 sein Heer nach dem Sieg bei Hohenfriedberg in Schlesien (am 4. Juni 1745) nach Böhmen führte, wo er am 30. September 1745 die Schlacht von Soor gewann.

Himmler soll [...]: Am 28. April 1945 verbreitete die BBC die (korrekte) Nachricht, daß sich Himmler zum letzten Mal in der Nacht vom 23. auf den 24. April mit dem schwedischen Grafen Folke Bernadotte af Wisborg (1895–1948), dem Neffen König Gustav Adolfs von Schweden, in Lübeck getroffen und den Westmächten ein Kapitulationsangebot gemacht hatte. Hitler stieß Himmler daraufhin aus der Partei aus und enthob ihn aller Ämter.

Eine Passage in T hat Kästner nicht in D übernommen. Sie lautet: »Marika Rökk soll in Mayrhofen eingetroffen sein. Bis jetzt wohnte sie in Fügen im Zillertal. Doch da ist ihr wohl nicht sicher genug.

Unglaublich immer wieder die Empfindungen, die in einem selber spazierengehen: Mondnacht überm Zillertal, Baumblüte im Schnee mit Bergen und währenddem Häuserkämpfe vor Charlottenburg. Was mag Frau Pavlik machen mit der kleinen Renate?«

Mayrhofen, 29. April 1945

379 *Heute über Tag [...]:* Was Kästner nicht wußte: Die Amerikaner hatten München besetzt und auch den Sender übernommen.

Mussolini: In T findet sich außerdem die Ergänzung: »Er läge auf dem Platz herum, wo man ihn besichtigen könne.« Auf der Flucht in die Schweiz war der als deutscher Unteroffizier verkleidete Mussolini von Partisanen gefaßt und am 28. April 1945 ermordet worden. Zusammen mit seiner ebenfalls ermordeten

Geliebten wurde er nach Mailand gebracht und dort auf der Piazza Loretto öffentlich aufgehängt.
379 *Dr. Renner:* Am 27. April 1945 bildete der frühere Staatskanzler Karl Renner (1870–1950) eine provisorische österreichische Regierung, die die Unabhängigkeit Österreichs von Deutschland erklärte.

Mayrhofen, 30. April 1945

380 *Versehrtenlazarett [...] zu erforschen haben:* Ergänzung von Kästner in D.
Überall suchen sich jetzt [...] die weiße Fahne bügeln: Ergänzung von Kästner in D.
Es war ein stummer Tag [...] gibt Rätsel auf: In T lautete diese Passage: »Heute scheint der ganze Rundfunkbetrieb Europas ausgesetzt zu haben.«
Trappistenkongreß: Die Trappisten, benannt nach dem Kloster La Trappe in der Normandie, sind Angehörige eines 1664 gegründeten Ordens reformierter Zisterzienser, die sich zum Schweigen verpflichtet haben.
Herr B.: In T: Herr Burkhard
382 *könne mit einer der anwesenden Damen im Hotel nebenan übernachten:* In T: »könne nebenan im Hotel mit seiner Dame übernachten.«

Mayrhofen, 1. Mai 1945

382 *Als habe über Nacht [...] Lenz erfreuen:* In T lautet diese Passage: »Die Blumen sind zugedeckt. Die rosa Apfelblüten schauen aus dem Schnee heraus wie Erdbeeren aus der Schlagsahne.«
Hitler, erzählt man, [...]: Hitler war zu diesem Zeitpunkt schon tot; vgl. Kästner am 2. 5. 1945.
Göring amüsiere [...]: Göring war am 24. April 1945, nachdem er sich Hitler als Nachfolger angeboten hatte, auf dessen Befehl von der SS in seinem Haus auf dem Obersalzberg festgesetzt worden. Vgl. Anmerkung zu VI, 406.
Himmler verhandle [...]: Dabei handelt es sich wohl um ein Gerücht. Himmler hielt sich zu dieser Zeit schon in Norddeutschland auf. Allerdings war es am 30. April 1945 zu Verhandlungen Bernadottes mit dem Himmler-Mitarbeiter SS-Brigadeführer Walter Schellenberg gekommen.

382 *Und in Oberitalien [...]:* Vgl. Anmerkung zu *VI, 376.*
Die Amerikaner haben [...]: Am 1. Mai 1945 meldete der Wehrmachtsbericht noch, daß im Stadtinnern Münchens »erbittert gekämpft wird«. »Aus dem Allgäu erreichte der Gegner Garmisch-Partenkirchen und ist im Vorstoß auf Mittenwald«. Erst am 3. Mai wurde im Wehrmachtsbericht von Straßenkämpfen in Bregenz gesprochen.
383 *Die Geschäftsleute haben keine Handhabe [...] zu einem Zweipfundbrot:* Ergänzung von Kästner in D.
384 *David mit der Harfe und König Saul in Personalunion:* Anspielung auf eine Stelle im Alten Testament (Samuel 16, 14–23): »Sooft aber der Gottesgeist über Saul kam, griff David zur Harfe und spielte. Dann wurde es Saul leichter; er fühlte sich besser, und der böse Geist wich von ihm.«

Mayrhofen, 2. Mai 1945

385 *Hitler »in Berlin gefallen«:* Der Wehrmachtsbericht vom 2. Mai 1945 begann mit der Meldung: »An der Spitze der heldenmütigen Verteidiger der Reichshauptstadt ist der Führer gefallen.« In Wirklichkeit hatte sich Hitler am 30. April 1945 im Bunker der Reichskanzlei erschossen.
Da man auf vielerlei [...] Er ist nicht »gefallen«: Ergänzung von Kästner in D.
Zu seinem Nachfolger [...] Der Eid wird einsam: In T heißt diese Passage: »›Heil Dönitz!‹ sagen die Leute zum Spaß. Dönitz, der ›Staatsoberhaupt‹ genannt wird, will die bolschewistische Flut zurückschlagen, aber gegen die Amerikaner nur kämpfen, wenn diese es wollen. [...] Im Westen sind seit der Invasion 150 Generale gefangengenommen worden und drei Millionen Soldaten. Dönitz erwartet, dass die Truppen ihren Führereid auf ihn, den designierten Nachfolger, halten.«
Großadmiral Dönitz: Karl Dönitz (1891–1980), Großadmiral und Oberbefehlshaber der Kriegsmarine, bildete, von Hitler in dessen »politischen Testament« zum Reichspräsidenten bestimmt, am 2. Mai 1945 eine »Geschäftsführende Reichsregierung«. Am selben Tag richtete Dönitz einen Tagesbefehl an die Soldaten, in dem es u. a., wie von Kästner zusammengefaßt, heißt: »Ich übernehme den Oberbefehl über alle Teile der Wehrmacht mit dem Willen, den Kampf gegen die Bolschewisten fortzusetzen, bis die kämpfende Truppe und bis Hun-

derttausende von Familien des deutschen Ostseeraumes vor der Versklavung und der Vernichtung gerettet sind. Gegen Engländer und Amerikaner muß ich den Kampf so weit und so lange fortsetzen, wie sie mich an der Durchführung des Kampfes hindern. [...] Der dem Führer geleistete Treueid gilt nunmehr für jeden Einzelnen von Euch ohne weiteres mir, als dem vom Führer eingesetzten Nachfolger.«

385 *Hofer, der Gauleiter:* Innsbruck wurde vom VI. US-Korps am 3. Mai besetzt.

386 *Himmlers Verhandlungen:* Vgl. Anmerkung zu *VI, 382*.

Generaloberst Guderian: Guderian hatte sich, nachdem er aus dem Sanatorium Ebenhausen bei München entlassen worden war, am 1. Mai zu der Generalinspektion der Panzertruppen nach Tirol begeben, wo er auch am 10. Mai 1945 in amerikanische Kriegsgefangenschaft kam.

Am 7. März erklärte er [...] Ein unermüdlicher Arbeiter: Ergänzung von Kästner in D.

Das mit Benzin und [...] wissen sie zu erzählen: Ergänzung von Kästner in D.

387 *Genfer Konvention:* Gemeint ist das »Genfer Abkommen zur Verbesserung des Loses der Verwundeten und Kranken im Felde« vom 27. Juli 1929.

Als Lotte [...] ist ihr Onkel: Ergänzung von Kästner in D.

Mayrhofen 3. Mai 1945

388 *Das alliierte Hauptquartier teilt mit:* Tatsächlich hatte sich Himmler im Gespräch mit Graf Bernadotte dadurch autorisiert, daß er Hitler als schwerkrank bezeichnete.

Herr Pf.: In T: Herr Pfister.

Hans Fritsche: Hans Fritzsche (1900–1953), war bis 1942 Leiter des Nachrichtenwesens in der Presseabteilung des Reichspropagandaministeriums, danach Leiter der Abteilung Funk und einer der führenden Rundfunkkommentatoren; verantwortlich für die Gleichschaltung sämtlicher Nachrichtenkanäle. Bei der Einnahme Berlins am 2. Mai 1945 wurde er verhaftet; am 4. Mai identifizierte er für die Sowjets die Leiche von Joseph Goebbels, der sich am 1. Mai zusammen mit seiner Familie im Führerbunker umgebracht hatte.

Sender »Oberdonau«: Wahrscheinlich der kurzlebige Sender der Gauleitung Oberdonau, der August Eigruber vorstand.

388 *Londoner Sender [...] sein Pausenzeichen:* Seit dem 1. September 1939 galt im deutschen Reich ein generelles Abhörverbot für ausländische Sender, also auch für das deutschsprachige Programm der BBC, den »Londoner Sender«, der mit seinem eindrucksvollen Signet, das Takte aus Beethovens 5. Symphonie, Morsezeichen und die Schläge auf einer Pauke verband, zum Symbol für objektive Nachrichten wurde. »Rundfunkverbrecher« wurden zu hohen Zuchthausstrafen oder (bei Weiterverbreitung des Gehörten) zum Tode verurteilt.
Graf Schwerin-Krosigk: Johann Ludwig Graf Schwerin von Krosigk (1887–1977), Reichsfinanzminister seit 1932, von Dönitz zum Außenminister (2. 5. 1945) und schließlich zum Leiter der »Geschäftsführenden Regierung« (5. 5. 1945) bestimmt; Zeitungen gab es zu diesem Zeitpunkt nicht mehr.

Mayrhofen, 4. Mai 1945

390 *Die Ostmark heißt wieder Österreich [...] hierzulande nicht mehr:* Ergänzung von Kästner in D.
Dr.-Ing. Gruber: Karl Gruber (1909–1995), österreichischer Politiker, 1938 aus dem Staatsdienst entlassen, gegen Ende des Zweiten Weltkriegs führend in der Tiroler Widerstandsbewegung, wurde im Mai 1945 Landeshauptmann von Tirol.
ein schöner Erfolg. [...] Die Fahnen sind nicht nur [...] rechnen mit ihm als neuem Bürgermeister: In T heißt diese Passage: »Es wurde Beflaggung angeordnet: Rot-weiss-rot (Österreich) oder Rot-weiss (Tirol). Beim Kramerwirt, einem besonders ›Schwarzen‹, der früher Schuschniggs Reden einleitete, hing rot-weiss-rot zuerst. Und es stand auch sofort ein Fremdling mit Leica davor, um das neue Bild zu knipsen. Manche haben versehentlich ihre Bettücher weiss-rot zusammengenäht, statt rot-weiss. Die erste Nacht ohne Verdunklung, und vorm Gasthof Strass, eine Laterne, die bis früh brannte. Die Hitler-Bilder verschwanden. Die Last der Unfreiheit wälzte sich von der Seele, und vielen rollte darauf eine neue Last auf die Brust. [...] Jetzt müssen sich nun alle, die den dämlichen Hitler-Schnurrbart trugen, glattrasieren. Eine sehr belustigende Vorstellung, wie überall die Männer vor dem Spiegel stehen und den schmutzigen Fleck unter der Nase wegschaben!«
391 *[...] soeben verbotene Fahnen neue, aufs innigste zu wünschende schneidert.:* Anspielung auf William Shakespeares

Drama *Hamlet*, in dem es heißt (3. Akt, 1. Szene): »Sterben –
schlafen – / Nichts weiter! – [...] – ›s ist ein Ziel / Aufs innigste zu wünschen.«

391 *Doch drinnen waltet die züchtige Hausfrau:* Zitat aus Schillers
Das Lied von der Glocke: »Und drinnen waltet / Die züchtige
Hausfrau, / Die Mutter der Kinder, / Und herrschet weise / im
häuslichen Kreise, / [...].«

392 *Schuschnigg:* Kurt Schuschnigg (1897–1977), christlich-sozialer Politiker, österreichischer Bundeskanzler von 1934 bis 1938,
versuchte den Anschluß Österreichs durch eine Volksabstimmung zu verhindern; von Hitler abgesetzt, von 1941 bis 1945
in KZ-Haft.
Sechs Schüsse [...] begraben worden.: Ergänzung von Kästner
in D.
BDM: Bund Deutscher Mädel, Teilorganisation der Hitler-Jugend, untergliedert in Jungmädelbund (für 10- bis 13jährige),
Bund Deutscher Mädel (14- bis 17jährige) und Sondereinheiten (ab 1938, 17- bis 21jährige).

393 *Wlassow-Armee:* Andrej Andrejwitsch Wlassow (1900–1946),
sowjetischer Generalleutnant, als Kommandeur der 20. Armee
erfolgreicher Verteidiger Moskaus, 1942 in deutsche Kriegsgefangenschaft geraten, führender Kopf der antibolschewistischen Propaganda, stellte ab 10. November 1944 seine auf deutscher Seite kämpfende »Russische Befreiungsarmee« (ROA)
mit zwei Divisionen, einer Reservebrigade, einer Panzerjagdbrigade, vier Flugstaffeln, einer Luftnachrichtenabteilung und
einem Fallschirmjägerbataillon zusammen. Am 4. Mai hielt sich
Wlassow nicht, wie Kästner vermutet, in Hintertux auf, sondern in der Nähe von Prag, wo er am 12. Mai 1945 in amerikanische Kriegsgefangenschaft ging. Wie die meisten seiner Soldaten wurde er an die Sowjets ausgeliefert. Während die einfachen Soldaten nach Sibirien deportiert wurden, verurteilten
die Sowjets Wlassow und seine neun Generäle zum Tod. Die
von Kästner geschilderten Ereignisse am 4. und 5. Mai 1945
dürften im Zusammenhang mit Kapitulationsverhandlungen
stehen, die die Südgruppe der ROA (die im Februar aus Berlin
abgezogen worden war) mit den anglo-amerikanischen Streitkräften führte. Der Militärhistoriker Joachim Hoffmann vermutet, »daß es sich bei der Kette von Autos mit höheren russischen Offizieren um Teile des Stabes der Streitkräfte gehandelt
hat, die mit unterschiedlichen Zielen und Aufträgen in der Ge-

gend herumschwirrten und dabei auch Mayrhofen berührten. Auch Generalleutnant Zilenkov von der Hauptpropagandaverwaltung und andere fuhren m. W. in Österreich herum«. Außerhalb Böhmens hielten sich »Teile des Oberkommandos und der verschiedenen Hauptverwaltungen des Befreiungskomitees (KONR), die ja ebenfalls von uniformierten Generalen der Befreiungsarmee (VS KONR, ›ROA‹) geleitet wurden« auf. »Es fehlen aber vollständig exakte Angaben« [Brief von Joachim Hoffmann an die Herausgeber vom 30. 11. 1997].

393 *Sollte sie zutreffen [...] Amerikaner zu warten:* Ergänzung von Kästner in D.

Wlassows Stab [...] verlegen die Flucht: In T lautete diese Passage: »Leni Riefenstahl ist aus Kitzbühel hierher geflüchtet. Und Harald Braun, dem sie sich suchend entgegenwirft, kratzt sich am Kopf. Marika Rökk bangt, ob sie ein grosser Star bleiben wird. Harald Braun beabsichtigt, einen 1000 Meter-Film zu drehen, der der Zeit angemessen ist. Wir sollen uns einen Tiroler Stoff überlegen! Das wäre gerade das Richtige für mich. (Hans Moser ist in Zell am Ziller.)«

Marika Rökk: Deutsche Tänzerin, Schauspielerin und Sängerin ungarischer Herkunft, Star der Ufa (*1913), sehr erfolgreich unter der Regie von Georg Jacoby, mit dem sie seit 1940 verheiratet war; die gemeinsame Tochter Gabriele Jacoby wurde am 13. April 1944 geboren.

Leni Riefenstahl: Deutsche Schauspielerin und Filmregisseurin (*1902), u. a. *Triumph des Willens* (1934, über den Reichsparteitag der NSDAP) und *Fest der Völker/Fest der Schönheit* (über die Olympischen Spiele 1936). Wie sie in ihren *Memoiren* (München und Hamburg 1987, S. 407–408) schreibt, war sie auf den Rat ihrer Freundin Gisela Schneeberger von Kitzbühel nach Mayrhofen gewechselt: »Als ich in Mayerhofen (sic!), einem kleinen Ort in Tirol, ankam, stieß ich dort auf ein Filmteam der ›UFA‹ mit Maria Koppenhöfer und dem Regisseur Harald Braun. Noch in diesen letzten Kriegstagen wurde an Filmen gearbeitet. Eine groteske Situation!« Erich Kästner erwähnt sie nicht. Da sich alle von ihr distanzierten, verließ sie Mayrhofen sehr schnell wieder.

394 *Amazone:* In der griechischen Mythologie ein in Kleinasien lebendes Volk kriegerischer Frauen; unter ihrer Königin Penthesilea kämpften sie im Trojanischen Krieg gegen die Griechen.

394 *Kramerwirt:* In T: Herr Kröll.
Herr B. [...] Nach Hintertux pilgern: In T lautet diese Passage: »Herr Burkhard, der sich gestern am liebsten sofort nach Innsbruck begeben hätte, um – aus Gründen für die Zukunft – der Widerstandsbewegung beizutreten, ist stattdessen heute nach Hintertux gewandert.«
Konduite: Veraltet für Betragen, Führung.

Mayrhofen, 5. Mai 1945

395 *Gestern hat allein [...]:* Am 4. Mai 1945 unterzeichnete Generaladmiral Hans-Georg von Friedeburg im Hauptquartier des britischen Feldmarschalls Montgomery in Reims die Kapitulation aller deutschen Streitkräfte in Holland, in Nordwestdeutschland und in Dänemark.
Worin der Vorteil liegen könnte [...] ist es auch anderswo: Ergänzung von Kästner in D.
Biesen und Spiegel: Uniformteile an Hosen und Kragen.

396 *Bei P. in der Nachbarschaft [...] Nur als Innendekoration:* In T lautet diese Passage: »Nebenan beim Pfister, der wegen seiner acht Soldaten im Haus das Parteiabzeichen wieder angelegt hat – auf der Straße wird er's wohl abtun – herrscht Krieg. Die Einquartierten schimpfen, wenn der Innsbrucker Sender benutzt wird. Sie werfen den Wirtsleuten vor, dass die Tiroler nicht weiterkämpfen, dass sie die neuen Armbinden tragen usw.«
Die Depression [...] kleinen Halunken: In T lautet diese Passage: »Die Niedergeschlagenheit aller, einen Krieg 100%-ig verloren zu haben, lenkt sich gegen alles Mögliche. Gegen die Reichsdeutschen. Gegen die schnellfüssigen Widerstandsleute. Gegen die verbitterten Kriegsanhänger. Nur nicht gegen sich selber.
Prinzipiell: In den letzten Monaten wurde auch für die Blindesten greifbar, was es mit der Phraseologie der Nazis auf sich hatte. Die Selbständigmachung des grossen Worts. Wenn Hitler erklärte ›Berlin bleibt deutsch‹, so glaubte er wohl, daß damit schon die Tatsache realisiert wäre. Es erinnert an die Realisten der Scholastik. Das Wort besagt die Existenz. Auch Dönitz hat es noch versucht. Ein Mann wie Schwerin-Krosigk unterlag dieser Krankheit nicht. Deswegen wirkte seine Ansprache im Rundfunk so ganz anders.«

396 *Deutscher Volkssender:* Der *Deutsche Volkssender* mit Sitz in Moskau strahlte sein Programm vom 10. September 1941 bis zum 15. Mai 1945 (möglicherweise bis zum 3. Juni 1945) aus. Der von der Exilorganisation der KPD in Moskau (Ulbricht, Pieck) getragene Sender arbeitete eng mit der VII. Abteilung der Roten Armee zusammen, die für Propaganda zuständig war.
Von Kästner aus T nicht in D übernommen: »Bei Rudolf Hans Bartsch habe ich in einer bonbonsüssen Erzählung aus dem Jahre 1928, die in Graz spielt, anlässlich der Schilderung eines wirklichen ›Herrenmenschen‹ eine Stelle gegen Nietzsche gefunden. ›Er haßte das Gerede [in T falsch aus B übertragen: »gerade«] von Herrenmenschen und Übermenschen und ahnte nicht, dass er selber irgendein naturgewollter Beleg für den Philosophen wäre, der die Menschheit um ein Jahrhundert in Roheit und Dunkel zurückgestürzt hat.‹ Der Roman heisst: ›Die Verliebten und ihre Stadt‹.«

Mayrhofen, 5. Mai 1945, nachts
(In T nicht vom »5. Mai 1945« getrennt)
398 *Panzerspähwagen:* Kleiner, leichter Rad- oder Kettenpanzer, meist bei Aufklärungsabteilungen eingesetzt.
Kübelwagen: Geländegängiges, militärisches Kraftfahrzeug der Volkswagenwerke.
399 *Später rollten die Panzer [...] sagte jemand aus Jux:* Ergänzung von Kästner in D.
Marsfilm: Am 22. Dezember 1942 gegründete Filmgesellschaft für Aufgaben der Wehrmacht, aber auch für geheime Aufträge der SS und der Polizei.
Unteroffizier R.: In T: Renner.
400 *Mitte April:* In T präzise: »Renner [...] ist am 16. 4. von Berlin abgefahren, hat Dresden am 17., jedoch vor dem Bombenangriff passiert.«
Nun wohnen auch H. und R [...] Da wurden wir beide rot: Ergänzung von Kästner in D.
Unser Unteroffizier [...] reduzieren sie ihre Mitschuld.: In T heißt diese Passage: »Renners Auffassung: Der Führer habe das Beste gewollt. Er habe nur eine fatale Neigung gehabt, als Mitarbeiter Nieten heranzuziehen. (Da kann man nichts machen!)«
Auch R. steckt [...] »An die Laterne mit ihm!«: Ergänzung von Kästner in D.

400 *[...] ein Stück Fleisch ergattert hatte, wurde sofort erschossen.:* In T folgt der Satz: »Eine Ukrainerin, die drei Flaschen Schnaps geklaut hatte, mußte sie wieder hergeben. Sonst geschah ihr nichts weiter.«

401 *Wie der achtfach gebuchte Albtraum [...] geschweige denn im Krieg:* Ergänzung von Kästner in D.

402 *Drei deutsche Armeen [...]:* Kästner vermengt hier einige historische Vorgänge. Der 21. und der 3. Armee (der »Heeresgruppe Weichsel«) gelang (wohl auch mit Montgomerys Billigung) die Flucht hinter die britisch-amerikanischen Linien; vor allem Eisenhower lehnte aber die Teilkapitulation der deutschen Armeen in Kurland und Ostpreußen ab, die am 10. bzw. 14. Mai 1945 in sowjetische Kriegsgefangenschaft gingen.
Montgomery: Bernard Law Montgomery (1887–1976), britischer Feldmarschall, Oberbefehlshaber der britischen Invasionstruppen, 1945/46 Oberbefehlshaber der britischen Besatzungstruppen in Deutschland und Mitglied im alliierten Kontrollrat.
Der Kriegsschauplatz [...] ein paar Tage hinschleppen: Ergänzung von Kästner in D.
Frank: Kästner meint wahrscheinlich den Staatsminister für das Reichsprotektorat Böhmen und Mähren, Karl Hermann Frank (1898–1946).
Frick: Wilhelm Frick (1877–1946), zwischen 1933 und 1943 Reichsinnenminister, ab 1943 Reichsprotektor von Böhmen und Mähren, wurde in Nürnberg zum Tode verurteilt und hingerichtet.
Amann: Max Amann (1891-1957), Präsident der Reichspressekammer, SS-Obergruppenführer und Generaldirektor des Eher-Verlages.
Georg Jakobi: Georg Jacoby (1882–1964), österreichischer Filmregisseur, drehte zwischen 1933 und 1944 30 Filme, seit 1936 oft mit Marika Rökk, die er 1940 heiratete.

Mayrhofen, 6. Mai 1945

403 *Ein Offizier, heißt es, [...] weniger wertvoll:* In T heißt diese Passage: »Gundolfo wollte wissen, die Soldaten hätten viel italienisches Geld mitgebracht. Ein Offizier z. B. einen Rucksack voller tausend Lire-Noten. Das wären also Millionen von Li-

ren! Woher? Heeresgut verkauft? Niemand wird es so leicht erfahren.«

403 *Der Pfarrer [...] aus dem Tempel gejagt:* Anspielung auf die in allen vier Evangelien erzählte Geschichte, in der Jesus die Händler aus dem Tempel jagt.
als Soldat und brav: Anspielung auf Goethes *Faust. Der Tragödie erster Teil*. Valentin, der Bruder Gretchens, wird von Faust im Kampf niedergestochen und tödlich verwundet. Seine letzten Worte sind: »Ich gehe durch den Todesschlaf / Zu Gott ein als Soldat und brav«.

404 *Heute abend wird der amerikanische Ortskommandant erwartet:* In T heißt diese Passage: »Heute abend soll der Ortskommandant eintreffen. Ausländische Arbeiter haben verbreitet, die Landser sollten die Uhren und Ringe wegstecken; denn sie würden ihnen abgenommen. Manche glauben es tatsächlich.«
Die Schule der Diktatoren: Der Plan für die »Komödie in neun Bildern« entstand wohl schon kurz nach 1933. Sie ist eine Parabel auf diktatorische Macht und politischen Terror. Das Stück erschien erst 1956 und wurde am 25. Februar 1957 in den Münchner Kammerspielen uraufgeführt.
Es machte, jahrelang, [...] mehr den Kopf kostet: Ergänzung von Kästner in D.

Mayrhofen, 7. Mai 1945

404 *Die Trollblumen [...] ist die gleiche:* In T heißt diese Passage: »Die Geschäfte haben heute fast alle geschlossen. Ausverkauft. Von den Amerikanern meldet sich auch niemand. Alle laufen sehr betreten umher. Der Rundfunk macht dem deutschen Volk Vorwürfe, dass es die Konzentrationslager zugelassen habe.
Heute früh um 6 Uhr wurden die fünf Toten der Lehrbildungsanstalt begraben. Die beiden Mörder unter ihnen ausserhalb des Friedhofs.
Es kribbelt in mir. Am liebsten packte ich den Rucksack und liefe los. Aber ein Marsch von 800 km? Jeden Tag 40 km, das dauerte drei Wochen. Vielleicht bekäme man unterwegs manchmal Mitfahrgelegenheiten? Aber Lotte wird nicht wollen.
Die Wiesenblumen und die Blumenwiesen haben sich nach dem dreitägigen Schnee vom 1.–4. 5. wieder aufgerichtet. Die

Blumenstengel haben ein waagerechtes Stück und dann sind sie überm Schnee, wieder heliotrop, weitergewachsen.

Heute geht das Gerücht, unten in Jenbach nähmen die Amerikaner den Soldaten die Uhren und Ringe weg.«

405 *Sender Flensburg [...] Kapitulationsurkunde:* Über den Sender der Regierung Dönitz gab Schwerin von Krosigk am 7. Mai 1945 um 12.45 Uhr die bedingungslose Kapitulation der deutschen Truppen bekannt, die der Chef des Wehrmachtführungsamtes im OKW, Generaloberst Alfred Jodl (1890–1946), Generaladmiral Hans-Georg von Friedeburg und General Oxenius um 2.41 Uhr in Reims unterzeichnet hatten und die am 9. Mai 1945 um 0 Uhr in Kraft treten sollte.

Sender Böhmen [...] in Schörners Auftrag: Über den Prager Mittelwellensender ließ Generalfeldmarschall Ferdinand Schörner (1892–1973), Befehlshaber der Heeresgruppe Mitte und in Hitlers politischem Testament zum Oberbefehlshaber des Heeres bestimmt, seine Durchhalteparolen verkünden. Schörner selbst flüchtete am 9. Mai in Zivil nach Österreich, wo er am 15. Mai 1945 von den Amerikanern verhaftet und an die Sowjets ausgeliefert wurde. Die Reste seiner Heeresgruppe hatten sich am 11. Mai in Böhmen ergeben.

Mayrhofen, 8. Mai 1945

405 *Und sie haben Grund [...] die von Deutschen umgebracht worden sind:* In T heißt diese Passage: »Die Antinazis sind infolge Überreizung gegen Phrasen empfindlicher geworden als alle übrigen Menschen. Gegen Phrasen, auch wenn sie von Nichtfaschisten gesprochen werden und übers Meer kommen. [...] Da haben nun die drei grossen Mächte der Erde fast sechs Jahre gebraucht, um die Nazis zu besiegen, und nun werfen sie der deutschen Bevölkerung, die antinazistisch war, vor, sie habe die Nazis geduldet! Deutschland war aber das am längste von den Nazis besetzte und unterdrückte Land – nur so kann man die Situation einigermassen richtig sehen. Sie sollen nur statistisch feststellen, wieviele Deutsche von den Nazis zugrunde gerichtet worden sind! Dann werden sie merken, was los war!«

406 *Stalin hat erklärt [...]:* In der Ansprache Stalins hieß es u. a.: »Die Sowjets gedenken [...] nicht, Deutschland zu zerstückeln und zu vernichten«; nach einer anderen Version: »Die So-

wjetunion feiert den Sieg, wenn sie sich auch nicht anschickt, Deutschland zu zerstückeln oder zu vernichten«.
406 *Hauptmann Gerngroß:* Vgl. Anmerkung zu *VI, 377.*
Sogar Hermann Göring [...]: Hermann Göring wurde am 8. Mai 1945 in Kitzbühl von Truppen der 7. US-Armee gefangengenommen. Kurz nach Hitlers 56. Geburtstag hatte er sich aus Berlin nach Berchtesgaden abgesetzt und war am 24. April 1945, nachdem er sich Hitler als Nachfolger angeboten hatte, aller Ämter enthoben und von der SS unter Hausarrest gestellt worden (vgl. die Eintragung am 1. Mai 1945).

Mayrhofen, 9. Mai 1945

407 *Der gestrige Anschlag [...] ein paar Uniformen heraufschikken.:* In T heißt diese Passage: »Der Anschlag bezüglich der ›Ausweisung‹ ist abgeändert worden. Man erwartet jetzt, per Anschlag, dass die Zugereisten in Anbetracht der gespannten Ernährungslage freiwillig das Feld räumen. Diese Meldung hat gleichzeitig eine andere Erschwerung mitverkündet. Ausgehverbot ab 7 Uhr abends! Wozu, weiss kein Mensch. Es ist keine Besatzung da, und alles verhält sich so friedlich wie irgend möglich. Warum soll man, wenn es bis 9 Uhr abends hellbleibt, schon um 7 Uhr im Zimmer hocken.«
Man packt uns ans Portepee: Das Portepee ist eine silberne oder goldene Quaste am Degen von Offizieren und höheren Unteroffizieren. Die Redewendung bedeutet: jemanden bei seinem Ehrgefühl packen.

Mayrhofen, 10. Mai 1945

408 *Der Handel zerschlug [...] schlug die Tür zu:* Ergänzung von Kästner in D.
Während wir heute [...] nicht ein und dasselbe: In T heißt diese Passage: »Im Waldcafe sass heute ein Soldat, der eine weissseidene Damenbluse als Hemd trug, mit glockigen Halbärmeln.«

Mayrhofen, 17. Mai 1945

410 *der Arzt, mit dem Rauter befreundet ist:* In T: Dr. Reitmeyer.
Was er am Fernpaß [...] ist die Frage: Ergänzung von Kästner in D.

410 *Das erinnerte mich [...] »unüberwindlicher Zuneigung«:* Ergänzung von Kästner in D.
Natonek: Hans Natonek (1892–1963), Feuilletonchef der *Neuen Leipziger Zeitung* in der Weimarer Zeit, floh 1933 nach Frankreich und dann in die USA.

411 *Gestern begegnete [...] Grieß Goot:* Ergänzung von Kästner in D.
Und auch an Tiroler Bräuten [...] die Kreuzritter zu Hause geblieben: In T heißt diese Passage: »Die Herren haben natürlich schon ihre Tiroler Liebsten, die sofort über die Wäscheschränke usw. herfallen. Der Wohnungsinhaber muss die Räume sofort verlassen und darf nichts mitnehmen. Andererseits: die Kinder würden mit Schokolade gefüttert, und die Familien bekämen amerikanische Konserven geschenkt.«
Ben Akiba: Pseudonym des serbischen Schriftstellers Branislav Nušić (1864–1938), der 1907 unter dem Titel *Ben-Akiba* Reisefeuilletons veröffentlicht hatte.

412 *Die Anklagen sind wattiert [...] ich dich besser fressen kann:* In T heißt die Passage: »Er fängt die Mäuse mit dem Speck. Und er wird durch Reklame besser abzuschneiden versuchen. Er klagt auch nicht jeden Deutschen an, wie es die Westmächte tun. Er weiss ja auch besser, welche Möglichkeiten ein Volk hat, sich in einer Diktatur gegen grausame Maßnahmen zu wehren. Er weiss, daß es keine Möglichkeiten gibt.«

Mayrhofen, 18. Mai 1945

412 *Rainbow-Divisionen:* Traditionsbezeichnung für die im süddeutschen Raum operierende 42. US-Division. Diese Einheit war an der Befreiung des KZ Dachau beteiligt.
Lindley Frazer: Lindley Fraser (1904–1963), ab 1940 politischer Kommentator des Deutschen Dienstes der BBC.

413 *Warum eigentlich? [...] Hypnose produziert Überzeugung:* Ergänzung von Kästner in D.
V-Waffen: V1 und V2, Propagandabezeichnung für »Vergeltungswaffe«, unbemannte Flugkörper mit Raketenantrieb, seit September 1944 gegen Großbritannien (London), Antwerpen und Lüttich eingesetzt; insgesamt wurden rund 36 000 V1- und V2-Raketen produziert. Die von Fraser genannten und von Kästner bezweifelten Zahlenangaben kommen den tatsächlichen Verlusten nahe.

413 *Stenograph Hitlers:* Über diese Vorgänge am 22. April 1945 schreiben Uwe Bahnsen und James P. O'Donnell (Die Katakombe. Stuttgart 1975, S. 116–117): »...jener turbulente Sonntag, an dem sich Hitlers aufgestaute Wut, Enttäuschung und Verbitterung während der Lagebesprechung des Nachmittags vor Bormann, Keitel, Jodl, Burgdorf, Krebs und den beiden Stenografen Herrgesell und Hagen in einem hysterischen Ausbruch entlud; er gipfelte in dem hinausgeschrienen Entschluß, er werde nun persönlich die Verteidigung Berlins leiten und ›auf den Stufen der Reichskanzlei fallen‹.«
Keitel: Wilhelm Keitel (1882–1946), seit 1938 Chef des Oberkommandos der Wehrmacht und ab 1940 Generalfeldmarschall, kehrte noch am Abend des 22. April 1945 zur Truppe zurück (zu Wencks Gefechtsstand nach Wiesenburg).
Bormann: Martin Bormann (1900–1945), Leiter der Parteikanzlei und Stellvertreter des Führers, soll am 2. Mai 1945 bei einem Fluchtversuch aus dem Führerbunker umgekommen sein.

414 *In Berlin sei ein Stadtrat [...]:* Am 18. Mai 1945 ernannte der sowjetische Berliner Stadtkommandant, Generaloberst Bersarin, den ersten Berliner Magistrat unter Oberbürgermeister Arthur Werner. Stadtrat für Gesundheit wurde der parteilose Chirurg und ranghöchste Arzt des deutschen Heeres, Prof. Ferdinand Sauerbruch (1875–1951).

Mayrhofen, 19. Mai 1945

414 *Ribbentrop:* Der NS-Reichsaußenminister von 1938 bis 1945, Joachim von Ribbentrop (1893–1946), wurde erst am 14. Juni 1945 in Hamburg verhaftet.
Rosenberg: Alfred Rosenberg (1893–1946), Leiter des Außenpolitischen Amtes der NSDAP, war der führende Theoretiker der NS-Weltanschauung (*Der Mythos des zwanzigsten Jahrhunderts*, 1930). Seit 1938 war er alleiniger Herausgeber des Parteiorgans *Völkischer Beobachter*, von 1941 an Reichsminister der besetzten Ostgebiete. Am 18. oder 19. Mai 1945 wurde er von den Briten festgenommen.
Warum ist die westliche [...] und nicht nachholen: In T heißt diese Passage: »Wenn das weitergeht, werden sich die Westmächte nicht zu wundern brauchen, wenn ihnen grosse Teile der deutschen Bevölkerung abspringen und Kommunisten

werden. Erstaunlich, dass die Demokratien so kurzsichtig sein sollten! Sie hätten es so leicht, viel leichter als die Russen, Proselyten zu machen! Andererseits: Wir sind hier derartig von der Aussenwelt abgeschnitten, dass man natürlich die Zusammenhänge nicht überblicken kann. Wenn ein Gerücht zutreffen sollte, dass der Flecktyphus umgeht, wäre freilich zu verstehen, dass alles stockt.«

415 *Es gibt Lügen, deren Unverfrorenheit einem die Sprache verschlägt:* In T heißt der Satz: »Es wäre interessant zu wissen, wer diese unverschämte Lüge ausgesprochen hat: Rosenberg selber oder die Engländer.«

das liebliche Fest: Anspielung auf Goethes *Reineke Fuchs*, in dessen erstem Gesang es heißt: »Pfingsten, das liebliche Fest, war gekommen; es grünten und blühten / Feld und Wald«.

In Bayern haben die amerikanischen [...] l'art pour l'art: In T heißt diese Passage: »Als neulich, beim ersten Auftauchen der Amerikaner, Waltraud Kögel mit einigen von ihnen gebechert und geschäkert haben sollte, war nicht nur der Ort Mayrhofen, sondern auch die Ufa äusserst empört. (Waltraud war von Eberhard ins Ufa-Ensemble eingebracht worden. [Anmerkung von Kästner in T, nicht in B]) Neuerdings haben die Herren von der Ufa – vor allem Ulrich Haupt als Dolmetscher – aber auch die anderen und der Haifischjäger Dr. Hass, der baldige Gatte von Hannelore Schroth, ihr Herz für die Amerikaner, deren Schnaps und deren Zigaretten entdeckt. Ich hatte nichts dabei gefunden, dass Fräulein Kögel mit den boys scharmutzierte. Mit boys zu scharmutzieren, dazu ist sie vom lieben Gott geschaffen worden. Ich finde das Verhalten der Männer von der Ufa viel anstössiger. Denn die Leute von der Regenbogen-Division können uns, ausser mit Camel-Zigaretten, nichts nützen. Der freundliche Umgang mit ihnen hat nicht den geringsten praktischen Zweck. Es ist pure Liebedienerei. Echt deutsch allewege!

Die deutschen Behörden haben in Bayern, wie der Münchener Sender bekanntgibt, alle Parteibildungen verboten. Besonders also die kommunistische. Auch Versammlungen dürfen nicht stattfinden. Falckenberg spiele bereits wieder Theater, wird berichtet.

Heute abend meldete Berlin, dass im Grossen Saal des Rundfunkgebäudes das erste öffentliche Konzert stattgefunden habe. Im Beisein hoher Offiziere der Roten Armee. Die verbinden-

den Texte sprach Viktor de Kowa. Na also. Von Frau Goebbels und der Japanischen Botschaft zur Roten Armee.«
415 *Viktor de Kowa:* Vgl. Anmerkung zu *VI, 327*; de Kowa war u.a. 1943/44 Intendant des »Theaters am Kurfürstendamm« und der »Komödie«.

Mayrhofen, 22. Mai 1945

416 *Es war ein Racheakt [...] Die Wertskala war umkehrbar:* Ergänzung von Kästner in D.
Prätorianer: Cohortes praetoriae, Name für die Truppe, die der römische Kaiser Augustus (63 v. Chr. bis 14 n. Chr.) zum eigenen Schutz aufstellte.
Hatten Hitler und Himmler Angst [...] und der Blutherrschaft: Ergänzung von Kästner in D.
Indianerspiel germanischer Karl May-Leser: Anspielung auf die Werke von Karl May (1842–1912) und die darin immer wieder praktizierte Blutsbrüderschaft, z. B. zwischen Winnetou und Old Shatterhand.
417 *Prinz-Albrecht-Straße:* Sitz der Gestapo-Zentrale in Berlin.
Zwölfender: Scherzhafte Bezeichnung für Soldaten, die sich für zwölf Jahre zum Wehrdienst verpflichtet hatten.
Karl May-Leser wie ihr Führer: Hitler selbst hatte nach der Machtergreifung fast alle seiner 70 Karl May-Bände noch einmal gelesen. Er schätzte vor allem Winnetou als Vorbild für die deutsche Jugend und als »Musterbeispiel eines Kompanieführers«. Andere NS-Funktionäre und -Pädagogen lehnten Mays Bücher wegen pazifistischer und antirassistischer Tendenz ab und ließen einzelne Titel verbieten oder bearbeiten.
418 *Das Rad kaufte übrigens [...] sind Ungelegenheiten:* In T heißt die Passage: »Nun will der Bruder von Ali Schmidt versuchen, ob er einen Ausweis für Berlin bekommt. Und will dann per Rad nach Berlin fahren. Wenn ihm das gelingt, will er versuchen, dass die Ufa Schritte unternimmt, um die Belegschaft zurückzuholen. Denn die Arbeiter wollen – im Gegensatz zu Harald Braun und Ulrich Haupt – nach Berlin, während Braun die Unterstützung der Amerikaner sucht, hier einen Film zu drehen. Ali Schmidt sagt ärgerlich: ›Wir sind genau so wichtig wie der Regisseur und bleiben nicht; denn wir wollen wissen, was aus unseren Angehörigen geworden ist. Es müsste abgestimmt werden.‹ Und sein Bruder: ›Ausserdem müssten wir

Geld verdienen, und Geld haben sie keins.‹ Eberhard Schmidt fehlt eben, glauben sie, obwohl mir's sehr zweifelhaft erscheint, ob er jetzt mit ihnen nach Berlin zurückginge! Allerdings, wenn die Arbeiter so scharf aufpassen, wird es ihm wohl kaum gelingen, mit den Apparaturen eine Privatfirma aufzumachen.«

Mayrhofen, 24. Mai 1945

419 *Churchill:* Winston Leonard Spencer Churchill (1874–1965), britischer Premierminister; als die große Koalition unmittelbar nach Kriegsende zerbrochen war, reichte er am Mittag des 23. Mai 1945 im Buckingham Palace seine Demission ein und wurde um 16.00 Uhr zurückberufen, um eine einheitlich konservative Regierung zu bilden; gleichzeitig wurde der 5. Juli 1945 (nicht der Herbst, wie Kästner meinte) als Tag für Neuwahlen bestimmt (bei denen Churchill eine empfindliche Niederlage einstecken sollte); Churchill selbst trat nur höchst ungern ab; Angst davor, den »Frieden zu gewinnen«, wie Kästner vermutet, hatte er nicht.
Während des Krieges [...] Sonst? Sonst...: In T heißt diese Passage: »Das Lied von ›Deutschland wird Kartoffelacker‹ (Morgenthau) erfährt vorsichtige Varianten. Sogar Lord Vansittart meint, die friedliche deutsche Industrie müsse im Interesse Europas wieder aufgebaut werden. Schade, dass man nicht erfährt, was wirklich vernünftige Menschen im Ausland über Europas Zukunft denken! Immer hört man nur das eingebildete Gefasel von grossmütigen ›Siegern‹.«
Morgenthau: Der amerikanische Finanzminister Henry Morgenthau jr. (1891–1967) legte im September 1944 einen nach ihm benannten Plan vor, der eine Reagrarisierung Deutschlands vorsah. Nach öffentlicher Kritik distanzierten sich Roosevelt und Churchill von dem »Morgenthau-Plan«, der der NS-Propaganda als willkommener Anlaß für Durchhalteparolen diente.
Lord Vansittart: Robert Gilbert Baron Vansittart (1881–1957), britischer Diplomat im Außenministerium, der für eine rigorose antideutsche Politik eintrat.

420 *Völkerbund:* Staatenvereinigung zur Sicherung des Weltfriedens (1920–1946) mit Sitz in Genf; das Deutsche Reich trat 1933 aus.

420 *Julius Streicher:* Nationalsozialistischer Politiker (1885–1946), bis 1940 Gauleiter von Franken, Herausgeber des antisemitischen Hetzblattes *Der Stürmer*, wurde am 23. Mai 1945 in der Nähe von Berchtesgaden festgenommen.
Himmler: Himmler war in der von Kästner beschriebenen Weise am 21. Mai 1945 von einem britischen Kontrollposten verhaftet und in das Kriegsgefangenenlager bei Lüneburg gebracht worden, wo er sich am 23. Mai vergiftete.
Robert Ley: Ley war am 16. Mai 1945 von amerikanischen Truppen bei Berchtesgaden verhaftet worden. Er hatte sich den falschen Namen Ernst Distelmeier zugelegt.
Oder wie in Gangsterfilmen [...] Schnurrbart: In T heißt diese Passage: »Sogar unter der Würde dieser würdelosen Grossmäuler. Am besten hat sich Goebbels aus der Affäre gezogen, der Intellektuelle, als er gemeinsam mit seiner Familie Schluss machte.«

Mayrhofen, 28. Mai 1945
In T heißt die Tageseintragung: »Butter 130 Mark, Käse 50 Mark. Die Ufa-Leute haben schon alle ihre Finger drin. Ali Schmidt trotz seiner Lustspiele, die er beim Schnaps schreibt, ganz besonders. Gestern sprachen wir wieder mal einen von der Widerstandsbewegung. Wieder so ein grässlicher Mensch. Diesmal ein Südtiroler, der vor dem Krieg in Süditalien als Bersaglieri gedient hatte und den Krieg jetzt bei den ›Preussen‹ mitgemacht hat. Amüsant was er von der Bersaglieri-Kaserne erzählte: Dass die Tore der Kaserne zugeschlossen waren und die Soldaten an Stricken die Hauswand hinunter- und heraufklettern mussten mit Waschzeug, dem Morgenkaffee usw.
  Gestern kam plötzlich ein ›Mr. Kennedy‹ aus München. Von Eberhard Schmidt aus Olching vorausgeschickt. Kennedy ist der Filmobermotz beim Hauptquartier für ganz Bayern und sucht, deutsche Filmleute kennenzulernen. Im Herbst meint er, würde man wohl gestatten, dass in Geiselgasteig deutsche Spielfilme gedreht werden, und ob ich nach ... (wahrscheinlich habe ich hier den Satz versehentlich abgebrochen.« [Anmerkung von Kästner in T.])
421 *Molière:* Französischer Komödiendichter (1622–1673).
  Mr. Kennedy: Bob Kennedy, Filmoffizier beim Military Government for Bavaria in München, später mit Klaus Mann befreundet.

421 *Geiselgasteig:* Villenvorort von München mit (seit 1920) bedeutenden Filmateliers, u. a. der Bavaria.
422 *Gustav Knuth:* Deutscher Schauspieler (1901–1987), von 1937 bis 1945 am Berliner Staatstheater, seit 1935 auch beim Film und bis 1945 18 Rollen.
Otto Wernicke: Deutscher Schauspieler (1893–1965), von 1934 bis 1944 in Berlin an verschiedenen Theatern, von 1933 bis 1945 insgesamt 57 Filmrollen.
Berliner Stammtisch bei Jonny Rappeport: Stammtisch in der Berliner Jockey-Bar, über den Oda Schaefer in ihren Erinnerungen (Auch wenn Du träumst, gehen die Uhren. München 1970, S. 271f.) u. a. schreibt: »Nichts kann uns die winzige, exklusive Jockey-Bar in der Lutherstraße ersetzen, die mit dem Pariser Lokal am Boul' Mich' den Namen und die Plakattapeten gemeinsam hat. Hier trafen wir Erich Kästner und Luiselotte Enderle und tout Berlin, während am Nebentisch die Gestapo-Spitzel saßen und verbotene Gespräche zu belauschen versuchten. Sie waren sofort zu erkennen, sie waren spießig, lauernd, von tierischem Ernst und paßten keineswegs in die ungezwungene Atmosphäre.«
423 *Auch die andere Begebenheit [...] den Hanswurst seiner selbst:* Eine ähnliche Szene findet sich tatsächlich in einem satirischen Film, und zwar in Chaplins *Der große Diktator*.
Sie konnten [...] zusammen nicht kommen: Anspielung auf das Volkslied *Es waren zwei Königskinder*.
Nero: Römischer Kaiser (37–68) seit 54, dem (blutigen) Wahnsinn verfallen.
Bersagliere: Angehöriger einer italienischen Scharfschützentruppe.

Mayrhofen, 2. Juni 1945
In T heißt die Tageseintragung: »Heute nacht 1 Uhr kamen die Kühe aus dem Unterzillertal. Die auf die Tuxer Alm getrieben werden, läutend durch den Ort. (Die Almbesitzer lassen die fremden Kühe grasen und haben dafür auf die Milch Anspruch.)
Seit ein paar Tagen sind etwa 160 amerikanische Soldaten im Ort. Sie haben 10 Radioapparate für sich beschlagnahmt und wollen und dürfen den Deutschen nicht die Hand geben, noch in ihre Wohnungen gehen. Heilmann hat seinen Radioapparat vorläufig versteckt.«
424 *Kaiser Wilhelm:* Gemeint ist Kaiser Wilhelm II., deutscher Kaiser von 1888 bis 1918.

424 *1917:* Kästner war im Juli 1917 in eine Einjährig-Freiwilligen-Kompanie der schweren Artillerie in Dresden eingezogen worden. Der militärische Drill führte bei Kästner zu einem bleibenden Herzfehler.

Mayrhofen, 5. Juni 1945
In T heißt die Tageseintragung: »Es geschieht nichts Neues. Kennkarten werden ausgestellt, ein neuer Anlaß zum Schlangestehen, wie beim Milchholen, beim Essenholen, beim Lebensmittelkartenholen. Die Spaziergänge dürfen nicht über 4 oder 6 km ausgedehnt werden. Amerikanische Streifen halten die Passanten an und kontrollieren. Auch hier im Ort scheint keiner den Nazis nahegestanden zu haben, obwohl sie fast alle in der Partei waren, und jeder tischt irgendwelche Geschichten auf, mit denen er seine integre Haltung zu beweisen sucht. Der eine hat Rassenschande getrieben und war deswegen verfolgt. Der andere hat seine geschiedene jüdische Frau immer unterstützt, der dritte war, obgleich er das Parteizeichen getragen hatte, nur Parteianwärter gewesen, und er hatte alles versucht, nicht Mitglied zu werden. Eine kleine Berlinerin meinte ironischerweise, auch sie sei eine ›Märtyrerin‹, sie habe im Gymnasium beim Mathematiklehrer einmal eine vier bekommen, weil sie nicht im BDM war. Der ›motorisierte‹ Alm-Auftrieb ist zu Ende. Ich bin neugierig, ob sich nun das Angebot an Butter und Käse verringern wird.«

427 *Nürnberger Gesetze:* Zusammenfassende Bezeichnung für das »Reichsbürgergesetz« und das »Gesetz zum Schutz des deutschen Blutes und der deutschen Ehre«, die auf dem Parteitag der NSDAP am 15. September 1935 erlassen wurden. Das »Blutschutzgesetz« verbot bei Gefängnis- oder Zuchthausstrafe Ehen und sexuellen Kontakt zwischen Juden und »Staatsangehörigen deutschen oder artverwandten Blutes«.

In T findet sich im Gegensatz zu D auch eine Eintragung für den 13. Juni 1945: »Ein Graf Bobby-Witz: Er ist in der Stadt, hat mehrere Besorgungen gemacht und seinen Regenschirm stehenlassen. Er trifft den Rudi, sagt ihm das und meint: ›Ich war bei meinem jüdischen Rechtsanwalt X, bei meinem jüdischen Arzt Y und bei dem jüdischen Juwelier Z. Ich muß mal sehen, wer den Schirm hat.‹ Am nächsten Tag treffen sich die beiden wieder. ›Ja denk dir, bei X war der Schirm nicht, bei Y war er auch nicht und auch nicht bei Z. Aber als ich vor meinem Haus ankam, rief mich die Kreislerin von gegenüber und sagte: ›Hier Herr Graf! Sie haben ihren Schirm bei uns stehenlassen!‹ Und sie gab mir den Schirm wieder. Ist das nicht bezeichnend? Die Juden haben mir den Schirm natürlich nicht wiedergegeben. Aber eine einfache arische Frau aus dem Volke!‹«

Mayrhofen, 15. Juni 1945
In T findet sich im Gegensatz zu D auch eine Eintragung für den 16. Juni 1945. Sie heißt:»«Ein besonderer psychologischer Essay wird eines Tages über die fatalistische herdenmässige Dulderfähigkeit und die Ausdehnbarkeit dieser Geduld im deutschen Volk zu schreiben sein.«

428 *Das ist, um so vor sich hinzugehen [...] verlief die Reise ohne Zwischenfälle:* In T heißt diese Passage:
«Dafür heisst es, kriegt man Nacherlaubnisscheine für grössere Strecken nicht mehr im Ort beim Bürgermeister, mit einer Unterschrift des Ortskommandanten, sondern in Schwaz. Dort wird nun wohl das halbe Zillertal schlangestehen.
Harald Braun und Ulrich Haupt waren in München. Haupt als amerikanischer GI verkleidet. Er brachte das Strassburger Liebchen ›seines‹ Leutnant Colonel nach Strassburg zurück. Denn dieser hat sich inzwischen mit Hannelore Schroth eingelassen, die ihrerseits den Tiefseetaucher Dr. Hass laufen liess. Hannerlorchen betreut auch des Obersten Zwergrattler, ein Rattenvieh.«
Das ist, um so vor sich hinzugehen: Anspielung auf Goethes Gedicht *Gefunden*, in dem es heißt: »Ich ging im Walde / So für mich hin, / Und nichts zu suchen, / Das war mein Sinn«.

429 *Bavariachef Schreiber:* Helmut Schreiber (1903–1963), seit Juni 1942 Produktionschef der Bavaria, seit Mai 1939 Mitglied der NSDAP, erhielt von Hitler am 1. Januar 1944 das Kriegsverdienstkreuz.
Alexander Golling: Film- und Theaterschauspieler (1905–1989), von 1938 bis 1945 Intendant des Bayerischen Staatsschauspiels.
Fritz Fischer: 1898–1985, von 1938 bis 1945 Intendant der Staatsoperette am Gärtnerplatz in München.
Kabasta: Oswald Kabasta (1896–1946), österreichischer Dirigent, bekannt als Interpret Brucknerscher Werke, übernahm 1938 die Leitung der Münchner Philharmoniker.
Knappertsbusch: Hans Knappertsbusch (1888–1965), deutscher Dirigent, von 1922 bis 1938 Generalmusikdirektor an

der Münchner Staatsoper, danach in Wien, seit 1945 Gastdirigent in München und Bayreuth.

429 *Werner Buhre:* Schriftsteller und Kulturfilmregisseur (1901 bis 1980), Freund Kästners seit der Gymnasialzeit, mit ihm zusammen verfaßte er das Lustspiel *Das lebenslängliche Kind.*

jüdischer Emigrant: In T heißt es etwas ausführlicher: »Ein Emigrant, der bis 1937 in Deutschland gelebt hatte und der erste Vertreter der amerikanischen Militärverwaltung.« Am 18. Juni 1945 nennt Kästner als Namen des Emigranten Scharin (Shareen in D). Ein Offizier mit diesem Namen war nicht zu ermitteln. Möglicherweise gehörte er zu amerikanischen Dienststellen in Tirol.

430 *Nach der Eroberung [...] nicht erreicht haben:* In T heißt diese Passage: »Die Russen sollen in Berlin, nach dessen Eroberung, drei Tage Plünderung freigegeben haben. Die deutschen Kriegsgefangenen sollen einen Monatsurlaub erhalten, sich nach ihren Angehörigen umschauen und dann wieder in ihren ausländischen Arbeitsdienst zurückkehren. Die russische Demarkationslinie liegt immer noch nicht genau fest, wie es scheint, d. h. die Russen rücken weiter vor. (Falls ich die Sache und die Gerichte richtig verstehe.)« Im Gegensatz zu dem von Kästner wiedergegebenen Gerücht waren Plünderungen ohne »Zulassung durch militärische Kommandanten« bereits am 1. Mai 1945 von dem sowjetischen Stabschef in Berlin, Generalmajor Kutschtschow, verboten worden. Trotzdem kam es zu »wilden« Plünderungen, die mehr oder weniger geduldet wurden.

Das Dritte Reich [...] die Städte brannten: Ergänzung von Kästner in D.

431 *Minotaurus:* In der griechischen Mythologie ein Zwitterwesen aus Stier und Mensch, für das der kretische König Minos durch Daidalos ein Labyrinth erbauen ließ, in dem ihm Menschen zum Fraß vorgeworfen wurden.

432 *Judenboykott:* Am 1. April 1933 rief die NSDAP zu einem Boykott jüdischer Geschäfte, Ärzte und Rechtsanwälte auf; in weiten Teilen der Bevölkerung stieß diese erste offizielle Maßnahme der NS-Regierung gegen die deutschen Juden noch auf Ablehnung.

433 *Kristallnacht:* Von den Nationalsozialisten initiierter Pogrom gegen jüdische Bürger und Einrichtungen (vor allem Synagogen) in der Nacht vom 9. auf den 10. November 1938, bei dem

91 jüdische Bürger ermordet und 26 000 verhaftet wurden; vorgeschobener Anlaß war die Ermordung des deutschen Botschaftssekretärs von Rath durch Herschel Grynszpan in Paris am 7. November 1938.
433 *Breeches:* Kurze, oben weite, an den Knien anliegende Sport- und Reithose.

P. in Bayern, 18. Juni 1945
In T heißt die Tageseintragung: »Vorgestern waren Ulrich Haupt und ich in einem amerikanischen Jeep von Mayrhofen nach Olching gefahren. Leider tranken wir auf der Fahrt Himbeergeist aus zwei Flaschen, so dass ich fast einen ganzen Tag down war. Am Donnerstag holt uns ein Oberstleutnant wieder ab, falls wir nicht bis dahin mit Eberhard Schmidt zurückgefahren sind, um dessen Sachen, ferner Lotte usw., zu holen. Wir können in Schondorf bei Schmidts Mutter wohnen. Er will, dass ich die Rückfahrt nicht mitmache, da ich nun ja schon einmal hier sei und nur Platz wegnehme. Trotzdem glaube ich, dass es doch besser ist, noch einmal nach Mayrhofen zurückzukehren. Es sind alles solche halben Zustände: keine Bahn, keine Post, keine Erlaubnisse. Die Russen besetzen mit Einwilligung der Amerikaner bis zum 21. 6. Thüringen, Sachsen, Mecklenburg und Provinz Sachsen! Jeder Amerikaner zieht, wenn von den Russen die Rede ist, ein mehr oder weniger bedenkliches Gesicht. Wie sollen wir nach Dresden kommen?

Heute früh waren Eberhardt und Uli bei Kennedy in der Stadt und kamen mit einem Begleitwagen zurück, dessen Insassen sich für mich interessierten. Beamte vom amerikanischen Sicherheitsdienst, deren einer sich Notizen über meine letzten 12 Jahre machte. Er wusste einigermassen über meine letzten Bücher vor 1933 Bescheid, bezeichnete ›Fabian‹ als ein Buch, in dem Berliner Bordelle vorkämen, und wollte wissen, ob es Männerbordelle, wie darin angedeutet wird, wirklich gegeben habe. Im übrigen sprachen er und sein Kamerad fliessend deutsch, zwei Emigranten. Sie waren sehr zurückhaltend mir gegenüber, um nicht zu sagen skeptisch. Er interessierte sich für meine Heimfahrt aus Zürich im Jahre 1933. Meine Erklärung, ich sei dageblieben, um ein abschliessendes Buch zu schreiben, leuchtet ihm nicht ganz ein, da ich doch, als verbotener Schriftsteller, keinen Einblick in die Parteiverhältnisse gehabt hätte! Ich bin neugierig, wenn es möglich sein wird, den Leuten ein Bild vom wirklichen Verlauf zu geben. Sie sind begreiflicherweise unwissend und können sich nicht in das Leben von uns hineinversetzen. (Nachtrag aus der Erinnerung: Meine späteren Versuche, den CIC-Mann zu identifizieren, ergaben nur, dass er sich Dr. Donner nannte. Ich sah ihn später in München noch ein paar Mal, u. a. mit einer uniformierten amerikanischen Negerin als girl friend auf merkwürdigen parties. Auch bei der Lizenzierung Kurt Deschs scheint er eine merkwürdige Rolle gespielt zu haben. [Anmerkung Kästners in T])

Er meinte übrigens, wir sollten die Leute ruhig in Mayrhofen lassen. Dort ginge es ihnen doch besser als hier. Wenn sie sich nach Berlin durchschlagen wollten, so könnten sie das ja auf eigene Verantwortung tun. Sie würden schon sehen, was sie davon hätten. Hier in München bekämen sie ja doch keine Wohnung, Arbeit usw. Auch dass Herr Scharin die Apparaturen beschlagnahmt hatte, fand er in Ordnung. Es war ein hübsches Bild: Auf der Terrasse vom Staudenhof der uniformierte Chauffeur mit Maschinenpistole, der Kollege des Beamten mit dem Gewehr. Der Chauffeur spuckte regelmässig in den Garten. Er spuckte vollendet.

Kaum waren sie wieder abgefahren, kamen sie wieder zurück und wollten die Räume besichtigen. Sie fragten, ob Hitlerbilder im Hause seien.

Das schlimmste ist: Es kommt nichts vom Fleck. Wenn das so weitergeht, sitzen wir im Winter auch noch in Mayrhofen.

Übermorgen, am Mittwoch, sollen wir nun Kennedy und andere Herren in ihren Münchener Ämtern aufsuchen. Ich würde gern Falckenberg und ähnliche Leute treffen. Vielleicht schauen wir einmal in die Kammerspiele hinein.

In Mayrhofen wurden Marion und Kyrath von amerikanischen Offizieren besucht, deren einer – wenn ich nicht irre in Würzburg – aus einer Bankfiliale mehrere Millionen Mark mitgenommen zu haben behauptete. Der jüdische Doktor verehrte Marion als Anhänger die Miniaturnachbildung einer jüdischen Gebetsrolle.«

437 *Die Russen besetzen […]:* Wie auf der Konferenz von Jalta (4.–11. 2. 1945) von den Regierungschefs Großbritanniens, der Sowjetunion und der USA festgelegt, wurde Deutschland nach der sogenannten Junideklaration am 5. Juni 1945 in vier Besatzungszonen geteilt.

438 *CIC:* Counter Intelligence Corps, Organisation des amerikanischen Heeres für die militärische Abwehr.
Leutnant: Es handelt sich um den in Fürth geborenen und später in New York lehrenden Politologen Joseph Dunner (1908 bis 1978), seit 1927 Mitglied der SPD, Reichstagskandidat, 1933

Flucht in die Schweiz, 1935 Auswanderung in die USA, Offizier im CIC, dann bei der Information Control Division (ICD) Offizier in der Press and Publications Control Section in München. Bei der Lizenzierung des Kurt Desch Verlags, die Kästner in T erwähnt, spielte Dunner eine wichtige Rolle: Er verbürgte sich persönlich für den politisch erheblich vorbelasteten Desch, der im November 1945 als erster bayerischer Verleger lizenziert wurde. Bernd R. Gruschka schreibt in seiner Untersuchung *Der gelenkte Buchmarkt. Die amerikanische Kommunikationspolitik in Bayern und der Aufstieg des Verlages Kurt Desch 1945 bis 1950* (Frankfurt/Main 1995, S. 113) zusammenfassend über den Fall: »Ob die Amerikaner Fakten, die Kurt Desch belasteten, als Mittel ansahen, ihn besser lenken zu können, oder ob Kurt Desch das Wohlwollen der ICD durch Preisgabe der Interna aus dem NSDAP-Establishment gewonnen hat, kann wegen der zeitlichen Distanz genausowenig verifiziert werden wie Hinweise, die Vermittlung eines Nymphenburger Porzellanservice aus dem 18. Jahrhundert [...] und eines Segelbootes an die in ihrem Hauptquartier in Schloß Seeburg am Starnberger See residierenden ICD-Verantwortlichen [...] habe die Lizenzierung wesentlich beeinflußt. Dunner erwähnt in seiner Autobiographie *Zu Protokoll gegeben. Mein Leben als Deutscher und Jude* (München, Wien, Basel 1971) Kästner nicht.

439 *Schweiz:* Als in Berlin am 27. Februar 1933 der Berliner Reichstag brannte und das von den Nationalsozialisten als willkommener Vorwand genommen wurde, um politische Gegner auszuschalten, war Kästner gerade in der Schweiz, um Urlaub zu machen. Trotz dringender Bitten seiner Freunde blieb er nicht in der Schweiz, sondern kehrte nach Deutschland zurück, um »Augenzeuge zu sein«, wie er selbst sagte. Ein nicht unwesentlicher Grund dürften aber auch seine familiären und freundschaftlichen Bindungen in Deutschland gewesen sein, die er nicht aufgeben wollte.

1937 [...] Salzburg-Buch: Im Juli 1937 reiste Erich Kästner nach Bad Reichenhall, um im sogenannten »kleinen Grenzverkehr« seinen seit 1936 im Londoner Exil lebenden Freund und Illustrator seiner Kinderbücher, Walter Trier (1890–1951), in Salzburg wiedersehen zu können. Mit einem von Trier illustrierten Schutzumschlag erschien 1938 Kästners märchenhafte Grenzverkehr-Geschichte in Zürich zunächst unter dem Titel *Georg und die Zwischenfälle*, ab 1949 dann als *Der kleine Grenzverkehr*.

440 *1938 [...] London:* Kästner war im September 1938 nach London gereist, u. a. um dort Walter Trier wiederzusehen.

Cyrus Brooks: Er übersetzte u. a. *Fabian* (1932), *Der 35. Mai oder Konrad reitet in die Südsee* (1933), *Das fliegende Klassenzimmer* (1934), *Emil und die Detektive* (1934), *Drei Männer im Schnee* (1935), *Die verschwundene Miniatur* (1936) und *Till Eulenspiegel* (1939) ins Englische.

Lady Diana: Lady Diana Cooper (1892–1986), britische Autorin und Schauspielerin, u. a. bei Max Reinhardt und in mehreren Stummfilmen; Ehefrau von Duff Cooper, Kriegsminister von 1935 bis 1937 und Erster Lord der Admiralität, trat aus Protest gegen Chamberlains Appeasement-Politik zurück.

Brendan Bracken: Englischer Wirtschaftspublizist (1901 bis 1958), seit 1940 parlamentarischer Privatsekretär von Winston Churchill, ab 1941 Informationsminister.

Chamberlains Flug: Arthur Neville Chamberlain (1869 bis 1940), britischer Premierminister von 1937 bis 1940, versuchte die Kriegsgefahr mit Hilfe des Münchner Abkommens vom 30. September 1939 zu entschärfen, in dem Deutschland das Sudetengebiet zugesprochen wurde.

1942 [...] Zürich: Am 20. Juli 1942 erhielt Kästner nach einer Ministerentscheidung, an der der damalige Reichsfilmintendant Fritz Hippler wesentlich mitgewirkt hatte, die Sondergenehmigung, Manuskripte und Drehbuchaufträge unter seinem Pseudonym Berthold Bürger zu verfassen. Diese Sondergenehmigung wurde ohne Angabe von Gründen am 9. Januar 1943 widerrufen. Offensichtlich hatte Hitler davon erfahren und ein Verbot der Weiterbeschäftigung ausgesprochen. In diese Zeit der inoffiziellen Tätigkeit für die Ufa fällt auch die Reise nach Zürich.

Jenny Jugo: Deutsche Filmschauspielerin (*1906), während der NS-Zeit ein gefeierter Star mit 18 großen Rollen.

Klagemann: Eugen Klagemann, Kameramann u. a. bei der Tobis.

441 *Twofaced Woman:* Amerikanischer Spielfilm aus dem Jahre 1941 in der Regie von George Cukor; der letzte Film mit Greta Garbo.

Melvyn Douglas: Amerikanischer Filmstar (1901–1981) der 30er und 40er Jahre, verkörperte vor allem smarte Playboys.

441 *Ufa-Chef Jahn:* Otto Heinz Jahn (1906–1953), Kulturfilmregisseur, Drehbuchautor, Produktionschef der Ufa (Berlin-Film).
Chefdramaturg Brunöhler: Kurt Brunöhler, Drehbuchautor und Dramaturg bei der Ufa.
442 *Falckenberg:* Otto Falckenberg (1873–1947), deutscher Theaterregisseur und Schriftsteller, von 1917 bis 1944 künstlerischer Leiter der Münchner Kammerspiele.

P. in Bayern, 19. Juni 1945

Die Tageseintragung in T heißt: »Die Münchener Nachrichten, Wochenendausgabe, 2. Nummer, brachte heute einen Aufsatz des 82-jährigen Friedrich Meinecke. Die Zeitung erklärte, dass sie seine Meinungen zum grossen Teil nicht teilte. Er seinerseits meinte, ihm als einem Mann am Grabe würde man wohl nicht unterstellen, dass er Konjunkturbehauptungen vorbringe. Er wies darauf hin, wie aussichtslos angesichts des Terrors und der Propaganda der Nazis eine Gegenaktion gewesen sei und wie oft ihm doch ehemalige Schüler unter vier Augen ihre Antihaltung zum Ausdruck gebracht hätten.«

443 *Monaden:* In der Philosophie von Gottfried Wilhelm Leibniz: in sich geschlossene, nicht mehr auflösbare Wesen, aus denen die Weltsubstanz besteht.
Münchener Nachrichten: Zwischen März und Oktober 1945 erschien ein Nachrichtenblatt der amerikanischen 12. Heeresgruppe mit dem Titel »Münchner Zeitung«. Es ist wahrscheinlich, daß Kästner dieses Blatt meinte, es jedoch namentlich mit den am 29. April 1945 zuletzt erschienenen »Münchner Neuesten Nachrichten« vermengte.
Friedrich Meinecke: Deutscher Historiker (1862–1954), Ordinarius in Berlin von 1914 bis 1929, Herausgeber der *Historischen Zeitschrift* von 1896 bis 1935, nach dem Zweiten Weltkrieg erster Rektor der Freien Universität Berlin; Kästner studierte im Wintersemester 1921/22 in Berlin.

444 *seit 1938:* Anspielung auf den »Anschluß« Österreichs an das Deutsche Reich am 13. März 1938.

P. in Bayern, 20. Juni 1945

444 *Rialto:* Brücke in Venedig über den Canale Grande.
Thornton Wilders »Our Town«: Thornton Wilders (1897 bis 1975) 1938 uraufgeführtes Stück *Our Town* (dt. *Unsere kleine*

Stadt) wurde nach dem Zweiten Weltkrieg in zahlreichen deutschen Städten gespielt. An den Münchner Kammerspielen brachte Erich Engel (von 1945 bis 1947 Intendant) das Stück am 4. Dezember 1945 zur Premiere. Die neue Spielzeit hatte mit einer Neuinszenierung von William Shakespeares *Macbeth* am 12. Oktober 1945 begonnen (Regie: Charles Regnier).

444 *Ross:* Captain G. W. Ross, Leiter der Intelligence Section im Munich Detachment der ICD.
Richards: Nicht ermittelt.
van Loon: Captain Gerard W. van Loon, für die Bühnen zuständiger Theater Control Officer.

445 *Intelligence Service:* Britischer Nachrichtendienst.
Secret Service: Britischer Geheimdienst.
Colonel Kinard: Lt. Colonel William H. Kinard, Executive Secretary, Information Control Licensing Board.
Dr. Dunner: Vgl. Anmerkung zu *VI, 438*.
Das riecht förmlich nach »nom de guerre«: Der Satz findet sich auch nicht sinngemäß in T. Dafür heißt es in T: »Um so unverständlicher scheint nun seine Frage nach Hitler-Bildern bei Blaus.«
nom de guerre: (Frz.) Kriegsname, den die Soldaten früher bei ihrem Eintritt in den Militärdienst annahmen.
Wolfgang Koeppen: Deutscher Schriftsteller (1906–1996), verfaßte zeitkritische Romane, Filmdrehbücher und Reiseberichte.
Arnulf Schröder: Deutscher Schauspieler, Kabarettist und Pädagoge (1903–1961), zwischen 1934 und 1945 insgesamt 20 Filmrollen.
Rudi Schündler: Schauspieler, Regisseur (1906–1989), Mitbegründer der »Münchner Schaubude«.
Arthur Maria Rabenalt: Deutscher Regisseur (1905–1993), gestaltete zwischen 1934 und 1945 24 Filme, darunter ... *reitet für Deutschland* (1941).
Ringelnatz: Vgl. *VI, 16–19*.
Baudelaire: Charles Baudelaire (1821–1867), französischer Dichter, mit seinem Gedichtzyklus *Les Fleurs du mal* (1857) begründete er den Symbolismus.
Hübsche Mädchen [...] Himbeeren: Ergänzung von Kästner in D.
Albert Hoermann: Deutscher Schauspieler, Regisseur und Autor (1899–1980).

445 *Mackie Messer:* Figur aus Brechts *Dreigroschenoper* (vgl. VI, *145 ff.*)
Robert A. Stemmle: Deutscher Regisseur und Schriftsteller (1903–1974), realisierte zwischen 1934 und 1945 insgesamt 20 Spielfilme.

P. in Bayern, 21. Juni 1945

Die Tageseintragung in T heißt: »Heute morgen waren wir wieder in München; vor allem wegen des Kabarett-Projektes in den Kammerspielen, wo Eberhard Schmidt geneigt ist, das geschäftliche Risiko zu tragen und als Direktor einzusteigen. Rabenalt entwickelte uns das erste Programm und dessen Absicht: literarischer Text, erläutert durch gute, möglichst nackte Choreographie. Falkenberg soll gewisse Schwierigkeiten haben, da man nach einer Denunziation bei ihm Haussuchen ließ und Briefkopien an den Führer usw. gefunden hat.

Ulrich Haupts Amerikaner, die heute kommen und uns wieder abholen sollten, sind noch nicht da. Hoffentlich kommen sie wenigstens morgen. Denn wir sind beide begierig, zunächst einmal nach Mayrhofen zurückzugelangen. Hier geht die Sache vorläufig ohne uns weiter.«

446 *Klondyke:* Gebirgslandschaft im Nordwesten Kanadas, wurde 1896 durch Goldfunde für kurze Zeit berühmt.
Da ich in P. ein Exemplar [...] Kurz hinzuweisen: Diese Sätze finden sich sinngemäß als Bericht am 22. Juni 1945 in T.

447 *Herz auf Taille:* Kästners erster Gedichtband, der 1928 bei Curt Weller erschien.
Bevor wir nach P. fuhren [...] völlig unmöglich: Diese Sätze finden sich sinngemäß als Bericht über den Vortag am 22. Juni 1945 in T.

P. in Bayern, 22. Juni 1945

447 *Das Herumfressen [...] noch ins Gesicht sehen:* In T heißt diese Passage: »Denn dieses Herumhocken zwischen Halbfremden und das Herumfressen an fremden Tischen ist für einen menschenscheuen Autor etwas Schreckliches. Ich bin nur gespannt, ob ich mich wieder an ein Leben im betriebsamen Milieu gewöhnen werde. Als ich jetzt zwei Tage in den Kammerspielen herumkroch, hatte ich beinahe den Eindruck.«

448 *Meine Knickerbockerhose ist [...]:* Davor findet sich in T der

Satz: »Das Schönste ist hier, dass ich jeden Tag gebadet habe, und manikürt bin ich worden.«

P. in Bayern, 25. Juni 1945

448 *Es ist, um aus der Haut [...] rührend wie idiotisch:* In T heißt diese Passage: »Nun ist Montag, und wir warten weiter. Man kommt sich vor wie im Gefängnis. Ein Gefängnis übrigens voller Fliegen und Mücken. Meine Hände sind völlig zerstochen.«

P. in Bayern, 27. Juni 1945

450 *In normalen Zeiten [...] Ahnung hätten, wohin?:* Ergänzung von Kästner in D.
Ich sitze auf unserem Baumstamm [...] Ernstfall zu finden ist: In T heißt diese Passage: »Eberhard will mich nach Schondorf bringen, bis Uli in München alles geregelt hat. Ich würde die Strecke zu Fuß zurücklegen, wenn ich nicht genau wüsste, dass ich nach spätestens 30 km von einer Kontrolle aufgehalten und in ein Lager gebracht werden würde, wo ich wahrscheinlich noch länger zurückgehalten würde! Lotte wird sich vermutlich die Haare raufen und die abenteuerlichsten Dinge annehmen. Denn dass man uns einfach sitzen gelassen hat, auf die Idee kommt keiner, dem es nicht selber zustößt.«

451 *Es ist frappierend [...] Wiedersehens 1945:* Ergänzung von Kästner in D.
Renatastraße: Renatastraße 48, Gebäude der Münchner Informationskontrolle.
Wie ja überhaupt [...] wechselte er das Thema. [...] Abschließend [...] nach Freiburg: In T heißt diese Passage: »Denn obwohl er mir Glauben schenke, könne er natürlich nicht wissen, ob ich unter irgendwelchen Pseudonymen für die Nazis gearbeitet hätte. Derartiges Mißtrauen scheint leider gerechtfertigt, da den amerikanischen Behörden am laufenden Band unwahre Angaben gemacht zu werden scheinen. Mein Gedicht ›Kennst du das Land ...‹ sei in amerikanischen Kabaretts und Nachtclubs zitiert worden. Den mysteriösen Dr. Donner trafen wir im Korridor. Er fuhr gerade gestiefelt und gespornt nach Freiburg.
Herr Typograph äusserte noch folgenden Gedankengang: sie müßten notgedrungen mit den deutschen Künstlern arbeiten,

die bei den Nazis gearbeitet hätten, weil es ja andere Künstler kaum gäbe. Mit solchen freilich, die wie Gründgens, Furtwängler usw. den Nazis besonders nahegestanden hätten, sei eine Mitarbeit unmöglich. Ich widersprach ihm im Falle Furtwängler. Nun ja, sagte Typograph, vielleicht wird man auf diesen Mann nicht verzichten können, aber alle, die in der Partei gewesen seien, kämen überhaupt nicht in Frage. Nun, was geht mich das alles an? Ich bin einer der ganz wenigen, die für die Nazis nicht gearbeitet haben, und doch bringt man mir ein gerütteltes Maß Mißtrauen entgegen.«

452 *Gründgens:* Gustaf Gründgens (1899–1963), deutscher Schauspieler, Regisseur und Theaterleiter, seit 1936 Generalintendant der Preußischen Staatstheater und Preußischer Staatsrat. *Furtwängler:* Wilhelm Furtwängler (1886–1954), deutscher Dirigent, von 1922 bis 1945 Leiter der Berliner Philharmoniker, 1933 zum Preußischen Staatsrat ernannt, Vizepräsident der Reichsmusikkammer, konnte sich trotzdem erhebliche künstlerische Freiräume sichern.

453 *Ich habe meinen Posten [...] schwachsinnige Beschäftigung:* Ergänzung von Kästner in D.

P. in Bayern, 28. Juni 1945

In T heißt die Tageseintragung: »Gestern abend erklärte uns Eberhard, daß wir nun nicht länger in Olching bleiben könnten und daß Frau Blau Zustände bekäme. Heute brächte er Uli nach München und mich nach Schondorf, zu seiner Mutter und Schwester. Besonders diese Schwester und der Schwager Dr. Imhof sind reizende Leute, und ich habe aufgeatmet.«

Mayrhofen, 29. Juni 1945

456 *Gestern mittag [...] ein heilloses Quiproquo:* In T heißt diese Passage: »Nach Schondorf überzusiedeln, wurde nicht nötig. Mittags kam der Chauffeur des Ltn. Colonel und holte mich ab. In München mussten wir lange suchen und warten, bis Uli Haupt aufkreuzte. Um 8 Uhr fuhren wir los und waren kurz vor 11 Uhr in Schwaz. Na, wenn ich den ganzen Weg, an den vielen Kontrollen vorbei, hätte marschieren müssen, Gott behüte! In Schliersee konnte ich eine Minute Lore Guten Tag sagen. In Schwaz beobachteten wir in der Villa, in welcher Ulis Oberstleutnant haust, ein seltsames, aber sympathisches Volk,

diese Amerikaner! Nicht gerade Hofmeister-Allüren. Der Herr Oberst drückte sich dauernd kleine Pickel am Kinn auf, am Oberarm ist er tätowiert wie ein Matrose. Aber sie waren alle reizend, selbstverständlich und kameradschaftlich! Der Chauffeur saß am gleichen Tisch, die Ordonanz hockte auf dem Bett, sie rauchten und tranken zusammen und brachten den Obersten gemeinsam in sein Schlafzimmer. Auf dem Nachttisch stand Hannelores Bild!

So eine Wohnung, die von den Bewohnern hat geräumt werden müssen, ist eine sehr seltsame Angelegenheit: Kinderspielzeug liegt noch herum, Gebrauchsgegenstände aller Art, welche die Besitzer sicher sehr vermissen werden, und überall lümmeln sich Landsknechte! Hierüber liesse sich eine wirksame Szene schreiben!

Endlich wieder in Mayrhofen! Nach längerer Überlegung und Diskussionen mit Lotte scheint es sich bei dem Fragenstellen, mit dessen Durcheinander bei den Amerikanern, um eine nur scheinbare Unordnung zu handeln, in dessen Folge mehr Antworten gegeben und vielseitiger erzählt werden kann als bei wirklicher Ordnung der Frage und bei einliniger Fragerei. Die Stelle in Paris wird vielleicht dazu dasein, alle möglichen Ergebnisse zu ordnen und so Widersprüche, Lügen usw. festzustellen. Meine positiven Erklärungen über Glaeser, Furtwängler etwa dürften dort zu den Akten Glaeser und Furtwängler kommen usw.«

458 *Quiproquo:* (Lat.) Verwechslung einer Person mit einer anderen.

Alfred Beierle: Schauspieler und Rezitator (1887–1950); hatte im Herbst 1930 für den kommunistisch orientierten Schallplattenverlag »Die Neue Truppe« acht Kästner-Gedichte aufgenommen, von denen Kästner selbst vier las.

Er weiß, [...] seine Erfinder. Hoffentlich: Ergänzung von Kästner in D.

459 *Ehe ich es vergesse [...] jedoch nicht:* Diese Passage findet sich in T unter dem 30. Juni 1945 und lautet: »Als Kreis, der Erfinder der Bismarcktürme, begutachten sollte, wieviel Prof. Hofer für die ihm verbrannten Bilder als Schadensersatz bekommen sollte, kam er in arge Verlegenheit, da Hofer doch entartete Kunst malt und nicht in der Kulturkammer war. Aber er entschloss sich zu einem salomonischen Urteil, prüfte die Fotokopien der Gemälde und sagte, er werde freilich nicht alle

Bilder, aber immerhin die Stilleben als schadensersatzpflichtig beurteilen.«

459 *Wilhelm Kreis:* Deutscher Architekt (1873–1955), Vertreter des Neo-Klassizismus, gehörte während der NS-Zeit zu den führenden Architekten.

460 *Ich habe mir einen Tennisschläger [...] Tennisplätze sind geduldig:* In T heißt diese Passage: »Heute habe ich mir einen Tennisschläger gekauft. Für 60,–. Das Leben geht, wie gesagt, weiter.«

Mayrhofen, 30. Juni 1945

460 *Nicht in Tennisschuhen [...] Schaden zu beheben:* In T heißt diese Passage: »Der Tennisschläger war gut abgelagert. Nach kurzem Spiel mit Dr. Scheel waren schon zwei Saiten entzwei.«
Mittags saßen wir [...] der habsburgischen Länder: Ergänzung von Kästner in D. In T (nicht in B) findet sich der eingeklammerte Satz: »Lotte hatte gerade Streuselkuchen gebacken. Wir aßen ihn miteinander auf dem Holzbalkon.«
Marie Antoinette: Französische Königin (1755–1793), Tochter Maria Theresias, seit 1770 mit Ludwig XVI. verheiratet, während der Französischen Revolution hingerichtet.

461 *Peter Mendelssohn:* Peter de Mendelssohn (1908–1982), Journalist, Romancier und Sachbuchautor, verbrachte Kindheit und Jugend in der Künstlersiedlung Hellerau bei Dresden, verließ 1933 Deutschland, ging über Paris und Wien nach London, wo er von 1936 bis 1945 lebte; seit 1938 war er in zweiter Ehe mit der österreichischen Schriftstellerin Hilde Spiel (1911–1990) verheiratet, von 1945 bis 1948 Presse-Verantwortlicher bei der britischen Kontrollkommission in Düsseldorf; veröffentlichte in englischer Sprache u. a. *All that matters* (London 1938), *Across the dark river* (London und New York 1939) und *Fortress in the skies* (New York 1943). Hilde Spiel schreibt in ihren Erinnerungen (Die hellen und die finsteren Zeiten. München 1989, S.203): »Peter war bald wieder auf und davon, diesmal schon nach Deutschland und Österreich, um für die ›Information Services Control‹ von SHAEF [Supreme Headquarters Allied Expeditionary Forces, d. Hrsg.] erste Kontakte mit Schriftstellern und Presseleuten herzustellen. So spürte er Erich Kästner im tirolischen Mayrhofen auf,

dem langjährigen Sommerwohnsitz meiner väterlichen Großeltern.«

461 »*Lange nicht gesehen!« [...] Gegenstände zur Sprache:* Ergänzung von Kästner in T.
Zeitung: Höchstwahrscheinlich ist *Die neue Zeitung* gemeint, bei der Kästner dann als Feuilletonchef arbeitete, Chefredakteur wurde Hans Habe.
Hausenstein: Wilhelm Hausenstein (1882–1957), Schriftsteller und Kunsthistoriker, seit 1936 Publikationsverbot, ab 1943 Verbot jeder publizistischen Betätigung, redigierte von 1934 bis 1943 das Literaturblatt der *Frankfurter Zeitung.*
Süskind: W. E. Süskind (1901–1970), Schriftsteller und Journalist, von 1933 bis 1943 Herausgeber der Zeitschrift *Die Literatur*, Mitarbeiter der *Frankfurter Zeitung.*
Zeitschrift »Hochland«: 1903 von Karl Muth (1867–1944) gegründete katholisch orientierte Kulturzeitschrift, 1941 (durch Papierentzug) verboten, 1946 wiederbegründet mit dem langjährigen Muth-Mitarbeiter Franz Josef Schöningh als Herausgeber.
Genaueres erfahre ich [...] Thema in der Schwebe: Ergänzung von Kästner in T.

462 *Bermann-Fischer:* Gottfried Bermann Fischer (1897–1995); als Schwiegersohn von Samuel Fischer übernahm er 1929 die Geschäftsleitung des S. Fischer Verlages, emigrierte 1936 nach Wien und 1938 nach Stockholm, ließ sich 1940 in den USA nieder, wo er 1941 mit Fritz H. Landshoff die L. B. Fischer Corporation gründete, die ausschließlich Bücher in englischer Sprache herausbrachte; kehrte nach dem Zweiten Weltkrieg über Amsterdam wieder nach Deutschland zurück.
Landshoff: Fritz H. Landshoff (1901–1988), ab 1925 Leiter des Gustav Kiepenheuer Verlages, emigrierte 1933 nach Amsterdam, wo er den Querido Verlag zum bedeutenden Zentrum der deutschen Emigration machte, 1940 Flucht in die USA, baute nach dem Zweiten Weltkrieg in Amsterdam seinen Verlag wieder auf und vereinigte ihn 1949 mit dem Verlag von Gottfried Bermann Fischer.
Sich draußen [...] stehe dahin: Ergänzung von Kästner in T mit Ausnahme: »... habe bereits drei Romane in englischer Sprache veröffentlicht.«
Robert Neumann: Österreichischer Schriftsteller (1897–1975), ging 1934 nach Großbritannien ins Exil.

462 *Klaus Mann:* Der Schriftsteller emigrierte 1933 nach Amsterdam, wo er bis 1935 die Emigrantenzeitschrift *Die Sammlung* mitherausgab, die im Verlag von Fritz H. Landshoff erschien, seit 1938 in den USA tätig; kam als amerikanischer Soldat und Kriegskorrespondent nach Deutschland.
Als wir unsere Erlebnisse [...] Österreicherin verheiratet: In T heißt diese Passage: »Die Angriffe auf London haben nicht viel zerstört. Einer der letzten Angriffe 1943, einer der sinnlosen Angriffe auf London mit mühsam zusammengekratzten deutschen Flugzeugen, zerstörte Mendelssohns Haus und tötete ihm ein Kind. In zweiter Ehe ist er mit einer Österreicherin verheiratet. Die erste Frau kam aus Paris nach Deutschland zurück. Sie hatte sich bei der Flucht von ihrer Mutter in Deutschland nicht verabschiedet.«

Mayrhofen, 5. Juli 1945

462 *Heute wird [...]:* Die Stimmauszählung wurde auf den 25. Juli 1945 verschoben, um auch den weit über die Welt verstreuten Soldaten die Beteiligung zu ermöglichen. Wie Kästner vermutete, gewann der Labour-Politiker Clement Richard Attlee (1883–1967), der als Premierminister bis 1951 amtierte.
Potsdamer Konferenz: Vom 17. Juli (nicht vom 10. Juli, wie Kästner behauptet) bis zum 2. August 1945 dauernde Konferenz der Regierungschefs der USA, Harry S. Truman (1884 bis 1972, Präsident von 1945 bis 1953), der UdSSR, Stalin, und Großbritanniens, Churchill (ab 28. Juli Attlee), zur Regelung der Nachkriegsprobleme. Die Konferenz endete mit dem Potsdamer Abkommen.
ein Ingenieuroffizier: In T: Dr. Schneidereith
Messerschmitt: Willy Messerschmitt (1898–1978), deutscher Flugzeugkonstrukteur, leitete die Messerschmitt AG, stellte im Juni 1939 den ersten Prototyp des düsengetriebenen Jagdflugzeugs ME 262 vor, dessen Entwicklung aufgrund technischer Probleme aber nur schleppend weitergeführt wurde; da Hitler in der leistungsfähigeren Weiterentwicklung einen »Blitzbomber« und kein Jagdflugzeug sah, wurde die gerade begonnene Serienproduktion durch einen Befehl Hitlers 1944 gestoppt, um die Flugzeuge mit einer Bombenvorrichtung zu versehen; erst zu Beginn des Jahres 1945 erhielt der Bau der Me 262 als Jagdflugzeug oberste Priorität.

462 *Heinckel:* Ernst Heinkel (1888–1958), deutscher Flugzeugkonstrukteur, gründete 1922 die Heinkel-Flugzeugwerke, seit 1938 Wehrwirtschaftsführer, konstruierte 1939 ein Raketenflugzeug und das erste Düsenflugzeug der Welt.
Aber nun war es zu spät: In T folgt die Passage: »Die Erfolge mit den seit 1939 abgestellten Apparaten waren ausserordentlich groß. 1000 Stundenkilometer.«
In T findet sich außerdem die Passage: »Ein Zivilist, Emigrant, der hier seine Tätigkeit ausübt, fragte mich gestern, ob ich schon Nachricht hätte, daß sich eine amerikanische Filmfirma für Stoffe von mir interessiert. Er will mit mir darüber sprechen.«

Schliersee, 9. Juli 1945

466 *Wir haben die Adresse gewechselt [...] damals keine Ohren:* Ergänzung von Kästner in T mit Ausnahme: »Ich kritzelte die neue Adresse [...] in die Hand zu drücken.«
Spahis: Angehörige einer aus Nordafrikanern gebildeten französischen Reitertruppe.
Spanischer Bürgerkrieg: Francisco Franco Bahamonde (1892 bis 1975, seit 1922 Kommandeur der spanischen Fremdenlegion in Marokko, 1935 Generalstabschef) setzte sich im Juli 1936 an die Spitze revoltierender Militärs in Marokko, die ihn zum Chef einer Nationalspanischen Regierung ausriefen. Damit begann der Spanische Bürgerkrieg zwischen Franco und der gewählten Volksfrontregierung, der 1939 mit dem Sieg Francos endete.

467 *Tolstois Lebender Leichnam:* In Tolstojs 1900 entstandenem Drama *Der lebende Leichnam* täuscht der Protagonist einen Selbstmord vor und verschwindet in die Anonymität.

468 *Die neue Umgebung führt zu neuen [...] verhüllt die Antwort:* In T heißt diese Passage: »Nun sitzen wir in Schliersee bei Lottes Schwester und diskutieren wieder einmal die Lage, und zwar bewegt uns immer wieder der ungerechte amerikanische Vorwurf, die deutsche Gegenmeinung hätte organisiert werden und eingreifen müssen. Erstens steht leider fest, dass die Mehrheit der Nichtnazis vor lauter Angst nichts riskiert hätte, selbst wenn sie etwas hätte riskieren können. Aber auch die entschlossenere Minderheit war ausserstande, etwas zu tun. Ebenso wenig imstande, wie ein gefesselter Mann, vor dessen Augen Frau und Kinder gequält werden. Die Selbstgerechtig-

keit der Ankläger, wenn sie auch auf Ahnungslosigkeit beruht, ist sehr kränkend. Hoffentlich sind in England und Amerika, genau wie hier, etliche, welche die Situation ehrlicher und weniger hochmütig betrachten.
Sehr überlegenswert ist: in Deutschland ist, durch die feindliche Besatzung eine Umwälzung revolutionärer Art, eine Abrechnung mit den Unterdrückern völlig ausgeschaltet worden. Dadurch hat sich nun auch gar keine Auseinandersetzung zwischen den verschieden denkenden Richtungen entwickeln können. Sie wird, in ruhiger Form, kommen, sobald die Besatzungsmächte beginnen, den Deutschen selber gewisse Befugnisse zu überlassen.
Die einzige Form von Auseinandersetzung äussert sich demnach, ekelhafter- und verständlicherweise, in der Denunziation. [...] Aus Zeitungen und Rundfunkquellen geht hervor, daß sich die Amerikaner über den Mangel an Initiative wundern. Niemand beginnt, am Wiederaufbau mitzuarbeiten! Ja, durch die Besatzung ist keine Revolution entstanden, aus der sich eines Tages dieser Wille zum Wiederaufbau naturgeschichtlich hätte entwickeln können.
Ausserdem hat das deutsche Volk nie von selber etwas getan, sondern sich von der Obrigkeit anstellen lassen. Und drittens haben viele unter der Diktatur die eigene Entschlussfähigkeit völlig eingebüsst.«

468 *Euch liegt der Rohrstock tief im Blut:* Zeile aus dem Gedicht *Knigge für Unbemittelte*, das 1928 in *Herz auf Taille* (S. 100) erschien.

Traumspiel: In August Strindbergs *Ein Traumspiel* bittet die Tochter des Gottes Indra ihren Vater, auf die Erde gehen zu dürfen, um den klagenden Menschen zu helfen. Erfolglos und enttäuscht muß sie zurückkehren.

Der Wortlaut [...] strafbar sind: Ergänzung von Kästner in D.

469 *Geschichte Karthagos nach dem Dritten Punischen Krieg:* Im sogenannten Dritten Punischen Krieg (149–146 v. Chr.) wurde die im heutigen Nord-Tunesien liegende phönizische Stadt Karthago von den Römern völlig zerstört; ihre Bewohner mußten in die Sklaverei gehen. 29 v. Chr. gründete Octavian die Stadt nach dem Plan Caesars am alten Platz neu; Karthago wurde nicht, wie Kästner meint, verpflanzt und von der Küste entfernt.

Als Nichtparallele [...] Deutschland verpflanzen: In T heißt diese Passage: »Gerade weil über Karthago nach der Verpflanzung von der Küste fort wenig mehr bekanntgeworden ist, also, der Phantasie und Konstruktion freie Hand gegeben wäre. Hier könnte man im Prinzipiellen Linien zeigen, was heute und in Zukunft auf der Welt vor sich geht. ›Ceterum censeo‹.«

Schliersee, 29. Juli 1945
(In T ist der 29. Juli der letzte Tag; die Eintragung in D unter dem 2. August findet sich in T unter diesem Datum.)
470 *Das Leben zu fristen [...] sondern helfen wollte:* In T heißt diese Passage: »Zweimal war Besuch da. Vorgestern Walter Jansen mit Frau. Er hat alle möglichen Genehmigungen, auch für Auto, und soll ein ambulantes Theater mit seinem in Wien ausprobierten Tirso de Molina aufmachen. Die besten Aussichten in München hatte Erich Engel, dem man nur Vorwürfe, daß er kein Bayer sei, macht. Das Kabarett in den Kammerspielen sei von den Amerikanern abgenommen worden, so dass wohl bald die Premiere sein werde. Der frühere Besuch war, auch mit Auto, der eine Bruder Regnier (der andere ist Schauspieler und mit Pamela verheiratet, die zwischen München und Hamburg herumgondelt). Die Engländer hätten die Absicht, Hamburg zu einem Kulturzentrum zu machen. Max Schmeling, der Verlagspläne hätte (also eigentlich John Jahr) lasse mich grüssen und ob ich nicht nach Hamburg kommen wolle. Felix v. Eckardt gibt den Ostenholzer Anzeiger heraus. Knuth und Titti sind da, Käutner und Frau, Liebeneiner und Frau und Kinder, und als Fahrer für einen schwedischen Wagen – Veit Harlan. Walter Jansen weiss noch nichts vom Rotzoll, Heini Heuser, Jonny. In Frankfurt traf er in einem Zimmer den amerikanischen Leutnant Billy Wilder.«
Pamela Wedekinds Schwager: Gemeint ist der Schauspieler Leonard Regnier, der Mann von Carola Wedekind (der Schwester von Pamela Wedekind, die von 1941 bis zu ihrem Tod 1986 mit Charles Regnier verheiratet war).
Gustav Knuth und Titti: Gustav Knuth war in zweiter Ehe ab 1940 mit der Schauspielerin Elisabeth Lennartz verheiratet.
Käutner: Helmut Käutner (1908–1980), deutscher Schauspieler und Regisseur, realisierte zwischen 1939 und 1945 neun Spielfilme.
Veit Harlan: Deutscher Schauspieler und Regisseur (1899 bis

1964), bis 1945 20 Filme, darunter *Jud Süß* (1940), nach dem Zweiten Weltkrieg Berufsverbot.

470 *Felix von Eckardt:* Deutscher Journalist und Filmautor (1903 bis 1979).

Max Schmeling: In seinen *Erinnerungen* (Frankfurt/M., Berlin 1995, S. 505 f.) schreibt Max Schmeling dazu: »Am 6. Mai holte ich John Jahr in Niebüll ab, und mit meinem Wagen schlugen wir uns, von britischen Panzern und Militärstreifen immer wieder aufgehalten, innerhalb von zwei Tagen nach Hamburg durch. Als wertvollstes Kapital brachte er eine Schreibmaschine mit; Jahr wollte unbedingt wieder in seinen Beruf zurück. Aber es schien ihm fraglich, ob er von der Besatzungsmacht eine Erlaubnis erhalten würde, seinen Verlag wiederzugründen. Da ich gänzlich unbelastet war, machte er mir den Vorschlag, das Unternehmen unter Zuhilfenahme meines Namens zu gründen. Er setzte dabei auch auf den Sportsgeist der Engländer, die einem ehemaligen Box-Champion die Genehmigung wohl nicht verweigern würden.« Die Gründung scheiterte dann aber gerade an Schmeling, der in die Mühlen der alliierten Justiz geriet.

John Jahr: Deutscher Verleger (1900–1991), Mitbegründer des Verlages Gruner und Jahr.

Walter Jansen: Österreichischer Schauspieler, Theaterleiter und Regisseur (1887–1976), ab 1934 auch Filmregie.

471 *Tirso de Molina:* Eigentlich Gabriel Téllez (um 1584–1648), spanischer Erzähler und Dramatiker in der Tradition von Lope de Vega. Seine Dramen zeichnen sich durch witzige Dialogführung und psychologisch-subtile Gestaltung der Figuren aus.

Heini Heuser: Heinrich Heuser (1887–1967), nachimpressionistischer Maler; sein Berliner Atelier war während der NS-Zeit ein beliebter Künstlertreffpunkt.

Jonny: Über diesen Jonny schreibt Oda Schäfer in ihren Lebenserinnerungen: »In der Jockey-Bar, wo wir Erich Kästner und Luiselotte Enderle treffen, gibt es ab und zu noch Schinken und Hummer, die alten Stammgäste bekommen einen guten Rotwein. Auch Jonny, der Wirt des ›Kleinen Künstler-Restaurants‹, Ecke Kurfürstendamm und Waitzstraße, der frühere Romeo des Meininger Theaters, gibt uns, zum Ärger fremder Gäste, französischen Wein. Dort treffen wir unsern Freund Erich Kästner wieder.« Vgl. Anmerkung zu *VI, 422*.

Erich Engel: Vgl. Anmerkung zu *VI, 444*.

471 *Billy Wilder:* Wilder schrieb das Drehbuch für den Ufa-Film *Emil und die Detektive* (1931).
Wir haben uns mit einem [...] sondern helfen wollte: Ergänzung von Kästner in D.
472 *Quäker:* Durch George Fox im 17. Jahrhundert gegründete religiöse Gemeinschaft, die u. a. kirchliche Hierarchie, Sakramente, den Eid, Kriegsdienst und alle äußerlichen Feste ablehnt; 1947 wurde sie für ihre Friedensarbeit mit dem Friedensnobelpreis ausgezeichnet.

Schliersee, 2. August 1945
(Dieser Tag findet sich nicht in T; die Erzählung des ehemaligen Gefangenen ist in T unter dem 29. Juli notiert.)
472 *Heute schickte Andy [...] aus dem Katalog:* In T heißt diese Passage: »Heute kam, von dem Sergeanten Andy, ein in amerikanische Uniform gesteckter Konzentrationslagerhäftling aus Berlin, namens Kratz. Die politische Vorgeschichte stimmt wohl nicht ganz, auch die Haftzeit nicht. Aber was er aus den Lagern erzählte, wird im grossen ganzen zutreffen.«
Auschwitz: Größtes nationalsozialistisches Konzentrations- und Vernichtungslager, 60 Kilometer westlich von Krakau, 1940 von der SS eingerichtet.
Melk: 1944 eingerichtetes Nebenlager des KZ Mauthausen in einem Kasernenhof der niederösterreichischen Stadt Melk.
Ebensee: 1943 eingerichtetes Außenlager des KZ Mauthausen in der Nähe der Stadt Ebensee im Salzkammergut, Mitte April 1945 wurden die Gefangenen aus Melk nach Ebensee verlegt.
473 *Verbrennungsöfen:* Sie werden in T nicht erwähnt.
Dr. Frank: Willy Frank (*1903), von Februar 1943 bis August 1944 leitender Zahnarzt im KZ Auschwitz.
Ein besonders widerwärtiges Kapitel [...] Meerschweinchen: Ergänzung von Kästner in D.
Eine der Versuchsreihen galt der Sterilisation: Sterilisationsversuche dieser Art wurden von Carl Clausberg in Auschwitz und Ravensbrück an Tausenden von Frauen durchgeführt. Clausberg und sein Assistent Johannes Goebel, der Chefchemiker bei dem Berliner Pharmaunternehmen Schering-Kahlbaum gewesen war, experimentierten mit einem von ihnen erfundenen Mittel, das wahrscheinlich aus Formalin in Verbindung mit Novocain bestand (vgl. Robert Jay Lifton: Ärzte im Dritten Reich. Stuttgart 1988, S. 307–319).

474 *Die SS-Ärzte betrieben den Sadismus auch ohne wissenschaftlichen Vorwand:* Ergänzung von Kästner in D.
Daß der zweckfreie [...] sich nicht lumpen: Ergänzung von Kästner in D.
Kapos: Von den KZ-Wachmannschaften für verschiedene Aufgaben eingesetzte Häftlinge.
475 *Während der letzten Wochen [...] Mund zu spülen:* In T heißt diese Passage: »Die Ernährung war so, daß vier Mann auf einer Pritsche Platz hatten. 48 kg wog er in seiner schlimmsten Zeit, jetzt wieder 76 kg, aber immer noch zu wenig. Einmal in der Woche waschen. Sie bohrten in der Männertoilette beim über die Wand rieselnden Wasser ein Loch und standen nachts heimlich auf, um sich mit ein paar Tropfen gesammelten Wassers den Mund zu spülen und sich ein bisschen zu waschen. Von einem Hauptsturmführer, Arzt, der dann und wann zur ›Selektion‹ kam, die Häftlinge mussten in der Reihenfolge der Kartei nackt antreten, und er sortierte, die Karten gar nicht anblickend, lächelnd nach dem Gesundheitseindruck der Häftlinge, die nackten links oder rechts, links bedeutete Vergasung, weil arbeitsuntauglich.«

Postskriptum 1960

478 *Willi Forst:* Aus Österreich stammender Schauspieler und Filmregisseur (1903–1980).
Peter Gillmann: Deutscher Autor und Regisseur (*1900).
479 *Claude Eatherly:* Amerikanischer Flieger (1919–1978), Pilot beim Einsatz über Hiroshima am 6. August 1945.
Harakiri: (Jap.) ritueller Selbstmord durch Bauchaufschlitzen.

Neues von Gestern

Münchener Theaterbrief
Erstdruck: *Die Neue Zeitung*, 18. 10. 1945.
Dem Beitrag wird dort folgende redaktionelle Bemerkung vorausgeschickt: »Wir haben unseren Schriftleiter Erich Kästner gebeten, der Leserschaft ein paar passende Worte über den Schriftsteller Erich Kästner zu sagen. – Nun, E. K. war im Laufe der letzten zwölf Jahre elfeinhalb Jahre verboten. Das klingt lustiger, als es war. Trotzdem blieb er während der ganzen Zeit in der Heimat, d. h. vorwie-

gend in Berlin und Dresden, und fühlte Deutschland den Puls. Eines Tages wird er versuchen, die Krankengeschichte niederzuschreiben.«

483 *Das schmale Pensionszimmer:* Bis zum Bezug seiner ersten möblierten Münchner Wohnung in der Fuchsstraße bewohnte Kästner das Zimmer Nr. 4 in der Pension Dollmann, Thierschstraße. Die Zuzugsbewilligung wurde am 16. Oktober 1945 ausgestellt.
Zementscheine: Bezugsscheine für diesen knappen Baustoff, ohne den z. B. kein Theaterbau möglich war.
Was sind Hoffnungen, was sind Entwürfe: Zitat aus Friedrich Schillers Drama *Die Braut von Messina* (3. Akt, 5. Szene, V 1961 f.). Der betreffende Vers, von einem Chormitglied gesprochen, lautet: »Was sind Hoffnungen, was sind Entwürfe, / Die der Mensch, der vergängliche, baut?«

484 *Erich Engel:* Dem Theater- und Filmregisseur Erich Engel gelangen bedeutende Inszenierungen an den Hamburger Kammerspielen (1918 bis 1921) und ab 1924 am Deutschen Theater in Berlin. Von 1945 bis 1947 war er Intendant an den Münchner Kammerspielen.
Spoerl, Ambesser, von der Schulenburg, Claudel: Heinrich Spoerl (1887–1955) schrieb zeit- und gesellschaftskritische Romane, u. a. *Die Feuerzangenbowle* (1933); Axel von Ambesser (eigentlich Axel Eugen von Oesterreich, 1910–1988) war Schriftsteller, Regisseur und Schauspieler, Mitarbeiter der »Schaubude«; Werner von der Schulenberg (1881–1958) schrieb unter dem Pseudonym Gebhard Werner Romane, Novellen und Komödien; Paul Claudel (1868–1955), französischer Diplomat und Dichter.
Holsboers ausgebombtes Volkstheater-Ensemble: Willem Holsboer war in den vierziger Jahren Intendant des Münchner Volkstheaters.
Die Schaubude: Literarisch-politisches Kabarett in München, entstanden aus einem im Sommer 1945 von Otto Osthoff, Eberhard R. Schmidt und Rudolf Schündler zusammengestellten Kabarettprogramm, das als *Der erste Schritt* am 15. August 1945 in den Räumen der »Münchner Kammerspiele« uraufgeführt worden war. Die Texte stammten aus dem Fundus von Matthias Claudius, Werner Finck, Erich Kästner und Joachim Ringelnatz. Ihre erste Premiere im »eigenen Haus«, dem Theatersaal des Katholischen Gesellenvereins-Hauses in der Reit-

morstraße, hatte »Die Schaubude« am 21. April 1946. Das zweite Programm mit dem Titel *Bilderbogen für Erwachsene* lief vom 21. April 1946 bis in den Juli 1946.

484 *Herbert Witt:* Schauspieler, Tänzer, Chanson- und Drehbuchautor, trat in der »Katakombe« auf und gehörte von 1945 an zum Autorenteam der »Schaubude«.
Paul Verhoeven: Der Schauspieler, Regisseur sowie Bühnen- und Filmautor (1901–1975) war zwischen 1945 und 1949 Intendant des Bayerischen Staatstheaters.
Kurt Horwitz: Der Schauspieler und Regisseur Kurt Thomas Horwitz (1887–1974) spielte nach 1933 überwiegend am Schauspielhaus Zürich, zwischen 1953 und 1958 war er Intendant des Bayerischen Staatsschauspiels in München.

485 *Fröhlichen Weinberg:* Lustspiel Carl Zuckmayers, uraufgeführt im Dezember 1925 im Berliner »Theater am Schiffbauerdamm«. Vgl. *VI, 34*.
Knappertsbusch: Vgl. Anmerkung zu *VI, 429*.
Harald Kreutzberg: Tänzer und Choreograph (1902–1968) mit reisender Truppe, trat 1945 in München auf.

486 *Glanzepoche Schwabings:* Gemeint sind die Jahre zwischen 1900 und 1920, in denen Schwabing als Künstlerviertel von sich reden machte.
Wedekind: Der Schriftsteller Frank Wedekind lebte in den letzten Jahren vor seinem Tod (1918) in München.
die ruhmreichen Skandinavier: Gemeint sind der Schwede August Strindberg (1849–1912) und der Norweger Henrik Ibsen (1828–1906).

487 *Gärtnerplatztheater:* 1865 als Volkstheater gegründet, seit 1945 als zweites Münchner Opernhaus vom Land Bayern unterhalten.
Trude Hesterberg: Schauspielerin und Chansonsängerin, Kabarettistin; trug 1932 im »Kabarett der Komiker« Kästners *Chansons von Berlin* vor und danach ein eigenes Kästner-Programm unter dem Titel *Trotz Notverordnung*. Vgl. Anmerkung zu *VI, 159*.
Hans Albers: Der Bühnen- und Filmschauspieler Hans Albers spielte 1942 die Hauptrolle in der Verfilmung des Kästner-Drehbuchs *Münchhausen*.
der ersten Theaterkritik (…) in der »Münchener Zeitung«: Das Münchner Volkstheater eröffnete die Spielzeit 1945 mit der *Hammelkomödie*, einem Schwank von Hans Wolfgang Hil-

lers, Kästners abschätzige Kritik darüber erschien am 15. September 1945 in der »Münchner Zeitung«.

Pfiffe im Kino
Erstdruck: *Die Neue Zeitung*, 8. 11. 1945.
487 *Tom, Dick und Harry:* Amerikanische Filmkomödie aus dem Jahr 1941, inszeniert von Garson Kanin.
488 *Doktor Schottländer:* Nicht ermittelt.

Politik und Liebe
Erstdruck: *Die Neue Zeitung*, 12. 11. 1945.
Dem Beitrag wird dort folgende redaktionelle Bemerkung vorausgeschickt: »Nationalsozialisten aller Schattierungen versuchen jetzt, die Tatsache, daß sie nicht – oder noch nicht – eingesperrt sind, weil Demokraten eben möglichst niemanden ohne eine genaue Untersuchung hinter Schloß und Riegel setzen, zu mißbrauchen, indem sie ausländischen Journalisten politische Äußerungen abgeben. Der Unfug des Kronprinzen-Interviews wurde hier in der letzten Nummer der ›Neuen Zeitung‹ behandelt. Diesmal hat Frau Riefenstahl zur Auslandspresse gesprochen. Obschon wir Frau Riefenstahl der ernstlichen Behandlung sonst für kaum würdig hielten, ist dieses Interview so gestaltet, daß wir gerne dem Kommentar unseres Mitarbeiters Raum gewähren.«
490 *AFP:* Agence France-Presse, französische Presseagentur, gegründet 1944.
Leni Riefenstahl: Ihr Opernfilm *Tiefland* entstand zwischen 1940 und 1944, wurde jedoch erst 1954 uraufgeführt. Vgl. Anmerkung zu *VI, 393*.
Baseler Nationalzeitung: Gemeint ist die in Basel erschienene *Nationalzeitung*.
Dschingiskhan aus Braunau: Gemeint ist Adolf Hitler.
Ufagelände in Babelsberg: Ufa war die gebräuchliche Abkürzung für die 1917 gegründete Universum Film AG, die in den zwanziger Jahren zum größten deutschen Filmunternehmen aufstieg.
491 *Eva Braun:* Seit 1932 die Geliebte Hitlers; Eva Braun (1912 bis 1945) heiratete ihn am Tag vor ihrem gemeinsamen Selbstmord am 30. April 1945 im Bunker der Berliner Reichskanzlei.
Fotograf Hoffmann: Heinrich Hoffmann (1885–1957), Hitlers Fotograf (»Reichsbildberichterstatter der NSDAP«).

491 *Große Deutsche Kunstaustellung:* Eröffnet am 18. Juli 1937, zugleich Eröffnung des Hauses der Deutschen Kunst in München.

Professor Zieglers Aktmalereien: Der Maler Adolf Ziegler (1892 bis 1959) wurde von Hitler bewundert, der ihn zum Kunstsachverständigen der NSDAP und 1933 zum Professor an der Münchner Kunstakademie berief; 1936 bis 1943 Präsident der Reichskammer der Bildenden Künste.

Thoraks überlebensgroße Plastiken: Der Bildhauer Josef Thorak (1889-1952) wurde von Hitler geschätzt, der ihm ein riesiges Atelier errichten ließ.

Streiflichter aus Nürnberg
Erstdruck: *Die Neue Zeitung*, 23. 11. 1945.

493 *Prozeß gegen die Kriegsverbrecher:* Prozeß der Alliierten USA, England, Frankreich und UdSSR gegen 22 »Hauptkriegsverbrecher« vor einem internationalen Militärgerichtshof in Nürnberg vom 20. November 1945 bis 1. Oktober 1946. Am 16. Oktober 1946 folgte die Vollstreckung von zehn Todesurteilen.

Oberrichter Jackson: Robert Houghwout Jackson (1892 bis 1954), von 1940 bis 1941 amerikanischer Justizminister, Hauptankläger der USA bei den Nürnberger Prozessen.

494 *Ley:* Robert Ley vollzog als Stabsleiter der »Politischen Organisation« der NSDAP am 2. Mai 1933 die Gleichschaltung der Gewerkschaften und leitete danach die Deutsche Arbeitsfront. Er erhängte sich noch vor der Eröffnung der Verhandlung am 15. Oktober 1945 in seiner Zelle.

Krupp: Alfried Krupp von Bohlen und Halbach (1907–1967), seit 1943 alleiniger Inhaber des Krupp-Konzerns, während des Zweiten Weltkriegs der größte deutsche Produzent von Rüstungsgütern.

Kaltenbrunner: Ernst Kaltenbrunner (1903–1946), Chef der Sicherheitspolizei und des Sicherheitsdienstes sowie des Sicherheitshauptamtes (seit 1943), maßgeblich an der Planung der Judenvernichtung beteiligt. Am 16. Oktober 1946 hingerichtet.

Bormann: Martin Bormann gewann seit 1941 als Leiter der Parteikanzlei und seit 1943 als »Sekretär des Führers« großen Einfluß auf Hitler; wurde 1946 in Nürnberg in Abwesenheit zum Tode verurteilt. Vgl. Anmerkung zu *VI, 413 f*.

495 *Polizisten der ISD:* Vermutlich eine Verwechslung mit der

CID, der amerikanischen Civil Investigation Division. Die ISD (Information Service Division) existiert erst seit 1948.

496 *Göring:* Hermann Göring, seit 1940 Reichsmarschall, galt als einer der Hauptverantwortlichen für die Einsetzung Kriegsgefangener zur Zwangsarbeit und für die Maßnahmen zur Vernichtung der Juden; beging nach seiner Verurteilung zum Tode in der Zelle Selbstmord.
Heß: Rudolf Heß (1894–1987), seit 1933 Reichsminister ohne Geschäftsbereich. Hitlers Privatsekretär (1925–1932) und Stellvertreter (1933–1941); betrieb fanatisch die Verbreitung des Führerkults; 1946 zu lebenslanger Haft verurteilt, erhängte sich im Spandauer Gefängnis.

497 *Ribbentrop:* Joachim von Ribbentrop wurde 1946 in Nürnberg zum Tode verurteilt und hingerichtet. Vgl. Anmerkung zu *VI, 414*.
Keitel: Wilhelm Keitel wurde in Nürnberg zum Tode verurteilt und hingerichtet. Vgl. Anmerkung zu *VI, 413*.
Rosenberg: Alfred Rosenberg wurde in Nürnberg zum Tode verurteilt und hingerichtet. Vgl. Anmerkung zu *VI, 414*.
Frank: Hans Frank (1900–1946), zwischen 1933 und 1942 Reichsleiter des Rechtsamtes der NSDAP und Präsident der »Akademie für Deutsches Recht«, ab 1939 Generalgouverneur für Polen, in Nürnberg zum Tode verurteilt und hingerichtet.
Frick: Wilhelm Frick wurde in Nürnberg zum Tode verurteilt und hingerichtet. Vgl. Anmerkung zu *VI, 402*.
Streicher: Julius Streicher wurde in Nürnberg zum Tode verurteilt und hingerichtet. Vgl. Anmerkung zu *VI, 420*.
Funk: Walter Funk (1890–1960), ab 1938 Reichswirtschaftsminister und ab 1939 zugleich Reichsbankpräsident; in Nürnberg zu lebenslanger Haft verurteilt, 1957 entlassen.
Schacht: Hjalmar Schacht (1887–1970), Reichsbankpräsident 1933 bis 1939 und Reichswirtschaftsminister zwischen 1935 und 1937, von Juli 1944 an wegen loser Kontakte zu Widerstandskreisen inhaftiert; in Nürnberg freigesprochen, im Mai 1947 von einem Entnazifizierungsgericht zu acht Jahren Arbeitslager verurteilt, 1950 entlassen.
Dönitz: Karl Dönitz wurde in Nürnberg zu zehn Jahren Gefängnis verurteilt. Vgl. Anmerkung zu *VI, 385*.
Raeder: Erich Raeder (1876–1960), von 1935 bis 1943 Oberbefehlshaber der Kriegsmarine; in Nürnberg zu lebenslanger Haft verurteilt, 1955 entlassen.

498 *von Schirach:* Baldur von Schirach wurde in Nürnberg zu zwanzig Jahren Haft verurteilt. Vgl. Anmerkung zu *VI, 359*.
Sauckel: Fritz Sauckel (1894–1946), als Generalbevollmächtigter für den Arbeitseinsatz (ab 1942) verantwortlich für Deportationen und Zwangsarbeit; in Nürnberg zum Tode verurteilt und hingerichtet.
Jodl: Alfred Jodl (1890–1946), ab 1939 Chef des Wehrmachtsführungsstabes im Oberkommando der Wehrmacht und strategischer Berater Hitlers; in Nürnberg zum Tode verurteilt und hingerichtet.
von Papen: Franz von Papen (1879–1969), 1932 Reichskanzler und 1933/34 Vizekanzler, später Botschafter in Wien und Ankara; in Nürnberg freigesprochen, 1947 von einem Entnazifizierungsgericht zu acht Jahren Arbeitslager verurteilt, 1949 entlassen.
Seyß-Inquart: Arthur Seyß-Inquart war 1940 bis 1945 Reichskommissar für die besetzten niederländischen Gebiete; in Nürnberg zum Tode verurteilt und hingerichtet.
von Neurath: Konstantin von Neurath (1873–1956) war 1932 bis 1938 Reichsminister des Auswärtigen, zwischen 1939 und 1943 Reichsprotektor von Böhmen und Mähren; in Nürnberg zu fünfzehn Jahren Haft verurteilt.
Hans Fritsche: Vgl. Anmerkung zu *VI, 388*.
der französische Hauptankläger: Gemeint ist der Wirtschaftsjurist und Politiker François de Menthon (1900–1984).

499 *William Shirer (...) »Berlin Diary«:* Der amerikanische Journalist William L. Shirer (1904–1993), seit 1927 Europa-Korrespondent der *Chicago Tribune*, berichtete von 1934 bis 1937 aus Berlin, von 1937 bis 1940 für CBS aus Wien. Sein *Berlin Diary*, 1941 in den USA veröffentlicht, erschien 1991 in deutscher Übersetzung mit dem Titel *Berliner Tagebuch. Aufzeichnungen 1934–1941*.
dem russischen Hauptankläger: Gemeint ist der sowjetische Jurist Roman Rudenko (1907–1981).
Haager Bestimmungen: Auf den Friedenskonferenzen in Den Haag (1899 bis 1907) verabschiedete völkerrechtliche Verträge. Gemeint ist vor allem die »Haager Landkriegsordnung«.
der englische Hauptankläger: Gemeint ist der Jurist und Politiker Sir Hartley William Shawcross, geb. 1902 in Gießen, wo sein Vater Universitätslektor war.

Die Schuld und die Schulden
Erstdruck: *Die Neue Zeitung*, 3. 12. 1945.
500 *Besuch in London:* Vgl. Anmerkung zu *VI, 440*.
meinem englischen Übersetzer: Cyrus Brooks, der auch Kästners Agent war.
Einmarsch im »Sudetenland«: Im Münchner Abkommen vom 30. September 1938 verpflichtete sich die Tschechoslowakei, die 1919 inkorporierten Sudetengebiete zu räumen, die gleichzeitig von deutschen Truppen besetzt wurden (1. bis 10. Oktober 1938).
Brendan Bracken: Vgl. Anmerkung zu *VI, 440*.
501 *ein ziemlich langes Gedicht:* Gemeint ist vermutlich das am 6. September 1932 erstmals in der *Weltbühne* veröffentlichte Gedicht *Das ohnmächtige Zwiegespräch*, das auch die Sammlung *Gesang zwischen den Stühlen* beschließt.
Oberrichter Jackson: Vgl. Anmerkung zu *VI, 493*.
Sturmkolonnen [...] Gestapo: In Jacksons Rede zur Eröffnung des Nürnberger Prozesses am 20. November 1945 heißt es wörtlich: »Wenn die breite Masse des deutschen Volkes das nationalsozialistische Parteiprogramm willig angenommen hätte, wäre in den früheren Zeiten der Partei die SA nicht nötig gewesen, und man hätte auch keine Konzentrationslager und keine Gestapo gebraucht.«
502 *Reparationen:* Finanzielle und materielle Wiedergutmachungen, die Deutschland aufgrund des Kriegsschuldartikels (Art. 231) des »Versailler Vertrages« (28. Juni 1919) gegenüber den Alliierten zu leisten hatte.
503 *Carl Hofer und andere »entartete« Maler:* Der Maler Karl Hofer war 1919 bis 1936 Professor an der Berliner Kunstakademie, deren Direktor er 1945 wurde. Der Begriff »entartet« wurde ebenso wie »jüdisch« als Diffamierung von Künstlern und deren Werk benutzt. Breitenwirkung erlangte der Begriff nicht zuletzt durch die Ausstellung »Entartete Kunst« im Münchner Hofgarten-Gebäude 1937.
504 *Paul Wegener:* Der Schauspieler Paul Wegener (1874–1948), zwischen 1906 und 1920 am Deutschen Theater in Berlin, spielte und wirkte als Regisseur in nationalsozialistischen Filmen.
Beckmann, Pechstein, Kollwitz, Schmidt-Rottluff: Die expressionistischen Künstlerinnen und Künstler galten im Nationalsozialismus als »entartet«.

Our town
Erstdruck: *Die Neue Zeitung*, 7.12.1945.
505 *Our Town:* Thornton Niven Wilders (1897–1975) Drama, 1938 uraufgeführt, hatte 1939 im Züricher Schauspielhaus in deutscher Sprache *(Unsere kleine Stadt)* Premiere. Nach 1945 war es eines der meistgespielten Stücke an deutschsprachigen Theatern.

Ist Politik eine Kunst?
Erstdruck: *Die Neue Zeitung*, 21. 12. 1945.
508 *der alte Satz, daß Politik eine Kunst sei:* Anspielung auf ein Zitat des Reichskanzlers Otto von Bismarck, der in einer Rede vor dem Deutschen Reichstag am 15. März 1884 äußerte: »Die Politik ist keine Wissenschaft, wie viele der Herren Professoren sich einbilden, sondern eine Kunst.«
509 *Cicero [...] Atticus:* Der römische Politiker und Philosoph Marcus Tullius Cicero (106–43 v.Chr.) stand zwischen 68 und 44 v. Chr. mit seinem Vertrauten Titus Pomponius Atticus in einem intensiven Briefwechsel («Ad Atticum»).
510 *Österreich und das Sudetenland »heimgekehrt«:* Am 12. März 1938 ließ Hitler auf ein angebliches Ersuchen des nationalsozialistischen Regierungschefs Österreichs, Arthur Seyß-Inquart, deutsche Truppen in Österreich einmarschieren. Am 14. März trat das »Gesetz über die Wiedervereinigung Österreichs mit dem Deutschen Reich« in Kraft. Die nationalsozialistische Propaganda verkündete: Der »Führer« hat die »Ostmark heim ins Reich geholt!« Zum Sudetenland vgl. Anmerkung zu VI, 500.
Danziger Frage: In den Versailler Verträgen (1919) wurde Danzig aus dem Deutschen Reich ausgegliedert und als »Freie Stadt« dem Völkerbund unterstellt, im Ausland wurde die Stadt von Polen vertreten. Im März 1939 forderte Deutschland von Polen ohne Erfolg die Angliederung Danzigs an Deutschland. Der Nichtangriffspakt mit der UdSSR (23. August 1939) ermöglichte Deutschland schließlich den Überfall auf Polen (31. August 1939).
Polnischer Garantievertrag: Am 31. März 1939 erklärte der britische Premier Arthur Neville Chamberlain (1937–1940) im englischen Unterhaus, daß England gemeinsam mit Frankreich, dem Bundesgenossen Polens, diesem Beistand leisten wolle »für den Fall irgendeiner Aktion, die in klarer Weise die polnische Unabhängigkeit bedroht [...]«.

Unser Weihnachtsgeschenk
Erstdruck: *Die Neue Zeitung*, 24. 12. 1945.
512 *den Menschen ein Wohlgefallen:* Zitat aus der »Weihnachtsgeschichte« (Lukas 2,1–20): »Friede auf Erden und den Menschen ein Wohlgefallen«.
10. November 1938: Sogenannte »Reichskristallnacht« vom 9. auf den 10. November 1938, in der Goebbels ein Pogrom gegen jüdische Bürger, deren Geschäfte und Synagogen in ganz Deutschland initiierte.
513 *Umwertung der Werte:* Anspielung auf den Untertitel von Friedrich Nietzsches Werk *Der Wille zur Macht. Versuch einer Umwertung aller Werte* in der von Otto Weiss herausgegebenen Ausgabe von 1911.
514 *»artfremdes« Kind:* Als »artfremd« wurde bezeichnet, was der eigenen Rasse entgegenstand.
Staatsrat Hinkel: Der nationalsozialistische Kulturfunktionär Hans Hinkel war für den »Jüdischen Kulturbund« zuständig. Vgl. Anmerkung zu *VI, 345*.
515 *Dante in seinem »Inferno«:* Anspielung auf Dante Alighieris episches Gedicht *La Divina Commedia (Die Göttliche Komödie)*, in dem der Dichter eine Wanderung durch die drei Reiche des Jenseits schildert: Hölle, Fegefeuer und Paradies.

Betrachtungen eines Unpolitischen
Erstdruck: *Die Neue Zeitung*, 14. 1. 1946.
516 *Betrachtungen eines Unpolitischen:* Kästner übernimmt den Titel von Thomas Mann, dessen Essay *Betrachtungen eines Unpolitischen* 1918 im Berliner S. Fischer Verlag erschienen war.
BBC: British Broadcasting Corporation, 1922 gegründete staatliche Rundfunkanstalt.
Thomas Mann: Der deutsche Schriftsteller und Nobelpreisträger (1929) kehrte 1933 von einer Vortragsreihe nach Amsterdam, Brüssel und Paris nicht mehr nach Deutschland zurück; lebte in Sanary-sur-Mer und Küsnacht am Zürichsee, bevor er 1938 in die USA übersiedelte; kehrte 1952 nach Europa zurück, lebte zunächst in Erlenbach bei Zürich, von 1954 an in Kilchberg.
Rundfunkbotschaft: Die von der BBC ausgestrahlte Neujahrsansprache Thomas Manns unter dem Titel *Wo ist Deutschland?* erschien gedruckt am 11. Januar 1946 in der *Frankfurter Rundschau*.

516 *Frank Thieß:* Der Schriftsteller Frank Thieß (1890–1977), der die Zeit des Nationalsozialismus überwiegend in Wien und Rom verbrachte, prägte mit seinem unten genannten Aufsatz das Schlagwort von der »inneren Emigration«. Der Nordwestdeutsche Rundfunk forderte nach der Ausstrahlung von Thomas Mann Rede Frank Thieß auf, öffentlich Stellung zu nehmen.
Thomas Manns Offener Brief an Deutschland: Die Aufzählung von Schlagzeilen suggeriert, daß Thomas Mann einen offenen Brief an die deutsche Bevölkerung gerichtet habe, auf den Walter von Molo (s. u.) reagierte. Von Molo antwortete jedoch auf einen Artikel Manns, der am 18. Mai 1945 in der *Bayerischen Landeszeitung* unter dem Titel *Thomas Mann über die deutsche Schuld* erschienen war. Erst am 12. Oktober 1945 antwortete Thomas Mann im *Augsburger Anzeiger* mit einem offenen Brief unter der Überschrift *Warum ich nicht zurückkehre* auf den Brief Walter von Molos vom 13. August 1945.
Walter von Molo: Der Schriftsteller Walter von Molo (1880 bis 1958) war von 1928 bis 1930 Präsident der Preußischen Dichterakademie. Er lebte ab 1933 zurückgezogen auf seinem Rittergut in Sternberk. Sein offener Brief vom 13. August 1945 in der *Münchner Zeitung*, in dem er Thomas Mann um Rückkehr nach Deutschland bat, erregte großes Aufsehen in Deutschland und löste ein Streitgespräch über die jüngste deutsche Vergangenheit aus, die sogenannte »Große Kontroverse«.
Frank Thieß an Thomas Mann: Der Artikel von Thieß erschien am 18. August 1945 in der *Münchner Zeitung* unter dem Titel *Die innere Emigration.*
Arnold Bauer: Berliner Journalist und Schriftsteller (geb. 1910).
Arnold Bauer an Thomas Mann: Bauer veröffentlichte 1946 im Berliner Tempelhof Verlagshaus den Essay *Thomas Mann und die Krise der deutschen Kultur.*
Frank Thießens »Abschied von Thomas Mann«: Der Aufsatz ist in der Nummer 39 des *Neuen Hannoverschen Kuriers* erschienen.
Kästner zitiert im folgenden aus der Neujahrsrede Thomas Manns vom 30. Dezember 1945.
519 *Albert Bassermann:* Der Schauspieler (1867–1952) gehörte in den zwanziger Jahren zum Ensemble des Deutschen Theaters in Berlin. Er emigrierte 1933 in die USA.

Splitter und Balken
Erstdruck: *Die Neue Zeitung*, 8. 2. 1946.
520 *Splitter und Balken:* Anspielung auf die Bibelstelle Matthäus 7,3: »Was siehst du aber den Splitter im Auge deines Bruders, doch den Balken in deinem Auge nimmst du nicht wahr?«
C. G. Jung: Der Psychoanalytiker Carl Gustav Jung (1875 bis 1961), Begründer der »komplexen Psychologie«. Das Interview erschien am 11. Mai 1946 unter dem Titel *Werden die Seelen Frieden finden?* in der *Züricher Weltwoche*.
521 *Dschingiskhan vom Inn:* Gemeint ist der in Braunau am Inn geborene Adolf Hitler; Dschingiskhan (1155–1227) begründete das Weltreich der Mongolen.
Oberrichter Jackson: Vgl. Anmerkung zu *VI, 493*.
522 *Wladimir G. Eliasberg:* Der Psychiater und Sozialpsychologe (1887–1969) war Mitbegründer und von 1928 bis 1931 Herausgeber der *Allgemeinen ärztlichen Zeitschrift für Psychotherapie*; 1933 emigriert.
Aufbau: Deutschsprachige Wochenzeitung in den USA, erscheint seit 1934.
eine Stelle aus einem Aufsatz: Originalzitat in der *Neuen Zürcher Zeitung* nicht nachweisbar.
Voßstraße in Berlin: Vermutlich eine Verwechslung; in der Voßstraße befand sich die Reichskanzlei.
Hans Otto: Der Staatsschauspieler (1900–1933), ein Schulfreund Kästners, wurde von den Nationalsozialisten ermordet.
523 *Mea culpa, mea maxima culpa:* Zitat aus dem *Confiteor*, dem christlichen Glaubensbekenntnis: »Meine Schuld, meine übergroße Schuld«.

Gespräch mit Zwergen
Erstdruck: *Die Neue Zeitung*, 11. 3. 1946.
525 *es ist zwar, trotz allem, eine Lust zu leben:* Anspielung auf ein Zitat Ulrichs von Hutten (1488–1523), der in einem Brief an Willibald Pirckheimer am 25. 10. 1518 schrieb: »O Jahrhundert, o Wissenschaft! Es ist eine Lust zu leben (…)«
Edison: Der Amerikaner Thomas Alva Edison (1847–1931) erfand 1879 die erste brauchbare Glühbirne.
526 *Briefleselizenz […] NS-Zwergenschaft:* Anspielung auf die Besatzungspolitik der Alliierten, vor allem der Amerikaner, die durch (teilweise planlose) Lizenzvergaben und Entnazifizie-

rungsprogramme das Kulturleben im Nachkriegsdeutschland zu kontrollieren suchten.
526 *Curfew:* Gemeint sind die nächtlichen Ausgangssperren.
527 *Entnazifizierungsgesetz:* Das »Gesetz zur Befreiung vom Nationalsozialismus und Militarismus«, das am 5. März 1946 von den Regierungschefs im Länderrat (der amerikanischen Besatzungszone) unterzeichnet wurde, übertrug die Entnazifizierung deutschen Spruchkammern: Einrichtungen in der Art von Laiengerichten, welche die Betroffenen in fünf Kategorien (von »hauptschuldig« bis »entlastet«) einstuften.
deutsche Währung: Schon Ende 1945 begannen die Alliierten mit der Einrichtung einer »Zentralstelle für Währungsangelegenheiten«.
die arabische Frage: Dies bezieht sich auf die zunehmende jüdische Einwanderung nach Palästina und die Spannungen zwischen den arabischen Staaten.
Lottchen: Vgl. Anmerkung zu *VI, 311.*
Professor Enoch Kleiner: Namensvorbild für Kästners ältesten Zwerg war möglicherweise der Hamburger Verleger Dr. Kurt Enoch, mit dem Kästner Ende der zwanziger Jahre in Vertragsverhandlungen stand.
528 *Ideen zur Philosophie der Geschichte der Menschheit:* Geschichtsphilosophisches Werk (Riga, 1784–1791) von Johann Gottfried Herder (1744–1803).
529 *Weltgeschichtliche Betrachtungen:* Posthum als Aufsatzsammlung veröffentlichte Vorlesungsmanuskripte mit geschichtsphilosophischer Thematik (Berlin, Stuttgart 1905. Hrsg. von Jacob Oeri) des Schweizer Historikers Carl Jakob Burckhardt (1818–1897).

Darmstädter Theaterfrühling
Erstdruck: *Die Neue Zeitung,* 5. 4. 1946.
530 *Zwanzigminutenangriff:* In der Nacht vom 11. zum 12. September 1944 zwischen 23.55 Uhr und 0.20 Uhr wurde Darmstadt durch einen Luftangriff fast vollständig zerstört.
532 *Wilhelm Henrich:* Der studierte Jurist Wilhelm Henrich (1889 bis 1955) war in den zwanziger Jahren bis 1933 Theaterdezernent im hessischen Landesamt für das Bildungswesen und 1945/46 Theaterintendant in Darmstadt.
Gustav Hartung: Der Theaterregisseur (1887–1946, eigentlich Gustav May) war von 1920 bis 1924 und noch einmal von 1931

bis zur Emigration in die Schweiz Intendant des Hessischen Landestheaters in Darmstadt.

532 *Carl Ebert:* Der Theaterregisseur (1887–1980) war von 1927 bis 1931 Intendant des Hessischen Landestheaters in Darmstadt.
Karl Heinz Stroux: Der Theaterregisseur (1908–1985) war von 1945 bis 1946 Oberspielleiter am Hessischen Landestheater in Darmstadt.

533 *Antigone:* Das Drama des französischen Dramatikers Jean Anouilh (1910-1987), 1942 entstanden, wurde 1944 in Paris uraufgeführt. Anouilh lehnt sich an die Tragödie des Sophokles (497/96–406 v. Chr.) an, versetzt die Handlung jedoch ins 20. Jahrhundert. Wegen der vermeintlichen Auflehnung der Heldin gegen die Staatsräson wurde das Stück als Résistance-Drama interpretiert.
Diktator Laval: Pierre Laval (1883–1945), stellvertretender Ministerpräsident in der sogenannten »Vichy-Regierung«.
Widerstandsbewegung: Bereits 1940 entstanden im besetzten Nordfrankreich und im noch unbesetzten Süden Widerstandsgruppen.

Nürnberg und die Historiker
Erstdruck: *Die Neue Zeitung*, 12. 4. 1946.

535 *Klios Gästebuch:* Muse der Geschichtsschreibung.

537 *Franktireur:* »Freischützen«; veraltete französische Bezeichnung für Freischärler.
Narvik, El Alamein, Kuban, Cherbourg: Geographische »Eckpunkte« des Deutschen Reichs zur Zeit der nationalsozialistischen Herrschaft.

538 *Aufsatz Alexander Mitscherlichs:* Der zitierte Aufsatz *Geschichtsschreibung und Psychoanalyse* des Psychoanalytikers Alexander Mitscherlich (1908–1982) erschien in Heft 1/1945 der *Schweizer Annalen* (S. 604–630).

Grenzpfähle und Grenzfälle
Erstdruck: *Die Neue Zeitung*, 10. 6. 1946. Der Beitrag ist dort mit der Unterzeile »Eine Reise nach Konstanz« versehen.

540 *Thomas Wolfe schrieb in seinem letzten Roman:* Der letzte Roman des amerikanischen Schriftstellers (1900–1938) *You can't go home again* erschien posthum 1940 (New York, London). Unter dem Titel *Es führt kein Weg zurück* wurde er erstmals 1942 in Bern verlegt.

541 *schon bei Jean Paul:* Eigentlich Johann Paul Friedrich Richter (1763-1825). Textstelle nicht ermittelt.
Kunstwochen 1946: Fanden vom 1. bis 13. Juni statt.
Quinzaine artistique: Französisch, frei übersetzt: »die 14 Kunsttage«.
542 *Ludwig Richter:* Dresdner Maler (1803–1884).
Nieritz: Gemeint ist der Dresdner Volks- und Jugendschriftsteller Karl Gustav Nieritz (1795–1876).
gleich glühenden Kohlen auf meinem Haupt: Anspielung auf die Stelle im Römerbrief 12, 20: »[...] wenn dein Feind hungert, speise ihn, wenn er dürstet, tränke ihn. Denn wenn du dies tust, wirst du feurige Kohlen auf sein Haupt sammeln.«
544 *Horst van Diemen:* Geb. 1913, von September 1945 bis November 1946 Intendant des Konstanzer Stadttheaters.
545 *Meister Reinhardt:* Gemeint ist der Schauspieler und Regisseur Max Reinhardt, eigentlich Max Goldmann, bis 1933 Direktor des Deutschen Theaters Berlin; gilt als Begründer des modernen Regietheaters. Vgl. Anmerkung zu VI, 297.
546 *Der gute Mensch von Sezuan:* Drama Bertolt Brechts, das am 4. Februar 1943 im Schauspielhaus Zürich uraufgeführt wurde.
Übermenschen: Die Idee des »Übermenschen« findet sich in Deutschland schon im 17. Jahrhundert. Besonders bedeutsam wird der Begriff durch Friedrich Nietzsche als Zukunftsideal (*Also sprach Zarathustra*, I, 7). Die Nationalsozialisten vereinnahmten den Begriff für ihre Vorstellung von der arischen Rasse.
547 *Ewige Infanterie:* Autor des Gedichts ist Heinrich Anacker.
Heinrich Anacker: Schriftsteller (1901–1971), seit 1924 Mitglied der NSDAP, einer der prominenten Parteidichter, verfaßte SA- und HJ-Lieder im Grundton der geforderten »stählernen Romantik«.
Wandsbecker Bote: Von J. J. Bode gegründete und verlegte, 1771 bis 1775 von Matthias Claudius (1740–1815) herausgegebene Zeitung, deren Namen zuweilen, wie auch hier, auf den Herausgeber selbst übertragen wird.

Eurydike in Heidelberg
Erstdruck: *Die Neue Zeitung*, 14. 6. 1946.
549 *Harald Braun:* Vgl. Anmerkung zu VI, 351.
553 *ein großer Kollege Anouilhs:* Gemeint ist Henrik Ibsen (1828

bis 1906); angespielt wird auf dessen Drama *Hedda Gabler*, 5. Akt, letzte Szene.
553 *Novalis:* Frühromantischer Dichter, eigentlich Georg Philipp Friedrich Freiherr von Hardenberg (1772–1801); vor allem seine 1797 niedergeschriebenen *Hymnen an die Nacht* feiern den Tod als Pforte zu einem höheren Dasein.

Kinder suchen ihre Eltern
Erstdruck: *Die Neue Zeitung*, 17. 6. 1946.
553 *totaler Krieg:* Ein Krieg, in dem alle materiellen Reserven eines Volks in den Dienst einer Vernichtungsstrategie gestellt werden. Propagandaminister Joseph Goebbels ließ in einer Massenkundgebung im Berliner Sportpalast am 18. Februar 1943 vor eigens dafür ausgesuchten Parteimitgliedern seine Rede in der Frage gipfeln: »Wollt ihr den totalen Krieg?« Die Masse antwortete mit einem begeisterten »Ja«.
554 *Wehrbauern:* Seit dem frühen Mittelalter Begriff für Bauern in Grenzgebieten, die mit besonderen Freiheiten ausgestattet wurden, weil sie im Notfall jederzeit Waffendienst leisten mußten.
555 *UNRRA:* Abkürzung für »United Nations Relief and Rehabilitation Administration«, 1943 in Atlantic City gegründet; 1945 von der UNO übernommene Hilfsorganisation für Flüchtlinge und Verschleppte (Displaced Persons) in den von den Alliierten besetzten Gebieten; 1947 aufgelöst.
556 *Pinguin:* Diese Zeitschrift erschien zwischen Januar 1946 und Mai 1951 im Rowohlt-Verlag. Kästner war vom zweiten Heft an (März 1946) bis zur Währungsreform 1948 ihr Herausgeber.

Briefe in die Röhrchenstraße
Erstdruck: *Die Neue Zeitung*, 5. 8. 1946.
558 *Ludwig Finkh:* Arzt und Schriftsteller (1876–1964).
RDS: Am 9. Juni 1933 als organisatorische Zusammenfassung sämtlicher deutscher Schriftstellerverbände gegründeter »Reichsverband deutscher Schriftsteller e. V.«.
560 *SA-Uniform:* Braune Uniform der Mitglieder der 1920 gegründeten Kampf- und Propagandatruppe der NSDAP.
Fedor von Zobeltitz: Schriftsteller (1857–1934), schrieb vor allem Gesellschaftsromane aus Adels- und Offizierskreisen.
Die Deutschnationalen: Anhänger der Deutschnationalen

Volkspartei (DNVP), einer im November 1918 gegründeten national-konservativen Partei. Die Partei löste sich im Juni 1933 selbst auf.

560 *Wulf Bley, Hadamowsky:* Der Schriftsteller Wulf Bley (1890 bis 1961) war Mitarbeiter der »Funkstunde Berlin« und des »Deutschlandsenders«; Eugen Hadamovsky (1904–1944) war Reichssendeleiter und Direktor der Reichsrundfunkanstalt; Organisator der Hitler-Kundgebungen im Rundfunk.
braune Liste: Liste der nationalsozialistischen Parteigänger.
Hanns Martin Elster, Edgar von Schmidt-Pauli: Gemeint sind der Verleger Hanns Martin Elster, Schriftleiter der Zeitschrift *Das Dritte Reich* (1933–1934) und der Schriftsteller Edgar Fiath Florentin Richard von Schmidt-Pauli.
Systemzeit: Von den Nationalsozialisten benutzte abwertende Bezeichnung für die Weimarer Republik, mit der zugleich auch Parlamentarismus und Parteienstaat diskreditiert werden sollten.

561 *Doktor Goebbels:* Joseph Goebbels hatte 1921 über das Thema *Wilhelm von Schütz als Dramatiker* (Heidelberg 1921) promoviert.
Walter Bloem: Schriftsteller und Dramaturg (1868–1951).
Max Barthel: Dresdner Schriftsteller (1893–1975), Verfasser klassenkämpferischer Arbeiterlyrik, wandte sich nach 1933 dem Nationalsozialismus zu.

562 *Paul Oskar Höcker:* Schriftsteller (1865–1944).
Prof. Dr. med. et phil. Werner Jansen: Schriftsteller (1890 bis 1943), für seine »Arbeiten im Dienste der rassischen Erneuerung« 1940 mit der Goethe-Medaille ausgezeichnet.
Max Jungnickel: Schriftsteller (1890 geb., vermißt).
Hanns Johst: Schriftsteller, avancierte im Dritten Reich zum Staatsdichter; als Präsident der Reichsschrifttumskammer und der Deutschen Akademie der Dichtung (1935–1945) sowie der 1934 gegründeten Union Nationaler Schriftsteller maßgeblich an der »Gleichschaltung« des literarischen Lebens in Deutschland beteiligt.

563 *Doktor Wißmann:* Dr. Heinz Wismann, Abteilungsleiter im Propagandaministerium und Stellvertretender Vorsitzender der Reichsschrifttumskammer, im Juli 1937 von beiden Ämtern entbunden.
Hans Friedrich Blunck: Schriftsteller (1888–1961), Präsident der Reichsschrifttumskammer (1933–1935), einer der Reprä-

sentanten der völkisch-nationalen Literatur in Deutschland; zwischen 1933 und 1944 veröffentlichte er 97 Bücher.

Spatzen und höhere Tiere
Erstdruck: *Die Neue Zeitung*, 9. 9. 1946.
563 *Prof. Dr. Theobald Schrems:* Nicht ermittelt.
564 *Göring, Rust:* Zu Göring vgl. Anmerkung zu VI, *496*; Bernhard Rust (1883–1945), Reichsminister für Wissenschaft, Erziehung und Volksbildung von 1934 bis 1945.
wie David dem König Saul: Anspielung auf das Alte Testament (1 Samuel 16,14–23). Der junge Schafhirte David wird von König Saul in Dienste genommen, um dem kranken Herrscher durch sein Harfenspiel Linderung von seiner Krankheit zu verschaffen.
HJ-Uniform: HJ ist die Abkürzung für Hitler-Jugend.
Der Chordirigent als Führerpersönlichkeit: Zitatstelle nicht ermittelt.
565 *Orlando di Lasso:* Niederländischer Komponist (1532 bis 1594).
Gauleiter Hofer: Vgl. Anmerkung zu VI, *553*.

Mein Wiedersehen mit Berlin
Erstdruck: *Die Neue Zeitung*, 20. 9. 1946.
566 *Wiedersehen mit Berlin:* Im September 1946 reiste Kästner zum ersten Mal seit Kriegsende nach Berlin.
Johnnys Balkon: Helga Bemmann spricht in ihrer Kästner-Biographie (a. a. O., S. 331 von »Johnny Rapeport«, dem Wirt der Jockey-Bar in der Lutherstraße. Vgl. auch die Anmerkungen zu VI, *422* u. *471*.
567 *NS-Zwergenschaft:* Vgl. Anmerkung zu VI, *526*.
die schönsten und die schlimmsten Jahre: Kästner zog 1927 nach Berlin und lebte dort bis März 1945.
das ich enträtseln möchte: Der Absatz schließt im Erstdruck so: »Und die noch ›unerledigten‹ Besuche, Rücksprachen, Interviews, Verhandlungen, Empfänge, Einladungen und stillen, altvertrauten Begegnungen nehmen kein Ende. Professor Kleiner rieb die Hände und den Notizblock. Es ist der zwölfte seit unserer Ankunft. Natürlich sind's ganz, ganz kleine Blöcke, wie sie Zwerge gebrauchen.«
570 *Inschrift auf einem sächsisch-preußischen Grenzstein:* Vgl. I, *191*.

570 *Ludwig Wüllner:* Lied- und Opernsänger, Rezitator (1858 bis 1938).

Wir lassen herzlich bitten ...
Erstdruck: *Die Neue Zeitung*, 23. 12. 1946.
571 *Perron:* Veraltet für Bahnsteig.
572 *ante portas:* Lat.: »vor den Toren«. Geprägt von Cicero (106 bis 43 v. Chr.) in seinen *Philippischen Reden*, wo er vor dem anrückenden Hannibal warnt.
573 *Tu Geld in deinen Beutel, Horatio:* Zitat aus William Shakespeares Drama *Othello*, 1. Akt, 3. Szene («Put money in thy purse!»); Horatio, in Shakespeares *Hamlet*, ist der Offizier, dem der Geist von Hamlets Vater erscheint.
Ein Schelm, der mehr gibt, als er hat: Deutsches Sprichwort; mit »Schelm« ist ein Betrüger gemeint.
Jericho: Anspielung auf das Buch Josua des Alten Testaments, in dem die Eroberung der Kanaaniterstadt Jericho durch die Israeliten geschildert wird (Josua 5,3–6,21). Jerichos Stadtmauern stürzten durch den gewaltigen Schall der Posaunen der Angreifer in sich zusammen, die Stadt wurde daraufhin völlig zerstört.
574 *Conciergerie:* Pariser Untersuchungsgefängnis am Quai de l'Horloge. In der Zeit der Schreckensherrschaft (1793–1794) während der Französischen Revolution wurden dort die zum Tod Verurteilten eingesperrt.
575 *Philosoph Vaihinger:* Hans Vaihinger (1852–1933).

Reisender aus Deutschland
Erstdruck: *Die Neue Zeitung*, 12. 5. 1947. Der Beitrag ist dort »Reisebilder aus Deutschland« überschrieben.
576 *Brueghel:* Gemeint ist vermutlich Pieter Brueghel d. Ä. (zwischen 1525 und 1530–1569), der wegen seiner häufigen Darstellungen des bäuerlichen Lebens »Bauernbrueghel« genannt wird.
579 *Harun al Raschid:* Harun (763 oder 766–809) mit dem Beinamen ar-Raschid (»der Rechtgeleitete«), abbasidischer Kalif, förderte Kunst und Wissenschaft. Seine Gerechtigkeitsliebe wird in *Tausendundeine Nacht* geschildert.
Kultusminister: Bayerischer Kultusminister von 1946 bis 1950 war Alois Hundhammer (1900–1974).
Liktorenbündel: Liktoren waren im alten Rom Amtsdiener.

Sie schritten den höchsten Magistraten mit Rutenbündeln («fasces») voran, aus denen, als Symbol der Herrscher- und Strafgewalt, ein Beil ragte.
579 *beim Schwarzen Mann:* Auf dem Schwarzmarkt.
Ludwig Renn: Eigentlich Arnold Friedrich Vieth von Golßenau (1889–1979). Der in Dresden geborene Schriftsteller emigrierte 1936 in die Schweiz, 1939 nach Mexiko.
580 *Freie Deutsche Jugend:* 1946 gegründete sozialistische Jugendorganisation.
Königsbrücker Straße: Kästners Eltern lebten seit 1895 in der Königsbrücker Straße: »In diesem Viertel lagen die drei Häuser meiner Kindheit. Mit den Hausnummern 66, 48 und 38. Geboren wurde ich in einer vierten Etage. In der 48 wohnten wir im dritten und in der 38 im zweiten Stock. Wir zogen tiefer, weil es mit uns bergauf ging.«
Anna Seghers, Johannes R. Becher, Friedrich Wolf, Theodor Plievier, Ludwig Renn, Erich Weinert, Wolfgang Langhoff: Kommunistische oder linksbürgerliche Schriftsteller, die aus Deutschland emigrierten.
581 *Krähwinkelei:* »Krähwinkel«, von August von Kotzebue (1761 bis 1819) im Lustspiel *Die deutschen Kleinstädter* (1803) gebrauchter Name für ein typisches Klatschnest.
582 *Gute Beispiele:* Umkehrung des Bibelzitats Korinther 1, 15,33: »Böse Beispiele verderben gute Sitten.«

Reise in die Gegenwart
Erstdruck: *Die Neue Zeitung*, 23. 6. 1947. Der Beitrag ist dort mit der Unterzeile »Rückblick auf den PEN-Kongreß in Zürich« versehen.
583 *Berliner Reichstagsbrand:* Der Deutsche Reichstag brannte am 27. Februar 1933. Kästner hielt sich 1933 während einer Urlaubsreise in der Schweiz auf.
584 *einer deutschen PEN-Gruppe:* Das deutsche PEN-Zentrum wurde 1937 wegen Verstoßes gegen die Satzung aus dem internationalen Verband ausgeschlossen und 1949 in Göttingen neu gegründet. Kästner war der erste Präsident des neuen deutschen PEN-Zentrums.
Ernst Wiechert: Deutscher Schriftsteller (1887–1950); verbrachte 1938 zwei Monate im KZ Buchenwald und stand danach unter Gestapoaufsicht.
Vercors: Eigentlich Jean Bruller (1902–1991). Der französi-

sche Schriftsteller gründete 1942 den Résistance-Verlag »Editions de Minuit«.
585 *Johannes R. Becher:* Schriftsteller (1891–1958); kehrte 1945 aus der Emigration nach Berlin zurück; wurde 1954 Minister für Kultur der DDR.
Gregor Walden: Schriftsteller (1913 geb., seit 1945 vermißt).
Phyllis Bentley: Es handelt sich um die englische Schriftstellerin Phyllis Eleanor Bentley (1894–1977).
587 *neuen Roman:* Gemeint ist Thomas Manns *Doktor Faustus. Das Leben des deutschen Tonsetzers Adrian Leverkühn, erzählt von einem Freunde.* Zuerst erschienen in New York 1947, im deutschsprachigen Raum: Wien 1948.

Lesestoff, Zündstoff, Brennstoff
Erstdruck: Nicht ermittelt; entstanden im Oktober 1965.
588 *Bücher von Camus, der Sagan, von Nabokov, Günter Grass:* Die französischen Schriftsteller Albert Camus (1913–1960) und Françoise Sagan, (eigentlich Françoise Quoirez, *1935), der amerikanische Schriftsteller Vladimir Nabokov (1899 bis 1977) und der deutsche Schriftsteller Günter Grass (*1927).
Bücherverbrennung: Am 10. Mai 1933 fanden unter großem propagandistischem Aufwand in Berlin und anderen deutschen Universitätsstädten Aktionen nationalsozialistischer Studenten zur »Verbrennung undeutschen Schrifttums« statt.
Düsseldorfs Oberbürgermeister: Oberbürgermeister von 1964 bis 1974 war Walter Becker.
589 *Lore und Kay Lorentz:* Lore Lorentz (1922–1994) gründete im März 1947 zusammen mit ihrem Mann Kay (1920–1993) in Düsseldorf »Die kleine Literaten-, Maler- und Schauspielerbühne« namens »Das Kom(m)ödchen«.
Ludwig Erhards hilfloser Jähzorn: Bundeskanzler Ludwig Erhard (1897–1977) reagierte auf das politische Engagement deutscher Schriftsteller in den sechziger Jahren u. a. mit der Bemerkung: »Da hört der Dichter auf, da fängt der ganz kleine Pinscher an.«

Die Einbahnstraße als Sackgasse
Erstdruck: Nicht ermittelt; entstanden März 1966.
591 *Hic urbs, hic salta:* Anspielung auf »Hic Rhodus, hic salta!«. In einer Fabel von Äsop rühmt sich ein Angeber, er habe einst in Rhodus einen gewaltigen Sprung geschafft. Einer der Umste-

henden fordert ihn zum Beweis seiner Springkünste auf: »Hier ist Rhodus, hier springe«. Kästner verwendet mehrfach Abwandlungen des Zitats.

592 *Deutsches Ringelspiel 1947:* Vgl. *II, 108.*
Videant consules: Anspielung auf Ciceros (106–43 v. Chr.) *Catilinarische Reden*, in denen er mehrfach wiederholt: »Videant Consules, ne quid res publica detrimenti capiat.« (»Mögen die Konsuln dafür sorgen, daß die Republik keinen Schaden leide.«)

Reden und Vorreden

Begegnung mit Tucho
Erstdruck: Kurt Tucholsky: »Gruß nach vorn«. Eine Auswahl. Hrsg. von Erich Kästner. Stuttgart, Hamburg 1946.

597 *Tucho:* Der Schriftsteller Kurt Tucholsky (1890–1935).
als ich 1927 nach Berlin kam: Im September 1927 zog Kästner von Leipzig nach Berlin.
Douglasstraße: Edith Jacobsohns Wohnung befand sich im Haus Douglasstraße 30.
Weltbühne: Die Weltbühne war eine 1918 aus der von Siegfried Jacobsohn gegründeten Zeitschrift *Die Schaubühne* hervorgegangene *Wochenschrift für Politik, Kunst und Wirtschaft.* Nach Jacobsohns Tod 1926 führte seine Frau Edith Jacobsohn die Zeitschrift weiter, Tucholsky übernahm für ein Jahr die Herausgeberschaft. Von 1927 bis zu ihrem Verbot 1933 wurde *Die Weltbühne* von Carl von Ossietzky herausgegeben.
Ein einziges Mal, 1931 oder 1932: Schweizer Urlaubsreise nach Brissago.

598 *in meinem Reich:* Anspielung auf das Herrschaftsgebiet Kaiser Karls V., von dem gesagt wurde, daß in seinem Reich, das auch die spanischen Eroberungen in der Neuen Welt umfaßte, die Sonne nie untergehe.
Peter Panter, Theobald Tiger, Ignaz Wrobel, Kaspar Hauser: Pseudonyme Kurt Tucholskys.

599 *Schall und Rauch:* 1901 u. a. von Max Reinhardt gegründetes literarisches Kabarett, das seit 1902 als Schauspielbühne («Kleines Theater») von Reinhardt weitergeführt wurde. Nach einer Wiederbelebung 1919 kam das endgültige Aus für *Schall und Rauch* 1924.

599 *Gussy Holl:* Die Schauspielerin Gussy (eigentlich Ruth Maria) Holl (1888–1966).

Resignation ist kein Gesichtspunkt
Ansprache in der Internationalen Jugendbibliothek, München, zur Eröffnung der Ausstellung von Kinderzeichnungen aus Israel, 1953.
Erstdruck: Nicht ermittelt.

600 *das Jahrhundert des Kindes:* Nach dem Buch *Das Jahrhundert des Kindes* (1900) der schwedischen Frauenrechtlerin und Reformpädagogin Ellen Key (1846–1926).
Einstein: Der Physiker und Nobelpreisträger Albert Einstein (1879–1955).

601 *werden wie die Kinder:* Anspielung auf die Bibelstelle Matthäus 18, 3: »Wenn ihr nicht umkehrt und werdet wie die Kinder, so werdet ihr nicht in das Himmelsreich eingehen.«
Internationale Jugendbibliothek: Vgl. VI, 654.

Jugend, Literatur und Jugendliteratur
Rede, gehalten am 4. Oktober 1953 anläßlich der Internationalen Tagung für das Jugendbuch (1. bis 4. Oktober 1953) im Rathaus Zürich.

Erstdruck: Internationale Tagung für das Jugendbuch. Berichte und Vorträge. Aarau 1954, S. 179–189. Zwei für die Edition der *Gesammelten Schriften* (1959) vorgenommene Straffungen wurden in dieser Ausgabe übernommen.

603 *als unsereins Student war:* Kästner absolvierte sein Studium (Germanistik, Geschichte, Philosophie, Theatergeschichte) überwiegend in Leipzig (1919 bis 1925). Das Wintersemester 1921/22 verbrachte er in Berlin.
Steinrück: Der Schauspieler Albert Steinrück (1872–1929), von 1908 bis 1920 als Charakterdarsteller und Regisseur am Münchner Hoftheater, war 1913 der erste Woyzeck.
Werfel: Der österreichische Schriftsteller Franz Werfel (1890 bis 1945).

604 *Theodor Däubler:* Schriftsteller (1876–1934).

605 *Jahrhundert des Kindes:* Vgl. Anmerkung zu VI, 600.

606 *Perraults Märchen:* Der französische Schriftsteller Charles Perrault (1628–1703) veröffentlichte 1697 seine *Histoires ou contes du temps passé, avec des moralitez* (dt. *Ammen-Mährchen*, 1790).
Paul Hazard: Französischer Literarhistoriker (1878–1944).

Sein Buch *Les livres, les enfants et les hommes* erschien erstmals 1932 in Paris. Für die deutsche Ausgabe (*Kinder, Bücher und große Leute*, Hamburg 1952) schrieb Kästner das Vorwort.
607 *Willy Hellpach:* Der Psychologe und Politiker war von 1922 bis 1925 badischer Minister für Kultus und Unterricht, von 1924 bis 1925 badischer Staatspräsident; veröffentlichte sein Buch *Kulturpsychologie* 1953.
Die Umwertung der Werte: Vgl. *VI, 513*.
Stachanowmensch: Nach dem sowjetischen Grubenarbeiter Aleksej Stachanow benannt, der 1935 seine Arbeitsnorm mit 1300 Prozent übertraf; Sinnbild für den in sozialistischen Ländern propagierten Arbeitswettbewerb mit Akkordleistungen und Normenerhöhungen.
Homo Cornedbeefiensis: Corned Beef: Gepökeltes Büchsenfleisch vom Rind; meint hier wohl den in Form gepreßten Menschen.
608 *The Lost Generation:* Englisch: »Die verlorene Generation«. Der Begriff wurde von der amerikanischen Schriftstellerin Gertrude Stein geprägt und galt ursprünglich für eine Gruppe ausgewanderter amerikanischer Schriftsteller im Paris der zwanziger und dreißiger Jahre. Ernest Hemingway übernahm den Begriff in seiner Erzählung *The sun also rises* (1926).
609 *Untergang der Gegenwart:* Anspielung auf Oswald Spenglers (1880–1936) *Der Untergang des Abendlandes. Umrisse einer Morphologie der Weltgeschichte* (erschienen 1918-1922).
De minoribus: Lateinisch: »Über die Kleineren (Wenigeren)«, vgl. *II, 205*.

Von der deutschen Vergeßlichkeit
Rede, gehalten am 13. Mai 1954 in den Münchner Kammerspielen zur Erinnerung an den 20. Juli 1944. Erstdruck: Nicht ermittelt.
612 *Friedrich Wilhelm I. von Preußen:* König von Preußen (1688 bis 1740, König seit 1713).
Sohn und präsumptiven Nachfolger: Friedrich II. von Preußen (1712–1786, König seit 1740), über den Kästner 1925 promovierte. Thema seiner Doktorarbeit: *Die Erwiderungen auf Friedrich des Großen Schrift »De la litterature allemande«*.
Frauen und Männer des deutschen Widerstands: Kästner sprach zur Erinnerung an den 20. Juli 1944, an dem Claus Schenk

Graf von Stauffenberg eine Bombe im Führerhauptquartier zündete. Der Anschlag auf Hitler mißlang. In den darauffolgenden Vergeltungsaktionen wurden zweihundert Männer und Frauen hingerichtet und siebentausend verhaftet.

613 *alle drei Strophen der alten Hymne:* August Heinrich Hoffmann von Fallerslebens (1798–1874) Lied *Deutschland, Deutschland über alles*, 1841 entstanden, war zwischen 1922 und 1945 deutsche Nationalhymne. Seit 1952 ist in der Bundesrepublik nur noch dessen dritte Strophe offizielle Hymne.
Im Namen des Volkes: Die Todesurteile gegen die Widerstandskämpfer wurden vor dem Volksgerichtshof »im Namen des Volkes« ausgesprochen.

614 *bevor der Hahn zum dritten Mal kräht:* Anspielung auf das Neue Testament, Matthäus 26, 30–35, wo Jesus Petrus prophezeit: »Noch ehe der Hahn kräht, wirst du mich dreimal verleugnen.«

Ein politischer Eilbrief
Erstdruck: Nicht ermittelt, entstanden im November 1954.

615 *die bevorstehenden bayerischen Landtagswahlen:* Sie fanden am 28. November 1954 statt.
Saarfrage: Im Rahmen der Pariser Verträge (23. Oktober 1954) zwischen Frankreich und der Bundesrepublik Deutschland war das sogenannte »Saarstatut« ausgehandelt worden, das eine Europäisierung des zwischen Deutschland und Frankreich umstrittenen Saargebiets vorsah.
Nato: Ebenfalls im Rahmen der Pariser Verträge wurde der Eintritt der Bundesrepublik in das 1949 gegründete militärische Bündnis vorbereitet und mit dem Inkrafttreten der Verträge am 5. Mai 1955 vollzogen.
Adenauer: Konrad Adenauer, der erste Bundeskanzler der Bundesrepublik (1876–1967).
Schmutz- und Schundgesetz: Gesetz über die Verbreitung jugendgefährdender Schriften vom 9. Juni 1953, verkündet in BGBl 53 I 377.
Samstagsladenschlußgesetz: Gesetz über den Ladenschluß vom 28. November 1956, verkündet in BGBl 56 I 675.

616 *Herr Dulles:* John Foster Dulles (1888–1959), amerikanischer Außenminister von 1953 bis 1959.
Konfessions- oder Gemeinschaftsschule: Die Konfessions- oder Bekenntnisschule ist eine Schule für Schüler und Lehrer mit

dem gleichen christlich-kirchlichen Bekenntnis; die Gemeinschafts- oder Simultanschule ist nach Art. 146 der Weimarer Verfassung eine Anstalt, die Schülern und Lehrern aller Bekenntnisse und Weltanschauungen offensteht.
616 *Cave canem!:* Lateinisch: »Warnung vor dem Hund!«
617 *Strindberg-Ehen:* Die Novellen und Dramen August Strindbergs haben häufig unglückliche und nicht selten tragisch endende Ehen zum Gegenstand.

Glückwünsche für Carl Zuckmayer

Erstdruck: Nicht ermittelt, entstanden 1956.
617 *Carl Zuckmayer:* Der Schriftsteller Carl Zuckmayer wurde 1924 Dramaturg an Max Reinhardts Deutschem Theater in Berlin, zog 1926 nach Salzburg, 1938 in die Schweiz und 1940 in die USA, kehrte 1946 nach Deutschland zurück und lebte von 1958 an in Saas Fee/Schweiz.
Schwannecke: Berliner Künstlerlokal während der zwanziger und Anfang der dreißiger Jahre in der Nähe des Wittenberg-Platzes. Vgl. Anmerkung zu *VI, 138.*
Kakadu Kakada: Zuckmayers Kinderstück aus dem Jahr 1929.
Nürnberger Straße: Die Uraufführung fand, als Gastspiel des Renaissance-Theaters, im »Deutschen Künstlertheater« an der Nürnberger Straße statt.
meine Kritik drüber in der »Weltbühne«: Erschienen in Heft 5 vom 28. Januar 1930.
Montag Morgen: Von Leopold Schwarzschild herausgegebene Berliner Wochenzeitung, deren Mitarbeiter Kästner von Juli 1928 bis Dezember 1929 war.
Jonny: Vgl. die Anmerkungen zu *VI, 422, 471* u. *566.*

Robert Neumann zum 60. Geburtstag

Erstdruck: *Frankfurter Allgemeine Zeitung*, 22. Mai 1957.
618 *Robert Neumann:* Der österreichische Schriftsteller Robert Neumann (1897–1975) emigrierte 1934 nach London. Lebte nach 1945 überwiegend in der Schweiz.
Café Carlton am Nürnberger Platz: Eines der Künstlercafés im Berlin der zwanziger Jahre.
Eugen Hamm: Der Maler Eugen Hamm gehörte in Leipzig zu Kästners Bekanntenkreis. Nach dessen Selbstmord schrieb Kästner den *Nekrolog für den Maler E. H.* (vgl. *I, 179*).

618 *E. O. Plauen:* Der in Plauen/Vogtland geborene Zeichner und Karikaturist Erich Ohser (1903–1944), bekannt vor allem durch seine Bildergeschichten *Vater und Sohn*, die von Dezember 1934 bis Dezember 1937 in der *Berliner Illustrirten Zeitung* erschienen. Wurde nach einer Denunziation verhaftet und auf Goebbels' Wunsch vom Präsidenten des Volksgerichtshofs, Roland Freisler, wegen »defätistischer Äußerungen« angeklagt; nahm sich vor Verkündigung des zu erwartenden Todesurteils am 6. April 1944 das Leben. Zur Freundschaft zwischen Kästner und Ohser vgl. *Erich Ohser aus Plauen*, VI, 633 ff.

fremde Federn: Großen Erfolg hatte Neumann 1927 mit einer Sammlung literarischer Parodien unter dem Titel *Mit fremden Federn* und deren Fortsetzung *Unter falscher Flagge* (1932).

619 *Halb ein Bürgerschreck:* So charakterisiert Neumann Kästner im Band *Unter falscher Flagge*.

The Inquest: Der 1944 in London erschienene Roman (dt.: *Bibiana Santis*, 1950) gilt als das Hauptwerk Neumanns.

620 *Als wir uns, 1947, endlich wiedersahen:* Neumann war Mitglied und zeitweise Vizepräsident des internationalen PEN-Clubs. Kästner und er trafen sich auf dem PEN-Kongreß in Zürich im Juni 1947.

Rede zur Verleihung des Georg Büchner-Preises 1957

Erstdruck: Erich Kästner: Rede zur Verleihung des Georg Büchner-Preises 1957. Von dem Cecilie Dressler Verlag in Berlin für seine Freunde herausgebracht zum Jahresbeginn 1958. Berlin o. J. (1958).

620 *Büchner:* Der Schriftsteller Georg Büchner (1813–1837). Der Georg-Büchner-Preis wird als Literaturpreis seit 1951 jährlich von der Deutschen Akademie für Sprache und Dichtung verliehen.

622 *der Hessische Landbote:* Politische Kampfschrift Büchners, die er im Juli 1834 anonym drucken ließ; die zweite Fassung vom November 1834 wurde von Friedrich Ludwig Weidig (s. u.) überarbeitet.

Noch ist nicht aller Satire Abend: Anspielung auf das Sprichwort »Es ist noch nicht aller Tage Abend« nach Livius 39, 26, 9.

vor zwei Jahren: Kästner erhielt den Literatur-Preis der Stadt München 1956.

Croquis: (Auch eingedeutscht: »Kroki«) Geländezeichnung, Lageplan.

622 *mein erstes Buch: Herz auf Taille*, 1928 im Verlag Curt Weller in Berlin erschienen.
Minister für literarische Feuerbestattung: Gemeint ist Joseph Goebbels, der Initiator der Bücherverbrennungen.
zweimal verhaftet: Kästner wurde 1934 und 1937 von der Gestapo in Berlin verhaftet, doch nach glimpflich verlaufenen Verhören wieder freigelassen.
mein nächstes neues Buch: Abgesehen von der Sammlung *Bei Durchsicht meiner Bücher* (Rowohlt, Stuttgart und Atrium-Verlag, Zürich, 1946) erschien das erste Buch (mit »neuen« Texten) 1948 bei Cecilie Dressler, Berlin, und Atrium, Zürich: *Der tägliche Kram, Chansons und Prosa* 1945–1948.

623 *in der Emigration gestorbenen Georg Büchner:* Büchner starb am 19. Februar 1837 in Zürich an einer Typhusinfektion.
Minnigerode: Karl Minnigerode (1814–1894), ein Freund Büchners.
Weidig: Der Rektor, Pfarrer und revolutionäre Schriftsteller Friedrich Ludwig Weidig (1791–1837) war mit Büchner seit Februar 1834 bekannt.
Gesellschaft der Menschenrechte: Von Büchner und Weidig im März 1834 in Gießen gegründete revolutionäre Geheimgesellschaft, vermutlich nach dem Vorbild der 1833 in Straßburg gegründeten »Société des Droits de L'Homme et du Citoyen«.
Soffitten: Dekorationsstück, das eine Bühne nach oben abschließt.
»engagierte« Literatur: Literatur im Dienst einer politischen oder sozialen Bewegung; nach dem Zweiten Weltkrieg von Frankreich (Jean-Paul Sartre) ausgehend als Forderung gegenüber einer weltflüchtigen, illusionistischen Literatur erhoben.

624 *Julirevolution:* Vom 27. bis 29. Juli 1830 dauernde Erhebung der Pariser Bevölkerung gegen die Regierung und König Karl X., nachdem dieser die mehrheitlich liberal besetzte Kammer aufgelöst hatte. Karl mußte fliehen, in Frankreich wurde das »Bürgerkönigtum« eingesetzt.
Gutzkow: Der Schriftsteller Karl Gutzkow (1811–1878), einer der führenden Vertreter des sogenannten »Jungen Deutschland« (s. u.).
»Junge Deutschland«: Begriff für eine uneinheitliche und nicht organisierte literarische Bewegung zwischen 1830 und 1850, deren Vertreter sich engagiert gegen die restaurativen Bestrebungen seit 1815 einsetzten.

625 *nach Henri Quatres Rezept:* Der französische König Henri IV. (1553–1610) soll gesagt haben: »Je veux que le dimanche chaque paysan ait sa poule au pot.« (»Ich wünsche, daß sonntags jeder Bauer sein Huhn im Topf habe.«)
Geibel: Der nationalkonservative Schriftsteller Emmanuel Geibel (1815–1884).
Dantons Tod: Büchners erstes Drama (Untertitel: *Dramatische Bilder aus Frankreichs Schreckensherrschaft*) entstanden im Januar und Februar 1835, uraufgeführt am 5. Januar 1902 in Berlin.
626 *Sturm und Drang:* Schauspiel Friedrich Maximilian Klingers (1752–1831), das am 1. April 1777 in Leipzig uraufgeführt wurde. Der Titel des Stücks wurde zur programmatischen Bezeichnung für eine geistige Bewegung in der zweiten Hälfte des 18. Jahrhunderts, die bestimmt war durch eine jugendliche Revolte gegen den aufgeklärten Rationalismus und die Suche nach der schöpferischen Kraft des Gefühls und der Phantasie.
Fritz Reuter: Gemeint ist der dem Realismus zugeordnete Mundartschriftsteller Fritz Reuter (1810–1874).
Professoren aus Göttingen: Sieben Professoren (darunter Wilhelm und Jacob Grimm) der Göttinger Universität, die gegen die Aufhebung der Verfassung durch ihren Landesherrn Ernst August II. (1. November 1837) schriftlich protestierten. Der König reagierte darauf mit Amtsenthebung der Professoren.
Goethe in Straßburg: Goethe studierte von April 1770 bis August 1771 in Straßburg Jura. Er machte dort die Bekanntschaft Johann Gottfried Herders.
Friederike Brion: Die Pfarrerstochter Friederike Brion, Freundin Goethes in seiner Straßburger Studienzeit.
Minna Jaegle: Die Pfarrerstochter Louise Wilhelmine Jaeglé, heimliche Verlobte Büchners seit April 1832.
Lenz: Der Schriftsteller Jacob Michael Reinhold Lenz (1751 bis 1792).
Wagner: Der Schriftsteller Heinrich Leopold Wagner (1747 bis 1779).
Wozzeck: Eigentlich: »Woyzeck«, ein in Bruchstücken hinterlassenes Drama Büchners. Erste Veröffentlichung im November 1875 als Teildruck in der Wiener *Neuen Freien Presse*, Uraufführung am 8. November 1913 in München.
Götz [...] Urfaust: Götz von Berlichingen mit der eisernen Faust, Drama Goethes (erschienen 1773). Der *Urfaust* war der

erste Entwurf Goethes zu dem Dramenstoff (zwischen 1772 und 1775). Er blieb nur in einer Abschrift erhalten und wurde erst 1887 herausgegeben.

626 *Französische Revolution [...] Bürgerkönigtum:* Die Geschichte der Jahre 1789 bis 1830 in Schlagworten: Französische Revolution von 1789, Napoleon I. (1769–1821) regierte als Kaiser der Franzosen von 1804 bis 1814/15, die sogenannte »Restauration« begann mit dem Wiener Kongreß 1814 bis 1815, die Julirevolution 1830; »Juste milieu«, französisch: »die goldene Mitte«, war ein von Louis Philippe geprägtes politisches Schlagwort für sein Regierungssystem: weder Absolutismus noch Demokratie; Louis Philippe wurde 1830 in Frankreich zum konstitutionellen Monarchen, zum »Bürgerkönig«, erhoben.

627 *Lichtenberg:* Gemeint ist der wie Büchner in Darmstadt geborene Physiker und Schriftsteller Georg Christoph Lichtenberg.
Friedrich der Große: König Friedrich II. von Preußen (1712 bis 1786).

628 *Pitaval der Geschichte:* Der französische Jurist François Gayot Pitaval (1673–1743) stellte eine Sammlung denkwürdiger Kriminalfälle (Pitaval, 1734–1743) zusammen.

629 *Lucile Desmoulins:* Ehefrau von Camille Desmoulins (1760 bis 1794). Sie wurde 14 Tage nach ihrem Mann im Alter von 23 Jahren ebenfalls hingerichtet.
Ophelia: Figur in Shakespeares Drama *Hamlet.*
Julie Danton: Zweite Ehefrau Georges Jacques Dantons, in Wirklichkeit hieß sie Louise (1777–1856).
Schiller [...] oder Wildenbruch: Der Schriftsteller Ernst von Wildenbruch (1845–1909). Abgestellt wird hier auf den Gegensatz zwischen einem Historienmaler wie Wildenbruch und Schiller, dem die Geschichte nur Stoff für exemplarische Charaktere und klassische Verwicklungen war.
Robespierre: Der französische Revolutionär Maximilien de Robespierre (1758–1794).
ein kleiner korsischer Artillerieoffizier: Gemeint ist Napoléon Bonaparte (1769–1821), der sich 1804 selbst zum Kaiser der Franzosen krönte.

630 *ein anderer Napoleon:* Charles Louis Napoléon Bonaparte (1808–1873). Ein Plebiszit bestätigte ihn 1852 als französischen Kaiser Napoleon III.

630 *den Thiers studierend:* Der französische Politiker und Historiker Adolphe Thiers (1797–1877) war von 1871 bis 1873 erster Präsident der 3. Republik. Er verfaßte eine die Revolution idealisierende *Histoire de la Révolution Française* in zehn Bänden (Paris 1823–1824), die Büchner als Quellentext für *Dantons Tod* nutzte.
schrieb er von Gießen nach Straßburg: Es handelt sich um einen Brief »nach dem 10. März 1834« an Wilhelmine Jaeglé. Dieser sogenannte »Fatalismus-Brief« wird in der Büchner-Forschung stets herangezogen, wenn das Geschichts- und politische Verständnis des Autors verhandelt wird.
Madame Sans-Gêne: Lustspiel (1893) von Victorien Sardou (1831-1908).
Minna von Barnhelm: Gotthold Ephraim Lessings *Minna von Barnhelm oder Das Soldatenglück*, am 30. September 1767 in Hamburg uraufgeführt, gilt als das klassische deutsche Lustspiel.

631 *Commedia dell' arte:* Vermutlich von Carlo Goldoni (1707 bis 1793) geprägter Begriff, bezeichnet eine Art Stegreifkomödie mit Berufsschauspielern.
Rose Bernd [...] Fuhrmann Henschel: Schauspiele von Gerhart Hauptmann (1862–1946). Die Uraufführungen fanden im Deutschen Theater in Berlin statt: am 5. November 1898 (*Fuhrmann Henschel*) und 31. Oktober 1903.

632 *Wilhelm Herzog:* Schriftsteller und Publizist (1884–1960).

633 *Die Schule der Diktatoren:* Vgl. V, 459.
Kasimir Edschmid: Der Journalist und Schriftsteller Kasimir Edschmid (eigentl. Eduard Schmid, 1890–1966), war Vize-, dann Ehrenpräsident des deutschen PEN-Zentrums und Vize-, dann Ehrenpräsident der Deutschen Akademie für Sprache und Dichtung.

Erich Ohser aus Plauen

Erstdruck: Erich Kästner (Hrsg.): Heiteres von E. O. Plauen. Hannover 1957.

633 *Erich Ohser:* Vgl. Anmerkung zu VI, 618.
Th.Th. Heine, [...] Rudolf Großmann, Walter Trier, Schaefer-Ast und Rudolf Schlichter [...] Gulbransson und George Grosz: Zeichner und Karikaturisten (überwiegend) der zwanziger Jahre.

634 *Curt Weller:* Leipziger Verleger, der Kästners Gedichtbände

Herz auf Taille (1928) und *Lärm im Spiegel* (1929) herausbrachte. Nachdem Weller Lektor und Geschäftsführer der Deutschen Verlagsanstalt Stuttgart geworden war, erschien der dritte Gedichtband, *Ein Mann gibt Auskunft* (1930), dort.

634 *Rabelais:* Der französische Dichter François Rabelais (um 1494–1553).
années folles: Französisch: »verrückte Jahre«.

635 *Erich Knauf:* Redakteur der *Plauener Volkszeitung*, Freund Kästners und Ohsers, nach einer Denunziation am 28. März 1944 verhaftet, am 2. Mai 1944 hingerichtet.

636 *Neue Leipziger Zeitung:* Kästner schrieb seit 1923 für die *Neue Leipziger Zeitung*.
fristlos entlassen: Dennoch arbeitete Kästner weiterhin (bis 1933) als freier Mitarbeiter für die *Neue Leipziger Zeitung* in Berlin.

637 *unser Café am Nürnberger Platz:* Das Künstlercafé »Carlton«.
Eugen Hamm: Vgl. Anmerkung zu *VI, 618*.
Lovis Corinth: Graphiker und Maler (1858–1925).
fuhren wir nach Paris: 1928 fuhren Kästner und Ohser gemeinsam nach Paris.
Büchergilde Gutenberg: 1924 in Leipzig gegründete Buchgemeinschaft, 1945 neu in Frankfurt am Main gegründet.
zum zweitenmal auf die Reise gehen: Am 22. März 1930 kündigte Kästner seiner Mutter an: »Heute in einem Monat, am 26. April, fahre ich mit Ohser zusammen auf eine Woche nach Rußland.«

Über das Verbrennen von Büchern

Ansprache auf der Hamburger PEN-Tagung am 10. Mai 1958. Erstdruck: *Süddeutsche Zeitung*, München, 10. Mai 1958.

638 *Linsengericht:* Anspielung auf die Bibelstelle Genesis 25,29–34, in der Esau sein Erstgeburtsrecht an seinen jüngeren Bruder Jakob für ein Linsengericht verkauft.
wird Esau zum Kain, und Jakob stirbt als Abel: Vermengung der zwei alttestamentlichen Geschichten über die Brüderpaare Kain und Abel (Genesis 4,1–16) sowie Esau und Jakob (Genesis 25,25).

639 *Tempel der Artemis:* Artemis war die Jagdgöttin der Griechen.
ephesischer Tempel: Das sogenannte »Artemision« in der antiken Stadt Ephesos galt als eines der Sieben Weltwunder der

Antike. 356 v. Chr. wurde der Tempel durch Brandstiftung zerstört.
639 *»pars pro toto« [...] »ars pro toto«:* Lat.: »Der Teil für das Ganze« oder nach Kästner: »Die Kunst für das Ganze«.
640 *Tacitus:* Der römische Geschichtsschreiber Publius Cornelius Tacitus (um 55 bis nach 115).
Kaiser Domitian: Titus Flavius Domitianus (51–96).
Almansor: Heinrich Heines (1797–1856) Tragödie erschien 1821.
641 *Goethe vor Valmy:* Goethe erlebte die Schlacht von Valmy (20. September 1792), bei der die französischen Revolutionstruppen siegten, im Gefolge des Herzogs Karl August von Sachsen-Weimar-Eisenach. Davon berichtet er in der *Campagne in Frankreich.*
10. Mai 1933: Vgl. Anmerkung zu *VI, 588.*
brennender Reichstag: Vgl. Anmerkung zu *VI, 583.*
Der Feldmarschall und Reichspräsident: Paul von Hindenburg, Reichspräsident von 1925 bis 1934.
Potsdamer Garnisonskirche: Am von den Nationalsozialisten inszenierten »Tag von Potsdam« (21. März 1933) wollte Hitler Seite an Seite mit Hindenburg die Kontinuität zwischen dem alten Preußen und dem nationalsozialistischen Deutschland demonstrieren.
Zwei Tage später: Am 23. März 1933 brachte Hitler mit den Stimmen der bürgerlichen Parteien das »Ermächtigungsgesetz« durch das Parlament.
Der kleine Hinkende Teufel: Gemeint ist Joseph Goebbels.
Le Sage: Der französische Schriftsteller Alain René Lesage (1668-1747) veröffentlichte 1707 den Roman *Le diable boiteux* (dt. *Der hinkende Teufel*).
642 *Wartburgfest Anno 1817:* Zusammenkunft von etwa 500 patriotischen und liberal gesonnenen Studenten auf der Wartburg am 18. und 19. Oktober 1817.
Kotzebue: Der Dramatiker August von Kotzebue (1761 bis 1819) wurde von dem Studenten Karl Sand ermordet.
Schmalz: Ritter Theodor Anton Heinrich Schmalz (1760 bis 1831), Theologe, seit 1788 Professor der Rechte in Königsberg und 1801 Kanzler und Direktor der dortigen Universität, 1810 bis 1811 Professor in Berlin.
643 *Brüder Humboldt:* Der Naturforscher Alexander von Humboldt (1769–1859) und sein Bruder, der Sprachforscher Wilhelm von Humboldt (1767–1835).

643 *der kleine »Teufel aus der Schachtel« ... der personifizierte Minderwertigkeitskomplex aus Rheydt:* Gemeint ist Joseph Goebbels.
der dämonische Gefreite und Obdachlose aus Braunau am Inn: Gemeint ist Adolf Hitler.
644 *der größte deutsche Philosoph unseres Jahrhunderts:* Gemeint ist Martin Heidegger (1889–1976).
jüdischen Gelehrten: Heidegger war Schüler von Edmund Husserl (1859–1938).
Eduard Spranger: Kulturphilosoph (1882–1963); reichte im April 1933, als Professor in Berlin, sein Rücktrittsgesuch ein, blieb aber im Amt.
Alfred Weber: Nationalökonom und Soziologe (1868–1958), Bruder Max Webers.
der neue Judas: Im Neuen Testament (Matthäus 26,47–50) küßt der Verräter Judas Jesus auf die Wange zum Zeichen für dessen Häscher.
645 *Prinz-Albrecht-Straße:* Sitz der Gestapozentrale in Berlin.
Bühne am Gendarmenmarkt: Das (Staatliche) Schauspielhaus am Gendarmenmarkt in Berlin.
die beiden Lieder: Nach 1933 wurde das *Horst-Wessel-Lied* zur zweiten Nationalhymne des Deutschen Reiches, die regelmäßig nach dem *Deutschlandlied* erklang.
647 *Principiis obsta:* Vers 91 f. in den *Remedia amoris (Heilmittel gegen die Liebe)* von Publius Ovidius Naso (43. v. Chr.–18. n. Chr.) lautet: »Principiis obsta: sero medicina paratur / Cum mala per longas convaluere moras.« (»Wiederstehe zu Beginn! Zu spät wird Heilung bereitet, wenn durch längeren Verzug ärger das Übel schon ward.«)

Ein deutscher Kleinmeister aus Prag
Erstdruck: Das große Trier-Buch. Hrsg. von Lothar Lang. Zürich 1972.
647 *Ein deutscher Kleinmeister aus Prag:* Im Erstdruck ohne Titel.
Walter Trier: Der Pressezeichner und Karikaturist Walter Trier (1890–1951), Mitarbeiter bei *Simplicissimus*, *Jugend*, den *Lustigen Blättern*, seit 1910 für die Zeitschriften des Ullstein-Verlags. Illustrierte die zwischen 1929 und 1949 erschienenen Kinderbücher Erich Kästners; emigrierte 1932 nach England und 1947 nach Kanada.
Emil und die Detektive: Das erste Kinderbuch Kästners er-

schien 1929 in Edith Jacobsohns Verlag Williams & Co in Berlin. Vgl. *VII, 193.*

648 *Brod:* Max Brod, Schriftsteller und Freund Kafkas (1884 bis 1968).
Die Dame: Zeitschrift, 1911 vom Ullstein-Verlag erworben.

649 *Spitzweg:* Der Maler Carl Spitzweg (1808–1885) gilt als typischer Vertreter des deutschen Biedermeier.
Land des Lächelns: Anspielung auf den Titel der Operette von Franz Léhar.

650 *Der kleine Grenzverkehr:* Erschienen 1938 im Atrium-Verlag in Zürich.
Chamberlain: Der britische Premierminister (1937 bis 1940) Arthur Neville Chamberlain, schloß 1938 mit Hitler das Münchner Abkommen.
Konferenz der Tiere: Erschienen 1949 im Europa-Verlag in Zürich.

651 *Spielzeug:* Das Buch ist, mit einem Text von O. W. Seyffert, 1922 in Berlin und im selben Jahr, unter dem Titel *Toys,* in London erschienen.

652 *Kabarett der Komiker:* Literarische Kleinkunstbühne in Berlin, 1924 von Kurt Robitschek und Paul Morgan gegründet.
Franz von Stuck: Maler, Illustrator und Bronzeplastiker (1863 bis 1928).
Simplicissimus: Politisch-satirische Wochenschrift, 1896 in München gegründet, erschien bis 1944; 1954 wiedergegründet, 1967 eingestellt.
Jugend: Illustrierte Kulturzeitschrift, gegründet 1896 in München; ihr verdankt der »Jugendstil« seinen Namen.
Lustige Blätter: Humoristische Wochenschrift, gegründet 1886 in Hamburg, erschien 1887 bis 1944 in Berlin.
Heiterer Fridolin: Kinderzeitschrift bei Ullstein, gegründet 1921.
Dame: Die Zeitschrift *Die Dame.*
Uhu: Magazin bei Ullstein, gegründet 1924.

653 *Liliput:* Gemeint ist *Lilliput. The Pocket magazine for everyone.* London 1937–1949.
Picture Post: Englische Zeitschrift, gegründet 1938 von Sir Edward Hulton, 1957 eingestellt.
Lebensmittelkonzern: Walter Trier arbeitete eine Zeitlang als Werbegraphiker für Canadian Packers.

654 *seinem Verleger nach London:* Gemeint ist der frühere Lon-

doner Galerist Nicholson, Mitinhaber des Verlags Nicholson & Watson.

654 *Shaws Alter:* Der irische Schriftsteller George Bernard Shaw wurde 94 Jahre alt (1856–1950).

Zur Naturgeschichte des Jugendschriftstellers
Rede zur Verleihung des Hans Christian Andersen-Preises 1960 in Luxemburg. Erstdruck: *Jugendliteratur*, Monatshefte für Jugendschrifttum, 1960, S. 282–286.

654 *Jella Lepman:* Jella Lepman (1891–1970), die Begründerin (1948) und Leiterin der Internationalen Jugendbibliothek in München, gab die Anregung zu Kästners Kinderbuch *Die Konferenz der Tiere*.

Emil Preetorius: Illustrator und Bühnenbildner (1883–1973); gründete 1909 die Schule für Illustration und Buchgewerbe in München, zeichnete für *Simplicissimus* und *Jugend*.

Hans Christian Andersen: Der dänische Schriftsteller Hans Christian Andersen (1805–1875) begründete seinen Weltruhm durch *Eventyr, fortalte for Børn* (Kopenhagen 1835–1848, dt. *Märchen für Kinder erzählt*, Braunschweig 1939). Den Hans Christian Andersen-Preis verleiht seit 1956 alle zwei Jahre das 1953 von Jella Lepman (s. o.) in Zürich gegründete Internationale Kuratorium für das Jugendbuch. Die ersten Preisträger waren Eleanor Farjean (1956), Astrid Lindgren (1958) und Erich Kästner (1960).

656 *Eleanor Farjeon:* Englische Kinderbuchautorin (1881–1965).
Astrid Lindgren: Die schwedische Kinder- und Jugendbuchautorin (*1907) erhielt 1958 den Hans-Christian-Andersen-Preis.
Mrs. Travers: Die englische Jugendbuchautorin Pamela Travers (1899-1996) wurde bekannt durch *Mary Poppins*.

658 *Gullivers Reisen:* Der englische Schriftsteller Jonathan Swift (1667–1745) schrieb diesen satirischen Roman 1726.
Robinson Crusoe: Der englische Schriftsteller Daniel Defoe (eigentl. Daniel Foe, 1660–1731) schrieb diesen Roman 1719.
Lewis Carroll: Der englische Schriftsteller Lewis Carroll (eigentl. Charles Lutwidge Dodgson, 1832–1898) schrieb die Kindergeschichte *Alice's adventures in wonderland* (London 1865, dt. Leipzig 1869: *Alicens Abenteuer im Wunderland*).
Heinrich Hoffmann: Der Arzt Heinrich Hoffmann (1809 bis 1894) schrieb selbstillustrierte Kinderbücher, u. a. *Der Struwwelpeter* (1845).

659 *zornigen jungen Mann:* Anspielung auf die Bezeichnung »angry young men« für die junge Generation englischer Schriftsteller vor allem aus der Arbeiterschicht in der zweiten Hälfte der fünfziger Jahre.
Hekuba: Hekuba ist in der griechischen Mythologie die Gemahlin König Priamos'. In der Wendung bedeutet es: »jemandem gleichgültig sein«. Kästner schrieb in den zwanziger Jahren vereinzelt unter dem Pseudonym »Hekubus«.
660 *Die Weltbühne:* Vgl. VI, 597.
Alfred Polgar, Arnold Zweig, Werner Hegemann, Hermann Kesten, Rudolf Arnheim: Schriftsteller im Berlin der zwanziger Jahre.
Schwarze Reichswehr: Vgl. Anmerkung zu VI, 218.
Gespräche auf dem Vulkan: Nach der Redensart »auf einem Vulkan tanzen«, was soviel bedeutet wie: eine große Gefahr nicht bemerken (wollen). Der französische Revolutionär Robespierre sagte schon 1794: »Nous marchons sur un volcan.«
Lofting, Milne und Capek: Der englische Schriftsteller Hugh Lofting (1886–1947) schrieb u. a. *Dr. Dolittle und seine Tiere* (1920, dt. 1926); der englische Schriftsteller Alan Alexander Milne (1882–1956) schrieb u. a. die Geschichten über *Winnie the Pooh* (1926, 1928, 1961); der tschechische Dramatiker und Romancier Karel Čapek (1890–1938).

Ostermarsch 1961
Ansprache auf dem Königsplatz in München Erstdruck: Nicht ermittelt.
662 *Ostermarsch:* Seit Mitte der sechziger Jahre in der Bundesrepublik um die Osterzeit stattfindende Protestmärsche gegen Krieg und Atomrüstung.
663 *Bertrand Russell:* Der britische Mathematiker und Philosoph Bertrand Russell (1872–1970) trat nach dem Zweiten Weltkrieg öffentlich gegen die atomare Rüstung auf.
Carl Friedrich von Weizsäcker: Physiker und Philosoph (*1912).
664 *Die Welt:* Am 2. April 1946 erstmals als »überparteiliche Zeitung für die gesamte britische Zone« erschienene Tageszeitung, die zunächst zweimal wöchentlich mit einer Auflage von 160 000 Exemplaren in Hamburg gedruckt wurde.
666 *Frankfurter Allgemeine Zeitung:* Die Tageszeitung erscheint seit dem 1. November 1949 in Frankfurt am Main.
Herr Weinstein: Adelbert Weinstein, geb. 1916, von 1949 bis

1983 Redakteur der *Frankfurter Allgemeinen Zeitung* und deren militärpolitischer Korrespondent.
666 *Henry Kissinger:* Der spätere (1973–1977) amerikanische Außenminister (*1923) lehrte seit 1952 an der Harvard University Politikwissenschaft und diente als Berater verschiedenen amerikanischen Präsidenten.
Kennedy: Der amerikanische Präsident (seit 1961) John Fitzgerald Kennedy (1917–1963).
Besen! Besen! / Seids gewesen: Zitat aus der letzten Strophe von Johann Wolfgang Goethes Ballade *Der Zauberlehrling.*
667 *Feuerschrift an der Wand:* Anspielung auf die Ballade *Belsazar* von Heinrich Heine, in der es heißt: »Und sieh! und sieh! an weißer Wand / da kam's hervor, wie Menschenhand / Und schrieb, und schrieb an weißer Wand / Buchstaben von Feuer und schrieb und verschwand«.

Dank

Großen Dank für die freundliche Unterstützung unserer Recherchen schulden wir Dr. Reinhard Baumann (München), RA Peter Beisler, dem Verwalter des Nachlasses von Luiselotte Enderle (München), Dr. Ulrich Constantin, dem früheren Testamentsvollstrecker Erich Kästners (München), Wolfram Dahmer (Frankfurt), Prof. Dr. Klaus Doderer (Darmstadt), Dr. Nikolaus Förster (Berlin) für die Revision der Kommentare, dem Archiv der Frankfurter Allgemeinen Zeitung (Frankfurt), Katja Froelich (Dresden), Dr. Friedrich Karl Fromme (Darmstadt), Peter Gohle (München), Franz Hofbauer (Frankfurt), dem Institut für Zeitgeschichte (München), dem Stadtarchiv Konstanz, Prof. Dr. Hermann Kurzke (Mainz), Lena Kurzke M. A. (Hamburg), Dr. Rolf Lantin (Aachen), dem Stadtarchiv Leipzig, Adelheid Markert (Frankfurt), Arthur Lux (Dortmund), Dr. Anna Pia Maissen (Stadtarchiv Zürich), Dr. Manfred Mühlner (Sächsische Landesbibliothek Dresden), dem Archiv der Neuen Zürcher Zeitung (Zürich), Katrin Nitzschke (Sächsische Landesbibliothek Dresden), Ramona Schuppenies (Frankfurt) und Adelheid Westhoff (Ludwigsburg).

Für den Zeitraum bis 1945 war Hans Sarkowicz zuständig, für die Jahre danach Franz Josef Görtz.

Personenregister

Achaz, Carl Ludwig 792
Adalbert, Max 784f.
Adenauer, Konrad 615, 892
Aischylos 484
Akiba, Ben (Branislav Nušić) 411, 840
Albers, Hans 487, 778, 870
Albrecht der Bär 190, 763
Alexandra Fjodorowna (Alice von Hessen) 93, 743
Alice von Hessen *siehe* Alexandra Fjodorowna
Almas, Jose 215, 771
Almeida-Cavalcanti, Alberto de 120, 747
Amann, Max 402, 836
Ambesser, Axel von 484, 506, 508, 869
Amundsen, Roald 230f., 776
Anacker, Heinrich 547, 882
Andersen, Hans Christian 606, 654, 656, 903
Anderson, Maxwell 484
Anouilh, Jean 484, 531, 533, 547, 550, 552f., 881
Anschütz, Ernst 725
Argens, Marquis d' *siehe* Jean-Baptiste de Boyer
Aristoteles 252
Arndt, Ernst Moritz 822
Arnheim, Rudolf 597, 660, 904
Arnold, Franz 263, 783
Äsop 888
Atticus, Titus Pomponius 509, 876
Attlee, Clement Richard 462, 465, 862
Aufricht, Ernst Josef 145f., 148, 752, 758, 773, 790
Augustin (Familie) 800
Augustin, Franz 800

Augustin, Lina 327, 800
Augustin, Robert 800
Augustus, römischer Kaiser 843

Baarova, Lida 803
Baberske, Robert 351, 809
Bach, Ernst 263, 783
Bahn, Roma 148, 753
Baky, Josef von 815f.
Balázs, Béla 694
Balzac, Honoré de 306, 625, 794
Barbusse, Henri 642, 741
Bard, Maria 217, 772
Barlach, Ernst 793
Barnowsky, Viktor 160, 757
Barthel, Max 561, 884
Bartsch, Rudolf Hans 754, 835
Bassermann, Albert 164, 519, 603, 758, 878
Baudelaire, Charles 445, 855
Bauer, Arnold 516, 878
Baum, Vicki 739
Bazaine, François Achille 764
Beaumont, Comte de *siehe* Bonnimère
Becher, Johannes Robert 134, 580, 585, 750, 887f.
Becker, Carl Heinrich 56, 68f., 734f.
Beckmann, Max 504, 875
Beer, Rudolf 297, 792
Beethoven, Ludwig van 485, 636, 682, 831
Behrendt, Hans 79, 738
Beierle, Alfred 458f., 859
Bekessy, Emmerich 213, 779
Benjamin, Walter 702, 758
Benningk, Albert 191
Bentley, Phyllis Eleanor 585, 888
Berger, Willy 735

Bermann Fischer, Gottfried 462, 861
Bernadotte af Wisborg, Folke 386, 388, 827f., 830
Berr, Georges 785
Berté, Heinrich 754
Bibiena, Giuseppe 101, 744
Bierbaum, Otto Julius 775
Bildt, Paul 231, 761, 776
Bill-Bjelozerkowski, Wladimir 262, 783
Billinger, Richard 793
Binder, Sybille 159, 756
Birgel, Willy 365, 820
Bismarck, Otto Eduard Leopold von B.-Schönhausen, Fürst 193, 625, 764, 876
Bizet, Georges 759
Blau (»Familie Weiß«) 373, 420, 436, 450, 454, 806, 809, 855, 858
Blechen, Karl 625
Blei, Franz 141, 751
Bley, Wulf 560f., 884
Bloem, Walter 561, 884
Blomberg, Werner von 823
Blunck, Hans Friedrich 563, 884
Boccaccio, Giovanni 639
Bode, Johann Joachim 882
Bodmer, Johann Jakob 728
Boelke, Oswald 190, 764
Boethius 803
Böhme, Jakob 333, 803
Böll, Heinrich 695f.
Bonne, Georg
Bonnimère, Etienne Bonnin de la (Comte de Beaumont) 119, 747
Borgia, Cesare 364, 818f.
Bormann, Martin 413f., 494, 706, 715, 797, 815, 841, 872
Börne, Ludwig 625
Boyer, Jean-Baptiste de (Marquis d'Argens) 104, 745
Bracht, Fritz 340, 806

Bracken, Brendan 440, 500, 853, 875
Brahms, Johannes 479
Bramante (Donato d'Angelo) 101, 744
Braun, Eva 491, 871
Braun, Felix 91f., 742
Braun, Harald 351, 358ff., 362, 394, 418, 429f., 466f., 478, 549ff., 809, 814f., 833, 843, 848, 882
Brecht, Bertolt 16, 102, 131ff., 141, 147f., 162f., 255, 289f., 293, 484, 545ff., 642, 686, 688, 726, 742, 750, 752, 762, 765, 789f., 856, 882
Breitbach, Joseph 763
Brentano, Clemens 625
Brion, Friederike 149f., 626, 754, 896
Brod, Max 648, 902
Brodnitz, Hans 237, 777
Bronnen, Arnolt 16, 135, 141, 163, 259, 726, 750, 765, 782
Bronstein, Leo Dawidowitsch *siehe* Trotzkij
Brooks, Cyrus 440, 462, 853, 875
Brooks, Louise 173f., 760
Brown, Clarence 284, 788
Bruck, Reinhard 90, 741
Bruckner, Ferdinand (Theodor Tagger) 134–137, 158, 162f., 199f., 750, 766
Brueghel, Pieter d. Ä. 576, 713, 886
Bruller, Jean *siehe* Vercors
Brunöhler, Kurt 441, 854
Bücher, Karl 676
Büchmann, Georg 364, 818
Büchner, Georg 620f., 623–627, 629–633, 894, 896, 898
Bückler, Johannes 740
Buddha 13
Buhl, Herbert Erich 322, 798

Buhre, Werner 429, 451, 467, 849
Bülow, Arthur 169, 759
Bunsen, Robert Wilhelm 780
Burckhardt, Jacob 529, 880
Burkhard (»B.«) 380ff., 388, 828
Burschell, Friedrich 583
Busch, Fritz 21
Busch, Wilhelm 633

Calderón de la Barca, Pedro 20, 727
Calvacanti, Alberto *siehe* Almeida-Cavalcanti
Calvin, Johann 639
Camus, Albert 588, 713, 888
Čapek, Karel 660, 904
Carroll, Lewis 658, 903
Carstens, Lina 545
Castiglioni, Camillo 213, 770
Chamberlain, Arthur Neville 440, 650, 853, 876, 902
Chamisso, Adelbert von 625
Chaplin, Charles 103, 205ff., 209f., 275f., 768f., 846
Churchill, Winston Leonard Spencer 309, 419, 440, 462, 465, 478, 500, 844, 853, 862
Cicero, Marcus Tullius 509f., 572, 876, 886, 889
Clair, René 254f., 274ff., 781, 785
Claudel, Paul 484, 869
Claudius, Matthias 547, 869, 882
Clausberg, Carl 867
Cocteau, Jean 166f., 758
Cooper, Diana 440, 853
Cooper, Duff 440, 853
Corinth, Lovis 637, 899
Corneille, Pierre 231, 776
Corrinth, Curt 220, 773
Credé, Carl 783
Cromwell, Oliver 639
Crosby, Bing 563
Csatay, Lajos 821
Csokor, Franz Theodor 583

Cukor, George 853
Cysarz, Herbert 28, 117, 728

Dante Alighieri 515, 639, 877
Danton, Georges Jacques 629, 897
Danton, Julie 629, 897
Darwin, Charles Robert 365, 729, 819
Däubler, Theodor 604f., 890
Decke, Hilde 676
Decken, Ernst von der 335, 804
Defoe, Daniel 620, 639, 658, 903
Dehmel, Richard 775
Deltgen, René 809
Deppe, Hans 757
Desch, Kurt 585, 851f.
Desmoulins, Camille 897
Desmoulins, Lucille 629, 897
Deutsch, Ernst 141, 159, 750f.
Diaghilew, Sergej Pawlowitsch 87, 740
Dickens, Charles 625
Diebold, Bernhard 758
Diemen, Horst von 544, 882
Diener, Franz 169–173, 759
Dietrich, Marlene 240, 284f., 778, 787f.
Dietrich, Sepp 363, 815, 817
Dilthey, Wilhelm 117, 728, 746
Dix, Otto 103, 131, 744
Döblin, Alfred 16, 217f., 288, 642, 695, 726, 750, 772, 793
Dolbin, Fred 141, 750
Domela, Harry 105, 745
Domitianus, Titus Flavius 640, 900
Donato d'Angelo *siehe* Bramante
Dönitz, Karl 344, 385, 497, 829, 831, 834, 838, 873
Donizetti, Gaetano 727
Dorsch, Käthe 90, 150, 175, 178, 741, 760

Dos Passos, John Roderigo 498, 642
Dostojewskij, Fjodor Michajlowitsch 760
Douglas, Melvyn 441, 853
Dudow, Slatan Theodor 789
Duisberg, Carl 297, 792
Dulles, John Foster 616, 892
Dunner, Joseph 445, 453, 851 f., 855, 857
Dürer, Albrecht 799
Durieux, Tilla 742
Duschinsky, Richard 298, 792
Dwinger, Edwin Erich 793

Eatherly, Claude 479, 868
Ebermayer, Erich 31 f., 728 f., 778, 793
Ebert, Carl 532, 881
Eckardt, Felix von 470, 865 f.
Edison, Thomas Alva 525, 879
Edschmid, Kasimir 633, 898
Eggeling, Viking 119, 747
Eigruber, August 830
Einstein, Albert 600, 762, 890
Eisenhower, Dwight David 389, 836
Ejzenštejn, Sergej Michajlowitsch 125 ff., 729, 748
Eliasberg, Wladimir G. 522, 879
Elster, Hanns Martin 560, 884
Enderle, Lore 429, 467, 858, 863
Enderle, Luiselotte 311, 321, 345, 350, 356, 374, 384, 387, 429, 437, 457, 460, 463, 467, 527, 676, 682 f., 699, 716, 796, 798, 801 f., 807 f., 830, 837, 846, 850, 857, 859 f., 863, 866, 880
Engel, Erich 146, 157, 178, 471, 484, 505, 507 f., 711, 753, 756, 758, 855, 865 f., 869
Engel, Fritz 791
Enoch, Kurt 880
Epikur 13

Erasmus von Rotterdam 240, 639, 778
Erhard, Ludwig 589, 888
Ernst August II., König von Hannover 896
Erzberger, Matthias 357, 813 f.
Eulenberg, Herbert 793
Ewers, Hanns Heinz 289, 789

Falckenberg, Otto 442, 444 ff., 756, 842, 851, 854, 856
Farjeon, Eleanor 656, 903
Fechter, Paul 738
Feininger, Lyonel 131
Ferber, Edna 205, 768
Fernau, Rudolf 809
Feuchtwanger, Lion 102, 141, 744, 762
Fiering, Karl 750
Finck, Werner 698, 738, 869
Finkh, Ludwig 558 f., 798, 883
Fischer, Fritz 429, 848
Fischer, Heinrich 758
Fischer, Samuel 861
Flechtheim, Alfred 119, 747
Fleißer, Marieluise 194, 288, 765
Flickenschildt, Elisabeth 809
Flöter, Kurt 799
Foese, Hermann 331, 802
Fokker, Anthony Herman Gerard 763 f.
Fontane, Theodor 625
Forst, Willi 478, 868
Forster, Rudolf 157, 756
Fox, George 867
Franco Bahamonde, Francisco 466, 527, 709, 863
Frank, Bruno 484, 793
Frank, Hans 497, 873
Frank, Karl Hermann 402, 836
Frank, Leonhard 141, 175–178, 642, 748, 751, 760 f.
Frank, Rudolf 583
Frank, Willy 473, 867

Franz Joseph I., Kaiser von Österreich und König von Ungarn 93, 743
Fraser, Lindley 412f., 840
Fratellini, Albert 251, 780
Fratellini, François 251, 780
Fratellini, Paul 251, 780
Freisler, Roland 317f., 700, 796, 894
Freud, Sigmund 522f., 642
Freund, Karl 739
Freyberg 376, 825
Frick, Wilhelm 402, 497, 836, 873
Friedeburg, Hans-Georg von 834, 838
Friedländer, Manasse 220, 773
Friedrich I., König von Preußen (Friedrich III., Kurfürst von Brandenburg) 192, 612, 764
Friedrich II., der Große, König von Preußen 104ff., 192f., 340, 379, 443, 525, 612, 627f., 745, 765, 827, 891, 897
Friedrich Karl, Prinz von Preußen 764
Friedrich Wilhelm I., König von Preußen 891
Friedrich Wilhelm III., König von Preußen 765
Friedrich Wilhelm, der Große Kurfürst von Brandenburg 192, 765
Friedrich, Caspar David 625
Fritz, Hans 324, 798
Fritzsche, Hans 388, 498, 830, 874
Froelich, Carl 706
Fröhlich, Gustav 761
Funk, Walter 497, 873
Furtwängler, Wilhelm 452, 858f.

Garbo, Greta 284f., 440f., 787f., 853
Gärtner, Josef 34, 730
Gasbarra, Felix 742
Gasperi, Alcide de 435
Gay, John 146f., 753, 758
Gebühr, Otto 104ff., 745
Geibel, Emmanuel 625, 896
Geis, Jakob 765
Gellert, Christian Fürchtegott 27, 728
Genschow, Fritz 757, 770
George, Heinrich 141, 175, 178, 792, 809
George, Stefan 52, 102, 724, 733
Gerngroß, Rupprecht 377f., 406, 826, 839
Gerron, Kurt 148, 753, 778
Gert, Valeska 777
Gide, André 221–224, 261f., 296, 695, 774, 783
Giesler, Paul 377f., 826
Gillmann, Peter 478, 868
Giraudoux, Jean 532
Glaeser, Ernst 697, 763, 859
Goebbels, Joseph 318, 329, 343f., 347, 358, 374, 376, 378, 388, 405, 413, 490, 510, 561, 588, 641, 643, 690, 698, 706, 708, 713, 797, 801–806, 809, 812, 814, 817, 820, 824, 830, 845, 877, 883f., 895, 900f.
Goebbels, Magda 333, 405, 803, 843
Goebel, Johannes 867
Goering, Reinhard 230f., 775
Goethe, Catharina Elisabeth 67, 735
Goethe, Johann Wolfgang von 21, 30, 149f., 200, 288, 459, 569, 625f., 636, 641, 662, 717, 724, 727f., 735, 754, 788f., 823, 837, 842, 848, 896, 900, 905
Goetz, Curt 479, 780
Golding, William 586
Goldoni, Carlo 484, 898
Goldschmidt, Lothar 738

Goll, Iwan 198, 200, 767
Golling, Alexander 429, 848
Göring, Hermann 344, 382, 406, 422, 496f., 510, 564, 713f., 797, 828, 839, 873, 885
Gorki, Maxim 642, 736
Görlitzer, Arthur 821
Gottsched, Johann Christoph 27, 728
Granach, Alexander 83, 220, 738, 773
Grass, Günter 588, 713, 888
Grätz, Paul 141, 159, 751
Greven, Alfred 333, 803
Grillparzer, Franz 625
Grimm, Jacob 606, 820, 896
Grimm, Wilhelm 606, 820, 896
Grimmelshausen, Hans Jacob Christoph von 546
Gropius, Walter 98, 101, 743f.
Großmann, Rudolf 142, 751, 633, 898
Grosz, George 103, 131, 143, 292, 633, 744, 898
Gruber, Karl 390f., 831
Grünberg, Martin 763
Gründgens, Gustaf 167, 452, 758, 780, 858
Grünewald, Mathias 292, 790
Guderian, Heinz 336, 386, 804, 830
Guillemaud, M. 785
Guitry, Sascha 130, 749
Gulbransson, Olaf 633, 898
Gülstorff, Max 217, 772
Gundolf, Friedrich 11, 29, 113f., 724
Gustav Adolf, König von Schweden 827
Gustloff, Wilhelm 326, 799
Gutzkow, Karl 624, 895

Haack, Käte 787
Haas, Willy 738, 793

Habe, Hans 861
Hadamovsky, Eugen 560, 884
Hamm, Eugen 618, 637, 763, 893, 899
Hammerstein, Oscar 768
Händel, Georg Friedrich 146
Hanke, Karl 318, 328, 333, 797, 802f.
Hannibal 886
Harbou, Thea von 816
Harden, Maximilian 245, 779
Haringer, Jakob 134, 198, 200, 749
Harlan, Veit 470, 865
Harms, Rudolf 694
Hartmann, Gustav 153
Hartung, Gustav 134, 243, 532, 549, 750, 755, 774, 778, 880
Harun ar-Raschid 579, 886
Harvey, Lilian 780
Hašek, Jaroslav 642, 741
Hasenclever, Walter 199f., 761, 766
Hasler, Emil 350f., 809
Hass, Hans 810, 842, 848
Hauff, Wilhelm 606
Haupt, Ulrich 351, 358f., 398, 428ff., 436, 438, 447–451, 453f., 456f., 711, 810, 814f., 842f., 848, 850, 856f.
Hauptmann, Gerhart 97, 631f., 898
Hausenstein, Wilhelm 461, 861
Hausmann, Manfred 793
Haymann, Ludwig 169, 173, 759
Hazard, Paul 606, 658, 890
Hebbel, Friedrich 625
Hegemann, Werner 597, 660, 793, 904
Heidegger, Martin 644, 901
Heine, Heinrich 640, 677, 900, 905
Heine, Thomas Theodor 633, 898

Heinkel, Ernst 462, 863
Hellpach, Willy 51, 603, 607, 733, 891
Hemingway, Ernest 608, 642, 891
Henckels, Paul 809
Henri IV., König von Frankreich 625, 896
Henrich, Wilhelm 532, 880
Henschke, Alfred *siehe* Klabund
Herder, Johann Gottfried 528f., 626, 728, 880, 896
Herking, Ursula 809
Herman, Lazar *siehe* Lania, Leo
Herzog, Wilhelm 632, 898
Heß, Rudolf 496f., 704, 713, 873
Hesse, Hermann 750, 793
Hesterberg, Trude 159, 487, 599, 757, 767, 870
Heuser, Heinrich 471, 865f.
Heuser, Kurt 793
Heuss, Theodor 642
Heymann, Werner Richard 159, 757
Hildenbrandt, Fred 204, 750, 768
Hiller, Kurt 200, 767
Hilpert, Heinz 208, 280, 750, 769, 784, 786
Himmler, Heinrich 318, 344, 357, 359, 376, 379, 382, 386, 388f., 414, 416, 420, 797, 812, 815, 825, 827f., 830, 843, 845
Hindenburg, Paul von 277f., 641, 799, 900
Hinkel, Hans 345, 371f., 514, 808, 877
Hippler, Fritz 706, 853
Hirschfeld, Magnus 200, 697, 767
Hitler, Adolf 287, 306, 317, 328, 343f., 352, 355, 369, 372f., 375, 378f., 382, 385, 387f., 391, 405f., 413, 416f., 420, 422f., 429, 432, 434, 441f., 446, 452, 462, 489–492, 500, 510f., 521, 558, 564, 635, 643, 650, 652, 697, 703f., 706, 713f., 731, 796f., 799, 803, 806, 810, 817f., 821ff., 826–832, 834, 839, 841, 843, 848, 851, 853, 855, 862, 872ff., 876, 879, 892, 900f.
Höcker, Paul Oskar 562, 884
Hodler, Ferdinand 782
Hoermann, Albert 445, 855
Hofer, Franz 353, 362, 366, 385, 392, 565, 810, 820, 830, 885
Hofer, Karl 157, 459f., 503f., 756, 859, 875
Hoffmann, Heinrich (Arzt, Schriftsteller) 658, 903
Hoffmann, Heinrich (Fotograf) 491, 871
Hoffmann von Fallersleben, August Heinrich 613, 892
Hofmannsthal, Hugo von 20f., 603, 726f., 775
Holl, Fritz 773
Holl, Gussy 599, 890
Holsboer, Willem 484, 869
Holz, Arno 775
Hölz, Max 88, 741
Holzhausen, Karl-Heinz (»Stockhausen«) 340f., 806
Homolka, Oskar 175, 178, 760, 780
Hoppe, Marianne 809
Hörbiger, Paul 280, 786
Horney, Brigitte 345, 781, 808
Horváth, Ödön von 165, 280f., 293f., 758, 786f., 790
Horwitz, Kurt 484, 870
Huelsenbeck, Richard 793
Hugenberg, Alfred 745
Hugo, Victor 181f., 762
Huizinga, Johan 801
Hulton, Edgar 902

Humboldt, Alexander von 643, 900
Humboldt, Wilhelm von 643, 900
Hundhammer, Alois 579, 886
Hussong, Friedrich 239, 779
Hutten, Ulrich von 525, 643, 880
Hütter, Eduard 19, 727

Ibanez, Vicente Blasco 33, 729
Ibsen, Henrik 870, 882
Ihering, Herbert 677, 685, 739, 742, 749, 758, 761, 765, 769 ff., 778, 783, 786
Ihle, Albert 745
Immermann, Karl 625

Jack the Ripper 174, 760
Jackson, Robert Houghwout 493, 501, 521, 872, 875, 879
Jacobs, Monty 758, 774
Jacobsohn, Edith 597, 650, 660 f., 889, 902
Jacobsohn, Siegfried 660, 889
Jacoby, Georg 402, 833, 836
Jaeglé, Louise Wilhelmine 626, 896, 898
Jahn, Otto Heinz 441, 854
Jahnn, Hans Henny 765 f.
Jahr, John 470, 865 f.
Jakob I. Stuart, König von England und Schottland 639
Jannings, Emil 78, 181 f., 240, 738, 761 f., 778
Jansen, Walter 470 f., 875 f.
Jansen, Werner 562, 884
Jaspers, Karl 113, 746
Jean Paul (Johann Paul Friedrich Richter) 541, 882
Jeritza, Marie 21
Jessel, Leon 756
Jessner, Leopold 231, 687, 770, 776
Jodl, Alfred 389, 405, 498, 838, 841, 874

Johann III. Sobieski, König von Polen 375 f., 824
Johann von Nassau 803
Johst, Hanns 15, 725, 562, 884
Jonson, Ben 163, 758
Joyce, James 218, 642, 772
Jugo, Jenny 440 f., 711, 738, 853
Jung, Carl Gustav 520–524, 879
Junghans, Carl 237 ff., 777
Jungnickel, Max 562, 884
Junkers, Hugo 228, 775
Jutzi, Piel 185, 762

Kabasta, Oswald 429, 848
Kadelburg, Gustav 263, 783
Kafka, Franz 648, 902
Kaiser, Georg 484
Kalenter, Ossip 583
Kalser, Erwin 95, 742
Kaltenbrunner, Ernst 494, 715, 872
Kamnitzer, Ernst 756
Kandinsky, Wassily 131
Kanin, Garson 871
Kant, Immanuel 28, 644
Kantorowicz, Alfred 767
Karl August, Herzog von Sachsen-Weimar-Eisenach 900
Karl *siehe* Odebrecht, Paul
Karl V., römisch-deutscher Kaiser 889
Karl X., König von Frankreich 895
Kästner, Emil 326 f., 579
Kästner, Ida 324–328, 336, 362, 368, 372, 414, 424, 579, 597, 676, 701, 706, 730, 780 f., 785 f., 791, 800, 899
Katz, Richard 676
Kaufmann, Karl 376, 825
Käutner, Helmut 470, 810, 865
Kautsky, Karl 697
Kayßler, Friedrich 208, 769, 809
Keaton, Buster 103, 209 f., 769

Keitel, Wilhelm 389, 413, 497, 713f., 841, 873
Keller, Gottfried 625
Kennedy, Bob 421f., 429, 437f., 442, 444, 461, 467, 478, 845, 850f.
Kennedy, John Fitzgerald 666, 905
Kenter, Heinz Dietrich 770
Kerenskij, Aleksandr Fjodorowitsch 93f., 125, 127, 743, 748
Kern, Jerome David 768
Kerr, Alfred 144, 583, 677, 685, 742, 749, 752, 755, 758, 765, 774, 786
Kesten, Hermann 272ff., 290ff., 296f., 461, 597, 660, 761, 763, 781, 785, 791f., 904
Keudell, Walter 69, 735
Key, Ellen 890
Kiepenheuer, Gustav 791
Kierkegaard, Søren 625
Kinard, William H. 445, 450, 855
Kipling, Rudyard 147, 634, 753
Kisch, Egon Erwin 200, 648, 696, 767
Kissinger, Henry 666, 905
Klabund (Alfred Henschke) 198, 200, 767
Klagemann, Eugen 440, 853
Klein, Robert 207, 769
Kleist, Heinrich von 724, 728, 757, 765, 786
Klinger, Friedrich Maximilian 626, 896
Klöpfer, Eugen 20, 90, 741
Kluge, Hans 792
Knappertsbusch, Hans 429, 485, 848, 870
Knauf, Erich 635–638, 839
Knuth, Gustav 422, 470, 809, 846, 865
Koch, Erich 328, 335, 340, 800

Koeppen, Wolfgang 445, 711, 855
Kollo, Willi 795
Kollwitz, Käthe 504, 748, 875
Koppenhöfer, Maria 508, 833
Körber, Hilde 138, 750
Korff, Hermann August 22, 25, 27–30, 116f., 727f.
Kornilov, Lavr Georgievich 126, 748
Köster, Albert 22, 25ff., 676, 686, 727f., 735
Kotzebue, August von 581, 642, 887, 900
Kowa, Victor de 327, 415, 755, 800, 809, 843
Krahl, Hilde 809
Kraly, Hans 761
Kratz (»Kr.«) 472f., 475, 478, 867
Kraus, Karl 213f., 759, 770
Krauss, Werner 79, 217, 271, 738, 771, 784, 809
Krebs, Hans 841
Kreis, Wilhelm 459f., 859f.
Krell, Max 676
Kreutzberg, Harald 485, 870
Krüger, Helmuth 319, 797
Krupp von Bohlen und Halbach, Alfried 494, 715, 872
Kubilai, Großchan der Mongolen 639
Kuckhoff, Adam 707
Kühl, Kate 82, 148, 738
Külz, Wilhelm 47ff., 732
Kyrath, Ekkehard 351, 363, 398, 410, 429, 450, 809, 851
Kyrath, Horst 448

La Plante, Laura 206, 768
Lampel, Peter Martin 160f., 163, 183f., 194, 211, 218f., 757, 762, 770, 772f.
Lamprecht, Gerhard 745, 787

Landsberger, Arthur 200, 767
Landshoff, Fritz Helmut 462, 861f.
Lang, Fritz 775
Langhoff, Wolfgang 580, 887
Lania, Leo (Lazar Herman) 93, 128f., 152, 185f., 742f., 748f., 762
Lantz, Robert 583
Lasch, Otto 820
Lasso, Orlando di 565, 885
Lauscher, Albert 69, 735
Laval, Pierre 533, 881
Lavery, Emmet 545
Lawrence, D(avid) H(erbert) 247f., 779
Leander, Zarah 334, 803
Léger, Fernand 119, 746
Léhar, Franz 149, 754, 902
Lehmann, Richard 678
Lehmbruck, Wilhelm 74, 736f.
Leibniz, Gottfried Wilhelm 854
Leip, Hans 16, 726
Leni, Paul 182, 762
Lenin (Wladimir Iljitsch Uljanow) 93f., 125, 179, 743
Lennartz, Elisabeth 137, 164, 750, 758, 865
Lenya, Lotte 753
Lenz, Jacob Michael Reinhold 626, 896
Lepman, Jella 654, 903
Lernet-Holenia, Alexander 267, 642, 784
Lesage, Alain René 641, 900
Lessing, Gotthold Ephraim 27, 122, 200, 241, 266, 484, 630, 728, 898
Lessing, Theodor 13, 55, 724f., 733, 746
Ley, Robert 326, 339f., 420, 494, 715, 800, 805, 821, 845, 872
Lherman, Jo 195, 765
Licho, A. E. 748

Lichtenberg, Georg Christoph 159, 626f., 756, 897
Liebeneiner, Wolfgang 345, 470, 807ff., 865
Liebermann, Max 90, 741
Liebig, Justus von 780
Liebknecht, Karl 93, 743
Lieblich, Karl 92, 742
Liebmann, Robert 778
Lienhard, Friedrich 733
Liliencron, Detlev von 775
Lindgren, Astrid 656f., 903
Litfaß, Ernst 191, 764
Livius, Titus 894
Lofting, Hugh 660, 904
London, Jack 642
Loon, Gerard W. van 444, 855
Lorentz, Lore und Kay 589, 888
Lossen, Lina 231, 776
Lothar, Ernst 283f., 787
Louis Philippe, König der Franzosen 897
Lubitsch, Ernst 78, 181f., 738, 746, 754, 761
Ludendorff, Erich 357, 813f.
Lüders, Günther 327, 800, 809
Ludwig, Emil 246, 779
Luther, Hans 33, 729
Luther, Martin 270, 485, 639
Lüthgen, Eugen 697

Machiavelli, Niccolò 819
Macpherson, James (»Ossian«) 149, 754
Maeterlinck, Maurice 740
Mahir, Sabri 169, 171, 759
Mallarmé, Stéphane 221, 774
Mann, Erika 499
Mann, Heinrich 200, 239f., 288, 632, 642, 697, 748, 762, 767, 777f.
Mann, Klaus 31f., 462, 728f., 845, 862

Mann, Thomas 259 ff., 288, 499,
    516–519, 583 f., 586 f., 642,
    723, 726, 728, 737, 782, 788 f.,
    793, 877 f.
Marguth, Georg 681 f.
Marie-Antoinette, Königin von
    Frankreich 460 f., 860
Marlowe, Christopher 639
Martin, Karl Heinz 232 f., 297,
    757, 776, 783, 792
Marx, Karl 625, 697
Marx, Wilhelm 732, 734
Mattes, Willi (»M.«) 333, 803
May, Joe 761
May, Karl 416 f., 843
Mayer, Carl 739
Mechnig, Elfriede 331, 368, 459,
    802
Mehring, Walter 80, 82, 102,
    158 f., 288, 733, 738, 744
Meinecke, Friedrich 443, 854
Meisel, Edmund 80, 83, 85, 738 f.
Mell, Max 727
Mendelssohn, Peter de 461 f.,
    467, 478, 499, 860, 862
Menthon, François de 874
Menzel, Adolf von 625
Menzel, Gerhard 160, 625, 757,
    793
Messer, August 818
Messerschmitt, Willy 462, 862
Meyer-Förster, Wilhelm 149,
    754
Meyerhold o. Mejerchold,
    Wsewolod Emiljewitsch 87,
    740
Meyrinck, Gustav 200, 767
Mierendorff, Carlo 763
Milne, Alan Alexander 660, 904
Minnich, Hanns 220, 773
Minnigerode, Karl 623, 895
Mitscherlich, Alexander 538 f.,
    881
Model, Walter 373, 823

Mog, Aribert 781
Moissi, Alexander 175, 760
Molière 79, 421, 845
Molina, Tirso de 471, 865 f.
Möller, Eberhard Wolfgang 768
Molo, Walter von 516, 793, 878
Montgomery, Bernard Law 402,
    834, 836
Morell, Hertha 333, 803
Morgan, Paul 141, 751, 796, 902
Morgenstern, Christian 17, 369,
    726, 822
Morgenthau, Henry M. Jr. 419,
    844
Mörike, Eduard 625
Mörike, Martin 331, 802
Morus (Pseud., Mitarbeiter der
    »Weltbühne«) 597
Moser, Hans 280, 365, 786, 820,
    833
Mozart, Wolfgang Amadeus 508
Muck, Karl 20, 727
Mühsam, Erich 288
Muir, Edwin 586
Müller, Traugott 80, 83, 738
Munch, Edvard 777
Münchhausen, Börries Freiherr
    von 699, 705 f.
Munro, Charles Kirkpatrick
    232, 776
Musil, Robert 194 f., 765 f., 793
Mussolini, Benito 41, 344, 379,
    386, 731, 818, 826 f.
Mustafa, Kara 824
Muth, Karl 861

Nabokov, Vladimir 588, 713, 888
Nadler, Josef 114, 746
Napoléon I. Bonaparte, Kaiser
    der Franzosen 206, 375, 490,
    626, 794, 824 f., 897
Napoléon III. Bonaparte,
    Charles Louis, Kaiser der
    Franzosen 630, 784, 897

Natanson, Jacques 130, 749
Natonek, Hans 410, 678f., 840
Negri, Pola 127, 748
Neher, Caspar 231, 776
Nering, Johann Arnold 763
Nero, Claudius Cäsar, römischer Kaiser 423, 846
Neumann, Alfred 181f., 642, 761, 793
Neumann, Robert 462, 583, 618ff., 793, 861, 893
Neurath, Konstantin von 498, 874
Nieritz, Karl Gustav 542, 882
Nietzsche, Friedrich 364f., 587, 709, 818f., 835, 877, 882
Nikolaus II. Alexandrowitsch, Zar von Rußland 93, 743
Novalis (Friedrich Leopold Frhr. von Hardenberg) 728, 553, 883
Nušić, Branislav *siehe* Akiba, Ben

O'Neill, Eugene 484
Odebrecht, Paul (»Karl«) 310, 312f., 316, 340, 374, 479, 795
Oertel, Curt 738
Offenbach, Jacques 753
Ohser, Erich (e. o. plauen) 618, 633–638, 683, 700, 759, 781, 894, 899
Oliven, Fritz *siehe* Rideamus
Ophüls, Max 694, 783
Orlik, Emil 141f., 751
Osóbka-Morawski, Edward 455
Ossietzky, Carl von 291, 597f., 645, 660, 790, 889
Ostau, Joachim von 773
Osthoff, Otto 484, 869
Oswald, Richard 784
Otto, Hans 522f., 645, 879
Ottwald, Ernst 289, 789
Ovid 639, 901

Oxenius (General) 838
Ozep, Fedor 174f., 760

Pabst, Georg Wilhelm 173, 748, 760
Painlevé, Paul 46, 732
Pangalos, Theodoros 41f., 731
Pannwitz, Rudolf 793
Papen, Franz von 498, 874
Paquet, Alfons 793
Pascal, Blaise 639
Paulsen, Harald 148, 753
Paulus, Friedrich 707
Pechstein, Max 504, 875
Peppler, Hans 215, 771
Perrault, Charles 606, 890
Philbin, Mary 182, 762
Picasso, Pablo 131, 527
Pick, Lupu 242, 778
Pieck, Wilhelm 835
Piłsudski, Józef Klemens 41, 731
Pinthus, Kurt 758, 765, 770
Pirandello, Luigi 241ff., 506, 778
Pirckheimer, Willibald 879
Piscator, Erwin 80f., 83–86, 93ff., 97ff., 101, 106f., 128f., 134, 148, 152, 158, 184, 262, 686ff. 725, 738–743, 745, 748f., 755, 762, 783
Pistek, Theodor 777
Pitaval, François Gayot 628, 897
plauen, e. o. *siehe* Ohser, Erich
Plievier, Theodor 580, 887
Polgar, Alfred 141, 200, 553, 597, 642, 660, 751, 786, 904
Pollard, Harry 768
Ponto, Erich 146, 148, 327, 753, 800
Praxiteles 508
Preetorius, Emil 654, 903
Pressburger, Emmerich 787
Probst, Christoph 707
Properz 639
Przywara, Erich 793

Pudowkin, Wsewolod Illarionowitsch 125 f., 174 f., 736, 747, 760
Puschkin, Aleksandr Sergejewitsch 625
Putti, Lya de 127, 748

Rabelais, François 633, 899
Rabenalt, Arthur Maria 445 f., 855 f.
Raeder, Erich 497, 873
Rappeport, Jonny 141, 422, 471, 566, 617, 846, 866, 885, 893
Rasp, Fritz 283, 787
Rasputin, Grigorij Jefimowitsch 94, 743
Rassy, Gustav Christian 558 f.
Rastelli, Enrico 508
Rathenau, Walther 642
Ray, Man 119, 747
Raynal, Paul 484
Reger, Erik 786, 793
Regnier, Charles 470, 855, 865
Régnier, Henri 221, 774
Regnier, Leonard 470, 865
Rehfisch, Hans José 157, 200, 756, 767
Reichert, Hein 754
Reinhardt, Max 19 ff., 215, 297, 545, 687, 727, 745, 751, 760, 762, 769, 771, 775, 792, 853, 882, 889, 893
Reiß, Erich 779
Rembrandt (Harmensz van Rijn) 57
Renn, Ludwig 579 f., 642, 887
Renner, Karl 344, 379, 828, 835
Reuß, Leo 152, 755
Reuter, Fritz 626
Ribbentrop, Joachim von 414, 496 f., 841, 873
Rice, Elmer 586
Richard, Frieda 280, 786
Richter, Hans 119, 747

Richter, Ludwig 542, 882
Richthofen, Manfred Freiherr von 190, 763
Rideamus (Fritz Oliven) 200, 767
Riefenstahl, Leni 393, 490 ff., 713, 833, 871
Rilke, Rainer Maria 52 f., 102, 733
Ringelnatz, Joachim 16, 102 f., 131 ff., 226 ff., 445, 448 f., 726, 775, 855, 869
Ritz, César 821
Rivera y Orbaneja, Miguel Primo de 41, 731
Roberts, Ralph Arthur (Robert Arthur Schönherr) 131, 297, 749
Robespierre, Maximilien de 629, 660, 897, 904
Robitschek, Kurt 796, 902
Röhm, Ernst 323, 779
Rökk, Marika 393, 402, 809, 827, 833, 836
Rolland, Romain 92, 742
Roosevelt, Franklin D(elano) 309, 317, 343, 361, 366, 370, 796, 816, 820, 844
Rosenberg, Alfred 414 f., 497, 706, 713, 841 f., 873
Rosenkranz, Hans 729
Ross, G. W. 444, 855
Rotter, Alfred 792
Rotter, Fritz 792
Roucier, Pierre 45 ff., 731 f.
Rousseau, Jean-Jacques 639
Rudenko, Roman 874
Rühle, Günther 769
Russell, Bertrand 663, 904
Rust, Bernhard 564, 885
Ruttmann, Walter 85 f., 186, 739, 762

Sacco, Nicola 741
Sacher-Masoch, Alexander 583

Sack, Gustav 16, 726
Sagan, Françoise 588, 888
Salisch, von (Polizeipräsident von Bromberg) 318, 797
Salten, Felix 813
Sardou, Victorien 898
Saroyan, William 532
Sartre, Jean-Paul 553, 895
Sauckel, Fritz 498, 874
Sauerbruch, Ferdinand 414, 841
Savonarola, Girolamo 639
Schach, Gerhard 821
Schacht, Hjalmar 497f., 873
Schaefer, Oda 846, 866
Schaefer-Ast, Albert 633, 898
Schaeffers, Willi 312, 774, 796, 798
Schäfer, Wilhelm 784, 793
Schalk, Franz 20, 727
Schaufuß, Hans Joachim 787
Scheel, Gustav Adolf 369, 821
Scheffauer, E. T. 777
Schellenberg, Walter 828
Schibenice, Tjonka 767
Schildkraut, Joseph 768
Schiller, Friedrich von 190, 200f., 231, 333, 358, 459, 537, 629, 746, 763, 776, 803, 818, 822, 825, 832, 869, 897
Schirach, Baldur von 359, 376, 498, 815, 822, 825, 874
Schleiermacher, Friedrich 625
Schlettow, Hans Adalbert 137, 750
Schlichter, Rudolf 633, 898
Schlüter, Andreas 763
Schmalz, Ritter Theodor Anton Heinrich 642, 900
Schmeling, Max 169, 173, 182, 470, 759, 865f.
Schmidt, Ali 418, 843, 845
Schmidt, Eberhard 345–348, 351, 353, 358f., 370–374, 400, 418, 420f., 429, 436ff., 442, 444, 446ff., 451, 454, 466f., 706, 806ff., 814–817, 842, 844f., 850, 856ff., 869
Schmidt-Pauli, Edgar von 560, 884
Schmidt-Rottluff, Karl 504, 875
Schneeberger, Gisela 833
Schnitzler, Arthur 142, 151, 752, 755
Schober, Johannes 213f., 770
Scholl, Hans und Sophie 707
Scholz, Wilhelm von 793
Schönherr, Robert Arthur *siehe* Roberts, Ralph Arthur
Schöningh, Franz Josef 861
Schörner, Ferdinand 405, 838
Schramm, Arthur 351, 810
Schreiber, Helmut 429, 848
Schrems, Theobald 563ff., 885
Schröder, Arnulf 445, 855
Schröder, Rudolf Alexander 793
Schroth, Hannelore 351, 810, 842, 848, 859
Schtschegolew, Pawel Jelisejewitsch 742
Schubert, Franz 150, 754
Schücking, Levin 12, 724
Schüfftan, Eugen 229, 775
Schulenberg, Werner von der 794, 869
Schultze-Naumburg, Paul 287, 788
Schulz, Franz 738
Schündler, Rudolf 445ff., 471, 484, 855, 869
Schuschnigg, Kurt 392, 831f.
Schwannecke, Victor 138f., 750f.
Schwarzschild, Leopold 893
Schweizer, Armin 215, 771
Schwerin von Krosigk, Johann Ludwig Graf 344, 388, 831, 834, 839
Scope, John T. 729

Scott, Robert Falcon 230 f., 776
Scott, Walter 625
Sedgwick, Edward 769
Seeckt, Hans von 184, 762
Seeler, Moritz 229, 775
Seghers, Anna 580, 583, 887
Seidel, Ina 793
Seneca, Lucius Annaeus 644
Seyffert, O. W. 902
Seyß-Inquart, Arthur 498, 810, 874, 876
Shakespeare, William 12 f., 29, 35, 97, 149, 157, 484, 508, 621, 626, 629, 724, 743 f., 756, 831, 855, 886, 897
Shaw, George Bernard 215 f., 654, 771, 903
Shawcross, Hartley William 874
Sherriff, Robert Cedric 208, 769
Shirer, William Lawrence 499, 874
Sievers, Hans 198, 766
Silcher, Friedrich 764, 796
Silone, Ignazio 586
Sima, Oscar 106 f., 745
Sinclair, Upton Beall 642
Siodmak, Curt 781
Siodmak, Robert 229, 254 f., 775, 781
Sklarek, Leo 790
Sklarek, Wilhelm 790
Slevogt, Max 157
Smith, Howard 499
Sokrates 644
Sophokles 534, 881
Spender, Stephen 586
Spengler, Oswald 609, 891
Speyer, Wilhelm 702
Spiel, Hilde 860
Spinoza, Baruch de 644
Spitzweg, Carl 649, 902
Spoerl, Heinrich 484, 869
Spranger, Eduard 644, 901

Staal, Viktor 809
Stachanow, Aleksej 607, 891
Stalin, Jossif Wissarionowitsch 106 f., 309, 375, 406, 412, 414, 462, 465, 478, 688, 761, 838, 862
Starhemberg, Graf Rüdiger von 375, 824
Stauffenberg, Claus Schenk Graf von 805, 891 f.
Stein, Gertrude 608, 891
Steinbach, Walter 730
Steiner (Familie) 350 f., 355 f., 372, 374, 378 f., 386, 388, 392, 399 f., 408, 457, 813, 824
Steinmetz, Karl Friedrich von 764
Steinrück, Albert 603, 632, 751, 890
Stemmle, Robert Adolf 445, 856
Sternberg, Josef von 239 f., 284, 778, 788
Sterne, Laurence 159, 756
Sternheim, Carl 15, 77–80, 725, 737 f.
Storm-Jameson, Margaret 585
Strauss, Richard 21, 726 f.
Strawinsky, Igor Fjodorowitsch 103, 744
Streicher, Julius 420, 497, 845, 873
Stresemann, Gustav 70, 260, 732, 736
Strich, Fritz 11, 28, 724
Strindberg, August 167, 617, 864, 870
Stroux, Karl Heinz 532, 534, 549, 881
Stuck, Franz von 652, 902
Sturm, Hans 130, 749
Süskind, Wilhelm Emanuel 461, 861
Swift, Jonathan 146, 159, 639, 658, 756, 903

Tabori, Paul 583
Tacitus, Publius Cornelius 640, 900
Tagger, Theodor *siehe* Bruckner, Ferdinand
Tairow, Aleksandr Jakowlewitsch 15, 87, 725, 740
Talmadge, Norma 127, 748
Tau, Max 583
Tauber, Richard 138, 149f., 751
Thielscher, Guido 263, 783
Thiers, Adolphe 630, 898
Thieß, Frank 516, 878
Thorak, Josef 491, 872
Tieck, Ludwig 506
Tito (Josip Broz) 309
Toller, Ernst 15, 80, 82ff., 93ff., 106, 141, 288, 725, 730, 738, 757, 761
Tolstoj, Aleksej Nikolajewitsch 93f., 742
Tolstoj, Lew Nikolajewitsch 173ff., 179ff., 467, 535f., 760
Travers, Pamela 656f., 903
Trebitsch, Siegfried 583, 771
Trebitsch Lincoln, Ignaz 129, 749
Trier, Walter 439f., 633, 647–653, 852f., 898, 901f.
Troeltsch, Ernst 10, 23, 114, 729
Trotzkij (Leo Dawidowitsch Bronstein) 93, 106f., 688, 743, 745
Truman, Harry S. 343, 462, 465, 478, 862
Tschiang Kai-schek 756
Tucholsky, Kurt 200, 597f., 660, 889

Ucicky, Gustav 780, 789
Uhland, Ludwig 795
Uhlen, Gisela 552, 809
Ulbricht, Walter 807, 835
Uljanow, Wladimir Iljitsch *siehe* Lenin
Ullrich, Luise 809
Ulmer, Edgar G. 775
Unamuno, Miguel de 33, 729
Unger, Rudolf 28, 117, 728
Ungers, Alfred Hermann 220, 773

Vaihinger, Hans 575, 886
Valéry, Paul 733
Valetti, Rosa 141, 148, 751, 778
Vallentin, Hermann 141, 159, 751
Vansittart, Robert Gilbert Baron 419, 844
Vanzetti, Bartolomeo 88, 741
Vega, Lope de 866
Vegesack, Siegfried von 102, 133, 744, 749
Veidt, Conrad 141, 181f., 751, 761f.
Velde, Theodor Hendrik van de 144, 752
Vercors (Jean Bruller) 584, 887
Verdi, Giuseppe 625
Verhoeven, Paul 484, 770, 870
Villon, François 147f., 445, 753
Vogel, Jakob 764
Vogt, Oskar 745
Voigt, Wilhelm 270f., 784
Vollmoeller, Karl 239, 727, 778
Voltaire (François Marie Arouet) 28f., 639
Vring, Georg von der 90ff., 695, 741f.
Vulpius, Christian August 741

Wagner, Heinrich Leopold 626, 896
Wagner, Richard 625, 788
Walden, Gregor 585, 888
Walsh, Raoul 76, 737
Walter, Bruno 20, 727

Wassermann, Jakob 642, 793
Waurich (Sergeant) 249, 779f.
Weber, Alfred 644, 901
Weber, Max 901
Wedekind, Frank 132, 173f., 220, 486, 506, 632, 749, 752, 760, 870
Wedekind, Pamela 470, 865
Wegener, Paul 95, 504, 742, 875
Weidig, Friedrich Ludwig 623, 894
Weill, Kurt 147f., 749, 753
Weinert, Erich 200, 580, 767, 887
Weinstein, Adelbert 666, 904f.
Weisenborn, Günther 150ff., 165, 707, 755
Weiskopf, Franz Carl 763
Weiss, Otto 877
Weizsäcker, Carl Friedrich von 663ff., 904
Welk, Ehm 179ff., 738, 761
Weller, Curt 634, 791, 856, 895, 898
Wells, H(erbert) G(eorge) 121f., 124f., 188, 233f., 642, 689f., 747, 763, 777
Wenck, Walther 376, 825
Wenkhaus, Rolf 787
Werfel, Franz 603, 642, 648, 890
Werner, Anton von 192, 764
Werner, Arthur 841
Wernicke, Otto 422, 846
Widmann, Peter 327
Wiechert, Ernst 584, 887
Wiecke, Paul 725
Wilde, Oscar 774
Wildenbruch, Ernst von 629, 897
Wilder, Billy 229, 471, 775, 787, 865, 867
Wilder, Thornton 444f., 484, 505ff., 531–534, 550, 608, 854, 876

Wilhelm II., deutscher Kaiser 93, 424, 742f., 846
Wilhelm, Hans 276–279, 786
Willner, Arthur Maria 754
Winckelmann, Johann Joachim 818
Wirth, Joseph 786
Wismann, Heinz 563, 884
Witt, Herbert 351, 810, 870
Wlassow, Andrej Andrejewitsch 393, 398, 832f.
Wolf, Friedrich 211f., 580, 769, 771, 887
Wolfe, Thomas 540, 881
Wolff, Friedrich 484
Wolff, Karl 815, 826
Wolff, Theodor 732, 786
Wölfflin, Heinrich 11, 724
Wolfskehl, Karl 793
Wüllner, Ludwig 570, 886

Yakov, Blyokh 756
Yorck von Wartenberg, Johann David Ludwig Graf 789f.

Zarnack, Joachim A. 725
Zeisler, Alfred 253, 276, 780, 785
Ziegler, Adolf 491, 872
Ziethen, Hans Joachim von 193, 765
Zille, Heinrich 34, 111, 729
Zinnemann, Fred 775
Zobeltitz, Fedor von 560, 793, 883
Zöberlein, Hans 821
Zuckmayer, Carl 34, 88f., 141, 162ff., 198, 200, 224f., 239, 251, 269ff., 617f., 729, 740, 757, 774, 778, 784, 786, 870, 893
Zweig, Arnold 244, 597, 660, 779, 793, 904
Zweig, Stefan 642

Inhaltsverzeichnis

  7 Rund um die Plakatsäulen

  9 Von der Ernüchterung der Wissenschaft
14 Dresden im Schlaf
16 Die Groteske als Zeitgefühl
19 Salzburger Festspiele
22 Köster und Korff I
27 Köster und Korff II
31 Klaus Mann und Erich Ebermayer lesen Eigenes
32 Der Staat als Gouvernante
36 Rund um die Plakatsäulen
37 Kirche und Radio
39 Einundzwanzigfacher Mord?
41 Diktatur von gestern
44 Die theatralische Sendung der Kirche
45 Mörder in Uniform
47 Herr Külz sucht wieder eine Mehrheit
50 Kultur und Einheitsstaat
52 Rainer Maria Rilke †
54 Die deutsche und die Deutsche Studentenschaft
57 Die Stabilisierung der Jugend
61 Die Jugend als Vorwand
64 Einigung in der Frage des Studentenrechts
66 Rechtschreibung und Politik
68 Der Rahmen ohne Gesetz
70 »Die Mutter«
71 Kleinstädtisches Berlin
74 Brief an den toten Lehmbruck
76 Krieg und Film
77 Sternheim wird populär
80 »Hoppla – wir leben!«
84 Berlin als Film
86 Blaue Bluse
88 Zuckmayers »Schinderhannes«

- 90 Der Krieg im deutschen Roman
- 93 Dokumentarisches Theater
- 95 Das Theater der Zukunft
- 102 Lyriker ohne Gefühl
- 104 Der alte Fritz und sein Domela
- 106 Piscator verbannt Trotzki
- 107 Hauptgewiñ 5 Pfund Prima Weitzenmehl!
- 112 Deskription und Deutung
- 118 Vierdimensionaler Expressionismus
- 121 Die Revolution von oben
- 125 Wenn zwei Filmregisseure dasselbe tun ...
- 128 »Konjunktur« und Konjunktur
- 131 »Indirekte« Lyrik
- 134 »Krankheit der Jugend«
- 138 Das Rendezvous der Künstler
- 142 Das Kabarett der »Unmöglichen«
- 145 Die Dreigroschenoper
- 149 Goethe als Tenor
- 150 U-Boot »S 4«
- 152 Sensationen nach rückwärts
- 157 Kunstgespräche
- 160 Dramatische Reportage
- 162 Zuckmayers »Katharina Knie«
- 165 Berufsberatung im Theater
- 166 Das Publikum fällt durch
- 167 Boxer unter sich
- 173 Wedekind und Tolstoi im Film
- 175 Karl II und Anna II
- 179 »Bourgeois bleibt Bourgeois« von Ehm Welk
- 181 Veidt und Jannings auf dem Holzwege
- 183 »Giftgas über Berlin«
- 185 Gefilmtes Elend
- 187 »Hätten wir das Kino!«
- 188 Das Berühren der Gegenstände ist streng untersagt!
- 194 Kleine Skandale um gute Stücke
- 196 »Schmutzsonderklasse«
- 201 Fort Douaumont, 12 Jahre später

205 Chaplin in Kopenhagen
207 Gentlemen prefer peace
209 Buster Keaton gehört neben Chaplin
211 § 218
213 »Die Unüberwindlichen« von Karl Kraus
215 »Der Kaiser von Amerika«
217 Döblins Berliner Roman
218 Lampels letztes Stück
221 Der Dichter des Komplizierten
224 Zuckmayer und der Kakadadaismus
226 Ringelnatz und Gedichte überhaupt
229 Ein vorbildlicher Film
230 Das Hörspiel am Gendarmenmarkt
232 Gesinnung allein tut's auch nicht
233 Reklame und Weltrevolution
237 »So ist das Leben«
239 »Der blaue Engel«
241 »Heute abend wird aus dem Stegreif gespielt«
243 Der Schriftsteller als Kaufmann
247 Ein »geheimer« Roman
248 Die Badekur
252 Die Ästhetik des Tonfilms
254 Tonfilm und Naturalismus
256 Auf einen Sprung nach Rußland
259 Thomas Manns Appell an das deutsche Bürgertum
261 Die Verliese des Vatikans
262 Lustspiel von links
263 Wenn Kinder Theater spielen
267 Der Unterrock ist im Anzug
268 Eine furchtbare Statistik
269 »Der Hauptmann von Köpenick«
272 Hermann Kesten
274 René Clairs »Million«
276 Gespräch mit dem Ministerium
280 Volksstück mit doppeltem Boden
281 Wiedersehen mit Emil
283 Kleine Freundin

284　Die Dietrich und die Garbo
286　Der Esel und die Autarkie
287　Brief aus Paris, anno 1935
289　Kuhle Wampe
290　»Der Scharlatan«
293　Der Dramatiker Ödön Horvath
295　Unter aller Kritik!
297　Das Schauspielerelend als Bühnenerfolg
299　Die Gemeinschaft der geistig Schaffenden Deutschlands

301　**Notabene 45**

481　**Neues von Gestern**

483　Münchener Theaterbrief
487　Pfiffe im Kino
489　Politik und Liebe
493　Streiflichter aus Nürnberg
500　Die Schuld und die Schulden
505　Our Town
508　Ist Politik eine Kunst?
512　Unser Weihnachtsgeschenk
516　Betrachtungen eines Unpolitischen
520　Splitter und Balken
524　Gespräch mit Zwergen
530　Darmstädter Theaterfrühling
535　Nürnberg und die Historiker
540　Grenzpfähle und Grenzfälle
547　Eurydike in Heidelberg
553　Kinder suchen ihre Eltern
558　Briefe in die Röhrchenstraße
563　Spatzen und höhere Tiere
566　Mein Wiedersehen mit Berlin
571　Wir lassen herzlich bitten …
576　Reisender aus Deutschland

582 Reise in die Gegenwart
587 Lesestoff, Zündstoff, Brennstoff
590 Die Einbahnstraße als Sackgasse

595 Reden und Vorreden

597 Begegnung mit Tucho
600 Resignation ist kein Gesichtspunkt
602 Jugend, Literatur und Jugendliteratur
612 Von der deutschen Vergeßlichkeit
615 Ein politischer Eilbrief
617 Glückwunsch für Carl Zuckmayer
618 Robert Neumann zum 60. Geburtstag
620 Rede zur Verleihung des Georg Büchner-Preises 1957
633 Erich Ohser aus Plauen
638 Über das Verbrennen von Büchern
647 Ein deutscher Kleinmeister aus Prag
654 Zur Naturgeschichte des Jugendschriftstellers
662 Ostermarsch 1961

669 Anhang

671 Nachwort
723 Kommentar
906 Personenregister